I0828350

Oración del pobre

Sidur Kabbalístico Diario

Kabbalah Centre Publishing es una unidad de negocio registrada de Kabbalah Centre International, Inc.

The Kabbalah Centre
155 E. 48th St., New York, NY 10017
1062 S. Robertson Blvd., Los Ángeles, CA 90035
es.kabbalah.com

Impreso en Canadá, mayo 2017

ISBN13: 978-1-57189-904-0

Tabla de Contenido

Tabla de Contenido

A la grandeza del valor de la fuente Ashurit

Y entonces debes abrir tu boca con sabiduría y decir *Kriat Shemá* con intención. Esto quiere decir que debes entender las palabras que estás diciendo y que, cuando recites las palabras de *Kriat Shemá* (del libro de rezos), debes visualizar la forma de cada palabra y sus letras. Por ejemplo, cuando dices la palabra "*Shemá*", debes visualizar las letras *Shin*, *Mem* y *Ayin* frente a tus ojos en la forma que están escritas en la fuente *Ashurit*. Luego debes visualizar cada palabra de la misma manera hasta el final. Debes visualizar las vocales y las entonaciones que están sobre cada letra en la misma forma que están en este libro de rezos y, al hacerlo, merecerás que cada palabra se eleve en su forma a los Mundos Celestiales y cada letra irá a su lugar y a su raíz, para activar acciones milagrosas y *tikunim* (correcciones) relacionadas contigo. Y hacer esto (escanear la fuente *Ashurit*) de manera diaria, te permitirá (y esto ha sido demostrado) eliminar todos los pensamientos negativos y tonterías que interfieren con la pureza de tu pensamiento e intención durante las oraciones. Cuanto más escaneo de la fuente *Ashurit* haga una persona con el *Kriat Shemá* y cualquier otra parte de la oración, más pureza será añadida a sus pensamientos durante la oración. Esta meditación es una acción sencilla y se te garantizará un aprendizaje exitoso con tu oración y todo será deseado por Dios al igual que el buen aroma. Amén, que así sea.

(*Séder HaYom* por Rav Yosef Jayim, el Ben Ish-Jai).

"Cuando vas a dormir, debes visualizar el Nombre del Tetragrámaton (יְהֹוָה), bendito sea Él, como si estuviera escrito en letra *Ashurit* mayúscula. Los ojos siempre deben volverse a Dios y Dios lo protegerá de caer en alguna trampa".

(*Tsiporen Shamir*, par. 68 v. 121 por Rav Jayim Yosef David Azulai – El Jidá 1724-1806)

Guía general

De acuerdo con Rav Yitsjak Luria (el Arí) y Rav Shalom Sharabi (el Rashash), todas las palabras de intención, nombres sagrados y nombres de ángeles que están escritos en este libro, aunque formen parte del texto, no deben ser pronunciados. Cuando llegues a una palabra de este tipo, debes escanearla y no pronunciarla.

PRÓLOGO

Es con gran honor y apreciación que escribo esta introducción al *Sidur Kabbalístico Transliterado.*

Fue exactamente hace 20 años que el Rav me pidió ocuparme del proyecto de completar el *Sidur Kabbalístico* en hebreo, mi primer proyecto para el Centro. El mismo fue completado un año después.

Tomó muchos años y muchos esfuerzos producir un *Sidur* igual de extenso en inglés, lo que me dice que la Luz que éste revela debe representar una revolución.

Las oraciones en este *Sidur* incluyen todas las meditaciones que se encuentran en el *Zóhar* y en *Las Puertas de la Meditación* de Rav Yitsjak Luria (el Arí), así como el conocimiento que me fue dado por mi padre, el Rav, quien lo recibió de su maestro, Rav Brandwein, quien a su vez lo recibió de su maestro, Rav Áshlag.

Lo hemos nombrado *Tefilá LeAní* (La Oración del Pobre) porque así como el *Zóhar* nos enseña en *Balak* 14:187:

> Hay tres que pueden ser consideradas una oración: "Una oración de Moshé, hombre de Dios…" (Salmos 90:1). "Una oración de David…" (Salmos 86:1) y "Una oración del pobre…" (Salmos 102:1). ¿Cuál es la más importante? Uno dice: "Una oración del pobre"; esta oración es prioritaria a la oración de Moshé, está antes de la oración de David y se adelanta a todas las otras oraciones del mundo.
>
> El *Zóhar* pregunta: ¿Cuál es la razón? y responde: Porque el pobre tiene el corazón roto, y está escrito: "Cerca está el Señor de quienes tienen el corazón roto…" (Salmos 34:19).
>
> El *Zóhar* continúa: Tan pronto como el pobre dice su oración, el Santísimo, bendito sea Él, abre todas las ventanas del Firmamento, y todo el resto de las oraciones elevándose son desplazadas por ese hombre desvalido, con el corazón quebrantado. No existe otra oración a la que el Santísimo, bendito sea Él, dé Su atención inmediata como a la plegaria del pobre.
>
> Por lo tanto, la persona que dice sus oraciones, debe hacerse pobre, para que sus plegarias sean merecedoras de entrar entre las oraciones de todos los pobres. Ninguno de los guardianes de las puertas admiten que todas las oraciones del mundo entren sencillamente como permiten a la plegaria del pobre, ya que ésta entra sin permiso. Si una persona se hace a sí misma pobre y desea estar constantemente pobre, su plegaria asciende y se reúne con las plegarias de los pobres. Se une a ellas y se eleva junto con ellas, y entra combinada con las de los pobres. Y es recibida de buen grado delante del Santo Rey (ver *Balak* 187:192).

Prólogo

Este *Sidur* representa tanto la culminación de tres generaciones de estudio como las revelaciones hechas por una serie sucesiva de maestros que estuvieron antes que nosotros, quienes sufrieron gran daño personal para hacer que esta tecnología creada para tener una vida plena esté disponible para nosotros, de modo que, con el poder de este conocimiento, podamos ser la generación que genere la transformación de este mundo y la eliminación del caos eternamente.

Me faltan palabras para describir mi gratitud por permitirme ser parte de este regalo a la humanidad.

Introducción
por el Rav Berg

Cuando apareció el primer *Sidur Kabbalístico* hace unos 12 años, estábamos conscientes de que la mayoría de la gente del mundo está buscando una herramienta significativa para conectarse con Dios. Si bien los *Sidurim* estuvieron siempre disponibles, la historia es testigo del hecho de que, en su mayor parte, las oraciones de la humanidad no han sido respondidas. Esto puede atribuirse al hecho de que nunca antes en la historia ha habido un libro de oraciones que incluyera las meditaciones necesarias. Nuestro propósito al presentar este *Sidur* es que cada persona pueda ahora comenzar a eliminar el caos de su vida.

El *Sidur* fue establecido por los Sabios de la Gran Asamblea, después de la destrucción del Segundo Templo, para reemplazar los sacrificios que ya no se estaban realizando porque el Templo había sido destruido. El propósito del *Sidur* era llenar el vacío que se creó debido a la ausencia de los sacrificios. Sin embargo, lo que parece haberse malinterpretado en primer lugar es el propósito de los sacrificios.

Algunos dicen que los sacrificios eran llevados al Templo con el único propósito de agradecer a Dios por Su benevolencia con nosotros. Otros enseñan que los sacrificios eran empleados para apaciguar o calmar la ira de Dios. Y, para algunos, los sacrificios contaban como expiación, por medio de la cual el perpetrador de alguna violación podía eliminar su pecado.

Kabbalísticamente hablando, todo lo que se mencionó anteriormente ni siquiera roza la esencia del objetivo de los sacrificios o del *Sidur*. Tampoco el *Sidur* tendrá el mismo papel en el intento del hombre de alcanzar una vida libre de caos.

La palabra hebrea para sacrificio, *korbán* קָרְבָּן, está derivada de la palabra *krav* קְרָב, que significa “guerra”. No obstante, apaciguar o agradecer a Dios no parece tener ninguna relación con la palabra “guerra”. ¿Con quién está en guerra el devoto? Además, el concepto de que el propósito del *Sidur* es para la oración no corresponde con la definición de la palabra *Sidur*. *Sidur* סִידּוּר significa “orden” סֵדֶר. ¿Cómo la expiación o la gratitud se relacionan con el orden? De hecho, incluso el concepto de la oración es confuso. La Torá es muy clara acerca de cómo Dios se relaciona con nuestra devoción a Él.

En el momento de la división del Mar Rojo, los israelitas se encontraron cara a cara con la muerte: podían ser víctimas de los egipcios, quienes insistían en aniquilarlos, o seguirían hacia el mar y se ahogarían. Naturalmente, ellos acudieron al Creador en busca de ayuda, una solicitud a la cual el Señor contestó: “¿Por qué clamas a Mí?” (Éxodo 14:15), que es una respuesta extraña de parte de un Creador compasivo, sensible y amoroso.

El *Zóhar* formula la evidente pregunta respecto a la respuesta de Dios a los israelitas: ¿A quién le podrían rezar los israelitas en tiempos difíciles si no a Dios?

Los religiosos siempre han contestado tales preguntas con comentarios como: “Dios, en Sus caminos misteriosos, sabe lo que hace”. ¿Qué tenían en la cabeza los religiosos durante los tres últimos milenios? ¿Que la razón para el caos de este mundo es un misterio que sólo

Dios conoce? El *Zóhar* rechaza esta clase de inferencias de parte de los religiosos, afirmando que Dios nunca crearía el caos en nuestro universo porque Dios es bueno. Si esto fuese cierto —y lo es—, ¿dónde se originó el caos?

El *Zóhar* señala que la respuesta puede encontrarse en el principio kabbalístico conocido como Pan de la Vergüenza. En pocas palabras, esto significa que la humanidad exigió que el Creador cesara su flujo ininterrumpido de benevolencia hacia nosotros, que nosotros no podíamos aceptar la Luz compartida por Dios sin primero haber ganado el derecho a recibir Su abundancia. Esta fue la razón por la cual la humanidad fue situada en este universo: para escoger entre el bien y el mal, para restringirse de cualquier actividad que resultara en tratar a los demás sin dignidad.

Por lo tanto, nunca ha sido Dios obrando de forma misteriosa, complaciéndose con el caos que aflige a la humanidad. En lugar de ello, Él siempre ha observado con compasión, sabiendo que somos nosotros quienes le hemos atado Sus manos.

Aproximadamente 2.200 años después del pecado de Adán, Dios vio que la humanidad no era capaz de eliminar el Pan de la Vergüenza, por lo que nos asistió con la Revelación que ocurrió en el Monte Sinaí. Mediante esta Revelación, Dios reveló las herramientas y la metodología por medio de las cuales la humanidad tendría una oportunidad de lograr su objetivo principal. Esta fue la primera oportunidad, después de que Adán fracasara, para que la humanidad eliminara el caos del panorama del comportamiento humano.

La manera en la que el *Zóhar* interpretó el evento en el Monte Sinaí fue olvidada y reemplazada con una malinterpretación que introdujo el concepto de que, sin la intervención de una autoridad eclesiástica, el caos no podría ser eliminado de nuestro alrededor. Como consecuencia, cuando el caos no pudo ser eliminado, la culpa fue adjudicada a Dios; asumiendo que Dios sabía mejor que nadie. Y, debido a que no entendemos a Dios, Él aflige este universo con caos, dolor y sufrimiento.

En Éxodo 14:15, Dios dijo: "¿Por qué clamas a Mí?" cuando los israelitas le rezaron a orillas del Mar Rojo. Lo que el Creador le dijo a Moshé fue aún más increíble. Dios dijo: "*Va isaú*", lo que significa literalmente: "Salten al mar". No hace falta que uno sea un erudito para darse cuenta de cuán dañina es esta respuesta para todo el concepto de lo que es la religión.

El *Zóhar* explica que, justo antes de que los israelitas llegaran al Mar Rojo, se les había entregado instrucciones completas para eliminar el caos. Esta tecnología proveyó a los israelitas —y a todo el mundo— con el poder de la mente sobre la materia. Esta tecnología puede encontrarse en Éxodo 14:19-21. La clave es que cada uno de estos tres versículos contiene exactamente 72 letras. Había leído estos versículos cientos de veces y, aun así, no había notado esta peculiaridad hasta que encontré el *Zóhar*. El *Zóhar* descifra el incomprensible instrumento y compendio conocido como la Biblia, y deduce de ésta las verdades acerca de la Revelación en el Monte Sinaí. El propósito de la Revelación de la Biblia en el Monte Sinaí era proporcionar a la humanidad la metodología, las instrucciones y las herramientas para eliminar la fuente del caos —el Satán y su ejército de destructores— y, al hacer esto, remover el dolor y el sufrimiento de todo el universo como consecuencia.

Esta fue la razón para la pregunta de Dios: "¿Por qué clamas a Mí?". Dios estaba diciéndole a Moshé: "Escucho las oraciones de los israelitas, y Me duele tener que restringir el compartir Mi abundancia y la eliminación del caos que enfrentan los israelitas más que el dolor que los israelitas mismos están sintiendo debido a su desastre inminente. ¿Por qué los israelitas no hacen memoria y emplean la tecnología que ya se les suministró?".

Cuando los israelitas estuvieron ante el Mar Rojo, se les proporcionó la tecnología de la mente sobre la materia —la capacidad de influir en el cosmos— aunque el dominio absoluto sobre el universo físico tendría que esperar hasta la Revelación en el Monte Sinaí. Con el poder de la mente sobre la materia, los israelitas pudieron dividir el Mar Rojo y caminar entre sus aguas. Sin embargo, había un requisito previo para el uso de esta tecnología: los israelitas debían ejercer la certeza. Si la conciencia de los israelitas contenía algún rastro de duda acerca de si, efectivamente, podían dividir el Mar Rojo, no habrían tenido éxito. Se nos cuenta que un hombre, Najshón ben Aminadav, al escuchar las palabras "Salten al mar", hizo precisamente eso. Para la sorpresa de los otros israelitas, las aguas no se dividieron, y comenzaron a gimotear: "¡¿Ya ven?! ¡No funciona! ¡El mar no se está dividendo!".

La incertidumbre de parte de los demás israelitas no desvió a Najshón de su certeza. Él continuó caminando hacia el mar hasta que el agua le llegó a las fosas nasales. Sólo entonces fue que las aguas se dividieron. Este milagro, claramente, hizo entender a los israelitas que la certeza tiene un papel sumamente importante en alcanzar la conciencia excelsa de mente sobre materia, aliviando así al universo de su dolor y sufrimiento. Sin la certeza, la humanidad, que ya estaba privilegiada con la tecnología para controlar la materia, no puede hacer que esta tecnología se manifieste en el ámbito de la realidad física.

El *Zóhar* contiene la sabiduría de la conciencia de la mente sobre la materia pero, por razones que sólo los autores del *Zóhar* conocen, el tiempo de esta revelación sólo ocurriría en la presente Era de Acuario.

La Revelación en el Monte Sinaí le proporcionó al pueblo el poder de recapturar el control de su destino, erradicando así el caos de sus vidas. El pecado de Adán había eliminado la información y tecnología que había provisto a la humanidad con la capacidad de controlar su propio destino y los años que precedieron el Éxodo de Egipto y la Revelación en el Monte Sinaí estarían llenos con el conocido panorama de dolor y sufrimiento.

El incidente del Becerro de Oro, el cual fue el resultado de la caída de los israelitas de una conciencia de certeza a una de incertidumbre, echó a la humanidad en un abismo de caos. Cuando Moshé no regresaba de su encuentro con Dios, los israelitas asumieron que él estaría muerto. En ese momento, ellos olvidaron que lo que había sucedido anteriormente en el Monte Sinaí era su propia fortificación personal y que Moshé ya no sería su intermediario con Dios.

Moshé debía regresar después de 40 días. Los israelitas calcularon mal el tiempo que él no estuvo y pensaron que habían pasado 40 días cuando sólo habían pasado 39 días y 18 horas. Sintiéndose abandonados, ellos decidieron que necesitaban otro intermediario. Estas seis horas de mal cálculo fue todo lo que el Satán necesitaba para crear la duda. En su conciencia de incertidumbre, los israelitas olvidaron por un momento el mensaje del Monte Sinaí y escogieron al Becerro de Oro (una especie de computador moderno) como su intermediario y ya no eran el pueblo fortalecido.

Lo que nos dice el *Zóhar* es que restaurar el orden y eliminar el caos es exactamente lo que significa el término *Sidur*. Esta restauración del orden era el propósito de los sacrificios presentados durante la época de los Templos. La palabra "sacrificio" describe el propósito real de un devoto que lleva sacrificios al Templo. El objetivo del sacrificio no era agradecer, apaciguar, alabar o calmar al Creador. La persona que presentaba un animal en el Templo estaba haciendo uso de una herramienta, proporcionada por la Torá, para hacer la guerra contra la negatividad que el individuo había creado. El propósito del sacrificio era restaurar el orden y el equilibrio en la vida del perpetuador al eliminar la violación. Esta necesidad de restaurar el orden es la razón por la cual este compendio, conocido tradicionalmente como el *Sidur* (libro de oraciones), fue establecido como reemplazo a los sacrificios.

Cuando los israelitas llegaron al Mar Rojo, Moshé compartió con ellos la sabiduría contenida en nuestro *Sidur*, la cual evitó el caos que estaba a punto de ocurrirles y permitió la manifestación de la mente sobre la materia, de conciencia sobre fisicalidad.

El *Zóhar* deja muy claro que el *Sidur* que fue diseñado por los Sabios de la Gran Asamblea debe contener las meditaciones prescritas en el *Zóhar* y en *Las Puertas de la Meditación* del Kabbalista medieval Rabí Yitsjak Luria (el Arí). Además, continúa el *Zóhar*, una compilación de oraciones que no incluya las meditaciones para eliminar el caos de nuestra vida hace que dichas oraciones sean inútiles y sin valor. Esta es una afirmación extrema y revolucionaria.

¿Qué debemos pensar acerca del *Sidur* de los últimos dos milenios? Según el *Zóhar*, fue inservible para el esfuerzo del devoto, con sus buenas intenciones, de eliminar el caos, dolor y sufrimiento de su vida. Debo admitir que cuando leí estas palabras en el *Zóhar* me parecieron demasiado duras de aceptar.

Sin embargo, una vez que entendemos la intención de los Sabios de la Gran Asamblea de compilar un libro de rezos, podemos suspirar de alivio y agradecer al Creador que se le otorgó el permiso al Centro de Kabbalah de producir y compartir con la gente este libro de conexión, este *Sidur*. El hecho de que por primera vez el hombre común puede acceder al poder del Creador mismo, evitando las trampas, el dolor y el sufrimiento que ha creado escombros en la autopista de la historia humana, debe considerarse como una bendición y no debe tomarse a la ligera. Que nosotros, en el siglo XXI, seamos lo suficientemente privilegiados de tener una oportunidad de eliminar el caos usual que se ha convertido en una característica típica de la humanidad debería despertar en nosotros la necesidad de compartir esta obra excepcional con tanta gente como sea posible. En efecto, uno de los requisitos necesarios que vienen con esta bendición es el concepto de que no debemos considerarnos como una clase privilegiada y que nos corresponde ayudar a tanta gente desafortunada a nuestro alrededor como sea posible con esta oportunidad sin precedentes de erradicar el caos de nuestro entorno.

Introducción
por el Rav Berg

La noción de que teníamos que aceptar el infortunio que nos es infligido porque Dios, en Sus caminos misteriosos, sabe precisamente qué está haciendo, es contraria y opuesta a la verdadera esencia y carácter de Dios. Hoy en día, ya no tenemos que aceptar esta y otras ideas contradictorias acerca de nuestro Señor. Dios es bueno. Su esencia y carácter son de compartir. El aspecto de la negatividad sencillamente no se aplica ni puede estar asociada con la conciencia de un Deseo de Compartir.

En este punto, me gustaría abordar la pregunta que estoy seguro que muchos lectores de esta introducción se han hecho: ¿Cómo puedo beneficiarme con el *Sidur* si no sé leer hebreo?

Las letras hebreas no son sólo un vehículo mediante el cual se expresan ideas y se estableció un idioma. El relato bíblico de la Torre de Babel afirma que "tenía toda la Tierra una sola lengua y unión" (Génesis 11:1). El idioma fue formado unos 2.000 años antes de la creación de Adam, dice el *Zóhar*. Los cimientos de este idioma fueron las 22 letras del *Álef-Bet* hebreo proporcionado por el texto bíblico. El propósito de este idioma era proporcionar un medio de comunicación con el subconsciente de cada forma de vida. El *Álef-Bet* y los mundos estructurados por éste proveen un vocabulario ilimitado. Estas letras y palabras trascienden la realidad limitada de nuestra conciencia, y pueden esclarecer y expresar con mayor precisión nuestros pensamientos y el mundo visible a nuestro alrededor.

La idea de que el idioma hebreo es exclusivo del pueblo israelí es, desde un punto de vista *Zohárico*, un concepto equivocado del propósito inherente del idioma. El objetivo del hebreo es darle a nuestro pensamiento-conciencia una oportunidad de revelarse a sí mismo. El *Zóhar* describe cómo nuestros pensamientos finalmente se manifiestan en la palabra hablada, convirtiéndose instantáneamente en manifestaciones vocales. Este proceso parece ser completamente robótico. Está fuera de duda que los hablantes no emplean un pensamiento consciente en cada palabra que sale de su boca. Realmente nunca piensan acerca de qué palabra usar o cuál será la siguiente palabra. Entonces, ¿de dónde provienen estas palabras? Parecen ser de un texto o un casete preparado, el cual ha sido instalado en nuestra computadora mental.

Considerar el idioma hebreo como exclusivo de Israel es una corrupción absoluta y debe considerarse como una artimaña del Satán para evitar el flujo de asombroso poder de la Fuerza de Luz de Dios. Sólo cuando empleamos el idioma hebreo podemos garantizar una conexión apropiada con la Fuerza de Luz de la Realidad del Árbol de la Vida.

Todos conocemos los códigos de barras. Cuando se escanean, los códigos de barras proporcionan una gran cantidad de información, la cual el escáner procesa en segundos. El escáner evita los errores en los precios de los productos, ahorra tiempo, esfuerzo y dinero. De manera similar, el *Zóhar* está repleto con ejemplos donde escanear con el ojo humano ha mejorado nuestra capacidad mental para ver las cosas a nuestro alrededor como en realidad son. Si un objeto inanimado como un escáner de códigos de barras puede producir tal actividad, imagina cuánto puede hacer la mente humana. El escáner en la tienda por departamentos ciertamente no tiene el potencial o la capacidad de comprender y entender los abundantes aspectos que la mente humana puede procesar a través del escaneo del *Sidur*.

Introducción
por el Rav Berg

El ojo es el vehículo más poderoso a través del cual podemos adquirir una comprensión de todo lo que nos rodea. Cuando escaneamos, nuestros ojos, más que nuestra conciencia racional, hacen la conexión absoluta, permitiéndonos así acceder al asombroso Universo Perfecto del Árbol de la Vida.

Desde el momento que abrimos las puertas del estudio de la Kabbalah al hombre común sin ningún antecedente en el estudio del idioma hebreo, sabíamos que el puente más difícil que cruzaríamos sería el puente de la complacencia. Debido a que la humanidad ha estado viviendo dentro de cierta estructura por muchos milenios, hacer cualquier cambio requiere un esfuerzo monumental de nuestra parte para explicarles una idea nueva a los pueblos del mundo. Dado que la naturaleza humana se opone al cambio incluso a nivel de la realidad física, imagina cuán mayor sería la dificultad de promover un cambio en un nivel que los cinco sentidos no podrían sobrellevar; no por falta de inteligencia o educación, sino simplemente porque adentrarse y penetrar en el reino inmaterial es un ejercicio con el cual, desafortunadamente, no estamos familiarizados.

La dificultad que las personas que lean y escaneen el *Sidur* pueden tener es: ¿Cómo ajustarse a la idea de que, aunque no podamos entender el contenido de lo que está escrito o no tengamos las herramientas educativas para comenzar a entender dicho contenido, podemos adentrarnos y aceptar —basados solamente en la fe— que el *Sidur* es la máxima respuesta a la eliminación del caos en nuestra vida?

El cosmos contiene una vasta cantidad de positividad y negatividad que constantemente bombardea nuestro cerebro y nos confunde. El hebreo es el idioma que mejor nos ayudará a superar esta interferencia. Cuando la persona que lee o escanea el *Sidur* medita con un deseo de estar conectado con la Realidad del Árbol de la Vida, hay muchas cosas que ocurren entre el ámbito terrestre lleno de confusión y la Realidad del Árbol de la Vida libre de caos. Por ende, lo que es necesario es un cable o un canal que sea inmune a las influencias externas cuando nuestro pensamiento-conciencia desea conectar con el Universo Perfecto del Árbol de la Vida. Este cable o canal es el *Álef-Bet* hebreo.

El hebreo es desconocido para la gran mayoría de los habitantes de la Tierra y, por lo tanto, el uso del *Sidur* creará una experiencia incómoda para la persona que lo escanee. No obstante, una vez que hayamos entendido que no tenemos otra opción en nuestra labor de eliminar el caos del universo, aceptaremos la premisa de que aun escanear establece una conexión con la Realidad del Árbol de la Vida. Cuando una persona comienza a conectarse con esta formidable Fuerza de Luz de Dios, experimentará de forma instantánea la sensación de estar rodeado por la calidez de la Fuerza de Luz.

No nos rehusamos a usar el teléfono simplemente porque no tenemos idea de cómo funciona el dispositivo. No dudamos en tomar algún medicamento si el médico nos asegura que será de ayuda. Si los practicantes de la Kabbalah permiten que la Fuerza de Luz entre en la esencia de su propio ser, las recompensas de las que hemos hablado antes serán parte de la humanidad.

El propósito de este libro de conexiones en particular, este *Sidur*, es sencillamente eliminar el caos, dolor y sufrimiento; recargar nuestras baterías cuando nos sentimos agotados o revigorizar nuestro cuerpo exhausto. Para aquellos de nosotros que realmente creemos en el proceso de la inmortalidad, este *Sidur* nos ayudará en nuestro esfuerzo de regenerar nuestro cuerpo. El *Sidur Kabbalístico* se opone a cualquier idea de que cuando alcanzamos los 20 años nuestro cuerpo entra en el portal de la degeneración, el proceso de envejecimiento impera y enfrentamos la inevitable ruina de una decadencia física.

Debemos estar conscientes de que este panorama conocido de degeneración humana no es uno de los hechos de la vida. La ciencia ha confirmado que la degeneración y el proceso de envejecimiento es una realidad. Sin embargo, debemos entender que la ciencia jamás ha probado la veracidad o la causa de algún factor de envejecimiento con algo más que la observación a simple vista de un proceso que parece semejarse al envejecimiento en el cuerpo humano.

Desde una perspectiva kabbalística, esta es precisamente la razón por la cual, hasta la actualidad, no hemos sido capaces de revertir el proceso de envejecimiento. Como resultado de nuestra observación, hemos determinado que cada ser humano y cada criatura dentro de los reinos animal, vegetal o inanimado deben pasar por el envejecimiento de manera inevitable. El concepto de "lo creeré cuando lo vea" contribuye a la idea de que todo lo que podemos observar es el deterioro de cualquier organismo viviente. No obstante, si cambiáramos nuestra conciencia y consideráramos el proceso de envejecimiento como algo temporal e ilusorio y que el envejecimiento o degeneración no son una verdad absoluta, entonces habremos entrado en una nueva dimensión en la historia humana. Este es el nuevo camino del pensamiento kabbalístico y se convertirá en la conciencia del siglo XXI: que la "materia" y cualquier otro material físico es gobernado y determinado por nuestra conciencia, que mientras nosotros "queremos que así sea, así será". En lugar de "lo creeré cuando lo vea", el estado de conciencia kabbalístico y su significado revertirán este proceso y declararán "eso que yo creo, lo veré".

Estoy muy al tanto de las dificultades que la humanidad tendrá con esta idea revolucionaria de la mente sobre la materia en general o, en particular, acerca de la degeneración y el envejecimiento. A nuestra mente racional, la cual ha sido programada por los últimos cinco milenios con una perspectiva de la realidad basada en "lo creeré cuando lo vea", obviamente le será muy difícil lidiar con una idea tan radical como la de revertir muchas de las leyes y principios "irrevocables e irreversibles" con los cuales estamos tan familiarizados. Todo a nuestro alrededor ha de pasar por una remodelación total en términos de nuestra percepción.

Este paso agónico de cruzar el umbral de una nueva dimensión no afectará menos al practicante que cuando la gente fue forzada a cambiar del concepto de recaudación y procesamiento de información manualmente a hacer lo mismo con un computador. No obstante, hay una gran diferencia entre estas dos situaciones. Hay individuos que, sencillamente, no se ajustarán a un computador a pesar de todos sus beneficios, dependiendo así de los demás para hacer las tareas concernientes a la información. Sin embargo, cuando estamos involucrados en un paso drástico hacia la modificación total de nuestro camino predestinado en la vida —un paso que incluye la eliminación del caos de nuestra vida— no tenemos otra opción. No podemos eliminar el dolor y el sufrimiento de nuestro panorama sin una participación personal e individual.

Introducción
por el Rav Berg

Para lograr el objetivo de revertir el proceso de envejecimiento, la humanidad será obligada a revertir y cambiar por completo su manera de pensar. En términos kabbalísticos, y con la ciencia ascendiendo lenta pero seguramente y cerrando la brecha con la Kabbalah, estamos compuestos únicamente de nuestra conciencia. Nuestra conciencia racional, la cual está conectada con el cuerpo, y depende completamente de él, tiene un papel menor en la forma que pensamos o nos comportamos. Esto puede sonar muy extraño para un principiante.

El escaneo del *Sidur* ha probado repetidas veces su fiabilidad en alcanzar un estado elevado de nuestra conciencia. La ciencia también ha reconocido las limitaciones de nuestra conciencia racional y ha afirmado que no nos damos cuenta de la totalidad de nuestra conciencia potencial. La lectura o el escaneo del *Sidur* serán extremadamente beneficiosos para el segmento mayor, aunque no utilizado, de nuestra conciencia.

Tanto para el kabbalista como para el científico moderno la conciencia racional conectada a los cinco sentidos está totalmente limitada en su función. Para alcanzar una sociedad libre de caos, debemos trascender este medio superficial de pensamiento e iniciar el proceso de elevar nuestra conciencia a un conocimiento más profundo de las cosas que nos rodean.

Lo que la Kabbalah pide es que, para eliminar el caos de nuestras vidas y nuestro medio ambiente, no tenemos otra opción más que añadirle más a nuestra conciencia racional. En efecto, lo que esto significa es que debemos hacer un esfuerzo determinado para revelar y manifestar los segmentos hasta ahora sin uso de nuestra conciencia —el 99 por ciento de nuestra conciencia potencial— de modo que dichos segmentos se vuelvan tan completamente operativos como nuestra conocida conciencia racional del 1 por ciento.

Por consiguiente, esta introducción sirve para enfatizar la capacidad limitada de nuestra mente. Sin expandir nuestra conciencia cognitiva, los habitantes de la Tierra tienen pocas esperanzas de que se pueda interrumpir el patrón histórico del caos. La relevancia de nuestra conciencia ha sido tan menospreciada con relación a nuestras actividades diarias que considero que este obstáculo es el principal factor (si no el único factor) que evita que la humanidad supere y elimine el caos de nuestro mundo.

Lamentablemente, nuestra conciencia es más estimulada por nuestro comportamiento reactivo, el cual entra en escena cuando nuestro ego es tocado o lastimado por los demás. Respondemos de inmediato a esta influencia o estimulación externa, usualmente de forma negativa, poniéndonos a la defensiva. Aparte de esta situación, raramente nos familiarizamos con la noción de que no estamos funcionando con nuestro potencial total, más allá de nuestra conciencia racional limitada.

Esta capacidad limitada, aunque ha sido conocida por la ciencia por mucho tiempo, simplemente no ha sido entendida por la mayoría de la gente. La razón, según mi opinión, es que la ciencia no ha podido tratar esta falta de conciencia debido a la falta de herramientas disponibles para expandir nuestra conciencia racional para que ocupe un mayor porcentaje de la totalidad de nuestra mente. Si bien hay muchas disciplinas "nuevas" que intentan mejorar o aumentar la capacidad de nuestra conciencia, se les puede atribuir muy poca credibilidad a estos nuevos métodos porque no han sobrevivido la prueba de milenios de obstrucción. El contenido del *Sidur* y sus diferentes meditaciones han estado con nosotros por casi cuatro milenios. El simple hecho de que este libro haya perdurado indica que tiene vida propia; una vida que ha resistido el caos y la destrucción que ha sepultado a todas las demás disciplinas del pasado.

De acuerdo con la disciplina de la Kabbalah, elevar el nivel de nuestra conciencia activa del nivel de la conciencia racional del 1 por ciento al 99 por ciento de nuestra conciencia disponible sólo puede lograrse cuando hemos hecho una conexión con la Realidad del Árbol de la Vida, el Universo Perfecto mencionado en Génesis.

Este *Sidur* proporciona precisamente esa conexión con la Realidad del Árbol de la Vida. Sí, cada uno de nosotros tendrá que dedicar tiempo y esfuerzo para hacer uso de esta herramienta; y ya puedo escuchar los comentarios de los practicantes cuando tengan que enfrentar llegar tarde a una cita o estén presionados por el tiempo. ¿Qué puede pasar si omito hacer una conexión por esta vez? ¿El no poder conectarme con la Realidad del Árbol de la Vida realmente hace diferencia en sólo un día? El Satán nos bombardea constantemente con estos pensamientos ya que, como hemos dicho antes, somos sujetos al ataque de muchos otros pensamientos negativos las 24 horas del día, sobre los que no tenemos control y no podemos evitar que entren en nuestra mente.

¿Cuán importante es para nosotros recobrar el control de nuestra mente? Esta es la pregunta que deberíamos hacernos todos y cada uno de nuestros días. Si consideráramos la cantidad de tiempo que desperdiciamos cada día debido a la conexión con nuestra conciencia racional del 1 por ciento, nos daríamos cuenta de que el total excede por mucho la minúscula cantidad de tiempo que debemos dedicar en lograr el mínimo control sobre nuestra mente.

Los resultados de nuestros esfuerzos en conectar con la Realidad del Árbol de la Vida son, sin cuestionamiento alguno, absolutos. De esto no tengo ninguna duda. La mayor dificultad que todos tenemos en cuanto al control de nuestro destino y de nuestras actividades diarias es la interferencia del Satán con nuestra capacidad de aceptar la idea de que estamos bajo su asedio constantemente. El Satán está presente en nuestra conciencia durante todas las 24 horas de nuestro día: sí, incluso mientras estamos dormidos. Nuestra incapacidad de estar constantemente alertas de esta amenaza y peligro es el arma más poderosa del Satán. El Satán puede abastecernos con más razones de las que podamos pensar acerca de cómo él *no* está involucrado. Su arsenal de distracciones y métodos para desviar nuestra atención de la Realidad del Árbol de la Vida va más allá de lo que podamos imaginar.

El caos, dolor o sufrimiento verdaderos no requieren ni involucran la atención personal del Satán. Administrar y ejecutar el caos en cualquiera de sus presentaciones es dejado a su ejército, el cual está lleno de un número infinito de guerreros. El Satán sabe muy bien que el factor crucial y decisivo —el factor que inflige caos en cada aspecto del universo— está en la conciencia de todos los seres humanos. Si el Satán puede solamente infiltrar dentro de nuestra conciencia la idea de incertidumbre, buena suerte o mala suerte, que todo lo bueno debe tener un final o, al menos, alguna forma de corrección o interrupción, entonces ya es seguro el éxito de su esfuerzo en dejar el panorama de este universo lleno de escombros.

Consideremos el papel de nuestra conciencia en determinar si subiremos o bajaremos la mano. La mano física, una parte vital de nuestro cuerpo, no tiene ninguna participación en esta decisión. De la misma manera, cada manifestación física que resulta depende del estado de nuestra conciencia. Debemos estar completamente al tanto de la relevancia que nuestra conciencia tiene en determinar el producto de cualquier decisión que tomamos respecto a cualquier actividad o manifestación física. Es precisamente en esta área en la cual el Satán ha estado, desde la Creación, en control absoluto. Su influencia en nuestra incapacidad de estar constantemente alertas de la relevancia de nuestra conciencia y en la falta de uso de la capacidad total de nuestra mente es donde el caos, dolor y sufrimiento tienen su origen.

Olvidamos la importancia que la conciencia tiene en el resultado final de cualquiera de nuestras acciones y actividades. En su mayoría, hemos adaptado nuestra conciencia racional para aceptar que, una vez que el contacto físico o emocional cesa a nivel material, ya no ejercemos ningún tipo de control sobre las etapas siguientes de la acción hasta su conclusión.

Esto es precisamente lo que el Satán quiere que creamos. Él hace cualquier intento para desvincular la realidad física y material de la realidad metafísica e inmaterial. De esto se trata el principio de "lo creeré cuando lo vea". En efecto, esto significa que la conciencia no tiene ningún papel en nuestra realidad. Nuestra realidad se presenta como algo muy físico o, sencillamente, no existe. La conciencia, esa fuerza inmaterial, queda completamente ignorada y rara vez asume su lugar adecuado en la manifestación de toda la existencia física.

Por lo tanto, cuando decidimos conscientemente crear algo, en el momento en que esta conciencia cruza a la realidad física, creemos que, por más que queramos e intentemos, nuestra conciencia original ya no tiene participación en ningún desarrollo y resultado futuro. Esto es exactamente lo que el Satán quiere que creamos, a pesar de que, en términos kabbalísticos, no hay nada más alejado de la verdad.

Como resultado, mantenemos a una sociedad que está gobernada por el Principio de Incertidumbre establecido por la ciencia. Esto, lógicamente, implica que cualquier cosa que sea determinada por nuestra conciencia, cualquier cosa que hagamos, cualquier decisión que tomemos mantendrá esta energía de incertidumbre. En cuanto a nuestra participación futura en cualquier asunto, esta conciencia de incertidumbre tiene el papel más importante en el proceso de desarrollo. Por lo tanto, el caos debe existir en cualquier situación dada si consideramos que la energía de nuestra incertidumbre no cesa cuando hemos dejado de pensar en el proceso o dejamos de participar en el mismo. Si bien pareciera que nuestra participación física no continúa, aun así la energía original de incertidumbre continúa más allá del aparente "muéstrame la relación física". Nuestro estado de incertidumbre de la conciencia dictamina que lo que no vemos no existe. Y esto es precisamente lo que el Satán quiere que creamos.

Para dar varios ejemplos de lo que los kabbalistas quieren decir acerca de la conciencia, examinemos las referencias bíblicas concernientes a este asunto.

Después de haber pasado más de tres milenios explorando la interrelación del hombre y su cosmos, los kabbalistas son los únicos entre los investigadores celestiales en proporcionar una descripción unificada de la Creación. Desde la Edad de Oro de Safed, hace unos cuatro siglos, los kabbalistas han tenido un modelo metafísico del universo completamente detallado. ¿Cómo lograron desarrollar una visión del universo de forma tan radical y asombrosamente clara?

El verdadero Mundo del 99 Por Ciento está oculto por velos de negatividad, síntomas y apariencias. No obstante, como los kabbalistas que le antecedieron y que le precedieron, el Arí encontró la respuesta, al menos en parte, en el anteproyecto que se nos entregó mediante el código cósmico conocido como la Biblia.

"Cuando hayan entrado en la tierra de Canaán... y Yo mando una plaga de lepra sobre alguna casa de la tierra de su posesión..." (Levítico 14:34).

Los cananeos tenían una conciencia negativa y maligna. Cuando erigían una edificación, ellos empleaban y conectaban con fuerzas malignas que rondan arbitrariamente en el universo, causando así que estas fuerzas oscuras se expresaran en la edificación. La energía negativa de estas fuerzas se manifestaba como la lepra que es descrita en la cita presentada previamente.

Los kabbalistas dicen que cuando una persona comienza a erigir una edificación, debe declarar que la está construyendo para el servicio de la Fuerza de Luz. El *Zóhar* afirma que cuando las mujeres llevaban artículos al Tabernáculo, ellas solían "especificar para qué era cada parte... Y todas las mujeres cuyo corazón las impulsó en sabiduría..." (Éxodo 35:26). Las mujeres con sabiduría entendían el poder de la mente y la actividad humana. Ellas fueron impulsadas en sabiduría y cada artículo se conectaba con la Fuerza de Luz.

Lo que parece emerger del relato bíblico es la relación directa que existe entre la realidad inanimada y su constante interacción en los niveles más sutiles. El kabbalista sabe que todos los eventos a nivel físico son dirigidos por una energía-fuerza de inteligencia interna, la cual evoluciona en todo lo que podemos observar en forma manifestada.

Aquí se encuentra la diferencia esencial entre la cosmovisión del kabbalista y la del científico. Para el kabbalista, todos y todo, incluyendo una piedra o una mesa, tiene un nivel de inteligencia y conciencia. Una mesa habla, e igualmente lo hacen los alimentos. Una persona que toma asiento en un restaurante donde la persona que estaba sentada antes arrojó una enorme cantidad de vibraciones negativas puede que se sienta muy incómoda durante la comida y nunca sepa por qué. Una casa con vibraciones negativas habla y puede que haga sentir agitado al nuevo comprador o inquilino (Rav Berg, *Kabbalah for the Layman*, Vol. III, 140-142). La mesa y la casa poseen inteligencia.

Ya sea que entendamos o no el lenguaje de los habitantes inanimados de nuestro universo, o seamos conscientes de su lenguaje intrínseco, éstos revelan mucho de lo que está ocurriendo a nuestro alrededor. El kabbalista o estudiante de Kabbalah sabe perfectamente bien que una casa, apartamento o negocio que ha sido corrompido por la conciencia negativa y maligna de seres humanos es un lugar del cual debe uno mantenerse alejado. El kabbalista captará la inteligencia de estas entidades inanimadas y actuará apropiadamente.

Cada vasija de una estructura inanimada tiene cierta nota que hace que reverbere más fuertemente que en cualquier otra frecuencia. Rodea suavemente el borde de una copa de vino con el dedo húmedo para conocer la armonía resonante de esa vasija. El truco de un cantante capaz de quebrar copas se logra al cantar en un tono en particular y con suficiente volumen para hacer que el vidrio estalle debido a la fuerza de sus propias vibraciones.

Otro ejemplo para aquellos de nosotros familiarizados con el juego de tenis es la idea del seguimiento después de golpear la pelota. Todos los profesionales del tenis concuerdan que cuando la raqueta ha golpeado la pelota y ya no hay contacto físico entre la pelota y la raqueta, el jugador aún debe impulsar la raqueta después del contacto inicial. Podríamos preguntarnos por qué es necesario continuar impulsando la raqueta hasta el final del movimiento cuando la misma tan sólo entra en contacto con el aire. Estoy seguro que desde el punto de vista del jugador profesional de tenis y del científico, este seguimiento influye en la velocidad, la rotación y la dirección de la pelota. Y el movimiento de la raqueta después del punto de impacto mejora e influye el comportamiento de la pelota más allá del golpe. Sin embargo, la pregunta respecto a por qué la conciencia del jugador se extiende más allá del impacto no es tomada en consideración.

Por lo tanto, si nuestra conciencia es una de incertidumbre al principio de cualquier actividad, debemos entender que esto tendrá un efecto material en el resultado. De manera similar, si mantenemos una actitud positiva de certeza, entonces esta conciencia también continuará más allá del punto de nuestra participación física. Entonces, si pudiéramos conectar nuestra mente sin control y sin certeza al reino de la Realidad del Árbol de la Vida e infundir nuestra mente con la energía de esta realidad perfecta, entonces esta conciencia positiva es lo que permearía y se extendería a través de nuestras actividades físicas y más allá.

EL PROPÓSITO DEL SIDUR

Tenemos la opción de ser influenciados por la prevaleciente atmósfera de incertidumbre y el caos que resulta de ésta o de conectarnos mediante el *Sidur Kabbalístico* con la Realidad del Árbol de la Vida, lo cual sin duda limpiará el aire de todas las interferencias negativas e incertidumbre. Y de la misma manera que sembrar una semilla gobierna todo lo que emergerá subsecuentemente de esa semilla, nuestra conciencia es la semilla de todas las actividades futuras. Cómo y de qué consistirá esta conciencia, y cómo esta conciencia se comportará, depende completamente de nuestro esfuerzo y participación en nuestra conciencia actual.

Iniciar actividades sin una conexión con el Árbol de la Vida es, literalmente, buscar el caos latente. La historia, con su evidencia de caos ininterrumpido, es testigo de la incapacidad humana de poner fin al caos desenfrenado que afecta a toda la humanidad. En el pasado, el ser humano siempre buscó soluciones fuera de sí mismo. Con el advenimiento de la Era de

Acuario, todo esto tendrá fin. La perspectiva kabbalística de cómo el caos llega a su fin incluye primero y principalmente la participación del mismo ser humano. Las herramientas y la metodología para eliminar una sociedad caótica de una vez por todas están ahora disponibles para toda la humanidad. Sin duda alguna, la conciencia programada en los últimos cinco milenios todavía tendrá una función importante en la aceptación de este nuevo papel que ubica a la humanidad en el centro de toda actividad.

Con la introducción del primer *Sidur Kabbalístico Transliterado*, la humanidad, por primera vez en la historia, se encuentra en posición de convertirse en el dueño de su destino y el capitán de su barco. No obstante, la eliminación del caos individual y ambiental ahora se vuelve una responsabilidad personal. Eludir esta tremenda carga sólo puede invitar a la continuidad del caos a nuestra vida. Efectivamente, la idea de que ya no podemos ni tenemos que buscar en otro lugar parecerá muy revolucionaria y extraña para muchos, pero esta es la Era de Acuario, y con la misma viene el enorme apoyo de la Fuerza de Luz para asistirnos en este cambio novedoso y radical respecto al problema del caos. El Satán nos proporcionará una cantidad infinita y suficiente de razones, en cada paso de este nuevo camino espiritual, para hacernos creer que no somos capaces de asumir una tarea de proporciones tan monumentales. El concepto de que todos los días requieren nuestro tiempo, esfuerzo y participación a fin de eliminar el caos en nuestra vida ciertamente puede crear un pequeño caos en nuestros planes y hábitos.

Para aquellos de nosotros que nos tomamos el tiempo y el esfuerzo para restaurar nuestra conciencia a una de certeza y positividad, la observación de los cambios que inevitablemente ocurrirán en nuestra vida será anonadante.

El *Sidur Kabbalístico* considera las influencias cósmicas de cada día de la semana. Estas diferencias son tomadas en cuenta y se proveen las metodologías que conectan con la energía positiva de cada día en particular. El Arí, en su libro *Las Puertas de la Meditación*, también afirma que el apoyo y asistencia de los ángeles tienen una función intrínseca en la garantía del bienestar del ser humano. Además, los ángeles son designados con el único propósito de aumentar la protección del caos y la incertidumbre, y uno o más ángeles que ministran sobre un día no ministran sobre otro. Por consiguiente, en este *Sidur* se incluye la meditación apropiada que garantizará la presencia de los ángeles durante cada día.

Los nuevos milagros, que ocurren cuando menos los esperamos, servirán para reforzar nuestra convicción y entendimiento acerca de por qué el caos siempre ha sido un "amigo" que nos ha acompañado y ha estado atado a nosotros por los últimos cinco milenios. El *Sidur Kabbalístico* se convertirá en la herramienta que nos permita desvincular exitosamente al Satán de nuestra presencia y disfrutar el derecho dado por Dios de un Universo Perfecto libre de las vidas caóticas que fuimos forzados a vivir en el pasado.

LA CARTA DEL RAMBÁN (RAV MOSHÉ BEN NAJMÁN 1194-1270)

La siguiente carta fue escrita por el Rambán a su hijo, para enseñarle sobre la humildad y la modestia. El Rambán ordenó a su hijo que leyera esta carta al menos una vez a la semana y le prometió que cada día que leyera esta carta todas sus oraciones serían respondidas. También dijo que todos aquellos que la reciten estarán protegidos de daños o sufrimiento, y se les promete su participación en el Mundo por Venir.

שְׁמַע shemá בְּנִי bení מוּסַר musar אָבִיךָ, avija וְאַל־ veal תִּטֹּשׁ titosh

תּוֹרַת torat אִמֶּךָ. imeja תִּתְנַהֵג titnaheg תָּמִיד tamid לְדַבֵּר ledaber כָּל col

דְּבָרֶיךָ devareja בְּנַחַת benájat לְכָל lejol אָדָם adam וּבְכָל uvejol עֵת, et

וּבָזֶה uvazé תִּנָּצֵל tinatsel מִן min הַכַּעַס, hacaas שֶׁהִיא shehí מִדָּה midá

רָעָה raá לְהַחֲטִיא lehajatí בְּנֵי bnei אָדָם. adam וְכֵן vején אָמְרוּ amrú

רַבּוֹתֵינוּ raboteinu ז"ל: zal כָּל col הַכּוֹעֵס hacoés כָּל col מִינֵי minei

גֵיהִנֹּם Guehinom שׁוֹלְטִין sholtín בּוֹ bo שֶׁנֶּאֱמַר: sheneemar וְהָסֵר vehaser

כַּעַס caas מִלִּבֶּךָ, milibeja וְהַעֲבֵר vehaaver רָעָה raá מִבְּשָׂרֶךָ, mibesareja

וְאֵין veéin רָעָה raá אֶלָּא ela גֵיהִנֹּם, Guehinom שֶׁנֶּאֱמַר: sheneemar וְגַם־ vegam

רָשָׁע rashá לְיוֹם leyom רָעָה. raá וְכַאֲשֶׁר vejaasher תִּנָּצֵל tinatsel מִן min

הַכַּעַס hacaas תַּעֲלֶה taalé עַל al לִבְּךָ libjá מִדַּת midat הָעֲנָוָה haanavá

שֶׁהִיא shehí מִדָּה midá טוֹבָה tová מִכָּל micol הַמִּדּוֹת hamidot טוֹבוֹת, tovot

שֶׁנֶּאֱמַר: sheneemar עֵקֶב ékev עֲנָוָה anavá יִרְאַת yirat יְהֹוָה Adonai

וּבַעֲבוּר uvaavur הָעֲנָוָה haanavá תַּעֲלֶה taalé עַל al לִבְּךָ libjá מִדַּת midat

הַיִּרְאָה, hayirá כִּי qui תִתֵּן titén אֶל el לִבְּךָ libjá תָּמִיד, tamid

מֵאַיִן meayin בָּאתָ, bata וּלְאָן uleán אַתָּה atá הוֹלֵךְ, holej וְשֶׁאַתָּה vesheatá

רִמָּה rimá וְתוֹלֵעָה vetolea בְּחַיֶּיךָ, bejayeja וְאַף veaf כִּי qui

בְּמוֹתְךָ, vemotaj וְלִפְנֵי velifnei מִי mi אַתָּה atá עָתִיד atid לִיתֵּן litén

דִּין din וְחֶשְׁבּוֹן, vejeshbón לִפְנֵי lifnei מֶלֶךְ Mélej הַכָּבוֹד, haCavod

---

LA CARTA DEL RAMBÁN

"Escucha, hijo mío, la instrucción de tu padre y no rechaces la enseñanza de tu madre". (Proverbios 1:8) *Adquiere el hábito de hablar siempre calmadamente a todo el mundo. Esto te salvará de la ira, un serio defecto de carácter que hace pecar a las personas. Tal como dijeron nuestros Maestros: "Todo aquel que se enciende de ira está sujeto a la disciplina de Guehinom"* (Nedarim 22a) *como está escrito: "Destierra la ira de tu corazón y el mal de tu carne"* (Eclesiastés 12:10). *Mal significa aquí Guehinom, como leemos: "y los malvados están destinados al día del mal"* (Proverbios 16:4). *Una vez que te hayas salvado de la ira, la cualidad de la humildad entrará en tu corazón. Esta radiante cualidad es la mejor de todos los rasgos admirables* (ver Avodá Zará 20b), *"Seguido de la humildad llega el temor (reverencial) al Señor"* (Proverbios 22:4), *y a través de la humildad también llegará a tu corazón la cualidad del temor reverencial. Hará que siempre pienses acerca de dónde vienes y para dónde vas, y que mientras estás vivo eres sólo como un gusano y una lombriz, y lo mismo después de la muerte. También te recordará ante quién has de ser juzgado, el Rey de la Gloria* (ver Avot 3:1),

שֶׁנֶּאֱמַר :sheneemar הִנֵּה hiné הַשָּׁמַיִם hashamáyim וּשְׁמֵי ushmei
הַשָּׁמַיִם hashamáyim לֹא lo יְכַלְכְּלוּךָ ,yejalqueluja אַף af כִּי qui לִבּוֹת libot
בְּנֵי bnei אָדָם ,adam וְנֶאֱמַר :veneemar הֲלֹא haló אֶת et
הַשָּׁמַיִם hashamáyim וְאֶת veet הָאָרֶץ haárets אֲנִי aní מָלֵא malé נְאֻם neum
יְהֹוָה Adonai וְכַאֲשֶׁר vejaasher תַּחְשׁוֹב tajshov אֵת et כָּל col
אֵלֶּה ,ele תִּירָא tirá מִבּוֹרַאֲךָ miboreja וְתִשָּׁמֵר vetishamer מִן min
הַחֵטְא ,hajet וּבְמִדּוֹת uvemidot הָאֵלֶּה haele תִּהְיֶה tihyé שָׂמֵחַ saméaj
בְּחֶלְקֶךָ .bejelkejá וְכַאֲשֶׁר vejaasher תִּתְנַהֵג titnaheg בְּמִדַּת bemidat
הָעֲנָוָה haanavá לְהִתְבּוֹשֵׁשׁ lehitboshesh מִכָּל micol אָדָם adam
וּלְהִתְפַּחֵד ulehitpajed מִמֶּנּוּ mimenu וּמִן umín הַחֵטְא ,hajet אָז az
תִּשְׁרֶה tishré עָלֶיךָ aleja רוּחַ rúaj הַשְּׁכִינָה ,haShejiná וְזִיו veziv
כְּבוֹדָהּ ,quevodá וְחַיֵּי vejayei עוֹלָם olam הַבָּא .habá וְעַתָּה veatá בְּנִי bní
דַּע da וּרְאֵה ,uré כִּי qui הַמִּתְגָּאֶה hamitgaé בְּלִבּוֹ belibó עַל al
הַבְּרִיּוֹת ,habriyot מוֹרֵד mored הוּא hu בְּמַלְכוּת bemaljut שָׁמַיִם ,shamáyim
כִּי qui מִתְפָּאֵר mitpaer הוּא hu בִּלְבוּשׁ bilvush מַלְכוּת maljut
שָׁמַיִם ,shamáyim שֶׁנֶּאֱמַר :sheneemar יְהֹוָה Adonai מָלָךְ malaj
גֵּאוּת gueut לָבֵשׁ lavesh וגו' .vegomer וּבַמֶּה uvamé יִתְגָּאֶה yitgaé
לֵב lev הָאָדָם ,haadam אִם im בְּעוֹשֶׁר ,beósher יְהֹוָה Adonai
מוֹרִישׁ morish וּמַעֲשִׁיר .umaashir וְאִם veím בְּכָבוֹד ,bejavod
הֲלֹא haló לֵאלֹקִים leEloquim הוּא ,hu שֶׁנֶּאֱמַר :sheneemar וְהָעֹשֶׁר vehaósher
וְהַכָּבוֹד vehacavod מִלְּפָנֶיךָ ,milfaneja וְאֵיךְ veéij מִתְפָּאֵר mitpaer
בִּכְבוֹד bijvod קוֹנוֹ .konó וְאִם veím מִתְפָּאֵר mitpaer בְּחָכְמָה ,bejojmá

---

como está escrito: "Ni siquiera el Cielo ni los Cielos del Cielo pueden contenerte, ¡cuanto menos el corazón de las personas!" (I Reyes 8:27; Proverbios 15:11). También está escrito: "¿Acaso no lleno Yo Cielo y Tierra? Dice el Señor" (Jeremías 23:24). Cuando pienses en todas estas cosas, llegarás a temer a tu Creador, y te protegerás a ti mismo del pecado y por lo tanto con estas cualidades serás feliz con tu porción. También, cuando actúes humildemente y modestamente ante toda persona y le temas a Dios y al pecado, entonces el espíritu de la Shejiná y su glorioso resplandor reposarán sobre ti, ¡y vivirás la vida del Mundo por Venir! Y ahora, hijo mío, entiende y observa que el que se enorgullece en su corazón y se siente más grande que otros se está rebelando contra el Reino de los Cielos, porque se está adornando a sí mismo con las vestiduras del Reino de los Cielos, como está escrito: "El Señor reina, Él viste ropas de orgullo" (Salmos 93:1). ¿Y con qué habría uno de sentirse orgulloso? ¿Será a causa de la riqueza? "El Señor lo hace a uno pobre o rico" (I Samuel 2:7). ¿Es a causa del honor? Pertenece a Dios, como leemos: "Riqueza y honor vienen de Ti" (I Crónicas 29:12). Así que, ¿cómo podría uno adornarse con el honor de su señor? Y alguien que está orgulloso de su sabiduría

zkenim זְקֵנִים vetáam וְטַעַם ,leneemanim לְנֶאֱמָנִים safá שָׂפָה mesir מֵסִיר
,haMakom הַמָּקוֹם lifnei לִפְנֵי shavé שָׁוֶה hacol הַכֹּל nimtsá נִמְצָא .yikaj יִקָּח
uvirtsonó וּבִרְצוֹנוֹ ,gueím גֵּאִים mashpil מַשְׁפִּיל veapó בְּאַפּוֹ qui כִּי
atsmejá עַצְמְךָ hashpil הַשְׁפִּיל lajén לָכֵן ,shfalim שְׁפָלִים magbiha מַגְבִּיהַּ
lejá לְךָ afaresh אֲפָרֵשׁ quen כֵּן al עַל .haMakom הַמָּקוֹם vinasajá וִינַשַּׂאֲךָ
ba בָּהּ laléjet לָלֶכֶת haanavá הָעֲנָוָה bemidat בְּמִדַּת titnaheg תִּתְנַהֵג eij אֵיךְ
,benájat בְּנַחַת yihyú יִהְיוּ devareja דְּבָרֶיךָ col כָּל ,tamid תָּמִיד
lemata לְמַטָּה yabitu יַבִּיטוּ veeineja וְעֵינֶיךָ ,cafuf כָּפוּף veroshjá וְרֹאשְׁךָ
bifnei בִּפְנֵי tabit תַּבִּיט veal וְאַל ,lemala לְמַעְלָה velibjá וְלִבְּךָ ,laárets לָאָרֶץ
yihyé יִהְיֶה adam אָדָם vejol וְכָל ,imó עִמּוֹ bedaberjá בְּדַבֶּרְךָ adam אָדָם
o אוֹ jajam וְחָכָם veím וְאִם ,beeineja בְּעֵינֶיךָ mimeja מִמְּךָ gadol גָּדוֹל
rash רָשׁ veím וְאִם .lejabdó לְכַבְּדוֹ aleja עָלֶיךָ ,hu הוּא ashir עָשִׁיר
,mimenu מִמֶּנּוּ jajam וְחָכָם o אוֹ ashir עָשִׁיר veatá וְאַתָּה ,hu הוּא
mimenu מִמֶּנּוּ jayav וְחַיָּב atá אַתָּה qui כִּי belibjá בְּלִבְּךָ jashov וַחֲשׁוֹב
hu הוּא joté וְחוֹטֵא hu הוּא sheím שֶׁאִם ,mimaj מִמְּךָ zacai זַכַּאי vehú וְהוּא
devareja דְּבָרֶיךָ bejol בְּכָל .mezid מֵזִיד veatá וְאַתָּה shogueg שׁוֹגֵג
,et עֵת uvejol וּבְכָל umajshevoteja וּמַחְשְׁבוֹתֶיךָ umaaseja וּמַעֲשֶׂיךָ
lifnei לִפְנֵי omed עוֹמֵד atá אַתָּה queílu כְּאִלּוּ belibaj בְּלִבָּךְ jashov וַחֲשׁוֹב
,aleja עָלֶיךָ uShjinató וּשְׁכִינָתוֹ ,Hu הוּא Baruj בָּרוּךְ Kadosh קָדוֹשׁ
yihyú יִהְיוּ udevareja וּדְבָרֶיךָ ,haolam הָעוֹלָם malé מָלֵא quevodó כְּבוֹדוֹ qui כִּי
,rabó רַבּוֹ lifnei לִפְנֵי queéved כְּעֶבֶד uveyirá וּבְיִרְאָה beeimá בְּאֵימָה
yikraajá יִקְרָאֲךָ veím וְאִם ,adam אָדָם micol מִכָּל vetitbayesh וְתִתְבַּיֵּשׁ
,ram רָם bekol בְּקוֹל taanehu תַּעֲנֵהוּ al אַל ish אִישׁ
.rabó רַבּוֹ lifnei לִפְנֵי queomed כְּעוֹמֵד benájat בְּנַחַת rak רַק

---

seguramente sabe que Dios "quita el habla de hombres locuaces y el razonamiento de los sabios" (Job 12:20). De modo que vemos que todo el mundo es igual ante Dios, ya que con Su ira Él rebaja a los orgullosos y cuando Él lo desea levanta a los que están abajo. ¡Así que rebájate y Dios te elevará! Por consiguiente, ahora te explicaré cómo comportarte siempre humildemente y perseguir siempre este atributo. Habla amablemente siempre, con tu cabeza inclinada, tus ojos mirando hacia el suelo y tu corazón hacia arriba (hacia Dios). No mires al rostro de la persona con quien estás hablando. Considera a todo el mundo como más que tú. Si él es sabio o rico, debes darle respeto. Si él es pobre y tú eres más rico o más sabio que él, considérate (en tu corazón) que eres más culpable que él, y que él es más inocente que tú, dado que cuando él peca lo hace por error, ¡mientras que tú lo haces deliberadamente! En todas tus palabras, en todas tus acciones, en todos tus pensamientos y en toda hora, considera en tu corazón como si estuvieras de pie ante el Santísimo, Bendito sea Él, y Su Shejiná está encima de ti, porque Su gloria llena el mundo entero. Habla con temor y sobrecogimiento, como un esclavo ante su amo. Actúa con templanza ante todo el mundo. Cuando alguien te llame, no contestes en voz alta, sino suavemente, como alguien de pie ante su amo.

asher אֲשֶׁר tamid תָּמִיד baTorá בַּתּוֹרָה likrot לִקְרוֹת zahir זָהִיר vehevei וֶהֱוֵי
min מִן takum תָּקוּם vejaasher וְכַאֲשֶׁר ,lekaymá לְקַיְּמָהּ tujal תּוּכַל
yesh יֵשׁ im אִם lamadta לָמַדְתָּ baasher בַּאֲשֶׁר tejapés תְּחַפֵּשׂ ,haséfer הַסֵּפֶר
utefashpesh וּתְפַשְׁפֵּשׁ ,lekaymó לְקַיְּמוֹ tujal תּוּכַל asher אֲשֶׁר davar דָּבָר bo בּוֹ
yihyú יִהְיוּ uvazé וּבָזֶה ,uvaérev וּבָעֶרֶב babóker בַּבֹּקֶר bemaaseja בְּמַעֲשֶׂיךָ
divrei דִּבְרֵי col כָּל vehaser וְהָסֵר .bitshuvá בִּתְשׁוּבָה yameja יָמֶיךָ col כָּל
vehajén וְהָכֵן ,hatefilá הַתְּפִלָּה beet בְּעֵת milibjá מִלִּבְּךָ haolam הָעוֹלָם
vetaher וְטַהֵר ,Hu הוּא Baruj בָּרוּךְ haMakom הַמָּקוֹם lifnei לִפְנֵי libjá לִבְּךָ
kódem קוֹדֶם hadibur הַדִּבּוּר vajashov וַחֲשׁוֹב ,raayoneja רַעְיוֹנֶיךָ
yemei יְמֵי col כָּל taasé תַּעֲשֶׂה vején וְכֵן ,mipija מִפִּיךָ shetotsienu שֶׁתּוֹצִיאֶנּוּ
veló וְלֹא vedavar וְדָבָר davar דָּבָר bejol בְּכָל hevleja הֶבְלְךָ jayei חַיֵּי
umaaseja וּמַעֲשֶׂיךָ devareja דְּבָרֶיךָ yihyú יִהְיוּ uvazé וּבָזֶה .tejetá תֶּחֱטָא
tihyé תִּהְיֶה utfilatjá וּתְפִלָּתְךָ ,yesharim יְשָׁרִים umajshevoteja וּמַחְשְׁבוֹתֶיךָ
umekubélet וּמְקֻבֶּלֶת umejuvénet וּמְכֻוֶּנֶת unekiyá וּנְקִיָּה uvará וּבָרָה zacá זַכָּה
:sheneemar שֶׁנֶּאֱמַר ,Hu הוּא Baruj בָּרוּךְ haMakom הַמָּקוֹם lifnei לִפְנֵי
tikrá תַּקְרָא .ozneja אָזְנֶךָ takshiv תַּקְשִׁיב libam לִבָּם tajín תָּכִין
veló וְלֹא bashavúa בַּשָּׁבוּעַ ajat אַחַת páam פַּעַם hazot הַזֹּאת haiguéret הָאִגֶּרֶת
ajar אַחַר tamid תָּמִיד ba בָּהּ velaléjet וְלָלֶכֶת lekaymá לְקַיְּמָהּ ,tifjot תִּפְחוֹת
bejol בְּכָל tatslíaj תַּצְלִיחַ lemaan לְמַעַן ,yitbarej יִתְבָּרֵךְ haShem הַשֵּׁם
hatsafún הַצָּפוּן habá הַבָּא laolam לָעוֹלָם vetizqué וְתִזְכֶּה derajeja דְּרָכֶיךָ
shetikraena שֶׁתִּקְרָאֶנָּה yom יוֹם uvejol וּבְכָל .latsadikim לַצַּדִּיקִים
yaalé יַעֲלֶה caasher כַּאֲשֶׁר hashamáyim הַשָּׁמַיִם min מִן yaanuja יַעֲנוּךָ
:sela סֶלָה Amén אָמֵן olam עוֹלָם ad עַד lishol לִשְׁאוֹל libjá לִבְּךָ al עַל

La Torá siempre debe ser aprendida diligentemente, de modo que seas capaz de cumplir sus mandamientos. Cuando te levantes de tu aprendizaje reflexiona cuidadosamente acerca de lo que has estudiado, a fin de ver qué hay en ello que puedas poner en práctica. Examina tus acciones cada mañana y cada noche, y de esta manera en todos tus días habrá Teshuvá (arrepentimiento). Durante tus rezos, elimina todas las preocupaciones mundanas de tu corazón. Prepara tu corazón ante el Señor, purifica tus pensamientos y piensa en lo que vas a decir antes de sacarlo de tu boca. Y si sigues esto en todas tus acciones diarias, no pecarás. De esta manera todo lo que digas, hagas o pienses será lo correcto, y tu oración será pura, clara, limpia, devota y aceptable ante el Señor, bendito sea Él, como está escrito: "Cuando su corazón está dirigido a Ti, escúchales" (Salmos 10:17). Lee esta carta al menos una vez por semana y no descuides ningún aspecto de ella. Cumple con su contenido y, al hacerlo, camina con ella para siempre por los senderos del Señor, Bendito sea Él, de modo que tengas éxito en todo lo que hagas, y seas merecedor del Mundo por Venir que se encuentra escondido para los justos. Cada día que hayas de leer esta carta, el Cielo responderá conforme a los deseos de tu corazón eternamente. Amén, Sela.

MEDITACIÓN ESPECIAL PARA LA MEMORIA ESPIRITUAL

Rav Jayim Vital escribe (*La puerta de la Inspiración Divina*, pág. 87): "Un *Yijud* (unificación) que aumenta la memoria de cada individuo es el secreto de los dos Nombres de *Yud* y *Hei* deletreados con *Yud* y con *Hei*. Sus letras están combinadas, una letra de cada una a la vez, de la siguiente manera:

ייוודדההיה ייוודדהההי

El momento para esta meditación es cada mañana al amanecer.

BENDICIONES DE LA MAÑANA

Debes recitar las bendiciones de la mañana a partir de la medianoche en adelante. Y debes procurar recitar todas las bendiciones tan pronto como despiertes después de la medianoche, y si no las recitas completamente al despertar después de la medianoche, estás evitando que la abundancia del Mundo Superior y los *Mojín* infunda a los *Partsufim* Superiores. Y también causas que las *klipot* permanezcan adheridas en los lugares celestiales. También que el poder de las *klipot* se esparza en tu *Néfesh*, *Rúaj*, *Neshamá*, *Jayá*, *Yejidá* y tus sentidos. Usar tus sentidos ahora, con las *klipot* adheridas, agotará tu energía en lugar de aprovechar la oportunidad de usar el poder de remover y cancelar a las *klipot*. Y ésta es una de las razones por la cual otros tipos de infortunios y caos ocurren en nuestra vida, Dios no lo permita, y por esta razón es importante decir todas las bendiciones de la mañana cuando despiertes a la medianoche, incluso si planeas irte a dormir después. Esto no aplica a dormir durante el día, debido a que no hay energía negativa adherida al sueño en el día. Cuando te despiertes después de la medianoche o no duermas en lo absoluto y comiences a estudiar, después de la medianoche, debes recitar las bendiciones de la mañana (a excepción de las bendiciones de la *Torá*, las cuales serán recitadas al amanecer). Como está escrito en el *Zóhar*, *Vayakel* 14-25: "Rav Elazar y Rav Yosi estuvieron estudiando desde el comienzo de la noche, cuando llegó la medianoche escucharon el canto de un gallo y recitaron las bendiciones de la mañana" (*Náhar Shalom*, pág. 88).

MODÉ ANÍ

Cada noche, cuando nuestras almas ascienden a los Mundos Superiores, una fuerza poderosa intenta impedir que nos despertemos y veamos la luz de un nuevo día. Esta fuerza reside dentro de cada uno de nosotros. Es nuestro lado negativo, o lo que los kabbalistas llaman nuestra "Inclinación al Mal", alimentado por nuestro comportamiento negativo del día anterior. No obstante, cada día el Creador nos da otra oportunidad para cambiar y revelar la Luz que no fuimos capaces de revelar el día anterior. La conexión de *Modé Aní* nos permite aprovechar esta oportunidad. Esta secuencia de letras arameas despierta nuestra apreciación por el regreso de nuestra alma a nuestro cuerpo. Este acto de apreciación ayuda a fortalecer y proteger todas las bendiciones que recibimos.

Cuando despiertes, aun cuando tus manos no estén limpias, puedes decir el verso "*modé aní*" puesto que no contiene ninguno de los Nombres Sagrados.

מוֹדֶה modé (Las mujeres dicen: מוֹדָה modá) אֲנִי aní אני לְפָנֶיךָ lefaneja ס״ג מ״ה ב״ן

מֶלֶךְ Mélej וְחַי jai וְקַיָּם vekayam שֶׁהֶחֱזַרְתָּ shehejezarta בִּי bi

נִשְׁמָתִי nishmatí בְּחֶמְלָה bejemlá. רַבָּה rabá אֱמוּנָתֶךָ emunateja:

BENDICIONES DE LA MAÑANA
MODÉ ANÍ

Doy gracias ante ti, Oh Rey vivo y eterno,
por haberme devuelto bondadosamente el alma; grande es Tu fidelidad (*Bereshit Rabá, cap. 68*).

EL LAVADO DE MANOS

Mientras dormimos en la noche, muchas fuerzas negativas se adhieren a nuestro cuerpo. Cuando nuestra alma regresa y se reconecta con nuestro cuerpo, elimina la mayor parte de esa negatividad, pero no de nuestras manos. Al lavar nuestras manos cada mañana al despertar, logramos tres objetivos importantes:
1) Limpiar y eliminar todas las fuerzas negativas que se adhirieron a nuestras manos durante la noche;
2) Conectarnos con la causa y el nivel de semilla de la realidad (proactivo) y no sólo el efecto (reactivo);
3) Desprendernos de la energía de *aní* (pobre) y conectarnos con la energía de *ashir* (rico).

Lava tus manos en el agua de *Jésed* (misericordia) para remover la suciedad de la *klipá* que está adherida a las cinco *Guevurot* (juicios) במצפך que son revelados por los diez dedos de las manos de *Zeir Anpín* de *Asiyá*. **Primero**, sostén el recipiente de lavado en tu mano derecha y llénalo con agua, luego pásalo a la mano izquierda. **Después**, vierte el agua desde la izquierda sobre la derecha, y luego vierte agua desde la derecha sobre la izquierda. Este proceso debe ser repetido una segunda y una tercera vez. De manera que cada mano sea lavada tres veces. No debes lavar una mano tres veces seguidas, sino alternar entre derecha e izquierda y, al hacer esto, el espíritu impuro llamado "*Shivtá* **(no pronunciar este nombre)** la hija de un rey" salta de una mano a otra hasta que es removido completamente de las manos. Y si no sigues este orden, este espíritu impuro no es removido. Antes de la bendición, debes abrir las palmas de tus manos como alguien que quiere recibir algo, y meditar en elevar *Asiyá* mediante el Nombre de 42 Letras de *Yetsirá*, que tiene el valor numérico de tres manos: Mano derecha (*HaGdolá*) יהוה אלהינו יהוה, el secreto de la primera mitad del Nombre יוד ואו דלת הא אלף
Mano izquierda (*HaJazaká*) כוזו במוכסז כוזו, el secreto de la última mitad del Nombre ואו אלף ואו הא אלף
Mano del medio (*Ramá*) יהוה יוד הא ואו הא Es la raíz del Nombre mismo y a partir de éste se extienden esas tres manos y, por lo tanto, está en el medio. Y mediante estas tres manos de *Yetsirá* elevamos a *Asiyá*. **El lavado** de las manos es el *tikún* de la Luz Interna, su interior y exterior (*Nétsaj, Hod, Yesod*) de *Asiyá*. **La bendición** es el *tikún* de la Luz Circundante del exterior (*Nétsaj, Hod, Yesod*) de *Asiyá*. Las 13 palabras corresponden a los Trece Atributos de *Asiyá*.

Lava tus manos, ve al baño si es necesario, y luego lava tus manos nuevamente. La forma de lavar nuestras manos: Sujeta el recipiente en tu mano derecha y llénalo con agua, luego pásalo a tu mano izquierda. Después, vierte el agua desde la izquierda sobre la derecha y luego vierte agua desde la derecha sobre la izquierda. Ese proceso debe repetirse una segunda y una tercera vez. No debes lavarlas tres veces seguidas, sino alternando entre derecha e izquierda. Frota tus manos tres veces y elévalas al nivel de los ojos y recita la bendición antes de secarlas.

בָּרוּךְ Baruj (אל) אַתָּה Atá (רחום) יְהֹוָהאדניאהדונהי Adonai (וחנון)
אֱלֹהֵינוּ Eloheinu ילה (ארך) מֶלֶךְ Mélej (אפים) הָעוֹלָם haolam (ורב וחסד)
אֲשֶׁר asher (ואמת) קִדְּשָׁנוּ kideshanu (נצר וחסד) בְּמִצְוֹתָיו bemitsvotav (לאלפים)
וְצִוָּנוּ vetsivanu (נשא עון) עַל al (ופשע) נְטִילַת netilat (וחטאה) יָדָיִם yadáyim (ונקה)

Las últimas tres palabras de esta bendición son *Al Netilat Yadáyim*: La primera letra de cada una de estas palabras forman la palabra *aní* עני, "persona pobre" en arameo, y tiene el valor numérico del Nombre Sagrado *Mem Hei* (יוד הא ואו הא). Las últimas dos letras de estas tres palabras, *Ayin Lámed* על, *Lámed Tav* לת, y *Yud Mem* ים, tienen el mismo valor numérico de la palabra *ashir* עשיר, que quiere decir "persona rica".

EL LAVADO DE MANOS

Bendito seas Tú, Señor, nuestro Dios, Rey del mundo,
quien nos ha santificado con Sus mandamientos y nos ha ordenado sobre el lavado de manos.

ASHER YATSAR

Recitar el *Asher Yatsar* después de cada vez que vamos al baño nos conecta con el ADN espiritual y el mapa original del ser humano. Podemos despertar en la mañana sintiéndonos vacíos de energía espiritual, deprimidos, asustados, irritables o, inclusive, llenos de temor por el día que está por venir. A través del poder del *Asher Yatsar*, inyectamos la Luz de la Creación en nuestro sistema inmunológico, fortaleciéndolo y potenciándolo para estar llenos de Luz y recargados espiritualmente para el resto del día.

En esta sección hay 45 palabras, las cuales equivalen al valor numérico de la palabra *Adam* (ser humano) y el mismo valor numérico del Nombre *Mem-Hei*, que fue creado por *Jojmá*. La palabra *Jojmá* está dividida en otras dos palabras que significan fuerza (*cóaj*) para *Mem-Hei*.

Debes meditar en el Nombre Sagrado *Mem-Hei*:

יוד הא ואו הא

La bendición es el *tikún* de la Luz Circundante del interior (*Nétsaj, Hod, Yesod*) de *Asiyá*.

(*Aba de Asiyá*) בָּרוּךְ Baruj אַתָּה Atá יְהֹוָואדהנויאהדונהי Adonai

אֱלֹהֵינוּ Eloheinu ילה מֶלֶךְ Mélej הָעוֹלָם haolam אֲשֶׁר asher יָצַר yatsar

אֶת et הָאָדָם haadam מ״ה בְּחָכְמָה bejojmá במילוי תרי״ג (מצוות)•

וּבָרָא uvará קנ״א ב״ן, יהוה אלהים יהוה אדני, מילוי קס״א וס״ג, מ״ה ברבוע וע״ב ע״ה

בּוֹ vo נְקָבִים nekavim נְקָבִים nekavim• חֲלוּלִים jalulim

חֲלוּלִים jalulim אברהם, ח״פ אל, רי״ו ול״ב נתיבות החכמה, רמ״ח (אברים), עסמ״ב וט״ז אותיות

פשוטות• גָּלוּי galui וְיָדוּעַ veyadúa לִפְנֵי lifnei כִסֵּא jisé כְבוֹדֶךָ jevodeja

ב״ן, לכב שֶׁאִם sheím יוהך, מ״א אותיות דפשוט, דמילוי ודמילוי דמילוי דאהיה ע״ה

יִסָּתֵם yisatem אֶחָד ejad אהבה, דאגה מֵהֶם mehem אוֹ o אִם im יוהך, מ״א

אותיות דפשוט, דמילוי ודמילוי דמילוי דאהיה ע״ה יִפָּתֵחַ yipatéaj אֶחָד ejad אהבה, דאגה

מֵהֶם mehem אִי ei אֶפְשַׁר efshar לְהִתְקַיֵּם lehitkayem אֲפִלּוּ afilu

שָׁעָה shaá אַחַת ejat• בָּרוּךְ Baruj אַתָּה Atá יְהֹוָואדהנויאהדונהי Adonai

רוֹפֵא rofé כָל jol ילי בָשָׂר basar וּמַפְלִיא umaflí לַעֲשׂוֹת laasot:

ASHER YATSAR

Bendito seas Tú, Señor, nuestro Dios, el Rey del mundo, quien hizo al hombre con su sabiduría y creó en él muchas aberturas y muchas cavidades. Es obvio y sabido ante Tu Trono de Gloria que si cualquiera de ellas se bloquea o cualquiera de ellas se abre, entonces sería imposible permanecer vivo siquiera por una hora. Bendito seas Tú, Señor, el Sanador de toda la carne y quien asombra por lo que Él hace.

ELOHAI NESHAMÁ: CONECTAR CON NUESTRA ALMA

La Kabbalah nos enseña que hay cinco niveles principales en nuestra alma: *Néfesh, Rúaj, Neshamá, Jayá* y *Yejidá*. En nuestra vida cotidiana, la mayoría de nosotros no estamos totalmente conectados a estos cinco niveles. Una especie de cordón umbilical discurre constantemente entre los cinco niveles del alma, alimentándonos con la cantidad mínima de Luz que necesitamos para mantener el "piloto" encendido en nuestra alma. Recitamos *Elohai Neshamá* cada mañana para conectar nuestra mente consciente a los cinco niveles de nuestra alma, para que podamos despertar el verdadero propósito y significado de nuestra vida.

El nombre de una persona no es meramente una palabra, es también la conexión espiritual con su alma. Cada letra de un nombre es parte del alfabeto espiritual genético que infunde al alma con la forma de energía particular creada por ese nombre. El poder de esta bendición es que abre un túnel a través de los Mundos Superiores y crea una conexión con los cinco niveles de nuestra alma. Nuestra conexión con esta oración se vuelve más profunda si combinamos nuestro nombre hebreo con la palabra *Neshamá* (alma). Para combinar tu nombre con *Neshamá*, de derecha a izquierda, inserta la primera letra de tu nombre, seguida por la primera letra de *Neshamá*. Luego inserta la segunda letra de tu nombre, seguida por la segunda letra de *Neshamá*, y así sucesivamente. Medita en la secuencia completa de letras antes de conectar con la oración. Por ejemplo, con el nombre Yehuda, la combinación quedaría de la siguiente manera:

No todo individuo tiene el mérito de recibir la parte del alma llamada *Neshamá*, no obstante, todos aún tenemos una parte del alma de Adam (el primer hombre) que abarca a toda la Creación. En esta bendición hay 47 palabras, las cuales tienen el valor numérico de:

יאההויהה

(*Ima de Asiyá*) אֱלֹהַי Elohai מילוי ע״ב, דמב ; ילה (haz una pausa aquí)

נְשָׁמָה neshamá (cinco aspectos de *Atsilut, Briá, Yetsirá* y *Asiyá* colectivos)

שֶׁנָּתַתָּ shenatata בִּי bi (en el alma de *Adam*) טְהוֹרָה tehorá ◆(*Jayá* desde *Atsilut*)

אַתָּה Atá בְרָאתָהּ verata ◆(*Neshamá* desde *Briá*) אַתָּה Atá

יְצַרְתָּהּ yetsarta ◆(*Rúaj* desde *Yetsirá*) אַתָּה Atá נְפַחְתָּהּ nefajta

בִּי bi ◆(*Néfesh* desde *Asiyá*) וְאַתָּה veAtá מְשַׁמְּרָהּ meshamerá

בְּקִרְבִּי bekirbí ◆שדי וְאַתָּה veAtá עָתִיד atid לִטְּלָהּ litelá

מִמֶּנִּי mimeni וּלְהַחֲזִירָהּ ulehajazirá בִּי bi לֶעָתִיד leatid לָבֹא lavó◆

ELOHAI NESHAMÁ

Mi Dios, el alma que Tú has dado en mí es pura.Tú la has formado.
Tú la has creado. Tú la has insuflado en mí y la preservas dentro de mí. Finalmente, Tú la retirarás de mí y, sin embargo, me la retornarás en un futuro venidero.

כָּל col ילי זְמַן zmán שֶׁהַנְּשָׁמָה shehaneshamá בְּקִרְבִּי vekirbí שדי

מוֹדֶה modé אֲנִי aní אני לְפָנֶיךָ lefaneja סג מ"ה ב"ן

יְהֹוָאדהיאהדונהי Adonai אֱלֹהַי Elohai מילוי ע"ב, דמב ; ילה וֵאלֹהֵי veElohei

לכב ; מילוי ע"ב, דמב ; ילה אֲבוֹתַי avotai רִבּוֹן ribón יהוה ע"ב ס"ג מ"ה ב"ן

כָּל col ילי הַמַּעֲשִׂים hamaasim. אֲדוֹן adón אני כָּל col ילי

הַנְּשָׁמוֹת haneshamot. בָּרוּךְ Baruj אַתָּה Atá יְהֹוָאדהיאהדונהי Adonai

הַמַּחֲזִיר hamajazir נְשָׁמוֹת neshamot לִפְגָרִים lifgarim מֵתִים metim:

LAS DIECIOCHO BENDICIONES

El propósito de las Dieciocho Bendiciones es reconectar a nuestra alma con nuestro cuerpo físico después de haber estado casi totalmente desconectada durante el sueño de la noche previa. Todos nosotros estamos bendecidos con diversos dones que, la mayor parte del tiempo, no apreciamos; como la conexión de nuestra alma a nuestro cuerpo. Lamentablemente, la mayoría de nosotros sólo empezamos a apreciar nuestros regalos cuando los hemos perdido. A través del poder de estas Dieciocho Bendiciones, podemos inyectar una fuerza de energía proactiva de apreciación, la cual, a su vez, protege y preserva todo lo que amamos.

Las Dieciocho Bendiciones corresponden a *Yesod* de *Asiyá*. Con estas bendiciones atraemos mucha abundancia y gran Iluminación hacia las tres *Sefirot* superiores de *Asiyá* y, por lo tanto, su parte externa es bendecida y recibe esta gran Luz, y lo externo se hace igual a lo interno.

LA PRIMERA BENDICIÓN – DISTINGUE ENTRE EL DÍA Y LA NOCHE

El mayor don que tenemos como seres humanos es el poder del libre albedrío. La frase "distingue entre el día y la noche" se refiere a la capacidad que tenemos para escoger la Luz del Creador en lugar de la oscuridad, o el bien en vez del mal. Al decir esta bendición, se nos otorga la claridad para ver estas dos fuerzas opuestas que suelen estar ocultas para nosotros.

La primera bendición está en los tres *Partsufim* de *Kéter*: externo, medio e interno de la Luz Directa del *Partsuf* medio de *Zeir Anpín* de *Asiyá* de *Atsilut*, y de *Asiyá* Inferior.

בָּרוּךְ Baruj אַתָּה Atá יְהֹוָאדהיאהדונהי Adonai אֱלֹהֵינוּ Eloheinu ילה

מֶלֶךְ Mélej הָעוֹלָם haolam הַנּוֹתֵן hanotén אבגיתץ, ושר

לַשֶּׂכְוִי lasejví שכוי ע"ה = מלאך גבריאל בִינָה viná ע"ה וזיים, אהיה אהיה יהוה ;

ר"ת הבל, מילוי ס"ג (endulzando el juicio de la noche) וס"ת = ללה, אדני לְהַבְחִין lehavjín

בֵּין bein יוֹם yom ע"ה נגד, מזבח, זן, אל יהוה וּבֵין uvein לָיְלָה layla מלה ; ר"ת = ג"פ יהוה:

Mientras el alma esté dentro de mí, yo estoy agradecido ante Ti, Señor, mi Dios y Dios de mis padres, el Gobernante de todas las acciones. El Dueño de todas las almas. Bendito seas Tú, Señor, quien regresa las almas a los cuerpos muertos.

LAS DIECIOCHO BENDICIONES - LA PRIMERA BENDICIÓN

Bendito seas Tú, Señor, nuestro Dios,
el Rey del mundo, quien le otorga al gallo el entendimiento para distinguir entre el día y la noche.

LA SEGUNDA BENDICIÓN – OTORGA LA VISTA A LOS CIEGOS

El Rey David dijo: "*Tenemos ojos, pero no vemos. Tenemos oídos, pero no escuchamos*". Con demasiada frecuencia, nos dejamos cegar por una oportunidad lucrativa o somos incapaces de anticipar el caos de una situación inminente. El verdadero poder de esta bendición es que nos ayuda a agudizar nuestros sentidos de percepción e intuición para que podamos ver las verdades que normalmente están ocultas para nosotros.

La Segunda Bendición está en los tres *Partsufim* de *Kéter*: externo, medio e interno de la Luz Retornante del *Partsuf* medio de *Zeir Anpín* de *Asiyá* de *Atsilut*, y de *Asiyá* Inferior.

בָּרוּךְ Baruj אַתָּה Atá יְהֹוָֽהאדניאהדונהי Adonai אֱלֹהֵינוּ Eloheinu ילה

מֶלֶךְ Mélej הָעוֹלָם haolam פּוֹקֵחַ pokéaj עִוְרִים ivrim:

LA TERCERA BENDICIÓN – LIBERA A AQUELLOS QUE ESTÁN CAUTIVOS

A menudo nos volvemos prisioneros de nuestro trabajo, nuestros pagos de la hipoteca, nuestras relaciones, nuestras profesiones o, inclusive, de las percepciones que otras personas tienen de nosotros. En esencia, cada uno de nosotros, en mayor o menor grado, es un prisionero cautivo de su *Deseo de Recibir Sólo para Sí Mismo*. La energía que emana de esta bendición tiene el poder de liberarnos de las garras de este deseo tan poderoso y autodestructivo.

La Tercera Bendición está en los tres *Partsufim* de *Jojmá*: externo, medio e interno de la Luz Directa del *Partsuf* medio de *Zeir Anpín* de *Asiyá* de *Atsilut*, y de *Asiyá* Inferior.

בָּרוּךְ Baruj אַתָּה Atá יְהֹוָֽהאדניאהדונהי Adonai אֱלֹהֵינוּ Eloheinu ילה

מֶלֶךְ Mélej הָעוֹלָם haolam מַתִּיר matir אֲסוּרִים asurim:

LA CUARTA BENDICIÓN – ENDEREZA A AQUELLOS QUE ESTÁN DOBLEGADOS

El significado profundo de esta bendición está relacionado con la visión a menudo tergiversada que tenemos del mundo y de las personas que nos rodean. Nuestro "yo" egocéntrico distorsiona nuestra percepción de la realidad hasta el punto en que todos los demás nos parecen doblegados, imperfectos y equivocados. Esta secuencia específica de letras arameas tiene el poder de imbuirnos con la aceptación y la comprensión necesaria para que podamos transformar esa parte negativa de nuestro carácter que percibe a los demás como torcidos.

La Cuarta Bendición está en los tres *Partsufim* de *Jojmá*: externo, medio e interno de la Luz Retornante del *Partsuf* medio de *Zeir Anpín* de *Asiyá* de *Atsilut*, y de *Asiyá* Inferior.

בָּרוּךְ Baruj אַתָּה Atá יְהֹוָֽהאדניאהדונהי Adonai אֱלֹהֵינוּ Eloheinu ילה

מֶלֶךְ Mélej הָעוֹלָם haolam זוֹקֵף zokef כְּפוּפִים quefufim:

LA SEGUNDA BENDICIÓN

Bendito seas Tú, Señor, nuestro Dios, Rey del mundo, quien otorga la vista a los ciegos.

LA TERCERA BENDICIÓN

Bendito seas Tú, Señor, nuestro Dios, Rey del mundo, que libera a aquellos que están cautivos.

LA CUARTA BENDICIÓN

Bendito seas Señor, nuestro Dios, Rey del mundo, quien endereza a aquellos que están doblegados.

LA QUINTA BENDICIÓN – VISTE A LOS QUE ESTÁN DESNUDOS

La Kabbalah explica que el cuerpo es la vestimenta del alma. De igual forma que una persona negativa no puede cambiar su carácter vistiendo un traje costoso, nosotros no podemos crear un cambio personal ni la satisfacción duradera si no nos conectamos a un mundo que está más allá de la conciencia de nuestro cuerpo. La secuencia de letras en esta bendición nos otorga el poder de elevarnos por encima de nuestra conciencia corpórea y conectarnos con nuestra conciencia del alma.

La Quinta Bendición está en los tres *Partsufim* de *Biná*: externo, medio e interno de la Luz Directa del *Partsuf* medio de *Zeir Anpín* de *Asiyá* de *Atsilut*, y de *Asiyá* Inferior. Al final de la bendición, medita en atraer 378 Iluminaciones desde el Rostro de *Arij Anpín* hacia el Rostro de *Jashmal* de *Zeir* y *Nukvá* de *Atsilut*, que es el secreto de *malbush*. (*Malbush* significa vestimenta, palabra que tiene el mismo valor numérico de *Jashmal*, electricidad).

בָּרוּךְ: Baruj אַתָּה Atá יְהֹוָואדהנויאהדונהי: Adonai אֱלֹהֵינוּ Eloheinu ילה

מֶלֶךְ: Mélej הָעוֹלָם haolam מַלְבִּישׁ malbish עֲרוּמִּים arumim:

LA SEXTA BENDICIÓN – DA FUERZA AL FATIGADO

A menudo tratamos de efectuar cambios positivos dentro de nosotros mismos. Intentamos enfrentar nuestros miedos, deshacernos de la ira y vencer nuestros celos. Pero el Satán, una inteligencia negativa, lucha contra nosotros desde nuestro interior y puede evitar que estos cambios sucedan. La secuencia de letras en esta bendición nos brinda la ayuda adicional y la energía que necesitamos para vencer al Satán.

La Sexta Bendición está en los tres *Partsufim* de *Biná*: externo, medio e interno de la Luz Retornante del *Partsuf* medio de *Zeir Anpín* de *Asiyá* de *Atsilut*, y de *Asiyá* Inferior. Al final de la bendición, medita en atraer 378 Iluminaciones desde Rostro de *Arij Anpín* hacia el Rostro de *Jashmal* de *Zeir* y *Nukvá* de *Atsilut*, que es el secreto de *malbush*. (*Malbush* significa vestimenta, palabra que tiene el mismo valor numérico de *Jashmal*, electricidad).

בָּרוּךְ: Baruj אַתָּה Atá יְהֹוָואדהנויאהדונהי: Adonai אֱלֹהֵינוּ Eloheinu ילה מֶלֶךְ: Mélej

הָעוֹלָם haolam הַנּוֹתֵן hanotén אבגיתץ, ושר לַיָּעֵף layaef כֹּחַ cóaj נלך:

LA SÉPTIMA BENDICIÓN – EXTIENDE LA TIERRA SOBRE LAS AGUAS

Los kabbalistas enseñan que, antes de la creación del mundo, el agua llenaba toda la realidad y la existencia. El agua es una expresión física de la fuerza-energía de la misericordia y la Fuerza de Luz del Creador, también conocida como el *Deseo de Compartir*. La materia física posee la esencia inherente del *Deseo de Recibir*, representado por la creación de la tierra en nuestro planeta. Dios creó un delicado equilibrio entre el *Deseo de Compartir* y el *Deseo de Recibir*, el cual se manifiesta en el equilibrio existente entre el agua y la tierra. Esta bendición nos ayuda a lograr y mantener este equilibrio.

LA QUINTA BENDICIÓN

Bendito seas Tú, Señor, nuestro Dios, Rey del mundo, quien viste a los desnudos.

LA SEXTA BENDICIÓN

Bendito seas Tú, Señor, nuestro Dios, Rey del mundo, quien le da fortaleza a los fatigados.

La Séptima Bendición está en los tres *Partsufim* de *Jésed*: externo, medio e interno de la Luz Directa del *Partsuf* medio de *Zeir Anpín* de *Asiyá* de *Atsilut*, y de *Asiyá* Inferior.

בָּרוּךְ Baruj אַתָּה Atá יְהֹוָהאדניאהדונהי Adonai אֱלֹהֵינוּ Eloheinu ילה

מֶלֶךְ Mélej הָעוֹלָם haolam רוֹקַע roká הָאָרֶץ haárets אלהים דההין ע״ה

עַל al הַמָּיִם hamáyim:

LA OCTAVA BENDICIÓN – DIRIGE LOS PASOS DEL HOMBRE

Cuando una persona se embarca en un camino espiritual, inevitablemente enfrentará obstáculos y desafíos a lo largo del camino. Esta secuencia particular de letras arameas nos da el poder de la certeza, para saber que el camino espiritual en el que nos encontramos es el correcto, incluso cuando el sendero ante nosotros se torne temporalmente sombrío.

La Octava Bendición está en los tres *Partsufim* de *Jésed*: externo, medio e interno de la Luz Retornante del *Partsuf* medio de *Zeir Anpín* de *Asiyá* de *Atsilut*, y de *Asiyá* Inferior.

בָּרוּךְ Baruj אַתָּה Atá יְהֹוָהאדניאהדונהי Adonai אֱלֹהֵינוּ Eloheinu ילה

מֶלֶךְ Mélej הָעוֹלָם haolam הַמֵּכִין hamejín מִצְעֲדֵי mitsadei גָבֶר gaver:

LA NOVENA BENDICIÓN – SATISFACE TODAS MIS NECESIDADES

No decimos esta bendición en *Tishá BeAv* (9 de *Av*) ni en *Yom Kipur*

Esta antigua secuencia de letras garantiza que recibamos lo que nuestra alma verdaderamente desea y no lo que nuestros impulsos reactivos a corto plazo hacen que anhelemos.

La Novena Bendición está en los tres *Partsufim* de *Guevurá*: externo, medio e interno de la Luz Directa del *Partsuf* medio de *Zeir Anpín* de *Asiyá* de *Atsilut*, y de *Asiyá* Inferior.

בָּרוּךְ Baruj אַתָּה Atá יְהֹוָהאדניאהדונהי Adonai אֱלֹהֵינוּ Eloheinu ילה

מֶלֶךְ Mélej הָעוֹלָם haolam שֶׁעָשָׂה sheasá שֶׁעָ (ש״ע נהורין דפנים עליונים

להמתיק דינֵי ש״ה דלהלן) = אלף למד אלף למד [אל א׳ = יהוה ד׳ אותיות והכולל ואל ב׳ = ״יא״ דס״ג)]

שָׂה = אלהים דיודין וה׳ אותיות אלהים לִי li כָּל col ילי צָרְכִּי tsarquí:

LA SÉPTIMA BENDICIÓN

Bendito seas Tú, Señor, nuestro Dios, Rey del mundo, quien extiende la tierra sobre las aguas.

LA OCTAVA BENDICIÓN

Bendito seas Tú, Señor, nuestro Dios, Rey del mundo, quien dirige los pasos del hombre.

LA NOVENA BENDICIÓN

Bendito seas Tú, Señor, nuestro Dios, Rey del mundo, quien satisface todas mis necesidades.

LA DÉCIMA BENDICIÓN – FORTALECE A ISRAEL CON PODER

En arameo, la palabra para "fuerza" es *Guevurá*. *Guevurá* tiene el mismo valor numérico (216) que las secuencias de 3 letras de los 72 Nombres de Dios (72 x 3 = 216), las cuales nos ayudan a alcanzar el poder de la mente sobre la materia y a superar nuestra naturaleza reactiva. En las últimas tres palabras de la bendición se encuentra otro secreto. Las primeras tres letras de las últimas tres palabras (*Álef* א, *Yud* י y *Bet* ב) tienen el mismo valor numérico (13) que la palabra aramea *Ahavá* (אהבה), que significa "amor". Si tenemos amor en nuestra vida, siempre tendremos la capacidad de acceder al poder de los 72 Nombres de Dios.

La Décima Bendición está en los tres *Partsufim* de *Guevurá*: externo, medio e interno de la Luz Retornante del *Partsuf* medio de *Zeir Anpín* de *Asiyá* de *Atsilut*, y de *Asiyá* Inferior.

בָּרוּךְ Baruj אַתָּה Atá יְהֹוָאדהנויאהדונהי Adonai אֱלֹהֵינוּ Eloheinu ילה

מֶלֶךְ Mélej הָעוֹלָם haolam אוֹזֵר ozer יִשְׂרָאֵל Yisrael

בִּגְבוּרָה bigvurá ריו ; ר"ת = אהבה, אחד, דאגה:

LA UNDÉCIMA BENDICIÓN – CORONA A ISRAEL CON ESPLENDOR

La palabra en arameo para "esplendor" es *tifará*, de la raíz *Tiféret*. *Tiféret* es la *Sefirá* o la dimensión específica que conecta los Mundos Superiores con nuestro mundo físico. La secuencia de letras que compone esta bendición nos da la capacidad de capturar y almacenar la Luz —como una batería portátil que puede alimentarnos— incluso después de haber cerrado el *Sidur*.

La Undécima Bendición está en los tres *Partsufim* de *Tiféret*: externo, medio e interno de la Luz Directa del *Partsuf* medio de *Zeir Anpín* de *Asiyá* de *Atsilut*, y de *Asiyá* Inferior.

בָּרוּךְ Baruj אַתָּה Atá יְהֹוָאדהנויאהדונהי Adonai אֱלֹהֵינוּ Eloheinu ילה

מֶלֶךְ Mélej הָעוֹלָם haolam עוֹטֵר oter יִשְׂרָאֵל Yisrael בְּתִפְאָרָה betifará:

LA DUODÉCIMA BENDICIÓN – NO ME HIZO UN HOMBRE IDÓLATRA / UNA MUJER IDÓLATRA

En un nivel superficial, esta bendición parece ser discriminatoria. Kabbalísticamente, la palabra gentil no tiene nada que ver con la afiliación religiosa de una persona. Más bien es un código que representa a alguien que no tiene un *Deseo de Recibir* poderoso e intenso. Esta bendición enciende nuestro deseo de crecimiento espiritual, cambio interno y transformación positiva.

LA DÉCIMA BENDICIÓN

Bendito seas Tú, Señor, nuestro Dios, Rey del mundo, que fortalece a Israel con poder.

LA UNDÉCIMA BENDICIÓN

Bendito seas Tú, Señor, nuestro Dios, Rey del mundo, quien corona a Israel con esplendor.

La Duodécima Bendición está en los tres *Partsufim* de *Tiféret*: externo, medio e interno de la Luz Retornante del *Partsuf* medio de *Zeir Anpín* de *Asiyá* de *Atsilut*, y de *Asiyá* Inferior.

בָּרוּךְ Baruj אַתָּה Atá יְהֹוָהאדניאהדונהי Adonai אֱלֹהֵינוּ Eloheinu ילה

מֶלֶךְ Mélej הָעוֹלָם haolam שֶׁלֹּא sheló עָשַׂנִי asani גּוֹי goy:

Las mujeres dicen: בָּרוּךְ Baruj אַתָּה Atá יְהֹוָהאדניאהדונהי Adonai אֱלֹהֵינוּ Eloheinu ילה

מֶלֶךְ Mélej הָעוֹלָם haolam שֶׁלֹּא sheló עָשַׂנִי asani גּוֹיָה goyá:

LA DECIMOTERCERA BENDICIÓN – NO ME HIZO UN ESCLAVO / UNA ESCLAVA

Esta bendición nos brinda el apoyo que necesitamos para no ser gobernados ni encarcelados por nuestra naturaleza reactiva y el mundo material.

La Decimotercera Bendición está en los tres *Partsufim* de *Nétsaj*: externo, medio e interno de la Luz Directa del *Partsuf* medio de *Zeir Anpín* de *Asiyá* de *Atsilut*, y de *Asiyá* Inferior.

בָּרוּךְ Baruj אַתָּה Atá יְהֹוָהאדניאהדונהי Adonai אֱלֹהֵינוּ Eloheinu ילה

מֶלֶךְ Mélej הָעוֹלָם haolam שֶׁלֹּא sheló עָשַׂנִי asani עָבֶד áved:

Las mujeres dicen: בָּרוּךְ Baruj אַתָּה Atá יְהֹוָהאדניאהדונהי Adonai אֱלֹהֵינוּ Eloheinu ילה

מֶלֶךְ Mélej הָעוֹלָם haolam שֶׁלֹּא sheló עָשַׂנִי asani שִׁפְחָה shifjá:

LA DECIMOCUARTA BENDICIÓN – NO ME HIZO MUJER / ME HIZO ACORDE A SU VOLUNTAD

Aunque esta bendición parece machista, no lo es. Kabbalísticamente, la energía inherente a la dimensión de *Zeir Anpín* (que comprende las *Sefirot* de *Jésed* a *Yesod*) —el canal a través del cual fluye la Luz desde los Mundos Superiores hasta nuestro mundo— es masculina. *Maljut*, nuestro mundo, tiene una energía inherente femenina. Este rezo despierta apreciación por nuestra capacidad de generar Luz espiritual a través de las dos fuerzas de energía de lo masculino y lo femenino, y ayuda a que las dos mitades del alma —femenina y masculina— se unan.

La Decimocuarta Bendición está en los tres *Partsufim* de *Nétsaj*: externo, medio e interno de la Luz Retornante del *Partsuf* medio de *Zeir Anpín* de *Asiyá* de *Atsilut*, y de *Asiyá* Inferior.

בָּרוּךְ Baruj אַתָּה Atá יְהֹוָהאדניאהדונהי Adonai אֱלֹהֵינוּ Eloheinu ילה

מֶלֶךְ Mélej הָעוֹלָם haolam שֶׁלֹּא sheló עָשַׂנִי asani אִשָּׁה ishá:

Las mujeres dicen: בָּרוּךְ Baruj שֶׁעָשַׂנִי sheasani כִּרְצוֹנוֹ quirtsonó:

LA DUODÉCIMA BENDICIÓN

Bendito seas Tú, Señor, nuestro Dios, Rey del mundo,
que no me hizo un hombre idólatra / una mujer idólatra.

LA DECIMOTERCERA BENDICIÓN

Bendito seas Tú, Señor, nuestro Dios, Rey del mundo, que no me hizo un esclavo / una esclava.

LA DECIMOCUARTA BENDICIÓN

Bendito seas Tú, Señor, nuestro Dios, Rey del mundo, que no me hizo mujer.
Bendito quien me hizo acorde a Su Voluntad.

LA DECIMOQUINTA BENDICIÓN – ELIMINA DE MIS OJOS LAS ATADURAS DEL SUEÑO

Los kabbalistas han dicho que la humanidad ha estado dormida durante dos mil años. Desafortunadamente, algunas personas viven dormidas toda su vida. Nunca elevan su nivel de conciencia y no logran crear un verdadero cambio interno. Las letras arameas en esta bendición nos ayudan a despertarnos de ese estado de coma.

La Decimoquinta Bendición está en los tres *Partsufim* de *Hod*: externo, medio e interno de la Luz Directa del *Partsuf* medio de *Zeir Anpín* de *Asiyá* de *Atsilut*, y de *Asiyá* Inferior.

בָּרוּךְ Baruj אַתָּה Atá יְהֹוָהאדניאהדונהי Adonai אֱלֹהֵינוּ Eloheinu ילה

מֶלֶךְ Mélej הָעוֹלָם haolam הַמַּעֲבִיר hamaavir חֶבְלֵי jevlei

שֵׁנָה shená מֵעֵינַי meeinai ריבוע מ״ה וּתְנוּמָה utnumá מֵעַפְעַפָּי meafapai:

Esta bendición no termina aquí, sino al final de la siguiente sección ("*gomel jasadim tovim leamó Yisrael*"), por ese motivo no respondemos *AMÉN* aquí.

VIHÍ RATSÓN

Esta oración nos ayuda a eliminar las fuerzas negativas que habitan en nuestro interior.

Vihí Ratsón elimina el control de los *jitsoniyim* (fuerzas negativas externas) del aspecto interno.

וִיהִי vihí רָצוֹן ratsón מהש ע״ה, ע״ב בריבוע וקס״א ע״ה, אל שדי ע״ה מִלְּפָנֶיךָ milfaneja

ס״ג מ״ה ב״ן יְהֹוָהאדניאהדונהי Adonai אֱלֹהַי Elohai מילוי ע״ב, דמב ; ילה

וֵאלֹהֵי veElohei לכב ; מילוי ע״ב, דמב ; ילה אֲבוֹתַי avotai שֶׁתַּרְגִּילֵנִי shetarguileni

בְּתוֹרָתֶךָ betorateja• וְתַדְבִּיקֵנִי vetadbikeni בְּמִצְוֹתֶיךָ bemitsvoteja•

וְאַל veal תְּבִיאֵנִי tevieni לִידֵי lidei חֵטְא jet• וְלֹא veló לִידֵי lidei

עָוֹן avón• וְלֹא veló לִידֵי lidei נִסָּיוֹן nisayón• וְלֹא veló לִידֵי lidei

בִּזָּיוֹן vizayón• וְתַרְחִיקֵנִי vetarjikeni מִיֵּצֶר miyétser הָרָע hará•

וְתַדְבִּיקֵנִי vetadbikeni בְּיֵצֶר beyétser הַטּוֹב hatov והו• וְכוֹף vejof אֶת et

יִצְרִי yitsrí לְהִשְׁתַּעְבֶּד lehishtabed לָךְ laj• וּתְנֵנִי utnení הַיּוֹם hayom

ע״ה נגד, מזבח, זן, אל יהוה וּבְכָל uvejol ב״ן, לכב יוֹם yom ע״ה נגד, מזבח, זן, אל יהוה

LA DECIMOQUINTA BENDICIÓN

Bendito seas Tú, Señor, nuestro Dios, Rey del mundo,
quien elimina de mis ojos las ataduras del sueño y la pesadez de mis párpados.

VIHÍ RATSÓN

Y que sea Tu voluntad, Señor, nuestro Dios y Dios de nuestros padres, que Tú me acostumbres a Tu Torá y me hagas ser fiel a Tus preceptos, y no me lleves a las manos del pecado, la injusticia, la tentación ni la vergüenza. Y que hagas que me distancie a mí mismo de la Inclinación al Mal, y me adhieras a la Inclinación al Bien, y que fuerces mi voluntad para servirte a Ti. Concédeme en este día y todos los días

לְחֵן lején מוזי, מילוי מ"ה בריבוע וּלְחֶסֶד ulejésed ע"ב, ריבוע יהוה
וּלְרַחֲמִים ulerajamim בְּעֵינֶיךָ beeineja ע"ה קס"א ; ריבוע מ"ה
וּבְעֵינֵי uveinei ריבוע מ"ה כָּל jol ילי רוֹאַי roái. וְגָמְלֵנִי vegamleni
חֲסָדִים jasadim טוֹבִים tovim. בָּרוּךְ Baruj אַתָּה Atá יְהֹוָהאדניאהדונהי Adonai
גּוֹמֵל gomel חֲסָדִים jasadim טוֹבִים tovim לְעַמּוֹ leamó יִשְׂרָאֵל Yisrael:

YEHÍ RATSÓN

Con mucha frecuencia atraemos personas negativas y situaciones desfavorables a nuestra vida. Nos encontramos en el lugar equivocado en el momento equivocado. Hacemos negocios con las personas equivocadas. Aquí obtenemos la capacidad de eliminar todos los sucesos negativos externos e impedir que interfieran en nuestra vida. También eliminamos once áreas distintas de negatividad que pueden invadir nuestro entorno.

Yehí Ratsón elimina el control de los *jitsoniyim* (fuerzas negativas externas) del aspecto externo. En esta sección mencionamos once aspectos que corresponden a los once inciensos del *Któret*.

יְהִי yehí רָצוֹן ratsón מהש ע"ה, ע"ב בריבוע וקס"א ע"ה, אל שדי ע"ה מִלְּפָנֶיךָ milfaneja
ס"ג מ"ה ב"ן יְהֹוָהאדניאהדונהי Adonai אֱלֹהַי Elohai מילוי ע"ב, דמב ; ילה וֵאלֹהֵי veElohei
לכב ; מילוי ע"ב, דמב ; ילה אֲבוֹתַי avotai שֶׁתַּצִּילֵנִי shetatsileni הַיּוֹם hayom
ע"ה נגד, מזבח, זן, אל יהוה וּבְכָל uvejol ב"ן, לכב יוֹם yom ע"ה נגד, מזבח, זן, אל יהוה
וָיוֹם vayom ע"ה נגד, מזבח, זן, אל יהוה מֵעַזֵּי meazei אלהים ע"ה, אהיה אדני ע"ה
פָּנִים fanim. וּמֵעַזּוּת umeazut פָּנִים panim. מֵאָדָם meadam רָע ra.
מִיֵּצֶר miyétser רָע ra. מֵחָבֵר mejaver רָע ra. מִשָּׁכֵן mishajén רָע ra.
מִפֶּגַע mipega רָע ra. מֵעַיִן meáyin ריבוע מ"ה הָרָע hará.
וּמִלָּשׁוֹן umilashón הָרָע hará. מִדִּין midín קָשֶׁה kashé.
וּמִבַּעַל umibáal דִּין din קָשֶׁה kashé. בֵּין bein שֶׁהוּא shehú
בֶּן ven בְּרִית brit. וּבֵין uvein שֶׁאֵינוֹ sheeinó בֶּן ven בְּרִית brit:

---

gracia, benevolencia y misericordia ante Ti y ante todos aquellos que me observan, y otórgame bondad amorosa. Bendito seas Tú, Señor, quien concede bondad amorosa a Su pueblo Israel.

YEHÍ RATSÓN

Que sea Tu voluntad, Señor nuestro Dios y Dios de nuestros antepasados, salvarme en este día y en todos los días del hombre arrogante y de la arrogancia, de un hombre malvado, de la Inclinación al Mal, de una compañía malvada, de un vecino malvado, de un suceso siniestro, del mal de ojo, de las palabras malignas, del juicio severo y de un oponente severo, ya sea un hijo de la alianza o no sea un hijo de la alianza.

BENDICIONES DE LA TORÁ

Las tres bendiciones siguientes se conocen como *Bircot haTorá* (Bendiciones de la *Torá*).

LA DECIMOSEXTA BENDICIÓN – LAS ENSEÑANZAS DE LA TORÁ

Los kabbalistas enseñan que sin una conexión con la Torá no tenemos ninguna posibilidad de crear un cambio positivo genuino en nuestra vida ni en el mundo que nos rodea. Según la Kabbalah, la referencia a la *Torá* hace alusión al trabajo espiritual, al estudio espiritual y al uso de herramientas espirituales. Esta bendición nos conecta con la esencia interna de la *Torá*, dándonos la energía y el combustible que necesitamos para activar todas las otras bendiciones que hemos recitado, y para imbuir nuestra vida de pasión y energía espiritual.

La Decimosexta Bendición posee dos aspectos:
1) El aspecto de la *Mitsvá* de *Ések* ("ocupación") de la *Torá*, que está en *Zeir Anpín* de *Atsilut*. 2) El aspecto que está en los tres *Partsufim* de *Hod*: externo, medio e interno de la Luz Retornante del *Partsuf* medio de *Zeir Anpín* de *Asiyá* de *Atsilut*, y de *Asiyá* Inferior (al igual que en las otras bendiciones). Mientras recitas esta bendición, debes meditar en ambos aspectos, y mientras digas las palabras "*asher kideshanu…*" también debes meditar en atraer los *Tselamim* hacia *Jojmá, Biná, Dáat* de *Zeir Anpín* de *Atsilut*, mientras meditamos en los otros preceptos de la *Torá*.

בָּרוּךְ Baruj אַתָּה Atá יְהֹוָהאדניאהדונהי Adonai אֱלֹהֵינוּ Eloheinu ילה

מֶלֶךְ Mélej הָעוֹלָם haolam אֲשֶׁר asher קִדְּשָׁנוּ kideshanu

בְּמִצְוֹתָיו bemitsvotav וְצִוָּנוּ vetsivanu עַל al דִּבְרֵי divrei ראה תוֹרָה Torá:

Según el Arí, respondemos *AMÉN* después de esta bendición, puesto que esta es una bendición separada de la siguiente.

LA DECIMOSÉPTIMA BENDICIÓN – ENSEÑA TORÁ A LA NACIÓN

Decimos esta bendición con la conciencia de ayudar a todo el mundo a hacer una conexión con la energía de la *Torá*. Esta es nuestra oportunidad de ocuparnos genuinamente por los demás y de compartir la Luz del Creador; una de las formas más poderosas de transformar nuestra naturaleza reactiva en una proactiva.

La Decimoséptima Bendición está en los tres *Partsufim* de *Yesod*: externo, medio e interno de la Luz Directa del *Partsuf* medio de *Zeir Anpín* de *Asiyá* de *Atsilut*, y de *Asiyá* Inferior.

וְהַעֲרֵב vehaarev נָא na יְהֹוָהאדניאהדונהי Adonai אֱלֹהֵינוּ Eloheinu ילה

אֶת et דִּבְרֵי divrei ראה תוֹרָתְךָ toratjá בְּפִינוּ befinu

וּבְפִיפִיּוֹת uvefifiyot עַמְּךָ ameja בֵּית beit ב״פ ראה יִשְׂרָאֵל Yisrael.

BENDICIONES DE LA TORÁ

LA DECIMOSEXTA BENDICIÓN

Bendito seas Tú, Señor, nuestro Dios, Rey del mundo,
quien nos ha santificado con Sus mandamientos y nos ha obligado con respecto a las enseñanzas de la Torá.

LA DECIMOSÉPTIMA BENDICIÓN

Y endulza para nosotros, Señor, nuestro Dios,
las palabras de Tu Torá en nuestra boca y en la boca de Tu Nación, la Casa de Israel.

venihyé וְנִהְיֶה anajnu אֲנַחְנוּ vetseetsaeinu וְצֶאֱצָאֵינוּ

(Debes meditar para que tus hijos sean justos y estén conectados a la *Torá* y a la Luz).

vetseetsaéi וְצֶאֱצָאֵי tseetsaeinu צֶאֱצָאֵינוּ vetseetsaéi וְצֶאֱצָאֵי

ameja עַמְּךָ beit בֵּית ב״פ ראה Yisrael יִשְׂרָאֵל culanu כֻּלָּנוּ

yodei יוֹדְעֵי Shemeja שְׁמֶךָ velomdei וְלוֹמְדֵי toratjá תוֹרָתֶךָ

lishmá לִשְׁמָהּ. Baruj בָּרוּךְ Atá אַתָּה Adonai יְהֹוָהאדניאהדונהי

hamelamed הַמְּלַמֵּד Torá תּוֹרָה leamó לְעַמּוֹ Yisrael יִשְׂרָאֵל:

LA DECIMOCTAVA BENDICIÓN – DA LA TORÁ

La palabra aramea *jai* חי (vida) tiene el valor numérico de 18. Esta bendición nos conecta al Árbol de la Vida (*Ets HaJayim* - עץ החיים), la dimensión donde sólo existe realización, orden y felicidad eterna.

La Decimoctava Bendición está en los tres *Partsufim* de *Yesod*: externo, medio e interno de la Luz Retornante del *Partsuf* medio de *Zeir Anpín* de *Asiyá* de *Atsilut*, y de *Asiyá* Inferior.

Baruj בָּרוּךְ Atá אַתָּה Adonai יְהֹוָהאדניאהדונהי Eloheinu אֱלֹהֵינוּ ילה

Mélej מֶלֶךְ haolam הָעוֹלָם asher אֲשֶׁר bajar בָּחַר

banu בָּנוּ micol מִכָּל ילי haamim הָעַמִּים venatán וְנָתַן

lanu לָנוּ אלהים, אהיה אדני et אֶת Torató תּוֹרָתוֹ. Baruj בָּרוּךְ

Atá אַתָּה Adonai יְהֹוָהאדניאהדונהי notén נוֹתֵן אבגית״ץ, ושר haTorá הַתּוֹרָה:

LA BENDICIÓN DE LOS COHANIM

Al finalizar las Dieciocho Bendiciones, hacemos una conexión inmediata con la *Torá*. Los versos que recitamos son las bendiciones de los sacerdotes (*cohanim*). En tiempos ancestrales, cuando el *Cohén* bendecía a la congregación en el Templo, él usaba la fórmula *Yud, Yud, Yud* ייי, uno de los 72 Nombres de Dios. Cada una de las tres frases siguientes comienza con una *Yud*. Cuando recitamos esta oración, activamos y revelamos enormes poderes de sanación en nuestra vida.

Y sea que nosotros y nuestra descendencia, y la descendencia de nuestra descendencia, y la descendencia de toda Tu Nación, la Casa de Israel, todos nosotros, sepamos Tus Nombres y seamos aprendices de Tu Torá por el bien de sí misma. Bendito seas Tú, Señor, quien enseña la Torá a Su Nación, Israel.

LA DECIMOCTAVA BENDICIÓN

Bendito seas Tú, Señor, nuestro Dios, Rey del mundo, quien nos ha elegido de entre todas las naciones y nos ha otorgado Su Torá. Bendito seas, Señor, quien otorga la Torá.

וַיְדַבֵּר vaydaber ראה יְהֹוָה יאהדונהי Adonai אֶל־ el מֹשֶׁה Moshé
מהש, ע״ב בריבוע וקס״א, אל שדי, ד״פ אלהים ע״ה לֵּאמֹר lemor: דַּבֵּר daber ראה
אֶל־ el אַהֲרֹן Aharón וְאֶל־ veel בָּנָיו banav לֵאמֹר lemor
כֹּה co היי תְבָרְכוּ tevarjú יהוה ריבוע יהוה ריבוע מ״ה
אֶת־ et בְּנֵי bnei יִשְׂרָאֵל Yisrael אָמוֹר amor לָהֶם lahem:

Las letras iniciales de los tres versos nos dan el Nombre Sagrado: ייי.
En esta sección hay 15 palabras, que equivalen al valor numérico del Nombre Sagrado: יהה.

(Derecha – *Jésed*)

יְבָרֶכְךָ yevarejejá יְהֹוָה יאהדונהי Adonai וְיִשְׁמְרֶךָ veyishmereja

ר״ת = יהוה ; וס״ת = מ״ה:

(Izquierda – *Guevurá*)

יָאֵר yaer כף ויו זין ויו יְהֹוָה יאהדונהי Adonai | פָּנָיו panav
אֵלֶיךָ eleja וִיחֻנֶּךָּ vijuneca מנד ; יהה אותיות בפסוק:

(Central – *Tiféret*)

יִשָּׂא yisá יְהֹוָה יאהדונהי Adonai | פָּנָיו panav אֵלֶיךָ eleja
וְיָשֵׂם veyasem לְךָ lejá שָׁלוֹם shalom האא תיבות בפסוק:

(*Maljut*)

וְשָׂמוּ vesamu אֶת־ et שְׁמִי Shmí עַל־ al בְּנֵי bnei יִשְׂרָאֵל Yisrael
וַאֲנִי vaAní אני אֲבָרְכֵם avarjem:

La oración de *Shajarit* se encuentra a partir de la página 57 y el orden del *Talit* y *Tefilín* en la página 63.

LA BENDICIÓN DE LOS COHANIM

"Y el Señor habló a Moshé y dijo: Habla a Aharón y a sus hijos diciendo:
Pues bendecirán a los Hijos de Israel, y les dirán:
Que el Señor te bendiga y te proteja.
Que el Señor haga brillar Su rostro sobre ti y te dé gracia.
Que el Señor eleve Su rostro hacia ti y te conceda paz.
Y ellos pondrán Mi Nombre sobre los Hijos de Israel y Yo les bendeciré" (*Números 6:22-27*).

INMERSIÓN EN LA MIKVE

La pureza conlleva a la santidad de una persona. Dado que la pureza del cuerpo causa la pureza del alma, un individuo debe hacer un esfuerzo en purificar su cuerpo para que, con esta acción, se fortalezca con Torá y con temor reverencial, amor, felicidad y verdadero trabajo espiritual incondicional. Vale la pena que haga el mayor esfuerzo posible y gaste tanto dinero como sea necesario para lograr la pureza del cuerpo, porque a través de la purificación del cuerpo recibirá asistencia adicional en su trabajo espiritual. Por lo tanto, se debe hacer el esfuerzo necesario para sumergirse en una *mikve* con tanta frecuencia como se pueda, para arrepentirse y purificarse de la impureza de nuestras acciones negativas generales, especialmente si causamos impureza por alguna acción específica. Se debe tener cuidado de rezar sólo si se está purificado, porque la recompensa es duplicada cuando se hace el trabajo espiritual con pureza. Se sabe que la impureza que proviene del cuerpo es muy severa y, por ende, debemos sumergirnos en la *mikve* por el *kerí* (eyaculación masculina) después de tener relaciones sexuales en la noche, y más aún si el *kerí* no fue intencional. Es importante tener cuidado, así que no se debe postergar la inmersión en la *mikve* para así poder tener paz a largo plazo.

Los estudiantes del Arí escribieron que la Misericordia descendía sobre un individuo y eliminaba el *mazik* (entidad negativa) que fue creado a partir de ese *kerí*, de alguien que había experimentado un *kerí* accidental (el Cielo no lo permita), si él se sumergía en la *mikve* ese día y se arrepentía. Asimismo, quien tenga pena en su corazón debe correr a sumergirse en la *mikve*. Cualquiera que tenga temor reverencial y admiración por el Creador debe procurar no mencionar los Nombres Sagrados de Dios mientras está impuro, pues está escrito: "porque Yo honro a los que me honran" (I Samuel 2:30).

Los sabios solían sumergirse en la *mikve* cada día antes de sus oraciones, no como una obligación sino como una herramienta espiritual importante, de modo que estuvieran limpios de cualquier impureza. El Arí escribió que hay algunos casos en los que una persona puede volverse impura sin estar al tanto de ello (basado en el *Tratado Nidá*, pág. 13b). Respecto a la esencia de la pureza de la *mikve*, uno de los estudiantes del Arí mencionó también: "El que es cauteloso con la inmersión (*Tevilá*, טבילה) conecta con Dios para volverse uno con Él (sumergirse טבל en el Nombre de Dios יה) y alabado es él".

TIKÚN JATSOT

La Kabbalah nos enseña que nuestras acciones negativas crean espacio (representado por la destrucción del Templo Sagrado) entre la realidad física y la realidad espiritual, y que el caos tiene dominio en este espacio. Esta brecha le ocasiona a la *Shejiná* (nuestro escudo de protección y sostén espiritual) cierto dolor dado que Ella no puede nutrirnos. Recitar *Tikún Jatsot* ayuda a cerrar esta brecha y a eliminar la separación entre nosotros, la *Shejiná* y el Creador.

1. *Tikún Jatsot* sólo se recita después de la medianoche cósmica hasta el amanecer.
2. *Tikún Jatsot* **no** se recita en los siguientes días: viernes en la noche, *Pésaj* (todos los siete días), *Shavuot*, *Rosh Hashaná*, *Yom Kipur*, el primer día de *Sucot* y *Simjat Torá*.
3. *Tikún Leá* **solamente** se recita en los siguientes días: la víspera de *Rosh Jódesh*, los días entre *Rosh Hashaná* y *Yom Kipur*, *Sucot Jol Hamoed*, los días del *Ómer*, el año sabático (*Shmitá*) y cualquier otro día en el que no se recite *Tajanún*.
4. *Tikún Rajel* **solamente** se recita en los siguientes días: *Tishá BeAv* (el 9no día de *Av*).

לשם leShem יחוד yijud קודשא Kudshá בריך Berij הוא Hu
ושכינתיה uShjintei (יאהדונהי), בדחילו bidjilu ורחימו urjimu
(יאהדויהה), ורחימו urjimu ודחילו udjilu (איההיוהה),
ליחדא leyajadá שם Shem יו"ד Yud קי Kei בוא"ו beVav קי Kei
ביחודא beyijudá שלים shlim (יהוה) בשם beshem כל col ילי
ישראל Yisrael הריני hareini מוכן muján לומר lomar:

(Cuando sólo dices *Tikún Leá*): תקון tikún לאה Leá

(Cuando sólo dices *Tikún Rajel*): תקון tikún רחל Rajel

(cuando dices ambos): תקון tikún רחל Rajel ותקון vetikún לאה Leá

כמו quemó שסדרו shesidrú לנו lanu אלהים, אהיה אדני רבותינו raboteinu
זכרונם zijronam לברכה livrajá לתקן letakén את et שרשם shorsham
במקום bemakom עליון elyón לעשות laasot נחת nájat רוח rúaj
ליוצרנו leyotsrenu ולעשות velaasot רצון retsón מהש ע"ה, ע"ב בריבוע וקס"א ע"ה, אל
שדי ע"ה בוראינו boreinu. ויהי vihí נעם nóam אדני Adonai ללה
אלהינו Eloheinu ילה עלינו aleinu ומעשה umaasé ידינו yadeinu
כוננה conená עלינו aleinu ומעשה umaasé ידינו yadeinu כוננהו conenehu:

TIKÚN JATSOT

En aras de la unificación entre el Santo Bendito Sea y Su Shejiná, con temor y amor y con amor y temor, a fin de unificar el Nombre Yud, Kei y Vav, Kei en perfecta unidad, y en nombre de todo Israel, por el presente medio yo rezo Tikún Leá / Tikún Rajel / Tikún Rajel y Tikún Leá, el cual fue establecido por nuestros sabios de bendita memoria, para corregir su raíz en el lugar celestial y dar satisfacción a nuestro Hacedor, y para cumplir el deseo de nuestro Creador "Que la gracia de Dios, nuestro Dios, esté sobre nosotros y que Él establezca la obra de nuestras manos y que la obra de nuestras manos lo establezca a Él" (Salmos 90:17).

Para el *Tikún Leá* ve a la página 34.

ASHAMNU (VIDUI)

Nuestra conciencia durante el *Ashamnu* debe ser una de reconocimiento de nuestros defectos y malas decisiones con el fin de acercarnos a la Luz. La auto-negación, ya sea intencional o no, crea muchas capas de separación entre nosotros y el Creador. El *Ashamnu* ha sido diseñado por los sabios según el orden del alfabeto arameo. Recitamos o miramos cada una de las palabras y golpeamos ligeramente nuestro pecho con nuestra mano derecha para encender la Luz del Creador dentro de nosotros, así como para eliminar los residuos y limpiar la negatividad creada por nuestras acciones pasadas egoístas e intolerantes. Cada vez que hacemos una elección equivocada o hacemos algo negativo, ponemos a la Luz dentro de nosotros en estado latente. Nuestra conciencia y deseo de cambiar es lo que despierta a la Luz. Es importante hacer un intento de sentir y experimentar con nuestra mente y corazón el dolor que hemos causado a otros, y no por medio del dolor físico que podríamos sentir si nos golpeamos el pecho con mucha fuerza.

Mientras recitas el *Vidui*, debes golpear tu pecho con la mano derecha para agitar los *Jasadim* (Misericordias) y las *Guevurot* (Juicios) para que puedan crecer por el bien del *Zivug* (Unificación). Incluso si sabes que no has cometido una de las acciones negativas mencionadas a continuación, debes decir el *Vidui* de todos modos, porque todos actuamos como garantes uno del otro. El *Vidui* es dicho en forma plural porque el *Vidui* es acerca de otras vidas y otras personas que están conectadas a la raíz de nuestra alma.

Las 22 letras son el valor numérico del Nombre Sagrado **אכא**.

אָנָּא aná ב"ן יְהֹוָהאדניאהדונהי Adonai אֱלֹהֵינוּ Eloheinu ילה וֵאלֹהֵי veElohei

לכב ; מילוי ע"ב, דמב ; ילה אֲבוֹתֵינוּ •avoteinu תָּבֹא tavó לְפָנֶיךָ lefaneja

ס"ג מ"ה ב"ן תְּפִלָּתֵנוּ tefilatenu וְאַל veal תִּתְעַלַּם titalam מַלְכֵּנוּ malquenu

מִתְּחִנָּתֵנוּ •mitejinatenu שֶׁאֵין sheéin אֲנַחְנוּ anajnu עַזֵּי azei

אלהים ע"ה, אהיה אדני ע"ה פָּנִים panim וּקְשֵׁי ukshei עֹרֶף óref לוֹמַר lomar

לְפָנֶיךָ lefaneja ס"ג מ"ה ב"ן יְהֹוָהאדניאהדונהי Adonai אֱלֹהֵינוּ Eloheinu ילה

וֵאלֹהֵי veElohei לכב ; מילוי ע"ב, דמב ; ילה אֲבוֹתֵינוּ avoteinu

צַדִּיקִים tsadikim אֲנַחְנוּ anajnu וְלֹא veló וְחָטָאנוּ •jatanu

אֲבָל aval וְחָטָאנוּ •jatanu עָוִינוּ •avinu פָּשַׁעְנוּ •pashanu אֲנַחְנוּ anajnu

וַאֲבוֹתֵינוּ vaavoteinu וְאַנְשֵׁי veanshei בֵּיתֵנוּ veitenu ב"פ ראה:

אָשַׁמְנוּ •ashamnu בָּגַדְנוּ •bagadnu גָּזַלְנוּ •gazalnu דִּבַּרְנוּ dibarnu

דֹּפִי dofi וְלָשׁוֹן velashón הָרָע •hará הֶעֱוִינוּ •heevinu וְהִרְשַׁעְנוּ •vehirshanu

---

ASHAMNU (VIDUI)

Te imploramos, Señor, nuestro Dios y Dios de nuestros padres. Que nuestra oración llegue ante Ti y que nuestro Rey no ignore nuestra petición. Porque no somos arrogantes ni soberbios para decir ante Ti, Señor, nuestro Dios y el Dios de nuestros padres, que somos justos y que no pecamos. Porque hemos pecado, hemos cometido iniquidad, hemos transgredido, nosotros y nuestros padres y la gente de nuestra casa. **א** *Somos culpables,* **ב** *traicionamos,* **ג** *robamos,* **ד** *hablamos murmuraciones y mala lengua,* **ה** *causamos iniquidad,* **ו** *delinquimos,*

זַדְנוּ •zadnu וְחָמַסְנוּ •jamasnu טָפַלְנוּ tafalnu שֶׁקֶר shéker וּמִרְמָה •umirmá

יָעַצְנוּ yaatsnu עֵצוֹת etsot רָעוֹת •raot כִּזַּבְנוּ •quizavnu כָּעַסְנוּ •caasnu

לַצְנוּ •latsnu מָרַדְנוּ •maradnu מָרִינוּ marinu דְּבָרֶיךָ •devareja

נִאַצְנוּ •niatsnu נִאַפְנוּ •niafnu סָרַרְנוּ •sararnu עָוִינוּ •avinu פָּשַׁעְנוּ •pashanu

פָּגַמְנוּ •pagamnu צָרַרְנוּ •tsararnu צִעַרְנוּ tsiarnu אָב av וָאֵם •vaem

קִשִּׁינוּ kishinu עֹרֶף •óref רָשַׁעְנוּ •rashanu שִׁחַתְנוּ •shijatnu

תִּעַבְנוּ •tiavnu תָּעִינוּ •taínu וְתִעְתַּעְנוּ vetiatanu וְסַרְנוּ vesarnu

מִמִּצְוֹתֶיךָ mimitsvoteja וּמִמִּשְׁפָּטֶיךָ umimishpateja הַטּוֹבִים hatovim

וְלֹא veló שָׁוָה shavá לָנוּ lanu אלהים, אהיה אדני • וְאַתָּה veAtá צַדִּיק tsadik

עַל al כָּל col ילי ; עמם הַבָּא habá עָלֵינוּ aleinu כִּי־ qui אֱמֶת emet

אהיה פעמים אהיה, ז"פ ס"ג עָשִׂיתָ asita וַאֲנַחְנוּ vaanajnu הִרְשָׁעְנוּ :hirshanu

Medita para garantizar que tus acciones negativas sean parte del pasado y ya no sean parte de tu presente.

מַה ma מ"ה נֹּאמַר nomar לְפָנֶיךָ lefaneja ס"ג מ"ה ב"ן יוֹשֵׁב yoshev

מָרוֹם •marom וּמַה umá מ"ה נְּסַפֵּר nesaper לְפָנֶיךָ lefaneja ס"ג מ"ה ב"ן

שׁוֹכֵן shojén שְׁחָקִים shejakim הֲלֹא haló כָּל jol ילי

הַנִּסְתָּרוֹת hanistarot וְהַנִּגְלוֹת vehaniglot אַתָּה Atá יוֹדֵעַ •yodea

אַתָּה Atá יוֹדֵעַ yodea רָזֵי razei עוֹלָם •olam וְתַעֲלוּמוֹת vetaalumot

סִתְרֵי sitrei ב"פ מצר כָּל־ col ילי חָי jai אהיה אהיה יהוה, בינה ע"ה, חיים•

אַתָּה Atá חוֹפֵשׂ jofés כָּל col ילי חַדְרֵי־ jadrei בָטֶן •vaten

---

ז *fuimos desconsiderados,* חו *hurtamos,* ט *acusamos falsamente y engañosamente,* י *dimos mal consejo,* כ *mentimos,* ר *tenemos ira,* ל *nos burlamos,* מ *nos sublevamos,* מ *nos rebelamos a Tus mandamientos,* נ *fuimos desdeñosos,* נ *cometimos adulterio,* ס *hemos sido pervertidos,* ע *causamos malevolencia,* פ *transgredimos,* פ *dañamos,* צ *hemos oprimido,* צ *dimos pesares a nuestra madre y nuestro padre,* ק *fuimos testarudos,* ר *hemos sido inicuos,* ש *hemos corrompido,* ת *cometimos abominaciones, nos hemos desviado de Tus mandamientos y buenas leyes, y esto no nos ha beneficiado. Porque Tú eres justo, indiferentemente de lo que nos haya ocurrido, Tú actuaste sinceramente y nosotros causamos maldad. ¿Qué diremos ante Ti, que moras en lo alto? ¿Y qué recontaremos ante Ti, cuya estancia es en las alturas excelsas? Como si no supieras todos los asuntos ocultos y revelados. Tú conoces los misterios del mundo y los secretos internos de todo ser vivo. Tú escudriñas las partes más profundas del hombre*

רְאֵה roé ראה כְּלָיוֹת jelayot וָלֵב valev. אֵין ein דָּבָר davar ראה

נֶעְלָם neelam מִמְּךָ mimaj וְאֵין veéin נִסְתָּר nistar ב"פ מצר

מִנֶּגֶד minégued מזבח, זן, אל יהוה עֵינֶיךָ eineja ע"ה קס"א ; ריבוע מ"ה:

יְהִי yehí רָצוֹן ratsón מהש ע"ה, ע"ב בריבוע וקס"א ע"ה, אל שדי ע"ה מִלְּפָנֶיךָ milefaneja

ס"ג מ"ה ב"ן יְהֹוָהאדניאהדונהי Adonai אֱלֹהֵינוּ Eloheinu ילה וֵאלֹהֵי veElohei לכב ; מילוי

ע"ב, דמב ; ילה אֲבוֹתֵינוּ avoteinu שֶׁתִּמְחוֹל shetimjol לָנוּ lanu אלהים, אהיה אדני

אֶת־ et כָּל־ col ילי וְחַטֹּאתֵינוּ jatoteinu וּתְכַפֵּר utejaper לָנוּ lanu

אלהים, אהיה אדני אֶת et כָּל col ילי עֲוֹנוֹתֵינוּ avonoteinu וְתִמְחוֹל vetimjol

וְתִסְלַח vetislaj יהוה ע"ב לְכָל־ lejol יה אדני פְּשָׁעֵינוּ peshaeinu:

AL NAHAROT BAVEL

Aquí (hasta "*Nidjei Yisrael Yejanés*", al final de la pág. 30) debes sentarte en el suelo y llorar por la destrucción del Templo, la muerte de los justos y sentir el dolor de la *Shejiná*.

עַל־ al נַהֲרוֹת naharot בָּבֶל Bavel שָׁם sham יָשַׁבְנוּ yashavnu גַּם־ gam

בָּכִינוּ bajinu בְּזָכְרֵנוּ bezojrenu אֶת־ et צִיּוֹן Tsiyón יוסף, ו' הויות, קנאה: עַל־ al

עֲרָבִים aravim בְּתוֹכָהּ betojá תָּלִינוּ talinu כִּנֹּרוֹתֵינוּ quinoroteinu: כִּי qui

שָׁם sham שְׁאֵלוּנוּ sheelunu שׁוֹבֵינוּ shoveinu דִּבְרֵי־ divrei ראה

שִׁיר shir וְתוֹלָלֵינוּ vetolaleinu שִׂמְחָה simjá שִׁירוּ shiru לָנוּ lanu

אלהים, אהיה אדני מִשִּׁיר mishir צִיּוֹן Tsiyón יוסף, ו' הויות, קנאה: אֵיךְ eij

נָשִׁיר nashir אֶת־ et שִׁיר shir יְהֹוָהאדניאהדונהי Adonai עַל al אַדְמַת admat

נֵכָר nejar: אִם־ im יוהך, מ"א אותיות דפשוט, דמילוי ודמילוי דמילוי דאהיה ע"ה

אֶשְׁכָּחֵךְ eshcajej יְרוּשָׁלַיִם Yerushaláyim תִּשְׁכַּח tishcaj יְמִינִי yeminí:

---

y ves las intenciones y el corazón. Nada está oculto de Ti y nada está oculto de Tus ojos. Que sea Tu voluntad, Señor, nuestro Dios y el Dios de nuestros padres, que seas misericordioso con nosotros, que nos perdones por todos nuestros pecados, que nos otorgues expiación por todas nuestras iniquidades y que perdones y absuelvas todas nuestras transgresiones.

AL NAHAROT BAVEL

"Junto a los ríos de Babilonia, allí nos sentábamos y llorábamos acordándonos de Sión. Sobre los sauces, en medio de ella, colgamos nuestras arpas. Porque los que nos habían llevado cautivos nos pedían cánticos, los que nos habían desolado nos pedían alegría, diciendo: 'Cántennos alguno de los cánticos de Sión'. ¿Cómo cantaremos un cántico del Señor en tierra de extraños? Si me olvido de ti, Jerusalén, que pierda mi diestra su destreza.

תִּדְבַּק tidbak לְשׁוֹנִי leshoní לְחִכִּי lejiquí אִם־ im יוהך, מ״א אותיות דפשוט, דמילוי
ודמילוי דמילוי דאהיה ע״ה לֹא lo אֶזְכְּרֵכִי ezquereji אִם־ im יוהך, מ״א אותיות דפשוט,
דמילוי ודמילוי דמילוי דאהיה ע״ה לֹא lo אַעֲלֶה aalé אֶת־ et יְרוּשָׁלַיִם Yerushaláyim
עַל al רֹאשׁ rosh ריבוע אלהים ואלהים דיודין ע״ה שִׂמְחָתִי simjatí: זְכֹר zejor
ע״ב קס״א, יהי אור ע״ה (סוד המשכת השפע מן ד׳ שמות ליסוד הנקרא זכור) יְהֹוָהאדניאהדונהי Adonai
לִבְנֵי livnei אֱדוֹם Edom אֵת et יוֹם yom ע״ה נגד, מזבח, זן, אל יהוה
יְרוּשָׁלָיִם Yerushaláyim הָאֹמְרִים haomrim עָרוּ arú עָרוּ arú עַד ad
הַיְסוֹד hayesod ההע בָּהּ ba: בַּת־ bat בָּבֶל Bavel הַשְּׁדוּדָה hashedudá
אַשְׁרֵי ashrei שֶׁיְשַׁלֶּם־ sheyeshalem לָךְ laj אֶת־ et גְּמוּלֵךְ guemulej
שֶׁגָּמַלְתְּ shegamalt לָנוּ lanu אלהים, אהיה אדני: אַשְׁרֵי ashrei שֶׁיֹּאחֵז sheyojez
וְנִפֵּץ venipets אֶת־ et עֹלָלַיִךְ olaláyij אֶל־ el הַסָּלַע hasala:

מִזְמוֹר mizmor לְאָסָף leAsaf אֱלֹהִים Elohim אהיה אדני ; ילה בָּאוּ bau
גוֹיִם goyim בְּנַחֲלָתֶךָ benajalateja טִמְּאוּ timeú אֶת־ et הֵיכַל heijal
אדני, ללה קָדְשֶׁךָ kodsheja שָׂמוּ samu אֶת־ et יְרוּשָׁלַיִם Yerushaláyim
לְעִיִּים leiyim: נָתְנוּ natnú אֶת־ et נִבְלַת nivlat עֲבָדֶיךָ avadeja
מַאֲכָל maajal לְעוֹף leof הַשָּׁמָיִם hashamáyim י״פ טל, י״פ כוזו
בְּשַׂר besar חֲסִידֶיךָ jasideja לְחַיְתוֹ־ lejaytó אָרֶץ árets:
שָׁפְכוּ shafjú דָמָם damam כַּמַּיִם camáyim סְבִיבוֹת svivot
יְרוּשָׁלָיִם Yerushaláyim וְאֵין veéin קוֹבֵר kover: הָיִינוּ hayinu חֶרְפָּה jerpá
לִשְׁכֵנֵינוּ lishjeneinu לַעַג laag וָקֶלֶס vakeles לִסְבִיבוֹתֵינוּ lisvivoteinu:

Que mi lengua se pegue a mi paladar, si de ti no me acuerdo; si no enaltezco a Jerusalén como mi mayor alegría. Señor, recuerda a los hijos de Edom cuando el día de Jerusalén decían: '¡Arrástrenla, arrástrenla hasta los cimientos!'. Hija de Babilonia, la desolada, bienaventurado el que te dé el pago de lo que tú nos hiciste. Dichoso el que tome tus niños y los estrelle contra la peña" (Salmos 137).

"Un Salmo de Asaf: Vinieron, Dios, las naciones a Tu heredad. Han profanado Tu santo templo; han reducido Jerusalén a escombros; han dado los cuerpos de Tus siervos por comida a las aves de los cielos, la carne de Tus santos a las bestias de la Tierra. Como agua derramaron su sangre en los alrededores de Jerusalén y no hubo quien los enterrara. Somos afrentados por nuestros vecinos, escarnecidos y ofendidos por los que están en nuestros alrededores.

lanétsaj לָנֶצַח teenaf תֶּאֱנַף Adonai יְהֹוָהאדניאהדונהי מ"ה ma מָה ad עַד־

shfoj שְׁפֹךְ :kinateja קִנְאָתֶךָ esh אֵשׁ quemó כְּמוֹ־ tivar תִּבְעַר

asher אֲשֶׁר hagoyim הַגּוֹיִם el אֶל־ jamatjá חֲמָתְךָ

asher אֲשֶׁר mamlajot מַמְלָכוֹת veal וְעַל yedaúja יְדָעוּךָ lo לֹא־

ajal אָכַל qui כִּי :karaú קָרָאוּ lo לֹא beShimjá בְּשִׁמְךָ

navehu נָוֵהוּ veet וְאֶת־ אידהנויה יאהדונהי הויות, ו' Yaakov יַעֲקֹב et אֶת

אדני אהיה אלהים, lanu לָנוּ tizcor תִּזְכָּר־ al אַל־ :heshamu הֵשַׁמּוּ

yekadmunu יְקַדְּמוּנוּ maher מַהֵר rishonim רִאשֹׁנִים avonot עֲוֹנֹת

ozrenu עָזְרֵנוּ :meod מְאֹד dalonu דַלּוֹנוּ qui כִּי rajameja רַחֲמֶיךָ

ראה devar דְּבַר al עַל־ yishenu יִשְׁעֵנוּ מילוי ע"ב, דמב ; ילה Elohei אֱלֹהֵי

al עַל־ vejaper וְכַפֵּר vehatsilenu וְהַצִּילֵנוּ Shmeja שְׁמֶךָ quevod כְּבוֹד־

lama לָמָּה :Shmeja שְׁמֶךָ lemaan לְמַעַן jatoteinu וְחַטֹּאתֵינוּ

ילה Eloheihem אֱלֹהֵיהֶם ayé אַיֵּה hagoyim הַגּוֹיִם yomrú יֹאמְרוּ

מ"ה ריבוע leeineinu לְעֵינֵינוּ (כתיב: בגיים) bagoyim בַּגּוֹיִם yivadá יִוָּדַע

tavó תָּבוֹא :hashafuj הַשָּׁפוּךְ avadeja עֲבָדֶיךָ dam דַּם־ nikmat נִקְמַת

ע"ה ריבוע יהוה וריבוע אלהים ; asir אָסִיר enkat אֶנְקַת ס"ג מ"ה ב"ן lefaneja לְפָנֶיךָ

bnei בְּנֵי hoter הוֹתֵר zroajá זְרוֹעֲךָ quegódel כְּגֹדֶל ר"ת = ב"פ רי"ו

shivatáyim שִׁבְעָתַיִם lishjeneinu לִשְׁכֵנֵינוּ vehashev וְהָשֵׁב :temutá תְמוּתָה

jerfuja חֵרְפוּךָ asher אֲשֶׁר jerpatam חֶרְפָּתָם jeikam חֵיקָם el אֶל־

vetsón וְצֹאן ameja עַמְּךָ vaanajnu וַאֲנַחְנוּ :ללה Adonai אֲדֹנָי

ריבוע דס"ג ו' אותיות דס"ג leolam לְעוֹלָם lejá לְּךָ nodé נוֹדֶה mariteja מַרְעִיתֶךָ

:tehilateja תְּהִלָּתֶךָ nesaper נְסַפֵּר רי"ו vador וָדֹר ledor לְדֹר

¿Hasta cuándo, Señor? ¿Estarás airado para siempre? ¿Arderá como fuego Tu celo? Derrama Tu ira sobre las naciones que no te conocen y sobre los reinos que no invocan Tu Nombre. Porque han consumido a Yaakov y su morada han destruido. No recuerdes contra nosotros las maldades de nuestros antepasados. Vengan pronto a nuestro encuentro Tus misericordias, porque estamos muy abatidos. Ayúdanos, Dios de nuestra salvación, por la gloria de Tu Nombre. Líbranos y perdona nuestros pecados por amor de Tu Nombre. Porque dirán los gentiles: '¿Dónde está su Dios?'. Que sea notoria en las naciones, delante de nuestros ojos, la venganza de la sangre de Tus siervos que ha sido derramada. Llegue delante de Ti el gemido de los presos; conforme a la grandeza de Tu brazo preserva a los sentenciados a muerte, y devuelve a nuestros vecinos en su seno siete tantos de su infamia con que te han deshonrado, Señor. Y nosotros, pueblo Tuyo y ovejas de Tu prado, te alabaremos para siempre. De generación en generación cantaremos Tus alabanzas" (Salmos 79).

זְכֹר zejor ע"ב קס"א, יהי אור ע"ה (סוד המשכת השפע מן ד' שמות לסוד הנקרא זכור)
יְהֹוָה יאהדונהי Adonai מֶה־ me מ"ה הָיָה hayá לָנוּ lanu אלהים, אהיה אדני
הַבִּיטָה habita (כתיב: הביט) וּרְאֵה ureé ראה אֶת־ et וְחֶרְפָּתֵנוּ jerpatenu:
נַחֲלָתֵנוּ najalatenu נֶהֶפְכָה nehefjá לְזָרִים lezarim בָּתֵּינוּ bateinu
לְנָכְרִים lenojrim: יְתוֹמִים yetomim הָיִינוּ hayinu וְאֵין veeín (כתיב: אין)
אָב av אִמֹּתֵינוּ imoteinu כְּאַלְמָנוֹת quealmanot: מֵימֵינוּ meimeinu
בְּכֶסֶף bejésef שָׁתִינוּ shatinu עֵצֵינוּ etseinu בִּמְחִיר bimejir יָבֹאוּ yavou:
עַל al צַוָּארֵנוּ tsavarenu נִרְדָּפְנוּ nirdafnu יָגַעְנוּ yaganu וְלֹא veló (כתיב: לא)
הוּנַח־ hunaj לָנוּ lanu אלהים, אהיה אדני: מִצְרַיִם Mitsráyim מצר נָתַנּוּ natanu
יָד yad אַשּׁוּר Ashur לִשְׂבֹּעַ lisboa לָחֶם lájem ג' הויות: אֲבֹתֵינוּ avoteinu
חָטְאוּ jatú וְאֵינָם veeinam (כתיב: אינם) וַאֲנַחְנוּ vaanajnu (כתיב: אנחנו)
עֲוֹנֹתֵיהֶם avonoteihem סָבָלְנוּ savalnu: עֲבָדִים avadim מָשְׁלוּ mashlú
בָנוּ vanu פֹּרֵק porek אֵין ein מִיָּדָם miyadam: בְּנַפְשֵׁנוּ benafshenu
נָבִיא naví לַחְמֵנוּ lajmenu מִפְּנֵי mipnei חֶרֶב jérev הַמִּדְבָּר hamidbar:
עוֹרֵנוּ orenu כְּתַנּוּר quetanur נִכְמָרוּ nijmarú מִפְּנֵי mipnei זַלְעֲפוֹת zalafot
רָעָב raav: נָשִׁים nashim בְּצִיּוֹן beTsiyón יוסף, ו' הויות, קנאה עִנּוּ inú
בְּתֻלֹת betulot בְּעָרֵי bearei יְהוּדָה Yehudá: שָׂרִים sarim בְּיָדָם beyadam
נִתְלוּ nitlú פְּנֵי pnei וחכמה בינה זְקֵנִים zkenim לֹא lo נֶהְדָּרוּ nehedaru:
בַּחוּרִים bajurim טְחוֹן tjón נָשָׂאוּ nasau וּנְעָרִים unearim
בָּעֵץ baets כָּשָׁלוּ cashalu: זְקֵנִים zekenim מִשַּׁעַר misháar
שָׁבָתוּ shavatu בַּחוּרִים bajurim מִנְּגִינָתָם mineguinatam: שָׁבַת shavat
מְשׂוֹשׂ mesós לִבֵּנוּ libenu נֶהְפַּךְ nehpaj לְאֵבֶל leével מְחוֹלֵנוּ mejolenu:

"Acuérdate, Señor, de lo que nos ha sucedido; mira, y ve nuestro oprobio. Nuestra heredad ha pasado a extraños, nuestras casas a forasteros. Huérfanos somos, sin padre; nuestras madres son como viudas. Por dinero bebemos el agua; por la leña pagamos un precio. Padecemos persecución, caen sobre nosotros, nos fatigamos y no hay para nosotros reposo. Al egipcio y al asirio extendimos la mano para saciarnos de pan. Nuestros padres pecaron y han muerto, pero nosotros llevamos su castigo. Los siervos dominan sobre nosotros, y nadie nos libra de sus manos. Traemos nuestro pan haciendo peligrar nuestra vida ante la espada del desierto. Nuestra piel se ha ennegrecido como un horno a causa del ardor del hambre. Violaron a las mujeres en Sión, a las vírgenes en las ciudades de Judea. A los príncipes colgaron de las manos; no respetaron el rostro de los viejos. Llevaron a los jóvenes a mover el molino, y los muchachos desfallecían bajo el peso de la leña. Ya no se ven los ancianos en la puerta, y los jóvenes han dejado sus canciones. Cesó el gozo de nuestro corazón; nuestra danza se convirtió en luto.

נָפְלָה naflá עֲטֶרֶת atéret רֹאשֵׁנוּ roshenu ר"ת = ש"ך דינים אוֹי־ oy נָא na

לָנוּ lanu אלהים, אהיה אדני כִּי qui חָטָאנוּ jatanu: עַל־ al זֶה ze הָיָה hayá יהה

דָוֶה davé ההוד הפך דוה לִבֵּנוּ libenu עַל־ al אֵלֶּה ele חָשְׁכוּ jashjú

עֵינֵינוּ eineinu ריבוע מ"ה: עַל al הַר־ har צִיּוֹן Tsiyón יוסף, ו' הויות, קנאה

שֶׁשָּׁמֵם sheshamem שׁוּעָלִים shualim הִלְּכוּ־ hiljú בוֹ vo: אַתָּה Atá

יְהֹוָה יאהדונהי Adonai לְעוֹלָם leolam ריבוע ס"ג וי' אותיות דס"ג תֵּשֵׁב teshev

כִּסְאֲךָ quisajá לְדֹר ledor וָדוֹר vador רי"ו: לָמָּה lama לָנֶצַח lanétsaj

תִּשְׁכָּחֵנוּ tishcajenu תַּעַזְבֵנוּ taazvenu לְאֹרֶךְ leórej יָמִים yamim נלך:

הֲשִׁיבֵנוּ hashivenu יְהֹוָה יאהדונהי Adonai | אֵלֶיךָ eleja וְנָשׁוּבָה venashuva

(כתיב: ונשוב) חַדֵּשׁ jadesh י"ב הויות, קס"א קנ"א יָמֵינוּ yameinu כְּקֶדֶם quekédem:

כִּי qui אִם־ im יוהך, מ"א אותיות דפשוט, דמילוי ודמילוי דמילוי דאהיה ע"ה מָאֹס maós

מְאַסְתָּנוּ meastanu קָצַפְתָּ katsafta עָלֵינוּ aleinu עַד־ ad מְאֹד meod:

הֲשִׁיבֵנוּ hashivenu יְהֹוָה יאהדונהי Adonai | אֵלֶיךָ eleja וְנָשׁוּבָה venashuva

(כתיב: ונשוב) חַדֵּשׁ jadesh י"ב הויות, קס"א קנ"א יָמֵינוּ yameinu כְּקֶדֶם quekédem:

הַבֵּט habet מִשָּׁמַיִם mishamáyim י"פ טל, י"פ כוזו וּרְאֵה ureé ראה מִזְּבֻל mizvul

קָדְשְׁךָ kodsheja וְתִפְאַרְתֶּךָ vetifarteja אַיֵּה ayé קִנְאָתְךָ kinatjá

וּגְבוּרֹתֶךָ ugvuroteja הֲמוֹן hamón מֵעֶיךָ meeja וְרַחֲמֶיךָ verajameja

אֵלַי elai הִתְאַפָּקוּ hitapakú: כִּי־ qui אַתָּה Atá אָבִינוּ avinu כִּי qui

אַבְרָהָם Avraham וז"פ אל, רי"ו ול"ב נתיבות החכמה, רמ"ח (אברים), עסמ"ב וט"ז אותיות פשוטות

לֹא lo יְדָעָנוּ yedaanu וְיִשְׂרָאֵל veYisrael לֹא lo יַכִּירָנוּ yaquiranu אַתָּה Atá

יְהֹוָה יאהדונהי Adonai אָבִינוּ avinu גֹּאֲלֵנוּ goalenu מֵעוֹלָם meolam

---

La corona ha caído de nuestra cabeza. ¡Ay de nosotros, porque hemos pecado! Por esto tenemos entristecido el corazón y nos han entenebrecido nuestros ojos: por el monte Sión, que está asolado y las zorras andan por él. Pero Tú, Señor, permanecerás para siempre; Tu trono, de generación en generación. ¿Por qué te olvidas completamente de nosotros y nos abandonas por tan largo tiempo? Haznos volver a Ti, Señor, y nos volveremos; renueva nuestros días como al principio. ¿O acaso es que ya nos has desechado y estás airado del todo contra nosotros?" (Lamentaciones 5).

Haznos volver a Ti, Señor, y nos volveremos; renueva nuestros días como al principio.

"Mira desde el Cielo y contempla desde Tu santa y gloriosa morada. ¿Dónde está Tu celo y Tu poder, la conmoción de tus entrañas y tus piedades para conmigo? ¿Se han estrechado? ¡Pero Tú eres nuestro padre! Aunque Avraham nos ignore e Israel no nos reconozca, Tú, Señor, eres nuestro Padre, Redentor nuestro, eterno

שִׁמְךָ: Shmeja לָמָּה lama תַתְעֵנוּ tatenu יְהֹוָה יאהדונהי Adonai
מִדְּרָכֶיךָ miderajeja תַּקְשִׁיחַ takshíaj לִבֵּנוּ libenu מִיִּרְאָתֶךָ miyirateja
שׁוּב shuv לְמַעַן lemaan עֲבָדֶיךָ avadeja שִׁבְטֵי shivtei
נַחֲלָתֶךָ: najalateja לַמִּצְעָר lamitsar יָרְשׁוּ yarshú עַם־ am
קָדְשֶׁךָ kodsheja צָרֵינוּ tsareinu בּוֹסְסוּ bosesú מִקְדָּשֶׁךָ: mikdasheja

וְעַתָּה veata יְהֹוָה יאהדונהי Adonai אָבִינוּ avinu אָתָּה Atá אֲנַחְנוּ anajnu
הַחֹמֶר hajómer וְאַתָּה veAtá יֹצְרֵנוּ yotsrenu וּמַעֲשֵׂה umaasé יָדְךָ yadjá
כֻּלָּנוּ: culanu אַל־ al תִּקְצֹף tiktsof יְהֹוָה יאהדונהי Adonai עַד־ ad
מְאֹד meod וְאַל־ veal לָעַד laad ב"פ ב"ן תִּזְכֹּר tizcor עָוֹן avón הֵן hen
הַבֶּט־ habet נָא na עַמְּךָ ameja כֻלָּנוּ: julanu עָרֵי arei קָדְשֶׁךָ kodsheja
הָיוּ hayú מִדְבָּר midbar צִיּוֹן Tsiyón יוסף, ו' הויות, קנאה מִדְבָּר midbar
הָיָתָה hayatá יְרוּשָׁלַםִ Yerushaláim שְׁמָמָה: shmamá בֵּית beit ב"פ ראה
קָדְשֵׁנוּ kodshenu וְתִפְאַרְתֵּנוּ vetifartenu אֲשֶׁר asher הִלְלוּךָ hileluja
אֲבֹתֵינוּ avoteinu הָיָה hayá יהה לִשְׂרֵפַת lisrefat אֵשׁ esh
וְכָל־ vejol מַחֲמַדֵּינוּ majamadeinu הָיָה hayá יהה לְחָרְבָּה: lejorbá
הַעַל־ haal אֵלֶּה ele תִתְאַפַּק titapak יְהֹוָה יאהדונהי Adonai
תֶּחֱשֶׁה tejeshé וּתְעַנֵּנוּ uteanenu עַד־ ad מְאֹד: meod

עַל־ al חוֹמֹתַיִךְ jomotáyij יְרוּשָׁלַםִ Yerushaláim הִפְקַדְתִּי hifkadti
שֹׁמְרִים shomrim כָּל־ col ילי הַיּוֹם hayom ע"ה נגד, מזבח, זן, אל יהוה וְכָל־ vejol ילי
הַלַּיְלָה halayla מלה תָּמִיד tamid ע"ה קס"א קנ"א קמ"ג לֹא lo יֶחֱשׁוּ yejeshu

---

es Tu Nombre. ¿Por qué, Señor, nos has hecho errar de Tus caminos y has endurecido, respecto a Tu temor, nuestro corazón? Vuélvete por amor de Tus siervos, las tribus de Tu heredad. Por poco tiempo lo poseyó Tu santo pueblo; nuestros enemigos han pisoteado Tu santuario" (Isaías 63:15-18).

"Ahora bien, Señor, Tú eres nuestro Padre; nosotros somos el barro y Tú el alfarero. Así que obra de Tus manos somos todos nosotros. No te enojes sobremanera, Señor, ni tengas perpetua memoria de la iniquidad. Míranos ahora, pues pueblo Tuyo somos todos nosotros. Tus santas ciudades están desiertas, Sión es un desierto, Jerusalén una desolación. La casa de nuestro santuario y de nuestro renombre, en la cual te alabaron nuestros padres, fue consumida por el fuego. Todas nuestras cosas preciosas han sido destruidas. ¿Te quedarás quieto ante estas cosas, Señor? ¿Callarás y nos afligirás en sobremanera?" (Isaías 64:7:11).

"Sobre tus muros, Jerusalén, he puesto guardas que no callarán ni de día ni de noche.

הַמַּזְכִּרִים hamazquirim אֶת־ et יְהֹוָהיאהדונהי Adonai אַל־ al דֳּמִי domí
לָכֶם lajem ר"ת אדל, אגל"א (בעת רצון הוא בצירוף אל"ד, ובעת הזעם נהפך לאד"ל רומז לדלות):
וְאַל־ veal תִּתְּנוּ titnú דֳמִי domí לוֹ lo עַד־ ad יְכוֹנֵן yejonén
וְעַד־ vead יָשִׂים yasim אֶת־ et יְרוּשָׁלַםִ Yerushaláim תְּהִלָּה tehilá
ע"ה אמת, אהיה פעמים אהיה, ז"פ ס"ג בָּאָרֶץ baárets: נִשְׁבַּע nishbá
יְהֹוָהיאהדונהי Adonai בִּימִינוֹ bimínó וּבִזְרוֹעַ uvizroa עֻזּוֹ uzó אִם־ im יוהך,
מ"א אותיות דפשוט, דמילוי ודמילוי דמילוי דאהיה ע"ה אֶתֵּן etén אֶת־ et דְּגָנֵךְ deganej
עוֹד od מַאֲכָל maajal לְאֹיְבַיִךְ leoyváyij וְאִם־ veim יוהך, מ"א אותיות דפשוט,
דמילוי ודמילוי דמילוי דאהיה ע"ה יִשְׁתּוּ yishtú בְנֵי־ vnei נֵכָר nejar
תִּירוֹשֵׁךְ tiroshej אֲשֶׁר asher יָגַעַתְּ yagáat בּוֹ bo: כִּי qui מְאַסְפָיו measfav
יֹאכְלֻהוּ yojluhu וְהִלְלוּ vehilelú אֶת־ et יְהֹוָהיאהדונהי Adonai
וּמְקַבְּצָיו umekabtsav יִשְׁתֻּהוּ yishtuhu בְּחַצְרוֹת bejatsrot קָדְשִׁי kodshí:

אַתָּה Atá תָקוּם takum כ"א ההויות שבתפילין תְּרַחֵם terajem ג"פ רי"ו ; אברהם, ז"פ אל,
רי"ו ול"ב נתיבות החכמה, רמ"ח (אברים), עסמ"ב וט"ז אותיות פשוטות צִיּוֹן Tsiyón יוסף, ו' הויות, קנאה
כִּי־ qui עֵת et לְחֶנְנָהּ lejenená כִּי־ qui בָא va מוֹעֵד moed:
כִּי qui רָצוּ ratsú עֲבָדֶיךָ avadeja אֶת et ר"ת = אלהים דאלפין
אֲבָנֶיהָ avaneha ס"ת = אמת, אהיה פעמים אהיה, ז"פ ס"ג וְאֶת veet עֲפָרָהּ afara
יְחֹנֵנוּ yejonenú ר"ת = אלהים (על ידי האמת שמרומז בתחילת הפסוק, מתקיים אפילו עולם התהו
המרומז בס"ת): בּוֹנֵה boné ס"ג יְרוּשָׁלִַם Yerushaláyim יְהֹוָהיאהדונהי Adonai
נִדְחֵי nidjei ע"ב, ריבוע יהוה יִשְׂרָאֵל Yisrael יְכַנֵּס yejanés:

Los que se acuerdan del Señor, no descansen ni le den tregua, hasta que restablezca a Jerusalén y la ponga por alabanza en la Tierra. Juró Dios por Su diestra y por Su poderoso brazo: 'Jamás daré tu trigo por comida a tus enemigos, ni beberán los extraños el vino que es fruto de tu trabajo; sino que quienes lo cosechan lo comerán y alabarán al Señor; y quienes lo vendimian lo beberán en los atrios de Mi santuario'" (Isaías 62:6-9).

"Te levantarás y tendrás misericordia de Sión, porque es tiempo de tener misericordia de ella, porque el plazo ha llegado, porque Tus siervos se complacen en sus piedras y del polvo de ella tienen amor" (Salmos 102:14:15).

"El Señor edifica a Jerusalén; Él recogerá a los desterrados de Israel" (Salmos 147:2).

AMAR RABÍ SHIMÓN

La esencia de este pasaje del *Zóhar*, *Nóaj*, 122-127, habla acerca de las manos. Debido a que las manos son las herramientas con las que llevamos a cabo las acciones de la vida, las fuerzas de la oscuridad se aferran a ellas con el propósito de influir en nuestras acciones. Podemos imbuir nuestras manos de energía positiva proveniente de los Mundos Superiores para que éstas provean bendiciones y buena fortuna a todas nuestras labores.

אֲמַר amar רַבִּי Rabí שִׁמְעוֹן Shimón אֲרִימַת areimat יְדָאִי yedai

בִּצְלוֹתִין bitslotín לְעֵילָא leeilá, דְּכַד dejad רְעוּתָא reutá עִלָּאָה ilaá,

לְעֵילָא leeilá לְעֵילָא leeilá, קַיְּימָא kaymá עַל al הַהוּא hahú

רְעוּתָא reutá, דְּלָא delá אִתְיְדַע ityedá, וְלָא veló אִתְפַּס itpás

לְעָלְמִין lealmín, רֵישָׁא reishá דְּסָתִים desatim יַתִּיר yatir לְעֵילָא leeilá,

וְהַהוּא vehahú רֵישָׁא reishá אַפֵּיק apeik מַאי maí דְּאַפֵּיק deapeik, וְלָא velá

יְדִיעַ yediá, וְנָהִיר venaher מַאי maí דְּנָהִיר denaher, כֹּלָּא colá

בִּסְתִּימוּ bistimu. רְעוּ reó דְּמַחֲשָׁבָה demajashavá עִלָּאָה ilaá

לְמִרְדַּף lemirdaf אֲבַתְרֵיהּ avatrei, וּלְאִתְנְהָרָא uleitnehará מִנֵּיהּ minei.

וְחַד jad פְּרִיסוּ prisú אִתְפְּרֵיס itpreis, וּמִגּוֹ umigó הַהוּא hahú

פְּרִיסָא prisá, בִּרְדִיפוּ birdifu דְּהַהִיא dehahí מַחֲשָׁבָה majashavá

עִלָּאָה ilaá, מָטֵי matei וְלָא velá מָטֵי matei. עַד ad

הַהוּא hahú פְּרִיסָא prisá, נָהִיר naheir מַה ma דְּנָהִיר denaher.

וּכְדֵין ujdein אִיהוּ ihú מַחֲשָׁבָה majashavá עִלָּאָה ilaá,

נָהִיר naher בִּנְהִירוּ binhirú סָתִים satim דְּלָא delá יְדִיעַ yediá,

וְהַהוּא vehahú מַחֲשָׁבָה majashavá לָא la יָדַע yadá.

AMAR RABÍ SHIMÓN

Rav Shimón dijo: 'Elevo mis manos alto para orar. Cuando el Deseo Celestial en su punto más elevado Arriba es establecido sobre el eternamente desconocido e imperceptible deseo, se convierte en la Cabeza más oculta Arriba. Y esa Cabeza emana todo lo que Él emana y todo lo que es desconocido. Y Él ilumina todo lo que él ilumina de forma oculta. El deseo del Pensamiento Celestial corre tras de éste para ser iluminado por él. Pero un velo se despliega y, por extenderse y por correr tras éste, le es permitido alcanzar —y no alcanzar— a la Luz. La Luz brilla hacia arriba y hacia el velo. Por lo tanto, el Pensamiento Celestial brilla con Iluminación No Revelada y con Luz desconocida para la 'Mente (Móaj) de aire'. Y el Pensamiento mismo es considerado como desconocido.

כְּדֵין quedein בָּטַשׁ batash הַאי haí נְהִירוּ nehirú דְּמַחֲשָׁבָה demajashavá

דְּלָא delá אִתְיְדַע ityedá, בִּנְהִירוּ binhirú דְּפַרְסָא defarsá

דְּקַיְימָא dekaymá, דְּנָהִיר denaher מִמַּה mimá דְּלָא delá יְדִיעַ yediá

וְלָא velá אִתְיְדַע ityedá, וְלָא velá אִתְגַּלְיָא itgalyá. וּכְדֵין ujdein דָּא da

נְהִירוּ nehirú דְּמַחֲשָׁבָה demajashavá דְּלָא delá אִתְיְדַע ityedá

בָּטַשׁ batash בִּנְהִירוּ binhirú דְּפַרְיסָא difrisá, וְנָהֲרִין venaharín

כַּחֲדָא cajadá, וְאִתְעֲבִידוּ veitavidu תֵּשַׁע teshá הֵיכָלִין heijalín.

וְהֵיכָלִין veheijalín, לָאו lav אִינּוּן inún נְהוֹרִין nehorín, וְלָאו velav

אִינּוּן inún רוּחִין rujín, וְלָאו velav אִינּוּן inún נִשְׁמָתִין nishmatín וְלָא velá

אִית it מַאן man דְּקַיְימָא dekaymá בְּהוֹ behó. רְעוּתָא reutá, דְּכָל dejol

תֵּשַׁע teshá נְהוֹרִין nehorín, דְּקַיְימֵי dekaymei כֻּלְּהוֹ colhó

בְּמַחֲשָׁבָה bemajashavá, דְּאִיהוּ deihú חַד jad מִנַּיְיהוּ minayehu

בְּחוּשְׁבְּנָא bejushbená כֻּלְּהוֹ colhó לְמִרְדַּף lemirdaf בַּתְרַיְיהוּ batrayehu,

בְּשַׁעֲתָא beshaatá דְּקַיְימֵי dekaymei בְּמַחֲשָׁבָה bemajashavá וְלָא velá

מִתְדַּבְּקָן mitdabkán וְלָא velá אִתְיְדָעוּ ityedaú, וְאִלֵּין veilein לָא la

קַיְימֵי kaymei לָא la בִּרְעוּתָא bireutá, וְלָא velá בְּמַחֲשָׁבָה bemajashavá

עִלָּאָה ilaá תָּפְסִין tafsín בָּהּ ba וְלָא velá תָּפְסִין tafsín.

Entonces, la iluminación del Pensamiento Desconocido llega a la iluminación del velo que está erguido y brilla sobre lo que es desconocido, lo que no se conoce y lo que no es revelado. Así, la iluminación del Pensamiento que no es conocido llega a la iluminación del velo y brillan juntas. Y a partir de ellas se crean nueve Cámaras. Estas Cámaras no son Luz. Ellas tampoco son Rujot ni Neshamot, y nadie puede entender qué son. El deseo de todas las nueve Luces permanece en el Pensamiento y también es considerado como una de Ellas. Y todos desean perseguirlas mientras las nueve Luces están ubicadas en el Pensamiento. No obstante, las Cámaras no son alcanzadas y no son conocidas porque no están establecidas como un aspecto del deseo ni como un aspecto del Pensamiento Celestial. Ellas perciben y no perciben.

בְּאִלֵּין beilein קָיְימֵי kaymei כָּל col רָזֵי razei דִּמְהֵימְנוּתָא dimheimnutá,
וְכָל vejol אִינּוּן inún נְהוֹרִין nehorín מֵרָזָא merazá
דְּמַחֲשָׁבָה demajashavá עִלָּאָה ilaá כֻּלְּהוּ colhó אִקְרוּן ikrún אֵין ein
סוֹף sof. עַד ad הָכָא hajá מָטוֹ mató נְהוֹרִין nehorín וְלָא velá
מָטוֹן matón, וְלָא velá אִתְיְידָעוּ ityedaú, לָאו lav הָכָא hajá
רְעוּתָא reutá, וְלָא velá מַחֲשָׁבָה majashavá. כַּד cad נָהִיר naher
מַחֲשָׁבָה majashavá, וְלָא velá אִתְיְידַע ityedá מִמַּאן mimán
דְּנָהִיר denaher, כְּדֵין quedein אִתְלַבֵּשׁ itlabesh וְאַסְתִּים veastim גּוֹ go
בִּינָה biná, וְנָהִיר venaher לְמַאן lemaan דְּנָהִיר denaher וְאָעִיל veaeil דָּא da
בְּדָא bedá, עַד ad דְּאִתְכְּלִילוּ deitclilú כֻּלְּהוּ calhó כַּחֲדָא cajadá.
וּבְרָזָא uverazá דְּקָרְבְּנָא dekarbaná כַּד cad סָלֵיק saleik, כֹּלָּא colá
אִתְקַשַּׁר itkashar דָּא da בְּדָא bedá, וְנָהִיר venaher דָּא da בְּדָא bedá,
כְּדֵין quedein קָיְימֵי kaymei כֻּלְּהוּ calhó בִּסְלִיקוּ bisliku,
וּמַחֲשָׁבָה umajashavá אִתְעַטַּר itatar בְּאֵין beéin סוֹף sof.
הַהוּא hahú נְהִירוּ nehirú דְּאִתְנְהִיר deitneheir מִנֵּיהּ minei
מַחֲשָׁבָה majashavá עִלָּאָה ilaá, אִקְרֵי ikrei אֵין ein סוֹף sof.
וּמִנֵּיהּ uminei אִשְׁתְּכַח ishtejaj וְקַיְּימָא vekaymá וְנָהִיר venaher
לְמַאן lemaan דְּנָהִיר denaheir, וְעַל veal דָּא da כֹּלָּא colá
קָאִים kaém. זַכָּאָה zacaá חוּלָקֵיהוֹן julakeihón דְּצַדִּיקַיָּיא detsadikaya
בְּעָלְמָא bealmá דֵּין deín וּבְעָלְמָא uvealmá דְּאָתֵי deatei.

Con éstas se basan todos los secretos de la Fe. Y todas estas Luces provienen del secreto del Pensamiento Celestial y todas son llamadas Ein Sof. Porque las Luces alcanzan y no alcanzan, y no son conocidas, no hay ni deseo ni pensamiento en este punto. Cuando un Pensamiento Desconocido brilla desde su fuente, brilla sobre quien Ella brilla, y entran uno dentro de otro hasta que son uno. De regreso al secreto del sacrificio: Cuando es elevado, todos están enredados uno dentro de otro y brillan uno sobre otro. Ahora todas las etapas están en el secreto de la 'Ascención' y, cuando ésta asciende a la Cabeza Desconocida, el Pensamiento es coronado por el Ein Sof. Esta iluminación de donde brilla el Pensamiento Celestial es llamada Ein Sof. Y de ahí proviene. Es establecida y brilla sobre quien brilla. Y todo está basado en esto. ¡Felices son los justos en este mundo y en el Mundo por Venir!".

TIKÚN LEÁ

Aquí medita para conectar con el momento (medianoche cósmica) en el que el Creador entra al Jardín de Edén para conectar dichosamente con todas las almas justas (como se menciona en el *Zóhar*).

שְׂאוּ seú שְׁעָרִים shearim כתר רָאשֵׁיכֶם rasheihem וְהִנָּשְׂאוּ vehinaseú
ו' (ו"א) וה' (מלכות) נשאו פִּתְחֵי pitjei עוֹלָם olam וְיָבוֹא veyavó מֶלֶךְ Mélej
הַכָּבוֹד haCavod לאו: מִי mi ילי זֶה ze מֶלֶךְ Mélej ר"ת = פ"ז בסוד כתם טהור פז
הַכָּבוֹד haCavod לאו יְהֹוָהאדניאהדונהי Adonai ; כבוד יהוה = יוד הי ואו הה עִזּוּז izuz
וְגִבּוֹר veguibor יְהֹוָהאדניאהדונהי Adonai גִּבּוֹר guibor מִלְחָמָה: miljamá
שְׂאוּ seú שְׁעָרִים shearim כתר רָאשֵׁיכֶם rasheihem וּשְׂאוּ useú
ו' עילאה שהוא ת"ת נשא פִּתְחֵי pitjei עוֹלָם olam וְיָבֹא veyavó מֶלֶךְ Mélej
הַכָּבוֹד haCavod לאו: מִי mi ילי הוּא hu זֶה ze מֶלֶךְ Mélej הַכָּבוֹד haCavod
לאו יְהֹוָהאדניאהדונהי Adonai ; כבוד יהוה = יוד הי ואו הה צְבָאוֹת tsvaot
פני שכינה הוּא Hu מֶלֶךְ Mélej הַכָּבוֹד haCavod לאו סֶלָה: sela

Este Salmo y los siguientes están basados en el deseo que tiene *Maljut* de ser elevada con su pareja, *Zeir Anpín*.

לַמְנַצֵּחַ lamenatséaj מַשְׂכִּיל masquil לִבְנֵי־ livnei קֹרַח: Kóraj
כְּאַיָּל queayal תַּעֲרֹג taarog עַל־ al אֲפִיקֵי־ afikei מָיִם máyim כֵּן quen
נַפְשִׁי nafshí תַעֲרֹג taarog אֵלֶיךָ eleja אֱלֹהִים Elohim אהיה אדני ; ילה:
צָמְאָה tsamá נַפְשִׁי nafshí לֵאלֹהִים leElohim אהיה אדני ; ילה לְאֵל leEl
ייא"י (מילוי דס"ג) חָי jai מָתַי matai אָבוֹא avó וְאֵרָאֶה veeraé ראה פְּנֵי pnei
חכמה בינה אֱלֹהִים Elohim אהיה אדני ; ילה: הָיְתָה־ haytá לִּי li דִמְעָתִי dimatí
לֶחֶם léjem ג' הויות יוֹמָם yomam וָלָיְלָה valayla מלה בֶּאֱמֹר beemor אֵלַי elai
כָּל־ col ילי הַיּוֹם hayom ע"ה נגד, מזבח, זן, אל יהוה אַיֵּה ayé אֱלֹהֶיךָ Eloheja ילה:

TIKÚN LEÁ

"¡Puertas, levanten sus dinteles, levántense, puertas eternas, para que entre el Rey de la gloria! ¿Y quién es ese Rey de la gloria? Es el Señor, el fuerte, el poderoso, el Señor poderoso en los combates. ¡Puertas, levanten sus dinteles, levántense, puertas eternas, para que entre el Rey de la gloria! ¿Y quién es ese Rey de la gloria? Dios, el Señor de los ejércitos, Él es el Rey de gloria, ¡Sela!"(Salmos 24:7-10). "Al músico principal: Masquil de los hijos de *Kóraj. Como el ciervo brama por las corrientes de las aguas, así clama por Ti, Dios, el alma mía. Mi alma tiene sed de Dios, del Dios vivo: ¿cuándo vendré y me presentaré delante de Dios? Fueron mis lágrimas mi alimento de día y de noche, mientras me dicen todos los días: '¿Dónde está tu Dios?'.*

אֵלֶּה ele אֶזְכְּרָה ezquerá וְאֶשְׁפְּכָה veeshpejá עָלַי alai

נַפְשִׁי nafshí כִּי qui אֶעֱבֹר eevor בַּסָּךְ basaj אֶדַּדֵּם edadem

En la época del *Ómer* debes meditar:

"אעבור בסך אדדם" אל מספר ימי הספירה שהם מ"ט כמנין "אדדם"

עַד ad בֵּית beit ב"פ ראה אֱלֹהִים Elohim אהיה אדני ; ילה בְּקוֹל bekol רִנָּה riná

וְתוֹדָה vetodá הָמוֹן hamón חוֹגֵג jogueg ר"ת והוהו: מַה ma מ"ה

תִּשְׁתּוֹחֲחִי tishtojaji נַפְשִׁי nafshí וַתֶּהֱמִי vatehemi עָלָי alai הוֹחִילִי hojili

לֵאלֹהִים leElohim אהיה אדני ; ילה כִּי qui עוֹד od אוֹדֶנּוּ odenu

יְשׁוּעוֹת yeshuot פָּנָיו: panav אֱלֹהַי Elohai מילוי ע"ב, דמב ; ילה עָלַי alai

נַפְשִׁי nafshí תִשְׁתּוֹחָח tishtojaj עַל al כֵּן quen אֶזְכָּרְךָ ezcorjá

מֵאֶרֶץ meérets יַרְדֵּן Yardén י' הויות וד' אותיות יהוה וְחֶרְמוֹנִים veJermonim

מֵהַר mehar מִצְעָר: Mitsar תְּהוֹם tehom אֶל el תְּהוֹם tehom

קוֹרֵא koré לְקוֹל lekol צִנּוֹרֶיךָ tsinoreja כָּל col יכ"י

מִשְׁבָּרֶיךָ mishbareja וְגַלֶּיךָ vegaleja עָלַי alai עָבָרוּ: avaru

יוֹמָם yomam יְצַוֶּה yetsavé יְהֹוָה יאהדונהי Adonai חַסְדּוֹ jasdó

ג' הויות = מזלא (להמשיך הארה ממזלא עילאה) וּבַלַּיְלָה uvalayla מלה שִׁירֹה shiró

(כתיב : שירה) עִמִּי imí ס"ת יהוה תְּפִלָּה tefilá אתב"ש אִכְצַ, ב"ן אדני

וניקודה ע"ה = יוד הי ו הה לְאֵל leEl ייא"י (מילוי דס"ג) חַיָּי: jayai אוֹמְרָה omrá

לְאֵל leEl ייא"י (מילוי דס"ג) סַלְעִי salí לָמָה lama שְׁכַחְתָּנִי shejajtani

לָמָּה lama קֹדֵר koder אֵלֵךְ elej בְּלַחַץ belájats אוֹיֵב: oyev

---

Me acuerdo de estas cosas y derramo mi alma dentro de mí, de cómo yo iba con la multitud y la conducía hasta la casa de Dios, entre voces de alegría y de alabanza del pueblo guardando la festividad. ¿Por qué te abates, alma mía? ¿Y por qué gimes dentro de mí? Espera en Dios, porque aún he de alabarlo, por la salvación de Su semblante. Dios mío, mi alma está abatida en mí. Me acordaré, por tanto, de Ti desde la tierra del Jordán y de los Jermonim, desde el monte Mizar. Un abismo llama a otro a la voz de Tus cascadas; todas Tus ondas y Tus olas han pasado sobre mí. Pero de día mandará el Señor Su misericordia y de noche Su cántico estará conmigo, y mi oración al Dios de mi vida. Diré a Dios, Roca mía: '¿Por qué te has olvidado de mí? ¿Por qué andaré yo enlutado por la opresión del enemigo?'.

בְּרֶצַח berétsaj בְּעַצְמוֹתַי beatsmotai חֵרְפוּנִי jerfuni צוֹרְרָי tsorerai

בְּאָמְרָם beomram אֵלַי elai כָּל־ col ילי הַיּוֹם hayom ע"ה נגד, מזבח, זן, אל יהוה

אַיֵּה ayé אֱלֹהֶיךָ Eloheja ילה: מַה־ ma מ"ה תִּשְׁתּוֹחֲחִי tishtojaji

נַפְשִׁי nafshí וּמַה umá מ"ה תֶּהֱמִי tehemi עָלַי alai הוֹחִילִי hojilí

לֵאלֹהִים leElohim אהיה אדני ; ילה כִּי־ qui עוֹד od אוֹדֶנּוּ odenu

יְשׁוּעֹת yeshuot פָּנַי panai חכמה בינה וֵאלֹהָי veElohai לכב ; מילוי ע"ב, דמב ; ילה:

שָׁפְטֵנִי shofteni אֱלֹהִים Elohim אהיה אדני ; ילה וְרִיבָה verivá

רִיבִי riví מִגּוֹי migoy לֹא־ lo חָסִיד jasid מֵאִישׁ־ meish

מִרְמָה mirmá וְעַוְלָה veavlá תְפַלְּטֵנִי tefalteni: כִּי־ qui אַתָּה Atá

אֱלֹהֵי Elohei מילוי ע"ב, דמב ; ילה מָעוּזִּי mauzí לָמָה lama זְנַחְתָּנִי zenajtani

לָמָּה lama קֹדֵר koder אֶתְהַלֵּךְ ethalej בְּלַחַץ belájats אוֹיֵב oyev:

שְׁלַח־ shlaj אוֹרְךָ orjá וַאֲמִתְּךָ vaamiteja הֵמָּה hema יַנְחוּנִי yanjuni

יְבִיאוּנִי yeviuni אֶל־ el הַר־ har קָדְשְׁךָ kodsheja וְאֶל veel

מִשְׁכְּנוֹתֶיךָ mishquenoteja: וְאָבוֹאָה veavoa אֶל־ el מִזְבַּח mizbaj

נגד, זן, אל יהוה אֱלֹהִים Elohim אהיה אדני ; ילה אֶל־ el אֵל El ייא"י (מילוי דס"ג)

שִׂמְחַת simjat גִּילִי guilí וְאוֹדְךָ veodjá בְכִנּוֹר vejinor אֱלֹהִים Elohim

אהיה אדני ; ילה אֱלֹהָי Elohai מילוי ע"ב, דמב ; ילה: מַה־ ma מ"ה

תִּשְׁתּוֹחֲחִי tishtojaji נַפְשִׁי nafshí וּמַה־ umá מ"ה תֶּהֱמִי tehemi עָלַי alai

הוֹחִילִי hojilí לֵאלֹהִים leElohim אהיה אדני ; ילה כִּי־ qui עוֹד od אוֹדֶנּוּ odenu

יְשׁוּעֹת yeshuot פָּנַי panai חכמה בינה וֵאלֹהָי veElohai לכב ; מילוי ע"ב, דמב ; ילה:

Como quien hiere mis huesos, mis enemigos me afrentan diciéndome cada día: '¿Dónde está tu Dios?'. ¿Por qué te abates, alma mía, y por qué te turbas dentro de mí? Espera en Dios porque aún he de alabarlo, salvación mía y Dios mío" (Salmos 42).

"Sé Tú mi juez, Dios, y defiende mi causa; líbrame de gente impía y del hombre engañador e inicuo. Tú que eres el Dios de mi fortaleza, ¿por qué me has desechado? ¿Por qué andaré yo enlutado por la opresión del enemigo? Envía Tu luz y Tu verdad; éstas me guiarán, me conducirán a Tu santo monte y a Tus moradas. Me acercaré al altar de Dios, al Dios de mi alegría y de mi gozo. Y te alabaré con el arpa, Dios, Dios mío. ¿Por qué te abates, alma mía, y por qué gimes dentro de mí? Espera en Dios, porque aún he de alabarlo, salvación mía y Dios mío" (Salmos 43).

YAANJÁ

Durante los días que no recitamos el *Tajanún*, omitimos este Salmo.

En este Salmo hay 70 palabras, las cuales corresponden a las 70 voces de la *ayalá* (cierva).

לַמְנַצֵּחַ lamenatséaj מִזְמוֹר mizmor לְדָוִד leDavid: יַעַנְךָ yaanjá

יְהֹוָהאדניאהדונהי Adonai בְּיוֹם beyom ע"ה נגד, מזבח, זן, אל יהוה צָרָה tsará

אלהים דההין ; ר"ת = יב"ק, אלהים יהוה, אהיה אדני יהוה יְשַׂגֶּבְךָ yesaguevjá שֵׁם shem

אֱלֹהֵי Elohei מילוי ע"ב, דמב ; ילה יַעֲקֹב Yaakov ז' הויות, יאהדונהי אידהנויה ; ס"ת = ב"ן:

יִשְׁלַח־ yishlaj עֶזְרְךָ ezrejá מִקֹּדֶשׁ mikódesh וּמִצִּיּוֹן umiTsiyón

יוסף, ו' הויות, קנאה יִסְעָדֶךָּ yisadeca: יִזְכֹּר yizcor כָּל־ col ילי ; ר"ת וס"ת = י' הויות

מִנְחֹתֶךָ minjoteja וְעוֹלָתְךָ veolatjá יְדַשְּׁנֶה yedashné סֶלָה sela

ס"ת הפסוק = סנדלפון, סנדלפון, ערי: יִתֶּן־ yitén לְךָ lejá כִלְבָבֶךָ jilvaveja

וְכָל־ vejol ילי ; ר"ת = יהוה עֲצָתְךָ atsatjá יְמַלֵּא yemalé: נְרַנְּנָה neranená

בִּישׁוּעָתֶךָ bishuateja ר"ת ב"ן וּבְשֵׁם־ uveShem ס"ת = אדני אֱלֹהֵינוּ Eloheinu ילה

נִדְגֹּל nidgol יְמַלֵּא yemalé ר"ת וס"ת = אמן (יאהדונהי) יְהֹוָהאדניאהדונהי Adonai

כָּל־ col ילי מִשְׁאֲלוֹתֶיךָ mishaloteja: עַתָּה ata יָדַעְתִּי yadati כִּי qui

הוֹשִׁיעַ hoshía יְהֹוָהאדניאהדונהי Adonai מְשִׁיחוֹ meshijó ר"ת מיה

יַעֲנֵהוּ yaanehu מִשְּׁמֵי mishmei קָדְשׁוֹ kodshó בִּגְבֻרוֹת bigvurot

יֵשַׁע yeshá ר"ת יב"ק, אלהים יהוה, אהיה אדני יהוה יְמִינוֹ yeminó:

YAANJÁ

"Al músico principal: Salmo de David.

Que el Señor te escuche en el día de conflicto; que el nombre del Dios de Yaakov te defienda. Te envíe ayuda desde el santuario y desde Sión te sostenga. Traiga a la memoria todas tus ofrendas y acepte tu holocausto; Sela. Que te dé conforme al deseo de tu corazón y cumpla todos tus planes. Nosotros nos alegraremos en tu salvación y alzaremos bandera en el nombre de nuestro Dios. Que el Señor conceda todas tus peticiones. Ahora sé que el Señor salva a Su ungido; lo atenderá desde Sus santos cielos con la potencia salvadora de Su diestra.

Aquí debes meditar en ser protegido de la guerra del *Gog uMagog* (Armagedón).

אֵלֶּה ele בָרֶכֶב varéjev וְאֵלֶּה veele ר״ת וס״ת = אהיה ; ועם ר״ת וס״ת בסוסים = ס״ג

בַסּוּסִים vasusim וַאֲנַחְנוּ vaanajnu בְּשֵׁם־ beshem יְהֹוָהאדניאהדונהי Adonai

אֱלֹהֵינוּ Eloheinu ילה נַזְכִּיר nazquir: הֵמָּה hema כָּרְעוּ carú

וְנָפָלוּ venafalu וַאֲנַחְנוּ vaanajnu קַמְנוּ kamnu וַנִּתְעוֹדָד vanitodad

ר״ת = יב״ק, אלהים יהוה, אהיה אדני יהוה: יְהֹוָהאדניאהדונהי Adonai הוֹשִׁיעָה hoshía

יהוה ושי״ע נהורין הַמֶּלֶךְ haMélej ר״ת יהה ; עם ו׳ דונתעודד = יהוה

יַעֲנֵנוּ yaanenu בְיוֹם־ veyom ע״ה נגד, מזבח, זן, אל יהוה קָרְאֵנוּ korenu

ר״ת יב״ק, אלהים יהוה, אהיה אדני יהוה ; ס״ת = ב״ן ; ועם אות כף דהמלך = ע״ב:

לְדָוִד leDavid מִזְמוֹר mizmor לַיהֹוָהאדניאהדונהי laAdonai הָאָרֶץ haárets

אלהים דההין ע״ה וּמְלוֹאָהּ umloá תֵּבֵל tevel ב״פ רי״ו וְיֹשְׁבֵי veyoshvei בָהּ va:

כִּי־ qui הוּא Hu עַל־ al יַמִּים yamim נלך יְסָדָהּ yesadá וְעַל־ veal

נְהָרוֹת neharot יְכוֹנְנֶהָ yejoneneha עם התיבה וע״ה קמ״ג: מִי mi ילי יַעֲלֶה yaalé

בְהַר־ vehar ר״ת יבמ, ב״ן יְהֹוָהאדניאהדונהי Adonai וּמִי־ umí ילי יָקוּם yakum

בִּמְקוֹם bimkom קָדְשׁוֹ kodshó ר״ת יבק, אלהים יהוה, אהיה אדני יהוה ;

ס״ת מום, אלהים, אהיה אדני: נְקִי nekí ע״ה קס״א כַפַּיִם japáyim ע״ה קנ״א, אדני אלהים (מזרע

לבטלה) וּבַר־ uvar יצחק, ד״פ ב״ן לֵבָב levav בוכו ; בר לבב = ע״ב ס״ג מ״ה ב״ן, הברכה

(למתק את ו׳ המלכים שמתו) אֲשֶׁר asher לֹא־ lo נָשָׂא nasá לַשָּׁוְא lashav

נַפְשִׁי nafshí (כתיב : נפשו) וְלֹא veló נִשְׁבַּע nishbá לְמִרְמָה lemirmá:

Estos confían en carros, y aquellos en caballos; pero nosotros del nombre del Señor, nuestro Dios, haremos mención. Ellos desmayan y caen, pero nosotros nos levantamos y resistimos a pie firme. Salva, Señor; que el Rey nos oiga en el día que lo invoquemos" (Salmos 20).

"Un Salmo de David: La Tierra y todo lo que contiene pertenece al Señor, y todos los que habitan en ella. Él la fundó sobre los mares y la estableció sobre los ríos. ¿Quién deberá ascender la montaña del Señor y quién se mantendrá erguido en Su Santo Lugar? Aquel cuyas manos están limpias, cuyo corazón es puro y que no ha jurado en Mi Nombre en vano, ni ha prometido falsamente.

יִשָּׂא yisá בְרָכָה vrajá מֵאֵת meet ר״ת יבמ, ב״ן יְהֹוָה יאהדונהי Adonai

וּצְדָקָה utsdaká ע״ה ריבוע אלהים ; ילה מֵאֱלֹהֵי meElohei מילוי ע״ב, דמב ; ילה

יִשְׁעוֹ yishó שכינה ע״ה ; ס״ת יהוה: זֶה ze דּוֹר dor דֹּרְשָׁיו dorshav

(כתיב: דרשו) מְבַקְשֵׁי mevakshei פָנֶיךָ faneja ס״ג מ״ה ב״ן

יַעֲקֹב Yaakov ד׳ הויות, יאהדונהי אידהנויה סֶלָה sela: שְׂאוּ seú שְׁעָרִים shearim כתר

רָאשֵׁיכֶם rasheijem וְהִנָּשְׂאוּ vehinaseú ו׳ שהוא זעיר אנפין וה׳ שהיא מלכות - נשאו

פִּתְחֵי pitjei עוֹלָם olam וְיָבוֹא veyavó מֶלֶךְ Mélej הַכָּבוֹד haCavod לאו:

מִי mi ילי זֶה ze מֶלֶךְ Mélej ר״ת = פ״ז בסוד כתם טהור פז

הַכָּבוֹד haCavod לאו יְהֹוָה יאהדונהי Adonai ; כבוד יהוה = יוד הי ואו הה עִזּוּז izuz

וְגִבּוֹר veguibor יְהֹוָה יאהדונהי Adonai גִּבּוֹר guibor מִלְחָמָה miljamá:

שְׂאוּ seú שְׁעָרִים shearim כתר רָאשֵׁיכֶם rasheijem

וּשְׂאוּ useú ו׳ עילאה שהוא ת״ת נשא פִּתְחֵי pitjei עוֹלָם olam

וְיָבֹא veyavó מֶלֶךְ Mélej הַכָּבוֹד haCavod לאו:

מִי mi ילי הוּא hu זֶה ze מֶלֶךְ Mélej הַכָּבוֹד haCavod לאו

יְהֹוָה יאהדונהי Adonai כבוד יהוה = יוד הי ואו הה צְבָאוֹת tsvaot פני שכינה

הוּא hu מֶלֶךְ Mélej הַכָּבוֹד haCavod לאו סֶלָה sela:

LAMENATSÉAJ

Al meditar en el *Maguén David* (Escudo de David), aprovechamos el poder, fortaleza y valentía del Rey David para que podamos vencer a nuestros enemigos personales. Nuestros verdaderos enemigos no se encuentran en el mundo exterior, a pesar de lo que nos diga nuestro ego. Nuestro verdadero enemigo es nuestro *Deseo de Recibir para Sí Mismo*. Cuando vencemos al enemigo interno, los enemigos externos de pronto desaparecen de nuestra vida.

Él recibirá una bendición del Señor y caridad del Dios de su salvación. Así es la generación de los que le buscan, que buscan Tu Rostro, hasta Yaakov. Sela. ¡Alcen, oh puertas, sus vuestras cabezas, y álcense ustedes, puertas eternas, y entrará el Rey de gloria! ¿Quién es este Rey de gloria? Es el Señor, que es poderoso y valiente. El Señor, que es poderoso en batalla. ¡Alcen, oh puertas, sus cabezas, y álcense ustedes, puertas eternas, y entrará el Rey de gloria! ¿Quién es este Rey de gloria? Es el Señor de los Ejércitos. Él es el Dios de Gloria. Sela" (Salmos 24).

Dios reveló este Salmo al Rey David a través de la Inspiración Divina. Fue escrito en una placa de oro en forma de una *Menorá* (ilustrado en la pág. 41). Dios también se la mostró a Moshé. El Rey David llevaba este Salmo escrito y grabado en la placa de oro en su escudo, el Escudo de David. Cuando el Rey David iba a la guerra, él meditaba en los secretos de la *Menorá* y en las siete oraciones de este Salmo grabadas en ésta, y sus enemigos, literalmente, caían vencidos ante él. Al meditar en él (leyendo las letras sin cambiar la posición de la página), aprovechamos ese poder. (*Midbar Kdemot*, por el Jidá, y también en *Menorat Zahav*, por Rav Zusha).

לַמְנַצֵּחַ lamenatséaj בִּנְגִינֹת bineguinot מִזְמוֹר mizmor שִׁיר shir:

אֱלֹהִים Elohim אהיה אדני ; ילה יְחָנֵּנוּ yejanenu וִיבָרְכֵנוּ vivarjenu

יָאֵר yaer כף ויו זין ויו פָּנָיו panav אִתָּנוּ itanu ר״ת פאי, אמן (יאהדונהי) סֶלָה sela:

לָדַעַת ladáat ר״ת סאל, אמן (יאהדונהי) בָּאָרֶץ baárets דַּרְכֶּךָ darquejá

בְּכָל bejol ב״ן, לכב גּוֹיִם goyim יְשׁוּעָתֶךָ yeshuateja:

יוֹדוּךָ yoduja עַמִּים amim אֱלֹהִים Elohim אהיה אדני ; ילה

יוֹדוּךָ yoduja עַמִּים amim כֻּלָּם culam: יִשְׂמְחוּ yismejú וִירַנְּנוּ viranenú

לְאֻמִּים leumim ר״ת ע״ה = איההיוהה כִּי qui תִשְׁפֹּט tishpot עַמִּים amim

מִישֹׁר mishor וּלְאֻמִּים uleumim בָּאָרֶץ baárets תַּנְחֵם tanjem סֶלָה sela:

יוֹדוּךָ yoduja עַמִּים amim אֱלֹהִים Elohim אהיה אדני ; ילה יוֹדוּךָ yoduja

עַמִּים amim כֻּלָּם culam: ר״ת יודוך ישמחו יודוך ארץ = ייא״י (מילוי דס״ג)

ועם ר״ת אלהים לדעת יברכנו = ע״ב, ריבוע יהוה אֶרֶץ érets נָתְנָה natná נתה, קס״א קנ״א קמ״ג

יְבוּלָהּ yevulá ר״ת אני יְבָרְכֵנוּ yevarjenu אֱלֹהִים Elohim אהיה אדני ; ילה

אֱלֹהֵינוּ Eloheinu ילה: יְבָרְכֵנוּ yevarjenu אֱלֹהִים Elohim אהיה אדני ; ילה

וְיִירְאוּ veyirú אוֹתוֹ otó כָּל col ילי אַפְסֵי afsei אָרֶץ árets:

LAMENATSÉAJ

"Al Director del Coro, con música melodiosa, un Salmo. Tenga Dios gracia con nosotros y nos bendiga, y haga resplandecer Su rostro sobre nosotros, Sela. Para que sea Tu camino conocido en la Tierra y Tu salvación entre todas las naciones. Las naciones te darán gracias, Dios. Todas las naciones te darán gracias. La gente se alegrará y cantará porque Tú juzgas a los pueblos con equidad y Tú guías a las naciones en la Tierra, Sela. Los pueblos te darán gracias, Dios. Todos los pueblos te darán gracias. La Tierra ha dado su fruto. Nos bendiga Dios, nuestro Dios. Nos bendiga Dios y le teman desde todos los confines de la Tierra" (*Salmos 67*).

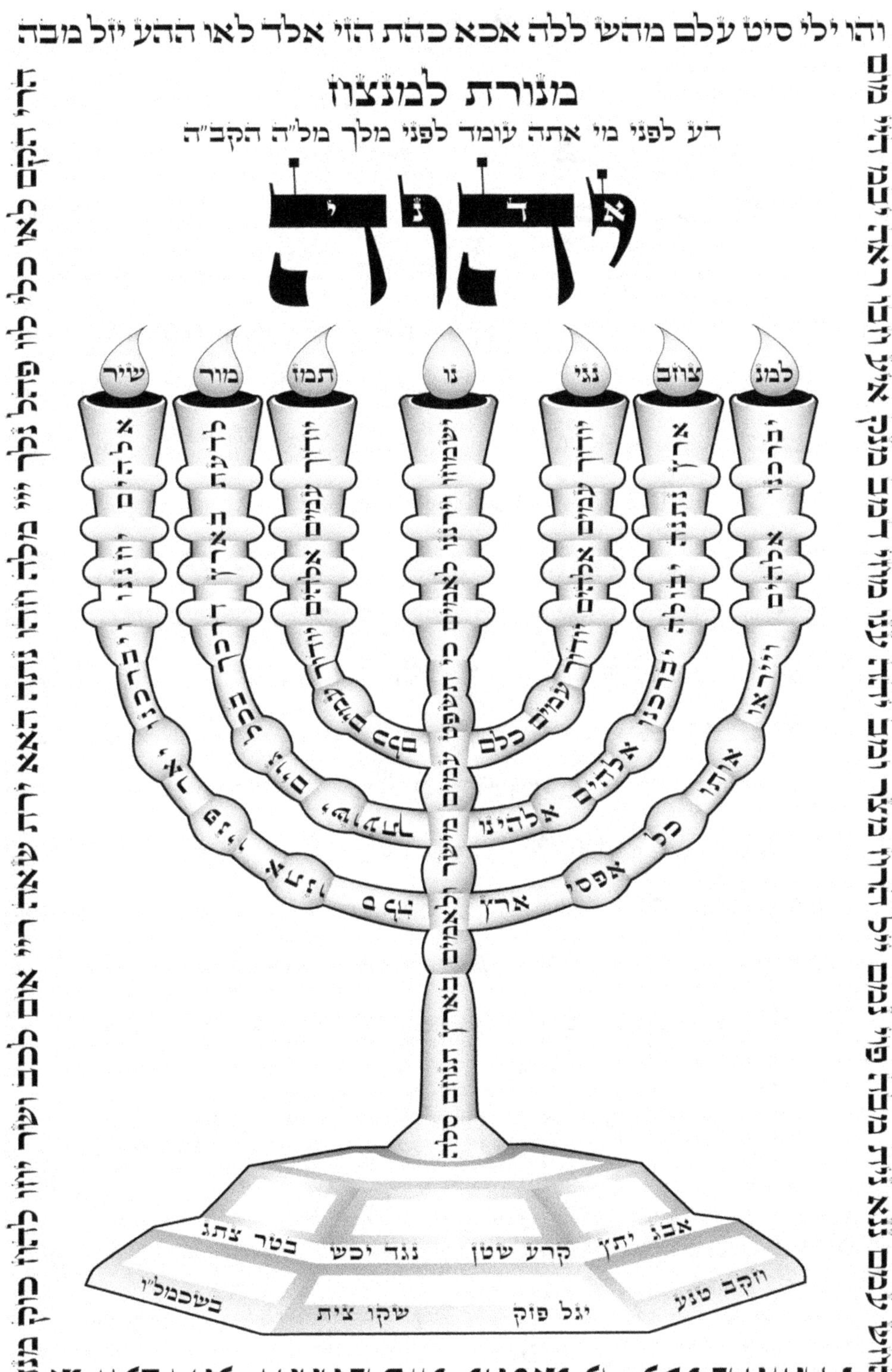
והו ילי סיט עלם מהש ללה אכא כהת הזי אלד לאו ההע יזל מבה
מנורת למנצח
דע לפני מי אתה עומד לפני מלך מל"ה הקב"ה
למנ
צוב
נגי
נו
תמז
מור
שיר
ישמחו וירננו לאמים כי תשפט עמים מישר ולאמים בארץ תנחם סלה
אבג יתץ
קרע שטן
נגד יכש
בטר צתג
יקב טנע
יגל פזק
שקו צית
בשכמל"ו

HALELUYÁ

Recitar este Salmo es para el *Zivug* (unificación) de *Leá* y su conexión.

הַלְלוּיָהּ haleluyá אלהים, אהיה אדני ; ילה ; ללה אוֹדֶה odé יְהֹוָה יאהדונהי Adonai

בְּכָל־ bejol ב"ן, לכב לֵבָב levav בוכו בְּסוֹד besod מ"כ, י"פ האא

יְשָׁרִים yesharim וְעֵדָה veedá סיט: גְּדֹלִים guedolim מַעֲשֵׂי maasei

יְהֹוָה יאהדונהי Adonai דְּרוּשִׁים derushim לְכָל־ lejol יה אדני

חֶפְצֵיהֶם jeftseihem: הוֹד־ hod ההה וְהָדָר vehadar פָּעֳלוֹ paoló

וְצִדְקָתוֹ vetsidkató עֹמֶדֶת omédet לָעַד laad ב"פ ב"ן: זֵכֶר zéjer

עָשָׂה asá לְנִפְלְאֹתָיו lenifleotav חַנּוּן janún וְרַחוּם verajum

יְהֹוָה יאהדונהי Adonai חנון ורחום יהוה = עשל: טֶרֶף téref נָתַן natán לִירֵאָיו lireav

יִזְכֹּר yizcor לְעוֹלָם leolam ריבוע דס"ג וי' אותיות דס"ג בְּרִיתוֹ britó:

כֹּחַ cóaj מַעֲשָׂיו maasav הִגִּיד higuid לְעַמּוֹ leamó לָתֵת latet לָהֶם lahem

נַחֲלַת najalat גּוֹיִם goyim: מַעֲשֵׂי maasei יָדָיו yadav אֱמֶת emet

אהיה פעמים אהיה, ז"פ ס"ג וּמִשְׁפָּט umishpat ע"ה ה"פ אלהים נֶאֱמָנִים neemanim

כָּל־ col ילי פִּקּוּדָיו pikudav מנק: סְמוּכִים smujim לָעַד laad ב"פ ב"ן

לְעוֹלָם leolam ריבוע דס"ג וי' אותיות דס"ג עֲשׂוּיִם asuyim בֶּאֱמֶת beemet

אהיה פעמים אהיה, ז"פ ס"ג וְיָשָׁר veyashar: פְּדוּת pedut שָׁלַח shalaj לְעַמּוֹ leamó

צִוָּה־ tsivá לְעוֹלָם leolam ריבוע דס"ג וי' אותיות דס"ג בְּרִיתוֹ britó

קָדוֹשׁ kadosh וְנוֹרָא venorá שְׁמוֹ Shemó ע"ב בריבוע קס"א ע"ה, אל שדי ע"ה, מהש ע"ה:

HALELUYÁ

"¡Alaben al Señor! א *Daré gracias al Señor con todo mi corazón,*

ב *en el concejo de los rectos y en la congregación.* ג *Las obras del Señor son grandiosas,* ד *procuró que todas ellas contuvieran deleite dentro de sí.* ה *Su obra es gloria y majestuosidad;* ו *y Su equidad perdura para siempre.* ז *Él ha hecho un monumento para Sus maravillosas obras;* ח *el Señor es glorioso y lleno de compasión.* ט *Él ha dado alimento a aquellos que Le temen;* י *Él siempre tendrá presente a Su alianza.* כ *Él le concedió a Su pueblo el poder de Sus obras,* ל *en entregarles la herencia de las naciones.* מ *Las obras de Sus manos son verdad y justicia;* נ *y todos Sus preceptos son verdaderos.* ס *Ellos son establecidos por siempre y para siempre,* ע *ellos son realizados en verdad y rectitud.* פ *Él ha enviado redención a Su pueblo;* צ *Él ha impuesto Su alianza para siempre;* ק *Santo y asombroso es Su Nombre.*

רֵאשִׁית reshit וְחׇכְמָה jojmá במילוי = תרי"ג (מצוות) יִרְאַת yirat

יְהֹוָה Adonai שֵׂכֶל séjel טוֹב tov והו לְכׇל־ lejol יה אדני

עֹשֵׂיהֶם oseihem תְּהִלָּתוֹ tehilató עֹמֶדֶת omédet לָעַד laad ב"פ ב"ן:

Debes meditar en las cinco letras finales –םןץףך– para completar las 27 letras que son la ilustración del recién nacido. Debes meditar en: כל"ך סעפ"ה יאעוצ"ה. Luego medita en: אלד (este nombre es el secreto del nacimiento de *Leá* y tiene el mismo valor numérico de *Leá*).

Durante los días que sólo decimos *Tikún Leá*, recitamos los siguientes versos:

נוֹעַ noa תָּנוּעַ tanúa אֶרֶץ érets כַּשִּׁכּוֹר cashicor וְהִתְנוֹדְדָה vehitnodedá

כַּמְּלוּנָה cameluná וְכָבַד vejavad עָלֶיהָ aleha פהל פִּשְׁעָהּ pishá

וְנָפְלָה venaflá וְלֹא־ veló תֹסִיף tosif קוּם kum: וְהָיָה vehayá יהוה ; יהה

בַּיּוֹם bayom ע"ה נגד, מזבח, זן, אל יהוה הַהוּא hahú יִפְקֹד yifkod

יְהֹוָה Adonai עַל־ al צְבָא tsvá הַמָּרוֹם hamarom בַּמָּרוֹם bamarom

וְעַל־ veal מַלְכֵי maljei הָאֲדָמָה haadamá עַל־ al הָאֲדָמָה haadamá:

Antes de recitar el siguiente Salmo,
Debes llorar por tus acciones negativas y pedir perdón:

לַמְנַצֵּחַ lamenatséaj מִזְמוֹר mizmor לְדָוִד leDavid: בְּבוֹא־ bevó אֵלָיו elav

נָתָן Natán הַנָּבִיא Hanaví כַּאֲשֶׁר־ caasher בָּא ba אֶל־ el בַּת־שָׁבַע Batshava:

חׇנֵּנִי joneni אֱלֹהִים Elohim אהיה אדני ילה ; כְּחַסְדֶּךָ quejasdeja כְּרֹב querov

רַחֲמֶיךָ rajameja מְחֵה mejé פְשָׁעָי feshaai: הֶרֶב hérev (כתיב : הרבה)

כַּבְּסֵנִי cabseni מֵעֲוֺנִי meavoní וּמֵחַטָּאתִי umejatatí טַהֲרֵנִי tahareni:

ר *El temor al Señor es el comienzo de la sabiduría;*
ש *buen entendimiento tienen quienes cumplen sus preceptos;* ת *Su alabanza perdura para siempre" (Salmos 111).*

"La Tierra se tambaleará como un ebrio y será sacudida como una choza, y tanto pesará sobre ella su pecado que nunca más se levantará. Aconteceré en aquel día, que el Señor castigará al ejército de los Cielos en lo alto y a los reyes de la Tierra sobre la Tierra" (Isaías 24:20:21).

"Al músico principal: Salmo de David. Cuando Natán, el profeta, vino a él después de haber visitado a Batsheva. Ten piedad de mí, Dios, conforme a Tu misericordia; conforme a la multitud de Tus piedades borra mis rebeliones. Lávame más y más de mi iniquidad y límpiame de mi pecado.

כִּי־ qui פְשָׁעַי feshaai אֲנִי aní אני אֵדָע edá וְחַטָּאתִי vejatatí

נֶגְדִּי negdí מזבח, זן, אל יהוה תָמִיד tamid ע"ה קס"א קנ"א קמ"ג:

לְךָ lejá לְבַדְּךָ levadeja חָטָאתִי jatati וְהָרַע vehará בְּעֵינֶיךָ beeineja

ע"ה קס"א ; ריבוע מ"ה עָשִׂיתִי asití לְמַעַן lemaan תִּצְדַּק titsdak

בְּדָבְרֶךָ bedovreja תִּזְכֶּה tizqué בְשָׁפְטֶךָ veshofteja: הֵן־ hen

בְּעָווֹן beavón חוֹלָלְתִּי jolalti וּבְחֵטְא uvejet יֶחֱמַתְנִי yejematni אִמִּי imí:

הֵן־ hen אֱמֶת emet אהיה פעמים אהיה, ז"פ ס"ג חָפַצְתָּ jafatsta בַטֻּחוֹת vatujot

וּבְסָתֻם uvesatum וְחָכְמָה jojmá במילוי = תרי"ג (מצוות) תוֹדִיעֵנִי todieni:

תְּחַטְּאֵנִי tejateni בְאֵזוֹב veezov וְאֶטְהָר veethar תְּכַבְּסֵנִי tejabseni

וּמִשֶּׁלֶג umishéleg אלף אלף אלף (ד"ג אהיה) אַלְבִּין albín: תַּשְׁמִיעֵנִי tashmieni

שָׂשׂוֹן sasón וְשִׂמְחָה vesimjá תָּגֵלְנָה taguelna עֲצָמוֹת atsamot דִּכִּיתָ diquita:

הַסְתֵּר haster ב"פ מצר פָּנֶיךָ paneja ס"ג מ"ה ב"ן מֵחֲטָאָי mejataai

וְכָל־ vejol ילי עֲוֹנֹתַי avonotai מְחֵה mejé: לֵב lev טָהוֹר tahor י"פ אכא

בְּרָא־ berá קנ"א ב"ן, יהוה אלהים יהוה אדני, מילוי קס"א וס"ג, מ"ה ברבוע וע"ב ע"ה ;

לב טהור ברא = קס"א קנ"א קמ"ג לִי li אֱלֹהִים Elohim אהיה אדני ; ילה ; לי אלהים = ריבוע אדני

וְרוּחַ verúaj נָכוֹן najón חַדֵּשׁ jadesh י"ב הויות, קס"א קנ"א בְּקִרְבִּי bekirbí שדי:

אַל־ al תַּשְׁלִיכֵנִי tashlijeni מִלְּפָנֶיךָ milfaneja ס"ג מ"ה ב"ן וְרוּחַ verúaj

קָדְשְׁךָ kodsheja אַל־ al תִּקַּח tikaj מִמֶּנִּי mimeni: הָשִׁיבָה hashiva לִּי li

שְׂשׂוֹן sesón יִשְׁעֶךָ yisheja וְרוּחַ verúaj נְדִיבָה nedivá תִסְמְכֵנִי tismejeni:

Porque yo reconozco mis transgresiones, y mi pecado está siempre delante de mí. Contra Ti, contra Ti solamente, he pecado; he hecho lo malo delante de Tus ojos, para que seas reconocido justo en Tu palabra y tenido por puro en Tu juicio. En maldad he sido formado y en pecado me concibió mi madre. Tú amas la verdad en lo íntimo y en lo secreto me has hecho comprender sabiduría. Purifícame con hisopo y seré limpio; lávame y seré más blanco que la nieve. Hazme oír gozo y alegría, y se recrearán los huesos que Tú has abatido. Esconde Tu rostro de mis pecados y borra todas mis iniquidades. Crea en mí, Dios, un corazón limpio, y renueva un espíritu recto dentro de mí. No me eches de Tu presencia y no quites de mí Tu Santo Espíritu. Devuélveme el gozo de Tu salvación y permite que un espíritu noble me sustente.

אֲלַמְּדָה alamdá פֹשְׁעִים foshim דְּרָכֶיךָ derajeja וְחַטָּאִים vejataim

אֵלֶיךָ eleja יָשׁוּבוּ: yashuvu הַצִּילֵנִי hatsileni מִדָּמִים midamim

אֱלֹהִים Elohim אהיה אדני ; ילה אֱלֹהֵי Elohei מילוי ע"ב, דמב ; ילה

תְּשׁוּעָתִי teshuatí תְּרַנֵּן teranén לְשׁוֹנִי leshoní צִדְקָתֶךָ: tsidkateja

אֲדֹנָי Adonai ללה שְׂפָתַי sfatai תִּפְתָּח tiftaj וּפִי ufí

יַגִּיד yaguid ייי (כ"ב אותיות [=אכא] + ה' אותיות מנצפך) תְּהִלָּתֶךָ tehilateja ס"ת = בוכו:

כִּי qui לֹא־ lo תַחְפֹּץ tajpots זֶבַח zevaj וְאֶתֵּנָה veetená נתה, קס"א קנ"א קמ"ג

עוֹלָה olá לֹא lo תִרְצֶה: tirtsé זִבְחֵי zivjei אֱלֹהִים Elohim אהיה אדני ; ילה

רוּחַ rúaj נִשְׁבָּרָה nishbará ר"ת = ג"פ אלהים (ימתיקם בשם ס"ג שבס"ת)

לֵב־ lev נִשְׁבָּר nishbar וְנִדְכֶּה venidqué ר"ת = אלהים, אהיה אדני אֱלֹהִים Elohim

אהיה אדני ; ילה לֹא lo תִבְזֶה tivzé ר"ת = ה"פ אלהים ע"ה ; וס"ת מילוי ע"ב:

הֵיטִיבָה heitiva בִרְצוֹנְךָ virtsonjá אֶת־ et צִיּוֹן Tsiyón יוסף, ו' הויות, קנאה

תִּבְנֶה tivné חוֹמוֹת jomot ע"ה קס"א קנ"א קמ"ג יְרוּשָׁלָיִם: Yerushaláyim

אָז az תַּחְפֹּץ tajpots זִבְחֵי zivjei צֶדֶק tsédek עוֹלָה olá

וְכָלִיל vejalil אָז az יַעֲלוּ yaalú עַל־ al מִזְבַּחֲךָ mizbajajá פָרִים: farim

Mientras recitas estos versos, debes meditar en que la palabra *Tsiyón* corresponde a *Rajel* y la palabra *Yerushaláyim* corresponde a *Leá*, y pedir al Creador elevarlos de su caída.

Cuando no decimos *Tikún Rajel* omitimos este verso:

עַד ad אָנָה ana ריבוע מ"ה בְּכִיָּה bijyá מילוי דס"ג בְּצִיּוֹן veTsiyón (***Rajel***)

יוסף, ו' הויות, קנאה וּמִסְפֵּד umisped ריבוע ע"ב בִּירוּשָׁלָיִם birushaláyim (***Leá***):

Entonces enseñaré a los transgresores Tus caminos y los pecadores regresarán a Ti. Líbrame de homicidios, Dios, Dios de mi salvación; cantará mi lengua Tu justicia. Señor, abre mis labios y publicará mi boca Tu alabanza, porque no quieres sacrificio, que yo lo daría; no quieres holocausto. Los sacrificios de Dios son el espíritu quebrantado; al corazón contrito y humillado Tú no despreciarás, Dios. Haz bien con Tu benevolencia a Sión. Edifica los muros de Jerusalén. Entonces te deleitarás en los sacrificios de justicia, el holocausto y ofrenda del todo quemada; entonces se ofrecerán becerros sobre Tu altar" (Salmos 51).

¿Hasta cuándo habrá llanto en Sión y luto en Jerusalén?

תָקוּם takum כ"א הויות שבתפילין תְרַחֵם terajem ג"פ רי"ו ; אברהם, ח"פ אל, רי"ו ול"ב נתיבות החכמה, רמ"ח (אברים), עסמ"ב וט"ז אותיות פשוטות צִיּוֹן Tsiyón (*Rajel*) יוסף, ו' הויות, קנאה תִבְנֶה tivné חוֹמוֹת jomot ע"ה קס"א קנ"א קמ"ג יְרוּשָׁלָיִם Yerushaláyim (*Leá*):

אֱלֹהֵינוּ Eloheinu ילה וֵאלֹהֵי veElohei לכב ; מילוי ע"ב, דמב ; ילה אֲבוֹתֵינוּ avoteinu. מֶלֶךְ Mélej רַחֲמָן rajamán רַחֵם rajem אברהם, ח"פ אל, רי"ו ול"ב נתיבות החכמה, רמ"ח (אברים), עסמ"ב וט"ז אותיות פשוטות עָלֵינוּ aleinu. טוֹב tov והו וּמֵטִיב umetiv הִדָּרֶשׁ hidaresh לָנוּ lanu אלהים, אהיה אדני. שׁוּבָה shuvá הוש עָלֵינוּ aleinu בַּהֲמוֹן bahamón רַחֲמֶיךָ rajameja בִּגְלַל biglal אָבוֹת avot שֶׁעָשׂוּ sheasú רְצוֹנֶךָ retsoneja. בְּנֵה bené בֵיתְךָ veitjá ב"פ ראה כְּבַתְּחִלָּה quevatjilá. כּוֹנֵן conén כוק בֵּית beit ב"פ ראה מִקְדָּשְׁךָ mikdashjá עַל al מְכוֹנוֹ mejonó. הַרְאֵנוּ harenu בְּבִנְיָנוֹ bevinyanó. שַׂמְּחֵנוּ samjenu בְּתִקּוּנוֹ betikunó. וְהָשֵׁב vehashev שְׁכִינָתְךָ Shjinatjá לְתוֹכוֹ letojó. וְהָשֵׁב vehashev כֹּהֲנִים Cohanim לַעֲבוֹדָתָם laavodatam וּלְוִיִּם uLeviyim לְדוּכָנָם ledujanam לְשִׁירָם leshiram וּלְזִמְרָם ulezimram. וְהָשֵׁב vehashev יִשְׂרָאֵל Yisrael לִנְוֵיהֶם lineveihem. וְשָׁם vesham נַעֲלֶה naalé וְנֵרָאֶה veneraé ראה וְנִשְׁתַּחֲוֶה venishtajavé לְפָנֶיךָ lefaneja ס"ג מ"ה ב"ן:

Tú nos redimirás y serás misericordioso con Sión, y construirás los muros de Jerusalén.

Nuestro Dios y Dios de nuestros padres, Rey compasivo, ten misericordia de nosotros. Bueno y benévolo, búscanos. Regrésanos a Ti con Tu abundante compasión. Por nuestros padres quienes obedecieron Tu voluntad. Construye Tu casa como antes y regresa el Templo a su lugar. Muéstranos su reconstrucción. Permite que nos alegremos con su restauración. Trae Tu Shejiná y devuelve los cohanim a sus funciones, los levitas a sus estrados, sus cánticos y entonaciones. Regresa a Israel a su morada, y nosotros ascenderemos y nos postraremos ante Ti.

יְהִי yehí רָצוֹן ratsón מהש ע"ה, ע"ב בריבוע וקס"א ע"ה, אל שדי ע"ה
מִלְּפָנֶיךָ milfaneja ס"ג מ"ה ב"ן יְהֹוָהאדניאהדונהי Adonai אֱלֹהֵינוּ Eloheinu ילה
וֵאלֹהֵי veElohei לכב ; מילוי ע"ב, דמב ; ילה אֲבוֹתֵינוּ avoteinu שֶׁתַּעֲלֵנוּ shetaalenu
בְּשִׂמְחָה besimjá לְאַרְצֵנוּ leartsenu וְתִטָּעֵנוּ vetitaenu בִּגְבוּלֵנוּ bigvulenu.
וְשָׁם vesham נַעֲשֶׂה naasé לְפָנֶיךָ lefaneja ס"ג מ"ה ב"ן
אֶת et קָרְבְּנוֹת korbenot חוֹבוֹתֵינוּ jovoteinu תְּמִידִים temidim
כְּסִדְרָם quesidram וּמוּסָפִים umusafim כְּהִלְכָתָם quehiljatam:

שִׁיר shir הַמַּעֲלוֹת hamaalot בְּשׁוּב beshuv יְהֹוָהאדניאהדונהי Adonai אֶת־ et
שִׁיבַת shivat צִיּוֹן Tsiyón יוסף, ו' הויות, קנאה הָיִינוּ hayinu כְּחֹלְמִים quejolmim:
אָז az יִמָּלֵא yimalé שְׂחוֹק sejok פִּינוּ pinu וּלְשׁוֹנֵנוּ ulshonenu רִנָּה riná
אָז az יֹאמְרוּ yomrú בַגּוֹיִם vagoyim הִגְדִּיל higdil יְהֹוָהאדניאהדונהי Adonai
לַעֲשׂוֹת laasot עִם־ im אֵלֶּה ele: הִגְדִּיל higdil יְהֹוָהאדניאהדונהי Adonai
לַעֲשׂוֹת laasot עִמָּנוּ imanu ריבוע דס"ג, קס"א ע"ה וד' אותיות הָיִינוּ hayinu
שְׂמֵחִים smejim: שׁוּבָה shuvá הוש יְהֹוָהאדניאהדונהי Adonai אֶת־ et
שְׁבִיתֵנוּ shevitenu (כתיב: שבותנו) כַּאֲפִיקִים caafikim בַּנֶּגֶב banéguev:
הַזֹּרְעִים hazorim בְּדִמְעָה bedimá בְּרִנָּה beriná יִקְצֹרוּ yiktsorú:
הָלוֹךְ haloj יֵלֵךְ yelej כלי וּבָכֹה uvajo נֹשֵׂא nosé מֶשֶׁךְ־ méshej
הַזָּרַע hazará בֹּא־ bo יָבֹא yavó בְרִנָּה veriná נֹשֵׂא nosé אֲלֻמֹּתָיו alumotav:

Que sea agradable ante Ti, Señor, nuestro Dios y Dios de nuestros antepasados, que Tú nos lleves dichosamente a nuestra tierra y nos establezcas dentro de nuestras fronteras, y allí realizaremos ante Ti los rituales de nuestras ofrendas obligatorias, las ofrendas de Tamid, en su orden, y las ofrendas de Musaf, según sus leyes.

"Cántico de ascensiones. Cuando el Señor hizo volver de la cautividad a Sión, fuimos como los que sueñan. Entonces nuestra boca se llenó de risa y nuestra lengua de alabanza. Entonces decían entre las naciones: '¡El Señor ha hecho grandes cosas con estos!'. Grandes cosas ha hecho el Señor con nosotros. ¡Estamos alegres! Haz volver nuestra cautividad, Señor, como los arroyos del Néguev. Los que sembraron con lágrimas, con regocijo segarán. Irá andando y llorando el que lleva la preciosa semilla, pero al volver vendrá con regocijo trayendo sus gavillas" (Salmos 126).

PETIJAT ELIYAHU HANAVÍ – LA APERTURA DE ELIYAHU EL PROFETA

Recitar estos párrafos puede ayudarte a abrir tu corazón a la sabiduría espiritual.

וִיהִי vihí נֹעַם nóam אֲדֹנָי Adonai ללה אֱלֹהֵינוּ Eloheinu ילה עָלֵינוּ aleinu

וּמַעֲשֵׂה umaasé יָדֵינוּ yadeinu כּוֹנְנָה conená עָלֵינוּ aleinu

וּמַעֲשֵׂה umaasé יָדֵינוּ yadeinu כּוֹנְנֵהוּ conenehu:

פָּתַח pataj אֵלִיָּהוּ Eliyahu לכב הַנָּבִיא Hanaví, זָכוּר zajur ע״ב קס״א,

יהי אור ע״ה (סוד המשכת השפע מן ד׳ שמות ליסוד הנקרא זכור) לְטוֹב letov והו ;

זכור לטוב = םןזחך, סנדלפון, ערי ; אליהו הנביא זכור לטוב = ת׳ כנגד ת׳ כוונות הס״א וְאָמַר veamar:

רִבּוֹן Ribón יהוה ע״ב ס״ג מ״ה ב״ן עָלְמִין almín דְּאַנְתְּ deánt הוּא Hu וְחָד jad

וְלָא velá בְּחֻשְׁבָּן bejushbán, אַנְתְּ ant הוּא Hu עִלָּאָה ilaá עַל al כָּל col

יכלי ; עמם עִלָּאִין ilaín, סְתִימָא stimá עַל al כָּל col יכלי ; עמם סְתִימִין stimín,

לֵית leit מַחֲשָׁבָה majashavá תְּפִיסָא tefisá בָּךְ baj כְּלָל clal. אַנְתְּ ant

הוּא Hu דְּאַפַּקְתְּ deapakt עֶשֶׂר éser תִּקּוּנִין tikunín, וְקָרֵינָן vekarenán

לוֹן lon עֶשֶׂר éser סְפִירָן sfirán, לְאַנְהָגָא leanhagá בְּהוֹן behón

עָלְמִין almín סְתִימִין stimín דְּלָא delá אִתְגַּלְיָן itgalyán וְעָלְמִין vealmín

דְּאִתְגַּלְיָן deitgalyán. וּבְהוֹן uvehón אִתְכַּסִּיאַת itcasiat מִבְּנֵי mibnei

נָשָׁא nashá. וְאַנְתְּ veánt הוּא Hu דְּקָשִׁיר dekashir לוֹן lon וּמְיַחֵד umeyajed

לוֹן lon. וּבְגִין uveguín דְּאַנְתְּ deánt מִלְּגָאו milegav כָּל col יכלי מָאן man

דְּאַפְרִישׁ deafrish חָד jad מִן min חַבְרֵיהּ javrei מֵאִלֵּין meiléin

עֶשֶׂר éser, אִתְחֲשִׁיב itjashiv לֵיהּ lei כְּאִלּוּ queílu אַפְרִישׁ afrish בָּךְ baj.

PETIJAT ELIYAHU HANAVÍ

"Que la gracia del Señor, nuestro Dios, sea sobre nosotros y pueda Él establecer para nosotros el trabajo de nuestras manos y pueda el trabajo de nuestras manos establecerlo a Él" (Salmos 90:17). *Eliyahu abrió, diciendo: Señor de los mundos, Tú eres Uno sin enumeración. Tú estás por encima de los más elevados, el más oculto de todos. Ningún pensamiento puede alcanzarte en absoluto. Tú eres Aquel que produjo las Diez Emanaciones. Y nosotros las nombramos Las Diez Sefirot, para conducir con ellas mundos oscuros que no están revelados y mundos revelados. Y a través de ellas, Tú estás oculto de los seres humanos. Y Tú eres El que las conecta y las une. Y puesto que Tú eres del interior, así, todo aquel que separa a estas Diez una de la otra, para dar dominio a esa sola, se considera como si él separara en Ti.*

וְאִלֵּין veiléin עֶשֶׂר éser סְפִירָן sfirán אִינּוּן inún אָזְלִין azlín

כְּסִדְרָן ,quesidrán חַד jad אָרִיךְ ,arij וְחַד vejad קָצֵר ,katser

וְחַד vejad בֵּינוֹנִי •beinoní וְאַנְתְּ veánt הוּא Hu דְּאַנְהִיג deanhig לוֹן ,lon

וְלֵית veleit מָאן man דְּאַנְהִיג deanhig לָךְ •laj לָא la לְעֵילָּא ,leeilá

וְלָא velá לְתַתָּא ,letatá וְלָא velá מִכָּל micol יל"י סִטְרָא •sitrá

לְבוּשִׁין levushín תַּקִּנַת takant לוֹן ,lon דְּמִנַּיְהוּ deminayhú פַּרְחִין farjín

נִשְׁמָתִין nishmatín לִבְנֵי livnei נָשָׁא •nashá וְכַמָּה vejamá גּוּפִין gufín

תַּקִּנַת takant לוֹן ,lon דְּאִתְקְרִיאוּ deitkriú גּוּפָא gufá לְגַבֵּי legabei

לְבוּשִׁין levushín דִּמְכַסִּין dimjasyán עֲלֵיהוֹן •aleihón וְאִתְקְרִיאוּ veitkriú

בְּתִקּוּנָא betikuná דָּא ,da חֶסֶד Jésed ע"ב, ריבוע יהוה דְּרוֹעָא deroá

יְמִינָא ,yeminá גְּבוּרָה Guevurá רי"ו דְּרוֹעָא deroá שְׂמָאלָא ,smalá

תִּפְאֶרֶת Tiféret גּוּפָא ,gufá נֶצַח Nétsaj וְהוֹד veHod ההה תְּרֵין trein

שׁוֹקִין ,shokín יְסוֹד Yesod ההע סִיּוּמָא siyumá דְּגוּפָא degufá אוֹת ot

בְּרִית brit קֹדֶשׁ •kódesh מַלְכוּת Maljut פֶּה pe מילה ; וע"ה אלהים, אהיה אדנ"י•

תּוֹרָה Torá שֶׁבְּעַל shebeal פֶּה pe מילה ; וע"ה אלהים, אהיה אדנ"י קָרֵינָן kareinán

לָהּ •la וְחָכְמָה Jojmá במילוי = תרי"ג (מצוות) מוֹחָא ,mojá אִיהוּ ihú

מַחֲשָׁבָה majashavá מִלְּגָאו ,milegav בִּינָה Biná ע"ה חיים, אהיה אהיה יהוה

לִבָּא libá וּבָהּ uvá הַלֵּב halev מֵבִין mevín וְעַל veal אִלֵּין ilein תְּרֵין trein

כְּתִיב quetiv: הַנִּסְתָּרֹת hanistarot לַיהוָה laAdonai אֱלֹהֵינוּ Eloheinu ילה

Y estas Diez Sefirot siguen su orden, la una es larga y una es corta. Y la una es mediana. Y Tú las conduces, y no hay otro que te lidere a Ti, ni Arriba, ni Abajo, ni tampoco en ningún otro lado. Tú preparaste vestimentas, desde las cuales las Neshamot vuelan a los seres humanos, y preparaste varios cuerpos. Y éstos son llamados cuerpos en relación con la vestimenta, en la que están ataviados. Las Sefirot reciben su nombre por esta enmendación, siendo Jésed el brazo derecho, Guevurá siendo el brazo izquierdo. Tiféret significa el cuerpo. Nétsaj y Hod los dos muslos, Yesod la parte final del cuerpo, el signo de la Alianza Sagrada, Maljut, la boca, la llamamos la Torá Oral. Jojmá es el cerebro, el pensamiento interior. Biná es el corazón, y a través de ella el corazón entiende. Y acerca de estos dos, está escrito: "Las cosas secretas pertenecen al Señor, nuestro Dios" (Deuteronomio 29:29).

כֶּתֶר Kéter יהוה מלך יהוה מלך יהוה ימלוך לעולם ועד (באתב"ש גאל) עֶלְיוֹן elyón, אִיהוּ ihú
כֶּתֶר Kéter יהוה מלך יהוה מלך יהוה ימלוך לעולם ועד (באתב"ש גאל) מַלְכוּת Maljut.
וְעָלֵיהּ vealei פהל אִתְמַר itmar: מַגִּיד maguid מֵרֵאשִׁית mereshit
אַחֲרִית ajarit. וְאִיהוּ veihú קַרְקַפְתָּא karkaftá דִתְפִלֵּי ditfilei.
מִלְּגָאו milegav אִיהוּ ihú אוֹת ot יוּ"ד Yud וְאוֹת veot הֵ"א He וְאוֹת veot
וָא"ו Vav וְאוֹת veot הֵ"א He, דְּאִיהוּ deihú אֹרַח óraj אֲצִילוּת Atsilut,
אִיהוּ ihú שַׁקְיוּ shakyú דְּאִילָנָא deilaná בִּדְרוֹעוֹי bidroói וְעַנְפּוֹי veanpoi,
כְּמַיָּא quemayá דְּאַשְׁקֵי deashkei לְאִילָנָא leilaná וְאִתְרַבֵּי veitrabei
בְּהַהוּא behahú שַׁקְיוּ shakyú. רִבּוֹן ribón יהוה ע"ב ס"ג מ"ה ב"ן עָלְמִין almín,
אַנְתְּ ant הוּא Hu עִלַּת ilat הָעִלּוֹת hailot, וְסִבַּת vesibat הַסִּבּוֹת hasibot,
דְּאַשְׁקֵי deashkei לְאִילָנָא leilaná בְּהַהוּא behahú נְבִיעוּ neviú,
וְהַהוּא vehahú נְבִיעוּ neviú אִיהוּ ihú כְּנִשְׁמָתָא quenishmetá לְגוּפָא legufá,
דְּאִיהִי deihí חַיִּים jayim אהיה אהיה יהוה, בינה ע"ה לְגוּפָא legufá. וּבָךְ uvaj
לֵית leit דִּמְיוֹן dimyón, וְלֵית veleit דִּיּוּקְנָא diyukná, מִכָּל micol יכי
מַה ma מ"ה דִּלְגָאו dilgav וּלְבַר ulevar. וּבָרָאתָ uvarata שְׁמַיָּא shmayá
וְאַרְעָא veará, וְאַפַּקְתְּ veapakt מִנְּהוֹן minehón שִׁמְשָׁא shimshá
וְסִיהֲרָא vesihará וְכֹכְבַיָּא vejojvayá וּמַזָּלֵי umazalei. וּבְאַרְעָא uveará,
אִילָנִין ilanín וּדְשָׁאִין udshaín וְגִנְתָּא veguintá דְעֵדֶן deEden וְעִשְׂבִּין veisbín
וְחֵיוָן vejeiván וְעוֹפִין veofín וְנוּנִין venunín וּבְעִירִין uveirín וּבְנֵי uvnei
נָשָׁא nashá. לְאִשְׁתְּמוֹדְעָא leishtemodá בְּהוֹן behón עִלָּאִין ilaín,
וְאֵיךְ veéij יִתְנַהֲגוּן yitnahagún בְּהוֹן behón עִלָּאִין ilaín וְתַתָּאִין vetataín.

El Kéter Celestial es la corona de Maljut. Y sobre esto está dicho: "Que declaro el fin desde el principio" (Isaías 46:10). Y ese es el Cráneo del Tefilín. Dentro está Yud-Vav-Dálet, Hei-Álef, Vav-Álef-Vav, Hei-Álef, que está en el camino de Atsilut. Es el riego del árbol en sus brazos y sus ramas, como aguas que riegan ese árbol y éste se multiplica por este riego. Señor de los Mundos, Tú eres la Causa de todas las Causas, y la Razón de todas las Razones, que riega el árbol por ese arroyo, y ese manantial es como un alma para el cuerpo, que es la vida del cuerpo. Y no hay semejanza ni parecido Contigo ni desde adentro ni afuera. Y Tú creaste el Cielo y la Tierra y de éstos produjiste al Sol y la Luna y las estrellas y las constelaciones. Y en la Tierra, árboles y hierbas, y el Jardín de Edén, y las plantas y los animales y las aves y los peces y los seres humanos, para a través de ellos reconocer a los elevados, y cómo los superiores y los inferiores se comportan.

וְאֵיךְ veéij אִשְׁתְּמוֹדְעָן ishtemodán מֵעִלָּאֵי meilaéi וְתַתָּאֵי vetataéi◆
וְלֵית veleit דְּיָדַע deyadá בָּךְ baj כְּלָל clal, וּבַר uvar יצחק, ד"פ ב"ן
מִנָּךְ minaj לֵית leit יִחוּדָא yijudá בְּעִלָּאֵי beilaéi וְתַתָּאֵי vetataéi,
וְאַנְתְּ veant אִשְׁתְּמוֹדַע ishtemodá אָדוֹן Adón אנ"י עַל al כֹּלָּא colá◆
וְכָל vejol יל"י סְפִירָן sfirán, כָּל col יל"י וַחַד jad אִית it לֵיהּ lei שֵׁם shem
יְדִיעַ yediá, וּבְהוֹן uvehón אִתְקְרִיאוּ itkriú מַלְאָכַיָּא malajayá◆
וְאַנְתְּ veánt לֵית leit לָךְ laj שֵׁם shem יְדִיעַ yediá, דְּאַנְתְּ deánt הוּא Hu
מְמַלֵּא memalé כָּל col יל"י שְׁמָהָן shmahán, וְאַנְתְּ veánt הוּא Hu
שְׁלִימוּ shlimú דְּכֻלְּהוּ dejulhú, וְכַד vejad אַנְתְּ ant תִּסְתַּלָּק tistalak
מִנְּהוֹן minhón אִשְׁתְּאָרוּ ishtearú כֻּלְּהוּ culehú שְׁמָהָן shmahán
כְּגוּפָא quegufá בְּלָא belá נִשְׁמָתָא nishmatá◆ אַנְתְּ ant חַכִּים jaquím
וְלָאו velav בְּחָכְמָה beJojmá במילוי = תרי"ג (מצוות) יְדִיעָא yediá◆ אַנְתְּ ant
הוּא Hu מֵבִין mevín, וְלָאו velav מִבִּינָה miBiná ע"ה חיים, אהיה אהיה יהוה
יְדִיעָא yediá◆ לֵית leit לָךְ laj אֲתַר atar יְדִיעָא yediá◆
אֶלָּא elá לְאִשְׁתְּמוֹדְעָא leishtemodá תָּקְפָךְ tukfaj וְחֵילָךְ vejeilaj
לִבְנֵי livnei נָשָׁא nashá, וּלְאַחֲזָאָה uleajzaá לוֹן lon, אֵיךְ eij
אִתְנְהִיג itnehig עָלְמָא almá בְּדִינָא vediná וּבְרַחֲמֵי uverajamei,
דְּאִינוּן deinún צֶדֶק tsédek וּמִשְׁפָּט umishpat ע"ה ה"פ אלהים
כְּפוּם quefum עוֹבָדֵיהוֹן ovadeihón דִּבְנֵי divnei נָשָׁא nashá◆

Y cómo los inferiores buscan alcanzar a los superiores; y en Ti, no hay absolutamente nadie que sea conocedor. Y aparte de Tu unificación, no hay tal unidad única en los superiores y los inferiores, y Tú eres reconocido como el Señor por encima de todo. Cada una de las Sefirot tiene un nombre reconocible, suyo propio. Y por ellas los ángeles reciben sus nombres. Sin embargo, Tú no tienes un nombre conocido, Tú eres Él, quien llena todos los nombres. Y eres Tú quien los completas. Y cuando Tú te alejas de ellos, todos los nombres quedan como cuerpo sin alma. Tú eres sabio, pero no de sabiduría conocida. Tú entiendes, pero no con ningún entendimiento conocido. Y Tú no ocupas ningún lugar conocido para que así los humanos perciban Su fuerza y poderío y para mostrarles cómo se conduce el mundo con justicia y misericordia que son la rectitud y el juicio justo, de acuerdo con las acciones de los inferiores.

דִּין din, אִיהוּ ihú גְּבוּרָה Guevurá רי"ו• מִשְׁפָּט mishpat ע"ה ה"פ אלהים
עַמּוּדָא amudá דְּאֶמְצָעִיתָא deemtsaitá• צֶדֶק tsédek, מַלְכוּתָא maljutá
קַדִּישָׁא kadishá• מֹאזְנֵי moznei צֶדֶק tsédek, תְּרֵין trein סַמְכֵי samjei
קְשׁוֹט keshot• הִין hin צֶדֶק tsédek, אוֹת ot בְּרִית brit• כֹּלָּא culá
לְאַחֲזָאָה leajzaá אֵיךְ eij אִתְנְהִיג itnehig עָלְמָא almá• אֲבָל aval
לָאו lav דְּאִית deit לָךְ laj צֶדֶק tsédek יְדִיעָא yediá דְּאִיהוּ deihú
דִּין din, וְלָאו velav מִשְׁפָּט mishpat ע"ה ה"פ אלהים יְדִיעָא yediá דְּאִיהוּ deihú
רַחֲמֵי rajamei, וְלָאו velav מִכָּל micol ילי אִלֵּין ilein מִדּוֹת midot
כְּלָל clal• קוּם kum רִבִּי Ribí שִׁמְעוֹן Shimón וְיִתְחַדְּשׁוּן veyitjadshún
מִלִּין milín עַל al יְדָךְ yedaj, דְּהָא dehá רְשׁוּתָא reshutá אִית it לָךְ laj
לְגַלָּאָה legalaá רָזִין razín טְמִירִין tmirín עַל al יְדָךְ yedaj מַה ma מ"ה
דְּלָא delá אִתְיְהִיב ityehiv רְשׁוּ reshú לְגַלָּאָה legalaá לְשׁוּם leshum
בַּר bar נָשׁ nash עַד ad כְּעָן queán• קָם kam רִבִּי Ribí שִׁמְעוֹן Shimón,
פָּתַח pataj וְאָמַר veamar: לְךָ lejá יְהֹוָה יאהדונהי Adonai הַגְּדֻלָּה haGuedulá
וְהַגְּבוּרָה vehaGuevurá רי"ו וְהַתִּפְאֶרֶת vehaTiféret וְהַנֵּצַח vehaNétsaj
וְהַהוֹד vehaHod ההה כִּי qui כֹל jol ילי בַּשָּׁמַיִם bashamáyim י"פ טל, י"פ כוזו
וּבָאָרֶץ uvaárets לְךָ lejá יְהֹוָה יאהדונהי Adonai הַמַּמְלָכָה hamamlajá
וְגוֹ' vegomer, (Aquí, debes dar tres monedas en caridad) עִלָּאִין ilaín
שִׁמְעוּ shmaú, אִינוּן inún דְּמִיכִין demijín דְּחֶבְרוֹן deJevrón
וְרַעְיָא veRaayá מְהֵימְנָא Meheimná, אִתְעָרוּ itarú מִשְּׁנַתְכוֹן mishnatjón•

Juicio es Guevurá, el proceso judicial es la Columna Central, la Rectitud: el Maljut Sagrado; las balanzas justas son dos soportes de la verdad. Una verdadera medida de un hin es este símbolo del pacto de Yesod. Todo para mostrar el liderazgo del mundo, pero no es como si hubiera cierta justicia que es estrictamente sentenciosa, ni cierto juicio justo que sea estrictamente misericordioso, ni ninguno de estos atributos, en absoluto. Levántate, Rabí Shimón y deja que nuevas ideas lleguen a través de ti, pues tienes permiso, de que a través de ti misterios oscuros se revelen, porque el permiso no le fue concedido a ninguna persona hasta ahora para revelarlos. Rabí Shimón se levantó, abrió y dijo: "Tuyos son, Señor, la grandeza y el poder…" (I Crónicas 29:11). Escuchen, Supremos, aquellos que descansan en Hebrón, y el Pastor Fiel, sean sacudidos de su sueño.

הקיצו hakitsu ורננו veranenú שכני shojnei עפר afar, אלין ilein אנון inún
צדיקיא tsadikaya, דאנון deinún מסטרא misitrá דההוא dehahú
דאתמר deitmar בה ba: אני aní אני ישנה yeshená ולבי velibí ער er,
ולאו velav אנון inún מתים metim, ובגין uveguín דא da
אתמר itmar בהון vehón הקיצו hakitsu ורננו veranenú וגו' vegomer.
רעיא Raayá מהימנא Meheimná, אנת ant ואבהן vaavahán, הקיצו hakitsu
ורננו veranenú לאתערותא leitearutá דשכינתא diShjintá דאיהי deihí
ישנה yeshená בגלותא vegalutá. דעד dead כען queán צדיקיא tsadikaya
כלהו culehú דמיכין demijín ושינתא veshintá בחוריהון vejoreihón.
מיד miyad יהיבת yahivat שכינתא Shjintá תלת telat קלין kalín
לגבי legabei רעיא Raayá מהימנא Meheimná ויימא veyimá ליה lei
קום kum רעיא Raayá מהימנא Meheimná, דהא dehá עלך alaj
אתמר itmar קול col דודי dodí דופק dofek מנק לגבאי legabai,
בארבע bearbá אתון atván דיליה dilei. ויימא veyimá בהון vehón
פתחי pitjí לי li אחתי ajotí רעיתי raayatí יונתי yonatí תמתי tamatí.
דהא dehá תם tam- עונך avonej בת bat- ציון Tsiyón יוסף, ו' הויות, קנאה
לא lo יוסיף yosif להגלותך lehaglotej. שראשי sheroshí נמלא nimlá-
טל tal יוד הא ואו, כוזו מאי maí נמלא nimlá טל tal יוד הא ואו, כוזו.

"Despierten y canten, ustedes que moran en polvo" (Isaías 26:19). Son aquellos justos que son de este aspecto sobre el cual se dice: "Yo duermo, pero mi corazón vela" (Cantar de los Cantares 5:2). Y ellos no están muertos, por lo tanto dice de ellos: "Despierten y canten…". Pastor Fiel, tú y los Patriarcas, despiértense y canten al despertar de la Shejiná que duerme en el exilio ya que hasta ahora todos los justos están durmiendo, y el sueño está en las cavernas. Instantáneamente, la Shejiná emite tres sonidos hacia el Pastor Fiel, y le dice a él: ¡Levántate Pastor Fiel! Puesto que de ti se dijo: "Escucha, mi amado está llamando" (Ibid.) por mí, con Sus cuatro letras. Y él dirá con ellos: "Ábrete a mí, hermana mía, mi amada, paloma mía, casta mía" (Ibid.). Puesto que "El castigo de tu iniquidad se ha completado, hija de Sión; Él no te llevará más al exilio" (Lamentaciones 4:22). "Porque mi cabeza está llena de rocío" (Cantar de los Cantares 5:2). Él pregunta: "¿Qué significa 'llena de rocío'?".

,Hu הוּא Berij בְּרִיךְ Kudshá קֻדְשָׁא amar אֲמַר elá אֶלָּא

deitjarav דְּאִתְחָרַב demiyomá דְּמִיּוֹמָא jashavt וְחָשַׁבְתְּ ant אַנְתְּ

dilí דִּילִי beveitá בְּבֵיתָא dealná דְּעָאלְנָא makdeshá בְּמַקְדְּשָׁא bei בֵּי

delá דְּלָא ,hají הָכִי lav לָאו ,veyishuvá בְּיִשּׁוּבָא vealná וְעָאלְנָא

,begalutá בְּגָלוּתָא deánt דְּאַנְתְּ zimná זִמְנָא ילי col כָּל alná עָאלְנָא

nimlá נִמְלָא sheroshí שֶׁרֹּאשִׁי simaná סִימָנָא laj לָךְ harei הֲרֵי

,begalutá בְּגָלוּתָא Shejintá שְׁכִינְתָּא ,He הֵ״א יוד הא ואו, כוזו. tal טָל

,dilá דִּילָהּ ע״ה בינה, אהיה אהיה יהוה, vejayim וְחַיִּים dilá דִּילָהּ shlimú שְׁלִימוּ

Yod יו״ד ot אוֹת ihú אִיהוּ vedá וְדָא יוד הא ואו, כוזו. tal טַל ihú אִיהוּ

ihí אִיהִי He הֵ״א veot וְאוֹת .Vav וָא״ו veot וְאוֹת He הֵ״א veot וְאוֹת

יוד הא ואו, כוזו. tal ט״ל mejushbán מֵחֻשְׁבַּן delá דְּלָא ,Shejintá שְׁכִינְתָּא

atván אַתְוָן disliku דִּסְלִיקוּ ,Vav וָא״ו He הֵ״א Yod יו״ד elá אֶלָּא

malyá מַלְיָא deihú דְּאִיהוּ יוד הא ואו, כוזו. tal ט״ל lejushbán לְחֻשְׁבַּן

mekorín מְקוֹרִין ילי dejol דְּכָל mineviú מִנְּבִיעוּ ,liShjintá לִשְׁכִינְתָּא

,Meheimná מְהֵימְנָא Raayá רַעְיָא kam קָם miyad מִיַּד .ilaín עִלָּאִין

razá רָזָא can כָּאן ad עַד .imei עִמֵּיהּ kadishín קַדִּישִׁין vaavahán וַאֲבָהָן

leolam לְעוֹלָם Adonai יְהֹוָה אדני יאהדונהי Baruj בָּרוּךְ .deyijudá דְּיִחוּדָא

ריבוע דס״ג וי׳ אותיות דס״ג Amén אָמֵן יאהדונהי veAmén וְאָמֵן יאהדונהי ; ר״ת לאו:

Pero el Santísimo, bendito sea Él, dijo: ¿Tú piensas que desde el día de la destrucción del Templo, Yo entré en Mi propia morada, y entré en el asentamiento? No es así, pues no he entrado ya que ustedes están en exilio. Y he aquí su prueba: "Puesto que mi cabeza está llena de rocío". Hei-Álef es la Shejiná, y ella está en exilio. Su perfección y su vida es el rocío (heb. tal = 39), y éste es Yud-Vav-Dálet, Hei-Álef, Vav-Álef-Vav numéricamente tal (= 39). Y el Hei-Álef, la Shejiná, no estaba en las cuentas de tal, sólo la Yud-Vav-Dálet, Hei-Álef, Vav-Álef-Vav, que equivalen a tal. Y es Él quien llena la Shejiná del manantial de todas las Fuentes Celestiales. El Pastor Fiel se levantó inmediatamente y los sagrados Patriarcas con él. Hasta aquí los misterios de la unificación. "¡Bendito sea el Señor por siempre, Amén y Amén!" (Salmos 89:53).

ויהא veyehé רעוא raavá מן min קדם kodam עתיקא atiká

קדישא kadishá דכל dejol ילי קדישין kadishín טמירא tmirá

דכל dejol ילי טמירין tmirín סתימא stimá דכלא dejolá,

דיתמשך deyitmeshaj טלא talá עילאה ilaá מניה minei למליא lemalyá

רישיה reishei דזעיר diZeir אנפין Anpín ולהטיל ulehatil לחקל lajakal

אהיה יהוה יהוה אדני, מנוזם (שמו של משיח) תפוחין tapujín קדישין kadishín

בנהירו binhirú דאנפין deanpín ברעוא beraavá ובחדותא uvejedvatá

דכלא dejolá. ויתמשך veyitmeshaj מן min קדם kodam עתיקא atiká

קדישא kadishá דכל dejol ילי קדישין kadishín טמירא tmirá

דכל dejol ילי טמירין tmirín סתימא stimá דכלא dejolá.

רעותא reutá ורחמי verajamei וחנא jiná וחסדא vejisdá

בנהירו binhirú עילאה ilaá ברעותא bireutá וחדוה vejedvá

עלי alai ועל veal כל col ילי ; עמם בני bnei ביתי veití ב"פ ראה ועל veal

כל col ילי ; עמם בני bnei ישראל Yisrael עמיה amei. ויפרקינן veyifrekinán

מכל micol ילי עקתין aktín בישין bishín דייתון deyetún לעלמא lealmá.

ויזמין veyazmín ויתיהיב veyityehiv לנא laná ולכל ulejol יה אדני

נפשתנא nafshataná וחנא jiná וחסדא vejisdá וחיי vejayei

אריכי arijei ומזוני umezonei רויחי revijei ורחמי verajamei מן min

קדמיה kodamei. אמן Amén יאהדונהי כן quen יהי yehí רצון ratsón

מהש ע"ה, ע"ב בריבוע וקס"א ע"ה, אל שדי ע"ה אמן Amén יאהדונהי ואמן veAmén יאהדונהי:

Y que sea grato ante el Santo de los Santos Atiká, el escondido de todos y el más oculto, que un rocío Celestial será atraído de Él para llenar la Cabeza de Zeir Anpín, y para que deje caer sobre Jakal Tapujíin Kadishín de su Brillante Rostro con deseo y felicidad para todos. Y también será atraído del Santo de los Santos Atiká, el escondido de todos y el más oculto voluntariamente, misericordia, gracia, amabilidad, con Iluminación Celestial con deseo y felicidad, para mí y para mi hogar, y para todo Tu pueblo, Israel. Y Él nos salvará de todos los incidentes negativos que existen en nuestro mundo. Y Él traerá y nos dará a nosotros y al resto de la gente, gracia y amabilidad, una vida larga y sustento, bienestar y misericordia de ante Su presencia. Amén, que así sea. Amén y Amén.

יְדִיד yedid נֶפֶשׁ néfesh אָב av הָרַחֲמָן harajamán• מְשׁוֹךְ meshoj

עַבְדָּךְ avdaj פוי, אל אדני אֶל el רְצוֹנָךְ retsonaj• יָרוּץ yaruts

עַבְדָּךְ avdaj פוי, אל אדני כְּמוֹ cmó אַיָּל ayal• יִשְׁתַּחֲוֶה yishtajavé אֶל el

מוּל mul הֲדָרָךְ hadaraj ב"פ יבק, ס"ג קס"א• יֶעֱרַב yeerav לוֹ lo

יְדִידוּתָךְ yedidutaj ר"ת יכי• מִנֹּפֶת minófet צוּף tsuf וְכָל vejol טָעַם táam:

הָדוּר hadur נָאֶה naé זִיו ziv הָעוֹלָם haolam• נַפְשִׁי nafshí

חוֹלַת jolat אַהֲבָתָךְ ahavataj• אָנָּא ana ב"ן אֵל El יא"י (מילוי דס"ג)

נָא na רְפָא refá נָא na לָהּ la •(Nombre de 11 letras para sanación)

בְּהַרְאוֹת beharot לָהּ la נֹעַם nóam זִיוָךְ zivaj• אָז az תִּתְחַזֵּק titjazek

וְתִתְרַפֵּא vetitrapé• וְהָיְתָה vehaytá לָהּ la שִׂמְחַת simjat עוֹלָם olam:

וָתִיק vatik יֶהֱמוּ yehemú רַחֲמֶיךָ rajameja• וְחוּסָה vejusá

נָא na עַל al בֵּן ben אֲהוּבָךְ ahuvaj• כִּי qui זֶה ze

כַּמֶּה jame נִכְסוֹף nijsof נִכְסַף nijsaf• לִרְאוֹת lirot

בְּתִפְאֶרֶת betiféret עֻזָּךְ uzaj• אָנָּא ana ב"ן אֵלִי Elí וְחֶמְדַּת jemdat

לִבִּי libí• חוּשָׁה jushá נָא na וְאַל veal תִּתְעַלָּם titalam:

הִגָּלֶה higalé נָא na וּפְרוֹשׂ ufrós חָבִיב javiv הוי• עָלַי alai אֶת et סֻכַּת sucat

שְׁלוֹמָךְ shlomaj• תָּאִיר tair אֶרֶץ érets מִכְּבוֹדָךְ miquevodaj ב"ן, לכב•

נָגִילָה naguilá וְנִשְׂמְחָה venismejá בָּךְ vaj• מַהֵר maher אֱהוֹב ahuv

כִּי qui בָא va מוֹעֵד moed• וְחָנֵּנוּ vejanenú כִּימֵי quimei עוֹלָם olam:

י Querido del alma, Padre misericordioso, atrae a Tu siervo hacia Tu voluntad. Correrá Tu siervo como el corzo para postrarse frente a Tu majestad; pues le agrada Tu amistad más que la miel que destila el panal, y más que todo deleite. ה *Majestad, Esplendor del mundo, mi alma padece por Tu amor. Te ruego, Dios, cúrala mostrándole la belleza de Tu esplendor. Entonces ella será fortalecida y sanará, y tendrá la alegría del mundo.* ו *Todo Poderoso, Tu misericordia sea despertada, y ten compasión con los hijos de Tu amado, porque hace tiempo que deseo contemplar prontamente el esplendor de Tu fuerza. Sólo esto es lo que mi corazón ha deseado, así que apiádate y no te ocultes.* ה *Revela y despliega sobre mí, Amado mío, el abrigo de Tu paz. Ilumina la Tierra con Tu gloria; nos alegraremos y nos regocijaremos por Tu causa. De prisa, muestra Tu amor, pues ha llegado la hora; y muéstranos Tu gracia como en los tiempos antiguos.*

LESHEM YIJUD

לשם leShem יחוד yijud קודשא Kudshá בריך Berij הוא Hu

ושכינתיה uShjintei (יאהדונהי) בדחילו bidjilu ורחימו urjimu

(יאההויהה), ורחימו urjimu ודחילו udjilu (איההיוהה), ליחדא leyajadá

שם Shem יו"ד Yud קי Kei בוא"ו beVav קי Kei ביחודא beyijudá

שלים shelim (יהוה) בשם beShem כל col ילי ישראל Yisrael,

הריני hareini מקבל mekabel עלי alai אלהותו elohutó יתברך yitbaraj

ויראתו veyirató ואהבתו veahavató והנני vehineni עבד éved

להשם lehaShem יתברך yitbaraj, והריני vehareini מקיים mekayem

מצות mitsvat ואהבת veahavtá ב"פ אור, ב"פ רז, ב"פ א"ס לרעך lereajá

כמוך camoja והריני vehareini אוהב ohev את et כל col ילי אדם adam

מישראל miYisrael כנפשי quenafshí, והריני vehareini מכוין mejavéin

לקיים lekayem מצות mitsvat ציצית tsitsit ומצות umitsvat תפילין tefilín

של shel יד yad ושל veshel ראש rosh, והריני vehareni מכוין mejavéin

לקיים lekayem מצות mitsvat קריאת kriat שמע Shemá ותפלת utfilat

שחרית shajarit, הם hem והמצוות vehamitsvot הנלוות hanilvot

והכלולות vehaclulot בהם bahem, ואני vaaní אני מכוין mejavéin

בכל bacol ב"ן, לכב לעשות laasot נחת nájat רוח rúaj ליוצרנו leyotsrenu

שלא sheló על al מנת menat לקבל lekabel פרס pras בשום beshum

צד tsad, ואני vaaní אני מכוין mejavein בכל bacol ב"ן, לכב לדעת ledáat

רבי Rabí שמעון Shimón בן ben יוחאי Yojái הקדוש hakadosh,

LESHEM YIJUD

Para la unificación entre El Santo, Bendito sea y Su Shejiná, con temor y amor y con amor y temor, para unificar El Nombre Yud-Kei y Vav-Kei en perfecta unidad, y en el nombre de todo Israel, por este medio acepto sobre mí Su divinidad, bendito sea Él, y el amor de Él y el temor de Él, y por este medio me declaro siervo de Dios, bendito sea Él. Y por este medio acepto sobre mí el precepto obligatorio de "Ama a tu prójimo como a ti mismo". Y por este medio declaro que amo a cada miembro de Israel con mi alma. Y por el presente medio estoy preparado para cumplir con el precepto obligatorio de usar el Tsitsit, y el Tefilín de la mano y el Tefilín de la cabeza. Y por este medio estoy preparado para cumplir con el precepto obligatorio de recitar el Shemá y la oración de Shajarit, y todos los preceptos relacionados a ésta. Y medito para dar satisfacción a nuestro Creador, sin el propósito de recibir alguna recompensa. Y toda mi intención está basada en las enseñanzas del Santo Rabí Shimón bar Yojái

וַהֲרֵינִי vehareini מְקַבֵּל mekabel עָלַי alai כָּל col ילי תרי״ג taryag
מִצְוֹות mitsvot דְּאוֹרַיְיתָא deoraytá וּמִצְוֹות umitsvot דְּרַבָּנָן derabanán
הֵם hem וְעַנְפֵיהֶם veanfeihem וְאַתָּה veAtá הָאֵל haEl לאה ; ייא״י (מילוי דס״ג)
הַטּוֹב hatov והו בְּרוֹב berov ר״פ אהיה רַחֲמֶיךָ rajameja
תַּצִּילֵנוּ tatsilenu מִיֵּצֶר miyétser הָרָע hará וּתְזַכֵּנוּ utezaquenu
לְעָבְדְךָ leovdejá פוי, אל אדני בֶּאֱמֶת beemet אהיה פעמים אהיה, ז״פ ס״ג
אָמֵן Amén יאהדונהי כֵּן quen יְהִי yehí רָצוֹן ratsón מהש ע״ה, ע״ב בריבוע וקס״א ע״ה,
אל שדי ע״ה. וִיהִי vihí נֹעַם nóam אֲדֹנָי Adonai ללה אֱלֹהֵינוּ Eloheinu ילה
עָלֵינוּ aleinu וּמַעֲשֵׂה umaasé יָדֵינוּ yadeinu כּוֹנְנָה conená
עָלֵינוּ aleinu וּמַעֲשֵׂה umaasé יָדֵינוּ yadeinu כּוֹנְנֵהוּ conenehu:

יְהִי yehí רָצוֹן ratsón מהש ע״ה, ע״ב בריבוע וקס״א ע״ה, אל שדי ע״ה
מִלְּפָנֶיךָ milfaneja ס״ג מ״ה ב״ן יְהֹוָהאדניאהדונהי Adonai
אֱלֹהֵינוּ Eloheinu ילה וֵאלֹהֵי veElohei לכב ; מילוי ע״ב, דמב ; ילה
אֲבוֹתֵינוּ avoteinu שֶׁתַּכְנִיעַ shetajnía כָּל col ילי
הַמְקַטְרְגִים hamekatreguim וְכָל vejol ילי הַקְּלִיפּוֹת hakelipot
הַחִיצוֹנִים hajitsonim הַמְשׁוֹטְטִים hameshotetim בָּעוֹלָם baolam
וּמְעַכְּבִים umeacvim תְּפִלָּתִי tefilatí לַעֲלוֹת laalot לְפָנֶיךָ lefaneja ס״ג מ״ה ב״ן
כִּי qui אַתָּה Atá יוֹדֵעַ yodea שֶׁרְצוֹנִי sheretsoní לַעֲשׂוֹת laasot
רְצוֹנְךָ, retsonjá אַךְ aj אהיה שְׂאוֹר seor שֶׁבְּעִיסָּה shebeisá מְעַכֵּב meaquev
אוֹתִי, otí לָכֵן lajén גְּעוֹר gueor בָּהֶם bahem שֶׁאַל sheal
יְזִיקוּנִי yezikuni וְאַל veal יְעַכְּבוּ yeacvú אֶת et תְּפִלָּתִי tefilatí

Y por este medio acepto sobre mí todos los 613 preceptos de la Torá y los sabios y sus ramificaciones. Y Tú, el buen Dios, con Tu gran misericordia, nos salvarás de la inclinación al mal y nos darás el privilegio de servirte con verdad. Amén, que así sea Su voluntad. "Que la gracia del Señor, nuestro Dios, sea sobre nosotros y pueda Él establecer para nosotros el trabajo de nuestras manos y pueda el trabajo de nuestras manos establecerlo a Él" (Salmos 90:17).

Que te plazca, Señor, mi Dios y Dios de mis antepasados, que Tú doblegues a todos los acusadores y klipot externas que existen en el mundo y que demoran la llegada de mis oraciones a Ti. Y Tú sabes que mi único deseo es cumplir Tu deseo, pero la levadura en la masa me retrasó. Así que castígalos para que no me lastimen y no demoren mi oración,

וְאַל veal יִשְׁלְטוּ yishletú בִּי bi לֹא lo בְּגוּפִי begufí וְלֹא veló
בְּנִשְׁמָתִי benishmatí, וְשֶׁתְּהֵא veshetehé תְּפִלָּתִי tefilatí רְצוּיָה retsuyá
וּמְקוּבֶּלֶת umkubélet לְפָנֶיךָ lefaneja ס"ג מ"ה ב"ן אָמֵן Amén יאהדונהי כֵּן quen
יְהִי yehí רָצוֹן ratsón מהש ע"ה, ע"ב בריבוע וקס"א ע"ה, אל שדי ע"ה:

הֲרֵינִי hareini מְכַוֵּין mejavéin בִּתְפִלָּתִי bitfilatí כְּאִילוּ queílu
אֲנִי aní אני עוֹמֵד omed בִּירוּשָׁלַיִם birushaláyim בְּבֵית beVeit ב"פ ראה
הַמִּקְדָּשׁ haMikdash וּמְכַוֵּין umejavéin כְּנֶגֶד quenégued מזבח, זן, אל יהוה בֵּית Beit
ב"פ ראה קֹדֶשׁ Kódesh הַקֳּדָשִׁים haKodashim כְּמוֹ quemó שֶׁנֶּאֱמַר sheneemar:
וְהִתְפַּלְלוּ vehitpalelú אֶל el הַמָּקוֹם hamakom הַזֶּה hazé והו:
יְהִי yehí רָצוֹן ratsón מהש ע"ה, ע"ב בריבוע וקס"א ע"ה, אל שדי ע"ה
מִלְּפָנֶיךָ milfaneja ס"ג מ"ה ב"ן יְהֹוָהאדניאהדונהי Adonai אֱלֹהֵינוּ Eloheinu ילה
וֵאלֹהֵי veElohei לכב ; מילוי ע"ב, דמב ; ילה אֲבוֹתֵינוּ avoteinu שֶׁיִּהְיֶה sheyehé לִבִּי libí
נָכוֹן najón וּמָסוּר umasur בְּיָדִי beyadí שֶׁלֹּא sheló אֶשְׁכָּחֶךָ eshcajejá:

RIBÓN ALMÁ

Rabí Shimón dice en el *Zóhar*, *Idra Rabá* 303: "*El alma de un hombre es bajada desde los niveles elevados hacia Maljut. Por medio de eso, causa que todo esté en unión singular. Quien interrumpa esta unión del mundo es como si cortara al alma previamente mencionada, e indica que otra alma existe además de ésta. Como resultado, él y su memoria desaparecerán de este mundo por generaciones tras generaciones*". Decir "*Ribón Almá*" antes de la oración nos protege de cometer errores intelectuales en el transcurso de nuestro trabajo espiritual.

רִבּוֹן ribón עָלְמָא almá יְהֵא yehé רַעֲוָא raavá קָמָךְ kamaj לְמֵיהַב lemeihav
לַן lan חֵילָא jeilá לְאִתְעָרָא leitará בִּיקָרָךְ vikaraj וּלְמֶעְבַּד ulmeebad
רְעוּתָךְ reutaj וּלְסַדְּרָא ulesadará כֹּלָּא jolá כְּדְקָא quedeká יָאוּת yaut.

---

y que no me controlen, ni a mi cuerpo ni a mi alma. Y que mi oración sea aceptada por Ti, Amén, que así sea Su voluntad.

Mediante la presente medito en mi oración como si estuviera de pie en el Templo en Jerusalén y de espalda al Sancta Sanctórum. Como está dicho: "Si oraren hacia este lugar" (I Reyes 8:35). Que sea agradable ante Ti, Señor, mi Dios y Dios de mis antepasados, que yo funde y dedique mi corazón de modo que yo no te olvide.

RIBÓN ALMÁ

Señor del Mundo, que sea de Tu agrado
proporcionarnos fortaleza para actuar y honrarte, para hacer Tu voluntad y poner todo en la dirección correcta.

leshavaá לְשַׁוָּאָה yadín יָדְעִין anán אֲנַן deleit דְּלֵית gav גַּב al עַל veaf וְאַף
raavá רַעֲוָא yehé יְהֵא ,jolá כֹּלָּא letakaná לְתַקָּנָא velibá וְלִבָּא reutá רְעוּתָא
dilán דִּילַן utslotá וּצְלוֹתָא vemilín בְּמִלִּין detitreéi דְּתִתְרְעֵי kamaj קַמָּךְ
yaut יָאוּת quidecá כִּדְקָא dilelá דִּלְעֵלָּא tikuná תִּקּוּנָא letakaná לְתַקָּנָא
ilaín עִלָּאִין verujín וְרוּחִין ilaín עִלָּאִין heijalín הֵיכָלִין ulehevó וְלֶהֱווֹ
verujá בְּרוּחָא verujá וְרוּחָא beheijalá בְּהֵיכָלָא heijalá הֵיכָלָא aylí עָיְלֵי
quidecá כִּדְקָא bedujtayhó בְּדוּכְתַּיְהוּ demitjabrán דְּמִתְחַבְּרָן ad עַד
da דָּא veishtelimu וְאִשְׁתְּלִימוּ ,bisheyafá בְּשִׁיָּפָא sheyafá שִׁיָּפָא ,jazei וְחָזֵי
,jad וְחַד inún אִנּוּן ad עַד vedá בְּדָא da דָּא veityajadú וְאִתְיַיחֲדוּ vedá בְּדָא
nishmetá נִשְׁמְתָא ujdein וּכְדֵין .vedá בְּדָא da דָּא venaharín וְנַהֲרִין
lon לוֹן venaher וְנַהֵר milelá מִלְּעֵלָּא atyá אַתְיָא dejolá דְּכֹלָּא ilaá עִלָּאָה
bishleimú בִּשְׁלֵימוּ vutsinín בּוּצִינִין colhó כֻּלְּהוּ nehirín נְהִירִין velehevú וְלֶהֱווּ
ilaá עִלָּאָה nehorá נְהוֹרָא dehahú דְּהַהוּא ad עַד ,jazei וְחָזֵי quidecá כִּדְקָא
Kódesh קֹדֶשׁ legabei לְגַבֵּי aéil אָעֵיל vejolá וְכֹלָּא ,itear אִתְּעַר
queveirá כְּבֵירָא veitmalyá וְאִתְמַלְיָא veitbarjá וְאִתְבָּרְכָא Kodashim קָדָשִׁים
vejolhó וְכֻלְּהוּ faskín פָּסְקִין velá וְלָא navín נָבְעִין demayín דְּמַיִין
delá דְּלָא vehahú וְהַהוּא .vetatá וְתַתָּא leelá לְעֵלָּא mitbarján מִתְבָּרְכָן
reutá רְעוּתָא ,bejushbená בְּחֻשְׁבְּנָא aéil אָעֵיל velá וְלָא ityedá אִתְיְדַע
legó לְגוֹ legó לְגוֹ basim בָּסִים ,lealmín לְעָלְמִין itpás אִתְפַּס delá דְּלָא
reutá רְעוּתָא hahú הַהוּא ityedá אִתְיְדַע velá וְלָא ,begavayhó בְּגַוַּיְהוּ

Y, aunque no sabemos cómo ser diligentes ni cómo dirigir nuestro corazón para corregirlo todo, que sea de Tu agrado que nuestras palabras y oraciones sean aceptadas para corregir el tikún Celestial de la manera correcta, para que las cámaras Celestiales y las almas Celestiales sean elevadas, una cámara penetra a la otra, y un alma a otra, hasta que todas reposen en sus respectivos lugares como es debido. Un órgano está dentro del otro y uno complementa al otro. Los elementos se funden hasta que se vuelven uno y brillan uno dentro del otro. Por consiguiente, el Alma más Celestial desciende e irradia sobre ellos, y todas las Velas (Sefirot) se van encendiendo en completa perfección, hasta que esta Luz Celestial es despertada y todas las cámaras entran al Sancta Sanctórum y es bendecida y llenada como un pozo de agua de manantial que nunca cesa de brotar, y todos los Superiores e Inferiores son bendecidos. El más guardado de los secretos que no puede ser concebido, y que es tomado en cuenta, es un deseo que nunca se puede comprender, es endulzado muy dentro de las Sefirot, y su deseo no puede ser concebido

ולא velá איתפס itpás למנדע lemindá, וכדין ujdein כלא colá רעותא reutá

וחדא jadá עד ad אין ein סוף sof וכלא vejolá איהו ihú בשלימו vishleimú

מלתתא miletatá ומגו umigó לגו legó עד ad דאתעבד deitaved כלא colá

וחד jad, ואתמליאה veitmaliá כלא colá ואשלם veishlem כלא colá

ואתנהר veitneher ואתבסם veitbasem כלא colá כדקא quidecá יאות yaut.

רבון Ribón עלמא Almá יהא yehé רעותך reutaj עם im עמך amaj

ישראל Yisrael לעלם lealam. ופרקן ufurkán ימינך yeminaj אחזי ajazei

לעמך leamaj בבית beveit מקדשך makdeshaj ולאמטויי uleamtuyei

לנא laná מטוב mituv נהורך nehoraj ולקבלא ulekabalá צלותנא tselotaná

ברחמי berajamei. יהא yehé רעוא raavá קמך kamaj דתהוי detehevei

סעד saed וסמך vesamej לן lan דנימא deneimá מלין milín בארח beóraj

מישור mishor. בתקונא betikuná דלעלא dilelá בתקונין betikunín

דמלכא demalcá קדישא kadishá ומטרוניתא umatronita קדישא kadishá

ולמעבד ulemeebad יחודא yijudá שלים shelim לאשלפא leashlafá

להיא lehahí נשמתא nishmetá דכל dejol חיי jayei מדרגא midargá

לדרגא ledargá עד ad סופא sofá דכל dejol דרגין darguín.

בגין beguín דיהוי dihevei ההיא hahí נשמתא nishmetá

משתכחא mishtejajá בכלא bejolá ומתפשטא umitpashetá

בכלא bejolá דהא dehá עלא elá ותתא vetatá תלין telayín

בהאי behai נשמתא nishmetá ומתקימי umitkaymei בה va:

---

ni conocido directamente. De este modo, todos los niveles hasta Ein Sof (Mundo Infinito) se unen en uno, y todo es perfeccionado desde Arriba, Abajo y adentro. Todos los niveles son llenados con su Luz, todos alcanzan la completitud y todos brillan a causa de él, y son apropiadamente endulzados de la forma debida.

Señor del Mundo, que Tu deseo esté con Tu nación Israel para siempre. Que la redención de Tu Diestra puedas enseñar a Tu nación en Tu Templo. Que Tú nos llenes con lo mejor de Tu iluminación y que Tú recibas nuestras oraciones con misericordia. Que sea agradable ante Ti ayudarnos y apoyarnos para que digamos las palabras de la manera correcta, para el tikún Celestial y el tikún del Santo Rey y la Santa Matrona. Para crear una unificación completa que atraiga esta Alma queda vida a todos desde una altura a otra; y así hasta el final de todos los niveles. Debido a la existencia de esta Alma en todo y su extensión en todo, Arriba y Abajo dependen de esta Alma y existen por causa de ella.

Adón Olam

Las dos palabras *Adón Olam* (אדון עולם) equivalen al valor numérico de las palabras arameas *Ein Sof* (207), que significan el "Mundo Infinito", nuestro verdadero origen. *Adón Olam* también es el valor numérico de la palabra aramea *Or*, que quiere decir "Luz". Las palabras *Adón Olam* en sí se traducen como "Señor del Universo". Mediante esta oración queremos despertar un sentido de temor reverencial y asombro por la sabiduría y la comprensión del sistema espiritual, y por el orden y perfección del mundo y la Luz del Creador.

אֲדוֹן Adón אני עוֹלָם Olam אור, רז, א״ס אֲשֶׁר asher מָלַךְ malaj•

בְּטֶרֶם betérem כָּל col ילי יְצִיר yetsir נִבְרָא nivrá: לְעֵת leet נַעֲשָׂה naasá

בְחֶפְצוֹ vejeftsó כֹּל col ילי• אֲזַי azai מֶלֶךְ Mélej שְׁמוֹ Shemó מהש ע״ה,

ע״ב בריבוע וקס״א ע״ה, אל שדי ע״ה נִקְרָא nikrá: וְאַחֲרֵי veajarei כִּכְלוֹת quijlot

הַכֹּל hacol ילי• לְבַדּוֹ levadó מ״ב יִמְלוֹךְ yimloj נוֹרָא norá:

וְהוּא vehú הָיָה hayá יהה וְהוּא vehú הֹוֶה hové• וְהוּא vehú יִהְיֶה yihyé ייי

בְּתִפְאָרָה betifará: וְהוּא vehú אֶחָד ejad אהבה, דאגה וְאֵין veéin שֵׁנִי shení•

לְהַמְשִׁילוֹ lehamshiló וּלְהַחְבִּירָה ulehajbirá: בְּלִי belí רֵאשִׁית reshit

בְּלִי belí תַכְלִית tajlit• וְלוֹ veló הָעֹז haoz וְהַמִּשְׂרָה vehamisrá: בְּלִי belí

עֵרֶךְ érej בְּלִי belí דִמְיוֹן dimyón• בְּלִי belí שִׁנּוּי shinui וּתְמוּרָה utmurá:

בְּלִי belí חִבּוּר jibur בְּלִי belí פֵּרוּד pirud• גְּדוֹל guedol להח ; עם ד׳ אותיות =

מבה, יזל, הום כֹּחַ cóaj וּגְבוּרָה ugvurá רי״י: וְהוּא vehú אֵלִי Elí וְחַי vejai

גֹּאֲלִי goalí• וְצוּר vetsur אלהים דההין ע״ה חֶבְלִי jevlí בְּיוֹם beyom ע״ה נגד,

מזבח, זן, אל יהוה צָרָה tsará אלהים דההין: וְהוּא vehú נִסִּי nisí וּמָנוּסִי umanusí•

מְנָת menat כּוֹסִי cosí בְּיוֹם beyom ע״ה נגד, מזבח, זן, אל יהוה אֶקְרָא ekrá:

Adón Olam

Señor del Universo, quien reinó antes de que cualquier forma se crease, y cuando todo se hizo de acuerdo a Su voluntad, Su Nombre fue proclamado como Rey. Y después que todo haya expirado, Él, el reverentemente temido, reinará solo. Él fue, Él es y Él se mantendrá en esplendor. Él es Uno y no hay otro que se compare con Él o que se declare Su igual. Sin comienzo, sin final, Suyo es el poder y el dominio, insondable e inimaginable, inmutable e irremplazable. Él no tiene uniones ni separaciones. Su fuerza y valor son inmensos. Él es mi Dios y mi Redentor viviente, mi sostén en momentos de angustia. Él es mi guía y mi refugio, mi parte de bienaventuranza en el día que lo invoco.

וְהוּא vehú רוֹפֵא rofé וְהוּא vehú מַרְפֵּא marpé• וְהוּא vehú צוֹפֶה tsofé

וְהוּא vehú עֶזְרָה ezrá: בְּיָדוֹ beyadó אַפְקִיד afkid רוּחִי rují

ר"ת = קנ"א ב"ן, יהוה אלהים יהוה אדני, מילוי קס"א וס"ג, מ"ה ברבוע וע"ב ע"ה. •בְּעֵת beet

אִישָׁן ishán וְאָעִירָה veairá: וְעִם veim רוּחִי rují גְּוִיָּתִי gueviyatí•

אֲדֹנָי Adonai ללה לִי li וְלֹא veló אִירָא irá: בְּמִקְדָּשׁוֹ bemikdashó

תָּגֵל taguel נַפְשִׁי nafshí• מְשִׁיחֵנוּ meshijenu יִשְׁלַח yishlaj מְהֵרָה meherá:

וְאָז veaz נָשִׁיר nashir בְּבֵית beveit ב"פ ראה קָדְשִׁי kodshí•

אָמֵן Amén יאהדונהי אָמֵן Amén יאהדונהי שֵׁם Shem הַנּוֹרָא hanorá:

EL TALIT PEQUEÑO

La conexión con el *Talit* pequeño (*Talit katán* o *Tsitsit*) se refiere a la prenda de vestir que se lleva debajo de la camisa. El *Talit* pequeño crea un escudo de protección alrededor de la piel y el cuerpo de quien lo usa, para que las fuerzas negativas no puedan infiltrarse ni penetrarlo. Nuestra piel tiene la energía de *Maljut*, la cual está conectada a la realidad del uno por ciento. El *Talit* pequeño controla el campo energético alrededor de la piel y la protege.

Está escrito en el *Zóhar* que el *Tsitsit* es un talismán que cubre y protege a quien lo usa de todos los espíritus malignos y ángeles negativos. Rabeinu Bajyé dice que el precepto del *Tsitsit* está vinculado a la Resurrección de los Muertos. El *Tsitsit* representa a la Luz Circundante y, por esta razón, el *Talit* debe ser grande para que pueda cubrir la cabeza y el cuerpo, por delante y por detrás, hasta llegar al pecho. El *Talit* pequeño representa la Luz Circundante de *Katnut*.

Si no usas *Talit* para las oraciones, sólo debes recitar esta bendición.
Si dormiste con un *Talit* pequeño, debes tocar el *Tsitsit* primero.

בָּרוּךְ Baruj אַתָּה Atá יְהֹוָאדהנויאהדונהי Adonai אֱלֹהֵינוּ Eloheinu ילה

מֶלֶךְ Mélej הָעוֹלָם haolam אֲשֶׁר asher קִדְּשָׁנוּ kideshanu

בְּמִצְוֹתָיו bemitsvotav וְצִוָּנוּ vetsivanu עַל al מִצְוַת mitsvat צִיצִית tsitsit:

Él es un sanador y un remedio. Él observa y Él ayuda.

En Sus Manos yo confío mi espíritu cuando duermo y cuando me despierto. Mientras mi alma está en mi cuerpo, el Señor está conmigo, no temeré. En Su Templo se regocijará mi espíritu. Él nos enviará con rapidez a nuestro Mesías. Entonces cantaremos en Su Templo: Amén, Amén, el grandioso Nombre.

EL TALIT PEQUEÑO

Bendito eres Tú, Señor, nuestro Dios, el Rey del Mundo,
que nos has santificado con Tus preceptos y nos has obligado con el precepto del Tsitsit.

EL TALIT

El *Talit* es un manto que se coloca sobre los hombros, por encima de la ropa. Éste rodea a la persona que lo usa con una capa espiritual protectora de iluminación. Las cuatro esquinas del *Talit*, con sus flecos, nos conectan a los cuatro confines del universo y al nivel cuántico de nuestro mundo, ayudándonos a obtener el control sobre nuestra vida. El *Talit* nos conecta con la Luz Circundante, el potencial de nuestra alma. Generalmente, sólo los hombres casados lo usan debido a que la energía despertada por el *Talit* se manifiesta a través de la conexión de un hombre con su esposa

LESHEM YIJUD

LeShem Yijud es una bujía que activa la siguiente serie de oraciones y acciones, uniendo los Mundos Superiores con nuestra realidad física.

לְשֵׁם leShem יִחוּד yijud קוּדְשָׁא Kudshá בְּרִיךְ Berij הוּא Hu
וּשְׁכִינְתֵּיהּ uShjintei (יאהדונהי) בִּדְחִילוּ bidjilu וּרְחִימוּ urjimu
(יאההויהה), וּרְחִימוּ urjimu וּדְחִילוּ udjilu (איההויהה), לְיַחֲדָא leyajadá
שֵׁם Shem יוּ״ד Yud קֵ״י Kei בְּוָא״ו beVav קֵ״י Kei בְּיִחוּדָא beyijudá
שְׁלִים shelim (יהוה) בְּשֵׁם beShem כָּל col ילי יִשְׂרָאֵל Yisrael, הֲרֵינִי hareini
מוּכָן muján לִלְבּוֹשׁ lilvosh טַלִּית talit מְצֻיֶּצֶת metsuyétset
כַּהֲלָכָתָהּ quehiljatá כְּמוֹ quemó שֶׁצִּוָּנוּ shetsivanu יְהֹוָהאדניאהדונהי Adonai
אֱלֹהֵינוּ Eloheinu ילה בְּתוֹרָתוֹ vetorató הַקְּדוֹשָׁה hakedoshá: וְעָשׂוּ veasú
לָהֶם lahem צִיצִת tsitsit עַל al כַּנְפֵי canfei בִגְדֵיהֶם vigdeihem, כְּדֵי quedei
לַעֲשׂוֹת laasot נַחַת nájat רוּחַ rúaj לְיוֹצְרִי leyotsrí וְלַעֲשׂוֹת velaasot
רְצוֹן retsón מהש ע״ה, ע״ב בריבוע וקס״א ע״ה, אל שדי ע״ה בּוֹרְאִי borí, וְהֲרֵינִי vehareini
מוּכָן muján לְבָרֵךְ levarej עַל al עֲטִיפַת atifat הַטַּלִּית hatalit
כְּתִקּוּן quetikún רַזַ״ל razal, וְהֲרֵינִי vehareini מְכַוֵּין mejavéin לִפְטוֹר liftor
בִּבְרָכָה bivrajá זוֹ zo גַּם gam טַלִּית talit הַקָּטָן hakatán שֶׁעָלַי shealai.

EL TALIT
LESHEM YIJUD

Para la unificación entre El Santo, Bendito sea y Su Shejiná, con temor y amor y con amor y temor, para unificar El Nombre Yud-Kei y Vav-Kei en perfecta unidad, y en el nombre de todo Israel, estoy por este medio preparado para usar un Talit con Tsitsit, de acuerdo a la ley y como fuimos ordenados por el Señor, nuestro Dios, en Su santa Torá: "Y ellos deberán hacerse para sí mismos Tsitsit en las esquinas de sus ropajes" (Números 15:38). *Para darle placer a mi Hacedor y para satisfacer el deseo de mi Creador, estoy por este medio preparado para bendecir al envolverme con el Talit, como fue establecido por nuestros Sabios de bendita memoria. Por este medio pretendo eximir al pequeño Talit que estoy usando con esta bendición.*

וִיהִי vihí נֹעַם nóam אֲדֹנָי Adonai ללה אֱלֹהֵינוּ Eloheinu ילה

עָלֵינוּ aleinu וּמַעֲשֵׂה umaasé יָדֵינוּ yadeinu כּוֹנְנָה conená

עָלֵינוּ aleinu וּמַעֲשֵׂה umaasé יָדֵינוּ yadeinu כּוֹנְנֵהוּ conenehu:

ENVOLTURA CON EL TALIT: Después de la bendición, envuelves el *Talit* sobre tu cabeza, dejando tu cara descubierta y las cuatro esquinas colgando sobre tu pecho. Luego tomas los dos *Tsitsiot* del lado derecho y los arrojas sobre tu hombro izquierdo de forma que caigan sobre la espalda; haz una pequeña pausa antes de sostener los dos *Tsitsiot* del lado izquierdo y arrojarlos sobre tu hombro izquierdo, para que caigan sobre la espalda de modo que los cuatro *Tsitsiot* estén pendiendo sobre tu hombro izquierdo y hacia atrás. Debes hacer una pausa en esta posición durante unos cuatro segundos antes de dejar que el *Talit* caiga al frente para luego acomodarlo de forma cómoda y holgada sobre ambos hombros con dos *Tsitsiot* al frente y dos atrás.

El *Talit* es el aspecto de la Luz Circundante de *Gadlut*.
El *Talit* es el *tikún* de la parte externa (*Nétsaj, Hod, Yesod*) de *Yetsirá*.
La bendición es el *tikún* de la Luz Circundante y
Usar el *Talit* es el *tikún* de la Luz Interior.

בָּרוּךְ Baruj אַתָּה Atá יְהֹוָהאדני יאהדונהי Adonai אֱלֹהֵינוּ Eloheinu ילה מֶלֶךְ Mélej

הָעוֹלָם haolam אֲשֶׁר asher קִדְּשָׁנוּ kideshanu בְּמִצְוֹתָיו bemitsvotav

וְצִוָּנוּ vetsivanu לְהִתְעַטֵּף lehitatef בְּצִיצִית betsitsit ר"ת ל"ב נתיבות החכמה:

El *Yijud* del *Talit*: Al principio debes meditar en el *Yijud* (unificación) de *Zeir Anpín*, el cual es יהוה, y tiene el valor numérico de 32 caminos de sabiduría (ל"ב נתיבות החכמה). A nivel específico, debes meditar en conectar las letras יה, que son *Aba* e *Ima*, con la letra ו, que es *Zeir Anpín*, para que se convierta en la Luz Circundante, que es el *Talit*. Después, debes meditar en conectar la letra ו (*Zeir Anpín*) con la última letra ה, para atraer la Luz Circundante a la letra ה, que es el *Tsitsit*.

LOS TEFILÍN (FILACTERIA)

Los *Tefilín* actúan como una antena que atrae energía espiritual, la cual le permite al usuario atar, dominar y controlar sus deseos egoístas y transformarlos en el *Deseo de Recibir para Dar y Compartir.* Las letras y palabras de *LeShem Yijud* ayudan a enviar una corriente de energía a los *Tefilín*, activándolo al unir los Mundos Superiores con nuestro mundo inferior.

"Que la gracia del Señor, nuestro Dios, sea sobre nosotros y pueda Él establecer para nosotros el trabajo de nuestras manos y pueda el trabajo de nuestras manos establecerlo a Él" (Salmos 90:17).

Bendito eres Tú, Señor, nuestro Dios, el Rey del Mundo,
que nos has santificado con Tus preceptos y nos has obligado a envolvernos con el Talit.

LESHEM YIJUD

LeShem Yijud es una bujía que activa la siguiente serie de oraciones y acciones, uniendo los Mundos Superiores con nuestra realidad física.

לְשֵׁם leShem יִחוּד yijud קוּדְשָׁא Kudshá בְּרִיךְ Berij הוּא Hu

וּשְׁכִינְתֵּיהּ uShjintei (יאהדונהי) בִּדְחִילוּ bidjilu וּרְחִימוּ urjimu (יאההויהה),

וּרְחִימוּ urjimu וּדְחִילוּ udjilu (איההיוהה), לְיַחֲדָא leyajadá שֵׁם Shem

יוּ"ד Yud קֵ"י Kei בְּוָא"ו beVav קֵ"י Kei בְּיִחוּדָא beyijudá שְׁלִים shelim (יהוה)

בְּשֵׁם beShem כָּל col ילי יִשְׂרָאֵל Yisrael, הֲרֵינִי hareini מוּכָן muján

לְקַיֵּים lekayem מִצְוַת mitsvat עֲשֵׂה asé לְהָנִיחַ lehaníaj תְּפִילִּין tefilín

בְּיָדִי beyadí וּבְרֹאשִׁי uveroshí, כְּמוֹ quemó שֶׁצִּוָּנוּ shetsivanu

יְהֹוָהאדניאהדונהי Adonai אֱלֹהֵינוּ Eloheinu ילה וּקְשַׁרְתֶּם ukshartem אֹתָם otam

לְאוֹת leot ר"ת לאו עַל al יֶדְכֶם yedjem וְהָיוּ vehayú לְטוֹטָפֹת letotafot

בֵּין bein עֵינֵיכֶם eineijem ריבוע מ"ה וַהֲרֵינִי vehareini מוּכָן muján

לְבָרֵךְ levarej הַבְּרָכָה habrajá עסמ"ב, הברכה (יכוין למתק את ז' המלכים שמתו)

שֶׁתִּקְּנוּ shetiknú רַזַ"ל razal עַל al מִצְוַת mitsvat הַתְּפִילִּין hatefilín,

וִיַעֲלֶה veyaalé לְפָנֶיךָ lefaneja ס"ג מ"ה ב"ן יְהֹוָהאדניאהדונהי Adonai

אֱלֹהֵינוּ Eloheinu ילה וֵאלֹהֵי veElohei לכב ; מילוי ע"ב, דמב ; ילה אֲבוֹתֵינוּ avoteinu

כְּאִלּוּ queílu כִּוַּנְתִּי quivanti בְּכָל bejol ב"ן, לכב הַכַּוָּנוֹת hacavanot

הָרְאוּיוֹת hareuyot לְכַוֵּין lejavén בְּהַנָּחַת behanajat הַתְּפִילִּין hatefilín

וּבִבְרָכָה uvabrajá. וִיהִי vihí נֹעַם nóam אֲדֹנָי Adonai ללה

אֱלֹהֵינוּ Eloheinu ילה עָלֵינוּ aleinu וּמַעֲשֵׂה umaasé יָדֵינוּ yadeinu

כּוֹנְנָה conená עָלֵינוּ aleinu וּמַעֲשֵׂה umaasé יָדֵינוּ yadeinu כּוֹנְנֵהוּ conenehu:

LOS TEFILÍN (FILACTERIAS) - LESHEM YIJUD

En aras de la unificación entre el Santo Bendito Sea y Su Shejiná, con temor y amor y con amor y temor, a fin de unificar el Nombre Yud-Kei y Vav-Kei en perfecta unidad, y en nombre de Israel, por la presente estoy preparado para cumplir el precepto obligatorio de usar los Tefilín en mi brazo y en mi cabeza como ha sido ordenado por el Señor, nuestro Dios: "Las atarán como señal en su mano y serán como insignias entre sus ojos" (Deuteronomio 11:18). Por este medio estoy preparado para decir la bendición que fue establecida por nuestros sabios, de bendita memoria, respecto al precepto de los Tefilín. Que sea ante Ti, Señor, nuestro Dios y Dios de nuestros padres, como si yo hubiese realizado todas las meditaciones correctas y adecuadas mientras uso los Tefilín y mientras recito la bendición. "Que la gracia de Dios, nuestro Dios, esté sobre nosotros y que Él establezca la obra de nuestras manos y que la obra de nuestras manos lo establezca a Él" (Salmos 90:17).

EL TEFILÍN DEL BRAZO IZQUIERDO (MALJUT)

El propósito de atar el *Tefilín* en nuestra mano y brazo izquierdos es superar el *Deseo de Recibir para Sí Mismo* que existe en nuestro corazón. El *Tefilín* ayuda a atar la fuerza gravitacional del lado izquierdo, transformando así nuestro *Deseo de Recibir para Sí Mismo* en el *Deseo de Recibir para Dar y Compartir.*

COLOCACIÓN DEL *TEFILÍN* DE LA MANO: Primero, coloca el *Tefilín* sobre tu bíceps, de cara a tu corazón, y recita la primera bendición. Luego ata la correa alrededor de tu bíceps izquierdo tres veces para crear la letra aramea *Shin* ש en tu bíceps. Esta acción también te conecta con las tres dimensiones o *Sefirot* más elevadas de nuestro universo: *Jojmá*, *Biná* y *Dáat*. Después que la *Shin* es completada, ata la correa siete veces alrededor de tu antebrazo izquierdo para conectarte a las siete *Sefirot* principales que influyen en nuestro mundo: *Jésed*, *Guevurá*, *Tiféret*, *Nétsaj*, *Hod*, *Yesod* y *Maljut*. Esta acción también nos conecta con los siete sabios: Avraham, Yitsjak, Yaakov, Moshé, Aharón, Yosef y David, quienes son los códigos y los canales de estas *Sefirot*. Cuando estas siete ataduras son completadas, enrolla el cuero restante alrededor de tu mano, dejándolo así. Regresarás para completarlo después de colocarte la correa de la frente con tu *Tefilín* de la cabeza.

El *Tefilín* de la mano absuelve el asesinato.
Este es el *tikún* del aspecto externo (*Nétsaj*, *Hod*, *Yesod*) de *Briá*. **La bendición** es el *tikún* de la Luz Circundante y **la postura** del *Tefilín* es el *tikún* de la Luz Interna

בָּרוּךְ Baruj אַתָּה Atá יְהֹוָאדניאהדונהי Adonai אֱלֹהֵינוּ Eloheinu ילה
מֶלֶךְ Mélej הָעוֹלָם haolam אֲשֶׁר asher קִדְּשָׁנוּ kideshanu
בְּמִצְוֹתָיו bemitsvotav וְצִוָּנוּ vetsivanu לְהָנִיחַ lehaníaj תְּפִילִּין tefilín:

EL TEFILÍN DE LA CABEZA (ZEIR ANPÍN)

COLOCACIÓN DEL *TEFILÍN* DE LA CABEZA: Coloca el *Tefilín* de la cabeza directamente en el punto central de tu frente donde comienza el nacimiento del pelo. Luego rodea el círculo alrededor de tu cabeza, ubicando el nudo de las correas detrás de tu cabeza, justo arriba de tu cuello. La Inclinación Negativa usualmente se enfoca primero en nuestra mente, bombardeándonos con pensamientos negativos los cuales, a su vez, conllevan a acciones negativas. Al colocar el *Tefilín* de la cabeza en tu frente, estás dominando la señal del Satán. Mientras ciñes el *Tefilín* de la cabeza en tu cabeza, recita la bendición, mientras dejas que las dos correas cuelguen libremente sobre tus hombros y reposen sobre tu pecho.

El *Tefilín* del cabeza absuelve el orgullo.
Este es el *tikún* del aspecto externo (*Nétsaj*, *Hod*, *Yesod*) de *Atsilut*. **La bendición** es el *tikún* de la Luz Circundante y **la postura** del *Tefilín* es el *tikún* de la Luz Interna.

בָּרוּךְ Baruj אַתָּה Atá יְהֹוָאדניאהדונהי Adonai אֱלֹהֵינוּ Eloheinu ילה
מֶלֶךְ Mélej הָעוֹלָם haolam אֲשֶׁר asher קִדְּשָׁנוּ kideshanu
בְּמִצְוֹתָיו bemitsvotav וְצִוָּנוּ vetsivanu עַל al מִצְוַת mitsvat תְּפִילִּין tefilín:
(Susurrar:) יוזו אותיות בָּרוּךְ Baruj שֵׁם Shem כְּבוֹד quevod מַלְכוּתוֹ maljutó,
לְעוֹלָם leolam ריבוע ס"ג וי' אותיות דס"ג וָעֶד vaed:

EL TEFILÍN DEL BRAZO IZQUIERDO

Bendito seas Tú, Señor, nuestro Dios y Rey del mundo,
quien nos ha santificado con Sus mandamientos y nos has ordenado a ponernos el Tefilín.

EL TEFILÍN DE LA CABEZA

Bendito seas Tú, Señor, nuestro Dios y Rey del mundo,
quien nos ha santificado con Sus mandamientos y nos ha obligado con la ordenanza del Tefilín.
"Bendito es el Nombre de la Gloria. Su Reino es para siempre y para la eternidad" (*Pesajim 56:1*).

Según el *Zóhar*, el Creador está colocándose *Tefilín* y es adornado con cuatro Iluminaciones que son: *Jojmá*, *Biná*, *Jésed* y *Guevurá*.

וּמֵחָכְמָתְךָ umejojmatjá אֵל El ייא״י (מילוי ד״ס״ג) עֶלְיוֹן elyón תַּאֲצִיל taatsil
עָלַי alai וּמִבִּינָתְךָ umibinatjá תְּבִינֵנִי tevineni: וְחַסְדְּךָ vejasdejá
תַּגְדִּיל tagdil עָלַי alai וּבִגְבוּרָתְךָ uvigvuratjá תַּצְמִית tatsmit אוֹיְבַי oyvai
וְקָמַי vekamai. וְשֶׁמֶן veshemen הַטּוֹב hatov והו תָּרִיק tarik עַל al
שִׁבְעָה shivá קְנֵי kenei מְנוֹרָה menorá לְהַשְׁפִּיעַ lehashpía טוּבְךָ tuvjá לאו
לִבְרִיּוֹתֶיךָ livriyoteja: פּוֹתֵחַ potéaj אֶת et יָדֶךָ yadeja
ר״ת פאי וס״ת וזתך (עם ג׳ אותיות = דִּיקַרְנוֹסָא ובא״ת ב״ש סאל, פאי, אמן, יאהדונהי;
ועוד יכוין שם וזתך בשילוב יהוה – יְוֹזָהֵתְוֹכָהָ) וּמַשְׂבִּיעַ umasbía וזתך (עם ג׳ אותיות =
דִּיקַרְנוֹסָא ובא״ת ב״ש סאל, פאי, אמן, יאהדונהי ; ועוד יכוין שם וזתך בשילוב יהוה – יְוֹזָהֵתְוֹכָהָ)
לְכָל־ lejol יה אדני חָי jai וזי כל = אהיה אהיה יהוה, בינה ע״ה, וזיים
רָצוֹן ratsón מהש ע״ה, ע״ב בריבוע וקס״א ע״ה, אל שדי ע״ה ; ר״ת רוזל שהיא המלכות הצריכה לשפע:

COMPLECIÓN DE LA MANO IZQUIERDA

El Arí explica que al colocarnos la correa en los dedos también creamos un anillo. Este anillo nos conecta con la Luz así como un anillo de bodas conecta a una novia con el novio. Es importante recordar que estas conexiones no son simplemente simbólicas o metafóricas; son una tecnología mediante la cual conectamos con la Luz.

COLOCACIÓN DEL TEFILÍN DE LA MANO: Ahora regresa a la correa de tu mano izquierda. Desátala hasta llegar a la muñeca, luego ata la correa dos veces alrededor de la mitad del dedo del medio, luego una vez alrededor de los dedos medio y anular, cerca de la palma. Esta acción crea las letras arameas *Yud* י y *Dálet* ד con las correas. Ahora has creado una secuencia de letras importante conocida como *Shin*, *Dálet*, *Yud* שדי, el Nombre Sagrado que tiene el poder de combatir fuerzas negativas.

Aquí santificamos a *Maljut* a través de *Zeir Anpín*.

Mientras atas el *Tefilín* tres veces alrededor del dedo medio, debes decir:

וְאֵרַשְׂתִּיךְ veerastij לִי li לְעוֹלָם leolam ריבוע ד״ס״ג וי׳ אותיות ד״ס״ג
וְאֵרַשְׂתִּיךְ veerastij לִי li בְּצֶדֶק betsédek וּבְמִשְׁפָּט uvemishpat ע״ה ה״פ אלהים
וּבְחֶסֶד uvejésed ע״ב, ריבוע יהוה וּבְרַחֲמִים uverajamim מצפצ, י״פ ייי, אלהים דיודין:
וְאֵרַשְׂתִּיךְ veerastij לִי li בֶּאֱמוּנָה beemuná וְיָדַעַתְּ veyadáat
אֶת־ et יְהֹוָהאדניאהדונהי Adonai:

Emana sobre mí Tu sabiduría, Dios Supremo; otórgame entendimiento de Tu entendimiento. Aumenta Tu benevolencia conmigo. Que con Tu poder puedas herir a todos mis enemigos y adversarios. Derrama buen aceite sobre los siete brazos del Candelabro, de modo que Tu benevolencia fluya hacia Tus criaturas. "Abre Tus manos y cumple el deseo de cada criatura viviente" (Salmos 145:16).

COMPLECIÓN DE LA MANO IZQUIERDA

"Te desposaré conmigo para siempre; te desposaré conmigo en justicia, juicio, benignidad y misericordia. Te desposaré conmigo en fidelidad, y conocerás al Señor" (Oseas 2:21-22).

KADESH LI

Las dos conexiones siguientes, *Kadesh Li* y *VeHayá Ki Yeviajá*, son unas secuencias poderosas que están contenidas en el pergamino dentro de las cajas de los *Tefilín*. Cuando recitamos estas secuencias, estamos activando los *Tefilín*.

Después de colocarte los *Tefilín*, debes recitar los dos párrafos siguientes. Si no puedes decirlos ahora porque tienes prisa, debes recitarlos después de la Oración Matutina, antes de quitarte los *Tefilín*.

וַיְדַבֵּר vaydaber יְהֹוָהאדניאהדונהי Adonai אֶל־ el מֹשֶׁה Moshé

מהש, ע״ב בריבוע קס״א, אל שדי, ד״פ אלהים ע״ה לֵּאמֹר lemor: קַדֶּשׁ־ kadesh לִי li

כָל־ jol ילי בְכוֹר bejor ר״ת לכבב פֶּטֶר peter רפ״ח ע״ה

(להעלות רפ״ח ניצוצות שנפלו לקליפה דמשם באים התולדים) כָּל־ col ילי רֶחֶם réjem, אברהם,

ח״פ אל, רי״ו ול״ב נתיבות החכמה, רמ״ח (אברים), עסמ״ב וט״ז אותיות פשוטות בִּבְנֵי bivnei

יִשְׂרָאֵל Yisrael בָּאָדָם baadam מ״ה וּבַבְּהֵמָה uvabehemá ב״ן לִי li הוּא hu:

וַיֹּאמֶר vayómer מֹשֶׁה Moshé מהש, ע״ב בריבוע קס״א, אל שדי, ד״פ אלהים ע״ה אֶל־ el

הָעָם haam זָכוֹר zajor ע״ב קס״א, יהי אור ע״ה (סוד המשכת השפע מן ד׳ שמות ליסוד הנקרא זכור)

אֶת־ et הַיּוֹם hayom ע״ה נגד, מזבח, זן, אל יהוה הַזֶּה hazé והו אֲשֶׁר asher

יְצָאתֶם yetsatem מִמִּצְרַיִם miMitsráyim מצר מִבֵּית mibeit ב״פ ראה

עֲבָדִים avadim כִּי qui בְּחֹזֶק bejózek פהל יָד yad הוֹצִיא hotsí

יְהֹוָהאדניאהדונהי Adonai אֶתְכֶם etjem מִזֶּה mizé וְלֹא veló יֵאָכֵל yeajel

חָמֵץ jamets: הַיּוֹם hayom ע״ה נגד, מזבח, זן, אל יהוה אַתֶּם atem יֹצְאִים yotsim

בְּחֹדֶשׁ bejódesh י״ב הויות, קס״א קנ״א הָאָבִיב haaviv: וְהָיָה vehayá יהוה ; יהה

כִּי־ ji יְבִיאֲךָ yeviajá יְהֹוָהאדניאהדונהי Adonai אֶל־ el אֶרֶץ érets

הַכְּנַעֲנִי haCnaaní וְהַחִתִּי vehaJití וְהָאֱמֹרִי vehaEmorí וְהַחִוִּי vehaJiví

וְהַיְבוּסִי vehaYevusí אֲשֶׁר asher נִשְׁבַּע nishbá לַאֲבֹתֶיךָ laavoteja

---

KADESH LI

'El Señor habló a Moshé y le dijo: 'Conságrame todo primogénito. El primer brote de cada matriz entre los hijos de Israel, tanto de los hombres como de los animales, Mío es'. Moshé dijo al pueblo: 'Tengan memoria de este día, en el cual han salido de Egipto, de la casa de servidumbre, pues el Señor los ha sacado de aquí con mano fuerte; por tanto, no comerán cosa leudada. Ustedes salen hoy, en el mes de primavera. Y cuando el Señor te haya metido en la tierra del cananeo, del heteo, del amorreo, del heveo y del jebuseo, la cual juró a tus padres

לָתֵת latet לָךְ laj אֶרֶץ érets זָבַת zavat חָלָב jalav וּדְבָשׁ udvash

שׂו (דשופר) וי״ד (האוזן) = ע״ך דינין דגדלות וְעָבַדְתָּ veavadta אֶת־ et

הָעֲבֹדָה haavodá הַזֹּאת hazot בַּחֹדֶשׁ bajódesh י״ב הויות, קס״א קנ״א

הַזֶּה hazé והו: שִׁבְעַת shivat יָמִים yamim נלך תֹּאכַל tojal מַצֹּת matsot

וּבַיּוֹם uvayom ע״ה נגד, מזבח, זן, אל יהוה הַשְּׁבִיעִי hashevií חַג jag

לַיהוָה laAdonai: מַצּוֹת matsot יֵאָכֵל yeajel אֵת et שִׁבְעַת shivat

הַיָּמִים hayamim נלך וְלֹא־ veló יֵרָאֶה yeraé רי״ו לְךָ lejá חָמֵץ jamets

וְלֹא־ veló יֵרָאֶה yeraé רי״ו לְךָ lejá שְׂאֹר seor ג׳ מוחין דאלהים דקטנות

(שׂ = אלהים דיודין ; א׳ כללות שם אלהים ; ר׳ = ריבוע אלהים) בְּכָל־ bejol ב״ן, לכב

גְּבֻלֶךָ guevuleja: וְהִגַּדְתָּ vehigadta לְבִנְךָ levinjá בַּיּוֹם bayom

ע״ה נגד, מזבח, זן, אל יהוה הַהוּא hahú לֵאמֹר lemor בַּעֲבוּר baavur

זֶה ze עָשָׂה asá יְהוָה Adonai לִי li בְּצֵאתִי betsetí

מִמִּצְרָיִם miMitsráyim מצר: וְהָיָה vehayá יהוה ; יהה לְךָ lejá לְאוֹת leot

עַל־ al יָדְךָ yadjá (Debes tocar el *Tefilín* de la mano) וּלְזִכָּרוֹן ulezicarón ע״ב קס״א ונש״ב

בֵּין bein עֵינֶיךָ eineja (Debes tocar el *Tefilín* de la cabeza) ע״ה קס״א ; ריבוע מ״ה

לְמַעַן lemaan תִּהְיֶה tihyé תּוֹרַת torat יְהוָה Adonai

בְּפִיךָ befija כִּי qui בְּיָד beyad חֲזָקָה jazaká פהל הוֹצִאֲךָ hotsiajá

יְהוָה Adonai מִמִּצְרָיִם miMitsráyim מצר ; ר״ת מיה:

וְשָׁמַרְתָּ veshamarta אֶת־ et הַחֻקָּה hajuká הַזֹּאת hazot

לְמוֹעֲדָהּ lemoadá מִיָּמִים miyamim נלך יָמִימָה yamima:

---

que te daría, tierra que destila leche y miel, harás esta celebración en este mes: siete días comerás matsot, y el séptimo día será fiesta para el Señor. Durante los siete días se comerán matsot, y no tendrás contigo jamets, ni levadura, en todo tu territorio. En aquel día lo explicarás a tu hijo diciendo: 'Se hace esto con motivo de lo que el Señor hizo conmigo cuando me sacó de Egipto'. Te será como una señal en la mano y como un memorial entre tus ojos, para que la ley del Señor esté en tu boca, por cuanto con mano fuerte el Señor te sacó de Egipto. Por lo tanto, tú guardarás este estatuto a su debido tiempo, de año en año" (Éxodo 13:1-10).

VeHayá qui Yeviajá

וְהָיָה vehayá יהוה ; יהה כִּי־ qui יְבִאֲךָ yeviajá יְהֹוָאדהנויאהדונהי Adonai אֶל־ el

אֶרֶץ érets הַכְּנַעֲנִי haCnaaní כַּאֲשֶׁר caasher נִשְׁבַּע nishbá לְךָ lejá

וְלַאֲבֹתֶיךָ velaavoteja וּנְתָנָהּ unetaná נתה, קס״א קנ״א קמ״ג לָךְ: laj:

וְהַעֲבַרְתָּ vehaavarta כָל jol פֶּטֶר peter ילי רפ״ח ע״ה (להעלות רפ״ח ניצוצות

שנפלו לקליפה דמשם באים התחלואים) רֶחֶם réjem אברהם, ח״פ אל, רי״ו ול״ב נתיבות החכמה,

רמ״ח (אברים), עסמ״ב וט״ז אותיות פשוטות לַיהֹוָאדהנויאהדונהי laAdonai וְכָל־ vejol ילי

פֶּטֶר peter | רפ״ח ע״ה (להעלות רפ״ח ניצוצות שנפלו לקליפה דמשם באים התחלואים) שֶׁגֶר shéguer

בְּהֵמָה behemá ב״ן אֲשֶׁר asher יִהְיֶה yihyé ייי לְךָ lejá הַזְּכָרִים hazjarim

לַיהֹוָאדהנויאהדונהי: laAdonai: וְכָל־ vejol פֶּטֶר peter רפ״ח ע״ה (להעלות רפ״ח ניצוצות

שנפלו לקליפה דמשם באים התחלואים) וַחֲמֹר jamor תִּפְדֶּה tifdé בְשֶׂה vesé

וְאִם־ veim יוהך, מ״א אותיות דפשוט, דמילוי ודמילוי דמילוי דאהיה ע״ה לֹא lo תִפְדֶּה tifdé

וַעֲרַפְתּוֹ vaaraftó וְכֹל vejol ילי בְּכוֹר bejor אָדָם adam מ״ה

בְּבָנֶיךָ bevaneja תִּפְדֶּה: tifdé: וְהָיָה vehayá יהוה ; יהה כִּי־ qui

יִשְׁאָלְךָ yishaljá בִנְךָ vinjá מָחָר majar לֵאמֹר lemor מַה־ ma מ״ה

זֹאת zot וְאָמַרְתָּ veamarta אֵלָיו elav בְּחֹזֶק bejózek פהל יָד yad

הוֹצִיאָנוּ hotsianu יְהֹוָאדהנויאהדונהי Adonai מִמִּצְרַיִם miMitsráyim מצר

מִבֵּית mibeit ב״פ ראה עֲבָדִים avadim: וַיְהִי vayehí כִּי־ qui הִקְשָׁה hikshá

פַרְעֹה Faró לְשַׁלְּחֵנוּ leshaljenu וַיַּהֲרֹג vayaharog יְהֹוָאדהנויאהדונהי Adonai

כָּל־ col ילי בְּכוֹר bejor בְּאֶרֶץ beérets מִצְרַיִם Mitsráyim מצר

VeHayá qui Yeviajá

"Cuando el Señor te haya llevado a la tierra del cananeo, como lo ha jurado a ti y a tus padres, y cuando te la haya dado, dedicarás al Señor el primer brote de cada matriz y todo primer nacido de tus animales, si es macho, será del Señor. Pero todo primogénito de asno lo redimirás con un cordero; y si no lo redimes, quebrarás su cuello. También redimirás al primogénito de tus hijos. Y cuando el día de mañana te pregunte tu hijo: '¿Qué es esto?', le dirás: 'El Señor nos sacó con mano fuerte de Egipto, de casa de servidumbre; y cuando se endureció el Faraón para no dejarnos ir, el Señor hizo morir en la tierra de Egipto a todo primogénito,

מִבְּכֹר mibejor אָדָם adam מ״ה וְעַד vead בְּכוֹר bejor בְּהֵמָה behemá ב״ן

עַל־ al כֵּן quen אֲנִי aní אני זֹבֵחַ zovéaj לַיהֹוָה laAdonai יאהדונהי

כָּל־ col ילי פֶּטֶר peter רפ״ח ע״ה (להעלות רפ״ח ניצוצות שנפלו לקליפה דמשם באים התחלואים)

רֶחֶם réjem אברהם, ח״פ אל, רי״ו ול״ב נתיבות החכמה, רמ״ח (אברים), עסמ״ב וט״ז אותיות פשוטות

הַזְּכָרִים hazejarim וְכָל־ vejol ילי בְּכוֹר bejor בָּנַי banai אֶפְדֶּה efdé:

וְהָיָה vehayá יהוה ; יהה לְאוֹת leot עַל־ al יָדְכָה yadeja

(Debes tocar el *Tefilín* de la mano) וּלְטוֹטָפֹת uletotafot בֵּין bein עֵינֶיךָ eineja

(Debes tocar el *Tefilín* de la cabeza) ע״ה קס״א ; ריבוע מ״ה כִּי qui בְּחֹזֶק bejózek פהל יָד yad

הוֹצִיאָנוּ hotsianu יְהֹוָה Adonai יאהדונהי מִמִּצְרָיִם miMitsráyim מצר ; ר״ת מיה:

יְהֹוָה Adonai יאהדונהי שֹׁמְרִי shomrí יְהֹוָה Adonai יאהדונהי צִלִּי tsilí

עַל yad יָד al יְמִינִי yeminí• יְהֹוָה Adonai יאהדונהי יִשְׁמָר yishmor

צֵאתִי tsetí וּבֹאִי uvoí לְחַיִּים lejayim אהיה אהיה יהוה, בינה ע״ה

טוֹבִים tovim וּלְשָׁלוֹם uleshalom מֵעַתָּה meatá וְעַד vead עוֹלָם olam•

אֵל El ייא״י (מילוי דס״ג) שַׁדַּי Shadai אל שדי = משה, מהש, ע״ב בריבוע וקס״א, ד״פ אלהים ע״ה

יְבָרֵךְ yevarej עסמ״ב, הברכה (יכוין למתק את ז׳ המלכים שמתו) אוֹתִי otí

וְיִתֵּן veyitén לִי li רַחֲמִים rajamim:

VAANÍ

COMUNICACIÓN CON LOS TRES PILARES DE ORACIÓN (AVRAHAM, YITSJAK Y YAAKOV)

Existen tres fuerzas en el universo que son necesarias para generar energía, sea física o espiritual. Estas fuerzas son la Columna Derecha positiva, energía de compartir, canalizada por Avraham; la Columna Izquierda receptora, energía negativa, la cual es canalizada por Yitsjak; y la Columna Central de equilibrio, resistencia, canalizada por Yaakov. Los kabbalistas ancestrales explican que Avraham, Yitsjak y Yaakov son los cimientos de cada oración. Sus nombres son transmisores que activan y dan poder a todas las bendiciones y oraciones que realizamos mediante este *Sidur.*

---

desde el primogénito humano hasta el primogénito de la bestia. Por esta causa, yo sacrifico para el Señor todo primogénito macho, y redimo al primogénito de mis hijos. Te será como una señal en la mano y como un memorial entre tus ojos, por cuanto el Señor nos sacó de Egipto con mano fuerte"' (Éxodo 13:11-16).

"El Señor es mi guardián, el Señor es la sombra de mi mano derecha" (Salmos 121:5). *"El Señor guardará mi salida y mi llegada, para la vida y para la paz, desde ahora y para siempre"* (Salmos 121:8). *El Señor me bendecirá y me dará misericordia.*

Debes decir el siguiente verso antes de entrar en el templo, mientras estás parado en la puerta usando el *Talit* y los *Tefilín*:

Avraham (Derecha)

וַאֲנִי vaaní אני בְּרֹב berov י"פ אהיה וְחַסְדְּךָ jasdejá אבג"ית"ץ

אָבוֹא avó בֵיתֶךָ veiteja ב"פ ראה

Yitsjak (Izquierda)

אֶשְׁתַּחֲוֶה eshtajavé י"פ ע"ב אֶל־ el הֵיכַל heijal ללה, אדני ; ר"ת = יהוה

קָדְשְׁךָ kodsheja

Yaakov (Central)

בְּיִרְאָתֶךָ beyirateja:

Luego te inclinas y entras.

Derecha

יְהֹוָהאדניאהדונהי Adonai צְבָאוֹת Tsvaot פני שכינה עִמָּנוּ imanu

ריבוע ס"ג, קס"א ע"ה וד' אותיות מִשְׂגָּב־ misgav משה, מהש, ריבוע ע"ב וקס"א, אל שדי,

ד"פ אלהים ע"ה לָנוּ lanu אלהים, אהיה אדני אֱלֹהֵי Elohei מילוי ע"ב, דמב ; ילה

יַעֲקֹב Yaakov ז' הויות, יאהדונהי אידהנויה סֶלָה sela:

Izquierda

יְהֹוָהאדניאהדונהי Adonai צְבָאוֹת Tsvaot פני שכינה אַשְׁרֵי ashrei

אָדָם adam מ"ה ; ה' צבאות אשרי אדם = תפארת בֹּטֵחַ botéaj

בָּךְ baj אדם בוטח בך = אמן (יאהדונהי) ע"ה ; בוטח בך = מילוי ע"ב ע"ה:

Central

יְהֹוָהאדניאהדונהי Adonai הוֹשִׁיעָה hoshía יהוה וש"ע נהורין הַמֶּלֶךְ haMélej ר"ת יהה

יַעֲנֵנוּ yaanenu בְיוֹם veyom ע"ה נגד, מזבח, זן, אל יהוה קָרְאֵנוּ korenu

ר"ת יב"ק, אלהים יהוה, אהיה אדני יהוה ; ס"ת = ב"ן ועם אות כ' דהמלך = ע"ב:

VAANÍ

"Y yo, con la profusión de Tu benevolencia,

vengo a Tu Casa y me inclino hacia Tu Arca Sagrada, en temor reverencial hacia Ti" (Salmos 5:8). *'El Señor de los Ejércitos está con nosotros. El Dios de Yaakov es un refugio para nosotros, Sela"* (Salmos 46:12). *"El Señor de los Ejércitos, lleno de alegría es aquel que confía en Ti"* (Salmos 84:13). *El Señor nos redime. El Rey nos responderá en el día en que lo invoquemos"* (Salmos 20:10).

ESH TAMID – MEDITACIÓN PARA CONTROLAR NUESTROS PENSAMIENTOS

Nuestro cerebro es un receptor, y existen dos estaciones transmisoras que envían señales/pensamientos a nuestro cerebro. Una fuente es la Luz y la otra es el Satán. Estos versículos interrumpen y anulan cualquier pensamiento negativo que pueda entrar en nuestra mente.

Cada versículo se recita siete veces:

אֵשׁ esh תָּמִיד tamid ע״ה קס״א קנ״א קמ״ג תּוּקַד tukad עַל־ al

הַמִּזְבֵּחַ hamizbéaj נגד, זן, אל יהוה לֹא lo תִכְבֶּה tijbé:

Recita siete veces:

סֵעֲפִים seafim שָׂנֵאתִי saneti וְתוֹרָתְךָ vetoratjá אָהָבְתִּי ahavti:

Recita siete veces:

לֵב lev טָהוֹר tahor י״פ אכא בְּרָא־ berá

קנ״א ב״ן, יהוה אלהים יהוה אדני, מילוי קס״א וס״ג, מ״ה ברבוע וע״ב ע״ה

לב טהור ברא = קס״א קנ״א קמ״ג

לִי li אֱלֹהִים Elohim אהיה אדני ; ילה ; לי אלהים = ריבוע אדני

וְרוּחַ verúaj נָכוֹן najón חַדֵּשׁ jadesh י״ב הויות, קס״א קנ״א בְּקִרְבִּי bekirbí שדי:

Recita siete veces:

AYIN LÁMED MEM

Esta combinación de tres letras de los 72 Nombres de Dios nos da el control sobre pensamientos indeseados como preocupación, pesimismo, e ideas obsesivas o compulsivas. Además de usar esta meditación en las oraciones de la mañana, podemos usarla durante el resto del día según sea necesario.

Debes meditar en el Nombre Sagrado:

עלם

Esto ayuda a controlar tus pensamientos.

ESH TAMID

"Y el Fuego Eterno arderá sobre el Altar y nunca se extinguirá" (Levítico 6:6).
"Pensamientos dispersos desprecio, pero a Tu Torá yo amo" (Salmos 119:113).
"Crea para mí un corazón puro, Dios, y renueva dentro de mí un espíritu correcto" (Salmos 51:12).

LA ORACIÓN DE LA MAÑANA

Debes ser muy cuidadoso de no hablar, ni una sola palabra, durante las oraciones y meditaciones.

Según la Kabbalah, existen tres tipos de energía diferentes que gobiernan tres momentos específicos del día: Columna Derecha (Avraham), la mañana; Columna Izquierda (Yitsjak), la tarde; y Columna Central (Yaakov), la noche. Las oraciones de *Shajarit* corresponden a la Columna Derecha (Avraham), que es energía dadora, misericordiosa y positiva. Con mucha frecuencia despertamos de mal humor, y este estado de conciencia negativa permanece con nosotros durante el resto del día. Para contrarrestar esta negatividad, tenemos la conexión de *Shajarit*, la cual nos imbuye de energía de felicidad y vitalidad, motivándonos a revelar Luz a lo largo del día.

EL MUNDO DE ASIYÁ (ACCIÓN)

Desde aquí (*"LeShem Yijud"*) hasta *"Baruj Sheamar"* (pág. 134) estás en el Mundo de *Asiyá*.

LOS CUATRO MUNDOS

Fase – בחינה	Mundo – עולם	*Sefirá* – ספירה	Elemento – יסוד	Órgano	Estructura del cuerpo
Uno – א	*Atsilut* – אצילות	*Jojmá* – חכמה	Fuego – אש	Ojos	Huesos
Dos – ב	*Briá* – בריאה	*Biná* – בינה	Agua – מים	Oídos	Tendones
Tres – ג	*Yetsirá* – יצירה	*Zeir Anpín* – זעיר אנפין	Aire – אויר	Nariz	Carne
Cuatro – ד	*Asiyá* – עשיה	*Maljut* – מלכות	Tierra – אדמה	Boca	Piel

LESHEM YIJUD

לְשֵׁם leShem יִחוּד yijud קוּדְשָׁא Kudshá בְּרִיךְ Berij הוּא Hu
וּשְׁכִינְתֵּיהּ uShjintei (יאהדונהי) בִּדְחִילוּ bidjilu וּרְחִימוּ urjimu
(יאהדויהה) וּרְחִימוּ urjimu וּדְחִילוּ udjilu (איההיוהה) לְיַחֲדָא leyajdá
שֵׁם Shem יו"ד Yud קֵ"י Kei בְּוָא"ו beVav קֵ"י Kei בְּיִחוּדָא beyijudá
שְׁלִים shelim (יהוה) בְּשֵׁם beShem כָּל col ילי יִשְׂרָאֵל Yisrael,
הִנֵּה hiné אֲנַחְנוּ anajnu בָּאִים baim לְהִתְפַּלֵּל lehitpalel
תְּפִלַּת tefilat שַׁחֲרִית shajarit שֶׁתִּקֵּן shetikén אַבְרָהָם Avraham וח"פ אל,
רי"ו ול"ב נתיבות החכמה, רמ"ח (אברים), עסמ"ב וט"ז אותיות פשוטות אָבִינוּ avinu עָלָיו alav
הַשָּׁלוֹם hashalom עִם im כָּל col ילי הַמִּצְוֹת hamitsvot הַכְּלוּלוֹת haclulot

---

LA ORACIÓN DE LA MAÑANA
EL MUNDO DE ASIYÁ (ACCIÓN) - LESHEM YIJUD

Para la unificación entre El Santo, Bendito sea y Su Shejiná, con temor y amor y con amor y temor, para unificar El Nombre Yud-Kei y Vav-Kei en perfecta unidad, y en el nombre de Israel, hemos venido por este medio a rezar la Oración de la Mañana establecida por Avraham, nuestro Patriarca, sea la paz sobre él, con todos sus mandamientos,

OLAM ASIYÁ - אל אדני - יוד הה וו הה

בָּהּ ba לְתַקֵּן letakén אֶת et שׁוֹרְשָׁהּ shorshá בִּמְקוֹם bemakom
עֶלְיוֹן elyón לַעֲשׂוֹת laasot נַחַת nájat רוּחַ rúaj לְיוֹצְרֵנוּ leyotsrenu
וְלַעֲשׂוֹת velaasot רְצוֹן retsón מהש ע"ה, ע"ב בריבוע וקס"א ע"ה, אל שדי ע"ה
בּוֹרְאֵנוּ. boreinu וִיהִי vihí נֹעַם nóam אֲדֹנָי Adonai ללה
אֱלֹהֵינוּ Eloheinu ילה עָלֵינוּ aleinu וּמַעֲשֵׂה umaasé יָדֵינוּ yadeinu כּוֹנְנָה conená
עָלֵינוּ aleinu וּמַעֲשֵׂה umaasé יָדֵינוּ yadeinu כּוֹנְנֵהוּ: conenehu:

UN COMPROMISO DE AMOR Y UNIDAD – ELEVAR NUESTRA CONCIENCIA

Un hilo delgado y débil no puede levantar un cofre lleno de tesoros. Sin embargo, cuando tejemos numerosos hilos delgados, formamos una soga. Cuando nos unimos con el resto del mundo mediante un compromiso de amor, podemos halar los tesoros espirituales más grandes, aunque no seamos dignos o lo suficientemente fuertes para lograr esto de manera individual.

Respecto al peligro de la desviación, el Caf-HaJayim dice: "En un lugar de desviación, la bendición se elimina a sí misma, y la gente que tuvo discordancias terminan con daños y accidentes en sus cuerpos así como en su salud. Aquellos que cuidan de sí mismos deben mantenerse alejados de cualquier desviación".

El Arí escribe en *La puerta de las meditaciones*: Antes de que comiences tus conexiones y oraciones, debes aceptar dentro de ti mismo el precepto de "ama a tu prójimo como a ti mismo". Esto quiere decir que debes meditar en amar a todas las personas que están haciendo el trabajo espiritual como si fueran parte de tu alma, para que tus oraciones sean incluidas y elevadas junto a la oración universal y tenga resultados. Es especialmente importante tener amor por los *Javerim* (las personas que dedican su vida al trabajo espiritual) y reconocer que rezar por los demás fortalece nuestras oraciones y permite que éstas sean aceptadas.

הֲרֵינִי hareini מְקַבֵּל mekabel עָלַי alai מִצְוַת mitsvat עֲשֵׂה asé שֶׁל shel
וְאָהַבְתָּ veahavtá ב"פ אור, ב"פ רז, ב"פ א"ס לְרֵעֲךָ lereajá כָּמוֹךָ. camoja
וַהֲרֵינִי vehareini אוֹהֵב ohev אֶת et כָּל col ילי אֶחָד ejad אהבה, דאגה
מִבְּנֵי mibnei יִשְׂרָאֵל Yisrael כְּנַפְשִׁי quenafshí וּמְאוֹדִי. umeodí
וַהֲרֵינִי vehareini מְזַמֵּן mezamén פֶּה pe מילה ; ע"ה אלהים, אהיה אדני
שֶׁלִּי shelí לְהִתְפַּלֵּל lehitpalel לִפְנֵי lifnei מֶלֶךְ Mélej מַלְכֵי maljei
הַמְּלָכִים hamelajim הַקָּדוֹשׁ haKadosh בָּרוּךְ Baruj הוּא: Hu:

---

para corregir su raíz en el Lugar Celestial, para llevarle satisfacción a nuestro Hacedor y para satisfacer el deseo de nuestro Creador. "Que la gracia del Señor, nuestro Dios, sea sobre nosotros y pueda Él establecer para nosotros el trabajo de nuestras manos y pueda el trabajo de nuestras manos establecerlo a Él" (Salmos 90:17).

UN COMPROMISO DE AMOR - ELEVAR NUESTRA CONCIENCIA

Por este medio yo acepto sobre mí el mandamiento obligatorio de "Ama a tu prójimo como a ti mismo". Por este medio yo declaro que yo amo a cada uno de los hijos de Israel con toda mi alma y toda mi fuerza. Y por este medio preparo mi boca para rezar ante el Rey de todos los Reyes, el Santo Bendito Sea.

LA ATADURA DE YITSJAK

Al recitar este verso, que describe a Yitsjak siendo atado por Avraham, conectamos con el poder de la misericordia. De manera simultánea, atamos nuestro juicio como parte de nuestra limpieza interior y recibimos ayuda para atar los pensamientos negativos de personas que vienen con juicio contra nosotros.

אֱלֹהֵינוּ Eloheinu ילה וֵאלֹהֵי veElohei לכב ; מילוי ע״ב, דמב ; ילה אֲבוֹתֵינוּ avoteinu

זָכְרֵנוּ zojrenu בְּזִכָּרוֹן bezijrón ע״ב קס״א ונש״ב טוֹב tov והו

מִלְּפָנֶיךָ milefaneja ס״ג מ״ה ב״ן וּפָקְדֵנוּ ufakdenu בִּפְקֻדַּת bifkudat

יְשׁוּעָה yeshuá וְרַחֲמִים verajamim מִשְּׁמֵי mishemei שְׁמֵי shmei

קֶדֶם kédem• וּזְכָר uzjar לָנוּ lanu אלהים, אהיה אדני יְהֹוָהאדניאהדונהי Adonai

אֱלֹהֵינוּ Eloheinu ילה אַהֲבַת ahavat הַקַּדְמוֹנִים hakadmonim

אַבְרָהָם Avraham וו״פ אל, רי״ו ול״ב נתיבות החכמה, רמ״ח (אברים), עסמ״ב וט״ז אותיות פשוטות

יִצְחָק Yitsjak ד״פ ב״ן וְיִשְׂרָאֵל veYisrael עֲבָדֶיךָ avadeja•

אֶת et הַבְּרִית habrit וְאֶת veet הַחֶסֶד hajésed ע״ב, ריבוע יהוה

וְאֶת veet הַשְּׁבוּעָה hashevuá שֶׁנִּשְׁבַּעְתָּ shenishbata לְאַבְרָהָם leAvraham

וו״פ אל, רי״ו ול״ב נתיבות החכמה, רמ״ח (אברים), עסמ״ב וט״ז אותיות פשוטות

אָבִינוּ avinu בְּהַר behar הַמּוֹרִיָּה haMoriyá• וְאֶת veet הָעֲקֵדָה haakedá

שֶׁעָקַד sheakad אֶת et יִצְחָק Yitsjak ד״פ ב״ן בְּנוֹ benó עַל al גַּבֵּי gabei

הַמִּזְבֵּחַ hamizbéaj נגד, זן, אל יהוה כַּכָּתוּב cacatuv בְּתוֹרָתָךְ betorataj:

LA ATADURA DE YITSJAK

Nuestro Dios y el Dios de nuestros antepasados, recuérdanos favorablemente ante Ti y evoca para nosotros la reminiscencia de salvación y misericordia, desde los primeros y más elevados Cielos. Y recuerda, por nosotros, Señor, nuestro Dios, el amor de los ancestros: Tus sirvientes, Avraham, Yitsjak e Yisrael. Y recuerda, también, la Alianza, la benevolencia y el juramento que Tú le hiciste a Avraham, nuestro antepasado, sobre el Monte Moriá, cuando él ató a su hijo, Yitsjak, sobre el altar, como se relata en Tu Torá:

OLAM ASIYÁ - יוד הה וו הה – אל אדני

LA PORCIÓN RELACIONADA CON LA ATADURA

Recitar cada día la porción relacionada con la Atadura de Yitsjak nos permite expiar todos nuestros pecados y crear un escudo de protección contra toda enfermedad, el cual cancela la muerte de la humanidad.

וַיְהִי vayehí אַחַר ajar הַדְּבָרִים hadevarim הָאֵלֶּה haele

וְהָאֱלֹהִים vehaElohim אהיה אדני ; ילה נִסָּה nisá אֶת־ et אַבְרָהָם Avraham

וז"פ אל, רי"ו ול"ב נתיבות החכמה, רמ"ח (אברים), עסמ"ב וט"ז אותיות פשוטות וַיֹּאמֶר vayómer

אֵלָיו elav אַבְרָהָם Avraham וז"פ אל, רי"ו ול"ב נתיבות החכמה, רמ"ח (אברים),

עסמ"ב וט"ז אותיות פשוטות וַיֹּאמֶר vayómer הִנֵּנִי: hineni וַיֹּאמֶר vayómer קַח־ kaj

נָא na אֶת־ et בִּנְךָ binjá אֶת־ et יְחִידְךָ yejidjá אֲשֶׁר־ asher

אָהַבְתָּ ahavta אֶת־ et יִצְחָק Yitsjak ד"פ ב"ן וְלֶךְ־ velej לְךָ lejá

אֶל־ el אֶרֶץ érets הַמֹּרִיָּה haMoriyá וְהַעֲלֵהוּ vehaalehu שָׁם sham

לְעֹלָה leolá עַל al אַחַד ajad אהבה, דאגה הֶהָרִים heharim אֲשֶׁר asher

אֹמַר omar אֵלֶיךָ: eleja וַיַּשְׁכֵּם vayashquem אַבְרָהָם Avraham וז"פ אל,

רי"ו ול"ב נתיבות החכמה, רמ"ח (אברים), עסמ"ב וט"ז אותיות פשוטות בַּבֹּקֶר babóker

וַיַּחֲבֹשׁ vayajavosh אֶת־ et חֲמֹרוֹ jamoró וַיִּקַּח vayikaj וע"ם אֶת־ et

שְׁנֵי shnei נְעָרָיו nearav אִתּוֹ itó וְאֵת veet יִצְחָק Yitsjak ד"פ ב"ן בְּנוֹ benó

וַיְבַקַּע vayvaká עֲצֵי atsei עֹלָה olá וַיָּקָם vayakam וַיֵּלֶךְ vayélej כלי

אֶל־ el הַמָּקוֹם hamakom אֲשֶׁר־ asher אָמַר־ amar לוֹ lo

הָאֱלֹהִים haElohim אהיה אדני ; ילה: בַּיּוֹם bayom ע"ה נגד, מזבח, זן, אל יהוה

הַשְּׁלִישִׁי hashelishí וַיִּשָּׂא vayisá אַבְרָהָם Avraham וז"פ אל, רי"ו ול"ב נתיבות החכמה,

רמ"ח (אברים), עסמ"ב וט"ז אותיות פשוטות אֶת־ et עֵינָיו einav ריבוע מ"ה

וַיַּרְא vayar אֶת־ et הַמָּקוֹם hamakom מֵרָחֹק merajok שד"י:

LA PORCIÓN RELACIONADA CON LA ATADURA

"Y aconteció después de estos sucesos, Dios puso a prueba a Avraham y le dijo: 'Avraham', y éste contestó: 'Heme aquí'. Y Él dijo: 'Por favor, toma ahora a tu hijo, tu hijo único, a quien amas, Yitsjak, y ve a la tierra de Moriá y ofrécelo allí en holocausto sobre una de las montañas que te indicaré'. Y madrugó Avraham, preparó su asno y tomó a dos siervos consigo y a su hijo Yitsjak. Avraham partió leña para el holocausto, luego se levantó y fue al lugar que Dios le indicó. Al tercer día alzó Avraham sus ojos y vio el lugar a lo lejos.

וַיֹּאמֶר vayómer אַבְרָהָם Avraham וז"פ אל, רי"ו ול"ב נתיבות החכמה, רמ"ח (אברים),
עסמ"ב וט"ז אותיות פשוטות אֶל־ el נְעָרָיו nearav שְׁבוּ־ shvú לָכֶם lajem פֹּה po
מילה (להכניע הקליפות בסוד החמור) ; ע"ה אלהים, אהיה אדני עִם־ im הַחֲמוֹר hajamor
וַאֲנִי vaaní אני וְהַנַּעַר vehanáar נֵלְכָה neljá עַד־ ad כֹּה co
וְנִשְׁתַּחֲוֶה venishtajavé וְנָשׁוּבָה venashuva אֲלֵיכֶם aleijem: וַיִּקַּח vayikaj
וזעם אַבְרָהָם Avraham וז"פ אל, רי"ו ול"ב נתיבות החכמה, רמ"ח (אברים), עסמ"ב וט"ז אותיות פשוטות
אֶת־ et עֲצֵי atsei הָעֹלָה haolá וַיָּשֶׂם vayasem עַל־ al יִצְחָק Yitsjak ד"פ ב"ן
בְּנוֹ benó וַיִּקַּח vayikaj וזעם בְּיָדוֹ beyadó אֶת־ et הָאֵשׁ haesh שאה
וְאֶת־ veet הַמַּאֲכֶלֶת hamaajélet וַיֵּלְכוּ vayeljú שְׁנֵיהֶם shneihem
יַחְדָּו yajdav: וַיֹּאמֶר vayómer יִצְחָק Yitsjak ד"פ ב"ן אֶל־ el
אַבְרָהָם Avraham וז"פ אל, רי"ו ול"ב נתיבות החכמה, רמ"ח (אברים), עסמ"ב וט"ז אותיות פשוטות
אָבִיו aviv וַיֹּאמֶר vayómer אָבִי aví וַיֹּאמֶר vayómer הִנֶּנִּי hineni בְנִי vní
וַיֹּאמֶר vayómer הִנֵּה hiné הָאֵשׁ haesh שאה וְהָעֵצִים vehaetsim וְאַיֵּה veayé
הַשֶּׂה hasé לְעֹלָה leolá: וַיֹּאמֶר vayómer אַבְרָהָם Avraham וז"פ אל, רי"ו ול"ב
נתיבות החכמה, רמ"ח (אברים), עסמ"ב וט"ז אותיות פשוטות אֱלֹהִים Elohim אהיה אדני ; ילה
יִרְאֶה־ yiré רי"ו לּוֹ lo הַשֶּׂה hasé לְעֹלָה leolá בְּנִי bení ר"ת הבל (למתק או"ח
ע"מ לתקן עון הבל שחטא בראיה) וַיֵּלְכוּ vayeljú שְׁנֵיהֶם shneihem יַחְדָּו yajdav:
וַיָּבֹאוּ vayavóu אֶל־ el הַמָּקוֹם hamakom אֲשֶׁר asher אָמַר־ amar לוֹ lo
הָאֱלֹהִים haElohim אהיה אדני ; ילה וַיִּבֶן vayivén שָׁם sham אַבְרָהָם Avraham
וז"פ אל, רי"ו ול"ב נתיבות החכמה, רמ"ח (אברים), עסמ"ב וט"ז אותיות פשוטות אֶת־ et
הַמִּזְבֵּחַ hamizbéaj נגד, זן, אל יהוה וַיַּעֲרֹךְ vayaaroj אֶת־ et הָעֵצִים haetsim
וַיַּעֲקֹד vayaakod אֶת־ et יִצְחָק Yitsjak ד"פ ב"ן בְּנוֹ benó וַיָּשֶׂם vayasem

---

Les dijo entonces a los mozos: Esperen aquí con el asno, mientras yo y mi hijo vamos allá, donde nos prosternaremos y volveremos a ustedes. Y tomó Avraham la leña para el holocausto y la cargó sobre su hijo Yitsjak. Tomó el fuego y el cuchillo, y ambos fueron juntos. Entonces Yitsjak le dijo a su padre: 'Padre mío', y él contestó: 'Aquí estoy, hijo mío'. Y dijo Yitsjak: 'He aquí el fuego y la leña, ¿pero dónde está el cordero para el sacrificio?'. Y respondió Avraham: 'Hijo mío, Dios proveerá el cordero para el holocausto'. Y siguieron andando los dos juntos. Y llegaron al lugar que Dios le había indicado, y Avraham erigió allí un altar, ordenó la leña y ató a su hijo, Yitsjak, y lo colocó

אתו otó עַל־ al הַמִּזְבֵּחַ hamizbéaj נגד, זן, אל יהוה מִמַּעַל mimáal עלם

לָעֵצִים laetsim: וַיִּשְׁלַח vayishlaj אַבְרָהָם Avraham וו"פ אל, רי"ו ול"ב נתיבות

החכמה, רמ"ח (אברים), עסמ"ב וט"ז אותיות פשוטות אֶת־ et יָדוֹ yadó וַיִּקַּח vayikaj חעם

אֶת־ et הַמַּאֲכֶלֶת hamaajélet לִשְׁחֹט lishjot אֶת־ et בְּנוֹ benó:

וַיִּקְרָא vayikrá עם ה' אותיות = ב"פ קס"א אֵלָיו elav מַלְאַךְ malaj

יְהֹוָה Adonai מִן־ min הַשָּׁמַיִם hashamáyim י"פ טל, י"פ כוזו ; ר"ת מ"ה

וַיֹּאמֶר vayómer אַבְרָהָם Avraham | וו"פ אל, רי"ו ול"ב נתיבות החכמה, רמ"ח (אברים),

עסמ"ב וט"ז אותיות פשוטות אַבְרָהָם Avraham וו"פ אל, רי"ו ול"ב נתיבות החכמה, רמ"ח (אברים),

עסמ"ב וט"ז אותיות פשוטות וַיֹּאמֶר vayómer הִנֵּנִי hineni: וַיֹּאמֶר vayómer אַל־ al

תִּשְׁלַח tishlaj יָדְךָ yadjá אֶל־ el הַנַּעַר hanáar וְאַל־ veal תַּעַשׂ taás

לוֹ lo מְאוּמָה meumá כִּי qui | עַתָּה ata יָדַעְתִּי yadati כִּי־ qui יְרֵא yeré

אֱלֹהִים Elohim אהיה אדני ; ילה אַתָּה atá וְלֹא veló חָשַׂכְתָּ jasajta אֶת־ et

בִּנְךָ binjá אֶת־ et יְחִידְךָ yejidjá מִמֶּנִּי mimeni: וַיִּשָּׂא vayisá

אַבְרָהָם Avraham וו"פ אל, רי"ו ול"ב נתיבות החכמה, רמ"ח (אברים), עסמ"ב וט"ז אותיות פשוטות

אֶת־ et עֵינָיו einav ריבוע מ"ה וַיַּרְא vayar וְהִנֵּה־ vehiné אַיִל áyil אַחַר ajar

נֶאֱחַז neejaz בַּסְּבַךְ basevaj בְּקַרְנָיו bekarnav כשאומר נאחז בסבך בקרניו
יכוין לתיבות שאחר סבך הם עגל, והשטן בעבור קיטרוג העגל היה מרחיק האיל, כדי שישחט יצחק.
ומיכאל (= הנה איל, ננא) אחר נאחז בקרניו (= שס"ח סממני הקטורת) הכניע את השטן

וַיֵּלֶךְ vayelej כלי אַבְרָהָם Avraham וו"פ אל, רי"ו ול"ב נתיבות החכמה,

רמ"ח (אברים), עסמ"ב וט"ז אותיות פשוטות וַיִּקַּח vayikaj חעם אֶת־ et

הָאַיִל haáyil וַיַּעֲלֵהוּ vayaalehu לְעֹלָה leolá תַּחַת tájat בְּנוֹ benó:

וַיִּקְרָא vayikrá עם ה' אותיות = ב"פ קס"א אַבְרָהָם Avraham וו"פ אל, רי"ו ול"ב נתיבות

החכמה, רמ"ח (אברים), עסמ"ב וט"ז אותיות פשוטות שֵׁם־ shem הַמָּקוֹם hamakom

---

en el altar, sobre la leña. Y Avraham extendió la mano en la que portaba el cuchillo para sacrificar a su hijo cuando lo llamó desde Cielo el Ángel del Señor diciéndole: 'Avraham, Avraham'. Y éste contestó dijo: 'Heme aquí'. Y Él dijo: 'No abatas tu mano sobre el muchacho ni le hagas nada, porque ahora sé que eres temeroso de Dios y no escatimaste para Mí a tu propio hijo'. Y Avraham alzó la vista y vio a un carnero cercano que tenía sus cuernos trabados en el matorral. Avraham fue allí y tomó al carnero; lo ofreció por holocausto en lugar de su hijo. Y llamó Avraham ese lugar:

הַהוּא hahú יהוהאדניאהדונהי Adonai | יִרְאֶה yiré רי״ו אֲשֶׁר asher

יֵאָמֵר yeamer הַיּוֹם hayom ע״ה נגד, מזבח, זן, אל יהוה בְּהַר behar

יהוהאדניאהדונהי Adonai יֵרָאֶה yeraé רי״ו: וַיִּקְרָא vayikrá עם ה׳ אותיות = ב״פ קס״א

מַלְאַךְ malaj יהוהאדניאהדונהי Adonai אֶל־ el אַבְרָהָם Avraham ו״פ אל,

רי״ו ול״ב נתיבות החכמה, רמ״ח (אברים), עסמ״ב וט״ז אותיות פשוטות שֵׁנִית shenit מִן־ min

הַשָּׁמָיִם hashamáyim י״פ טל, י״פ כוזו ; ר״ת מ״ה: וַיֹּאמֶר vayómer בִּי bi

נִשְׁבַּעְתִּי nishbati נְאֻם־ neúm יהוהאדניאהדונהי Adonai כִּי qui יַעַן yaán

אֲשֶׁר asher עָשִׂיתָ asita אֶת־ et הַדָּבָר hadavar ראה הַזֶּה hazé והו וְלֹא veló

חָשַׂכְתָּ jasajta אֶת־ et בִּנְךָ binjá אֶת־ et יְחִידֶךָ: yejideja כִּי־ qui

בָרֵךְ varej אֲבָרֶכְךָ avarejejá וְהַרְבָּה veharbá אַרְבֶּה arbé יצחק, ד״פ ב״ן

אֶת־ et זַרְעֲךָ zarajá כְּכוֹכְבֵי quejojvei הַשָּׁמַיִם hashamáyim י״פ טל, י״פ כוזו

וְכַחוֹל vejajol אֲשֶׁר asher עַל־ al שְׂפַת sfat הַיָּם hayam ילי

וְיִרַשׁ veyirash זַרְעֲךָ zarajá אֵת et שַׁעַר sháar אֹיְבָיו: oyvav

וְהִתְבָּרְכוּ vehitbarjú יהוה ריבוע יהוה ריבוע מ״ה בְזַרְעֲךָ vezarajá

כֹּל col ילי גּוֹיֵי goyei הָאָרֶץ haárets אלהים דההין ע״ה עֵקֶב ékev ב״פ מום

אֲשֶׁר asher שָׁמַעְתָּ shamata בְּקֹלִי: bekolí וַיָּשָׁב vayashav

אַבְרָהָם Avraham ו״פ אל, רי״ו ול״ב נתיבות החכמה, רמ״ח (אברים), עסמ״ב וט״ז אותיות פשוטות

אֶל־ el נְעָרָיו nearav וַיָּקֻמוּ vayakumu וַיֵּלְכוּ vayeljú יַחְדָּו yajdav

אֶל־ el בְּאֵר Beer קנ״א ב״ן, יהוה אלהים יהוה אדני, מילוי קס״א וס״ג, מ״ה ברבוע וע״ב ע״ה

שָׁבַע Shava וַיֵּשֶׁב vayeshev אַבְרָהָם Avraham ו״פ אל,

רי״ו ול״ב נתיבות החכמה, רמ״ח (אברים), עסמ״ב וט״ז אותיות פשוטות בִּבְאֵר biVeer

קנ״א ב״ן, יהוה אלהים יהוה אדני, מילוי קס״א וס״ג, מ״ה ברבוע וע״ב ע״ה שָׁבַע: Shava

---

El Señor verá, de donde se dice hasta hoy día que en la Montaña del Señor se puede ver. Entonces el Ángel del Señor llamó a Avraham desde el Cielo por segunda vez diciendo: 'Por Mí juré, dijo el Señor, que por haber hecho tú cosa semejante y no Me negaste a tu hijo, el único, ciertamente he de bendecirte y multiplicaré inmensamente tu simiente como las estrellas del cielo y la arena de las costas. Tu simiente heredará el portal de sus enemigos. Todos los pueblos de la Tierra serán bendecidos por tu simiente, porque tú has obedecido a Mi Voz'. Y Avraham regresó al lugar donde estaban sus mozos. Se levantaron todos y fueron a Beer Sheva. Y Avraham moró en Beer Sheva" (Génesis 22:1-19).

RIBONÓ SHEL OLAM

La Luz nunca se puede revelar sin una Vasija. *Ribonó Shel Olam* nos ayuda a construir nuestra propia Vasija personal para atraer toda la Luz que Avraham generó en virtud de sus acciones.

רִבּוֹנוֹ Ribonó שֶׁל shel עוֹלָם olam. כְּמוֹ quemó שֶׁכָּבַשׁ shecavash

אַבְרָהָם Avraham ו"פ אל, רי"ו ול"ב נתיבות החכמה, רמ"ח (אברים), עסמ"ב וט"ז אותיות פשוטות

אָבִינוּ avinu אֶת et רַחֲמָיו rajamav לַעֲשׂוֹת laasot רְצוֹנְךָ retsonjá

בְּלֵבָב belevav בוכו שָׁלֵם shalem. כֵּן quen יִכְבְּשׁוּ yijbeshú

רַחֲמֶיךָ rajameja אֶת et כַּעַסְךָ caaseja. וְיִגֹּלוּ veyigolu

רַחֲמֶיךָ rajameja עַל al מִדּוֹתֶיךָ midoteja. וְתִתְנַהֵג vetitnaheg

עִמָּנוּ imanu ריבוע דס"ג, קס"א ע"ה וד' אותיות יְהֹוָהאדניאהדונהי Adonai אֱלֹהֵינוּ Eloheinu

ילה בְּמִדַּת bemidat הַחֶסֶד hajésed ע"ב, ריבוע יהוה וּבְמִדַּת uvemidat

הָרַחֲמִים harajamim. וְתִכָּנֵס veticanés לָנוּ lanu אלהים, אהיה אדני

לִפְנִים lifnim מִשּׁוּרַת mishurat הַדִּין hadín. וּבְטוּבְךָ uvetuvjá לאו

הַגָּדוֹל hagadol להח ; עם ד' אותיות = מבה, יזל, אום יָשׁוּב yashuv חֲרוֹן jarón

אַפְּךָ apaj. מֵעַמְּךָ meamaj וּמֵעִירְךָ umeiraj וּמֵאַרְצְךָ umeartsaj

וּמִנַּחֲלָתֶךָ uminajalataj. וְקַיֶּם vekayem לָנוּ lanu אלהים, אהיה אדני

יְהֹוָהאדניאהדונהי Adonai אֱלֹהֵינוּ Eloheinu ילה אֶת et הַדָּבָר hadavar ראה

שֶׁהִבְטַחְתָּנוּ shehivtajtanu בְּתוֹרָתֶךָ betorataj עַל al יְדֵי yedei

מֹשֶׁה Moshé מהש, ע"ב בריבוע וקס"א, אל שדי, ד"פ אלהים ע"ה עַבְדֶּךָ avdaj פוי, אל אדני

כָּאָמוּר caamur: וְזָכַרְתִּי vezajarti אֶת־ et בְּרִיתִי brití

יַעֲקוֹב Yaakov ז' הויות, יאהדונהי אידהנויה וְאַף veaf אֶת־ et בְּרִיתִי brití

RIBONÓ SHEL OLAM

Señor del Mundo, igual que Avraham, nuestro padre, suprimió su compasión para cumplir con Tu voluntad con todo el corazón, de igual manera que Tu compasión suprima a Tu ira y pueda Tu compasión revelarse por encima de Tus otros atributos. Compórtate con nosotros, Señor, nuestro Dios, de acuerdo con los atributos de benevolencia y de compasión; por nuestro bien, actúa hacia nosotros desde más allá del marco de juicio estricto. Por Tu gran bondad, Tu furia se retractará de Tu Nación, Tu Ciudad, Tu Tierra, y Tu Herencia. Cumple para nosotros, Señor, nuestro Dios, lo que nos has prometido en Tu Torá, a través de Moshé, Tu siervo, como está dicho: "Me acordaré de Mi Pacto con Yaakov, de Mi Pacto

יִצְחָק Yitsjak ד"פ ב"ן וְאַף veaf אֶת־ et בְּרִיתִי brití
אַבְרָהָם Avraham וז"פ אל, רי"ו ול"ב נתיבות החכמה, רמ"ח (אברים), עסמ"ב וט"ז אותיות פשוטות
אֶזְכֹּר ezcor וְהָאָרֶץ vehaárets אלהים דההין ע"ה אֶזְכֹּר ezcor. וְנֶאֱמַר veneemar:
וְאַף־ veaf גַּם־ gam זֹאת zot בִּהְיוֹתָם bihyotam בְּאֶרֶץ beérets
אֹיְבֵיהֶם oyveihem לֹא־ lo מְאַסְתִּים meastim וְלֹא־ veló גְעַלְתִּים guealtim
לְכַלֹּתָם lejalotam לְהָפֵר lehafer בְּרִיתִי brití אִתָּם itam כִּי qui אֲנִי aní אני
יְהֹוָה יאהדונהי Adonai אֱלֹהֵיהֶם Eloheihem ילה: וְזָכַרְתִּי vezajarti
לָהֶם lahem בְּרִית brit רִאשֹׁנִים rishonim אֲשֶׁר asher הוֹצֵאתִי־ hotseti
אֹתָם otam מֵאֶרֶץ meérets מִצְרַיִם Mitsráyim מצר לְעֵינֵי leeinei ריבוע מ"ה
הַגּוֹיִם hagoyim לִהְיוֹת lihyot לָהֶם lahem לֵאלֹהִים leElohim אהיה אדני ; ילה
אֲנִי Aní אני יְהֹוָה יאהדונהי Adonai. וְנֶאֱמַר veneemar: וְשָׁב veshav
יְהֹוָה יאהדונהי Adonai אֱלֹהֶיךָ Eloheja ילה אֶת־ et שְׁבוּתְךָ shevutjá
וְרִחֲמֶךָ verijameja וְשָׁב veshav וְקִבֶּצְךָ vekibetsjá מִכָּל־ micol ילי
הָעַמִּים haamim אֲשֶׁר asher הֱפִיצְךָ hefitsjá יְהֹוָה יאהדונהי Adonai
אֱלֹהֶיךָ Eloheja ילה שָׁמָּה shama: אִם־ im יוהך, מ"א אותיות דפשוט,
דמילוי ודמילוי דמילוי דאהיה ע"ה יִהְיֶה yihyé ייי נִדַּחֲךָ nidajajá בִּקְצֵה biktsé
הַשָּׁמַיִם hashamáyim י"פ טל, י"פ כוזו מִשָּׁם misham יְקַבֶּצְךָ yekabetsjá
יְהֹוָה יאהדונהי Adonai אֱלֹהֶיךָ Eloheja ילה וּמִשָּׁם umisham
יִקָּחֶךָ yikajejá: וֶהֱבִיאֲךָ veheviajá יְהֹוָה יאהדונהי Adonai
אֱלֹהֶיךָ Eloheja ילה אֶל־ el הָאָרֶץ haárets אלהים דההין ע"ה אֲשֶׁר־ asher

---

con Yitsjak y hasta de Mi Pacto con Avraham y me acordaré también de la tierra" (Levítico 26:42). *Y también está dicho: "Y a pesar de las iniquidades de Israel, cuando estuvieron en tierras de sus enemigos, no los desprecié ni los odié de tal manera como para destruirlos y anular Mi Pacto con ellos, porque Yo soy El Señor, su Dios. Y por ellos, recordaré de Mi Pacto con la primera generación a quienes libré de la tierra de Egipto ante los ojos de todos los pueblos para que Yo fuera su Dios. Yo soy el Señor"* (Levítico 26:44-45). *Y también está dicho: "Y el Señor te hará volver del cautiverio y se apiadará de ti y te recogerá del seno de los pueblos donde Él te hubiere dispersado. Incluso si estuvieses desterrado en el extremo del Cielo, de allí mismo el Señor, tu Dios, ha de reunirte y de allí mismo ha de recogerte. Y el Señor, tu Dios, te traerá a la Tierra que*

OLAM ASIYÁ - יוד הה וו הה – אל אדני

ירשו yarshú אבתיך avoteja וירשתה virishtá והיטבך veheitivjá
והרבך vehirbeja מאבתיך meavoteja: ונאמר veneemar על al
ידי yedei נביאך nevieja: יהוהאדנהיאהדונהי Adonai חננו janenu
לך lejá קוינו kivinu היה heyé יהה זרעם zroam לבקרים labekarim
(referencia a los "Diez mártires del reino") אף־ af ישועתנו yeshuatenu
בעת beet צרה tsará אלהים דההין. ונאמר veneemar: ועת־ veet
צרה tsará אלהים דההין היא hi ליעקב leYaakov י׳ הויות, יאהדונהי אידהנויה
וממנה umimena יושע yivashea. ונאמר veneemar: בכל־ bejol ב״ן, לכב
צרתם tsaratam | לו lo (כתיב: לא) צר tsar ומלאך umalaj
פניו panav הושיעם hoshiam באהבתו beahavató ובחמלתו uvejemlató
הוא Hu גאלם guealam וינטלם vayenatlem וינשאם vaynasem
כל־ col ילי ימי yemei עולם olam. ונאמר veneemar:

LOS TRECE ATRIBUTOS

Los Trece Atributos son 13 virtudes o propiedades que reflejan 13 aspectos de nuestra relación diaria con el Creador. Actúan como un espejo. Si realizamos una acción negativa en nuestro mundo, el espejo refleja esta energía negativa de vuelta a nosotros. A medida que intentamos transformar nuestra naturaleza reactiva en una proactiva, esta retroalimentación directa desde el mundo de *Yetsirá* ayuda a orientarnos y a corregirnos. El número 13 también representa "uno por encima de los 12 signos del Zodíaco". Los 12 signos astrológicos determinan nuestro comportamiento instintivo y reactivo. El número 13 nos da el control sobre los 12 signos, lo que nos da el dominio sobre nuestra naturaleza reactiva.

Una carta astrológica se conoce mejor como el mapa de ADN del alma de un individuo, revelando qué vino a hacer a este mundo, y qué necesita corregir y transformar en este tiempo de vida. Estamos destinados a usar los aspectos positivos de nuestro signo astrológico para superar y transformar todos los aspectos negativos imbuidos en nuestra personalidad interior. Es importante comprender que nuestro perfil astrológico no es la *causa* de nuestra naturaleza, sino el *efecto*. Recibimos un mapa de ADN en particular basado en nuestro historial de vidas pasadas. Este comportamiento de una vida pasada —y sus consecuentes créditos y deudas espirituales— determinó el momento y el signo en que nacimos. La astrología es sólo el mecanismo mediante el cual adquirimos las características necesarias para nuestro crecimiento y cambio interior.

---

heredaron tus padres y que también tú poseerás. Él será benévolo contigo y hará que te multipliques más que tus padres" (Deuteronomio 30:3-5). *Y también está dicho a través de Tus profetas: "Señor, ten misericordia de nosotros, a Ti hemos esperado; sé, su brazo fuerte en las mañanas, sé también nuestra salvación en tiempo de la tribulación."* (Isaías 33:2). *Y como está dicho: "Es tiempo de tribulaciones para Yaakov, mas él será librado de ellas"* (Jeremías 30:7). *También: "Dios estaba afligido por la aflicción de ellos, y por eso los ángeles de Su presencia, los redimieron. En Su amor y en Su piedad los salvó. Él los trajo y los levantó todos los días de la eternidad"* (Isaías 63:9). *Y se ha dicho:*

(1) אל — מִי־ mi יְלִי אֵל El ייא״י (מילוי דס״ג) כָּמוֹךָ camoja

(2) רחום — נֹשֵׂא nosé עָוֺן avón

(3) וחנון — וְעֹבֵר veover עַל־ al פֶּשַׁע pesha

(4) ארך — לִשְׁאֵרִית lisherit נַחֲלָתוֹ najalató

(5) אפים — לֹא־ lo הֶחֱזִיק hejezik לָעַד laad ב״פ ב״ן אַפּוֹ apó

(6) ורב חסד — כִּי־ qui חָפֵץ jafets חֶסֶד jésed ע״ב, ריבוע יהוה הוּא hu:

(7) ואמת — יָשׁוּב yashuv יְרַחֲמֵנוּ yerajamenu

(8) נצר חסד — יִכְבֹּשׁ yijbosh עֲוֺנֹתֵינוּ avonoteinu

(9) לאלפים — וְתַשְׁלִיךְ vetashlij בִּמְצֻלוֹת bimtsulot
יָם yam יְלִי כָּל־ col יְלִי חַטֹּאותָם jatotam:

(10) נשא עון — תִּתֵּן titén ב״פ כהת אֱמֶת emet אהיה פעמים אהיה, ז״פ ס״ג
לְיַעֲקֹב leYaakov ז׳ הויות, יאהדונהי אידהנויה (חיבור ז״א ומלכות)

(11) ופשע — חֶסֶד jésed ע״ב, ריבוע יהוה לְאַבְרָהָם leAvraham
ח״פ אל, רי״ו ול״ב נתיבות החכמה, רמ״ח (אברים), עסמ״ב וט״ז אותיות פשוטות

(12) וחטאה — אֲשֶׁר־ asher נִשְׁבַּעְתָּ nishbata לַאֲבֹתֵינוּ laavoteinu

(13) ונקה — מִימֵי mimei קֶדֶם kédem:

LOS TRECE ATRIBUTOS

"1) ¿Quién es un Dios como Tú? 2) Quien perdona la iniquidad, 3) y olvida el pecado 4) del remanente de Su heredad. 5) Él no retuvo para siempre Su enojo 6) porque Él se deleita en misericordia. 7) Él tendrá de nuevo misericordia sobre nosotros 8) y eliminará nuestras iniquidades. 9) Él echará en las profundidades del mar todos sus pecados. 10) Da la verdad a Yaakov 11) y benevolencia a Avraham 12) que prometiste a nuestros padres, 13) desde el comienzo de los días" (Miqueas 7:18-20).

ונאמר veneemar: והביאותים vahaviotim אל- el הר har
קדשי kodshí ושמחתים vesimajtim בבית beveit ב"פ ראה
תפלתי tefilatí עולתיהם oloteihem וזבחיהם vezivjeihem לרצון leratsón
מהש ע"ה, ע"ב בריבוע וקס"א ע"ה, אל שדי ע"ה על- al מזבחי mizbejí כי qui
ביתי veití ב"פ ראה בית- beit ב"פ ראה תפלה tefilá באתב"ש אכצ, ב"ן אדני
ונקודה ע"ה = יוד הי וו הה יקרא yikaré לכל- lejol יה אדני העמים haamim ר"ת ילה:

ELU DEVARIM

אלו elu דברים devarim ראה שאין sheéin להם lahem שיעור shiur:
הפאה hapeá והבכורים vehabicurim והראיון vehareayón וגמילות ugmilut
חסדים jasadim ותלמוד vetalmud תורה Torá. אלו elu
דברים devarim ראה שאדם sheadam מ"ה עושה osé אותם otam,
אוכל ojel מפירותיהם miperoteihem בעולם baolam הזה hazé והו
והקרן vehakeren קימת kayémet לו lo לעולם leolam ריבוע דס"ג וי' אותיות דס"ג
הבא habá. ואלו veelu הן hen. כבוד quibud אב av ואם vaem.
וגמילות ugmilut חסדים jasadim. ובקור uvikur חולים jolim חולה =
מ"ה עם ד' אותיות. והכנסת vehajnasat אורחים orjim. והשכמת vehashcamat
בית beit ב"פ ראה הכנסת hacnéset. והבאת vahavaat שלום shalom בין bein
אדם adam מ"ה לחבירו lajaveró. ובין uvein איש ish לאשתו leishtó.
ותלמוד vetalmud תורה Torá כנגד quenégued מזבח, זן, אל יהוה כלם culam:

Y también está dicho: "Yo los he traído a Mi Montaña Sagrada y los he regocijado en Mi Casa de Oración. Sus holocaustos y sus sacrificios serán aceptados sobre Mi Altar, porque Mi Casa será llamada: 'Mi Casa de Oración' para todas las naciones" (Isaías 56:7).

ELU DEVARIM

"Los siguientes elementos no tienen medida: la esquina del terreno, la primicia, una ofrenda visual, la benevolencia y el estudio de la Torá. Estas son las cosas que una persona puede hacer y beneficiarse de sus frutos, en este mundo y, mientras su esencia permanezca intacta, en el Mundo por Venir. Y estas son: Honrar al padre y a la madre, otorgar benevolencia, visitar a los enfermos, brindar hospitalidad a los huéspedes, llegar temprano a la sinagoga, traer paz entre el hombre y sus semejantes y entre marido y mujer. Y el estudio de la Torá es equivalente a todos ellos" (Peá cap. 1:1; Shabat 127a).

LEOLAM YEHÉ ADAM

Es importante mantener un sentido de temor reverencial por el Creador y tener un miedo saludable de desconectarse de la Luz por actuar de forma deshonesta, bien sea que estemos solos o entre otras personas. El temor reverencial nos ayuda a reconocer que es nuestro oponente —el *Satán*— quien intenta controlar nuestro comportamiento y no nuestra naturaleza verdadera

לְעוֹלָם leolam ריבוע דס"ג וי' אותיות דס"ג יְהֵא yehé אָדָם adam יְרֵא yeré

שָׁמַיִם shamáyim י"פ טל, י"פ כוזו בְּסֵתֶר baséter ב"פ מצר כְּבַגָּלוּי quevagalui.

וּמוֹדֶה umodé עַל al הָאֱמֶת haemet אהיה פעמים אהיה, ז"פ ס"ג.

וְדוֹבֵר vedover אֱמֶת emet אהיה פעמים אהיה, ז"פ ס"ג בִּלְבָבוֹ bilvavó.

וְיַשְׁכֵּם veyashquim וְיֹאמַר veyomar: רִבּוֹן Ribón יהוה ע"ב ס"ג מ"ה ב"ן

הָעוֹלָמִים haolamim וַאֲדוֹנֵי vaAdonei הָאֲדוֹנִים haadonim. לֹא lo עַל־ al

צִדְקוֹתֵינוּ tsidkoteinu אֲנַחְנוּ anajnu מַפִּילִים mapilim תַּחֲנוּנֵינוּ tajanuneinu

לְפָנֶיךָ lefaneja ס"ג מ"ה ב"ן כִּי qui עַל־ al רַחֲמֶיךָ rajameja הָרַבִּים harabim:

אֲדֹנָי Adonai | לכה שְׁמָעָה shmaá אֲדֹנָי Adonai | לכה סְלָחָה slajá

אֲדֹנָי Adonai לכה הַקְשִׁיבָה hakshiva וַעֲשֵׂה vaasé אַל־ al תְּאַחַר teajar

לְמַעַנְךָ lemaanjá אֱלֹהַי Elohai מילוי ע"ב, דמב ; ילה כִּי־ qui שִׁמְךָ Shimjá

נִקְרָא nikrá עַל־ al עִירְךָ irjá וְעַל־ veal עַמֶּךָ ameja: מָה ma מ"ה

אֲנַחְנוּ anajnu מָה ma מ"ה חַיֵּינוּ jayeinu. מָה ma מ"ה חַסְדֵּנוּ jasdenu

מַה ma מ"ה צִדְקוֹתֵינוּ tsidkoteinu. מַה ma מ"ה כֹּחֵנוּ cojenu מַה ma מ"ה

גְּבוּרָתֵנוּ guevuratenu. מַה ma מ"ה נֹּאמַר nomar לְפָנֶיךָ lefaneja ס"ג מ"ה ב"ן

יְהֹוָהאדניאהדונהי Adonai אֱלֹהֵינוּ Eloheinu ילה וֵאלֹהֵי veElohei לכב ; מילוי ע"ב, דמב ; ילה

אֲבוֹתֵינוּ avoteinu הֲלֹא haló כָּל col ילי הַגִּבּוֹרִים haguiborim כְּאַיִן queáyin

לְפָנֶיךָ lefaneja ס"ג מ"ה ב"ן. וְאַנְשֵׁי veanshei הַשֵּׁם haShem כְּלֹא queló הָיוּ hayú.

LEOLAM YEHÉ ADAM

Uno siempre debe temer a los Cielos en privado y en público, y uno debe reconocer la verdad y hablar la verdad en su corazón. Uno debe levantarse temprano y decir: Gobernador de los mundos, Señor de todos los Señores, "No ponemos nuestras súplicas ante Ti por causa de nuestra rectitud, sino debido a Tu abundante compasión. Señor, escúchanos. Señor, perdónanos. Señor, escucha, actúa y no demores. Mi Dios, hazlo así por Tu propia causa, porque Tu Nombre es invocado sobre Tu Ciudad y Tu Nación" (Daniel 9:18-19). ¿Cuál es nuestro valor y cuál es el beneficio de nuestra vida, nuestra rectitud, nuestra fortaleza y nuestro valor? ¿Qué debemos decir ante Ti, Señor, nuestro Dios y el Dios de nuestros padres? Todos los poderosos son como nada ante Ti. Los hombres famosos como si nunca hubiesen existido.

וְחֲכָמִים vajajamim כִּבְלִי quivlí מַדָּע madá וּנְבוֹנִים unevonim
כִּבְלִי quivlí הַשְׂכֵּל hasquel. כִּי qui כָּל jol ילי מַעֲשֵׂינוּ maaseinu
תֹהוּ tohú וִימֵי vimei חַיֵּינוּ jayeinu הֶבֶל hével
לְפָנֶיךָ lefaneja ס"ג מ"ה ב"ן: וּמוֹתַר umotar הָאָדָם haadam מ"ה מִן min
הַבְּהֵמָה habehemá ב"ן אָיִן ayin כִּי qui הַכֹּל hacol ילי הָבֶל hável:

LEVAD HANESHAMÁ (EXCEPTO POR ESA ALMA PURA)

La única entidad de valor genuino e importancia es nuestra alma, ya que el alma es una parte real de Dios. Si cometemos el error de olvidar que todos los que nos rodean también son parte del Creador, nos desconectamos inmediatamente de la Luz. *Levad HaNeshamá* nos ayuda a valorar y a apreciar el aspecto divino en todas las criaturas, y a respetar la esencia espiritual de nuestro mundo.

לְבַד levad הַנְּשָׁמָה haNeshamá הַטְּהוֹרָה hatehorá שֶׁהִיא shehí
עֲתִידָה atidá לִתֵּן litén דִּין din וְחֶשְׁבּוֹן vejeshbón לִפְנֵי lifnei כִּסֵּא jisé
כְּבוֹדֶךָ jevodeja ב"ן, לכב וְכָל vejol ילי הַגּוֹיִם hagoyim כְּאַיִן queayin
נֶגְדֶּךָ negdeja מזבח, ין, אל יהוה שֶׁנֶּאֱמַר sheneemar: הֵן hen גּוֹיִם goyim
כְּמַר quemar מִדְּלִי midlí וּכְשַׁחַק ujeshájak מֹאזְנַיִם moznáyim
נֶחְשָׁבוּ nejshavú הֵן hen אִיִּים iyim כַּדַּק cadak יִטּוֹל yitol:

AVAL

Todos somos descendientes de Avraham, Yitsjak y Yaakov. Estos grandes patriarcas bíblicos vinieron a este mundo y crearon una estructura espiritual siendo ellos los conductores, conectando con aspectos específicos de la Luz para que tú, yo y todas las personas del mundo pudiéramos acceder a la misma energía que ellos mismos encarnaron. Es gracias al mérito de estos gigantes espirituales que ahora podemos hacer las conexiones espirituales más elevadas posibles.

Los hombres sabios como si no tuvieran conocimiento y los hombres con entendimiento como si carecieran de sentido. Todas nuestras obras son confusión y los días de nuestras vidas son vanos ante Ti (Taná Devei Rabí Eleazar cap. 21). *"Y el hombre no es superior a las bestias, porque todo es vanidad"* (Eclesiastés 3:19).

LEVAD HANESHAMÁ

Excepto por esa alma pura la cual está destinada a ser juzgada y a rendir cuentas ante el Trono de Tu Gloria. Todas las naciones son como nada ante Ti, como está dicho: "He aquí que las naciones son para Él como una gota de agua que cae de un balde y son contadas como el polvillo en la balanza. Él hace desaparecer las islas como si fueran polvo" (Isaías 40:15).

אֲבָל aval אֲנַחְנוּ anajnu עַמְּךָ ameja בְּנֵי bnei בְּרִיתֶךָ vriteja בְּנֵי bnei

אַבְרָהָם Avraham וז״פ אל, רי״ו ול״ב נתיבות החכמה, רמ״ח (אברים), עסמ״ב וט״ז אותיות פשוטות

אֹהַבְךָ ohaveja שֶׁנִּשְׁבַּעְתָּ shenishbata לּוֹ lo בְּהַר behar

הַמּוֹרִיָּה ◆haMoriyá זֶרַע zera יִצְחָק Yitsjak ד״פ ב״ן עֲקֵדֶךָ akedeja

שֶׁנֶּעֱקַד sheneekad עַל־ al גַּבֵּי gabei הַמִּזְבֵּחַ hamizbéaj נגד, זן, אל יהוה

עֲדַת adat יַעֲקֹב Yaakov ז׳ הויות, יאהדונהי אידהנויה בִּנְךָ binjá

בְּכוֹרֶךָ ◆vejoreja שֶׁמֵּאַהֲבָתְךָ shemeahavatjá שֶׁאָהַבְתָּ sheahavta

אוֹתוֹ otó וּמִשִּׂמְחָתְךָ umisimjatjá שֶׁשָּׂמַחְתָּ shesamajta בּוֹ bo

קָרָאתָ karata אוֹתוֹ otó יִשְׂרָאֵל Yisrael וִישֻׁרוּן ◆vishurún:

LEFIJAJ

LeFijaj despierta un sentido de apreciación que garantiza nuestra buena fortuna y protege aquello que amamos. Espiritualmente, no hay nada malo en trabajar por cosas más grandes y mejores en la vida; pero es nuestra conciencia de alma, no nuestra conciencia corpórea, lo que determinará si recibimos felicidad y satisfacción interior o insatisfacción y frustración. El mensaje profundo es que debemos estar felices con nuestro destino en la vida, como quiera que éste se vea, porque esa sensación de felicidad y apreciación es exactamente lo que necesitamos para lograr nuestro crecimiento espiritual.

לְפִיכָךְ lefijaj אֲנַחְנוּ anajnu חַיָּבִים jayavim לְהוֹדוֹת lehodot לָךְ laj

וּלְשַׁבֵּחָךְ uleshabjaj וּלְפָאֲרָךְ ulefaaraj וּלְרוֹמְמָךְ uleromemaj

וְלִתֵּן velitén שִׁיר shir שֶׁבַח shévaj וְהוֹדָאָה vehodaá לְשִׁמְךָ leShimjá

הַגָּדוֹל hagadol להח ; עם ד׳ אותיות = מבה, יזל, אום וְחַיָּבִים vejayavim

אֲנַחְנוּ anajnu לוֹמַר lomar לְפָנֶיךָ lefaneja ס״ג מ״ה ב״ן שִׁירָה shirá

בְּכָל־ bejol ב״ן, לכב יוֹם yom ע״ה נגד, מזבח, זן, אל יהוה תָּמִיד tamid ע״ה קס״א קנ״א קמ״ג◆

AVAL

Sin embargo, somos Tu Nación, los hijos de Tu pacto: los Hijos de Avraham, que Te ha amado y a quien Tú le has jurado sobre el Monte Moriá; la semilla de Yitsjak, Tu atado, que fue atado sobre el altar; y la Congregación de Yaakov, Tu hijo, Tu primogénito, que por el amor y la alegría que Tú sentías hacia él, Te has regocijado en él y lo llamaste Israel y también Yeshurún.

LEFIJAJ

Por lo tanto, es nuestra obligación agradecerte, alabarte, glorificarte y exaltarte, y brindar una canción de alabanza y gratitud a Tu Gran Nombre. Estamos obligados a decir ante Ti, todos los días y para siempre,

אַשְׁרֵנוּ ashrenu מַה ma מ״ה טּוֹב tov והו חֶלְקֵנוּ jelkenu

וּמַה־ umá מ״ה נָּעִים naim גּוֹרָלֵנוּ goralenu• וּמַה umá מ״ה

יָּפָה yafá מְאֹד meod יְרֻשָּׁתֵנוּ yerushatenu• אַשְׁרֵנוּ ashrenu

שֶׁאֲנַחְנוּ sheanajnu מַשְׁכִּימִים mashquimim וּמַעֲרִיבִים umaarivim

בְּבָתֵּי bevatei כְנֵסִיּוֹת jenesiyot וּבְבָתֵּי uvevatei מִדְרָשׁוֹת midrashot•

וּמְיַחֲדִים umeyajadim שִׁמְךָ Shimjá בְּכָל bejol ב״ן, לכב

יוֹם yom ע״ה נגד, מזבח, זן, אל יהוה תָּמִיד tamid ע״ה נתה, קס״א קנ״א קמ״ג

אוֹמְרִים omrim פַּעֲמַיִם paamáyim בְּאַהֲבָה beahavá אחד, דאגה:

PEQUEÑO SHEMÁ

Esta versión del *Shemá* actúa como un propulsor de cohetes, ayudándonos a despegar hacia *Shajarit*, la conexión matutina. Primero escaneamos las meditaciones que anteceden al *Shemá* para preparar nuestra Vasija interior. Cuando recitamos el *Shemá*, unimos a los Mundos Superiores con el mundo físico. Reconocemos que sólo hay un Creador, una Fuente, y que pasado, presente y futuro son uno. Recubrimos nuestra realidad física con la Realidad del Árbol de la Vida, creando un puente con nuestra conciencia al meditar en que todo es uno solo.

Dentro del *Shemá* hay dos letras arameas grandes: *Ayin* ע y *Dálet* ד. Juntas forman la palabra aramea para "testigo", עד. La Luz es testigo de todo lo que hacemos y siempre somos responsables de nuestras acciones, incluso si creemos que nadie nos vio haciéndolas. Esta es la Ley de Causa y Efecto.

Primero, medita en general, en el primer *Yijud* de los cuatro *Yijudim* del Nombre: יהוה y, en particular, para despertar a la letra ה, y luego para conectarla con la letra ו. Entonces conecta a la letra י y a la letra ה juntas en el orden siguiente: *Hei* (ה), *Hei-Vav* (ה"ו), luego *Yud-Hei* (י"ה), lo que suma 31, el secreto de "יא" del Nombre ס"ג. Es bueno meditar en este *Yijud* antes de recitar cualquier *Shemá* porque actúa como un reemplazo por las veces que quizás no hayas recitado el *Shemá*. Este *Yijud* tiene la capacidad de crear una conexión Celestial como la lectura del *Shemá*: elevar a *Zeir* y a *Nukvá* juntos para el *Zivug* de *Aba* e *Ima*.

¡Qué afortunados somos!
¡Qué buena es nuestra providencia! ¡Qué agradable es nuestro destino! ¡Qué hermosa es nuestra herencia! Estamos dichosos por ser capaces de llegar temprano y regresar tarde, a y desde las sinagogas y casas de estudio, y proclamar la unidad de Tu Nombre, diariamente y para siempre, y decimos dos veces, con amor:

Shemá – שמע

Meditación general: שם ע – para atraer la energía desde las siete *Sefirot* inferiores de *Ima* hacia la *Nukvá*, la cual permite a la *Nukvá* elevar las *Mayin Nukvín* (despertar desde Abajo). **Meditación particular**: שם = יהוה + שדי y cinco veces las letras י y ד de ב"ן = ע [La letra *Hei* (ה) es formada por las letras *Dálet* (ד) y *Yud* (י), por lo tanto en ב"ן tenemos cuatro veces la letra ה más otra vez las letras י y ד de יוד de ב"ן]. También las tres letras ו (18) que quedan de ב"ן, más ב"ן mismo (52) equivale a ע (70).

Yisrael – ישראל

Meditación general: ש"ר אל – para atraer energía desde *Jésed* y *Guevurá* de *Aba* hacia *Zeir Anpín*, para hacer su acción en el secreto de *Mayin Dujrín* (despertar desde Arriba).

Meditación particular: (las letras reordenadas de la palabra *Yisrael*): **שר אלי**

ש"ר = מילוי דשד"י (ין לת וד),

אלי = מ"א אותיות שבאהיה דאלפין פשוט ומלא ומלא דמלא

(אהיה אלף הא יוד הא אלף למד פא הא אלף יוד ואו דלת הא אלף).

Medita en atraer la Luz Circundante de *Ima* y la Luz Interna de *Aba* de *Katnut* hacia *Zeir Anpín*.

Adonai Eloheinu Adonai – יהוה אלהינו יהוה

Meditación general: para atraer energía hacia *Aba*, *Ima* y *Dáat* desde *Arij Anpín*.

Meditación particular: ע"ב (יוד הי ויו הי) קס"א (אלף הי יוד הי) ע"ב (יוד הי וי הי)

Ejad – אחד

(El secreto del completo *Yijud*-Unificación)

Las letras *Álef* א y *Jet* ח de *Ejad* אחד son *Zeir Anpín* y la letra *Dálet* ד es *Nukvá*. **Debes meditar** en dedicar tu alma a la santificación del Nombre Sagrado, elevando de este modo a tu *Néfesh*, *Rúaj*, *Neshamá* y *Neshamá* de *Neshamá* con *Zeir Anpín* y *Nukvá* (usando los Nombres: ע"ב y ס"ג) hacia *Aba* e *Ima* como en el secreto de *Mayin Nukvín*, y por esa energía, *Aba* e *Ima* serán unificados en el secreto del Nombre: יאהדונה"ה. **También medita** en atraer la Luz Circundante de *Katnut* de *Aba* y los Seis Bordes Internos de *Gadlut* de *Ima* hacia *Zeir Anpín*. La Gota, que es ע"ב, es sacada desde lo Interno de *Arij Anpín*, y desciende hacia *Yesod* de *Ima*, donde se convierte en: ע"ב ס"ג מ"ה ב"ן, y las cuatro אהיה deletreadas (אלף הי יוד הי, אלף הי יוד הי, אלף הא יוד הא, אלף הה יוד הה) se convierten en Su vestimenta. <u>Como resultado</u>, *Zeir Anpín* tiene cuatro יה"ו deletreadas (יוד הי ויו, יוד הי ואו, יוד הא ואו, יוד הה וו), cuatro אה"י deletreadas (אלף הי יוד, אלף הי יוד, אלף הא יוד, אלף הה יוד) y los Seis Bordes Internos de *Gadlut* de *Ima*.

También medita en el Nombre: אל"ף ה"י וי"ו ה"י, que es el *Mojín* entero en el secreto de *Dáat*. **Y también medita** (según el Ramjal) en las cuatro *Álef* deletreadas (אלף=111) del Nombre: אהי"ה que es igual a la palabra *Midat* (444), haciendo el *Kéter* para *Leá*.

Baruj Shem Quevod Maljutó Leolam Vaed

ברוך שם כבוד מלכותו לעולם ועד

Baruj Shem Quevod – *Jojmá*, *Biná*, *Dáat* de *Leá*;

Maljutó – Su *Kéter*; **Leolam** – el resto de Su *Partsuf*;

Vaed – los cuatro היה (4 veces 20 es igual a *Vaed*=80) harán el *Kéter* para *Rajel*.

Y las cuatro היה deletreadas (הי יוד הי, הי יוד הי, הא יוד הא, הה יוד הה) harán el resto de Su cuerpo.

Olam Asiyá - יוד הה וו הה – אל אדני

שְׁמַע Shemá ע׳ רבתי יִשְׂרָאֵל Yisrael יְהֹוָה יאהדונהי Adonai

אֱלֹהֵינוּ Eloheinu ילה יְהֹוָה יאהדונהי Adonai | אֶחָד Ejad ד׳ רבתי ; אהבה, דאגה:

(Susurrar:) יוזו אותיות בָּרוּךְ Baruj שֵׁם Shem כְּבוֹד quevod מַלְכוּתוֹ maljutó,

לְעוֹלָם leolam ריבוע ס״ג וי׳ אותיות דס״ג וָעֶד vaed:

Atá Hu

El siguiente *Atá Hu* ocupa la realidad metafísica —*Ein Sof* (el Mundo Infinito)— que existió antes de que nuestro mundo fuera creado. El segundo *Atá Hu* reside en nuestro mundo físico, el cual fue creado después de que el universo existiera. Este conocimiento ayuda a reforzar la idea de que sólo hay una Luz que abarca tanto los dominios espirituales como los físicos.

אַתָּה Atá הוּא Hu אֶחָד ejad אהבה, דאגה קוֹדֶם kódem עסמ״ב

שֶׁבָּרָאתָ shebarata הָעוֹלָם haolam וְאַתָּה veAtá הוּא Hu אֶחָד ejad

אהבה, דאגה לְאַחַר leajar שֶׁבָּרָאתָ shebarata הָעוֹלָם haolam. אַתָּה Atá

הוּא Hu אֵל El ייא״י (מילוי דס״ג) בָּעוֹלָם baolam הַזֶּה hazé והו וְאַתָּה veAtá

הוּא Hu אֵל El ייא״י (מילוי דס״ג) בָּעוֹלָם baolam הַבָּא habá. וְאַתָּה־ veAtá

הוּא Hu וּשְׁנוֹתֶיךָ ushnoteja לֹא lo יִתָּמּוּ yitamu: קַדֵּשׁ kadesh

שִׁמְךָ Shemaj בְּעוֹלָמְךָ beolamaj עַל al עַם am מְקַדְּשֵׁי mekadshei

שְׁמֶךָ Shemeja. וּבִישׁוּעָתְךָ uvishuatjá מַלְכֵּנוּ malquenu תָּרוּם tarum

וְתַגְבִּיהַּ vetagbiha קַרְנֵנוּ karnenu. וְתוֹשִׁיעֵנוּ vetoshienu בְּקָרוֹב vekarov

לְמַעַן lemaan שְׁמֶךָ Shemeja. בָּרוּךְ Baruj הַמְקַדֵּשׁ hamekadesh

שְׁמוֹ Shemó מהש ע״ה, ע״ב בריבוע וקס״א ע״ה, אל שדי ע״ה בָּרַבִּים varabim:

Pequeño Shemá

"Escucha, Israel, el Señor nuestro Dios. El Señor es Uno" (Deuteronomio 6:4).

"Bendito es el glorioso Nombre, Su Reino es por siempre y para la eternidad" (Pesajim 56a).

Atá Hu

"Tú eres Uno antes que Tú crearas el mundo y Tú eres Uno después que Tú crearas el mundo. Tú eres Dios en este mundo y Tú eres Dios en el Mundo por Venir. Tú eres Tú y Tus años no tienen fin" (Salmos 102:28). Santifica Tu Nombre, en Tu mundo, sobre la Nación que santifica Tu Nombre. Con Tu salvación, nuestro Rey, Tú Te levantarás y exaltarás nuestro valor. Redímenos pronto en Tu Nombre. Bendito es Él, que santifica Su Nombre sobre las multitudes.

אַתָּה Atá הוּא Hu יְהֹוָואדהנויאהדונהי Adonai הָאֱלֹהִים haElohim

אהיה אדני ; ילה ; ר"ת אהיה בַּשָּׁמַיִם bashamáyim י"פ טל, י"פ כוזו מִמַּעַל mimáal עלם

וְעַל veal הָאָרֶץ haárets אלהים דההין ע"ה מִתַּחַת mitájat בִּשְׁמֵי bishmei

הַשָּׁמַיִם hashamáyim י"פ טל, י"פ כוזו הָעֶלְיוֹנִים haelyonim

וְהַתַּחְתּוֹנִים vehatajtonim • אַתָּה Atá הוּא Hu רִאשׁוֹן rishón וְאַתָּה veAtá

הוּא Hu אַחֲרוֹן ajarón וּמִבַּלְעָדֶיךָ umibaladeja אֵין ein אֱלֹהִים Elohim

אהיה אדני ; ילה • קַבֵּץ kabets נְפוּצוֹת nefutsot קוֶֹיךָ koveja מֵאַרְבַּע mearbá

כַּנְפוֹת canfot הָאָרֶץ haárets אלהים דההין ע"ה ; ר"ת = אדני • יַכִּירוּ yaquiru

וְיֵדְעוּ veyedú כָּל־ jol ילי בָּאֵי baéi עוֹלָם olam כִּי qui אַתָּה Atá הוּא Hu

הָאֱלֹהִים haElohim אהיה אדני ; ילה לְבַדְּךָ levadeja לְכֹל lejol יה אדני

מַמְלְכוֹת mamlejot הָאָרֶץ haárets אלהים דההין ע"ה אַתָּה Atá עָשִׂיתָ asita

אֶת־ et הַשָּׁמַיִם hashamáyim י"פ טל, י"פ כוזו וְאֶת־ veet הָאָרֶץ haárets

אלהים דההין ע"ה: אֶת et הַיָּם hayam ילי וְאֶת veet כָּל־ col ילי אֲשֶׁר־ asher

בָּם bam מ"ב וּמִי umí ילי בְּכָל vejol ב"ן, לכב מַעֲשֵׂה maasé יָדֶיךָ yadeja

בָּעֶלְיוֹנִים baelyonim וּבַתַּחְתּוֹנִים uvatajtonim שֶׁיֹּאמַר sheyomar לְךָ: laj

מַה ma מ"ה תַּעֲשֶׂה taasé וּמַה umá מ"ה תִּפְעָל tifal • אָבִינוּ avinu

שֶׁבַּשָּׁמַיִם shebashamáyim י"פ טל, י"פ כוזו חַי jai וְקַיָּם vekayam עֲשֵׂה asé

עִמָּנוּ imanu ריבוע ס"ג, קס"א ע"ה וד' אותיות חֶסֶד jésed ע"ב, ריבוע יהוה

בַּעֲבוּר baavur כְּבוֹד quevod שִׁמְךָ Shimjá הַגָּדוֹל hagadol להח ; עם ד' אותיות =

מבה, יזל, אום הַגִּבּוֹר haguibor וְהַנּוֹרָא vehanorá שֶׁנִּקְרָא shenikrá עָלֵינוּ aleinu

---

Tú eres el Señor, el Dios en los Cielos Arriba y en la Tierra Abajo. En los cielos de los Cielos Superiores e Inferiores, Tú eres primero y Tú eres último y, aparte de Ti, no hay otro Dios. Desde los cuatro confines de la Tierra reúne a los dispersos que tienen esperanza en Ti. Permite que toda la humanidad venga a reconocer y a saber que eres Tú solo quien es el Dios de todos los reinos de la Tierra. Tú has hecho los Cielos y la Tierra, el mar, y todo lo que contienen. ¿Y quién entre todas las criaturas que salieron de Tus manos, de arriba o de abajo, puede decirte qué hacer y cómo hacerlo? Nuestro Padre en los Cielos, Viviente y Existente, concédenos benevolencia por la gloria de Tu grande, poderoso y reverentemente temido Nombre, que ha sido invocado sobre nosotros.

OLAM ASIYÁ - יוד הה וו הה – אל אדני

וְקַיֵּם vekayem לָנוּ lanu אלהים, אהיה אדני יְהֹוָאֲדֹנָהִיאֲהדוּנָהִי Adonai
אֱלֹהֵינוּ Eloheinu ילה אֶת et הַדָּבָר hadavar ראה שֶׁהִבְטַחְתָּנוּ shehivtajtanu
עַל al יְדֵי yedei צְפַנְיָה Tsefanyá חוֹזָךְ jozaj כָּאָמוּר caamur: בָּעֵת baet
הַהִיא hahí אָבִיא aví אֶתְכֶם etjem וּבָעֵת uvaet קַבְּצִי kabtsí
אֶתְכֶם etjem כִּי qui אֶתֵּן etén אֶתְכֶם etjem לְשֵׁם leShem
וְלִתְהִלָּה velitehilá ע"ה אמת, אהיה פעמים אהיה, ז"פ ס"ג בְּכָל bejol ב"ן, לכב עַמֵּי amei
הָאָרֶץ haárets אלהים דההין ע"ה בְּשׁוּבִי beshuvi אֶת־ et שְׁבוּתֵיכֶם shvuteijem
לְעֵינֵיכֶם leeineijem ריבוע דמ"ה אָמַר amar יְהֹוָאֲדֹנָהִיאֲהדוּנָהִי Adonai:

LOS SACRIFICIOS – KORBANOT

La palabra *Korbanot* significa "sacrificios". *Korbanot* viene de la palabra aramea *krav*, que significa "guerra", y también de la palabra aramea *kiruv*, que significa "acercar". Evidentemente, no podemos llevar sacrificios físicos a un Templo pero, a través de esta conexión, aún podemos ir a la guerra contra el Satán y acercarnos a los Mundos Superiores. Al recitar las oraciones de los *Korbanot* con una mente abierta y un corazón que confía, estamos generando la misma cantidad de energía como si estuviéramos llevando a cabo todas las acciones necesarias en el Templo.

EL SACRIFICIO DE OLÁ (GRANOS)

Según el *Zóhar* (*Zóhar Jadash* 41d), recitamos esta sección para limpiar la noche de los pensamientos negativos.

וַיְדַבֵּר vaydaber ראה יְהֹוָאֲדֹנָהִיאֲהדוּנָהִי Adonai אֶל־ el מֹשֶׁה Moshé
מהש, ע"ב בריבוע וקס"א, אל שדי לֵאמֹר lemor: צַו tsav פוי, אל אדני אֶת־ et
אַהֲרֹן Aharón וְאֶת־ veet בָּנָיו banav לֵאמֹר lemor זֹאת zot תּוֹרַת torat
הָעֹלָה haolá הִוא hi הָעֹלָה haolá עַל al מוֹקְדָה mokdá עַל־ al
הַמִּזְבֵּחַ hamizbéaj נגד, זן, אל יהוה כָּל־ col ילי הַלַּיְלָה halayla מלה עַד־ ad

---

Puedas Tú satisfacernos, Señor, nuestro Dios,
con lo que Tú has prometido a través de Tsefanyá, Tu vidente, como estaba dicho: "En ese tiempo, Yo les traeré y, en ese tiempo, Yo les reuniré, les daré fama y alabanza entre todas las naciones de la Tierra. Yo los regresaré del cautiverio delante de sus propios ojos. Así dijo el Señor" (Sofonías 3:20).

LOS SACRIFICIOS – KORBANOT – EL SACRIFICIO DE OLÁ (GRANOS)

"Y el Señor dijo a Moshé: Ordena a Aharón y a sus hijos, diciéndoles: Esta es la ley del holocausto. Es una ofrenda quemada que permanecerá encendido sobre al Altar toda la noche, hasta

הַבֹּקֶר habóker וְאֵשׁ veesh הַמִּזְבֵּחַ hamizbéaj נגד, זן, אל יהוה תּוּקַד tukad
בּוֹ: bo וְלָבַשׁ velavash הַכֹּהֵן haCohén מלה מִדּוֹ midó בַד vad
וּמִכְנְסֵי־ umijnesei בַד vad יִלְבַּשׁ yilbash עַל־ al בְּשָׂרוֹ besaró
וְהֵרִים veherim אֶת־ et הַדֶּשֶׁן hadeshen אֲשֶׁר asher תֹּאכַל tojal
הָאֵשׁ haesh שאה אֶת־ et הָעֹלָה haolá עַל־ al הַמִּזְבֵּחַ hamizbéaj
נגד, זן, אל יהוה וְשָׂמוֹ vesamó אֵצֶל etsel הַמִּזְבֵּחַ hamizbéaj נגד, זן, אל יהוה:
וּפָשַׁט ufashat אֶת־ et בְּגָדָיו begadav וְלָבַשׁ velavash בְּגָדִים begadim
אֲחֵרִים ajerim וְהוֹצִיא vehotsí אֶת־ et הַדֶּשֶׁן hadeshen אֶל־ el
מִחוּץ mijuts לַמַּחֲנֶה lamajané אֶל־ el מָקוֹם makom טָהוֹר tahor י"פ אכא:
וְהָאֵשׁ vehaesh שאה עַל־ al הַמִּזְבֵּחַ hamizbéaj נגד, זן, אל יהוה תּוּקַד־ tukad
בּוֹ bo לֹא lo תִכְבֶּה tijbé וּבִעֵר uvier עָלֶיהָ aleha פהל הַכֹּהֵן haCohén מלה
עֵצִים etsim בַּבֹּקֶר babóker בַּבֹּקֶר babóker וְעָרַךְ vearaj עָלֶיהָ aleha פהל
הָעֹלָה haolá וְהִקְטִיר vehiktir עָלֶיהָ aleha פהל וְחֶלְבֵי jelvei
הַשְּׁלָמִים hashlamim: אֵשׁ esh תָּמִיד tamid ע"ה קס"א קנ"א קמ"ג (מילואי אהיה)
תּוּקַד tukad עַל־ al הַמִּזְבֵּחַ hamizbéaj נגד, זן, אל יהוה לֹא lo תִכְבֶּה tijbé:

El Tamid – La Ofrenda (Diaria)

El segundo sacrificio es la ofrenda diaria. La palabra aramea *olat* עולת, que quiere decir "elevado", puede ser reordenada para deletrear *tolá* תולע, una fuerza negativa que es despertada cada mañana. Al agregar la palabra *olat*, como en *Olat Tamid*, desarraigamos y anulamos las fuerzas negativas de la mañana. *Olat* tiene el mismo valor numérico (506) que la primera frase en el *Aná Bejóaj*, que corresponde a la *Sefirá* de *Jésed*, que es misericordia. También representa el nivel de semilla de nuestra alma, un reino donde la separación y la negatividad no existen. Al cambiar las letras en *tolá* por *olat*, y meditando en la primera frase del *Aná Bejóaj*, removemos la fuerza negativa y regresamos a la semilla de amor incondicional y unidad.

---

la mañana y el fuego del Altar se mantendrá ardiendo. El Cohén vestirá su túnica de lino; pantalones de lino vestirá sobre su carne. Él retirará las cenizas cuando el fuego haya consumido la ofrenda y las pondrá a un lado del Altar. Se quitará luego su vestimenta y se pondrá otra ropa, y llevará las cenizas fuera del campamento, a un lugar limpio. Y el fuego del Altar seguirá ardiendo y no debe ser extinguido. Temprano en la mañana, el Cohén colocará sobre él leños. Él dispondrá la ofrenda sobre el Altar y quemará la grasa como incienso de los sacrificios de paz. El fuego eterno arderá en el Altar y no se extinguirá" (Levítico 6:1-6).

OLAM ASIYÁ - יוד הה וו הה – אל אדני

Al recitar esta sección, elevamos la parte interior de las tres *Sefirot* Superiores de *Asiyá* al Nivel Superior. Este es el secreto de la Ofrenda de *Tamid*, para acercar lo Superior y lo Inferior, y para elevar lo Inferior hasta lo más alto (*Los escritos del Ari: Las puertas de la meditación*, vol. 1 cap. 3).

יְהִי yehí רָצוֹן ratsón מהש ע"ה, ע"ב בריבוע וקס"א ע"ה, אל שדי ע"ה

מִלְּפָנֶיךָ milfaneja ס"ג מ"ה ב"ן יְהֹוָאדהיאהדונהי Adonai אֱלֹהֵינוּ Eloheinu ילה

וֵאלֹהֵי veElohei לכב ; מילוי ע"ב, דמב ; ילה אֲבוֹתֵינוּ avoteinu שֶׁתְּרַחֵם sheterajem

אברהם, ח"פ אל, רי"ו ול"ב נתיבות החכמה, רמ"ח (אברים), עסמ"ב וט"ז אותיות פשוטות עָלֵינוּ aleinu

וְתִמְחוֹל vetimjol לָנוּ lanu אלהים, אהיה אדני אֶת־ et כָּל־ col ילי

וְחַטֹּאתֵינוּ jatoteinu. וּתְכַפֵּר utejaper לָנוּ lanu אלהים, אהיה אדני אֶת־ et כָּל־ col

ילי עֲוֹנוֹתֵינוּ avonoteinu. וְתִמְחוֹל vetimjol וְתִסְלַח vetislaj יהוה ע"ב לְכָל lejol

יה אדני פְּשָׁעֵינוּ peshaeinu. וְשֶׁתִּבְנֶה veshetivné בֵּית beit ב"פ ראה

הַמִּקְדָּשׁ hamikdash בִּמְהֵרָה bimherá בְיָמֵינוּ veyameinu וְנַקְרִיב venakriv

לְפָנֶיךָ lefaneja ס"ג מ"ה ב"ן קָרְבַּן korbán הַתָּמִיד hatamid ע"ה קס"א קנ"א קמ"ג

שֶׁיְּכַפֵּר sheyejaper בַּעֲדֵינוּ baadeinu. כְּמוֹ quemó שֶׁכָּתַבְתָּ shecatavta

עָלֵינוּ aleinu בְּתוֹרָתֶךָ vetorataj עַל־ al יְדֵי yedei מֹשֶׁה Moshé

מהש, ע"ב בריבוע וקס"א, אל שדי עַבְדֶּךָ avdaj פוי, אל אדני כָּאָמוּר caamur:

Existe una *toláat* (lombriz) en el Lado Santo, que es el secreto de *Jésed* que aumenta, se revela y brilla cada mañana. Y similar a ello, existe otra *tolá* en la *klipá* (Lado Impuro). Esta lombriz negativa despierta cada mañana para destruir el mundo, y Dios, con misericordia, revela la lombriz del Lado Puro, que es la Luz de *Jésed* (mencionada anteriormente). Y este es el secreto del *Tamid* (Ofrenda Diaria) que es llamado "*Olat HaTamid*", puesto que la palaba *olat* tiene las mismas letras que *tolá*, sólo que en diferente orden. A través de *Olat HaTamid*, que se recita cada mañana, la *tolá* del Lado Impuro se rendirá. En esta sección, debes meditar en purificar a los Mundos y en prepararlos para recibir la abundancia desde el aspecto de *Shabat*, a pesar de haber sido purificados desde el aspecto de los días de la semana.

EL TAMID – OFRENDA (DIARIA)

Que sea Tu voluntad, Señor, nuestro Dios y Dios de nuestros antepasados, que Tú tengas misericordia de nosotros, perdones nuestros pecados, expíes todas nuestras iniquidades, y perdones y absuelvas todas nuestras transgresiones. Que Tú construyas el Templo, prontamente y en nuestros días, para que podamos sacrificar ante Ti nuestras ofrendas diarias que nos absolverán, como Tú has escrito en Tu Torá, a través de Moshé, Tu siervo, que dice:

וַיְדַבֵּר vaydaber ראה יְהֹוָה יאהדונהי Adonai אֶל־ el מֹשֶׁה Moshé

מהש, ע״ב בריבוע וקס״א, אל שדי לֵּאמֹר: lemor צַו tsav פוי , אל אדני אֶת־ et בְּנֵי bnei

יִשְׂרָאֵל Yisrael וְאָמַרְתָּ veamarta אֲלֵהֶם aleihem אֶת־ et קָרְבָּנִי korbaní

לַחְמִי lajmí לְאִשַּׁי leishai רֵיחַ réaj נִיחֹחִי nijojí תִּשְׁמְרוּ tishmerú

לְהַקְרִיב lehakriv לִי li בְּמוֹעֲדוֹ: bemoadó וְאָמַרְתָּ veamarta לָהֶם lahem

זֶה ze הָאִשֶּׁה haishé אֲשֶׁר asher תַּקְרִיבוּ takrivu לַיהֹוָה יאהדונהי laAdonai

כְּבָשִׂים quevasim בְּנֵי־ bnei שָׁנָה shaná תְמִימִם temimim שְׁנַיִם shnáyim

לַיּוֹם layom ע״ה נגד, מזבח, זן, אל יהוה עֹלָה olá ר״ת עשל תָמִיד tamid ע״ה קס״א קנ״א קמ״ג:

אֶת־ et הַכֶּבֶשׂ haqueves אֶחָד ejad אהבה, דאגה תַּעֲשֶׂה taasé בַבֹּקֶר vabóker

וְאֵת veet הַכֶּבֶשׂ haqueves הַשֵּׁנִי hashení תַּעֲשֶׂה taasé בֵּין bein

הָעַרְבָּיִם: haarbáyim וַעֲשִׂירִית vaasirit הָאֵיפָה haeifá סֹלֶת sólet

לְמִנְחָה leminjá ע״ה ב״פ ב״ן בְּלוּלָה belulá בְּשֶׁמֶן beshemen

כָּתִית catit רְבִיעִת reviit הַהִין: hahín עֹלַת olat ושר, אבגיתץ

(Aquí meditar en doblegar a la *klipá* llamada *Tolá* usando el nombre: אבגיתץ)

תָּמִיד tamid ע״ה קס״א קנ״א קמ״ג הָעֲשֻׂיָה haasuyá

בְּהַר behar סִינַי Sinai נמם, ה׳ הויות (ה׳ גבורות) לְרֵיחַ leréaj נִיחֹחַ nijóaj

אִשֶּׁה ishé לַיהֹוָה יאהדונהי laAdonai: וְנִסְכּוֹ veniscó רְבִיעִת reviit

הַהִין hahín לַכֶּבֶשׂ laqueves הָאֶחָד haejad אהבה, דאגה בַּקֹּדֶשׁ bakódesh

הַסֵּךְ hasej נֶסֶךְ nések שֵׁכָר shejar י״פ ב״ן לַיהֹוָה יאהדונהי laAdonai:

"Y habló Dios a Moshé y dijo: Ordena a los Hijos de Israel y diles: Mi ofrenda, el pan para ofrenda de fuego, Mi agradable fragancia, guardarán para entregar en sacrificio a Mí en el momento especificado. Y les dirás: Esta es la ofrenda de fuego que ofrecerán a Dios: cordero sin tacha de un año, dos diarios, como una ofrenda diaria regular; un cordero ofrecerás en la mañana y el segundo cordero ofrecerás al final de la tarde. Y un décimo de una fanega de harina fina, para la ofrenda de comida, mezclada con un cuarto de cuartal de aceite. Una ofrenda quemada permanente hecha en el Monte Sinaí, para fragancia adorable y una ofrenda de fuego ante el Señor. Su libación es un cuarto de cuartal para un cordero en el Santuario, vierte una libación de vino superior ante el Señor.

bein בֵּין taasé תַּעֲשֶׂה hashení הַשֵּׁנִי haqueves הַכֶּבֶשׂ veet וְאֵת
ujeniscó וּכְנִסְכּוֹ habóker הַבֹּקֶר queminjat כְּמִנְחַת haarbáyim הָעַרְבָּיִם
(elevación a *Briá*) réaj רֵיחַ (elevación a *Yetsirá*) ishé אִשֵּׁה taasé תַּעֲשֶׂה
(elevación al Mundo Infinito) laAdonai לַיהוָה (elevación a *Atsilut*) nijóaj נִיחֹחַ

EL INCIENSO

Estos versículos de la Torá y el *Talmud* hablan sobre las 11 hierbas y especias que fueron usadas en el Templo. Estas hierbas y especias fueron usadas con un solo propósito: Para ayudarnos a remover la fuerza de la muerte de cada área de nuestra vida. Esta es una de las varias oraciones cuyo único propósito es la erradicación de la muerte. El *Zóhar* nos enseña que todo aquel que tenga juicio persiguiéndole, necesita conectarse con este incienso. Estas 11 hierbas y especias se conectan con las 11 Luces que sostienen a las *klipot* (cáscaras de negatividad). Cuando arrancamos las 11 Luces que sostienen a las *klipot* a través del poder del incienso, las *klipot* pierden su fuerza vital y mueren. Además de llevar las 11 especias al Templo, la gente llevaba resina, vino y otros elementos con propiedades metafísicas para ayudar a combatir al Ángel de la Muerte.

Está escrito en el *Zóhar*: "Ven y ve: Quien es perseguido por el juicio necesita incienso y debe arrepentirse ante su Señor, ya que el incienso ayuda a desaparecer el juicio de él". Las 11 hierbas y especias corresponden a las 11 Iluminaciones Santas que reviven a la *klipá*. Al elevarlas, la *klipá* muere. Mediante estas 11 hierbas, las *klipot* son alejadas y se elimina la fuerza energética que les daba vida. Y debido a que el Lado Puro y su sustento desaparecen, las *klipot* quedan sin vida. Por lo tanto, el secreto del incienso es que éste limpia la fuerza de la plaga y la cancela. El incienso destruye al Ángel de la Muerte y le quita su poder de asesinar.

ילה Eloheinu אֱלֹהֵינוּ Adonai יְהוָה Hu הוּא Atá אַתָּה
ב״ן מ״ה ס״ג lefaneja לְפָנֶיךָ avoteinu אֲבוֹתֵינוּ shehiktiru שֶׁהִקְטִירוּ
(הסממנים ו״א ע״ י״א מהקליפות הנבררים) אדני פעמים י״א któret קְטֹרֶת et אֶת
קטרת - הק׳ באתב״ש ד׳ = תרי״ג (מצוות) hasamim הַסַּמִּים ע״ה קנ״א, אדני אלהים
kayam קַיָּם hamikdash הַמִּקְדָּשׁ ב״פ ראה shebeit שֶׁבֵּית bizmán בִּזְמַן
מהש, Moshé מֹשֶׁה yad יַד al עַל־ otam אוֹתָם tsivita צִוִּיתָ caasher כַּאֲשֶׁר
ע״ב בריבוע וקס״א, אל שדי neviaj נְבִיאָךְ cacatuv כַּכָּתוּב beTorataj בְּתוֹרָתָךְ:

Ofrecerás el segundo cordero en la tarde como la ofrenda de la mañana; su libación ofrecerás como ofrenda por fuego de una fragancia agradable a Dios" (*Números 28:1-8*).

EL INCIENSO

Eres Tú, Señor, nuestro Dios, ante quien nuestros antepasados quemaron las especias del incienso. Durante el tiempo en el que existía el Sagrado Templo, como habías ordenado a través de Moshé, Tu Profeta, y como está escrito en Tu Torá:

OLAM ASIYÁ - יוד הה וו הה - אל אדני

LA PORCIÓN DEL INCIENSO

Para elevar las Sefirot de todas las Noga de Atsilut, Briá, Yetsirá y Asiyá.

וַיֹּאמֶר vayomer יְהֹוָהאדנייאהדונהי Adonai אֶל־ el מֹשֶׁה Moshé

מהש, ע"ב בריבוע וקס"א, אל שדי קַח־ kaj לְךָ lejá סַמִּים samim (*Tiféret, Nétsaj*)

ע"ה קנ"א, אדני אלהים נָטָף nataf | (*Hod*) וּשְׁחֵלֶת ushjélet (*Yesod*) וְחֶלְבְּנָה vejelbená

(*Maljut*) ע"ה פוי, אל אדני סַמִּים samim (*Kéter, Jojmá, Biná, Jésed, Guevurá*)

ע"ה קנ"א, אדני אלהים וּלְבֹנָה ulevoná זַכָּה zacá (**Luz Circundante**) בַּד bad בְּבַד bevad

יִהְיֶה yihyé ייי: וְעָשִׂיתָ veasita אֹתָהּ otá קְטֹרֶת któret י"א פעמים אדני (הנבררים

מהקליפות ע"י י"א הסממנים) ; קטרת - הק' באתב"ש ד' = תרי"ג (מצוות) רֹקַח rókaj מַעֲשֵׂה maasé

רוֹקֵחַ rokéaj שדי מְמֻלָּח memulaj טָהוֹר tahor י"פ אכא קֹדֶשׁ kódesh

ס"ת רוש בכוונו לגרש החיצונים ויועיל לזכירה: וְשָׁחַקְתָּ veshajakta מִמֶּנָּה mimena

הָדֵק hadek וְנָתַתָּה venatata מִמֶּנָּה mimena לִפְנֵי lifnei הָעֵדֻת haedut

בְּאֹהֶל beóhel מוֹעֵד moed אֲשֶׁר asher אִוָּעֵד ivaed לְךָ lejá שָׁמָּה shama

קֹדֶשׁ kódesh קָדָשִׁים kodashim תִּהְיֶה tihyé לָכֶם lajem. וְנֶאֱמַר veneemar:

וְהִקְטִיר vehiktir עָלָיו alav אַהֲרֹן Aharón קְטֹרֶת któret י"א פעמים אדני

(הנבררים מהקליפות ע"י י"א הסממנים) ; קטרת - הק' באתב"ש ד' = תרי"ג (מצוות) סַמִּים samim

ע"ה קנ"א, אדני אלהים בַּבֹּקֶר babóker בַּבֹּקֶר babóker בְּהֵיטִיבוֹ beheitivo

אֶת־ et הַנֵּרֹת hanerot יַקְטִירֶנָּה yaktirena: וּבְהַעֲלֹת uvehaalot

אַהֲרֹן Aharón אֶת־ et הַנֵּרֹת hanerot בֵּין bein הָעַרְבַּיִם haarbáyim

ר"ת אהבה, דאגה, אוזן יַקְטִירֶנָּה yaktirena קְטֹרֶת któret י"א פעמים אדני

(הנבררים מהקליפות ע"י י"א הסממנים) ; קטרת - הק' בא"ת ב"ש ד' = תרי"ג (מצוות) תָּמִיד tamid

ע"ה קס"א קנ"א קמ"ג לִפְנֵי lifnei יְהֹוָהאדנייאהדונהי Adonai לְדֹרֹתֵיכֶם ledoroteijem:

LA PORCIÓN DEL INCIENSO

"Y Dios dijo a Moshé: Toma especias de bálsamo, uña aromática, gálbano y olíbano puro, de todo en igual peso. Y deberás preparar una mezcla de incienso: la obra de un perfumador, bien combinada, pura y santa. Molerás de ella pulverizándola y la colocarás delante del Testimonio en el Tabernáculo de Reunión, en donde Yo me encontraré contigo. Será el Santo de los Santos para ti" (Éxodo 30:34-36). *Y Dios también dijo: "Aharón quemará sobre el Altar especies de incienso cada mañana cuando prepare las velas. Y cuando Aharón encienda las velas a la caída del Sol, él deberá quemar especias de incienso como una ofrenda de incienso permanente ante Dios, por todas sus generaciones"* (Éxodo 30:7-8).

LAS FUNCIONES DEL INCIENSO

El relleno del incienso tiene dos propósitos: Primero, remover las *klipot* para evitar que éstas acompañen la elevación de los Mundos y, segundo, para atraer Luz hacia *Asiyá*. Por lo tanto, medita en elevar las chispas de Luz de todas las *Noga* de *Atsilut*, *Briá*, *Yetsirá* y *Asiyá*.

Cuenta el incienso uno por uno usando tu mano derecha y no te saltes ni uno, porque está escrito: "Si uno omite uno de los ingredientes, es probable que reciba la pena de muerte". Y por lo tanto, debes tener cuidado de no saltarte ninguno, porque recitar este párrafo es un sustituto de la verdadera quema del incienso.

תָּנוּ tanú רַבָּנָן rabanán פִּטּוּם pitum הַקְּטֹרֶת haktóret י״א פעמים אדני
(הנבררים מהקליפות ע״י י״א הסממנים) קטרת - הק׳ באתב״ש ד׳ = תרי״ג (מצוות);
פטום הקטרת = יְהֹוָה יֱהֹוִה מצפצ יה אדני אל אלהים מצפצ (ז׳ מרגלאין דשבת):
כֵּיצַד queitsad• שְׁלֹשׁ shlosh מֵאוֹת meot המספר = ש׳, אלהים דיודין
וְשִׁשִּׁים veshishim המספר = מילוי הש׳ (ין) וּשְׁמוֹנָה ushmoná מָנִים manim הָיוּ hayú
בָהּ va• שְׁלֹשׁ shlosh מֵאוֹת meot המספר = ש׳, אלהים דיודין וְשִׁשִּׁים veshishim
המספר = מילוי הש׳ (ין) וַחֲמִשָּׁה vajamishá כְּמִנְיַן queminyán יְמוֹת yemot
הַחַמָּה hajamá מָנֶה mané ע״ה פוי, אל אדני בְּכָל־ bejol ב״ן, לכב
יוֹם yom ע״ה נגד, מזבח, זן, אל יהוה• מַחֲצִיתוֹ majatsitó בַּבֹּקֶר babóker
וּמַחֲצִיתוֹ umajatsitó בָּעֶרֶב baérev• וּשְׁלֹשָׁה ushloshá מָנִים manim
יְתֵרִים yeterim קס״א, קנ״א וקמ״ג שֶׁמֵּהֶם shemehem מַכְנִיס majnís כֹּהֵן Cohén מלה
גָּדוֹל Gadol להח ; עם ד׳ אותיות = מבה, יזל, אום וְנוֹטֵל venotel מֵהֶם mehem
מְלֹא meló חָפְנָיו jafnav בְּיוֹם beYom ע״ה נגד, מזבח, זן, אל יהוה הַכִּפּוּרִים haKipurim•
מַחֲזִירָן majazirán לְמַכְתֶּשֶׁת lamajtéshet בְּעֶרֶב beérev
יוֹם Yom ע״ה נגד, מזבח, זן, אל יהוה הַכִּפּוּרִים haKipurim כְּדֵי quedei לְקַיֵּם lekayem
מִצְוַת mitsvat דַּקָּה daká מִן min הַדַּקָּה hadaká• וְאַחַד veajad אהבה, דאגה
עֲשָׂר asar סַמָּנִים samanim הָיוּ hayú בָהּ va• וְאֵלּוּ veelu הֵן hen:

LAS FUNCIONES DEL INCIENSO

Nuestros Sabios han enseñado: ¿Cómo se hacía la composición del incienso? Trescientas sesenta y ocho porciones estaban contenidas allí. Trescientas sesenta y cinco correspondían al número de días en el año solar, una porción para cada día: La mitad de ella en la mañana y la otra mitad a la caída del Sol. Y las tres porciones restantes, el Sumo Sacerdote, en Yom Kipur, se llenaba ambas manos con ellas. En la Víspera de Yom Kipur, él las llevaría de regreso al mortero para cumplir el requerimiento de que debían estar muy finamente molidas. Cada porción contenía once especias:

1) הַצֳּרִי haTsorí **(Kéter)** מצפצ, אלהים דיודין, י"פ ייי. 2) וְהַצִּפֹּרֶן vehaTsiporén **(Yesod)**
יהוה אדני אהיה שדי. 3) וְהַחֶלְבְּנָה vehaJelbená **(Maljut)** ע"ה פוי, אל אדני.
4) וְהַלְּבוֹנָה vehaLevoná **(Luz Circundante** - שהוא אור לבן והוא יוזידי הנקרא אדון יוזיד**)**
מִשְׁקַל mishkal שִׁבְעִים shivim שִׁבְעִים shivim מָנֶה mané ע"ה פוי, אל אדני.
5) מוֹר Mor **(*Jésed*)**. 6) וּקְצִיעָה uKetsía רהע ***Guevurá*)** - "כי מצפון תפתח הרעה",
והגבורה סוד רווז צפון). 7) וְשִׁבֹּלֶת veShibólet נֵרְדְּ nerd **(*Tiféret*)**.
8) וְכַרְכֹּם veJarcom **(*Nétsaj*)** בוזוך, סנדלפון, ערי. מִשְׁקַל mishkal שִׁשָּׁה shishá
עָשָׂר asar שִׁשָּׁה shishá עָשָׂר asar מָנֶה mané ע"ה פוי, אל אדני. 9) קֹשְׁטְ Kosht
(*Jojmá*) שְׁנֵים shnéim עָשָׂר asar. 10) קְלוּפָה Kilufá **(*Biná*)** שְׁלשָׁה shloshá.
11) קִנָּמוֹן Kinamón **(*Hod*)** ר"ת ג"פ ק' (בסוד קדוש קדוש קדוש). תִּשְׁעָה tishá.
בּוֹרִית borit כַּרְשִׁינָא carshiná תִּשְׁעָה tishá קַבִּין kabín. יֵין yein מיכ, י"פ האא
קַפְרִיסִין kafrisín סְאִין seín תְּלַת telat וְקַבִּין vekabín תְּלָתָא telatá אהיה קבין
וְאִם veim יוהך, מ"א אותיות דפשוט, דמילוי ודמילוי דמילוי דאהיה ע"ה לֹא lo מָצָא matsá
יֵין yein מיכ, י"פ האא קַפְרִיסִין kafrisín מֵבִיא meví חֲמַר jamar חִוָּר jivar
עַתִּיק atik. מֶלַח mélaj סְדוֹמִית sdomit רוֹבַע rova. מַעֲלֶה maalé
עָשָׁן ashán כָּל col ילי שֶׁהוּא shehú. רִבִּי Ribí נָתָן Natán הַבַּבְלִי haBavlí
אוֹמֵר omer אַף af מִכִּפַּת miquipat הַיַּרְדֵּן haYardén י' הויות וד' אותיות כָּל col ילי
שֶׁהִיא shehí. אִם im יוהך, מ"א אותיות דפשוט, דמילוי ודמילוי דמילוי דאהיה ע"ה נָתַן natán
בָּהּ ba דְּבַשׁ dvash ש"ו (דשופר) וי"ד (האוזן) = ש"ך דינין דגדלות פְּסָלָהּ pesalá.
וְאִם veim יוהך, מ"א אותיות דפשוט, דמילוי ודמילוי דמילוי דאהיה ע"ה חִסֵּר jiser
אַחַת ajat מִכָּל־ micol ילי סַמְמָנֶיהָ samemaneha חַיָּיב jayav מִיתָה mitá:

---

1) Bálsamo 2) Uña aromática 3) Gálbano 4) Olíbano; el peso de setenta porciones cada una. 5) Mirra 6) Acacia 7) Nardo 8) y Azafrán, el peso de dieciséis porciones cada una. 9) Doce porciones de Costo 10) Tres de corteza aromática 11) Nueve de canela. Asimismo, nueve kabín de lejía de Carsina. Y tres kabín y tres seín de vino de Chipre. Y si uno no encontrase vino de Chipre, él deberá traer vino blanco añejo. Y un cuarto de la sal de Sodoma. Y una pequeña medida de una hierba generadora de humo. Rabí Natán, el Babilonio, también aconsejaba una pequeña cantidad de ámbar de Jordania. Si se le añadía miel, se hacía defectuoso. Si omite aunque sea una de todas las hierbas, era merecedor de la muerte.

רבן Rabán שמעון Shimón בן ben גמליאל Gamliel אומר omer:
הצרי haTsorí מצפצ, אלהים דיודין, י"פ ייי אינו einó אלא ela שרף seraf
הנוטף hanotef מעצי meatsei הקטף haketaf. בורית borit
כרשינא carshiná למה lemá היא hi באה vaá כדי quedei
לשפות leshapot בה ba את et הצפורן haTsiporén יהוה אדני אהיה שדי
כדי quedei שתהא shetehé נאה naá. יין yein ע' (כנגד ע' אומות העולם התלויים בסמאל),
מ"כ, י"פ האא קפריסין Kafrisín למה lemá הוא hu בא va. כדי quedei
לשרות lishrot בו bo את et הצפורן haTsiporén יהוה אדני אהיה שדי
כדי quedei שתהא shetehé עזה azá. והלא vahaló מי mei ילי רגלים ragláyim
יפין yafín לה la אלא ela שאין sheéin מכניסין majnisín מי mei ילי
רגלים ragláyim במקדש bamikdash מפני mipnei הכבוד hacavod לאו:
תניא tanyá רבי Ribí נתן Natán אומר omer: כשהוא queshehú
שוחק shojek אומר omer הדק hadek היטב heitev. היטב heitev
הדק hadek. מפני mipnei שהקול shehakol יפה yafé לבשמים labesamim.
פטמה pitmá לחצאין lajatsaín כשרה quesherá. לשליש leshalish
ולרביע uleravía לא lo שמענו shamanu. אמר amar רבי Ribí
יהודה Yehudá זה ze הכלל haclal אם im יוהך, מ"א אותיות דפשוט, דמילוי
ודמילוי דמילוי דאהיה ע"ה כמדתה quemidatá כשרה quesherá לחצאין lajatsaín.
ואם veim יוהך, מ"א אותיות דפשוט, דמילוי ודמילוי דמילוי דאהיה ע"ה חסר jiser
אחת ajat מכל micol ילי סממניה samemaneha חייב jayav מיתה mitá:

Rabán Shimón ben Gamliel dice: El bálsamo era sólo una savia que rezumaba de los árboles de bálsamo. ¿Para qué se añadía la lejía de Carsina? Para frotar la uña aromática con ella y hacerlo agradable a la vista. ¿Cuál era el propósito de añadir vino de Chipre? Para remojarlo con la uña aromática. Orina es lo más apropiado para esto, pero no se lleva orina al Templo Sagrado por respeto. Se enseñaba que Rabí Natán decía: Cuando él molía, él decía: "Muélela finamente, muélela finamente". Esto es porque la voz es beneficiosa para las especias. Si combina la mitad de la cantidad es todavía válido, pero con relación a un tercio o un cuarto no poseemos información. Rabí Yehuda decía: Esta es la regla general: Si está en las proporciones correctas, entonces la mitad es válida. Pero si él omite una de las especias, es merecedor de la muerte.

תָּנֵי tanei בַּר Var קַפָּרָא Kapará: אַחַת ajat לְשִׁשִּׁים leshishim אוֹ o
לְשִׁבְעִים leshivim שָׁנָה shaná הָיְתָה haytá בָּאָה vaá שֶׁל shel
שִׁירַיִם shiráyim לַחֲצָאִין lajatsaín. וְעוֹד veod תָּנֵי tanei בַּר Var
קַפָּרָא Kapará אִלּוּ ilu הָיָה hayá יהה נוֹתֵן notén אבג״יתץ, ושר בָּהּ ba
קָרְטוֹב kartov שֶׁל shel דְּבַשׁ devash ש״ו (דשופר) וי״ד (האוויז) = ש״ך דינין דגדלות
אֵין ein אָדָם adam מ״ה יָכוֹל yajol לַעֲמוֹד laamod מִפְּנֵי mipnei
רֵיחָהּ reijá. וְלָמָּה velama אֵין ein מְעָרְבִין mearvín בָּהּ ba דְּבַשׁ devash
ש״ו (דשופר) וי״ד (האוויז) = ש״ך דינין דגדלות מִפְּנֵי mipnei שֶׁהַתּוֹרָה shehaTorá
אָמְרָה amrá: כִּי qui כָל־ jol ילי שְׂאֹר seor ג׳ מוחין דאלהים דקטנות
(ש׳ = אלהים דיודין ; א׳ כללות שם אלהים ; ר׳ = ריבוע אלהים) וְכָל־ vejol ילי דְּבַשׁ devash
ש״ו (דשופר) וי״ד (האוויז) = ש״ך דינין דגדלות לֹא־ lo תַקְטִירוּ taktiru מִמֶּנּוּ mimenu
שכן הם בחינת דינין דקטנות ודגדלות לכן נאסרה הקרבתן אִשֶּׁה ishé לַיהֹוָהאדניאהדונהי laAdonai:

Derecha

יְהֹוָהאדניאהדונהי Adonai צְבָאוֹת Tsvaot פני שכינה עִמָּנוּ imanu
ריבוע דס״ג, קס״א ע״ה וד׳ אותיות מִשְׂגָּב־ misgav משה, מהש, ע״ב בריבוע וקס״א, אל שדי,
ד״פ אלהים ע״ה לָנוּ lanu אלהים, אהיה אדני אֱלֹהֵי Elohei מילוי ע״ב, דמב ; ילה
יַעֲקֹב Yaakov ז׳ הויות, יאהדונהי אידהנויה סֶלָה sela:

Izquierda

יְהֹוָהאדניאהדונהי Adonai צְבָאוֹת Tsvaot פני שכינה אַשְׁרֵי ashrei
אָדָם adam מ״ה ; יהוה צבאות אשרי אדם = תפארת בֹּטֵחַ botéaj
בָּךְ baj אדם בוטח בך = אמן (יאהדונהי) ע״ה ; בוטח בך = מילוי ע״ב ע״ה:

Bar Kapara enseñaba que una vez cada sesenta o setenta años, las sobras se acumularían hasta llegar a la mitad de la medida. Bar Kapara también enseñaba que si se le añadía una pequeña medida de miel, ningún hombre soportaría su olor. ¿Por qué no se mezcla miel con ella? Porque la Torá ha estipulado: Porque cualquier levadura o miel no debes quemar en una ofrenda por fuego a Dios (Kritut 6; Yerushalmi, Yomá: cap. 4). (Derecha) *"El Señor de los Ejércitos está con nosotros, nuestra fuerza es el Dios de Yaakov, Sela"* (Salmos 46:12). (Izquierda) *"El Señor de los Ejércitos, dichoso es aquel que confía en Ti"* (Salmos 84:13).

OLAM ASIYÁ - יוד הה וו הה – אל אדני

Central

יְהֹוָאדָנָהי יאהדונהי Adonai הוֹשִׁיעָה hoshía יהוה וש"ע נהורין הַמֶּלֶךְ haMélej ר"ת יהה

יַעֲנֵנוּ yaanenu בְיוֹם veyom ע"ה יהוה, נגד, מזבח, זן, אל יהוה

קָרְאֵנוּ korenu ר"ת יב"ק, אלהים יהוה, אהיה אדני יהוה ; ס"ת = ב"ן ועם כף דהמלך = ע"ב:

וְעָרְבָה vearvá לַיהֹוָאדָנָהי יאהדונהי laAdonai

מִנְחַת minjat יְהוּדָה Yehudá וִירוּשָׁלָםִ virushaláim

כִּימֵי quimei עוֹלָם olam וּכְשָׁנִים ujeshanim קַדְמֹנִיּוֹת kadmoniyot:

EL ORDEN DEL SERVICIO RITUAL DEL ALTAR

Relatamos todas las actividades y acciones que se realizaban en el Templo. El utilizar la transferencia de energía de las letras arameas es como si en realidad estuviéramos realizando estos ritos y rituales nosotros mismos. Los órganos de los animales sacrificados en el Templo representan nuestros órganos internos y, cuando recitamos las palabras de estos sacrificios específicos, atraemos sanación y orden a nuestra vida.

אַבַּיֵּי Abayei (haz una pausa aquí) הֲוָה havá מְסַדֵּר mesader סֵדֶר séder

הַמַּעֲרָכָה hamaarajá מִשְּׁמָא mishemá דִגְמָרָא diGmará וְאַלִּבָּא vealibá

דְאַבָּא deAbá שָׁאוּל Shaul מַעֲרָכָה maarajá גְדוֹלָה guedolá

קוֹדֶמֶת kodémet לְמַעֲרָכָה lemaarajá שְׁנִיָּה shniyá שֶׁל shel

קְטֹרֶת któret י"א פעמים אדני (הנבררים מהקליפות ע"י י"א הסממנים) ; קטרת - הק' באתב"ש ד' =

תרי"ג (מצוות) וּמַעֲרָכָה umaarajá שְׁנִיָּה shniyá שֶׁל shel קְטֹרֶת któret

י"א פעמים אדני (הנבררים מהקליפות ע"י י"א הסממנים) ; קטרת - הק' באתב"ש ד' = תרי"ג (מצוות)

קוֹדֶמֶת kodémet לְסִדּוּר lesidur שְׁנֵי shnei גִזִירֵי guezirei עֵצִים etsim

---

(Central) *"Señor, sálvanos. El Rey nos responderá el día que lo invoquemos"* (Salmos 20:10). *"Que el Señor encuentre la ofrenda de Yehuda y Jerusalén agradable como siempre y como en los tiempos antiguos"* (Malaquías 3:4).

EL ORDEN DEL SERVICIO DEL RITUAL DEL ALTAR

Abayei, él listaba el orden del ritual de acuerdo con la Guemará y Abá Shaul. El orden de la pira mayor precedía al orden de la segunda pira de incienso. La segunda pira de incienso precedía al arreglo de los dos troncos de madera.

וְסִדּוּר vesidur שְׁנֵי shnei גִּזְרֵי guezirei עֵצִים etsim קוֹדֶם kódem עִמם

לְדִשּׁוּן ledishún מִזְבֵּחַ mizbéaj נגד, זן, אל יהוה הַפְּנִימִי hapenimí.

וְדִשּׁוּן vedishún מִזְבֵּחַ mizbéaj נגד, זן, אל יהוה הַפְּנִימִי hapenimí

קוֹדֶם kódem עִמם לַהֲטָבַת lahatavat חָמֵשׁ jamesh נֵרוֹת nerot.

וַהֲטָבַת vahatavat חָמֵשׁ jamesh נֵרוֹת nerot קוֹדֶמֶת kodémet

לְדַם ledam הַתָּמִיד hatamid ע״ה קס״א קנ״א קמ״ג. וְדַם vedam

הַתָּמִיד hatamid ע״ה קס״א קנ״א קמ״ג קוֹדֶם kódem עִמם

לַהֲטָבַת lahatavat שְׁתֵּי shetei נֵרוֹת nerot. וַהֲטָבַת vahatavat

שְׁתֵּי shetei נֵרוֹת nerot קוֹדֶמֶת kodémet לִקְטֹרֶת liktóret י״א פעמים אדני

(הנבררים מהקליפות ע״י י״א סממני הקטורת) ; קטרת - הק׳ באתב״ש ד׳ = תרי״ג (במצוות). וּקְטֹרֶת uktóret

י״א פעמים אדני (הנבררים מהקליפות ע״י י״א הסממנים) ; קטרת - הק׳ באתב״ש ד׳ = תרי״ג (מצוות)

לְאֵבָרִים leevarim. וְאֵבָרִים veevarim לְמִנְחָה leminjá ע״ה ב״פ ב״ן

וּמִנְחָה uminjá ע״ה ב״פ ב״ן לַחֲבִתִּין lajavitín. וַחֲבִתִּין vajavitín

לִנְסָכִין linsajín. וּנְסָכִין unsajín לְמוּסָפִין lemusafín. וּמוּסָפִין umusafín

לְבָזִיכִין levazijín. וּבָזִיכִין uvazijín קוֹדְמִין kodmín לְתָמִיד letamid

ע״ה קס״א קנ״א קמ״ג שֶׁל shel בֵּין bein הָעַרְבַּיִם haarbáyim. שֶׁנֶּאֱמַר sheneemar:

וְעָרַךְ vearaj עָלֶיהָ aleha פהל הָעֹלָה haolá וְהִקְטִיר vehiktir

עָלֶיהָ aleha פהל וְחֶלְבֵי jelvei הַשְּׁלָמִים hashlamim: עָלֶיהָ aleha פהל

הַשְׁלֵם hashlem כָּל־ col ילי הַקָּרְבָּנוֹת hakorbanot כֻּלָּם culam:

El arreglo de los dos troncos de madera precedía la retirada de las cenizas del Altar interior. La retirada de las cenizas del Altar interior precedía la preparación de las cinco velas. La preparación de las cinco velas precedía la sangre de la ofrenda diaria. La sangre de la ofrenda diaria precedía la preparación de las dos velas. La preparación de las dos velas precedía el incienso. El incienso precedía a los miembros y los miembros precedían las ofrendas de comida, y las ofrendas de comida precedían las ofrendas horneadas. Las ofrendas horneadas precedían las libaciones de vino. Las libaciones de vino precedían los sacrificios del Musaf. Los sacrificios del Musaf precedían las ofrendas diarias a la caída del Sol. Como se decía: Él preparaba las ofrendas quemadas sobre el Altar como incienso. Y sobre él, debes completar todos los sacrificios (Yomá 33a).

OLAM ASIYÁ - אל אדני – יוד הה וו הה

ANÁ BEJÓAJ

El *Aná Bejóaj* probablemente sea la oración más poderosa en todo el universo. El Kabbalista del siglo II Rav Najunyá ben HaKaná fue el primer sabio en revelar esta combinación de 42 letras, la cual contiene el poder de la Creación.

El *Aná Bejóaj* es una fórmula única, compuesta por 42 letras distribuidas en siete frases que nos proporciona la capacidad de trascender este mundo físico con todas sus limitaciones. Se conoce como el Nombre de Dios de 42 letras. El *Aná Bejóaj* puede eliminar literalmente todas las fricciones, barreras y obstáculos asociados con nuestra existencia física. Inyecta orden en el caos, elimina la influencia del Satán de nuestra naturaleza, genera sustento financiero, crea unidad y amor con los demás, y proporciona energía sanadora al cuerpo y la mente. Recitamos o escaneamos el *Aná Bejóaj* cada día, tantas veces como queramos.

Cuando utilizamos el *Aná Bejóaj* nos estamos conectando a estos cuatro elementos:

1) **SIETE FRASES:** Las siete frases corresponden a las siete *Sefirot*, desde *Jésed* hasta *Maljut*. Aunque hay diez *Sefirot* en total, sólo las Siete Inferiores ejercen influencia en nuestro mundo físico. Al conectarnos a estas siete, obtenemos el control sobre este mundo físico.

2) **LETRAS DEL MES:** Avraham el Patriarca reveló los secretos astrológicos de las letras arameas y de los signos del Zodíaco en su tratado kabbalístico *El libro de la formación* (*Séfer Yetsirá*). Cada mes del año está gobernado por un planeta, y cada planeta tiene un verso correspondiente en el *Aná Bejóaj*; por lo tanto, también meditamos en el planeta y la letra aramea que creó tanto el planeta como el signo del Zodíaco de ese mes. (Ver la tabla en la pág. 108). Al hacer esto, nos conectamos con la energía positiva de cada planeta y no con su influencia negativa. Por ejemplo, la letra aramea *Ayin* creó el signo de Capricornio, *Tevet*. Capricornio está gobernado por el planeta Saturno. La letra aramea que dio nacimiento a Saturno es *Bet*, por lo tanto, cada día durante el mes de *Tevet* meditamos en las letras *Ayin* y *Bet* después de recitar y meditar en el primer verso del *Aná Bejóaj*.

3) **CORRECCIÓN DEL ALMA – TIKÚN HANÉFESH:** A lo largo de la historia, los kabbalistas han utilizado esta meditación sanadora dos veces al día, siete días a la semana, para regenerar y revitalizar todos los órganos del cuerpo. Cuando llegamos a la frase del *Aná Bejóaj* que gobierna el mes en el cual nos encontramos, nos detenemos y meditamos en las letras del mes, y luego hacemos el *Tikún HaNéfesh*. (Ver pág. 561). Utilizando la tabla como guía, coloca tu mano derecha sobre la parte del cuerpo en particular a la que estás canalizando energía. Mira la combinación de letras arameas para esa área específica del cuerpo y permite que la Luz penetre a través de tu mano derecha en esa parte del cuerpo.

4) **ÁNGELES DEL DÍA:** Los ángeles son paquetes diferenciados de energía espiritual que actúan como un sistema de transporte para nuestras oraciones. Ellos llevan nuestras palabras y pensamientos hacia los Mundos Superiores. Hay una línea del *Aná Bejóaj* para cada día de la semana y hay ángeles únicos que gobiernan cada día. (Ver pág. 563-564).

Jésed, domingo (*Álef Bet Guímel Yud Tav Tsadi*) אבג יתץ

•yemineja יְמִינְךָ guedulat גְּדוּלַּת •bejóaj בְּכֹחַ aná אָנָּא

:tserurá צְרוּרָה tatir תַּתִּיר

Guevurá, lunes (*Kof Resh Ayin Sin Tet Nun*) קרע שטן

•sagvenu שַׂגְּבֵנוּ ameja עַמְּךָ •rinat רִנַּת kabel קַבֵּל

:norá נוֹרָא taharenu טַהֲרֵנוּ

Tiféret, martes (*Nun Guímel Dálet Yud Caf Shin*) נגד יכש

•yijudeja יִחוּדְךָ dorshei דּוֹרְשֵׁי •guibor גִּבּוֹר na נָא

:shamrem שָׁמְרֵם quevavat כְּבָבַת

Nétsaj, miércoles (*Bet Tet Resh Tsadi Tav Guímel*) בטר צתג

•tsidkateja צִדְקָתְךָ rajamei רַחֲמֵי •taharem טַהֲרֵם barjem בָּרְכֵם

:gomlem גָּמְלֵם tamid תָּמִיד

Hod, jueves (*Jet Kof Bet Tet Nun Ayin*) חקב טנע

•tuvjá טוּבְךָ berov בְּרוֹב •kadosh קָדוֹשׁ jasín חֲסִין

:adateja עֲדָתֶךָ nahel נַהֵל

Yesod, viernes (*Yud Guímel Lámed Pei Zayin Kof*) יגל פזק

•pené פְּנֵה leamjá לְעַמְּךָ •gueé גֵּאֶה yajid יָחִיד

:kedushateja קְדֻשָּׁתֶךָ zojrei זוֹכְרֵי

Maljut, sábado (*Shin Kof Vav Tsadi Yud Tav*) שקו צית

•tsaakatenu צַעֲקָתֵנוּ ushmá וּשְׁמַע •kabel קַבֵּל shavatenu שַׁוְעָתֵנוּ

:taalumot תַּעֲלוּמוֹת yodea יוֹדֵעַ

BARUJ SHEM QUEVOD

Susurrar esta frase final trae toda la Luz de los Mundos Superiores a nuestra existencia física.

maljutó מַלְכוּתוֹ quevod כְּבוֹד Shem שֵׁם Baruj בָּרוּךְ יוזו אותיות : (Susurrar)

:vaed וָעֶד ריבוע ס״ג וי׳ אותיות דס״ג leolam לְעוֹלָם

OLAM ASIYÁ - אל אדני - יוד הה וו הה

El mes y las letras		El signo astrológico y la letra		El planeta y la letra		Meditación del Aná Bejóaj
Tevet	עב	Capricornio	ע	Saturno	ב	אבג יתץ
Shvat	צב	Acuario	צ	Saturno	ב	אבג יתץ
Kislev	סג	Sagitario	ס	Júpiter	ג	קרע שטן
Adar	קג	Piscis	ק	Júpiter	ג	קרע שטן
Nisán	הד	Aries	ה	Marte	ד	נגד יכש
Jeshván	נד	Escorpio	נ	Marte	ד	נגד יכש
Av	טכ	Leo	ט	Sol	כ	בטר צתג
Iyar	ופ	Tauro	ו	Venus	פ	חקב טנע
Tishrei	לפ	Libra	ל	Venus	פ	חקב טנע
Siván	זר	Géminis	ז	Mercurio	ר	יגל פזק
Elul	יר	Virgo	י	Mercurio	ר	יגל פזק
Tamuz	חת	Cáncer	ח	Luna	ת	שקו צית

ANÁ BEJÓAJ

Jésed, domingo אבג יתץ

Te suplicamos, con el gran poder de Tu diestra, pon en libertad a los cautivos.

Guevurá, lunes קרע שטן

Acepta el canto de Tu Nación. Fortifícanos y purifícanos, Oh Reverenciado.

Tiféret, martes נגד יכש

Por favor, oh Todopoderoso, a los que buscan Tu unidad, cuídalos como a la pupila de los ojos.

Nétsaj, miércoles בטר צתג

Bendícelos. Purifícalos. Otórgales siempre tu fidelidad compasiva.

Hod, jueves חקב טנע

Invencible y Todopoderoso, con la abundancia de Tu bondad, guía a Tu congregación.

Yesod, viernes יגל פזק

Oh exaltado y orgulloso, vuélvete a Tu pueblo, aquellos que recuerdan Tu santidad.

Maljut, sábado שקו צית

Acepta nuestra plegaria y escucha nuestro clamor, Tú que conoces todo lo oculto.

BARUJ SHEM QUEVOD

"Bendito es el Nombre de la Gloria. Su Reino es para siempre y para la eternidad" (Pesajim 56a).

RIBÓN HAOLAMIM

Dios nos ha dado instrucciones específicas respecto a los sacrificios que debían ser realizados en el *Beit HaMikdash* (Templo Sagrado de Jerusalén). Debido a la destrucción del Templo, no podemos llevar a cabo dichas instrucciones. Aquí, pedimos a Dios que nos permita usar el poder de estas letras arameas como reemplazo a esos sacrificios.

רִבּוֹן Ribón יהוה ע״ב ס״ג מ״ה ב״ן הָעוֹלָמִים haolamim אַתָּה Atá צִוִּיתָנוּ tsivitanu

לְהַקְרִיב lehakriv קָרְבַּן korbán הַתָּמִיד hatamid ע״ה קס״א קנ״א קמ״ג

בְּמוֹעֲדוֹ bemoadó. וְלִהְיוֹת velihyot כֹּהֲנִים Cohanim

בַּעֲבוֹדָתָם baavodatam וּלְוִיִּם uLeviyim בְּדוּכָנָם bedujanam

וְיִשְׂרָאֵל veYisrael בְּמַעֲמָדָם bemaamadam. וְעַתָּה veAtá

בַּעֲוֹנוֹתֵינוּ baavonoteinu וְחָרֵב jarev בֵּית beit ב״פ ראה הַמִּקְדָּשׁ hamikdash

וּבֻטַּל uvutal הַתָּמִיד hatamid ע״ה קס״א קנ״א קמ״ג וְאֵין veéin

לָנוּ lanu אלהים, אהיה אדני לֹא lo כֹּהֵן Johén מלה

בַּעֲבוֹדָתוֹ baavodató. וְלֹא veló לֵוִי Leví בְּדוּכָנוֹ bedujanó.

וְלֹא veló יִשְׂרָאֵל Yisrael בְּמַעֲמָדוֹ bemaamadó. וְאַתָּה veAtá

אָמַרְתָּ amarta: וּנְשַׁלְּמָה uneshalmá פָרִים farim שְׂפָתֵינוּ sefateinu:

לָכֵן lajén יְהִי yehí רָצוֹן ratsón מהש ע״ה, ע״ב בריבוע וקס״א ע״ה, אל שדי ע״ה

מִלְּפָנֶיךָ milfaneja ס״ג מ״ה ב״ן יְהֹוָאדהנויאהדונהי Adonai אֱלֹהֵינוּ Eloheinu ילה

וֵאלֹהֵי veElohei לכב ; מילוי ע״ב, דמב ; ילה אֲבוֹתֵינוּ avoteinu שֶׁיְּהֵא sheyehé

זֶה ze שִׂיחַ síaj שִׂפְתוֹתֵינוּ siftoteinu וְחָשׁוּב jashuv וּמְקֻבָּל umekubal

וּמְרוּצֶה umerutsé לְפָנֶיךָ lefaneja ס״ג מ״ה ב״ן כְּאִלּוּ queílu הִקְרַבְנוּ hikravnu

קָרְבַּן korbán הַתָּמִיד hatamid ע״ה קס״א קנ״א קמ״ג בְּמוֹעֲדוֹ bemoadó

וְעָמַדְנוּ veamadnu עַל al מַעֲמָדוֹ maamadó. כְּמוֹ quemó שֶׁנֶּאֱמַר sheneemar:

RIBÓN HAOLAMIM

Señor de todos los Mundos, Tú nos has ordenado sacrificar las ofrendas diarias en su momento apropiado, que los cohanim hagan su servicio, los levitas deban estar en sus tribunas, y los israelitas deban estar en sus posiciones. Pero ahora, debido a nuestros pecados, el Templo ha sido destruido y la ofrenda diaria ha cesado. Ahora no tenemos un Cohén que lleve a cabo su servicio; ningún levita que esté en su tribuna y ningún israelita en su posición. Y dijiste: "…te retribuiremos con los toros de nuestros labios" (Oseas 14:3). Por lo tanto, que sea Tu voluntad, Señor, nuestro Dios, y Dios de nuestros padres, que esas palabras que salen de nuestros labios sean adecuadas, aceptadas y favorables ante Ti, como si hubiésemos sacrificado nuestra ofrenda diaria en su momento adecuado y como si hubiésemos estado de pie en esa ocasión, como fue dicho:

OLAM ASIYÁ - יוד הה וו הה – אל אדני

וּנְשַׁלְּמָה uneshalmá פָרִים farim שְׂפָתֵינוּ sefateinu• וְנֶאֱמַר veneemar:
וְשָׁחַט veshajat אֹתוֹ otó עַל al יֶרֶךְ yérej הַמִּזְבֵּחַ hamizbéaj נגד, זן, אל יהוה
צָפֹנָה tsafona יה פעמים יה וע״ה ע״ב ס״ג מ״ה ב״ן, הברכה (מכוון למאמרם ז״ל הרוצה להעשיר יצפין)
לִפְנֵי lifnei יְהֹוָהאדניאהדונהי Adonai וְזָרְקוּ vezarkú ס״ת יהוה
בְּנֵי bnei אַהֲרֹן Aharón הַכֹּהֲנִים hacohanim אֶת־ et דָּמוֹ damó
עַל־ al הַמִּזְבֵּחַ hamizbéaj נגד, זן, אל יהוה סָבִיב saviv:
וְנֶאֱמַר veneemar: זֹאת zot הַתּוֹרָה hatorá לָעֹלָה laolá
לַמִּנְחָה laminjá ע״ה ב״פ ב״ן וְלַחַטָּאת velajatat וְלָאָשָׁם velaasham
וְלַמִּלּוּאִים velamiluim וּלְזֶבַח ulezévaj הַשְּׁלָמִים hashelamim:

EL PODER DE LA PAZ

Es importante conectar con todos los niveles de la Torá a lo largo del día; por lo tanto, leemos estos versículos de la *Mishná*, seguido por versículos de la *Guemará* (ambos son aspectos del *Talmud*). Esta sección específica del *Talmud* ayuda a imbuirnos del poder de la verdad, la unidad y la paz, puesto que es el único capítulo donde no se encuentran debates o perspectivas opuestas sobre las interpretaciones de la Torá.

TALMUD

Hay cuatro niveles para entender la Torá: *Pshat*, *Rémez*, *Drash* y *Sod*. *Pshat* corresponde al significado literal, *Rémez* concierne a las insinuaciones y metáforas contenidas, *Drash* corresponde a la interpretación de cada historia, y *Sod* concierne a los secretos (Kabbalah). Estos cuatro niveles juntos se conocen por el acrónimo PaRDéS, el cual se deriva al tomar la primera letra de cada nivel. Los discursos talmúdicos son conocidos por sus perspectivas opuestas, debates y puntos de vistas divididos. La Luz del Creador es infinita; por lo tanto, cada opinión está contenida en la Luz. Dos individuos pueden tener puntos de vista divergentes pero, según la Kabbalah, ambos pueden estar en lo correcto. La vida es una experiencia relativa. Siempre debemos hacer el esfuerzo de considerar o, al menos, respetar la perspectiva de otra persona sin importar cuán en lo correcto pensemos que esté nuestro punto de vista. En nuestro mundo, el ego usualmente causa la división de opiniones. Sin embargo, la diversidad de puntos de vista también está arraigada en el alma. Si un alma desciende del linaje de Avraham, tendrá más misericordia en su naturaleza, lo cual dirige su perspectiva hacia cierta dirección. Si un alma es descendiente de Yitsjak, estará imbuida de más juicio, influyendo así su perspectiva hacia otra dirección. Ambas almas pueden estar en lo correcto con relación a sus perspectivas.

Aquí medita para elevar a *Nétsaj, Hod, Yesod* de *Asiyá* hasta *Jésed, Guevurá, Tiféret*; y luego para elevar *Maljut* hasta *Nétsaj, Hod, Yesod*; y después para elevar las Chispas de Luz que están en la *klipá* hasta *Maljut*.
Recitamos esta sección en este momento porque es el único capítulo de toda la *Mishná* donde todas las opiniones concuerdan, y es por ello que el capítulo se llama: *Halajá Pesuká*, que quiere decir Ley Indiscutible. Ahora, mientras los mundos son elevados, necesitamos el poder de la paz, no del desacuerdo.

"...te retribuiremos con los toros de nuestros labios" (Oseas 14:3). *Y como también fue dicho: "Y él deberá degollarlos en el lado Norte del Altar ante el Señor. Los hijos de Aharón, los cohanim, rociarán su sangre sobre el Altar, por todas partes"* (Levítico 1:11). *Y: "Esta es la ley relacionada con la ofrenda quemada, la ofrenda de comida, la ofrenda de pecado, la ofrenda de culpa, la ofrenda de inauguración y la ofrenda de paz"* (Levítico 7:37).

OLAM ASIYÁ - אל אדני - יוד הה וו הה

PRIMERA MISHNÁ

Al recitar esta *Mishná*, el aspecto Interno de *Nétsaj* de *Asiyá* se eleva y se vuelve Externo para la parte Externa de *Jésed* de *Asiyá*.

אֵיזֶהוּ eizehú מְקוֹמָן mekomán שֶׁל shel זְבָחִים zevajim• קָדְשֵׁי kodshei
קָדָשִׁים kodashim שְׁחִיטָתָן shejitatán בַּצָּפוֹן batsafón• פַּר par
וְשָׂעִיר vesair שֶׁל shel יוֹם yom ע״ה נגד, מזבח, זן, אל יהוה הַכִּפּוּרִים haKipurim
שְׁחִיטָתָן shejitatán בַּצָּפוֹן batsafón וְקִבּוּל vekibul דָּמָן damán בִּכְלֵי bijlei
שָׁרֵת sharet בַּצָּפוֹן batsafón• וְדָמָן vedamán טָעוּן taún הַזָּיָה hazayá עַל al
בֵּין bein הַבַּדִּים habadim וְעַל veal הַפָּרֹכֶת haparójet וְעַל veal
מִזְבַּח mizbaj נגד, זן, אל יהוה הַזָּהָב hazahav וזהו• מַתָּנָה mataná נתה, קס״א קנ״א קמ״ג
אַחַת ajat מֵהֶן mehén מְעַכֶּבֶת meaquévet• שְׁיָרֵי shiyerei הַדָּם hadam
הָיָה hayá יהה שׁוֹפֵךְ shofej עַל al יְסוֹד yesod ההע מַעֲרָבִי maaraví
שֶׁל shel מִזְבֵּחַ mizbéaj נגד, זן, אל יהוה הַחִיצוֹן hajitsón• אִם im יוהך,
מ״א אותיות דפשוט, דמילוי ודמילוי דמילוי דאהיה ע״ה לֹא lo נָתַן natán לֹא lo עִכֵּב iquev:

SEGUNDA MISHNÁ

Al recitar esta *Mishná*, el aspecto Interno de *Hod* de *Asiyá* se eleva y se vuelve Externo para la parte Externa de *Guevurá* de *Asiyá*.

פָּרִים parim הַנִּשְׂרָפִים hanisrafim וּשְׂעִירִים useirim הַנִּשְׂרָפִים hanisrafim
שְׁחִיטָתָן shejitatán בַּצָּפוֹן batsafón• וְקִבּוּל vekibul דָּמָן damán
בִּכְלֵי bijlei שָׁרֵת sharet בַּצָּפוֹן batsafón• וְדָמָן vedamán טָעוּן taún
הַזָּיָה hazayá עַל al הַפָּרֹכֶת haparójet וְעַל veal מִזְבַּח mizbaj נגד, זן, אל יהוה
הַזָּהָב hazahav וזהו• מַתָּנָה mataná נתה, קס״א קנ״א קמ״ג אַחַת ajat

---

EL PODER DE LA PAZ - PRIMERA MISHNÁ

¿Cuál es la ubicación de los sacrificios? Lo más sagrado se sacrifica en el lado norte. El toro y el macho cabrío de Yom Kipur son sacrificados en el lado norte; su sangre es recibida en vasijas de servicio en el lado norte. Su sangre debe ser rociada entre las perchas, sobre la cortina y sobre el Altar Dorado. La ausencia de uno de estos invalida. Él vierte la sangre sobrante en la base oeste del Altar exterior; si él no vierte, él no invalida.

SEGUNDA MISHNÁ

Los toros y los machos cabríos

que van a ser quemados son degollados en el lado norte. Su sangre se recibe en vasijas de servicio en el lado norte. Su sangre debe ser rociada sobre la cortina y sobre el Altar Dorado. La ausencia de uno

מֵהֶן mehén בִּמְעֻכֶּבֶת meaquévet• שְׁיָרֵי shiyerei הַדָּם hadam הָיָה hayá יהה
שׁוֹפֵךְ shofej עַל al יְסוֹד yesod ההע מַעֲרָבִי maaraví שֶׁל shel
מִזְבֵּחַ mizbéaj נגד, זן, אל יהוה הַחִיצוֹן hajitsón• אִם im יוהך,
לֹא lo נָתַן natán לֹא lo עִכֵּב iquev• מ"א אותיות דפשוט, דמילוי ודמילוי דמילוי דאהיה ע"ה
אֵלּוּ elu וָאֵלּוּ vaelu נִשְׂרָפִין nisrafín בְּבֵית beveit ב"פ ראה הַדֶּשֶׁן hadeshen:

TERCERA MISHNÁ

Al recitar esta *Mishná*, el aspecto Interno de *Yesod* de *Asiyá* se eleva y se vuelve Externo para la parte Externa de *Tiféret* de *Asiyá*. Aquí, completamos a *Jésed, Guevurá, Tiféret* de *Asiyá*.

וְחַטֹּאת jatot הַצִּבּוּר hatsibur וְהַיָּחִיד vehayajid אֵלּוּ elu הֵן hen
וְחַטֹּאת jatot הַצִּבּוּר hatsibur• שְׂעִירֵי seirei רָאשֵׁי rashei
חֳדָשִׁים jodashim וְשֶׁל veshel מוֹעֲדוֹת moadot שְׁחִיטָתָן shejitatán
בַּצָּפוֹן batsafón• וְקִבּוּל vekibul דָּמָן damán בִּכְלֵי bijlei שָׁרֵת sharet
בַּצָּפוֹן batsafón• וְדָמָן vedamán טָעוּן taún אַרְבַּע arbá מַתָּנוֹת matanot
עַל al אַרְבַּע arbá קְרָנוֹת kranot• כֵּיצַד queitsad• עָלָה alá
בַּכֶּבֶשׁ baquévesh וּפָנָה ufaná ע"ב ס"ג לַסּוֹבֵב lasovev וּבָא uvá לוֹ lo
לְקֶרֶן lekeren דְּרוֹמִית deromit מִזְרָחִית mizrajit• מִזְרָחִית mizrajit
צְפוֹנִית tsefonit• צְפוֹנִית tsefonit מַעֲרָבִית maaravit• מַעֲרָבִית maaravit
דְּרוֹמִית deromit• שְׁיָרֵי shiyerei הַדָּם hadam הָיָה hayá יהה
שׁוֹפֵךְ shofej עַל al יְסוֹד yesod ההע הַדְּרוֹמִי haderomí•
וְנֶאֱכָלִין veneejalín לִפְנִים lifnim מִן min הַקְּלָעִים hakelaim
לְזִכְרֵי lezijrei כְּהֻנָּה jehuná בְּכָל bejol ב"ן, לכב מַאֲכָל maajal•
לְיוֹם leyom ע"ה נגד, מזבח, זן, אל יהוה וְלַיְלָה valayla מלה עַד ad וַחֲצוֹת jatsot:

---

de éstos invalida. Él vierte la sangre sobrante en la base oeste del Altar exterior; si él no vierte, él no invalida. Esta y las ofrendas precedentes se queman en repositorios de cenizas.

TERCERA MISHNÁ

Las ofrendas de pecados personales y comunitarios

son las ofrendas de pecado comunitarias: Los machos cabríos de Rosh Jódesh y de las festividades: éstos se degollan en el lado norte. Y su sangre se recibe en vasijas de servicio en el lado norte. Su sangre requiere cuatro porciones vertidas, sobre los cuatro confines del Altar. ¿Cómo?: Él asciende la rampa, luego cruza al borde que lo rodea; luego va a la esquina sureste, la noreste, la noroeste y la esquina suroeste. Él vierte la sangre restante en la base sur. Estas eran comidas por los varones de los cohanim, entre las cortinas, en cada comida durante un día y una noche, hasta la medianoche.

CUARTA MISHNÁ – LAS OFRENDAS DE OLÁ (QUEMADA)

Recitamos esta *Mishná* por la totalidad de *Asiyá*.

הָעוֹלָה haolá קֹדֶשׁ kódesh קָדָשִׁים kodashim שְׁחִיטָתָהּ shejitatá
בַּצָּפוֹן batsafón• וְקִבּוּל vekibul דָּמָהּ damá בִּכְלִי bijlei
שָׁרֵת sharet בַּצָּפוֹן batsafón• וְדָמָהּ vedamá טָעוּן taún שְׁתֵּי shetei
מַתָּנוֹת matanot שֶׁהֵן shehén אַרְבַּע arbá• וּטְעוּנָה uteuná
הֶפְשֵׁט hefshet וְנִתּוּחַ venitúaj וְכָלִיל vejalil לָאִשִּׁים laishim:

QUINTA MISHNÁ – LAS OFRENDAS DE ASHAM (CULPA)

Al recitar esta *Mishná*, el aspecto Interno de la Columna Derecha de *Maljut* de *Asiyá* se eleva y se vuelve Externa para el aspecto Externo de *Nétsaj* de *Asiyá*.

זִבְחֵי zivjei שַׁלְמֵי shalmei צִבּוּר tsibur וַאֲשָׁמוֹת vaashamot• אֵלּוּ elu
הֵן hen אֲשָׁמוֹת ashamot• אֲשַׁם asham גְּזֵלוֹת guezelot• אֲשַׁם asham
מְעִילוֹת meilot• אֲשַׁם asham שִׁפְחָה shifjá חֲרוּפָה jarufá• אֲשַׁם asham
נָזִיר nazir• אֲשַׁם asham מְצוֹרָע metsorá• אָשָׁם asham תָּלוּי talui•
שְׁחִיטָתָן shejitatán בַּצָּפוֹן batsafón• וְקִבּוּל vekibul דָּמָן damán
בִּכְלִי bijlei שָׁרֵת sharet בַּצָּפוֹן batsafón• וְדָמָן vedamán
טָעוּן taún שְׁתֵּי shetei מַתָּנוֹת matanot שֶׁהֵן shehén אַרְבַּע arbá•
וְנֶאֱכָלִין veneejalín לִפְנִים lifnim מִן min הַקְּלָעִים hakelaim
לְזִכְרֵי lezijrei כְהֻנָּה jehuná בְּכָל bejol ב"ן, לכב מַאֲכָל maajal
לְיוֹם leyom ע"ה נגד, מזבח, זן, אל יהוה וָלַיְלָה valayla מלה עַד ad וַחֲצוֹת jatsot:

CUARTA MISHNÁ – LAS OFRENDAS DE OLÁ (QUEMADA)

La ofrenda quemada corresponde a lo más sagrado.

Se degolla en el Norte y su sangre se recibe en vasijas de servicio en el Norte. Su sangre requiere dos porciones de cuatro partes. Requiere ser desollado, desmembrado y consumido completamente por el fuego.

QUINTA MISHNÁ – LAS OFRENDAS DE ASHAM (CULPA)

Las ofrendas de paz y de culpa comunitarias: Estas son las ofrendas de culpa: Las ofrendas de culpa por robos, por mal uso de objetos sagrados, por estar con una sirvienta casada, por Nazir, por leproso y por trasgresión dudosa. Éstas son sacrificadas en el lado norte y su sangre se recibe en vasijas de servicio en el lado norte. Su sangre requiere dos porciones de cuatro partes. Las comen los varones de los cohanim entre las cortinas, en cada comida durante un día y una noche, hasta la medianoche

SEXTA MISHNÁ – LAS OFRENDAS DE TODÁ (AGRADECIMIENTO)

Al recitar esta *Mishná*, el aspecto Interno de la Columna Izquierda de *Maljut* de *Asiyá* se eleva y se vuelve externa para el aspecto Externo de *Hod* de *Asiyá*.

הַתּוֹדָה hatodá וְאֵיל veéil נָזִיר nazir קָדָשִׁים kodashim קַלִּים kalim

שְׁחִיטָתָן shejitatán בְּכָל bejol ב"ן, לכב מָקוֹם makom בָּעֲזָרָה baazará

וְדָמָן vedamán טָעוּן taún שְׁתֵּי shetei מַתָּנוֹת matanot שֶׁהֵן shehén

אַרְבַּע arbá• וְנֶאֱכָלִין veneejalín בְּכָל bejol ב"ן, לכב הָעִיר hair

בוזוהר, סנדלפון, ערי לְכָל־ lejol יה אדני אָדָם adam מ"ה בְּכָל־ bejol ב"ן, לכב

מַאֲכָל maajal לְיוֹם leyom ע"ה נגד, מזבח, זן, אל יהוה וְלַיְלָה valayla מלה עַד־ ad

חֲצוֹת jatsot• הַמּוּרָם hamuram מֵהֶם mehem כַּיּוֹצֵא cayotsé בָהֶם vahem

אֶלָּא ela שֶׁהַמּוּרָם shehamuram נֶאֱכָל neejal לַכֹּהֲנִים lacohanim

לִנְשֵׁיהֶם linsheihem וְלִבְנֵיהֶם velivneihem וּלְעַבְדֵיהֶם uleavdeihem:

SÉPTIMA MISHNÁ – LAS OFRENDAS DE SHLAMIM (PAZ)

Al recitar esta *Mishná*, el aspecto Interno de la Columna Central de *Maljut* de *Asiyá* se eleva y se vuelve Externo para el aspecto Externo de *Yesod* de *Asiyá*.

שְׁלָמִים shelamim קָדָשִׁים kodashim קַלִּים kalim שְׁחִיטָתָן shejitatán

בְּכָל bejol ב"ן, לכב מָקוֹם makom בָּעֲזָרָה baazará• וְדָמָן vedamán

טָעוּן taún שְׁתֵּי shetei מַתָּנוֹת matanot שֶׁהֵן shehén אַרְבַּע arbá•

וְנֶאֱכָלִין veneejalín בְּכָל bejol ב"ן, לכב הָעִיר hair בוזוהר, סנדלפון, ערי

לְכָל־ lejol יה אדני אָדָם adam מ"ה בְּכָל־ bejol ב"ן, לכב מַאֲכָל maajal

לִשְׁנֵי lishnei יָמִים yamim נלך וְלַיְלָה velayla מלה אֶחָד ejad אהבה, דאגה•

SEXTA MISHNÁ – LAS OFRENDAS DE TODÁ (AGRADECIMIENTO)

Las ofrendas de agradecimiento

y del carnero del Nazir son de menor santidad. Se degollan en cualquier lugar en el patio. Su sangre requiere dos porciones de cuatro partes. Se comen por toda la ciudad, por cualquier persona, en cada comida durante un día y una noche, hasta la medianoche. Esa parte que se coloca a un lado se trata de la misma forma, a excepción que esa parte es comida por los cohanim, sus esposas, sus hijos y sus esclavos.

SÉPTIMA MISHNÁ – LAS OFRENDAS DE SHLAMIM (PAZ)

Las ofrendas de paz son de menor santidad.

Se degollan en cualquier lugar en el patio. Su sangre requiere dos porciones de cuatro partes. Se comen por toda la ciudad, por cualquier persona, en cada comida, durante dos días y una noche.

vahem בָּהֶם cayotsé כַּיּוֹצֵא mehem מֵהֶם hamuram הַמּוּרָם
lacohanim לַכֹּהֲנִים neejal נֶאֱכָל shehamuram שֶׁהַמּוּרָם ela אֶלָּא
:uleavdeihem וּלְעַבְדֵיהֶם velivneihem וְלִבְנֵיהֶם linsheihem לִנְשֵׁיהֶם

LA MISHNÁ FINAL

Con esta *Mishná* final, tenemos el poder de elevar a todo el mundo de *Asiyá*. Cualquier alma o Luz que haya quedado atrapada dentro de las *klipot* también son elevadas con este verso. Debido a que esta sección en particular no contiene debates o perspectivas opuestas, genera un cordón de unidad; sólo a través de esta unidad es que tenemos la capacidad de elevarnos al Mundo de Formación (*Yetsirá*).

Al recitar esta *Mishná*, el aspecto Interno (que se encontraba en la *klipá*) se eleva y se vuelve Externo para el aspecto Externo de *Maljut* de *Asiyá*. Con esto, completas todo el mundo de *Asiyá*.

kodashim קָדָשִׁים vehapésaj וְהַפֶּסַח vehamaaser וְהַמַּעֲשֵׂר habejor הַבְּכוֹר
makom מָקוֹם לכב ,ב״ן bejol בְּכָל shejitatán שְׁחִיטָתָן .kalim קַלִּים
קמ״ג קנ״א קס״א ,נתה mataná מַתָּנָה taún טָעוּן vedamán וְדָמָן baazará בָּעֲזָרָה
אל יהוה ,זן ,מזבח quenégued כְּנֶגֶד sheyitén שֶׁיִּתֵּן uvilvad וּבִלְבַד .ejat אֶחָת
habejor הַבְּכוֹר .vaajilatán בַּאֲכִילָתָן shiná שִׁנָּה .ההע hayesod הַיְסוֹד
יה אדני lejol לְכָל־ vehamaaser וְהַמַּעֲשֵׂר .lacohanim לַכֹּהֲנִים neejal נֶאֱכָל
hair הָעִיר לכב ,ב״ן bejol בְּכָל־ veneejalín וְנֶאֱכָלִין . מ״ה adam אָדָם
lishnei לִשְׁנֵי maajal מַאֲכָל לכב ,ב״ן bejol בְּכָל־ ערי ,סנדלפון ,בוזוזך
hapésaj הַפֶּסַח .ראגה ,אהבה ejad אֶחָד מלה velayla וְלַיְלָה נלך yamim יָמִים
veeinó וְאֵינוֹ .מלה valayla בַּלַּיְלָה ela אֶלָּא neejal נֶאֱכָל einó אֵינוֹ
neejal נֶאֱכָל veeinó וְאֵינוֹ .jatsot חֲצוֹת ad עַד ela אֶלָּא neejal נֶאֱכָל
:tsalí צָלִי ela אֶלָּא neejal נֶאֱכָל veeinó וְאֵינוֹ .limnuyav לִמְנוּיָו ela אֶלָּא

Esa parte que se coloca a un lado se trata de la misma forma,
a excepción que esa parte es comida por los cohanim, sus esposas, sus hijos y sus esclavos.

MISHNÁ FINAL

El animal primogénito, el diezmo del ganado y la ofrenda de Pésaj son de menor santidad. Son sacrificados en cualquier parte del patio. Su sangre requiere una porción, siempre que se vierta contra la base del Altar. Difieren en la forma en la que son consumidas: El animal primogénito puede ser comido por el Cohén, y el diezmo puede ser comido por cualquiera. Se comen por toda la ciudad, en cualquier comida durante dos días y una noche. La ofrenda de Pésaj sólo puede ser comida durante esa noche y sólo hasta la medianoche, y sólo puede ser comida por aquellos que contribuyeron con ella. Sólo puede ser comida asada.

OLAM ASIYÁ - אל אדני - יוד הה וו הה

RIBÍ YISHMAEL

Ribí Yishmael actúa como un eslabón en la cadena de *Sefirot*. Nos conecta con 13 *Sefirot*: Diez en el Mundo de Acción (*Asiyá*) y tres en el siguiente nivel, el Mundo de Formación (*Yetsirá*). Es bueno contar las 13 *Sefirot* de *Asiyá* con los dedos de la mano derecha.

רִבִּי Ribí יִשְׁמָעֵאל Yishmael אוֹמֵר omer, בִּשְׁלֹשׁ bishlosh עֶשְׂרֵה esré

מִדּוֹת midot הַתּוֹרָה haTorá נִדְרֶשֶׁת nidréshet. 1) מִקַּל mikal נמס

וָחוֹמֶר vajómer. 2) מִגְּזֵרָה miguezerá שָׁוָה shavá. 3) מִבִּנְיַן mibinyán אָב av

וְכָתוּב vejatuv אֶחָד ejad אהבה, דאגה. וּמִבִּנְיַן umibinyán אָב av

וּשְׁנֵי ushenei כְתוּבִים jetuvim. 4) מִכְּלָל miclal וּפְרָט ufrat.

5) מִפְּרָט miprat וּכְלָל ujlal. 6) כְּלָל clal וּפְרָט ufrat וּכְלָל ujlal אִי ei

אַתָּה atá דָן dan אֶלָּא ela כְּעֵין queéin הַפְּרָט haprat. 7) מִכְּלָל miclal

שֶׁהוּא shehú צָרִיךְ tsarij לִפְרָט lifrat. וּמִפְּרָט umiprat שֶׁהוּא shehú

צָרִיךְ tsarij לִכְלָל lijlal. 8) וְכָל vejol ילי דָּבָר davar ראה

שֶׁהָיָה shehayá יהה בִּכְלָל bijlal וְיָצָא veyatsá מִן min הַכְּלָל haclal

לְלַמֵּד lelamed. לֹא lo לְלַמֵּד lelamed עַל al עַצְמוֹ atsmó יָצָא yatsá

אֶלָּא ela לְלַמֵּד lelamed עַל al הַכְּלָל haclal כֻּלּוֹ culó יָצָא yatsá:

9) וְכָל vejol ילי דָּבָר davar ראה שֶׁהָיָה shehayá יהה בִּכְלָל bijlal.

וְיָצָא veyatsá לִטְעוֹן litón טַעַן taún אַחֵר ajer שֶׁהוּא shehú

כְעִנְיָנוֹ jeinyanó. יָצָא yatsá לְהָקֵל lehakel וְלֹא veló לְהַחְמִיר lehajmir:

RIBÍ YISHMAEL

"Rabí Yishmael dice:

A través de trece atributos es enseñada la Torá: 1) Por ley de indulgencia y por ley estricta. 2) Por similitud de palabras. 3) De un principio general derivado de un versículo y un principio general derivado de dos versículos. 4) De una declaración general seguida por una específica. 5) De una declaración específica seguida por una generalidad. 6) De una declaración general, seguida por una específica, seguida por una generalidad: entonces sólo puedes inferir lo que es similar a la especificación. 7) De una declaración general que requiere una declaración específica que, a su vez, requiere una declaración general para explicarla. 8) Cualquier cosa que era parte de una declaración general que luego era extraída de la declaración general para enseñar algo. No era para enseñar sobre ella misma que era extraída, sino para enseñar con relación a la declaración general completa. 9) Cualquier cosa que sea parte de una declaración general, que después era extraída para discutir otra instancia de su contexto. Era extraída para ser más indulgente y no más rigurosa.

10) וְכָל vejol ילי דָּבָר davar ראה שֶׁהָיָה shehayá יהה בִּכְלָל bijlal

וְיָצָא veyatsá לִטְעוֹן litón טָעוּן taún אַחֵר ajer שֶׁלֹּא sheló

כְּעִנְיָנוֹ jeinyanó יָצָא yatsá לְהָקֵל lehakel וּלְהַחְמִיר ulehajmir:

11) וְכָל vejol ילי דָּבָר davar ראה שֶׁהָיָה shehayá יהה בִּכְלָל bijlal

וְיָצָא veyatsá לִדּוֹן lidón בְּדָבָר bedavar ראה חָדָשׁ jadash י"ב הויות, קס"א קנ"א

אִי ei אַתָּה atá יָכוֹל yajol לְהַחֲזִירוֹ lehajaziró לִכְלָלוֹ lijlaló עַד ad

שֶׁיַּחֲזִירֶנּוּ sheyajazirenu הַכָּתוּב hacatuv לִכְלָלוֹ lijlaló בְּפֵירוּשׁ befeirush:

12) וְדָבָר vedavar ראה הַלָּמֵד halamed מֵעִנְיָנוֹ meinyanó וְדָבָר vedavar ראה

הַלָּמֵד halamed מִסּוֹפוֹ misofó: 13) וְכֵן veján (וְכַאן) שְׁנֵי shenei

כְּתוּבִים jetuvim הַמַּכְחִישִׁים hamajishim זֶה ze אֶת et זֶה ze

עַד ad שֶׁיָּבֹא sheyavó הַכָּתוּב hacatuv הַשְּׁלִישִׁי hashelishí

וְיַכְרִיעַ veyajría בֵּינֵיהֶם beineihem:

יְהוּדָה Yehudá בֶּן ven תֵּימָא Teimá אוֹמֵר omer: הֱוֵי hevei עַז az

כַּנָּמֵר canamer וְקַל vekal נמם (שהם ה' גבורות) כַּנֶּשֶׁר canésher וְרָץ verats

כַּצְּבִי catsví וְגִבּוֹר veguibor כָּאֲרִי caarí לַעֲשׂוֹת laasot רְצוֹן retsón

מהש ע"ה, ע"ב בריבוע וקס"א ע"ה, אל שדי ע"ה אָבִיךָ avija שֶׁבַּשָּׁמַיִם shebashamáyim

י"פ טל, י"פ כוזו: הוּא hu הָיָה hayá יהה אוֹמֵר omer: עַז az פָּנִים panim

לַגֵּיהִנֹּם laGuehinom וּבֹשֶׁת uvóshet פָּנִים panim לְגַן leGán עֵדֶן Eden:

---

10) Cualquier cosa que era parte de una declaración general y era después extraída para discutir otra instancia fuera de su contexto. Era extraída para ser más indulgente y no más rigurosa. 11) Cualquier cosa que era parte de una declaración general, y era extraída para discutir un concepto nuevo, no la puedes regresar a su contexto general, a menos que el texto explícitamente lo devuelva a su contexto general. 12) Una materia que se aprende de su contexto y una materia que se desprende de su fin. 13) Y también de dos versículos que se contradicen el uno al otro, hasta que aparezca un tercero que los reconcilie" (Torat Cohanim, Porción Vayikrá).

"Yehuda Ben Teimá dice: Sé valiente como un tigre y ligero como un águila, y corre como un venado y sé fuerte como un león para así satisfacer la voluntad de Tu Padre en el Cielo. Él solía decir: Una persona insolente va al Infierno y una persona modesta al Jardín de Edén" (Avot, cap. 5).

YEHÍ RATSÓN

A pesar de que, según la Kabbalah, el Templo todavía existe en la realidad espiritual del Mundo Infinito, su estructura física no está; dejando a nuestro mundo físico incompleto. Esta oración ayuda a movilizar y acelerar la reconstrucción del Templo físico.

יְהִי yehí רָצוֹן ratsón מהש ע״ה, ע״ב בריבוע וקס״א ע״ה, אל שדי ע״ה

מִלְּפָנֶיךָ milefaneja ס״ג מ״ה ב״ן יְהֹוָהאדניאהדונהי Adonai אֱלֹהֵינוּ Eloheinu ילה

וֵאלֹהֵי veElohei לכב ; מילוי ע״ב, דמב ; ילה אֲבוֹתֵינוּ avoteinu

שֶׁתִּבָּנֶה shetivné בֵּית beit ב״פ ראה הַמִּקְדָּשׁ hamikdash

בִּמְהֵרָה bimherá בְּיָמֵינוּ veyameinu• וְתֵן vetén חֶלְקֵנוּ jelkenu

בְּתוֹרָתָךְ betorataj לַעֲשׂוֹת laasot חֻקֵּי jukei רְצוֹנָךְ retsonaj

וּלְעָבְדָךְ uleovdaj פוי, אל אדני בְּלֵבָב belevav בוכו שָׁלֵם shalem:

Debes tener cuidado de no hablar ni tampoco hacer una pausa muy larga aquí; y debes proseguir a recitar *Hodú* inmediatamente después del *Kadish*.

KADISH AL YISRAEL

DIEZ DIMENSIONES Y CINCO MUNDOS: La Kabbalah explica la existencia de una infraestructura espiritual que consiste de cinco mundos fundamentales —*Adam Kadmón* (Hombre Primordial), *Atsilut* (Emanación), *Briá* (Creación), *Yetsirá* (Formación) y *Asiyá* (Acción)— y diez dimensiones —*Kéter*, *Jojmá*, *Biná*, *Jésed*, *Guevurá*, *Tiféret*, *Nétsaj*, *Hod*, *Yesod* y *Maljut*— que componen esta infraestructura espiritual. Seis de estas dimensiones (*Jésed*, *Guevurá*, *Tiféret*, *Nétsaj*, *Hod* y *Yesod*) están integradas en una realidad unificada llamada *Zeir Anpín* (ver tabla en la pág. 75). Cada uno de estos cinco mundos corresponde a una dimensión: *Adam Kadmón* = *Kéter*, *Atsilut* = *Jojmá*, *Briá* = *Biná*, *Yetsirá* = *Zeir Anpín*, y *Asiyá* = *Maljut*. Cada *Sefirá* actúa como una cortina, la cual disminuye la intensidad de la Luz que emana del Mundo Infinito. Al momento en que la Luz llega al nivel más bajo (nuestro mundo, *Maljut*), está oculta de nuestra percepción. Esto nos da la oportunidad de realizar nuestro trabajo espiritual en un entorno en el cual podemos ejercer el libre albedrío para desarrollar nuestra naturaleza divina y proactiva. Sólo a través del trabajo arduo y las situaciones desafiantes es que podemos adquirir y apreciar la realización por completo. Para atravesar estos cinco mundos, necesitamos un vehículo o un elevador especial que nos pueda llevar hasta arriba y de vuelta hacia abajo durante el transcurso de nuestras oraciones. El *Kadish* es ese vehículo. Nos conecta, reino por reino, con los mundos que están directamente sobre o debajo de nosotros. Al conectar los cinco mundos, el *Kadish* también es el conducto mediante el cual la Luz fluye hacia nosotros.

Kadish, en general, significa elevar los mundos en el secreto de la Columna. Hay una columna que conecta los mundos unos con otros y está erigida en el medio de cada Palacio. Y mediante esta columna, cada Palacio se eleva al superior y se vuelve uno con él (como es mencionado en el *Zóhar*). Esta columna es el *Kadish*. El secreto del *Kadish Al Yisrael* es que nos eleva desde el Mundo de *Asiyá* (ב״ן) hasta el Mundo de *Yetsirá* (מ״ה).

YEHÍ RATSÓN

Sea Tu voluntad, Señor, nuestro Dios y Dios de nuestros padres, que Tú construyas el Templo rápidamente en nuestros días. Y que Tú coloques nuestra providencia en Tu Torá, para que podamos cumplir las leyes de Tus deseos y adorarte con todo el corazón.

OLAM ASIYÁ - יוד הה וו הה – אל אדני

יִתְגַּדַּל yitgadal וְיִתְקַדַּשׁ veyitkadash ד״י ומילוי שד״י ; י״א אותיות כמנין ו״ה

שְׁמֵיהּ Shmei (שם י״ה דע״ב) רַבָּא rabá קנ״א ב״ן, יהוה אלהים יהוה אדני,

מילוי קס״א וס״ג, מ״ה ברבוע וע״ב ע״ה ; ר״ת = ו״פ אלהים ; ס״ת = ג״פ יב״ק: אָמֵן Amén אידהנויה•

בְּעָלְמָא bealmá דִּי di בְרָא verá כִּרְעוּתֵיהּ quirutei•

וְיַמְלִיךְ veyamlij מַלְכוּתֵיהּ maljutei• וְיַצְמַח veyatsmaj

פּוּרְקָנֵיהּ purkanei• וִיקָרֵב vikarev מְשִׁיחֵיהּ Meshijei: אָמֵן Amén אידהנויה•

בְּחַיֵּיכוֹן bejayeijón וּבְיוֹמֵיכוֹן uveyomeijón וּבְחַיֵּי uvejayei

דְכָל dejol ילי בֵּית beit ב״פ ראה יִשְׂרָאֵל Yisrael בַּעֲגָלָא baagalá

וּבִזְמַן uvizmán קָרִיב kariv וְאִמְרוּ veimrú אָמֵן Amén: אָמֵן Amén אידהנויה•

La congregación y el *jazán* dicen lo siguiente:

28 palabras (hasta *bealmá*) – medita en: מילוי דמילוי דס״ג (יוד ויו דלת הי יוד ואו אלף ואו הי יוד)

28 letras (hasta *almayá*) – medita en: מילוי דמילוי דמ״ה (יוד ואו דלת הא אלף ואו אלף ואו הא אלף)

יְהֵא yehé שְׁמֵיהּ Shmei (שם י״ה דס״ג) רַבָּא rabá קנ״א ב״ן,

יהוה אלהים יהוה אדני, מילוי קס״א וס״ג, מ״ה ברבוע וע״ב ע״ה מְבָרַךְ mevaraj,

לְעָלַם lealam לְעָלְמֵי lealmei עָלְמַיָּא almayá• יִתְבָּרַךְ yitbaraj•

Siete palabras con seis letras cada una (שם בן מ״ב) – medita en:

יהוה ÷ יוד הי ויו הי ÷ מילוי דמילוי דס״ג (יוד ויו דלת הי יוד ואו אלף ואו הי יוד)

También, siete veces la letra Vav (שם בן מ״ב) – medita en:

יהוה ÷ יוד הי ואו הי ÷ מילוי דמילוי דמ״ה (יוד ואו דלת הא אלף ואו אלף ואו הא אלף).

וְיִשְׁתַּבַּח veyishtabaj י״פ ע״ב יהוה אל אבג יתץ•

וְיִתְפָּאַר veyitpaar הי נו יה קרע שטן• וְיִתְרוֹמַם veyitromam וה כוזו נגד יכש•

וְיִתְנַשֵּׂא veyitnasé במוכסז בטר צתג• וְיִתְהַדָּר veyithadar כוזו יה וזקב טנע•

וְיִתְעַלֶּה veyitalé וה יוד הי״גל פזק• וְיִתְהַלָּל veyithalal א ואו הא שקו צית•

שְׁמֵיהּ Shmei (שם י״ה דמ״ה) דְּקוּדְשָׁא deKudshá בְּרִיךְ Verij הוּא Hu:

אָמֵן Amén אידהנויה•

KADISH AL YISRAEL

¡Glorificado y santificado sea Su Gran Nombre! (Amén).

En el mundo que Él creó de acuerdo a Su voluntad y pueda Su Reino reinar. Y pueda Él hacer que su Redención florezca y pueda Él acercar al Mesías (Amén). En tus vidas y en tus días y en la vida de la Casa de Israel, prontamente y en el futuro cercano, y dígase: Amén (Amén). Que Su gran Nombre sea bendito por siempre y para toda la eternidad, y bendito y alabado, y glorificado y exaltado, y ensalzado y honrado, y adorado y loado, sea el Nombre del Santo Bendito Sea (Amén).

OLAM ASIYÁ - יוד הה וו הה – אל אדני

לְעֵלָּא leelá מִן min כָּל col ילי בִּרְכָתָא birjatá• שִׁירָתָא shiratá•
תֻּשְׁבְּחָתָא tishbejatá וְנֶחֱמָתָא venejamatá• דַּאֲמִירָן daamirán
בְּעָלְמָא bealmá וְאִמְרוּ veimrú אָמֵן Amén: אָמֵן Amén אידהנויה.
עַל al יִשְׂרָאֵל Yisrael וְעַל veal רַבָּנָן rabanán וְעַל veal
תַּלְמִידֵיהוֹן talmideihón וְעַל veal כָּל col ילי ; עמם תַּלְמִידֵי talmidei
תַּלְמִידֵיהוֹן talmideihón• דְּעָסְקִין deaskín בְּאוֹרַיְתָא beoraytá
קַדִּישְׁתָּא kadishtá• דִּי di בְּאַתְרָא veatrá הָדֵין hadein וְדִי vedí
בְּכָל vejol ב"ן, לכב אֲתַר atar וַאֲתַר veatar• יְהֵא yehé
לָנָא laná וּלְהוֹן ulhón וּלְכוֹן uljón חִנָּא jiná וְחִסְדָּא vejisdá
וְרַחֲמֵי verajamei• מִן min קֳדָם kodam מָארֵי marei שְׁמַיָּא shmayá
וְאַרְעָא veará וְאִמְרוּ veimrú אָמֵן Amén: אָמֵן Amén אידהנויה.
יְהֵא yehé שְׁלָמָא shlamá רַבָּא rabá קנ"א ב"ן, יהוה אלהים יהוה אדני, מילוי קס"א וס"ג,
מ"ה ברבוע וע"ב ע"ה מִן min שְׁמַיָּא shmayá• וְחַיִּים jayim אהיה אהיה יהוה, בינה ע"ה
וְשָׂבָע vesavá וִישׁוּעָה vishuá וְנֶחָמָה venejamá וְשֵׁיזָבָא vesheizavá
וּרְפוּאָה urefuá וּגְאֻלָּה ugueulá וּסְלִיחָה uslijá וְכַפָּרָה vejapará
וְרֶוַח vereivaj וְהַצָּלָה vehatsalá• לָנוּ lanu אלהים, אהיה אדני וּלְכָל ulejol יה אדני
עַמּוֹ amó יִשְׂרָאֵל Yisrael וְאִמְרוּ veimrú אָמֵן Amén: אָמֵן Amén אידהנויה.

Da tres pasos para atrás y dí:

עוֹשֶׂה osé שָׁלוֹם shalom בִּמְרוֹמָיו bimromav ע"ב, ריבוע יהוה • הוּא Hu
בְּרַחֲמָיו berajamav יַעֲשֶׂה yaasé שָׁלוֹם shalom עָלֵינוּ aleinu ר"ת ש"ע נהורין•
וְעַל veal כָּל col ילי ; עמם עַמּוֹ amó יִשְׂרָאֵל Yisrael וְאִמְרוּ veimrú אָמֵן Amén:
אָמֵן Amén אידהנויה•

Más allá de todas las bendiciones, himnos, alabanzas y palabras de consolación que deben decirse en el mundo, y dirán: Amén (Amén). Sobre Israel, sus Sabios, sus discípulos y todos los estudiantes de sus discípulos que se ocupan de la Santa Torá, en este lugar y en cada y toda localidad, que hay para nosotros, para ellos, y para todos, gracia, benevolencia y compasión del Señor de los Cielos y la Tierra y dígase: Amén (Amén). Que haya paz abundante del Cielo, vida, satisfacción, salvación, consuelo, entrega, sanación, redención, perdón, expiación, comodidad y alivio para nosotros y para toda Su Nación, Israel, y dígase: Amén (Amén). Él, que establece la paz en Sus Alturas y con Su compasión hará la paz sobre nosotros y sobre toda Su Nación, Israel. Y dígase: Amén (Amén).

Hodú, El Nekamot y Aromimjá

El poder del *Kadish* reside en su capacidad para elevarnos a los Mundos Superiores. Pero el lanzamiento inicial desde nuestro mundo físico (*Asiyá*) requiere un impulso adicional. Los sabios ancestrales nos dieron tres oraciones, *Hodú, El Nekamot* y *Aromimjá*, para este propósito. Esta etapa inicial de lanzamiento ocurre en el Mundo de Acción (*Asiyá*).

Hodú

El único alimento de nuestras *klipot* proviene de nuestro mundo (*Maljut* o *Asiyá*) y, como consecuencia, las *klipot* intentan evitar que nuestro mundo de *Maljut*, el Mundo de Acción (*Asiyá*), se eleve al Mundo de Formación (*Yetsirá*), puesto que esta traslación las desconectaría de su única fuente de Luz. *Hodú* corta el suministro de oxígeno a las *klipot*, ayudándonos a liberarnos de la fuerza gravitacional de éstas.

Decimos *Hodú* para fortalecer a *Maljut* de *Yetsirá*, que está incluida en *Heijal Kódesh HaKodashim* de *Asiyá*, con el propósito de romper el poder de las *klipot* que evitan que *Asiyá* se eleve a *Yetsirá*. Desde *Hodú* hasta *Baruj Elohim* (pág. 125) hay 295 palabras, que es el valor numérico de *Elohim* deletreado con *Hei* (אלף למד הה יוד מם). Y, por lo tanto, no debes agregar ni omitir ninguna de las palabras. Esta oración alaba al Sol en su camino cuando viene a iluminar al mundo. También *Yisrael* está alabando a Dios junto al Sol, como está escrito: "Deben ser vistos junto al Sol" (Salmos 72:5).

הוֹדוּ hodú אהיה לַיהֹוָהאדניאהדונהי laAdonai קִרְאוּ kirú בִשְׁמוֹ viShmó מהש ע״ה,
ע״ב בריבוע וקס״א ע״ה, אל שדי ע״ה ; לאו הוֹדִיעוּ hodíu בָעַמִּים vaamim
עֲלִילוֹתָיו alilotav: שִׁירוּ shiru לוֹ lo זַמְּרוּ־ zameru לוֹ lo שִׂיחוּ sijú
בְּכָל־ bejol ב״ן, לכב נִפְלְאוֹתָיו nifleotav: הִתְהַלְלוּ hithalelú בְּשֵׁם beShem
קָדְשׁוֹ kodshó יִשְׂמַח yismaj משיח לֵב lev מְבַקְשֵׁי mevakshei
יְהֹוָהאדניאהדונהי Adonai: דִּרְשׁוּ dirshú יְהֹוָהאדניאהדונהי Adonai וְעֻזּוֹ veuzó
בַּקְּשׁוּ bakeshú פָנָיו fanav תָּמִיד tamid ע״ה קס״א קנ״א קמ״ג:
זִכְרוּ zijrú נִפְלְאוֹתָיו nifleotav אֲשֶׁר asher עָשָׂה asá מֹפְתָיו moftav
וּמִשְׁפְּטֵי־ umishpetei פִיהוּ fihu: זֶרַע zera יִשְׂרָאֵל Yisrael
עַבְדּוֹ avdó בְּנֵי bnei יַעֲקֹב Yaakov ז׳ הויות, יאהדונהי אידהנויה
בְּחִירָיו bejirav: הוּא Hu יְהֹוָהאדניאהדונהי Adonai אֱלֹהֵינוּ Eloheinu ילה
בְּכָל־ bejol ב״ן, לכב הָאָרֶץ haárets אלהים דההין ע״ה מִשְׁפָּטָיו mishpatav:

Hodú, El Nekamot y Aromimjá

Hodú

"Agradece al Señor, invoca Su Nombre y da a conocer Sus proezas entre los pueblos. Cántale, cántale alabanzas y habla de Sus maravillas. Sé orgulloso de Su santo Nombre. Quienes buscan al Señor y a Su fuerza sienten regocijo en sus corazones. Busca Su presencia continuamente. Recuerda las maravillosas obras que Él ha hecho, Sus milagros y las leyes que Él ha enunciado. Ustedes son simiente de Israel, Su siervo, y los hijos de Yaakov, Sus Escogidos. Él es el Señor, nuestro Dios. Sus juicios cubren toda la Tierra.

זִכְרוּ zijrú לְעוֹלָם leolam ריבוע דס"ג וי' אותיות ס"ג בְּרִיתוֹ britó דָּבָר davar ראה

צִוָּה tsivá לְאֶלֶף leélef המספר אֶלֶף = אלף למד שין פה יוד דלת יוד ע"ה דּוֹר dor: אֲשֶׁר asher

כָּרַת carat אֶת־ et אַבְרָהָם Avraham וז"פ אל, רי"ו ול"ב נתיבות החכמה, רמ"ח (אברים),

עסמ"ב וט"ז אותיות פשוטות וּשְׁבוּעָתוֹ ushvuató לְיִצְחָק leYitsjak ד"פ ב"ן:

וַיַּעֲמִידֶהָ vayaamideha לְיַעֲקֹב leYaakov ז' הויות, יאהדונהי אידהנויה לְחֹק lejok

לְיִשְׂרָאֵל leYisrael בְּרִית brit עוֹלָם olam: לֵאמֹר lemor לְךָ lejá

אֶתֵּן etén אֶרֶץ־ érets כְּנָעַן Cnaán חֶבֶל jével נַחֲלַתְכֶם najalatjem:

בִּהְיוֹתְכֶם bihyotjem מְתֵי metei מִסְפָּר mispar כִּמְעַט quimat

וְגָרִים vegarim בָּהּ ba: וַיִּתְהַלְּכוּ vayithaljú ניצוצות קדושה מִגּוֹי migoy אֶל־ el

גּוֹי goy וּמִמַּמְלָכָה umimamlajá אֶל־ el עַם am אַחֵר ajer: לֹא־ lo

הִנִּיחַ hiníaj לְאִישׁ leísh לְעָשְׁקָם leashkam ר"ת ללה, אדני וַיּוֹכַח vayojaj

עֲלֵיהֶם aleihem מְלָכִים melajim: אַל־ al תִּגְּעוּ tigueú בִּמְשִׁיחָי bimshijai

וּבִנְבִיאַי uvinviai אַל־ al תָּרֵעוּ tareú: שִׁירוּ shiru לַיהֹוָאדניאהדונהי laAdonai

כָּל־ col ילי הָאָרֶץ haárets אלהים דההין ע"ה בַּשְּׂרוּ baserú מִיּוֹם־ miyom

ע"ה נגד, מזבח, זן, אל יהוה אֶל־ el יוֹם yom ע"ה נגד, מזבח, זן, אל יהוה יְשׁוּעָתוֹ yeshuató:

סַפְּרוּ saperú בַגּוֹיִם vagoyim (pronuncia bien la letra *Álef* en la palabra "*et*") אֶת־ et

כְּבוֹדוֹ quevodó בְּכָל bejol ב"ן, לכב הָעַמִּים haamim נִפְלְאוֹתָיו nifleotav:

כִּי qui גָּדוֹל gadol להח ; עם ד' אותיות = מבה, יזל, אום יְהֹוָאדניאהדונהי Adonai

וּמְהֻלָּל umehulal ס"ת ללה, אדני מְאֹד meod וְנוֹרָא venorá הוּא hu עַל־ al

כָּל־ col ילי ; עמם אֱלֹהִים Elohim אהיה אדני ; ילה כִּי qui כָּל־ col ילי

אֱלֹהֵי Elohei מילוי ע"ב, דמב ; ילה הָעַמִּים haamim אֱלִילִים elilim (pausa aquí)

Recuerda Su Pacto por siempre. Pacto que Él hizo con Avraham, y juramentó a Yitsjak, que Él estableció para Yaakov por estatuto y para Israel como Pacto eterno: A ti te daré la tierra de Canaán, la parte de tu herencia, donde no eran más que unos pocos y eran extranjeros perdidos en ella. Ellos deambularon de nación en nación y de un reino a otro. Sin embargo, Él no permitió que nadie les hiciese mal. Por ellos Él reprobaba a reyes: ¡No toquen a Mis ungidos y no causen daños a Mis profetas! Canta al Señor toda la Tierra y proclama Su salvación día a día. Relata Su gloria entre las naciones y Sus maravillosas obras entre todos los pueblos: porque grande es el Señor y alabado, Él es reverenciado por sobre todos los dioses. Porque todos los dioses de los pueblos no son nada, son sólo deidades,

ויהוהאדני יאהדונהי vaAdonai שמים shamáyim י"פ טל, י"פ כוזו עשה asá: הוד hod ההה

והדר vehadar לפניו lefanav עז oz וחדוה vejedvá במקמו bimkomó:

הבו havú אחד, אהבה, דאגה ליהוהאדני יאהדונהי laAdonai משפחות mishpejot

עמים amim הבו havú אחד, אהבה, דאגה ליהוהאדני יאהדונהי laAdonai כבוד cavod

ועז vaoz: הבו havú אחד, אהבה, דאגה ליהוהאדני יאהדונהי laAdonai כבוד quevod

שמו Shemó מהש ע"ה, ע"ב בריבוע וקס"א ע"ה, אל שדי ע"ה ; הבו יהוה כבוד שמו = אדם דוד משיח

שאו seú מנחה minjá ע"ה ב"פ ב"ן ובאו uvou לפניו lefanav

השתחוו hishtajavú ליהוהאדני יאהדונהי laAdonai בהדרת behadrat

קדש kódesh ר"ת למפרע קבלה (היינו שבוים שבת צריך ללמוד קבלה):

חילו jilú מלפניו milfanav כל col ילי הארץ haárets אלהים דההין ע"ה

אף af תכון ticón תבל tevel ב"פ רי"ו בל bal תמוט timot:

ישמחו yismejú השמים hashamáyim י"פ טל, י"פ כוזו ותגל vetaguel אותיות גלות

(שכשתהיה גאולה תהא שמחה) הארץ haárets אלהים דההין ע"ה ; ר"ת יהוה ; ס"ת = ריבוע דס"ג

ויאמרו veyomrú בגוים vagoyim יהוהאדני יאהדונהי Adonai מלך malaj

ר"ת יבמ, ב"ן: ירעם yiram הים hayam ילי ומלואו umloó ר"ת יה"ו, אהיה ;

ס"ת מום, אלהים, אהיה אדני יעלץ yaalots השדה hasadé וכל vejol ילי

אשר asher בו bo: אז az ירננו yeranenu עצי atsei היער hayaar

[illegible], סנדלפון, ערי מלפני milifnei יהוהאדני יאהדונהי Adonai כי qui בא va

לשפוט lishpot את et הארץ haárets אלהים דההין ע"ה ; ר"ת לאה: הודו hodú אהיה

ליהוהאדני יאהדונהי laAdonai כי qui טוב tov הו ; כי טוב = יהוה אהיה, אום, מבה, יזל כי qui

לעולם leolam ריבוע דס"ג וי אותיות דס"ג חסדו jasdó ג' הויות (מולא עילאה) ; ר"ת = נגה:

---

mientras que el Señor hizo los Cielos. Majestad y magnificencia son Su presencia; poder y gloria son Su morada. Otorguen al Señor, familias de los pueblos, otorguen al Señor honra y poder. Otorguen al Señor la gloria debida a Su nombre. Traigan una ofrenda y vengan ante Él con esplendor de santidad. Estremézcanse ante Él, moradores de la Tierra, para que el mundo sea establecido y no pueda desplomarse. Alégrense los Cielos y regocíjese la Tierra. Sea dicho entre las naciones: ¡El Señor reina! Brame la mar con todo lo que contiene, exáltese el campo y todo lo que hay allí. Los bosques cantarán ante el Señor, porque Él ha venido a juzgar la Tierra. Agradece al Señor porque Él es bueno y Su misericordia perdura eternamente.

וְאִמְרוּ veimrú הוֹשִׁיעֵנוּ hoshienu אֱלֹהֵי Elohei מילוי ע"ב, דמב ; ילה
יִשְׁעֵנוּ yishenu וְקַבְּצֵנוּ vekabtsenu וְהַצִּילֵנוּ vehatsilenu מִן־ min
הַגּוֹיִם hagoyim לְהֹדוֹת lehodot לְשֵׁם leShem קָדְשֶׁךָ kodsheja
לְהִשְׁתַּבֵּחַ lehishtabéaj בִּתְהִלָּתֶךָ: bitehilateja: בָּרוּךְ Baruj
יְהֹוָהאדני יאהדונהי Adonai אֱלֹהֵי Elohei מילוי ע"ב, דמב ; ילה יִשְׂרָאֵל Yisrael
יהוה אלהי ישראל = תרי"ג (מצוות) ; ס"ת = אדני מִן־ min הָעוֹלָם haolam וְעַד vead
הָעֹלָם haolam וַיֹּאמְרוּ vayomrú כָל־ jol ילי הָעָם haam אָמֵן יאהדונהי Amén
וְהַלֵּל vehalel ללה, אדני לַיהֹוָהאדני יאהדונהי laAdonai: רוֹמְמוּ romemú
יְהֹוָהאדני יאהדונהי Adonai אֱלֹהֵינוּ Eloheinu ילה וְהִשְׁתַּחֲווּ vehishtajavú
לַהֲדֹם lahadom רַגְלָיו raglav קָדוֹשׁ Kadosh הוּא Hu: רוֹמְמוּ romemú
יְהֹוָהאדני יאהדונהי Adonai אֱלֹהֵינוּ Eloheinu ילה וְהִשְׁתַּחֲווּ vehishtajavú
לְהַר lehar קָדְשׁוֹ kodshó כִּי־ qui קָדוֹשׁ Kadosh יְהֹוָהאדני יאהדונהי Adonai
אֱלֹהֵינוּ Eloheinu ילה: וְהוּא vehú רַחוּם rajum יְכַפֵּר yejaper ר"ת ריי
עָוֹן avón (*Aba* de la *klipá*) וְלֹא־ veló יַשְׁחִית yashjit (*Ima* de la *klipá*)
וְהִרְבָּה vehirbá לְהָשִׁיב lehashiv אַפּוֹ apó (*Zeir* de la *klipá*) וְלֹא־ veló
יָעִיר yair כָּל־ col ילי חֲמָתוֹ jamató (*Nukvá* de la *klipá*): אַתָּה Atá
יְהֹוָהאדני יאהדונהי Adonai לֹא־ lo תִכְלָא tijlá רַחֲמֶיךָ rajameja מִמֶּנִּי mimeni
חַסְדְּךָ jasdejá ר"ת = אברהם, ח"פ אל, ריי ול"ב נתיבות החכמה, רמ"ח (איברים), עסמ"ב וט"ז
אותיות פשוטות וַאֲמִתְּךָ vaamitjá תָּמִיד tamid ע"ה קס"א קנ"א קמ"ג יִצְּרוּנִי yitsruni:
זְכֹר־ zejor ע"ב קס"א, יהי אור ע"ה (סוד המשכת השפע מן ד' שמות ליסוד הנקרא זכור)
רַחֲמֶיךָ rajameja יְהֹוָהאדני יאהדונהי Adonai וַחֲסָדֶיךָ vajasadeja כִּי qui

---

Y digan: Sálvanos, Dios de nuestra salvación; reúnenos para librarnos de las naciones, para que agradezcamos a Tu santo Nombre, y nos glorifiquemos en Tu alabanza. ¡Bendito sea el Señor, Dios de Israel, en este mundo y en el Mundo por Venir! Y todo el pueblo dice 'Amén' y alaba al Señor" (I Crónicas 16:8-36). *"Exalten al Señor, nuestro Dios y póstrense ante Su escaño, porque Él es sagrado"* (Salmos 99:5). *"Exalten al Señor, nuestro Dios, y póstrense ante Su Santa Montaña, porque el Señor, nuestro Dios es santo"* (Salmos 99:9). *"Él es misericordioso, olvida iniquidades, y no destruye. Él frecuentemente contiene Su furia y no libera toda Su ira"* (Salmos 78:38). *"Y Tú, Señor, no alejes Tu misericordia de mí. Que Tu benevolencia y verdad siempre me protejan"* (Salmos 40:12). *"Recuerda Tu misericordia y benevolencia, Señor,*

OLAM ASIYÁ - יוד הה וו הה – אל אדני

מֵעוֹלָם meolam הֵמָּה hema עמם: תְּנוּ tenú עֹז oz לֵאלֹהִים leElohim אהיה אדני ; ילה

עַל־ al יִשְׂרָאֵל Yisrael גַּאֲוָתוֹ gaavató וְעֻזּוֹ veuzó בַּשְּׁחָקִים bashejakim:

נוֹרָא norá אֱלֹהִים Elohim אהיה אדני ; ילה מִמִּקְדָּשֶׁיךָ mimikdasheja

אֵל El ייא״י (מילוי דס״ג) יִשְׂרָאֵל Yisrael אל ישראל = כ״ב הויות (כ״א דתפילין וא׳ דטלית)

הוּא Hu נֹתֵן notén אבגיתץ, ושר עֹז oz וְתַעֲצֻמוֹת vetaatsumot לָעָם laam עלם

בָּרוּךְ Baruj אֱלֹהִים Elohim אהיה אדני ; ילה ; ס״ת מילוי דשדי (ין לת וד) ; ברוך אלהים = שדי:

EL NEKAMOT

El Nombre *Yud, Hei, Vav* y *Hei* aparece once veces en esta conexión. El poder de once elimina el dominio de las *klipot*. Existen Diez *Sefirot* entre nuestro mundo y el Mundo Infinito. La undécima conexión está diseñada para darle su alimento a las *klipot* para que no intenten robarnos el nuestro. Cuando iniciamos esta entrega de Luz, obtenemos control sobre las *klipot*. Tenemos apoyo adicional disponible en virtud de diez gigantes espirituales que vivieron y murieron para poder asistirnos. Estas diez almas justas fueron la reencarnación de los diez hermanos que vendieron a Yosef (hijo del Patriarca bíblico Yaakov) como esclavo. En su última encarnación, los hermanos de Yosef fueron brutalmente asesinados, pero tuvieron el poder de abandonar los confines de sus cuerpos físicos para que no sufrieran dolor alguno. Como reflejo de sus acciones, podemos obtener un aumento adicional de energía para ayudarnos a despegar de este mundo físico.

Desde aquí hasta *Aromimjá*, el Nombre Sagrado: יהוה aparece once veces con el propósito de separar las *klipot* que están adheridas a las 11 cortinas. Cuando dices *El Nekamot*, debes meditar en que Dios vindique (*nekamá*, pero el significado más profundo es "elevar", que proviene de la misma raíz, *lehakim*) las muertes de los Diez Mártires. Cuando recitamos *El Nekamot*, esto le da fortaleza a las almas de los Diez Mártires para que puedan reunir las chispas de las almas que están capturadas dentro de la *klipá* de *Asiyá*.

אֵל El ייא״י (מילוי דס״ג) נְקָמוֹת nekamot יְהֹוָהאדניאהדונהי Adonai ; ר״ת אני

אֵל El ייא״י (מילוי דס״ג) נְקָמוֹת nekamot מנק ; ר״ת = יב״ק, אלהים יהוה, אהיה אדני יהוה

הוֹפִיעַ hofía: הִנָּשֵׂא hinasé שֹׁפֵט shofet הָאָרֶץ haárets אלהים דההין ע״ה

הָשֵׁב hashev ר״ת = שדי ע״ה גְּמוּל guemul עַל־ al גֵּאִים gueim:

---

porque son eternas" (Salmos 25:6). "Da poder a Dios, porque Su majestad está sobre Israel y Su poder está en los Cielos. Dios, Tú eres reverentemente temido en Tus Templos, Dios de Israel. Él da poderes y fortaleza a la nación, bendito sea Dios" (Salmos 68:35-36).

EL NEKAMOT

"Tú eres el Dios de la venganza, Señor, El Dios de la venganza aparece. Levántate, Juez del mundo. Devuelve a los arrogantes lo que se merecen" (Salmos 94:1-2).

לַיהֹוָ֣ה(אדני) יאהדונהי laAdonai הַיְשׁוּעָה hayeshuá עַל־ al עַמְּךָ ameja

בִרְכָתֶךָ virjateja סֶּלָה sela: יְהֹוָ֣ה(אדני) יאהדונהי Adonai צְבָאוֹת Tsvaot פני שכינה

עִמָּנוּ imanu ריבוע ס״ג, קס״א ע״ה וד׳ אותיות מִשְׂגָּב־ misgav משה, מהש, ע״ב בריבוע וקס״א,

אל שדי, ד״פ אלהים ע״ה לָנוּ lanu אלהים, אהיה אדני אֱלֹהֵי Elohei מילוי ע״ב, דמב ; ילה

יַעֲקֹב Yaakov ד׳ הויות, יאהדונהי אידהנויה סֶלָה sela: יְהֹוָ֣ה(אדני) יאהדונהי Adonai

צְבָאוֹת Tsvaot פני שכינה אַשְׁרֵי ashrei אָדָם adam מ״ה ; יהוה צבאות אשרי אדם = תפארת

בֹּטֵחַ botéaj בָּךְ: baj אדם בוטח בך = אמן ע״ה = יאהדונהי ע״ה ; בוטח בך = מילוי ע״ב ע״ה:

יְהֹוָ֣ה(אדני) יאהדונהי Adonai הוֹשִׁיעָה hoshía יהוה וש״ע נהורין הַמֶּלֶךְ haMélej: ר״ת יהה

יַעֲנֵנוּ yaanenu בְיוֹם veyom ע״ה נגד, מזבח, זן, אל יהוה קָרְאֵנוּ korenu ר״ת יב״ק,

אלהים יהוה, אהיה אדני יהוה ; ס״ת בן ועם כ׳ המלך = ע״ב: הוֹשִׁיעָה hoshía יהוה וש״ע נהורין

אֶת־ et עַמֶּךָ ameja ס״ת כהת, משיח בן דוד ע״ה וּבָרֵךְ uvarej: אֶת־ et

נַחֲלָתֶךָ najalateja וּרְעֵם ureem וְנַשְּׂאֵם venasem עַד־ ad הָעוֹלָם haolam:

נַפְשֵׁנוּ nafshenu (pronuncia bien la letra *Jet* en la palabra "*jictá*") חִכְּתָה jiqueta

כהת, משיח בן דוד ע״ה לַיהֹוָ֣ה(אדני) יאהדונהי laAdonai (יוד הה וו הה) ; ר״ת שם נחל

עֶזְרֵנוּ ezrenu וּמָגִנֵּנוּ umaguinenu הוּא Hu: כִּי־ qui בוֹ vo יִשְׂמַח yismaj משיח

לִבֵּנוּ libenu כִּי qui בְשֵׁם veShem קָדְשׁוֹ kodshó בָטָחְנוּ vatajnu: יְהִי־ yehí

חַסְדְּךָ jasdeja יְהֹוָ֣ה(אדני) יאהדונהי Adonai עָלֵינוּ aleinu כַּאֲשֶׁר caasher

יִחַלְנוּ yijalnu סאל, אמן (יאהדונהי) לָךְ laj: הַרְאֵנוּ harenu יְהֹוָ֣ה(אדני) יאהדונהי Adonai

חַסְדֶּךָ jasdejá וְיֶשְׁעֲךָ veyeshajá תִּתֶּן־ titén ב״פ כהת לָנוּ lanu אלהים, אהיה אדני:

"La salvación pertenece al Señor y Tu bendición está sobre Tu Nación, Sela" (Salmos 3:9). *"El Señor de los Ejércitos está con nosotros, y nuestra fortaleza es el Dios de Yaakov, Sela"* (Salmos 46:12). *"El Señor de los Ejércitos, dichoso es el hombre que confía en Ti"* (Salmos 84:13). *"Señor, redímenos. El Rey nos responderá en el día en el que lo llamemos"* (Salmos 20:10). *"Redime a Tu Nación y bendice Tu herencia, provee para ellos y elévalos para siempre"* (Salmos 28:9). *"Nuestra alma ha esperado al Señor. Él es nuestra ayuda y nuestro escudo. Porque, en Él, nuestro corazón se regocija porque hemos confiado en Su Santo Nombre. Señor, que Tu benevolencia esté sobre nosotros porque hemos colocado nuestra confianza en Ti"* (Salmos 33:20-22). *"Muéstranos Tu benevolencia, Señor, y otórganos Tu salvación"* (Salmos 85:8).

ufdenu וּפְדֵנוּ אהיה אדני, אלהים lanu לָּנוּ ezratá עֶזְרָתָה (מקוה) קנ״א kuma קוּמָה
Adonai יְהֹוָה anojí אָנֹכִי :jasdejá חַסְדֶּךָ lemaan לְמַעַן
Mitsráyim מִצְרָיִם meérets מֵאֶרֶץ hamaaljá הַמַּעַלְךָ ילה Eloheja אֱלֹהֶיךָ
ashrei אַשְׁרֵי :vaamalehu וַאֲמַלְאֵהוּ pija פִּיךָ harjev הַרְחֶב מצר
ע״ה שכה, מהש, ע״ב בריבוע וקס״א, אל שדי, ד״פ אלהים ע״ה shecaja שֶׁכָּכָה haam הָעָם
sheAdonai שֶׁיְהֹוָה לאה ר״ת haam הָעָם ashrei אַשְׁרֵי lo לּוֹ
vatajti בָטַחְתִּי bejasdeja בְּחַסְדְּךָ אני vaaní וַאֲנִי :ילה Elohav אֱלֹהָיו
ashira אָשִׁירָה כ״ן = ר״ת bishuateja בִּישׁוּעָתֶךָ libí לִבִּי להח yaguel יָגֵל
:ילי ס״ת alai עָלָי gamal גָמַל qui כִּי laAdonai לַיהֹוָה

AROMIMJÁ

Cuando realizamos acciones negativas, le damos nuestra Luz a la *klipá* —especialmente a aquellas que están en *Asiyá*— evitando de este modo la elevación de *Asiyá*. Debido a su pesadez espiritual, tenemos que deshacernos de la *klipá* para que *Asiyá* pueda ascender al Mundo de Formación. Mientras que la oración *Hodú* nos desconecta de la *klipá*, *Aromimjá* ayuda a reunir y elevar las chispas de Luz que aún están atrapadas dentro de la *klipá*. Cuando separamos estas chispas de Luz de la *klipá*, la *klipá* pierde todo su poder y deja ir a *Asiyá*. La palabra *Aromimjá* significa "alabar", pero también "elevar", en referencia a la elevación de las chispas desde la *klipá*. *Aromimjá* contiene 92 palabras que nos conectan al poder de la palabra "*Amén*" (que es 91 más 1 por la palabra misma).

En este Salmo está diez veces el Nombre: יהוה que corresponde a las Diez *Sefirot*. Y hay 92 palabras, que es el valor numérico de יהוה אדני (más 1 por la palabra misma). *Aromimjá* está compuesta de palabras de gratitud de las almas y las chispas de *Asiyá* que fueron salvadas y elevadas de las *klipot* de *Asiyá* para transformarse en *Mayin Nukvín*. Estas almas agradecen a Dios por elevarlas del *Sheol*.

aromimjá אֲרוֹמִמְךָ
(*Kéter*) Adonai יְהֹוָה ענין נצוצי הקדושה העולים ויוצאים מקליפות דעשיה הנקרא נפש
:li לִי oyvai אֹיְבַי simajta שִׂמַּחְתָּ veló וְלֹא dilitani דִלִּיתָנִי qui כִּי

"¡Levántate y ayúdanos! ¡Redímenos por causa de Tu benevolencia!" (Salmos 44:27). *"Yo soy el Señor, su Dios, quien los sacó de la tierra de Egipto. Abre tu boca con amplitud y Yo la llenaré"* (Salmos 81:11). *"Dichosa es la nación para la cual todo esto es cierto; feliz es la nación de la cual el Señor es su Dios"* (Salmos 144:15). *"Y yo he confiado en Tu benevolencia, por lo tanto, mi corazón se regocijará en Tu salvación. Yo cantaré al Señor, porque Él me ha recompensado"* (Salmos 13:6).

AROMIMJÁ

"Te exaltaré, Señor, porque Tú me has elevado, y no permitiste que mis enemigos se rieran de mí.

יְהֹוָהאדנייאהדונהי Adonai (*Jojmá*) אֱלֹהָי Elohai מילוי ע"ב, דמב ; ילה שִׁוַּעְתִּי shivati
אֵלֶיךָ eleja וַתִּרְפָּאֵנִי vatirpaeni: יְהֹוָהאדנייאהדונהי Adonai (***Biná***)
הֶעֱלִיתָ heelita מִן־ min שְׁאוֹל sheol נַפְשִׁי nafshí (elevación de las almas desde *Asiyá*)
חִיִּיתַנִי jiyitani ס"ת ילי מִיָּרְדִי־ miyardí (כתיב: מיורדי) בוֹר vor: זַמְּרוּ zamrú
לַיהֹוָהאדנייאהדונהי laAdonai (*Jésed*) חֲסִידָיו jasidav וְהוֹדוּ vehodú אהיה
לְזֵכֶר lezéjer קָדְשׁוֹ kodshó: כִּי qui רֶגַע rega ג"פ אלהים וה' אותיות שבכל שם אלהים
בְּאַפּוֹ beapó ס"ת = אלהים, אהיה אדני ; ועם ם דוויים = ריבוע אדני
וְחַיִּים jayim אהיה אהיה יהוה, בינה ע"ה בִּרְצוֹנוֹ birtsonó כי רגע באפו וחיים ברצונו = שין דלת יוד
בָּעֶרֶב baérev יָלִין yalín בֶּכִי beji ר"ת י"י (כנגד מספר אותיות יהוה אלהינו יהוה,
וכן מספר האותיות כוזו במוכסז כוזו) וְלַבֹּקֶר velabóker רִנָּה riná בערב ילין בכי ולבקר רנה =
מטטרון שר הפנים: וַאֲנִי vaaní אני אָמַרְתִּי amarti בְשַׁלְוִי veshalví בַּל־ bal
אֶמּוֹט emot לְעוֹלָם leolam ריבוע ס"ג וי' אותיות דס"ג: יְהֹוָהאדנייאהדונהי Adonai (***Guevurá***)
בִּרְצוֹנְךָ birtsonjá הֶעֱמַדְתָּה heemadta לְהַרְרִי leharerí עֹז oz
הִסְתַּרְתָּ histarta פָנֶיךָ faneja ס"ג מ"ה ב"ן הָיִיתִי hayiti נִבְהָל nivhal:
אֵלֶיךָ eleja יְהֹוָהאדנייאהדונהי Adonai (***Tiféret***) אֶקְרָא ekrá וְאֶל veel
יְהֹוָהאדנייאהדונהי Adonai (***Nétsaj***) אֶתְחַנָּן etjanán: מַה־ ma מ"ה בֶּצַע betsá
בְּדָמִי bedamí בְּרִדְתִּי beridtí אֶל el ס"ת ילי שָׁחַת shájat הֲיוֹדְךָ hayodjá
עָפָר afar הֲיַגִּיד hayaguid ייז, כ"ב אותיות פשוטות (= אכא) וה' אותיות סופיות (מנצפך)
אֲמִתֶּךָ amiteja: שְׁמַע־ shemá יְהֹוָהאדנייאהדונהי Adonai (***Hod***) וְחָנֵּנִי vejaneni
יְהֹוָהאדנייאהדונהי Adonai (***Yesod***) הֱיֵה־ heyé יהה עֹזֵר ozer לִי li מוזי:

Señor, Dios mío, clamé a Ti y Tú me sanaste. Señor, Tú alzaste mi alma del Sheol (Infierno), y me mantuviste con vida cuando caí en el abismo. Entonen cánticos al Señor, ustedes, Sus piadosos siervos y alaben Su Santo Nombre. Porque Su ira dura un instante y Su voluntad por siempre. Si por la noche se derraman lágrimas, por la mañana despertamos cantando. Y yo pensaba confiado, que nunca me desplomaría. Señor, eras Tú que diste fortaleza a mi montaña; y cuando ocultaste Tu Rostro, estuve asustado. Es a Ti, Señor, a quien llamo y es al Señor a quien yo imploro. ¿Qué provecho habrá con mi muerte o con que sea bajado al sepulcro? ¿Acaso el polvo te alabará? ¿Proclamará Tu fidelidad? Señor, escúchame y sé misericordioso conmigo. Señor, sé mi asistente.

הפכת hafajta מספדי mispedí למחול lemajol לי li ס״ת ילי

פתחת pitajta שקי sakí ותאזרני vateazreni שמחה simjá:

למען lemaan יזמרך yezamerja כבוד javod ולא veló ידם yidom (pausa)

יהוהאדניאהדונהי Adonai (*Maljut*) ר״ת = אלהים, אהיה אדני אלהי Elohai

לעולם leolam מילוי ע״ב, דמב ; ילה ריבוע ס״ג וי׳ אותיות דס״ג אודך odeca:

> Recita esta oración entre *Rosh Hashaná* y *Yom Kipur*.
>
> **YUD, HEI, VAV Y HEI ES ELOHIM**
>
> *Yud, Hei, Vav* y *Hei* יהוה corresponde a los Mundos Superiores. *Elohim* אלהים se refiere tanto al concepto de Juicio como al mundo físico. Durante los diez días entre *Rosh Hashaná* y *Yom Kipur*, los Mundos Superiores e Inferiores son unidos. Esta oración nos ayuda a transformar en Misericordia cualquier juicio decretado en nuestra contra. Es importante entender que cuando la vida parece estarnos juzgando muy severamente, siempre hay una razón para ello.
>
> יהוהאדניאהדונהי Adonai הוא Hu האלהים haElohim אהיה אדני ; ילה ;
>
> יהוה הוא האלהים = ענו עג״כ ; ר״ת יהה.
>
> יהוהאדניאהדונהי Adonai הוא Hu האלהים haElohim אהיה אדני ; ילה ;
>
> יהוה הוא האלהים = ענו עג״כ ; ר״ת יהה.
>
> Recita este verso dos veces.

ADONAI MÉLEJ

Esta oración trasciende el concepto de tiempo, espacio y movimiento, así como las ilusiones de los cinco sentidos. La frase "El Señor es Rey, el Señor ha reinado, el Señor reinará para siempre y por la eternidad" unifica pasado, presente y futuro en uno solo, de modo que cuando recitamos *Adonai Mélej* (El Señor es Rey) con la conciencia de transformación, podemos corregir errores cometidos en el pasado, a la vez que creamos un mejor futuro y lo logramos en el presente. Cuando vivimos en el presente, podemos corregir el pasado e influir en nuestro futuro.

Los ángeles son fuerzas energéticas particulares que actúan como sistema de transporte de nuestras oraciones. Esta conexión es tan poderosa que incluso los ángeles se quedan y cantan junto a nosotros, en lugar de sólo transportar nuestras palabras y pensamientos a los Mundos Superiores.

Tú convertiste mi lamento en júbilo. Me quitaste el luto y me vestiste de regocijo,
para que mi corazón pueda cantarte alabanzas y nunca quedarse callado,
¡Señor, mi Dios, te agradeceré por siempre!" (*Salmos 30:2-13*).

> **YUD, HEI, VAV Y HEI ES ELOHIM**
>
> *"¡El Señor es el Dios!*
> *¡El Señor es el Dios!"* (*I Reyes 18:39*).

OLAM ASIYÁ - יוד הה וו הה – אל אדני

Según el Libro de *Heijalot*: "Hay un ángel que se para cada mañana en medio del Cielo y canta los versos de '*Adonai Mélej*', y todos los ejércitos de los Mundos Superiores cantan con él hasta *Barjú*". Como los ángeles cantan *Adonai Mélej* mientras están de pie, nosotros también.

Recita lo siguiente mientras estás de pie:

וחכמה-חסד ם ן בינה-גבורה ץ

יְהֹוָהאדניאהדונהי Adonai מֶלֶךְ mélej יְהֹוָהאדניאהדונהי Adonai מָלָךְ malaj

דעת-תפארת ף ך

יְהֹוָהאדניאהדונהי Adonai | יִמְלֹךְ yimloj (מֶלֶךְ מָלָךְ יִמְלֹךְ = מנצפך, סנדלפון, ערי)

יהוה דעת-תפארת

לְעֹלָם leolam ריבוע דס"ג וי' אותיות דס"ג ; ר"ת ייל וָעֶד vaed:

נצח ם ן הוד ץ

יְהֹוָהאדניאהדונהי Adonai מֶלֶךְ mélej יְהֹוָהאדניאהדונהי Adonai מָלָךְ malaj

יסוד ף ך

יְהֹוָהאדניאהדונהי Adonai | יִמְלֹךְ yimloj (מֶלֶךְ מָלָךְ יִמְלֹךְ = מנצפך, סנדלפון, ערי)

יהוה יסוד

לְעֹלָם leolam ריבוע דס"ג וי' אותיות דס"ג ; ר"ת ייל וָעֶד vaed:

וְהָיָה vehayá יהוה ; יהה יְהֹוָהאדניאהדונהי Adonai לְמֶלֶךְ lemélej

עַל־ al כָּל col ילי ; עמם הָאָרֶץ haárets אלהים דההין ע"ה בַּיּוֹם bayom

ע"ה נגד, מזבח, זן, אל יהוה הַהוּא hahú יִהְיֶה yihyé ייי יְהֹוָהאדניאהדונהי Adonai

אֶחָד Ejad אהבה, דאגה וּשְׁמוֹ uShmó מהש ע"ה, ע"ב בריבוע וקס"א, אל שדי ע"ה

אֶחָד Ejad אהבה, דאגה (בסוד אבא ואמא ואריך אנפין דעולם העשיה):

ADONAI MÉLEJ

El Señor es Rey, el Señor ha reinado, el Señor reinará por siempre y para la eternidad.

El Señor es Rey, el Señor ha reinado, el Señor reinará por siempre y para la eternidad. "Y el Señor siempre ha sido Rey sobre toda la Tierra. Y en ese día, el Señor será Uno y Su Nombre Uno" (Zacarías 14:9).

OLAM ASIYÁ - יוד הה וו הה – אל אדני

HOSHIENU

הוֹשִׁיעֵנוּ hoshienu | יְהֹוָאדניאהדונהי Adonai אֱלֹהֵינוּ Eloheinu ילה

וְקַבְּצֵנוּ vekabtsenu מִן min הַגּוֹיִם hagoyim לְהוֹדוֹת lehodot

לְשֵׁם leShem קָדְשֶׁךָ kodsheja לְהִשְׁתַּבֵּחַ lehishtabéaj

בִּתְהִלָּתֶךָ bitehilateja:

בָּרוּךְ Baruj יְהֹוָאדניאהדונהי Adonai | אֱלֹהֵי Elohei מילוי ע״ב, דמב ; ילה

יִשְׂרָאֵל Yisrael ס״ת = אדני ; יהוה אלהי ישראל = תרי״ג (מצוות)

מִן־ min הָעוֹלָם haolam וְעַד vead הָעוֹלָם haolam

וְאָמַר veamar כָּל־ col ילי הָעָם haam אָמֵן Amén יאהדונהי

הַלְלוּיָהּ haleluyá אלהים, אהיה אדני ; ללה:

כֹּל col ילי הַנְּשָׁמָה haneshamá תְּהַלֵּל tehalel ר״ת כהת, משיח בן דוד ע״ה

יָהּ Yah הַלְלוּיָהּ haleluyá אלהים, אהיה אדני ; ללה:

LAMENATSÉAJ

Al meditar en el *Maguén David* (Escudo de David), aprovechamos el poder, fortaleza y valentía del Rey David para que podamos vencer a nuestros enemigos personales. Nuestros verdaderos enemigos no se encuentran en el mundo exterior, a pesar de lo que nos diga nuestro ego. Nuestro verdadero enemigo es nuestro *Deseo de Recibir para Sí Mismo*. Cuando vencemos al enemigo interno, los enemigos externos de pronto desaparecen de nuestra vida.

Dios reveló este Salmo al Rey David a través de la Inspiración Divina. Fue escrito en una placa de oro en forma de una *Menorá* (ilustrado en la pág.133). Dios también se la mostró a Moshé. El Rey David llevaba este Salmo escrito y grabado en la placa de oro en su escudo, el Escudo de David. Cuando el Rey David iba a la guerra, él meditaba en los secretos de la *Menorá* y en las siete oraciones de este Salmo grabadas en ésta, y sus enemigos, literalmente, caían vencidos ante él. Al meditar en él (leyendo las letras sin cambiar la posición de la página), aprovechamos ese poder. (*Midbar Kdemot*, por el Jidá, y también en *Menorat Zahav*, por Rav Zusha).

HOSHIENU

"Sálvanos, Señor, nuestro Dios, y reúnenos de entre las naciones para darle gracias a Tu Santo Nombre y ser glorificados en Tu alabanza. Bendito es el Señor, el Dios de Israel, de este mundo al Mundo por Venir y toda la nación dice: Amén ¡Alaben al Señor!" (Salmos 106:47-48). *"¡Todas las almas alabarán a Dios, Aleluya!"* (Salmos 150:6).

לַמְנַצֵּחַ lamenatséaj בִּנְגִינֹת binguinot מִזְמוֹר mizmor שִׁיר shir׃

אֱלֹהִים Elohim אהיה אדני ; ילה יְחָנֵּנוּ yejanenu וִיבָרְכֵנוּ vivarjenu

יָאֵר yaer כף ויו זין ויו פָּנָיו panav אִתָּנוּ itanu ר"ת פאי, אמן (יאהדונהי) סֶלָה sela׃

לָדַעַת ladáat ר"ת סאל, אמן (יאהדונהי) בָּאָרֶץ baárets דַּרְכֶּךָ darquejá

בְּכָל bejol ב"ן, לכב גּוֹיִם goyim יְשׁוּעָתֶךָ yeshuateja׃

יוֹדוּךָ yoduja עַמִּים amim אֱלֹהִים Elohim אהיה אדני ; ילה יוֹדוּךָ yoduja

עַמִּים amim כֻּלָּם culam׃ יִשְׂמְחוּ yismejú וִירַנְּנוּ viranenú

לְאֻמִּים leumim ר"ת ע"ה = איההיוהה כִּי qui תִשְׁפֹּט tishpot עַמִּים amim

מִישֹׁר mishor וּלְאֻמִּים uleumim בָּאָרֶץ baárets תַּנְחֵם tanjem סֶלָה sela׃

יוֹדוּךָ yoduja עַמִּים amim אֱלֹהִים Elohim אהיה אדני ; ילה יוֹדוּךָ yoduja

עַמִּים amim כֻּלָּם culam׃ ר"ת יודוך ישמחו יודוך ארץ = "יא" (במילוי דס"ג)

ועם ר"ת אלהים לדעת יברכנו = ע"ב, ריבוע יהוה אֶרֶץ érets נָתְנָה natná נתה, קס"א קנ"א קמ"ג

יְבוּלָהּ yevulá ר"ת אני יְבָרְכֵנוּ yevarjenu אֱלֹהִים Elohim אהיה אדני ; ילה

אֱלֹהֵינוּ Eloheinu ילה׃ יְבָרְכֵנוּ yevarjenu אֱלֹהִים Elohim אהיה אדני ; ילה

וְיִירְאוּ veyirú אוֹתוֹ otó כָּל col ילי אַפְסֵי afsei אָרֶץ árets׃

LAMENATSÉAJ

"Al Director del Coro, con música melodiosa, un Salmo. Tenga Dios gracia con nosotros y nos bendiga, y haga resplandecer Su rostro sobre nosotros, Sela. Para que sea Tu camino conocido en la Tierra y Tu salvación entre todas las naciones. Las naciones te darán gracias, Dios. Todas las naciones te darán gracias. La gente se alegrará y cantará porque Tú juzgas a los pueblos con equidad y Tú guías a las naciones en la Tierra, Sela. Los pueblos te darán gracias, Dios. Todos los pueblos te darán gracias. La Tierra ha dado su fruto. Nos bendiga Dios, nuestro Dios. Nos bendiga Dios y le teman desde todos los confines de la Tierra" (Salmos 67).

OLAM ASIYÁ - יוד הה וו הה – אל אדני

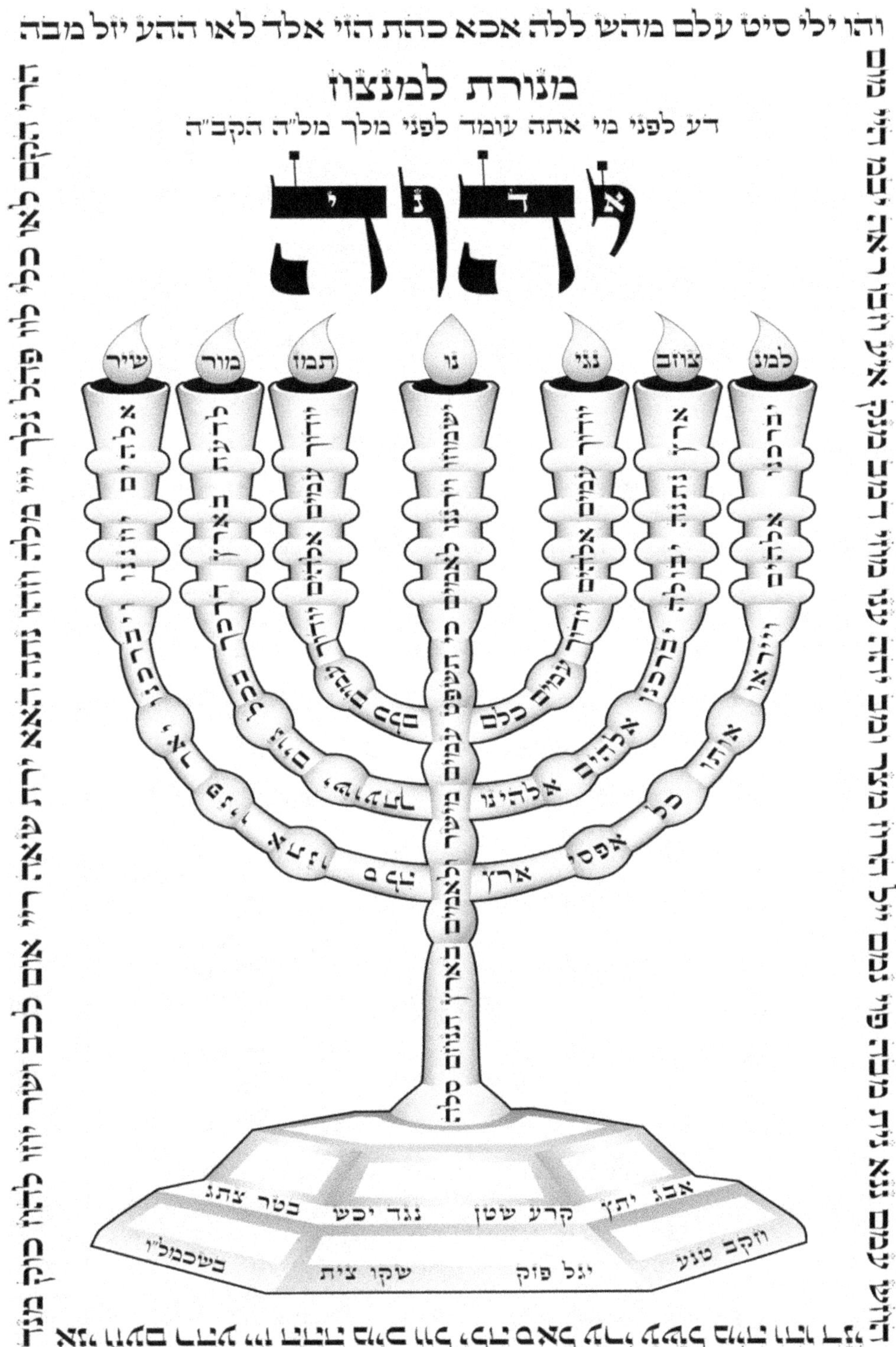

OLAM YETSIRÁ - יוד הא ואו הא – אל יהוה

EL MUNDO DE LA FORMACIÓN (*YETSIRÁ*)

BARUJ SHEAMAR

Desde aquí, "*Baruj Sheamar*", hasta "*Jei Haolamim*" (pág. 163) estás en el Mundo de *Yetsirá*

Cuando digas *Baruj Sheamar* debes estar de pie y sostener los dos *Tsitsiot* delanteros y meditar en crear igualdad entre *Asiyá* y *Yetsirá*, puesto que la purificación de *Yetsirá* se hace a través del *Talit*. Trece veces la palabra "*Baruj*" corresponde a los Trece Atributos de *Yetsirá*.

(1) אל (*Kéter*) בָּרוּךְ Baruj שֶׁאָמַר sheamar וְהָיָה vehayá יהה

הָעוֹלָם haolam• בְּשָׁוֶה - *Olam Asiyá* ahora es igual a *Olam Yetsirá*

(2) רחום (*Jojmá*) בָּרוּךְ Baruj הוּא Hu•

(3) וחנון (*Biná*) בָּרוּךְ Baruj אוֹמֵר omer וְעֹשֶׂה veosé•

(4) ארך בָּרוּךְ Baruj גּוֹזֵר gozer וּמְקַיֵּם umekayem•

(5) אפים בָּרוּךְ Baruj עֹשֶׂה osé בְרֵאשִׁית vereshit•

(6) ורב חסד בָּרוּךְ Baruj מְרַחֵם merajem אברהם, ח״פ אל, רי״ו ול״ב נתיבות החכמה,

רמ״ח (אברים), עסמ״ב וט״ז אותיות פשוטות עַל al הָאָרֶץ haárets אלהים דההין ע״ה

(7) ואמת בָּרוּךְ Baruj מְרַחֵם merajem אברהם, ח״פ אל, רי״ו ול״ב נתיבות החכמה,

רמ״ח (אברים), עסמ״ב וט״ז אותיות פשוטות עַל al הַבְּרִיּוֹת habriyot•

(8) נצר חסד בָּרוּךְ Baruj מְשַׁלֵּם meshalem שָׂכָר sajar י״פ ב״ן

טוֹב tov והו לִירֵאָיו lireav•

(9) לאלפים בָּרוּךְ Baruj חַי jai לָעַד laad ב״פ ב״ן

וְקַיָּם vekayam לָנֶצַח lanétsaj•

(10) נשא עון בָּרוּךְ Baruj פּוֹדֶה podé וּמַצִּיל umatsil•

(11) ופשע בָּרוּךְ Baruj שְׁמוֹ Shemó מהש ע״ה, ע״ב בריבוע וקס״א ע״ה, אל שדי ע״ה•

EL MUNDO DE FORMACIÓN (*YETSIRÁ*) - BARUJ SHEAMAR

1) Bendito sea Él que habló y el mundo entero existió.
2) Bendito sea Él. 3) Bendito sea Él cuya palabra es obra.
4) Bendito sea Él cuyo decreto cumple. 5) Bendito sea Él que instiga creaciones. 6) Bendito sea Él que es compasivo con el mundo. 7) Bendito sea Él que se apiada de todas las criaturas. 8) Bendito sea Él que recompensa bien a aquellos que le temen. 9) Bendito sea Él que vive para siempre y existe para la eternidad. 10) Bendito sea Él que redime y salva. 11) Bendito es Su Nombre.

(12) ווזטאה בָּרוּךְ Baruj אַתָּה Atá יְהֹוָהאדניאהדונהי Adonai

אֱלֹהֵינוּ Eloheinu ילה מֶלֶךְ Mélej הָעוֹלָם haolam

הָאֵל haEl לאה ; ״יא״ (מילוי דס״ג) אָב av

הָרַחֲמָן harajmán הַמְהֻלָּל hamehulal בְּפֶה befé פ״ז

(מנין התיבות בברוך שאמר - בסוד ״כתם טהור פז״) עַמּוֹ amó•

מְשֻׁבָּח meshubaj וּמְפֹאָר umefoar בִּלְשׁוֹן bilshón

חֲסִידָיו jasidav וַעֲבָדָיו vaavadav• וּבְשִׁירֵי uveshirei

דָּוִד David עַבְדֶּךָ avdaj פוי, אל אדני נְהַלֶּלְךָ nehalelaj

יְהֹוָהאדניאהדונהי Adonai אֱלֹהֵינוּ Eloheinu ילה בִּשְׁבָחוֹת bishvajot

וּבִזְמִירוֹת uvizmirot• וּנְגַדֶּלְךָ unegadelaj וּנְשַׁבֵּחֲךָ uneshabjaj

וּנְפָאֶרְךָ unefaaraj וְנַמְלִיכְךָ venamlijaj וְנַזְכִּיר venazquir

שִׁמְךָ Shimjá מַלְכֵּנוּ malquenu אֱלֹהֵינוּ Eloheinu ילה

יָחִיד yajid חֵי jei (לפי האריז״ל, חַי לפי הרש״ש)

הָעוֹלָמִים haolamim• מֶלֶךְ Mélej מְשֻׁבָּח meshubaj

וּמְפֹאָר umefoar עֲדֵי adei עַד ad

שְׁמוֹ Shemó מהש ע״ה, ע״ב בריבוע וקס״א ע״ה, אל שדי ע״ה

הַגָּדוֹל hagadol להח ; עם ד׳ אותיות = מבה, יזל, אום•

(13) ונכה בָּרוּךְ Baruj אַתָּה Atá יְהֹוָהאדני(יְהֹוָהאדני)אהדונהי Adonai

מֶלֶךְ Mélej מְהֻלָּל mehulal בַּתִּשְׁבָּחוֹת batishbajot:•

---

12) Bendito eres Tú, Señor, nuestro Dios, el Rey del universo. El Dios, el Padre compasivo, quien es exaltado en labios de Su Nación. Quien es alabado y glorificado por las lenguas de Sus piadosos y Sus siervos. Con las canciones de David, Tu siervo. Te loaremos, Señor, nuestro Dios, con alabanzas y canciones, nos regocijaremos y Te alabaremos, Te glorificaremos, y Te proclamaremos, Rey. Mencionaremos Tu Nombre nuestro Rey, nuestro Dios, Único y eternamente vivo; el Rey quien es alabado y glorificado. Y por siempre es Su gran Nombre. 13) Bendito eres Tú, Señor, el Rey exaltado en alabanzas.

OLAM YETSIRÁ - יוד הא ואו הא – אל יהוה

MIZMOR LETODÁ

La esencia de esta oración es la apreciación por los milagros ocultos que ocurren en nuestra vida. Hay 42 palabras en este rezo, que nos conectan con el *Aná Bejóaj*, el Nombre de Dios de 42 letras. Cada palabra nos conecta con una de las 42 letras.

Mizmor leTodá es el *tikún* de *Yetsirá* en *Yetisrá* y corresponde a *Aba* y a *Ima* de *Yetsirá*.

(El Arí dice que este Salmo debe recitarse sentado)

א ב

מִזְמוֹר mizmor (מ״ב תיבות - שם בן מ״ב) לְתוֹדָה letodá הָרִיעוּ haríu

ג י

אלהים דיודין ; ס״ת ע״ה אלף למד יהוה לַיהֹוָהאדניאהדונהי laAdonai כָּל־ col ילי

ת צ

הָאָרֶץ haárets אלהים דההין ע״ה ; ר״ת הלכה ; ס״ת ע״ה כוק, ריבוע אדני עִבְדוּ ivdú

ק ר ע

אֶת־ et יְהֹוָהאדניאהדונהי Adonai בְּשִׂמְחָה besimjá ר״ת = אהבה, אחד, דאגה

ש ט נ נ ג

בֹּאוּ bou לְפָנָיו lefanav עשל בִּרְנָנָה birnaná: דְּעוּ deú כִּי־ qui

ד י כ ש

יְהֹוָהאדניאהדונהי Adonai הוּא Hu אֱלֹהִים Elohim אהיה אדני ; ילה הוּא־ Hu

ב ט ר צ ת

עָשָׂנוּ asanu וְלוֹ veló (כתיב : ולא) אֲנַחְנוּ anajnu עַמּוֹ amó וְצֹאן vetsón

ג וז ק ב

מַרְעִיתוֹ marító: בֹּאוּ bou שְׁעָרָיו shearav בְּתוֹדָה betodá

ט נ

חֲצֵרֹתָיו jatserotav בִּתְהִלָּה bitehilá ע״ה אמת, אהיה פעמים אהיה, ז״פ ס״ג

ע י ג

הוֹדוּ־ hodú אהיה לוֹ lo בָּרְכוּ barjú יהוה ריבוע יהוה ריבוע מ״ה

ל

שְׁמוֹ Shemó מהש ע״ה, ע״ב בריבוע וקס״א ע״ה, אל שדי ע״ה:

MIZMOR LETODÁ

"Canto de acción de gracias. Aclame al Señor toda la Tierra, sirvan al Señor con alegría, lleguen hasta Él con cantos jubilosos. Reconozcan que el Señor es Dios: Él nos hizo y le pertenecemos; somos Su pueblo y ovejas de Su rebaño. Entren por Sus puertas dando gracias, entren en Sus atrios con alabanzas. Den gracias al Señor y bendigan Su Nombre.

פ ז ק

כִּי qui טוֹב tov והו ; כי טוב = יהוה אהיה, אום, מבה, יזל יְהֹוָֽאדהנויאהדונהי Adonai

ש ק

לְעוֹלָם leolam ריבוע ס״ג וי׳ אותיות דס״ג וַחַסְדּוֹ jasdó ג׳ הויות, מולא (להמשיך

ו צ י ת

הארה ממולא עילאה) וְעַד vead דֹּר dor וָדֹר vador רי״ו, גבורה אֱמוּנָתוֹ emunató:

YEHÍ JEVOD

Hay 18 versículos en esta conexión, con 18 veces el poder de *Yud, Hei, Vav* y *Hei*. La relevancia de 18 se encuentra dentro del poder de la *Mezuzá*. Los kabbalistas enseñan que la *Mezuzá*, que contiene un pedazo de pergamino con las letras arameas *Shin, Dálet, Yud* שדי, o *Shadai* (un poderoso Nombre de Dios que nos proporciona protección de las fuerzas negativas), debe colocarse en el marco de cada puerta. La puerta o la entrada es el inicio, el nivel de semilla de una habitación. Las fuerzas negativas se adhieren a todas las entradas, infectando la semilla con negatividad. La *Mezuzá* no sólo cancela a esta fuerza negativa, sino que también transforma la energía negativa en energía positiva.

Otro secreto de *Shin, Dálet, Yud* es que es una conexión con uno de los 72 Nombres de Dios, uno que nos da la capacidad de erradicar todas las formas de negatividad: Al reemplazar las letras *Shin, Dálet* y *Yud* con la letra que le sigue a cada una de ellas en el alfabeto arameo (ej: *Shin* ש con la letra *Tav* ת, *Dálet* ד con la letra *Hei* ה, y *Yud* י con la letra *Caf* כ) y ubicándolas una al lado de la otra en orden inverso, estas letras forman *Caf, Hei, Tav* כהת. Esta secuencia de tres letras tiene el poder de desactivar la energía negativa y fue usada para destruir al malvado Hamán en Persia durante *Purim*, hace 2.500 años.

Cuando dices los 18 versículos de *Yehí Jevod*, debes meditar en las 18 letras de las seis combinaciones del Nombre *Shadai* שדי que existen en las Vasijas centrales de *Zeir Anpín* de *Yetsirá*, y también meditar en las 18 veces que aparece el Nombre: יהוה en esta sección, porque esto equivale a las dos letras *Tet* ט en el Nombre del Ángel Me-ta-trón מטטרו״ן (**no pronunciar**) que está en *Zeir Anpín* de *Yetsirá*. Debes meditar en que la *Tet* (9) corresponda a *Tikunéi Dikná* de *Zeir Anpín* de *Yetsirá* (nueve de Luz Directa y nueve de Luz Retornante).

El valor numérico del acrónimo de los 18 versículos de *Yehí Jevod* es 686. El valor numérico de las últimas letras de cada uno de los 18 versículos es 602, más 18 (*Yesod-Jai* - וי״ו) suma 620. El número de palabras en *Yehí Jevod* es 138 (con el *Colel*). También debes meditar en atraer ע״ב, ס״ג, מ״ה, ב״ן con קס״א, קמ״ג, קנ״א (que suma 686 —con el *Colel*— y es igual al valor numérico de la palabra *Porat*), de "*Ben Porat Yosef*" que es *Yesod-Jai* (18) *Almín*. Creando, por lo tanto, el *Kéter* (620) de *Nukvá* (que es llamado: *Jakal* חק״ל, que suma 138). El *Kéter* mismo será construido más adelante por las 22 letras del *Ashrei*.

¡Qué bueno es el Señor!
Su misericordia permanece para siempre, y su fidelidad por todas las generaciones" (Salmos 100).

(*Kéter*–ש) יְהִי yehí כְּבוֹד jevod יְהֹוָהאדניאהדונהי Adonai (ארך)

כבוד יהוה = יוד הי ואו הה ריבוע ס"ג וי' אותיות דס"ג לְעוֹלָם leolam יִשְׂמַח yismaj משיח;

לעולם ישמח ע"ה = ריבוע קס"א יְהֹוָהאדניאהדונהי Adonai (אפים) בְּמַעֲשָׂיו bemaasav

יהוה במעשיו ע"ה = קס"א קנ"א קמ"ג ; הוזש ; ר"ת הפסוק = אמן (יאהדונהי) ע"ה: (*Kéter*–ד) יְהִי yehí

שֵׁם Shem יְהֹוָהאדניאהדונהי Adonai (ורב וחסד) מְבֹרָךְ mevoraj ר"ת =

ריבוע ע"ב ריבוע ס"ג ; יהוה מברך = רפ"ח (להעלות רפ"ח ניצוצות שנפלו לקליפה דמשם באים התולואים)

מֵעַתָּה meatá וְעַד vead עוֹלָם olam ייל:

(*Jojmá*–י) מִמִּזְרַח mimizraj שֶׁמֶשׁ shémesh עַד ad ר"ת קדוש

מְבוֹאוֹ mevoó מְהֻלָּל mehulal שֵׁם Shem יְהֹוָהאדניאהדונהי Adonai (נשא עון):

(*Jojmá*–ש) רָם ram עַל al כָּל col ילי ; עמם גּוֹיִם goyim

יְהֹוָהאדניאהדונהי Adonai (ופשע) עַל al הַשָּׁמַיִם hashamáyim י"פ טל, י"פ כוזו ;

ר"ת וזשמל כְּבוֹדוֹ quevodó: (*Biná*–י) יְהֹוָהאדניאהדונהי Adonai (ונקה) שִׁמְךָ Shimjá

לְעוֹלָם leolam ריבוע ס"ג וי' אותיות דס"ג יְהֹוָהאדניאהדונהי Adonai (פוקד)

זִכְרְךָ zijrejá לְדֹר ledor ר"ת יול וָדֹר vador רי"ו:

(*Biná*–ד) יְהֹוָהאדניאהדונהי Adonai (על שלשים) בַּשָּׁמַיִם bashamáyim י"פ טל, י"פ כוזו

הֵכִין hejín כִּסְאוֹ quisó וּמַלְכוּתוֹ umaljutó בַּכֹּל bacol ב"ן, לכב

מָשָׁלָה mashalá מ"בה: (*Jésed*–ד) יִשְׂמְחוּ yismejú הַשָּׁמַיִם hashamáyim

י"פ טל, י"פ כוזו וְתָגֵל vetaguel אותיות גלות (כשתהיה גאולה תהא שמחה) הָאָרֶץ haárets אלהים

דההין ע"ה ; ר"ת יהוה ס"ת ריבוע דס"ג וְיֹאמְרוּ veyomrú בַגּוֹיִם vagoyim

יְהֹוָהאדניאהדונהי Adonai (ועל רבעים) מָלָךְ malaj ר"ת יבמ, ב"ן:

YEHÍ JEVOD

"Que la gloria del Señor dure por siempre. Que el Señor pueda regocijarse en Sus obras" (Salmos 104:31). *"Que el Nombre del Señor sea bendecido desde ahora y por toda la eternidad. Desde que el Sol se levanta hasta que se pone, el Nombre del Señor es alabado. El Señor está sobre todas las naciones. Su gloria se eleva sobre los Cielos"* (Salmos 113:2-4). *"Señor, Tu Nombre es para siempre. Señor, Tu fama es para todas las generaciones"* (Salmos 135:13). *"El Señor estableció Su Trono en los Cielos, y Su Reino gobierna sobre todo"* (Salmos 103:19). *"¡Alégrense los Cielos, y regocíjese la Tierra! Digan las naciones: ¡El Señor ha reinado!"* (I Crónicas 16:31).

OLAM YETSIRÁ - יוד הא ואו הא – אל יהוה - ההה

(*Jésed*–ש׳) יְהֹוָה יאהדונהי Adonai (ארך) מֶלֶךְ mélej

יְהֹוָה יאהדונהי Adonai (אפים) מָלָךְ malaj יְהֹוָה יאהדונהי Adonai (ורב וחסד) |

יִמְלֹךְ yimloj מלך מלך ימלך = סוזרך, סנדלפון, ערי לְעֹלָם leolam ריבוע ס״ג וי׳ אותיות דס״ג

ר״ת ייל וָעֶד vaed: (*Guevurá*–י׳) יְהֹוָה יאהדונהי Adonai (נושא עון) מֶלֶךְ Mélej

עוֹלָם olam וָעֶד vaed ר״ת = כוק, ריבוע אדני אָבְדוּ avdú גוֹיִם goyim

מֵאַרְצוֹ meartsó ס״ת = ב״ן: (*Guevurá*–ד׳) יְהֹוָה יאהדונהי Adonai (ופשע)

הֵפִיר hefir עֲצַת־ atsat גּוֹיִם goyim הֵנִיא hení מַחְשְׁבוֹת majshevot

עַמִּים amim: (*Tiféret*–י׳) רַבּוֹת rabot מַחֲשָׁבוֹת majashavot בְּלֶב־ belev

אִישׁ ish וַעֲצַת vaatsat יְהֹוָה יאהדונהי Adonai (ונקה) הִיא hi

תָקוּם takum כ״א הויות: (*Tiféret*–ש׳) עֲצַת atsat יְהֹוָה יאהדונהי Adonai (פוקד)

לְעוֹלָם leolam ריבוע ס״ג וי׳ אותיות דס״ג תַּעֲמֹד taamod מַחְשְׁבוֹת majshevot

לִבּוֹ libó לְדֹר ledor וָדֹר vador רי״ו: (*Nétsaj*–י׳) כִּי qui הוּא Hu

אָמַר amar וַיֶּהִי vayehí הוּא־ Hu צִוָּה tsivá וַיַּעֲמֹד vayaamod:

(*Nétsaj*–ש׳) כִּי־ qui בָחַר vajar יְהֹוָה יאהדונהי Adonai (על שלשים)

בְּצִיּוֹן beTsiyón יוסף, ו׳ הויות, קנאה אִוָּהּ ivá זכו לְמוֹשָׁב lemoshav לוֹ lo:

(*Hod*–ד׳) כִּי־ qui יַעֲקֹב Yaakov ז׳ הויות, יאהדונהי אידהנויה בָּחַר bajar לוֹ lo יָהּ Yah

יִשְׂרָאֵל Yisrael לִסְגֻלָּתוֹ lisgulató: (*Hod*–י׳) כִּי qui לֹא־ lo יִטֹּשׁ yitosh

יְהֹוָה יאהדונהי Adonai (ועל רבעים) עַמּוֹ amó וְנַחֲלָתוֹ venajalató לֹא lo

יַעֲזֹב yaazov: (*Yesod*–ד׳) וְהוּא veHú רַחוּם rajum יְכַפֵּר yejaper ר״ת רי״ו

"El Señor reina, el Señor ha reinado. El Señor reinará por siempre y para siempre. El Señor es Rey por siempre y para siempre. Las naciones han perecido de Su tierra" (Salmos 10:16). *"El Señor frustra el designio de las naciones y deshace los planes de los pueblos"* (Salmos 33:10). *"Muchos son los pensamientos en el corazón del hombre, pero es el designio del Señor permanecerá"* (Proverbios 19:21). *"El designio del Señor durará para siempre y los pensamientos de Su Corazón, para todas las generaciones"* (Salmos 33:11). *"Porque Él dijo y se hizo, Él ordenó y se estableció"* (Salmos 33:9). *"Porque el Señor escogió a Sión como Su lugar de morada deseado"* (Salmos 132:13). *"Porque Dios escogió a Yaakov para Sí Mismo y a Israel como Su tesoro"* (Salmos 135:4). *"Porque el Señor no renunciará a Su gente ni abandonará Su herencia"* (Salmos 94:14). *"Y Él es misericordioso compasivo, perdona*

עָוֹן avón (*Aba* de la *klipá*) וְלֹא־ veló יַשְׁחִית yashjit (*Ima* de la *klipá*)
וְהִרְבָּה vehirbá לְהָשִׁיב lehashiv אַפּוֹ apó (*Zeir* de la *klipá*)
וְלֹא־ veló יָעִיר yair כָּל־ col ילי וַחֲמָתוֹ jamató (*Nukvá* de la *klipá*):
(ש־*Yesod*) יְהֹוָהאדני יאהדונהי Adonai הוֹשִׁיעָה hoshía יהוה וש״ע נהורין
הַמֶּלֶךְ haMélej ר״ת יהה יַעֲנֵנוּ yaanenu בְיוֹם veyom ע״ה נגד, מזבח, זן, אל יהוה
קָרְאֵנוּ korenu ר״ת יב״ק, אלהים יהוה, אהיה אדני יהוה ; ס״ת ב״ן ועם כ׳ דהמלך = ע״ב:

Entonces, sin interrupción alguna, debes comenzar inmediatamente los dos versículos del *Ashrei* para formar el *Kéter* para la *Nukvá* con las 22 letras del *Ashrei* (como se mencionó antes de *Yehí Jevod*).

EL ASHREI

De las veintidós letras del alfabeto arameo, veintiuna de ellas están codificadas en el *Ashrei* en el orden correcto, de la *Álef* a la *Tav*. El Rey David, el autor, dejó a la letra aramea *Nun* fuera de esta oración, ya que la *Nun* es la primera letra de la palabra aramea *Nefilá*, que significa "caída". Caída se refiere a un descenso espiritual, caer en la *klipá*. Los sentimientos de duda, depresión, preocupación e incertidumbre son consecuencias de la caída espiritual. Debido a que las letras arameas son los verdaderos instrumentos de la Creación, esta oración ayuda a inyectar el orden y la fuerza de la Creación en nuestra vida sin la energía de la caída.

En este Salmo está escrito diez veces el Nombre: יהוה por las Diez *Sefirot*. Este Salmo está escrito según el orden del *Álef Bet*, pero la letra *Nun* es omitida para evitar la caída.

אַשְׁרֵי ashrei (סוד הכתר) יוֹשְׁבֵי yoshvei בֵיתֶךָ veiteja ב״פ ראה
עוֹד od יְהַלְלוּךָ yehaleluja סֶּלָה sela: אַשְׁרֵי ashrei הָעָם haam
שֶׁכָּכָה shecaja מהש, משה, ע״ב בריבוע קס״א, אל שדי, ד״פ אלהים ע״ה לוֹ lo
אַשְׁרֵי ashrei הָעָם haam ר״ת לאה שֶׁיְהֹוָהאדני יאהדונהי sheAdonai (*Kéter*)
אֱלֹהָיו Elohav ילה: תְּהִלָּה tehilá ע״ה אמת, אהיה פעמים אהיה, ז״פ ס״ג לְדָוִד leDavid
אֲרוֹמִמְךָ aromimjá אֱלוֹהַי Elohai הַמֶּלֶךְ haMélej וַאֲבָרְכָה vaavarjá
שִׁמְךָ Shimjá לְעוֹלָם leolam ריבוע דס״ג ו׳ אותיות דס״ג וָעֶד vaed:

---

sus iniquidades y no los destruye; muchas veces contiene su ira, y no despierta todo su furor; muchas veces contuvo su ira, y no despertó todo su furor" (Salmos 78:38). *"Señor sálvanos. El Rey nos responderá en el día en el que lo invoquemos"* (Salmos 20:10).

EL ASHREI

"Dichosos aquellos que moran en Tu casa, ellos te alabarán, Sela" (Salmos 84:5). *"Dichosa es la nación que así es para ella y dichosa la nación de la que El Señor es su Dios"* (Salmos 144:15). *"Una alabanza de David:*
א *Yo te exaltaré a Ti, mi Dios, el Rey, y yo bendeciré Tu Nombre por siempre y por la eternidad.*

בְּכָל־ bejol ב"ן, לכב יוֹם yom ע"ה נגד, מזבח, זן אל יהוה
אֲבָרְכֶךָּ avarjecá וַאֲהַלְלָה vaahalelá מ"ה יהוה שִׁמְךָ Shimjá
לְעוֹלָם leolam ריבוע ס"ג וי' אותיות דס"ג וָעֶד vaed:

גָּדוֹל gadol להח ; עם ד' אותיות = מבה, יזל, אום
יְהֹוָהאדניאהדונהי Adonai (*Jojmá*) וּמְהֻלָּל umehulal אדני, ללה
מְאֹד meod וְלִגְדֻלָּתוֹ veligdulató והו אֵין ein חֵקֶר jéker:

דּוֹר dor לְדוֹר ledor יְשַׁבַּח yeshabaj מַעֲשֶׂיךָ maaseja ר"ת דלים
וּגְבוּרֹתֶיךָ ugvuroteja יַגִּידוּ yaguidu ייז, כ"ב אותיות פשוטות (=אכא) וה' אותיות סופיות מנצפך:

הֲדַר hadar כְּבוֹד quevod הוֹדֶךָ hodeja וְדִבְרֵי vedivrei
נִפְלְאוֹתֶיךָ nifleoteja ר"ת אלהים, אהיה אדני
אָשִׂיחָה asija ר"ת הפסוק = פ"ז (בסוד כתם טהור פז):

וֶעֱזוּז veezuz נוֹרְאוֹתֶיךָ noroteja יֹאמֵרוּ yomeru וּגְדוּלָּתְךָ ugdulatjá
(כתיב: וגדלותיך) ר"ת = ע"ב, ריבוע יהוה אֲסַפְּרֶנָּה asaperena ס"ת = ייא" (מילוי דס"ג):

זֵכֶר zéjer רַב־ rav טוּבְךָ tuvjá לאו יַבִּיעוּ yabíu
וְצִדְקָתְךָ vetsidkatjá יְרַנֵּנוּ yeranenu ס"ת = ב"ן, יבמ, לכב ; ר"ת הפסוק = רי"ו יהוה:

חַנּוּן janún וְרַחוּם verajum יְהֹוָהאדניאהדונהי Adonai **(*Biná*)**
חנון ורחום יהוה = עש"ל אֶרֶךְ érej ס"ת = ס"ג ב"ן אַפַּיִם apáyim ר"ת = יהוה
וּגְדָל־ ugdal (כתיב: וגדול) וָחֶסֶד jásed ע"ב, ריבוע יהוה:

ב *Te bendeciré cada día y alabaré Tu Nombre por siempre y por la eternidad.*
ג *El Señor es grande y extremadamente alabado. Su grandeza es inescrutable.*
ד *Una generación y la próxima alabarán Tus obras y narrarán Tus proezas.*
ה *Yo hablaré de la luminosidad de Tu espléndida gloria y de la maravilla de Tus actos.*
ו *Ellos proclamarán el asombroso poder de Tus actos y yo hablaré de Tu grandeza.*
ז *Ellos expresarán el recuerdo de Tu abundante bondad y proclamarán dichosos Tu justicia.*
ח *El Señor es misericordioso y compasivo, lento para la ira y grande en misericordia.*

טוֹב־ tov   והו   יְהֹוָהאֲדֹנָי יאהדונהי Adonai   (*Jésed*)   לַכֹּל lacol

יה   אדני ;   ס״ת   ל״ו   (במילוי   ד״ס״ג)   וְרַחֲמָיו verajamav   עַל־ al

כָּל col   ילי ;   עמם ;   ר״ת ריבוע ב״ן   ע״ה   מַעֲשָׂיו maasav   ס״ת ע״ב, ריבוע יהוה:

יוֹדוּךָ yoduja   יְהֹוָהאֲדֹנָי יאהדונהי Adonai   (**Guevurá**)   כָּל־ col   ילי   מַעֲשֶׂיךָ maaseja

וַחֲסִידֶיךָ vajasideja   ר״ת אלהים, אהיה אדני   יְבָרְכוּכָה yevarjuja   ס״ת = מ״ה:

כְּבוֹד quevod   מַלְכוּתְךָ maljutjá   יֹאמֵרוּ yomeru   וּגְבוּרָתְךָ ugvuratjá

יְדַבֵּרוּ yedaberu   ר״ת הפסוק = אלהים, אהיה אדני ; ס״ת = ב״ן, יבמ, לכב:

לְהוֹדִיעַ lehodía   לִבְנֵי livnei   הָאָדָם haadam   ר״ת ללה, אדני

גְּבוּרֹתָיו guevurotav   וּכְבוֹד ujvod   הֲדַר hadar

מַלְכוּתוֹ maljutó   ר״ת מ״ה וס״ת = רי״ו ; ר״ת הפסוק ע״ה = ק״כ צירופי אלהים:

מַלְכוּתְךָ maljutjá   מַלְכוּת maljut   כָּל־ col   ילי   עֹלָמִים olamim

וּמֶמְשַׁלְתְּךָ umemshaltejá   בְּכָל־ bejol   ב״ן, לכב   דּוֹר dor   וָדֹר vador   רי״ו:

סוֹמֵךְ somej   ריבוע   אדני   יְהֹוָהאֲדֹנָי יאהדונהי Adonai   (**Tiféret**)

לְכָל־ lejol   יה אדני ; סומך אדני לכל ר״ת סאל, אמן (יאהדונהי)   הַנֹּפְלִים hanoflim

וְזוֹקֵף vezokef   יה   אדני   לְכָל־ lejol   הַכְּפוּפִים hacfufim   נמם:

עֵינֵי־ einei   ריבוע דמ״ה   כֹל jol   ילי   אֵלֶיךָ eleja   יְשַׂבֵּרוּ yesaberu   וְאַתָּה veAtá

נוֹתֵן־ notén   אבגיתץ, ושר   לָהֶם lahem   אֶת־ et   אָכְלָם ajlam   בְּעִתּוֹ beitó:

ט *El Señor es bueno para con todos, Su compasión se extiende sobre todos Sus actos.*
י *Todas Tus obras Te agradecerán, Señor, y Tus fieles devotos te bendicen.*
כ *Ellos dirán de la gloria de Tu Reino y hablarán de Tus poderosos actos.*
ל *Él hace que el hombre conozca Sus proezas y la gloria de Su espléndido Reino.*
מ *Tuyo es el Reino de todos los mundos y Tu dominio se extiende a toda y cada generación.*
ס *El Señor sostiene a todos aquellos que caen y endereza a los doblegados.*
ע *Los ojos de todos ven con esperanza hacia Ti, y Tú les das su alimento al momento apropiado.*

POTÉAJ ET YADEJA

Conectamos con las letras *Pei*, *Álef* y *Yud* al abrir nuestras manos con las palmas hacia arriba. Nuestra conciencia está enfocada en recibir el sustento y la prosperidad financiera de parte de la Luz a través de nuestras acciones del diezmo y compartir; nuestro *Deseo de Recibir para Dar y Compartir*. Al hacer esto, también reconocemos que el sustento que recibimos proviene de una Fuente Superior y no de nuestras acciones. Según los sabios, si no meditamos en esta idea en este punto, debemos repetir la oración.

פתוח (שע״ח נהורין למ״ה ולס״ה)

יוד הי ויו הי יוד הי ויו הי (וז׳ ווזיוורתי) — פותוז את ידך ר״ת פאי

אלף למד אלף למד (ש״ע) — גימ׳ יאהדונהי זו״ן

יוד הא ואו הא (לז״א) — וזכמה דז״א ו״ק

אדני (ולנוקבא) — יסוד דנוק׳

פּוֹתֵוַ֣ potéaj אֶת et יָדֶךָ yadeja ר״ת פאי וס״ת וזתך עם ג׳ אותיות = דִּיקָרְנוֹסָא

ובאתב״ש הוא סאל, פאי, אמן, יאהדונהי ; ועוד יכוין שם וזתך בשילוב יהוה – יְוֹזָהָתְוָכָהָ

מצפץ מצפץ מוחין דפנים דאוזור אלהים

להמשיך פ״ו אורות לכל מילוי דכל

אוזור דפרצופי נה״י ווזג״ת — וזתך — ואוזור דפרצופי נה״י ווזג״ת

דפרצוף וזג״ת דיצירה דז״א — דיצירה דרוזל הנקראת לאה

לף מד י וד ם — לף מד י וד ם

אלף למד הי יוד מם — סאל יאהדונהי — אלף למד הי יוד מם

וּמַשְׂבִּיעַ umasbía וזתך עם ג׳ אותיות = דִּיקָרְנוֹסָא

ובא״ת ב״ש הוא סאל, אמן, יאהדונהי ; ועוד יכוין שם וזתך בשילוב יהוה – יְוֹזָהָתְוָכָהָ

מצפץ מצפץ מוחין דפנים דאוזור אלהים

להמשיך פ״ו אורות לכל מילוי דכל

אוזור דפרצופי נה״י ווזג״ת — וזתך — ואוזור דפרצופי נה״י ווזג״ת

דפרצוף נה״י דיצירה דז״א — דיצירה דרוזל הנקראת לאה

לף מד י וד ם — לף מד י וד ם

אלף למד הי יוד מם — אלף למד הי יוד מם

לְכָל־ lejol יה אדני (להמשיך מוחין ד-יה אל הנוקבא שהיא אדני)

וַוַי jai כל וזי = אהיה אהיה יהוה, בינה ע״ה, וזיים

רָצוֹן ratsón מהש ע״ה, ע״ב בריבוע וקס״א ע״ה, אל שדי ע״ה ; ר״ת רוזל שהיא המלכות הצריכה לשפע

יוד יוד הי יוד הי ויו יוד הי ויו הי יסוד דאבא

אלף הי יוד הי יסוד דאימא

להמתיק רוזל וב׳ דמעין שך פר

También debemos meditar en atraer abundancia, sustento y bendiciones a todos los mundos desde el *ratsón* mencionado anteriormente. Debemos meditar y enfocarnos en este versículo porque es la esencia de la prosperidad, y meditar en que Dios esté interviniendo, sustentando y apoyando a toda la Creación.

POTÉAJ ET YADEJA

פ *Abre Tus Manos y satisface el deseo de todo ser viviente.*

צַדִּיק tsadik יהוהאדניאהדונהי Adonai (*Yesod*) בְּכָל bejol ב״ן, לכב
דְּרָכָיו derajav וְחָסִיד vejasid בְּכָל bejol ב״ן, לכב מַעֲשָׂיו maasav יכמ, ב״ן:

קָרוֹב karov יהוהאדניאהדונהי Adonai (*Maljut*) לְכָל־ lejol יה אדני
קֹרְאָיו korav לְכֹל lejol יה אדני אֲשֶׁר asher
יִקְרָאֻהוּ yikraúhu בֶאֱמֶת veemet אהיה פעמים אהיה, ז״פ ס״ג:

רְצוֹן retsón מהש ע״ה, ע״ב בריבוע וקס״א ע״ה, אל שדי ע״ה יְרֵאָיו yereav יַעֲשֶׂה yaasé
ר״ת רי״י וְאֶת־ veet שַׁוְעָתָם shavatam יִשְׁמַע yishmá וְיוֹשִׁיעֵם veyoshiem:

שׁוֹמֵר shomer כ״א הויות שבתפילין יהוהאדניאהדונהי Adonai (*Nétsaj*)
אֶת־ et כָּל־ col ילי אֹהֲבָיו ohavav ר״ת אכא
וְאֵת veet כָּל־ col ילי הָרְשָׁעִים hareshaím יַשְׁמִיד yashmid:

תְּהִלַּת tehilat יהוהאדניאהדונהי Adonai (*Hod*) יְדַבֶּר yedaber ראה פִּי pi
וִיבָרֵךְ vivarej ע״ב ס״ג מ״ה ב״ן, הברכה (למתק את ז׳ המלכים שמתו) כָּל col ילי
בָּשָׂר basar שֵׁם Shem קָדְשׁוֹ kodshó לְעוֹלָם leolam ריבוע ס״ג ו״י אותיות דס״ג
וָעֶד vaed: וַאֲנַחְנוּ vaanajnu נְבָרֵךְ nevarej יָהּ Yah מֵעַתָּה meatá
וְעַד־ vead עוֹלָם olam הַלְלוּיָהּ haleluyá אלהים, אהיה אדני ; ללה:

LOS CINCO SALMOS

Al principio y la final de estos cinco Salmos, encontramos la palabra *Haleluyá*, que significa "Alaben al Señor". Como la Kabbalah siempre dice: Dios no necesita nuestra alabanza. La palabra es un código; estos diez *Haleluyás* nos conectan con las Diez *Sefirot*. Nos ayudan a ascender a la cima del Mundo de Formación, *Yetsirá*.

צ *El Señor es justo en todos Sus caminos y virtuoso en todas Sus obras.*
ק *El Señor está cerca de todos los que lo llaman, de todos aquellos que lo llaman sinceramente.*
ר *Él cumplirá la voluntad de aquellos que le temen; Él escucha sus clamores y los salva.*
ש *El Señor protege a todos los que lo aman y destruye a los impíos.*
ת *Mis labios proclamarán la alabanza al Señor y toda criatura bendecirá Su Santo Nombre, por siempre y por la eternidad"* (Salmos 145). *"Y bendeciremos a Dios por siempre y por la eternidad. ¡Aleluya!"* (Salmos 115:18).

Olam Yetsirá - יוד הא ואו הא - אל יהוה

Diez veces *Haleluyá* es el *tikún* de las Diez *Sefirot* de *Briá* en *Yetsirá*.

El primer Salmo – Maljut y Yesod

Este primer Salmo contiene *Yud, Hei, Vav* y *Hei* (el Tetragrámaton – יהוה), nueve veces. Este nueve está vinculado a las nueve *Sefirot* superiores, desde *Yesod* hasta *Kéter*. La energía de nuestra dimensión, el Mundo de *Maljut*, es receptora. Al igual que la Luna, *Maljut* no tiene Luz propia y atrae su Luz de las nueve dimensiones superiores mediante nuestras acciones espirituales de transformación.

halelí הַלְלִי ללה ; אהיה אדני ,אלהים haleluyá הַלְלוּיָהּ (*Maljut de Yetsirá*)

מ״ה יהוה ahalelá אֲהַלְלָה :(*Kéter*) Adonai יְהֹוָהאדנייאהדונהי et אֶת־ nafshí נַפְשִׁי

azamrá אֲזַמְּרָה bejayai בְּחַיָּי (*Jojmá*) Adonai יְהֹוָהאדנייאהדונהי

:(יאהדונהי) אמן = ר״ת וס״ת הפסוק beodí בְּעוֹדִי ילה ; ע״ב, דמב מילוי leElohai לֵאלֹהַי

adam אָדָם bevén בְּבֶן vinedivim בִּנְדִיבִים tivtejú תִּבְטְחוּ al אַל־

yashuv יָשֻׁב rujó רוּחוֹ tetsé תֵּצֵא :teshuá תְּשׁוּעָה lo לוֹ sheéin שֶׁאֵין

hahú הַהוּא יהוה אל ,זן ,מזבח ,נגד ע״ה bayom בַּיּוֹם leadmató לְאַדְמָתוֹ

(מילוי ד״ס ג׳) ייא״י sheEl שֶׁאֵל ashrei אַשְׁרֵי :eshtonotav עֶשְׁתֹּנֹתָיו avdú אָבְדוּ

sivró שִׂבְרוֹ beezró בְּעֶזְרוֹ אידהנויה יאהדונהי ,הויות ד׳ Yaakov יַעֲקֹב

osé עֹשֶׂה :ילה Elohav אֱלֹהָיו (*Biná*) Adonai יְהֹוָהאדנייאהדונהי al עַל

ילי hayam הַיָּם et אֶת־ vaárets וָאָרֶץ כוזו י״פ ,טל י״פ shamáyim שָׁמַיִם

hashomer הַשֹּׁמֵר מ״ב בן שם bam בָּם asher אֲשֶׁר־ ילי col כָּל־ veet וְאֶת־

:ד״ס ג׳ אותיות וי׳ ס״ג ריבוע leolam לְעוֹלָם ס״ג ו״פ ,אהיה פעמים אהיה emet אֱמֶת

notén נֹתֵן laashukim לַעֲשׁוּקִים אלהים ה״פ ע״ה mishpat מִשְׁפָּט osé עֹשֶׂה

Adonai יְהֹוָהאדנייאהדונהי lareevim לָרְעֵבִים הויות ג׳ léjem לֶחֶם ושר ,אבגיתץ

(*Guevurá*) Adonai יְהֹוָהאדנייאהדונהי :asurim אֲסוּרִים matir מַתִּיר (*Jésed*)

zokef זֹקֵף (*Tiféret*) Adonai יְהֹוָהאדנייאהדונהי ivrim עִוְרִים קמ״ג מ״ה pokéaj פֹּקֵחַ

:tsadikim צַדִּיקִים ohev אֹהֵב (*Nétsaj*) Adonai יְהֹוָהאדנייאהדונהי quefufim כְּפוּפִים

Los cinco Salmos – El primer Salmo

"¡Aleluya! ¡Alaba al Señor, oh alma mía! Yo alabaré al Señor mientras viva. Cantaré alabanzas a mi Dios mientras yo exista. No confíen en nobles, ni en mortales que no tienen salvación. Su aliento se va y vuelven al polvo. Ese día, sus pensamientos perecen. Feliz es aquel que se apoya en el Dios de Yaakov, y pone su esperanza en el Señor, su Dios. Él que hizo el Cielo y la Tierra; el mar y todo lo que hay en ellos; que guarda Su fidelidad por siempre; hace justicia a los oprimidos; da pan al hambriento. El Señor libera a los prisioneros. El Señor otorga visión los ciegos. El Señor endereza a los que están torcidos. El Señor ama a los justos.

OLAM YETSIRÁ - יוד הא ואו הא – אל יהוה

יְהֹוָהאדניאהדונהי Adonai (*Hod*) שֹׁמֵר shomer אֶת־ et גֵּרִים guerim ר״ת = שדי

יָתוֹם yatom יוסף (ויהי יוסף יפה תואר ויפה מראה) וְאַלְמָנָה vealmaná

יְעוֹדֵד yeoded ר״ת = יהוה וְדֶרֶךְ vedérej ב״פ יב״ק, ע״ב קס״א רְשָׁעִים reshaím

יְעַוֵּת yeavet ר״ת רי״ו: יִמְלֹךְ yimloj יוהוואדניאהדונהי Adonai (*Yesod*)

לְעוֹלָם leolam ריבוע ס״ג וי׳ אותיות דס״ג אֱלֹהַיִךְ Eloháyij ילה צִיּוֹן Tsiyón

לְדֹר ledor וָדֹר vador יוסף, ו׳ הויות, קנאה רי״ו ; ר״ת אצלו (רמז שמלכות אצל ז״א

אע״פ שאין הויה כנגדה) (**Yesod de Yetsirá**) הַלְלוּיָהּ haleluyá אלהים, אהיה אדני ; ללה:

EL SEGUNDO SALMO – LAS DOS SEFIROT SIGUIENTES

El poder de este Salmo nos ayuda a equilibrar nuestros actos de juicio y misericordia hacia las demás personas.

Este Salmo contiene el Nombre: יהוה cinco veces, que corresponde a los cinco *Jasadim* (Misericordias) a través de los cuales las cinco *Guevurot* (Juicios) son endulzadas. Este Salmo contiene 139 palabras (con el *Colel*) que es el valor numérico de *cóaj* (fortaleza) y *Yabok* (אלהים + יהוה = יב״ק, un código para endulzar el Juicio).

הַלְלוּיָהּ haleluyá אלהים, אהיה אדני ; ללה כִּי־ qui טוֹב tov והו ; כי טוב =

יהוה אהיה, אום, מבה, יזל (*Yesod*) זַמְּרָה zamera אֱלֹהֵינוּ Eloheinu ילה (*Hod*) כִּי־ qui

נָעִים naim (*Nétsaj*) נָאוָה navá תְהִלָּה tehilá ע״ה אמת, אהיה פעמים אהיה, ז״פ ס״ג:

בּוֹנֵה boné ס״ג יְרוּשָׁלִַם Yerushaláyim יְהֹוָהאדניאהדונהי Adonai (**Primer *Jésed***)

נִדְחֵי nidjei ע״ב, ריבוע יהוה יִשְׂרָאֵל Yisrael יְכַנֵּס yejanés:

הָרֹפֵא harofé לִשְׁבוּרֵי lishvurei לֵב lev ר״ת ללה, אדני

El Señor protege a los extranjeros. Sostiene al huérfano y a la viuda y entorpece el camino de los malvados. El Señor reinará por siempre, tu Dios, oh Sión, para todas las generaciones. ¡Aleluya!" (*Salmos 146*).

EL SEGUNDO SALMO

"¡Aleluya! Porque es bueno cantar alabanzas a nuestro Dios. Porque es grato y agradable alabarlo. El Señor edifica Jerusalén. Reúne a los dispersos de Israel. Sana a los de corazón quebrantado.

Umejabesh Leatsvotam

Según el *Zóhar*, este versículo libera la energía de inmortalidad, acelerando su llegada. Al liberar la energía de inmortalidad en nuestra atmósfera espiritual, estamos ayudando a impulsar a investigadores médicos, biólogos, genetistas y a todos los demás científicos en su búsqueda para encontrar los secretos de la longevidad, el antienvejecimiento y la regeneración de células y órganos humanos.

וּמְחַבֵּשׁ umejabesh לְעַצְּבוֹתָם leatsvotam:

מוֹנֶה moné מִסְפָּר mispar לַכּוֹכָבִים lacojavim לְכֻלָּם lejulam

שֵׁמוֹת shemot יִקְרָא yikrá: גָּדוֹל gadol להח ; עם ד' אותיות = מבה, יזל, אום

אֲדוֹנֵינוּ adoneinu וְרַב־ verav כֹּחַ cóaj ע"ב ס"ג מ"ה ב"ן, וד' כוללים

לִתְבוּנָתוֹ litvunató אֵין ein מִסְפָּר mispar: מְעוֹדֵד meoded עֲנָוִים anavim

יְהֹוָהאדנ"יאהדונהי Adonai (Segundo *Jésed*) מַשְׁפִּיל mashpil רְשָׁעִים reshaim

עֲדֵי־ adei אָרֶץ árets: עֱנוּ enú לַיהֹוָהאדנ"יאהדונהי laAdonai (Tercer *Jésed*)

בְּתוֹדָה betodá זַמְּרוּ zameru לֵאלֹהֵינוּ leEloheinu ילה בְכִנּוֹר vejinor:

הַמְכַסֶּה hamejasé שָׁמַיִם shamáyim י"פ טל, י"פ כוזו בְּעָבִים beavim

הַמֵּכִין hamejín לָאָרֶץ laárets מָטָר matar ר"ת מלה הַמַּצְמִיחַ hamatsmíaj

הָרִים harim חָצִיר jatsir: נוֹתֵן notén אבגית"ץ, ושר לִבְהֵמָה livehemá ב"ן

לַחְמָהּ lajmá לִבְנֵי livnei עֹרֵב órev אֲשֶׁר asher יִקְרָאוּ yikraú:

לֹא lo בִגְבוּרַת vigvurat הַסּוּס hasús ריבוע אדני, כוק יֶחְפָּץ yejpats

לֹא־ lo בְשׁוֹקֵי veshokei הָאִישׁ haish (*Nétsaj* y *Hod*) יִרְצֶה yirtsé:

Umejabesh Leatsvotam

Y venda sus aflicciones. Cuenta el número de las estrellas. A todas les da sus nombres. Grande es Nuestro Señor e inmenso en poder. Su entendimiento es infinito. El Señor sostiene a los humildes, y echa por tierra a los malvados. Canten al Señor con alabanzas. Toquen la cítara a nuestro Dios. A Él que cubre el cielo de nubes, que provee la lluvia a la Tierra, que hace brotar hierba en las montañas, dispensa alimento a la bestia y a los pichones del cuervo que lo reclaman. Él no se complace con la fuerza del caballo, ni se complace en las piernas de un hombre.

רוֹצֶה rotsé יְהֹוָה Adonai (Cuarto *Jésed*) אֶת־ et יְרֵאָיו yereav

אֶת־ et הַמְיַחֲלִים hameyajalim ייי לְחַסְדּוֹ lejasdó ג׳ הויות, מזלא

(להמשיך הארה ממזלא עילאה): שַׁבְּחִי shabjí יְרוּשָׁלַיִם Yerushaláyim אֶת־ et

יְהֹוָה Adonai (Quinto *Jésed*) הַלְלִי halelí אֱלֹהַיִךְ Eloháyij יכה

צִיּוֹן Tsiyón יוסף, ו׳ הויות, קנאה: כִּי־ qui חִזַּק jizak פהל בְּרִיחֵי brijei

שְׁעָרָיִךְ shearáyij בֵּרַךְ beraj בָּנַיִךְ banáyij בְּקִרְבֵּךְ: bekirbej

הַשָּׂם־ hasam גְּבוּלֵךְ guevulej שָׁלוֹם shalom חֵלֶב jélev חִטִּים jitim

יַשְׂבִּיעֵךְ: yasbiej הַשֹּׁלֵחַ hasholéaj אִמְרָתוֹ imrató אָרֶץ árets ר״ת האא

עַד־ ad מְהֵרָה meherá יָרוּץ yaruts דְּבָרוֹ devaró ראה:

הַנֹּתֵן hanotén אבג יתץ, ושר שֶׁלֶג shéleg אלף אלף אלף דג׳ אהיה כַּצָּמֶר catsámer מצר

כְּפוֹר quefor כָּאֵפֶר caéfer יְפַזֵּר: yefazer מַשְׁלִיךְ mashlij קַרְחוֹ karjó

כְפִתִּים jefitim לִפְנֵי lifnei קָרָתוֹ karató מִי mi ילי יַעֲמֹד: yaamod

יִשְׁלַח yishlaj דְּבָרוֹ devaró ראה וְיַמְסֵם veyamsem יַשֵּׁב yashev רוּחוֹ rujó

יִזְּלוּ־ yizelu מָיִם: máyim מַגִּיד maguid דְּבָרָיו devarav ראה (כתיב: דברו)

לְיַעֲקֹב leYaakov ד׳ הויות, יאהדונהי אידהנויה חֻקָּיו jukav וּמִשְׁפָּטָיו umishpatav

לְיִשְׂרָאֵל leYisrael (*Hod*): לֹא lo עָשָׂה asá כֵן jen לְכָל־ lejol יה אדני

גּוֹי goy וּמִשְׁפָּטִים umishpatim בַּל־ bal ל״ב נתיבות שבקדושה וכנגדם ל״ב בס״א (בלעם ובלק)

ר״ת = סמאל יְדָעוּם yedaum (*Hod*) הַלְלוּיָהּ haleluyá אלהים, אהיה אדני ; ללה:

El Señor se complace en los que le temen, en los que esperan Su misericordia. Glorifica al Señor, Oh Jerusalén. Alaba a tu Dios, Oh Sión, porque Él ha fortalecido las barras de tus portones, ha bendecido a tus hijos dentro de ti, ha impuesto paz en las fronteras, te da en abundancia con lo mejor del trigo, envía su mensaje sobre la Tierra, Su palabra corre con rapidez, hace caer la nieve como lana y esparce la escarcha como ceniza. Él arroja granizo como migajas. ¿Quién puede soportar Su frío? Él emite Su palabra y éste se derrite. Hace que sople Su viento y fluyen las aguas. Revela Su palabra a Yaakov y Sus leyes y justicias a Israel. No ha obrado así con ningún otro pueblo, ni le dio a conocer sus mandamientos. ¡Aleluya!" (Salmos 147).

OLAM YETSIRÁ - יוד הא ואו הא – אל יהוה

EL TERCER SALMO (HALEL DIARIO) – TIFÉRET Y GUEVURÁ

En este Salmo damos gracias al Creador, pero lo que en realidad estamos haciendo es reconocer que no somos merecedores de nada, que los regalos en nuestra vida superan con creces a nuestros esfuerzos. Esto no proviene de tener un sentimiento de baja autoestima sino, más bien, de un sentido combinado de humildad y apreciación por todo lo que recibimos en la vida.

Debes ser muy cuidadoso con ese Salmo y decirlo lentamente con una meditación profunda y genuina, porque aquí los sabios dicen: "Mi porción estará con aquellos que reciten el *Halel* diariamente". Hay 14 versículos para la palabra *yad* (mano) cuyo valor numérico es 14, esto nos conecta con la *Yad Ramá* (Columna Central) y *Yad Jazaká* (Columna Izquierda).

(*Tiféret* de *Yetsirá*) הַלְלוּיָהּ haleluyá אלהים, אהיה אדני ; ללה הַלְלוּ halelú (*Asiyá*)

אֶת־ et יְהֹוָהאדנייאהדונהי Adonai ; ר"ת אהיה מִן־ min הַשָּׁמַיִם hashamáyim

י"פ טל, י"פ כוזו ; ר"ת מ"ה הַלְלוּהוּ haleluhu (*Yetsirá*) בַּמְּרוֹמִים bameromim:

הַלְלוּהוּ haleluhu (*Briá*) כָל jol ילי מַלְאָכָיו malajav הַלְלוּהוּ haleluhu

(*Atsilut*) כָּל col ילי צְבָאָו tsvaav ר"ת הפסוק = ע"ב ס"ג מ"ה ; ס"ת הפסוק = אהיה ס"ג:

הַלְלוּהוּ haleluhu שֶׁמֶשׁ shémesh וְיָרֵחַ veyaréaj הַלְלוּהוּ haleluhu כָּל col ילי

כּוֹכְבֵי cojvei אוֹר or רז, אין סוף: הַלְלוּהוּ haleluhu שְׁמֵי shmei

הַשָּׁמָיִם hashamáyim י"פ טל, י"פ כוזו וְהַמַּיִם vehamáyim אֲשֶׁר asher מֵעַל meal

עלם הַשָּׁמָיִם hashamáyim י"פ טל, י"פ כוזו ; ר"ת מ"ה: יְהַלְלוּ yehalelú אֶת־ et

שֵׁם Shem יְהֹוָהאדנייאהדונהי Adonai כִּי qui הוּא Hu צִוָּה tsivá וְנִבְרָאוּ venivraú:

וַיַּעֲמִידֵם vayaamidem לָעַד laad ב"פ בין לְעוֹלָם leolam ריבוע ס"ג ו' אותיות דס"ג

חָק־ jok נָתַן natán וְלֹא veló ס"ת קנ"א (אלף הה יוד הה, מקוה), אדני אלהים

יַעֲבוֹר yaavor רפ"ח (להעלות רפ"ח ניצוצות שנפלו לקליפה דמשם באים התחלואים):

EL TERCER SALMO

"¡Aleluya! Alaben al Señor desde los Cielos. Alábenle en las Alturas. Alábenle todos Sus ángeles. Alábenle todos Sus ejércitos. Alábenle el Sol y la Luna. Alábenle todas las luminarias. Alábenle los Cielos Superiores, y las aguas que están sobre los Cielos. Alaben el Nombre del Señor, porque Él lo ordenó y fueron creados. Él los estableció por siempre y para siempre. Él impuso una ley que no será trasgredida.

הַלְלוּ halelú אֶת־ et יְהֹוָֹאדהנויאהדונהי Adonai מִן min הָאָרֶץ haárets אלהים דההין ע״ה
תַּנִּינִים taninim וְכָל־ vejol ילי תְּהֹמוֹת: tehomot אֵשׁ esh וּבָרָד uvarad
שֶׁלֶג shéleg אלף אלף אלף ד״ג אהיה וְקִיטוֹר vekitor רוּחַ rúaj סְעָרָה seará
עֹשָׂה osá דְבָרוֹ devaró ראה: הֶהָרִים heharim וְכָל־ vejol ילי גְּבָעוֹת guevaot
עֵץ ets פְּרִי pri וְכָל vejol ילי אֲרָזִים: arazim הַחַיָּה hajayá וְכָל־ vejol ילי
בְּהֵמָה behemá ב״ן רֶמֶשׂ remes וְצִפּוֹר vetsipor כָּנָף canaf ע״ה קנ״א, אדני אלהים:
מַלְכֵי maljei אֶרֶץ érets וְכָל־ vejol ילי לְאֻמִּים leumim שָׂרִים sarim
וְכָל־ vejol ילי שֹׁפְטֵי shoftei אָרֶץ: árets בַּחוּרִים bajurim וְגַם־ vegam
בְּתוּלוֹת betulot זְקֵנִים zekenim עִם־ im נְעָרִים: nearim יְהַלְלוּ yehalelú
אֶת־ et שֵׁם Shem יְהֹוָֹאדהנויאהדונהי Adonai כִּי־ qui נִשְׂגָּב nisgav
שְׁמוֹ Shemó מהש ע״ה, ע״ב בריבוע וקס״א ע״ה, אל שדי ע״ה לְבַדּוֹ levadó שם בן מ״ב
הוֹדוֹ hodó אהיה עַל־ al אֶרֶץ érets וְשָׁמָיִם veshamáyim י״פ טל, י״פ כוזו:
וַיָּרֶם vayarem קֶרֶן keren לְעַמּוֹ leamó תְּהִלָּה tehilá ע״ה אמת, אהיה פעמים אהיה, ז״פ ס״ג
לְכָל lejol יה אדני וַחֲסִידָיו jasidav לִבְנֵי livnei יִשְׂרָאֵל Yisrael
עַם־ am קְרֹבוֹ krovó (*Guevurá* de *Yetsirá*) הַלְלוּיָהּ haleluyá אלהים, אהיה אדני ; ללה:

EL CUARTO SALMO (SHIRU) – JÉSED

Este Salmo está compuesto de nueve versículos que se refieren a nueve "cielos" que separan a los Mundos Superiores del Mundo Inferior. Esta idea de separación es una referencia directa al concepto del tiempo y su relación con la Ley de Causa y Efecto. Mediante estos versículos, manipulamos el tiempo y acortamos la distancia entre Causa y Efecto.

Para permitir que expresemos nuestra característica exclusivamente humana del libre albedrío, el tiempo es insertado en el proceso de causa y efecto. Este espacio le da al Satán, nuestro ego, y a nuestros pensamientos egoístas limitantes la oportunidad de desafiarnos. El Satán nos hace creer que nos salimos con la nuestra al hacer acciones negativas. Él nos hace creer que la vida es injusta y que el buen comportamiento no es recompensado. Cambiarnos a nosotros mismos y a nuestro sistema de creencias se hace más difícil. Ahora que estamos acercándonos al fin de los tiempos —la Corrección Final— podemos acortar la separación entre Causa y Efecto y cosechar las recompensas de nuestro comportamiento positivo mucho más rápidamente. De la misma manera, nuestras acciones negativas producirán retaliaciones más rápidas. El resultado en ambas situaciones es un cambio acelerado de nuestra parte.

Alaben al Señor desde la Tierra, los grandes peces marinos y todas las profundidades. El fuego y el granizo, la nieve y el vapor, el viento tormentoso cumple Su palabra. Las montañas y todas las colinas, los árboles frutales y todos los cedros, las bestias y todo el ganado, los reptiles y las aves, los reyes de la Tierra y todos los pueblos, príncipes y todos los jueces de la Tierra; jóvenes y doncellas, ancianos y niños, alaben todos el Nombre del Señor, porque sólo Su Nombre es digno de ser ensalzado. Su gloria está por encima de la Tierra y del Cielo. Y Él exalta las palabras de Su pueblo, una alabanza para todos Sus fieles, para los Hijos de Israel, pueblo cercano a Él. ¡Aleluya!" (Salmos 148).

Hay 61 palabras en este Salmo, como el valor numérico de los Nombres: *Álef Guímel Lámed Álef* (אגלא=35), que también es igual a *Álef Lámed Dálet* אלד más יהוה (26), para darnos protección contra el Mal de Ojo.

(*Jésed de Yetsirá*) הַלְלוּיָהּ haleluyá אלהים, אהיה אדני ; ללה שִׁירוּ shiru
לַיהוָהאדניאהדונהי laAdonai שִׁיר shir חָדָשׁ jadash י״ב הויות, קס״א קנ״א
תְּהִלָּתוֹ tehilató בִּקְהַל bikhal חֲסִידִים׃ jasidim יִשְׂמַח yismaj משיוח
יִשְׂרָאֵל Yisrael בְּעֹשָׂיו beosav בְּנֵי־ bnei צִיּוֹן Tsiyón יוסף, ו׳ הויות, קנאה
יָגִילוּ yaguilu בְמַלְכָּם׃ vemalcam יְהַלְלוּ yehalelú שְׁמוֹ Shemó מהש ע״ה,
ע״ב בריבוע וקס״א ע״ה, אל שדי ע״ה בְמָחוֹל vemajol בְּתֹף betof וְכִנּוֹר vejinor
יְזַמְּרוּ־ yezameru לוֹ׃ lo כִּי qui רוֹצֶה rotsé יְהוָהאדניאהדונהי Adonai
בְּעַמּוֹ beamó ר״ת = ע״ב ס״ג מ״ה ב״ן, הברכה (למתק את ז׳ המלכים שמתו) ; ס״ת יהוה
יְפָאֵר yefaer עֲנָוִים anavim בִּישׁוּעָה bishuá פוי, אל אדני ; ר״ת הפסוק = שדי׃
יַעְלְזוּ yalzú ג״פ אם (אותיות דפשוט, דמילוי ודמילוי דמילוי דג״פ אהיה) חֲסִידִים jasidim
בְּכָבוֹד bejavod בוכו, ובאתב״ש הוא שם שלשפ״ק הממתק את ג׳ אם דלעיל (והוא עולה למנין
עסמ״ב קס״א קנ״א קמ״ג וג״פ אם הנ״ל) יְרַנְּנוּ yeranenú עַל־ al מִשְׁכְּבוֹתָם׃ mishquevotam
רוֹמְמוֹת romemot אֵל El ייא״י (מילוי דס״ג) בִּגְרוֹנָם bigronam
ר״ת = קנ״א ב״ן, יהוה אלהים יהוה אדני, מילוי קס״א וס״ג, מ״ה ברבוע ע״ב ע״ה
וְחֶרֶב vejérev רי״ו פִּיפִיּוֹת pifiyot בְּיָדָם׃ beyadam לַעֲשׂוֹת laasot
נְקָמָה nekamá מנק בַּגּוֹיִם bagoyim תּוֹכֵחֹת tojejot בַּלְאֻמִּים׃ baleumim
לֶאְסֹר lesor מַלְכֵיהֶם maljeihem בְּזִקִּים bezikim וְנִכְבְּדֵיהֶם venijbedeihem
בְּכַבְלֵי bejavlei בַרְזֶל varzel ר״ת בלהה, רחל, זלפה, לאה ׃ לַעֲשׂוֹת laasot
בָּהֶם bahem מִשְׁפָּט mishpat ע״ה ה״פ אלהים כָּתוּב catuv הָדָר hadar הוּא hu
לְכָל־ lejol יה אדני חֲסִידָיו jasidav הַלְלוּיָהּ haleluyá אלהים, אהיה אדני ; ללה׃

El cuarto Salmo

"¡Aleluya! Canten al Señor un nuevo cántico y resuene Su alabanza en la congregación de los fieles. Regocíjese Israel en su Creador. Alégrense los Hijos de Sión en su Rey. Alaben Su Nombre con danzas. Cántenle alabanzas con tamboril y cítara. Porque el Señor se complace en Su pueblo. Corona con triunfo a los humildes. Regocíjense los fieles en Su gloria y canten con alegría en sus lechos. Estén las alabanzas de Dios en su boca y una espada de dos filos en su mano para ejecutar venganza sobre las naciones y castigar a los pueblos y atar a sus reyes con cadenas y a sus nobles con grillos de hierro y aplicar a ellos la sentencia dictada. Él es la gloria de todos Sus fieles, ¡Aleluya!" (Salmos 149).

OLAM YETSIRÁ - יוד הא ואו הא – אל יהוה

EL QUINTO SALMO (HALELÚ EL) – LAS TRES SEFIROT SUPERIORES

Los seis versículos que se encuentran aquí nos conectan con Me-ta-trón (**no pronunciar**), el ángel más elevado de todos. El nombre arameo para Me-ta-trón contiene seis letras: *Mem, Tet, Tet, Resh, Vav* y *Nun* final. Cada versículo en esta conexión ayuda a formar el nombre. Debido a que Me-ta-trón controla a todos los ángeles en el mundo espiritual, él puede ayudarnos a tener el control sobre nuestro mundo físico y a asistirnos en el logro de nuestro trabajo espiritual.

Este Salmo tiene seis versículos por las seis letras del Ángel מטטרו״ן (**no pronunciar**) de *Yetsirá* para elevar a *Asiyá* en él. El Ángel סנדלפו״ן (**no pronunciar**) tiene siete letras y, por este motivo, repetimos el sexto versículo para completar el séptimo. También decimos este Salmo para conectar con las tres *Sefirot* Superiores de *Yetsirá*. Esto incluye a todas las Diez *Sefirot* de *Yetsirá* con el secreto de los Diez *Haleluyás*.

אל (ייא״ מילוי דס״ג) אותיות בפסוק הַלְלוּיָהּ haleluyá (*Kéter*) אלהים, אהיה אדני ; ללה

הַלְלוּ־ halelú אֵל El ייא״ (מילוי דס״ג) בְּקָדְשׁוֹ bekodshó

הַלְלוּהוּ haleluhu (*Jojmá*) בִּרְקִיעַ birkía עֻזּוֹ uzó ס״ת = ע״ב ב״ן:

הַלְלוּהוּ haleluhu (*Biná*) בִגְבוּרֹתָיו vigvurotav הַלְלוּהוּ haleluhu (*Jésed*)

כְּרֹב querov גֻּדְלוֹ gudló: הַלְלוּהוּ haleluhu (*Guevurá*) בְּתֵקַע beteka

שׁוֹפָר shofar הַלְלוּהוּ haleluhu (*Tiféret*) בְּנֵבֶל benével וְכִנּוֹר vejinor:

הַלְלוּהוּ haleluhu (*Nétsaj*) בְתֹף betof וּמָחוֹל umajol הַלְלוּהוּ haleluhu (*Hod*)

בְּמִנִּים beminim וְעֻגָב veugav: הַלְלוּהוּ haleluhu (*Yesod*) בְצִלְצְלֵי־ vetsiltselei

שָׁמַע shamá הַלְלוּהוּ haleluhu (*Maljut*) בְּצִלְצְלֵי betsiltselei תְרוּעָה truá:

כֹּל col ילי הַנְּשָׁמָה haneshamá תְּהַלֵּל tehalel ר״ת כהת, משיח בן דוד ע״ה

יָהּ Yah הַלְלוּיָהּ haleluyá אלהים, אהיה אדני ; ללה :

כֹּל col ילי הַנְּשָׁמָה haneshamá תְּהַלֵּל tehalel ר״ת כהת, משיח בן דוד ע״ה

יָהּ Yah הַלְלוּיָהּ haleluyá אלהים, אהיה אדני ; ללה :

EL QUINTO SALMO

"¡Aleluya! Alaben a Dios en Su Santuario. Alábenle en Su poderoso firmamento; alábenle por Sus grandes proezas; alábenle conforme a Su grandeza; alábenle con el toque del Shofar; alábenle con el arpa y la cítara; alábenle tamboriles y danzas; alábenle con laudes y flautas; alábenle con resonantes platillos; alábenle con platillos reverberantes. ¡Alaben al Señor todas las almas! ¡Aleluya! ¡Alaben al Señor todas las almas! ¡Aleluya!" (Salmos 150).

OLAM YETSIRÁ - יוד הא ואו הא - אל יהוה

BARUJ

Cada uno de esos cuatro versos es un conducto para las cuatro letras en *Yud, Hei, Vav* y *Hei* (יהוה), que nos ayudan a saltar a la parte superior del Mundo de Formación, *Atsilut* de *Yetsirá.*

י

בָּרוּךְ Baruj יְהֹוָהאדניאהדונהי Adonai לְעוֹלָם leolam ריבוע דס"ג וי' אותיות דס"ג

אָמֵן Amén יאהדונהי וְאָמֵן veAmén יאהדונהי ; ר"ת לאו:

ה

בָּרוּךְ Baruj יְהֹוָהאדניאהדונהי Adonai מִצִּיּוֹן miTsiyón יוסף, ו' הויות, קנאה

שֹׁכֵן shojén יְרוּשָׁלָיִם Yerushaláyim הַלְלוּיָהּ haleluyá אלהים, אהיה אדני ; ללה:

ו

בָּרוּךְ Baruj יְהֹוָהאדניאהדונהי Adonai אֱלֹהִים Elohim אהיה אדני ; ילה

אֱלֹהֵי Elohei מילוי דע"ב, דמב ; ילה יִשְׂרָאֵל Yisrael

עֹשֵׂה osé נִפְלָאוֹת niflaot לְבַדּוֹ levadó שם בן מ"ב:

ה

וּבָרוּךְ uVaruj שֵׁם Shem כְּבוֹדוֹ quevodó לְעוֹלָם leolam ריבוע דס"ג וי' אותיות דס"ג

וְיִמָּלֵא veyimalé כְבוֹדוֹ jevodó אֶת־ et כָּל־ col ילי

הָאָרֶץ haárets אלהים דההין ע"ה אָמֵן Amén יאהדונהי וְאָמֵן veAmén יאהדונהי:

BARUJ

"Bendito es el Señor por siempre, Amén y Amén" (Salmos 89:53).

"Bendito es el Señor desde Sión, quien habita en Jerusalén. ¡Aleluya!" (Salmos 135:21).

"Bendito es el Señor, nuestro Dios, el Dios de Israel, el único que realiza maravillas. Y bendito es Su Nombre glorioso, para siempre. Que Su gloria llene todo el mundo, Amén y Amén" (Salmos 72:18-19).

OLAM YETSIRÁ - יוד הא ואו הא - אל יהוה

VAYEVAREJ DAVID – EL PUNTO MÁS ELEVADO DEL MUNDO DE FORMACIÓN (YETSIRÁ)

Los kabbalistas nos enseñan que hay dos prerrequisitos para activar el poder de una oración:

1) Entender el significado interno de la oración, y

2) Tener certeza de que la oración producirá la Luz y energía que está destinada a generar.

La siguiente oración nos imbuye con el poder de la certeza. *Vadái* ודאי (certeza) es creada por la primera letra de cada una de las primeras cuatro palabras en esta oración. Cualquiera que recite esta oración despierta una sensación intensa de certeza en su vida. Si no tenemos la certeza de que esta oración funcionará, entonces no lo hará. El trabajo del Satán es llenarnos de incertidumbre cada vez que puede, incluso mientras leemos estas palabras. Esta oración combate nuestras dudas e incertidumbres, y nos llena de convicción y certidumbre.

Tikún de *Atsilut* de *Yetsirá*

Hasta la Canción del Mar tenemos diez veces el Nombre: יהוה, cinco por *Jasadim* y cinco por *Guevurot*.

Ponte de pie mientras recitas "*Vayevarej David*".

וַיְבָרֶךְ vayevarej ע"ב ס"ג מ"ה ב"ן, הברכה (למתק את ז' המלכים שמתו) דָּוִיד David

אֶת־ et יְהֹוָהאדנייאהדונהי Adonai **(Primer *Jésed*)** ; ר"ת ודאי (=אהיה) (בשם זה עלה משה למרום

והוא מגן ממלאכי חבלה) לְעֵינֵי leeinei ריבוע מ"ה כָּל col ילי הַקָּהָל hakahal

וַיֹּאמֶר vayómer דָּוִיד David ר"ת = אדני בָּרוּךְ Baruj אַתָּה Atá

יְהֹוָהאדנייאהדונהי Adonai **(Segundo *Jésed*)** אֱלֹהֵי Elohei מילוי ע"ב, דמב ; ילה

יִשְׂרָאֵל Yisrael יהוה אלהי ישראל = תרי"ג (מצוות) אָבִינוּ avinu מֵעוֹלָם meolam

וְעַד־ vead עוֹלָם olam: לְךָ lejá יְהֹוָהאדנייאהדונהי Adonai **(Tercer *Jésed*)**

הַגְּדֻלָּה haguedulá וְהַגְּבוּרָה vehaGuevurá רי"ו וְהַתִּפְאֶרֶת vehaTiféret

וְהַנֵּצַח vehaNétsaj וְהַהוֹד vehaHod ההה כִּי־ qui כֹל jol ילי

בַּשָּׁמַיִם bashamáyim י"פ טל, י"פ כוזו וּבָאָרֶץ uvaárets לְךָ lejá

יְהֹוָהאדנייאהדונהי Adonai **(Cuarto *Jésed*)** הַמַּמְלָכָה hamamlajá

וְהַמִּתְנַשֵּׂא vehamitnasé לְכֹל lejol יה אדני לְרֹאשׁ lerosh ריבוע אלהים דיודין

ע"ה: וְהָעֹשֶׁר vehaósher וְהַכָּבוֹד vehacavod לאו מִלְּפָנֶיךָ milefaneja ס"ג מ"ה ב"ן

VAYEVAREJ DAVID

"Entonces David bendijo al Señor ante los ojos de toda la congregación. David dijo: Bendito eres Tú, Señor, el Dios de Israel, nuestro Padre, por siempre y para la eternidad. Tuyas, Señor, son la magnificencia, el poder, la gloria, la victoria y el esplendor. Porque Tuyo es todo lo que está en el Cielo y en la Tierra. Tuyo, Señor, es el reinado; Tú eres excelso por sobre los líderes. Las riquezas y los honores te preceden;

VeAtá Moshel Bacol

Dar caridad también ayuda a despertar la certeza. En esta oración, tomamos tres monedas y las colocamos en la mano de un compañero de la congregación o en una caja de caridad (como lo explica el Arí en el párrafo siguiente).

Primero colocas dos monedas en la mano de un compañero o en la caja de caridad, seguidas de la última moneda. La primera moneda corresponde a *Leá* y representa a la letra *Yud* י, la segunda moneda corresponde a *Maljut* de *Biná*, que está en la cabeza de *Zeir Anpín* (de donde proviene *Leá*) y representa la primera letra *Hei* ה. La tercera moneda corresponde a *Rajel*, la *Nukvá* inferior, y representa a la letra *Vav* ו, y la mano o la caja de caridad representa a la *Hei* final ה, el Mundo de *Maljut*.

וְאַתָּה veAtá מוֹשֵׁל moshel בַּכֹּל bacol ב"ן, לכב ; ר"ת ומב

וּבְיָדְךָ uveyadjá כֹּחַ cóaj וּגְבוּרָה ugvurá רי"ו ; ר"ת בוכו (אהיה)

וּבְיָדְךָ uveyadjá לְגַדֵּל legadel וּלְחַזֵּק ulejazek פהל לַכֹּל lacol יה אדני:

וְעַתָּה veAtá אֱלֹהֵינוּ Eloheinu ילה מוֹדִים modim כנגד מאה ברכות שתיקן דוד

לאמרם כל יום אֲנַחְנוּ anajnu לָךְ laj וּמְהַלְלִים umehalelim לְשֵׁם leShem

תִּפְאַרְתֶּךָ: tifarteja וִיבָרְכוּ vivarjú יהוה ריבוע יהוה ריבוע מ"ה שֵׁם Shem

כְּבוֹדֶךָ quevodeja ב"ן, לכב וּמְרוֹמַם umeromam עַל־ al כָּל־ col ילי ; עמם

בְּרָכָה brajá וּתְהִלָּה utehilá ע"ה אמת, אהיה פעמים אהיה, ז"פ ס"ג:

אַתָּה־ Atá הוּא Hu יְהֹוָהאדניאהדונהי Adonai **(Quinto *Jésed*)** לְבַדֶּךָ levadeja

אַתָּה Atá עָשִׂיתָ asita אֶת־ et הַשָּׁמַיִם hashamáyim י"פ טל, י"פ כוזו שְׁמֵי shmei

הַשָּׁמַיִם hashamáyim י"פ טל, י"פ כוזו וְכָל־ vejol ילי צְבָאָם tsevaam

הָאָרֶץ haárets אלהים דההין ע"ה וְכָל־ vejol ילי אֲשֶׁר asher עָלֶיהָ aleha פהל

הַיַּמִּים hayamim נלך וְכָל־ vejol ילי אֲשֶׁר asher בָּהֶם bahem

וְאַתָּה veAtá מְחַיֶּה mejayé ס"ג אֶת־ et כֻּלָּם culam וּצְבָא utsvá

הַשָּׁמַיִם hashamáyim י"פ טל, י"פ כוזו לְךָ lejá מִשְׁתַּחֲוִים mishtajavim ר"ת מלה:

VeAtá Moshel Bacol

Tú gobiernas sobre todo. En Tu Mano están el poder y la fuerza. Y está en Tu Mano hacer grande y dar fuerza a todos. Ahora, nuestro Dios, te estamos agradecidos y alabamos en Nombre de Tus esplendores" (I Crónicas 29:10-13). "Y ellos bendecirán el Nombre de Tu gloria, que es exaltada sobre todas las bendiciones y alabanzas. Eres sólo Tú, quien es el Señor. Tú hiciste los Cielos y los Cielos Superiores y todos sus ejércitos, la Tierra y todo lo que está sobre ella, los mares y todo lo que contienen, y Tú sostienes la vida en todos ellos. Y los ejércitos de los Cielos se postran ante Ti.

אַתָּה־ Atá הוּא Hu יְהֹוָהאדניאהדונהי Adonai (Primera Guevurá) הָאֱלֹהִים haElohim

אהיה אדני ; ילה ; ר״ת אהיה (Permanece de pie hasta aquí) אֲשֶׁר asher בָּחַרְתָּ bajarta

בְּאַבְרָם beAvram וְהוֹצֵאתוֹ vehotsetó מֵאוּר meUr כַּשְׂדִּים Casdim

וְשַׂמְתָּ vesamta שְׁמוֹ shemó מהש ע״ה, ע״ב בריבוע וקס״א ע״ה, אל שדי ע״ה

אַבְרָהָם Avraham ו״פ אל, רי״ו ול״ב נתיבות החכמה, רמ״ח (אברים), עסמ״ב וט״ז אותיות פשוטות:

וּמָצָאתָ umatsata אֶת־ et לְבָבוֹ levavó נֶאֱמָן neemán לְפָנֶיךָ lefaneja

ס״ג מ״ה ב״ן וְכָרוֹת vejarot עִמּוֹ imó הַבְּרִית habrit לָתֵת latet אֶת־ et

אֶרֶץ érets הַכְּנַעֲנִי hacnaaní הַחִתִּי hajití הָאֱמֹרִי haemorí

וְהַפְּרִזִּי vehaprizí וְהַיְבוּסִי vehayevusí וְהַגִּרְגָּשִׁי vehaguirgashí לָתֵת latet

לְזַרְעוֹ lezaró וַתָּקֶם vatakem אֶת־ et דְּבָרֶיךָ devareja ראה כִּי qui

צַדִּיק tsadik אָתָּה Atá: וַתֵּרֶא vateré אֶת־ et עֳנִי oni ריבוע מ״ה

אֲבֹתֵינוּ avoteinu בְּמִצְרָיִם beMitsráyim מצר וְאֶת־ veet זַעֲקָתָם zaakatam

שָׁמַעְתָּ shamata עַל־ al יַם־ yam ילי סוּף Suf: וַתִּתֵּן vatitén ב״פ כהת

אֹתֹת otot וּמֹפְתִים umoftim בְּפַרְעֹה beFaró וּבְכָל־ uvejol ב״ן, לכב

עֲבָדָיו avadav וּבְכָל־ uvejol ב״ן, לכב עַם am אַרְצוֹ artsó כִּי qui יָדַעְתָּ yadata

כִּי qui הֵזִידוּ hezidu עֲלֵיהֶם aleihem וַתַּעַשׂ־ vataas לְךָ lejá שֵׁם shem

כְּהַיּוֹם quehayom ע״ה נגד, מזבח, זן, אל יהוה הַזֶּה hazé והו: וְהַיָּם vehayam ילי

בָּקַעְתָּ bakata לִפְנֵיהֶם lifneihem וַיַּעַבְרוּ vayaavrú בְתוֹךְ־ vetoj

הַיָּם hayam ילי בַּיַּבָּשָׁה bayabashá וְאֶת־ veet רֹדְפֵיהֶם rodfeihem

הִשְׁלַכְתָּ hishlajta בִמְצוֹלֹת vimtsolot ר״ת רהב (שרו של מצרים) כְּמוֹ־ quemó

אֶבֶן even ר״ת = אהיה בְּמַיִם bemáyim עַזִּים azim ר״ת ע״ב, ריבוע יהוה:

Eres Tú, Señor, el Dios, quien escogió a Avram y lo sacó de Ur de los Caldeos y le pusiste por nombre Avraham. Hallaste que su corazón te era fiel e hiciste un Pacto con él para darle la tierra de los cananeos, los heteos, los amorreos, los ferezeos, los jebuseos y los gergeseos, cuyas tierras las diste a su descendencia, cumpliendo Tu palabra, porque Tú eres justo. Y viste la aflicción de nuestros padres en Egipto y escuchaste su llanto junto al Mar Rojo. Y realizaste señales y maravillas contra el Faraón y todos sus siervos, porque sabías que obraban con soberbia contra nuestros padres y así te creaste fama hasta el día de hoy. Y partiste el mar delante de ellos, de modo que pasaron por el medio del mar en tierra seca, pero sus perseguidores fueron arrojados por Ti a las profundidades, como una piedra en aguas turbulentas" (Nehemías 9:5-11).

OLAM YETSIRÁ - יוד הא ואו הא – אל יהוה

VAYOSHA

Cuando se recita con gran alegría, *Vayosha* tiene el poder de eliminar la negatividad y hacer nuestro proceso de *tikún* mucho más fácil. El proceso de *tikún* se refiere a las correcciones personales que cada individuo vino a hacer en este mundo. Las correcciones que debemos hacer están basadas en nuestros comportamientos negativos y reactivos de esta vida y de vidas anteriores. El tikún puede incluir aspectos económicos, de relaciones y de salud, entre otros. Podemos identificar nuestro *tikún* en todas las áreas de nuestra vida al observar dónde estamos experimentando más dificultades.

וַיּוֹשַׁע vayosha יְה�ֹוָאדנָיאהדונהי Adonai **(Segunda *Guevurá*)** בַּיּוֹם bayom

ע"ה נגד, מזבח, זן, אל יהוה ; ר"ת = וו"י הַהוּא hahú אֶת־ et יִשְׂרָאֵל Yisrael

מִיַּד miyad מִצְרָיִם Mitsráyim מצר ; ר"ת = אמן (יאהדונהי) וַיַּרְא vayar

יִשְׂרָאֵל Yisrael אֶת־ et מִצְרַיִם Mitsráyim מצר מֵת met עַל־ al

שְׂפַת sfat הַיָּם hayam ילי: וַיַּרְא vayar יִשְׂרָאֵל Yisrael אֶת־ et

הַיָּד hayad וזהו הַגְּדֹלָה haguedolá ר"ת אהיה אֲשֶׁר asher עָשָׂה asá

יְהֹוָאדנָיאהדונהי Adonai **(Tercera *Guevurá*)** בְּמִצְרַיִם beMitsráyim מצר

וַיִּירְאוּ vayirú הָעָם haam אֶת־ et יְהֹוָאדנָיאהדונהי Adonai **(Cuarta *Guevurá*)**

וַיַּאֲמִינוּ vayaaminu בַּיהֹוָאדנָיאהדונהי baAdonai **(Quinta *Guevurá*)** ; ר"ת איוב

וּבְמֹשֶׁה uveMoshé מהש, ע"ב בריבוע וקס"א, אל שדי, ד"פ אלהים ע"ה עַבְדּוֹ avdó:

LOS 72 NOMBRES DE DIOS

Esta tabla presenta los 72 Nombres de Dios. Moshé usó estas secuencias y fórmulas para conectar con las verdaderas leyes de la naturaleza —milagros y maravillas— y eliminar todos los obstáculos que evitan que la humanidad se conecte con éstas. Es así como el Mar Rojo fue dividido (Éxodo 14:19-21). La partición del Mar Rojo es una expresión de la conexión con la Realidad del 99%, donde los milagros son la norma. Simplemente con escanear esta configuración de letras, conectamos con nuestra verdadera naturaleza y poder. Nos volvemos más proactivos y nos acercamos más al verdadero propósito de nuestra alma.

VAYOSHA

"Y el Señor salvó ese día a Israel de la mano de Egipto, e Israel vio a los egipcios muertos a la orilla del mar. Y vio Israel la grandeza de la Mano de Señor contra los egipcios; y temió el pueblo al Señor y creyeron en Él y en Moshé, Su siervo" (Éxodo 14:30-31).

Olam Yetsirá - יוד הא ואו הא – אל יהוה

Para escanear: Comienza en la parte superior derecha (A-1) y escanea cada fila de derecha a izquierda, terminando en la parte inferior izquierda (I-8).

←

8	7	6	5	4	3	2	1	
כהת	אכא	ללה	מהש	עלם	סיט	ילי	והו	A
הקם	הרי	מבה	יזל	ההע	לאו	אלד	הזי	B
חהו	מלה	ייי	נלך	פהל	לוו	כלי	לאו	C
ושר	לכב	אום	ריי	שאה	ירת	האא	נתה	D
ייז	רהע	חעם	אני	מנד	כוק	להח	יחו	E
מיה	עשל	ערי	סאל	ילה	וול	מיך	ההה	F
פוי	מבה	נית	ננא	עמם	החש	דני	והו	G
מחי	ענו	יהה	ומב	מצר	הרח	ייל	נמם	H
מום	היי	יבמ	ראה	חבו	איע	מנק	דמב	I

Az Yashir Moshé – Canción del Mar

Moshé y los israelitas cantaron esta canción después de la partición del Mar Rojo. Es la canción del alma. Lamentablemente, perdemos contacto con nuestra alma cuando estamos atrapados en el mundo material. Esta oración ayuda a despertar la memoria y el poder de la canción original que reside en las profundidades de nuestra alma; porque cuando estamos conectados con nuestra alma, podemos alcanzar cualquier cosa.

Dieciocho veces el Nombre de Dios (יהוה o אדני) por las dieciocho bendiciones de los Mundos de *Yetsirá*. Debes meditar en que estos dieciocho son el valor numérico de las dos letras *Tet* ט en Meta-trón (**no pronunciar**) que está en *Zeir Anpín* de *Yetsirá*, así como también debes meditar en los nueve *tikunim* de *Zeir Anpín* de *Yetsirá*, nueve de Luz Directa y nueve de Luz Retornante, (de la misma manera que meditamos en *Yehí Jevod* en la pág. 137). También debes imaginar que cruzaste el Mar Rojo ese día. Decirlo con felicidad limpiará todas nuestras transgresiones.

אָז az יָשִׁיר־ yashir מֹשֶׁה Moshé מהש, ע״ב בריבוע וקס״א, אל שדי, ד״פ אלהים ע״ה

וּבְנֵי uvnei יִשְׂרָאֵל Yisrael ר״ת ע״ה נגד, מזבח, זן, אל יהוה אֶת־ et הַשִּׁירָה hashirá

הַזֹּאת hazot לַיהֹוָהאדנהיאהדונהי laAdonai (ארך) וַיֹּאמְרוּ vayomrú לֵאמֹר lemor

אָשִׁירָה ashira לַיהֹוָהאדנהיאהדונהי laAdonai (אפים) כִּי־ qui גָאֹה gaó גָּאָה gaá

סוּס sus ריבוע אדני, כוק וְרֹכְבוֹ verojvó רָמָה ramá בַיָּם vayam ילי׃

עָזִּי azí אלהים ע״ה, אהיה אדני ע״ה וְזִמְרָת vezimrat יָהּ Yah וַיְהִי־ vayehí לִי li

לִישׁוּעָה lishuá זֶה ze אֵלִי Elí וְאַנְוֵהוּ veanvehu (Medita en el Nombre Sagrado: יְהֹוָאֵלוּ

אֱלֹהֵי Elohei מילוי ע״ב, דמב ; ילה אָבִי aví וַאֲרֹמְמֶנְהוּ vaaromemenhu׃ (יהואל, לכב

Az Yashir Moshé – Canción del Mar

"Entonces entonaron Moshé y los Hijos de Israel este cántico al Señor: Cantaré al Señor, exaltando Su grandeza. Al caballo y al jinete arrojó a la mar. Mi fortaleza y mi canto es Dios; Él es mi salvación. Él es mi Dios y como tal lo alabaré. Es el Dios de mi padre y como tal lo ensalzaré.

יְהֹוָהאדנייאהדונהי Adonai (וְרַב חֶסֶד) אִישׁ ish מִלְחָמָה miljamá

יְהֹוָהאדנייאהדונהי Adonai (נֹשֵׂא עָוֹן) שְׁמוֹ Shemó מהש ע"ה, ע"ב בריבוע וקס"א ע"ה, אל שדי ע"ה:

מַרְכְּבֹת marquevot פַּרְעֹה Paró וְחֵילוֹ vejeiló יָרָה yará בַיָּם vayam ילי

וּמִבְחַר umivjar שָׁלִשָׁיו shalishav טֻבְּעוּ tubú בְיַם־ veyam ילי סוּף Suf:

תְּהֹמֹת tehomot יְכַסְיֻמוּ yejasyumu יָרְדוּ yardú בִמְצוֹלֹת vimtsolot

כְּמוֹ־ quemó אָבֶן áven ר"ת = אהיה: יְמִינְךָ yeminjá יְהֹוָהאדנייאהדונהי Adonai

(וּפֶשַׁע) נֶאְדָּרִי needarí בַּכֹּחַ bacóaj ר"ת = ע"ב, ריבוע יהוה וס"ת = יגל

יְמִינְךָ yeminjá יְהֹוָהאדנייאהדונהי Adonai (וְנַקֵּה) תִּרְעַץ tirats אוֹיֵב oyev

צרעת איוב (בזמנא דמלכא משיחא): וּבְרֹב uverov י"פ אהיה גְּאוֹנְךָ gueonjá

תַּהֲרֹס taharós קָמֶיךָ kameja (ביומי גוג ומגוג) תְּשַׁלַּח teshalaj

חֲרֹנְךָ jaronjá יֹאכְלֵמוֹ yojlemó כַּקַּשׁ cakash (בעת תחיית המתים):

וּבְרוּחַ uverúaj אַפֶּיךָ apeja נֶעֶרְמוּ neermú מַיִם máyim ר"ת אמן (יאהדונהי)

נִצְּבוּ nitsvú כְמוֹ־ jemó נֵד ned ר"ת ק"כ צירופי אלהים נֹזְלִים nozlim

קָפְאוּ kafú תְהֹמֹת tehomot בְּלֶב־ belev יָם yam ילי: אָמַר amar אוֹיֵב oyev

אֶרְדֹּף erdof אַשִּׂיג asig אֲחַלֵּק ajalek שָׁלָל shalal תִּמְלָאֵמוֹ timlaemo

נַפְשִׁי nafshí אָרִיק arik חַרְבִּי jarbí רי"י תּוֹרִישֵׁמוֹ torishemo יָדִי yadí:

נָשַׁפְתָּ nashafta בְרוּחֲךָ verujajá ר"ת ב"ן כִּסָּמוֹ quisamó יָם yam ילי

צָלֲלוּ tsalelú כַּעוֹפֶרֶת caoféret בְּמַיִם bemáyim אַדִּירִים adirim הרי ; ר"ת קמ"ג:

El Señor es el Amo de la guerra. El Señor es Su Nombre. Precipitó en el mar los carros del Faraón y su ejército. Sus capitanes escogidos fueron hundidos en el Mar Rojo. Las aguas profundas los cubrieron y cual piedras bajaron hasta lo más hondo. Tu diestra, Señor, es inmensamente poderosa; Tu diestra, Señor, aniquila al enemigo. Con Tu gran ingenio destruyes a Tus adversarios. Les envías Tu furia y los consume como paja. Y con las alas de Tu ira se elevaron y se abrieron las aguas, deteniéndose como si fueran muros. Se congelaron los abismos en medio de la mar. Dijo el enemigo: Los perseguiré y los alcanzaré y repartiré sus despojos, con los que hartaré mi alma. Desenvainaré mi espada y los quebrantará mi mano. Pero Tú soplaste con Tu poderoso aliento y el mar los fue cubriendo hasta que se hundieron como plomo en las procelosas aguas.

OLAM YETSIRÁ - יוד הא ואו הא – אל יהוה

מִי־ mi ילי כָמֹכָה jamoja בָּאֵלִם baelim יְהֹוָ(אדני)ה אהדונהי Adonai (פוקד)

ר"ת = ע"ב, ריבוע יהוה ; ס"ת מ"ה מִי mi ילי כָּמֹכָה camoja נֶאְדָּר needar

בַּקֹּדֶשׁ bakódesh ר"ת = יבק, אלהים יהוה, אהיה אדני יהוה נוֹרָא norá תְהִלֹּת tehilot

עֹשֵׂה osé פֶלֶא: fele נָטִיתָ natita יְמִינְךָ yeminjá תִּבְלָעֵמוֹ tivlaemo

ר"ת נ"ת (וז מות) אָרֶץ: árets נָחִיתָ najita בְחַסְדְּךָ vejasdeja ר"ת ב"ן עַם־ am

זוּ zu גָּאָלְתָּ gaalta נֵהַלְתָּ nehalta בְעָזְּךָ veazeja אֶל־ el נְוֵה nevé

קָדְשֶׁךָ kodshejá ר"ת קנ"א ב"ן, יהוה אלהים יהוה אדני, מילוי קס"א וס"ג, מ"ה ברבוע ע"ב ע"ה:

שָׁמְעוּ shamú עַמִּים amim יִרְגָּזוּן yirgazún חִיל jil ומב אָחַז ajaz

יֹשְׁבֵי yoshvei פְּלָשֶׁת peláshet (כוונות ישמעאל): אָז az נִבְהֲלוּ nivhalú

אַלּוּפֵי alufei אֱדוֹם edom (כוונות עשו) אֵילֵי eilei מוֹאָב moav

יֹאחֲזֵמוֹ yojazemo רָעַד raad (כוונות שאר כל השרים שהם נכנעים תחתיהם)

נָמֹגוּ namogu כֹּל col ילי יֹשְׁבֵי yoshvei כְנָעַן: Jenaán

תִּפֹּל tipol עֲלֵיהֶם aleihem אֵימָתָה eimatá וָפַחַד vafájad ר"ת שם קדוש תעא"ו

בִּגְדֹל bigdol זְרוֹעֲךָ zeroajá יִדְּמוּ yidemú כָּאָבֶן caáven ר"ת = טל (יוד הא ואו)

עַד־ ad יַעֲבֹר yaavor עַמְּךָ ameja יְהֹוָ(אדני)ה אהדונהי Adonai (על שלשים)

עַד־ ad יַעֲבֹר yaavor עַם־ am זוּ zu קָנִיתָ: kanita תְּבִאֵמוֹ teviemo

וְתִטָּעֵמוֹ vetitaemo בְּהַר behar נַחֲלָתְךָ najalatjá ר"ת ב"ן מָכוֹן majón

לְשִׁבְתְּךָ leshivtejá פָּעַלְתָּ paalta יְהֹוָ(אדני)ה אהדונהי Adonai (ועל רבעים) ; ר"ת

ע"ה = קס"א מִקְּדָשׁ mikdash אֲדֹנָי Adonai (ארך) כּוֹנְנוּ conenú יָדֶיךָ: yadeja

---

¿Quién como Tú entre los dioses, Señor? ¿Quién como Tú inmenso en Santidad, el más digno de alabanzas y hacedor de milagros? Cuando extendiste Tu diestra se los tragó la tierra. Con Tu benevolencia gobernaste al pueblo que redimiste. Los condujiste con Tu fuerza a Tu Santo Santuario. Escucharon pueblos y se estremecieron. Se apoderó el terror de los filisteos. Se angustiaron los príncipes de Edom. Temblaron los valientes de Moab y el miedo dominó a todos los cananeos. Se abatieron espantados por el poderío de Tu brazo y enmudecieron como la piedra, hasta que pasó Tu pueblo, Señor, hasta que pasó el pueblo que Tú redimiste. Los llevarás para que arraiguen en el monte de Tu santidad, en el lugar de Tu morada, el cual Tú preparaste. Tus manos establecieron el Templo del Señor.

Uno de los 72 Nombres de Dios está codificado en esta conexión: *Yud, Yud, Lámed* ייל. Esta fórmula nos da el poder de la certeza y la capacidad de dejar ir, especialmente en medio de la adversidad. Cuando las cosas van bien, a la mayoría de nosotros nos es fácil aceptar la idea de un Creador y de un principio de causa y efecto en funcionamiento en nuestro universo. Pero tan pronto como enfrentamos un obstáculo repentino o una situación estresante, dudamos de la existencia del Creador y de las enseñanzas de la Kabbalah. Los kabbalistas nos enseñan que absolutamente todo es una prueba. Si podemos mantener la certeza en la Luz cuando las adversidades ataquen, superaremos la prueba y la Luz trabajará para nosotros 100% del tiempo. La misión del Satán es inundar nuestra mente con incertidumbre. El Nombre *Yud, Yud, Lámed* remueve todas las incertidumbres, esto nos da la fuerza de reconocer y superar nuestras pruebas. Una prueba producirá consecuencias negativas sólo si no reconocemos que la dificultad es una prueba y si dudamos de la existencia del Creador.

יְהֹוָאדנהיאהדונהי Adonai (אפים) | יִמְלֹךְ yimloj לְעֹלָם leolam

ריבוע ס״ג וי׳ אותיות דס״ג ; ר״ת ייל וָעֶד vaed: יְהֹוָאדנהיאהדונהי Adonai (ורב וחסד) |

יִמְלֹךְ yimloj לְעֹלָם leolam ריבוע ס״ג וי׳ אותיות דס״ג ; ר״ת ייל וָעֶד vaed:

יְהֹוָאדנהיאהדונהי Adonai (נשא עון) מַלְכוּתֵיהּ maljutei קָאֵים kaeim

לְעָלַם lealam וּלְעָלְמֵי ulealmei עָלְמַיָּא almayá: כִּי qui בָא va סוּס sus ריבוע

אדני, כוק פַּרְעֹה Paró בְּרִכְבּוֹ berijbó וּבְפָרָשָׁיו uvefarashav בַּיָּם bayam ילי

וַיָּשֶׁב vayashev יְהֹוָאדנהיאהדונהי Adonai (ופשע) עֲלֵהֶם aleihem אֶת־ et מֵי mei

ילי הַיָּם hayam וּבְנֵי uvnei יִשְׂרָאֵל Yisrael הָלְכוּ haljú בַיַּבָּשָׁה vayabashá

בְּתוֹךְ betoj הַיָּם hayam ילי: כִּי qui לַיהֹוָאדנהיאהדונהי laAdonai (ונקה)

הַמְּלוּכָה hamelujá ר״ת כלה (רמז למלכות שהיא הכלה) וּמֹשֵׁל umoshel

בַּגּוֹיִם bagoyim: וְעָלוּ vealú מוֹשִׁעִים moshiím בְּהַר behar צִיּוֹן Tsiyón

יוסף, ו׳ הויות, קנאה לִשְׁפֹּט lishpot אֶת־ et הַר har עֵשָׂו Esav וְהָיְתָה vehaytá

לַיהֹוָאדנהיאהדונהי laAdonai (פוקד) הַמְּלוּכָה hamelujá: וְהָיָה vehayá יהוה ; יהה

יְהֹוָאדנהיאהדונהי Adonai (על שלשים) לְמֶלֶךְ leMélej עַל־ al כָּל col ילי ; עמם

הָאָרֶץ haárets אלהים דההין ע״ה בַּיּוֹם bayom ע״ה נגד, מזבח, זן, אל יהוה הַהוּא hahú

יִהְיֶה yihyé ייי יְהֹוָאדנהיאהדונהי Adonai (ועל רבעים) אֶחָד Ejad אהבה, דאגה

וּשְׁמוֹ uShmó מהש ע״ה, ע״ב בריבוע וקס״א ע״ה, אל שדי ע״ה אֶחָד Ejad אהבה, דאגה:

Y reinará el Señor eternamente y para siempre. Y reinará el Señor eternamente y para siempre" (Éxodo 15:1-18). Señor, Tu Reino reinará por siempre y eternamente. "Porque cuando penetró el caballo del faraón con su carro y sus jinetes en el mar, el Señor hizo tornar sobre ellos las aguas, en tanto que los Hijos de Israel habían cruzado el mar en seco" (Éxodo 15:19). "Porque el Reino pertenece al Señor y Él gobierna sobre las naciones" (Salmos 22:29). "Y los salvadores ascenderán al Monte Sión para buscar el castigo del Monte Esaú, y luego todo el universo reconocerá el reinado del Señor" (Abdías 1:21). "Y el Señor será entonces Rey sobre toda la Tierra, y en ese día el Señor será Uno y su Nombre Uno" (Zacarías 14:9).

OLAM YETSIRÁ - יוד הא ואו הא - אל יהוה

YISHTABAJ

Ahora que hemos dividido el Mar Rojo, nuestro próximo nivel de conexión es el Mundo de Creación (*Briá*). La primera palabra, *Yishtabaj* ישתבח tiene el valor numérico de 720 o diez veces los 72 Nombres de Dios (10 x 72). Al recitar *Yishtabaj*, recibimos el poder del Rey Shlomó, el de la sabiduría. Shlomó שלמה está codificado en el grupo de palabras y letras presentado a continuación. Además de ello, las primeras letras de cada una de las últimas cinco líneas de esta oración forman el nombre de Avraham. Avraham denota el poder de compartir. Usamos el poder de Shlomó y Avraham —sabiduría y compartir— para ayudarnos a saltar al Mundo de Creación.

La alabanza de *Yishtabaj* es inmensa y grandiosa. Consiste de 13 alabanzas por los 13 Atributos de *Briá* y las 13 *Sefirot* de *Yetsirá*. Debes decir las palabras lenta y gentilmente, y contarlas con los dedos de tu mano derecha. Procura no detener el conteo de 13 bajo ningún motivo. Y si te has detenido por alguna razón, debes regresar y contarlas nuevamente desde el principio ("*Qui lejá naé*") para decirlas en una sola respiración, como se menciona en el *Zóhar*.

ישתבח yishtabaj י״פ ע״ב שמך Shimjá לעד laad ב״פ ב״ן מלכנו malquenu

האל haEl לאה ; יי״א (מילוי דס״ג) המלך haMélej (**Rey** ***Shlomó***)

הגדול hagadol להח ; עם ד׳ אותיות = מבה, יזל, אום והקדוש vehakadosh

בשמים bashamáyim י״פ טל, י״פ כוזו ובארץ uvaárets: כי qui לך lejá נאה naé

יהוהאדניאהדונהי Adonai אלהינו Eloheinu ילה ואלהי veElohei לכב ; מילוי ע״ב, דמב ; ילה

אבותינו avoteinu לעולם leolam ריבוע ס״ג וי׳ אותיות דס״ג ועד vaed:

1) שיר shir (אל) 2) ושבחה ushvajá (רחום). 3) הלל halel (וחנון) ללה, אדני

4) וזמרה vezimrá (ארך). 5) עז oz (אפים) 6) וממשלה umemshalá (ורב חסד).

7) נצח Nétsaj (ואמת). 8) גדלה guedulá (נצר חסד). 9) גבורה Guevurá

10) תהלה tehilá (לאלפים) רי״ו. (נשא עון) ע״ה אמת, אהיה פעמים אהיה, ו״פ ס״ג.

11) ותפארת veTiféret (ופשע). 12) קדשה kedushá (וחטאה).

13) ומלכות uMaljut (ונקה). ברכות brajot והודאות vehodaot

YISHTABAJ

Que Tu Nombre sea alabado para siempre, nuestro Rey, el Dios, el gran y Santo Rey, quien está en los Cielos y en la Tierra. Porque Tú eres digno, Señor, nuestro Dios y el Dios de nuestros padres, de: 1) canción 2) y alabanza 3) regocijo 4) y melodía 5) poder 6) y dominio 7) eternidad 8) grandeza 9) valor 10) alabanza 11) y gloria 12) santidad 13) y soberanía. Bendiciones y agradecimientos

OLAM YETSIRÁ - יוד הא ואו הא – אל יהוה

לְשִׁמְךָ leShimjá הַגָּדוֹל hagadol להוו ; עם ד' אותיות = מבה, יזל, אום

וְהַקָּדוֹשׁ vehakadosh• וּמֵעוֹלָם umeolam וְעַד vead עוֹלָם olam

אַתָּה Atá אֵל El ייא"י (מילוי ד"סג) • בָּרוּךְ Baruj אַתָּה Atá

יהוואדני (יְהֹוָואדני) Adonai מֶלֶךְ Mélej גָּדוֹל gadol להוו ; עם ד' אותיות =

מבה, יזל, אום וּמְהֻלָּל umehulal בַּתִּשְׁבָּחוֹת batishbajot• אֵל El ייא"י (מילוי ד"סג)

הַהוֹדָאוֹת hahodaot• אֲדוֹן Adón אני הַנִּפְלָאוֹת haniflaot• בּוֹרֵא boré

כָּל col ילי הַנְּשָׁמוֹת haneshamot• רִבּוֹן ribón יהוה ע"ב ס"ג מ"ה ב"ן כָּל col ילי

הַמַּעֲשִׂים hamaasim• הַבּוֹחֵר habojer בְּשִׁירֵי beshirei זִמְרָה zimrá•

מֶלֶךְ Mélej **(*Avraham*)** אֵל El ייא"י (מילוי ד"סג)

חֵי jei (לפי הרש"ש חַי לפי האריז"ל) הָעוֹלָמִים haolamim: אָמֵן Amén יאהדונהי•

SHIR HAMAALOT

Entre *Rosh Hashaná* y *Yom Kipur*, recitamos estos ocho versículos para ayudarnos a penetrar en las profundidades de nuestra alma. Así como hay Diez *Sefirot* en nuestro universo, el alma contiene diez niveles. Cada uno de los diez días entre *Rosh Hashaná* y *Yom Kipur* nos eleva a otro nivel. El poder de diez conecta nuestra alma con todo el universo.

En cada uno de los días entre *Rosh Hashaná* y *Yom Kipur*, una de las diez profundidades (*Ómek* עוֹמֶק) que son mencionadas en el *Libro de la formación* (*Séfer Yetsirá*) es despertada. *Ómek* significa *Guevurá* porque *Ómek* tiene el mismo valor numérico de 216, que es el número de letras en los 72 Nombres de Dios. **En el primer día**, *Ómek Reshit* (Comienzo) es despertado; **en el segundo día**, *Ómek Reshit* es despertado nuevamente. **En el tercer día**, *Ómek Ajarit* (Fin) es despertado; **en el cuarto día**, *Ómek Tov veRá* (Bueno y Malo) es despertado; **en el quinto día**, *Ómek Darom* (Sur) es despertado; **en el sexto día**, *Ómek Tsafón* (Norte) es despertado; **en el séptimo día**, *Ómek Mizraj* (Este) es despertado; **y en el octavo día**, *Ómek Rom veÓmek Tájat* (Superior e Inferior) son despertados. **En el noveno día**, *Ómek Maarav* (Oeste) es despertado, y **en el décimo día**, *Ómek Maarav* es despertado nuevamente.

---

a Tu gran y Santo Nombre desde este mundo al Mundo por Venir. Tú eres Dios. Bendito eres Tú, Señor, Rey, quien es grande y loado con alabanza. Dios de agradecimiento. Señor de Maravillas. Creador de las almas. Señor de todos los hechos. Quien escoge melodiosas canciones de alabanza. El Rey, el Dios quien da vida a todos los mundos, Amén.

***Biná* בינה**

שִׁיר shir הַמַּעֲלוֹת hamaalot

מִמַּעֲמַקִּים mimaamakim קְרָאתִיךָ keratija יְהֹוָה יאהדונהי Adonai:

***Jésed* חסד**

אֲדֹנָי Adonai ללה שִׁמְעָה shimá בְקוֹלִי vekolí תִּהְיֶינָה tihyena

אָזְנֶיךָ ozneja יוד הי ואו הה קַשֻּׁבוֹת kashuvot לְקוֹל lekol תַּחֲנוּנָי tajanunai:

***Guevurá* גבורה**

אִם־ im יוהך, מ״א אותיות דפשוט, דמילוי ודמילוי דמילוי דאהיה ע״ה עֲוֺנוֹת avonot

תִּשְׁמָר־ tishmor יָהּ Yah אֲדֹנָי Adonai ללה מִי mi ילי יַעֲמֹד yaamod:

***Tiféret* תפארת**

כִּי־ qui עִמְּךָ imeja הַסְּלִיחָה haselijá לְמַעַן lemaan תִּוָּרֵא tivaré:

***Nétsaj* נצח**

קִוִּיתִי kiviti יְהֹוָה יאהדונהי Adonai קִוְּתָה kiveta נַפְשִׁי nafshí

וְלִדְבָרוֹ velidvaró הוֹחָלְתִּי hojalti:

***Hod* הוד**

נַפְשִׁי nafshí לַאדֹנָי laAdonai ללה מִשֹּׁמְרִים mishomrim לַבֹּקֶר labóker

שֹׁמְרִים shomrim לַבֹּקֶר labóker:

***Yesod* יסוד**

יַחֵל yajel יִשְׂרָאֵל Yisrael אֶל־ el יְהֹוָה יאהדונהי Adonai

כִּי־ qui עִם־ im יְהֹוָה יאהדונהי Adonai הַחֶסֶד hajésed ע״ב, ריבוע יהוה

וְהַרְבֵּה veharbé עִמּוֹ imó פְדוּת fedut:

***Maljut* מלכות**

וְהוּא veHú יִפְדֶּה yifdé אֶת־ et יִשְׂרָאֵל Yisrael

מִכֹּל micol ילי עֲוֺנֹתָיו avonotav:

SHIR HAMAALOT

"Un cántico de Ascensiones. Desde las profundidades te he llamado, Señor. Señor, escucha mi voz. Presten Tus oídos atención a mis súplicas. Si Tú marcaras las iniquidades, Señor Todopoderoso, ¿quién podría mantenerse de pie? Pero contigo hay perdón, para que seas temido. Espero al Señor, mi alma le ansía y en Su palabra confío. Mi alma anhela al Señor, más que los guardianes a la mañana. Israel confía en el Señor, porque con el Señor hay misericordia y con Él hay redención en grado sumo. Y Él redimirá a Israel de todas sus trasgresiones" (Salmos 130).

MEDIO KADISH

El secreto de este medio *Kadish* es que nos eleva desde *Yetsirá* (מ״ה) a *Briá* (ס״ג).

יִתְגַּדַּל yitgadal וְיִתְקַדַּשׁ veyitkadash שדי ומילוי שדי ; י״א אותיות כמנין ו״ה

שְׁמֵיהּ Shmei (שם י״ה דע״ב) רַבָּא rabá קנ״א ב״ן, יהוה אלהים יהוה אדני,

מילוי קס״א וס״ג, מ״ה ברבוע וע״ב ע״ה ; ר״ת = ו״פ אלהים ; ס״ת = ג״פ יב״ק: אָמֵן Amén אידהנויה.

בְּעָלְמָא bealmá דִּי di בְרָא verá כִרְעוּתֵיהּ quirutei.

וְיַמְלִיךְ veyamlij מַלְכוּתֵיהּ maljutei. וְיַצְמַח veyatsmaj

פּוּרְקָנֵיהּ purkanei. וִיקָרֵב vikarev מְשִׁיחֵיהּ Meshijei: אָמֵן Amén אידהנויה.

בְּחַיֵּיכוֹן bejayeijón וּבְיוֹמֵיכוֹן uveyomeijón וּבְחַיֵּי uvejayei

דְכָל dejol ילי בֵּית beit ב״פ ראה יִשְׂרָאֵל Yisrael בַּעֲגָלָא baagalá

וּבִזְמַן uvizmán קָרִיב kariv וְאִמְרוּ veimrú אָמֵן Amén: אָמֵן Amén אידהנויה.

La congregación y el *jazán* dicen lo siguiente:

28 palabras (hasta *bealmá*) medita en: מילוי דמילוי דע״ב (יוד ויו דלת הי יוד ויו יוד ויו הי יוד)
28 letras (hasta *almayá*) medita en: מילוי דמילוי דס״ג (יוד ויו דלת הי יוד ואו אלף ואו הי יוד)

יְהֵא yehé שְׁמֵיהּ Shmei (שם י״ה דס״ג) רַבָּא rabá קנ״א ב״ן,

יהוה אלהים יהוה אדני, מילוי קס״א וס״ג, מ״ה ברבוע וע״ב ע״ה מְבָרַךְ mevaraj,

לְעָלַם lealam לְעָלְמֵי lealmei עָלְמַיָּא almayá. יִתְבָּרַךְ yitbaraj.

Siete palabras con seis letras cada una (שם בן מ״ב) medita en:
יהוה + יוד הי ויו הי + מילוי דמילוי דע״ב (יוד ויו דלת הי יוד ויו יוד ויו הי יוד)
También siete veces la letra Vav (שם בן מ״ב) medita en:
יהוה + יוד הי ואו הי + מילוי דמילוי דס״ג (יוד ויו דלת הי יוד ואו אלף ואו הי יוד).

וְיִשְׁתַּבַּח veyishtabaj י״פ ע״ב יהוה אל אבג יתץ.

וְיִתְפָּאַר veyitpaar הי נו יה קרע שטן. וְיִתְרוֹמַם veyitromam וה כוזו נגד יכש.

וְיִתְנַשֵּׂא veyitnasé במוכסז בטר צתג. וְיִתְהַדָּר veyithadar כוזו יה וזקב טנע.

וְיִתְעַלֶּה veyitalé וה יוד ה יגל פזק. וְיִתְהַלָּל veyithalal א ואו הא שקו צית.

שְׁמֵיהּ Shmei (שם י״ה דמ״ה) דְּקוּדְשָׁא deKudshá בְּרִיךְ Verij הוּא Hu:

אָמֵן Amén אידהנויה.

MEDIO KADISH

¡Glorificado y santificado sea su Gran Nombre! (Amén). En el mundo que Él creó de acuerdo a Su voluntad y pueda Su Reino reinar. Y pueda Él hacer que su Redención florezca y pueda Él acercar el Mesías (Amén). En tus vidas y en tus días y en la vida de la Casa de Israel, prontamente y en el futuro cercano, y dígase: Amén (Amén). Que Su gran Nombre sea bendito por siempre y para toda la eternidad, y bendito y alabado, y glorificado y exaltado, y ensalzado y honrado, y adorado y loado, sea el Nombre del Santo Bendito Sea (Amén).

OLAM BRIÁ - יוד הי ואו הי – אל שדי

לְעֵלָּא leelá מִן min כָּל col ילי בִּרְכָתָא •birjatá שִׁירָתָא •shiratá
תֻּשְׁבְּחָתָא tishbejatá וְנֶחֱמָתָא •venejamatá דַּאֲמִירָן daamirán
בְּעָלְמָא bealmá וְאִמְרוּ veimrú אָמֵן :Amén אָמֵן Amén אידהנויה.

BARJÚ

Cuando entramos en el Mundo de Creación (*Briá*), recitamos el *Barjú* (bendigan). Esta conexión poderosa devuelve la parte de nuestra alma que nos abandonó mientras dormíamos. Incluso si alguien permanece despierto, una parte de su alma lo abandona durante la noche. Hay cinco palabras en el *Barjú* que nos conectan con las cinco partes de nuestra alma. Cada parte del alma está conectada a uno de los cinco mundos.

El *jazán* dice:

בָּרְכוּ barjú יהוה ריבוע יהוה ריבוע מ״ה אֶת et יְהֹוָאדניאהדונהי Adonai
הַמְבֹרָךְ hamevoraj ס״ת כהת, משיח בן דוד ע״ה:

Mientras el *jazán* dice el verso "*barjú*", la congregación dice "*yishtabaj*" de la siguiente manera (El *jazán* dirá "*yishtabaj*" mientras la congregación responde "*baruj*" como está a continuación):

יִשְׁתַּבַּח yishtabaj י״פ ע״ב וְיִתְפָּאַר veyitpaar שְׁמוֹ Shemó מהש ע״ה, ע״ב ברבוע וקס״א ע״ה
אל שדי ע״ה שֶׁל shel מֶלֶךְ Mélej מַלְכֵי maljei הַמְּלָכִים hamelajim
הַקָּדוֹשׁ haKadosh בָּרוּךְ Baruj הוּא Hu שֶׁהוּא sheHú רִאשׁוֹן rishón וְהוּא veHú
אַחֲרוֹן ajarón וּמִבַּלְעָדָיו umibaladav אֵין ein אֱלֹהִים Elohim אהיה אדני ; ילה.
יְהִי yehí שֵׁם Shem יְהֹוָאדניאהדונהי Adonai מְבֹרָךְ mevoraj ר״ת ריבוע ע״ב ריבוע ס״ג
יהוה מברך = רפ״ח (להעלות רפ״ח ניצוצות שנפלו לקליפה דמשם באים התולדות)
מֵעַתָּה meatá וְעַד־ vead עוֹלָם olam ייל: וּמְרוֹמָם umeromam עַל־ al
כָּל־ col ילי ; עמם בְּרָכָה brajá וּתְהִלָּה utehilá ע״ה אמת, אהיה פעמים אהיה, ז״פ ס״ג:

Cuando contestamos "*Baruj Adonai hamevoraj leolam vaed*" recibimos las cinco partes del alma (*Néfesh*, *Rúaj*, *Neshamá*, *Jayá* y *Yejidá*) que nos abandonaron durante el sueño de anoche.

Primero la congregación responde lo siguiente, y luego el *jazán* lo repite:

Néfesh בָּרוּךְ Baruj *Rúaj* יְהֹוָאדניאהדונהי Adonai *Neshamá* הַמְבֹרָךְ hamevoraj
Jayá לְעוֹלָם leolam ריבוע ס״ג וי׳ אותיות דס״ג *Yejidá* וָעֶד vaed:

Más allá de todas las bendiciones,
himnos, alabanzas y palabras de consolación que pueden decirse en el mundo, y dirán: Amén (Amén).

BARJÚ

Bendigan al Señor, el Bendito. Alabado y exaltado es el Nombre del Rey de todos los Reyes, El Santo Bendito sea, Quien es primero y Quien es último y sin el cual no hay Dios. Que el Nombre del Señor sea bendecido desde ahora y hasta toda la eternidad, por encima de todas las bendiciones y alabanzas. Bendito es el Señor, el Bendito, eternamente y para siempre.

Olam Briá - יוד הי ואו הי – אל שדי

El Mundo de Creación – *Briá*

El versículo inicial dice: *yotser or uvoré jóshej* (forma la luz y crea la oscuridad). Esto se refiere al concepto de Luz y oscuridad, el bien y el mal. Una división 50/50 entre el bien y el mal nos da el libre albedrío de escoger Luz u oscuridad.

Desde aquí ("*yotser or*") hasta "*gaal Yisrael*" (pág. 188) te encuentras en el Mundo de *Briá*.

Heijal Livnat HaSapir (La Cámara de Zafiro): *Yesod* de *Zeir Anpín* en *Briá*.

En el siguiente párrafo hay sesenta palabras que corresponden con los sesenta poderosos (ellos protegen la *Maljut* de *Atsilut* cuando asciende a *Briá*). El ministro en el *Heijal* es el ángel *Adarhani-el*-אדרהניאל **(no pronunciar este nombre)** y el espíritu de este *Heijal* es יאהדונהי.

בָּרוּךְ Baruj אַתָּה Atá יְהֹוָואדניאהדונהי Adonai אֱלֹהֵינוּ Eloheinu ילה

מֶלֶךְ Mélej הָעוֹלָם haolam יוֹצֵר yotser אוֹר or רז, אין סוף

(Debes tocar y besar el *Tefilín* de la mano – ya que la pureza de *Briá fue creado por ellos*)

וּבוֹרֵא uvoré חֹשֶׁךְ jóshej שך נצוצות של וז׳ המלכים. עֹשֶׂה osé שָׁלוֹם shalom

וּבוֹרֵא uvoré אֶת et הַכֹּל hacol ילי: הַמֵּאִיר hameir לָאָרֶץ laárets

וְלַדָּרִים veladarim עָלֶיהָ aleha פהל בְּרַחֲמִים berajamim מצפצ, אלהים דיודין, י״פ ייי.

וּבְטוּבוֹ uvetuvó (שהוא החסד אור גנוז בו) מְחַדֵּשׁ mejadesh י״ב הויות, קס״א קנ״א

בְּכָל bejol ב״ן, לכב יוֹם yom ע״ה נגד, מזבח, זן, אל יהוה תָּמִיד tamid ע״ה קס״א קנ״א קמ״ג

מַעֲשֵׂה maasé בְרֵאשִׁית vereshit ר״ת מ״ב: מָה־ ma מ״ה

רַבּוּ rabú מַעֲשֶׂיךָ maaseja יְהֹוָואדניאהדונהי Adonai כֻּלָּם culam

בְּחָכְמָה bejojmá במילוי = תרי״ג (מצוות) עָשִׂיתָ asita

Todas las acciones provienen (como potencial de potencial) desde *Aba*, quien rodea a la Luz Infinita, y son realizadas (como hecho de potencial) por *Ima*, quien rodea a *Aba*. *Aba* dice e *Ima* hace.

מָלְאָה malá הָאָרֶץ haárets אלהים דההין ע״ה קִנְיָנֶךָ kinyaneja:

הַמֶּלֶךְ haMélej הַמְּרוֹמָם hameromam לְבַדּוֹ levadó שם בן מ״ב

מֵאָז meaz ומב ; לבדו מאז ע״ה = אמן (יאהדונהי) הַמְשֻׁבָּח hameshubaj

וְהַמְפֹאָר vehamefoar וְהַמִּתְנַשֵּׂא vehamitnasé מִימוֹת mimot עוֹלָם olam:

El Mundo de Creación

Bendito eres Tú, Señor, nuestro Dios, Rey del Universo, "Quien forma Luz y crea la oscuridad, hace la paz y lo crea todo" (Isaías 45:7). *Él que resplandece sobre la Tierra y sobre sus habitantes, con compasión. Y con Su bondad, Él renueva, cada día y siempre, las obras de la Creación. "¡Cuán diversas son Tus obras, Señor! Las hiciste a todas con sabiduría, y el mundo está lleno de Tus posesiones"* (Salmos 104:24). *Tú eres el Rey, y Tú solo eres el Exaltado desde el principio; Tú, quien eres alabado, glorificado y exaltado desde el principio de los tiempos.*

OLAM BRIÁ - יוד הי ואו הי – אל שדי

אֱלֹהֵי Elohei מילוי דע״ב, דמב ; ילה עוֹלָם olam בְּרַחֲמֶיךָ berajameja

הָרַבִּים harabim רַחֵם rajem אברהם, וז״פ אל, רי״ו ול״ב נתיבות החכמה,

רמ״ח (אברים), עסמ״ב וט״ז אותיות פשוטות עָלֵינוּ aleinu⬩ אֲדוֹן Adón אני עֻזֵּנוּ uzenu⬩

צוּר tsur אלהים דההין ע״ה מִשְׂגַּבֵּנוּ misgabenu⬩

מָגֵן maguén ג״פ אל (יא״י מילוי דס״ג) ; ר״ת מיכאל גבריאל נוריאל יִשְׁעֵנוּ yishenu⬩

מִשְׂגָּב misgav משה, מהש, ע״ב בריבוע קס״א, אל שדי, ד״פ אלהים ע״ה בַּעֲדֵנוּ baadenu⁑

EL BARUJ

La primera letra de cada palabra en esta oración sigue el orden de las 22 letras del alfabeto arameo. Estas 22 letras nos conectan con los bloques de construcción metafísicos del universo, lo que nos proporciona una oportunidad para asumir el control de nuestro mundo y nuestro destino.

Heijal Étsem Hashamáyim (La Cámara de la Personificación del Cielo) – *Hod* de *Zeir Anpín* en *Briá*. En este *Heijal* hay Serafines con alas que son llamados *Jashmalim*, y aquí está el secreto de *jashmal* (electricidad). אורפני׳אל – *Or-pnei-El* (**no pronunciar este nombre** - El rostro de la Luz de Dios) es el ángel que ministra este *Heijal*. Y este *Heijal* se llama אלהים צבאות - *Elohim Tsvaot*, el cual es llamado *Hod* (*Elohim Tsevaot* con sus diez letras suman 595, que es *Étsem Hashamáyim*).

אֵל El יא״י (מילוי דס״ג) בָּרוּךְ baruj גְּדוֹל guedol להח ; עם ד׳ אותיות = מבה, יזל, אום

דֵּעָה deá הֵכִין hejín וּפָעַל ufaal זָהֳרֵי zahorei חַמָּה jamá טוֹב tov והו

יָצַר yatsar כָּבוֹד cavod לִשְׁמוֹ liShmó מהש ע״ה, ע״ב בריבוע וקס״א ע״ה, אל שדי ע״ה

מְאוֹרוֹת meorot נָתַן natán סְבִיבוֹת sevivot עֻזּוֹ uzó

פִּנּוֹת pinot צְבָאוֹת tsivot קְדוֹשִׁים kedoshim רוֹמְמֵי romemei שַׁדַּי Shadai

תָּמִיד tamid ע״ה קס״א קנ״א קמ״ג (ג׳ מילואי אהיה)

מְסַפְּרִים mesaprim, כְּבוֹד quevod אֵל El יא״י (מילוי דס״ג) ;

ר״ת מכאל (מיכאל = ננא) ; כבוד אל = ס״ג (*Dáat* de *Nukvá*) וּקְדוּשָּׁתוֹ ukdusható⁑

Dios del Mundo, apiádate de nosotros con Tu abundante compasión,
Señor de nuestro poderío, Roca de nuestra fortaleza. Escudo de nuestra redención, quien es nuestro fuerte.

EL BARUJ

Dios, bendito y grande en conocimiento, Él preparó y generó el resplandor del Sol. El Benévolo, quien creó gloria para Su Nombre, Él situó luminarias alrededor de Su poder. Los jefes de Sus huestes sagradas, quienes exaltan al Todopoderoso, constantemente relatan la gloria de Dios y Su santidad.

OLAM BRIÁ - יו"ד ה"י וא"ו ה"י – אל שד"י

תִּתְבָּרַךְ titbaraj יְהֹוָהאדניאהדונהי Adonai אֱלֹהֵינוּ Eloheinu ילה
בַּשָּׁמַיִם bashamáyim י"פ טל, י"פ כוזו מִמַּעַל mimaal עלם וְעַל־ veal
הָאָרֶץ haárets אלהים דההין ע"ה מִתָּחַת mitájat עַל־ al כָּל־ col ילי ; עמם
שֶׁבַח shévaj מַעֲשֵׂי maasei יָדֶיךָ •yadeja וְעַל־ veal מְאוֹרֵי meorei אוֹר or
רז, אין סוף שֶׁיָּצַרְתָּ sheyatsarta הֵמָּה hema יְפָאֲרוּךָ yefaaruja
סֶלָה :sela

TITBARAJ LANÉTSAJ

El último Nombre de los 72 Nombres de Dios —*Mem, Vav, Mem* final מום— aparece en esta conexión. Este Nombre significa “mancha” o “imperfección”. Si estamos en este planeta, todavía tenemos al menos una imperfección, si no es que tenemos innumerables imperfecciones más. Esta conexión nos ayuda a corregir estas fallas.

תִּתְבָּרַךְ titbaraj לָנֶצַח lanétsaj צוּרֵנוּ tsurenu מַלְכֵּנוּ malquenu
וְגוֹאֲלֵנוּ vegoalenu בּוֹרֵא boré קְדוֹשִׁים kedoshim יִשְׁתַּבַּח yishtabaj
י"פ ע"ב ; ר"ת יב"ק, אלהים יהוה, אהיה אדני יהוה שִׁמְךָ Shimjá לָעַד laad ב"פ ב"ן
מַלְכֵּנוּ malquenu יוֹצֵר yotser מְשָׁרְתִים meshartim וַאֲשֶׁר vaasher
מְשָׁרְתָיו meshartav ר"ת מום, אלהים כֻּלָּם culam עוֹמְדִים omdim
כלם עומדים = י' הויות בְּרוּם berum עוֹלָם olam ר"ת ע"ב, ריבוע יהוה ;
ברום עולם ע"ה = קס"א קנ"א קמ"ג עם ג' כוללים (לא כולל האהיה עצמם) וּמַשְׁמִיעִים umashmiím
בְּיִרְאָה beyirá ר"ו יַחַד yájad בְּקוֹל ,bekol דִּבְרֵי divrei ראה
אֱלֹהִים Elohim אהיה אדני ; ילה וְחַיִּים jayim אהיה אהיה יהוה, בינה ע"ה וּמֶלֶךְ uMélej
עוֹלָם •olam כֻּלָּם culam אֲהוּבִים •ahuvim כֻּלָּם culam בְּרוּרִים •berurim
כֻּלָּם culam גִּבּוֹרִים guiborim ר"ת אבג • כֻּלָּם culam קְדוֹשִׁים •kedoshim

---

Que seas bendecido, Señor, nuestro Dios arriba en los Cielos y abajo sobre la Tierra, y sobre toda Tu obra magnificente y todas las luminarias que Tú has creado. Ellas te glorificarán, Sela.

TITBARAJ LANÉTSAJ

Que Tú seas eternamente bendecido,

nuestra Fortaleza, nuestro Rey y nuestro Redentor, Creador de los Santos ángeles. Que Tu Nombre sea alabado por siempre, nuestro Rey, quien forma ángeles asistentes. Y Cuyos ángeles asistentes están de pie en las alturas del mundo y fuertemente proclaman, con reverencia y al unísono, las palabras del Dios Viviente y Rey del Universo. Todos son amados. Todos son puros. Todos son poderosos. Todos son Santos.

OLAM BRIÁ - יוד הי ואו הי – אל שדי

כלם culam עושים osim באימה beeimá ר"ת ע"ב, ריבוע יהוה

ובוראה uveyirá רי"ו רצון retsón מהש ע"ה, ע"ב בריבוע וקס"א ע"ה, אל שדי ע"ה

קוניהם koneihem וכלם vejulam פותחים potjim את et

פיהם pihem בקדושה bikdushá ובטהרה uvetahorá בשירה beshirá

ובזמרה uvezimrá ומברכין umevarjín• ומשבחין umeshabjín•

ומפארין umefaarín• ומקדישין umakdishín• ומעריצין umaaritsín•

וממליכין umamlijín ר"ת ז' ווין בסוד שם בן מ"ב ; ס"ת = מצפצ, אלהים דיודין, י"פ ייי•

ET SHEM

La palabra *reshut* רשות se encuentra dentro de esta conexión. *Reshut* tiene el mismo valor numérico (906) que las iniciales de las palabras que componen la última frase del *Aná Bejóaj* (*Shavateinu Kabel, Ushmá Tsaakateinu, Yodea Taalumot*) – שקוצית. Esta secuencia específica está relacionada con nuestro mundo físico, *Maljut*.

את־ et שם shem האל haEl לאה ; אל (ייא" מילוי דס"ג) המלך haMélej

הגדול hagadol להח ; עם ד' אותיות = מבה, יזל, אום הגבור haguibor והנורא vehanorá

ר"ת = יהוה קדוש kadosh הוא Hu• וכלם vejulam מקבלים mekablim

עליהם aleihem עול ol מלכות maljut שמים shamáyim י"פ טל, י"פ כוזו זה ze

מזה mizé• ונותנים venotnim רשות reshut שקו צית זה ze לזה lazé•

להקדיש lehakdish ליוצרם leyotsram בנחת benájat רוח rúaj•

בשפה besafá ברורה vrurá בשפה ברורה ע"ה = לשון הקודש ובנעימה uvineimá•

קדושה kedushá כלם culam כאחד queejad אהבה, דאגה

עונים onim באימה beimá• ואומרים veomrim ביראה beyirá רי"ו:•

Todos ejecutan, con reverencia y con asombro, la voluntad de su Hacedor. Todos abren sus bocas con Santidad y con pureza, con canciones y melodías. Ellos bendicen, alaban, glorifican, santifican, reverencian y entronan.

ET SHEM

El Nombre de Dios, el Rey, el grande, poderoso y reverenciado, porque Él es Santo. Todos aceptan sobre sí el yugo del Reino Celestial, uno del otro. Y se dan permiso uno al otro y ellos dan su consentimiento para santificar a su Creador. Con un espíritu calmo y con una expresión clara, y placentera, ellos proclaman santidad, con reverencia. Y todos ellos dicen al unísono y en asombro:

Olam Briá - יוד הי ואו הי - אל שדי

Kadosh, Kadosh, Kadosh

Esta frase se traduce como "Santo, Santo, Santo", pero no se refiere al significado convencional de la palabra "santo" (sagrado, bendecido o santificado). En lugar de ello, se refiere al concepto de completitud o "totalidad", como en la completitud cuántica de la realidad que está unificada e interconectada. Repetir la palabra "santo" tres veces también nos conecta con las Columnas Derecha (positiva), Izquierda (negativa) y Central (neutral). Esta oración nos infunde con la conciencia de que, a pesar de que tengamos imperfecciones, aún tenemos la Chispa Divina de Luz dentro de nosotros. Nuestra alma es parte de Dios.

Antes de decir *Kadosh* tres veces, besa el *Tefilín* de la mano y siéntate. Es bueno recitar este versículo siguiendo sus entonaciones (*teamim*).

קָדוֹשׁ kadosh | **(Derecha)** קָדוֹשׁ kadosh **(Izquierda)** קָדוֹשׁ kadosh **(Central)**

יְהֹוָאדהנויאהדונהי Adonai צְבָאוֹת Tsevaot פני שכינה

מְלֹא meló כָל־ jol ילי הָאָרֶץ haárets אלהים דההין ע"ה כְּבוֹדוֹ quevodó:

וְהָאוֹפַנִּים vehaofanim וְחַיּוֹת vejayot הַקֹּדֶשׁ hakódesh

בְּרַעַשׁ beráash גָּדוֹל gadol להח ; עם ד' אותיות = מבה, יזל, אום

מִתְנַשְּׂאִים mitnaseím לְעֻמַּת leumat הַשְּׂרָפִים haserafim

לְעֻמָּתָם leumatam מְשַׁבְּחִים meshabjim וְאוֹמְרִים veomrim:

בָּרוּךְ Baruj כְּבוֹד Quevod יְהֹוָאדהנויאהדונהי Adonai ; כבוד יהוה = יוד הי ואו הה

מִמְּקוֹמוֹ mimekomó עסמ"ב, הברכה (למתק את י' המלכים שמתו)

ר"ת = ע"ב, ריבוע יהוה ; ר"ת מ"כ, י"פ האא:

LaEl Baruj

Heijal Noga (la Cámar de la Luminosidad) - *Nétsaj* de *Zeir Anpín* en *Briá*.

En este *Heijal* están los Animales Sagrados y el ministro a cargo de este *Heijal* es *Noga* la cual da un total de 63 (יוד הי ואו הי) con el *Colel*, que es *Nétsaj* de *Briá* que es llamada: יהוה צבאות.

לָאֵל laEl ייא" (מילוי דס"ג) בָּרוּךְ Baruj• נְעִימוֹת neimot יִתֵּנוּ yitenu•

לַמֶּלֶךְ laMélej אֵל El ייא" (מילוי דס"ג) חַי jai וְקַיָּם vekayam•

זְמִירוֹת zemirot יֹאמֵרוּ yomeru• וְתִשְׁבָּחוֹת vetishbajot יַשְׁמִיעוּ yashmíu•

Kadosh, Kadosh, Kadosh

"Santo, Santo, Santo es el Señor de los Ejércitos. El mundo está lleno con Su gloria" (Isaías 6:3). *"Los Ofanim y todas las Bestias Sagradas rugen con voz estruendosa hacía los Serafines que están de pie enfrente de ellos, y alaban y dicen: Bendita es la gloria del Señor desde Su lugar"* (Ezequiel 3:12).

LaEl Baruj

Al Dios bendito, ellos le dan melodías.

Al Rey, al Dios viviente y eterno, ellos le cantarán himnos y proclamarán alabanzas.

OLAM BRIÁ - יוד הי ואו הי - אל שדי

SIETE VERSOS

Cada uno de estos siete versos conecta con un cuerpo celeste diferente. Hace cuatro mil años, Avraham el Patriarca reveló que había siete cuerpos celestes claves que podían verse con los ojos: El Sol, la Luna, Marte, Mercurio, Saturno, Venus y Júpiter. Estos son los que tienen una influencia directa en nuestro mundo físico y ellos corresponden a las Siete *Sefirot* Inferiores. Según Avraham, las Tres Dimensiones Superiores (*Sefirot*) no influyen directamente en nuestro mundo.

כִּי qui הוּא Hu לְבַדּוֹ levadó מ"ב

(*Kéter*) מָרוֹם marom (*Jojmá*) וְקָדוֹשׁ vekadosh.

כנגד ז' כוכבי לכת – correspondiendo a los siete planetas:

כפרתבגד	(Sol)	guevurot גְּבוּרוֹת	poel פּוֹעֵל	(*Biná*)
תבגדכפר	(Luna)	jadashot חֲדָשׁוֹת	osé עוֹשֶׂה	(*Jésed*)
דכפרתבג	(Marte)	miljamot מִלְחָמוֹת	báal בַּעַל	(*Guevurá*)
רתבגדכפ	(Mercurio)	tsedakot צְדָקוֹת	zorea זוֹרֵעַ	(*Tiféret*)
בגדכפרת	(Saturno)	yeshuot יְשׁוּעוֹת	matsmíaj מַצְמִיחַ	(*Nétsaj*)
פרתבגדכ	(Venus)	refuot רְפוּאוֹת	boré בּוֹרֵא	(*Hod*)
גדכפרתב	(Júpiter)	tehilot תְּהִלּוֹת	norá נוֹרָא	(*Yesod*)

(*Maljut*) אֲדוֹן Adón אני הַנִּפְלָאוֹת haniflaot.

MAASÉ BERESHIT

Ten en cuenta en todo momento que cada nuevo día es una renovación para toda la Creación. Con frecuencia, vivimos la vida ya sea en el pasado o en el futuro, dejando que el presente se nos escape. El verdadero crecimiento espiritual ocurre en el presente. Esta oración ayuda a infundir esta conciencia en nosotros. En el presente, lidiamos proactivamente con los efectos que hemos creado en el pasado y, a través de nuestras acciones, sembramos las semillas para nuestro futuro. Si nos perdemos las oportunidades que nos ofrece el presente, estaremos en un círculo reactivo, sin control sobre nuestra vida.

Heijal Zejut (la Cámara del Mérito) – *Guevurá* de *Zeir Anpín* en *Briá*.

En este *Heijal* está el *Sanhedrín* (Corte de los Sabios – que son los fiscales) y quien está a cargo de este *Heijal* es llamado: אל יהו. Este es el secreto del verso: "*VeElohai* (ואלהי – "y mi Dios" – las mismas letras que *Eliyahu*) *letsur majsí* (es mi refugio)". Y este es *Eliyahu* el profeta quien enseña los méritos de Israel (abogado defensor).

SIETE VERSOS

(Kéter) *Porque solamente Él es elevado* (Jojmá) *y Santo.*

(Biná)	*Él realiza hechos poderosos.*	(Sol)	(Jésed)	*Hace cosas nuevas.*	(Luna)
(Guevurá)	*El Señor de las guerras.*	(Marte)	(Tiféret)	*Siembra rectitud.*	(Mercurio)
(Nétsaj)	*Hace brotar salvación.*	(Saturno)	(Hod)	*Crea remedios.*	(Venus)
(Yesod)	*Magnífico en alabanzas.*	(Júpiter)	(Maljut)	*Señor de los prodigios.*	

הַמְחַדֵּשׁ hamejadesh י"ב הויות, קס"א קנ"א בְּטוּבוֹ betuvó בְּכָל־ bejol ב"ן, לכב

יוֹם yom ע"ה נגד, מזבח, זן, אל יהוה תָּמִיד tamid ע"ה קס"א קנ"א קמ"ג•

מַעֲשֵׂה maasé בְרֵאשִׁית vereshit ר"ת מ"ב• כָּאָמוּר caamur:

לְעֹשֵׂה leosé אוֹרִים orim רז, אין סוף גְּדֹלִים guedolim כִּי qui

לְעוֹלָם leolam ריבוע ס"ג וי' אותיות דס"ג וְחַסְדּוֹ jasdó ג' הויות, מזלא ; ר"ת = נגה:

בָּרוּךְ Baruj אַתָּה Atá יְהֹוָה Adonai יאהדונהי יוֹצֵר yotser הַמְּאוֹרוֹת hameorot:

AHAVAT OLAM

El propósito de esta oración es infundirnos con amor por el mundo y por las demás personas.

Heijal Ahavá (la Cámara del Amor) – *Jésed* de *Zeir Anpín* en *Briá*.
En este *Heijal* el ministro a cargo se llama *El Shadai* אל שדי, de la palabra *Shadáyim* (pecho). Y en este *Heijal* encontramos el secreto del abrazo de *Yaakov* y *Leá*, el cual es el secreto de *Jésed* que los prepara para el propósito de la *Amidá*; allí encontramos el secreto del *Zivug* (la Unificación).

אַהֲבַת ahavat עוֹלָם olam אֲהַבְתָּנוּ ahavtanu ר"ת ע"ב, ריבוע יהוה

יְהֹוָה Adonai יאהדונהי אֱלֹהֵינוּ Eloheinu ילה וְחֶמְלָה jemlá גְּדוֹלָה guedolá

וִיתֵרָה viterá חָמַלְתָּ jamalta עָלֵינוּ aleinu• אָבִינוּ avinu מַלְכֵּנוּ malquenu

בַּעֲבוּר baavur שִׁמְךָ Shimjá הַגָּדוֹל hagadol להח ; עם ד' אותיות = מבה, יזל, אום

וּבַעֲבוּר uvaavur אֲבוֹתֵינוּ avoteinu שֶׁבָּטְחוּ shebatjú בְךָ vaj

וַתְּלַמְּדֵמוֹ vatelamdemo חֻקֵּי jukei חַיִּים jayim אהיה אהיה יהוה, בינה ע"ה

לַעֲשׂוֹת laasot רְצוֹנְךָ retsonjá בְּלֵבָב belevav בוכו שָׁלֵם shalem•

כֵּן quen תְּחָנֵּנוּ tejanenú אָבִינוּ avinu אָב av הָרַחֲמָן harajamán•

MAASÉ BERESHIT

Renueva, cada día y para siempre, el trabajo de Creación como está dicho: "Al que hace las grandes luminarias, porque Su benevolencia es para siempre" (Salmos 136:7).
Bendito eres Tú, Señor, Hacedor de luminarias.

AHAVAT OLAM

Tú nos has amado con amor eterno Señor, nuestro Dios. Tú has concedido sobre nosotros grande y abundante compasión, nuestro Padre, nuestro Rey, por Tu Gran Nombre y por nuestros antepasados que confiaron en Ti. Enseña preceptos de entrega de vida para que podamos cumplir Tu voluntad, con todo el corazón, para que seas amable a nosotros, nuestro Padre, Padre misericordioso.

המרחם hamerajem אברהם, וח"פ אל, רי"ו ול"ב נתיבות החכמה, רמ"ח (אברים),

עסמ"ב וט"ז אותיות פשוטות רחם rajem אברהם, וח"פ אל, רי"ו ול"ב נתיבות החכמה, רמ"ח (אברים),

עסמ"ב וט"ז אותיות פשוטות נא na עלינו aleinu ותן vetén בלבנו belibenu

בינה viná ע"ה אהיה אהיה יהוה, חיים להבין lehavín• להשכיל lehasquil•

לשמוע lishmoa• ללמוד lilmod וללמד ulelamed• לשמור lishmor

ולעשות velaasot ולקיים ulekayem את־ et כל־ col ילי דברי divrei ראה

תלמוד talmud תורתך toratjá באהבה beahavá אחד, דאגה• והאר vehaer

עינינו eineinu ריבוע מ"ה בתורתך betorateja• ודבק vedabek

לבנו libenu במצותיך vemitsvoteja• ויחד veyajed לבבנו levavenu

לאהבה leahavá אחד, דאגה וליראה uleyirá רי"ו את־ et שמך Shemeja•

ולא veló נבוש nevosh ולא veló נכלם nicalem ולא veló נכשל nicashel

לעולם leolam ריבוע ס"ג וי' אותיות דס"ג ועד vaed• כי qui בשם veShem

קדשך kodshejá הגדול hagadol להח ; עם ד' אותיות = מבה, יזל, אום

והנורא vehanorá בטחנו vatajnu• נגילה naguilá ונשמחה venismejá

בישועתך vishuateja• ורחמיך verajameja יהוהאדניאהדונהי Adonai

אלהינו Eloheinu ילה וחסדיך vajasadeja הרבים harabim

אל al יעזבונו yaazvunu נצח nétsaj סלה sela ועד vaed•

Sostén las cuatro esquinas del *Talit* con tu mano izquierda y llévalas a tu pecho hasta que termines de recitar las palabras "*laad uleolmei olamim*" en la pág. 184.

מהר maher והבא vehavé עלינו aleinu ברכה brajá

ושלום veshalom מהרה meherá מארבע mearbá כנפות canfot

הארץ haárets אלהים דההין ע"ה ; ר"ת = אדני•

Sé misericordioso con nosotros, Oh El misericordioso. Coloca comprensión en nuestros corazones para que podamos entender, discernir, oír, estudiar, enseñar, mantener, hacer y cumplir todas las palabras de enseñanza de Tu Torá en amor. Ilumina nuestros ojos con Tu Torá. Enlaza nuestros corazones con Tus mandamientos. Unifica nuestros corazones para amar y temer a Tu Nombre; entonces no estaremos ni avergonzados ni humillados; ni fallaremos nunca y por toda la eternidad. Porque hemos colocado nuestra confianza en Tu gran y reverentemente temido Nombre. Que nos regocijemos y seamos felices en Tu Salvación. Que Tu compasión nunca nos abandone, Señor, nuestro Dios, ni Tus muchas benevolencias, Sela, por siempre. Apúrate y trae sobre nosotros bendición y paz, rápidamente, de los cuatro confines de la Tierra.

Olam Briá - יוד הי ואו הי – אל שדי

tsavarenu צַוָּארֵנוּ עלם meal מֵעַל hagoyim הַגּוֹיִם ol עוֹל ushvor וּשְׁבוֹר

•leartsenu לְאַרְצֵנוּ komemiyut קוֹמְמִיּוּת meherá מְהֵרָה veholijenu וְהוֹלִיכֵנוּ

אמן ,ר״ת פאי Atá אַתָּה yeshuot יְשׁוּעוֹת poel פּוֹעֵל (מילוי דס״ג) ייא״י El אֵל qui כִּי

•velashón וְלָשׁוֹן am עַם ילי micol מִכָּל־ vajarta בָחַרְתָּ uvanu וּבָנוּ (יאהדונהי)

Vekeravtanu Malquenu

Recitar *Vekeravtanu Malquenu* nos hace recordar el Monte Sinaí y nos proporciona una conexión directa con éste y con la energía de inmortalidad.

malquenu מַלְכֵּנוּ vekeravtanu וְקֵרַבְתָּנוּ

LeShimjá HaGadol

Esta frase nos da el poder de eliminar toda duda e incertidumbre de nuestra vida.

Sin el poder de la certeza, todas nuestras oraciones son ineficientes. Los kabbalistas explican que la incertidumbre es la semilla de todo mal en el mundo: incertidumbre sobre nosotros, sobre la existencia de Dios, sobre nuestro destino y sobre nuestra capacidad de superar desafíos. Debido a que nuestra conciencia crea nuestra realidad, nuestra incertidumbre inevitablemente conllevará al caos. Cuando destruimos nuestra duda, todo lo que queda es positividad y certeza en la Luz. La palabra *Amalek* עמלק tiene el mismo valor numérico que la palabra aramea para “incertidumbre” y “duda” ספק (240). *Amalek* se refiere a las dudas e incertidumbres que nos infectan, provocando desunión y odio entre los pueblos. Una historia en la Biblia relata cómo Dios ordenó a los israelitas a salir y matar a todos los hombres, mujeres y niños de la nación de *Amalek*. El *Zóhar* explica que en este pasaje hay un código para destruir nuestra duda. En realidad, Dios les estaba diciendo a los israelitas que mataran a la incertidumbre dentro de ellos.

אום ,יזל ,מבה = אותיות ד׳ עם ; להח hagadol הַגָּדוֹל leShimjá לְשִׁמְךָ

Beahavá Lehodot Laj

Ahora estamos obteniendo la fuerza para abstenernos de cualquier tipo de habla maliciosa o chisme acerca de otras personas.

Espiritualmente, el habla maliciosa es considerada como una de las acciones negativas más graves que una persona puede realizar; es incluso más grave que el asesinato. Dicen los sabios que con el asesinato una persona muere una vez. Cuando hablamos chismes de otra persona, a nivel espiritual, tres personas mueren: el hablante, el oyente y el individuo de quien se está hablando. Y no sólo eso, cada vez que el chisme pasa de una persona a otra, matamos a ese individuo nuevamente. El habla tiene un poder enorme. Cuando hablamos mal de los demás, no sólo herimos y dañamos sus vidas, sino que el daño también se extiende a la vida de la persona que está escuchando el chisme, así como a nuestra propia vida. El *Talmud* enseña que la destrucción del Templo ocurrió debido al habla maliciosa y al odio entre la gente. Si no nos abstenemos de hablar negativamente de nuestro prójimo, los demás tampoco podrán abstenerse de hablar mal de nosotros. Los kabbalistas nos enseñan que el habla maliciosa es una de las causas espirituales de la mayor fuerza negativa en nuestro mundo físico: *El odio gratuito.*

laj לָךְ lehodot לְהוֹדוֹת אחד, דאגה beahavá בְּאַהֲבָה

Rompe el yugo de las naciones de nuestros cuellos y rápidamente guíanos, orgullosamente erguidos, a nuestra tierra. Porque Tú eres Dios, quien obra la salvación. Tú nos escogiste entre todas las naciones y lenguas.

Vekeravtanu Malquenu *Y nos acercaste, nuestro Rey,*
LeShimjá HaGadol *a Tu gran Nombre*
Beahavá Lehodot Laj *para expresar amorosamente nuestra gratitud,*

OLAM BRIÁ - יוד הי ואו הי – אל שדי

וּלְיַחֶדְךָ uleyajedjá וּלְאַהֲבָה uleahavá אוזד, דאגה אֶת־ et שְׁמֶךָ Shimjá:

ר"ת הברכה עולה למנין ל"ב נתיבות החכמה

בָּרוּךְ Baruj אַתָּה Atá יְהֹוָהאדניאהדונהי Adonai

הַבּוֹחֵר habojer בְּעַמּוֹ beamó יִשְׂרָאֵל Yisrael בְּאַהֲבָה beahavá אוזד, דאגה

ר"ת שם קדוש ב"ב (באתב"ש שמש):

EL SHEMÁ

El *Shemá* es una de las herramientas más poderosas para atraer energía sanadora a nuestra vida. El verdadero poder del *Shemá* es liberado cuando recitamos esta oración mientras meditamos en otras personas que necesiten energía de sanación.

El primer verso del *Shemá* canaliza la energía de *Zeir Anpín* o los Mundos Superiores.
El segundo verso se refiere a nuestro mundo, el Mundo de *Maljut*.

Hay un total de 248 palabras en esta oración, y estas 248 palabras transmiten energía de sanación a las 248 partes del cuerpo humano y su alma. El primer párrafo del *Shemá* está compuesto de 42 palabras que nos conectan con el Nombre de Dios de 42 Letras en el *Aná Bejóaj*. El segundo párrafo está compuesto de 72 palabras que nos conecta con los 72 Nombres de Dios. El tercer párrafo contiene 50 palabras que nos vinculan con las 50 Puertas de *Biná*, que nos ayudan a elevarnos sobre las 50 Puertas de la Negatividad. El párrafo final del *Shemá* tiene 72 palabras, que también nos conectan con los 72 Nombres de Dios, pero a través de una combinación diferente de letras que la que se usa en el segundo párrafo.

1) Para poder recibir la Luz del *Shemá*, debes aceptar el precepto de: "Ama a tu prójimo como a ti mismo", y verte a ti mismo unido con todas las almas que componen el Adam Original.
2) Necesitas meditar en conectarte al precepto de Recitar el *Shemá* dos veces al día.
3) Antes de recitar el *Shemá*, debes cubrir tus ojos con la mano derecha y decir las palabras "*Shemá Yisrael … leolam vaed*", y sostener los cuatro *tsitsiot* con la mano izquierda y colocarlos sobre tu corazón.
4) Debes leer el *Shemá* con meditación profunda, recitándolo con las entonaciones. Es necesario ser cuidadoso con la pronunciación de todas las letras. Cada palabra que termine en la misma letra que inicia la palabra siguiente debe pronunciarse por separado y no como una continuación de la siguiente palabra. Ej.: *bejol levavjá*. *Bejol* termina con una *Lámed* y *levavjá* comienza con una *Lámed*. Cada una de estas palabras debe pronunciarse por separado de forma que las dos *Lámed* sean escuchadas. Por lo tanto, hemos añadido un símbolo especial (•) sobre cada lugar donde esto ocurra.

Primero, medita en general, en el primer *Yijud* de los cuatro *Yijudim* del Nombre: יהוה y, en particular, para despertar a la letra ה, y luego para conectarla con la letra ו. Después conecta a la letra י y a la letra ה juntas en el orden siguiente: *Hei* (ה), *Hei-Vav* (ה"ו), luego *Yud-Hei* (י"ה), lo que suma 31, el secreto de יא"י del Nombre ס"ג. Es bueno meditar en este *Yijud* antes de recitar cualquier *Shemá* porque actúa como un reemplazo por las veces que quizás no hayas recitado el *Shemá*. Este *Yijud* tiene la misma capacidad de crear una conexión Celestial como la lectura del *Shemá*: elevar a *Zeir* y a *Nukvá* juntos para el *Zivug* de *Aba* e *Ima*.

---

para unificarte y amar Tu Nombre.
Bendito eres Tú, Señor, quien ha escogido a Su Nación, Israel, con amor.

Shemá – שמע

La razón para decir aquí el *Shemá* es para despertar los *Mojín* (cerebros/energía) para *Zeir Anpín*. Tenemos que hacer esto en *Briá*, porque en *Atsilut* no tenemos la capacidad de hacerlo. **Meditación general**: שם ע – para atraer la energía desde las siete *Sefirot* inferiores de *Ima* hacia la *Nukvá*, la cual permite a la *Nukvá* elevar las *Mayin Nukvín* (despertar desde Abajo). **Meditación particular**: שם = יהוה + שדי y cinco veces las letras י y ד de ב"ן = ע [La letra *Hei* (ה) es formada por las letras *Dálet* (ד) y *Yud* (י), por lo tanto en ב"ן tenemos cuatro veces la letra ה más otra vez las letras י y ד de יוד de ב"ן]. También las tres letras ו (18) que quedan de ב"ן, más ב"ן mismo (52) equivale a ע (70).

Yisrael – ישראל

Meditación general: שי"ר אל; para atraer energía desde *Jésed* y *Guevurá* de *Aba* hacia *Zeir Anpín*, para hacer su acción en el secreto de *Mayin Dujrín* (despertar desde Arriba).
Meditación particular: (las letras reordenadas de la palabra *Yisrael*): **שר אלי**
י"ה דאלהים דמוח חכמה בהכאה (יו"ד פעמים ה"י) = ש',
י"ה דאלהים דמוח בינה בהכאה (יו"ד פעמים ה"ה) = ר',
י"ה דאלהים דמוח דחסדים דדעת (יו"ד ה"א), וי"ה דאלהים דמוח דגבורות דדעת (י"ה) = אל"י.
También meditar en atraer la Luz Circundante de *Aba* de *Katnut* hacia *Zeir Anpín*.

Adonai Eloheinu Adonai – יהוה אלהינו יהוה

Meditación general: para atraer energía hacia *Aba*, *Ima* y *Dáat* desde *Arij Anpín*.
Meditación particular: (יוד הי וי הי) ע"ב (יוד הי ויו הי) קס"א (אלף הי יוד הי) ע"ב (יוד הי ויו הי) ע"ב

Ejad – אחד

(El secreto del completo *Yijud*-Unificación)

Las letras *Álef* א y *Jet* ח de *Ejad* אחד son *Zeir Anpín* y la letra *Dálet* ד es *Nukvá*. **Debes meditar** en dedicar tu alma a la santificación del Nombre Sagrado, elevando de este modo a tu *Néfesh*, *Rúaj*, *Neshamá* y *Neshamá* de *Neshamá* con *Zeir Anpín* y *Nukvá* (usando los Nombres: ע"ב y ס"ג) hacia *Aba* e *Ima* como en el secreto de *Mayin Nukvín*, y por esa energía, *Aba* e *Ima* serán unificados en el secreto del Nombre: **יאההויה"ה**. **También medita** en atraer los Seis Bordes Internos de *Gadlut* de *Ima* hacia *Zeir Anpín*. La Gota, que es ע"ב, es sacada desde lo externo de *Atik* y desciende hacia *Yesod* de *Ima*, donde se convierte en: ע"ב ס"ג מ"ה ב"ן, y las cuatro **אהיה** deletreadas (אלף הי יוד הי, אלף הי יוד הי, אלף הא יוד הא, אלף הה יוד הה) se convierten en Su vestimenta. Como resultado, *Zeir Anpín* tiene cuatro **יה"ו** deletreadas (יוד הי ויו, יוד הי ואו, יוד הא ואו, יוד הה וו), cuatro **אה"י** deletreadas (אלף הי יוד, אלף הי יוד, אלף הא יוד, אלף הה יוד) y los Seis Bordes Internos de *Gadlut* de *Ima*. **También medita** en el Nombre: **אל"ף ה"י וי"ו ה"י**, que es los *Mojín* enteros en el secreto de *Dáat*. **Y también medita** (según el Ramjal) en las cuatro *Álef* deletreadas (**אלף** = 111) del Nombre: **אהי"ה** que es igual a la palabra *Midat* (444), haciendo el *Kéter* para *Leá*.

Baruj Shem – ברוך שם כבוד מלכותו לעולם ועד

Baruj Shem Quevod – *Jojmá*, *Biná*, *Dáat* de *Leá*;
Maljutó – Su *Kéter*; **Leolam** – el resto de Su *Partsuf*;
Vaed – los cuatro **היה** (4 veces 20 es igual a *Vaed* = 80) harán el *Kéter* para *Rajel*.
Y las cuatro **היה** deletreadas (הי יוד הי, הי יוד הי, הא יוד הא, הה יוד הה) harán el resto de Su cuerpo.

שְׁמַע Shemá ע' רבתי יִשְׂרָאֵל Yisrael יְהֹוָהאדניאהדונהי Adonai

אֱלֹהֵינוּ Eloheinu ילה יְהֹוָהאדניאהדונהי Adonai | אֶחָד Ejad ד' רבתי ; אהבה, דאגה:

(: Susurrar) יוזו אותיות בָּרוּךְ Baruj שֵׁם Shem כְּבוֹד quevod מַלְכוּתוֹ maljutó,

לְעוֹלָם leolam ריבוע ס"ג וי' אותיות דס"ג וָעֶד vaed:

Yud, *Jojmá*, cabeza – 42 palabras que corresponden al Nombre Sagrado de Dios de 42 Letras.

א ב

וְאָהַבְתָּ veahavta ב"פ אור, ב"פ רז, ב"פ אין סוף ; (יכוין לקיים מ"ע של אהבת ה') אֵת et

ג י

יְהֹוָהאדניאהדונהי Adonai אֱלֹהֶיךָ Eloheja ילה ; ס"ת כהת, משיח בן דוד ע"ה

ת צ ק ר

בְּכָל־ bejol ב"ן, לכב לְבָבְךָ levavjá וּבְכָל־ uvejol ב"ן, לכב נַפְשְׁךָ nafshejá

ע ש ט ג

וּבְכָל־ uvejol ב"ן, לכב מְאֹדֶךָ: meodeja וְהָיוּ vehayú הַדְּבָרִים hadevarim

ג ג ד י כ

הָאֵלֶּה haele אֲשֶׁר asher אָנֹכִי anojí מְצַוְּךָ metsaveja הַיּוֹם hayom

ש ב ט

ע"ה נגד, מזבח, זן, אל יהוה (pausa aquí) עַל al לְבָבֶךָ: levaveja וְשִׁנַּנְתָּם veshinantam

ר צ ת ג

לְבָנֶיךָ levaneja וְדִבַּרְתָּ vedibarta בָּם bam מ"ב בְּשִׁבְתְּךָ beshivtejá

חו ק ב

בְּבֵיתֶךָ beveiteja ב"פ ראה וּבְלֶכְתְּךָ uvelejtejá בַדֶּרֶךְ vadérej

ט ג

ב"פ יב"ק, ס"ג קס"א וּבְשָׁכְבְּךָ uveshojbejá וּבְקוּמֶךָ: uvkumeja

ע י ג ל

וּקְשַׁרְתָּם ukshartam לְאוֹת leot עַל־ al יָדֶךָ yadeja (Debes tocar el *Tefilín de la mano*)

EL SHEMÁ

"Escucha, Israel, el Señor nuestro Dios. El Señor es Uno" (Deuteronomio 6:4). *"Bendito es el glorioso Nombre, Su Reino es por siempre y para la eternidad"* (Pesajim 56a). *"Y amarás al Señor, tu Dios, con todo tu corazón y con toda tu alma y con todo lo que posees. Deja que estas palabras que te ordeno hoy descansen sobre tu corazón. Y las enseñarás a tus hijos y hablarás de ellas mientras estés sentado en tu hogar y mientras caminas por el sendero y cuando te acuestas y cuando te levantas. Las atarás como una señal sobre tu mano*

OLAM BRIÁ - יוד הי ואו הי – אל שדי

פ ז ק ש

וְהָיוּ vehayú לְטֹטָפֹת letotafot בֵּין bein עֵינֶיךָ eineja (Debes tocar el *Tefilín de la cabeza*)

ע״ה קס״א ; ריבוע מ״ה: ק ו

וּכְתַבְתָּם ujtavtam עַל־ al

צ ת

מְזֻזוֹת mezuzot נ״ת (זז מות) בֵּיתֶךָ beiteja ב״פ ראה וּבִשְׁעָרֶיךָ׃ uvishheareja

VEHAYÁ IM SHAMOA

***Hei, Biná*, brazos y cuerpo** – 72 palabras que corresponden a los 72 Nombres de Dios.

והו ילי

וְהָיָה vehayá יהוה ; יהה אִם־ im יוה״ך, מ״א אותיות דפשוט, דמילוי ודמילוי דמילוי דאהיה ע״ה

סיט עלם מהש ללה אכא

שָׁמֹעַ shamoa תִּשְׁמְעוּ tishmeú אֶל־ el מִצְוֹתַי mitsvotai אֲשֶׁר asher

כהת הזי אלד לאו

אָנֹכִי anojí מְצַוֶּה metsavé אֶתְכֶם etjem הַיּוֹם hayom ע״ה נגד, מזבח, זן, אל יהוה

ההע יזל מבה

(haz una pausa aquí) לְאַהֲבָה leahavá אחד, דאגה אֶת־ et יְהֹוָאדהנויאהדונהי Adonai

הרי הקם

אֱלֹהֵיכֶם Eloheijem ילה (pronuncia la letra *Ayin* en la palabra "*uleavdó*") וּלְעָבְדוֹ uleavdó

לאו כלי לוו

בְּכָל־ bejol ב״ן, לכב לְבַבְכֶם levavjem וּבְכָל־ uvejol ב״ן, לכב

פהל נלך ייי מלה

נַפְשְׁכֶם׃ nafshejem וְנָתַתִּי venatati מְטַר־ metar אַרְצְכֶם artsejem

חהו נתה האא ירת שאה

בְּעִתּוֹ beitó יוֹרֶה yoré וּמַלְקוֹשׁ umalkosh וְאָסַפְתָּ veasafta דְגָנֶךָ deganeja

ריי אום לכב ושר

וְתִירֹשְׁךָ vetiroshjá וְיִצְהָרֶךָ׃ veyitzhareja וְנָתַתִּי venatati עֵשֶׂב ésev ע״ב שמות

---

y serán como filacterias entre tus ojos.

Y las escribirás en los umbrales de tu casa y en tus puertas" (Deuteronomio 6:5-9).

VEHAYÁ IM SHAMOA

"Y sucederá que si escuchan Mis mandamientos que les estoy ordenando hoy de amar al Señor, su Dios, y servirle con todo su corazón y con toda su alma. Entonces enviaré lluvias sobre su tierra en el momento apropiado, tanto lluvias tempranas como lluvias tardías. Y recogerás tus granos y tu vino y tu aceite. Y te daré hierba

OLAM BRIÁ - יוד הי ואו הי – אל שדי

יוזו · להוו · כוק · מנד
בשדך besadjá לבהמתך livhemteja ואכלת veajalta ושבעת vesavata:

אני · וזעם · רהע · ייז · ההה
השמרו hishamrú לכם lajem פן pen יפתה yifté לבבכם levavjem

מיכ · ויל · ילה · סאל
וסרתם vesartem ועבדתם vaavadtem אלהים elohim אחרים ajerim

משה · ערי · עשל
(העומד נגד הקליפות) והשתחויתם vehishtajavitem להם lahem:

מיה · והו · דני · הוזש
וחרה vejará (haz una pausa aquí) אף af יהוהאדניאהדונהי Adonai בכם bajem

עמם · ננא · נית · מבה
ועצר veatsar את et השמים hashamáyim י"פ טל, י"פ כוזו ולא veló

פוי · נמם · ייל · הרוז · מצר
יהיה yihyé ייי מטר matar והאדמה vehaadamá לא lo תתן titén ב"פ כהת

ומב · יהה · ענו · מוזי · דמב
את et יבולה yevulá ואבדתם vaavadtem מהרה meherá מעל meal עלם

מנק · איע · וזבו
הארץ haárets אלהים דההין ע"ה הטבה hatová אשר asher

ראה · יבמ · היי
יהוהאדניאהדונהי Adonai נתן notén אבג יתץ, ושר לכם lajem: *Vav, Zeir Anpín*

מום · א
ושמתם vesamtem **estómago** – 50 palabras que corresponden a las 50 Puertas de *Biná* את et

ה · י · ה · א · ה
דברי devarai ראה אלה ele על al לבבכם levavjem ועל veal

י · ה · א · ה
נפשכם nafshejem וקשרתם ukshartem אתם otam לאות leot ר"ת לאו

---

en tu campo para tu ganado. Y comerás y quedarás saciado. Pero cuiden que su corazón no sea seducido y se alejen para servir a deidades foráneas y se postren ante ellas. Y la ira del Señor caerá sobre ustedes y Él detendrá los Cielos y no habrá más lluvia y la tierra no brindará su cosecha. Y rápidamente perecerán de la buena tierra que el Señor les ha dado. Y pondrán estas palabras Mías sobre su corazón y sobre su alma y las atarán como una señal

עַל־ al יְדְכֶם yedjem (Debes tocar el *Tefilín* de la *mano*) וְהָיוּ vehayú

לְטוֹטָפֹת letotafot בֵּין bein עֵינֵיכֶם eineijem ריבוע מ"ה (Debes tocar el *Tefilín de la cabeza*):

וְלִמַּדְתֶּם velimadtem אֹתָם otam אֶת־ et בְּנֵיכֶם beneijem

לְדַבֵּר ledaber ראה בָּם bam שם בן מ"ב בְּשִׁבְתְּךָ beshivtejá

בְּבֵיתֶךָ beveiteja ב"פ ראה וּבְלֶכְתְּךָ uvelejtejá בַדֶּרֶךְ vadérej ב"פ יב"ק, ס"ג קס"א

וּבְשָׁכְבְּךָ uveshojbejá וּבְקוּמֶךָ: uvkumeja וּכְתַבְתָּם ujtavtam עַל־ al

מְזוּזוֹת mezuzot בֵּיתֶךָ beiteja ב"פ ראה וּבִשְׁעָרֶיךָ: uvisheareja לְמַעַן lemaan

יִרְבּוּ yirbú יְמֵיכֶם yemeijem ר"ת יי"ל וִימֵי vimei בְנֵיכֶם veneijem

עַל al הָאֲדָמָה haadamá אֲשֶׁר asher (pronuncia la letra *Ayin* en la palabra "*nishbá*")

נִשְׁבַּע nishbá יכוין לשבועת המבול יְהֹוָהאדניאהדונהי Adonai

לַאֲבֹתֵיכֶם laavoteijem לָתֵת latet לָהֶם lahem כִּימֵי quimei

הַשָּׁמַיִם hashamáyim י"פ טל, י"פ כוזו עַל־ al הָאָרֶץ haárets אלהים דההין ע"ה:

---

sobre sus manos y serán como filacterias entre sus ojos. Y las enseñarán a sus hijos hablando de ellas mientras estés sentado en tu hogar y mientras caminas por el sendero y cuando te acuestas y cuando te levantas. Y las escribirás en los umbrales de tu casa y sobre tus puertas. Esto es para que sus días sean numerosos y también los días de sus hijos sobre la Tierra que el Señor ha prometido a sus padres darles como los días de los Cielos sobre la Tierra" (Deuteronomio 11:13-21).

OLAM BRIÁ - יוד הי ואו הי - אל שדי

VAYÓMER

Hei, *Maljut*, piernas y órganos reproductores,
72 palabras que corresponden a los 72 Nombres de Dios en orden directo (según el Ramjal).

ווו ויאמר vayómer · ייי יהוה אדני אהדונהי Adonai · סבט אל־ el · עאם משה Moshé

מהש, ע"ב בריבוע וקס"א, אל שדי, ד"פ אלהים ע"ה · מבש לאמר lemor: · ליה דבר daber · ראה · אנא אל־ el

כמת בני bnei · הוזי ישראל Yisrael · אנד ואמרת veamarta · להו אלהם alehem · המע ועשו veasú

יצל להם lahem · מרה ציצת tsitsit · היי על־ al · המם כנפי canfei · לוו בגדיהם vigdeihem

כבי לדרתם ledorotam · ליו ונתנו venatnú · פנל על־ al · נמך ציצת tsitsit

יוזי הכנף hacanaf · ע"ה קנ"א, אדני אלהים · מנה פתיל petil · י"פ ב"ן · וזהו תכלת tejélet:

ניה והיה vehayá · יהוה ; יהה · השא לכם lajem · ירת לציצת letsitsit · שאה וראיתם ureitem · רלי אתו otó

Debes pasar los *tsitsiot* sobre tus ojos y besarlos, luego repite el procedimiento.

אום וזכרתם uzjartem · לכב את־ et · והר כל־ col · ילי · ייי מצות mitsvot · להח יהוה אדני אהדונהי Adonai

כעק ועשיתם vaasitem · מנד אתם otam · אני ולא־ veló · וזום תתורו taturu · רהע אחרי ajarei

ייז לבבכם levavjem · השה ואחרי veajarei · מכב עיניכם eineijem · ריבוע · מ"ה

Debes pasar los *tsitsiot* sobre tus ojos y después besarlos.

Hacer esto (besar los *tsitsiot* y pasarlos sobre tus ojos), es de gran apoyo y asistencia para que el alma esté protegida de cualquier transgresión. Debes meditar en el precepto: "No seguirás los pensamientos sexuales negativos del corazón ni a las miradas de los ojos que buscan prostitución".

VAYÓMER

"Y el Señor le habló a Moshé y dijo: habla a los Hijos de Israel y diles que deben hacer para sí mismos Tsitsit, en las esquinas de sus vestimentas, a lo largo de todas sus generaciones. Y deben colocar sobre el Tsitsit de cada esquina un filamento azul. Y esto será para ustedes como un Tsitsit; lo verán y recordarán los mandamientos del Señor y los cumplirán. Y no se dejen llevar en pos de su corazón y de sus ojos,

וול ייה סאל ערי עאל

אֲשֶׁר־ asher אַתֶּם atem זֹנִים zonim אַחֲרֵיהֶם: ajareihem לְמַעַן lemaan

מתה והו דלי היש עלם

תִּזְכְּרוּ tizquerú וַעֲשִׂיתֶם vaasitem אֶת־ et כָּל־ col ילי מִצְוֹתָי mitsvotai

נהא נית מולה

וִהְיִיתֶם vihyitem קְדֹשִׁים kedoshim לֵאלֹהֵיכֶם leEloheijem ילה:

פאי נקם ירל הבוז

אֲנִי Aní אני יְהֹוָה(אדני)אהדונהי Adonai אֱלֹהֵיכֶם Eloheijem ילה אֲשֶׁר asher

מזר והב יאה עלו

הוֹצֵאתִי hotseti אֶתְכֶם etjem מֵאֶרֶץ meérets מִצְרַיִם Mitsráyim מצר

Debes meditar en recordar el Éxodo de *Mitsráyim* (Egipto).

מזי דהב מכק

לִהְיוֹת lihyot לָכֶם lajem לֵאלֹהִים leElohim אהיה אדני ; ילה

אלע ווהו רלה

אֲנִי Aní אני יְהֹוָה(אדני)אהדונהי Adonai אֱלֹהֵיכֶם Eloheijem ילה:

Está atento de completar este párrafo junto con el *jazán* y la congregación, y de decir la palabra "*emet*" en voz alta. El *jazán* debe decir la palabra "*emet*" susurrando.

יוד הי ויו אֱמֶת emet אהיה פעמים אהיה, ז"פ ס"ג.

La congregación debe estar en silencio, escuchar y oír las palabras "*Adonai Eloheijem emet*" dichas por el *jazán*. Si no completaste el párrafo junto al *jazán*, debes repetir las últimas tres palabras por cuenta propia. Con estas tres palabras el *Shemá* es concluido.

ייבמ הכלי

יְהֹוָה(אדני)אהדונהי Adonai אֱלֹהֵיכֶם Eloheijem ילה:

מוהם

אֱמֶת emet אהיה פעמים אהיה, ז"פ ס"ג.

VEYATSIV

Antes de la *Amidá*, o *Shmoná Esré*, que significa el Mundo de Emanación (*Atsilut*), nos encontramos con varias conexiones. La palabra aramea *Emet* אמת aparece cuatro veces en dos ocasiones. El Arí dice que las cuatro apariciones de la palabra *Emet*, que aparecen en dos ocasiones para un total de ocho veces, se refieren a los cuatro Exilios y a las cuatro Redenciones de los israelitas que han ocurrido a lo largo de la historia. Esta palabra significa "verdad". Cuando hay un poco de falsedad en nuestro corazón, es difícil tener éxito en el trabajo espiritual. Esta oración tiene el poder de remover toda falsedad y abrir nuestro corazón a la verdad.

---

porque de acuerdo con ellos irás por mal camino. Para que se acuerden y hagan todos Mis mandamientos y de este modo serán santos ante su Dios. Yo soy el Señor, su Dios, quien los sacó de la tierra de Egipto para ser su Dios. Yo, el Señor, su Dios, Es verdad" (Números 15:37-41). El Señor, su Dios, ¡es verdad!

OLAM BRIÁ - יוד הי ואו הי – אל שדי

Encontramos otro código en la palabra *Emet* אמת:

En arameo, esta palabra comienza con la letra *Álef* א, la primera letra del alfabeto. La segunda letra en *Emet* es *Mem* מ, la letra del medio del alfabeto. La última letra en *Emet* es *Tav* ת, la última letra del alfabeto. Una persona con el atributo de la verdad tiene el poder de todo el alfabeto, el cual, en esencia, es el poder de todo el universo.

Heijal Ratsón (la Cámara del Deseo) — *Tiféret* de *Zeir Anpín* en *Briá*.

La palabra *Ratsón* tiene el mismo valor numérico que la palabra *shemó* (Su Nombre – ambos valen 346), y Su Nombre es la vestidura de la *Sefirat Tiféret*.

א של אבגית וי״ה ויו = אבג (יאהדונהי) וְיַצִּיב veyatsiv• וְנָכוֹן venajón• וְקַיָּם vekayam•

וְיָשָׁר veyashar• וְנֶאֱמָן veneemán• וְאָהוּב veahuv• וְחָבִיב vejaviv הזי•

וְנֶחְמָד venejmad• וְנָעִים venaim• וְנוֹרָא venorá• וְאַדִּיר veadir הרי•

וּמְתוּקָּן umetukán• וּמְקֻבָּל umekubal• וְטוֹב vetov והו• וְיָפֶה veyafé•

הַדָּבָר hadavar יכוין ט״ו וון גימ׳ יה, הווין עצמן ו, ור״ת הדבר הרי יהוה ראה

הַזֶּה hazé והו עָלֵינוּ aleinu לְעוֹלָם leolam ריבוע ס״ג וי׳ אותיות דס״ג וָעֶד vaed:

יוד הי ואו אֱמֶת emet אהיה פעמים אהיה, ז״פ ס״ג אֱלֹהֵי Elohei מילוי ע״ב, דמב ; ילה

עוֹלָם olam מַלְכֵּנוּ malquenu• צוּר tsur אלהים דההין ע״ה יַעֲקֹב Yaakov

מָגֵן maguén ז׳ הויות, יאהדונהי אידהנויה ג״פ אל (ייא״י מילוי דס״ג) ; ר״ת מיכאל גבריאל נוריאל

יִשְׁעֵנוּ yishenu• לְדוֹר ledor וָדוֹר vador רי״ו הוּא hu קַיָּם kayam

וּשְׁמוֹ uShmó מהש ע״ה, ע״ב בריבוע וקס״א ע״ה, אל שדי ע״ה קַיָּם kayam וְכִסְאוֹ vejisó

נָכוֹן najón וּמַלְכוּתוֹ umaljutó וֶאֱמוּנָתוֹ veemunató לָעַד laad ב״פ ב״ן ; ר״ת לוו

וּדְבָרָיו udvarav חָיִים jayim אהיה אהיה יהוה, בינה ע״ה קַיֶּמֶת kayémet:

וְקַיָּמִים vekayamim וְנֶאֱמָנִים veneemanim וְנֶחֱמָדִים venejemadim לָעַד laad

ב״פ ב״ן (besa los *tsitsiot*, pásalos sobre tus ojos y luego suéltalos) וּלְעוֹלְמֵי uleolmei עוֹלָמִים olamim•

VEYATSIV

Y Él es establecido, y correcto, y duradero, y directo, y digno de verdad, y amado, y querido, y deseable, y agradable, y reverentemente temido, y poderoso, y aceptado, y bueno, y hermoso. Esto es para nosotros, por siempre y para siempre. Es cierto que el Dios del Mundo es nuestro Rey, la Fortaleza de Yaakov y el Escudo de nuestra Salvación. Para cada generación Él perdura y Su Nombre perdura. Su Trono es establecido; Su soberanía y Su lealtad existen para siempre. Sus palabras están vivas, duraderas, leales y agradables para toda la eternidad.

עַל al אֲבוֹתֵינוּ avoteinu• עָלֵינוּ aleinu וְעַל veal בָּנֵינוּ baneinu וְעַל veal

דּוֹרוֹתֵינוּ doroteinu וְעַל veal כָּל־ col ילי ; עמם דּוֹרוֹת dorot זֶרַע zera

יִשְׂרָאֵל Yisrael עֲבָדֶיךָ avadeja: עַל al הָרִאשׁוֹנִים harishonim וְעַל veal

הָאַחֲרוֹנִים haajaronim דָּבָר davar ראה טוֹב tov והו וְקַיָּם vekayam•

יוד הא ואו בֶּאֱמֶת beemet אהיה פעמים אהיה, ז"פ ס"ג וּבֶאֱמוּנָה uveemuná חוֹק jok

וְלֹא veló יַעֲבוֹר yaavor רפ"ח (להעלות רפ"ח ניצוצות שנפלו לקליפה דמשם באים התולואים)•

יוד הה וו אֱמֶת emet אהיה פעמים אהיה, ז"פ ס"ג שָׁאַתָּה sheAtá

הוּא Hu יְהֹוָהאדניאהדונהי Adonai אֱלֹהֵינוּ Eloheinu ילה

וֵאלֹהֵי veElohei לכב ; מילוי ע"ב, דמב ; ילה אֲבוֹתֵינוּ avoteinu•

מַלְכֵּנוּ malquenu מֶלֶךְ Mélej אֲבוֹתֵינוּ avoteinu גּוֹאֲלֵנוּ goalenu

גּוֹאֵל goel אֲבוֹתֵינוּ avoteinu• יוֹצְרֵנוּ yotsrenu צוּר tsur אלהים דההין ע"ה

יְשׁוּעָתֵנוּ yeshuatenu• פּוֹדֵנוּ podenu וּמַצִּילֵנוּ umatsilenu ר"ת = אלהים, אהיה אדני

MEM, HEI, SHIN

Las letras *Mem* מ, *Hei* ה y *Shin* ש liberan la fuerza de sanación.

Cuando cerramos nuestros ojos y visualizamos a estas letras emitiendo rayos de Luz, despertamos energía de sanación desde los Mundos Superiores y desde nuestro interior. Podemos meditar en inundar nuestro cuerpo en una riada de Luz blanca y en enviar esta energía a otras personas que necesiten sanación. Estas letras, reordenadas, forman el nombre de Moshé מהש = משה, quien alcanzó el nivel más alto de conexión con la Luz del Creador.

מֵעוֹלָם meolam הוּא Hu שְׁמֶךָ Shemeja

ר"ת מהש, משה, ע"ב בריבוע וקס"א, אל שדי

וְאֵין veéin לָנוּ lanu אלהים, אהיה אדני עוֹד od

אֱלֹהִים Elohim אהיה אדני ; ילה זוּלָתְךָ zulatjá סֶלָה sela:

Esto está sobre nuestros padres, sobre nosotros y sobre nuestros hijos y sobre nuestras generaciones futuras y sobre todas las generaciones futuras de los descendientes de Israel, Tus siervos. Sobre los primeros y sobre los últimos, esto es una cosa buena y eterna. Con verdad y con fe, este es un decreto inquebrantable. Es cierto que Tú eres el Señor, nuestro Dios y Dios de nuestros padres, nuestro Rey y Rey de nuestros padres, nuestro Redentor y Redentor de nuestros padres, nuestro Hacedor y la Fortaleza de nuestra Salvación. Nuestro Redentor y Salvador.

MEM HEI SHIN

Tu Nombre es de la eternidad, y no tenemos otro Dios sino Tú, Sela.

OLAM BRIÁ - יוד הי ואו הי - אל שדי

EZRAT

Ayin, *Álef* y *Álef*, עאא, las primeras letras de las primeras tres palabras de esta oración, tienen el valor numérico de 72. El número 72 también es un código para el concepto de misericordia y la *Sefirá* de *Jésed*. De esta conexión aprendemos que estamos destinados a vivir nuestra vida con misericordia genuina por los demás para activar el poder de los 72 Nombres de Dios. Si por alguna razón no estamos obteniendo resultados de nuestras oraciones, es sólo por una razón: No estamos tratando a las personas en nuestra vida con verdadera misericordia. La Kabbalah nos enseña que, incluso si nuestra ira o falta de perdón están justificadas, debemos tener misericordia en nuestro corazón y en nuestras acciones, tanto para nuestros amigos como nuestros enemigos.

עֶזְרַת ezrat מיכאל מלכיאל שׂנדיאל, יהוה פעמים יהוה ע״ה אֲבוֹתֵינוּ avoteinu אַתָּה Atá

ר״ת = ע״ב, ריבוע יהוה הוּא Hu מֵעוֹלָם meolam• מָגֵן maguén ג״פ אל (ייא״י מילוי דס״ג) ;

ר״ת מיכאל גבריאל נוריאל וּמוֹשִׁיעַ umoshía לָהֶם lahem וְלִבְנֵיהֶם velivneihem

אַחֲרֵיהֶם ajareihem בְּכָל bejol ב״ן, לכב דּוֹר dor וָדוֹר vador רי״ו•

בְּרוּם berum עוֹלָם olam ר״ת ע״ב, ריבוע יהוה; ברום עולם ע״ה = קס״א קנ״א קמ״ג

עם ג׳ כוללים (לא כולל האהיה עצמם) מוֹשָׁבֶךָ moshaveja• וּמִשְׁפָּטֶיךָ umishpateja

וְצִדְקָתְךָ vetsidkatjá עַד ad אַפְסֵי afsei אָרֶץ árets:

אהיה אֱמֶת emet אהיה פעמים אהיה, ז״פ ס״ג אַשְׁרֵי ashrei

אִישׁ ish שֶׁיִּשְׁמַע sheyishmá לְמִצְוֹתֶיךָ lemitsvoteja•

וְתוֹרָתְךָ vetoratjá וּדְבָרְךָ udevarjá יָשִׂים yasim עַל al לִבּוֹ libó:

אהיה אֱמֶת emet אהיה פעמים אהיה, ז״פ ס״ג שֶׁאַתָּה sheAtá הוּא Hu

אָדוֹן Adón אני לְעַמֶּךָ leameja• וּמֶלֶךְ uMélej גִּבּוֹר guibor

לָרִיב lariv רִיבָם rivam לְאָבוֹת leavot וּבָנִים uvanim:

EZRAT

Tú siempre has sido la ayuda de nuestros antepasados, un escudo y un salvador para ellos y para sus hijos después de ellos, en cada generación. En las alturas del mundo está Tu morada y Tus leyes y justicia se extienden a los confines de la Tierra. Es cierto que un hombre que cumple con Tus mandamientos es gozoso, mientras pone Tu Torá y Tus enseñanzas en su corazón. Es cierto que Tú eres un Señor de Tu pueblo y un Rey valeroso, quien lucha por su causa, sea por los padres o por los hijos.

אהיה אֱמֶת emet אהיה פעמים אהיה, ז"פ ס"ג אַתָּה Atá הוּא Hu רִאשׁוֹן rishón
וְאַתָּה veAtá הוּא Hu אַחֲרוֹן ♦ajarón וּמִבַּלְעָדֶיךָ umibaladeja אֵין ein
לָנוּ lanu אלהים, אהיה אדני מֶלֶךְ Mélej גּוֹאֵל goel וּמוֹשִׁיעַ :umoshía
אהיה אֱמֶת emet אהיה פעמים אהיה, ז"פ ס"ג מִמִּצְרַיִם miMitsráyim מצר
גְּאַלְתָּנוּ guealtanu יְהֹוָהאדניאהדונהי Adonai אֱלֹהֵינוּ Eloheinu ילה♦ מִבֵּית mibeit
ב"פ ראה עֲבָדִים avadim פְּדִיתָנוּ ♦peditanu כָּל־ col ילי בְּכוֹרֵיהֶם bejoreihem
הָרַגְתָּ haragta וּבְכוֹרְךָ uvejorjá יִשְׂרָאֵל Yisrael גָּאָלְתָּ ♦gaalta
וְיַם־ veyam ילי סוּף Suf לָהֶם lahem בָּקַעְתָּ ♦bakata וְזֵדִים vezedim
טִבַּעְתָּ ♦tibata וִידִידִים vididim עָבְרוּ avrú יָם yam ילי♦ וַיְכַסּוּ vayejasú
מַיִם máyim צָרֵיהֶם tsareihem אֶחָד ejad אהבה, דאגה מֵהֶם mehem לֹא lo
נוֹתָר :notar עַל al זֹאת zot שִׁבְּחוּ shibjú אֲהוּבִים ahuvim
וְרוֹמְמוּ veromemú לָאֵל laEl ייא"י (מילוי דס"ג) וְנָתְנוּ venatnú יְדִידִים yedidim
זְמִירוֹת zemirot שִׁירוֹת shirot וְתִשְׁבָּחוֹת vetishbajot בְּרָכוֹת brajot
וְהוֹדָאוֹת vehodaot לַמֶּלֶךְ laMélej אֵל el ייא"י (מילוי דס"ג) חַי jai וְקַיָּם ♦vekayam
רָם ram וְנִשָּׂא venisá גָּדוֹל gadol להח ; עם ד' אותיות = מבה, יזל, אום וְנוֹרָא ♦venorá
מַשְׁפִּיל mashpil גֵּאִים gueím עֲדֵי adei אָרֶץ ♦árets מַגְבִּיהַּ magbiha
שְׁפָלִים shefalim עַד ad מָרוֹם ♦marom מוֹצִיא motsí אֲסִירִים ♦asirim
פּוֹדֶה podé עֲנָוִים ♦anavim עוֹזֵר ozer דַּלִּים dalim הָעוֹנֶה haoné
לְעַמּוֹ leamó יִשְׂרָאֵל Yisrael בְּעֵת beet שַׁוְּעָם shavam אֵלָיו ♦elav

Ozer Dalim: La pobreza elimina las transgresiones de un individuo y, a través de ésta, el Creador da misericordia a Su creación. Y, por lo tanto, debes meditar en hacerte pobre ante los ojos de la *Shejiná,* y estar preocupado porque la *Shejiná* está en el exilio junto a los hijos de Israel.

Es cierto que Tú eres primero y Tú eres último y aparte de ti, no tenemos otro Rey que redima y salve. Es cierto que Tú nos redimiste de Egipto, Señor, nuestro Dios, y nos liberaste de la casa de esclavos. Tú mataste a todos sus primogénitos y Tú salvaste a Tu primogénito Israel. Tú partiste el Mar Rojo para ellos y Tú ahogaste a los tiranos mientras Tus amados cruzaban el mar. Luego las aguas cubrieron a sus enemigos y ninguno de ellos fue salvado. Por esto, los amados alaban y exaltan a Dios. Y los queridos ofrecieron melodías, canciones, líricas y alabanzas, bendiciones y agradecimientos al Rey, al Dios viviente y duradero, quien es excelso y elevado, poderoso y reverentemente temido y quien degrada a los soberbios en el suelo; quien eleva a los sumisos a grandes alturas; quien libera a los prisioneros, redime a los humildes y ayuda a los necesitados. Él, que responde a su Pueblo Israel, cuando ellos le claman.

OLAM BRIÁ - יוד הי ואו הי - אל שדי

TEHILOT

Ahora comenzamos a elevarnos al Mundo de Emanación (*Atsilut*). Por consiguiente, nos ponemos de pie para encender los motores de nuestra alma. Para prepararnos para este despegue, debemos eliminar cualquier odio o sentimiento negativo hacia otras personas que albergamos en nuestra mente.

Heijal Kódesh HaKodashim (La Cámara del Sancta Sanctórum) – de *Zeir Anpín* en *Briá*.

תְּהִלּוֹת tehilot לָאֵל laEl ייא״י (מילוי דס״ג) עֶלְיוֹן elyón גּוֹאֲלָם goalam

בָּרוּךְ Baruj הוּא Hu וּמְבוֹרָךְ umevoraj. מֹשֶׁה Moshé מהש, ע״ב בריבוע וקס״א,

אל שדי, ד״פ אלהים ע״ה וּבְנֵי uvnei יִשְׂרָאֵל Yisrael ר״ת ע״ה נגד, מזבח, זן, אל יהוה

לְךָ lejá עָנוּ anú שִׁירָה shirá בְּשִׂמְחָה besimjá רַבָּה rabá וְאָמְרוּ veamrú

כֻּלָּם julam: מִי mi ילי כָּמֹכָה jamoja בָּאֵלִם baelim

יְהֹוָאדהנהי יאהדונהי Adonai ; ר״ת = ע״ב, ריבוע יהוה ; ס״ת מ״ה מִי mi ילי כָּמֹכָה camoja

נֶאְדָּר needar בַּקֹּדֶשׁ bakódesh ר״ת = יב״ק, אלהים יהוה, אהיה אדני יהוה נוֹרָא norá

תְהִלֹּת tehilot עֹשֵׂה osé פֶלֶא fele: שִׁירָה shirá חֲדָשָׁה jadashá

שִׁבְּחוּ shibjú גְאוּלִים gueulim לְשִׁמְךָ leShimjá הַגָּדוֹל hagadol להח ; עם ד׳

אותיות = מבה, יזל, אום עַל al שְׂפַת־ sfat הַיָּם hayam ילי יַחַד yájad כֻּלָּם culam

הוֹדוּ hodú אהיה וְהִמְלִיכוּ vehimliju וְאָמְרוּ veamrú יְהֹוָאדהנהי יאהדונהי Adonai |

יִמְלֹךְ yimloj לְעֹלָם leolam ריבוע ס״ג ו״י אותיות דס״ג ; ר״ת ייל וָעֶד vaed:

וְנֶאֱמַר veneemar גֹּאֲלֵנוּ goalenu יְהֹוָאדהנהי יאהדונהי Adonai צְבָאוֹת Tsevaot פני שכינה

שְׁמוֹ Shemó מהש ע״ה, ע״ב בריבוע וקס״א ע״ה, אל שדי ע״ה קְדוֹשׁ kedosh יִשְׂרָאֵל Yisrael:

בָּרוּךְ Baruj אַתָּה Atá יְהֹוָאדהנהי יאהדונהי Adonai גָּאַל gaal יִשְׂרָאֵל כהר Yisrael:

Debes besar el *Tefilín* de la cabeza porque la pureza del Mundo de *Atsilut* fue creado por éste. **Comienza la *Amidá* inmediatamente** sin ninguna interrupción, ni siquiera una respiración. Hacer esto evita la separación entre *Yesod* (despertada por las palabras "*gaal Yisrael*") y *Maljut* (despertada por la palabra "*Adonai*"). Tu recompensa es grande. Recibes protección contra la negatividad y para no cometer errores. Esta acción también ayuda a corregir la transgresión del derramamiento de nuestra simiente.

TEHILOT

Alabanzas al Dios Supremo, quien es su redentor. Bendito es Él, quien es bendecido. Moshé y los Hijos de Israel elevaron sus voces en canción a Ti, con gran alegría y todos dijeron: "¿Quién es como Tú entre las deidades, Señor? ¿Quién es como Tú, poderoso en Santidad, magnífico en alabanzas, y Quién realiza maravillas?" (Éxodo 15:11). Con una nueva canción los redimidos alabaron Tu gran Nombre en la orilla del mar. Todos ellos al unísono le dieron gracias y aceptaron Tu soberanía y dijeron: "El Señor reinará por siempre y para la eternidad" (Éxodo 15:18). Y está dicho: "Nuestro redentor, el Señor de los Ejércitos es Su Nombre, El Santo de Israel" (Isaías 47:4). Bendito eres Tú, Señor, quien redimió a Israel.

Olam Atsilut - יוד הי ויו הי

La Amidá

La *Amidá* es nuestra conexión con el Mundo de Emanación (*Atsilut*). Antes de comenzar esta oración, tomamos un momento para despertar la sensación de vacío (exilio) dentro de nosotros. Despertamos nuestro anhelo por una conexión con la Luz del Creador. La Kabbalah explica que la Luz, o la *Shejiná*, también está en exilio. La Luz quiere compartir infinitamente con nosotros, pero no puede hacerlo hasta que nos deshagamos de nuestra naturaleza reactiva y completemos nuestra transformación espiritual. Al ser conscientes de nuestro vacío, creamos una Vasija para que sea llenada con la Luz de la *Amidá*.

Cuando comenzamos la conexión, damos tres pasos hacia atrás que significan que estamos dejando este mundo físico. Después damos tres pasos hacia delante para comenzar la *Amidá*. Los tres pasos son:

1. Entrar a la tierra de Israel; para entrar en el primer círculo espiritual.
2. Entrar en la ciudad de Jerusalén; para entrar en el segundo círculo espiritual.
3. Entrar en el Sancta Sanctórum; para entrar en el círculo más interno.

Antes de recitar el primer verso de la *Amidá*, pedimos: "*Dios, abre mis labios y permite que mi boca hable*", estamos pidiendo a la Luz que hable por nosotros para que podamos recibir lo que necesitamos y no sólo lo que queremos. Con mucha frecuencia, lo que queremos de la vida no es necesariamente el deseo del alma, que es lo que verdaderamente necesitamos para estar satisfechos. Al pedirle a la Luz que hable a través de nosotros, nos aseguramos de que nuestra conexión nos traiga realización genuina y oportunidades para el crecimiento espiritual y el cambio.

La estructura de la Amidá

La *Amidá* es como un cohete que nos transporta al Mundo de Emanación, *Atsilut*. Las tres primeras bendiciones actúan como los motores del cohete y nos conectan con los tres puntos superiores del *Maguén David* (Escudo de David, ver págs. 39-40), así como con Avraham (*Jésed*), Yitsjak (*Guevurá*[A]) y Yaakov (*Tiféret*).

Las trece bendiciones del medio forman el cuerpo del cohete y son nuestras peticiones para el mundo a gran escala. Pedimos paz mundial, prosperidad, buena salud y bienestar para todos los seres del planeta.

Las últimas tres bendiciones son los pequeños motores que se encienden para regresarnos a la Tierra y conectarnos con los tres puntos inferiores del *Maguén David*, y con Moshé (*Nétsaj*), Aharón (*Hod*) y Yosef (*Yesod*).

Necesitamos la ayuda de Avraham, Yitsjak, Yaakov, Moshé, Aharón y Yosef, quienes son los instrumentos que nos asisten en hacer una conexión poderosa con el Mundo de Emanación (*Atsilut*).

A El cuerpo físico es la máxima expresión del comportamiento reactivo conocido como el *Deseo de Recibir para Sí Mismo*. Venimos a este mundo a anular nuestro *Deseo de Recibir para Sí Mismo* y transformarnos en seres que *Desean Recibir para Dar y Compartir*. Cuando la humanidad haya erradicado por completo el aspecto reactivo del *Deseo de Recibir* y se haya transformado, llegará la era del Mesías (*Mashíaj*). Nuestro mundo estará inundado de la infinita Luz de realización. No obstante, para que ocurra el compartir debe haber un recipiente o receptor. El proceso espiritual conocido como la Resurrección de los Muertos debe ocurrir para despertar el *Deseo de Recibir* infinito, de modo que nos convirtamos en Vasijas para recibir toda la Luz que irradiará en nuestro mundo durante la era del Mesías. En pocas palabras, la Vasija para recibir esta Luz infinita es manifestada a través del cuerpo físico.

אֲדֹנָי Adonai ללה (pausa aquí) שְׂפָתַי sfatai תִּפְתָּח tiftaj וּפִי ufí יַגִּיד yaguid

ייז (כ״ב אותיות פשוטות [=אכא] וה׳ אותיות סופיות מנצפ״ך) תְּהִלָּתֶךָ tehilateja ס״ת = בוכו:

La primera bendición – Invoca al escudo de Avraham

Avraham es el canal de la energía de la Columna Derecha de positividad, compartir y misericordia. Las acciones dadoras pueden protegernos de todas las formas de negatividad.

Jésed que se convierte en *Jojmá*

En esta sección hay 42 palabras, el secreto del Nombre de Dios de 42 letras y, por lo tanto, comienza con la letra *Bet* (2) y termina con la letra *Mem* (40).

Flexiona tus rodillas en "*Baruj*", inclínate en "*Atá*" y enderézate en "*Adonai*".

א ב

בָּרוּךְ Baruj אַתָּה Atá א-ת (אותיות הא״ב המסמלות את השפע המגיע) לה׳ המלכות

ג י

יְהֹוָהאדניאהדונהי Adonai (יא) אֱלֹהֵינוּ Eloheinu ילה

ת צ

וֵאלֹהֵי veElohei לכב ; מילוי ע״ב, דמב ; ילה אֲבוֹתֵינוּ avoteinu•

ק ר

אֱלֹהֵי Elohei מילוי ע״ב, דמב ; ילה אַבְרָהָם Avraham (*Jojmá*)

ח״פ אל, רי״ו ול״ב נתיבות החכמה, רמ״ח (אברים), עסמ״ב וט״ז אותיות פשוטות

ע ש

אֱלֹהֵי Elohei מילוי ע״ב, דמב ; ילה יִצְחָק Yitsjak (**Biná**) ד״פ ב״ן

ט נ

וֵאלֹהֵי veElohei לכב ; מילוי ע״ב, דמב ; ילה יַעֲקֹב Yaakov (***Dáat***) ו׳ הויות, יאהדונהי אידהנויה

נ ג

הָאֵל haEl לאה ; ייא״י (מילוי דס״ג) הַגָּדוֹל hagadol האל הגדול = סיט ; גדול = להח

ד י

עם ד׳ אותיות = מבה, יזל, אום הַגִּבּוֹר haguibor ר״ת ההה וְהַנּוֹרָא vehanorá•

La Amidá

"Mi Señor, abre mis labios y mi boca declarará Tu alabanza" (*Salmos 51:17*).

La primera bendición

Bendito eres, Señor, nuestro Dios y Dios de nuestros padres:
el Dios de Avraham, el Dios de Yitsjak y el Dios de Yaakov. El Dios grande, poderoso y reverenciado.

OLAM ATSILUT - יוד הי ויו הי

כ ש

אֵל El ייא״י (מילוי דס״ג) ; ר״ת ע״ב, ריבוע יהוה עֶלְיוֹן elyón.

ב ט ר צ ת

גּוֹמֵל gomel חֲסָדִים jasadim טוֹבִים tovim. קוֹנֵה koné הַכֹּל hacol ילי

ג חו ק ב

וְזוֹכֵר vezojer חַסְדֵי jasdei אָבוֹת avot. וּמֵבִיא umeví

ט נ ע י

גּוֹאֵל goel לִבְנֵי livnei בְנֵיהֶם veneihem לְמַעַן lemaan

ג ל

שְׁמוֹ Shemó מהש ע״ה, ע״ב בריבוע וקס״א ע״ה, אל שדי ע״ה בְּאַהֲבָה beahavá אחד, דאגה:

Cuando digas la palabra "*beahavá*" debes meditar en dedicar tu alma a santificar el Nombre Sagrado y aceptar sobre ti mismo las cuatro formas de muerte.

> **Durante los días entre *Rosh Hashaná* y *Yom Kipur*** decimos la oración de "*zojrenu*":
>
> זָכְרֵנוּ zojrenu לְחַיִּים lejayim אהיה אהיה יהוה, בינה ע״ה.
>
> מֶלֶךְ Mélej חָפֵץ jafets בַּחַיִּים bajayim אהיה אהיה יהוה, בינה ע״ה.
>
> כָּתְבֵנוּ cotvenu בְּסֵפֶר beséfer חַיִּים jayim אהיה אהיה יהוה, בינה ע״ה.
>
> לְמַעַנְךָ lemaanaj אֱלֹהִים Elohim אהיה אדני ; ילה חַיִּים jayim אהיה אהיה יהוה, בינה ע״ה.
>
> Si olvidas decir "*zojrenu*" y te das cuenta de esto antes de terminar la bendición "*Baruj Atá Adonai*", debes regresar y decir "*zojrenu*" y continuar normalmente. Pero si te das cuenta de esto después del final de la bendición, debes continuar y puedes agregar "*zojrenu*" en "*shomea tefilá*" o al final de "*Elohai netsor*".

פ ז ק ש

מֶלֶךְ Mélej עוֹזֵר ozer וּמוֹשִׁיעַ umoshía וּמָגֵן umaguén

ג״פ אל (ייא״י מילוי דס״ג) ; ר״ת מיכאל גבריאל נוריאל:

Flexiona tus rodillas en "*Baruj*", inclínate en "*Atá*" y enderézate en "*Adonai*".

ק ו צ

בָּרוּךְ Baruj אַתָּה Atá יְהֹוָהאדהנויה (יְהֹוָהאֲדֹנָי) יאהדונהי Adonai (הד)

(**Durante las tres semanas de *Bein HaMetsarim*** medita en el Nombre Sagrado: טדהד)

י ת

מָגֵן maguén ג״פ אל (ייא״י מילוי דס״ג) ; ר״ת מיכאל גבריאל נוריאל אַבְרָהָם Avraham

וז״פ אל, רי״ו ול״ב נתיבות החכמה, רמ״ח (אברים), עסמ״ב וט״ז אותיות פשוטות:

El Dios Sublime. El que otorga benevolencia y crea todas las cosas. El que recuerda las buenas acciones de nuestros ancestros y El que trae un redentor a los hijos de sus hijos por el bien de Su Nombre, con amor

> Durante los días entre *Rosh Hashaná* y *Yom Kipur*:
>
> *Recuérdanos para la vida, Rey, quien desea la vida, e inscríbenos en el Libro de la Vida, por Ti, Dios Vivo.*

Rey, Asistente, Salvador y Escudo. Bendito seas Tú, Señor, Escudo de Avraham.

OLAM ATSILUT - יוד הי ויו הי

LA SEGUNDA BENDICIÓN

LA ENERGÍA DE YITSJAK ENCIENDE EL PODER DE LA RESURRECCIÓN DE LOS MUERTOS

Mientras que Avraham representa el poder de compartir, Yitsjak representa a la Columna Izquierda, energía de Juicio. El Juicio acorta el proceso de *tikún* y prepara la vía para nuestra resurrección final.

Guevurá* que se convierte en *Biná

En esta sección hay 49 palabras que corresponden a las 49 Puertas del Sistema Puro en *Biná*.

אַתָּה Atá גִּבּוֹר guibor לְעוֹלָם leolam ריבוע ס"ג - י' אותיות דס"ג אֲדֹנָי Adonai ללה

(ר"ת אַגְלָא והוא שם גדול ואמיץ, ובו היה יהודה מתגבר על אויביו. ע"ה אלד, בוכו).

מְחַיֶּה mejayé ס"ג מֵתִים metim אַתָּה Atá. רַב rav לְהוֹשִׁיעַ lehoshía.

Durante el verano (a partir de *Pésaj*)

מוֹרִיד morid הַטָּל hatal

יוד הא ואו, כוזו, מספר אותיות דמילואי עסמ"ב ;

ר"ת מ"ה (יוד הא ואו הא):

Si por error dices "*Mashiv harúaj*" y te das cuenta de ello antes del final de la bendición ("*Baruj Atá Adonai*"), debes regresar al comienzo de la bendición ("*Atá guibor*") y continuar normalmente. Pero si sólo te das cuenta de ello después del final de la bendición, debes iniciar la *Amidá* desde el principio.

Durante el invierno (a partir de *Simjat Torá*)

מַשִּׁיב mashiv הָרוּחַ harúaj ר"ת מ"ה

וּמוֹרִיד umorid הַגֶּשֶׁם haguéshem

שביל [י"ש (= י"פ אל) ול"ב נתיבות החכמה] ע"ה:

Si por error dices "*Morid hatal*" y te das cuenta de ello antes del final de la bendición ("*Baruj Atá Adonai*"), debes regresar al comienzo de la bendición ("*Atá guibor*") y continuar normalmente. Pero si sólo te das cuenta de ello después del final de la bendición, debes continuar sin regresar.

מְכַלְכֵּל mejalquel חַיִּים jayim אהיה אהיה יהוה, בינה ע"ה בְּחֶסֶד bejésed

ע"ב, ריבוע יהוה. מְחַיֶּה mejayé ס"ג מֵתִים metim בְּרַחֲמִים berajamim

(במוכסז) מצפצ, אלהים דההין, י"פ ייי רַבִּים rabim (טלא דעתיק). סוֹמֵךְ somej

(אכדטם) כוק, ריבוע אדני נוֹפְלִים noflim (זו"ן). וְרוֹפֵא verofé חוֹלִים jolim

חולה = מ"ה וד' אותיות. וּמַתִּיר umatir אֲסוּרִים asurim. וּמְקַיֵּם umekayem

אֱמוּנָתוֹ emunató לִישֵׁנֵי lishenei עָפָר afar. מִי mi ילי כָמוֹךָ jamoja

גְּבוּרוֹת guevurot בַּעַל báal (debes pronunciar la letra *Ayin* en la palabra "*Báal*")

וּמִי umí ילי דוֹמֶה domé לָךְ laj. מֶלֶךְ Mélej מֵמִית memit

וּמְחַיֶּה umejayé ס"ג (יוד הי ואו הי) וּמַצְמִיחַ umatsmíaj יְשׁוּעָה yeshuá:

LA SEGUNDA BENDICIÓN

Tú, Señor, eres poderoso por siempre. Tú revives a los muertos y eres muy capaz de redimir.

Durante el invierno:

El que hace soplar el viento y caer la lluvia.

Durante el verano:

El que hace caer el rocío.

Tú sostienes a los vivientes con bondad y revives a los muertos con gran compasión. Tú sostienes a los caídos, curas a los enfermos, pones en libertad a los cautivos y cumples Tu promesa con los que duermen en el polvo. ¿Quién es como Tú, Señor de fortaleza, y quién puede compararse contigo, Rey, que causas la muerte, das vida y haces crecer la salvación?

Durante los días entre *Rosh Hashaná* y *Yom Kipur* decimos la oración de "*mi jamoja*":

zojer זוֹכֵר harajmán הָרַחֲמָן av אָב jamoja כָמוֹךָ ילי mi מִי

ייי פ״י ,דיודין אלהים ,מצפצ berajamim בְּרַחֲמִים yetsurav יְצוּרָיו

lejayim לְחַיִּים אהיה אהיה יהוה, בינה ע״ה.

Si olvidas decir "*mi camoja*" y te das cuenta de esto antes del final de la bendición ("*Baruj Atá Adonai*"), debes regresar y decir "*mi jamoja*" y continuar normalmente. Pero si sólo te das cuenta de esto al final de la bendición, debes continuar normalmente.

:metim מֵתִים lehajayot לְהַחֲיוֹת Atá אַתָּה veneemán וְנֶאֱמָן

Adonai יְהֹוָהאדהויה (יאהדונהי) Atá אַתָּה Baruj בָּרוּךְ

(**Durante las tres semanas de *Bein HaMetsarim*** medita en el Nombre Sagrado: כוזו)

:מ״ה וס״ת מ״ה ר״ת hametim הַמֵּתִים (יוד הי ואו הי) ס״ג mejayé מְחַיֵּה

Nakdishaj – La Kedushá

Toda la congregación recita esta oración.

Levantar un cofre pesado lleno de vastos tesoros es imposible si usas un simple hilo. El hilo se rompe porque es muy débil. Sin embargo, si nos unimos y combinamos numerosos hilos, finalmente construiremos una soga. Una soga puede fácilmente levantar el cofre con los tesoros. Al combinar y unir las oraciones de la congregación, nos transformamos en una fuerza unida, capaz de halar los tesoros espirituales más valiosos. Más aún, esta unidad ayuda a las personas que no están bien versadas o no conocen bien las conexiones. Al unirnos y meditar como una sola alma, todos recibimos los beneficios debido al poder de la unidad, sin importar nuestro conocimiento y entendimiento. Esta oración tiene lugar entre la segunda y la tercera bendición. Representa a la Columna Central que une las Columnas Izquierda y Derecha.

En esta oración, los ángeles hablan entre ellos, diciendo: "*Kadosh, Kadosh, Kadosh*" ("Santo, Santo, Santo"). Cuando recitamos estas tres palabras, nuestros pies están juntos como si fuesen uno solo. Cada vez que pronunciamos *Kadosh*, saltamos un poco más alto en el aire. Saltar es un acto de restricción y de desafío a la fuerza de la gravedad. Espiritualmente hablando, la gravedad contiene la energía del *Deseo de Recibir para Sí Mismo*. Es la fuerza reactiva de nuestro planeta, siempre atrae todo para sí.

Mientras decimos la *Kedushá* (Santidad) meditamos en traer la Santidad del Creador entre nosotros. Como está escrito: "*Venikdashti betoj Bnei Yisrael*" (Dios es santificado entre los hijos de Israel). Debes meditar en las letras *Guímel* ג y *Yud* י del Nombre: אבג׳יתץ (las iniciales del primer verso del *Aná Bejóaj*), las cuales ayudan fortalecer la memoria espiritual.

Durante los días entre *Rosh Hashaná* y *Yom Kipur*:

¿Quién es como Tú, Padre Misericordioso, Quién recuerda a Sus criaturas con misericordia para la vida?

Y eres fiel para resucitar a los muertos. Bendito eres Tú, Señor, que resucitas a los muertos.

נַקְדִּישָׁךְ nakdishaj וְנַעֲרִיצָךְ venaaritsaj.

כְּנוֹעַם quenóam שִׂיחַ síaj סוֹד sod מיכ, י״פ האא שַׂרְפֵי sarfei

קֹדֶשׁ kódesh הַמְשַׁלְּשִׁים hameshaleshim לְךָ lejá קְדֻשָּׁה kedushá.

וְכֵן vején כָּתוּב catuv עַל al יַד yad נְבִיאָךְ neviaj. וְקָרָא vekará

זֶה ze אֶל־ el זֶה ze י״ב פרקין דיעקב מאירים ל״ב פרקין דרוז״ל וְאָמַר veamar:

קָדוֹשׁ Kadosh | קָדוֹשׁ Kadosh קָדוֹשׁ Kadosh (סוד ג׳ רישין דעתיקא קדישא)

יְהֹוָאֲדֹנָהִיאהדונהי Adonai צְבָאוֹת Tsevaot פני שכינה מְלֹא meló כָל־ jol ילי

הָאָרֶץ haárets אלהים דההין ע״ה כְּבוֹדוֹ quevodó:

לְעֻמָּתָם leumatam מְשַׁבְּחִים meshabjim וְאוֹמְרִים veomrim:

(או״א) בָּרוּךְ Baruj כְּבוֹד־ Quevod יְהֹוָאֲדֹנָהִיאהדונהי Adonai ; כבוד ה׳ = יוד הי ואו הה

מִמְּקוֹמוֹ mimekomó עסמ״ב, הברכה (למתק את ז׳ המלכים שמתו); ר״ת ע״ב, ריבוע יהוה ; ר״ת מיכ:

וּבְדִבְרֵי uvedivrei קָדְשָׁךְ kodshaj כָּתוּב catuv לֵאמֹר lemor:

(ז״ן) יִמְלֹךְ yimloj קדוש ברוך ימלך ר״ת יב״ק, אלהים יהוה, אהיה אדני יהוה

יְהֹוָאֲדֹנָהִיאהדונהי Adonai לְעוֹלָם leolam ריבוע ס״ג וי׳ אותיות דס״ג אֱלֹהַיִךְ Eloháyij ילה

צִיּוֹן Tsiyón יוסף, ו׳ הויות, קנאה לְדֹר ledor וָדֹר vador ר״ו ; ר״ת אצלו (מלכות אצל ז״א – ו)

הַלְלוּיָהּ haleluyá אלהים, אהיה אדני ; ללה:

LA TERCERA BENDICIÓN

Esta bendición nos conecta con Yaakov, la Columna Central, el poder de la restricción. Yaakov es nuestro canal para conectar la Misericordia con el Juicio. Al restringir nuestro comportamiento reactivo, estamos deteniendo nuestro *Deseo de Recibir para Nosotros Mismos*. Yaakov también nos da el poder para equilibrar nuestros actos de Misericordia y Juicio hacia otras personas en nuestra vida.

NAKDISHAJ – LA KEDUSHÁ

Te santificamos y Te honramos,

según las palabras agradables de los Ángeles Santos, que recitan 'Santo' ante Ti tres veces, como está escrito por Tu Profeta: "Y cada uno llamó al otro y dijo: Santo, Santo, Santo es el Señor de los Ejércitos, todo el mundo está lleno de Su gloria" (Isaías 6:3). Frente a ellos alaban y dicen: "Bendita sea la gloria del Señor desde Su Lugar" (Ezequiel 3:12). Y en Tus santas Palabras, está escrito como sigue: "El Señor, tu Dios, reinará por siempre, para toda y cada generación. ¡Sión, alaben al Señor!" (Salmos 146:10).

Tiféret que se convierte en *Dáat* (14 palabras).

אַתָּה Atá קָדוֹשׁ kadosh וְשִׁמְךָ veShimjá קָדוֹשׁ kadosh ר"ת = אור, רז, אין סוף.

וּקְדוֹשִׁים ukdoshim בְּכָל־ bejol ב"ן, לכב יוֹם yom ע"ה נגד, מזבח, זן, אל יהוה

יְהַלְלוּךָ yehaleluja סֶּלָה sela:

בָּרוּךְ Baruj אַתָּה Atá יְהֹוָהאדניה(יְהֹוָאדניה)יאהדונהי Adonai

(Durante los días de *Bein HaMetsarim* medita en el Nombre Sagrado: **מצפצ**)

הָאֵל haEl לאה ; ייא"י (מילוי דס"ג) הַקָּדוֹשׁ hakadosh י"פ מ"ה (יוד הא ואו הא):

Medita aquí en el Nombre: **יאהדונהי**, esto puede ayudar a eliminar la ira.

Durante los días de *Rosh Hashaná* y *Yom Kipur* en lugar de decir "*haEl hakadosh*" decimos:

הַמֶּלֶךְ haMélej הַקָּדוֹשׁ hakadosh:

Si por error dijiste "*haEl hakadosh*" y te das cuenta de esto en tres segundos, debes decir inmediatamente "*haMélej hakadosh*" y continuar como siempre. Pero si ya empezaste la bendición siguiente debes empezar la *Amidá* desde el principio.

LAS TRECE BENDICIONES DEL MEDIO

Hay trece bendiciones en el medio de la *Amidá* que nos conectan a los Trece Atributos.

Las siguientes nueve bendiciones ayudan a corregir *Zeir Anpín* y *Maljut* de *Atsilut* desde el aspecto de *Maljut*

LA PRIMERA (CUARTA) BENDICIÓN

Esta bendición nos ayuda a transformar la información en conocimiento al ayudarnos a internalizar todo lo que aprendemos.

Jojmá

En esta bendición hay 17 palabras, el mismo valor numérico de la palabra *Tov* (bueno) en el secreto de *Ets HaDáat Tov vaRá*, (Árbol de Conocimiento del Bien y el Mal), donde conectamos solamente con el *Tov*.

אַתָּה Atá חוֹנֵן jonén לְאָדָם leadam מ"ה דַּעַת dáat.

וּמְלַמֵּד umelamed לֶאֱנוֹשׁ leenosh בִּינָה biná ע"ה אהיה אהיה יהוה, חיים.

וְחָנֵּנוּ vejonenú מֵאִתְּךָ meitjá חָכְמָה Jojmá במילוי = תרי"ג (מצוות)

בִּינָה Biná ע"ה אהיה אהיה יהוה, חיים וָדָעַת vaDáat ר"ת חבו:

בָּרוּךְ Baruj אַתָּה Atá יְהֹוָהאדניהיאהדונהי Adonai חוֹנֵן jonén הַדָּעַת hadáat:

LA TERCERA BENDICIÓN

Tú eres Santo y Santo es Tu Nombre, y los Seres Santos Te alaban día a día, porque Tú eres Dios, el Rey Santo, Sela. Bendito eres Tú, Señor, el Santo Dios.

Durante los días entre *Rosh Hashaná* y *Yom Kipur*: *El Santo Rey.*

LAS TRECE BENDICIONES DEL MEDIO - LA PRIMERA (CUARTA) BENDICIÓN

Tú graciosamente le otorgas conocimiento al hombre y entendimiento a la humanidad. Concédenos con gracia, de Ti, sabiduría, comprensión y conocimiento. ¡Bendito eres Tú, Señor, que con gracia concedes conocimiento!

OLAM ATSILUT - יוד הי ויו הי

LA SEGUNDA (QUINTA) BENDICIÓN

Esta bendición nos mantiene en la Luz. Todos nosotros, en algún momento u otro, sucumbimos a las dudas y a la incertidumbre que el Satán constantemente nos implanta. Si cometemos el desafortunado error de retroceder y alejarnos de la Luz, no queremos que el Creador imite nuestras acciones y se aleje de nosotros. En lugar de eso, queremos que Él nos atrape. En el recuadro inferior hay algunas líneas que podemos recitar y sobre las que podemos meditar para el beneficio de otros que pudiesen estar alejándose. La guerra contra el Satán es la guerra más antigua que conoce el hombre. Y la única manera de vencer al Satán es uniéndonos, compartiendo, ayudando y meditando unos por otros.

Biná

En esta bendición hay 15 palabras, al igual que la poderosa acción de la *teshuvá* (arrepentimiento) que eleva 15 niveles en el camino hacia el *Quisé HaCavod* (el Trono de Honor). Éste pasa por siete *Rekiim* (Firmamentos), siete *Avirim* (Aires), y otro Firmamento en la parte superior de los Animales Santos (juntos suman 15). Además, hay 15 palabras en los dos versículos principales del Profeta Yeshayahu y del Rey David que hablan sobre la *teshuvá (Isaías 55:7; Salmos 32:5)*. El número 15 también es el secreto del Nombre: יה.

הֲשִׁיבֵנוּ hashivenu אָבִינוּ avinu לְתוֹרָתֶךָ letorateja (וסד שבה – יְהֹוָאֲדֹנָי יאהדונהי)◆

וְקָרְבֵנוּ vekarvenu מַלְכֵּנוּ malquenu לַעֲבוֹדָתֶךָ laavodateja◆

וְהַחֲזִירֵנוּ vehajazirenu בִּתְשׁוּבָה bitshuvá שְׁלֵמָה shelemá

לְפָנֶיךָ lefaneja ס״ג מ״ה ב״ן:◆

> Si quieres meditar por otra persona y ayudarla en su proceso espiritual, recita:
>
> יְהִי yehí רָצוֹן ratsón מהש ע״ה, ע״ב בריבוע וקס״א ע״ה, אל שדי ע״ה
> מִלְּפָנֶיךָ milfaneja ס״ג מ״ה ב״ן יְהֹוָאֲדֹנָי אהדונהי Adonai אֱלֹהַי Elohai מילוי ע״ב, דמב ; ילה
> וֵאלֹהֵי veElohei לכב ; מילוי ע״ב, דמב ; ילה אֲבוֹתַי avotai שֶׁתַּחְתּוֹר shetajtor
> חֲתִירָה jatirá מִתַּחַת mitájat כִּסֵּא quisé כְּבוֹדֶךָ quevodeja וּתְקַבֵּל utekabel
> בִּתְשׁוּבָה bitshuvá אֶת et (*el nombre de la persona y el nombre de su padre*) כִּי qui יְמִינְךָ yeminjá
> יְהֹוָאֲדֹנָי אהדונהי Adonai פְּשׁוּטָה peshutá לְקַבֵּל lekabel שָׁבִים shavim◆

בָּרוּךְ Baruj אַתָּה Atá יְהֹוָאֲדֹנָי אהדונהי Adonai

הָרוֹצֶה harotsé בִּתְשׁוּבָה bitshuvá:◆

LA SEGUNDA (QUINTA) BENDICIÓN

Regrésanos, Padre nuestro, a Tu Torá

y acércanos, Rey nuestro, a Tu servicio, y haznos retornar ante Ti en perfecto arrepentimiento.

> *Que sea agradable ante Ti, Señor, mi Dios y Dios de mis ancestros, que Tú seas generoso en el Trono de Tu Gloria y aceptes como arrepentido a* (el nombre de la persona y el nombre su padre) *porque Tu Diestra, Señor, se extiende hacia fuera para recibir a aquellos que se arrepienten.*

¡Bendito eres Tú, Señor, que desea arrepentimiento!

LA TERCERA (SEXTA) BENDICIÓN

Esta bendición nos ayuda a alcanzar el perdón verdadero. Tenemos el poder de limpiarnos de nuestro comportamiento negativo y acciones hirientes hacia los demás a través del perdón. Esta bendición no significa que al rogar por el perdón ya nuestra pizarra quedará limpia. El perdón se refiere a la metodología para eliminar los residuos que provienen de nuestras injusticias. Hay dos formas de eliminar los residuos: física y espiritual. Acumulamos residuo físico cuando no aceptamos nuestras faltas y las leyes de causa y efecto. Nos limpiamos a nosotros mismos cuando experimentamos cualquier tipo de dolor, bien sea financiero, emocional o físico. Si decidimos limpiarnos espiritualmente, prescindimos de la limpieza física. Hacemos esto generando en nosotros el dolor que les causamos a los demás. Sentimos a la otra persona y, con un corazón sincero, recitamos esta oración mientras experimentamos la herida y el dolor que infligimos a los demás. Esta forma de limpieza espiritual evita que tengamos que pasar por una limpieza física.

Jésed

En esta bendición hay 21 palabras, el cual es el valor numérico del Santo Nombre: אהיה.

סְלַח selaj יהוה ע"ב לָנוּ lanu אלהים, אהיה אדני אָבִינוּ avinu ר"ת סאל, אמן, (יאהדונהי)

כִּי qui חָטָאנוּ jatanu• מְחוֹל mejol לָנוּ lanu אלהים, אהיה אדני ; מחול לנו ע"ה =

קס"א וי' אותיות מַלְכֵּנוּ malquenu כִּי qui פָּשָׁעְנוּ fashanu• כִּי qui אֵל El ייא" (מילוי דס"ג)

טוֹב tov והו וְסַלָּח vesalaj יהוה ע"ב אָתָּה Atá: בָּרוּךְ Baruj אַתָּה Atá

יְהֹוָהאדניאהדונהי Adonai חַנּוּן janún הַמַּרְבֶּה hamarbé לִסְלוֹחַ lislóaj:

LA CUARTA (SÉPTIMA) BENDICIÓN

Esta bendición nos ayuda a alcanzar la redención después que somos limpiados espiritualmente.

Guevurá

רְאֵה reé ראה נָא na בְעָנְיֵנוּ veonyenu ר"ת רנ"ב (אברים באשה, כנגד הגבורה)

וְרִיבָה verivá רִיבֵנוּ rivenu• וּמַהֵר umaher לְגָאֳלֵנוּ legaolenu

גְּאֻלָּה gueulá מ"ה שְׁלֵמָה shelemá לְמַעַן lemaan שְׁמֶךָ Shemeja

כִּי qui אֵל El ייא" (מילוי דס"ג) גּוֹאֵל goel וְחָזָק jazak פהל אָתָּה Atá:

בָּרוּךְ Baruj אַתָּה Atá יְהֹוָהאדניאהדונהי Adonai גּוֹאֵל goel יִשְׂרָאֵל Yisrael:

LA TERCERA (SEXTA) BENDICIÓN

Perdónanos, Padre nuestro,
porque hemos transgredido. Perdónanos, Rey nuestro, porque hemos pecado, porque Tú eres un Dios bueno y que perdona. ¡Bendito eres Tú, Señor, que eres bondadoso y perdonas de manera magnánima!

LA CUARTA (SÉPTIMA) BENDICIÓN

Mira nuestra aflicción y defiende nuestra causa; por Tu Nombre redímenos prontamente, pues Tú eres un Dios poderoso y redentor. ¡Bendito eres Tú, Señor, que redimes a Israel!

LA BENDICIÓN PARA UN DÍA DE AYUNO

Esta bendición es recitada por el *jazán* en días de ayuno, durante la repetición de la *Amidá*. Si el *jazán* olvida decir esto aquí y se da cuenta antes del final de la siguiente bendición (*"Baruj Atá Adonai"*), él debe regresar y decir *"anenu avinu"* y continuar normalmente. Pero si el *jazán* sólo se da cuenra luego del final de la siguiente bendición, debe continuar y puede agregar esta bendición en *"shomea tefilá"*.

עֲנֵנוּ anenu אָבִינוּ avinu עֲנֵנוּ anenu בְּיוֹם beyom ע"ה נג"ד, מזבח, זן, אל יהוה

צוֹם tsom הַתַּעֲנִית hataanit הַזֶּה hazé והו כִּי qui בְצָרָה vetsará אלהים דההין

גְּדוֹלָה guedolá אֲנַחְנוּ •anajnu אַל al תֵּפֶן tefén לְרִשְׁעֵנוּ lerishenu

וְאַל veal תִּתְעַלַּם titalam מַלְכֵּנוּ malquenu מִבַּקָּשָׁתֵנוּ •mibakashatenu

הֱיֵה heyé יהה נָא na קָרוֹב karov לְשַׁוְעָתֵנוּ •leshavatenu טֶרֶם térem

נִקְרָא nikrá אֵלֶיךָ eleja אַתָּה Atá תַּעֲנֶה •taané נְדַבֵּר nedaber ראה

וְאַתָּה veAtá תִּשְׁמַע tishmá כַּדָּבָר cadavar ראה שֶׁנֶּאֱמַר :sheneemar

וְהָיָה vehayá יהה ; יהוה טֶרֶם térem יִקְרָאוּ yikraú וַאֲנִי vaaní אני אֶעֱנֶה eené

עוֹד od הֵם hem מְדַבְּרִים medabrim וַאֲנִי vaaní אני אֶשְׁמָע :eshmá

כִּי qui אַתָּה Atá יְהֹוָהאדניאהדונהי Adonai פּוֹדֶה podé וּמַצִּיל umatsil וְעוֹנֶה veoné

וּמְרַחֵם umerajem אברהם, וז"פ אל, רי"ו ול"ב נתיבות החכמה, רמ"ח (אברים),

עסמ"ב וט"ז אותיות פשוטות בְּכָל bejol ב"ן, לכב עֵת et צָרָה tsará אלהים דההין

וְצוּקָה :vetsuká בָּרוּךְ Baruj אַתָּה Atá יְהֹוָהאדניאהדונהי Adonai הָעוֹנֶה haoné

לְעַמּוֹ leamó יִשְׂרָאֵל Yisrael בְּעֵת beet צָרָה :tsará (continúa *"refaenu"*)

LA QUINTA (OCTAVA) BENDICIÓN

Esta bendición nos da el poder de sanar cada parte de nuestro cuerpo. Toda sanación se origina en la Luz del Creador. El aceptar y entender esta verdad nos da la abertura para recibir esta Luz. También debemos pensar en compartir esta energía de sanación con otros.

LA BENDICIÓN PARA UN DÍA DE AYUNO

Contéstanos, Padre nuestro,

contéstanos en este día de ayuno porque estamos muy afligidos. No prestes atención a nuestra iniquidad, Rey nuestro, no ignores nuestra súplica. Por favor, acércate a nuestros llantos y respóndenos incluso antes de que clamemos a Ti. Hablaremos y Tú nos escucharás, como está dicho: "Antes que clamen, Yo responderé; mientras aún estén hablando, Yo habré oído" (Isaías 65:24). Porque Tú, Señor, redimes, salvas, respondes y muestras compasión en cada momento de tribulación y aflicción. Bendito eres Tú, Dios, que responde a Su pueblo Israel en tiempo de aflicción.

Tiféret

רְפָאֵנוּ refaenu יְהֹוָה(יאהדונהי) Adonai וְנֵרָפֵא venerafé ר״ת רי״ו.

הוֹשִׁיעֵנוּ hoshienu וְנִוָּשֵׁעָה venivashea כִּי qui תְהִלָּתֵנוּ tehilatenu

אַתָּה Atá ר״ת = ב״פ רי״ו. וְהַעֲלֵה vehaalé אֲרוּכָה arujá וּמַרְפֵּא umarpé

לְכָל־ lejol יה אדנ״י תַּחֲלוּאֵינוּ tajalueinu. וּלְכָל־ ulejol יה אדנ״י

מַכְאוֹבֵינוּ majoveinu וּלְכָל־ ulejol יה אדנ״י מַכּוֹתֵינוּ macoteinu.

Para meditar por sanación para ti mismo u otras personas, agrega lo siguiente; y en los paréntesis a continuación, incluye los nombres:

יְהִי yehí רָצוֹן ratsón מהש ע״ה, ע״ב בריבוע וקס״א ע״ה, אל שדי ע״ה

מִלְּפָנֶיךָ milfaneja ס״ג מ״ה ב״ן יְהֹוָה(יאהדונהי) Adonai אֱלֹהַי Elohai מילוי ע״ב, דמב ; ילה

וֵאלֹהֵי veElohei לכב ; מילוי ע״ב, דמב ; ילה אֲבוֹתַי avotai שֶׁתְּרַפְּאֵנִי shetirpaeni

(וְתִרְפָּא vetirpá (incluye el nombre de la persona) בֶּן ben (Mujeres: בַּת bat) (incluye el nombre de su madre))

רְפוּאָה refuá שְׁלֵמָה shelemá רְפוּאַת refuat הַנֶּפֶשׁ hanéfesh

וּרְפוּאַת urefuat הַגּוּף haguf, כְּדֵי quedei שֶׁאֶהְיֶה sheehyé וְחָזָק jazak פהל

(Mujeres: וַחֲזָקָה jazaká פהל) בִּבְרִיאוּת bivriut, וְאַמִּיץ veamits

(Mujeres: וְאַמִּיצַת veamitsat) כֹּחַ cóaj, בְּמָאתַיִם bematáyim וְאַרְבָּעִים vearbaim

וּשְׁמוֹנָה ushmoná רמ״ח (אברים), אברהם, ח״פ אל, רי״ו ול״ב נתיבות החכמה, עסמ״ב וט״ז אותיות

פשוטות (Mujeres: בְּמָאתַיִם bematáyim וַחֲמִשִּׁים vejamishim וּשְׁנַיִם ushnáyim)

אֵבָרִים evarim וּשְׁלֹשׁ ushlosh מֵאוֹת meot המספר = ש = אלהים דיודין

וְשִׁשִּׁים veshishim המספר = מילוי הש׳ (ין) וַחֲמִשָּׁה vajamishá גִּידִים guidim שֶׁל shel

נִשְׁמָתִי nishmatí וְגוּפִי vegufí, לְקִיּוּם lekiyum תּוֹרָתְךָ toratjá הַקְּדוֹשָׁה hakedoshá.

כִּי qui אֵל El ייא״י (מילוי דס״ג) רוֹפֵא rofé רַחֲמָן rajmán וְנֶאֱמָן veneemán

אָתָּה Atá: בָּרוּךְ Baruj אַתָּה Atá יְהֹוָה(יאהדונהי) Adonai רוֹפֵא rofé

חוֹלֵי jolei חולה = מ״ה (יוד הא ואו הא) וד׳ אותיות עַמּוֹ amó יִשְׂרָאֵל Yisrael

ר״ת רפ״ח (להעלות הניצוצות שנפלו לקליפה דמשם באים החולאים):

LA QUINTA (OCTAVA) BENDICIÓN

Cúranos, Señor, y seremos curados. Sálvanos y seremos salvados. Porque Tú eres nuestro orgullo. Trae curación y sanación a todas nuestras dolencias, a todos nuestros dolores, a todas nuestras heridas.

Sea agradable ante Ti, Señor, mi Dios y Dios de mis ancestros, que Tú me sanes completamente (y el nombre de la persona y el nombre de su madre) *con la sanación del espíritu y la sanación del cuerpo, para que sea fuerte en salud y vigoroso en mi fortaleza en todos mis 248* (la mujer dice: *252*) *órganos y los 365 tendones de mi alma y mi cuerpo, para que yo sea capaz de guardar Tu Santa Torá.*

Porque Tú eres un Dios sanador, compasivo y leal.

¡Bendito eres Tú, Señor, que sanas a los enfermos de Tu Pueblo, Israel!

OLAM ATSILUT - יוד הי ויו הי

LA SEXTA (NOVENA) BENDICIÓN

Esta bendición trae sustento y prosperidad para todo el planeta y nos provee sustento personal. Quisiéramos que todos nuestros años estuviesen llenos de rocío y lluvia, que son la corriente vital que sostiene nuestro mundo.

Nétsaj

Durante el verano (a partir del primer día *Pésaj*) **se dice lo siguiente:**

Si por error dices "*Barej alenu*" en lugar de "*Barjenu*" y te das cuenta de ello antes del final de la *Amidá* ("*yihyú leratsón*", el segundo), entonces debes regresar y decir "*Barjenu*" y continuar normalmente. Si te das cuenta de ello después, debes comenzar la *Amidá* desde el principio.

בָּרְכֵנוּ barjenu יְהֹוָה (אדני אהדונהי) Adonai אֱלֹהֵינוּ Eloheinu ילה בְּכָל־ bejol
ב״ן, לכב מַעֲשֵׂי maasei יָדֵינוּ yadeinu• וּבָרֵךְ uvarej שְׁנָתֵנוּ shenatenu
בְּטַלְלֵי betalelei רָצוֹן ratsón מהש ע״ה, ע״ב בריבוע וקס״א ע״ה, אל שדי ע״ה
בְּרָכָה brajá וּנְדָבָה unedavá בינה (וע״ה אהיה אהיה יהוה, וחיים)• וּתְהִי utehí
אַחֲרִיתָהּ ajaritá חַיִּים jayim אהיה אהיה יהוה, בינה ע״ה וְשָׂבָע vesavá
וְשָׁלוֹם veshalom כַּשָּׁנִים cashanim הַטּוֹבוֹת hatovot לִבְרָכָה livrajá•

Si deseas meditar por sustento, puedes agregar:

יְהִי yehí רָצוֹן ratsón מהש ע״ה, ע״ב בריבוע וקס״א ע״ה, אל שדי ע״ה מִלְּפָנֶיךָ milfaneja
ס״ג מ״ה ב״ן יְהֹוָה (אדני אהדונהי) Adonai אֱלֹהֵינוּ Eloheinu ילה וֵאלֹהֵי veElohei
לכב ; מילוי ע״ב, דמב ; ילה אֲבוֹתֵינוּ avoteinu שֶׁתִּתֵּן shetitén ב״פ כהת לִי li
וּלְכָל ulejol יה אדני הַסְּמוּכִים hasemujim עַל al שׁוּלְחָנִי shuljaní, הַיּוֹם hayom
ע״ה נגד, מזבח, זן, אל יהוה וּבְכָל uvejol ב״ן, לכב יוֹם yom ע״ה נגד, מזבח, זן, אל יהוה
מְזוֹנוֹתַי mezonotai וּמְזוֹנוֹתֵיהֶם umezonoteihem בְּכָבוֹד bejavod בוכו וְלֹא veló
בְּבִזּוּי bevizui בְּהֶיתֵּר beheiter וְלֹא veló בְּאִיסּוּר beisur בִּזְכוּת bizjut
שִׁמְךָ Shimjá הַגָּדוֹל hagadol להח ; עם ד׳ אותיות = מבה, יזל, אום
(No pronunciar este nombre: דִּיקַרְנוֹסָא וחתך עם ג׳ אותיות - ובאתב״ש סאל, אמן, יאהדונהי)

LA SEXTA (NOVENA) BENDICIÓN

Durante el verano:

Bendícenos, Señor, nuestro Dios, en todos nuestros esfuerzos, y bendice nuestros años con el rocío de la buena voluntad, bendiciones y benevolencia. Que su conclusión sea vida, satisfacción y paz, así como otros años de bendiciones,

Sea agradable ante Ti,
Señor, mi Dios y Dios de mis ancestros, que Tú me proveas a mí y a mi hogar, hoy y todos los días, mi alimento y el de ellos, con dignidad y no con vergüenza, de forma permisible y no prohibida, en virtud de Tu gran Nombre

הַיּוֹצֵא hayotsé מִפָּסוּק :mipasuk וַהֲרִיקֹתִי vaharikoti לָכֶם lajem
בְּרָכָה brajá עַד־ ad בְּלִי־ bli דָּי dai וּמִפָּסוּק :umipasuk נְסָה nesá
עָלֵינוּ aleinu אוֹר or ,רז אין סוף פָּנֶיךָ paneja ס"ג מ"ה ב"ן יְהֹוָהאדניאהדונהי Adonai
וְאַל veal תַּצְרִיכֵנוּ tatsrijenu לִידֵי lidei מַתְּנוֹת matenot בָּשָׂר basar
וָדָם ,vadam כִּי qui אִם im ,יוהך מ"א אותיות אהיה בפשוטו מילואו ומילוי דמילואו ע"ה
מִיָּדְךָ miyadjá הַמְּלֵאָה hamleá וּמֵאוֹצַר umeotsar מַתְּנַת matnat וְחִנָּם jinam
תְּכַלְכְּלֵנִי tejalquelni וְתַשְׁפִּיעֵנִי ,vetashpieni אָמֵן Amén יאהדונהי סֶלָה .sela

כִּי qui אֵל El ייא"י (מילוי דס"ג) טוֹב tov והו וּמֵטִיב umetiv
אַתָּה Atá וּמְבָרֵךְ umevarej הַשָּׁנִים :hashanim בָּרוּךְ Baruj
אַתָּה Atá יְהֹוָהאדניאהדונהי Adonai מְבָרֵךְ mevarej הַשָּׁנִים :hashanim

Durante el invierno (a partir del 7 de *Jeshván*, dos semanas después de *Sukot*) **decimos lo siguiente:**
Si por error dices "*barjenu*" en lugar de "*barej aleinu*", y te das cuenta de esto antes del final de la bendición ("*Baruj Atá Adonai*"), debes volver y decir "*barej aleinu*" y continuar como siempre Si sólo te das cuenta después, debes decir "*vetén tal umatar livrajá*" en "*shomea tefilá*". Si sólo te das cuenta después de empezar el "*retsé*", debes empezar la *Amidá* desde el principio.

בָּרֵךְ barej עָלֵינוּ aleinu יְהֹוָהאדניאהדונהי Adonai אֱלֹהֵינוּ Eloheinu ילה
אֶת et הַשָּׁנָה hashaná הַזֹּאת .hazot וְאֶת veet כָּל־ col ילי
מִינֵי minei תְּבוּאָתָהּ tevuatá לְטוֹבָה letová .אכא וְתֵן vetén
טַל tal יוד הא ואו, כוזו וּמָטָר umatar לִבְרָכָה livrajá עַל al כָּל־ col ילי ; עמם
פְּנֵי penei וחכמה בינה הָאֲדָמָה .haadamá וְרַוֵּה veravé פְּנֵי penei וחכמה בינה
תֵּבֵל tevel ב"פ רי"ו וְשַׂבַּע vesabá אֶת et הָעוֹלָם haolam
כֻּלּוֹ culó מִטּוּבָךְ mituvaj .לאו וּמַלֵּא umalé יָדֵינוּ yadeinu
מִבִּרְכוֹתֶיךָ mibirjoteja וּמֵעֹשֶׁר umeósher מַתְּנוֹת matenot יָדֶיךָ .yadeja

---

que proviene del versículo: "derramar bendiciones sobre ti hasta que no haya espacio suficiente para éstas" (Malaquías 3:10) y del versículo: "Eleva sobre nosotros la Luz de Tu rostro, Señor" (Salmos 4:7), y no necesitaremos los regalos de carne y sangre, sino sólo de tu mano, la cual está llena, y del tesoro del regalo gratuito Tú me sostendrás y me alimentarás. Amén. Sela.

porque Tú eres un Dios bueno y benefactor y Tú bendices los años.
¡Bendito eres Tú, Oh Dios, que bendices los años!

Durante el invierno:

Bendice, Señor, nuestro Dios, este año y todas sus clases de cosechas para bien. Y da rocío y lluvia como bendición sobre toda la faz de la Tierra. Sacia la sed de la faz de la Tierra y sacia a todo el mundo de tu dadivosidad. Llena nuestras manos con Tus bendiciones y de la riqueza de los regalos de Tus Manos.

OLAM ATSILUT - יוד הי ויו הי

Si quieres meditar por sustento, agrega lo siguiente:

יְהִי yehí רָצוֹן ratsón מהש ע"ה, ע"ב בריבוע וקס"א ע"ה, אל שדי ע"ה מִלְּפָנֶיךָ milfaneja
ס"ג מ"ה ב"ן יְהֹוָואדהיאהדונהי Adonai אֱלֹהֵינוּ Eloheinu ילה וֵאלֹהֵי veElohei
לכב ; מילוי ע"ב, דמב ; ילה אֲבוֹתֵינוּ avoteinu שֶׁתִּתֵּן shetitén ב"פ כהת לִי li
וּלְכָל ulejol יה אדני הַסְּמוּכִים hasemujim עַל al שׁוּלְחָנִי shuljaní, הַיּוֹם hayom
ע"ה נגד, מזבח, זן, אל יהוה וּבְכָל uvejol ב"ן, לכב יוֹם yom ע"ה נגד, מזבח, זן, אל יהוה
מְזוֹנוֹתַי mezonotai וּמְזוֹנוֹתֵיהֶם umezonoteihem בְּכָבוֹד bejavod בוכו וְלֹא veló
בְּבִזּוּי bevizui בְּהֶיתֵּר beheiter וְלֹא veló בְּאִסּוּר beisur בִּזְכוּת bizjut
שִׁמְךָ Shimjá הַגָּדוֹל hagadol להח ; עם ד' אותיות = מבה, יזל, אום
(No pronunciar este nombre: דִּיקַרְנוֹסָא וזהך עם ג' אותיות – ובאתב"ש סאל, אמן, יאהדונהי)
הַיּוֹצֵא hayotsé מִפָּסוּק mipasuk: וַהֲרִיקֹתִי vaharikoti לָכֶם lajem
בְּרָכָה brajá עַד־ ad בְּלִי־ bli דָי dai וּמִפָּסוּק umipasuk: נְסָה nesá
עָלֵינוּ aleinu אוֹר or רז, אין סוף פָּנֶיךָ paneja ס"ג מ"ה ב"ן יְהֹוָואדהיאהדונהי Adonai
וְאַל veal תַּצְרִיכֵנוּ tatsrijenu לִידֵי lidei מַתְּנוֹת matenot בָּשָׂר basar
וָדָם vadam, כִּי qui אִם im יוהך, מ"א אותיות אהיה בפשוטו מילואו ומילוי דמילואו ע"ה
מִיָּדְךָ miyadjá הַמְּלֵאָה hamleá וּמֵאוֹצָר umeotsar מַתְּנַת matnat חִנָּם jinam
תְּכַלְכְּלֵנִי tejalquelni וְתַשְׁפִּיעֵנִי vetashpieni, אָמֵן Amén יאהדונהי סֶלָה sela.

שָׁמְרָה shomrá וְהַצִּילָה vehatsilá שָׁנָה shaná זוֹ zo מִכָּל־ micol ילי דָּבָר davar
ראה רָע ra. וּמִכָּל־ umicol ילי מִינֵי minei מַשְׁחִית mashjit וּמִכָּל־ umicol ילי
מִינֵי minei פּוּרְעָנוּת puranut. וַעֲשֵׂה vaasé לָהּ la תִּקְוָה tikvá
טוֹבָה tová אכא וְאַחֲרִית veajarit שָׁלוֹם shalom. חוּס jus וְרַחֵם verajem
אברהם, וז"פ אל, רי"ו ול"ב נתיבות החכמה, רמ"ח (אברים), עסמ"ב וט"ז אותיות פשוטות עָלֶיהָ aleha פהל
וְעַל veal כָּל־ col ילי ; עמם תְּבוּאָתָהּ tevuatá וּפֵירוֹתֶיהָ ufeiroteha.

Sea agradable ante Ti, Señor, mi Dios y Dios de mis antepasados, que Tú me proveas a mí y a mi hogar, hoy y todos los días, mi alimento y el de ellos, con dignidad y no con vergüenza, de forma permisible y no prohibida, en virtud de Tu gran Nombre que proviene del versículo: "derramar bendiciones sobre ti hasta que no haya espacio suficiente para éstas" (Malaquías 3:10) y del versículo: "Eleva sobre nosotros la Luz de Tu rostro, Señor" (Salmos 4:7), y no necesitaremos los regalos de carne y sangre, sino sólo de Tu mano, la cual está llena, y del tesoro del regalo gratuito Tú me sostendrás y me alimentarás. Amén. Sela.

Protege y guarda este año de todo mal y de toda forma de destrucción y de toda forma de tribulación. Haz que éste tenga buena esperanza y un final pacífico. Ten piedad y ten misericordia sobre éste y sobre todas sus cosechas y frutos;

וּבָרְכָהּ uvarjá בְּגִשְׁמֵי beguishmei רָצוֹן ratsón מהש ע"ה, ע"ב בריבוע וקס"א ע"ה,

אל שדי ע"ה בְּרָכָה brajá וּנְדָבָה unedavá בינה (וע"ה אהיה אהיה יהוה, וחיים)

וּתְהִי utehí אַחֲרִיתָהּ ajaritá חַיִּים jayim אהיה אהיה יהוה, בינה ע"ה וְשָׂבָע vesavá

וְשָׁלוֹם ♦veshalom כַּשָּׁנִים cashanim הַטּוֹבוֹת hatovot לִבְרָכָה ♦livrajá

כִּי qui אֵל El ייא"י (מילוי ד"ס"ג) טוֹב tov והו וּמֵטִיב umetiv

אַתָּה Atá וּמְבָרֵךְ umevarej הַשָּׁנִים ⁑hashanim בָּרוּךְ Baruj

אַתָּה Atá יְהֹוָהאדניאהדונהי Adonai מְבָרֵךְ mevarej הַשָּׁנִים ⁑hashanim

La séptima (décima) bendición

Esta bendición nos da el poder de influir de manera positiva sobre toda la humanidad. La Kabbalah enseña que cada individuo afecta la totalidad. Nosotros tenemos un efecto sobre el mundo y el resto del mundo tiene un efecto sobre nosotros, aunque no podamos percibir esta relación con nuestros cinco sentidos. Llamamos a esta relación conciencia cuántica.

Hod

תְּקַע teká ב"פ כוזו"ו וי' אותיות בְּשׁוֹפָר beshofar גָּדוֹל gadol להח ; עם ד' אותיות =

מבה, יזל, אום לְחֵרוּתֵנוּ ♦lejerutenu וְשָׂא vesá נֵס nes מ"ה אדני לְקַבֵּץ lekabets

גָּלֻיּוֹתֵינוּ ♦galuyoteinu וְקַבְּצֵנוּ vekabetsenu יַחַד yájad מֵאַרְבַּע mearbá

כַּנְפוֹת canfot וּבו (בסגולתו להוציא ניצוצות מן הקליפות) ויכוין וַחֲבָוּ עם נקודותיו = ע"ב, ריבוע יהוה

הָאָרֶץ haárets אלהים דההין ע"ה ; ר"ת = אדני לְאַרְצֵנוּ ⁑leartsenu

Lo siguiente se recita durante todo el año, especialmente durante la época de los *Shovavim*:

Las seis porciones del Libro de Éxodo —***Sh**emot*, ***V**aerá*, ***B**o*, ***B**eshalaj*, ***Y**itró*, ***M**ishpatim*, (***T**rumá **T**etsavé*) — nos relatan la historia del Éxodo de los israelitas de Egipto y simbolizan el inicio de una abertura cósmica única que dura seis semanas (8 semanas en año bisiesto) cada año. La palabra *shovavim* significa "irresponsable", como en el versículo: "'Retornen, hijos irresponsables', dice el Señor" (Jeremías 3:14) y es un acrónimo compuesto de la primera inicial de cada una de las seis porciones semanales. Los kabbalistas nos enseñan que la historia de Éxodo es un código y que durante estas seis/ocho semanas hay una ventana cósmica para la redención personal. El Arí explica que la caída de Adam corrompió casi todo en nuestro mundo físico, lo cual resultó en el dolor y el sufrimiento humano. Durante el tiempo del Éxodo, Moshé y los israelitas corrigieron los aspectos más importantes de esta corrupción. La siguiente meditación nos ayuda a liberar y redimir todas las chispas restantes de Luz que hemos perdido mediante nuestras acciones irresponsables (especialmente el comportamiento sexual irresponsable):

---

bendícelo con lluvias de bondad, bendición y benevolencia. Y que su final sea vida, satisfacción y paz, porque Tú eres un Dios bueno y benévolo, y Tú bendices los años. Bendito eres Tú, Señor, quien bendice los años.

La séptima (décima) bendición

Suena un gran Shofar para nuestra libertad y levanta un estandarte para reunir a nuestros exiliados, y reúnenos prontaente de los cuatro confines de la Tierra en nuestra tierra.

יְהִי yehí רָצוֹן ratsón מהש ע"ה, ע"ב בריבוע וקס"א ע"ה, אל שדי ע"ה מִלְּפָנֶיךָ milfaneja
ס"ג מ"ה ב"ן יְהֹוָהאדניאהדונהי Adonai אֱלֹהַי Elohai מילוי ע"ב, דמב ; ילה
וֵאלֹהֵי veElohei לכב ; מילוי ע"ב, דמב ; ילה אֲבוֹתַי avotai שֶׁכֹּל shecol ילי טִיפָּה tipá
וְטִיפָּה vetipá שֶׁל shel קֶרִי kerí שֶׁיָּצָא sheyatsá מִמֶּנִּי mimeni לְבַטָּלָה levatalá
וּמִכֹּל umicol ילי יִשְׂרָאֵל Yisrael בִּכְלָל bijlal וּבִפְרַט ubifrat שֶׁלֹּא sheló
בִּמְקוֹם bimkom מִצְוָה mitsvá בֵּין bein בְּאוֹנֶס beones בֵּין bein בִּרְצוֹן beratsón
מהש ע"ה, ע"ב בריבוע וקס"א ע"ה, אל שדי ע"ה בֵּין bein בְּשׁוֹגֵג beshogueg בֵּין bein
בְּמֵזִיד bemezid, בֵּין bein בְּהִרְהוּר behirhur וּבֵין uvein בְּמַעֲשֶׂה bemaasé,
בֵּין bein בְּגִלְגּוּל beguilgul זֶה ze בֵּין bein בְּגִלְגּוּל beguilgul אַחֵר ajer
וְנִבְלַע venivlá בַּקְּלִיפּוֹת baklipot, שֶׁתַּקִּיא shetakí הַקְּלִיפּוֹת hakelipot
הַנִּיצוֹצוֹת hanitsotsot קֶרִי kerí שֶׁנִּבְלְעוּ shenivleú בָּהּ ba, בִּזְכוּת bizejut
שִׁמְךָ Shimjá הַגָּדוֹל hagadol להח ; עם ד' אותיות = מבה, יזל, אום הַיּוֹצֵא hayotsé
מִפָּסוּק mipasuk: חַיִל jáyil ומב בָּלַע balá וַיְקִאֶנּוּ vaykienu ר"ת חזבו ו- ילי
מִבִּטְנוֹ mibitnó יֹרִשֶׁנּוּ yorishenu אֵל El ייא"י (מילוי דס"ג) ; ס"ת ויל וּבִזְכוּת uvizejut
שִׁמְךָ Shimjá הַגָּדוֹל hagadol להח; עם ד' אותיות = מבה, יזל, אום יְוֹהָהֶוָּהָ
(durante los *Shovavim*: יְוֹהָבֶוָּהָ) שֶׁתַּחֲזִירֵם shetajazirem לִמְקוֹם limkom
קְדוּשָׁה kedushá וְהַטּוֹב vehatov והו בְּעֵינֶיךָ beeineja קס"א ע"ה ; ריבוע מ"ה עֲשֵׂה asé.

Debes meditar en corregir el pensamiento que provocó la pérdida de las chispas de Luz. También medita en los Nombres que controlan nuestros pensamientos para cada uno de los seis días de la semana como está a continuación:

Día	Nombre		Mundo
Domingo	יְהֶוֶה	עַל צְבָא כף ואו זין ואו טפטפיה א מן אהיה דמרגלא ושם:	*Briá*
Lunes	יְהֹוִה	על מגן כף ואו זין ואו טפטפיה ה מן אהיה דמרגלא ושם:	*Yetsirá*
Martes	מצפץ	צוה פוזד כף ואו זין ואו טפטפיה י מן אהיה דמרגלא ושם:	*Asiyá*
Miércoles	אל	צוה פוזד כף ואו זין ואו טפטפיה י מן יהו דמרגלא ושם:	*Asiyá*
Jueves	אלהים	על מגן כף ואו זין ואו טפטפיה ה מן יהו דמרגלא ושם:	*Yetsirá*
Viernes	מצפץ	על צבא כף ואו זין ואו טפטפיה ו מן יהו דמרגלא ושם:	*Briá*

Cada uno de estos Nombres (**על צבא, כף ואו זין ואו, טפטפיה**) tienen una suma total de 193, que es el mismo valor numérico de la palabra *zokef* (elevar). Estos Nombres elevan la Chispa Sagrada de los *Jitsoniyim*. Asimismo, cuando digas las palabras "*mekabets nidjei*" (en la continuación de la bendición), que tiene una suma total de 304, el mismo valor numérico de *Shin*, *Dálet* (demonio), medita en reunir todas las chispas perdidas y anular el poder de las fuerzas negativas.

Sea agradable ante Ti, Señor, mi Dios y Dios de mis ancestros, que cada una de las gotas de kerí que salieron de mí en vano, y de todo Israel en general, y especialmente no a causa de un precepto, si fue obligado o voluntariamente, con o sin intención, debido a pensamiento o acción, en esta vida o en vidas anteriores, y si fue devorado por la klipá, que ésta vomite todas las chispas de kerí en virtud de Tu gran Nombre que proviene del versículo: "Él devoró riqueza y la vomitó, y de su estómago Dios la extrajo" (Job 20:15), y en virtud de Tu gran Nombre las regresarás al Lugar Santo, y harás lo que es bueno ante Tus ojos.

בָּרוּךְ Baruj אַתָּה Atá יְהֹוָהאדניאהדונהי Adonai ; יכוין וחבו בשילוב יהוה כוזו: יְוַהֲבוּיהּ
מְקַבֵּץ mekabets ע"ב ס"ג מ"ה ב"ן, הברכה (למתק את ז' המלכים שמתו)
נִדְחֵי nidjei ע"ב, ריבוע יהוה עַמּוֹ amó וחבו יִשְׂרָאֵל Yisrael:

La octava (undécima) bendición

Esta bendición nos ayuda a equilibrar el juicio con misericordia. Debido a que la misericordia es tiempo, podemos emplearlo en cambiarnos a nosotros mismos antes que el juicio ocurra.

Yesod

הָשִׁיבָה hashiva שׁוֹפְטֵינוּ shofteinu כְּבָרִאשׁוֹנָה quevarishoná.

וְיוֹעֲצֵינוּ veyoatseinu כְּבַתְּחִלָּה quevatjilá ר"ת שכ"ה (דינים זכרים שביסוד) ויהוה (הממתקם).

וְהָסֵר vehaser מִמֶּנּוּ mimenu יָגוֹן yagón (סמאל) וַאֲנָחָה vaanajá (לילית).

וּמְלוֹךְ umloj עָלֵינוּ aleinu מְהֵרָה meherá אַתָּה Atá

יְהֹוָהאדניאהדונהי Adonai לְבַדְּךָ levadjá. בְּחֶסֶד bejésed ע"ב, ריבוע יהוה

וּבְרַחֲמִים uverajamim מצפצ, אלהים דיודין, י"פ ייי ; להמתיק ברחמים דינין צדק ומשפט

בְּצֶדֶק betsédek וּבְמִשְׁפָּט uvemishpat ע"ה = ה"פ אלהים: בָּרוּךְ Baruj אַתָּה Ata

יְהֹוָהאדניאהדונהי Adonai מֶלֶךְ Mélej אוֹהֵב ohev ממתיק דינין

צְדָקָה tsedaká ע"ה ריבוע אלהים וּמִשְׁפָּט umishpat ע"ה ה"פ אלהים:

> **Durante los días entre *Rosh Hashaná* y *Yom Kipur*** en lugar de "*Mélej ohev tsedaká umishpat*" decimos:
>
> הַמֶּלֶךְ haMélej הַמִּשְׁפָּט hamishpat ע"ה ה"פ אלהים:
>
> Si por error dices "*mélej ohev…*" y te das cuenta en tres segundos, debes decir "*hamélej hamishpat*" y continuar normalmente. Pero si ya empezaste la siguiente bendición, no debes regresar.

La novena (duodécima) bendición

Esta bendición nos ayuda eliminar todas las formas de negatividad, ya sea que provengan de personas, situaciones o, inclusive, de la energía negativa del Ángel de la Muerte [(**no pronunciar estos nombres**) *Sa-ma-el* (aspecto masculino) y *Li-lit* (aspecto femenino), los cuales están codificados aquí], al usar el Nombre Sagrado: *Shadai* שדי, el cual está codificado matemáticamente en las últimas cuatro palabras de esta bendición y también se encuentra dentro de la *Mezuzá* con el mismo propósito.

¡Bendito eres Tú, Señor, que reúnes a los dispersos de Su Nación, Israel!

La octava (undécima) bendición

Restaura nuestros jueces, como al principio, y a nuestros consejeros, como al principio. Aparta de nosotros el pesar y los lamentos. Reina sobre nosotros pronto, Tú solo, Señor, con bondad y compasión, con rectitud y justicia. ¡Bendito eres Tú, Dios, el Rey que ama la rectitud y la justicia!

> Durante los días entre *Rosh Hashaná* y *Yom Kipur*: *El Rey del juicio.*

OLAM ATSILUT - יוד הי ויו הי

Kéter

לַמִּינִים laminim וְלַמַּלְשִׁינִים velamalshinim אַל al תְּהִי tehí תִּקְוָה tikvá

וְכָל vejol ילי הַזֵּדִים hazedim כְּרֶגַע querega ג"פ אלהים עם ט"ו אותיות פשוטות

יֹאבֵדוּ yovedu• וְכָל vejol ילי אוֹיְבֶיךָ oyveja (סמאל)

וְכָל vejol ילי שׂוֹנְאֶיךָ soneja (לילית) מְהֵרָה meherá יִכָּרֵתוּ yicaretu•

וּמַלְכוּת umaljut הָרִשְׁעָה harishá מְהֵרָה meherá תְּעַקֵּר teaker

וּתְשַׁבֵּר uteshaber וּתְכַלֵּם utejalem וְתַכְנִיעֵם vetajniem בִּמְהֵרָה bimherá

בְּיָמֵינוּ veyameinu: בָּרוּךְ Baruj אַתָּה Atá יְהֹוָאדהי (יאהדונהי) Adonai

שׁוֹבֵר shover אוֹיְבִים oyvim וּמַכְנִיעַ umajnía זֵדִים zedim ר"ת = שדי:

Maljut del Mundo de *Atsilut* termina aquí.
Las siguientes 4 bendiciones ayudan a corregir *Zeir Anpín* y *Maljut* de *Atsilut* desde el aspecto de *Zeir Anpín*.

LA DÉCIMA (DECIMOTERCERA) BENDICIÓN

Esta bendición nos rodea con absoluta positividad para ayudarnos a estar siempre en el lugar correcto en el momento correcto. También nos ayuda a atraer sólo personas positivas a nuestra vida.

Yesod

עַל al הַצַּדִּיקִים hatsadikim צדיק יסוד עולם וְעַל veal הַחֲסִידִים hajasidim

וְעַל veal שְׁאֵרִית sheerit עַמְּךָ ameja בֵּית beit ב"פ ראה יִשְׂרָאֵל Yisrael•

וְעַל veal פְּלֵיטַת pleitat בֵּית beit ב"פ ראה סוֹפְרֵיהֶם sofreihem•

וְעַל veal גֵּרֵי guerei הַצֶּדֶק hatsédek וְעָלֵינוּ vealeinu• יֶהֱמוּ yehemú

נָא na רַחֲמֶיךָ rajameja יְהֹוָאדהי אהדונהי Adonai אֱלֹהֵינוּ Eloheinu ילה

וְתֵן vetén שָׂכָר sajar י"פ ב"ן טוֹב tov והו לְכָל lejol יה אדני

הַבּוֹטְחִים habotjim בְּשִׁמְךָ beShimjá בֶּאֱמֶת beemet אהיה פעמים אהיה, ז"פ ס"ג.

LA NOVENA (DUODÉCIMA) BENDICIÓN

Para los herejes y los difamadores, que no haya esperanza. Que los impíos perezcan en un instante. Y que todos Tus enemigos y los que Te odian sean pronto arrasados. Y en el caso del gobierno dañino, puedas Tú rápidamente desarraigarlo y aplastarlo, y puedas Tú destruirlo y humillarlo, con rapidez en nuestros días. ¡Bendito eres Tú, Señor, que aplastas a los enemigos y humillas a los malvados!

LA DÉCIMA (DECIMOTERCERA) BENDICIÓN

Sobre los justos, sobre los piadosos, sobre los demás de la Casa de Israel, sobre los remanentes de las academias de sus escritores, sobre los conversos sinceros y sobre nosotros, que se encienda Tu compasión, Señor, nuestro Dios. Otorga buena recompensa a todos los que verdaderamente confían en Tu Nombre.

OLAM ATSILUT - יוד הי ויו הי

וְשִׂים vesim וְחֶלְקֵנוּ jelkenu עִמָּהֶם imahem וּלְעוֹלָם uleolam ריבוע ס"ג וי' אותיות דס"ג
לֹא lo נֵבוֹשׁ nevosh כִּי qui בְךָ vejá בָטָחְנוּ batajnu
וְעַל veal חַסְדְּךָ jasdejá הַגָּדוֹל hagadol להוו ; עם ד' אותיות = מבה, יזל, אום
בֶּאֱמֶת beemet אהיה פעמים אהיה, ו"פ ס"ג נִשְׁעָנְנוּ nishanenu:
בָּרוּךְ Baruj אַתָּה Atá יְהֹוָהאדנייאהדונהי Adonai מִשְׁעָן mishán
וּמִבְטָח umivtaj לַצַּדִּיקִים latsadikim ר"ת ימול (כל מי שנימול נקרא צדיק):

LA UNDÉCIMA (DECIMOCUARTA) BENDICIÓN

Esta bendición nos conecta con la energía de Jerusalén, con la construcción del Templo y con la preparación para el *Mashíaj*.

Hod

תִּשְׁכּוֹן tishcón בְּתוֹךְ betoj יְרוּשָׁלַיִם Yerushaláyim עִירְךָ irjá
כַּאֲשֶׁר caasher דִּבַּרְתָּ dibarta ראה וְכִסֵּא vejisé דָוִד David
עַבְדְּךָ avdejá פוי, אל אדני מְהֵרָה meherá בְּתוֹכָהּ vetojá תָּכִין tajín

Meditar aquí en que el *Mashíaj Ben Yosef* no sea asesinado por el malvado *Armilos* **(no pronunciar)**.

וּבְנֵה uvné אוֹתָהּ otá בִּנְיַן binyán עוֹלָם olam בִּמְהֵרָה bimherá
בְּיָמֵינוּ veyameinu: בָּרוּךְ Baruj אַתָּה Atá יְהֹוָהאדנייאהדונהי Adonai
בּוֹנֵה boné ס"ג יְרוּשָׁלָיִם Yerushaláyim:

LA DUODÉCIMA (DECIMOQUINTA) BENDICIÓN

Esta bendición nos ayuda a lograr un estado personal de *Mashíaj* al transformar nuestra naturaleza reactiva en proactiva. Así como hay un *Mashíaj* global, cada uno de nosotros tiene dentro un *Mashíaj* personal. Cuando suficientes personas alcancen su transformación, se preparará el camino para la aparición del *Mashíaj* global.

---

y coloca nuestra suerte junto a la de ellos. Que nunca nos avergoncemos, porque es en Ti en quien colocamos nuestra confianza; es en Tu gran compasión en la que nos apoyamos.
¡Bendito eres Tú, Señor, que eres sostén y refugio de los justos!

LA UNDÉCIMA (DECIMOCUARTA) BENDICIÓN

Puedas Tú morar en Jerusalén, Tu Ciudad, como lo has prometido. Y puedas Tú establecer el trono de David, Tu servidor, rápidamente dentro de ella y construirlo como una estructura eterna, pronto en nuestros días.
¡Bendito eres Tú, Señor, que construye Jerusalén!

OLAM ATSILUT - יוד הי ויו הי

Nétsaj

Esta bendición contiene 20 palabras, que es el mismo número de palabras en el versículo "*Qui nijam Adonai Tsiyón nijam col jorvotea...*" (*Isaias 51:3*), un versículo que habla sobre la Redención Final.

אֶת et צֶמַח tsémaj יהוה אהיה יהוה אדני דָּוִד David
עַבְדְּךָ avdejá פוי, אל אדני מְהֵרָה meherá תַצְמִיחַ tatsmíaj וְקַרְנוֹ vekarnó
תָּרוּם tarum בִּישׁוּעָתֶךָ bishuateja• כִּי qui לִישׁוּעָתְךָ lishuatjá
קִוִּינוּ kivinu כָּל־ col ילי הַיּוֹם hayom ע"ה נגד, מזבח, זן, אל יהוה

Aquí debes meditar y pedir por que la Redención Final ocurra ahora mismo.

בָּרוּךְ Baruj אַתָּה Atá יְהֹוָהאדנייאהדונהי Adonai
מַצְמִיחַ matsmíaj קֶרֶן keren יְשׁוּעָה yeshuá:

LA DECIMOTERCERA (DECIMOSEXTA) BENDICIÓN

Esta bendición es la más importante de todas las bendiciones, porque aquí reconocemos todos nuestros comportamientos reactivos. Hacemos referencia a comportamientos errados en general, y también especificamos algún incidente en particular. La sección dentro del recuadro nos ofrece una oportunidad para pedirle a la Luz sustento personal. El Arí afirma que a través de esta oración, inclusive en los días de ayuno, tenemos un ángel personal acompañándonos. Si meditamos en este ángel, todas nuestras oraciones deberán ser respondidas. La decimotercera bendición es uno por encima de los doce signos del Zodíaco y nos eleva más allá de la influencia de las estrellas y los planetas.

Tiféret

שְׁמַע shemá קוֹלֵנוּ kolenu יְהֹוָהאדנייאהדונהי Adonai (יוד הה וו הה)
אֱלֹהֵינוּ Eloheinu ילה (אבג יתץ)• אָב av הָרַחֲמָן harajamán רַחֵם rajem
אברהם, ח"פ אל, רי"ו ול"ב נתיבות החכמה, רמ"ח (אברים), עסמ"ב וט"ז אותיות פשוטות עָלֵינוּ aleinu
(קרע שטן)• וְקַבֵּל vekabel בְּרַחֲמִים berajamim מצפצ, אלהים דיודין, י"פ ייי
וּבְרָצוֹן uveratsón מהש ע"ה, ע"ב בריבוע וקס"א ע"ה, אל שדי ע"ה אֶת et
תְּפִלָּתֵנוּ tefilatenu (נגד יכש)• כִּי qui אֵל El ייא"י (מילוי דס"ג)
שׁוֹמֵעַ shomea תְּפִלּוֹת tefilot וְתַחֲנוּנִים vetajanunim אָתָּה Atá (בטר צתג)•

LA DUODÉCIMA (DECIMOQUINTA) BENDICIÓN

La progenie de David, Tu servidor, puedas Tú rápidamente hacer florecer. Y puedas Tú exaltar su gloria con Tu salvación, porque es por Tu salvación que esperamos todo el día. ¡Bendito eres Tú, Señor, que haces florecer la salvación!

LA DECIMOTERCERA (DECIMOSEXTA) BENDICIÓN

Escucha nuestra voz, Señor, nuestro Dios, Padre misericordioso, ten piedad de nosotros. Acepta nuestra oración con compasión y favor, porque Tú eres Dios, que escuchas oraciones y súplicas.

Es bueno que estés al tanto, reconozcas y confieses tus acciones negativas del pasado y que pidas por tu sustento aquí:

רבונו Ribonó של shel עולם olam, וחטאתי jatati עויתי aviti
ופשעתי ufashati לפניך lefaneja ס"ג מ"ה ב"ן יהי yehí רצון ratsón מהש ע"ה,
ע"ב בריבוע וקס"א ע"ה, אל שדי ע"ה מלפניך milfaneja ס"ג מ"ה ב"ן שתמחול shetimjol
ותסלח vetislaj יהוה ע"ב ותכפר utejaper לי li על al כל col ילי ; עמם
מה ma מ"ה שחטאתי shejatati ושעויתי vesheaviti ושפשעתי veshepashati
לפניך lefaneja ס"ג מ"ה ב"ן מיום miyom ע"ה נגד, מזבח, זן, אל יהוה
שנבראתי shenivreti עד ad היום hayom ע"ה נגד, מזבח, זן, אל יהוה הזה hazé והו.
ובפרט uvifrat (menciona aquí alguna acción negativa o comportamiento por el cual te gustaría pedir perdón)
ויהי vihí רצון ratsón מהש ע"ה, ע"ב בריבוע וקס"א ע"ה, אל שדי ע"ה
מלפניך milfaneja ס"ג מ"ה ב"ן יהואדנהיאהדונהי Adonai אלהינו Eloheinu ילה
ואלהי veElohei לכב ; מילוי ע"ב, דמב ; ילה אבותינו avoteinu שתזמין shetazmín
פרנסתנו parnasatenu ומזונותינו umezonoteinu לי li ולכל ulejol יה אדני
אנשי anshei ביתי veití ב"פ ראה היום hayom ע"ה נגד, מזבח, זן, אל יהוה
ובכל uvejol ב"ן, לכב יום yom ע"ה נגד, מזבח, זן, אל יהוה
ויום vayom ע"ה נגד, מזבח, זן, אל יהוה בריוח beréivaj ולא veló
בצמצום vetsimtsum, בכבוד bejavod בוכו ולא veló בבזוי bevizui,
בנחת benájat ולא veló בצער vetsáar, ולא veló אצטרך etstarej
למתנות lematenot בשר basar ודם vadam ולא veló להלואתם lehalvaatam,
אלא ela מידך miyadjá הרחבה harjavá והפתוחה vehapetujá
והמלאה vehameleá ובזכות uvizjut שמך Shimjá הגדול hagadol
להוז; עם ד' אותיות = מבה, יזל, אום (No pronunciar este Nombre: דיקרנוסא וחך עם ג' אותיות -
ובאתב"ש = סאל, אמן, יאהדונהי) המבונה hamemuné על al הפרנסה haparnasá:

¡Señor del Mundo!

He transgredido. He cometido iniquidades y he pecado frente a Ti. Sea Tu voluntad que me perdones y olvides y expíes por todo aquello que he transgredido, y por todas las iniquidades que he cometido y por todo lo que he pecado ante Ti, desde el día en que he sido creado y hasta este día (y en especial: menciona aquí alguna acción negativa específica o comportamiento por el cual te gustaría pedir perdón). *Sea agradable ante Ti, Señor, nuestro Dios y el Dios de mis ancestros, que Tú me proveas de vitalidad y sustento a mí y a toda mi familia, hoy y todos y cada día, con abundancia y no con escasez; con dignidad y no con vergüenza; con comodidad y no con sufrimiento; y que yo no requiera los regalos de la carne y la sangre, ni sus préstamos, sino sólo de Tu Mano que es generosa, abierta y llena y por virtud de Tu gran Nombre, que es responsable del sustento.*

וּמִלְּפָנֶיךָ umilefaneja ס"ג מ"ה ב"ן מַלְכֵּנוּ malquenu
רֵיקָם reikam אַל־ al תְּשִׁיבֵנוּ teshivenu (וזקב טנע)
חָנֵּנוּ jonenu וַעֲנֵנוּ vaanenu וּשְׁמַע ushmá תְּפִלָּתֵנוּ tefilatenu:

LA BENDICIÓN PARA UN DÍA DE AYUNO
Esta bendición es recitada en días de ayuno individuales durante la *Amidá* silenciosa.

עֲנֵנוּ anenu אָבִינוּ avinu עֲנֵנוּ anenu בְּיוֹם beyom ע"ה נגד, מזבח, זן, אל יהוה צוֹם tsom
הַתַּעֲנִית hataanit הַזֶּה hazé והו כִּי qui בְּצָרָה vetsará אלהים דההין גְּדוֹלָה guedolá
אֲנַחְנוּ. anajnu אַל־ al תֵּפֶן tefén לְרִשְׁעֵנוּ lerishenu
וְאַל־ veal תִּתְעַלַּם titalam מַלְכֵּנוּ malquenu מִבַּקָּשָׁתֵנוּ. mibakashatenu
הֱיֵה heyé יהה נָא na קָרוֹב karov לְשַׁוְעָתֵנוּ. leshavatenu
טֶרֶם térem נִקְרָא nikrá אֵלֶיךָ eleja אַתָּה Atá תַעֲנֶה. taané
נְדַבֵּר nedaber ראה וְאַתָּה veAtá תִשְׁמַע tishmá כַּדָּבָר cadavar ראה
שֶׁנֶּאֱמַר sheneemar: וְהָיָה vehayá יהה ; יהוה טֶרֶם־ térem יִקְרָאוּ yikraú
וַאֲנִי vaaní אני אֶעֱנֶה eené עוֹד od הֵם hem מְדַבְּרִים medabrim
וַאֲנִי vaaní אני אֶשְׁמָע eshmá: כִּי qui אַתָּה Atá יְהֹוָואדהנהי Adonai
פּוֹדֶה podé וּמַצִּיל umatsil וְעוֹנֶה veoné וּמְרַחֵם umerajem אברהם,
ו"פ אל, רי"ו ול"ב נתיבות החכמה, רמ"ח (אברים), עסמ"ב וט"ז אותיות פשוטות
בְּכָל bejol ב"ן, לכב עֵת et צָרָה tsará אלהים דההין וְצוּקָה vetsuká: (continúa "*qui Atá*")

כִּי qui אַתָּה Atá שׁוֹמֵעַ shomea תְּפִלַּת tefilat כָּל־ col יכי פֶּה pe
(פה דו"א) מילה ; וע"ה אלהים, אהיה אדני (יגל פזק)
בָּרוּךְ Baruj אַתָּה Atá יְהֹוָואדניה(יהוה)יאהדונהי Adonai

En este punto debes meditar en el Nombre Sagrado: אראר"ית"א
Rav Jayim Vital dice: "He encontrado en los libros de los kabbalistas que la oración de un individuo que medite en este Nombre, en la bendición *shomea tefilá*, siempre será respondida".

שׁוֹמֵעַ shomea תְּפִלָּה tefilá (שקו צית) אתב"ש אֲכַצ, ב"ן אדני ונקודה ע"ה = יוד הי וו הה:

Y de Tu presencia, nuestro Rey,
no nos devuelvas con manos vacías, sino sé amable, responde y escucha nuestra oración.

LA BENDICIÓN PARA UN DÍA DE AYUNO
Contéstanos, Padre nuestro, contéstanos en este día de ayuno porque estamos muy afligidos. No prestes atención a nuestra iniquidad, Rey nuestro, no ignores nuestra súplica. Por favor, acércate a nuestros llantos y respóndenos incluso antes de que clamemos a Ti. Hablaremos y Tú nos escucharás, como está dicho: "Antes que clamen, Yo responderé; mientras aún estén hablando, Yo habré oído" (Isaías 65:24). Porque Tú, Señor, redimes, salvas, respondes y muestras compasión en cada momento de tribulación y aflicción.

Porque Tú escuchas la oración de cada boca. Bendito eres Tú, Señor, que escuchas las oraciones.

OLAM ATSILUT - יוד הי ויו הי

LAS TRES BENDICIONES FINALES

A través del mérito de Moshé, Aharón y Yosef, quienes son nuestros canales para las últimas tres bendiciones, somos capaces de hacer descender toda la energía espiritual que despertamos con nuestras oraciones y bendiciones.

LA DECIMOSÉPTIMA BENDICIÓN

Durante esta bendición, que se refiere a Moshé, siempre debemos meditar en tratar de saber exactamente qué quiere Dios de nosotros en nuestra vida, como lo indica la frase: "Que sea la voluntad de Dios". Estamos pidiéndole a Dios que nos guíe hacia el trabajo que vinimos a hacer en esta Tierra. El Creador no puede aceptar sólo el trabajo que queremos hacer, debemos llevar a cabo el trabajo que estamos destinados a hacer.

Nétsaj

Has hecho peticiones (de necesidades diarias) a Dios. Ahora, después de pedir que tus necesidades sean cumplidas, debes alabar al Creador en las últimas tres bendiciones. Esto es como una persona que ha recibido lo que necesita de su Señor y se aparta de Él. Debes decir "*retsé*" y meditar en el Deseo Celestial (*Kéter*) que es llamado *Métsaj Haratsón* (la Frente del Deseo).

רְצֵה retsé אלף למד הה יוד מם

Aquí meditar en transformar el infortunio y la tragedia (צרה) en deseo y aceptación (רצה).

(**Durante las tres semanas de *Bein HaMetsarim***, medita aquí en estos Nombres Sagrados: אלהים דההין אדני, שין ע״ה, טדהד כוזו מצפצ – con estos Nombres transformamos צרה en רצה).

יְהֹוָהאדניאהדונהי Adonai אֱלֹהֵינוּ Eloheinu ילה בְּעַמְּךָ beameja יִשְׂרָאֵל Yisrael

וְלִתְפִלָּתָם velitfilatam שְׁעֵה sheé• וְהָשֵׁב vehashev הָעֲבוֹדָה haavodá

לִדְבִיר lidvir רי״ו בֵּיתֶךָ beiteja ב״פ ראה• וְאִשֵּׁי veishei יִשְׂרָאֵל Yisrael

וּתְפִלָּתָם utfilatam מְהֵרָה meherá בְּאַהֲבָה beahavá אחד, דאגה

תְקַבֵּל tekabel בְּרָצוֹן beratsón מהש ע״ה, ע״ב בריבוע וקס״א ע״ה, אל שדי ע״ה •

וּתְהִי utehí לְרָצוֹן leratsón מהש ע״ה, ע״ב בריבוע וקס״א ע״ה, אל שדי ע״ה

תָּמִיד tamid ע״ה קס״א קנ״א קמ״ג עֲבוֹדַת avodat יִשְׂרָאֵל Yisrael עַמֶּךָ ameja:

LAS TRES BENDICIONES FINALES

LA DECIMOSÉPTIMA BENDICIÓN

Encuentra gracia, Señor, nuestro Dios, en Tu Pueblo, Israel, y oye su oración. Restaura el culto en el santuario interno de Tu Templo. Acepta las ofrendas de Israel y sus oraciones con complacencia, prontamente y con amor. Que siempre sea agradable a Ti, el servicio de Israel, Tu Nación.

PARA ROSH JÓDESH, PÉSAJ Y SUCOT:

Durante estos eventos, hay una oleada de energía espiritual extra en nuestro medio. Estas bendiciones adicionales son nuestra antena para atraer esta fuerza extra a nuestra vida.

Si por error olvidaste decir "*yaalé veyavó*" y te das cuenta antes del final de la bendición ("*Baruj Atá Adonai*"), debes volver y decir "*yaalé veyavó*" y continuar como siempre. Si sólo te das cuenta luego del final de la bendición ("*hamajazir Shejinató leTsiyón*") pero antes de empezar la bendición siguiente ("*modim*"), debes decir "*yaalé veyavó*" en ese momento y continuar normalmente.Si te das cuenta de ello luego de haber empezado la siguiente bendición ("*modim*") pero antes del segundo "*yihyú leratsón*" (en la pág. 223), debes volver a "*retsé*" (pág. 211) y continuar desde allí.Si te das cuenta de ello después (del segundo "*yihyú leratsón*") debes empezar la *Amidá* desde el principio.

אֱלֹהֵינוּ Eloheinu ילה וֵאלֹהֵי veElohei לכב ; מילוי ע"ב, דמב ; ילה אֲבוֹתֵינוּ avoteinu

יַעֲלֶה yaalé וְיָבֹא veyavó וְיַגִּיעַ veyaguía וְיֵרָאֶה veyeraé ר"ו וְיֵרָצֶה veyeratsé

וְיִשָּׁמַע veyishamá וְיִפָּקֵד veyipaked וְיִזָּכֵר veyizajer ר"ת מ"ב (ז"פ ו')

זִכְרוֹנֵנוּ zijronenu וְזִכְרוֹן vezijrón ע"ב קס"א ונש"ב אֲבוֹתֵינוּ avoteinu• זִכְרוֹן zijrón

ע"ב קס"א ונש"ב יְרוּשָׁלַיִם Yerushaláyim עִירָךְ iraj•

וְזִכְרוֹן vezijrón ע"ב קס"א ונש"ב מָשִׁיחַ Mashíaj בֶּן ben דָּוִד David

ע"ה כהת ; בן דוד = אדני ע"ה עַבְדָּךְ avdaj פוי, אל אדני• וְזִכְרוֹן vezijrón ע"ב קס"א ונש"ב

כָּל col ילי עַמְּךָ ameja בֵּית beit ב"פ ראה יִשְׂרָאֵל Yisrael

לְפָנֶיךָ lefaneja ס"ג מ"ה ב"ן לִפְלֵיטָה lifleitá לְטוֹבָה letová אכא•

לְחֵן lején מילוי דמ"ה בריבוע, מוזי לְחֶסֶד lejésed ע"ב, ריבוע יהוה

וּלְרַחֲמִים ulerajamim• לְחַיִּים lejayim אהיה אהיה יהוה, בינה ע"ה•

טוֹבִים tovim וּלְשָׁלוֹם uleshalom• בְּיוֹם beyom ע"ה נגד, מזבח, זן, אל יהוה:

PARA ROSH JÓDESH, PÉSAJ Y SUCOT:

Nuestro Dios y el Dios de nuestros padres, pueda levantarse y venir y llegar y aparecer y encontrar el favor y ser oído y ser considerado y ser recordado, nuestra remembranza y la remembranza de nuestros padres, la remembranza de Jerusalén, Tu ciudad, y la remembranza del Mesías Ben David, Tu sirviente, y la remembranza de toda Tu Nación, la Casa de Israel, ante Ti, para aceptación, para bien, para gracia, amabilidad y compasión, para una buena vida y para paz en este día de:

En *Rosh Jódesh:*

ראש Rosh ריבוע אלהים ואלהים דיודין ע"ה

הַחֹדֶשׁ haJódesh י"ב הויות, קס"א קנ"א ; ראש חדש ע"ה = שין דלת יוד הַזֶּה hazé והו.

En *Jol Hamoed de Pésaj:*

חַג jag הַמַּצּוֹת haMatsot הַזֶּה hazé והו

בְּיוֹם beyom ע"ה נגד, מזבח, זן, אל יהוה מִקְרָא mikrá קֹדֶשׁ kódesh הַזֶּה hazé והו.

En *Jol Hamoed de Sucot:*

חַג jag הַסֻּכּוֹת haSucot הַזֶּה hazé והו

בְּיוֹם beyom ע"ה נגד, מזבח, זן, אל יהוה מִקְרָא mikrá קֹדֶשׁ kódesh הַזֶּה hazé והו.

לְרַחֵם lerajem אברהם, וח"פ אל, רי"ו ול"ב נתיבות החכמה, רמ"ח (אברים), עסמ"ב וט"ז אותיות פשוטות בּוֹ bo עָלֵינוּ aleinu וּלְהוֹשִׁיעֵנוּ ulehoshienu.

זָכְרֵנוּ zojrenu יְהֹוָהאדניאהדונהי Adonai אֱלֹהֵינוּ Eloheinu ילה בּוֹ bo לְטוֹבָה letová אכא. וּפָקְדֵנוּ ufokdenu בוֹ vo לִבְרָכָה livrajá. וְהוֹשִׁיעֵנוּ vehoshienu בוֹ vo לְחַיִּים lejayim אהיה אהיה יהוה, בינה ע"ה טוֹבִים tovim. בִּדְבַר bidvar ראה יְשׁוּעָה yeshuá וְרַחֲמִים verajamim. חוּס jus וְחָנֵּנוּ vejonenu וַחֲמוֹל vajamol וְרַחֵם verajem אברהם, וח"פ אל, רי"ו ול"ב נתיבות החכמה, רמ"ח (אברים), עסמ"ב וט"ז אותיות פשוטות עָלֵינוּ aleinu. וְהוֹשִׁיעֵנוּ vehoshienu כִּי qui אֵלֶיךָ eleja עֵינֵינוּ eineinu ריבוע מ"ה. כִּי qui אֵל El ייא"י (מילוי דס"ג) מֶלֶךְ Mélej חַנּוּן janún וְרַחוּם verajum אָתָּה Atá:

וְאַתָּה veAtá בְּרַחֲמֶיךָ verajameja הָרַבִּים harabim. תַּחְפֹּץ tajpots בָּנוּ banu וְתִרְצֵנוּ vetirtsenu וְתֶחֱזֶינָה vetejezena עֵינֵינוּ eineinu ריבוע מ"ה בְּשׁוּבְךָ beshuvjá לְצִיּוֹן leTsiyón יוסף, ו' הויות, קנאה בְּרַחֲמִים berajamim מצפצ, אלהים דיודין, י"פ ייי: בָּרוּךְ Baruj אַתָּה Atá יְהֹוָהאדניאהדונהי Adonai הַמַּחֲזִיר hamajazir שְׁכִינָתוֹ Shejinató לְצִיּוֹן leTsiyón יוסף, ו' הויות, קנאה:

En Rosh Jódesh: *Este Rosh Jódesh.*

En Jol Hamoed de Pésaj: *Este festival de las Matsot, en este buen día de Convocación Santa.*

En Jol Hamoed de Sucot: *Este festival de Sucot, en este buen día de Convocación Santa.*

Para tener misericordia de nosotros y para salvarnos.

Recuérdanos, Señor, nuestro Dios, para bien y considéranos en ello para la bendición y entréganosla para una buena vida con las palabras de entrega y misericordia. Ten piedad y sé amable con nosotros y ten misericordia y sé compasivo con nosotros y sálvanos, porque nuestros ojos van hacia Ti, porque Tú eres Dios, Rey que es amable y compasivo.

Y Tú en Tu gran compasión, te deleites en nosotros y estés complacido con nosotros. Puedan nuestros ojos contemplar Tu retorno a Sión con compasión. ¡Bendito eres Tú, Señor, que devuelve Su Shejiná a Sión!

OLAM ATSILUT - יוד הי ויו הי

LA DECIMOCTAVA BENDICIÓN

Esta bendición es nuestro agradecimiento. Kabbalísticamente, el mayor agradecimiento que le podemos dar a nuestro Creador es hacer exactamente lo que debemos hacer en términos de nuestro trabajo espiritual.

Hod

Inclina todo tu cuerpo en "*modim*" y enderézate en "*Adonai*".

מוֹדִים modim מאה ברכות שתיקן דוד לאמרם כל יום אֲנַחְנוּ anajnu לָךְ laj

שָׁאַתָּה sheAtá הוּא Hu יְהֹוָאדהנויאהדונהי Adonai (ונ) אֱלֹהֵינוּ Eloheinu ילה

וֵאלֹהֵי veElohei לכב ; מילוי ע"ב, דמב ; ילה אֲבוֹתֵינוּ avoteinu לְעוֹלָם leolam

וָעֶד vaed• צוּרֵנוּ tsurenu צוּר tsur אלהים דההין ע"ה ריבוע ס"ג וי' אותיות דס"ג

חַיֵּינוּ jayeinu וּמָגֵן umaguén ג"פ אל (ייא" מילוי דס"ג) ; ר"ת מיכאל גבריאל נוריאל

יִשְׁעֵנוּ yishenu אַתָּה Atá הוּא Hu• לְדוֹר ledor וָדוֹר vador רי"ו נוֹדֶה nodé

לְּךָ lejá וּנְסַפֵּר unesaper תְּהִלָּתֶךָ tehilateja• עַל־ al חַיֵּינוּ jayeinu

הַמְּסוּרִים hamesurim בְּיָדֶךָ beyadeja• וְעַל veal נִשְׁמוֹתֵינוּ nishmoteinu

הַפְּקוּדוֹת hapekudot לָךְ laj• וְעַל־ veal נִסֶּיךָ niseja שֶׁבְּכָל shebejol

יוֹם yom ע"ה נגד, מזבח, זן, אל יהוה עִמָּנוּ imanu ריבוע ס"ג, קס"א ע"ה וד' אותיות

וְעַל veal נִפְלְאוֹתֶיךָ nifleoteja וְטוֹבוֹתֶיךָ vetovoteja שֶׁבְּכָל shebejol

עֵת et• עֶרֶב érev וָבֹקֶר vavóker וְצָהֳרָיִם vetsahoráyim• הַטּוֹב hatov

והו כִּי־ qui לֹא־ lo כָלוּ jalú רַחֲמֶיךָ rajameja• הַמְרַחֵם hamerajem

אותיות פשוטות כִּי־ qui לֹא lo

תַמּוּ tamu חֲסָדֶיךָ jasadeja כִּי qui מֵעוֹלָם meolam קִוִּינוּ kivinu לָךְ laj:•

LA DECIMOCTAVA BENDICIÓN

Nosotros te damos gracias a Ti, porque eres Tú, Señor, quien es nuestro Dios y el Dios de nuestros padres, por siempre y por toda la eternidad. Tú eres nuestra Fortaleza, la Fortaleza de nuestras vidas y el Escudo de nuestra salvación. De una generación a otra, te daremos gracias a Ti y cantaremos Tu alabanza. Por nuestras vidas que están en Tus Manos, por nuestras almas que están a Tu cuidado, por Tus milagros que están con nosotros todos los días y por Tus maravillas y Tus favores que están con nosotros en todo momento: de noche, de mañana y de tarde. Tú eres bueno, porque Tu compasión nunca se ha acabado. Tú eres el misericordioso, porque Tu bondad nunca ha cesado, porque siempre hemos puesto nuestras esperanzas en Ti.

MODIM DERABANÁN

Esta oración es recitada por la congregación en la repetición cuando el *jazán* dice "*modim*".

En esta sección hay 44 palabras, que es el mismo valor numérico del Nombre:
ריבוע אהי (א אה אהי אהיה)

מוֹדִים modim מאה ברכות שתיקן דוד לאמרם כל יום אֲנַחְנוּ anajnu לָךְ laj
שָׁאַתָּה sheAtá הוּא Hu יְהֹוָהאדניאהדונהי Adonai אֱלֹהֵינוּ Eloheinu ילה
וֵאלֹהֵי veElohei לכב ; מילוי ע״ב, דמב ; ילה אֲבוֹתֵינוּ avoteinu
אֱלֹהֵי Elohei מילוי ע״ב, דמב ; ילה כָּל jol ילי בָּשָׂר •basar יוֹצְרֵנוּ yotsrenu
יוֹצֵר yotser בְּרֵאשִׁית •bereshit בְּרָכוֹת brajot וְהוֹדָאוֹת vehodaot
לְשִׁמְךָ leShimjá הַגָּדוֹל hagadol להוז ; עם ד׳ אותיות = מבה, יזל, אום
וְהַקָּדוֹשׁ vehakadosh עַל al שֶׁהֶחֱיִיתָנוּ shehejeyitanu וְקִיַּמְתָּנוּ •vekiyamtanu
כֵּן quen תְּחַיֵּינוּ tejayeinu וּתְחָנֵּנוּ •utejonenu וְתֶאֱסוֹף veteesof
גָּלֻיּוֹתֵינוּ galuyoteinu לְחַצְרוֹת lejatsrot קָדְשֶׁךָ •kodsheja לִשְׁמוֹר lishmor
חֻקֶּיךָ jukeja וְלַעֲשׂוֹת velaasot רְצוֹנֶךָ •retsoneja וּלְעָבְדְךָ uleavdejá
פוי, אל אדני בְּלֵבָב belevav בוכו שָׁלֵם •shalem עַל al שֶׁאֲנַחְנוּ sheanajnu
מוֹדִים modim לָךְ •laj בָּרוּךְ Baruj אֵל El ייא״י (מילוי דס״ג) הַהוֹדָאוֹת :hahodaot

PARA JANUCÁ Y PURIM

Janucá y *Purim* generan una dimensión adicional de energía de milagros. Esta bendición nos ayuda a aprovechar esta energía, atrayendo milagros a nuestra vida cuando realmente los necesitamos.

וְעַל veal הַנִּסִּים hanisim וְעַל veal הַפֻּרְקָן •hapurkán
וְעַל veal הַגְּבוּרוֹת •haguevurot וְעַל veal הַתְּשׁוּעוֹת hateshuot
וְעַל veal הַנִּפְלָאוֹת haniflaot וְעַל veal הַנֶּחָמוֹת hanejamot
שֶׁעָשִׂיתָ sheasita לַאֲבוֹתֵינוּ laavoteinu בַּיָּמִים bayamim נלך הָהֵם hahem
בַּזְּמַן bazemán הַזֶּה hazé והו:

MODIM DERABANÁN

Nosotros te damos gracias a Ti, porque eres Tú, Señor, quien es nuestro Dios y el Dios de nuestros ancestros, el Dios de toda la humanidad, nuestro Hacedor y el Creador de toda la Creación. Bendiciones y gracias a Tu gran y Santo Nombre por darnos vida y por preservarnos. Que puedas Tú continuar dándonos vida, sé amable con nosotros y reúne nuestros exiliados en las Cortes de Tu Santuario, para que podamos cumplir Tus leyes, hacer Tu voluntad y servir a Ti con todo el corazón. Por esto Te agradecemos. ¡Bendito sea el Dios de los agradecimientos!

PARA JANUCÁ Y PURIM

Y también por los milagros, la liberación, los hechos poderosos, la salvación, las maravillas, y actos de consolación que Tú realizaste para nuestros antepasados, en aquellos días y en este momento.

PARA JANUCÁ:

בִּימֵי bimei מַתִּתְיָה Matityá בֶּן ven יוֹחָנָן Yojanán כֹּהֵן Cohén מלה
גָּדוֹל Gadol להוו ; עִם ד' אותיות = מבה, יזל, אום חַשְׁמוֹנָאִי Jashmonaí וּבָנָיו uvanav
כְּשֶׁעָמְדָה quesheamdá מַלְכוּת maljut יָוָן Yaván הָרְשָׁעָה harshaá עַל al
עַמְּךָ ameja יִשְׂרָאֵל Yisrael לְשַׁכְּחָם leshaquejam תּוֹרָתָךְ: torataj
וּלְהַעֲבִירָם ulehaaviram מֵחֻקֵּי mejukei רְצוֹנָךְ: •retsonaj וְאַתָּה veAtá
בְּרַחֲמֶיךָ verajameja הָרַבִּים harabim עָמַדְתָּ amadta לָהֶם lahem בְּעֵת beet
צָרָתָם •tsaratam רַבְתָּ ravta אֶת et רִיבָם •rivam דַּנְתָּ danta
אֶת et דִּינָם •dinam נָקַמְתָּ nakamta מנק אֶת et נִקְמָתָם nikmatam מנק•
מָסַרְתָּ masarta גִּבּוֹרִים guiborim בְּיַד beyad חַלָּשִׁים •jalashim וְרַבִּים verabim
בְּיַד beyad מְעַטִּים •meatim וּרְשָׁעִים ureshaím בְּיַד beyad צַדִּיקִים •tsadikim
וּטְמֵאִים utmeím בְּיַד beyad טְהוֹרִים •tehorim וְזֵדִים vezedim בְּיַד beyad
עוֹסְקֵי oskei תוֹרָתֶךָ •torateja לְךָ lejá עָשִׂיתָ asita שֵׁם shem
גָּדוֹל gadol להוו ; עִם ד' אותיות = מבה, יזל, אום וְקָדוֹשׁ vekadosh בְּעוֹלָמָךְ: •beolamaj
וּלְעַמְּךָ uleamjá יִשְׂרָאֵל Yisrael עָשִׂיתָ asita תְּשׁוּעָה teshuá גְדוֹלָה guedolá
וּפֻרְקָן ufurkán כְּהַיּוֹם quehayom ע"ה נגד, מזבח, זן, אל יהוה הַזֶּה hazé והו•
וְאַחַר veajar כָּךְ: caj בָּאוּ bau בָנֶיךָ vaneja לִדְבִיר lidvir רי"ו
בֵּיתֶךָ beiteja ב"פ ראה וּפִנּוּ ufinú אֶת־ et הֵיכָלֶךָ •heijaleja וְטִהֲרוּ vetiharú
אֶת et מִקְדָּשֶׁךָ •mikdasheja וְהִדְלִיקוּ vehidliku נֵרוֹת nerot
בְּחַצְרוֹת bejatsrot קָדְשֶׁךָ •kodsheja וְקָבְעוּ vekavú שְׁמוֹנַת shmonat יְמֵי yemei
חֲנֻכָּה Janucá אֵלּוּ elu בְּהַלֵּל behalel אדני, ללה וּבְהוֹדָאָה •uvehodaá
וְעָשִׂיתָ veasita עִמָּהֶם imahem נִסִּים nisim וְנִפְלָאוֹת veniflaot וְנוֹדֶה venodé
לְשִׁמְךָ leShimjá הַגָּדוֹל hagadol להוו ; עִם ד' אותיות = מבה, יזל, אום סֶלָה :sela

---

PARA JANUCÁ

En los días de Matityá, hijo de Yojanán, el Sumo Sacerdote, el jasmoneo, y sus hijos, cuando el maligno Imperio Griego se sublevó en contra de Tu Nación, Israel, para obligarlos a olvidar Tu Torá y obligarlos a alejarse de las leyes de Tu deseo, con Tu compasión estuviste con ellos en tiempos turbulentos. Tú luchaste sus batallas, buscaste justicia para ellos, los vindicaste y entregaste a los fuertes en manos de los débiles, a los numerosos en manos de los pocos, a los perversos en manos de los justos, a los contaminados en manos de los puros y a los tiranos en manos de aquellos que se ocupaban con Tu Torá. Hiciste un Santo Nombre para Ti en Tu mundo y para Tu pueblo, Israel, realizaste una gran salvación y liberación en este día. Entonces Tus hijos vinieron al Santuario de Tu Casa, limpiaron Tu Palacio, purificaron Tu Templo, encendieron velas en los jardines de Tu Santo Dominio, y establecieron estos ocho días de Janucá para alabanza y acción de gracias. Y Tú realizaste milagros y maravillas para ellos. Por ello estamos agradecidos a Tu Gran Nombre. Sela.

PARA PURIM:

בִּימֵי bimei מָרְדְּכַי Mordejai וְאֶסְתֵּר veEster עם האותיות = מילוי אדני
בְּשׁוּשַׁן beShushán הַבִּירָה habirá. כְּשֶׁעָמַד quesheamad עֲלֵיהֶם aleihem
הָמָן Hamán הָרָשָׁע Harashá. בִּקֵּשׁ bikesh לְהַשְׁמִיד lehashmid לַהֲרוֹג laharog
וּלְאַבֵּד uleabed אֶת et כָּל col ילי הַיְּהוּדִים hayehudim מִנַּעַר mináar וְעַד vead
זָקֵן zakén טַף taf וְנָשִׁים venashim בְּיוֹם beyom ע"ה נגד, מזבח, זן, אל יהוה
אֶחָד ejad אהבה, דאגה בִּשְׁלֹשָׁה bishloshá עָשָׂר asar לְחֹדֶשׁ lejódesh
י"ב הויות, קס"א קנ"א שְׁנֵים shneim עָשָׂר asar הוּא hu חֹדֶשׁ jódesh י"ב הויות, קס"א קנ"א
אֲדָר Adar וּשְׁלָלָם ushlalam לָבוֹז lavoz. וְאַתָּה veAtá בְּרַחֲמֶיךָ verajameja
הָרַבִּים harabim הֵפַרְתָּ hefarta אֶת et עֲצָתוֹ atsató וְקִלְקַלְתָּ vekilkalta
אֶת et מַחֲשַׁבְתּוֹ majashavtó. וַהֲשֵׁבוֹתָ vahashevota לּוֹ lo גְּמוּלוֹ gmuló
בְּרֹאשׁוֹ beroshó. וְתָלוּ vetalú אוֹתוֹ otó וְאֶת veet בָּנָיו banav עַל al הָעֵץ haets.
וְעָשִׂיתָ veasita עִמָּהֶם imahem נִסִּים nisim וְנִפְלָאוֹת veniflaot וְנוֹדֶה venodé
לְשִׁמְךָ leShimjá הַגָּדוֹל hagadol להוו ; עם ד' אותיות = מבה, יזל, אום סֶלָה sela:

וְעַל veal כֻּלָּם culam יִתְבָּרַךְ yitbaraj וְיִתְרוֹמַם veyitromam
וְיִתְנַשֵּׂא veyitnasé תָּמִיד tamid ע"ה קס"א קנ"א קמ"ג שִׁמְךָ Shimjá
מַלְכֵּנוּ malquenu לְעוֹלָם leolam ריבוע ס"ג ו' אותיות דס"ג וָעֶד vaed.
וְכָל־ vejol ילי הַחַיִּים hajayim אהיה אהיה יהוה, בינה ע"ה יוֹדוּךָ yoduja סֶלָה sela:

Durante los días entre *Rosh Hashaná* y *Yom Kipur* recitamos la oración de "*ujtov*":

וּכְתוֹב ujtov לְחַיִּים lejayim אהיה אהיה יהוה, בינה ע"ה טוֹבִים tovim
כָּל־ col ילי בְּנֵי bnei בְרִיתֶךָ vriteja:

Si olvidaste decir "*ujtov*" y te das cuenta antes del final de la bendición ("*Baruj Atá Adonai*"), debes volver y decir "*ujtov*" y continuar normalmente. Pero si te das cuenta sólo después del final de la bendición, debes continuar y puedes agregar "*ujtov*" al final de "*Elohai Netsor*".

PARA PURIM:

En los días de Mordejái y Ester, en Shushán, la capital, cuando el malvado Hamán se sublevó contra ellos, él busco destruir, asesinar y aniquilar a todos los judíos, jóvenes y viejos, niños y mujeres, en un día, el decimotercer día del duodécimo mes, el cual es el mes de Adar, y tomar su botín. Pero Tú, en Tu gran compasión, arruinaste su plan, frustraste su diseño y dirigiste su cometido hacia su propia cabeza. Lo colgaron a él y a sus hijos en la horca. Y Tú realizaste milagros y maravillas para ellos (Israel). Damos gracias a Tu gran Nombre. Sela.

Y por todas estas cosas, que Tu Nombre sea siempre bendecido, exaltado y ensalzado, por siempre, nuestro Rey, por siempre y para siempre, y todos los vivientes Te agradecen, Sela.

Durante los días entre *Rosh Hashaná* y *Yom Kipur*:

E inscribe para una buena vida a todos los miembros de Tu Pacto.

וִיהַלְלוּ vihalelú וִיבָרְכוּ vivarjú יהוה ריבוע יהוה ריבוע מ"ה אֶת־ et

שִׁמְךָ Shimjá הַגָּדוֹל hagadol להח ; עם ד' אותיות = מבה, יזל, אום בֶּאֱמֶת beemet אהיה

פעמים אהיה, ז"פ ס"ג לְעוֹלָם leolam ריבוע ס"ג וי' אותיות דס"ג כִּי qui טוֹב tov והו ;

כי טוב = יהוה אהיה, אום, מבה, יזל. הָאֵל haEl לאה ; ייא"י (מילוי דס"ג) יְשׁוּעָתֵנוּ yeshuatenu

וְעֶזְרָתֵנוּ veezratenu סֶלָה sela. הָאֵל haEl לאה ; ייא"י (מילוי דס"ג) הַטּוֹב hatov והו:

Flexiona tus rodillas en "*Baruj*", inclínate en "*Atá*" y enderézate en "*Adonai*".

בָּרוּךְ Baruj אַתָּה Atá יְהֹוָהאדניאהדונהי Adonai (ה') הַטּוֹב hatov והו

שִׁמְךָ Shimjá וּלְךָ uLejá נָאֶה naé לְהוֹדוֹת lehodot ס"ת כהת, משיח בן דוד ע"ה:

BENDICIÓN DE LOS COHANIM

Durante la repetición decimos la bendición de los *Cohanim.* El *Cohén* es un canal de la energía dadora de la Columna Derecha y, por lo tanto, también de sanación. Debido a que la Luz revelada a través de esta bendición es más poderosa de lo que podemos manejar, cubrimos nuestros ojos para evitar ver directamente a esta asombrosa Luz de sanación.

Si no hay *Cohén* presente, el *jazán* debe decir:

אֱלֹהֵינוּ Eloheinu ילה וֵאלֹהֵי veElohei לכב ; מילוי ע"ב, דמב ; ילה אֲבוֹתֵינוּ avoteinu,

בָּרְכֵנוּ barjenu בַּבְּרָכָה babrajá הַמְשֻׁלֶּשֶׁת hameshuléshet בַּתּוֹרָה baTorá

הַכְּתוּבָה haquetuvá עַל al יְדֵי yedei מֹשֶׁה Moshé מהש, ע"ב בריבוע וקס"א, אל שדי,

ד"פ אלהים ע"ה עַבְדֶּךָ avdeja פוי, אל אדני הָאֲמוּרָה haamurá מִפִּי mipí אַהֲרֹן Aharón

וּבָנָיו uvanav כֹּהֲנִים cohanim עַם am קְדוֹשֶׁךָ kedosheja, כָּאָמוּר caamur:

Entonces el *jazán* continuará desde "*yevarejejá Adonai…*" hasta "*vesayem lejá Shalom*" (en la página siguiente).

Después de que la congregación responda *Amén*, el *jazán* dirá "*Cohanim*". Luego los *Cohanim* recitarán lo siguiente en silencio:

יְהִי yehí רָצוֹן ratsón מהש ע"ה, ע"ב בריבוע וקס"א ע"ה, אל שדי ע"ה מִלְּפָנֶיךָ milefaneja

ס"ג מ"ה ב"ן יְהֹוָהאדניאהדונהי Adonai אֱלֹהֵינוּ Eloheinu ילה וֵאלֹהֵי veElohei

לכב ; מילוי ע"ב, דמב ; ילה אֲבוֹתֵינוּ avoteinu, שֶׁתְּהִיֶה shetihyé בְּרָכָה brajá זוֹ zo

שֶׁצִּוִּיתָנוּ shetsivitanu לְבָרֵךְ levarej אֶת et עַמְּךָ ameja יִשְׂרָאֵל Yisrael

בְּרָכָה brajá שְׁלֵמָה shelemá וְלֹא veló יִהְיֶה yihyé ייי בָּהּ ba

מִכְשׁוֹל mijshol וְעָוֹן veavón מֵעַתָּה meatá וְעַד vead עוֹלָם olam:

Y ellos te alabarán y bendecirán Tu gran Nombre, sinceramente y para siempre, porque es bueno, el Dios de nuestra salvación y nuestra ayuda, Sela, el buen Dios. Bendito eres Tú, Señor, cuyo Nombre es bueno. Y a Ti es propio dar gracias.

BENDICIÓN DE LOS COHANIM

Nuestro Dios y el Dios de nuestros antepasados, bendícenos con la triple de bendición escrita en la Torá por Moshé, Tu siervo, y dicha por Aharón y sus hijos, los Cohanim, Tu Pueblo Santo, como está dicho: Que sea tu voluntad, Señor, nuestro Dios y el Dios de nuestros antepasados, que esta bendición con la que Tú nos ordenaste que bendecir a Tu pueblo, Israel, sea una bendición perfecta, y que no contenga ningún impedimento o iniquidad desde ahora y para siempre.

OLAM ATSILUT - יוּד הֵי וִיו הֵי

Los *Cohanim* dicen la siguiente bendición de cara al Arca y cuando llegan a la palabra "*vetsivanu*", deben girar en dirección de las manecillas del reloj y dar la cara a la congregación y continuar la bendición. Si sólo hay un *Cohén*, el *jazán* no debe llamarlo, sino que, en lugar de ello, el *Cohén* debe decir la siguiente bendición inmediatamente:

בָּרוּךְ Baruj אַתָּה Atá יְהֹוָאדֹנָיאהדונהי Adonai אֱלֹהֵינוּ Eloheinu ילה
מֶלֶךְ Mélej הָעוֹלָם haolam אֲשֶׁר asher קִדְּשָׁנוּ kideshanu
בִּקְדֻשָּׁתוֹ bikdusható שֶׁל shel אַהֲרֹן Aharón וְצִוָּנוּ vetsivanu
לְבָרֵךְ levarej אֶת et עַמּוֹ amó יִשְׂרָאֵל Yisrael בְּאַהֲבָה beahavá אוזד, דאגה:

El *jazán* orienta a los *Cohanim* recitando una palabra a la vez (incluso si sólo hay un *Cohén* presente). Y la congregación responde "*Amén*" (o "*quen yehí ratsón*" en caso de que el *jazán* sea quien lo recite) después de cada verso.

Las iniciales de los tres versos nos dan el Nombre Sagrado: ייי.
En esta sección hay 15 palabras, que es el valor numérico del Nombre Sagrado: ההה.

(Derecha – *Jésed*)

יְבָרֶכְךָ yevarejejá יְהֹוָאדֹנָיאהדונהי Adonai וְיִשְׁמְרֶךָ veyishmereja
ר"ת = יהוה ; וס"ת = מ"ה:

(Izquierda – *Guevurá*)

יָאֵר yaer כף ויו זין ויו יְהֹוָאדֹנָיאהדונהי Adonai | פָּנָיו panav אֵלֶיךָ eleja
וִיחֻנֶּךָּ vijuneca מנד ; יהה אותיות בפסוק:

(Central – *Tiféret*)

יִשָּׂא yisá יְהֹוָאדֹנָיאהדונהי Adonai | פָּנָיו panav אֵלֶיךָ eleja
וְיָשֵׂם veyasem לְךָ lejá שָׁלוֹם shalom האא תיבות בפסוק:

(*Maljut*)

(וְשָׂמוּ vesamu אֶת־ et שְׁמִי Shmí עַל־ al בְּנֵי bnei יִשְׂרָאֵל Yisrael
וַאֲנִי vaAní אני אֲבָרְכֵם avarjem:)

Los *Cohanim* añaden en silencio:

רִבּוֹן ribón יהוה ע"ב ס"ג מ"ה ב"ן הָעוֹלָמִים haolamim,
עָשִׂינוּ asinu מַה ma מ"ה שֶׁגָּזַרְתָּ shegazarta עָלֵינוּ aleinu, עֲשֵׂה asé אַתָּה Atá
מַה ma מ"ה שֶׁהִבְטַחְתָּנוּ shehivtajtanu: הַשְׁקִיפָה hashkifá מִמְּעוֹן mimeón
קָדְשְׁךָ kodsheja מִן־ min הַשָּׁמַיִם hashamáyim י"פ טל, י"פ כוזו ; ר"ת מ"ה
וּבָרֵךְ uvarej אֶת־ et עַמְּךָ ameja אֶת־ et יִשְׂרָאֵל Yisrael:

Bendito eres Tú, Señor, nuestro Dios, Rey del universo, quien nos ha santificado con la santidad de Aharón y nos ha ordenado bendecir a Su Pueblo, Israel, con amor.

(Derecha) *Que el Señor te bendiga y te proteja (Amén).*

(Izquierda) *Que el Señor haga brillar Su rostro sobre ti y te dé gracia (Amén).*

(Central) *Que el Señor eleve Su rostro hacia Ti y te conceda paz (Amén).*

("Y ellos pondrán Mi nombre sobre los Hijos de Israel y Yo los bendeciré") (Números 6:24-27).

Señor del mundo, hemos hecho lo que Tú has decretado sobre nosotros. Ahora, haz Tú como prometiste: "Mira hacia abajo desde Tu Santa Morada, desde los Cielos, y bendice a Tu pueblo, Israel" (Deuteronomio 26:15).

OLAM ATSILUT - יוד הי ויו הי

En esta sección hay 22 palabras, que es el valor numérico del Nombre Sagrado: אכא. Debes meditar en lo siguiente cuando el *jazán* diga la primera palabra de cada verso:

Yevarejejá (primer verso): אל נא קרב תשועת מצפיך (ר"ת אנקתם)

Yaer (segundo verso): פודך סר תוציאם ממאסר (ר"ת פסתם)

Yisá (tercer verso): פדה סועים פתוח סומים ישעך מצפים (ר"ת פספסים)

דלה יוקשים וקבץ נפוצים סמוך יה׳ מפלתנו (ר"ת דיונסים)

(susurra:) יוזו אותיות בפסוק בָּרוּךְ Baruj שֵׁם Shem כְּבוֹד quevod מַלְכוּתוֹ maljutó,

לְעוֹלָם leolam ריבוע ס"ג וי" אותיות דס"ג וָעֶד vaed:

Si tuviste un mal sueño que te esté causando angustia, di lo siguiente mientras los *Cohanim* dicen su bendición:

רִבּוֹנוֹ Ribonó שֶׁל shel עוֹלָם olam אֲנִי aní אני שֶׁלְּךָ sheljá וַחֲלוֹמוֹתַי vejalomotai
שֶׁלְּךָ sheljá. חֲלוֹם jalom חָלַמְתִּי jalamti וְאֵינִי veeiní יוֹדֵעַ yodea מַה ma מ"ה
הוּא hu. בֵּין bein שֶׁחָלַמְתִּי shejalamti אֲנִי aní אני לְעַצְמִי leatsmí וּבֵין uvein
שֶׁחָלְמוּ shejalmú לִי li אֲחֵרִים ajerim, וּבֵין uvein שֶׁאֲנִי sheaní אני חָלַמְתִּי jalamti
עַל al אֲחֵרִים ajerim, אִם im יוהך, מ"א אותיות אהיה בפשוטו במילואו ובמילוי דמילואו ע"ה
טוֹבִים tovim הֵם hem חַזְּקֵם jazkem וְאַמְּצֵם veamtsem כַּחֲלוֹמוֹתָיו cajalomotav
שֶׁל shel יוֹסֵף Yosef קנאה, ו הויות, ציון הַצַּדִּיק Hatsadik, וְאִם veím יוהך, מ"א אותיות אהיה
בפשוטו במילואו ובמילוי דמילואו ע"ה צְרִיכִים tserijim רְפוּאָה refuá רְפָאֵם refaem
כְּמֵי quemei ילי מָרָה mará עַל al יְדֵי yedei מֹשֶׁה Moshé מהש, ע"ב בריבוע וקס"א, אל שדי,
ד"פ אלהים ע"ה רַבֵּינוּ rabeinu עָלָיו alav הַשָּׁלוֹם hashalom, וּכְמֵי ujemei ילי
יְרִיחוֹ Yerijó עַל al יְדֵי yedei אֱלִישָׁע Elishá, וּכְמִרְיָם ujeMiryam
מִצָּרַעְתָּהּ mitsaratá, וּכְנַעֲמָן ujeNaamán מִצָּרַעְתּוֹ mitsarató, וּכְחִזְקִיָּהוּ ujeJizkiyahu
מֵחָלְיוֹ mejolyó. וּכְשֵׁם ujeshem שֶׁהָפַכְתָּ shehafajta קִלְלַת kilelat בִּלְעָם Bilam
הָרָשָׁע harashá לִבְרָכָה livrajá, כֵּן quen הֲפוֹךְ hafoj כָּל col ילי חֲלוֹמוֹתַי jalomotai
עָלַי alai וְעַל veal כָּל col ילי ; עמם יִשְׂרָאֵל Yisrael לְטוֹבָה letová אכא
וְלִבְרָכָה velivrajá וְתִרְצֵנִי vetirtseni בְּרַחֲמֶיךָ berajameja הָרַבִּים harabim.
מ"ב אותיות בפסוק יִהְיוּ yihyú אל (ייא" מילוי דס"ג) לְרָצוֹן leratsón מהש ע"ה, ע"ב בריבוע וקס"א
ע"ה, אל שדי ע"ה אִמְרֵי imrei פִּי fi ר"ת אֶלֶף = אלף למד שין דלת יוד ע"ה וְהֶגְיוֹן vehegyón
לִבִּי libí לְפָנֶיךָ lefaneja ס"ג מ"ה ב"ן יְהֹוָהאדניאהדונהי Adonai צוּרִי tsurí וְגוֹאֲלִי vegoalí.

¡Señor del Mundo! Yo soy Tuyo y mis sueños son Tuyos. Yo tuve un sueño pero no conozco su significado; ya sea que haya soñado sobre mí mismo, o que otros soñaron conmigo, o sea que yo he soñado con otros. Si ellos [mis sueños] son buenos entonces refuérzalos y vigorízalos, como los sueños de Yosef, el justo. Si requieren sanación, entonces remédialos como a las aguas de Mará en las manos de Moshé, nuestro señor, que la paz esté con él; como a las aguas de Jericó en las manos de Elishá y como a Miriam de su lepra, como a Naamán de su lepra, y como a Jizkiyahu de su enfermedad. Y así como Tú has convertido la maldición del malvado Bilam en bendiciones, así también cambia mis sueños, por mi bien y por el bien de Israel, en cosas buenas y en bendiciones. Favoréceme con Tu generosa compasión. "Sean gratos ante Ti, Señor, mi Fortaleza y mi Redentor, los dichos de mi boca y los pensamientos de mi corazón" (Salmos 19:15).

LA BENDICIÓN FINAL

Estamos emanando la energía de paz para el mundo entero. También nos proponemos utilizar nuestra boca sólo para el bien. Kabbalísticamente, el poder de las palabras y del habla es inimaginable. Esperamos usar este poder sabiamente, lo que tal vez sea una de las tareas más difíciles de llevar a cabo.

Yesod

שִׂים sim שָׁלוֹם shalom

(**Durante las tres semanas de *Bein HaMetsarim*,** medita aquí en estos Nombres Sagrados:
שין ראשונה (ע״ה = טדהד כוזו מצפצ) ממתקת את השין השניה (= אלהים דההין אדני) ;
וכן שים שלום ע״ה = ו׳ השמות (טדהד כוזו מצפצ אלהים אדני יהוה) אדני טדהד כוזו מצפצ ואלהים דההין)

טוֹבָה tová אכא וּבְרָכָה uvrajá חַיִּים jayim אהיה אהיה יהוה, בינה ע״ה חֵן jen מילוי

דמ״ה בריבוע, מוזי וָחֶסֶד vajésed ע״ב, ריבוע יהוה צְדָקָה tsedaká ע״ה ריבוע אלהים

וְרַחֲמִים verajamim עָלֵינוּ aleinu וְעַל־ veal כָּל־ col ילי ; עמם יִשְׂרָאֵל Yisrael

עַמֶּךָ ameja וּבָרְכֵנוּ uvarjenu אָבִינוּ avinu כֻּלָּנוּ culanu כְּאֶחָד queejad אהבה,

דאגה בְּאוֹר beor רז, א״ס פָּנֶיךָ paneja ס״ג מ״ה ב״ן כִּי qui בְאוֹר veor רז, א״ס

פָּנֶיךָ paneja ס״ג מ״ה ב״ן נָתַתָּ natata לָנוּ lanu אלהים, אהיה אדני

יְהֹוָהאדניאהדונהי Adonai אֱלֹהֵינוּ Eloheinu ילה תּוֹרָה Torá וְחַיִּים vejayim

אהיה אהיה יהוה, בינה ע״ה• אַהֲבָה ahavá אחד, דאגה וָחֶסֶד vajésed ע״ב, ריבוע יהוה•

צְדָקָה tsedaká ע״ה ריבוע אלהים וְרַחֲמִים verajamim• בְּרָכָה brajá

וְשָׁלוֹם veshalom• וְטוֹב vetov והו בְּעֵינֶיךָ־ beeineja ע״ה קס״א ; ריבוע מ״ה

לְבָרְכֵנוּ levarjenu וּלְבָרֵךְ ulevarej אֶת et כָּל־ col ילי עַמְּךָ ameja

יִשְׂרָאֵל Yisrael בְּרוֹב־ berov י״פ אהיה עֹז oz וְשָׁלוֹם veshalom:

LA BENDICIÓN FINAL

Otorga paz, bondad, bendiciones, vida, gracia, amabilidad, justicia y misericordia a nosotros y a todo Israel, Tu Pueblo. Bendícenos a todos como uno solo, Padre nuestro, con la Luz de Tu Rostro, porque es con la Luz de Tu rostro que Tú, Señor, nuestro Dios, nos has dado la Torá y vida, amor y amabilidad, justicia y misericordia, bendición y paz. Que sea grato a Tus Ojos bendecirnos y bendecir a Tu Nación, Israel, con abundante poder y con paz.

OLAM ATSILUT - יוד הי ויו הי

Durante los días entre *Rosh Hashaná* y *Yom Kipur* decimos la oración "*uveséfer jayim*":

וּבְסֵפֶר uveséfer וְחַיִּים jayim אהיה אהיה יהוה, בינה ע"ה
בְּרָכָה brajá וְשָׁלוֹם veshalom וּפַרְנָסָה ufarnasá טוֹבָה tová אכא
וִישׁוּעָה vishuá וְנֶחָמָה venejamá וּגְזֵרוֹת ugzerot טוֹבוֹת tovot.
נִזָּכֵר nizajer וְנִכָּתֵב venicatev לְפָנֶיךָ lefaneja ס"ג מ"ה ב"ן
אֲנַחְנוּ anajnu וְכָל vejol ילי עַמְּךָ ameja יִשְׂרָאֵל Yisrael
לְחַיִּים lejayim אהיה אהיה יהוה, בינה ע"ה טוֹבִים tovim וּלְשָׁלוֹם uleshalom:

Si olvidaste decir "*uveséfer jayim*" y te das cuenta de esto antes del final de la bendición ("*Baruj Atá Adonai*"), debes regresar y decir "*uveséfer jayim*" y continuar normalmente. Pero si te das cuenta de esto sólo al final de la bendición, debes continuar y puedes agregar "*uveséfer jayim*" al final de "*Elohai Netsor*".

בָּרוּךְ Baruj אַתָּה Atá יְהֹוָהאדנייאהדונהי Adonai
הַמְּבָרֵךְ hamevarej אֶת et עַמּוֹ amó יִשְׂרָאֵל Yisrael
ר"ת = אלהים = (אילההויהם = יב"ק) בַּשָּׁלוֹם bashalom. אָמֵן Amén יאהדונהי.

YIHYÚ LERATSÓN

Hay 42 letras en el versículo en el secreto del *Aná Bejóaj*.

יִהְיוּ yihyú אל (וייא"י מילוי דס"ג) לְרָצוֹן leratsón מהש ע"ה, ע"ב בריבוע וקס"א ע"ה, אל שדי ע"ה
אִמְרֵי־ imrei פִי fi ר"ת אֶלֶף = אלף למד שין דלת יוד ע"ה וְהֶגְיוֹן vehegyón לִבִּי libí
לְפָנֶיךָ lefaneja ס"ג מ"ה ב"ן יְהֹוָהאדנייאהדונהי Adonai צוּרִי tsurí וְגֹאֲלִי vegoalí:

ELOHAI NETSOR

Debes besar el *Tefilín de la cabeza aquí*.

אֱלֹהַי Elohai מילוי ע"ב, דמב ; ילה נְצוֹר netsor לְשׁוֹנִי leshoní מֵרָע merá.
וּשְׂפָתוֹתַי vesiftotai מִדַּבֵּר midaber ראה מִרְמָה mirmá. וְלִמְקַלְלַי velimkalelai
נַפְשִׁי nafshí תִדּוֹם tidom. וְנַפְשִׁי venafshí כֶּעָפָר queafar
לַכֹּל lacol יה אדני תִּהְיֶה tihyé. פְּתַח petaj לִבִּי libí בְּתוֹרָתֶךָ betorateja.

Durante los días entre *Rosh Hashaná* y *Yom Kipur*:

Y que en el Libro de la Vida, todos seamos recordados e inscritos ante Ti; para bendición, paz, buen sustento, salvación, consuelo, y buenos decretos. Nosotros y toda Tu Nación, Israel, para una buena vida y para paz.

¡Bendito eres Tú, Señor, que bendice a Su Pueblo, Israel, con paz, Amén!

YIHYÚ LERATSÓN

"Sean gratos ante Ti, Señor, mi Fortaleza y mi Redentor, los dichos de mi boca y los pensamientos de mi corazón" (Salmos 19:15).

ELOHAI NETSOR

Mi Dios,

cuida mi lengua del mal y mis labios de decir falsedad. Que mi alma permanezca en silencio ante aquellos que me maldicen y permite que mi espíritu sea humilde ante todos, como el polvo. Abre mi corazón a Tu Torá

וְאַחֲרֵי veajarei מִצְוֹתֶיךָ mitsvoteja תִּרְדּוֹף tirdof נַפְשִׁי nafshí•
וְכָל־ vejol ילי הַקָּמִים hakamim עָלַי alai לְרָעָה leraá רהע״ו• מְהֵרָה meherá
הָפֵר hafer עֲצָתָם atsatam וְקַלְקֵל vekalkel מַחְשְׁבוֹתָם majshevotam•
עֲשֵׂה asé לְמַעַן lemaan שְׁמָךְ Shemaj• עֲשֵׂה asé לְמַעַן lemaan
יְמִינָךְ yeminaj• עֲשֵׂה asé לְמַעַן lemaan תּוֹרָתָךְ torataj• עֲשֵׂה asé
לְמַעַן lemaan קְדֻשָּׁתָךְ kedushataj• ר״ת הפסוק = מ״ה יהוה לְמַעַן lemaan
יֵחָלְצוּן yejaltsún יְדִידֶיךָ yedideja ר״ת ילי הוֹשִׁיעָה hoshía יהוה וש״ע נהורין
יְמִינְךָ yeminjá וַעֲנֵנִי vaaneni (כתיב: ועננו) ר״ת אל (ייא״י מילוי דס״ג)•:

Antes de que recitemos el próximo verso ("*Yihyú leratsón*") tenemos una oportunidad para fortalecer la conexión con nuestra alma usando nuestro nombre. Cada persona tiene un versículo en la Torá que lo conecta con su nombre. O bien su nombre está en el versículo, o la primera y última letra del nombre corresponden a la primera y última letra de un versículo. Por ejemplo, el nombre Yehuda comienza con una *Yud* y termina con una *Hei*. Antes de terminar la *Amidá*, declaramos que nuestro nombre sea siempre recordado cuando nuestra alma abandone este mundo.

YIHYÚ LERATSÓN (EL SEGUNDO)

Hay 42 letras en el versículo en el secreto del *Aná Bejóaj*.

יִהְיוּ yihyú אל (ייא״י מילוי דס״ג) לְרָצוֹן leratsón מהש ע״ה, ע״ב בריבוע וקס״א ע״ה, אל שדי ע״ה
אִמְרֵי־ imrei פִי fi ר״ת אֶלֶף = אלף למד שין דלת יוד ע״ה וְהֶגְיוֹן vehegyón לִבִּי libí
לְפָנֶיךָ lefaneja ס״ג מ״ה ב״ן יְהֹוָהאדניאהדונהי Adonai צוּרִי tsurí וְגֹאֲלִי vegoalí•:

OSÉ SHALOM

Ahora damos tres pasos para atrás para atraer la Luz del Mundo de Emanación (*Atsilut*) a nuestra vida. Estos pasos son para alejarnos del Mundo de *Atsilut* a través de los tres Mundos de *Briá*, *Yetsirá* y *Asiyá*.

Nos inclinamos a la izquierda, la derecha y el centro porque hemos aprendido que Nebujadnétsar dio tres pasos en honor a Dios y, de este modo, tuvo el mérito de convertirse en rey (quien después destruiría el Santo Templo). Debemos meditar en que, al dar estos pasos atrás, el Santo Templo sea reconstruido nuevamente.

---

y permite que mi corazón siga Tus mandamientos. Prontamente frustra los planes y daña los pensamientos de todos aquellos que se levantan contra mí para hacerme daño. Hazlo por la gloria de Tu Nombre. Haz esto por el bien de Tu Diestra. Haz esto por el mérito de Tu Torá. Haz esto por Tu Santidad, "Que Tus amados sean rescatados. Sálvalos con Tu Diestra y contéstame" (Salmos 60:7).

YIHYÚ LERATSÓN (EL SEGUNDO)

"Que los dichos de mi boca y los pensamientos de mi corazón sean gratos ante Ti, Señor, mi Fortaleza y mi Redentor" (Salmos 19:15).

OLAM ATSILUT - יוד הי ויו הי

Da tres pasos hacia atrás;

עוֹשֶׂה osé שָׁלוֹם shalom

Izquierda
Te vuelves a la izquierda y dices:

Durante los días entre *Rosh Hashaná* y *Yom Kipur* en lugar de "*shalom*" decimos:

הַשָּׁלוֹם hashalom ספריאל המלאך הממונה (הזותם לוזיים)

בִּמְרוֹמָיו bimromav ר"ת ע"ב, ריבוע יהוה

Derecha
Te vuelves a la derecha y dices:

הוּא Hu בְּרַחֲמָיו verajamav יַעֲשֶׂה yaasé

שָׁלוֹם shalom עָלֵינוּ aleinu ר"ת ש"ע נהורין

Centro
Te alineas al centro y dices:

וְעַל veal כָּל־ col ילי ; עמם עַמּוֹ amó יִשְׂרָאֵל Yisrael

וְאִמְרוּ veimrú אָמֵן Amén יאהדונהי:

יְהִי yehí רָצוֹן ratsón מהש ע"ה, ע"ב בריבוע וקס"א ע"ה, אל שדי ע"ה
מִלְּפָנֶיךָ milefaneja ס"ג מ"ה ב"ן יְהֹוָהאדניאהדונהי Adonai אֱלֹהֵינוּ Eloheinu ילה
וֵאלֹהֵי veElohei לכב ; מילוי ע"ב, דמב ; ילה אֲבוֹתֵינוּ avoteinu, שֶׁתִּבְנֶה shetivné
בֵּית beit ב"פ ראה הַמִּקְדָּשׁ hamikdash בִּמְהֵרָה bimherá בְיָמֵינוּ veyameinu
וְתֵן vetén חֶלְקֵנוּ jelkenu בְּתוֹרָתָךְ: vetorataj לַעֲשׂוֹת laasot חֻקֵּי jukei
רְצוֹנָךְ: retsonaj וּלְעָבְדָךְ: uleovdaj פוי, אל אדני בְּלֵבָב belevav בוכו שָׁלֵם shalem.

Da tres pasos hacia delante.

En días normales decimos aquí "*yehí Shem*" seguido por medio *Kadish* en la pág. 228.
Durante los días entre *Rosh Hashaná* ay *Yom Kipur* decimos aquí "*Avinu Malquenu*" (pág. 225-227).
En *Rosh Jódesh* o en *Janucá* decimos aquí "*Halel*" (en la pág. 446).

OSÉ SHALOM

Él, que establece paz (Durante los días entre *Rosh Hashaná* y *Yom Kipur*: *la paz*) *en Sus altos lugares,*
Él, en Su compasión, hará que la paz esté entre nosotros y sobre Su pueblo entero, Israel, y dirán: Amén.

Sea agradable ante Ti, Señor, nuestro Dios y Dios de nuestros antepasados, que puedas reconstruir rápidamente el santo Templo, en nuestros días, y otórganos participación en Tu Torá, para que podamos cumplir las leyes de Tu deseo y servirte con todo el corazón.

AVINU MALQUENU

Entre *Rosh Hashaná* y *Yom Kipur*, recitamos la oración de "*Avinu Malquenu*".

Pedimos cosas específicas de parte del Creador porque si no pedimos, no podemos recibir incluso aquello que merecemos.

אָבִינוּ Avinu (יַהֲוַהַ) מַלְכֵּנוּ Malquenu (יְהֹוָה)

וְחָטָאנוּ jatanu לְפָנֶיךָ lefaneja ס"ג מ"ה ב"ן רַחֵם rajem

אברהם, וז"פ אל, רי"ו ול"ב נתיבות החכמה, רמ"ח (אברים), עסמ"ב וט"ז אותיות פשוטות עָלֵינוּ aleinu:

אָבִינוּ Avinu (יַהֲוַהַ) מַלְכֵּנוּ Malquenu (יְהֹוָה)

אֵין ein לָנוּ lanu אלהים, אהיה אדני מֶלֶךְ mélej אֶלָּא ela אָתָּה Atá:

אָבִינוּ Avinu (יַהֲוַהַ) מַלְכֵּנוּ Malquenu (יְהֹוָה) עֲשֵׂה asé

עִמָּנוּ imanu ריבוע ס"ג, קס"א ע"ה וד' אותיות לְמַעַן lemaan שְׁמֶךָ shemeja:

אָבִינוּ Avinu (יַהֲוַהַ) מַלְכֵּנוּ Malquenu (יְהֹוָה)

וְחַדֵּשׁ jadesh י"ב הויות, קס"א קנ"א עָלֵינוּ aleinu שָׁנָה shaná טוֹבָה tová אכא:

אָבִינוּ Avinu (יַהֲוַהַ) מַלְכֵּנוּ Malquenu (יְהֹוָה) בַּטֵּל batel

מֵעָלֵינוּ mealeinu כָּל־ col ילי גְּזֵרוֹת guezerot קָשׁוֹת kashot וְרָעוֹת veraot:

אָבִינוּ Avinu (יַהֲוַהַ) מַלְכֵּנוּ Malquenu (יְהֹוָה)

בַּטֵּל batel מַחְשְׁבוֹת majshevot שׂוֹנְאֵינוּ soneinu:

אָבִינוּ Avinu (יַהֲוַהַ) מַלְכֵּנוּ Malquenu (יְהֹוָה)

הָפֵר hafer עֲצַת atsat אוֹיְבֵינוּ oyveinu:

אָבִינוּ Avinu (יַהֲוַהַ) מַלְכֵּנוּ Malquenu (יְהֹוָה)

כַּלֵּה calé כָּל־ col ילי צַר tsar וּמַשְׂטִין umastín מֵעָלֵינוּ mealeinu:

אָבִינוּ Avinu (יַהֲוַהַ) מַלְכֵּנוּ Malquenu (יְהֹוָה)

כַּלֵּה calé דֶּבֶר déver וְחֶרֶב vejérev רי"ו וְרָעָה veraá רהע וְרָעָב veraav

וּשְׁבִי ushevi וּבִזָּה uvizá וּמַשְׁחִית umashjit וּמַגֵּפָה umaguefá (נֶגֶף) וְיֵצֶר veyétser

הָרָע hará וְחוֹלָאִים vejolaím רָעִים raím מִבְּנֵי mibnei בְרִיתֶךָ veriteja:

אָבִינוּ Avinu (יַהֲוַהַ) מַלְכֵּנוּ Malquenu (יְהֹוָה)

שְׁלַח shelaj רְפוּאָה refuá שְׁלֵמָה shelemá לְכָל־ lejol יה אדני

חוֹלֵי jolei חולה = מ"ה וד' אותיות השם עַמֶּךָ ameja:

AVINU MALQUENU

Nuestro Padre, nuestro Rey, hemos pecado ante Ti, ten merced de nosotros.
Nuestro Padre, nuestro Rey, no tenemos otro Rey sino Tú.
Nuestro Padre, nuestro Rey, ocúpate de nosotros por el bien de Tu Nombre.
Nuestro Padre, nuestro Rey, renueva un buen año para nosotros.

Nuestro Padre, nuestro Rey, anula de nosotros todos los decretos severos y malvados. Nuestro Padre, nuestro Rey, anula los pensamientos de los que nos odian. Nuestro Padre, nuestro Rey, frustra los planes de nuestros enemigos. Nuestro Padre, nuestro Rey, aniquila cualquier opresor o acusador de sobre nosotros. Nuestro Padre, nuestro Rey, aniquila pestilencia, espada, mal, hambre, cautiverio, saqueo, ruina, plaga, inclinación al mal y enfermedades terribles de los miembros de Tu Alianza. Nuestro Padre, nuestro Rey, envía sanación completa a todos los enfermos de Tu Nación. Nuestro Padre, nuestro Rey, envía sanación completa a todos los enfermos de Tu Nación.

אָבִינוּ Avinu (יהוה) מַלְכֵּנוּ Malquenu (יְהֹוָה)
מְנַע mená מַגֵּפָה maguefá (נגף) מִנַּחֲלָתֶךָ minajalateja:
אָבִינוּ Avinu (יהוה) מַלְכֵּנוּ Malquenu (יְהֹוָה)
זְכוֹר zajur ע"ב ב"ן קס"א, יהי אור ע"ה כִּי qui עָפָר afar אֲנַחְנוּ anajnu:
אָבִינוּ Avinu (יהוה) מַלְכֵּנוּ Malquenu (יְהֹוָה)
מְחוֹל mejol וּסְלַח uslaj יהוה ע"ב לְכָל־ lejol יה אדני עֲוֹנוֹתֵינוּ avonoteinu:
אָבִינוּ Avinu (יהוה) מַלְכֵּנוּ Malquenu (יְהֹוָה)
קְרַע kerá יכוין בשם קרע שטן רוֹעַ roa גְּזַר guezar דִּינֵנוּ dinenu:
אָבִינוּ Avinu (יהוה) מַלְכֵּנוּ Malquenu (יְהֹוָה)
מְחוֹק mejok בְּרַחֲמֶיךָ berajameja הָרַבִּים harabim
כָּל־ col ילי שִׁטְרֵי shitrei חוֹבוֹתֵינוּ jovoteinu:
אָבִינוּ Avinu (יהוה) מַלְכֵּנוּ Malquenu (יְהֹוָה)
מְחֵה mejé וְהַעֲבֵר vehaaver פְּשָׁעֵינוּ peshaeinu
מִנֶּגֶד minégued זן, מזבח, אל יהוה עֵינֶיךָ eineja ע"ה קס"א ; ריבוע מ"ה:
אָבִינוּ Avinu (יהוה) מַלְכֵּנוּ Malquenu (יְהֹוָה)
כָּתְבֵנוּ cotvenu בְּסֵפֶר beséfer חַיִּים jayim אהיה אהיה יהוה, בינה ע"ה טוֹבִים tovim:
אָבִינוּ Avinu (יהוה) מַלְכֵּנוּ Malquenu (יְהֹוָה)
כָּתְבֵנוּ cotvenu בְּסֵפֶר beséfer צַדִּיקִים tsadikim וַחֲסִידִים vajasidim:
אָבִינוּ Avinu (יהוה) מַלְכֵּנוּ Malquenu (יְהֹוָה)
כָּתְבֵנוּ cotvenu בְּסֵפֶר beséfer יְשָׁרִים yesharim וּתְמִימִים utemimim:
אָבִינוּ Avinu (יהוה) מַלְכֵּנוּ Malquenu (יְהֹוָה) כָּתְבֵנוּ cotvenu
בְּסֵפֶר beséfer פַּרְנָסָה parnasá וְכַלְכָּלָה vejalcalá טוֹבָה tová אכא:
יְהִי yehí רָצוֹן ratsón מהש ע"ה, ע"ב בריבוע וקס"א ע"ה, אל שדי ע"ה
מִלְּפָנֶיךָ milfaneja ס"ג מ"ה ב"ן יְהֹוָהאדהויאהדונהי Adonai אֱלֹהֵינוּ Eloheinu ילה
וֵאלֹהֵי veElohei לכב ; מילוי ע"ב, דמב ; ילה אֲבוֹתֵינוּ avoteinu שֶׁתִּתֵּן shetitén ב"פ כהת
לָנוּ lanu אלהים, אהיה אדני וּלְכָל ulejol יה אדני בְּנֵי bnei בֵּיתֵנוּ beitenu
וּלְכָל ulejol יה אדני הַסְּמוּכִים hasemujim עַל al שֻׁלְחָנֵנוּ shuljanenu
הַיּוֹם hayom ע"ה נגד, זן, מזבח, אל יהוה וּבְכָל uvejol ב"ן, לכב יוֹם yom
ע"ה נגד, זן, מזבח, אל יהוה וְיוֹם veyom ע"ה נגד, זן, מזבח, אל יהוה

Nuestro Padre, nuestro Rey, prevén epidemias de Tu Heredad.
Nuestro Padre, nuestro Rey, recuerda que somos polvo.
Nuestro Padre, nuestro Rey, perdona y absuelve todos nuestros pecados.
Nuestro Padre, nuestro Rey, rompe todos los edictos malvados de nuestras sentencias. Nuestro Padre, nuestro Rey, borra, con Tus muchas compasiones, nuestras notas de deuda. Nuestro Padre, nuestro Rey, elimina y borra nuestros pecados de ante Tus ojos. Nuestro Padre, nuestro Rey, inscríbenos en el Libro de la buena Vida. Nuestro Padre, nuestro Rey, inscríbenos en el libro de los justos y los piadosos. Nuestro Padre, nuestro Rey, inscríbenos en el libro de los rectos y los perfectos. Nuestro Padre, nuestro Rey, inscríbenos en el libro del sustento y las buenas ganancias. Que sea agradable ante Ti, Señor, nuestro Dios y Dios de nuestros padres, que Tú nos des, a los miembros de nuestra casa y a todos aquellos que dependen de nuestra mesa, hoy y todos y cada día,

מְזוֹנוֹתֵינוּ mezonoteinu בְּכָבוֹד bejavod בוכו בִּזְכוּת bizjut שִׁמְךָ Shimjá הַגָּדוֹל hagadol

להוז ; עִם ד' אותיות = מבה, יזל, אום (No pronunciar) דִּיקַרְנוֹסָא

וזהך עם ג' אותיות ובאתב"ש סאל, אמן, (יאהדונהי) הַמְּמוּנֶּה hamemuné עַל al הַפַּרְנָסָה haparnasá:

אָבִינוּ Avinu (יְהוָה) מַלְכֵּנוּ Malquenu (יְהוָה)

כָּתְבֵנוּ cotvenu בְּסֵפֶר beséfer גְּאֻלָּה gueulá וִישׁוּעָה vishuá:

אָבִינוּ Avinu (יְהוָה) מַלְכֵּנוּ Malquenu (יְהוָה) זָכְרֵנוּ zojrenu

בְּזִכְרוֹן bezijrón ע"ב קס"א ונש"ב טוֹב tov והו מִלְּפָנֶיךָ milefaneja ס"ג מ"ה ב"ן:

אָבִינוּ Avinu (יְהוָה) מַלְכֵּנוּ Malquenu (יְהוָה)

הַצְמַח hatsmaj לָנוּ lanu אלהים, אהיה אדני יְשׁוּעָה yeshuá בְּקָרוֹב bekarov:

אָבִינוּ Avinu (יְהוָה) מַלְכֵּנוּ Malquenu (יְהוָה)

הָרֵם harem קֶרֶן keren יִשְׂרָאֵל Yisrael עַמֶּךָ ameja:

אָבִינוּ Avinu (יְהוָה) מַלְכֵּנוּ Malquenu (יְהוָה)

וְהָרֵם veharem קֶרֶן keren מְשִׁיחֶךָ meshijeja:

אָבִינוּ Avinu (יְהוָה) מַלְכֵּנוּ Malquenu (יְהוָה) חָנֵּנוּ jonenu וַעֲנֵנוּ vaanenu:

אָבִינוּ Avinu (יְהוָה) מַלְכֵּנוּ Malquenu (יְהוָה) הַחֲזִירֵנוּ hajazirenu

בִּתְשׁוּבָה biteshuvá שְׁלֵמָה shelemá לְפָנֶיךָ lefaneja ס"ג מ"ה ב"ן:

אָבִינוּ Avinu (יְהוָה) מַלְכֵּנוּ Malquenu (יְהוָה)

שְׁמַע shemá קוֹלֵנוּ kolenu חוּס jus וְרַחֵם verajem אברהם, וח"פ אל,

רי"ו ול"ב נתיבות החכמה, רמ"ח (אברים), עסמ"ב וט"ז אותיות פשוטות עָלֵינוּ aleinu:

אָבִינוּ Avinu (יְהוָה) מַלְכֵּנוּ Malquenu (יְהוָה)

עֲשֵׂה asé לְמַעֲנָךְ lemaanaj אִם־ im יוהך,

מ"א אותיות אהיה בפשוטו, במילואו ובמילוי דמילואו ע"ה לֹא lo לְמַעֲנֵנוּ lemaanenu:

אָבִינוּ Avinu (יְהוָה) מַלְכֵּנוּ Malquenu (יְהוָה)

קַבֵּל kabel בְּרַחֲמִים berajamim מצפצ, אלהים דיודין, י"פ ייי וּבְרָצוֹן uveratsón

מהש ע"ה, ע"ב בריבוע וקס"א ע"ה, אל שדי ע"ה אֶת et תְּפִלָּתֵנוּ tefilatenu:

אָבִינוּ Avinu (יְהוָה) מַלְכֵּנוּ Malquenu (יְהוָה)

אַל־ al תְּשִׁיבֵנוּ teshivenu רֵיקָם reikam מִלְּפָנֶיךָ milefaneja ס"ג מ"ה ב"ן:

---

nuestra nutrición, con gracia y por virtud de Tu gran Nombre, que es el responsable del sustento. Nuestro Padre, nuestro Rey, inscríbenos en el libro de redención y salvación. Nuestro Padre, recuérdanos favorablemente ante Ti. Nuestro Padre, nuestro Rey, haz brotar pronto para nosotros la salvación. Nuestro Padre, nuestro Rey, eleva la valía de Israel, Tu Nación. Nuestro Padre, nuestro Rey, eleva la valía de Tu Mesías. Nuestro Padre, nuestro Rey, sé amable con nosotros y sálvanos. Nuestro Padre, nuestro Rey, haz que regresemos con total redención ante Ti. Nuestro Padre, nuestro Rey, escucha nuestra voz. Ten piedad y sé compasivo con nosotros. Nuestro Padre, nuestro Rey, hazlo por Ti, si no es por nosotros. Nuestro Padre, nuestro Rey, compasivamente y deseosamente acepta nuestra oración. Nuestro Padre, nuestro Rey, no nos alejes de Ti con las manos vacías.

YEHÍ SHEM

יְהִי yehí שֵׁם Shem יְהֹוָהאדניאהדונהי Adonai מְבֹרָךְ mevoraj ר"ת ריבוע ע"ב וריבוע ס"ג

יהוה מברך = רפ"ח (להעלות רפ"ח ניצוצות שנפלו לקליפה דמשם באים התחלואים) מֵעַתָּה meatá

וְעַד־ vead עוֹלָם olam ילי: מִמִּזְרַח־ mimizraj שֶׁמֶשׁ shémesh עַד־ ad

ר"ת קדוש מְבוֹאוֹ mevoó מְהֻלָּל mehulal שֵׁם Shem יְהֹוָהאדניאהדונהי Adonai:

רָם ram עַל־ al כָּל־ col ילי ; עמם גּוֹיִם goyim יְהֹוָהאדניאהדונהי Adonai עַל al

הַשָּׁמַיִם hashamáyim י"פ טל, י"פ כוזו ; ר"ת וזשמל כְּבוֹדוֹ quevodó:

יְהֹוָהאדניאהדונהי Adonai אֲדֹנֵינוּ adoneinu מָה־ ma מ"ה אַדִּיר adir הרי

שִׁמְךָ Shimjá בְּכָל־ bejol ב"ן, לכב ; ומב הָאָרֶץ haárets אלהים דההין ע"ה:

MEDIO KADISH

Este *Kadish* atrae la Luz desde el Mundo de *Atsilut* (ע"ב) al Mundo de *Briá* (ס"ג).

יִתְגַּדַּל yitgadal וְיִתְקַדַּשׁ veyitkadash שדי ומילוי שדי ; י"א אותיות כמנין ו"ה

שְׁמֵיהּ Shmei (שם י"ה דע"ב) רַבָּא rabá קנ"א ב"ן, יהוה אלהים יהוה אדני,

מילוי קס"א וס"ג, מ"ה ברבוע וע"ב ע"ה ; ר"ת = ו"פ אלהים ; ס"ת = ג"פ יב"ק: אָמֵן Amén אידהנויה.

בְּעָלְמָא bealmá דִּי di בְרָא verá כִּרְעוּתֵיהּ quirutei.

וְיַמְלִיךְ veyamlij מַלְכוּתֵיהּ maljutei. וְיַצְמַח veyatsmaj

פּוּרְקָנֵיהּ purkanei. וִיקָרֵב vikarev מְשִׁיחֵיהּ Meshijei: אָמֵן Amén אידהנויה.

בְּחַיֵּיכוֹן bejayeijón וּבְיוֹמֵיכוֹן uveyomeijón וּבְחַיֵּי uvejayei

דְכָל dejol ילי בֵּית beit ב"פ ראה יִשְׂרָאֵל Yisrael בַּעֲגָלָא baagalá

וּבִזְמַן uvizmán קָרִיב kariv וְאִמְרוּ veimrú אָמֵן Amén: אָמֵן Amén אידהנויה.

YEHÍ SHEM

"Que el Nombre del Señor sea bendecido desde ahora hasta toda la eternidad. Desde la salida del Sol hasta su caída, que el Nombre del Señor sea alabado y elevado. Sobre todas las naciones está el Señor. Su gloria está sobre los Cielos" (Salmos 113:2-4).

"Dios, nuestro Señor, cuán tremendo es Tu Nombre en toda la Tierra" (Salmos 8:10).

MEDIO KADISH

Glorificado y santificado sea Su gran Nombre (Amén).

En el mundo que Él creó de acuerdo a Su voluntad, y pueda Su Reino reinar. Y pueda Él hacer que Su redención florezca y pueda Él acercar al Mesías (Amén). En tus vidas y en tus días y en la vida de toda la Casa de Israel, prontamente y en el futuro cercano, y dígase: Amén (Amén).

La congregación y el *jazán* dicen lo siguiente:

28 palabras (hasta *bealmá*) – meditar en:
מילוי דמילוי דע״ב (יוד ויו דלת הי יוד ויו יוד ויו הי יוד)
28 letras (hasta *almayá*) - meditar en:
מילוי דמילוי דע״ב (יוד ויו דלת הי יוד ויו יוד ויו הי יוד)

יְהֵא yehé **שְׁמֵיהּ** Shmei (שם י״ה דס״ג) **רַבָּא** rabá קנ״א ב״ן,

יהוה אלהים יהוה אדני, מילוי קס״א וס״ג, מ״ה ברבוע וע״ב ע״ה **מְבָרַךְ** mevaraj,

לְעָלַם lealam **לְעָלְמֵי** lealmei **עָלְמַיָּא** almayá. **יִתְבָּרַךְ** yitbaraj.

Siete palabras con seis letras cada una (שם בן מ״ב) – meditar en:
יהוה + יוד הי ויו הי + מילוי דמילוי דע״ב (יוד ויו דלת הי יוד ויו יוד ויו הי יוד)
También, siete veces la letra Vav (שם בן מ״ב) – meditar en:
יהוה + יוד הי ויו הי + מילוי דמילוי דע״ב (יוד ויו דלת הי יוד ויו יוד ויו הי יוד)

וְיִשְׁתַּבַּח veyishtabaj י״פ ע״ב יהוה אל אבג יתץ.

וְיִתְפָּאַר veyitpaar הי נו יה קרע שטן. **וְיִתְרוֹמַם** veyitromam וה כוזו נגד יכש.

וְיִתְנַשֵּׂא veyitnasé במוכסז בטר צתג. **וְיִתְהַדָּר** veyithadar כוזו יה וזקב טנע.

וְיִתְעַלֶּה veyitalé וה יוד ה יגל פזק. **וְיִתְהַלָּל** veyithalal א ואו הא שקו צית.

שְׁמֵיהּ Shmei (שם י״ה דמ״ה) **דְּקוּדְשָׁא** deKudshá **בְּרִיךְ** Verij **הוּא** Hu:

אָמֵן Amén אידהנויה.

לְעֵלָּא leelá **מִן** min **כָּל** col ילי **בִּרְכָתָא** birjatá. **שִׁירָתָא** shiratá.

תִּשְׁבְּחָתָא tishbejatá **וְנֶחָמָתָא** venejamatá. **דַּאֲמִירָן** daamirán

בְּעָלְמָא bealmá **וְאִמְרוּ** veimrú **אָמֵן** Amén: **אָמֵן** Amén אידהנויה.

Que Su gran Nombre sea bendito por siempre y por toda la eternidad. Bendito y alabado, y glorificado y exaltado, y ensalzado y honrado, y adorado y loado, sea el Nombre del Santo Bendito sea (Amén). Más allá de todas las bendiciones, himnos, alabanzas y palabras de consolación que jamás se dijeran en el mundo, y dígase: Amén (Amén).

Leemos la Torá los lunes, jueves, en *Rosh Jódesh*, *Janucá* y *Purim*.

Se dice que no se debería pasar más de tres días sin hacer una conexión con la Torá. Pasar más de tres días sin conectar con la Torá resultará en una completa desconexión de la Luz del Creador. Conectamos con la Torá en *Shabat* (los sábados), los lunes y jueves para nutrir nuestro cordón umbilical de la Luz.

אֵל El ייא״י (מילוי דס״ג) אֶרֶךְ érej אַפַּיִם apáyim וְרַב־ verav וְחֶסֶד jésed ע״ב, ריבוע יהוה
וֶאֱמֶת veemet אהיה פעמים אהיה, ז״פ ס״ג. אַל al בְּאַפְּךָ beapeja תּוֹכִיחֵנוּ tojijenu.
חוּסָה jusá יְהֹוָאדנָיאהדונהי Adonai עַל al יִשְׂרָאֵל Yisrael עַמֶּךָ ameja
וְהוֹשִׁיעֵנוּ vehoshienu מִכָּל micol ילי רָע ra. וְחָטָאנוּ jatanu לְךָ lejá אָדוֹן adón אני
סְלַח selaj יהוה ע״ב נָא na. כְּרוֹב querov רַחֲמֶיךָ rajameja אֵל El ייא״י (מילוי דס״ג): אֵל El
ייא״י (מילוי דס״ג) אֶרֶךְ érej אַפַּיִם apáyim וּמָלֵא umalé רַחֲמִים rajamim.
אַל al תַּסְתֵּר taster ב״פ מצר פָּנֶיךָ paneja ס״ג מ״ה ב״ן מִמֶּנּוּ mimenu. חוּסָה jusá
יְהֹוָאדנָיאהדונהי Adonai עַל al שְׁאֵרִית sheerit יִשְׂרָאֵל Yisrael עַמֶּךָ ameja.
וְהַצִּילֵנוּ vehatsilenu מִכָּל־ micol ילי רָע ra. וְחָטָאנוּ jatanu לְךָ lejá. אָדוֹן adón אני
סְלַח selaj יהוה ע״ב נָא na. כְּרוֹב querov רַחֲמֶיךָ rajameja אֵל El ייא״י (מילוי דס״ג):

En los días que no decimos *Tajanún*, empezamos aquí:

יְהִי yehí יְהֹוָאדנָיאהדונהי Adonai אֱלֹהֵינוּ Eloheinu ילה עִמָּנוּ imanu
ריבוע ס״ג, קס״א ע״ה וד׳ אותיות כַּאֲשֶׁר caasher הָיָה hayá יהה עִם־ im
אֲבֹתֵינוּ avoteinu אַל־ al יַעַזְבֵנוּ yaazvenu וְאַל־ veal יִטְּשֵׁנוּ yiteshenu:
הוֹשִׁיעָה hoshía יהוה וש״ע נהורין אֶת־ et עַמֶּךָ ameja ס״ת כהת, משיח בן דוד ע״ה
וּבָרֵךְ uvarej אֶת־ et נַחֲלָתֶךָ najalateja וּרְעֵם ureem וְנַשְּׂאֵם venaseem
עַד־ ad הָעוֹלָם haolam: בַּעֲבוּר baavur דָּוִד David עַבְדֶּךָ avdeja
פוי, אל אדני אַל־ al תָּשֵׁב tashev פְּנֵי penei חכמה בינה מְשִׁיחֶךָ meshijeja:
בָּרוּךְ Baruj הַמָּקוֹם hamakom שֶׁנָּתַן shenatán תּוֹרָה Torá לְעַמּוֹ leamó
יִשְׂרָאֵל Yisrael בָּרוּךְ Baruj הוּא Hu: אַשְׁרֵי ashrei הָעָם haam
שֶׁכָּכָה shecaja מהש, משה, ע״ב בריבוע וקס״א, אל שדי, ד״פ אלהים ע״ה לּוֹ lo
אַשְׁרֵי ashrei הָעָם haam ר״ת לאה שֶׁיְהֹוָאדנָיאהדונהי sheAdonai אֱלֹהָיו Elohav ילה:

Dios, quien es lento para la ira y grande en benevolencia y verdad, no nos amonestes con Tu ira. Apiádate, Señor, de Israel, Tu Nación, y sálvanos del mal. Hemos pecado en Tu contra, Señor nuestro. Dios, perdónanos de acuerdo con Tu abundante compasión. Dios, que es lento para la ira y grande en benevolencia, no ocultes Tu Rostro de nosotros. Apiádate, Señor, del remanente de Israel, Tu Nación, y sálvanos de todo mal. Hemos pecado en Tu contra, Señor nuestro. Por favor, perdónanos de acuerdo con Tu abundante compasión

"Que el Señor, nuestro Dios, esté con nosotros como estuvo con nuestros padres, y no nos desampare ni nos deje" (I Reyes 8:57). *"Salva a Tu pueblo y bendice a Tu heredad. Pastoréalos y susténtalos para siempre"* (Salmos 28:9). *"Por amor de David, Tu siervo, no vuelvas Tu rostro de Tu ungido"* (Salmos 132:10). *Bendita es la Providencia quien ha dado la Torá a su Nación, Israel, Bendito es Él. "Bienaventurada es la Nación a la que le pertenece esto, bienaventurada es la Nación de la que el Señor es su Dios"* (Salmos 114:15).

Apertura del Arca

Atraer la Luz de *Jojmá*.

Rabí Shimón Bar Yojái dice: "Mientras el Arca está abierta, debemos prepararnos con temor reverencial. Todos deben despertar un sentido interno de asombro, como si realmente estuviéramos parados en el Monte Sinaí, temblando mientras contemplamos la abrumadora manifestación de Luz. Permanecemos parados en silencio, enfocados solamente en la oportunidad de escuchar cada palabra sagrada del pergamino. Cuando sacamos la Torá para leerla en público, todas las Puertas de la Misericordia en el Cielo están abiertas, y despertamos un amor desde Arriba".

וַיְהִי vayehí בִּנְסֹעַ binsoa הָאָרֹן haarón וַיֹּאמֶר vayómer מֹשֶׁה Moshé

מהש, ע״ב בריבוע וקס״א, אל שדי, ד״פ אלהים ע״ה קוּמָה kumá קנ״א (מקוה) |

יְהֹוָהאדניאהדונהי Adonai וְיָפֻצוּ veyafutsu אֹיְבֶיךָ oyveja וְיָנֻסוּ veyanusu

מְשַׂנְאֶיךָ mesaneja מִפָּנֶיךָ mipaneja ס״ג מ״ה ב״ן: כִּי qui

מִצִּיּוֹן miTsiyón יוסף, ו׳ הויות, קנאה תֵּצֵא tetsé תוֹרָה Torá וּדְבַר udvar ראה

יְהֹוָהאדניאהדונהי Adonai מִירוּשָׁלִָם mirushaláyim: בָּרוּךְ Baruj שֶׁנָּתַן shenatán

תּוֹרָה Torá לְעַמּוֹ leamó יִשְׂרָאֵל Yisrael בִּקְדֻשָּׁתוֹ bikdusható.

Berij Shemei

Esta sección es tomada directamente del *Zóhar* y aparece en su arameo original. El *Berij Shemei* funciona como una máquina del tiempo que, literalmente, transporta nuestra alma de regreso al evento de revelación en el Monte Sinaí, cuando Moshé recibió las tablas. Al volver a visitar el momento y lugar exacto de la revelación, podemos atraer hacia nosotros los aspectos de la Luz original mediante la lectura de la Torá. El *Berij Shemei* contiene 130 palabras. Adán fue separado de su esposa Eva por 130 años; tiempo en el que él pecó. Cada palabra en esta oración ayuda a corregir uno de esos años. Cada uno de nosotros estaba incluido en el alma de Adam. Nosotros somos Adam. Adam es simplemente el código para el alma unificada que incluye a cada ser humano que alguna vez transitó o transitará por este planeta.

בְּרִיךְ Berij שְׁמֵיהּ Shemei דְּמָארֵי demarei עָלְמָא almá בְּרִיךְ berij

כִּתְרָךְ quitraj וְאַתְרָךְ veatraj. יְהֵא yehé רְעוּתָךְ reutaj עִם im עַמָּךְ amaj

יִשְׂרָאֵל Yisrael לְעָלַם lealam. וּפוּרְקַן ufurkán יְמִינָךְ yeminaj

אַחֲזֵי ajzei לְעַמָּךְ leamaj בְּבֵית beveit ב״פ ראה מַקְדְּשָׁךְ mikdashaj.

Apertura del Arca

"Cuando el Arca viajaba, Moshé decía: Levántate, Señor. Que tus enemigos sean esparcidos y que aquellos que te odian huyan ante Ti" (Números 10:35). *"Porque de Sión emergerá la Torá y la Palabra del Señor desde Jerusalén"* (Isaías 2:3). *Bendito es Él, quien dio la Torá a Su Nación, Israel, por Su Santidad.*

Berij Shemei

Bendito es el Nombre del Señor del Mundo.

Bendita es Tu corona y Tu lugar. Que Tu deseo esté con Tu Nación, Israel, para siempre. Que puedas mostrar la redención de Tu Diestra a Tu Nación en Tu Templo Sagrado.

לְאַמְטוּיֵי leamtuyei לָנָא laná מִטּוּב mituv נְהוֹרָךְ •nehoraj וּלְקַבֵּל ulekabel

צְלוֹתָנָא tselotaná בְּרַחֲמִין •berajamín יְהֵא yehé רַעֲוָא raavá

קֳדָמָךְ kodamaj דְּתוֹרִיךְ detorij לָן lan חַיִּין jayín בְּטִיבוּ •betivu

וְלֶהֱוֵי velehevei אֲנָא aná ב״ן עַבְדָּךְ avdaj פוי, אל אדני פְּקִידָא pekidá

בְּגוֹ begó צַדִּיקַיָּא •tsadikaya לְמִרְחַם lemirjam אברהם, וז״פ אל, רי״ו ול״ב נתיבות

הוכמה, רמ״ח (אברים), עסמ״ב וט״ז אותיות פשוטות עֲלַי alai וּלְמִנְטַר ulemintar יָתִי yatí

וְיַת veyat כָּל col ילי דִּלִי dili וְדִי vedí לְעַמָּךְ leamaj יִשְׂרָאֵל •Yisrael

אַנְתְּ ant הוּא Hu זָן zan נגד, מזבח, אל יהוה לְכֹלָּא lejolá וּמְפַרְנֵס umfarnés

לְכֹלָּא •lejolá אַנְתְּ ant הוּא Hu שַׁלִּיט shalit עַל al כֹּלָּא •colá אַנְתְּ ant

הוּא Hu דְּשַׁלִּיט deshalit עַל al מַלְכַיָּא maljayá וּמַלְכוּתָא umaljutá

דִּילָךְ dilaj הִיא •hi אֲנָא aná ב״ן עַבְדָּא avdá דְּקוּדְשָׁא deKudshá

בְּרִיךְ berij הוּא Hu דְּסָגִידְנָא desaguidná קַמֵּהּ kamé וּמִן umín קַמֵּהּ kamé

דִּיקָר dikar אוֹרַיְתֵהּ orayté בְּכָל־ bejol ב״ן, לכב עִדָּן idán וְעִדָּן •veidán

לָא la עַל al אֱנָשׁ enash רָחִיצְנָא •rajitsná וְלָא velá עַל al

בַּר bar אֱלָהִין elahín ילה סָמִיכְנָא •samijná אֶלָּא ela בֶּאֱלָהָא beelahá

דִּשְׁמַיָּא •dishmayá דְּהוּא dehú אֱלָהָא elahá קְשׁוֹט •keshot

וְאוֹרַיְתֵהּ veorayté קְשׁוֹט keshot וּנְבִיאוֹהִי uneviohí קְשׁוֹט •keshot

וּמַסְגֵּי umasguei לְמֶעְבַּד lemebad טַבְוָן taveván וּקְשׁוֹט •ukeshot

בֵּהּ bei אֲנָא aná ב״ן רָחִיץ rajits וְלִשְׁמֵהּ veliShmei יַקִּירָא yakirá

קַדִּישָׁא kadishá אֲנָא aná ב״ן אֵמַר emar תֻּשְׁבְּחָן •tushbeján

---

Que nos puedas llenar con lo mejor de Tu iluminación y que puedas recibir nuestras oraciones con misericordia. Que sea agradable ante Ti el alargar nuestras vidas con bien. Y yo, Tu siervo, seré recordado junto a los justos. Ten misericordia de mí y protégeme, y todo lo que poseo y todo lo que pertenece a Tu Nación, Israel. Tú eres el que nutre todo y provee a todo con sustento. Tú eres el que gobierna todo. Tú tienes control sobre reyes y sus reinos son Tuyos. Yo soy el siervo del Santo Bendito Sea, mientras me postro ante Él y ante la gloria de Su Torá, en cada y todo momento. Yo no coloco mi confianza en ningún hombre y no tengo fe en los hijos de los dioses. Mi confianza y fe están sólo en el Dios en el Cielo, quien es el verdadero Dios; Su Torá es verdadera; Sus profetas son verdaderos; y Él ejecuta abundante compasión y verdad. En Él, yo confío y digo alabanzas a Su Santo y precioso Nombre.

יְהֵא yehé רַעֲוָא raavá קֳדָמָךְ kodamaj דְּתִפְתַּח detiftaj לִבָּאִי libaí

בְּאוֹרַיְתָךְ. •beoraytaj (וְתִיהַב vetihav לִי li בְּנִין benín דִּכְרִין dijrín

דְּעָבְדִין deavdín רְעוּתָךְ (•reutaj וְתַשְׁלִים vetashlim מִשְׁאֲלִין mishalín

דְּלִבָּאִי delibaí וְלִבָּא velibá דְּכָל dejol ילי עַמָּךְ amaj יִשְׂרָאֵל Yisrael

לְטָב letav וּלְחַיִּין ulejayín וְלִשְׁלָם velishlam אָמֵן Amén יאהדונהי:

SACAR LA TORÁ DEL ARCA

Cuando la Torá es sacada del Arca, hay una oportunidad de hacer una conexión especial con ella, bien sea besándola o tocándola. A veces, las personas se apresuran en hacer su conexión, empujando, aglomerándose y apartando a la gente a un lado mientras intentan tocar el pergamino. Espiritualmente hablando, estas acciones reflejan una energía opuesta a la de la Torá. La conexión con la Torá no sólo es física. Las conexiones con la Torá se realizan a través de un estado mental espiritual, el cual incluye tolerancia y ocupación por los demás. No podemos estar en el marco mental espiritual adecuado si somos descorteses con otro individuo.

Antes de que la Torá sea llevada a la *bimá* (podio), el *jazán* dice:

גַּדְּלוּ gadelú לַיהֹוָאדנָיאהדונהי laAdonai אִתִּי ití וּנְרוֹמְמָה uneromemá

שְׁמוֹ Shemó מהש ע"ה, ע"ב ב"ן ריבוע וקס"א ע"ה, אל שדי ע"ה יַחְדָּו yajdav:

Entonces la congregación dice lo siguiente mientras la Torá es llevada a la *bimá*:

לְךָ lejá יְהֹוָאדנָיאהדונהי Adonai הַגְּדֻלָּה haguedulá וְהַגְּבוּרָה vehaGuevurá רי"ו

וְהַתִּפְאֶרֶת vehaTiféret וְהַנֵּצַח vehaNétsaj וְהַהוֹד vehaHod ההה כִּי qui

כֹל jol ילי בַּשָּׁמַיִם bashamáyim י"פ טל, י"פ כוזו וּבָאָרֶץ uvaárets לְךָ lejá

יְהֹוָאדנָיאהדונהי Adonai הַמַּמְלָכָה hamamlajá וְהַמִּתְנַשֵּׂא vehamitnasé

לְכֹל lejol יה אדני לְרֹאשׁ lerosh ריבוע אלהים ואלהים דיודין ע"ה: רוֹמְמוּ romemú

יְהֹוָאדנָיאהדונהי Adonai אֱלֹהֵינוּ Eloheinu ילה וְהִשְׁתַּחֲווּ vehishtajavú

לַהֲדֹם lahadom רַגְלָיו raglav קָדוֹשׁ kadosh הוּא Hu: רוֹמְמוּ romemú

יְהֹוָאדנָיאהדונהי Adonai אֱלֹהֵינוּ Eloheinu ילה וְהִשְׁתַּחֲווּ vehishtajavú לְהַר lehar

קָדְשׁוֹ kodshó כִּי qui קָדוֹשׁ kadosh יְהֹוָאדנָיאהדונהי Adonai אֱלֹהֵינוּ Eloheinu ילה:

Que sea agradable ante Ti y Tú abrirás mi corazón con Tu Torá (y que Tú me concedas hijos varones, que puedan satisfacer Tu deseo). Y que Tú puedas satisfacer las solicitudes de mi corazón y el corazón de toda Tu Nación, Israel, para bien, para vida y para paz. Amén.

SACAR LA TORÁ DEL ARCA

"Glorifiquen conmigo al Señor, alabemos Su Nombre todos juntos" (Salmos 34:4).

"Tuyos, Señor, son la grandeza, la fortaleza, el esplendor, el triunfo y la gloria, incluso todo lo que hay en los Cielos y en la Tierra. Tuyos, Señor, son el Reino y la soberanía sobre cada líder" (I Crónicas, 29:11). *Exalten al Señor, nuestro Dios, y póstrense ante Su estrado, porque es Santo. "Exalten al Señor, nuestro Dios, y póstrense ante Su Santa Montaña porque el Señor, nuestro Dios, es Santo"* (Salmos 99:9).

Algunos añaden esta sección:

אֵין־ ein קָדוֹשׁ kadosh כַּיהֹוָ(אדני)ה יאהדונהי caAdonai כִּי qui אֵין ein בִּלְתֶּךָ bilteja

וְאֵין veéin צוּר tsur אלהים דההין ע״ה כֵּאלֹהֵינוּ queEloheinu ילה: כִּי qui מִי mi ילי

אֱלוֹהַּ Elohá מ״ב מִבַּלְעֲדֵי mibaladei יְהֹוָ(אדני)ה יאהדונהי Adonai וּמִי umí ילי צוּר tsur

אלהים דההין ע״ה זוּלָתִי zulatí אֱלֹהֵינוּ Eloheinu ילה: תּוֹרָה Torá צִוָּה־ tsivá לָנוּ lanu

אלהים, אהיה אדני מֹשֶׁה Moshé מהש, ע״ב בריבוע וקס״א, אל שדי, ד״פ אלהים ע״ה

מוֹרָשָׁה morashá קְהִלַּת kehilat יַעֲקֹב Yaakov ז׳ הויות, יאהדונהי אידהנויה: עֵץ־ ets

וְחַיִּים jayim אהיה אהיה יהוה, בינה ע״ה הִיא hi לַמַּחֲזִיקִים lamajazikim ר״ת להוז

בָּהּ ba וְתֹמְכֶיהָ vetomjeha מְאֻשָּׁר meushar: דְּרָכֶיהָ derajeha

דַּרְכֵי־ darjei נֹעַם nóam וְכָל־ vejol ילי נְתִיבוֹתֶיהָ netivoteha שָׁלוֹם shalom:

שָׁלוֹם shalom רָב rav לְאֹהֲבֵי leohavei תוֹרָתֶךָ torateja וְאֵין־ veéin לָמוֹ lamó

מִכְשׁוֹל mijshol: יְהֹוָ(אדני)ה יאהדונהי Adonai עֹז oz לְעַמּוֹ leamó יִתֵּן yitén

יְהֹוָ(אדני)ה יאהדונהי Adonai יְבָרֵךְ yevarej עסמ״ב, הברכה (למתק את ז׳ המלכים שמתו)

אֶת־ et עַמּוֹ amó בַשָּׁלוֹם vashalom ר״ת ע״ב, ריבוע יהוה:

כִּי qui שֵׁם shem יְהֹוָ(אדני)ה יאהדונהי Adonai אֶקְרָא ekrá הָבוּ havú אחד, אהבה, דאגה

גֹּדֶל gódel לֵאלֹהֵינוּ leEloheinu ילה: הַכֹּל hacol ילי תְּנוּ tenú עֹז oz

לֵאלֹהִים leElohim אהיה אדני ; ילה וּתְנוּ utnú כָבוֹד javod לַתּוֹרָה laTorá:

LA ELEVACIÓN DE LA TORÁ

Después de que el pergamino es colocado en la *bimá* (podio), se llama a una persona para alzar la Torá para que la congregación vea la sección específica que se leerá de la Torá. Mientras elevamos la Torá, también meditamos en elevar nuestro nivel de conciencia. Debemos observar el pergamino para intentar ver la primera letra de la lectura de esa semana. También debemos tratar de encontrar la primera letra de nuestro nombre hebreo en el texto. Puedes usar el *Talit* para ayudarte a enfocar (Si no tienes un *Talit*, puedes usar tu dedo).

"No hay nadie tan Santo como el Señor, porque no hay nadie más aparte de Ti. No hay Fortaleza como nuestro Dios" (I Samuel 2:2). "Porque ¿quién es Dios además del Señor? ¿Quién es Fortaleza como no sea nuestro Dios?" (Salmos 18:32). "La Torá que Moshé nos encomendó es una herencia para la congregación de Yaakov" (Deuteronomio 33:4). "Es un árbol de vida para aquellos que se aferran a él y los que lo apoyan son felices" (Proverbios 3:18). "Sus caminos son el camino de lo agradable y todos sus senderos llevan a la paz" (Proverbios 3:17). "Abundancia de paz para aquellos que aman Tu Torá y para ellos no hay obstáculos" (Salmos 119:165) "El Señor da fuerza a Su gente. El Señor bendice a Su nación con paz" (Salmos 29:11). "Cuando yo llamo al Nombre del Señor, proclamo grandeza a nuestro Dios" (Deuteronomio 32:3). "Todos reconozcan el poder de Dios" (Salmos 68:35). Y muestren respeto a la Torá.

וְזֹאת vezot הַתּוֹרָה haTorá אֲשֶׁר asher שָׂם sam מֹשֶׁה Moshé
מהש, ע"ב בריבוע וקס"א, אל שדי, ד"פ אלהים ע"ה לִפְנֵי lifnei בְּנֵי bnei יִשְׂרָאֵל Yisrael:
אֵל El ייא" (מילוי דס"ג) שַׁדַּי Shadai אל שדי = משה, מהש, ע"ב בריבוע וקס"א, ד"פ אלהים ע"ה
אֱמֶת emet אהיה פעמים אהיה, ז"פ ס"ג וּמֹשֶׁה uMoshé מהש, ע"ב בריבוע וקס"א, אל שדי,
ד"פ אלהים ע"ה אֱמֶת emet אהיה פעמים אהיה, ז"פ ס"ג וְתוֹרָתוֹ veTorató
אֱמֶת emet אהיה פעמים אהיה, ז"פ ס"ג: תּוֹרָה Torá צִוָּה tsivá
לָנוּ lanu אלהים, אהיה אדני מֹשֶׁה Moshé מהש, ע"ב בריבוע וקס"א, אל שדי, ד"פ אלהים ע"ה
מוֹרָשָׁה morashá קְהִלַּת kehilat יַעֲקֹב Yaakov ז' הויות, יאהדונהי אידהנויה:
הָאֵל haEl ייא" (מילוי דס"ג) תָּמִים tamim דַּרְכּוֹ darcó אִמְרַת imrat
יְהֹוָהאדניאהדונהי Adonai צְרוּפָה tserufá מָגֵן maguén ג"פ אל (ייא" מילוי דס"ג)
ר"ת מיכאל גבריאל נוריאל הוּא hu לְכֹל lejol יה אדני הַחוֹסִים hajosim בּוֹ bo:

La lectura

Para maximizar el poder de la conexión, debemos pensar en compartir toda la energía que estamos recibiendo con todos los demás. Debemos ser canales para compartir la Luz espiritual. Si sólo pensamos en nosotros mismos, es como quemar un fusible. No fluirá ninguna corriente, a pesar de que el enchufe esté conectado al tomacorriente.

Los lunes y jueves leemos la primera parte de la porción que leeremos en el *Shabat* siguiente para ayudarnos a mantener un vínculo con la Luz que será revelada en *Shabat*.

Se llaman a tres personas a la Torá en los días de semana. Cada uno funciona como canal de una *Sefirá*. Los lunes, corresponden a *Jésed*, *Guevurá* y *Tiféret*, y los jueves representan a *Nétsaj*, *Hod* y *Yesod*. En *Janucá* y *Purim*, se llaman a tres personas y éstas representan a las *Sefirot*: *Jésed*, *Guevurá* y *Tiféret*. En *Rosh Jódesh* o *Jol Hamoed* se llaman a cuatro personas a la Torá y éstas corresponden a las *Sefirot* de *Jésed*, *Guevurá*, *Tiféret* y *Maljut*.

Cuando eres llamado (el *olé*) para recitar la bendición antes de la lectura de la Torá, debes conectar visualmente con las letras de la Torá para activar el poder de sus palabras. Se recita una bendición antes y después de cada lectura. La primera bendición es el equivalente a conectar un cable (nuestra alma) a un tomacorriente (la Torá). La última bendición atrae la corriente espiritual hacia nosotros para traer la Luz a nuestra vida.

La elevación de la Torá

"Y esta es la Torá que Moshé colocó ante los Hijos de Israel" (Deuteronomio 4:44). Dios es verdad y Moshé es verdad y Su Torá es verdad. "La Torá que Moshé nos encomendó es una herencia para la congregación de Yaakov" (Deuteronomio 33:4). "¡Dios! Sus caminos son perfectos. La declaración del Señor es pura. Él es el Escudo para todos aquellos que se refugian en Él" (II Samuel 22:31).

El *jazán dice*:

בֵּית beit ב"פ ראה אַהֲרֹן Aharón בָּרְכוּ barjú יהוה ריבוע יהוה ריבוע מ"ה אֶת et
ה' Hashem הַמְבֹרָךְ, hamevoraj, כֹּהֵן cohén מלה קְרַב kerav וְכַהֵן vejahén מלה.

La persona que sube a la Torá ("el *olé*"), sostiene el Pergamino con ambas manos y dice:

יְהֹוָהאדניאהדונהי Adonai עִמָּכֶם imajem:

La congregación responde:

יְבָרְכָךְ yevarjejá ה' Hashem:

El *olé* continúa:

(ויכוין "ברכו את ה' המבורך" – מ"ב ור"ך שהם שמאל וימין):

רַבָּנָן rabanán: בָּרְכוּ Barjú יהוה ריבוע יהוה ריבוע מ"ה אֶת et
יְהֹוָהאדניאהדונהי Adonai הַמְבֹרָךְ hamevoraj ס"ת כהת, משיח בן דוד ע"ה.

La congregación responde:

Néfesh בָּרוּךְ Baruj *Rúaj* יְהֹוָהאדניאהדונהי Adonai *Neshamá* הַמְבוֹרָךְ hamevoraj
Jayá לְעוֹלָם leolam ריבוע ס"ג וי' אותיות דס"ג *Yejidá* וָעֶד vaed:

El *olé* repite esta línea después de la congregación:

Néfesh בָּרוּךְ Baruj *Rúaj* יְהֹוָהאדניאהדונהי Adonai *Neshamá* הַמְבוֹרָךְ hamevoraj
Jayá לְעוֹלָם leolam ריבוע ס"ג וי' אותיות דס"ג *Yejidá* וָעֶד vaed:

Entonces el *olé* dice la siguiente bendición:

בָּרוּךְ Baruj אַתָּה Atá יְהֹוָהאדניאהדונהי Adonai אֱלֹהֵינוּ Eloheinu ילה
מֶלֶךְ Mélej הָעוֹלָם haolam אֲשֶׁר asher בָּחַר bajar בָּנוּ banu
מִכָּל micol ילי הָעַמִּים haamim וְנָתַן venatán לָנוּ lanu אלהים, אהיה אדני אֶת et
תּוֹרָתוֹ Torató. בָּרוּךְ Baruj אַתָּה Atá יְהֹוָהאדניאהדונהי Adonai
נוֹתֵן notén אבג יתץ, ושר הַתּוֹרָה haTorá.

LA LECTURA

(La Casa de Aharón, bendigan al Señor, el Bendito. Cohén, acércate y ponte de pie y realiza tu responsabilidad sacerdotal). Que el Señor esté con ustedes. Que el Señor te bendiga. Señores: Bendigan al Señor que es Bendito. Bendito es el Señor que es Bendito, por siempre y para la eternidad. Bendito eres Tú, Señor, nuestro Dios, el Rey del Universo, quien nos escogió entre las naciones y nos otorgó Su Torá. Bendito eres Tú, Señor, quien otorga la Torá.

Después de la lectura, el *olé* dice la siguiente bendición:

בָּרוּךְ Baruj אַתָּה Atá יְהֹוָאדהנָיאהדונהי Adonai אֱלֹהֵינוּ Eloheinu ילה
מֶלֶךְ Mélej הָעוֹלָם haolam אֲשֶׁר asher נָתַן natán לָנוּ lanu אלהים, אהיה אדני
אֶת et תּוֹרָתוֹ Torató תּוֹרַת־ torat אֱמֶת emet אהיה פעמים אהיה, ז״פ ס״ג
וְחַיֵּי vejayei עוֹלָם olam נָטַע natá בְּתוֹכֵנוּ betojenu. בָּרוּךְ Baruj אַתָּה Atá
יְהֹוָאדהנָיאהדונהי Adonai נוֹתֵן notén אבג יתץ, ושר הַתּוֹרָה haTorá.

BENDICIÓN DE HAGOMEL

Recitamos esta bendición después de que hemos volado en un avión o vivido alguna clase de accidente o experiencia cercana a un accidente automovilístico. Estuvimos ocupando un espacio específico que estaba cargado de potencial para el peligro, y esta bendición cierra ese espacio. También recibimos Luz de protección adicional mientras ocupábamos ese espacio. *HaGomel* ("recompensa" en español) agranda nuestra vasija, de modo que podamos recibir esa Luz adicional de una forma equilibrada.

אוֹדֶה odé יְהֹוָאדהנָיאהדונהי Adonai בְּכָל־ bejol ב״ן, לכב לֵבָב levav בוכו
בְּסוֹד besod מיכ, י״פ האא יְשָׁרִים yesharim וְעֵדָה veedá סיט:
בָּרוּךְ Baruj אַתָּה Atá יְהֹוָאדהנָיאהדונהי Adonai אֱלֹהֵינוּ Eloheinu ילה
מֶלֶךְ Mélej הָעוֹלָם haolam הַגּוֹמֵל hagomel לְחַיָּבִים lejayavim
טוֹבוֹת tovot, שֶׁגְּמָלַנִי sheguemalani כָּל col ילי טוּב tuv והו.

La congregación responde Amén:

אָמֵן Amén יאהדונהי

Y luego la congregación recita:

הָאֵל haEl לאה ; ייא״י (מילוי דס״ג) שֶׁגְּמָלְךָ sheguemalaj כָּל col ילי טוּב tuv והו.
הוּא Hu יִגְמָלְךָ yigmoljá כָּל col ילי טוּב tuv והו סֶלָה sela.

La persona que dijo "*HaGomel*" recita silenciosamente:

אָמֵן Amén יאהדונהי כֵּן quen יְהִי yehí רָצוֹן ratsón מהש ע״ה, ע״ב בריבוע וקס״א ע״ה, אל שדי ע״ה.

BENDICIÓN DE UN PADRE A SU HIJO EN SU BAR-MITSVÁ

Cuando un joven de 13 años sube a la Torá por primera vez, su padre dice lo siguiente:

בָּרוּךְ Baruj שֶׁפְּטָרַנִי shepetarani מֵעָנְשׁוֹ meonshó שֶׁלָּזֶה shelazé:

Bendito eres Tú, Señor, nuestro Dios, Rey del Universo, quien nos otorgó Su Torá, la Torá de verdad e implantó dentro de nosotros la vida eterna. Bendito eres Tú, Señor, quien otorga la Torá.

BENDICIÓN DE HAGOMEL

"Doy gracias al Señor de todo corazón, en la congregación y en la asamblea de los justos" (Salmos 111:1). Bendito eres Tú, Señor, nuestro Dios, Rey del Universo, quien concede bienes al culpable, quien me concede todo lo que es bueno. El Dios, quien te concedió todo lo mejor, te concederá todo lo mejor, Sela. Amén, que así sea.

BENDICIÓN DE UN PADRE A SU HIJO EN SU BAR-MITSVÁ

Bendito es Aquel que me exhonera del castigo de este niño.

MEDIO KADISH

Este *Kadish* atrae la Luz del Mundo de *Atsilut* (ע״ב) al Mundo de *Briá* (ס״ג).

יִתְגַּדַּל yitgadal וְיִתְקַדַּשׁ veyitkadash שׁדי ומילוי שׁדי ; י״א אותיות כמנין ו״ה

שְׁמֵיהּ Shmei (שׁם י״ה דע״ב) רַבָּא rabá קנ״א ב״ן, יהוה אלהים יהוה אדני,

מילוי קס״א וס״ג, מ״ה ברבוע וע״ב ע״ה ; ר״ת = ו״פ אלהים ; ס״ת = ג״פ יב״ק: אָמֵן Amén אידהנויה.

בְּעָלְמָא bealmá דִּי di בְרָא verá כִּרְעוּתֵיהּ quirutei.

וְיַמְלִיךְ veyamlij מַלְכוּתֵיהּ maljutei. וְיַצְמַח veyatsmaj פּוּרְקָנֵיהּ purkanei.

וִיקָרֵב vikarev מְשִׁיחֵיהּ Meshijei: אָמֵן Amén אידהנויה.

בְּחַיֵּיכוֹן bejayeijón וּבְיוֹמֵיכוֹן uveyomeijón וּבְחַיֵּי uvejayei

דְכָל dejol ילי בֵּית beit ב״פ ראה יִשְׂרָאֵל Yisrael בַּעֲגָלָא baagalá

וּבִזְמַן uvizmán קָרִיב kariv וְאִמְרוּ veimrú אָמֵן Amén: אָמֵן Amén אידהנויה.

La congregación y el *jazán* dicen lo siguiente:

28 palabras (hasta *bealmá*) – medita en: מילוי דמילוי דע״ב (יוד ויו דלת הי יוד ויו יוד ויו הי יוד)
28 letras (hasta *almayá*) – medita en: מילוי דמילוי דע״ב (יוד ויו דלת הי יוד ויו יוד ויו הי יוד)

יְהֵא yehé שְׁמֵיהּ Shmei (שׁם י״ה דס״ג) רַבָּא rabá קנ״א ב״ן,

יהוה אלהים יהוה אדני, מילוי קס״א וס״ג, מ״ה ברבוע וע״ב ע״ה מְבָרַךְ mevaraj,

לְעָלַם lealam לְעָלְמֵי lealmei עָלְמַיָּא almayá. יִתְבָּרַךְ yitbaraj.

Siete palabras con seis letras cada una (שׁם בן מ״ב) medita en:
יהוה ∸ יוד הי ויו הי ∸ מילוי דמילוי דע״ב (יוד ויו דלת הי יוד ויו יוד ויו הי יוד)
También, siete veces la letra *Vav* (שׁם ב״ן מ״ב).medita en:
יהוה ∸ יוד הי ויו הי ∸ מילוי דמילוי דע״ב (יוד ויו דלת הי יוד ויו יוד ויו הי יוד)

וְיִשְׁתַּבַּח veyishtabaj י״פ ע״ב יהוה אל אבג יתץ.

וְיִתְפָּאַר veyitpaar הי נו יה קרע שׂטן. וְיִתְרוֹמַם veyitromam וה כוזו נגד יכש.

וְיִתְנַשֵּׂא veyitnasé במוכסז בטר צתג. וְיִתְהַדָּר veyithadar כוזו יה וקכב טנע.

וְיִתְעַלֶּה veyitalé וה יוד ה יגל פזק. וְיִתְהַלָּל veyithalal א ואו הא שׂקו צית.

שְׁמֵיהּ Shmei (שׁם י״ה דמ״ה) דְקוּדְשָׁא deKudshá בְּרִיךְ Verij הוּא Hu:

אָמֵן Amén אידהנויה.

MEDIO KADISH

Glorificado y santificado sea Su Gran Nombre (Amén).

En el mundo que Él creó de acuerdo a Su voluntad y pueda Su Reino reinar. Y pueda hacer que Su redención florezca y pueda Él acercar al Mesías (Amén). En tus vidas y en tus días y en la vida de toda la Casa de Israel, prontamente y en el futuro cercano, y dígase: Amén (Amén). Que Su gran Nombre sea bendito por siempre y por toda la eternidad, bendito, y alabado, y glorificado y exaltado, y ensalzado y honrado, y adorado y loado sea el Nombre del Santo Bendito Sea (Amén).

לעלא leelá מן min כל col ילי ברכתא birjatá• שירתא shiratá•
תשבחתא tishbejatá ונחמתא venejamatá• דאמירן daamirán
בעלמא bealmá ואמרו veimrú אמן Amén: אמן Amén אידהנויה•

Regresar la Torá al Arca

Regresar la Torá al Arca es similar a depositar dinero en el banco. Por ejemplo, cuando queremos retirar fondos, tenemos una reserva de efectivo esperándonos en nuestro banco más cercano. El Arca es nuestro banco de Luz. Toda la energía espiritual que hemos generado ahora está en reserva, esperando que nosotros hagamos uso de ésta durante la semana.

Antes de llevar la Torá de regreso al Arca, el *jazán* dice:

יהללו yehalelú את־ et שם Shem יהוהאדניאהדונהי Adonai כי־ qui נשגב nisgav
שמו Shemó מהש ע״ה, ע״ב בריבוע וקס״א ע״ה, אל שדי ע״ה לבדו levadó מ״ב

Luego la congregación recita mientras la Torá es llevada de regreso al Arca:

הודו hodó אהיה על־ al ארץ érets ושמים veshamáyim י״פ טל, י״פ כוזו:
וירם vayarem קרן keren לעמו leamó תהלה tehilá ע״ה אמת, אהיה פעמים אהיה,
י״פ ס״ג לכל־ lejol יה אדני וחסידיו jasidav לבני livnei ישראל Yisrael
עם־ am קרבו kerovó הללויה haleluyá אלהים, אהיה אדני ; ללה:

Luego el *jazán* dice:

יהוהאדניאהדונהי Adonai הוא Hu האלהים haElohim אהיה אדני ; ילה ; ר״ת יהה
ועולה למנין ענו עם ג׳ כוללים: יהוהאדניאהדונהי Adonai הוא Hu האלהים haElohim
אהיה אדני ; ילה ; ר״ת יהה ועולה למנין ענו עם ג׳ כוללים: בשמים bashamáyim י״פ טל, י״פ כוזו
ממעל mimáal עלם ועל־ veal הארץ haárets אלהים דההין ע״ה מתחת mitájat
אין ein עוד od: אין־ ein כמוך camoja באלהים vaElohim
אהיה אדני ; ילה אדני Adonai ללה ואין veéin כמעשיך quemaaseja:
ובנחה uvenujó יאמר yomar שובה shuvá הוש יהוהאדניאהדונהי Adonai
רבבות rivevot אלפי alfei ישראל Yisrael: השיבנו hashivenu
יהוהאדניאהדונהי Adonai | אליך eleja ונשובה venashuva (כתיב : ונשוב)
חדש jadesh י״ב הויות, קס״א קנ״א ימינו yameinu כקדם quekédem:

Más allá de todas las bendiciones, himnos, alabanzas y palabras de consolación que pueden decirse en el mundo, y dirán: Amén (Amén).

Regresar la Torá al Arca

"Alaben el nombre del Señor, porque sólo Su nombre es enaltecido. Su gloria es sobre Tierra y Cielos. Él ha exaltado el poderío de su pueblo; alaben a sus Jasidim, el pueblo de Israel, el pueblo cercano a Él. Alaben al Señor" (Salmos 148:13-14). "¡El Señor es Dios! ¡El Señor es Dios! Arriba en el Cielo y abajo en la Tierra; no hay otro" (Deuteronomio 4:39). "Señor, ninguno hay como Tú entre los dioses ni obras que igualen Tus obras" (Salmos 86:8). "Y cuando el Arca se detenía, Moshé decía: '¡Retorna, Señor, a los millares de millares de Israel!'" (Números 10:36). "Haznos volver a Ti, Señor, y nos volveremos; renueva nuestros días como al principio" (Lamentaciones 5:21).

ATRAER LUZ A BRIÁ - יוד הי ואו הי – אל שדי

Desde aquí (*"Ashrei"*) hasta *"Beit Yaakov"* (pág. 253) estás en el Mundo de *Briá* (Creación).

EL ASHREI

De las veintidós letras del alfabeto arameo, veintiuna de ellas están codificadas en el *Ashrei* en el orden correcto, de la *Álef* a la *Tav*. El Rey David, el autor, dejó a la letra aramea *Nun* fuera de esta oración, ya que la *Nun* es la primera letra de la palabra aramea *Nefilá*, que significa "caída". Caída se refiere a un descenso espiritual, caer en la *klipá*. Los sentimientos de duda, depresión, preocupación e incertidumbre son consecuencias de la caída espiritual. Debido a que las letras arameas son los verdaderos instrumentos de la Creación, esta oración ayuda a inyectar el orden y la fuerza de la Creación en nuestra vida, sin la energía de la caída.

En este Salmo está escrito diez veces el Nombre: יהוה por las Diez *Sefirot*. Este Salmo está escrito según el orden del *Álef Bet*, pero la letra *Nun* es omitida para evitar la caída.

אַשְׁרֵי ashrei (סוד הכתר) יוֹשְׁבֵי yoshvei בֵיתֶךָ veiteja ב"פ ראה

עוֹד od יְהַלְלוּךָ yehaleluja סֶּלָה sela: אַשְׁרֵי ashrei הָעָם haam

שֶׁכָּכָה shecaja מהש, משה, ע"ב בריבוע קס"א, אל שדי, ד"פ אלהים ע"ה לוֹ lo

אַשְׁרֵי ashrei הָעָם haam ר"ת לאה שֶׁיְהֹוָהאֲדֹנָיאהדונהי sheAdonai (***Kéter***)

אֱלֹהָיו Elohav ילה: תְּהִלָּה tehilá ע"ה אמת, אהיה פעמים אהיה, ז"פ ס"ג לְדָוִד leDavid

אֲרוֹמִמְךָ aromimjá אֱלוֹהַי Elohai הַמֶּלֶךְ haMélej וַאֲבָרְכָה vaavarjá

שִׁמְךָ Shimjá לְעוֹלָם leolam ריבוע דס"ג וי' אותיות דס"ג וָעֶד vaed:

בְּכָל־ bejol ב"ן, לכב יוֹם yom ע"ה נגד, מזבח, זן, אל יהוה

אֲבָרְכֶךָּ avarjecá וַאֲהַלְלָה vaahalelá מ"ה יהוה שִׁמְךָ Shimjá

לְעוֹלָם leolam ריבוע דס"ג וי' אותיות דס"ג וָעֶד vaed:

גָּדוֹל gadol להח ; עם ד' אותיות = מבה, יזל, אום

יְהֹוָהאֲדֹנָיאהדונהי Adonai (*Jojmá*) וּמְהֻלָּל umehulal אדני, ללה

מְאֹד meod וְלִגְדֻלָּתוֹ veligdulató והו אֵין ein וְחֵקֶר jéker:

EL ASHREI

"Dichosos aquellos que moran en Tu casa, ellos Te alabarán, Sela" (Salmos 84:5). *"Dichosa es la nación que así es para ella y dichosa la nación de la que El Señor es su Dios"* (Salmos 144:15). *"Una alabanza de David:*

א *Yo te exaltaré a Ti, mi Dios, el Rey, y yo bendeciré Tu Nombre por siempre y por la eternidad.*

ב *Te bendeciré cada día y alabaré Tu Nombre por siempre y por la eternidad.*

ג *El Señor es grande y extremadamente alabado. Su grandeza es inescrutable.*

דּוֹר dor לְדוֹר ledor יְשַׁבַּח yeshabaj מַעֲשֶׂיךָ maaseja ר״ת דלים

וּגְבוּרֹתֶיךָ ugvuroteja יַגִּידוּ yaguidu ייז, כ״ב אותיות פשוטות (=אכא) וה׳ אותיות סופיות מנצפך:

הֲדַר hadar כְּבוֹד quevod הוֹדֶךָ hodeja וְדִבְרֵי vedivrei

נִפְלְאוֹתֶיךָ nifleoteja ר״ת אלהים, אהיה אדני

אָשִׂיחָה asija ר״ת הפסוק = פ״ז (בסוד כתם טהור פז):

וֶעֱזוּז veezuz נוֹרְאֹתֶיךָ noroteja יֹאמֵרוּ yomeru וּגְדוּלָּתְךָ ugdulatjá

(כתיב: וגדלותיך) ר״ת = ע״ב, ריבוע יהוה אֲסַפְּרֶנָּה asaprena ס״ת = ייא״י (מילוי דס״ג):

זֵכֶר zéjer רַב־ rav טוּבְךָ tuvjá לאו יַבִּיעוּ yabíu

וְצִדְקָתְךָ vetsidkatjá יְרַנֵּנוּ yeranenú ס״ת = ב״ן, יבמ, לכב ; ר״ת הפסוק = רי״ו יהוה:

חַנּוּן janún וְרַחוּם verajum יְהֹוָהאדניאהדונהי Adonai (*Biná*)

חנון ורחום יהוה = עשל אֶרֶךְ érej ס״ת = ס״ג ב״ן אַפַּיִם apáyim ר״ת = יהוה

וּגְדָל־ ugdal (כתיב: וגדול) חָסֶד jásed ע״ב, ריבוע יהוה:

טוֹב־ tov והו יְהֹוָהאדניאהדונהי Adonai (*Jésed*) לַכֹּל lacol

יה אדני ; ס״ת ל״ז (מילוי דס״ג) וְרַחֲמָיו verajamav עַל־ al

כָּל col ילי ; עמם ; ר״ת ריבוע ב״ן ע״ה מַעֲשָׂיו maasav ס״ת = ע״ב, ריבוע יהוה:

ד *Una generación y la próxima alabarán Tus obras y narrarán Tus proezas.*
ה *Yo hablaré de la luminosidad de Tu espléndida gloria y de la maravilla de Tus actos.*
ו *Ellos proclamarán el asombroso poder de Tus actos y yo hablaré de Tu grandeza.*
ז *Ellos expresarán el recuerdo de Tu abundante bondad y proclamarán dichosos Tu justicia.*
ח *El Señor es misericordioso y compasivo, lento para la ira y grande en misericordia.*
ט *El Señor es bueno para con todos, Su compasión se extiende sobre todos Sus actos.*

יוֹדוּךָ yoduja יְהֹוָאֲדֹנָיאהדונהי Adonai (*Guevurá*) כָּל־ col ילי מַעֲשֶׂיךָ maaseja

וַחֲסִידֶיךָ vajasideja ר״ת אלהים, אהיה אדני יְבָרְכוּכָה yevarjuja ס״ת = מ״ה:

כְּבוֹד quevod מַלְכוּתְךָ maljutjá יֹאמֵרוּ yomeru וּגְבוּרָתְךָ ugvuratjá

יְדַבֵּרוּ yedaberu ר״ת הפסוק = אלהים, אהיה אדני; ס״ת = ב״ן, יבמ, לכב:

לְהוֹדִיעַ lehodía לִבְנֵי livnei הָאָדָם haadam ר״ת לכה, אדני

גְּבוּרֹתָיו guevurotav וּכְבוֹד ujvod הֲדַר hadar

מַלְכוּתוֹ maljutó ר״ת מ״ה וס״ת רי״ו ; ר״ת הפסוק ע״ה = ק״כ צירופי אלהים:

מַלְכוּתְךָ maljutjá מַלְכוּת maljut כָּל־ col ילי עֹלָמִים olamim

וּמֶמְשַׁלְתְּךָ umemshaltejá בְּכָל־ bejol ב״ן, לכב דּוֹר dor וָדֹר vador רי״ו:

סוֹמֵךְ somej ריבוע אדני יְהֹוָאֲדֹנָיאהדונהי Adonai (*Tiféret*)

לְכָל־ lejol יה אדני ; סומך אדני לכל ר״ת סאל, אמן (יאהדונהי) הַנֹּפְלִים hanoflim

וְזוֹקֵף vezokef לְכָל־ lejol יה אדני הַכְּפוּפִים hacfufim נמם:

עֵינֵי־ einei ריבוע דמ״ה כֹל jol ילי אֵלֶיךָ eleja יְשַׂבֵּרוּ yesaberu וְאַתָּה veAtá

נוֹתֵן־ notén אבגית״ץ, ושר לָהֶם lahem אֶת־ et אָכְלָם ajlam בְּעִתּוֹ beitó:

י *Todas Tus obras te agradecerán, Señor, y Tus fieles devotos te bendicen.*
כ *Ellos dirán de la gloria de Tu Reino y hablarán de Tus poderosos actos.*
ל *Él hace que el hombre conozca Sus proezas y la gloria de Su espléndido Reino.*
מ *Tuyo es el Reino de todos los mundos y Tu dominio se extiende a toda y cada generación.*
ס *El Señor sostiene a todos aquellos que caen y endereza a los doblegados.*
ע *Los ojos de todos ven con esperanza hacia Ti, y Tú les das su alimento al momento apropiado.*

Atraer luz a Briá - יוד הי ואו הי – אל שדי

Potéaj et Yadeja

Conectamos con las letras *Pei*, *Álef* y *Yud* al abrir nuestras manos con las palmas hacia arriba. Nuestra conciencia está enfocada en recibir el sustento y la prosperidad financiera de parte de la Luz a través de nuestras acciones del diezmo y compartir; nuestro *Deseo de Recibir para Dar y Compartir.* Al hacer esto, también reconocemos que el sustento que recibimos proviene de una fuente superior y no de nuestras acciones. Según los sabios, si no meditamos en esta idea en este punto, debemos repetir la oración.

פתוז (שע"ז נהורין למ"ה ולס"ה)

יוד הי ויו הי יוד הי ויו הי (וז' וזיוורתי) פותוז את ידך ר"ת פאי

אלף למד אלף למד (ש"ע) גימ' יאהדונהי זו"ן

יוד הא ואו הא (לז"א) וזכמה דז"א ו"ק

אדני (ולנוקבא) יסוד דנוק'

פּוֹתֵחַ potéaj אֶת et יָדֶךָ yadeja ר"ת פאי וס"ת וזתך עם ג' אותיות = דִּיקַרְנוֹסָא

ובאתב"ש הוא סאל, פאי, אמן, יאהדונהי ; ועוד יכוין שם וזתך בשילוב יהוה – יְוָזהָתוָכהָ

Atrayendo sustento y abundancia desde *Jójma* de *Zeir Anpín*

יוד הי ויו הי יוד ויו דלת הי יוד ויו יוד ויו הי יוד

וזתך סאל יאהדונהי

וּמַשְׂבִּיעַ umasbía וזתך עם ג' אותיות = דִּיקַרְנוֹסָא

ובא"ת ב"ש הוא סאל, אמן, יאהדונהי ; ועוד יכוין שם וזתך בשילוב יהוה – יְוָזהָתוָכהָ

Atrayendo sustento y abundancia desde *Jójma* de *Zeir Anpín*

יוד הי ויו הי יוד ויו דלת הי יוד ויו יוד ויו הי יוד

לְכָל־ lejol יה אדני (להמשיך מווזין ד–יה אל הנוקבא שהיא אדני)

וזַי jai כל וזי = אהיה אהיה יהוה, בינה ע"ה, וזיים

רָצוֹן ratsón מהש ע"ה, ע"ב בריבוע וקס"א ע"ה, אל שדי ע"ה

ר"ת רוזל שהיא המלכות הצריכה לשפע

יוד יוד הי יוד הי ויו יוד הי ויו הי יסוד דאבא

אלף הי יוד הי יסוד דאימא

להמתיק רוזל וב' דמעין שך פר

También debemos meditar en atraer abundancia, sustento y bendiciones a todos los mundos desde el *ratsón* mencionado anteriormente. Debemos meditar y enfocarnos en este versículo porque es la esencia de la prosperidad, y meditar en que Dios esté interviniendo, sustentando y apoyando a toda la Creación.

Potéaj et Yadeja

פ *Abre Tus Manos y satisface el deseo de todo ser viviente.*

Atraer luz a Briá - יוד הי ואו הי – אל שדי

צַדִּיק tsadik יְהֹוָה Adonai (Yesod) בְּכָל bejol ב״ן, לכב
דְּרָכָיו derajav וְחָסִיד vejasid בְּכָל bejol ב״ן, לכב מַעֲשָׂיו maasav יבמ, ב״ן:

קָרוֹב karov יְהֹוָה Adonai (Maljut) לְכָל־ lejol יה אדני
קֹרְאָיו korav לְכֹל lejol יה אדני אֲשֶׁר asher
יִקְרָאֻהוּ yikraúhu בֶאֱמֶת veemet אהיה פעמים אהיה, ז״פ ס״ג:

רְצוֹן retsón מהש ע״ה, ע״ב בריבוע וקס״א ע״ה, אל שדי ע״ה יְרֵאָיו yereav יַעֲשֶׂה yaasé
ר״ת רי״י וְאֶת־ veet שַׁוְעָתָם shavatam יִשְׁמַע yishmá וְיוֹשִׁיעֵם veyoshiem:

שׁוֹמֵר shomer כ״א הויות שבתפילין יְהֹוָה Adonai (Nétsaj)
אֶת־ et כָּל־ col ילי אֹהֲבָיו ohavav ר״ת אכא
וְאֵת veet כָּל־ col ילי הָרְשָׁעִים hareshaim יַשְׁמִיד yashmid:

תְּהִלַּת tehilat יְהֹוָה Adonai (Hod) יְדַבֶּר yedaber ראה פִּי pi
וִיבָרֵךְ vivarej ע״ב ס״ג מ״ה ב״ן, הברכה (למתק את ז׳ המלכים שמתו) כָּל col ילי
בָּשָׂר basar שֵׁם Shem קָדְשׁוֹ kodshó לְעוֹלָם leolam ריבוע ס״ג וי׳ אותיות דס״ג
וָעֶד vaed: וַאֲנַחְנוּ vaanajnu נְבָרֵךְ nevarej יָהּ Yah מֵעַתָּה meatá
וְעַד־ vead עוֹלָם olam הַלְלוּיָהּ haleluyá אלהים, אהיה אדני ; ללה:

Lamenatséaj

Durante el aniversario de la muerte de un Justo, *Rosh Jódesh* o cualquier conexión especial por una festividad, no recitamos *Lamenatséaj* pues su propósito es ayudarnos en tiempos difíciles. Pero durante *Rosh Jódesh* y festividades especiales está disponible energía extra y no hace falta recitarlo.

Elevando *Mayin Nukvín* (despertar desde Abajo) en el aspecto de *Neshamá*
En este Salmo, hay 70 palabras que corresponden con las 70 voces de la *Ayalá* (cierva)

צ *El Señor es justo en todos Sus caminos y virtuoso en todas Sus obras.*
ק *El Señor está cerca de todos los que lo llaman, de todos aquellos que lo llaman sinceramente.*
ר *Él cumplirá la voluntad de aquellos que le temen; Él escucha sus clamores y los salva.*
ש *El Señor protege a todos los que lo aman y destruye a los impíos.*
ת *Mis labios proclamarán la alabanza al Señor y toda criatura bendecirá Su Santo Nombre, por siempre y por la eternidad" (Salmos 145). "Y bendeciremos a Dios por siempre y por la eternidad. ¡Aleluya!" (Salmos 115:18).*

לַמְנַצֵּחַ lamenatséaj מִזְמוֹר mizmor לְדָוִד leDavid: יַעַנְךָ yaanjá

יְהֹוָהאדניאהדונהי Adonai בְּיוֹם beyom ע"ה נגד, מזבח, זן אל יהוה צָרָה tsará אלהים דההין

ר"ת = יב"ק, אלהים יהוה, אהיה אדני יהוה יְשַׂגֶּבְךָ yesaguevjá שֵׁם shem אֱלֹהֵי Elohei

מילוי ע"ב, דמב ; ילה יַעֲקֹב Yaakov ו' הויות, יאהדונהי אידהנויה ; ס"ת = ב"ן: יִשְׁלַח־ yishlaj

עֶזְרְךָ ezrejá מִקֹּדֶשׁ mikódesh וּמִצִּיּוֹן umiTsiyón יוסף, ו' הויות, קנאה

יִסְעָדֶךָּ: yisadeca יִזְכֹּר yizcor כָּל־ col ילי ; ר"ת וס"ת = י' הויות

מִנְחֹתֶךָ minjoteja וְעוֹלָתְךָ veolatjá יְדַשְּׁנֶה yedashné סֶלָה sela ס"ת הפסוק =

סנזפר, סנדלפון, ערי: יִתֶּן־ yitén לְךָ lejá כִלְבָבֶךָ jilvaveja וְכָל־ vejol ילי ;

ר"ת יהוה עֲצָתְךָ atsatjá יְמַלֵּא: yemalé נְרַנְּנָה neranená בִּישׁוּעָתֶךָ bishuateja

ר"ת ב"ן וּבְשֵׁם־ uveshem ס"ת = אדני אֱלֹהֵינוּ Eloheinu ילה נִדְגֹּל nidgol

יְמַלֵּא yemalé ר"ת וס"ת = אמן (יאהדונהי) יְהֹוָהאדניאהדונהי Adonai כָּל־ col ילי

מִשְׁאֲלוֹתֶיךָ: mishaloteja עַתָּה atá יָדַעְתִּי yadati כִּי qui הוֹשִׁיעַ hoshía

יְהֹוָהאדניאהדונהי Adonai מְשִׁיחוֹ meshijó ר"ת מיה יַעֲנֵהוּ yaanehu מִשְּׁמֵי mishemei

קָדְשׁוֹ kodshó בִּגְבֻרוֹת bigvurot יֵשַׁע yeshá ר"ת יב"ק, אלהים יהוה, אהיה אדני יהוה

יְמִינוֹ: yeminó Medita aquí en estar protegido de la Guerra del *Gog uMagog* (Armagedón)

אֵלֶּה ele בָרֶכֶב varéjev וְאֵלֶּה veele ר"ת וס"ת = אהיה ; ועם ר"ת וס"ת בסוסים = ס"ג

בַסּוּסִים vasusim וַאֲנַחְנוּ vaanajnu בְּשֵׁם־ beshem יְהֹוָהאדניאהדונהי Adonai

אֱלֹהֵינוּ Eloheinu ילה נַזְכִּיר: nazquir הֵמָּה hema כָּרְעוּ carú וְנָפָלוּ venafalú

וַאֲנַחְנוּ vaanajnu קַמְנוּ kamnu וַנִּתְעוֹדָד vanitodad ר"ת יב"ק, אלהים יהוה, אהיה

אדני יהוה: יְהֹוָהאדניאהדונהי Adonai הוֹשִׁיעָה hoshía יהוה וש"ע נהורין הַמֶּלֶךְ hamélej

ר"ת יהה ; עם ו' דונתעודד = יהוה יַעֲנֵנוּ yaanenu בְיוֹם־ veyom ע"ה נגד, מזבח, זן אל יהוה

קָרְאֵנוּ korenu ר"ת יב"ק, אלהים יהוה, אהיה אדני יהוה וס"ת = ב"ן ; ועם אות כף דהמלך = ע"ב:

LAMENATSÉAJ

"Al músico principal: Salmo de David. Que el Señor te escuche en el día de conflicto; que el nombre del Dios de Yaakov te defienda. Te envíe ayuda desde el santuario y desde Sión te sostenga. Traiga a la memoria todas tus ofrendas y acepte tu holocausto; Sela. Que te dé conforme al deseo de tu corazón y cumpla todos tus planes. Nosotros nos alegraremos en tu salvación y alzaremos bandera en el nombre de nuestro Dios. Que el Señor conceda todas tus peticiones. Ahora sé que el Señor salva a Su ungido; lo atenderá desde Sus santos cielos con la potencia salvadora de Su diestra. Estos confían en carros, y aquellos en caballos; pero nosotros del nombre del Señor, nuestro Dios, haremos mención. Ellos desmayan y caen, pero nosotros nos levantamos y resistimos a pie firme. Salva, Señor; que el Rey nos oiga en el día que lo invoquemos" (Salmos 20).

ATRAER LUZ A BRIÁ - יוד הי ואו הי – אל שדי

UVÁ LETSIYÓN

Esta oración es nuestra conexión con la redención. La oración comienza: "Y vendrá un redentor a *Sión*". El redentor es una referencia al *Mashíaj* (Mesías). Kabbalísticamente, el *Mashíaj* no es una persona justa que vendrá y nos salvará y traerá paz al mundo. *Mashíaj* es un estado de espiritualidad y conciencia que puede alcanzar todo individuo. Nadie viene a salvarnos ni a hacer el trabajo por nosotros. Cada uno de nosotros debe conseguir su propio nivel de crecimiento espiritual y realización, nuestro *Mashíaj* personal, y cuando una masa crítica de personas haya alcanzado este estado, el *Mashíaj* global aparecerá para la humanidad.

וּבָא uvá לְצִיּוֹן leTsiyón יוסף, ו׳ הויות, קנאה גּוֹאֵל goel וּלְשָׁבֵי uleshavei פֶּשַׁע fesha

בְּיַעֲקֹב beYaakov ו׳ הויות, יאהדונהי אידהנויה נְאֻם neúm יְהֹוָהאדניאהדונהי Adonai:

וַאֲנִי vaAní אני ; ר״ת גוף בניו (שירדו לחיצונים בעון הוצאת ז״ל, ויחזרו לגוף אוצר הנשמות, ויבוא גואל)

זֹאת zot בְּרִיתִי berití אוֹתָם otam אָמַר amar יְהֹוָהאדניאהדונהי Adonai

רוּחִי rují אֲשֶׁר asher עָלֶיךָ aleja וּדְבָרַי udvarai אֲשֶׁר־ asher

שַׂמְתִּי samti בְּפִיךָ befija לֹא־ lo יָמוּשׁוּ yamushu מִפִּיךָ mipija

וּמִפִּי umipí זַרְעֲךָ zarajá וּמִפִּי umipí זֶרַע zera זַרְעֲךָ zarajá

אָמַר amar יְהֹוָהאדניאהדונהי Adonai מֵעַתָּה meatá וְעַד־ vead עוֹלָם olam:

En *Tishá BeAv* y en un hogar en duelo omitimos el párrafo anterior de *Uvá Letsiyón* y empezamos desde aquí:

וְאַתָּה veAtá קָדוֹשׁ kadosh יוֹשֵׁב yoshev תְּהִלּוֹת tehilot יִשְׂרָאֵל Yisrael:

וְקָרָא vekará זֶה ze אֶל־ el זֶה ze י״ב פרקין דיעקב מאירין ל״ב פרקין דרחל

וְאָמַר veamar קָדוֹשׁ kadosh | (*Jésed*) קָדוֹשׁ kadosh (***Guevurá***)

קָדוֹשׁ kadosh (***Tiféret***) יְהֹוָהאדניאהדונהי Adonai צְבָאוֹת Tsevaot פני שכינה

מְלֹא meló כָל־ jol ילי הָאָרֶץ haárets אלהים דההין ע״ה כְּבוֹדוֹ quevodó:

וּמְקַבְּלִין umekablín דֵּין dein מִן min דֵּין dein וְאָמְרִין veamrín:

קַדִּישׁ kadish ב״פ אור, ב״פ רז, ב״פ א״ס בִּשְׁמֵי bishmei

מְרוֹמָא meromá עִלָּאָה ilaá בֵּית beit ב״פ ראה שְׁכִינְתֵּהּ Shjintei:

UVÁ LETSIYÓN

"Y vendrá un redentor a Sión, a los que se vuelven de la transgresión de entre [la Casa de] Yaakov, dice el Señor. En cuanto a Mí, este es Mi pacto con ellos, dice el Señor. Mi espíritu que es sobre ti y Mis palabras que he puesto en tu boca, no se apartarán de tu boca ni de la boca de tus hijos ni de la boca de los hijos de tus hijos, dice el Señor, desde ahora y por siempre" (Isaías 59:20-21). *"Y Tú eres Santo y esperas las alabanzas de Israel. Y uno llamó al otro diciendo: Santo, Santo, Santo es el Señor de los Ejércitos, toda la Tierra es llenada con Su gloria"* (Isaías 6:3). *Y ellos reciben consentimiento uno del otro y dicen: Santo en los Elevados Cielos es la morada de Su Shejiná.*

קַדִּישׁ kadish ב"פ אור, ב"פ רז, ב"פ א"ס עַל־ al אַרְעָא ará עוֹבַד ovad

גְּבוּרְתֵּהּ guevurtei. קַדִּישׁ kadish ב"פ אור, ב"פ רז, ב"פ א"ס לְעָלַם lealam

וּלְעָלְמֵי ulealmei עָלְמַיָּא almayá: יְהֹוָהאדהנויאהדונהי Adonai צְבָאוֹת Tsevaot

פני שכינה מַלְיָא malyá כָל jol ילי אַרְעָא ará זִיו ziv יְקָרֵהּ yekarei:

וַתִּשָּׂאֵנִי vatisaeni רוּחַ rúaj וָאֶשְׁמַע vaeshmá אַחֲרַי ajarai קוֹל kol

רַעַשׁ ráash גָּדוֹל gadol להח ; עם ד' אותיות = מבה, יזל, אום בָּרוּךְ Baruj

כְּבוֹד quevod יְהֹוָהאדהנויאהדונהי Adonai כבוד יהוה = יוד הי ואו הה מִמְּקוֹמוֹ mimekomó

עסמ"ב, הברכה (למתק את ז' המלכים שמתו) ; ר"ת = ע"ב, ריבוע יהוה ; ר"ת מ"כ, י"פ האא:

וּנְטָלַתְנִי untalatni רוּחָא rujá. וּשְׁמָעִית ushmait בַּתְרַי batrai קָל kal

נמם (ה' גבורות) זִיעַ zía סַגִּיא saguí דִּמְשַׁבְּחִין dimeshabjín וְאָמְרִין veamrín

בְּרִיךְ berij יְקָרָא yekará דַּיהֹוָהאדהנויאהדונהי daAdonai מֵאֲתַר meatar

בֵּית beit ב"פ ראה שְׁכִינְתֵּהּ Shjintei. יְהֹוָהאדהנויאהדונהי Adonai | יִמְלֹךְ yimloj

לְעֹלָם leolam ריבוע ס"ג וי' אותיות דס"ג ; ר"ת ייל וָעֶד vaed: יְהֹוָהאדהנויאהדונהי Adonai

מַלְכוּתֵהּ maljutei קָאֵם kaim לְעָלַם lealam וּלְעָלְמֵי ulealmei

עָלְמַיָּא almayá: יְהֹוָהאדהנויאהדונהי Adonai אֱלֹהֵי Elohei מילוי ע"ב, דמב ; ילה

אַבְרָהָם Avraham וז"פ אל, רי"ו ול"ב נתיבות החכמה, רמ"ח (אברים), עסמ"ב וט"ז אותיות פשוטות

יִצְחָק Yitsjak ד"פ ב"ן וְיִשְׂרָאֵל veYisrael אֲבֹתֵינוּ avoteinu

שָׁמְרָה־ shomrá זֹּאת zot לְעוֹלָם leolam ריבוע ס"ג וי' אותיות דס"ג

לְיֵצֶר leyétser מַחְשְׁבוֹת majshevot לְבַב levav בוכו

עַמֶּךָ ameja וְהָכֵן vehajén לְבָבָם levavam אֵלֶיךָ eleja:

Santo, sobre la Tierra, es el trabajo de Su valor. Santo, para siempre y para toda la eternidad, es el Señor de los Ejércitos, toda la Tierra es llenada con el esplendor de Su gloria. "Y un viento me cargó y detrás de mí escuché una gran voz estruendosa dando alabanza: Bendita sea la gloria del Señor desde Su morada" (Ezequiel 3:12). Y diciendo: Bendita sea la gloria del Señor desde el lugar de residencia de Su Shejiná. "El Señor reinará por siempre jamás" (Éxodo 15:18). El Señor, Su Reino es establecido por siempre y para la eternidad. "El Señor, Dios de Avraham, Yitsjak e Yisrael (nuestros antepasados), ¡resguarda esto para siempre en honor a los pensamientos en los corazones de Tu Nación, y dirige sus corazones hacia Ti!" (I Crónicas 29:18).

וְהוּא veHú רַחוּם rajum יְכַפֵּר yejaper ר"ת רי"י עָוֹן avón (*Aba* de la *klipá*)

וְלֹא veló יַשְׁחִית yashjit (*Ima* de la *klipá*) וְהִרְבָּה vehirbá לְהָשִׁיב lehashiv

אַפּוֹ apó (*Zeir* de la *klipá*) וְלֹא־ veló יָעִיר yair כָּל־ col ילי וַחֲמָתוֹ jamató

(*Nukvá* de la *klipá*): כִּי־ qui אַתָּה Atá אֲדֹנָי Adonai ללה טוֹב tov והו

וְסַלָּח vesalaj יהוה ע"ב וְרַב־ verav (*Yitsjak*) חֶסֶד jésed (*Avraham*) ע"ב, ריבוע יהוה

לְכָל־ lejol יה אדני קֹרְאֶיךָ koreja (*Yaakov*): צִדְקָתְךָ tsidkatjá צֶדֶק tsédek

לְעוֹלָם leolam ריבוע ס"ג וי' אותיות דס"ג וְתוֹרָתְךָ vetoratjá אֱמֶת emet

אהיה פעמים אהיה, ז"פ ס"ג: תִּתֵּן titén ב"פ כהת אֱמֶת emet אהיה פעמים אהיה, ז"פ ס"ג

לְיַעֲקֹב leYaakov ד' הויות, יאהדונהי אידהנויה חֶסֶד jésed ע"ב, ריבוע יהוה

לְאַבְרָהָם leAvraham וח"פ אל, רי"ו ול"ב נתיבות החכמה, רמ"ח (אברים), עסמ"ב וט"ז אותיות פשוטות

אֲשֶׁר־ asher נִשְׁבַּעְתָּ nishbata לַאֲבֹתֵינוּ laavoteinu מִימֵי mimei קֶדֶם kédem:

בָּרוּךְ Baruj אֲדֹנָי Adonai ללה יוֹם yom ע"ה נגד, מזבח, זן אל יהוה יוֹם yom

ע"ה נגד, מזבח, זן אל יהוה יַעֲמָס־ yaamós ר"ת ייי לָנוּ lanu אלהים, אהיה אדני ; ר"ת ייל

הָאֵל haEl לאה ; אל (ייא" מילוי דס"ג) ; ר"ת ילה יְשׁוּעָתֵנוּ yeshuatenu סֶלָה sela:

יְהֹוָהאדנייאהדונהי Adonai צְבָאוֹת Tsevaot פני שכינה עִמָּנוּ imanu

ריבוע ס"ג, קס"א ע"ה וד' אותיות מִשְׂגָּב־ misgav מהש, ע"ב בריבוע וקס"א, אל שדי, ד"פ אלהים ע"ה

לָנוּ lanu אלהים, אהיה אדני אֱלֹהֵי Elohei מילוי ע"ב, דמב ; ילה יַעֲקֹב Yaakov

ז' הויות, יאהדונהי אידהנויה סֶלָה sela: יְהֹוָהאדנייאהדונהי Adonai צְבָאוֹת Tsevaot פני שכינה

אַשְׁרֵי ashrei אָדָם adam מ"ה ; יהוה צבאות אשרי אדם = תפארת בֹּטֵחַ botéaj

בָּךְ baj אדם בוטח בך = אמן (יאהדונהי) ע"ה ; בוטח בך = מילוי ע"ב ע"ה:

"Y Él es misericordioso y perdona iniquidades, y no destruirá, y Él con frecuencia disminuye Su ira y nunca despertará todo Su enojo" (Salmos 78:38). *"Porque Tú, Señor, eres bueno y misericordioso, y abundante en benevolencia para todos los que Te claman"* (Salmos 86:5). *"Tu rectitud es una justicia eterna, y Tu Torá es verdadera"* (Salmos 119:42). *"Tú das la verdad a Yaakov y benevolencia a Avraham, como lo has acordado con nuestros antepasados desde el principio de los tiempos"* (Miqueas 7:20). *"Bendito es el Señor, quien lleva nuestras cargas día tras día, el Dios de nuestra salvación, Sela"* (Salmos 68:20). *"El Señor de los Ejércitos está con nosotros; el Dios de Yaakov es nuestra fortaleza. Sela"* (Salmos 46:12). *"Señor de los Ejércitos, dichoso es el hombre que confía en Ti"* (Salmos 84:13).

יְהֹוָאדהנהיאהדונהי Adonai הוֹשִׁיעָה hoshía יהוה וש"ע נהורין הַמֶּלֶךְ hamélej ר"ת יהה

יַעֲנֵנוּ yaanenu בְיוֹם־ veyom ע"ה נגד, מזבח, זן, אל יהוה קָרְאֵנוּ korenu

ר"ת יב"ק, אלהים יהוה, אהיה אדני יהוה וס"ת ב"ן ועם אות כ' דהמלך = ע"ב:

BARUJ ELOHEINU

Recitar el siguiente verso (*"Baruj Eloheinu"*) con felicidad genuina y un corazón que confía generará Luz adicional para nuestra vida y nuestro proceso de *tikún* será mucho más fácil. Medita en dedicar tu alma a santificar el Santo Nombre (*Kedushat HaShem*).

בָּרוּךְ Baruj אֱלֹהֵינוּ Eloheinu ילה שֶׁבְּרָאָנוּ sheberaanu לִכְבוֹדוֹ lijvodó

וְהִבְדִּילָנוּ vehivdilanu מִן min הַתּוֹעִים hatoím (conectando con la información correcta)

וְנָתַן venatán לָנוּ lanu אלהים, אהיה אדני תּוֹרַת torat אֱמֶת emet אהיה פעמים אהיה, ז"פ ס"ג

וְחַיֵּי vejayei עוֹלָם olam נָטַע natá בְּתוֹכֵנוּ betojenu• הוּא Hu יִפְתַּח yiftaj

לִבֵּנוּ libenu בְּתוֹרָתוֹ betorató• וְיָשִׂים veyasim בְּלִבֵּנוּ belibenu אַהֲבָתוֹ ahavató

וְיִרְאָתוֹ veyirató לַעֲשׂוֹת laasot רְצוֹנוֹ retsonó וּלְעָבְדוֹ uleavdó

בְּלֵבָב belevav בוכו שָׁלֵם shalem• לֹא lo נִיגַּע nigá לָרִיק larik

(Aquí medita en ser protegido de las emisiones nocturnas, para que el esfuerzo espiritual no se vaya a la negatividad [*Rik* y *Behalá*]. También medita en tener hijos justos que sigan la senda de la Luz).

וְלֹא veló נֵלֵד neled לַבֶּהָלָה labehalá• יְהִי yehí רָצוֹן ratsón מהש ע"ה,

ע"ב בריבוע וקס"א ע"ה, אל שדי ע"ה מִלְּפָנֶיךָ milefaneja ס"ג מ"ה ב"ן יְהֹוָאדהנהיאהדונהי Adonai

אֱלֹהֵינוּ Eloheinu ילה וֵאלֹהֵי veElohei לכב ; מילוי ע"ב, דמב ; ילה אֲבוֹתֵינוּ avoteinu

שֶׁנִּשְׁמוֹר shenishmor חֻקֶּיךָ jukeja וּמִצְוֹתֶיךָ umitsvoteja

בָּעוֹלָם baolam הַזֶּה hazé והו• וְנִזְכֶּה venizqué וְנִחְיֶה venijyé וְנִירַשׁ venirash

טוֹבָה tová אכא וּבְרָכָה uvrajá לְחַיֵּי lejayei הָעוֹלָם haolam הַבָּא habá:

"Señor, sálvanos. El Rey nos responderá en el día que nosotros le llamemos" (Salmos 20:10)

BARUJ ELOHEINU

Bendito es nuestro Dios, quien nos creó por Su gloria, quien nos separó de los que tomaron el mal camino, quien nos dio la Torá de la verdad y quien implantó en nosotros la vida eterna. Que abra nuestros corazones con Su Torá y coloque en nuestros corazones amor hacia Él y temor por Él, para satisfacer Su voluntad y servirlo con todo el corazón. Que nuestros esfuerzos no sean en vano y que no le demos cabida al pánico. Que sea Tu voluntad, Señor, nuestro Dios y Dios de nuestros antepasados, que mantengamos Tus estatutos y Tus mandamientos

ATRAER LUZ A BRIÁ - יוד הי ואו הי – אל שדי

לְמַעַן lemaan יְזַמֶּרְךָ yezamerja כָבוֹד javod וְלֹא veló יִדֹּם yidom

יְהֹוָהאדניאהדונהי Adonai ר"ת = אלהים, אהיה אדני אֱלֹהַי Elohai מילוי ע"ב, דמב ; ילה

לְעוֹלָם leolam ריבוע ס"ג וי' אותיות דס"ג אוֹדֶךָּ odeca: יְהֹוָהאדניאהדונהי Adonai

וְחָפֵץ jafets לְמַעַן lemaan צִדְקוֹ tsidkó יַגְדִּיל yagdil תּוֹרָה Torá ר"ת צית

וְיַאְדִּיר veyaadir ר"ת = אבגיתץ, ושר: וְיִבְטְחוּ veyivtejú בְךָ vejá יוֹדְעֵי yodei

שְׁמֶךָ Shemeja כִּי qui ר"ת יכש לֹא lo עָזַבְתָּ azavta דֹרְשֶׁיךָ dorsheja

יְהֹוָהאדניאהדונהי Adonai ס"ת כהת, משיח בן דוד ע"ה: יְהֹוָהאדניאהדונהי Adonai

אֲדֹנֵינוּ adoneinu מָה־ ma מ"ה אַדִּיר adir הרי שִׁמְךָ Shimjá בְּכָל־ bejol

ב"ן, לכב ; ומב הָאָרֶץ haárets אלהים דההין ע"ה: חִזְקוּ jizkú וְיַאֲמֵץ veyaamets

לְבַבְכֶם levavjem כָּל col ילי הַמְיַחֲלִים hameyajalim לַיהֹוָהאדניאהדונהי laAdonai:

KADISH TITKABAL

Este *Kadish* trae la Luz del Mundo de *Briá* (ס"ג) al Mundo de *Yetsirá* (מ"ה).

יִתְגַּדַּל yitgadal וְיִתְקַדַּשׁ veyitkadash שדי ומילוי שדי ; י"א אותיות כמנין ו"ה

שְׁמֵיהּ Shmei (שם י"ה דע"ב) רַבָּא rabá קנ"א ב"ן, יהוה אלהים יהוה אדני,

מילוי קס"א וס"ג, מ"ה ברבוע וע"ב ע"ה ; ר"ת = ו"פ אלהים ; ס"ת = ג"פ יב"ק: אָמֵן Amén אידהנויה.

בְּעָלְמָא bealmá דִּי di בְרָא verá כִרְעוּתֵיהּ jirutei.

וְיַמְלִיךְ veyamlij מַלְכוּתֵיהּ maljutei. וְיַצְמַח veyatsmaj

פּוּרְקָנֵיהּ purkanei. וִיקָרֵב vikarev מְשִׁיחֵיהּ Meshijei: אָמֵן Amén אידהנויה.

---

en este mundo, y que logremos mérito, vida, bondad y bendición para la vida en el Mundo por Venir. "Para que mi gloria pueda cantarte alabanzas, y no quedarse callada. Señor, Dios mío, te agradeceré por siempre" (Salmos 30:13). "El Señor desea rectitud: Él hace la Torá grandiosa y poderosa" (Isaías 42:21). "Y colocarán su confianza en Ti, todos aquellos que conocen Tu Nombre, porque Tú no has abandonado a los que Te buscan, Señor" (Salmos 9:11). "Señor, nuestro Señor, que poderoso es Tu Nombre a lo largo del mundo" (Salmos 8:2). Sean fuertes y sus corazones valientes, todos aquellos que colocan su esperanza en el Señor.

KADISH TITKABAL

¡Glorificado y santificado sea Su Gran Nombre! (Amén).
En el mundo que Él creó de acuerdo a Su voluntad y pueda Su Reino reinar.

בְּחַיֵּיכוֹן bejayeijón וּבְיוֹמֵיכוֹן uveyomeijón וּבְחַיֵּי uvejayei

דְכָל dejol ילי בֵּית beit ב"פ ראה יִשְׂרָאֵל Yisrael בַּעֲגָלָא baagalá

וּבִזְמַן uvizmán קָרִיב kariv וְאִמְרוּ veimrú אָמֵן Amén: אָמֵן Amén אידהנויה.

La congregación y el *jazán* dicen lo siguiente:

28 palabras (hasta *bealmá*) – medita en:

מילוי דמילוי דע"ב (יוד ויו דלת הי יוד ויו יוד ויו הי יוד)

28 letras (hasta *almayá*) – medita en:

מילוי דמילוי דס"ג (יוד ויו דלת הי יוד ואו אלף ואו הי יוד).

יְהֵא yehé שְׁמֵיהּ Shmei (שם י"ה דס"ג) רַבָּא rabá קנ"א ב"ן,

יהוה אלהים יהוה אדני, מילוי קס"א וס"ג, מ"ה ברבוע וע"ב ע"ה מְבָרַךְ mevaraj,

לְעָלַם lealam לְעָלְמֵי lealmei עָלְמַיָּא almayá. יִתְבָּרַךְ yitbaraj.

Siete palabras con seis letras cada una (שם בן מ"ב) – medita en:

יהוה + יוד הי ויו הי + מילוי דמילוי דע"ב (יוד ויו דלת הי יוד ויו יוד ויו הי יוד)

También, siete veces la letra *Vav* (שם בן מ"ב) – medita en:

יהוה + יוד הי ואו הי + מילוי דמילוי דס"ג (יוד ויו דלת הי יוד ואו אלף ואו הי יוד).

וְיִשְׁתַּבַּח veyishtabaj י"פ ע"ב יהוה אל אבג יתץ.

וְיִתְפָּאַר veyitpaar הי גו יה קרע שטן. וְיִתְרוֹמַם veyitromam וה כוזו נגד יכש.

וְיִתְנַשֵּׂא veyitnasé במוכסז בטר צתג. וְיִתְהַדָּר veyithadar כוזו יה חקב טנע.

וְיִתְעַלֶּה veyitalé וה יוד ה יגל פזק. וְיִתְהַלָּל veyithalal א ואו הא שקו צית.

שְׁמֵיהּ Shmei (שם י"ה דמ"ה) דְקוּדְשָׁא deKudshá בְּרִיךְ Verij הוּא Hu:

אָמֵן Amén אידהנויה.

לְעֵלָּא leelá מִן min כָּל col ילי בִּרְכָתָא birjatá. שִׁירָתָא shiratá.

תִּשְׁבְּחָתָא tishbejatá וְנֶחָמָתָא venejamatá. דַּאֲמִירָן daamirán

בְּעָלְמָא bealmá וְאִמְרוּ veimrú אָמֵן Amén: אָמֵן Amén אידהנויה.

Y pueda Él hacer que su Redención florezca y pueda Él acercar al Mesías (Amén).

En tus vidas y en tus días y en la vida de la Casa de Israel, prontamente y en el futuro cercano, y dígase: Amén (Amén). Que Su gran Nombre sea bendito por siempre y para toda la eternidad, y bendito y alabado, y glorificado y exaltado, y ensalzado y honrado, y adorado y loado, sea el Nombre del Santo Bendito Sea (Amén). Más allá de todas las bendiciones, himnos,

ATRAER LUZ A BRIÁ - יוד הי ואו הי – אל שדי

תִּתְקַבַּל titkabal צְלוֹתָנָא tselotaná וּבָעוּתָנָא uvautaná

עִם im צְלוֹתְהוֹן tselothón וּבָעוּתְהוֹן uvautehón דְּכָל dejol ילי

בֵּית beit ב״פ ראה יִשְׂרָאֵל Yisrael קֳדָם kadam אֲבוּנָא avuná

דְּבִשְׁמַיָּא devishmayá וְאִמְרוּ veimrú אָמֵן Amén: אָמֵן Amén אידהנויה.

יְהֵא yehé שְׁלָמָא shlamá רַבָּא rabá קנ״א ב״ן, יהוה אלהים יהוה אדני, מילוי קס״א וס״ג,

מ״ה ברבוע וע״ב ע״ה מִן min שְׁמַיָּא shemayá. וְחַיִּים jayim אהיה אהיה יהוה, בינה ע״ה

וְשָׂבָע vesavá וִישׁוּעָה vishuá וְנֶחָמָה venejamá וְשֵׁיזָבָא vesheizavá

וּרְפוּאָה urefuá וּגְאֻלָּה ugueulá וּסְלִיחָה uslijá וְכַפָּרָה vejapará

וְרֵיוַח vereivaj וְהַצָּלָה vehatsalá. לָנוּ lanu אלהים, אהיה אדני וּלְכָל ulejol יה אדני

עַמּוֹ amó יִשְׂרָאֵל Yisrael וְאִמְרוּ veimrú אָמֵן Amén: אָמֵן Amén אידהנויה.

Da tres pasos para atrás y di:

עוֹשֶׂה osé שָׁלוֹם shalom

(**Durante los días entre *Rosh Hashaná* y *Yom Kipur*** en lugar de "*shalom*" decimos:

הַשָּׁלוֹם hashalom ספריאל המלאך הוזותם לוזיים)

בִּמְרוֹמָיו bimromav ע״ב, ריבוע יהוה. הוּא Hu בְּרַחֲמָיו berajamav

יַעֲשֶׂה yaasé שָׁלוֹם shalom עָלֵינוּ aleinu ר״ת ש״ע נהורין.

וְעַל veal כָּל col ילי ; עמם עַמּוֹ amó יִשְׂרָאֵל Yisrael וְאִמְרוּ veimrú אָמֵן Amén:

אָמֵן Amén אידהנויה.

---

alabanzas y palabras de consolación que deben decirse en el mundo, y dígase: Amén (Amén). Sean aceptadas nuestras oraciones y súplicas, junto con las oraciones y las súplicas de toda la Casa de Israel, ante nuestro Padre en los Cielos, y dígase: Amén (Amén). Que haya paz abundante del Cielo; Vida, satisfacción, salvación, consuelo, entrega, sanación, redención, perdón, expiación, comodidad y alivio para nosotros y para toda Su nación, Israel y dígase: Amén (Amén). Él, que establece la paz en Sus Alturas, Él, en Su compasión, hará la paz sobre nosotros y sobre toda Su nación Israel. Y dígase: Amén (Amén)

Desde aquí (*"Beit Yaakov"*) hasta *"Kavé"* (pág. 270) estás en el Mundo de *Yetsirá* (Formación).

BEIT YAAKOV

En esta oración nos recuerdan que sólo hay un Dios y que no debemos servir a otras deidades. Hoy en día, las otras deidades tienen forma de adicciones al dinero, al trabajo, a la percepción que los demás tienen de nosotros; por mencionar algunas. Cuando permitimos que las trampas del mundo físico nos dominen, estamos sirviendo a otras deidades. La naturaleza de Dios es proactiva y dadora. Cuando vivimos nuestra vida de forma proactiva y dadora, atraemos la Luz de Dios a nuestra vida.

בֵּית beit ב"פ ראה יַעֲקֹב Yaakov ז' הויות, יאהדונהי אידהנויה
לְכוּ leju וְנֵלְכָה venelja בְּאוֹר beor רז, אין סוף יְהֹוָאדנָי יאהדונהי Adonai:
כִּי qui כָּל־ col ילי הָעַמִּים haamim יֵלְכוּ yeljú אִישׁ ish בְּשֵׁם beshem
אֱלֹהָיו elohav ילה וַאֲנַחְנוּ vaanajnu נֵלֵךְ nelej נלך בְּשֵׁם־ beshem
יְהֹוָאדנָי יאהדונהי Adonai אֱלֹהֵינוּ Eloheinu ילה לְעוֹלָם leolam ריבוע ס"ג וי' אותיות דס"ג
וָעֶד vaed: יְהִי yehí יְהֹוָאדנָי יאהדונהי Adonai אֱלֹהֵינוּ Eloheinu ילה עִמָּנוּ imanu
מילוי דס"ג, קס"א ע"ה וד' אותיות כַּאֲשֶׁר caasher הָיָה hayá יהה עִם־ im
אֲבֹתֵינוּ avoteinu אַל־ al יַעַזְבֵנוּ yaazvenu וְאַל־ veal יִטְּשֵׁנוּ yiteshenu:
לְהַטּוֹת lehatot לְבָבֵנוּ levavenu אֵלָיו elav לָלֶכֶת laléjet בְּכָל־ bejol
ב"ן, לכב דְּרָכָיו derajav וְלִשְׁמֹר velishmor מִצְוֹתָיו mitsvotav וְחֻקָּיו vejukav
וּמִשְׁפָּטָיו umishpatav אֲשֶׁר asher צִוָּה tsivá אֶת־ et אֲבֹתֵינוּ avoteinu:
וְיִהְיוּ veyihyú אל (ייא" מילוי דס"ג) דְּבָרַי devarai ראה אֵלֶּה ele אֲשֶׁר asher
הִתְחַנַּנְתִּי hitjananti לִפְנֵי lifnei יְהֹוָאדנָי יאהדונהי Adonai קְרֹבִים kerovim
אֶל־ el יְהֹוָאדנָי יאהדונהי Adonai אֱלֹהֵינוּ Eloheinu ילה יוֹמָם yomam
וָלָיְלָה valayla מלה לַעֲשׂוֹת laasot | מִשְׁפַּט mishpat ע"ה ה"פ אלהים
עַבְדּוֹ avdó וּמִשְׁפַּט umishpat ע"ה ה"פ אלהים עַמּוֹ amó יִשְׂרָאֵל Yisrael
דְּבַר־ devar ראה יוֹם yom ע"ה נגד, מזבח, ון אל יהוה בְּיוֹמוֹ beyomó:

BEIT YAAKOV

"Ven, Casa de Yaakov, caminemos a la Luz del Señor" (Isaías 2:5). *"Porque todas las naciones caminarán en nombre de su dios, pero nosotros caminaremos en Nombre del Señor, nuestro Dios, por siempre y para siempre"* (Miqueas 4:5). *"Que el Señor, nuestro Dios, esté con nosotros como lo estuvo con nuestros ancestros. Que no nos abandone ni nos olvide, para que podamos inclinar nuestros corazones a Él, caminar Sus senderos, guardar Sus mandamientos, Sus estatutos y Sus leyes, como ordenó a nuestros antepasados. Que esas palabras que he clamado ante el Señor estén cerca del Señor, nuestro Dios, día y noche, para que sacie las necesidades de Su siervo y de Su nación, Israel.*

לְמַעַן lemaan דַּעַת dáat כָּל־ col ילי עַמֵּי amei

הָאָרֶץ haárets אלהים דההין ע״ה כִּי qui יְהֹוָהאדניאהדונהי Adonai הוּא Hu

הָאֱלֹהִים haElohim אהיה אדני ; ילה ף ר״ת יהה ועולה למנין ענו ע״ג ע״כ אֵין ein עוֹד od:

SHIR HAMAALOT

Las 57 letras de este párrafo corresponden al valor numérico de *Nun* נ, *Guímel* ג, *Dálet* ד, en el *Aná Bejóaj*, el Nombre de Dios de 42 Letras. Este número también es el valor de la palabra *Zan* זן, que significa sustento en hebreo. Es importante recitar esta oración sin ninguna interrupción entre las palabras. La unidad de la oración es la chispa que enciende el poder del sustento.

שִׁיר shir הַמַּעֲלוֹת hamaalot לְדָוִד leDavid לוּלֵי lulei יְהֹוָהאדניאהדונהי Adonai

שֶׁהָיָה shehayá יהה לָנוּ lanu אלהים, אהיה אדני יֹאמַר־ yomar נָא na

יִשְׂרָאֵל Yisrael: לוּלֵי lulei יְהֹוָהאדניאהדונהי Adonai ; ר״ת ילי שֶׁהָיָה shehayá יהה

לָנוּ lanu אלהים, אהיה אדני בְּקוּם bekum עָלֵינוּ aleinu אָדָם adam (אדם בליעל ס״מ):

אֲזַי azai חַיִּים jayim אהיה אהיה יהוה, בינה ע״ה בְּלָעוּנוּ belaúnu בַּחֲרוֹת bajarot

אַפָּם apam (נוקבא דס״מ) בָּנוּ banu: אֲזַי azai הַמַּיִם hamáyim שְׁטָפוּנוּ shetafunu

(לילית וכת דלהון) נַחְלָה najlá עָבַר avar עַל־ al נַפְשֵׁנוּ nafshenu: אֲזַי azai

עָבַר avar עַל־ al נַפְשֵׁנוּ nafshenu הַמַּיִם hamáyim הַזֵּידוֹנִים hazeidonim:

בָּרוּךְ Baruj יְהֹוָהאדניאהדונהי Adonai שֶׁלֹּא sheló נְתָנָנוּ netananu טֶרֶף téref

לְשִׁנֵּיהֶם leshineihem: נַפְשֵׁנוּ nafshenu כְּצִפּוֹר quetsipor נִמְלְטָה nimletá

מִפַּח mipaj יוֹקְשִׁים yokshim הַפַּח hapaj נִשְׁבָּר nishbar וַאֲנַחְנוּ vaanajnu

נִמְלָטְנוּ nimlatnu: עֶזְרֵנוּ ezrenu בְּשֵׁם beshem יְהֹוָהאדניאהדונהי Adonai

עֹשֵׂה osé שָׁמַיִם shamáyim י״פ טל, י״פ כוזו וָאָרֶץ vaárets:

Todas las naciones del mundo sabrán que el Señor es Dios y que no hay otro" (I Reyes 8:57-60).

SHIR HAMAALOT

"Un cántico de David: Si no fuese por el Señor, que estuvo ahí por nosotros, que Israel ahora diga: Si no fuese por el Señor, que estuvo ahí por nosotros cuando los hombres nos atacaron, habrían inundado y la corriente nos habría ahogado. Las aguas malignas nos habrían tragado. Bendito es el Señor, quien no nos permitió ser presa de sus mandíbulas. Nuestra alma escapó como un ave de la trampa de los cazadores. La trampa fue quebrada y escapamos. Nuestra ayuda es el Nombre del Señor, quien forma los Cielos y la Tierra" (Salmos 124).

SHIR SHEL YOM

Los siguientes seis Salmos nos conectan con los seis días de la semana y los seis días de la Creación. Cada día decimos el Salmo que corresponde a la expresión única de Luz espiritual de ese día. Conectar con el nivel original de la semilla de los seis días de la Creación nos da el poder de cambiar nuestro destino.

DOMINGO - JÉSED - AVRAHAM

Medita que en domingo *Jésed* de *Atsilut* está iluminando יֶהֶוֶהֶ

También medita en el Nombre: אבג״יתץ que incluye a todos los Nombres del *Aná Bejóaj*.

Y en el Nombre: יְהֹוָהּ

(El Tetragrámaton con las vocales de las iniciales del versículo: "בראשית ברא אלהים את")

הַיּוֹם hayom ע״ה נגד, מזבח, זן, אל יהוה יוֹם yom ע״ה נגד, מזבח, זן, אל יהוה

אֶחָד ejad אהבה, דאגה בְּשַׁבָּת beShabat קוֹדֶשׁ kódesh הַשִּׁיר hashir

שֶׁהָיוּ shehayú הַלְוִיִּם haleviyim אוֹמְרִים omrim עַל al הַדּוּכָן haduján:

לְדָוִד leDavid מִזְמוֹר mizmor (pausa)

לַיהֹוָהאדניאהדונהי laAdonai הָאָרֶץ haárets אלהים דההין ע״ה וּמְלוֹאָהּ umeloá

תֵּבֵל tevel ב״פ רי״ו וְיֹשְׁבֵי veyoshvei בָהּ va: כִּי־ qui הוּא Hu

עַל al יַמִּים yamim יְסָדָהּ yesadá נלך וְעַל־ veal נְהָרוֹת neharot

יְכוֹנְנֶהָ yejoneneha עם התיבה והכולל = קמ״ג: מִי mi ילי יַעֲלֶה yaalé

בְהַר־ vehar ר״ת יבמ, ב״ן יְהֹוָהאדניאהדונהי Adonai וּמִי umí ילי יָקוּם yakum

בִּמְקוֹם bimkom קָדְשׁוֹ kodshó ר״ת יב״ק, אלהים יהוה, אהיה אדני יהוה ; ס״ת מום, אלהים:

SHIR SHEL YOM
DOMINGO - JÉSED - AVRAHAM

Hoy es el día uno del conteo hacia el Santo Shabat.

La canción que los levitas usaron para recitar en la tribuna.

'Un Salmo para David:

Del Señor es la Tierra y Su plenitud, el mundo y los que en él habitan, porque Él la fundó sobre los mares y la afirmó sobre los ríos. ¿Quién subirá al monte del Señor? ¿Y quién estará en Su lugar santo?

נְקִי nekí ע״ה קס״א כַּפַּיִם japáyim ע״ה קנ״א, אדני אלהים (מוֹרֵעַ לְבַטָלָה)

וּבַר־ uvar יצחק, ד״פ ב״ן לֵבָב levav בוכו ; בר לבב = ע״ב ס״ג מ״ה ב״ן,

הברכה (למתק את ז׳ המלכים שמתו) אֲשֶׁר asher לֹא־ lo נָשָׂא nasá לַשָּׁוְא lashav

נַפְשִׁי nafshí (כתיב : נפשו) וְלֹא veló נִשְׁבַּע nishbá לְמִרְמָה lemirmá:

יִשָּׂא yisá בְרָכָה verajá מֵאֵת meet ר״ת יבמ, ב״ן יְהֹוָהאדניאהדונהי Adonai

וּצְדָקָה utsedaká ע״ה ריבוע אלהים ; יהה מֵאֱלֹהֵי meElohei מילוי ע״ב, דמב ; ילה

יִשְׁעוֹ yishó שכינה ע״ה ; ס״ת יהוה: זֶה ze דּוֹר dor דֹּרְשָׁיו dorshav

(כתיב : דרשו) מְבַקְשֵׁי mevakshei פָּנֶיךָ faneja ס״ג מ״ה ב״ן

יַעֲקֹב Yaakov ז׳ הויות, יאהדונהי אידהנויה סֶלָה sela: שְׂאוּ seú שְׁעָרִים shearim כתר

רָאשֵׁיכֶם rasheijem וְהִנָּשְׂאוּ vehinasú ו׳ שהוא זעיר אנפין וה׳ שהיא מלכו – נשאו

פִּתְחֵי pitjei עוֹלָם olam וְיָבוֹא veyavó מֶלֶךְ mélej הַכָּבוֹד hacavod לאו:

מִי mi ילי זֶה ze מֶלֶךְ mélej ר״ת = פ״ז בסוד כתם טהור פז

הַכָּבוֹד hacavod לאו יְהֹוָהאדניאהדונהי Adonai ; כבוד יהוה = יוד הי ואו הה עִזּוּז izuz

וְגִבּוֹר veguibor יְהֹוָהאדניאהדונהי Adonai גִּבּוֹר guibor מִלְחָמָה miljamá:

שְׂאוּ seú שְׁעָרִים shearim כתר רָאשֵׁיכֶם rasheijem

וּשְׂאוּ useú ו׳ עילאה שהוא ת״ת נשא פִּתְחֵי pitjei

עוֹלָם olam וְיָבֹא veyavó מֶלֶךְ mélej הַכָּבוֹד hacavod לאו:

מִי mi ילי הוּא hu זֶה ze מֶלֶךְ mélej הַכָּבוֹד hacavod לאו

יְהֹוָהאדניאהדונהי Adonai ; כבוד יהוה = יוד הי ואו הה צְבָאוֹת Tsevaot פני שכינה

הוּא Hu מֶלֶךְ Mélej הַכָּבוֹד hacavod לאו סֶלָה sela:

En *Janucá* continúa en la pág. 265 – "*mizmor shir janucat habáyit*". En cualquier otro día continúa con "*hoshienu*" en la pág. 267.

El limpio de manos y puro de corazón; el que no ha elevado su alma a cosas vanas ni ha jurado con engaño. Él recibirá bendición del Señor y justicia del Dios de salvación. Tal es la generación de los que lo buscan, de los que buscan Tu rostro, Dios de Yaakov. Sela. Alcen sus manos, puertas, y elévense, portales del mundo, y permitan entrar al Rey glorioso. ¿Quién es el Rey glorioso? Es el Señor, quien es poderoso y valiente. El Señor, quien es poderoso en batalla. Alcen sus manos, puertas, y eleven sus portales eternos y permitan entrar al Rey glorioso. ¿Quién es el Rey glorioso? Es el Señor de los Ejércitos. Él es el Rey glorioso, Sela" (Salmos 24). [Sálvanos].

ATRAER LUZ A YETSIRÁ - יוד הא ואו הא – אל יהוה

LUNES - GUEVURÁ - YITSJAK

Medita que en lunes *Guevurá* de *Atsilut* está iluminando יְהֹוָה
También medita en el Nombre: קרעשטן y en el Nombre: יֲהֱוָה
(El Tetragrámaton con las vocales de las iniciales del versículo: "ויאמר אלהים יהי רקיע")
En este Salmo hay 15 versículos, que corresponden al Nombre Sagrado: י"ה

הַיּוֹם hayom ע"ה נגד, מזבח, זן, אל יהוה יוֹם yom ע"ה נגד, מזבח, זן, אל יהוה
שֵׁנִי shení בְּשַׁבָּת beShabat קוֹדֶשׁ kódesh הַשִּׁיר hashir
שֶׁהָיוּ shehayú הַלְוִיִּם haleviyim אוֹמְרִים omrim עַל al הַדּוּכָן haduján:

שִׁיר shir מִזְמוֹר mizmor לִבְנֵי־ livnei קֹרַח Kóraj: גָּדוֹל gadol להח ;
עם ד' אותיות = מבה, יזל, אום יְהֹוָהאדניאהדונהי Adonai וּמְהֻלָּל umehulal ס"ת ללה, אדני
מְאֹד meod בְּעִיר beir בוזךך, סנדלפון, ערי אֱלֹהֵינוּ Eloheinu ילה
הַר־ har קָדְשׁוֹ kodshó: יְפֵה yefé נוֹף nof מְשׂוֹשׂ mesós כָּל־ col ילי
הָאָרֶץ haárets אלהים דההין ע"ה הַר־ har צִיּוֹן Tsiyón יוסף, ו' הויות, קנאה
יַרְכְּתֵי yarquetei צָפוֹן tsafón קִרְיַת kiryat מֶלֶךְ mélej רָב rav:
אֱלֹהִים Elohim אהיה אדני ; ילה בְּאַרְמְנוֹתֶיהָ bearmenoteha נוֹדַע nodá
לְמִשְׂגָּב lemisgav משה, מהש, ע"ב בריבוע וקס"א, אל שדי, ד"פ אלהים ע"ה: כִּי־ qui
הִנֵּה hiné הַמְּלָכִים hamelajim נוֹעֲדוּ noadú עָבְרוּ avrú יַחְדָּו yajdav:
הֵמָּה hemá רָאוּ raú כֵּן quen תָּמָהוּ tamahú נִבְהָלוּ nivhalú נֶחְפָּזוּ nejpazú:
רְעָדָה readá אֲחָזָתַם ajazatam שָׁם sham חִיל jil ומב כַּיּוֹלֵדָה cayoledá:
בְּרוּחַ berúaj קָדִים kadim תְּשַׁבֵּר teshaber אֳנִיּוֹת oniyot תַּרְשִׁישׁ Tarshish:

LUNES - GUEVURÁ - YITSJAK

Hoy es el segundo día del conteo hacia el Santo Shabat.
La canción que los levitas usaron para recitar en la tribuna.

"Canción de Salmo a los hijos de Kóraj: El Señor es grande y alabado en gran manera en la ciudad de nuestro Dios, Su montaña sagrada; un paisaje hermoso y una fuente de dicha para toda la tierra, Monte Sión, al Norte, la ciudad de un gran Rey. Es conocido que los palacios de Dios son poderosos. He aquí que los reyes se han reunidos y salieron juntos. Y ellos la vieron y se maravillaron. Se asombraron y huyeron rápidamente. Un temblor se apoderó de ellos; como una mujer en labores de parto. Con un viento oriental Tú demoliste las naves de Tarsís.

כַּאֲשֶׁר caasher שָׁמַעְנוּ shamanu כֵּן quen רָאִינוּ raínu
בְּעִיר־ beir בן זכר, סנדלפון, ערי יְהֹוָהאדניאהדונהי Adonai צְבָאוֹת Tsevaot פני שכינה
בְּעִיר beir בן זכר, סנדלפון, ערי אֱלֹהֵינוּ Eloheinu ילה אֱלֹהִים Elohim אהיה אדני ; ילה
יְכוֹנְנֶהָ yejoneneha עם התיבה וע"ה קמ"ג עַד־ ad עוֹלָם olam סֶלָה sela:
דִּמִּינוּ diminu אֱלֹהִים Elohim אהיה אדני ; ילה חַסְדֶּךָ jasdeja בְּקֶרֶב bekérev
הֵיכָלֶךָ heijaleja: כְּשִׁמְךָ queshimjá אֱלֹהִים Elohim אהיה אדני ; ילה
כֵּן quen תְּהִלָּתְךָ tehilatjá עַל־ al קַצְוֵי־ katsvei אֶרֶץ érets צֶדֶק tsédek
מָלְאָה mala יְמִינֶךָ yemineja: יִשְׂמַח yismaj משיח הַר־ har
צִיּוֹן Tsiyón יוסף, ו' הויות, קנאה תָּגֵלְנָה taguelna בְּנוֹת benot יְהוּדָה Yehudá
לְמַעַן lemáan מִשְׁפָּטֶיךָ mishpateja: סֹבּוּ sobú צִיּוֹן Tsiyón יוסף, ו' הויות, קנאה
וְהַקִּיפוּהָ vehakifuha סִפְרוּ sifrú מִגְדָּלֶיהָ migdaleha: שִׁיתוּ shitú
לִבְּכֶם libjem לַחֵילָה lejeilá פַּסְּגוּ pasegu אַרְמְנוֹתֶיהָ armenoteha
לְמַעַן lemáan תְּסַפְּרוּ tesaperu לְדוֹר ledor אַחֲרוֹן ajarón:
כִּי qui זֶה ze אֱלֹהִים Elohim אהיה אדני ; ילה אֱלֹהֵינוּ Eloheinu ילה
עוֹלָם olam וָעֶד vaed הוּא hu יְנַהֲגֵנוּ yenahaguenu עַל־ al מוּת mut:

En *Janucá* continúa en la pág. 265 – "*mizmor shir janucat habáyit*". En cualquier otro día continúa con "*hoshienu*" en la pág. 267.

MARTES – TIFÉRET – YAAKOV

Medita que en martes *Tiféret* de *Atsilut* está iluminando יהוה
También medita en el Nombre: נגדיכש y en el Nombre: יֵהֱוִה
(El Tetragrámaton con las vocales de las iniciales del versículo: "ויאמר אלהים יקוו המים")

Como hemos escuchado, así lo hemos visto en la ciudad del Señor de los Ejércitos, en la ciudad de nuestro Dios. Que Dios la establezca por siempre, Sela. Dios, hemos esperado por Tu benevolencia en medio de Tu Santuario. Así como es Tu Nombre, Dios, también es Tu alabanza en todos los confines de la Tierra. La rectitud llena Tu diestra. El Monte Sión se regocijará y las hijas de Yehuda se regocijarán por Tus juicios. Rodea a Sión y camina a su alrededor. Cuenta sus edificaciones. Envía Tu corazón a ella y eleva sus murallas, para que Tú puedas relacionarte con la generación venidera. Porque Él es el Señor, nuestro Dios, Él nos guiará por toda la eternidad" (Salmos 48). [Sálvanos].

הַיּוֹם hayom ע"ה נגד, מזבח, זן, אל יהוה יוֹם yom ע"ה נגד, מזבח, זן, אל יהוה
שְׁלִישִׁי shlishí בְּשַׁבָּת beShabat קוֹדֶשׁ kódesh הַשִּׁיר hashir
שֶׁהָיוּ shehayú הַלְוִיִּם haleviyim אוֹמְרִים omrim עַל al הַדּוּכָן haduján:

מִזְמוֹר mizmor לְאָסָף leAsaf אֱלֹהִים Elohim אהיה אדני ; ילה
נִצָּב nitsav בַּעֲדַת baadat אֵל El ייא" (מילוי דס"ג) בְּקֶרֶב bekérev
אֱלֹהִים Elohim אהיה אדני ; ילה יִשְׁפֹּט yishpot: עַד־ ad מָתַי matai
תִּשְׁפְּטוּ־ tishpetú עָוֶל ável וּפְנֵי ufnei וחכמה בינה רְשָׁעִים reshaim
תִּשְׂאוּ־ tisú סֶלָה sela: שִׁפְטוּ־ shiftú דַל dal וְיָתוֹם veyatom יוסף
עָנִי aní ריבוע מ"ה וָרָשׁ varash הַצְדִּיקוּ hatsdiku: פַּלְּטוּ־ paltú דַל dal
וְאֶבְיוֹן veevyón מִיַּד miyad רְשָׁעִים reshaim הַצִּילוּ hatsilu:
לֹא lo יָדְעוּ yadú וְלֹא veló יָבִינוּ yavinu בַּחֲשֵׁכָה bajashejá
יִתְהַלָּכוּ yithalaju יִמּוֹטוּ yimotu כָּל־ col ילי מוֹסְדֵי mosdei אָרֶץ árets:
אֲנִי aní אני אָמַרְתִּי amarti אֱלֹהִים Elohim אהיה אדני ; ילה אַתֶּם atem
וּבְנֵי uvnei עֶלְיוֹן elyón כֻּלְּכֶם culjem: אָכֵן ajén כְּאָדָם queadam מ"ה
תְּמוּתוּן temutún וּכְאַחַד ujeajad אהבה, דאגה הַשָּׂרִים hasarim
תִּפֹּלוּ tipolu: קוּמָה kumá קנ"א (מקוה) אֱלֹהִים Elohim אהיה אדני ; ילה
שָׁפְטָה shoftá הָאָרֶץ haárets אלהים דההין ע"ה כִּי־ qui
אַתָּה Atá תִנְחַל tinjal בְּכָל־ bejol ב"ן, לכב הַגּוֹיִם hagoyim:

En *Janucá* continúa en la pág. 265 – "*mizmor shir janucat habáyit*". En cualquier otro día continúa con "*hoshienu*" en la pág. 267.

MARTES - TIFÉRET - YAAKOV

Hoy es el tercer día del conteo hacia el Santo Shabat.

La canción que los levitas usaron para recitar en la tribuna.

"Salmo de Asaf: Dios está presente en la asamblea celestial. Entre los jueces, Él juzga. ¿Hasta cuándo juzgarán deshonestamente y favorecerán a los impíos? Sela. Juzga al pobre y al huérfano. Sentencien a favor del pobre y el necesitado. Rescaten a los indigentes y los desdichados. Libérenlos de las manos de los inicuos, quienes no saben ni entienden que caminan en la oscuridad; ellos hacen que los cimientos de la Tierra colapsen. He dicho que ustedes son como ángeles y son todos hijos de lo celestial, no obstante, morirán como Adam y caerán como uno de los jefes. Elévate, Dios, y juzga al mundo porque Tú legarás sobre toda las naciones" (*Salmos 82*). [*Sálvanos*].

ATRAER LUZ A YETSIRÁ - יוד הא ואו הא – אל יהוה

MIÉRCOLES - NÉTSAJ - MOSHÉ

Medita que en miércoles *Nétsaj* de *Atsilut* está iluminando יְהֹוָה

También medita en el Nombre: בטרצתג y en el Nombre: יְהֹוָה

(El Tetragrámaton con las vocales de las iniciales del versículo: "ויאמר אלהים יהי מאורות")

הַיּוֹם hayom ע"ה נגד, מזבח, זן, אל יהוה יוֹם yom ע"ה נגד, מזבח, זן, אל יהוה

רְבִיעִי revií בְּשַׁבָּת beShabat קוֹדֶשׁ kódesh הַשִּׁיר hashir

שֶׁהָיוּ shehayú הַלְוִיִּם haleviyim אוֹמְרִים omrim עַל al הַדּוּכָן haduján׃

אֵל El ייא" (מילוי דס"ג) נְקָמוֹת nekamot יְהֹוָהאדניאהדונהי Adonai ; ר"ת אני

אֵל El ייא" (מילוי דס"ג) נְקָמוֹת nekamot ר"ת = יב"ק, אלהים יהוה, אהיה אדני יהוה

הוֹפִיעַ hofía׃ הִנָּשֵׂא hinasé שֹׁפֵט shofet הָאָרֶץ haárets אלהים דההין ע"ה

הָשֵׁב hashev ר"ת = שדי ע"ה גְּמוּל guemul עַל־ al גֵּאִים gueim׃ עַד־ ad

מָתַי matai רְשָׁעִים reshaim יְהֹוָהאדניאהדונהי Adonai עַד־ ad מָתַי matai

רְשָׁעִים reshaim יַעֲלֹזוּ yaalozu ג"פ אם׃ יַבִּיעוּ yabíu יְדַבְּרוּ yedaberu

עָתָק atak יִתְאַמְּרוּ yitamrú כָּל־ col ילי פֹּעֲלֵי poalei אָוֶן aven׃ עַמְּךָ ameja

יְהֹוָהאדניאהדונהי Adonai יְדַכְּאוּ yedaqueú וְנַחֲלָתְךָ venajalatjá יְעַנּוּ yeanú׃

אַלְמָנָה almaná וְגֵר veguer יַהֲרֹגוּ yahargú וִיתוֹמִים vitomim יְרַצֵּחוּ yeratsejú׃

וַיֹּאמְרוּ vayomrú לֹא lo יִרְאֶה־ yiré יָהּ ריי Yah וְלֹא־ veló יָבִין yavín

אֱלֹהֵי Elohei מילוי ע"ב, דמב ; ילה יַעֲקֹב Yaakov ד' הויות, יאהדונהי אידהנויה׃ בִּינוּ binu

בֹּעֲרִים boarim בָּעָם baam וּכְסִילִים ujsilim מָתַי matai תַּשְׂכִּילוּ tasquilu׃

MIÉRCOLES - NÉTSAJ - MOSHÉ

Hoy es el cuarto día del conteo hacia el Santo Shabat.

La canción que los levitas usaron para recitar en la tribuna.

"El Señor es el Dios de la venganza. Dios de la represalia, ¡preséntate! ¡Elévate, juez de la Tierra! Págale a los arrogantes lo que merecen. ¿Por cuánto más se regocijarán los perversos, Señor? Ellos se expresan y hablan con arrogancia. Todos los malhechores son orgullosos; Señor, ellos degradan a Tu Nación y torturan a Tus hijos. Ellos asesinan a viudas y conversos; asesinan a huérfanos. Y dicen: El Señor no ve y el Dios de Yaakov no entiende. Ustedes deben entender, estúpidos e incautos entre la gente: ¿cuándo serán sabios?

הֲנֹטַע hanotá אֹזֶן ozén יוד הי ואו הה הֲלֹא haló יִשְׁמָע yishmá

אִם־ im יוהך, מ״א אותיות דפשוט, דמילוי ודמילוי דמילוי דאהיה ע״ה יֹצֵר yotser

עַיִן ayin ריבוע מ״ה הֲלֹא haló יַבִּיט yabit: הֲיֹסֵר hayoser גּוֹיִם goyim

הֲלֹא haló יוֹכִיחַ yojíaj הַמְלַמֵּד hamelamed אָדָם adam מ״ה דָּעַת dáat:

יְהֹוָה אדני אהדונהי Adonai יֹדֵעַ yodea מַחְשְׁבוֹת majshevot אָדָם adam מ״ה

כִּי־ qui הֵמָּה hemá הָבֶל hável מילוי דס״ג: אַשְׁרֵי ashrei הַגֶּבֶר haguéver

אֲשֶׁר־ asher תְּיַסְּרֶנּוּ teyasrenu יָּהּ Yah וּמִתּוֹרָתְךָ umitoratjá

תְלַמְּדֶנּוּ telamedenu: לְהַשְׁקִיט lehashkit לוֹ lo מִימֵי mimei רָע ra עַד ad

יִכָּרֶה yicaré לָרָשָׁע larashá שָׁחַת shajat: כִּי qui לֹא־ lo יִטֹּשׁ yitosh

יְהֹוָה אדני אהדונהי Adonai עַמּוֹ amó וְנַחֲלָתוֹ venajalató לֹא lo יַעֲזֹב yaazov:

כִּי־ qui עַד־ ad צֶדֶק tsédek יָשׁוּב yashuv מִשְׁפָּט mishpat ע״ה ה״פ אלהים

וְאַחֲרָיו veajarav כָּל־ col ילי יִשְׁרֵי־ yishrei לֵב lev: מִי־ mi ילי

יָקוּם yakum לִי li עִם־ im מְרֵעִים mereim מִי־ mi ילי יִתְיַצֵּב yityatsev

לִי li עִם־ im פֹּעֲלֵי poalei אָוֶן áven: לוּלֵי lulei יְהֹוָה אדני אהדונהי Adonai

עֶזְרָתָה ezratá לִּי li כִּמְעַט quimat שָׁכְנָה shajná דוּמָה dumá נַפְשִׁי nafshí:

אִם im יוהך, מ״א אותיות דפשוט, דמילוי ודמילוי דמילוי דאהיה ע״ה אָמַרְתִּי amarti ר״ת = בן

מָטָה mata רַגְלִי raglí חַסְדְּךָ jasdeja יְהֹוָה אדני אהדונהי Adonai

יִסְעָדֵנִי yisadeni אני: בְּרֹב berov י״פ אהיה שַׂרְעַפַּי sarapai בְּקִרְבִּי bekirbí שדי

תַּנְחוּמֶיךָ tanjumeja יְשַׁעַשְׁעוּ yeshaasheu נַפְשִׁי nafshí ר״ת נית (זו מות):

¿Podría no oír Aquél que creó los oídos? ¿Podría no ver Aquél que creó los ojos? ¿Podría no amonestar Aquél que castiga a las naciones? ¡Aquél que le da conocimiento al hombre! El Señor sabe que los pensamientos del hombre son en vano. Afortunado es el hombre que sabe que Tú castigas, Señor, y de Tu Torá Tú le enseñas, para que esté seguro ante los tiempos turbulentos, mientras una fosa es cavada para los impíos. El Señor no olvida a Su Nación ni abandona Su heredad porque, hasta que no se haga justicia, el juicio perdurará. Le siguen los justos de corazón. ¿Quién se alzará a mi favor en contra de los malhechores? ¿Quién me defenderá ante los hacedores de iniquidad? De no haber sido por el Señor que me ayudó, mi alma moraría en el Infierno. Si mi pie llegara a resbalar, Tu benevolencia, Señor, me sostendría. Cuando muchos pensamientos deprimentes acechan dentro de mí, Tus palabras consoladoras animan mi alma.

ATRAER LUZ A YETSIRÁ - יוד הא ואו הא – אל יהוה

הֲיְחָבְרְךָ hayejovreja כִּסֵּא quisé הַוּוֹת havot יֹצֵר yotser עָמָל amal

עֲלֵי־ alei חֹק jok: יָגוֹדּוּ yagodu עַל־ al נֶפֶשׁ néfesh צַדִּיק tsadik

וְדָם vedam נָקִי nakí ע״ה קס״א יַרְשִׁיעוּ yarshíu: וַיְהִי vayehí

יְהֹוָאדהנויאהדונהי Adonai לִי li לְמִשְׂגָּב lemisgav משה, מהש, ע״ב בריבוע וקס״א,

אל שדי, ד״פ אלהים ע״ה וֵאלֹהַי veElohai (אליהו הנביא) לכב ; מילוי ע״ב, דמב ; ילה

לְצוּר letsur אלהים דההין ע״ה מַחְסִי majsí הרוז: וַיָּשֶׁב vayashev

עֲלֵיהֶם aleihem אֶת־ et אוֹנָם onam וּבְרָעָתָם uveraatam יַצְמִיתֵם yatsmitem

יַצְמִיתֵם yatsmitem יְהֹוָאדהנויאהדונהי Adonai אֱלֹהֵינוּ Eloheinu ילה:

En *Janucá* continúa en la pág. 265 – "*mizmor shir janucat habáyit*". En cualquier otro día continúa con "*hoshienu*" en la pág. 267.

JUEVES - HOD - AHARÓN

Medita que en jueves *Hod* de *Atsilut* está iluminando יְהֹוָה
También medita en el Nombre: וזקבטנע y en el Nombre: יֵהֱוֶה
(El Tetragrámaton con las vocales de las iniciales del versículo: "ויאמר אלהים ישרצו המים")
En este Salmo hay 126 palabras que corresponden al Nombre Sagrado: ריבוע אדני (א אד אדנ אדני) = כוק

הַיּוֹם hayom ע״ה נגד, מזבח, זן, אל יהוה יוֹם yom ע״ה נגד, מזבח, זן, אל יהוה

חֲמִישִׁי jamishí בְּשַׁבָּת beShabat קוֹדֶשׁ kódesh הַשִּׁיר hashir

שֶׁהָיוּ shehayú הַלְוִיִּם haleviyim אוֹמְרִים omrim עַל al הַדּוּכָן haduján:

לַמְנַצֵּחַ lamenatséaj עַל־ al הַגִּתִּית haguitit לְאָסָף leAsaf: הַרְנִינוּ harninu

לֵאלֹהִים leElohim אהיה אדני ; ילה עוּזֵּנוּ uzenu הָרִיעוּ haríu אלהים דאלפין

לֵאלֹהֵי leElohei מילוי ע״ב, דמב ; ילה יַעֲקֹב Yaakov י׳ הויות, יאהדונהי אידהנויה ; ר״ת ילה:

¿Podría un trono de maldad estar vinculado a Ti por uno de los que hacen leyes injustas? Ellos se reúnen en contra de la vida de los justos, y ellos condenan la sangre inocente. Pero el Señor fue mi fortaleza, y Dios fue la roca de mi refugio. Él devolverá las acciones negativas contra ellos y los azotará con su propia iniquidad. El Señor, nuestro Dios, los azotará" (Salmos 94). *[Sálvanos].*

JUEVES - HOD – AHARÓN

Hoy es el quinto día del conteo hacia el Santo Shabat.
La canción que los levitas usaron para recitar en la tribuna.
"Al director musical, sobre Guitit. Salmo de Asaf: Canten con dicha al Dios de nuestra fortaleza.
Alaben con fuerza al Dios de Yaakov.

שְׂאוּ־ seú זִמְרָה zimrá וּתְנוּ־ utnú תֹף tof כִּנּוֹר quinor נָעִים naim

עִם im נָבֶל navel: תִּקְעוּ tikú בַחֹדֶשׁ vajódesh י״ב הויות, קס״א קנ״א

שׁוֹפָר shófar בַּכֶּסֶה baquesé לְיוֹם leyom ע״ה נגד, מזבח, זן, אל יהוה חַגֵּנוּ jaguenu:

כִּי qui חֹק jok לְיִשְׂרָאֵל leYisrael הוּא hu מִשְׁפָּט mishpat ע״ה ה״פ אלהים

לֵאלֹהֵי leElohei מילוי ע״ב, דמב ; ילה יַעֲקֹב Yaakov ז׳ הויות, יאהדונהי אידהנויה:

עֵדוּת edut בִּיהוֹסֵף bihosef שָׂמוֹ samó בְּצֵאתוֹ betsetó עַל־ al אֶרֶץ érets

מִצְרָיִם Mitsráyim מצר שְׂפַת sefat לֹא lo יָדַעְתִּי yadati אֶשְׁמָע eshmá:

הֲסִירוֹתִי hasiroti מִסֵּבֶל misével שִׁכְמוֹ shijmó כַּפָּיו capav מִדּוּד midud

תַּעֲבֹרְנָה taavorna: בַּצָּרָה batsará אלהים ההין קָרָאתָ karata

וָאֲחַלְּצֶךָּ vaajaletseca אֶעֶנְךָ eenjá בְּסֵתֶר beséter ב״פ מצר רַעַם ráam

אֶבְחָנְךָ evjonjá עַל־ al מֵי mei ילי ; עממ מְרִיבָה merivá סֶלָה sela:

שְׁמַע shemá עַמִּי amí וְאָעִידָה veaidá בָּךְ baj יִשְׂרָאֵל Yisrael

אִם im יוהך, מ״א אותיות דפשוט, דמילוי ודמילוי דמילוי דאהיה ע״ה תִּשְׁמַע־ tishmá לִי li:

לֹא־ lo יִהְיֶה yihyé ייי בְךָ vejá אֵל el זָר zar אל זר = רו״ל (דקליפה)

וְלֹא veló תִשְׁתַּחֲוֶה tishtajavé לְאֵל leel נֵכָר nejar: אָנֹכִי anojí

יְהֹוָהאדניאהדונהי Adonai אֱלֹהֶיךָ Eloheja ילה הַמַּעַלְךָ hamaaljá

מֵאֶרֶץ meérets מִצְרָיִם Mitsráyim מצר הַרְחֶב־ harjev פִּיךָ pija

וַאֲמַלְאֵהוּ vaamalehu: וְלֹא veló שָׁמַע shamá עַמִּי amí לְקוֹלִי lekolí

וְיִשְׂרָאֵל veYisrael לֹא־ lo אָבָה avá לִי li: וָאֲשַׁלְּחֵהוּ vaashalejehu

בִּשְׁרִירוּת bishrirut לִבָּם libam יֵלְכוּ yeljú בְּמוֹעֲצוֹתֵיהֶם bemoatsoteihem:

Entonen canción y toquen el pandero, el arpa que deleita junto a la lira. Toquen el Shofar en la renovación del mes durante en la Luna nueva en día de nuestro festival. Porque es un estatuto para Israel, un día de juicio por el Dios de Yaakov. Yosef fue ataviado con vestimentas cuando salió a la tierra de Egipto, donde escuchó un lenguaje que no conocía. Quité la carga de sus hombros; aparté sus manos de hacer obras de barro. Clamaste en la calamidad y Yo te rescaté. Yo contesto tu llamado con velocidad. Te probé en las aguas de Merivá. Sela. Escuchen, Mi pueblo, y les advierto: Israel, si tan sólo Me escucharan. No habrá deidad extranjera entre ustedes, ni se postrarán ante un dios ajeno. Yo soy el Señor, su Dios, quien los sacó de la tierra de Egipto. Abre tu boca y Yo la llenaré. El pueblo no hizo caso a Mis palabras. Israel no Me obedeció. Los confiné a la dureza de sus corazones. Ellos siguieron su consejo maligno.

ATRAER LUZ A YETSIRÁ - יוד הא ואו הא – אל יהוה

לו lu עמי amí שמע shomea לי li ישראל Yisrael בדרכי bidrajai

יהלכו: yehaleju כמעט quimat אויביהם oyveihem אכניע ajnía

ועל veal צריהם tsareihem אשיב ashiv ידי: yadí משנאי mesanei

יהוה יאהדונהי Adonai יכחשו yejajashú לו lo ויהי vihí עתם itam

לעולם leolam ריבוע דס"ג וי' אותיות דס"ג: ויאכילהו vayaajilehu

מחלב mejélev וחטה jitá אכא ומצור umitsur אלהים ההין ע"ה

דבש devash שו' דשופר (ועם י"ד האותיות הרי ש"ך דינין דגדלות) אשביעך asbieca:

En *Janucá* continúa en la pág. 265 – "*mizmor shir janucat habáyit*". En cualquier otro día continúa con "*hoshienu*" en la pág. 267.

VIERNES - YESOD - YOSEF

Medita que en viernes *Yesod* de *Atsilut* está iluminando יודהוודהי

También medita en el Nombre: יגלפזק y en el Nombre: יהוה

(El Tetragrámaton con las vocales de las iniciales del versículo: "ויאמר אלהים תוציא הארץ")

En este Salmo hay 45 palabras que corresponden al Nombre Sagrado: (מ"ה (יוד הא ואו הא

היום hayom ע"ה נגד, מזבח, זן, אל יהוה יום yom ע"ה נגד, מזבח, זן, אל יהוה

השישי hashishí בשבת beShabat קודש kódesh השיר hashir

שהיו shehayú הלוים haleviyim אומרים omrim על al הדוכן: haduján

יהוה יאהדונהי Adonai מלך malaj גאות gueut לבש lavesh לבש lavesh

יהוה יאהדונהי Adonai עז oz התאזר hitazar אף af ר"ת = אלהים, אהיה אדני

תכון ticón תבל tevel ב"פ רי"ו בל bal תמוט: timot נכון najón כסאך quisajá

מאז meaz ומב מעולם meolam אתה Atá ר"ת הפסוק קנ"א, אדני אלהים:

Si Mi Nación

me hubiese escuchado e Israel siguiera Mis senderos, doblegaría por completo a sus enemigos y volvería Mi Mano en contra de sus opresores. Los que odian al Señor lo niegan, pero el tiempo de Israel será para siempre. Yo los alimentaré con el mejor trigo y los saciaré con miel extraída de la peña" (Salmos 81). *[Sálvanos].*

VIERNES - YESOD - YOSEF

Hoy es el sexto día del conteo hacia el Santo Shabat.

La canción que los levitas usaron para recitar en la tribuna.

"El Señor reina.

Él se atavía de magnificencia. El Señor se viste y se ciñe con poder. Él también estableció firmemente al mundo para que no colapsara. Tu Trono ha sido establecido. Desde ese entonces, Tú eres eternemente.

נָשְׂאוּ nasú נְהָרוֹת neharot יְהֹוָה Adonai נָשְׂאוּ nasú ר"ת = קין
נְהָרוֹת neharot קוֹלָם kolam יִשְׂאוּ yisú נְהָרוֹת neharot דָּכְיָם dojyam ר"ת דני:
מִקֹּלוֹת mikolot מַיִם máyim רַבִּים rabim אַדִּירִים adirim הרי
מִשְׁבְּרֵי־ mishberei יָם yam ילי ; ר"ת אמי אַדִּיר adir הרי
בַּמָּרוֹם bamarom יְהֹוָה Adonai ; ר"ת אבי: עֵדֹתֶיךָ edoteja
נֶאֶמְנוּ neemnú מְאֹד meod ר"ת = קין לְבֵיתְךָ leveitjá ב"פ ראה
נַאֲוָה־ naavá קֹדֶשׁ kódesh יְהֹוָה Adonai לְאֹרֶךְ: leórej
יָמִים yamim נלך ; ר"ת ילי ; ס"ת = אדני ; יהוה לאורך ימים = ש"ע נהורין עם י"ג אותיות:

En *Janucá* continúa en la pág. 265 – "*mizmor shir janucat habáyit*". En cualquier otro día continúa con "*hoshienu*" en la pág. 267.

SALMO ESPECIAL PARA JANUCÁ

En este Salmo se encuentra diez veces el Nombre: יהוה el cual corresponde a las Diez *Sefirot*. También contiene 92 palabras, que es el valor numérico de יהוה אדני (más 1 en general).

מִזְמוֹר mizmor שִׁיר־ shir חֲנֻכַּת janucat הַבַּיִת habáyit לְדָוִד leDavid:
אֲרוֹמִמְךָ aromimjá נצוצי הקדושה העולים ויוצאים מקליפות דעשיה הנקרא נפש
יְהֹוָה Adonai (*Kéter*) כִּי qui דִלִּיתָנִי dilitani וְלֹא־ veló שִׂמַּחְתָּ simajta
אֹיְבַי oyvai לִי: li יְהֹוָה Adonai (*Jojmá*) אֱלֹהָי Elohai מילוי ע"ב, דמב ; ילה
שִׁוַּעְתִּי shivati אֵלֶיךָ eleja וַתִּרְפָּאֵנִי: vatirpaeni יְהֹוָה Adonai (*Biná*)
הֶעֱלִיתָ heelita מִן־ min שְׁאוֹל sheol נַפְשִׁי nafshí (העלאת הנשמות מעשיה)
חִיִּיתַנִי jiyitani ס"ת ילי מִיָּרְדִי־ miyordí (כתיב : מיורדי) בוֹר vor:

Los ríos han elevado sus voces, Señor. Los ríos elevarán sus olas poderosas, más que el bramar de las abundantes aguas y olas del mar, Tú eres poderoso en las Alturas, Señor. Tus testimonios son muy confiables. Tu Casa es el Santo Santuario. El Señor estará por la largura de días" (Salmos 93). [Sálvanos].

SALMO ESPECIAL PARA JANUCÁ

"Un Salmo, una canción por la inauguración del Templo, por David: Te glorificaré, Señor, porque me has exaltado y no has permitido que mis enemigos se alegren de mí. Señor, Dios mío, a Ti clamé y me sanaste. Señor, hiciste subir mi alma del Sheol y me diste vida, para que no descendiera a la sepultura.

ATRAER LUZ A YETSIRÁ - יוד הא ואו הא – אל יהוה

זַמְּרוּ zameru לַיהֹוָהאדניאהדונהי laAdonai (*Jésed*) וַחֲסִידָיו jasidav וְהוֹדוּ vehodú אהיה

לְזֵכֶר lezéjer קָדְשׁוֹ :kodshó כִּי qui רֶגַע rega ג״פ אלהים עם ט״ו אותיות שׁבג׳ אלהים

בְּאַפּוֹ beapó ס״ת = אלהים, אהיה אדני ; ועם ם דוויים = ריבוע אדני וְחַיִּים jayim

אהיה אהיה יהוה, בינה ע״ה בִּרְצוֹנוֹ birtsonó כי רגע באפו וחיים ברצונו = עין דלת יוד

בָּעֶרֶב baérev יָלִין yalín בֶּכִי beji ר״ת י״ד כנגד אותיות שׂב-יהוה אלהינו יהוה,

וב-כוזו במוכסז כוזו וְלַבֹּקֶר velabóker רִנָּה riná בערב ילין בכי ולבקר רנה = מטטרון שר הפנים:

וַאֲנִי vaaní אני אָמַרְתִּי amarti בְשַׁלְוִי veshalví בַּל־ bal אֶמּוֹט emot

לְעוֹלָם leolam ריבוע ס״ג וי׳ אותיות דס״ג: יְהֹוָהאדניאהדונהי Adonai (*Guevurá*)

בִּרְצוֹנְךָ birtsonjá הֶעֱמַדְתָּה heemadta לְהַרְרִי leharerí עֹז oz

הִסְתַּרְתָּ histarta פָּנֶיךָ faneja ס״ג מ״ה ב״ן הָיִיתִי hayiti נִבְהָל :nivhal

אֵלֶיךָ eleja יְהֹוָהאדניאהדונהי Adonai (*Tiféret*) אֶקְרָא ekrá

וְאֶל־ veel יְהֹוָהאדניאהדונהי Adonai (*Nétsaj*) אֶתְחַנָּן :etjanán מַה־ ma מ״ה

בְּצַע betsá בְּדָמִי bedamí בְּרִדְתִּי beridtí אֶל el ס״ת ילי שָׁחַת shájat

הֲיוֹדְךָ hayodjá עָפָר afar הֲיַגִּיד hayaguid ייז (כ״ב אותיות [אכא] וה׳ אותיות מנצפך)

אֲמִתֶּךָ :amiteja שְׁמַע־ shemá יְהֹוָהאדניאהדונהי Adonai (*Hod*) וְחָנֵּנִי vejoneni

יְהֹוָהאדניאהדונהי Adonai (*Yesod*) הֱיֵה־ heyé יהה עֹזֵר ozer לִי li מוזי:

הָפַכְתָּ hafajta מִסְפְּדִי mispedí לְמָחוֹל lemajol לִי li ס״ת ילי

פִּתַּחְתָּ pitajta שַׂקִּי sakí וַתְּאַזְּרֵנִי vateazreni שִׂמְחָה :simjá

לְמַעַן lemaan יְזַמֶּרְךָ yezamerja כָבוֹד javod וְלֹא veló

יִדֹּם yidom (pausa aquí) יְהֹוָהאדניאהדונהי Adonai (*Maljut*) ר״ת = אלהים, אהיה אדני

אֱלֹהַי Elohai מילוי ע״ב, דמב ; ילה לְעוֹלָם leolam ריבוע ס״ג וי׳ אותיות דס״ג אוֹדֶךָּ :odeca

---

¡Canten al Señor, ustedes Sus santos, y celebren la memoria de Su santidad!, porque hay quietud en Su ira y hay vida en Su voluntad. En la noche puede haber llanto, pero por la mañana vendrá la alegría. En mi serenidad dije: 'No caeré jamás'. Tú, Señor, con Tu fortaleza me afirmaste como a monte fuerte; cuando escondiste Tu rostro, fui turbado. A Ti, Señor, clamaré; al Señor suplicaré. ¿Qué provecho hay en mi muerte cuando descienda a la sepultura? ¿Te alabará el polvo? ¿Anunciará Tu verdad? Oye, Señor, y ten misericordia de mí. Señor, sé Tú mi ayudador. Has cambiado mi lamento en celebración; me quitaste la ropa áspera y me vestiste de alegría. Por tanto, a Ti cantaré, gloria mía, y no estaré callado. Señor, Dios mío, Te alabaré para siempre" (Salmos 30).

Hoshienu

Recibiendo energía adicional para el día.

Tras recitar los Salmos diarios se dice lo siguiente:

הוֹשִׁיעֵנוּ hoshienu יְהֹוָהאדניאהדונהי Adonai אֱלֹהֵינוּ Eloheinu ילה

וְקַבְּצֵנוּ vekabetsenu מִן min הַגּוֹיִם hagoyim לְהוֹדוֹת lehodot לְשֵׁם leshem

קָדְשֶׁךָ kodsheja לְהִשְׁתַּבֵּחַ lehishtabéaj בִּתְהִלָּתֶךָ bitehilateja:

בָּרוּךְ־ Baruj יְהֹוָהאדניאהדונהי Adonai אֱלֹהֵי Elohei מילוי ע"ב, דמב ; ילה

יִשְׂרָאֵל Yisrael ס"ת = אדני ; יהוה אלהי ישראל = תרי"ג (מצוות) מִן־ min הָעוֹלָם haolam

וְעַד vead הָעוֹלָם haolam וְאָמַר veamar כָּל col ילי הָעָם haam

אָמֵן Amén יאהדונהי הַלְלוּיָהּ haleluyá אלהים, אהיה אדני ; ללה:

בָּרוּךְ Baruj יְהֹוָהאדניאהדונהי Adonai מִצִּיּוֹן miTsiyón יוסף, ו' הויות, קנאה

שֹׁכֵן shojén יְרוּשָׁלָיִם Yerushaláyim הַלְלוּיָהּ haleluyá אלהים, אהיה אדני ; ללה:

בָּרוּךְ Baruj יְהֹוָהאדניאהדונהי Adonai אֱלֹהִים Elohim אהיה אדני ; ילה

אֱלֹהֵי Elohei מילוי ע"ב, דמב ; ילה יִשְׂרָאֵל Yisrael עֹשֵׂה osé נִפְלָאוֹת niflaot

לְבַדּוֹ levadó מ"ב: וּבָרוּךְ uvaruj שֵׁם shem כְּבוֹדוֹ quevodó לְעוֹלָם leolam

ריבוע ס"ג ו"י אותיות דס"ג וְיִמָּלֵא veyimalé כְבוֹדוֹ jevodó אֶת־ et כָּל־ col ילי

הָאָרֶץ haárets אלהים דההין ע"ה אָמֵן Amén יאהדונהי וְאָמֵן veAmén יאהדונהי:

En *Rosh Jódesh* di Medio *Kadish* (pág. 458), quítate los *Tefilín,* y luego recita el *Musaf* (pág. 460).

Hoshienu

"Sálvanos, Señor, Dios nuestro, y reúnenos de entre las naciones para dar gracias a Tu Santo Nombre y glorificarnos en Tu alabanza. Bendito es el Señor, Dios de Israel, desde este mundo hasta el siguiente; y todos los pueblos dirán: ¡Amén! ¡Alabado sea el Señor!" (Salmos 106:47-48). *"Bendito es el Señor de Sión. Él, quien mora en Jerusalén. ¡Alabado sea el Señor!"* (Salmos 135:21). *Bendito es el Señor, nuestro Dios, Dios de Israel, el Único que hace maravillas. Y bendito sea Su Nombre de gloria para siempre. Y Su gloria llenará el mundo entero. Amén y Amén.*

ATRAER LUZ A YETSIRÁ - יוד הא ואו הא – אל יהוה – ייה

KADISH YEHÉ SHLAMÁ

Este *Kadish* atrae Luz desde el Mundo de *Yetsirá* (מ"ה) al Mundo de *Asiyá* (ב"ן).

יִתְגַּדַּל yitgadal וְיִתְקַדַּשׁ veyitkadash שׁ"די ומילוי שׁ"די ; י"א אותיות כמנין ו"ה

שְׁמֵיהּ Shmei (שׁם י"ה דע"ב) רַבָּא rabá קנ"א ב"ן, יהוה אלהים יהוה אדני,

מילוי קס"א וס"ג, מ"ה ברבוע וע"ב ע"ה ; ר"ת = ו"פ אלהים ; ס"ת = ג"פ יב"ק: אָמֵן Amén אידהנויה.

בְּעָלְמָא bealmá דִּי di בְרָא verá כִרְעוּתֵיהּ quirutei.

וְיַמְלִיךְ veyamlij מַלְכוּתֵיהּ maljutei. וְיַצְמַח veyatsmaj

פּוּרְקָנֵיהּ purkanei. וִיקָרֵב vikarev מְשִׁיחֵיהּ Meshijei. אָמֵן Amén אידהנויה.

בְּחַיֵּיכוֹן bejayeijón וּבְיוֹמֵיכוֹן uveyomeijón וּבְחַיֵּי uvejayei

דְכָל dejol ילי בֵּית beit ב"פ ראה יִשְׂרָאֵל Yisrael בַּעֲגָלָא baagalá

וּבִזְמַן uvizmán קָרִיב kariv וְאִמְרוּ veimrú אָמֵן Amén: אָמֵן Amén אידהנויה.

La congregación y el *jazán* dicen lo siguiente

28 palabras (hasta *bealmá*) – medita en:

מילוי דמילוי דס"ג (יוד ויו דלת הי יוד ואו אלף ואו הי יוד)

28 letras (hasta *almayá*)- medita en:

מילוי דמילוי דמ"ה (יוד ואו דלת הא אלף ואו אלף ואו הא אלף).

יְהֵא yehé שְׁמֵיהּ Shmei (שׁם י"ה דס"ג) רַבָּא rabá קנ"א ב"ן,

יהוה אלהים יהוה אדני, מילוי קס"א וס"ג, מ"ה ברבוע וע"ב ע"ה מְבָרַךְ mevaraj,

לְעָלַם lealam לְעָלְמֵי lealmei עָלְמַיָּא almayá. יִתְבָּרַךְ yitbaraj.

Siete palabras con seis letras cada una (שׁם בן מ"ב) – medita en:

יהוה - יוד הי ואו הי - מילוי דמילוי דס"ג (יוד ויו דלת הי יוד ואו אלף ואו הי יוד) ;

También, siete veces la letra Vav (שׁם בן מ"ב) – medita en:

יהוה - יוד הא ואו הא - מילוי דמילוי דמ"ה (יוד ואו דלת הא אלף ואו אלף ואו הא אלף).

KADISH YEHÉ SHLAMÁ

Glorificado y santificado sea Su gran Nombre (Amén).

En el mundo que Él creó de acuerdo a Su voluntad, y pueda Su Reino reinar. Y pueda Él hacer que Su redención florezca y pueda Él acercar al Mesías (Amén). En tus vidas y en tus días y en la vida de toda la Casa de Israel, prontamente y en el futuro cercano, y dígase: Amén (Amén).

Que Su gran Nombre sea bendito por siempre y por toda la eternidad.

וְיִשְׁתַּבַּח veyishtabaj י"פ ע"ב יהוה אל אבג יתץ.

וְיִתְפָּאַר veyitpaar הי נו יה קרע שטן. וְיִתְרוֹמַם veyitromam וה כוזו נגד יכש.

וְיִתְנַשֵּׂא veyitnasé במוכסז בטר צתג. וְיִתְהַדָּר veyithadar כוזו יה וזקב טנע.

וְיִתְעַלֶּה veyitalé וה יוד ה יגל פזק. וְיִתְהַלָּל veyithalal א ואו הא שקו צית.

שְׁמֵיהּ Shmei (שם י"ה דמ"ה) דְּקוּדְשָׁא deKudshá בְּרִיךְ Verij הוּא Hu:

אָמֵן Amén אידהנויה.

לְעֵלָּא leelá מִן min כָּל col ילי בִּרְכָתָא birjatá. שִׁירָתָא shiratá.

תִּשְׁבְּחָתָא tishbejatá וְנֶחֱמָתָא venejamatá. דַּאֲמִירָן daamirán

בְּעָלְמָא bealmá וְאִמְרוּ veimrú אָמֵן Amén: אָמֵן Amén אידהנויה.

יְהֵא yehé שְׁלָמָא shlamá רַבָּא rabá קנ"א ב"ן, יהוה אלהים יהוה אדני, מילוי קס"א וס"ג,

מ"ה ברבוע וע"ב ע"ה מִן min שְׁמַיָּא shmayá. וְחַיִּים jayim אהיה אהיה יהוה, בינה ע"ה

וְשָׂבָע vesavá וִישׁוּעָה vishuá וְנֶחָמָה venejamá וְשֵׁיזָבָא vesheizavá

וּרְפוּאָה urefuá וּגְאֻלָּה ugueulá וּסְלִיחָה uslijá וְכַפָּרָה vejapará

וְרֶוַח vereivaj וְהַצָּלָה vehatsalá. לָנוּ lanu אלהים, אהיה אדני וּלְכָל ulejol יה אדני

עַמּוֹ amó יִשְׂרָאֵל Yisrael וְאִמְרוּ veimrú אָמֵן Amén: אָמֵן Amén אידהנויה.

Da tres pasos para atrás y di:

עוֹשֶׂה osé שָׁלוֹם shalom בִּמְרוֹמָיו bimromav ע"ב, ריבוע יהוה. הוּא Hu

בְּרַחֲמָיו berajamav יַעֲשֶׂה yaasé שָׁלוֹם shalom עָלֵינוּ aleinu ר"ת ש"ע נהורין.

וְעַל veal כָּל col ילי ; עמם עַמּוֹ amó יִשְׂרָאֵל Yisrael וְאִמְרוּ veimrú אָמֵן Amén:

אָמֵן Amén אידהנויה.

Bendito y alabado, y glorificado y

exaltado, y ensalzado y honrado, y adorado y loado, sea el Nombre del Santo Bendito sea (Amén). Más allá de todas las bendiciones, himnos, alabanzas y palabras de consolación que jamás se dijeran en el mundo, y dígase: Amén (Amén). Que haya paz abundante del Cielo; Vida, satisfacción, salvación, consuelo, entrega, sanación, redención, perdón, expiación, comodidad y alivio para nosotros y para toda Su nación, Israel y dígase: Amén (Amén). Él, que establece la paz en Sus Alturas, Él, en Su compasión, hará la paz sobre nosotros y sobre toda Su nación, Israel. Y dígase: Amén (Amén).

ATRAER LUZ A ASIYÁ - יוד הה וו הה – אל אדני

KAVÉ

Ahora conectamos con el mundo de la Acción, *Asiyá*. Durante esta oración sucede algo extraordinario. Ahora que hemos terminado todas nuestras conexiones espirituales de la mañana, queremos conservar toda la energía por la cual hemos trabajado arduamente, resguardándola y sellándola. *Kavé* nos trae de regreso a través de los Mundos Superiores de Acción (*Asiyá*), Formación (*Yetsirá*), Creación (*Briá*) y Emanación (*Atsilut*) hasta una dimensión conocida como *Arij Anpín* (Cara Larga). A partir de este plano espiritual, nos elevamos aún más arriba, más allá de las dimensiones de *Atik* (Anciano) y *Adam Kadmón* (Hombre Primordial), hasta llegar a la realidad de la Luz del Mundo Infinito. Este viaje repasa nuestro recorrido a través de los Mundos Superiores para asegurar que no dejemos aberturas a través de las cuales pueda entrar la negatividad.

En este punto, el Satán quiere evitar que cerremos estas aberturas, así que comienza a bombardearnos con sentimientos de impaciencia, y deseamos que las oraciones acaben pronto. Su objetivo es hacernos bajar la guardia y debilitar nuestra concentración durante esta etapa final para que dejemos una abertura a través de la cual él pueda entrar y sabotear nuestros esfuerzos y manchar nuestra Luz con energía negativa.

קַוֵּה kavé אֶל־ el יְהֹוָאדהנויאהדונהי Adonai חֲזַק jazak פהל
וְיַאֲמֵץ veyaamets לִבֶּךָ libeja וְקַוֵּה vekavé אֶל־ el יְהֹוָאדהנויאהדונהי Adonai:
אֵין ein קָדוֹשׁ Kadosh כַּיהֹוָאדהנויאהדונהי caAdonai כִּי qui אֵין ein בִּלְתֶּךָ bilteja
וְאֵין veéin צוּר tsur אלהים דההין ע״ה כֵּאלֹהֵינוּ queEloheinu ילה: כִּי qui
מִי mi ילי אֱלוֹהַּ Elohá שם בן מ״ב מִבַּלְעֲדֵי mibaladei יְהֹוָאדהנויאהדונהי Adonai
וּמִי umí ילי צוּר tsur אלהים דההין ע״ה זוּלָתִי zulatí אֱלֹהֵינוּ Eloheinu ילה:

Conexión con *Olam Asiyá* (Acción)

אֵין ein הה כֵּאלֹהֵינוּ queEloheinu ילה נוקבא.
אֵין ein וו כַּאדוֹנֵנוּ caAdonenu ז״א.
אֵין ein הה כְּמַלְכֵּנוּ queMalquenu אמא.
אֵין ein יוד כְּמוֹשִׁיעֵנוּ queMoshienu אבא:

KAVÉ

"Pon tus esperanzas en el Señor. Haz de tu corazón uno fuerte y valiente, y pon tus esperanzas en el Señor" (Salmos 27:14). *"No hay nadie tan Santo como el Señor, porque no hay nadie como Tú, ni hay Roca que se compare con nuestro Dios"* (I Samuel 2:2). *"¿Pues quién es Dios además del Señor y quién es una Roca a parte de nuestro Dios?"* (Salmos 18:32).

No hay ninguno como nuestro Dios. No hay ninguno como nuestro Señor.
No hay ninguno como nuestro Rey. No hay ninguno como nuestro Redentor.

ATRAER LUZ A ASIYÁ - אל אדני – יוד הה וו הה

Conexión con *Olam Yetsirá* (Formación)

מִי ילי mi	הא	כֵּאלֹהֵינוּ jeEloheinu	ילה	נוקבא.
מִי ילי mi	ואו	כַּאדוֹנֵנוּ jaAdonenu		ז"א.
מִי ילי mi	הא	כְּמַלְכֵּנוּ jeMalquenu		אמא.
מִי ילי mi	יוד	כְּמוֹשִׁיעֵנוּ jeMoshienu		אבא:

Conexión con *Olam Briá* (Creación)

אין, מי, נודה ר"ת אמן = יאהדונהי – וחיבור ז"א ומלכות.

נוֹדֶה nodé	הי	לֵאלֹהֵינוּ leEloheinu	ילה	נוקבא.
נוֹדֶה nodé	ואו	לַאדוֹנֵנוּ laAdonenu		ז"א.
נוֹדֶה nodé	הי	לְמַלְכֵּנוּ leMalquenu		אמא.
נוֹדֶה nodé	יוד	לְמוֹשִׁיעֵנוּ leMoshienu		אבא:

Conexión con *Olam Atsilut* (Emanación)

בָּרוּךְ baruj	הי	אֱלֹהֵינוּ Eloheinu	ילה	נוקבא.
בָּרוּךְ baruj	ויו	אֲדוֹנֵנוּ Adonenu		ז"א.
בָּרוּךְ baruj	הי	מַלְכֵּנוּ Malquenu		אמא.
בָּרוּךְ baruj	יוד	מוֹשִׁיעֵנוּ Moshienu		אבא:

Conexión con los Mundos por encima de *Atsilut*
Conexión con *Kéter* de *Arij Anpín* (Cara Larga)

אַתָּה Atá הוּא Hu אֱלֹהֵינוּ Eloheinu ילה.

Conexión con la Cabeza de *Atik* (Anciano)

אַתָּה Atá הוּא Hu אֲדוֹנֵנוּ Adonenu.

Conexión con *Adam Kadmón* (Hombre Primordial)

אַתָּה Atá הוּא Hu מַלְכֵּנוּ Malquenu.

Conexión con la Luz Infinita, que está rodeada por *Adam Kadmón*

אַתָּה Atá הוּא Hu מוֹשִׁיעֵנוּ Moshienu:

¿Quién es como nuestro Dios? ¿Quién es como nuestro Señor? ¿Quién es como nuestro Rey? ¿Quién es como nuestro Redentor? Debemos darle gracias a nuestro Dios, debemos darle gracias a nuestro Señor, debemos darle gracias a nuestro Rey, debemos darle gracias a nuestro Redentor. Bendito es nuestro Dios. Bendito es nuestro Señor. Bendito es nuestro Rey. Bendito es nuestro Redentor. Tú eres nuestro Dios. Tú eres nuestro Señor. Tú eres nuestro Rey. Tú eres nuestro Redentor.

ATRAER LUZ A ASIYÁ - אל אדני – יוד הה וו הה

אַתָּה Atá (*Knéset Yisrael* (Congregación de *Yisrael*)) תּוֹשִׁיעֵנוּ toshienu

אַתָּה Atá תָקוּם takum כ"א הויות שבתפילין תְּרַחֵם terajem ג"פ רי"ו ; אברהם, וח"פ אל,

רי"ו ול"ב נתיבות החכמה, רמ"ח (אברים), עסמ"ב וט"ז אותיות פשוטות צִיּוֹן Tsiyón יוסף, ו' הויות, קנאה

כִּי־ qui עֵת et לְחֶנְנָהּ lejenená כִּי־ qui בָא va מוֹעֵד moed:

(En este punto algunos dicen la porción de "*Któret*" de las páginas: 98-104)

TANÁ DEVEI ELIYAHU

Se dice que las personas que estudian la Torá traen paz. Como cada letra aramea está imbuida de fuerzas místicas, recitar palabras que hablan acerca de traer paz activa la energía de paz en el mundo. La palabra aramea "*shalom*" inspira sentimientos de paz y armonía dentro de nosotros. Si no podemos desarrollar paz dentro de nosotros, no podemos compartir paz con los demás, porque uno no puede compartir lo que no tiene. Para concluir esta conexión estamos diciendo que Dios nos bendiga con paz.

תָּנָא tanái דְּבֵי devei אֵלִיָּהוּ Eliyahu לכב כָּל־ col ילי הַשּׁוֹנֶה hashoné

הֲלָכוֹת halajot בְּכָל־ bejol ב"ן, לכב יוֹם yom ע"ה נגד, מזבח, זן, אל יהוה

מוּבְטָח muvtaj לוֹ lo שֶׁהוּא shehú בֶּן ben הָעוֹלָם haolam

הַבָּא habá. שֶׁנֶּאֱמַר sheneemar הֲלִיכוֹת halijot עוֹלָם olam לוֹ lo.

אַל al תִּקְרֵי tikrei הֲלִיכוֹת halijot אֶלָּא ela הֲלָכוֹת halajot:

אָמַר amar רִבִּי Ribí אֶלְעָזָר Eleazar אָמַר amar רִבִּי Ribí חֲנִינָא Janiná:

תַּלְמִידֵי talmidei חֲכָמִים jajamim מַרְבִּים marbim שָׁלוֹם shalom

בָּעוֹלָם baolam. שֶׁנֶּאֱמַר sheneemar: וְכָל־ vejol ילי בָּנַיִךְ banáyij

לִמּוּדֵי limudei יְהֹוָה Adonai אהדונהי וְרַב verav שְׁלוֹם shlom בָּנָיִךְ banáyij:

אַל al תִּקְרֵי tikrei בָּנָיִךְ banáyij אֶלָּא ela בּוֹנָיִךְ bonáyij: יְהִי־ yehí

שָׁלוֹם shalom בְּחֵילֵךְ bejeilej שַׁלְוָה shalvá בְּאַרְמְנוֹתָיִךְ bearmenotáyij:

"Tú nos redimirás. Tú Te elevarás y serás misericordioso con Sión, porque es tiempo de ser benevolente con ella, pues ha llegado el tiempo fijado" (Salmos 102:14).

TANÁ DEVEI ELIYAHU

"Enseñaban en la Casa de aprendizaje de Eliyahu que alguien que estudia las leyes rectoras, cada día, tiene asegurada su presencia en el Mundo por Venir" (Meguilá 28b). *Estaba dicho: "Los caminos del mundo son de Él"* (Habacuc 3:6). *No leas "caminos" sino "leyes rectoras". Rabí Elazar decía que Rabí Janiná había dicho que los eruditos versados aumentan la paz en el mundo* (Brajot 64a; Yevamot 122b; Kritut 28b; Tamid 32b). *Como está dicho: "Y todos tus hijos son los estudiantes de Dios"* (Isaías 54:13). *No leas "tus hijos" sino "tus constructores". Que haya paz en tus aposentos y serenidad en tus palacios.*

לְמַעַן lemaan אַחַי ajai וְרֵעָי vereái אֲדַבְּרָה־ adabrá נָּא na

שָׁלוֹם shalom בָּךְ: baj לְמַעַן lemaan בֵּית־ beit ב"פ ראה

יְהֹוָהאדניאהדונהי Adonai אֱלֹהֵינוּ Eloheinu ילה אֲבַקְשָׁה avakshá

טוֹב tov והו לָךְ: laj וּרְאֵה ureé ראה בָנִים vanim לְבָנֶיךָ levaneja

שָׁלוֹם shalom עַל־ al יִשְׂרָאֵל: Yisrael שָׁלוֹם shalom רָב rav

לְאֹהֲבֵי leohavei תוֹרָתֶךָ torateja וְאֵין־ veein לָמוֹ lamó מִכְשׁוֹל: mijshol

יְהֹוָהאדניאהדונהי Adonai עֹז oz לְעַמּוֹ leamó יִתֵּן yitén יְהֹוָהאדניאהדונהי Adonai

יְבָרֵךְ yevarej ע"ב ס"ג מ"ה ב"ן, הברכה (למתק את ז' המלכים שמתו)

אֶת־ et עַמּוֹ amó בַשָּׁלוֹם vashalom ר"ת ע"ב, ריבוע יהוה:

KADISH AL YISRAEL

Este *Kadish* ayuda a elevar todas las almas en el secreto de la Resurrección de los Muertos. Según el Arí: Si una persona perdió a uno de sus padres, debe decir este *Kadish* durante todo el primer año, incluso en *Shabat* y en Festividades. Porque, además del hecho de que el *Kadish* ayuda a que un alma se salve de la limpieza espiritual de *Guehinom*, este *Kadish* ayuda a elevar a un alma de un nivel espiritual al siguiente y a entrar al Jardín de Edén.

יִתְגַּדַּל yitgadal וְיִתְקַדַּשׁ veyitkadash שדי ומילוי שדי ; י"א אותיות כמנין ו"ה

שְׁמֵיהּ Shmei (שם י"ה דע"ב) רַבָּא rabá קנ"א ב"ן, יהוה אלהים יהוה אדני,

מילוי קס"א וס"ג, מ"ה ברבוע וע"ב ע"ה ; ר"ת = ו"פ אלהים ; ס"ת = ג"פ יב"ק: אָמֵן Amén אידהנויה.

בְּעָלְמָא bealmá דִּי di בְרָא verá כִּרְעוּתֵיהּ quirutei.

וְיַמְלִיךְ veyamlij מַלְכוּתֵיהּ maljutei. וְיַצְמַח veyatsmaj

פּוּרְקָנֵיהּ purkanei. וִיקָרֵב vikarev מְשִׁיחֵיהּ: Meshijei אָמֵן Amén אידהנויה.

"Por mis hermanos y mis compañeros, yo procuraré que sea la paz contigo. Por el bien de la Casa del Señor, nuestro Dios, procuraré tu bien" (Salmos 122:7-9). *"Que alcances a ver a los hijos de tus hijos y la paz sobre Israel"* (Salmos 128:6). *"Hay abundancia de paz para aquellos que aman Tu Torá y para ellos no hay obstáculo"* (Salmos 128:6). *"Que el Señor le dé fuerza a Su Pueblo. Que el Señor bendiga a Su Nación con paz"* (Salmos 29:11).

KADISH AL YISRAEL

¡Glorificado y santificado sea su Gran Nombre! (Amén). *En el mundo que Él creó de acuerdo a Su voluntad y pueda Su Reino reinar. Y pueda Él hacer que Su Redención florezca y pueda Él acercar al Mesías* (Amén).

בְּחַיֵּיכוֹן bejayeijón וּבְיוֹמֵיכוֹן uveyomeijón וּבְחַיֵּי uvejayei

דְכָל dejol יל״י בֵּית beit ב״פ ראה יִשְׂרָאֵל Yisrael בַּעֲגָלָא baagalá

וּבִזְמַן uvizmán קָרִיב kariv וְאִמְרוּ veimrú אָמֵן Amén: אָמֵן Amén אידהנויה.

La congregación y el *jazán* dicen lo siguiente:

28 palabras (hasta *bealmá*)
28 letras (hasta *almayá*)

יְהֵא yehé שְׁמֵיהּ Shmei (שם י״ה דס״ג) רַבָּא rabá קנ״א ב״ן,

יהוה אלהים יהוה אדני, מילוי קס״א וס״ג, מ״ה ברבוע וע״ב ע״ה מְבָרַךְ mevaraj,

לְעָלַם lealam לְעָלְמֵי lealmei עָלְמַיָּא almayá. יִתְבָּרַךְ yitbaraj.

Siete palabras con seis letras cada una (שם בן מ״ב)
también siete veces la letra Vav (שם בן מ״ב)

וְיִשְׁתַּבַּח veyishtabaj י״פ ע״ב יהוה אל אבג יתץ.

וְיִתְפָּאַר veyitpaar הי נו יה קרע שטן. וְיִתְרוֹמַם veyitromam וה כוזו נגד יכש.

וְיִתְנַשֵּׂא veyitnasé במוכסז בטר צתג. וְיִתְהַדָּר veyithadar כוזו יה וקב טנע.

וְיִתְעַלֶּה veyitalé וה יוד ה יגל פזק. וְיִתְהַלָּל veyithalal א ואו הא שקו צית.

שְׁמֵיהּ Shmei (שם י״ה) דְּקוּדְשָׁא deKudshá בְּרִיךְ Verij הוּא Hu:

אָמֵן Amén אידהנויה.

לְעֵלָּא leelá מִן min כָּל col יל״י בִּרְכָתָא birjatá. שִׁירָתָא shiratá.

תֻּשְׁבְּחָתָא tishbejatá וְנֶחֱמָתָא venejamatá. דַּאֲמִירָן daamirán

בְּעָלְמָא bealmá וְאִמְרוּ veimrú אָמֵן Amén: אָמֵן Amén אידהנויה.

En tus vidas y en tus días y en la vida de la Casa de Israel, prontamente y en el futuro cercano, y dígase: Amén (Amén). Que Su gran Nombre sea bendito por siempre y para toda la eternidad. Bendito y alabado, y glorificado y exaltado, y ensalzado y honrado, y adorado y loado, sea el Nombre del Santo Bendito Sea (Amén). Más allá de todas las bendiciones, himnos, alabanzas y palabras de consolación que deben decirse en el mundo, y dirán: Amén (Amén).

עַל al יִשְׂרָאֵל Yisrael וְעַל veal רַבָּנָן rabanán וְעַל veal

תַּלְמִידֵיהוֹן talmideihón וְעַל veal כָּל col ילי ; עמם תַּלְמִידֵי talmidei

תַּלְמִידֵיהוֹן. talmideihón דְּעָסְקִין deaskín בְּאוֹרָיְתָא beoraitá

קַדִּישְׁתָּא. kadishtá דִּי di בְּאַתְרָא veatrá הָדֵין hadein וְדִי vedí

בְּכָל vejol ב״ן, לכב אֲתַר atar וַאֲתַר. veatar יְהֵא yehé

לָנָא laná וּלְהוֹן ulehón וּלְכוֹן ulejón חִנָּא jiná וְחִסְדָּא vejisdá

וְרַחֲמֵי. verajamei מִן min קֳדָם kadam מָארֵי marei שְׁמַיָּא shmayá

וְאַרְעָא veará וְאִמְרוּ veimrú אָמֵן Amén: אָמֵן Amén אידהנויה.

יְהֵא yehé שְׁלָמָא shlamá רַבָּא rabá קנ״א ב״ן, יהוה אלהים יהוה אדני, מילוי קס״א וס״ג,

מ״ה ברבוע וע״ב ע״ה מִן min שְׁמַיָּא. shmayá וְחַיִּים jayim אהיה אהיה יהוה, בינה ע״ה

וְשָׂבָע vesavá וִישׁוּעָה vishuá וְנֶחָמָה venejamá וְשֵׁיזָבָא vesheizavá

וּרְפוּאָה urefuá וּגְאֻלָּה ugueulá וּסְלִיחָה uslijá וְכַפָּרָה vejapará

וְרֵיוַח vereivaj וְהַצָּלָה. vehatsalá לָנוּ lanu אלהים, אהיה אדני וּלְכָל ulejol יה אדני

עַמּוֹ amó יִשְׂרָאֵל Yisrael וְאִמְרוּ veimrú אָמֵן Amén: אָמֵן Amén אידהנויה.

Da tres pasos para atrás y di:

עוֹשֶׂה osé שָׁלוֹם shalom בִּמְרוֹמָיו bimromav ע״ב, ריבוע יהוה. הוּא Hu

בְּרַחֲמָיו berajamav יַעֲשֶׂה yaasé שָׁלוֹם shalom עָלֵינוּ aleinu ר״ת ש״ע נהורין.

וְעַל veal כָּל col ילי; עמם עַמּוֹ amó יִשְׂרָאֵל Yisrael וְאִמְרוּ veimrú אָמֵן Amén:

אָמֵן Amén אידהנויה.

Sobre Israel, Sus Sabios, Sus discípulos y todos los estudiantes de sus discípulos que se ocupan de la Santa Torá, en este lugar y en cada y toda localidad, que hay para nosotros, para ellos, y para todos, gracia, benevolencia y compasión del Señor de los Cielos y la Tierra y dígase: Amén (Amén). Que haya paz abundante del Cielo, vida, satisfacción, salvación, consuelo, entrega, sanación, redención, perdón, expiación, comodidad y alivio para nosotros y para toda Su Nación, Israel, y dígase: Amén (Amén). Él, que establece la paz en Sus Alturas y con Su compasión hará la paz sobre nosotros y sobre toda Su Nación, Israel. Y dígase: Amén (Amén).

BARJÚ

El *jazán* (o la persona que recitó el *Kadish Al Yisrael*) dice:

רַבָּנָן rabanán: בָּרְכוּ barjú יהוה ריבוע יהוה ריבוע מ״ה אֶת et

יְהֹוָאדהנויאהדונהי Adonai הַמְבֹורָךְ hamevoraj ס״ת כהת, משיח בן דוד ע״ה:

Primero la congregación responde con lo siguiente y después el *jazán* (o la persona que recitó el *Kadish Al Israel*) repite:

Néfesh בָּרוּךְ Baruj — *Rúaj* יְהֹוָאדהנויאהדונהי Adonai — *Neshamá* הַמְבֹורָךְ hamevoraj

Jayá לְעוֹלָם leolam ריבוע ס״ג וי׳ אותיות דס״ג — *Yejidá* וָעֶד vaed:

ALEINU

El *Aleinu* es un agente sellador cósmico. Cementa y asegura todas nuestras oraciones, protegiéndolas de cualquier fuerza negativa tales como las *klipot*. Todas las oraciones anteriores al *Aleinu* atrajeron lo que los kabbalistas llaman Luz Interna. Sin embargo, el *Aleinu* atrae Luz Circundante, la cual envuelve nuestras oraciones con un campo de fuerza protectora para bloquear a las *klipot*

Atrayendo Luz Circundante a *Atsilut*

עָלֵינוּ aleinu ריבוע דס״ג לְשַׁבֵּחַ leshabéaj עלינו לשבח = אבג יתץ, ושר

לַאֲדוֹן laAdón אני ; ס״ת ס״ג ע״ה הַכֹּל hacol ר״ת ללה, אדני

Atrayendo Luz Circundante a *Briá*

לָתֵת latet גְּדֻלָּה guedulá לְיוֹצֵר leyotser בְּרֵאשִׁית bereshit ר״ת גל״ב (באך ב״י יג״ל)

Atrayendo Luz Circundante a *Yetsirá*

שֶׁלֹּא sheló עָשָׂנוּ asanu כְּגוֹיֵי quegoyei הָאֲרָצוֹת haaratsot

Atrayendo Luz Circundante a *Asiyá*

וְלֹא veló שָׂמָנוּ samanu כְּמִשְׁפְּחוֹת quemishpejot הָאֲדָמָה haadamá

BARJÚ

Señores: ¡Bendigan a Dios, el Bendito!
Bendito es el Señor, el Bendito, por siempre y para siempre.

ALEINU

Es nuestro deber alabar al Soberano de todo y atribuir grandeza al Moldeador de la Creación, que no nos ha hecho como los pueblos del mundo. Él no nos colocó como las familias de la Tierra.

שֶׁלֹּא sheló שָׂם sam חֶלְקֵנוּ jelkenu כָּהֶם cahem וְגוֹרָלֵנוּ vegoralenu

כְּכָל quejol הֲמוֹנָם hamonam. שֶׁהֵם shehem מִשְׁתַּחֲוִים mishtajavim

לָהֶבֶל lahével וָרִיק varik וּמִתְפַּלְּלִים umitpalelim אֶל el אֵל el

לֹא lo יוֹשִׁיעַ yoshía. (haz una pausa aquí, y cuando digas "*vaanajnu mishtajavim*" inclina todo tu cuerpo)

וַאֲנַחְנוּ vaanajnu מִשְׁתַּחֲוִים mishtajavim לִפְנֵי lifnei מֶלֶךְ Mélej

מַלְכֵי maljei הַמְּלָכִים hamelajim הַקָּדוֹשׁ haKadosh בָּרוּךְ Baruj

הוּא Hu. שֶׁהוּא shehú נוֹטֶה noté שָׁמַיִם shamáyim י"פ טל, י"פ כוזו; ר"ת = י"פ אדני

שב"י ספירות של נוקבא דז"א וְיוֹסֵד veyosed אָרֶץ árets. וּמוֹשַׁב umoshav

יְקָרוֹ yekaró בַּשָּׁמַיִם bashamáyim י"פ טל, י"פ כוזו מִמַּעַל mimáal עלם.

וּשְׁכִינַת ushjinat עֻזּוֹ uzó בְּגָבְהֵי begavhei מְרוֹמִים meromim.

הוּא Hu אֱלֹהֵינוּ Eloheinu ילה וְאֵין veéin עוֹד od אַחֵר ajer.

אֱמֶת emet אהיה פעמים אהיה, ז"פ ס"ג מַלְכֵּנוּ Malquenu וְאֶפֶס veéfes

זוּלָתוֹ zulató. כַּכָּתוּב cacatuv בַּתּוֹרָה baTorá: וְיָדַעְתָּ veyadata

הַיּוֹם hayom ע"ה נגד, מזבח, זן, אל יהוה וַהֲשֵׁבֹתָ vahashevota אֶל־ el

לְבָבֶךָ levaveja ר"ת לאו כִּי qui יְהֹוָהאדניאהדונהי Adonai הוּא Hu

הָאֱלֹהִים haElohim אהיה אדני ; ילה ; ר"ת יהה וכן עולה למנין ענו עג"כ

בַּשָּׁמַיִם bashamáyim י"פ טל, י"פ כוזו מִמַּעַל mimáal עלם ;

רמז לאור פנימי המתוזיל מלמעלה וְעַל־ veal הָאָרֶץ haárets אלהים דההין ע"ה

מִתָּחַת mitájat רמז לאור מקיף המתוזיל מלמטה אֵין ein עוֹד od:

Él no hizo nuestro lote como el de ellos ni nuestro destino como el de sus multitudes, ya que ellos se inclinan ante la futilidad y el vacío, y rezan a una deidad que no ayuda. Nosotros nos inclinamos ante el Supremo Rey de Reyes, el Santo, Bendito Sea. Él es quien extiende los Cielos y funda la Tierra. La Sede de Su gloria está arriba en el Cielo y la Presencia Divina de Su poder está en las alturas excelsas. Él es nuestro Dios y no hay ningún otro. Nuestro Rey es verdadero y no hay nadie excepto Él. Como está escrito en la Torá: "Aprende hoy y grábalo en tu corazón que el Señor es Dios arriba en los Cielos y abajo sobre la Tierra, y no hay otro" (Deuteronomio 4:39).

עַל al כֵּן quen נְקַוֶּה nekavé לְּךָ laj יְהֹוָאדהנּיאהדונהי Adonai אֱלֹהֵינוּ Eloheinu

ילה לִרְאוֹת lirot מְהֵרָה meherá בְּתִפְאֶרֶת betiféret עֻזָּךְ: uzaj ס"ת כהת, משיוז בן

דוד ע"ה לְהַעֲבִיר lehaavir גִּלּוּלִים guilulim מִן min הָאָרֶץ haárets אלהים דההין

ע"ה וְהָאֱלִילִים vehaelilim כָּרוֹת carot יִכָּרֵתוּן yicaretún. לְתַקֵּן letakén

עוֹלָם olam בְּמַלְכוּת bemaljut שַׁדַּי Shadai. וְכָל vejol ילי בְּנֵי bnei

בָשָׂר vasar יִקְרְאוּ yikreú בִשְׁמֶךָ vishmeja לְהַפְנוֹת lehafnot אֵלֶיךָ eleja

כָּל col ילי רִשְׁעֵי rishei אָרֶץ árets. יַכִּירוּ yaquiru וְיֵדְעוּ veyedú כָּל col ילי

יוֹשְׁבֵי yoshvei תֵבֵל tevel ב"פ רי"ו. כִּי qui לְךָ lejá תִּכְרַע tijrá כָּל col ילי

בֶּרֶךְ bérej תִּשָּׁבַע tishavá כָּל col ילי לָשׁוֹן lashón. לְפָנֶיךָ lefaneja ס"ג מ"ה ב"ן

יְהֹוָאדהנּיאהדונהי Adonai אֱלֹהֵינוּ Eloheinu ילה יִכְרְעוּ yijreú וְיִפֹּלוּ veyipolu

וְלִכְבוֹד velijvod שִׁמְךָ Shimjá יְקָר yekar יִתֵּנוּ yitenu. וִיקַבְּלוּ vikabelu

כֻלָּם julam אֶת et עוֹל ol מַלְכוּתֶךָ maljuteja. וְתִמְלוֹךְ vetimloj

עֲלֵיהֶם aleihem מְהֵרָה meherá לְעוֹלָם leolam ריבוע ס"ג וי' אותיות דס"ג וָעֶד vaed.

כִּי qui הַמַּלְכוּת hamaljut שֶׁלְּךָ sheljá הִיא hi. וּלְעוֹלְמֵי uleolmei

עַד ad תִּמְלוֹךְ timloj בְּכָבוֹד bejavod בוכו. כַּכָּתוּב cacatuv

בְּתוֹרָתָךְ betorataj: יְהֹוָאדהנּיאהדונהי Adonai | יִמְלֹךְ yimloj לְעֹלָם leolam ריבוע

ס"ג וי' אותיות דס"ג ; ר"ת ייל וָעֶד vaed. וְנֶאֱמַר veneemar: וְהָיָה vehayá יהוה ; יהה

יְהֹוָאדהנּיאהדונהי Adonai לְמֶלֶךְ lemélej עַל al כָּל col ילי ; עמם

הָאָרֶץ haárets אלהים דההין ע"ה בַּיּוֹם bayom ע"ה נגד, מזבח, זן, אל יהוה הַהוּא hahú

יִהְיֶה yihyé ייי יְהֹוָאדהנּיאהדונהי Adonai אֶחָד ejad אהבה, דאגה וּשְׁמוֹ uShmó מהש

ע"ה, ע"ב בריבוע וקס"א ע"ה, אל שדי ע"ה אֶחָד ejad אהבה, דאגה:

Por eso, Señor, nuestro Dios, esperamos contemplar pronto la gloria majestuosa de Tu poder, cuando elimines los ídolos de la Tierra y los falsos dioses hayan sido completamente destruidos, para perfeccionar al mundo con el Reino del Todopoderoso. Y la humanidad entera invocará Tu Nombre y todos los malvados de la Tierra se dirigirán a Ti. Entonces todos los habitantes del mundo reconocerán y sabrán que, por Ti, toda rodilla se dobla y toda lengua se colma. Que ante Ti, Señor, nuestro Dios, se arrodillen y se prosternen y honren Tu glorioso Nombre. Y todos aceptarán el yugo de Tu Reino y Tú reinarás sobre ellos para siempre jamás. Pues el Reino es Tuyo. Y para siempre y por la eternidad, Tú reinarás en gloria. Como está escrito en la Torá: "El Señor reinará por los siglos de los siglos" (Éxodo 15:18) y también está dicho: "El Señor será Rey sobre toda la Tierra y en aquel día el Señor será Uno y Uno su Nombre" (Zacarías 14:9).

ATRAER LUZ CIRCUNDANTE

VAYÓMER

Hay un ángel específico que lleva cada oración que decimos hacia los Mundos Superiores. Al recitar esta oración adicional después de *Aleinu*, garantizamos que nuestras oraciones se eleven a los Mundos Superiores. Hay cuatro *Yud* יייי dentro del versículo "Yo soy Dios, tu sanador" que, de acuerdo con el Arí, activa el poder de la sanación.

וַיֹּאמֶר vayómer אִם־ im יוהך' מ"א אותיות דפשוט, דמילוי ודמילוי דמילוי דאהיה ע"ה

שָׁמוֹעַ shamoa תִּשְׁמַע tishmá לְקוֹל lekol | יְהֹוָהאדניאהדונהי Adonai

אֱלֹהֶיךָ Eloheja ילה וְהַיָּשָׁר vehayashar בְּעֵינָיו beeinav ריבוע מ"ה

תַּעֲשֶׂה taasé וְהַאֲזַנְתָּ vehaazanta לְמִצְוֹתָיו lemitsvotav וְשָׁמַרְתָּ veshamarta

כָּל־ col ילי חֻקָּיו jukav כָּל־ col ילי הַמַּחֲלָה hamajalá

אֲשֶׁר־ asher שַׂמְתִּי samti בְמִצְרַיִם veMitsráyim מצר לֹא־ lo אָשִׂים asim

עָלֶיךָ aleja כִּי qui אֲנִי Aní אני יְהֹוָהאדניאהדונהי Adonai

Corresponde a las cuatro *Yud* del Nombre Sagrado: ע"ב (יוד הי ויו הי)

רֹפְאֶךָ rofeja ר"ת איר:

עֵץ־ ets חַיִּים jayim אהיה אהיה יהוה, בינה ע"ה הִיא hi

לַמַּחֲזִיקִים lamajazikim ר"ת להח בָּהּ ba וְתֹמְכֶיהָ vetomjeha

מְאֻשָּׁר meushar: דְּרָכֶיהָ derajeha דַרְכֵי־ darjei נֹעַם nóam וְכָל־ vejol ילי

נְתִיבוֹתֶיהָ netivoteha שָׁלוֹם shalom: מִגְדַּל־ migdal עֹז oz שֵׁם shem

יְהֹוָהאדניאהדונהי Adonai בּוֹ־ bo יָרוּץ yaruts צַדִּיק tsadik וְנִשְׂגָּב venisgav:

מבש	עוי	מיץ
גרג	והו	יצר
דצב	זדו	היי
לקה	שוה	ונך

כִּי qui בִי vi מ"ב יִרְבּוּ yirbú יָמֶיךָ yameja וְיוֹסִיפוּ veyosifu לְּךָ lejá

שְׁנוֹת shnot חַיִּים jayim אהיה אהיה יהוה, בינה ע"ה:

VAYÓMER

"Y Dios dijo: Si escuchas la Voz del Señor, tu Dios,

y haces lo que es recto a Sus ojos, y cumples Sus preceptos y guardas todos Sus estatutos, no pondré sobre ti las plagas que puse sobre Egipto, pues Yo soy el Señor, tu sanador" (Éxodo 15:26). *"Es un Árbol de Vida para los que se aferran a ella y felices son quienes se aferran fuertemente a ella"* (Proverbios 3:18). *"Sus caminos son caminos dichosos y todas sus sendas son de paz"* (Proverbios 3:17). *"El Nombre del Señor es una torre de fortaleza. A ella, el justo corre y es fortalecido"* (Proverbios 18:10). *"Porque a través de Mí, tus días serán aumentados y se incrementarán los años de tu vida"* (Proverbios 9:11).

YEHÍ RATSÓN

La siguiente conexión nos ayuda a garantizar que nuestras oraciones sean aceptadas.
También nos ayuda a eliminar los celos y la envidia que albergamos dentro de nosotros.

יְהִי yehí רָצוֹן ratsón מהש ע"ה, ע"ב בריבוע וקס"א ע"ה, אל שדי ע"ה
מִלְּפָנֶיךָ milefaneja ס"ג מ"ה ב"ן יְהֹוָהאדניאהדונהי Adonai אֱלֹהַי Elohai
מילוי ע"ב, דמב ; ילה וֵאלֹהֵי veElohei לכב; מילוי דע"ב, דמב ; ילה אֲבוֹתַי avotai,
שֶׁלֹּא sheló נִכָּשֵׁל nicashel בִּדְבַר bidvar ראה הֲלָכָה halajá.
וְלֹא veló נֹאמַר nomar עַל al טָמֵא tamé טָהוֹר tahor י"פ אכא וְלֹא veló
עַל al טָהוֹר tahor י"פ אכא טָמֵא tamé, וְלֹא veló עַל al אִיסוּר isur
מוּתָּר mutar וְלֹא veló עַל al מוּתָּר mutar אִיסוּר isur, וְלֹא veló
יִכָּשְׁלוּ yicashlú חֲבֵרַי javerai בִּדְבַר bidvar ראה הֲלָכָה halajá
וְאֶשְׂמַח veesmaj אֲנִי aní אני בָּהֶם bahem. וְלֹא veló אֶכָּשֵׁל ecashel
אֲנִי aní אני בוֹ vo וְיִשְׂמְחוּ veyismejú הֵם hem בִּי bi, כִּי qui
יְהֹוָהאדניאהדונהי Adonai יִתֵּן yitén חָכְמָה jojmá במילוי = תרי"ג (מצוות)
מִפִּיו mipiv דַּעַת dáat וּתְבוּנָה utvuná. גַּל־ gal עֵינַי einai
ריבוע מ"ה וְאַבִּיטָה veabita נִפְלָאוֹת niflaot מִתּוֹרָתֶךָ mitorateja:

LEDAVID

Durante los meses de *Elul* y *Tishrei* (hasta después de *Hoshaná Rabá*), conocidos como tiempos de juicio, decimos esta oración adicional.

El propósito de este Salmo es despertar los Trece Atributos de misericordia en nuestra vida. La misericordia ayuda a endulzar el juicio que aparece a lo largo de *Elul, Rosh Hashaná, Yom Kipur* y *Sucot*.

לְדָוִד leDavid | יְהֹוָהאדניאהדונהי Adonai (אל) אוֹרִי orí רז, אין סוף וְיִשְׁעִי veyishí
מִמִּי mimí ילי אִירָא irá יְהֹוָהאדניאהדונהי Adonai (רוזום) מָעוֹז־ maoz חַיַּי jayai
מִמִּי mimí ילי אֶפְחָד efjad: בִּקְרֹב bikrov עָלַי alai מְרֵעִים mereím
לֶאֱכֹל leejol אֶת־ et בְּשָׂרִי besarí צָרַי tsarai מצפצ, אלהים דיודין, י"פ ייי
וְאֹיְבַי veoyvai לִי li הֵמָּה hema כָּשְׁלוּ jashlú וְנָפָלוּ venafalú:

YEHÍ RATSÓN

Que sea Tu voluntad, Señor, mi Dios y Dios de mis antepasados, que no erremos en materia de Halajá, y que no llamemos impuro a lo puro ni puro a lo impuro, y que no llamemos prohibido a lo permitido ni permitido a lo prohibido. Que mis colegas no erren en materia de Halajá y que yo me regocije en ellos, y que ninguna ofensa ocurra a través de mí, y que todos mis colegas se regocijen en mí. Porque de Su boca el Señor da sabiduría y entendimiento: "Abre mis ojos para que pueda ver las maravillas de Tu Torá" (Salmos 119:18).

LEDAVID

"Por David. El Señor es mi Luz y mi salvación, ¿de quién temeré? El Señor es la fortaleza de mi vida, ¿de quién he de atemorizarme? Cuando se juntaron contra mí los malignos, mis angustiadores y mis enemigos, para comer mis carnes, ellos tropezaron y cayeron.

אִם־ im יוהך, מ"א אותיות דפשוט, דמילוי ודמילוי דמילוי דאהיה ע"ה תַּחֲנֶה tajané עָלַי alai
מַחֲנֶה majané לֹא־ lo יִירָא yirá לִבִּי libí אִם־ im יוהך, מ"א אותיות דפשוט, דמילוי
ודמילוי דמילוי דאהיה ע"ה תָּקוּם takum כ"א הויות שבתפילין עָלַי alai מִלְחָמָה miljamá
בְּזֹאת bezot אֲנִי aní אני בוֹטֵחַ votéaj: אַחַת ajat שָׁאַלְתִּי shaalti
מֵאֵת־ meet יְהֹוָואדהיאהדונהי Adonai (ווזנון) אוֹתָהּ otá אֲבַקֵּשׁ avakesh
שִׁבְתִּי shivtí בְּבֵית beveit ב"פ ראה יְהֹוָואדהיאהדונהי Adonai (ארך) כָּל־ col ילי
יְמֵי yemei חַיַּי jayai לַחֲזוֹת lajazot בְּנֹעַם benóam יְהֹוָואדהיאהדונהי Adonai (אפים)
וּלְבַקֵּר ulevaker בְּהֵיכָלוֹ beheijaló: כִּי qui יִצְפְּנֵנִי yitspeneni בְּסֻכֹּה besucó
בְּיוֹם beyom ע"ה נגד, מזבח, זן, אל יהוה רָעָה raá רהע יַסְתִּרֵנִי yastireni בְּסֵתֶר beséter
אָהֳלוֹ aholó ב"פ מצר בְּצוּר betsur אלהים דההין ע"ה יְרוֹמְמֵנִי yeromemeni:
וְעַתָּה veatá יָרוּם yarum רֹאשִׁי roshí עַל al ר"ת ערי אֹיְבַי oyvai
סְבִיבוֹתַי sevivotai וְאֶזְבְּחָה veezbejá בְאָהֳלוֹ veaholó זִבְחֵי zivjei
תְרוּעָה teruá אָשִׁירָה ashira וַאֲזַמְּרָה vaazamrá לַיהֹוָואדהיאהדונהי laAdonai (ורב חסד):
שְׁמַע־ shemá יְהֹוָואדהיאהדונהי Adonai (ואמת) קוֹלִי kolí אֶקְרָא ekrá
וְחָנֵּנִי vejonení וַעֲנֵנִי vaaneni: לְךָ lejá אָמַר amar לִבִּי libí בַּקְּשׁוּ bakeshú
פָנָי fanai חכמה בינה אֶת־ et פָּנֶיךָ paneja ס"ג מ"ה ב"ן יְהֹוָואדהיאהדונהי Adonai (נֹצר חסד)
אֲבַקֵּשׁ avakesh: אַל־ al תַּסְתֵּר taster ב"פ מצר פָּנֶיךָ paneja ס"ג מ"ה ב"ן
מִמֶּנִּי mimeni אַל־ al תַּט־ tat בְּאַף beaf עַבְדֶּךָ avdeja פוי, אל אדני
עֶזְרָתִי ezratí הָיִיתָ hayita אַל־ al תִּטְּשֵׁנִי titesheni וְאַל־ veal תַּעַזְבֵנִי taazveni
אֱלֹהֵי Elohei מילוי ע"ב, דמב ; ילה יִשְׁעִי yishí: כִּי־ qui אָבִי aví
וְאִמִּי veimí עֲזָבוּנִי azavuni וַיהֹוָואדהיאהדונהי vaAdonai (לאלפים) יַאַסְפֵנִי yaasfeni:
הוֹרֵנִי horeni יְהֹוָואדהיאהדונהי Adonai (נֹשא עון) דַּרְכֶּךָ darqueja
וּנְחֵנִי unjeni בְּאֹרַח beóraj מִישׁוֹר mishor לְמַעַן lemaan שׁוֹרְרָי shorerai:

Aunque un ejército acampe contra mí, no temerá mi corazón. Aunque contra mí se levante guerra, yo estaré confiado. Una cosa he demandado al Señor, ésta buscaré: que esté yo en la casa del Señor todos los días de mi vida, para contemplar la hermosura del Señor y para buscarlo en Su Templo. Él me esconderá en Su Tabernáculo en el día del mal; me ocultará en lo reservado de Su morada; sobre una roca me pondrá en alto. Luego levantará mi cabeza sobre mis enemigos que me rodean, y yo sacrificaré en su Tabernáculo sacrificios de júbilo; cantaré y entonaré alabanzas al Señor. ¡Oye, Señor, mi voz cuando a Ti clamo! ¡Ten misericordia de mí y respóndeme! Mi corazón ha dicho de Ti: 'Busquen Mi rostro'. Tu rostro buscaré, Señor; no escondas Tu rostro de mí. No apartes con ira a Tu siervo. Mi ayuda has sido siempre. No me dejes ni me desampares, Dios de mi salvación. Aunque mi padre y mi madre me dejen, con todo, el Señor me recogerá. Enséñame, Señor, Tu camino y guíame por senda de rectitud a pesar de mis enemigos.

אַל־ al תִּתְּנֵנִי titeneni בְּנֶפֶשׁ benéfesh צָרָי tsarai מצפצ, אלהים דיודין, י״פ ייי
כִּי qui קָמוּ־ kamu בִי vi עֵדֵי־ edei שֶׁקֶר shéker וִיפֵחַ viféaj חָמָס jamás:
לוּלֵא lulé בינה ; וע״ה אהיה אהיה יהוה, חיים הֶאֱמַנְתִּי heemanti לִרְאוֹת lirot לאו
בְּטוּב betuv והו ; ר״ת הבל (למתק אור חוזר ע״מ לתקן עון הבל שוזטא בראיה)
יְהֹוָהאדניאהדונהי Adonai (ופשע) בְּאֶרֶץ beérets חַיִּים jayim אהיה אהיה יהוה, בינה ע״ה:
קַוֵּה kavé אֶל el יְהֹוָהאדניאהדונהי Adonai (ווזטאה) חֲזַק jazak פהל
וְיַאֲמֵץ veyaamets לִבֶּךָ libeja וְקַוֵּה vekavé אֶל el יְהֹוָהאדניאהדונהי Adonai (ונקה):

RABEINU TAM TEFILÍN (SEGÚN RAV SHABTAI DE RASHKOV)

RABEINU TAM TEFILÍN DE LA MANO

Medita en que el *Tefilín* de la mano de *Rabeinu Tam* es el secreto de la iluminación de: *Nétsaj* y *Hod* de *Aba* en *Nétsaj* y *Hod* de *Zeir Anpín* mientras se convierte en *Mojín* para *Nukvá*.

והנה תפילין אלו הם דאבא לזעיר אנפין והם כ״א אזכרות עיבור א׳ אהה״י
וד׳ פרשיות שבתוכו יההו והם ד׳ הויות ע״ב ס״ג מ״ה ב״ן ולבושם קס״א קס״א קנ״א קמ״ג כזה:

לבושין
Levushín (vestimenta)

אלף הי יוד הי. אלף הי יוד הי.
אלף הא יוד הא. אלף הה יוד הה.

מוחין
Mojín (cerebros)

יוד הי ויו הי. יוד הי ואו הי.
יוד הא ואו הא. יוד הה וו הה.

החו״ג הוא אלף הי ויו הי
והבית הוא אלף דלת נון יוד
והנה אהיה יההו אדני עולים למנין יב״ק (סוד מעבר יב״ק).

RABEINU TAM TEFILÍN DE LA CABEZA

Medita en que el *Tefilín* de la cabeza de *Rabeinu Tam* es el secreto de la iluminación de: *Nétsaj* y *Hod* de *Aba* en la Cabeza de *Zeir Anpín*.

וכ״א אזכרות הם עיבור א׳ אהה״י
עיבור א׳ וד׳ פרשיות הם יההו
והם סוד ד׳ יהוה ולבושם ד׳ אהיה כנ״ל.
וד׳ בתים הם אהה״י עיבור ב׳
הנה אהיה יההו אהיה עולים למנין חיים (סוד חיי מלך).
והנה יב״ק (של יד) ו– חיים (של ראש) עולים למנין
ע״ב (יוד הי ויו הי) + ס״ג (יוד הי ואו הי) + מ״ה (יוד הא ואו הא)

Luego escanea la meditación del *Shemá* pequeño (pág. 90-91) y luego di la primera parte del *Shemá* (pág. 178-179).

No me entregues a la voluntad de mis enemigos, porque se han levantado contra mí testigos falsos y los que hablan crueldad. Hubiera yo desmayado, si no creyera que he de ver la bondad del Señor en la tierra de los vivientes. Pon tus esperanzas en el Señor, para que seas fuerte y valiente, y confía en el Señor" (Salmos 27).

BENDICIÓN PARA SUSTENTO

La Kabbalah nos enseña que un negocio bendecido es el resultado de nuestras acciones proactivas y nuestra conexión con la Luz. Frecuentemente, cuando se trata de dinero nos olvidamos que la fuente para nuestro sustento es la Luz y caemos en la duda y la incertidumbre. La siguiente oración nos ayuda a mantener nuestra conexión con la Luz por todo el día, especialmente en nuestro negocio.

Hu הוּא Berij בְּרִיךְ Kudshá קוּדְשָׁא yijud יִחוּד leShem לְשֵׁם

(יאהההויהה), urjimu וּרְחִימוּ bidjilu בִּדְחִילוּ (יאהדונהי) uShjintei וּשְׁכִינְתֵּיהּ

Shem שֵׁם leyajdá לְיַחֲדָא (איההויהה), udjilu וּדְחִילוּ urjimu וּרְחִימוּ

(יהוה) shlim שְׁלִים beyijudá בְּיִחוּדָא Kei קֵי beVav בְּוָא״ו Kei קֵי Yud יו״ד

matjil מַתְחִיל hareini הֲרֵינִי ,Yisrael יִשְׂרָאֵל ילי col כָּל beshem בְּשֵׁם

o אוֹ ze זֶה leések לְעֵסֶק holej הוֹלֵךְ o אוֹ zu זוֹ bimlajá בִּמְלָאכָה

מהש ע״ה, ע״ב בריבוע וקס״א ע״ה, ratsón רָצוֹן yehí יְהִי .ze זֶה umatán וּמַתָּן masá מַשָּׂא

ילה Eloheinu אֱלֹהֵינוּ Adonai יְהֹוָאדהיאהדונהי ס״ג מ״ה ב״ן milfaneja מִלְּפָנֶיךָ אל שדי ע״ה

shetishlaj שֶׁתִּשְׁלַח avoteinu אֲבוֹתֵינוּ לכב ; מילוי ע״ב, דמב ; ילה veElohei וֵאלֹהֵי

yadai יָדַי maasé מַעֲשֵׂה לכב ב״ן, vejol בְּכָל hatslajá הַצְלָחָה

etstarej אֶצְטָרֵךְ sheló שֶׁלֹּא בוכו bejavod בְּכָבוֹד utfarneseni וּתְפַרְנְסֵנִי

lidei לִידֵי veló וְלֹא vadam וָדָם basar בָּשָׂר matnot מַתְּנַת lidei לִידֵי

יוהך, מ״א אותיות אהיה בפשוטו ומילואו ומילוי דמילואו ע״ה im אִם qui כִּי halvaatam הַלְוָאָתָם

פוי, אל אדני leovdejá לְעָבְדְךָ penai פְּנַאי li לִי ייי vesheyihyé וְשֶׁיִּהְיֶה leyadjá לְיָדְךָ

יה אדני lacol לַכֹּל והו tov טוֹב ייא״י El אֵל Atá אַתָּה qui כִּי רי״ו beyirá בִּירְאָה

beriyoteja בְּרִיּוֹתֶיךָ יה אדני lejol לְכָל mazón מָזוֹן umejín וּמֵכִין

יה אדני lejol לְכָל ג׳ הויות léjem לֶחֶם אבג יתץ, ושר notén נֹתֵן :dijtiv דִּכְתִיב

leolam לְעוֹלָם qui כִּי ר״ת = יב״ק, אלהים יהוה, אהיה אדני יהוה basar בָּשָׂר

ר״ת = נג״ה: ; (להמשיך הארה ממזלא עילאה) מזלא ג׳ הויות, jasdó חַסְדּוֹ ריבוע ס״ג ו׳ אותיות דס״ג

BENDICIÓN PARA SUSTENTO

Por el bien de la unificación entre El Santísimo Bendito Él y Su Shejiná, con temor y amor, y con amor y temor, con el fin de unificar el Nombre Yud-Kei y Vav-Kei en perfecta unidad, y en el nombre de todo Israel, por la presente inicio esta actividad, o esta empresa, o esta negociación. Que sea placentero ante Ti, Señor, mi Dios y Dios de mis antepasados, que Tú me envíes éxito en todo mi trabajo manual, y Tú me sustentarás con dignidad, para que no necesite la generosidad de la gente ni su préstamo, sino sólo Tu mano. Así yo estaré libre para adorarte con sobrecogimiento. Porque Tú eres buen Dios para todos y preparas comida para toda Tu creación. Como está escrito: "Él le da nutrición a toda la carne, pues su generosidad es para siempre" (Salmos 136:25).

פּוֹתֵוַז potéaj אֶת et יָדֶךָ yadeja ר"ת פאי וס"ת ווזתך (עם ג' אותיות = דִּיקַרְנוֹסָא ובאתב"ש הוא
סאל, פאי, אמן, יאהדונהי ; ועוד יכוין שם ווזתך בשילוב יהוה כזה: יְוָזֳהָתֳוָכָהָ המסוגל לפרנסה)
וּמַשְׂבִּיעַ umasbía ווזתך (עם ג' אותיות = דִּיקַרְנוֹסָא ובא"ת ב"ש הוא סאל, פאי, אמן, יאהדונהי;
ועוד יכוין שם ווזתך בשילוב יהוה כזה: יְוָזֳהָתֳוָכָהָ שהוא מסוגל לפרנסה) לְכָל lejol יה אדני וָזִי jai כל
וזי = אהיה אהיה יהוה, בינה ע"ה, ווזיים רָצוֹן ratsón מהש ע"ה, ע"ב בריבוע וקס"א ע"ה, אל שדי ע"ה; ר"ת
רוזל שהיא המלכות הצריכה לשפע: וְתַמְצִיא vetamtsí לִי li עַל al יְדֵי yedei
מְלָאכָה melajá זוּ zu אוֹ o עֵסֶק ések זֶה ze, אוֹ o מַשָּׂא masá וּמַתָּן umatán
זֶה ze כְּדֵי quedei שֶׁאוּכַל sheujal לְפַרְנֵס lefarnés בְּנֵי bnei בֵּיתִי beití,
לֶוֶזם léjem ג' הויות לֶאֱכוֹל leejol וּבֶגֶד uvégued לִלְבּוֹשׁ lilbosh וּשְׁמַע ushmá
תְּפִלָּתִי tefilatí כִּי qui אַתָּה Atá שׁוֹמֵעַ shomea תְּפִלַּת tefilat עַמְּךָ ameja
יִשְׂרָאֵל Yisrael בְּרַוְזֲמִים berajamim מצפצ, אלהים דיודין, י"פ ייי בָּרוּךְ Baruj
אַתָּה Atá שׁוֹמֵעַ shomea תְּפִלָּה tefilá א"ת ב"ש אֻכַצ, ב"ן אדני וניקודה ע"ה יוד הי וו הה:

Hay una conexión adicional que nos ayuda a mantener la Luz en nuestra conciencia durante todo el día. Antes de cerrar nuestro libro de oraciones y salir, recitamos esta oración para mantener a los ángeles con nosotros todo el día.

יְהֹוָהאדניאהדונהי Adonai נְוֵזנִי nejeni בְצִדְקָתֶךָ vetsidkateja לְמַעַן lemaan
שׁוֹרְרָי shorerai הַיְשַׁר hayeshar (כתיב: הושר) לְפָנַי lefanai דַּרְכֶּךָ darqueja:
וְיַעֲקֹב veYaakov ד' הויות, יאהדונהי אידהנויה הָלַךְ halaj מיה לְדַרְכּוֹ ledarcó
וַיִּפְגְּעוּ vayifgueú בוֹ vo מַלְאֲכֵי malajei אֱלֹהִים Elohim אהיה אדני ; ילה:
וַיֹּאמֶר vayómer יַעֲקֹב Yaakov ד' הויות, יאהדונהי אידהנויה כַּאֲשֶׁר caasher
רָאָם raam מַוְזֲנֵה majané אֱלֹהִים Elohim אהיה אדני ; ילה זֶה ze וַיִּקְרָא vayikrá עם
ה' אותיות ב"פ קס"א שֵׁם shem הַמָּקוֹם hamakom הַהוּא hahú מַוְזֲנָיִם Majanáyim:

"Abre Tus Manos y dale satisfacción al deseo de cada criatura viviente" (Salmos 145:16)
Y Tú me entregarás por esta actividad, o esta empresa, o esta negociación, para que pueda sustentar a mi familia y a mi hogar con pan para comer y ropa para vestir, y escucha mi oración, pues Tú oyes la oración de Tu pueblo Israel con compasión. Bendito seas Tú, quien escucha oraciones.

"Señor, instrúyeme con Tu rectitud, y condúceme en Tus caminos en contra de mis enemigos" (Salmos 5:9).
"Y Yaakov siguió su camino, y los ángeles de Dios se encontraron con él. Al verlos, Yaakov dijo: Este es el campamento de Dios. Y llamó a ese lugar Majanáyim" (Génesis 32:2-3).

MINJÁ – LA ORACIÓN DE LA TARDE
ENDULZAR EL JUICIO SEVERO

El propósito de la oración de *Minjá* no es sólo hacer una conexión con la Luz del Creador, sino también aquietar la energía de juicio en el mundo. El mejor momento para hacer esto es cuando la energía de juicio aparece en su mayor magnitud e intensidad. El Kabbalista Rav Yitsjak Luria (el Arí) sólo recitaba la *Minjá* cuando el Sol se estaba poniendo. Él tenía conocimiento de que el valor numérico de la palabra *Minjá* (103) también es el número de los submundos (dentro de los cinco mundos principales), controlados por la energía de juicio de la Columna Izquierda.

El pecado del becerro de oro ocurrió durante la hora de *Minjá*, convirtiéndose entonces en la semilla que ayudaría a infundir el mundo con juicio al final de la tarde. Yitsjak el Patriarca es nuestro canal para superar el juicio. Yitsjak vino a este mundo para crear un camino que nos llevaría a suavizar el juicio en nuestra vida. Podemos escoger entre seguir creando caminos difíciles para nosotros o podemos seguir el camino de endulzar el juicio que pavimentó Yitsjak.

Desde el mediodía y hasta que el Sol se oculta es un tiempo de juicio severo.
Por esta razón traemos *menujá* (descanso) al juicio mediante la oración de *Minjá*.

LESHEM YIJUD

לשם leShem יחוד yijud קודשא Kudshá בריך Berij הוא Hu
ושכינתיה uShjintei (יאהדונהי), בדחילו bidjilu ורחימו urjimu
(יאהדויהה), ורחימו urjimu ודחילו udjilu (איההיוהה), ליחדא leyajdá
שם Shem יו"ד Yud קי Kei בוא"ו beVav קי Kei ביחודא beyijudá
שלים shlim (יהוה) בשם beshem כל col ילי ישראל Yisrael,
הנה hiné אנחנו anajnu באים baim להתפלל lehitpalel תפלת tefilat
מנחה minjá ע"ה ב"פ ב"ן שתקן shetikén יצחק Yitsjak ד"פ ב"ן אבינו avinu
עליו alav השלום hashalom עם im כל col ילי המצוות hamitsvot
הכלולות haquelulot בה ba, לתקן letakén את et שורשה shorshá
במקום bemakom עליון elyón לעשות laasot נחת־ nájat רוח rúaj
ליוצרנו leyotsrenu, ולעשות velaasot רצון retsón מהש ע"ה, ע"ב
בריבוע וקס"א ע"ה, אל שדי ע"ה בוראנו borenu. ויהי vihí נעם nóam אדני Adonai ללה
אלהינו Eloheinu ילה עלינו aleinu ומעשה umaasé ידינו yadeinu
כוננה conená עלינו aleinu ומעשה umaasé ידינו yadeinu כוננהו conenehu:

LA ORACIÓN DE MINJÁ (TARDE) - LESHEM YIJUD

Para la unificación del Santísimo, bendito sea Él, y Su Shejiná, con temor y amor y con amor y temor, para unificar El Nombre Yud-Kei y Vav-Kei en perfecta unidad, y en el nombre de Yisrael, hemos venido por este medio a recitar la oración de Minjá establecida por Yitsjak, nuestro ancestro, sea la paz con él con todos sus preceptos, para corregir su raíz en el Lugar Celestial, para llevar satisfacción a nuestro Hacedor, y para satisfacer el deseo de nuestro Creador. "Y sea la gracia del Señor, nuestro Dios, sobre nosotros y pueda Él establecer en nosotros la obra de nuestras manos y que la obra de nuestras manos pueda establecerlo a Él" (Salmos 90:17).

LOS SACRIFICIOS – KORBANOT - EL TAMID – OFRENDA (DIARIA)

Moshé משה el אל־ Adonai יהוהאדניאהדונהי ראה vaydaber וידבר

bnei בני et את־ tsav צו פוי, אל אדני :lemor לאמר מהש, ע"ב בריבוע וקס"א, אל שדי

korbaní קרבני et את־ alehem אלהם veamarta ואמרת Yisrael ישראל

tishmerú תשמרו nijojí ניחחי réaj ריח leishai לאשי lajmí לחמי

lahem להם veamarta ואמרת :bemoadó במועדו li לי lehakriv להקריב

laAdonai ליהוהאדניאהדונהי takrivu תקריבו asher אשר haishé האשה ze זה

shnáyim שנים temimim תמימם shaná שנה bnei בני־ quevasim כבשים

:ע"ה קס"א קנ"א קמ"ג tamid תמיד ר"ת עשל olá עלה ע"ה נגד, מזבח, זן, אל יהוה layom ליום

vabóker בבקר taasé תעשה אהבה, דאגה ejad אחד haqueves הכבש et את־

bein בין taasé תעשה hashení השני haqueves הכבש veet ואת

sólet סלת haeifá האיפה vaasirit ועשירית :haarbáyim הערבים

beshemen בשמן belulá בלולה ב"ן ב"פ ע"ה leminjá למנחה

אבגיתץ ,ושר olat עלת :hahín ההין reviit רביעת catit כתית

(Aquí meditar en doblegar la *klipá* llamada *Tolá* usando el Nombre: אבגיתץ)

haasuyá העשיה קמ"ג קנ"א קס"א ע"ה tamid תמיד

nijóaj ניחח leréaj לריח (ה׳ גבורות) הויות ה׳ ,נמם Sinai סיני beHar בהר

reviit רביעת veniscó ונסכו :laAdonai ליהוהאדניאהדונהי ishé אשה

bakódesh בקדש אהבה, דאגה haejad האחד laqueves לכבש hahín ההין

:laAdonai ליהוהאדניאהדונהי ב"ן י"פ shejar שכר nésej נסך hasej הסך

LOS SACRIFICIOS – KORBANOT - EL TAMID – OFRENDA (DIARIA)

"Y habló Dios a Moshé y dijo: Ordena a los Hijos de Israel y diles: Mi ofrenda, el pan para ofrenda por fuego, Mi agradable fragancia, guardarán para entregar en sacrificio a Mí en el momento especificado. Y les dirás: Esta es la ofrenda por fuego que ofrecerán a Dios: cordero de un año sin defecto, dos diarios, como una ofrenda diaria regular; un cordero ofrecerán en la mañana y el segundo cordero ofrecerán al final de la tarde. Y una décima de efá de harina fina, para la ofrenda de harina, mezclada con un cuarto de hin de aceite. Una ofrenda quemada permanente hecha en el Monte Sinaí para fragancia adorable y una ofrenda por fuego ante Dios. Su libación es un cuarto de hin para el cordero en el Santuario, vierte una libación de vino superior ante Dios.

ואת veet הכבש haqueves השני hashení תעשה taasé בין bein

הערבים haarbáyim כמנחת queminjat הבקר habóker וכנסכו ujeniscó

תעשה taasé אשה ishé (elevación a *Yetsirá*) ריח réaj (elevación a *Briá*)

ניחח nijóaj (elevación a *Atsilut*) ליהוה laAdonai ; (elevación al Mundo Infinito):

EL INCIENSO

Estos versículos de la Torá y del *Talmud* hablan sobre las 11 hierbas y especias que fueron usadas en el Templo. Estas hierbas y especias fueron usadas con un solo propósito: Para ayudarnos a eliminar la fuerza de la muerte de cada área de nuestra vida. Esta es una de las pocas oraciones cuyo único propósito es la erradicación de la muerte. El *Zóhar* nos enseña que todo aquel que tenga juicio persiguiéndole, necesita conectarse con este incienso. Estas 11 hierbas y especias se conectan con las 11 Luces que sostienen a las *klipot* (cáscaras de negatividad). Cuando arrancamos las 11 Luces que sostienen a las *klipot* a través del poder del incienso, las *klipot* pierden su fuerza vital y mueren. Además de llevar las 11 especias al Templo, la gente llevaba resina, vino y otros elementos con propiedades metafísicas para ayudar a combatir al Ángel de la Muerte.

Está escrito en el *Zóhar*: "Ven y ve: Quien es perseguido por el juicio necesita incienso y debe arrepentirse ante su Señor, ya que el incienso ayuda a desaparecer el juicio de él". Las 11 hierbas y especias corresponden a las 11 Iluminaciones Santas que reviven a la *klipá*. Al elevarlas, la *klipá* muere. Mediante estas 11 hierbas, las *klipot* son alejadas y se elimina la fuerza energética que les daba vida. Y debido a que el Lado Puro y su sustento desaparecen, las *klipot* quedan sin vida. Por lo tanto, el secreto del incienso es que éste limpia la fuerza de la plaga y la cancela. El incienso destruye al Ángel de la Muerte y le quita su poder de asesinar.

אתה Atá הוא Hu יהוה Adonai אלהינו Eloheinu ילה

שהקטירו shehiktiru אבותינו avoteinu לפניך lefaneja ס״ג מ״ה ב״ן

את et קטרת któret י״א פעמים אדני (הנבררים מהקליפות ע״י י״א הסממנים) ;

קטרת – הק׳ באתב״ש ד׳ = תרי״ג (מצוות) הסמים hasamim ע״ה קנ״א, אדני אלהים

בזמן bizmán שבית shebeit ב״פ ראה המקדש hamikdash קים kayam

כאשר caasher צוית tsivita אותם otam על al יד yad משה Moshé מהש,

ע״ב בריבוע וקס״א, אל שדי נביאך neviaj ככתוב cacatuv בתורתך beTorataj:

Ofrecerás el segundo cordero en la tarde como la ofrenda de la mañana; su libación ofrecerás como ofrenda por fuego de una fragancia agradable a Dios" (*Números 28:1-8*).

EL INCIENSO

Eres Tú, Señor, nuestro Dios, ante quien nuestros antepasados quemaron las especias del incienso. Durante el tiempo en el que existía el Sagrado Templo, como habías ordenado a través de Moshé, Tu Profeta, y como está escrito en Tu Torá:

LA PORCIÓN DEL INCIENSO

Para elevar las *Sefirot* de todas las *Noga* de *Atsilut, Briá, Yetsirá* y *Asiyá*.

וַיֹּאמֶר vayómer יְהֹוָה‎ יאהדונהי Adonai אֶל־ el מֹשֶׁה Moshé

מהש, ע״ב בריבוע וקס״א, אל שדי קַח־ kaj לְךָ lejá סַמִּים samim (**Tiféret, Nétsaj**)

ע״ה קנ״א, אדני אלהים נָטָף nataf | (**Hod**) וּשְׁחֵלֶת ushjélet (**Yesod**) וְחֶלְבְּנָה vejelbená

(**Maljut**) ע״ה פוי, אל אדני סַמִּים samim (**Kéter, Jojmá, Biná, Jésed, Guevurá**)

ע״ה קנ״א, אדני אלהים וּלְבֹנָה ulevoná זַכָּה zacá (**Luz Circundante**) בַּד bad בְּבַד bevad

יִהְיֶה yihyé ייי׃ וְעָשִׂיתָ veasita אֹתָהּ otá קְטֹרֶת któret י״א פעמים אדני (הנבררים

מהקליפות ע״י י״א הסממנים); קטרת - הק׳ באתב״ש ד׳ = תרי״ג (מצוות) רֹקַח rókaj מַעֲשֵׂה maasé

רוֹקֵחַ rokéaj שדי מְמֻלָּח memulaj טָהוֹר tahor י״פ אכא קֹדֶשׁ kódesh

ס״ת רוחש בכוונה לגרש החיצונים וויעיל לזכירה׃ וְשָׁחַקְתָּ veshajakta מִמֶּנָּה mimena

הָדֵק hadek וְנָתַתָּה venatata מִמֶּנָּה mimena לִפְנֵי lifnei הָעֵדֻת haedut

בְּאֹהֶל beóhel מוֹעֵד moed אֲשֶׁר asher אִוָּעֵד ivaed לְךָ lejá שָׁמָּה shama

קֹדֶשׁ kódesh קָדָשִׁים kodashim תִּהְיֶה tihyé לָכֶם lajem. וְנֶאֱמַר veneemar:

וְהִקְטִיר vehiktir עָלָיו alav אַהֲרֹן Aharón קְטֹרֶת któret י״א פעמים אדני

(הנבררים מהקליפות ע״י י״א הסממנים); קטרת - הק׳ באתב״ש ד׳ = תרי״ג (מצוות) סַמִּים samim

ע״ה קנ״א, אדני אלהים בַּבֹּקֶר babóker בַּבֹּקֶר babóker בְּהֵיטִיבוֹ beheitivo

אֶת־ et הַנֵּרֹת hanerot יַקְטִירֶנָּה yaktirena: וּבְהַעֲלֹת uvehaalot

אַהֲרֹן Aharón אֶת־ et הַנֵּרֹת hanerot בֵּין bein הָעַרְבַּיִם haarbáyim

ר״ת אהבה, דאגה, אחד יַקְטִירֶנָּה yaktirena קְטֹרֶת któret י״א פעמים אדני

(הנבררים מהקליפות ע״י י״א הסממנים); קטרת - הק׳ בא״ת ב״ש ד׳ = תרי״ג (מצוות) תָּמִיד tamid

ע״ה קס״א קנ״א קמ״ג לִפְנֵי lifnei יְהֹוָה‎ יאהדונהי Adonai לְדֹרֹתֵיכֶם ledoroteijem:

LA PORCIÓN DEL INCIENSO

"Y Dios dijo a Moshé: Toma especias de bálsamo, uña aromática, gálbano y olíbano puro, de todo en igual peso. Y deberás preparar una mezcla de incienso: la obra de un perfumador, bien combinada, pura y santa. Molerás de ella pulverizándola y la colocarás delante del Testimonio en el Tabernáculo de Reunión, en donde Yo me encontraré contigo. Será el Santo de los Santos para ti" (Éxodo 30:34-36). *Y Dios también dijo: "Aharón quemará sobre el Altar especies de incienso cada mañana cuando prepare las velas. Y cuando Aharón encienda las velas a la caída del Sol, él deberá quemar especias de incienso como una ofrenda de incienso permanente ante Dios, por todas sus generaciones"* (Éxodo 30:7-8).

LAS FUNCIONES DEL INCIENSO

El relleno del incienso tiene dos propósitos: primero, remover las *klipot* para evitar que éstas acompañen la elevación de los Mundos y, segundo, atraer Luz hacia *Asiyá*. Por lo tanto, medita en elevar las chispas de Luz de todas las *Noga* de *Atsilut*, *Briá*, *Yetsirá* y *Asiyá*.

Cuenta el incienso uno por uno usando tu mano derecha y no te saltes ni uno, porque está escrito: "Si uno omite uno de los ingredientes, es probable que reciba la pena de muerte". Y, por lo tanto, debes tener cuidado de no saltarte ninguno, porque recitar este párrafo es un sustituto de la verdadera quema del incienso.

תָּנוּ tanú רַבָּנָן rabanán פִּטּוּם pitum הַקְּטֹרֶת haktóret י"א פעמים אדני
(הנבררים מהקליפות ע"י י"א הסממנים); קטרת - הק' באתב"ש ד' = תרי"ג (מצוות);
פטום הקטרת = יְהֹוָה יֱהֹוִה מצפצ יה אדני אל אלהים מצפצ (ז' מרגלאין דשבת):
כֵּיצַד queitsad. שְׁלֹש shlosh מֵאוֹת meot המספר = ש', אלהים דיודין
וְשִׁשִּׁים veshishim המספר = מילוי הש' (ין) וּשְׁמוֹנָה ushmoná מָנִים manim הָיוּ hayú
בָהּ va. שְׁלֹש shlosh מֵאוֹת meot המספר = ש', אלהים דיודין וְשִׁשִּׁים veshishim
המספר = מילוי הש' (ין) וַחֲמִשָּׁה vajamishá כְּמִנְיַן queminyán יְמוֹת yemot
הַחַמָּה hajamá מָנֶה mané ע"ה פוי, אל אדני בְּכָל־ bejol ב"ן, לכב
יוֹם yom ע"ה נגד, מזבח, זן, אל יהוה. מַחֲצִיתוֹ majatsitó בַּבֹּקֶר babóker
וּמַחֲצִיתוֹ umajatsitó בָּעֶרֶב baérev. וּשְׁלֹשָׁה ushloshá מָנִים manim
יְתֵרִים yeterim קס"א, קנ"א וקמ"ג שֶׁמֵּהֶם shemehem מַכְנִיס majnís כֹּהֵן Cohén מלה
גָּדוֹל Gadol להח ; עם ד' אותיות = מבה, יזל, אום וְנוֹטֵל venotel מֵהֶם mehem
מְלֹא meló חָפְנָיו jafnav בְּיוֹם beyom ע"ה נגד, מזבח, זן, אל יהוה הַכִּפּוּרִים haKipurim.
מַחֲזִירָן majazirán לְמַכְתֶּשֶׁת lamajtéshet בְּעֶרֶב beérev
יוֹם Yom ע"ה נגד, מזבח, זן, אל יהוה הַכִּפּוּרִים haKipurim כְּדֵי quedei לְקַיֵּם lekayem
מִצְוַת mitsvat דַּקָּה daká מִן min הַדַּקָּה hadaká. וְאַחַד veajad אהבה, דאגה
עֲשָׂר asar סַמָּנִים samanim הָיוּ hayú בָהּ va. וְאֵלּוּ veelu הֵן hen:

LAS FUNCIONES DEL INCIENSO

Nuestros Sabios han enseñado: ¿Cómo se hacía la composición del incienso? Trescientas sesenta y ocho porciones estaban contenidas allí. Trescientas sesenta y cinco correspondían al número de días en el año solar, una porción para cada día: La mitad de ella en la mañana y la otra mitad a la caída del Sol. Y las tres porciones restantes, El Sumo Sacerdote (Cohén Hagadol), en Yom Kipur, se llenaba ambas manos con ellas. En la Víspera de Yom Kipur, él las llevaría de regreso al mortero para cumplir el requerimientode que debían estar muy finamente molidas. Cada porción contenía once especias:

1) הַצֳּרִי haTsorí (*Kéter*) מצפצ, אלהים דיודין, י"פ ייי • 2) וְהַצִּפּוֹרֶן vehaTsiporén (*Yesod*)
יהוה אדני אהיה שדי • 3) וְהַחֶלְבְּנָה vehaJelbená (*Maljut*) ע"ה פוי, אל אדני •
4) וְהַלְּבוֹנָה vehaLevoná (**Luz Circundante** - שהוא אור לבן והוא יוזידי הנקרא אדון יוזיד)
מִשְׁקַל mishkal שִׁבְעִים shivim שִׁבְעִים shivim מָנֶה mané ע"ה פוי, אל אדני •
5) מוֹר Mor (*Jésed*)• 6) וּקְצִיעָה uKetsía רהע (*Guevurá* - "כי מצפון תפתח הרעה",
והגבורה סוד רוח צפון)• 7) וְשִׁבֹּלֶת veShibólet נֵרְדְּ nerd (*Tiféret*)•
8) וְכַרְכֹּם veJarcom (*Nétsaj*) בוזחך, סנדלפון, ערי• מִשְׁקַל mishkal שִׁשָּׁה shishá
עָשָׂר asar שִׁשָּׁה shishá עָשָׂר asar מָנֶה mané ע"ה פוי, אל אדני• 9) קֹשְׁטְ Kosht
(*Jojmá*) שְׁנֵים shnéim עָשָׂר asar• 10) קְלוּפָה Kilufá (*Biná*) שְׁלֹשָׁה shloshá•
11) קִנָּמוֹן Kinamón (*Hod*) ר"ת ג"פ ק' (בסוד קדוש קדוש קדוש) תִּשְׁעָה tishá•
בּוֹרִית borit כַּרְשִׁינָא carshiná תִּשְׁעָה tishá קַבִּין kabín• יֵין yein מיכ, י"פ האא
קַפְרִיסִין kafrisín סְאִין seín תְּלַת telat וְקַבִּין vekabín תְּלָתָא telatá אהיה קבין
וְאִם veím יוהך, מ"א אותיות דפשוט, דמילוי ודמילוי דמילוי דאהיה ע"ה לֹא lo מָצָא matsá
יֵין yein מיכ, י"פ האא קַפְרִיסִין kafrisín מֵבִיא meví חֲמַר jamar חִוָּר jivar
עַתִּיק atik• מֶלַח mélaj סְדוֹמִית sdomit רוֹבַע rova• מַעֲלֶה maalé
עָשָׁן ashán כָּל col ילי שֶׁהוּא shehú• רִבִּי Ribí נָתָן Natán הַבַּבְלִי haBavlí
אוֹמֵר omer אַף af מִכִּפַּת miquipat הַיַּרְדֵּן haYardén י' הויות וד' אותיות כָּל col ילי
שֶׁהִיא shehí• אִם im יוהך, מ"א אותיות דפשוט, דמילוי ודמילוי דמילוי דאהיה ע"ה נָתַן natán
בָּהּ ba דְּבַשׁ devash שו' (דשופר) וי"ד (האוזן) = ש"ך דינין דגדלות פְּסָלָהּ pesalá•
וְאִם veim יוהך, מ"א אותיות דפשוט, דמילוי ודמילוי דמילוי דאהיה ע"ה וְחִסֵּר jiser
אַחַת ajat מִכָּל־ micol ילי סַמְמָנֶיהָ samemaneha וְחַיָּב jayav מִיתָה mitá:

1) Bálsamo 2) Uña aromática 3) Gálbano 4) Olíbano; el peso de setenta porciones cada una. 5) Mirra 6) Acacia 7) Nardo 8) Y Azafrán; el peso de dieciséis porciones cada una. 9) Doce porciones de Costo 10) Tres de Corteza aromática 11) Nueve de Canela. Asimismo, nueve kabín de Lejía de Carsina. Y tres kabín y tres seín de Vino de Chipre. Y si uno no encontrase vino de Chipre, él deberá traer vino blanco añejo. Y un cuarto de la sal de Sodoma. Y una pequeña medida de una hierba generadora de humo. Rabí Natán, el Babilonio, también aconsejaba una pequeña cantidad de ámbar de Jordania. Si se le añadía miel, se hacía defectuoso. Si omite aunque sea una de todas las hierbas, era merecedor de la muerte.

רַבָּן Rabán שִׁמְעוֹן Shimón בֶּן ben גַּמְלִיאֵל Gamliel אוֹמֵר omer:
הַצֳּרִי haTsorí מצפצ, אלהים דיודין, י"פ ייי אֵינוֹ einó אֶלָּא ela שְׂרָף seraf
הַנּוֹטֵף hanotef מֵעֲצֵי meatsei הַקְּטָף haketaf. בּוֹרִית borit
כַּרְשִׁינָא carshiná לְמָה lemá הִיא hi בָּאָה vaá. כְּדֵי quedei
לְשַׁפּוֹת leshapot בָּהּ ba אֶת et הַצִּפֹּרֶן haTsiporén יהוה אדני אהיה שדי
כְּדֵי quedei שֶׁתְּהֵא shetehé נָאָה naá. יֵין yein ע' (כנגד ע' אומות העולם התלויים בסמאל)
מיכ, י"פ האא קַפְרִיסִין Kafrisín לְמָה lemá הוּא hu בָּא va. כְּדֵי quedei
לִשְׁרוֹת lishrot בּוֹ bo אֶת et הַצִּפֹּרֶן haTsiporén יהוה אדני אהיה שדי
כְּדֵי quedei שֶׁתְּהֵא shetehé עַזָּה azá. וַהֲלֹא vahaló מֵי mei ילי רַגְלַיִם ragláyim
יָפִין yafín לָהּ la אֶלָּא ela שֶׁאֵין sheéin מַכְנִיסִין majnisín מֵי mei ילי
רַגְלַיִם ragláyim בַּמִּקְדָּשׁ bamikdash מִפְּנֵי mipnei הַכָּבוֹד hacavod לאו:
תַּנְיָא tanyá רִבִּי Ribí נָתָן Natán אוֹמֵר omer: כְּשֶׁהוּא queshehú
שׁוֹחֵק shojek אוֹמֵר omer הָדֵק hadek הֵיטֵב heitev. הֵיטֵב heitev
הָדֵק hadek. מִפְּנֵי mipnei שֶׁהַקּוֹל shehakol יָפֶה yafé לַבְּשָׂמִים labesamim.
פִּטְּמָהּ pitema לַחֲצָאִין lajatsaín כְּשֵׁרָה queshera. לִשְׁלִישׁ leshalish
וּלְרְבִיעַ uleravía לֹא lo שָׁמַעְנוּ shamanu. אָמַר amar רִבִּי Ribí
יְהוּדָה Yehudá זֶה ze הַכְּלָל haclal אִם im יוהך, מ"א אותיות דפשוט, דמילוי
ודמילוי דמילוי דאהיה ע"ה כְּמִדָּתָהּ quemidatá כְּשֵׁרָה queshera לַחֲצָאִין lajatsaín.
וְאִם veim יוהך, מ"א אותיות דפשוט, דמילוי ודמילוי דמילוי דאהיה ע"ה וְחִסֵּר jiser
אַחַת ajat מִכָּל micol ילי סַמְמָנֶיהָ samemaneha חַיָּב jayav מִיתָה mitá:

Rabán Shimón ben Gamliel dice: El bálsamo era sólo una savia que rezumaba de los árboles de bálsamo. ¿Para qué se añadía la lejía de Carsina? Para frotar la uña aromática con ella y hacerlo agradable a la vista. ¿Cuál era el propósito de añadir vino de Chipre? Para remojarlo con la uña aromática. Orina es lo más apropiado para esto, pero no se lleva orina al Templo Sagrado por respeto. Se enseñaba que Rabí Natán decía: Cuando él molía, él decía: "Muélela finamente, muélela finamente". Esto es porque la voz es beneficiosa para las especias. Si combina la mitad de la cantidad es todavía válido, pero con relación a un tercio o un cuarto no poseemos información. Rabí Yehuda decía: Esta es la regla general: Si está en las proporciones correctas, la mitad es válida. Pero si él omite una de las especias, es merecedor de la muerte.

תָּנֵי tanei בַּר Var קַפָּרָא Kapará: אַחַת ajat לְשִׁשִּׁים leshishim אוֹ o
לְשִׁבְעִים leshivim שָׁנָה shaná הָיְתָה haytá בָּאָה vaá שֶׁל shel
שִׁירַיִם shiráyim לַחֲצָאִין lajatsaín. וְעוֹד veod תָּנֵי tanei בַּר Var
קַפָּרָא Kapará אִלּוּ ilú הָיָה hayá יהה נוֹתֵן notén אבגית״ץ, ושר בָּהּ ba
קָרְטוֹב kartov שֶׁל shel דְּבַשׁ devash שו׳ (דשופר) וי״ד (האוזן) = ש״ך דינין דגדלות
אֵין ein אָדָם adam מ״ה יָכוֹל yajol לַעֲמוֹד laamod מִפְּנֵי mipenei
רֵיחָהּ reijá. וְלָמָּה velama אֵין ein מְעָרְבִין mearvín בָּהּ ba דְּבַשׁ devash
שו׳ (דשופר) וי״ד (האוזן) = ש״ך דינין דגדלות מִפְּנֵי mipenei שֶׁהַתּוֹרָה shehaTorá
אָמְרָה amrá (ויקרא ב׳, י״א): כִּי qui כָל־ jol ילי שְׂאֹר seor ג׳ מוחין דאלהים דקטנות
(ש׳ = אלהים דיודין ; א׳ כללות שם אלהים ; ר׳ = ריבוע אלהים) וְכָל־ vejol ילי דְּבַשׁ devash
שו׳ (דשופר) וי״ד (האוזן) = ש״ך דינין דגדלות לֹא־ lo תַקְטִירוּ taktiru מִמֶּנּוּ mimenu
שכן הם בחינת דינין דקטנות ודגדלות לכן נאסרה הקרבתן אִשֶּׁה ishé לַיהוָה יאהדונהי laAdonai:

Derecha

יְהוָה יאהדונהי Adonai צְבָאוֹת Tsevaot פני שכינה עִמָּנוּ imanu
ריבוע דס״ג, קס״א ע״ה וד׳ אותיות מִשְׂגָּב־ misgav מושה, מהש, ע״ב בריבוע קס״א, אל שדי,
ד״פ אלהים ע״ה לָנוּ lanu אלהים, אהיה אדני אֱלֹהֵי Elohei מילוי ע״ב, דמב ; ילה
יַעֲקֹב Yaakov ז׳ הויות, יאהדונהי אידהנויה סֶלָה sela:

Izquierda

יְהוָה יאהדונהי Adonai צְבָאוֹת Tsevaot פני שכינה אַשְׁרֵי ashrei
אָדָם adam מ״ה ; יהוה צבאות אשרי אדם = תפארת בֹּטֵחַ botéaj
בָּךְ baj אדם בוטח בך = אמן (יאהדונהי) ע״ה ; בוטח בך = מילוי ע״ב ע״ה:

Bar Kapara enseñaba que una vez cada sesenta o setenta años, las sobras se acumularían hasta llegar a la mitad de la medida. Bar Kapara también enseñaba que si se le añadía un kortov de miel, ningún hombre soportaría su olor. ¿Por qué no se mezcla miel con ella? Porque la Torá ha estipulado: Porque cualquier levadura o miel no debes quemar en una ofrenda por fuego a Dios (Kritut 6; Yerushalmi, Yomá: cap. 4). (Derecha) *"El Señor de los Ejércitos está con nosotros, nuestra fuerza es el Dios de Yaakov, Sela"* (Salmos 46:12). (Izquierda) *"El Señor de los Ejércitos, dichoso es aquel que confía en Ti"* (Salmos 84:13).

Central

יְהֹוָאדהנויאהדונהי Adonai הוֹשִׁיעָה hoshía יהוה וש״ע נהורין הַמֶּלֶךְ haMélej ר״ת יהה

יַעֲנֵנוּ yaanenu בְיוֹם veyom ע״ה נגד, מזבוח, זן, אל יהוה

קָרְאֵנוּ korenu ר״ת יב״ק, אלהים יהוה, אהיה אדני יהוה ; ס״ת = ב״ן ועם כף דהמלך = ע״ב ♦

וְעָרְבָה vearvá לַיהֹוָאדהנויאהדונהי laAdonai

מִנְחַת minjat יְהוּדָה Yehudá וִירוּשָׁלָםִ virushaláim

כִּימֵי quimei עוֹלָם olam וּכְשָׁנִים ujeshanim קַדְמֹנִיּוֹת ♦kadmoniyot

ANÁ BEJÓAJ (para saber más sobre el *Aná Bejóaj*, ir a la pág. 106)

El *Aná Bejóaj* probablemente sea la oración más poderosa en todo el universo. El kabbalista del siglo II Rav Najunyá ben HaKaná fue el primer sabio en revelar esta combinación de 42 letras, la cual contiene el poder de la Creación.

Jésed, domingo (*Álef Bet Guímel Yud Tav Tsadi*) אבג יתץ

אָנָּא aná בְּכֹחַ ♦bejóaj גְּדֻלַּת guedulat יְמִינְךָ ♦yemineja

תַּתִּיר tatir צְרוּרָה ♦tserurá

Guevurá, lunes (*Kof Resh Ayin Sin Tet Nun*) קרע שטן

קַבֵּל kabel רִנַּת ♦rinat עַמְּךָ ameja שַׂגְּבֵנוּ ♦sagvenu

טַהֲרֵנוּ taharenu נוֹרָא ♦norá

(Central) *"Señor, sálvanos. El Rey nos responderá el día que lo invoquemos" (Salmos 20:10). "Que el Señor encuentre la ofrenda de Yehuda y Jerusalén agradable como siempre y como en los tiempos antiguos" (Malaquías 3:4).*

ANÁ BEJÓAJ

Jésed, domingo אבג יתץ

Te suplicamos, con el gran poder de Tu diestra, pon en libertad a los cautivos.

Guevurá, lunes קרע שטן

Acepta el canto de Tu Nación. Fortifícanos y purifícanos, Oh Reverenciado.

Tiféret, martes (*Nun Guímel Dálet Yud Caf Shin*) נגד יכש

נָא na · גְּבוּר guibor• · דּוֹרְשֵׁי dorshei · יִחוּדְךָ yijudeja•

כְּבָבַת quevavat · שָׁמְרֵם shomrem:

Nétsaj, miércoles (*Bet Tet Resh Tsadi Tav Guímel*) בטר צתג

בָּרְכֵם barjem · טַהֲרֵם taharem• · רַחֲמֵי rajamei · צִדְקָתְךָ tsidkateja•

תָּמִיד tamid · גָּמְלֵם gomlem:

Hod, jueves (*Jet Kof Bet Tet Nun Ayin*) חקב טנע

חֲסִין jasín · קָדוֹשׁ kadosh• · בְּרוֹב berov · טוּבְךָ tuvjá•

נַהֵל nahel · עֲדָתֶךָ adateja:

Yesod, viernes (*Yud Guímel Lámed Pei Zayin Kof*) יגל פזק

יָחִיד yajid · גֵּאֶה gueé• · לְעַמְּךָ leamjá · פְּנֵה pené•

זוֹכְרֵי zojrei · קְדוּשָּׁתֶךָ kedushateja:

Maljut, sábado (*Shin Kof Vav Tsadi Yud Tav*) שקו צית

שַׁוְעָתֵנוּ shavatenu · קַבֵּל kabel• · וּשְׁמַע ushmá · צַעֲקָתֵנוּ tsaakatenu•

יוֹדֵעַ yodea · תַּעֲלוּמוֹת taalumot:

BARUJ SHEM QUEVOD

Susurrar este verso final atrae toda la Luz de los Mundos Superiores hacia nuestra existencia física.

(Susurrar): יוזו אותיות בָּרוּךְ Baruj שֵׁם Shem כְּבוֹד quevod מַלְכוּתוֹ maljutó

לְעוֹלָם leolam ריבוע ס"ג וי' אותיות דס"ג וָעֶד vaed:

Tiféret, martes נגד יכש

Por favor, Todopoderoso, a los que buscan Tu unidad, cuídalos como a la pupila de los ojos.

Nétsaj, miércoles בטר צתג

Bendícelos. Purifícalos. Otórgales siempre Tu fidelidad compasiva.

Hod, jueves חקב טנע

Invencible y Todopoderoso, con la abundancia de Tu bondad, guía a Tu congregación.

Yesod, viernes יגל פזק

Oh exaltado y orgulloso, vuélvete a Tu pueblo, aquellos que recuerdan Tu santidad.

Maljut, sábado שקו צית

Acepta nuestra plegaria y escucha nuestro clamor, Tú que conoces todo lo oculto.

BARUJ SHEM QUEVOD

"Bendito es el Nombre de la Gloria. Su Reino es para siempre y para la eternidad" (Pesajim 56a).

EL ASHREI

De las veintidós letras del alfabeto arameo, veintiuna de ellas están codificadas en el *Ashrei* en el orden correcto, de la *Álef* a la *Tav*. El Rey David, el autor, dejó a la letra aramea *Nun* fuera de esta oración, ya que la *Nun* es la primera letra de la palabra aramea *Nefilá*, que significa "caída". Caída se refiere a un descenso espiritual, caer en la *klipá*. Los sentimientos de duda, depresión, preocupación e incertidumbre son consecuencias de la caída espiritual. Debido a que las letras arameas son los verdaderos instrumentos de la Creación, esta oración ayuda a inyectar el orden y la fuerza de la Creación en nuestra vida, sin la energía de la caída.

En este Salmo está escrito diez veces el Nombre: יהוה por las Diez *Sefirot*. Este Salmo está escrito según el orden del *Álef Bet*, pero la letra *Nun* es omitida para evitar la caída.

אַשְׁרֵי ashrei (סוד הכתר) יוֹשְׁבֵי yoshvei בֵיתֶךָ veiteja ב"פ ראה

עוֹד od יְהַלְלוּךָ yehaleluja סֶּלָה sela: אַשְׁרֵי ashrei הָעָם haam

שֶׁכָּכָה shecaja מהש, מושה, ע"ב בריבוע קס"א, אל שדי, ד"פ אלהים ע"ה לּוֹ lo

אַשְׁרֵי ashrei הָעָם haam ר"ת לאה שֶׁיְהֹוָהאדהניאהדונהי sheAdonai (*Kéter*)

אֱלֹהָיו Elohav ילה: תְּהִלָּה tehilá ע"ה אמת, אהיה פעמים אהיה, ז"פ ס"ג לְדָוִד leDavid

אֲרוֹמִמְךָ aromimjá אֱלוֹהַי Elohai הַמֶּלֶךְ haMélej וַאֲבָרְכָה vaavarjá

שִׁמְךָ Shimjá לְעוֹלָם leolam ריבוע ס"ג וי' אותיות דס"ג וָעֶד vaed:

בְּכָל־ bejol ב"ן, לכב יוֹם yom ע"ה נגד, מזבח, זן, אל יהוה

אֲבָרְכֶךָּ avarjecá וַאֲהַלְלָה vaahalelá מ"ה יהוה שִׁמְךָ Shimjá

לְעוֹלָם leolam ריבוע דס"ג וי' אותיות דס"ג וָעֶד vaed:

גָּדוֹל gadol להח ; עם ד' אותיות = מבה, יזל, אום

יְהֹוָהאדהניאהדונהי Adonai (*Jojmá*) וּמְהֻלָּל umehulal אדני, ללה

מְאֹד meod וְלִגְדֻלָּתוֹ veligdulató והו אֵין ein חֵקֶר jéker:

EL ASHREI

"Dichosos aquellos que moran en Tu casa, ellos Te alabarán, Sela" (Salmos 84:5). *"Dichosa es la nación que así es para ella y dichosa la nación de la que El Señor es su Dios"* (Salmos 144:15). *"Una alabanza de David:*

א *Yo te exaltaré a Ti, mi Dios, el Rey, y yo bendeciré Tu Nombre por siempre y por la eternidad.*

ב *Te bendeciré cada día y alabaré Tu Nombre por siempre y por la eternidad.*

ג *El Señor es grande y extremadamente alabado. Su grandeza es inescrutable.*

דּוֹר dor לְדוֹר ledor יְשַׁבַּח yeshabaj מַעֲשֶׂיךָ maaseja ר"ת דל"ם

וּגְבוּרֹתֶיךָ ugvuroteja יַגִּידוּ yaguidu יי' כ"ב אותיות פשוטות (=אכא) וה' אותיות סופיות מנצפך:

הֲדַר hadar כְּבוֹד quevod הוֹדֶךָ hodeja וְדִבְרֵי vedivrei

נִפְלְאוֹתֶיךָ nifleoteja ר"ת אלהים, אהיה אדני

אָשִׂיחָה asija ר"ת הפסוק = פ"ז (בסוד כתם טהור פז):

וֶעֱזוּז veezuz נוֹרְאוֹתֶיךָ noroteja יֹאמֵרוּ yomeru וּגְדוּלָּתְךָ ugdulatjá

(כתיב: וגדלותיך) ר"ת = ע"ב, ריבוע יהוה אֲסַפְּרֶנָּה asaperena ס"ת = "יאי" (מילוי דס"ג):

זֵכֶר zéjer רַב־ rav טוּבְךָ tuvjá לאו יַבִּיעוּ yabíu

וְצִדְקָתְךָ vetsidkatjá יְרַנֵּנוּ yeranenú ס"ת = ב"ן, יבמ, לכב ; ר"ת הפסוק = ר"י יהוה:

וְחַנּוּן janún וְרַחוּם verajum יְהֹוָואדֹנָיאהדונהי Adonai (*Biná*)

וחנון ורחום יהוה = עש"ל אֶרֶךְ érej ס"ת = ס"ג ב"ן אַפַּיִם apáyim ר"ת = יהוה

וּגְדָל־ ugdal (כתיב: וגדול) חָסֶד jásed ע"ב, ריבוע יהוה:

טוֹב־ tov והו יְהֹוָואדֹנָיאהדונהי Adonai (*Jésed*) לַכֹּל lacol

יה אדני ; ס"ת ל"ו (מילוי דס"ג) וְרַחֲמָיו verajamav עַל־ al

כָּל col ילי ; עמם ; ר"ת ריבוע ב"ן ע"ה מַעֲשָׂיו maasav ס"ת ע"ב, ריבוע יהוה:

ד *Una generación y la próxima alabarán Tus obras y narrarán Tus proezas.*
ה *Yo hablaré de la luminosidad de Tu espléndida gloria y de la maravilla de Tus actos.*
ו *Ellos proclamarán el asombroso poder de Tus actos y yo hablaré de Tu grandeza.*
ז *Ellos expresarán el recuerdo de Tu abundante bondad y proclamarán dichosos Tu justicia.*
ח *El Señor es misericordioso y compasivo, lento para la ira y grande en misericordia.*
ט *El Señor es bueno para con todos, Su compasión se extiende sobre todos Sus actos.*

יוֹדוּךָ yoduja יְהֹוָאדהֿנָי יאהדונהי Adonai (*Guevurá*) כָּל־ col ילי מַעֲשֶׂיךָ maaseja

וַחֲסִידֶיךָ vajasideja ר"ת אלהים, אהיה אדני יְבָרְכוּכָה yevarjuja ס"ת = מ"ה:

כְּבוֹד quevod מַלְכוּתְךָ maljutjá יֹאמֵרוּ yomeru וּגְבוּרָתְךָ ugvuratjá

יְדַבֵּרוּ yedaberu ר"ת הפסוק = אלהים, אהיה אדני ; ס"ת = ב"ן, יבמ, לכב:

לְהוֹדִיעַ lehodía לִבְנֵי livnei הָאָדָם haadam ר"ת ללה, אדני

גְּבוּרֹתָיו guevurotav וּכְבוֹד ujvod הֲדַר hadar

מַלְכוּתוֹ maljutó ר"ת מ"ה וס"ת = רי"ו ; ר"ת הפסוק ע"ה = ק"כ צירופי אלהים:

מַלְכוּתְךָ maljutjá מַלְכוּת maljut כָּל־ col ילי עֹלָמִים olamim

וּמֶמְשַׁלְתְּךָ umemshaltejá בְּכָל־ bejol ב"ן, לכב דּוֹר dor וָדֹר vador רי"ו:

סוֹמֵךְ somej ריבוע אדני יְהֹוָאדהֿנָי יאהדונהי Adonai (*Tiféret*)

לְכָל־ lejol יה אדני ; סומך אדני לכל ר"ת סאל, אמן (יאהדונהי) הַנֹּפְלִים hanoflim

וְזוֹקֵף vezokef לְכָל־ lejol יה אדני הַכְּפוּפִים hacfufim נמם:

עֵינֵי־ einei ריבוע דמ"ה כֹל jol ילי אֵלֶיךָ eleja יְשַׂבֵּרוּ yesaberu וְאַתָּה veAtá

נוֹתֵן־ notén אבגית"ץ, ושר לָהֶם lahem אֶת־ et אָכְלָם ajlam בְּעִתּוֹ beitó:

י *Todas Tus obras Te agradecerán, Señor, y Tus fieles devotos te bendicen.*
כ *Ellos dirán de la gloria de Tu Reino y hablarán de Tus poderosos actos.*
ל *Él hace que el hombre conozca Sus proezas y la gloria de Su espléndido Reino.*
מ *Tuyo es el Reino de todos los mundos y Tu dominio se extiende a toda y cada generación.*
ס *El Señor sostiene a todos aquellos que caen y endereza a los doblegados.*
ע *Los ojos de todos ven con esperanza hacia Ti, y Tú les das su alimento al momento apropiado.*

POTÉAJ ET YADEJA

Conectamos con las letras *Pei*, *Álef* y *Yud* al abrir nuestras manos con las palmas hacia arriba. Nuestra conciencia está enfocada en recibir el sustento y la prosperidad financiera de parte de la Luz a través de nuestras acciones del diezmo y compartir; nuestro *Deseo de Recibir para Dar y Compartir*. Al hacer esto, también reconocemos que el sustento que recibimos proviene de una fuente superior y no de nuestras acciones. Según los sabios, si no meditamos en esta idea en este punto, debemos repetir la oración.

פתוח (שע"ח נהורין למ"ה ולס"ה)

יוד הי ויו הי יוד הי ויו הי (וח' וזיוורתי) — פותוז את ידך ר"ת פאי

אלף למד אלף למד (ש"ע) — גימ' יאהדונהי וו"ן

יוד הא ואו הא (לז"א) — וחכמה דז"א ו"ק

אדני (ולנוקבא) — יסוד דנוק'

פּוֹתֵחַ potéaj אֶת et יָדֶךָ yadeja ר"ת פאי וס"ת וזתך עם ג' אותיות = דִיקָרְנוֹסָא

ובאתב"ש הוא סאל, פאי, אמן, יאהדונהי ; ועוד יכוין שם וזתך בשילוב יהוה – יְוָזְהַתְוָכָהָ

אלף למד הי יוד מם אלף למד הי יוד מם מווזין דפנים דאוזור אלהים אלהים

להמשיך פ"ו אורות לכל מילוי דכל

אוזור דפרצופי נה"י וזג"ת — וזתך — ואוזור דפרצופי נה"י וזג"ת

דפרצוף וזג"ת דיצירה דז"א — דיצירה דרוזל הנקראת לאה

לף מד י וד ם — לף מד י וד ם

אלף למד הי יוד מם — סאל יאהדונהי — אלף למד הי יוד מם

וּמַשְׂבִּיעַ umasbía וזתך עם ג' אותיות = דִיקָרְנוֹסָא

ובא"ת ב"ש הוא סאל, אמן, יאהדונהי ; ועוד יכוין שם וזתך בשילוב יהוה – יְוָזְהַתְוָכָהָ

אלף למד הי יוד מם אלף למד הי יוד מם מווזין דפנים דאוזור אלהים אלהים

להמשיך פ"ו אורות לכל מילוי דכל

אוזור דפרצופי נה"י וזג"ת — וזתך — ואוזור דפרצופי נה"י וזג"ת

דפרצוף נה"י דיצירה דז"א — דיצירה דרוזל הנקראת לאה

לף מד י וד ם — לף מד י וד ם

אלף למד הי יוד מם — אלף למד הי יוד מם

לְכָל־ lejol יה אדני (להמשיך מווזין ד–יה אל הנוקבא שהיא אדני)

חַי jai כל וזי = אהיה אהיה יהוה, בינה ע"ה, וזיים

רָצוֹן ratsón מהש ע"ה, ע"ב בריבוע וקס"א ע"ה, אל שדי ע"ה ; ר"ת רוזל שהיא המלכות הצריכה לשפע

יוד יוד הי יוד הי ויו יוד הי ויו הי יסוד דאבא

אלף הי יוד הי יסוד דאימא

להמתיק **רוזל** וב' דמעין **שך פר**

También debemos meditar en atraer abundancia, sustento y bendiciones a todos los mundos desde el *ratsón* mencionado anteriormente. Debemos meditar y enfocarnos en este versículo porque es la esencia de la prosperidad, y meditar en que Dios esté interviniendo, sustentando y apoyando a toda la Creación.

POTÉAJ ET YADEJA

פ *Abre Tus Manos y satisface el deseo de todo ser viviente.*

צַדִּיק tsadik יְהֹוָהיאהדונהי Adonai (*Yesod*) בְּכָל bejol ב"ן, לכב

דְּרָכָיו derajav וְחָסִיד vejasid בְּכָל bejol ב"ן, לכב מַעֲשָׂיו maasav יבמ, ב"ן:

קָרוֹב karov יְהֹוָהיאהדונהי Adonai (*Maljut*) לְכָל־ lejol יה אדני

קֹרְאָיו korav לְכֹל lejol יה אדני אֲשֶׁר asher

יִקְרָאֻהוּ yikraúhu בֶאֱמֶת veemet אהיה פעמים אהיה, ז"פ ס"ג:

רְצוֹן retsón מהש ע"ה, ע"ב בריבוע וקס"א ע"ה, אל שדי ע"ה יְרֵאָיו yereav יַעֲשֶׂה yaasé

ר"ת רי"י וְאֶת־ veet שַׁוְעָתָם shavatam יִשְׁמַע yishmá וְיוֹשִׁיעֵם veyoshiem:

שׁוֹמֵר shomer כ"א הויות שבתפילין יְהֹוָהיאהדונהי Adonai (*Nétsaj*)

אֶת־ et כָּל־ col ילי אֹהֲבָיו ohavav ר"ת אכא

וְאֵת veet כָּל־ col ילי הָרְשָׁעִים hareshaim יַשְׁמִיד yashmid:

תְּהִלַּת tehilat יְהֹוָהיאהדונהי Adonai (*Hod*) יְדַבֶּר yedaber ראה פִּי pi

וִיבָרֵךְ vivarej ע"ב ס"ג מ"ה ב"ן, הברכה (למתק את ז' המלכים שמתו) כָּל col ילי

בָּשָׂר basar שֵׁם Shem קָדְשׁוֹ kodshó לְעוֹלָם leolam ריבוע ס"ג ו' אותיות דס"ג

וָעֶד vaed: וַאֲנַחְנוּ vaanajnu נְבָרֵךְ nevarej יָהּ Yah מֵעַתָּה meatá

וְעַד־ vead עוֹלָם olam הַלְלוּיָהּ haleluyá אלהים, אהיה אדני ; ללה:

En días de ayuno el *jazán* recitará el Medio *Kadish* (pág. 300), se saca un rollo de Torá del Arca (pág. 230) y se lee de la porción de "*Vayejal Moshé*" (pág. 522). Tres hombres son llamados para la lectura. Luego de la lectura el rollo de Torá es devuelto al Arca (sin el *Kadish* de la pág. 239) y continuamos con lo que sigue.

צ *El Señor es justo en todos Sus caminos y virtuoso en todas Sus obras.*

ק *El Señor está cerca de todos los que lo llaman, de todos aquellos que lo llaman sinceramente.*

ר *Él cumplirá la voluntad de aquellos que le temen; Él escucha sus clamores y los salva.*

ש *El Señor protege a todos los que lo aman y destruye a los impíos.*

ת *"Mis labios proclamarán la alabanza al Señor y toda criatura bendecirá Su Santo Nombre, por siempre y por la eternidad"* (Salmos 145). *"Y bendeciremos a Dios por siempre y por la eternidad. ¡Aleluya!"* (Salmos 115:18).

ר"ת הפסוק = נפש רוח נשמה חיה יחידה ע"ה

תִּכּוֹן ticón תְּפִלָּתִי tefilatí קְטֹרֶת któret י"א פעמים אדני לְפָנֶיךָ lefaneja ס"ג מ"ה ב"ן
מַשְׂאַת masat כַּפַּי capai מִנְחַת־ minjat עָרֶב: árev הַקְשִׁיבָה hakshiva
לְקוֹל lekol שַׁוְעִי shaví מַלְכִּי malquí וֵאלֹהָי veElohai לכב ; מילוי ע"ב, דמ"ב ; ילה
כִּי־ qui אֵלֶיךָ eleja אֶתְפַּלָּל: etpalal

MEDIO KADISH

יִתְגַּדַּל yitgadal וְיִתְקַדַּשׁ veyitkadash שדי ומילוי שדי ; י"א אותיות ו"ה
שְׁמֵיהּ Shmei (שם י"ה דע"ב) רַבָּא rabá קנ"א ב"ן, יהוה אלהים יהוה אדני,
מילוי קס"א וס"ג, מ"ה ברבוע וע"ב ע"ה ; ר"ת = ו"פ אלהים ; ס"ת = ג"פ יב"ק: אָמֵן Amén אידהנויה.
בְּעָלְמָא bealmá דִּי di בְרָא verá כִּרְעוּתֵיהּ quirutei.
וְיַמְלִיךְ veyamlij מַלְכוּתֵיהּ maljutei. וְיַצְמַח veyatsmaj
פּוּרְקָנֵיהּ purkanei. וִיקָרֵב vikarev מְשִׁיחֵיהּ Meshijei: אָמֵן Amén אידהנויה.
בְּחַיֵּיכוֹן bejayeijón וּבְיוֹמֵיכוֹן uveyomeijón וּבְחַיֵּי uvejayei
דְכָל dejol ילי בֵּית beit ב"פ ראה יִשְׂרָאֵל Yisrael בַּעֲגָלָא baagalá
וּבִזְמַן uvizmán קָרִיב kariv וְאִמְרוּ veimrú אָמֵן Amén: אָמֵן Amén אידהנויה.

La congregación y el *jazán* dicen lo siguiente:

28 palabras (hasta *bealmá*) medita en: מילוי דמילוי דע"ב (יוד ויו דלת הי יוד ויו יוד ויו הי יוד)
28 letras (hasta *almayá*) medita en: מילוי דמילוי דע"ב (יוד ויו דלת הי יוד ויו יוד ויו הי יוד)

יְהֵא yehé שְׁמֵיהּ Shmei (שם י"ה דס"ג) רַבָּא rabá קנ"א ב"ן,
יהוה אלהים יהוה אדני, מילוי קס"א וס"ג, מ"ה ברבוע וע"ב ע"ה מְבָרַךְ mevaraj,
לְעָלַם lealam לְעָלְמֵי lealmei עָלְמַיָּא almayá. יִתְבָּרַךְ yitbaraj.

"Que mi oración se pose ante Ti como la ofrenda de incienso,
la elevación de mi mano como la ofrenda de harina de la tarde" (Salmos 141:2).
"Escucha el sonido de mi clamor, mi Rey, mi Dios, porque es a Ti a quien yo oro" (Salmos 5:3).

MEDIO KADISH

¡Glorificado y santificado sea Su Gran Nombre! (Amén).
En el mundo que Él creó de acuerdo a Su voluntad y pueda Su Reino reinar. Y pueda Él hacer que Su Redención florezca y pueda Él acercar el Mesías (Amén). *En tus vidas y en tus días y en la vida de la Casa de Israel, prontamente y en el futuro cercano, y dígase: Amén* (Amén). *Que Su Gran Nombre sea bendito por siempre y para toda la eternidad, y bendito*

Siete palabras con seis letras cada una (שם בן מ"ב) medita en:
יהוה - יוד הי ויו הי - מילוי דמילוי דע"ב (יוד ויו דלת הי יוד ויו יוד ויו הי יוד)
También, siete veces la letra Vav (שם בן מ"ב) medita en:
יהוה - יוד הי ויו הי - מילוי דמילוי דע"ב (יוד ויו דלת הי יוד ויו יוד ויו הי יוד).

וְיִשְׁתַּבַּח veyishtabaj י"פ ע"ב יהוה אל אבג יתץ.

וְיִתְפָּאַר veyitpaar הי נו יה קרע שטן. וְיִתְרוֹמַם veyitromam וה כוזו נגד יכש.

וְיִתְנַשֵּׂא veyitnasé במוכסז בטר צתג. וְיִתְהַדָּר veyithadar כוזו יה וקב טנע.

וְיִתְעַלֶּה veyitalé וה יוד ה יגל פזק. וְיִתְהַלָּל veyithalal א ואו הא שקו צית.

שְׁמֵיהּ Shmei (שם י"ה דמ"ה) דְּקוּדְשָׁא deKudshá בְּרִיךְ Verij הוּא Hu:

אָמֵן Amén אידהנויה.

לְעֵלָּא leelá מִן min כָּל col ילי בִּרְכָתָא birjatá. שִׁירָתָא shiratá.

תֻּשְׁבְּחָתָא tishbejatá וְנֶחָמָתָא venejamatá. דַּאֲמִירָן daamirán

בְּעָלְמָא bealmá וְאִמְרוּ veimrú אָמֵן Amén: אָמֵן Amén אידהנויה.

LA AMIDÁ (para saber más de la Amidá, ver pág. 189)

Cuando comenzamos la conexión, damos tres pasos hacia atrás que significan que estamos dejando este mundo físico. Después damos tres pasos hacia delante para comenzar la *Amidá*. Los tres pasos son:

1. Entrar a la tierra de Israel; para entrar en el primer círculo espiritual.
2. Entrar en la ciudad de Jerusalén; para entrar en el segundo círculo espiritual.
3. Entrar en el Sancta Sanctórum; para entrar en el círculo más interno.

Antes de recitar el primer verso de la *Amidá*, pedimos: "*Dios, abre mis labios y permite que mi boca hable*", estamos pidiendo a la Luz que hable por nosotros para que podamos recibir lo que necesitamos y no sólo lo que queremos. Con mucha frecuencia, lo que queremos de la vida no es necesariamente el deseo del alma, que es lo que verdaderamente necesitamos para estar satisfechos. Al pedirle a la Luz que hable a través de nosotros, nos aseguramos de que nuestra conexión nos traiga realización genuina y oportunidades para el crecimiento espiritual y el cambio.

---

alabado, y glorificado y exaltado, y ensalzado y honrado,
y adorado y loado, sea el Nombre del Santísimo, bendito sea Él (Amén). Más allá de todas las bendiciones, himnos, alabanzas y palabras de consolación que deben decirse en el mundo, y dígase: Amén (Amén).

אֲדֹנָי Adonai ללה (pausa aquí) שְׂפָתַי sfatai תִּפְתָּח tiftaj וּפִי ufí יַגִּיד yaguid

ייי (כ"ב אותיות פשוטות [=אכא] וה' אותיות סופיות מנצפך) תְּהִלָּתֶךָ tehilateja ס"ת = בוכו:

LA PRIMERA BENDICIÓN – INVOCA AL ESCUDO DE AVRAHAM

Avraham es el canal de la energía de la Columna Derecha de positividad, compartir y misericordia. Las acciones dadoras pueden protegernos de todas las formas de negatividad.

Jésed que se convierte en *Jojmá*

En esta sección hay 42 palabras, el secreto del Nombre de Dios de 42 letras y, por lo tanto, comienza con la letra *Bet* (2) y termina con la letra *Mem* (40).

Flexiona tus rodillas en "*Baruj*", inclínate en "*Atá*" y enderézate en "*Adonai*".

א ב

בָּרוּךְ Baruj אַתָּה Atá א-ת (אותיות הא"ב המסמלות את השפע המגיע) לה' המלכות

ג י

יְהֹוָהאדניאהדונהי Adonai (יא) אֱלֹהֵינוּ Eloheinu ילה

ת צ

וֵאלֹהֵי veElohei לכב ; מילוי ע"ב, דמב ; ילה אֲבוֹתֵינוּ avoteinu:

ק ר

אֱלֹהֵי Elohei מילוי ע"ב, דמב ; ילה אַבְרָהָם Avraham (*Jojmá*)

וז"פ אל, רי"ו ול"ב נתיבות החכמה, רמ"ח (אברים), עסמ"ב וט"ז אותיות פשוטות

ע ש

אֱלֹהֵי Elohei מילוי ע"ב, דמב ; ילה יִצְחָק Yitsjak (***Biná***) ד"פ ב"ן

ט נ

וֵאלֹהֵי veElohei לכב ; מילוי ע"ב, דמב ; ילה יַעֲקֹב Yaakov (***Dáat***) ז' הויות, יאהדונהי אידהנויה.

נ ג

הָאֵל haEl לאה ; ייא" (מילוי דס"ג) הַגָּדוֹל hagadol האל הגדול = סיט ; גדול = להח

ד י

עם ד' אותיות = מבה, יזל, אום הַגִּבּוֹר haguibor ר"ת ההה וְהַנּוֹרָא vehanorá:

LA AMIDÁ

"Mi Señor, abre mis labios y mi boca declarará Tu alabanza" (Salmos 51:17).

LA PRIMERA BENDICIÓN

Bendito eres, Señor, nuestro Dios y Dios de nuestros ancestros:
el Dios de Avraham, el Dios de Yitsjak y el Dios de Yaakov. El Dios grande, poderoso y reverenciado.

ENDULZAR EL JUICIO SEVERO

כ ש

אל El "יא" (מילוי ד"סג) ; ר"ת ע"ב, ריבוע יהוה עליון elyón.

ב ט ר צ ת

גומל gomel וחסדים jasadim טובים tovim. קונה koné הכל hacol ילי

ג וו ק ב

וזוכר vezojer וחסדי jasdei אבות avot. ומביא umeví

ט נ ע י

גואל goel לבני livnei בניהם veneihem למען lemaan

ג ל

שמו Shemó מהש ע"ה, ע"ב בריבוע וקס"א ע"ה, אל שדי ע"ה באהבה beahavá אוזד, דאגה:

Cuando digas la palabra "*beahavá*" debes meditar en dedicar tu alma a santificar el Nombre Sagrado y aceptar sobre ti mismo las cuatro formas de muerte.

Durante los días entre *Rosh Hashaná* y *Yom Kipur* decimos la oración de "*zojrenu*":

זכרנו zojrenu לחיים lejayim אהיה אהיה יהוה, בינה ע"ה.

מלך Mélej חפץ jafets בחיים bajayim אהיה אהיה יהוה, בינה ע"ה.

כתבנו cotvenu בספר beséfer חיים jayim אהיה אהיה יהוה, בינה ע"ה.

למענך lemaanaj אלהים Elohim אהיה אדני ; ילה חיים jayim אהיה אהיה יהוה, בינה ע"ה.

Si olvidas decir "*zojrenu*" y te das cuenta de esto antes de terminar la bendición ("*Baruj Atá Adonai*"), debes regresar y decir "*zojrenu*" y continuar normalmente. Pero si te das cuenta de esto después del final de la bendición, debes continuar y puedes agregar "*zojrenu*" en "*shomea tefilá*" o al final de "*Elohai netsor*".

פ ז ק ש

מלך Mélej עוזר ozer ומושיע umoshía ומגן umaguén

ג"פ אל (ייא" מילוי דס"ג) ; ר"ת מיכאל גבריאל נוריאל:

Flexiona tus rodillas en "*Baruj*", inclínate en "*Atá*" y enderézate en "*Adonai*".

ק ו צ

ברוך Baruj אתה Atá יהואדני(יהוואדני)יאהדונהי Adonai (הד)

(Durante las tres semanas de *Bein HaMetsarim* medita en el Nombre Sagrado: טדהד)

י ת

מגן maguén ג"פ אל (ייא" מילוי דס"ג) ; ר"ת מיכאל גבריאל נוריאל אברהם Avraham

וז"פ אל, רי"ו ול"ב נתיבות החכמה, רמ"ח (אברים), עסמ"ב וט"ז אותיות פשוטות:

El Dios grande, poderoso y reverenciado. El Dios Celestial. El que otorga benevolencia y crea todas las cosas. El que recuerda las buenas acciones de nuestros ancestros y El que trae un redentor a los hijos de sus hijos por el bien de Su Nombre, con amor.

Durante los días entre *Rosh Hashaná* y *Yom Kipur*:

Recuérdanos para la vida, Rey, quien desea la vida, e inscríbenos en el Libro de la Vida, por Ti, Dios Vivo.

Rey, Asistente, Salvador y Escudo. Bendito seas Tú, Señor, Escudo de Avraham.

LA SEGUNDA BENDICIÓN

LA ENERGÍA DE YITSJAK ENCIENDE EL PODER DE LA RESURRECCIÓN DE LOS MUERTOS

Mientras que Avraham representa el poder de compartir, Yitsjak representa a la Columna Izquierda, energía de Juicio. El Juicio acorta el proceso de *tikún* y prepara la vía para nuestra resurrección final.

Guevurá que se convierte en _Biná_

En esta sección hay 49 palabras que corresponden a las 49 Puertas del Sistema Puro en *Biná*.

אַתָּה Atá גִּבּוֹר guibor לְעוֹלָם leolam ריבוע ס״ג וי׳ אותיות דס״ג אֲדֹנָי Adonai ללה

(ר״ת אֲגְלָא והוא שׁם גדול ואמיץ, ובו היה יהודה מתגבר על אויביו. ע״ה אלד, בוכו).

מְחַיֵּה mejayé ס״ג מֵתִים metim אַתָּה Atá• רַב rav לְהוֹשִׁיעַ lehoshía•

Durante el verano (a partir de *Pésaj*)

מוֹרִיד morid הַטָּל hatal

יוד הא ואו, כוזו, מספר אותיות דמילואי עסמ״ב ;
ר״ת מ״ה (יוד הא ואו הא):

Si por error dices "*Mashiv harúaj*" y te das cuenta de ello antes del final de la bendición ("*Baruj Atá Adonai*"), debes regresar al comienzo de la bendición ("*Atá guibor*") y continuar normalmente. Pero si sólo te das cuenta de ello después del final de la bendición, debes iniciar la *Amidá* desde el principio.

Durante el invierno (a partir de *Simjat Torá*)

מַשִּׁיב mashiv הָרוּחַ harúaj ר״ת מ״ה

וּמוֹרִיד umorid הַגֶּשֶׁם haguéshem

שביל [י״ש (= י״פ אל) ול״ב נתיבות החכמה] ע״ה:

Si por error dices "*Morid hatal*" y te das cuenta de ello antes del final de la bendición ("*Baruj Atá Adonai*"), debes regresar al comienzo de la bendición ("*Atá guibor*") y continuar normalmente. Pero si sólo te das cuenta de ello después del final de la bendición, debes continuar y no regresar.

מְכַלְכֵּל mejalquel חַיִּים jayim אהיה אהיה יהוה, בינה ע״ה בְּחֶסֶד bejésed

ע״ב, ריבוע יהוה• מְחַיֵּה mejayé ס״ג מֵתִים metim בְּרַחֲמִים berajamim

(במוכסז) מצפצ, אלהים דההין, י״פ ייי רַבִּים rabim (טלא דעתיק)• סוֹמֵךְ somej

(אכדטם) כוק, ריבוע אדני נוֹפְלִים noflim (ז״ן)• וְרוֹפֵא verofé חוֹלִים jolim

חולה = מ״ה וד׳ אותיות• וּמַתִּיר umatir אֲסוּרִים asurim• וּמְקַיֵּם umekayem

אֱמוּנָתוֹ emunató לִישֵׁנֵי lishenei עָפָר afar• מִי mi ילי כָּמוֹךָ jamoja

בַּעַל báal גְּבוּרוֹת guevurot (debes pronunciar la letra *Ayin* en la palabra "*Báal*")

וּמִי umí ילי דּוֹמֶה domé לָּךְ laj• מֶלֶךְ Mélej מֵמִית memit

וּמְחַיֶּה umejayé ס״ג (יוד הי ואו הי) וּמַצְמִיחַ umatsmíaj יְשׁוּעָה yeshuá:

LA SEGUNDA BENDICIÓN

Tú, Señor, eres poderoso por siempre. Tú revives a los muertos y eres muy capaz de redimir.

Durante el invierno:

El que hace soplar el viento y caer la lluvia.

Durante el verano:

El que hace caer el rocío.

Tú sostienes a los vivientes con bondad y revives a los muertos con gran compasión. Tú sostienes a los caídos, curas a los enfermos, pones en libertad a los cautivos y cumples Tu promesa con los que duermen en el polvo. ¿Quién es como Tú, Señor de fortaleza, y quién puede compararse contigo, Rey, que causas la muerte, das vida y haces crecer la salvación?

Durante los días entre *Rosh Hashaná* y *Yom Kipur* decimos la oración de "*mi jamoja*":

zojer זוֹכֵר harajmán הָרַחֲמָן av אָב jamoja כָמוֹךָ ילי mi מִי

ייי פ״י ,דיודין ,אלהים ,מצפצ berajamim בְּרַחֲמִים yetsurav יְצוּרָיו

.ע״ה ,בינה ,יהוה אהיה אהיה lejayim לְחַיִּים

Si olvidas decir "*mi jamoja*" y te das cuenta de esto antes del final de la bendición "*Baruj Atá Adonai*", debes regresar y decir "*mi jamoja*" y continuar normalmente. Pero si sólo te das cuenta de esto al final de la bendición, debes continuar normalmente.

:metim מֵתִים lehajayot לְהַחֲיוֹת Atá אַתָּה veneeman וְנֶאֱמָן

Adonai יאהדונהי(יְהֹוָאדִּיהֵי)יְהֹוָאדִּיהֵי Atá אַתָּה Baruj בָּרוּךְ

(Durante las tres semanas de *Bein HaMetsarim* medita en el Nombre Sagrado: כוזו)

:מ״ה וס״ת מ״ה ר״ת hametim הַמֵּתִים (יוד הי ואו הי) ס״ג mejayé מְחַיֵּה

NAKDISHAJ – LA KEDUSHÁ

Toda la congregación recita esta oración.

Levantar un cofre pesado lleno de vastos tesoros es imposible si usas un simple hilo. El hilo se rompe porque es muy débil. Sin embargo, si nos unimos y combinamos numerosos hilos, finalmente construiremos una soga. Una soga puede fácilmente levantar el cofre con los tesoros. Al combinar y unir las oraciones de la congregación, nos transformamos en una fuerza unida, capaz de halar los tesoros espirituales más valiosos. Más aún, esta unidad ayuda a las personas que no están bien versadas o no conocen bien las conexiones. Al unirnos y meditar como una sola alma, todos recibimos los beneficios debido al poder de la unidad, sin importar nuestro conocimiento y entendimiento. Esta oración tiene lugar entre la segunda y la tercera bendición. Representa a la Columna Central que une las Columnas Izquierda y Derecha.

En esta oración, los ángeles hablan entre ellos, diciendo: "*Kadosh, Kadosh, Kadosh*" ("Santo, Santo, Santo"). Cuando recitamos estas tres palabras, nuestros pies están juntos como si fuesen uno solo. Cada vez que pronunciamos *Kadosh*, saltamos un poco más alto en el aire. Saltar es un acto de restricción y de desafío a la fuerza de la gravedad. Espiritualmente hablando, la gravedad contiene la energía del *Deseo de Recibir para Sí Mismo*. Es la fuerza reactiva de nuestro planeta, siempre atrae todo para sí.

Mientras decimos la *Kedushá* (Santidad) meditamos en traer la Santidad del Creador entre nosotros. Como está escrito: "*Venikdashti betoj Bnei Yisrael*" (Dios es santificado entre los hijos de Israel). Debes meditar en las letras *Álef* א y *Bet* ב del Nombre: אבגית״ץ (las iniciales del primer verso del *Aná Bejóaj*), las cuales ayudan fortalecer la memoria espiritual.

Durante los días entre *Rosh Hashaná* y *Yom Kipur*:

¿Quién es como Tú, Padre Misericordioso, quién recuerda a Sus criaturas con misericordia para la vida?

Y eres fiel para resucitar a los muertos. Bendito eres Tú, Señor, que resucitas a los muertos.

נַקְדִּישָׁךְ nakdishaj וְנַעֲרִיצָךְ venaaritsaj◆

כְּנֹעַם quenóam שִׂיחַ síaj סוֹד sod מ״כ, י״פ האא שַׂרְפֵי sarfei

קֹדֶשׁ kódesh הַמְשַׁלְּשִׁים hameshaleshim לְךָ lejá קְדֻשָּׁה kedushá◆

וְכֵן vején כָּתוּב catuv עַל al יַד yad נְבִיאָךְ neviaj◆ וְקָרָא vekará

זֶה ze אֶל־ el זֶה ze י״ב פרקין דיעקב מאירים ל״ב פרקין דרחל וְאָמַר veamar⁝

קָדוֹשׁ Kadosh | קָדוֹשׁ Kadosh קָדוֹשׁ Kadosh (סוד ג׳ רישין דעתיקא קדישא)

יְהֹוָהאדהויאהדונהי Adonai צְבָאוֹת Tsevaot פני שכינה מְלֹא meló כָל־ jol ילי

הָאָרֶץ haárets אלהים דההין ע״ה כְּבוֹדוֹ quevodó⁝

לְעֻמָּתָם leumatam מְשַׁבְּחִים meshabjim וְאוֹמְרִים veomrim⁝

(או״א) בָּרוּךְ Baruj כְּבוֹד־ Quevod יְהֹוָהאדהויאהדונהי Adonai ; כבוד ה׳ = יוד הי ואו הה

מִמְּקוֹמוֹ mimekomó עסמ״ב, הברכה (למתק את ז׳ המלכים שמתו); ר״ת ע״ב, ריבוע יהוה ; ר״ת מיכ⁝

וּבְדִבְרֵי uvedivrei קָדְשְׁךָ kodshaj כָּתוּב catuv לֵאמֹר lemor⁝

(זו״ן) יִמְלֹךְ yimloj קדוש ברוך ימלך ר״ת יב״ק, אלהים יהוה, אהיה אדני יהוה

יְהֹוָהאדהויאהדונהי Adonai לְעוֹלָם leolam ריבוע ס״ג וי׳ אותיות דס״ג אֱלֹהַיִךְ Eloháyij ילה

צִיּוֹן Tsiyón יוסף, ו׳ הויות, קנאה לְדֹר ledor וָדֹר vador רי״ו ; ר״ת אצלו (מלכות אצל ז״א – ו)

הַלְלוּיָהּ haleluyá אלהים, אהיה אדני ; ללה⁝

La tercera bendición

Esta bendición nos conecta con Yaakov, la Columna Central, el poder de la restricción. Yaakov es nuestro canal para conectar la Misericordia con el Juicio. Al restringir nuestro comportamiento reactivo, estamos deteniendo nuestro *Deseo de Recibir para Nosotros Mismos*. Yaakov también nos da el poder para equilibrar nuestros actos de Misericordia y Juicio hacia otras personas en nuestra vida

---

Nakdishaj – La Kedushá

Te santificamos y Te honramos,

según las palabras agradables de los Ángeles Santos, que recitan 'Santo' ante Ti tres veces, como está escrito por Tu Profeta: "Y cada uno llamó al otro y dijo: Santo, Santo, Santo es el Señor de los Ejércitos, todo el mundo está lleno de Su gloria" (Isaías 6:3). Frente a ellos alaban y dicen: "Bendita sea la gloria del Señor desde Su Lugar" (Ezequiel 3:12). Y en Tus santas Palabras, está escrito como sigue: "El Señor, tu Dios, reinará por siempre, para toda y cada generación. ¡Sión, alaben al Señor!" (Salmos 146:10).

Tiféret que se convierte en *Dáat* (14 palabras).

אַתָּה Atá קָדוֹשׁ kadosh וְשִׁמְךָ veshimjá קָדוֹשׁ kadosh ר״ת = אור, רז, אין סוף.
וּקְדוֹשִׁים ukdoshim בְּכָל־ bejol ב״ן, לכב יוֹם yom ע״ה נגד, מזבח, זן, אל יהוה
יְהַלְלוּךָ yehaleluja סֶּלָה sela:

בָּרוּךְ Baruj אַתָּה Atá יְהֹוָהאדהנויה (יְהֹוָאדהנויה) אהדונהי Adonai

(Durante los días de *Bein HaMetsarim* medita en el Nombre Sagrado: מצפצ)

הָאֵל haEl לאה ; ייא״י (מילוי דס״ג) הַקָּדוֹשׁ hakadosh י״פ מ״ה (יוד הא ואו הא):

Medita aquí en el Nombre: יאהדונהי, puesto que puede ayudar a eliminar la ira.

> **Durante los días de *Rosh Hashaná* y *Yom Kipur*** en lugar de decir "*haEl hakadosh*" decimos:
>
> הַמֶּלֶךְ haMélej הַקָּדוֹשׁ hakadosh:
>
> Si por error dijiste "*haEl hakadosh*" y te das cuenta de esto en tres segundos, debes decir inmediatamente "*haMélej hakadosh*" y continuar como siempre. Pero si ya empezaste la bendición siguiente, debes empezar la *Amidá* desde el principio.

LAS TRECE BENDICIONES DEL MEDIO

Hay trece bendiciones en el medio de la *Amidá* que nos conectan a los Trece Atributos.

Las siguientes nueve bendiciones ayudan a corregir *Zeir Anpín* y *Maljut* de *Atsilut* desde el aspecto de *Maljut*

LA PRIMERA (CUARTA) BENDICIÓN

Esta bendición nos ayuda a transformar la información en conocimiento al ayudarnos a internalizar todo lo que aprendemos.

Jojmá

En esta bendición hay 17 palabras, el mismo valor numérico de la palabra *Tov* (bueno) en el secreto de *Ets HaDáat Tov vaRá*, (Árbol de Conocimiento del Bien y el Mal), donde conectamos solamente con el *Tov*.

אַתָּה Atá חוֹנֵן jonén לְאָדָם leadam מ״ה דַּעַת dáat.
וּמְלַמֵּד umelamed לֶאֱנוֹשׁ leenosh בִּינָה biná ע״ה אהיה אהיה יהוה, ווייםו.
וְחָנֵּנוּ vejonenú מֵאִתְּךָ meitjá חָכְמָה Jojmá במילוי = תרי״ג (מצוות)
בִּינָה Biná ע״ה אהיה אהיה יהוה, וויים וָדָעַת vaDáat ר״ת וזבו:
בָּרוּךְ Baruj אַתָּה Atá יְהֹוָהאדהנויה אהדונהי Adonai חוֹנֵן jonén הַדָּעַת hadáat:

LA TERCERA BENDICIÓN

Tú eres Santo y Santo es Tu Nombre, y los Seres Santos Te alaban día a día, porque Tú eres Dios, el Rey Santo, Sela. Bendito eres Tú, Señor, el Santo Dios.

> Durante los días entre *Rosh Hashaná* y *Yom Kipur*: *El Santo Rey.*

LAS TRECE BENDICIONES DEL MEDIO - LA PRIMERA (CUARTA) BENDICIÓN

Tú graciosamente le otorgas conocimiento al hombre y entendimiento a la humanidad. Concédenos con gracia, de Ti, sabiduría, comprensión y conocimiento. ¡Bendito eres Tú, Señor, que con gracia concedes conocimiento!

LA SEGUNDA (QUINTA) BENDICIÓN

Esta bendición nos mantiene en la Luz. Todos nosotros, en algún momento u otro, sucumbimos a las dudas y a la incertidumbre que el Satán constantemente nos implanta. Si cometemos el desafortunado error de retroceder y alejarnos de la Luz, no queremos que el Creador imite nuestras acciones y se aleje de nosotros. En lugar de eso, queremos que Él nos atrape. En el recuadro inferior hay algunas líneas que podemos recitar y sobre las que podemos meditar para el beneficio de otros que pudiesen estar alejándose. La guerra contra el Satán es la guerra más antigua que conoce el hombre. Y la única manera de vencer al Satán es uniéndonos, compartiendo, ayudando y meditando unos por otros.

Biná

En esta bendición hay 15 palabras, al igual que la poderosa acción de la *teshuvá* (arrepentimiento) que eleva 15 niveles en el camino hacia el *Quisé HaCavod* (el Trono de Honor). Éste pasa por siete *Rekiim* (Firmamentos), siete *Avirim* (Aires), y otro Firmamento en la parte superior de los Animales Santos (juntos suman 15). Además, hay 15 palabras en los dos versículos principales del Profeta Yeshayahu y del Rey David que hablan sobre la *teshuvá* (*Isaías 55:7; Salmos 32:5*). El número 15 también es el secreto del Nombre: יה.

הֲשִׁיבֵנוּ hashivenu אָבִינוּ avinu לְתוֹרָתֶךָ letorateja (ווסד שבה – יְהֹוָה יאהדונהי)◆
וְקָרְבֵנוּ vekarvenu מַלְכֵּנוּ malquenu לַעֲבוֹדָתֶךָ laavodateja◆
וְהַחֲזִירֵנוּ vehajazirenu בִּתְשׁוּבָה bitshuvá שְׁלֵמָה shelemá
לְפָנֶיךָ lefaneja ס״ג מ״ה ב״ן:

Si quieres meditar por otra persona y ayudarla en su proceso espiritual, recita:

יְהִי yehí רָצוֹן ratsón מהש ע״ה, ע״ב בריבוע וקס״א ע״ה, אל שדי ע״ה
מִלְּפָנֶיךָ milfaneja ס״ג מ״ה ב״ן יְהֹוָה יאהדונהי Adonai אֱלֹהַי Elohai מילוי ע״ב, דמב ; ילה
וֵאלֹהֵי veElohei לכב ; מילוי ע״ב, דמב ; ילה אֲבוֹתַי avotai שֶׁתַּחְתּוֹר shetajtor
וַחֲתִירָה jatirá מִתַּחַת mitájat כִּסֵּא quisé כְּבוֹדֶךָ quevodeja וּתְקַבֵּל utekabel
בִּתְשׁוּבָה bitshuvá אֶת et (*el nombre de la persona y el nombre de su padre*) כִּי qui יְמִינְךָ yeminjá
יְהֹוָה יאהדונהי Adonai פְּשׁוּטָה peshutá לְקַבֵּל lekabel שָׁבִים shavim◆

בָּרוּךְ Baruj אַתָּה Atá יְהֹוָה יאהדונהי Adonai
הָרוֹצֶה harotsé בִּתְשׁוּבָה bitshuvá:

LA SEGUNDA (QUINTA) BENDICIÓN

Regrésanos, Padre nuestro, a Tu Torá
y acércanos, Rey nuestro, a Tu servicio, y haznos retornar ante Ti en perfecto arrepentimiento.

Que sea agradable ante Ti, Señor, mi Dios y Dios de mis ancestros, que Tú seas generoso en el Trono de Tu Gloria y aceptes como arrepentido a (el nombre de la persona y el nombre su padre) *porque Tu Mano Derecha, Señor, se extiende hacia fuera para recibir a aquellos que se arrepienten.*

¡Bendito eres Tú, Señor, que desea arrepentimiento!

LA TERCERA (SEXTA) BENDICIÓN

Esta bendición nos ayuda a alcanzar el perdón verdadero. Tenemos el poder de limpiarnos de nuestro comportamiento negativo y acciones hirientes hacia los demás a través del perdón. Esta bendición no significa que al rogar por el perdón ya nuestra pizarra quedará limpia. El perdón se refiere a la metodología para eliminar los residuos que provienen de nuestras injusticias. Hay dos formas de eliminar los residuos: física y espiritual. Acumulamos residuo físico cuando no aceptamos nuestras faltas y las leyes de causa y efecto. Nos limpiamos a nosotros mismos cuando experimentamos cualquier tipo de dolor, bien sea financiero, emocional o físico. Si decidimos limpiarnos espiritualmente, prescindimos de la limpieza física. Hacemos esto generando en nosotros el dolor que les causamos a los demás. Sentimos a la otra persona y, con un corazón sincero, recitamos esta oración mientras experimentamos la herida y el dolor que infligimos a los demás. Esta forma de limpieza espiritual evita que tengamos que pasar por una limpieza física.

Jésed

En esta bendición hay 21 palabras, el cual es el valor numérico del Nombre Sagrado: אהיה.

סְלַח selaj יהוה ע״ב לָנוּ lanu אלהים, אהיה אדני אָבִינוּ avinu ר״ת סאל, אמן, (יאהדונהי)

כִּי qui וְחָטָאנוּ jatanu• מְחוֹל mejol לָנוּ lanu אלהים, אהיה אדני ; מחול לנו ע״ה =

קס״א וי׳ אותיות מַלְכֵּנוּ malquenu כִּי qui פָשָׁעְנוּ fashanu• כִּי qui אֵל El ייא״י (מילוי דס״ג)

טוֹב tov והו וְסַלָּח vesalaj יהוה ע״ב אַתָּה Atá: בָּרוּךְ Baruj אַתָּה Atá

יְהֹוָאדהֳנָי יאהדונהי Adonai חַנּוּן janún הַמַּרְבֶּה hamarbé לִסְלוֹחַ lislóaj:

LA CUARTA (SÉPTIMA) BENDICIÓN

Esta bendición nos ayuda a alcanzar la redención después que somos limpiados espiritualmente.

Guevurá

רְאֵה reé ראה נָא na בְעָנְיֵנוּ veonyenu ר״ת רנ״ב (אברים באשה, כנגד הגבורה)

וְרִיבָה verivá רִיבֵנוּ rivenu• וּמַהֵר umaher לִגְאָלֵנוּ legaolenu

גְּאֻלָּה gueulá מ״ה שְׁלֵמָה shelemá לְמַעַן lemaan שְׁמֶךָ Shemeja

כִּי qui אֵל El ייא״י (מילוי דס״ג) גּוֹאֵל goel וְחָזָק jazak פהל אַתָּה Atá:

בָּרוּךְ Baruj אַתָּה Atá יְהֹוָאדהֳנָי יאהדונהי Adonai גּוֹאֵל goel יִשְׂרָאֵל Yisrael:

LA TERCERA (SEXTA) BENDICIÓN

Perdónanos, Padre nuestro,

porque hemos transgredido. Perdónanos, Rey nuestro, porque hemos pecado, porque Tú eres un Dios bueno y que perdona. ¡Bendito eres Tú, Señor, que eres bondadoso y perdonas de manera magnánima!

LA CUARTA (SÉPTIMA) BENDICIÓN

Mira nuestra aflicción y defiende nuestra causa; por Tu Nombre redímenos prontamente, pues Tú eres un Dios poderoso y redentor. ¡Bendito eres Tú, Señor, que redimes a Israel!

LA BENDICIÓN PARA UN DÍA DE AYUNO

Esta bendición es recitada por el *jazán* en días de ayuno durante la repetición de la *Amidá*. Si el *jazán* olvida decir esto aquí y se da cuenta antes del final de la siguiente bendición (*"Baruj Atá Adonai"*), él debe regresar y decir *"anenu avinu"* y continuar normalmente. Pero si el *jazán* sólo se da cuenta luego del final de la siguiente bendición, debe continuar y puede agregar esta bendición en *"shomea tefilá"*.

עֲנֵנוּ anenu אָבִינוּ avinu עֲנֵנוּ anenu בְּיוֹם beyom ע״ה נגד, מזבח, זן, אל יהוה צוֹם tsom

הַתַּעֲנִית hataanit הַזֶּה hazé והו כִּי qui בְּצָרָה vetsará אלהים דההין

גְּדוֹלָה guedolá אֲנַחְנוּ •anajnu אַל־ al תֵּפֶן tefén לְרִשְׁעֵנוּ lerishenu

וְאַל־ veal תִּתְעַלַּם titalam מַלְכֵּנוּ malquenu מִבַּקָּשָׁתֵנוּ •mibakashatenu

הֱיֵה heyé יהה נָא na קָרוֹב karov לְשַׁוְעָתֵנוּ •leshavatenu טֶרֶם térem

נִקְרָא nikrá אֵלֶיךָ eleja אַתָּה Atá תַעֲנֶה •taané נְדַבֵּר nedaber ראה

וְאַתָּה veAtá תִּשְׁמַע tishmá כַּדָּבָר cadavar ראה שֶׁנֶּאֱמַר :sheneemar

וְהָיָה vehayá יהה ; יהוה טֶרֶם־ térem יִקְרָאוּ yikraú וַאֲנִי vaaní אני אֶעֱנֶה eené

עוֹד od הֵם hem מְדַבְּרִים medabrim וַאֲנִי vaaní אני אֶשְׁמָע :eshmá

כִּי qui אַתָּה Atá יְהֹוָהאדניאהדונהי Adonai פּוֹדֶה podé וּמַצִּיל umatsil וְעוֹנֶה veoné

וּמְרַחֵם umerajem אברהם, וז״פ אל, רי״ו ול״ב נתיבות החכמה, רמ״ח (אברים),

עסמ״ב וט״ז אותיות פשוטות בְּכָל bejol ב״ן, לכב עֵת et צָרָה tsará אלהים דההין

וְצוּקָה :vetsuká בָּרוּךְ Baruj אַתָּה Atá יְהֹוָהאדניאהדונהי Adonai הָעוֹנֶה haoné

לְעַמּוֹ leamó יִשְׂרָאֵל Yisrael בְּעֵת beet צָרָה :tsará (continúa *"refaenu"*)

LA QUINTA (OCTAVA) BENDICIÓN

Esta bendición nos da el poder de sanar cada parte de nuestro cuerpo. Toda sanación se origina en la Luz del Creador. El aceptar y entender esta verdad nos da la abertura para recibir esta Luz. También debemos pensar en compartir esta energía de sanación con otros.

LA BENDICIÓN PARA UN DÍA DE AYUNO

Contéstanos, Padre nuestro,

contéstanos en este día de ayuno porque estamos muy afligidos. No prestes atención a nuestra iniquidad, Rey nuestro, no ignores nuestra súplica. Por favor, acércate a nuestros llantos y respóndenos incluso antes de que clamemos a Ti. Hablaremos y Tú nos escucharás, como está dicho: "Antes que clamen, Yo responderé; mientras aún estén hablando, Yo habré oído" (Isaías 65:24). Porque Tú, Señor, redimes, salvas, respondes y muestras compasión en cada momento de tribulación y aflicción. Bendito eres Tú Dios que responde a Su pueblo Israel en tiempo de aflicción.

Tiféret

רְפָאֵנוּ refaenu יְהֹוָהאדניאהדונהי Adonai וְנֵרָפֵא venerafé ר"ת רי"ו.
הוֹשִׁיעֵנוּ hoshienu וְנִוָּשֵׁעָה venivashea כִּי qui תְהִלָּתֵנוּ tehilatenu
אַתָּה Atá ר"ת = ב"פ רי"ו. וְהַעֲלֵה vehaalé אֲרוּכָה arujá וּמַרְפֵּא umarpé
לְכָל־ lejol יה אדנ"י תַּחֲלוּאֵינוּ tajalueinu. וּלְכָל־ ulejol יה אדנ"י
מַכְאוֹבֵינוּ majoveinu יה אדנ"י וּלְכָל־ ulejol מַכּוֹתֵינוּ macoteinu.

Para meditar por sanación para ti mismo u otras personas, agrega lo siguiente; y en los paréntesis a continuación, incluye los nombres:

יְהִי yehí רָצוֹן ratsón מהש ע"ה, ע"ב בריבוע וקס"א ע"ה, אל שדי ע"ה
מִלְּפָנֶיךָ milfaneja ס"ג מ"ה ב"ן יְהֹוָהאדניאהדונהי Adonai אֱלֹהַי Elohai מילוי ע"ב, דמב ; ילה
וֵאלֹהֵי veElohei לכב ; מילוי ע"ב, דמב ; ילה אֲבוֹתַי avotai שֶׁתִּרְפָּאֵנִי shetirpaeni
(וְתִרְפָּא vetirpá (incluye el nombre de la persona) בֶּן ben (Mujeres: בַּת bat) (incluye el nombre de su madre))
רְפוּאָה refuá שְׁלֵמָה shelemá רְפוּאַת refuat הַנֶּפֶשׁ hanéfesh
וּרְפוּאַת urefuat הַגּוּף haguf, כְּדֵי quedei שֶׁאֶהְיֶה sheehyé חָזָק jazak פהל
(Mujeres: חֲזָקָה jazaká פהל) בִּבְרִיאוּת bivriut, וְאַמִּיץ veamits
(Mujeres: וַאֲמִיצַת veamitsat) כֹּחַ cóaj, בְּמָאתַיִם bematáyim וְאַרְבָּעִים vearbaim
וּשְׁמוֹנָה ushmoná רמ"ח (אברים), אברהם, ח"פ אל, רי"ו ול"ב נתיבות החכמה, עסמ"ב וט"ז אותיות
פשוטות (Mujeres: בְּמָאתַיִם bematáyim וַחֲמִשִּׁים vejamishim וּשְׁנַיִם ushnáyim)
אֵבָרִים evarim וּשְׁלֹשׁ ushlosh מֵאוֹת meot המספר = ש' = אלהים דיודין
וְשִׁשִּׁים veshishim המספר = מילוי הש' (ין) וַחֲמִשָּׁה vajamishá גִּידִים guidim שֶׁל shel
נִשְׁמָתִי nishmatí וְגוּפִי vegufí, לְקִיּוּם lekiyum תּוֹרָתְךָ toratjá הַקְּדוֹשָׁה hakedoshá.

כִּי qui אֵל El יא"י (מילוי דס"ג) רוֹפֵא rofé רַחֲמָן rajmán וְנֶאֱמָן veneemán
אַתָּה Atá: בָּרוּךְ Baruj אַתָּה Atá יְהֹוָהאדניאהדונהי Adonai רוֹפֵא rofé
חוֹלֵי jolei חולה = מ"ה (יוד הא ואו הא) וד' אותיות עַמּוֹ amó יִשְׂרָאֵל Yisrael
ר"ת רפ"ח (להעלות הניצוצות שנפלו לקליפה דמשם באים התחלואים):

LA QUINTA (OCTAVA) BENDICIÓN

Cúranos, Señor, y seremos curados. Sálvanos y seremos salvados. Porque Tú eres nuestro orgullo. Trae curación y sanación a todas nuestras dolencias, a todos nuestros dolores, a todas nuestras heridas.

Sea agradable ante Ti, Señor, mi Dios y Dios de mis ancestros, que Tú me sanes completamente y a (el nombre de la persona y el nombre de su madre) *con la sanación del espíritu y la sanación del cuerpo, para que sea fuerte en salud y vigoroso en mi fortaleza en todos mis 248* (la mujer dice*: 252) órganos y los 365 tendones de mi alma y mi cuerpo, para que yo sea capaz de guardar Tu Santa Torá.*

Porque Tú eres un Dios sanador, compasivo y leal.
¡Bendito eres Tú, Señor, que sanas a los enfermos de Tu Pueblo, Israel!

ENDULZAR EL JUICIO SEVERO

LA SEXTA (NOVENA) BENDICIÓN

Esta bendición trae sustento y prosperidad para todo el planeta y nos provee sustento personal. Quisiéramos que todos nuestros años estuviesen llenos de rocío y lluvia, que son la corriente vital que sostiene nuestro mundo.

Nétsaj

Durante el verano (a partir del primer día *Pésaj*) **se dice lo siguiente:**

Si por error dices "*Barej alenu*" en lugar de "*Barjenu*" y te das cuenta de ello antes del final de la *Amidá* ("*yihyú leratsón*", el segundo), entonces debes regresar y decir "*Barjenu*" y continuar normalmente. Si te das cuenta de ello después, debes comenzar la *Amidá* desde el principio.

בָּרְכֵנוּ barjenu יְהֹוָאדנָיאהדונהי Adonai אֱלֹהֵינוּ Eloheinu ילה בְּכָל־ bejol

ב״ן, לכב מַעֲשֵׂי maasei יָדֵינוּ yadeinu• וּבָרֵךְ uvarej שְׁנָתֵנוּ shenatenu

בְּטַלְלֵי betalelei רָצוֹן ratsón מהש ע״ה, ע״ב בריבוע וקס״א ע״ה, אל שדי ע״ה

בְּרָכָה brajá וּנְדָבָה unedavá בינה (וע״ה אהיה אהיה יהוה, וחיים)• וּתְהִי utehí

אַחֲרִיתָהּ ajaritá וְחַיִּים jayim אהיה אהיה יהוה, בינה ע״ה וְשָׂבָע vesavá

וְשָׁלוֹם veshalom כַּשָּׁנִים cashanim הַטּוֹבוֹת hatovot לִבְרָכָה livrajá•

Si deseas meditar por sustento, puedes añadir:

יְהִי yehí רָצוֹן ratsón מהש ע״ה, ע״ב בריבוע וקס״א ע״ה, אל שדי ע״ה מִלְּפָנֶיךָ milfaneja

ס״ג מ״ה ב״ן יְהֹוָאדנָיאהדונהי Adonai אֱלֹהֵינוּ Eloheinu ילה וֵאלֹהֵי veElohei

לכב ; מילוי ע״ב, דמב ; ילה אֲבוֹתֵינוּ avoteinu שֶׁתִּתֵּן shetitén ב״פ כהת לִי li

וּלְכָל ulejol יה אדני הַסְּמוּכִים hasemujim עַל al שׁוּלְחָנִי shuljaní, הַיּוֹם hayom

ע״ה נגד, מזבח, זן, אל יהוה וּבְכָל uvejol ב״ן, לכב יוֹם yom ע״ה נגד, מזבח, זן, אל יהוה

מְזוֹנוֹתַי mezonotai וּמְזוֹנוֹתֵיהֶם umezonoteihem בְּכָבוֹד bejavod בוכו וְלֹא veló

בְּבִזּוּי bevizui בְּהֶיתֵּר beheiter וְלֹא veló בְּאִיסּוּר beisur בִּזְכוּת bizjut

שִׁמְךָ Shimjá הַגָּדוֹל hagadol להח ; עם ד׳ אותיות = מבה, יזל, אום

(No pronunciar este nombre: דִּיקַרְנוֹסָא וזתך עם ג׳ אותיות – ובאתב״ש סאל, אמן, יאהדונהי)

LA SEXTA (NOVENA) BENDICIÓN

Durante el verano:

Bendícenos, Señor, nuestro Dios, en todos nuestros esfuerzos, y bendice nuestros años con el rocío de la buena voluntad, bendiciones y benevolencia. Que su conclusión sea vida, satisfacción y paz, así como otros años de bendiciones,

Sea agradable ante Ti,
Señor, mi Dios y Dios de mis ancestros, que Tú me proveas a mí y a mi hogar, hoy y todos los días, mi alimento y el de ellos, con dignidad y no con vergüenza, de forma permisible y no prohibida, en virtud de Tu gran Nombre

הַיּוֹצֵא hayotsé מִפָּסוּק mipasuk: וַהֲרִיקֹתִי vaharikoti לָכֶם lajem
בְּרָכָה brajá עַד־ ad בְּלִי־ bli דָּי dai וּמִפָּסוּק umipasuk: נְסָה nesá
עָלֵינוּ aleinu אוֹר or רז, אין סוף פָּנֶיךָ paneja ס"ג מ"ה ב"ן יְה�ֹוָהאדניאהדונהי Adonai
וְאַל veal תַּצְרִיכֵנוּ tatsrijenu לִידֵי lidei מַתְּנוֹת matenot בָּשָׂר basar
וָדָם vadam, כִּי qui אִם im יוהך, מ"א אותיות אהיה בפשוטו מילואו ומילוי דמילואו ע"ה
מִיָּדְךָ miyadjá הַמְּלֵאָה hameleá וּמֵאוֹצַר umeotsar מַתְּנַת matnat וְחִנָּם jinam
תְּכַלְכְּלֵנִי tejalquelni וְתַשְׁפִּיעֵנִי vetashpieni, אָמֵן Amén יאהדונהי סֶלָה sela.

כִּי qui אֵל El ייא"י (מילוי דס"ג) טוֹב tov והו וּמֵטִיב umetiv
אַתָּה Atá וּמְבָרֵךְ umevarej הַשָּׁנִים hashanim: בָּרוּךְ Baruj
אַתָּה Atá יְהֹוָהאדניאהדונהי Adonai מְבָרֵךְ mevarej הַשָּׁנִים hashanim:

Durante el invierno (a partir del 7 de *Jeshván*, dos semanas después de *Sukot*) **decimos lo siguiente:**
Si por error dices "*barjenu*" en lugar de "*barej aleinu*", y te das cuenta de esto antes del final de la bendición ("*Baruj Atá Adonai*"), debes volver y decir "*barej aleinu*" y continuar como siempre Si solo te das cuenta después, debes decir "*vetén tal umatar livrajá*" en "*shomea tefilá*". Si solo te das cuenta después de empezar el "*retsé*" debes empezar la *Amidá* desde el principio.

בָּרֵךְ barej עָלֵינוּ aleinu יְהֹוָהאדניאהדונהי Adonai אֱלֹהֵינוּ Eloheinu ילה
אֶת et הַשָּׁנָה hashaná הַזֹּאת hazot. וְאֶת veet כָּל־ col ילי
מִינֵי minei תְבוּאָתָהּ tevuatá לְטוֹבָה letová אכא. וְתֵן vetén
טַל tal יוד הא ואו, כוזו וּמָטָר umatar לִבְרָכָה livrajá עַל al כָּל־ col ילי ; עמם
פְּנֵי penei וחכמה בינה הָאֲדָמָה haadamá. וְרַוֵּה veravé פְּנֵי penei וחכמה בינה
תֵּבֵל tevel ב"פ רי"ו וְשַׂבַּע vesabá אֶת et הָעוֹלָם haolam
כֻּלּוֹ culó מִטּוּבָךְ mituvaj לאו. וּמַלֵּא umalé יָדֵינוּ yadeinu
מִבִּרְכוֹתֶיךָ mibirjoteja וּמֵעֹשֶׁר umeósher מַתְּנוֹת matenot יָדֶיךָ yadeja.

---

que proviene del versículo: "derramar bendiciones sobre ti hasta que no haya espacio suficiente para éstas" (Malaquías 3:10) y del versículo: "Eleva sobre nosotros la Luz de Tu rostro, Señor" (Salmos 4:7), y no necesitaremos los regalos de carne y sangre, sino sólo de tu mano, la cual está llena, y del tesoro del regalo gratuito Tú me sostendrás y me alimentarás. Amén. Sela.

porque Tú eres un Dios bueno y benefactor y Tú bendices los años.
¡Bendito eres Tú, Oh Dios, que bendices los años!

Durante el invierno:

Bendice, Señor, nuestro Dios, este año y todas sus clases de cosechas para bien. Y da rocío y lluvia como bendición sobre toda la faz de la Tierra. Sacia la sed de la faz de la Tierra y sacia a todo el mundo de Tu dadivosidad. Llena nuestras manos con Tus bendiciones y de la riqueza de los regalos de Tus Manos.

Si quieres meditar por sustento, agrega lo siguiente:

יְהִי yehí רָצוֹן ratsón מהש ע"ה, ע"ב בריבוע וקס"א ע"ה, אל שדי ע"ה מִלְּפָנֶיךָ milfaneja
ס"ג מ"ה ב"ן יְהֹוָאדהנָהיאהדונהי Adonai אֱלֹהֵינוּ Eloheinu ילה וֵאלֹהֵי veElohei
לכב ; מילוי ע"ב, דמב ; ילה אֲבוֹתֵינוּ avoteinu שֶׁתִּתֵּן shetitén ב"פ כהת לִי li
וּלְכָל ulejol יה אדני הַסְּמוּכִים hasemujim עַל al שֻׁלְחָנִי shuljaní, הַיּוֹם hayom
ע"ה נגד, מזבח, זן, אל יהוה וּבְכָל uvejol ב"ן, לכב יוֹם yom ע"ה נגד, מזבח, זן, אל יהוה
מְזוֹנוֹתַי mezonotai וּמְזוֹנוֹתֵיהֶם umezonoteihem בְּכָבוֹד bejavod בוכו וְלֹא veló
בְּבִזּוּי bevizui בְּהֶיתֵּר beheiter וְלֹא veló בְּאִיסּוּר beisur בִּזְכוּת bizjut
שִׁמְךָ Shimjá הַגָּדוֹל hagadol להח ; עם ד' אותיות = מבה, יזל, אום
(No pronunciar este nombre: דִּיקַרְנוֹסָא והוא עם ג' אותיות - ובאתב"ש סאל, אמן, יאהדונהי)
הַיּוֹצֵא hayotsé מִפָּסוּק mipasuk: וַהֲרִיקֹתִי vaharikoti לָכֶם lajem
בְּרָכָה brajá עַד־ ad בְּלִי־ bli דָּי dai וּמִפָּסוּק umipasuk: נְסָה nesá
עָלֵינוּ aleinu אוֹר or רז, אין סוף פָּנֶיךָ paneja ס"ג מ"ה ב"ן יְהֹוָאדהנָהיאהדונהי Adonai
וְאַל veal תַּצְרִיכֵנוּ tatsrijenu לִידֵי lidei מַתְּנוֹת matenot בָּשָׂר basar
וָדָם vadam, כִּי qui אִם im יוהך, מ"א אותיות אהיה בפשוטו מילואו ומילוי דמילואו ע"ה
מִיָּדְךָ miyadjá הַמְּלֵאָה hameleá וּמֵאוֹצַר umeotsar מַתְּנַת matnat וְחִנָּם jinam
תְּכַלְכְּלֵנִי tejalquelni וְתַשְׁפִּיעֵנִי vetashpieni, אָמֵן Amén יאהדונהי סֶלָה sela.

שָׁמְרָה shomrá וְהַצִּילָה vehatsilá שָׁנָה shaná זוֹ zo מִכָּל־ micol ילי דָּבָר davar
ראה רַע ra. וּמִכָּל־ umicol ילי מִינֵי minei מַשְׁחִית mashjit וּמִכָּל־ umicol ילי
מִינֵי minei פּוּרְעָנוּת puranut. וַעֲשֵׂה vaasé לָהּ la תִּקְוָה tikvá
טוֹבָה tová אכא וְאַחֲרִית veajarit שָׁלוֹם shalom. וְחוּס jus וְרַחֵם verajem
אברהם, וח"פ אל, רי"ו ול"ב נתיבות החכמה, רמ"ח (אברים), עסמ"ב וט"ז אותיות פשוטות עָלֶיהָ aleha פהל
וְעַל veal כָּל־ col ילי ; עמם תְּבוּאָתָהּ tevuatá וּפֵירוֹתֶיהָ ufeiroteha.

Sea agradable ante Ti, Señor, mi Dios y Dios de mis antepasados, que Tú me proveas a mí y a mi hogar, hoy y todos los días, mi alimento y el de ellos, con dignidad y no con vergüenza, de forma permisible y no prohibida, en virtud de Tu gran Nombre que proviene del versículo: "derramar bendiciones sobre ti hasta que no haya espacio suficiente para éstas" (Malaquías 3:10) y del versículo: "Eleva sobre nosotros la Luz de Tu rostro, Señor" (Salmos 4:7), y no necesitaremos los regalos de carne y sangre, sino sólo de Tu mano, la cual está llena, y del tesoro del regalo gratuito Tú me sostendrás y me alimentarás. Amén. Sela.

Protege y guarda este año de todo mal y de toda forma de destrucción y de toda forma de tribulación. Haz que éste tenga buena esperanza y un final pacífico. Ten piedad y ten misericordia sobre éste y sobre todas sus cosechas y frutos;

וּבָרְכָהּ uvarjá בְּגִשְׁמֵי beguishmei רָצוֹן ratsón מהש ע"ה, ע"ב בריבוע וקס"א ע"ה,

אל שדי ע"ה בְּרָכָה brajá וּנְדָבָה unedavá בינה (וע"ה אהיה אהיה יהוה, וזיים)

וּתְהִי utehí אַחֲרִיתָהּ ajaritá חַיִּים jayim אהיה אהיה יהוה, בינה ע"ה וְשָׂבָע vesavá

וְשָׁלוֹם veshalom• כַּשָּׁנִים cashanim הַטּוֹבוֹת hatovot לִבְרָכָה livrajá•

כִּי qui אֵל El ייא"י (מילוי דס"ג) טוֹב tov והו וּמֵטִיב umetiv

אַתָּה Atá וּמְבָרֵךְ umevarej הַשָּׁנִים hashanim: בָּרוּךְ Baruj

אַתָּה Atá יְהֹוָהאדהנהי Adonai מְבָרֵךְ mevarej הַשָּׁנִים hashanim:

LA SÉPTIMA (DÉCIMA) BENDICIÓN

Esta bendición nos da el poder de influir de manera positiva sobre toda la humanidad. La Kabbalah enseña que cada individuo afecta la totalidad. Nosotros tenemos un efecto sobre el mundo y el resto del mundo tiene un efecto sobre nosotros, aunque no podamos percibir esta relación con nuestros cinco sentidos. Llamamos a esta relación conciencia cuántica.

Hod

תְּקַע teká ב"פ כוזו וי' אותיות בְּשׁוֹפָר beshofar גָּדוֹל gadol להוז ; עם ד' אותיות =

מבה, יזל, אום לְחֵרוּתֵנוּ lejerutenu• וְשָׂא vesá נֵס nes מ"ה אדני לְקַבֵּץ lekabets

גָּלֻיּוֹתֵינוּ galuyoteinu• וְקַבְּצֵנוּ vekabetsenu יַחַד yájad מֵאַרְבַּע mearbá

כַּנְפוֹת canfot וזבו (בסגולתו להוציא ניצוצות מן הקליפות) ויכוין וַחֲבוּ עם נקודותיו = ע"ב, ריבוע יהוה

הָאָרֶץ haárets אלהים דההין ע"ה ; ר"ת = אדני לְאַרְצֵנוּ leartsenu:

Lo siguiente se recita durante todo el año, especialmente durante la época de los *Shovavim*:

Las seis porciones del Libro de Éxodo —***S**hemot*, ***V**aerá*, ***B**o*, ***B**eshalaj*, ***Y**itró*, ***M**ishpatim*, (***T**rumá* ***T**etsavé*) — nos relatan la historia del Éxodo de los israelitas de Egipto y simbolizan el inicio de una abertura cósmica única que dura seis semanas (8 semanas en año bisiesto) cada año. La palabra *shovavim* significa "irresponsable", como en el versículo: "'Retornen, hijos irresponsables', dice el Señor" (Jeremías 3:14) y es un acrónimo compuesto de la primera inicial de cada una de las seis porciones semanales Los kabbalistas nos enseñan que la historia de Éxodo es un código y que durante estas seis/ocho semanas hay una ventana cósmica para la redención personal. El Arí explica que la caída de Adam corrompió casi todo en nuestro mundo físico, lo cual resultó en el dolor y el sufrimiento humano. Durante el tiempo del Éxodo, Moshé y los israelitas corrigieron los aspectos más importantes de esta corrupción. La siguiente meditación nos ayuda a liberar y redimir todas las chispas restantes de Luz que hemos perdido mediante nuestras acciones irresponsables (especialmente el comportamiento sexual irresponsable):

---

bendícelo con lluvias de bondad, bendición y benevolencia. Y que su final sea vida, satisfacción y paz, porque Tú eres un Dios bueno y benévolo, y Tú bendices los años. Bendito eres Tú, Señor, quien bendice los años.

LA SÉPTIMA (DÉCIMA) BENDICIÓN

Suena un gran Shofar para nuestra libertad y levanta un estandarte
para reunir a nuestros exiliados, y reúnenos prontaente de los cuatro confines de la Tierra en nuestra tierra.

יְהִי yehí רָצוֹן ratsón מהש ע"ה, ע"ב בריבוע וקס"א ע"ה, אל שדי ע"ה מִלְּפָנֶיךָ milfaneja
ס"ג מ"ה ב"ן יְהֹוָהאדניאהדונהי Adonai אֱלֹהַי Elohai מילוי ע"ב, דמב ; ילה
וֵאלֹהֵי veElohei לכב ; מילוי ע"ב, דמב ; ילה אֲבוֹתַי avotai שֶׁכֹּל shecol ילי טִיפָּה tipá
וְטִיפָּה vetipá שֶׁל shel קֶרִי kerí שֶׁיָּצָא sheyatsá מִמֶּנִּי mimeni לְבַטָּלָה levatalá
וּמִכֹּל umicol ילי יִשְׂרָאֵל Yisrael בִּכְלָל bijlal וּבִפְרַט ubifrat שֶׁלֹּא sheló
בִּמְקוֹם bimkom מִצְוָה mitsvá בֵּין bein בְּאוֹנֶס beones בֵּין bein בְּרָצוֹן beratsón
מהש ע"ה, ע"ב בריבוע וקס"א ע"ה, אל שדי ע"ה בֵּין bein בְּשׁוֹגֵג beshogueg בֵּין bein
בְּמֵזִיד bemezid, בֵּין bein בְּהִרְהוּר behirhur וּבֵין uvein בְּמַעֲשֶׂה bemaasé,
בֵּין bein בְּגִלְגּוּל beguilgul זֶה ze בֵּין bein בְּגִלְגּוּל beguilgul אַחֵר ajer
וְנִבְלַע venivlá בַּקְּלִיפּוֹת baklipot, שֶׁתַּקִּיא shetakí הַקְּלִיפּוֹת hakelipot
הַנִּיצוֹצוֹת hanitsotsot קֶרִי kerí שֶׁנִּבְלְעוּ shenivleú בָּהּ ba, בִּזְכוּת bizjut
שִׁמְךָ Shimjá הַגָּדוֹל hagadol להח ; עם ד' אותיות = מבה, יזל, אום הַיּוֹצֵא hayotsé
מִפָּסוּק mipasuk: וַחַיִל jáyil ומב בָּלַע balá וַיְקִאֶנּוּ vaykienu ר"ת וזבו ו- ילי
מִבִּטְנוֹ mibitnó יֹרִשֶׁנּוּ yorishenu אֵל El ייא"י (מילוי דס"ג) ; ס"ת ויל וּבִזְכוּת uvizejut
שִׁמְךָ Shimjá הַגָּדוֹל hagadol להח; עם ד' אותיות = מבה, יזל, אום יְוֹהֲבָוֹיְהָ
(durante los *Shovavim*: יְוֹהֲבָוֹיְהָ) שֶׁתַּחֲזִירֵם shetajazirem לִמְקוֹם limkom
קְדוּשָּׁה kedushá וְהַטּוֹב vehatov והו בְּעֵינֶיךָ beeineja קס"א ע"ה ; ריבוע מ"ה עֲשֵׂה asé.

Debes meditar en corregir el pensamiento que provocó la pérdida de las chispas de Luz. También medita en los Nombres que controlan nuestros pensamientos para cada uno de los seis días de la semana como está a continuación:

Domingo	יְהֶוֶהֶ	עַל צְבָא כף ואו זין ואו טפטפיה א מן אהיה דמרגלא ושם:	*Briá.*
Lunes	יֱהֹוִה	עַל מגן כף ואו זין ואו טפטפיה ה מן אהיה דמרגלא ושם:	*Yetsirá.*
Martes	מצפץ	צוה פוזד כף ואו זין ואו טפטפיה י מן אהיה דמרגלא ושם:	*Asiyá.*
Miércoles	אל	צוה פוזד כף ואו זין ואו טפטפיה י מן יהו דמרגלא ושם:	*Asiyá.*
Jueves	אלהים	עַל מגן כף ואו זין ואו טפטפיה ה מן יהו דמרגלא ושם:	*Yetsirá.*
Viernes	מצפץ	עַל צבא כף ואו זין ואו טפטפיה ו מן יהו דמרגלא ושם:	*Briá.*

Cada uno de estos Nombres (עַל צְבָא, כף ואו זין ואו, טפטפיה) tienen una suma total de 193, que es el mismo valor numérico de la palabra *zokef* (elevar). Estos Nombres elevan la Chispa Sagrada de los *Jitsoniyim*. Asimismo, cuando digas las palabras "*mekabets nidjei*" (en la continuación de la bendición), que tiene una suma total de 304, el mismo valor numérico de *Shin*, *Dálet* (demonio), medita en reunir todas las chispas perdidas y anular el poder de las fuerzas negativas.

Sea agradable ante Ti, Señor, mi Dios y Dios de mis ancestros, que cada una de las gotas de kerí que salieron de mí en vano, y de todo Israel en general, y especialmente no a causa de un precepto, si fue obligado o voluntariamente, con o sin intención, debido a pensamiento o acción, en esta vida o en vidas anteriores, y si fue devorado por la klipá, que ésta vomite todas las chispas de kerí en virtud de Tu gran Nombre que proviene del versículo: "Él devoró riqueza y la vomitó, y de su estómago Dios la extrajo" (Job 20:15), y en virtud de Tu gran Nombre las regresarás al Lugar Santo, y harás lo que es bueno ante Tus ojos.

בָּרוּךְ Baruj אַתָּה Atá יְהֹוָ‍אדהֹנָהי Adonai ; יכוין וחבו בשילוב יהוה כוזו: יְוָהֲבֵוִיה

מְקַבֵּץ mekabets ע"ב ס"ג מ"ה ב"ן, הברכה (למתק את ז' המלכים שמתו)

נִדְחֵי nidjei ע"ב, ריבוע יהוה עַמּוֹ amó וחבו יִשְׂרָאֵל Yisrael:

LA OCTAVA (UNDÉCIMA) BENDICIÓN

Esta bendición nos ayuda a equilibrar el juicio con misericordia. Debido a que la misericordia es tiempo, podemos emplearlo en cambiarnos a nosotros mismos antes que el juicio ocurra.

Yesod

הָשִׁיבָה hashiva שׁוֹפְטֵינוּ shofteinu כְּבָרִאשׁוֹנָה quevarishoná•

וְיוֹעֲצֵינוּ veyoatseinu כְּבַתְּחִלָּה quevatejilá ר"ת = ש"כה (דינים זכרים שביסוד) ויהוה (הממתקם)•

וְהָסֵר vehaser מִמֶּנּוּ mimenu יָגוֹן yagón (סמאל) וַאֲנָחָה vaanajá (לילית)•

וּמְלוֹךְ umloj עָלֵינוּ aleinu מְהֵרָה meherá אַתָּה Atá

יְהֹוָ‍אדהֹנָהי Adonai לְבַדְּךָ levadjá• בְּחֶסֶד bejésed ע"ב, ריבוע יהוה

וּבְרַחֲמִים uverajamim מצפצ, אלהים דיודין, י"פ ייי ; להמתיק ברחמים דיני צדק ומשפט

בְּצֶדֶק betsédek וּבְמִשְׁפָּט uvemishpat ע"ה = ה"פ אלהים: בָּרוּךְ Baruj אַתָּה Atá

יְהֹוָ‍אדהֹנָהי Adonai מֶלֶךְ Mélej אוֹהֵב ohev ממתיק דיני

צְדָקָה tsedaká ע"ה ריבוע אלהים וּמִשְׁפָּט umishpat ע"ה ה"פ אלהים:

> **Durante los días entre *Rosh Hashaná* y *Yom Kipur*** en lugar de "*mélej ohev tsedaká umishpat*" decimos:
>
> הַמֶּלֶךְ haMélej הַמִּשְׁפָּט hamishpat ע"ה ה"פ אלהים:
>
> Si por error dices "*mélej ohev...*" y te das cuenta en tres segundos, debes decir "*hamélej hamishpat*" y continuar normalmente. Pero si ya empezaste la siguiente bendición, no debes regresar.

LA NOVENA (DUODÉCIMA) BENDICIÓN

Esta bendición nos ayuda eliminar todas las formas de negatividad, ya sea que provengan de personas, situaciones o, inclusive, de la energía negativa del Ángel de la Muerte [(**no pronunciar estos nombres**) *Sa-ma-el* (aspecto masculino) y *Li-lit* (aspecto femenino), los cuales están codificados aquí], al usar el Nombre Sagrado: *Shadai* שדי, el cual está codificado matemáticamente en las últimas cuatro palabras de esta bendición y también se encuentra dentro de la *Mezuzá* con el mismo propósito.

¡Bendito eres Tú, Señor, que reúnes a los dispersos de Su Nación, Israel!

LA OCTAVA (UNDÉCIMA) BENDICIÓN

Restaura nuestros jueces, como al principio, y a nuestros consejeros, como al principio. Aparta de nosotros el pesar y los lamentos. Reina sobre nosotros pronto, Tú solo, Señor, con bondad y compasión, con rectitud y justicia. ¡Bendito eres Tú, Dios, el Rey que ama la rectitud y la justicia!

> Durante los días entre *Rosh Hashaná* y *Yom Kipur*: *El Rey del juicio.*

Kéter

לַמִּינִים laminim וְלַמַּלְשִׁינִים velamalshinim אַל al תְּהִי tehí תִקְוָה tikvá

וְכָל vejol ילי הַזֵּדִים hazedim כְּרֶגַע querega ג"פ אלהים עם ט"ו אותיות פשוטות

יֹאבֵדוּ yovedu• וְכָל־ vejol ילי אוֹיְבֶיךָ oyveja (סמאל)

וְכָל־ vejol ילי שׂוֹנְאֶיךָ soneja (לילית) מְהֵרָה meherá יִכָּרֵתוּ yicaretu•

וּמַלְכוּת umaljut הָרִשְׁעָה harishá מְהֵרָה meherá תְעַקֵּר teaker

וּתְשַׁבֵּר uteshaber וּתְכַלֵּם utejalem וְתַכְנִיעֵם vetajniem בִּמְהֵרָה bimherá

בְיָמֵינוּ veyameinu:• בָּרוּךְ Baruj אַתָּה Atá יְהֹוָה (יאהדונהי) Adonai

שׁוֹבֵר shover אוֹיְבִים oyvim וּמַכְנִיעַ umajnía זֵדִים zedim ר"ת = שדי:•

LA DÉCIMA (DECIMOTERCERA) BENDICIÓN

Esta bendición nos rodea con absoluta positividad para ayudarnos a estar siempre en el lugar correcto en el momento correcto. También nos ayuda a atraer sólo personas positivas a nuestra vida.

Yesod

עַל al הַצַּדִּיקִים hatsadikim צדיק יסוד עולם וְעַל veal הַחֲסִידִים hajasidim

וְעַל veal שְׁאֵרִית sheerit עַמְּךָ ameja בֵּית beit ב"פ ראה יִשְׂרָאֵל Yisrael•

וְעַל veal פְּלֵיטַת pleitat בֵּית beit ב"פ ראה סוֹפְרֵיהֶם sofreihem•

וְעַל veal גֵּרֵי guerei הַצֶּדֶק hatsédek וְעָלֵינוּ vealeinu• יֶהֱמוּ yehemú

נָא na רַחֲמֶיךָ rajameja יְהֹוָה (יאהדונהי) Adonai אֱלֹהֵינוּ Eloheinu ילה

וְתֵן vetén שָׂכָר sajar י"פ ב"ן טוֹב tov והו לְכָל־ lejol יה אדני

הַבּוֹטְחִים habotjim בְּשִׁמְךָ beShimjá בֶּאֱמֶת beemet אהיה פעמים אהיה, ז"פ ס"ג•

LA NOVENA (DUODÉCIMA) BENDICIÓN

Para los herejes y los difamadores, que no haya esperanza. Que los impíos perezcan en un instante. Y que todos Tus enemigos y los que Te odian sean pronto arrasados. Y en el caso del gobierno dañino, puedas Tú rápidamente desarraigarlo y aplastarlo, y puedas Tú destruirlo y humillarlo, con rapidez en nuestros días. ¡Bendito eres Tú, Señor, que aplastas a los enemigos y humillas a los malvados!

LA DÉCIMA (DECIMOTERCERA) BENDICIÓN

Sobre los justos, sobre los piadosos, sobre los demás de la Casa de Israel, sobre los remanentes de las academias de sus escritores, sobre los conversos sinceros y sobre nosotros, que se encienda Tu compasión, Señor, nuestro Dios. Otorga buena recompensa a todos los que verdaderamente confían en Tu Nombre.

וְשִׂים vesim וְחֶלְקֵנוּ jelkenu עִמָּהֶם imahem וּלְעוֹלָם uleolam ריבוע ס״ג וי׳ אותיות דס״ג

לֹא lo נֵבוֹשׁ nevosh כִּי qui בְךָ vejá בָטָחְנוּ batajnu

וְעַל veal חַסְדְּךָ jasdejá הַגָּדוֹל hagadol להוז ; עם ד׳ אותיות = מבה, יזל, אום

בֶּאֱמֶת beemet אהיה פעמים אהיה, ז״פ ס״ג נִשְׁעָנְנוּ nishanenu:

בָּרוּךְ Baruj אַתָּה Atá יְהֹוָהאדנייאהדונהי Adonai מִשְׁעָן mishán

וּמִבְטָח umivtaj לַצַּדִּיקִים latsadikim ר״ת ימול (כל מי שנימול נקרא צדיק):

LA UNDÉCIMA (DECIMOCUARTA) BENDICIÓN

Esta bendición nos conecta con la energía de Jerusalén, con la construcción del Templo y con la preparación para el *Mashíaj*.

Hod

תִּשְׁכּוֹן tishcón בְּתוֹךְ betoj יְרוּשָׁלַיִם Yerushaláyim עִירְךָ irjá

כַּאֲשֶׁר caasher דִּבַּרְתָּ dibarta ראה וְכִסֵּא vejisé דָוִד David

עַבְדְּךָ avdejá פוי, אל אדני מְהֵרָה meherá בְּתוֹכָהּ vetojá תָּכִין tajín

Meditar aquí en que el *Mashíaj Ben Yosef* no sea asesinado por el malvado *Armilos* **(no pronunciar)**.

וּבְנֵה uvné אוֹתָהּ otá בִּנְיַן binyán עוֹלָם olam

בִּמְהֵרָה bimherá בְיָמֵינוּ veyameinu:

Según el Arí, en *Minjá* de *Tishá BeAv* hacemos esta conexión adicional:

CONEXIÓN PARA EL NUEVE DE AV

El noveno día de *Av* (*Tishá BeAv*) tiene el potencial de ser el día más destructivo y negativo del año. Los dos antiguos Templos en Jerusalén fueron destruidos en ese día, con quinientos años de separación entre uno y otro. Históricamente, muchos otros eventos traumáticos también han ocurrido en este día. No obstante, de acuerdo con los sabios, *Tishá BeAv* también es el día en que nacerá el *Mashíaj*. En la Kabbalah aprendemos que donde encontramos la mayor negatividad también existe el potencial de revelar la mayor Luz positiva a través de la transformación espiritual. El momento de *Minjá* (la tarde) de *Tishá BeAv* es el mejor momento para enfrentar la energía negativa que prevalece en este día. Recitar esta bendición nos ayuda a realizar la construcción del Templo final en Jerusalén, en lugar de conectarnos con las fuerzas destructivas del día. Todos tenemos un ladrillo con el cual contribuir en la construcción del Templo y, en la medida que nos transformemos y nos reconstruyamos espiritualmente, reconstruimos nuestro ladrillo en el Templo final. Cuando suficientes de nosotros hayamos reconstruido nuestros ladrillos espirituales, el Templo físico aparecerá.

---

y coloca nuestra suerte junto a la de ellos. Que nunca nos avergoncemos, porque es en Ti en quien colocamos nuestra confianza; es en Tu gran compasión en la que nos apoyamos.
¡Bendito eres Tú, Señor, que eres sostén y refugio de los justos!

LA UNDÉCIMA (DECIMOCUARTA) BENDICIÓN

Puedas Tú morar en Jerusalem, Tu Ciudad, como lo has prometido. Y puedas Tú establecer el trono de David, Tu servidor, rápidamente dentro de ella y construirlo como una estructura eterna, pronto en nuestros días.

נַחֵם najem יְהֹוָהאדניאהדונהי Adonai אֱלֹהֵינוּ Eloheinu ילה אֶת et אֲבֵלֵי avelei
צִיּוֹן Tsiyón יוסף, ו' הויות, קנאה וְאֶת veet אֲבֵלֵי avelei יְרוּשָׁלָיִם Yerushaláyim,
וְאֶת veet הָעִיר hair סןזףר, סנדלפון, ערי הַחֲרֵבָה hajarevá וְהַבְּזוּיָה vehabezuyá
וְהַשּׁוֹמֵמָה vehashomemá. מִבְּלִי miblí בָּנֶיהָ vaneha הִיא hi יוֹשֶׁבֶת yoshévet,
וְרֹאשָׁהּ veroshá וְחָפוּי jafui כְּאִשָּׁה queishá עֲקָרָה akará שֶׁלֹּא sheló יָלָדָה yaladá.
וַיְבַלְּעוּהָ vayvaluha לִגְיוֹנִים ligyonim וַיִּירָשׁוּהָ vayirashuha, וַיָּטִילוּ vayatilu אֶת et
עַמְּךָ amjá יִשְׂרָאֵל Yisrael לֶחָרֶב lejárev, וַיַּהַרְגוּ vayahargú בְּזָדוֹן vezadón
וַחֲסִידֵי jasidei עֶלְיוֹן elyón, עַל al כֵּן quen צִיּוֹן Tsiyón יוסף, ו' הויות, קנאה בְּמֶרֶר bemerer
תִּבְכֶּה tivqué, וִירוּשָׁלַיִם virushaláyim תִּתֵּן titén ב"פ כהת קוֹלָהּ kolá, לִבִּי libí לִבִּי libí
עַל al חַלְלֵיהֶם jaleleihem, מֵעַי meai מֵעַי meai עַל al הֲרוּגֵיהֶם harugueihem. כִּי qui
אַתָּה Atá יְהֹוָהאדניאהדונהי Adonai בָּאֵשׁ baesh הִצַּתָּהּ hitsata, וּבָאֵשׁ uvaesh אַתָּה Atá
עָתִיד atid לִבְנוֹתָהּ livnotá, כַּכָּתוּב cacatuv: וַאֲנִי vaaní אני אֶהְיֶה ehyé לָּהּ la
נְאֻם neum יְהֹוָהאדניאהדונהי Adonai חוֹמַת jomat ע"ה קס"א קנ"א קמ"ג
אֵשׁ esh סָבִיב saviv וּלְכָבוֹד ulejavod אֶהְיֶה ehyé בְתוֹכָהּ vetojá:
בָּרוּךְ Baruj אַתָּה Atá יְהֹוָהאדניאהדונהי Adonai מְנַחֵם menajem צִיּוֹן Tsiyón
יוסף, ו' הויות, קנאה בְּבִנְיַן vevinyán יְרוּשָׁלָיִם Yerushaláyim: continúa *"et tsémaj David"*

בָּרוּךְ Baruj אַתָּה Atá יְהֹוָהאדניאהדונהי Adonai
בּוֹנֵה boné ס"ג יְרוּשָׁלָיִם Yerushaláyim:

LA DUODÉCIMA (DECIMOQUINTA) BENDICIÓN

Esta bendición nos ayuda a lograr un estado personal de *Mashíaj* al transformar nuestra naturaleza reactiva en proactiva. Así como hay un *Mashíaj* global, cada uno de nosotros tiene dentro un *Mashíaj* personal. Cuando suficientes personas alcancen su transformación, se preparará el camino para la aparición del *Mashíaj* global.

CONEXIÓN PARA EL NUEVE DE AV

Consuela, Señor, a los dolientes de Sión, los dolientes de Jerusalén y también a la ciudad que fue destruida, degradada y desolada. Ella yace sin sus hijos y con su cabeza cubierta, como una mujer estéril que nunca ha dado a luz. Legiones la han devorado y poseído, y han puesto a Tu pueblo, Israel, bajo el filo de la espada. Ellos han asesinado obstinadamente a los piadosos supremos. Por lo tanto, permite que Sión solloce amargamente y permite que Jerusalén haga oír su voz. ¡Mi corazón! ¡Mi corazón! Por los que fueron liquidados. ¡Mis entrañas! ¡Mis entrañas! Por los que fueron asesinados. Porque Tú, Señor, la has quemado con fuego y con fuego estás destinado a reconstruirla, como está escrito: "Yo seré para ella, dice el Señor, un muro de fuego a su alrededor, y en medio de ella mostraré Mi gloria" (Zacarías 2:5). Bendito seas Tú, Señor, que consuelas a Sión con la reconstrucción de Jerusalén.

¡Bendito eres Tú, Señor, que construye Jerusalén!

Nétsaj

Esta bendición contiene 20 palabras, que es el mismo número de palabras en el versículo "*Qui nijam Adonai Tsiyón nijam col jorvotea...*" (*Yeshayahu 51:3*), un versículo que habla sobre la Redención Final.

אֶת et צֶמַח tsémaj יהוה אהיה יהוה אדני דָּוִד David
עַבְדְּךָ avdejá פוי, אל אדני מְהֵרָה meherá תַצְמִיחַ tatsmíaj וְקַרְנוֹ vekarnó
תָּרוּם tarum בִּישׁוּעָתֶךָ bishuateja. כִּי qui לִישׁוּעָתְךָ lishuatjá
קִוִּינוּ kivinu כָּל־ col ילי הַיּוֹם hayom ע"ה, נגד, מזבח, זן, אל יהוה

Aquí debes meditar y pedir por que la Redención Final ocurra ahora mismo.

בָּרוּךְ Baruj אַתָּה Atá יְהֹוָואדהנויאהדונהי Adonai
מַצְמִיחַ matsmíaj קֶרֶן keren יְשׁוּעָה yeshuá:

LA DECIMOTERCERA (DECIMOSEXTA) BENDICIÓN

Esta bendición es la más importante de todas las bendiciones, porque aquí reconocemos todos nuestros comportamientos reactivos. Hacemos referencia a comportamientos errados en general, y también especificamos algún incidente en particular. La sección dentro del recuadro nos ofrece una oportunidad para pedirle a la Luz sustento personal. El Arí afirma que a través de esta oración, inclusive en los días de ayuno, tenemos un ángel personal acompañándonos. Si meditamos en este ángel, todas nuestras oraciones deberán ser respondidas. La decimotercera bendición es uno por encima de los doce signos del Zodíaco y nos eleva más allá de la influencia de las estrellas y los planetas.

Tiféret

שְׁמַע shemá קוֹלֵנוּ kolenu יְהֹוָואדהנויאהדונהי Adonai (יוד הה וו הה)
אֱלֹהֵינוּ Eloheinu ילה (אבג יתץ). אָב av הָרַחֲמָן harajamán רַחֵם rajem
עָלֵינוּ aleinu אברהם, וז"פ אל, רי"ו ול"ב נתיבות החכמה, רמ"ח (אברים), עסמ"ב וט"ז אותיות פשוטות
וְקַבֵּל vekabel (קרע שטן). בְּרַחֲמִים berajamim מצפצ, אלהים דיודין, י"פ ייי
וּבְרָצוֹן uveratsón מהש ע"ה, ע"ב בריבוע וקס"א ע"ה, אל שדי ע"ה אֶת et
תְּפִלָּתֵנוּ tefilatenu (נגד יכש). כִּי qui אֵל El ייא"י (מילוי דס"ג)
שׁוֹמֵעַ shomea תְּפִלּוֹת tefilot וְתַחֲנוּנִים vetajanunim אַתָּה Atá (בטר צתג).

LA DUODÉCIMA (DECIMOQUINTA) BENDICIÓN

La progenie de David, Tu servidor, puedas Tú rápidamente hacer florecer. Y puedas Tú exaltar su gloria con Tu salvación, porque es por Tu salvación que esperamos todo el día. ¡Bendito eres Tú, Señor, que haces florecer la salvación!

LA DECIMOTERCERA (DECIMOSEXTA) BENDICIÓN

Escucha nuestra voz, Señor, nuestro Dios, Padre misericordioso, ten piedad de nosotros. Acepta nuestra oración con compasión y favor, porque Tú eres Dios, que escuchas oraciones y súplicas.

Es bueno que estés al tanto, reconozcas y confieses tus acciones negativas del pasado y que pidas por tu sustento aquí:

רִבּוֹנוֹ Ribonó שֶׁל shel עוֹלָם ,Olam וְחָטָאתִי jatati עָוִיתִי aviti
וּפָשַׁעְתִּי ufashati לְפָנֶיךָ lefaneja ס״ג מ״ה ב״ן יְהִי yehí רָצוֹן ratsón מהש ע״ה,
ע״ב בריבוע וקס״א ע״ה, אל שדי ע״ה מִלְּפָנֶיךָ milfaneja ס״ג מ״ה ב״ן שֶׁתִּמְחוֹל shetimjol
וְתִסְלַח vetislaj יהוה ע״ב וּתְכַפֵּר utejaper לִי li עַל al כָּל col ילי ; עמם
מַה ma מ״ה שֶׁחָטָאתִי shejatati וְשֶׁעָוִיתִי vesheaviti וְשֶׁפָּשַׁעְתִּי veshepashati
לְפָנֶיךָ lefaneja ס״ג מ״ה ב״ן מִיּוֹם miyom ע״ה נגד, מזבח, זן, אל יהוה
שֶׁנִּבְרֵאתִי shenivreti עַד ad הַיּוֹם hayom ע״ה נגד, מזבח, זן, אל יהוה הַזֶּה hazé והו.
וּבִפְרַט uvifrat (menciona aquí alguna acción negativa o comportamiento por el cual te gustaría pedir perdón)
וִיהִי vihí רָצוֹן ratsón מהש ע״ה, ע״ב בריבוע וקס״א ע״ה, אל שדי ע״ה
מִלְּפָנֶיךָ milfaneja ס״ג מ״ה ב״ן יְהֹוָהאדנהיאהדונהי Adonai אֱלֹהֵינוּ Eloheinu ילה
וֵאלֹהֵי veElohei לכב ; מילוי ע״ב, דמב ; ילה אֲבוֹתֵינוּ avoteinu שֶׁתַּזְמִין shetazmín
פַּרְנָסָתֵנוּ parnasatenu וּמְזוֹנוֹתֵינוּ umezonoteinu לִי li וּלְכָל ulejol יה אדני
אַנְשֵׁי anshei בֵּיתִי veití ב״פ ראה הַיּוֹם hayom ע״ה נגד, מזבח, זן, אל יהוה
וּבְכָל uvejol ב״ן, לכב יוֹם yom ע״ה נגד, מזבח, זן, אל יהוה
וָיוֹם vayom ע״ה נגד, מזבח, זן, אל יהוה בְּרֶיוַח bereivaj וְלֹא veló
בְּצִמְצוּם ,vetsimtsum בְּכָבוֹד bejavod בוכו וְלֹא veló בְּבִזּוּי ,bevizui
בְּנַחַת benájat וְלֹא veló בְּצַעַר ,vetsáar וְלֹא veló אֶצְטָרֵךְ etstarej
לְמַתְּנוֹת lematenot בָּשָׂר basar וָדָם vadam וְלֹא veló לְהַלְוָאָתָם ,lehalvaatam
אֶלָּא ela מִיָּדְךָ miyadjá הָרְחָבָה harjavá וְהַפְּתוּחָה vehapetujá
וְהַמְּלֵאָה vehameleá וּבִזְכוּת uvizjut שִׁמְךָ shimjá הַגָּדוֹל hagadol
להוז; עם ד׳ אותיות = מבה, יזל, אום (No pronunciar este Nombre): דִּיקַרְנוּסָא וחך עם ג׳ אותיות -
ובאתב״ש = סאל, אמן, יאהדונהי) הַמְּמֻנֶּה hamemuné עַל al הַפַּרְנָסָה haparnasá:

¡Señor del mundo!

He transgredido. He cometido iniquidades y he pecado frente a Ti. Sea Tu voluntad que me perdones y olvides y expíes por todo aquello que he transgredido, y por todas las iniquidades que he cometido y por todo lo que he pecado ante Ti, desde el día en que he sido creado y hasta este día (y en especial: menciona aquí alguna acción negativa específica o comportamiento por el cual te gustaría pedir perdón*). Sea agradable ante Ti, Señor, nuestro Dios y el Dios de mis ancestros, que Tú me proveas de vitalidad y sustento a mí y a toda mi familia, hoy y todos y cada día, con abundancia y no con escasez; con dignidad y no con vergüenza; con comodidad y no con sufrimiento; y que yo no requiera los regalos de la carne y la sangre, ni sus préstamos, sino sólo de Tu Mano que es generosa, abierta y llena y por virtud de Tu gran Nombre, que es responsable del sustento.*

וּמִלְּפָנֶיךָ umilfaneja ס"ג מ"ה ב"ן מַלְכֵּנוּ malquenu

רֵיקָם reikam אַל־ al תְּשִׁיבֵנוּ teshivenu (וזקב טנע)

חָנֵּנוּ jonenu וַעֲנֵנוּ vaanenu וּשְׁמַע ushmá תְּפִלָּתֵנוּ: tefilatenu

---

LA BENDICIÓN PARA UN DÍA DE AYUNO

Esta bendición es recitada en días de ayuno individuales durante la *Amidá* silenciosa.

עֲנֵנוּ anenu אָבִינוּ avinu עֲנֵנוּ anenu בְּיוֹם beyom ע"ה נגד, מזבח, זן, אל יהוה

צוֹם tsom הַתַּעֲנִית hataanit הַזֶּה hazé והו כִּי qui בְּצָרָה vetsará אלהים דההין

גְדוֹלָה guedolá אֲנַחְנוּ. anajnu אַל־ al תֵּפֶן tefén לְרִשְׁעֵנוּ lerishenu וְאַל־ veal

תִּתְעַלַּם titalam מַלְכֵּנוּ malquenu מִבַּקָּשָׁתֵנוּ. mibakashatenu הֱיֵה heyé יהה

נָא na קָרוֹב karov לְשַׁוְעָתֵנוּ. leshavatenu טֶרֶם térem נִקְרָא nikrá אֵלֶיךָ eleja

אַתָּה Atá תַעֲנֶה. taané נְדַבֵּר nedaber ראה וְאַתָּה veAtá תִשְׁמַע tishmá

כַּדָּבָר cadavar ראה שֶׁנֶּאֱמַר: sheneemar וְהָיָה vehayá יהה ; יהוה

טֶרֶם־ térem יִקְרָאוּ yikraú וַאֲנִי vaaní אני אֶעֱנֶה eené עוֹד od הֵם hem

מְדַבְּרִים medabrim וַאֲנִי vaaní אני אֶשְׁמָע: eshmá כִּי qui אַתָּה Atá

יְהֹוָהאדניאהדונהי Adonai פּוֹדֶה podé וּמַצִּיל umatsil וְעוֹנֶה veoné וּמְרַחֵם umerajem

אברהם, וז"פ אל, רי"ו ול"ב נתיבות החכמה, רמ"ח (אברים), עסמ"ב וט"ז אותיות פשוטות

בְּכָל bejol ב"ן, לכב עֵת et צָרָה tsará אלהים דההין וְצוּקָה: vetsuká (continúa "*qui Atá*")

כִּי qui אַתָּה Atá שׁוֹמֵעַ shomea תְּפִלַּת tefilat כָּל־ col ילי פֶּה pe

(פה דו"א) מילה ; וע"ה אלהים, אהיה אדני (יגל פזק)

בָּרוּךְ Baruj אַתָּה Atá יְהֹוָהאדניה(יהוהאדניה)יאהדונהי Adonai

En este punto debes meditar en el Nombre Sagrado: אראר"ית"א

Rav Jayim Vital dice: "He encontrado en los libros de los kabbalistas que la oración de un individuo que medite en este Nombre, en la bendición *shomea tefilá*, siempre será respondida".

שׁוֹמֵעַ shomea תְּפִלָּה tefilá (שקו צית)

אתב"ש אוכצ, ב"ן אדני וניקודה ע"ה = יוד הי וו הה:

Y de Tu presencia, nuestro Rey,
no nos devuelvas con manos vacías, sino sé amable, responde y escucha nuestra oración.

LA BENDICIÓN PARA UN DÍA DE AYUNO

Contéstanos, Padre nuestro, contéstanos en este día de ayuno porque estamos muy afligidos. No prestes atención a nuestra iniquidad, Rey nuestro, no ignores nuestra súplica. Por favor, acércate a nuestros llantos y respóndenos incluso antes de que clamemos a Ti. Hablaremos y Tú nos escucharás, como está dicho: "Antes que clamen, Yo responderé; mientras aún estén hablando, Yo habré oído" (Isaías 65:24). Porque Tú, Señor, redimes, salvas, respondes y muestras compasión en cada momento de tribulación y aflicción.

Porque Tú escuchas la oración de cada boca. Bendito eres Tú, Señor, que escuchas las oraciones.

LAS TRES BENDICIONES FINALES

A través del mérito de Moshé, Aharón y Yosef, quienes son nuestros canales para las últimas tres bendiciones, somos capaces de hacer descender toda la energía espiritual que despertamos con nuestras oraciones y bendiciones.

LA DECIMOSÉPTIMA BENDICIÓN

Durante esta bendición, que se refiere a Moshé, siempre debemos meditar en tratar de saber exactamente qué quiere Dios de nosotros en nuestra vida, como lo indica la frase: "Que sea la voluntad de Dios". Estamos pidiéndole a Dios que nos guíe hacia el trabajo que vinimos a hacer en esta Tierra. El Creador no puede aceptar sólo el trabajo que queremos hacer, debemos llevar a cabo el trabajo que estamos destinados a hacer.

Nétsaj

Has hecho peticiones (de necesidades diarias) a Dios. Ahora, después de pedir que tus necesidades sean cubiertas, debes alabar al Creador en las últimas tres bendiciones. Esto es como una persona que ha recibido lo que necesita de su Señor y se aparta de Él. Debes decir "*retsé*" y meditar en el Deseo Celestial (*Kéter*) que es llamado *Métsaj Haratsón* (la Frente del Deseo).

רְצֵה retsé אלף למד הה יוד מם

Aquí meditar en transformar el infortunio y la tragedia (צרה) en deseo y aceptación (רצה).

(**Durante las tres semanas de *Bein HaMetsarim*,** medita aquí en estos Nombres Sagrados: אלהים דההין אדני, שין ע"ה, טדהד כוזו מצפצ – con estos Nombres transformamos צרה en רצה).

יְהֹוָאדֹנָי אהדונהי Adonai אֱלֹהֵינוּ Eloheinu ילה בְּעַמְּךָ beameja יִשְׂרָאֵל Yisrael

וְלִתְפִלָּתָם velitfilatam שְׁעֵה sheé• וְהָשֵׁב vehashev הָעֲבוֹדָה haavodá

לִדְבִיר lidvir רי"ו בֵּיתֶךָ beiteja ב"פ ראה • וְאִשֵּׁי veishei יִשְׂרָאֵל Yisrael

וּתְפִלָּתָם utfilatam מְהֵרָה meherá בְּאַהֲבָה beahavá אחד, דאגה

תְקַבֵּל tekabel בְּרָצוֹן beratsón מהש ע"ה, ע"ב בריבוע וקס"א ע"ה, אל שדי ע"ה •

וּתְהִי utehí לְרָצוֹן leratsón מהש ע"ה, ע"ב בריבוע וקס"א ע"ה, אל שדי ע"ה

תָּמִיד tamid ע"ה קס"א קנ"א קמ"ג עֲבוֹדַת avodat יִשְׂרָאֵל Yisrael עַמֶּךָ ameja:

LAS TRES BENDICIONES FINALES
LA DECIMOSÉPTIMA BENDICIÓN

Encuentra gracia, Señor, nuestro Dios, en Tu Pueblo, Israel, y oye su oración. Restaura el culto en el santuario interno de Tu Templo. Acepta las ofrendas de Israel y sus oraciones con complacencia, prontamente y con amor. Que siempre sea agradable a Ti, el servicio de Israel, Tu Nación.

PARA ROSH JÓDESH, PÉSAJ Y SUCOT:

Durante estos eventos, hay una oleada de energía espiritual extra en nuestro medio. Estas bendiciones adicionales son nuestra antena para atraer esta fuerza extra a nuestra vida.

Si por error olvidaste decir "*yaalé veyavó*" y te das cuenta antes del final de la bendición ("*Baruj Atá Adonai*") debes volver y decir "*yaalé veyavó*" y continuar como siempre. Si sólo te das cuenta luego del final de la bendición ("*hamajazir Shejinató leTsiyón*") pero antes de empezar la bendición siguiente ("*modim*") debes decir "*yaalé veyavó*" en ese momento y continuar normalmente. Si te das cuenta de ello luego de haber empezado la siguiente bendición ("*modim*") pero antes del segundo "*yihyú leratsón*" (en la pág. 333) debes volver a "*retsé*" (pág. 324) y continúa desde allí. Si te cuenta de ello después (el segundo "*yihyú leratsón*") debes empezar la *Amidá* desde el principio.

אֱלֹהֵינוּ Eloheinu ילה וֵאלֹהֵי veElohei לכב ; מילוי ע״ב, = דמב ; ילה אֲבוֹתֵינוּ avoteinu

יַעֲלֶה yaalé וְיָבֹא veyavó וְיַגִּיעַ veyaguía וְיֵרָאֶה veyeraé רי״ו וְיֵרָצֶה veyeratsé

וְיִשָּׁמַע veyishamá וְיִפָּקֵד veyipaked וְיִזָּכֵר veyizajer ר״ת מ״ב (ז״פ ו׳)

זִכְרוֹנֵנוּ zijronenu וְזִכְרוֹן vezijrón ע״ב קס״א ונש״ב אֲבוֹתֵינוּ avoteinu• זִכְרוֹן zijrón

ע״ב קס״א ונש״ב יְרוּשָׁלַיִם Yerushaláyim עִירָךְ iraj•

וְזִכְרוֹן vezijrón ע״ב קס״א ונש״ב מָשִׁיחַ Mashíaj בֶּן ben דָּוִד David

ע״ה כהת ; בן דוד = אדני ע״ה עַבְדָּךְ avdaj פוי, אל אדני• וְזִכְרוֹן vezijrón ע״ב קס״א ונש״ב

כָּל col ילי עַמְּךָ ameja בֵּית beit ב״פ ראה יִשְׂרָאֵל Yisrael

לְפָנֶיךָ lefaneja ס״ג מ״ה ב״ן לִפְלֵיטָה lifleitá לְטוֹבָה letová אכא•

לְחֵן lején מילוי דמ״ה בריבוע, מוחי לְחֶסֶד lejésed ע״ב, ריבוע יהוה

וּלְרַחֲמִים ulerajamim• לְחַיִּים lejayim אהיה יהוה, בינה ע״ה•

טוֹבִים tovim וּלְשָׁלוֹם uleshalom• בְּיוֹם beyom ע״ה נגד, מזבח, זן, אל יהוה:

PARA ROSH JÓDESH, PÉSAJ Y SUCOT:

Nuestro Dios y el Dios de nuestros padres, pueda levantarse y venir y llegar y aparecer y encontrar el favor y ser oído y ser considerado y ser recordado, nuestra remembranza y la remembranza de nuestros padres, la remembranza de Jerusalén, Tu ciudad, y la remembranza del Mesías Ben David, Tu sirviente, y la remembranza de toda Tu Nación, la Casa de Israel, ante Ti, para aceptación, para bien, para gracia, amabilidad y compasión, para una buena vida y para paz en este Día de:

En *Rosh Jódesh:*

רֹאשׁ Rosh ריבוע אלהים ואלהים דיודין ע"ה

הַחֹדֶשׁ haJódesh י"ב הויות, קס"א קנ"א ; ראש חדש ע"ה = שין דלת יוד הַזֶּה hazé והו.

En los días intermedios (*Jol Hamoed*) de *Pésaj:*

חַג jag הַמַּצּוֹת haMatsot הַזֶּה hazé והו

בְּיוֹם beyom ע"ה נגד, מזבח, זן, אל יהוה מִקְרָא mikrá קֹדֶשׁ kódesh הַזֶּה hazé והו.

En los días intermedios (*Jol Hamoed*) de *Sucot:*

חַג jag הַסֻּכּוֹת haSucot הַזֶּה hazé והו

בְּיוֹם beyom ע"ה נגד, מזבח, זן, אל יהוה מִקְרָא mikrá קֹדֶשׁ kódesh הַזֶּה hazé והו.

לְרַחֵם lerajem אברהם, ח"פ אל, רי"ו ול"ב נתיבות החכמה, רמ"ח (אברים),

עסמ"ב וט"ז אותיות פשוטות בּוֹ bo עָלֵינוּ aleinu וּלְהוֹשִׁיעֵנוּ ulehoshienu.

זָכְרֵנוּ zojrenu יְהֹוָהאדניאהדונהי Adonai אֱלֹהֵינוּ Eloheinu ילה בּוֹ bo

לְטוֹבָה letová אכא. וּפָקְדֵנוּ ufokdenu בוֹ vo לִבְרָכָה livrajá.

וְהוֹשִׁיעֵנוּ vehoshienu בוֹ vo לְחַיִּים lejayim אהיה אהיה יהוה, בינה ע"ה

טוֹבִים tovim. בִּדְבַר bidvar ראה יְשׁוּעָה yeshuá וְרַחֲמִים verajamim.

חוּס jus וְחָנֵּנוּ vejonenu וַחֲמוֹל vajamol וְרַחֵם verajem אברהם, ח"פ אל,

רי"ו ול"ב נתיבות החכמה, רמ"ח (אברים), עסמ"ב וט"ז אותיות פשוטות עָלֵינוּ aleinu.

וְהוֹשִׁיעֵנוּ vehoshienu כִּי qui אֵלֶיךָ eleja עֵינֵינוּ eineinu ריבוע מ"ה. כִּי qui

אֵל El יא"י (מילוי דס"ג) מֶלֶךְ Mélej חַנּוּן janún וְרַחוּם verajum אָתָּה Atá:

וְאַתָּה veAtá בְּרַחֲמֶיךָ verajameja הָרַבִּים harabim. תַּחְפֹּץ tajpots בָּנוּ banu

וְתִרְצֵנוּ vetirtsenu וְתֶחֱזֶינָה vetejezeina עֵינֵינוּ eineinu ריבוע מ"ה

בְּשׁוּבְךָ beshuvjá לְצִיּוֹן leTsiyón יוסף, ו' הויות, קנאה בְּרַחֲמִים berajamim

מצפצ, אלהים דיודין, י"פ ייי: בָּרוּךְ Baruj אַתָּה Atá יְהֹוָהאדניאהדונהי Adonai

הַמַּחֲזִיר hamajazir שְׁכִינָתוֹ Shejinató לְצִיּוֹן leTsiyón יוסף, ו' הויות, קנאה:

En Rosh Jódesh: *Este Rosh Jódesh.*

En los días intermedios de Pésaj: *Este festival de las Matsot, en este buen día de Convocación Santa.*

En los días intermedios de Sucot: *Este festival de Sucot, en este buen día de Convocación Santa.*

Para tener misericordia de nosotros y para salvarnos.

Recuérdanos, Señor, nuestro Dios, para bien y considéranos en ello para la bendición y entréganosla para una buena vida con las palabras de entrega y misericordia. Ten piedad y sé amable con nosotros y ten misericordia y sé compasivo con nosotros y sálvanos, porque nuestros ojos van hacia Ti, porque Tú eres Dios, Rey que es amable y compasivo.

Y Tú en Tu gran compasión, te deleites en nosotros y estés complacido con nosotros. Puedan nuestros ojos contemplar Tu retorno a Sión con compasión. ¡Bendito eres Tú, Señor, que devuelve Su Shejiná a Sión!

La decimoctava bendición

Esta bendición es nuestro agradecimiento. Kabbalísticamente, el mayor agradecimiento que le podemos dar a nuestro Creador es hacer exactamente lo que debemos hacer en términos de nuestro trabajo espiritual.

Hod

Inclina todo tu cuerpo en "*modim*" y enderézate en "*Adonai*".

מוֹדִים modim מאה ברכות שתיקן דוד לאמרם כל יום אֲנַחְנוּ anajnu לָךְ laj

שָׁאַתָּה sheAtá הוּא Hu יְהֹוָהאדניאהדונהי Adonai (ונ) אֱלֹהֵינוּ Eloheinu ילה

וֵאלֹהֵי veElohei לכב ; מילוי ע״ב, דמב ; ילה אֲבוֹתֵינוּ avoteinu לְעוֹלָם leolam

וָעֶד vaed. ריבוע ס״ג וי׳ אותיות דס״ג צוּרֵנוּ tsurenu צוּר tsur אלהים דההין ע״ה

וְחַיֵּינוּ jayeinu וּמָגֵן umaguén ג״פ אל (ייא״י מילוי דס״ג) ;

ר״ת מיכאל גבריאל נוריאל יִשְׁעֵנוּ yishenu אַתָּה Atá הוּא Hu.

לְדֹר ledor וָדֹר vador ר״ו נוֹדֶה nodé לְךָ lejá וּנְסַפֵּר unesaper

תְּהִלָּתֶךָ tehilateja. עַל־ al חַיֵּינוּ jayeinu הַמְּסוּרִים hamesurim

בְּיָדֶךָ beyadeja. וְעַל veal נִשְׁמוֹתֵינוּ nishmoteinu הַפְּקוּדוֹת hapekudot

לָךְ laj. וְעַל־ veal נִסֶּיךָ niseja שֶׁבְּכָל shebejol ב״ן, לכב

יוֹם yom ע״ה נגד, מזבח, זן, אל יהוה עִמָּנוּ imanu ריבוע ס״ג, קס״א ע״ה וד׳ אותיות וְעַל veal

נִפְלְאוֹתֶיךָ nifleoteja וְטוֹבוֹתֶיךָ vetovoteja שֶׁבְּכָל shebejol ב״ן, לכב

עֵת et. עֶרֶב érev וָבֹקֶר vavóker וְצָהֳרָיִם vetsahoráyim. הַטּוֹב hatov והו

כִּי־ qui לֹא־ lo כָלוּ jalu רַחֲמֶיךָ rajameja. הַמְרַחֵם hamerajem

אברהם, וז״פ אל, רי״ו ול״ב נתיבות החכמה, רמ״ח (אברים), עסמ״ב וט״ז אותיות פשוטות כִּי־ qui לֹא lo

תַמּוּ tamu חֲסָדֶיךָ jasadeja כִּי qui מֵעוֹלָם meolam קִוִּינוּ kivinu לָךְ laj:

La decimoctava bendición

Nosotros te damos gracias a Ti, porque eres Tú, Señor, quien es nuestro Dios y el Dios de nuestros padres, por siempre y por toda la eternidad. Tú eres nuestra Fortaleza, la Fortaleza de nuestras vidas y el Escudo de nuestra salvación. De una generación a otra, te daremos gracias a Ti y cantaremos Tu alabanza. Por nuestras vidas que están en Tus Manos, por nuestras almas que están a Tu cuidado, por Tus milagros que están con nosotros todos los días y por Tus maravillas y Tus favores que están con nosotros en todo momento: de noche, de mañana y de tarde. Tú eres bueno, porque Tu compasión nunca se ha acabado. Tú eres el misericordioso, porque Tu bondad nunca ha cesado, porque siempre hemos puesto nuestras esperanzas en Ti.

Modim DeRabanán

Esta oración es recitada por la congregación en la repetición cuando el *jazán* dice "*modim*".

En esta sección hay 44 palabras, que es el mismo valor numérico del Nombre:
ריבוע אהי (א אה אהי אהיה)

מוֹדִים modim מאה ברכות שתיקן דוד לאמרם כל יום אֲנַחְנוּ anajnu לָךְ laj
שָׁאַתָּה sheAtá הוּא Hu יְהֹוָואדהנויאהדונהי Adonai אֱלֹהֵינוּ Eloheinu ילה
וֵאלֹהֵי veElohei לכב ; מילוי ע״ב, דמב ; ילה אֲבוֹתֵינוּ avoteinu
אֱלֹהֵי Elohei מילוי ע״ב, דמב ; ילה כָּל jol ילי בָּשָׂר. basar יוֹצְרֵנוּ yotsrenu
יוֹצֵר yotser בְּרֵאשִׁית. bereshit בְּרָכוֹת brajot וְהוֹדָאוֹת vehodaot
לְשִׁמְךָ leShimjá הַגָּדוֹל hagadol להח ; עם ד׳ אותיות = מבה, יזל, הום
וְהַקָּדוֹשׁ vehakadosh עַל al שֶׁהֶחֱיִיתָנוּ shehejeyitanu וְקִיַּמְתָּנוּ. vekiyamtanu
כֵּן quen תְּחַיֵּינוּ tejayeinu וּתְחָנֵּנוּ. utejonenu וְתֶאֱסוֹף veteesof
גָּלֻיּוֹתֵינוּ galuyoteinu לְחַצְרוֹת lejatsrot קָדְשֶׁךָ. kodsheja לִשְׁמוֹר lishmor
חֻקֶּיךָ jukeja וְלַעֲשׂוֹת velaasot רְצוֹנֶךָ. retsoneja וּלְעָבְדְּךָ uleovdejá
פוי, אל אדני בְּלֵבָב belevav בוכו שָׁלֵם. shalem עַל al שֶׁאֲנַחְנוּ sheanajnu
מוֹדִים modim לָךְ. laj בָּרוּךְ Baruj אֵל El ייא״י (מילוי דס״ג) הַהוֹדָאוֹת: hahodaot

Para Janucá y Purim

Janucá y *Purim* generan una dimensión adicional de energía de milagros. Esta bendición nos ayuda a aprovechar esta energía, atrayendo milagros a nuestra vida cuando realmente los necesitamos.

וְעַל veal הַנִּסִּים hanisim וְעַל veal הַפֻּרְקָן. hapurkán
וְעַל veal הַגְּבוּרוֹת. haguevurot וְעַל veal הַתְּשׁוּעוֹת hateshuot
וְעַל veal הַנִּפְלָאוֹת haniflaot וְעַל veal הַנֶּחָמוֹת hanejamot
שֶׁעָשִׂיתָ sheasita לַאֲבוֹתֵינוּ laavoteinu בַּיָּמִים bayamim הָהֵם נלך hahem
בַּזְּמַן bazemán הַזֶּה hazé והו:

Modim DeRabanán

Nosotros te damos gracias a Ti, porque eres Tú, Señor, quien es nuestro Dios y el Dios de nuestros ancestros, el Dios de toda la humanidad, nuestro Hacedor y el Creador de toda la Creación. Bendiciones y gracias a Tu gran y Santo Nombre por darnos vida y por preservarnos. Que puedas Tú continuar dándonos vida, sé amable con nosotros y reúne nuestros exiliados en las Cortes de Tu Santuario, para que podamos cumplir Tus leyes, hacer Tu voluntad y servir a Ti con todo el corazón. Por esto Te agradecemos. ¡Bendito sea el Dios de los agradecimientos!

Para Janucá y Purim

Y también por los milagros, la liberación, los hechos poderosos, la salvación, las maravillas, y actos de consolación que Tú realizaste para nuestros antepasados, en aquellos días, y en este momento.

PARA JANUCÁ:

בִּימֵי bimei מַתִּתְיָה Matityá בֶּן ven יוֹחָנָן Yojanán כֹּהֵן Cohén מלה
גָּדוֹל Gadol להוו ; עם ד' אותיות = מבה, יזל, אום וְחַשְׁמוֹנָאִי Jashmonaí וּבָנָיו uvanav
כְּשֶׁעָמְדָה quesheamdá מַלְכוּת maljut יָוָן Yaván הָרְשָׁעָה harshaá עַל al
עַמְּךָ ameja יִשְׂרָאֵל Yisrael לְשַׁכְּחָם leshaquejam תּוֹרָתָךְ torataj
וּלְהַעֲבִירָם ulehaaviram מֵחֻקֵּי mejukei רְצוֹנָךְ •retsonaj וְאַתָּה veAtá
בְּרַחֲמֶיךָ verajameja הָרַבִּים harabim עָמַדְתָּ amadeta לָהֶם lahem בְּעֵת beet
צָרָתָם •tsaratam רַבְתָּ ravta אֶת et רִיבָם •rivam דַּנְתָּ danta
אֶת et דִּינָם •dinam נָקַמְתָּ nakamta מנק אֶת et נִקְמָתָם nikmatam מנק•
מָסַרְתָּ masarta גִּבּוֹרִים guiborim בְּיַד beyad חַלָּשִׁים •jalashim וְרַבִּים verabim
בְּיַד beyad מְעַטִּים •meatim וּרְשָׁעִים ureshaím בְּיַד beyad צַדִּיקִים •tsadikim
וּטְמֵאִים utmeím בְּיַד beyad טְהוֹרִים •tehorim וְזֵדִים vezedim בְּיַד beyad
עוֹסְקֵי oskei תוֹרָתֶךָ •torateja לְךָ lejá עָשִׂיתָ asita שֵׁם shem
גָּדוֹל gadol להוו ; עם ד' אותיות = מבה, יזל, אום וְקָדוֹשׁ vekadosh בְּעוֹלָמָךְ •beolamaj
וּלְעַמְּךָ uleameja יִשְׂרָאֵל Yisrael עָשִׂיתָ asita תְּשׁוּעָה teshuá גְדוֹלָה guedolá
וּפֻרְקָן ufurkán כְּהַיּוֹם quehayom ע"ה נגד, מזבח, זן, אל יהוה הַזֶּה hazé והו•
וְאַחַר veajar כָּךְ caj בָּאוּ bau בָנֶיךָ vaneja לִדְבִיר lidvir רי"ו בֵּיתֶךָ beiteja ב"פ
ראה וּפִנּוּ ufinú אֶת־ et הֵיכָלֶךָ •heijaleja וְטִהֲרוּ vetiharú אֶת et
מִקְדָּשֶׁךָ •mikdasheja וְהִדְלִיקוּ vehidliku נֵרוֹת nerot בְּחַצְרוֹת bejatsrot
קָדְשֶׁךָ •kodsheja וְקָבְעוּ vekavú שְׁמוֹנַת shmonat יְמֵי yemei חֲנֻכָּה Janucá
אֵלּוּ elu בְּהַלֵּל behalel אדני, ללה וּבְהוֹדָאָה •uvehodaá וְעָשִׂיתָ veasita
עִמָּהֶם imahem נִסִּים nisim וְנִפְלָאוֹת veniflaot וְנוֹדֶה venodé לְשִׁמְךָ leShimjá
הַגָּדוֹל hagadol להוו ; עם ד' אותיות = מבה, יזל, אום סֶלָה sela:

PARA JANUCÁ

En los días de Matityá, hijo de Yojanán, el Sumo Sacerdote, el jasmoneo, y sus hijos, cuando el maligno Imperio Griego se sublevó en contra de Tu Nación, Israel, para obligarlos a olvidar Tu Torá y obligarlos a alejarse de las leyes de Tu deseo, con Tu compasión estuviste con ellos en tiempos turbulentos. Tú luchaste sus batallas, buscaste justicia para ellos, los vindicaste y entregaste a los fuertes en manos de los débiles, a los numerosos en manos de los pocos, a los perversos en manos de los justos, a los contaminados en manos de los puros y a los tiranos en manos de aquellos que se ocupaban con Tu Torá. Hiciste un Santo Nombre para Ti en Tu mundo y para Tu pueblo, Israel, realizaste una gran salvación y liberación en este día. Entonces Tus hijos vinieron al Santuario de Tu Casa, limpiaron Tu Palacio, purificaron Tu Templo, encendieron velas en los jardines de Tu Santo Dominio, y establecieron estos ocho días de Janucá para alabanza y acción de gracias. Y Tú realizaste milagros y maravillas para ellos. Por ello estamos agradecidos a Tu Gran Nombre. Sela.

PARA PURIM:

בִּימֵי bimei מָרְדְּכַי Mordejai וְאֶסְתֵּר veEster עם האותיות = מילוי אד"ני
בְּשׁוּשַׁן beShushán הַבִּירָה habirá. כְּשֶׁעָמַד quesheamad עֲלֵיהֶם aleihem
הָמָן Hamán הָרָשָׁע Harashá. בִּקֵּשׁ bikesh לְהַשְׁמִיד lehashmid לַהֲרוֹג laharog
וּלְאַבֵּד uleabed אֶת et כָּל col ילי הַיְּהוּדִים hayehudim מִנַּעַר mináar וְעַד vead
זָקֵן zakén טַף taf וְנָשִׁים venashim בְּיוֹם beyom ע"ה נגד, מזבח, זן, אל יהוה
אֶחָד ejad אהבה, דאגה בִּשְׁלֹשָׁה bishloshá עָשָׂר asar לְחֹדֶשׁ lejódesh
י"ב הויות, קס"א קנ"א שְׁנֵים shneim עָשָׂר asar הוּא hu חֹדֶשׁ jódesh י"ב הויות, קס"א קנ"א
אֲדָר Adar וּשְׁלָלָם ushlalam לָבוֹז lavoz. וְאַתָּה veAtá בְּרַחֲמֶיךָ verajameja
הָרַבִּים harabim הֵפַרְתָּ hefarta אֶת et עֲצָתוֹ atsató וְקִלְקַלְתָּ vekilkalta
אֶת et מַחֲשַׁבְתּוֹ majashavtó. וַהֲשֵׁבוֹתָ vahashevota לּוֹ lo גְּמוּלוֹ guemuló
בְּרֹאשׁוֹ beroshó. וְתָלוּ vetalú אוֹתוֹ otó וְאֶת veet בָּנָיו banav עַל al הָעֵץ haets.
וְעָשִׂיתָ veasita עִמָּהֶם imahem נִסִּים nisim וְנִפְלָאוֹת veniflaot וְנוֹדֶה venodé
לְשִׁמְךָ leShimjá הַגָּדוֹל hagadol להוי ; עם ד' אותיות = מבה, יזל, אום סֶלָה sela:

וְעַל veal כֻּלָּם culam יִתְבָּרַךְ yitbaraj וְיִתְרוֹמַם veyitromam
וְיִתְנַשֵּׂא veyitnasé תָּמִיד tamid ע"ה קס"א קנ"א קמ"ג שִׁמְךָ Shimjá
מַלְכֵּנוּ malquenu לְעוֹלָם leolam ריבוע ס"ג ו' אותיות דס"ג וָעֶד vaed.
וְכָל־ vejol ילי הַחַיִּים hajayim אהיה אהיה יהוה, בינה ע"ה יוֹדוּךָ yoduja סֶּלָה sela:

Durante los días entre *Rosh Hashaná* y *Yom Kipur* recitamos la oración de "*ujtov*":

וּכְתוֹב ujtov לְחַיִּים lejayim אהיה אהיה יהוה, בינה ע"ה טוֹבִים tovim
כָּל־ col ילי בְּנֵי bnei בְרִיתֶךָ vriteja:

Si olvidaste decir "*ujtov*" y te das cuenta antes del final de la bendición ("*Baruj Atá Adonai*") debes volver y decir "*ujtov*" y continuar normalmente. Pero si te das cuenta sólo después del final de la bendición, debes continuar y puedes agregar "*ujtov*" al final de "*Elohai Netsor*".

PARA PURIM:

En los días de Mordejái y Ester, en Shushán, la capital, cuando el malvado Hamán se sublevó contra ellos, él busco destruir, asesinar y aniquilar a todos los judíos, jóvenes y viejos, niños y mujeres, en un día, el decimotercer día del duodécimo mes, el cual es el mes de Adar, y tomar su botín. Pero Tú, en Tu gran compasión, arruinaste su plan, frustraste su diseño y dirigiste su cometido hacia su propia cabeza. Lo colgaron a él y a sus hijos en la horca. Y Tú realizaste milagros y maravillas para ellos (Israel). Damos gracias a Tu gran Nombre. Sela.

Y por todas estas cosas, que Tu Nombre sea siempre bendecido, exaltado y ensalzado, por siempre, nuestro Rey, por siempre y para siempre, y todos los vivientes Te agradecen, Sela.

Durante los días entre *Rosh Hashaná* y *Yom Kipur*:
E inscribe para una buena vida a todos los miembros de Tu Pacto.

וִיהַלְלוּ vihalelú וִיבָרְכוּ vivarjú יהוה ריבוע יהוה ריבוע מ"ה אֶת־ et

שִׁמְךָ Shimjá הַגָּדוֹל hagadol להח ; עם ד' אותיות = מבה, יזל, אום בֶּאֱמֶת beemet אהיה

פעמים אהיה, ז"פ ס"ג לְעוֹלָם leolam ריבוע ס"ג ו' אותיות דס"ג כִּי qui טוֹב tov והו ;

כי טוב = יהוה אהיה, אום, מבה, יזל. הָאֵל haEl לאה ; ייא"י (מילוי דס"ג) יְשׁוּעָתֵנוּ yeshuatenu

וְעֶזְרָתֵנוּ veezratenu סֶלָה sela. הָאֵל haEl לאה ; ייא"י (מילוי דס"ג) הַטּוֹב hatov והו:

Flexiona tus rodillas en "*Baruj*", inclínate en "*Atá*" y enderézate en "*Adonai*".

בָּרוּךְ Baruj אַתָּה Atá יְהֹוָהאדנָיאהדונהי Adonai (הי) הַטּוֹב hatov והו

שִׁמְךָ Shimjá וּלְךָ uLejá נָאֶה naé לְהוֹדוֹת lehodot ס"ת כהת, משיח בן דוד ע"ה:

En días de ayuno decimos aquí la "Bendición de los *Cohanim*" (ver pág. 218).

LA BENDICIÓN FINAL

Estamos emanando la energía de paz para el mundo entero. También nos proponemos utilizar nuestra boca sólo para el bien. Kabbalísticamente, el poder de las palabras y del habla es inimaginable. Esperamos usar este poder sabiamente, lo que tal vez sea una de las tareas más difíciles de llevar a cabo.

Yesod

שִׂים sim שָׁלוֹם shalom

(**Durante las tres semanas de *Bein HaMetsarim***, medita aquí en estos Nombres Sagrados:
שין ראשונה (ע"ה = טדהד כוזו מצפצ) ממותקת את השין השניה (= אלהים דההין אדני) ;
וכן שים שלום ע"ה = ו' השמות (טדהד כוזו מצפצ אלהים אדני יהוה) אדני טדהד כוזו מצפצ ואלהים דההין)

טוֹבָה tová אכא וּבְרָכָה uvrajá חַיִּים jayim אהיה אהיה יהוה, בינה ע"ה חֵן jen מילוי

וָחֶסֶד vajésed ע"ב, ריבוע יהוה צְדָקָה tsedaká ע"ה ריבוע אלהים דמ"ה בריבוע, מוזי

וְרַחֲמִים verajamim עָלֵינוּ aleinu וְעַל־ veal כָּל־ col ילי ; עמם יִשְׂרָאֵל Yisrael

עַמֶּךָ ameja וּבָרְכֵנוּ uvarjenu אָבִינוּ avinu כֻּלָּנוּ culanu כְּאֶחָד queejad אהבה,

דאגה בְּאוֹר beor רז, א"ס פָּנֶיךָ paneja ס"ג מ"ה ב"ן כִּי qui בְּאוֹר veor רז, א"ס

פָּנֶיךָ paneja ס"ג מ"ה ב"ן נָתַתָּ natata לָנוּ lanu אלהים, אהיה אדני

יְהֹוָהאדנָיאהדונהי Adonai אֱלֹהֵינוּ Eloheinu ילה תּוֹרָה Torá וְחַיִּים vejayim

אהיה אהיה יהוה, בינה ע"ה. אַהֲבָה ahavá אחד, דאגה וָחֶסֶד vajésed ע"ב, ריבוע יהוה.

Y ellos te alabarán y bendecirán Tu gran Nombre, sinceramente y para siempre, porque es bueno, el Dios de nuestra salvación y nuestra ayuda, Sela, el buen Dios. Bendito eres Tú, Señor, cuyo Nombre es bueno. Y a Ti es propio dar gracias.

LA BENDICIÓN FINAL

Otorga paz, bondad, bendiciones, vida, gracia, amabilidad, justicia y misericordia a nosotros y a todo Israel, Tu Pueblo. Bendícenos a todos como uno solo, Padre nuestro, con la Luz de Tu Rostro, porque es con la Luz de Tu rostro que Tú, Señor, nuestro Dios, nos has dado la Torá y vida, amor y amabilidad,

צְדָקָה tsedaká ע"ה ריבוע אלהים וְרַחֲמִים •verajamim בְּרָכָה brajá

וְשָׁלוֹם •veshalom וְטוֹב vetov והו בְּעֵינֶיךָ beeineja ע"ה קס"א ; ריבוע מ"ה

לְבָרְכֵנוּ levarjenu וּלְבָרֵךְ ulevarej אֶת et כָּל col ילי עַמְּךָ ameja

יִשְׂרָאֵל Yisrael בְּרוֹב berov י"פ אהיה עֹז oz וְשָׁלוֹם :veshalom

> **Durante los días entre *Rosh Hashaná* y *Yom Kipur*** decimos la oración "*uveséfer jayim*":
>
> וּבְסֵפֶר uveséfer חַיִּים jayim אהיה אהיה יהוה, בינה ע"ה
>
> בְּרָכָה brajá וְשָׁלוֹם veshalom וּפַרְנָסָה ufarnasá טוֹבָה tová אכא
>
> וִישׁוּעָה vishuá וְנֶחָמָה venejamá וּגְזֵרוֹת ugzerot טוֹבוֹת •tovot
>
> נִזָּכֵר nizajer וְנִכָּתֵב venicatev לְפָנֶיךָ lefaneja ס"ג מ"ה ב"ן
>
> אֲנַחְנוּ anajnu וְכָל vejol ילי עַמְּךָ ameja יִשְׂרָאֵל Yisrael
>
> לְחַיִּים lejayim אהיה אהיה יהוה, בינה ע"ה טוֹבִים tovim וּלְשָׁלוֹם :uleshalom
>
> Si olvidaste decir "*uveséfer jayim*" y te das cuenta de esto antes del final de la bendición ("*Baruj Atá Adonai*"), debes regresar y decir "*uveséfer jayim*" y continuar normalmente. Pero si te das cuenta de esto sólo al final de la bendición, debes continuar y puedes agregar "*uveséfer jayim*" al final de "*Elohai Netsor*".

בָּרוּךְ Baruj אַתָּה Atá יְהֹוָהאדניאהדונהי Adonai

הַמְבָרֵךְ hamevarej אֶת et עַמּוֹ amó יִשְׂרָאֵל Yisrael

ר"ת = אלהים = (אילההויהם = יב"ק) בַּשָּׁלוֹם •bashalom אָמֵן Amén יאהדונהי•

YIHYÚ LERATSÓN

Hay 42 letras en el versículo en el secreto del *Aná Bejóaj*.

יִהְיוּ yihyú אל (ייא" מילוי דס"ג) לְרָצוֹן leratsón מהש ע"ה, ע"ב בריבוע וקס"א ע"ה, אל שדי ע"ה

אִמְרֵי imrei פִי fi ר"ת אֶלֶף = אלף למד שין דלת יוד ע"ה וְהֶגְיוֹן vehegyón לִבִּי libí

לְפָנֶיךָ lefaneja ס"ג מ"ה ב"ן יְהֹוָהאדניאהדונהי Adonai צוּרִי tsurí וְגֹאֲלִי :vegoalí

---

justicia y misericordia, bendición y paz.

Que sea grato a Tus Ojos bendecirnos y bendecir a Tu Nación, Israel, con abundante poder y con paz.

> Durante los días entre *Rosh Hashaná* y *Yom Kipur*:
>
> *Y que en el Libro de la Vida, todos seamos recordados e inscritos ante Ti; para bendición, paz, buen sustento, salvación, consuelo, y buenos decretos. Nosotros y toda Tu Nación, Israel, para una buena vida y para paz.*

¡Bendito eres Tú, Señor, que bendice a Su Pueblo, Israel, con paz, Amén!

YIHYÚ LERATSÓN

"Sean gratos ante Ti, Señor, mi Fortaleza y mi Redentor, los dichos de mi boca y los pensamientos de mi corazón" (*Salmos 19:15*).

ELOHAI NETSOR

אֱלֹהַי Elohai במילוי ע"ב, דמב ; ילה נְצוֹר netsor לְשׁוֹנִי leshoní מֵרָע merá•

וּשְׂפָתוֹתַי vesiftotai מִדַּבֵּר midaber ראה מִרְמָה mirmá• וְלִמְקַלְלַי velimkalelai

נַפְשִׁי nafshí תִדּוֹם tidom• וְנַפְשִׁי venafshí כֶּעָפָר queafar

לַכֹּל lacol יה אדני תִּהְיֶה tihyé• פְּתַח petaj לִבִּי libí בְּתוֹרָתֶךָ betorateja•

וְאַחֲרֵי veajarei מִצְוֹתֶיךָ mitsvoteja תִּרְדּוֹף tirdof נַפְשִׁי nafshí•

וְכָל־ vejol ילי הַקָּמִים hakamim עָלַי alai לְרָעָה leraá רהע• מְהֵרָה meherá

הָפֵר hafer עֲצָתָם atsatam וְקַלְקֵל vekalkel מַחְשְׁבוֹתָם majshevotam•

עֲשֵׂה asé לְמַעַן lemaan שְׁמָךְ shemaj• עֲשֵׂה asé לְמַעַן lemaan

יְמִינָךְ yeminaj• עֲשֵׂה asé לְמַעַן lemaan תּוֹרָתָךְ torataj• עֲשֵׂה asé

לְמַעַן lemaan קְדוּשָּׁתָךְ kedushataj• ר"ת הפסוק = מ"ה יהוה לְמַעַן lemaan

יֵחָלְצוּן yejaltsún יְדִידֶיךָ yedideja ר"ת ילי הוֹשִׁיעָה hoshía יהוה וש"ע נהורין

יְמִינְךָ yeminjá וַעֲנֵנִי vaaneni (כתיב: ועננו) ר"ת אל (יא"י במילוי דס"ג):

Antes de que recitemos el próximo verso ("*Yihyú leratsón*") tenemos una oportunidad para fortalecer la conexión con nuestra alma usando nuestro nombre. Cada persona tiene un versículo en la Torá que lo conecta con su nombre. O bien su nombre está en el versículo, o la primera y última letra del nombre corresponden a la primera y última letra de un versículo. Por ejemplo, el nombre Yehuda comienza con una *Yud* y termina con una *Hei*. Antes de terminar la *Amidá*, declaramos que nuestro nombre sea siempre recordado cuando nuestra alma abandone este mundo.

YIHYÚ LERATSÓN (EL SEGUNDO)

Hay 42 letras en el versículo en el secreto del *Aná Bejóaj*.

יִהְיוּ yihyú אל (יא"י במילוי דס"ג) לְרָצוֹן leratsón מהש ע"ה, ע"ב בריבוע וקס"א ע"ה, אל שדי ע"ה

אִמְרֵי־ imrei פִי fi ר"ת אֶלֶף = אלף למד שין דלת יוד ע"ה וְהֶגְיוֹן vehegyón לִבִּי libí

לְפָנֶיךָ lefaneja ס"ג מ"ה ב"ן יְהֹוָהאדניאהדונהי Adonai צוּרִי tsurí וְגֹאֲלִי vegoalí:

ELOHAI NETSOR

Mi Dios, cuida mi lengua del mal y mis labios de decir falsedad. Que mi alma permanezca en silencio ante aquellos que me maldicen y permite que mi espíritu sea humilde ante todos, como el polvo. Abre mi corazón a Tu Torá y permite que mi corazón siga Tus mandamientos. Prontamente frustra los planes y daña los pensamientos de todos aquellos que se levantan contra mí para hacerme daño. Hazlo por la gloria de Tu Nombre. Haz esto por el bien de Tu Diestra. Haz esto por el mérito de Tu Torá. Haz esto por Tu Santidad, "Que Tus amados sean rescatados. Sálvalos con Tu Diestra y contéstame" (Salmos 60:7).

YIHYÚ LERATSÓN (EL SEGUNDO)

"Que los dichos de mi boca
y los pensamientos de mi corazón sean gratos ante Ti, Señor, mi Fortaleza y mi Redentor" (Salmos 19:15).

OSÉ SHALOM

Ahora damos tres pasos para atrás para atraer la Luz de los Mundos Superiores a nuestra vida. Nos inclinamos a la izquierda, la derecha y el centro, y debemos meditar en que, al dar estos pasos atrás, el Santo Templo sea reconstruido nuevamente.

Da tres pasos hacia atrás;

עוֹשֶׂה osé שָׁלוֹם shalom

Izquierda
Te vuelves a la izquierda y dices:

Durante los días entre *Rosh Hashaná* y *Yom Kipur* en lugar de "*shalom*" decimos:

הַשָּׁלוֹם hashalom (ספריאל המלאך החותם לחיים)

בִּמְרוֹמָיו bimromav ר"ת ע"ב, ריבוע יהוה

Derecha
Te vuelves a la derecha y dices:

הוּא Hu בְּרַחֲמָיו verajamav יַעֲשֶׂה yaasé

שָׁלוֹם shalom עָלֵינוּ aleinu ר"ת ש"ע נהורין

Centro
Te alineas al centro y dices:

וְעַל veal כָּל־ col ילי ; עמם עַמּוֹ amó יִשְׂרָאֵל Yisrael

וְאִמְרוּ veimrú אָמֵן Amén יאהדונהי:

יְהִי yehí רָצוֹן ratsón מהש ע"ה, ע"ב בריבוע וקס"א ע"ה, אל שדי ע"ה
מִלְּפָנֶיךָ milfaneja ס"ג מ"ה ב"ן יְהֹוָהאדניאהדונהי Adonai אֱלֹהֵינוּ Eloheinu ילה
וֵאלֹהֵי veElohei לכב ; מילוי ע"ב, דמב ; ילה אֲבוֹתֵינוּ avoteinu, שֶׁתִּבְנֶה shetivné
בֵּית beit ב"פ ראה הַמִּקְדָּשׁ hamikdash בִּמְהֵרָה bimherá בְיָמֵינוּ veyameinu
וְתֵן vetén חֶלְקֵנוּ jelkenu בְּתוֹרָתֶךָ vetorataj לַעֲשׂוֹת laasot וְחֻקֵּי jukei
רְצוֹנֶךָ retsonaj וּלְעָבְדֶךָ uleovdaj פוי, אל אדני בְּלֵבָב belevav בוכו שָׁלֵם shalem.

Da tres pasos hacia delante.

En días normales decimos aquí "*yehí Shem*" seguido por *Kadish Titkabal* en la pág. 336. **Durante los días entre *Rosh Hashaná* y *Yom Kipur*** decimos aquí "*Avinu Malquenu*" (págs. 225-227) y luego continuamos normalmente ("*yehí shem*" seguido por *Kadish Titkabal* en la pág. 336).

OSÉ SHALOM

Él, que establece paz (Durante los días entre *Rosh Hashaná y Yom Kipur*: *la paz*) *en Sus altos lugares, Él, en Su compasión, hará que la paz esté entre nosotros y sobre Su pueblo entero, Israel, y dirán: Amén.*

Sea agradable ante Ti, Señor, nuestro Dios y Dios de nuestros antepasados, que puedas reconstruir rápidamente el santo Templo, en nuestros días, y otórganos participación en Tu Torá, para que podamos cumplir las leyes de Tu deseo y servirte con todo el corazón.

EL ORDEN PARA PARTICIPAR EN UN AYUNO PERSONAL

Si, por alguna razón, te gustaría asumir un ayuno por motivo de limpieza personal o arrepentimiento, debes comprometerte a hacerlo el día antes durante *Minjá* y antes del final de la *Amidá* de *Minjá*. Si has olvidado comprometerte en esa oportunidad, todavía puedes comprometerte más tarde incluso después de que se haya puesto el Sol, siempre y cuando no hayas comenzado la conexión de *Arvit*.

רִבּוֹן ribón יהוה עסמ"ב הָעוֹלָמִים haolamim, הֲרֵינִי hareini לְפָנֶיךָ lefaneja ס"ג מ"ה ב"ן
עַל al תְּנַאי tenai בְּתַעֲנִית betaanit נְדָבָה nedavá לְמָחָר lemajar מֵעֲלוֹת mealot
הַשַּׁחַר hashájar עַד ad אַחַר ajar תְּפִלַּת tefilat עַרְבִית arvit. וְאִם veím לֹא lo
אוּכַל ujal אוֹ o לֹא lo אֶרְצֶה ertsé כְּשֶׁאוֹמַר quesheomar מִזְמוֹר mizmor
לְדָוִד leDavid ה' Hashem רוֹעִי Roí אוּכַל ujal לְהַפְסִיק lehafsik וְלֹא veló יִהְיֶה yihyé
בִּי bi שׁוּם shum עָוֹן avón. אֲבָל aval, יְהִי yehí רָצוֹן ratsón מהש ע"ה,
ע"ב בריבוע וקס"א ע"ה, אל שדי ע"ה מִלְּפָנֶיךָ milefaneja ס"ג מ"ה ב"ן יְהֹוָאדהיאהדונהי Adonai
אֱלֹהַי Elohai מילוי דע"ב, דמב ; ילה וֵאלֹהֵי veElohei לכב ; מילוי דע"ב, דמב ; ילה
אֲבוֹתַי avotai, שֶׁתִּתֵּן shetitén ב"פ כהת בִּי bi כֹּחַ cóaj וּבְרִיאוּת uvriut וְאֶזְכֶּה veezqué
לְהִתְעַנּוֹת lehitanot לְמָחָר lemajar וּתְקַבְּלֵנִי utkabeleni בְּאַהֲבָה beahavá אחד, דאגה
וּבְרָצוֹן uveratsón מהש ע"ה, ע"ב בריבוע וקס"א ע"ה, אל שדי ע"ה. וּתְזַכֵּנִי utesaqueni
לָשׁוּב lashuv בִּתְשׁוּבָה bitshuvá שְׁלֵמָה shelemá וְתַעֲנֶה vetaané עֲתִירָתִי atiratí
וְתִשְׁמַע vetishmá תְּפִלָּתִי tefilatí. כִּי qui אַתָּה Atá שׁוֹמֵעַ shomea תְּפִלָּה tefilá:

En *Minjá* del día del ayuno, después de "*lamenatséaj binguinot*" (*Salmos 67*) debes decir "*tefilá leaní*" (*Salmos 102*).
Y en *Arvit*, después del día del ayuno, debes decir lo siguiente (antes de dar tres pasos al final de la *Amidá*):

רִבּוֹן ribón יהוה עסמ"ב הָעוֹלָמִים haolamim, גָּלוּי galui וְיָדוּעַ veyadúa
לְפָנֶיךָ lefaneja ס"ג מ"ה ב"ן בִּזְמַן bizmán שֶׁבֵּית shebeit הַמִּקְדָּשׁ hamikdash
קַיָּם kayam, אָדָם adam חוֹטֵא joté וּמַקְרִיב umakriv קָרְבָּן korbán וְאֵין veéin
מַקְרִיבִין makrivín מִמֶּנּוּ mimenu אֶלָּא ela חֶלְבּוֹ jelbó וְדָמוֹ vedamó
וּמִתְכַּפֵּר umitcaper לוֹ lo, וְעַכְשָׁיו veajshav יָשַׁבְתִּי yashavti בְּתַעֲנִית betaanit
וְנִתְמַעֵט venitmaet חֶלְבִּי jelbí וְדָמִי vedamí. יְהִי yehí רָצוֹן ratsón מהש ע"ה, ע"ב
בריבוע וקס"א ע"ה, אל שדי ע"ה מִלְּפָנֶיךָ milefaneja ס"ג מ"ה ב"ן שֶׁיְּהֵא sheyehé חֶלְבִּי jelbí
וְדָמִי vedamí שֶׁנִּתְמַעֵט shenitmaet כְּאִלּוּ queílu הִקְרַבְתִּיו hikravtiv לְפָנֶיךָ lefaneja
ס"ג מ"ה ב"ן עַל al גַּבֵּי gabei הַמִּזְבֵּחַ hamizbéaj נגד, זן, אל יהוה וְתִרְצֵנִי vetirtseni:

EL ORDEN PARA PARTICIPAR EN UN AYUNO PERSONAL

Señor de los mundos,

por este medio asumo ante Ti, de forma condicional, un estado de ayuno deliberado mañana, desde el amanecer hasta después de la conexión de Arvit. Y si yo no puedo hacerlo o no deseo terminar el ayuno, entonces cuando recite: "Mizmor leDavid etc." (Salmos 23), podré terminar mi ayuno y no será considerado como pecado. Sin embargo, que sea Tu voluntad, Señor, mi Dios y Dios de mis antepasados, que Tú me des la fortaleza y la salud para que yo tenga éxito en el ayuno mañana y que Tú me aceptes con amor y benevolencia. Y otórgame el mérito de arrepentirme de forma perfecta, y responde a mi solicitud y escucha mi oración; porque Tú escuchas las oraciones.

Señor de los mundos,

es bien sabido y conocido por Ti que durante el tiempo en que el Santo Templo estaba en pie, la persona que pecaba ofrecía un sacrificio, del cual sólo se ofrecían la grasa y la sangre, y éste absolvía su pecado. He ayunado ahora y, por este medio, he disminuido mi grasa y mi sangre. Que sea Tu voluntad que mi grasa y sangre reducidas sean consideradas como si las hubiese ofrecido en el altar y que Tú tengas misericordia de mí.

YEHÍ SHEM

יְהִי yehí שֵׁם shem יְהֹוָה אהדונהי Adonai מְבֹרָךְ mevoraj ר״ת ריבוע ע״ב וריבוע ס״ג

יהוה מברך = רפ״ח (להעלות רפ״ח ניצוצות שנפלו לקליפה דמשם באים התוזלואים) מֵעַתָּה meatá

וְעַד vead עוֹלָם olam יל׳: מִמִּזְרַח mimizraj שֶׁמֶשׁ shémesh עַד ad

ר״ת קדוש מְבוֹאוֹ mevoó מְהֻלָּל mehulal שֵׁם shem יְהֹוָה אהדונהי Adonai:

רָם ram עַל al כָּל col יל׳ ; עמם גּוֹיִם goyim יְהֹוָה אהדונהי Adonai עַל al

הַשָּׁמַיִם hashamáyim י״פ טל, י״פ כוזו ; ר״ת וזשמל כְּבוֹדוֹ quevodó:

יְהֹוָה אהדונהי Adonai אֲדֹנֵינוּ adoneinu מָה ma מ״ה אַדִּיר adir הרי

שִׁמְךָ Shimjá בְּכָל bejol ב״ן, לכב ; ומב הָאָרֶץ haárets אלהים דההין ע״ה:

KADISH TITKABAL

יִתְגַּדַּל yitgadal וְיִתְקַדַּשׁ veyitkadash שדי ומילוי שדי ; י״א אותיות כמנין ו״ה

שְׁמֵיהּ Shmei (שם י״ה דע״ב) רַבָּא rabá קנ״א ב״ן, יהוה אלהים יהוה אדני,

מילוי קס״א וס״ג, מ״ה ברבוע וע״ב ע״ה ; ר״ת = ו״פ אלהים ; ס״ת = ג״פ יב״ק: אָמֵן Amén אידהנויה.

בְּעָלְמָא bealmá דִּי di בְרָא verá כִּרְעוּתֵיהּ quirutei.

וְיַמְלִיךְ veyamlij מַלְכוּתֵיהּ maljutei. וְיַצְמַח veyatsmaj

פּוּרְקָנֵיהּ purkanei. וִיקָרֵב vikarev מְשִׁיחֵיהּ Meshijei: אָמֵן Amén אידהנויה.

בְּחַיֵּיכוֹן bejayeijón וּבְיוֹמֵיכוֹן uveyomeijón וּבְחַיֵּי uvejayei

דְכָל dejol יל׳ בֵּית beit ב״פ ראה יִשְׂרָאֵל Yisrael בַּעֲגָלָא baagalá

וּבִזְמַן uvizmán קָרִיב kariv וְאִמְרוּ veimrú אָמֵן Amén: אָמֵן Amén אידהנויה.

YEHÍ SHEM

"Que el Nombre del Señor sea bendecido desde ahora hasta toda la eternidad. Desde la salida del Sol hasta su caída, que el Nombre del Señor sea alabado y elevado. Sobre todas las naciones está el Señor. Su gloria está sobre los Cielos" (Salmos 113:2-4). *"Dios, nuestro Señor, cuán tremendo es Tu Nombre en toda la Tierra"* (Salmos 8:10).

KADISH TITKABAL

Glorificado y santificado sea Su gran Nombre (Amén).

En el mundo que Él creó de acuerdo a Su voluntad, y pueda Su Reino reinar. Y pueda Él hacer que Su redención florezca y pueda Él acercar al Mesías (Amén). *En tus vidas y en tus días y en la vida de toda la Casa de Israel, prontamente y en el futuro cercano, y dígase: Amén* (Amén).

La congregación y el *jazán* dicen lo siguiente:

28 palabras (hasta *bealmá*) – meditar en:
מילוי דמילוי דע״ב (יוד ויו דלת הי יוד ויו יוד ויו הי יוד)
28 letras (hasta *almayá*) – meditar en:
מילוי דמילוי דע״ב (יוד ויו דלת הי יוד ויו יוד ויו הי יוד)

יְהֵא yehé שְׁמֵיהּ Shmei (שם י״ה דס״ג) רַבָּא rabá קנ״א ב״ן,

מְבָרַךְ mevaraj, יהוה אלהים יהוה אדני, מילוי קס״א וס״ג, מ״ה ברבוע וע״ב ע״ה

לְעָלַם lealam לְעָלְמֵי lealmei עָלְמַיָּא almayá• יִתְבָּרַךְ yitbaraj•

Siete palabras con seis letras cada una (שם בן מ״ב) – meditar en:
יהוה ÷ יוד הי ויו הי ÷ מילוי דמילוי דע״ב (יוד ויו דלת הי יוד ויו יוד ויו הי יוד)
También, siete veces la letra *Vav* (שם בן מ״ב) – meditar en:
יהוה ÷ יוד הי ויו הי ÷ מילוי דמילוי דע״ב (יוד ויו דלת הי יוד ויו יוד ויו הי יוד).

וְיִשְׁתַּבַּח veyishtabaj י״פ ע״ב יהוה אל אבג יתץ•

וְיִתְפָּאַר veyitpaar הי נו יה קרע שטן• וְיִתְרוֹמַם veyitromam וה כוזו נגד יכש•

וְיִתְנַשֵּׂא veyitnasé במוכסז בטר צתג• וְיִתְהַדָּר veyihadar כוזו יה וזקב טנע•

וְיִתְעַלֶּה veyitalé וה יוד ה יגל פזק• וְיִתְהַלָּל veyithalal א ואו הא שקו צית•

שְׁמֵיהּ Shmei (שם י״ה דמ״ה) דְּקוּדְשָׁא deKudshá בְּרִיךְ Verij הוּא Hu:

אָמֵן Amén אידהנויה•

לְעֵלָּא leelá מִן min כָּל col ילי בִּרְכָתָא birjatá• שִׁירָתָא shiratá•

תִּשְׁבְּחָתָא tishbejatá וְנֶחֱמָתָא venejamatá• דַּאֲמִירָן daamirán

בְּעָלְמָא bealmá וְאִמְרוּ veimrú אָמֵן Amén: אָמֵן Amén אידהנויה.

תִּתְקַבַּל titkabal צְלוֹתָנָא tselotaná וּבָעוּתָנָא uvautaná

עִם im צְלוֹתְהוֹן tselothón וּבָעוּתְהוֹן uvautehón דְּכָל dejol ילי

בֵּית beit ב״פ ראה יִשְׂרָאֵל Yisrael קֳדָם kadam אֲבוּנָא avuná

דְּבִשְׁמַיָּא devishmayá וְאִמְרוּ veimrú אָמֵן Amén: אָמֵן Amén אידהנויה•

Que Su gran Nombre sea bendito por siempre y por toda la eternidad. Bendito y alabado, y glorificado y exaltado, y ensalzado y honrado, y adorado y loado sea el Nombre del Santísimo, bendito sea Él (Amén). *Más allá de todas las bendiciones, himnos, alabanzas y palabras de consolación que jamás se dijeran en el mundo, y dígase: Amén* (Amén). *Sean aceptadas nuestras oraciones y súplicas, junto con las oraciones y las súplicas de toda la Casa de Israel, ante nuestro Padre en los Cielos, y dígase: Amén* (Amén).

יְהֵא yehé שְׁלָמָא shlamá רַבָּא rabá קנ"א ב"ן, יהוה אלהים יהוה אדני, מילוי קס"א וס"ג,
מ"ה ברבוע וע"ב ע"ה מִן min שְׁמַיָּא shmayá• וְחַיִּים jayim אהיה אהיה יהוה, בינה ע"ה
וְשָׂבָע vesavá וִישׁוּעָה vishuá וְנֶחָמָה venejamá וְשֵׁיזָבָא vesheizavá
וּרְפוּאָה urefuá וּגְאֻלָּה ugueulá וּסְלִיחָה uslijá וְכַפָּרָה vejapará
וְרֵיוַח vereivaj וְהַצָּלָה vehatsalá• לָנוּ lanu אלהים, אהיה אדני וּלְכָל ulejol יה אדני
עַמּוֹ amó יִשְׂרָאֵל Yisrael וְאִמְרוּ veimrú אָמֵן Amén: אָמֵן Amén אידהנויה.

Da tres pasos para atrás y di:

עוֹשֶׂה osé שָׁלוֹם shalom

(**Durante los días entre *Rosh Hashaná* y *Yom Kipur*** en lugar de "*shalom*" decimos:

הַשָּׁלוֹם hashalom ספריאל המלאך החותם לחיים)

בִּמְרוֹמָיו bimromav ע"ב, ריבוע יהוה• הוּא Hu בְּרַחֲמָיו berajamav
יַעֲשֶׂה yaasé שָׁלוֹם shalom עָלֵינוּ aleinu ר"ת ש"ע נהורין•
וְעַל veal כָּל col ילי ; עמם עַמּוֹ amó יִשְׂרָאֵל Yisrael וְאִמְרוּ veimrú אָמֵן Amén:
אָמֵן Amén אידהנויה•

LAMENATSÉAJ

Al meditar en el *Maguén David* (Escudo de David), aprovechamos el poder, fortaleza y valentía del Rey David para que podamos vencer a nuestros enemigos personales. Nuestros verdaderos enemigos no se encuentran en el mundo exterior, a pesar de lo que nos diga nuestro ego. Nuestro verdadero enemigo es nuestro *Deseo de Recibir para Sí Mismo*. Cuando vencemos al enemigo interno, los enemigos externos de pronto desaparecen de nuestra vida.

Dios reveló este Salmo al Rey David a través de la Inspiración Divina. Fue escrito en una placa de oro en forma de una *Menorá* (ilustrado en la pág. 340). Dios también se la mostró a Moshé. El Rey David llevaba este Salmo escrito y grabado en la placa de oro en su escudo, el Escudo de David. Cuando el Rey David iba a la guerra, él meditaba en los secretos de la *Menorá* y en las siete oraciones de este Salmo grabadas en ésta, y sus enemigos, literalmente, caían vencidos ante él. Al meditar en él (leyendo las letras sin cambiar la posición de la página), aprovechamos ese poder. (*Midbar Kdemot*, por el Jidá, y también en *Menorat Zahav*, por Rav Zusha).

Que haya paz abundante del Cielo. Vida, satisfacción, salvación, consuelo, entrega, sanación, redención, perdón, expiación, comodidad y alivio para nosotros y para toda Su nación, Israel y dígase: Amén (Amén). *Él, que establece la paz* (Durante los días entre *Rosh Hashaná* y *Yom Kipur*: *La paz*) *en Sus Alturas, Él, en Su compasión, hará la paz sobre nosotros y sobre toda Su nación, Israel. Y dígase: Amén* (Amén).

לַמְנַצֵּחַ lamenatséaj בִּנְגִינֹת binguinot מִזְמוֹר mizmor שִׁיר shir:

אֱלֹהִים Elohim אהיה אדני ; ילה יְחָנֵּנוּ yejanenu וִיבָרְכֵנוּ vivarjenu

יָאֵר yaer כף ויו זין ויו פָּנָיו panav אִתָּנוּ itanu ר"ת פאי, אמן (יאהדונהי) סֶלָה sela:

לָדַעַת ladáat ר"ת סאל, אמן (יאהדונהי) בָּאָרֶץ baárets דַּרְכֶּךָ darquejá

בְּכָל bejol ב"ן, לכב גּוֹיִם goyim יְשׁוּעָתֶךָ yeshuateja:

יוֹדוּךָ yoduja עַמִּים amim אֱלֹהִים Elohim אהיה אדני ; ילה יוֹדוּךָ yoduja

עַמִּים amim כֻּלָּם culam: יִשְׂמְחוּ yismejú וִירַנְּנוּ viranenú

לְאֻמִּים leumim ר"ת ע"ה = איההיוהה כִּי qui תִשְׁפֹּט tishpot עַמִּים amim

מִישֹׁר mishor וּלְאֻמִּים uleumim בָּאָרֶץ baárets תַּנְחֵם tanjem סֶלָה sela:

יוֹדוּךָ yoduja עַמִּים amim אֱלֹהִים Elohim אהיה אדני ; ילה יוֹדוּךָ yoduja

עַמִּים amim כֻּלָּם culam: ר"ת יודוך ישמחו יודוך ארץ = "יאי" (במילוי דס"ג)

ועם ר"ת אלהים לדעת יברכנו = ע"ב, ריבוע יהוה אֶרֶץ érets נָתְנָה natná נתה, קס"א קנ"א קמ"ג

יְבוּלָהּ yevulá ר"ת אני יְבָרְכֵנוּ yevarjenu אֱלֹהִים Elohim אהיה אדני ; ילה

אֱלֹהֵינוּ Eloheinu ילה: יְבָרְכֵנוּ yevarjenu אֱלֹהִים Elohim אהיה אדני ; ילה

וְיִירְאוּ veyirú אוֹתוֹ otó כָּל col ילי אַפְסֵי afsei אָרֶץ árets:

LAMENATSÉAJ

"Al Director del Coro, con música melodiosa, un Salmo. Tenga Dios gracia con nosotros y nos bendiga, y haga resplandecer Su rostro sobre nosotros, Sela. Para que sea Tu camino conocido en la Tierra y Tu salvación entre todas las naciones. Las naciones te darán gracias, Dios. Todas las naciones te darán gracias. La gente se alegrará y cantará porque Tú juzgas a los pueblos con equidad y Tú guías a las naciones en la Tierra, Sela. Los pueblos te darán gracias, Dios. Todos los pueblos te darán gracias. La Tierra ha dado su fruto. Nos bendiga Dios, nuestro Dios. Nos bendiga Dios y le teman desde todos los confines de la Tierra" (Salmos 67).

ENDULZAR EL JUICIO SEVERO

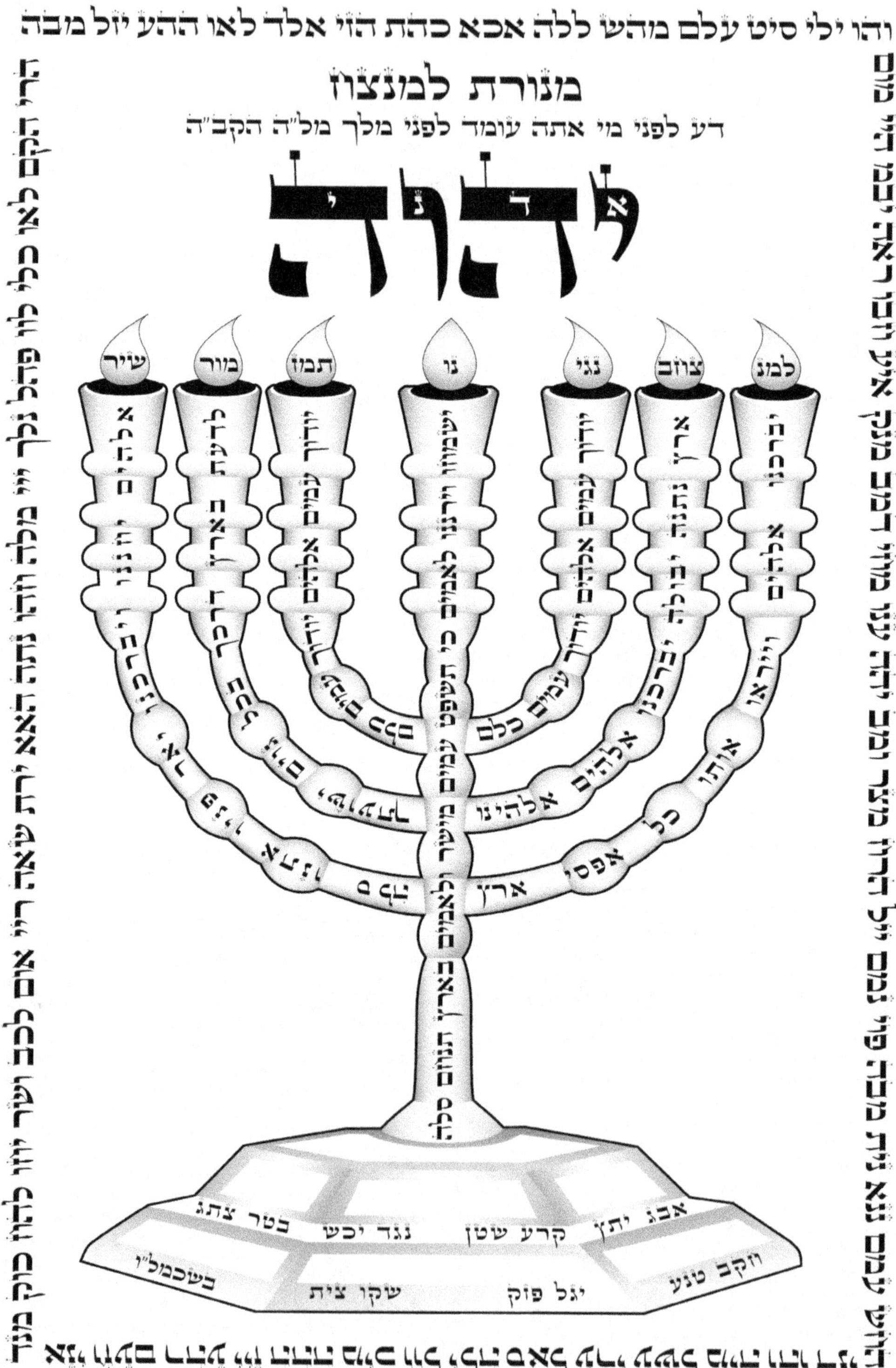

El viernes en la tarde se recita lo siguiente en lugar de "*Lamenatséaj binguinot*":

יְהֹוָה יאהדונהי Adonai מָלָךְ malaj גֵּאוּת gueut לָבֵשׁ lavesh לָבֵשׁ lavesh

יְהֹוָה יאהדונהי Adonai עֹז oz הִתְאַזָּר hitazar אַף־ af ר״ת = אלהים, אהיה אדני

תִּכּוֹן ticón תֵּבֵל tevel ב״פ רי״ו בַּל־ bal תִּמּוֹט timot: נָכוֹן najón כִּסְאֲךָ quisajá

מֵאָז meaz ומב מֵעוֹלָם meolam אָתָּה Atá ר״ת הפסוק = קנ״א, אדני אלהים : נָשְׂאוּ nasú

נְהָרוֹת neharot יְהֹוָה יאהדונהי Adonai נָשְׂאוּ nasú ר״ת = קין נְהָרוֹת neharot

קוֹלָם kolam יִשְׂאוּ yisú נְהָרוֹת neharot דָּכְיָם dojyam ר״ת דני:

מִקֹּלוֹת mikolot מַיִם máyim רַבִּים rabim אַדִּירִים adirim הרי

מִשְׁבְּרֵי־ mishberei יָם yam ילי ; ר״ת אמי אַדִּיר adir הרי

בַּמָּרוֹם bamarom יְהֹוָה יאהדונהי Adonai ; ר״ת אבי: עֵדֹתֶיךָ edoteja

נֶאֶמְנוּ neemnú מְאֹד meod ר״ת = קין לְבֵיתְךָ leveitjá ב״פ ראה

נַאֲוָה־ naavá קֹדֶשׁ kódesh יְהֹוָה יאהדונהי Adonai לְאֹרֶךְ leórej:

יָמִים yamim נלך ; ר״ת ילי ; ס״ת = אדני ; יהוה לאורך ימים = ש״ע נהורין עם י״ג אותיות:

KADISH YEHÉ SHLAMÁ

יִתְגַּדַּל yitgadal וְיִתְקַדַּשׁ veyitkadash ש״די ומילוי ש״די; י״א אותיות כמנין ו״ה

שְׁמֵיהּ Shmei (שם י״ה דע״ב) רַבָּא rabá קנ״א ב״ן, יהוה אלהים יהוה אדני,

מילוי קס״א וס״ג, מ״ה ברבוע וע״ב ע״ה ; ר״ת = ו״פ אלהים ; ס״ת = ג״פ יב״ק: אָמֵן Amén ⬩אידהנויה⬩

בְּעָלְמָא bealmá דִּי di בְרָא verá כִּרְעוּתֵיהּ quirutei⬩

וְיַמְלִיךְ veyamlij מַלְכוּתֵיהּ maljutei⬩ וְיַצְמַח veyatsmaj

פּוּרְקָנֵיהּ purkanei⬩ וִיקָרֵב vikarev מְשִׁיחֵיהּ Meshijei: אָמֵן Amén ⬩אידהנויה⬩

"El Señor ha reinado. Se ha vestido a Sí mismo con orgullo. El Señor se vistió a Sí mismo y se adornó con poder. También estableció el mundo firmemente, para que no colapsara. Tu Trono ha sido establecido. Desde entonces, Tú has sido para siempre. Los ríos han elevado, Señor, los ríos han elevado sus voces. Los ríos elevarán sus poderosas olas. Más que el estruendo de muchas aguas y que las poderosas olas del mar, Tú eres inmenso en las Alturas, Señor. Tus testimonios son extremadamente firmes. Tu Casa es el Santuario Santo. El Señor estará por los siglos y para siempre" (Salmos 93).

KADISH YEHÉ SHLAMÁ

Glorificado y santificado sea Su gran Nombre (Amén). En el mundo que Él creó de acuerdo a Su voluntad, y pueda Su Reino reinar. Y pueda Él hacer que Su redención florezca y acercar al Mesías (Amén).

בְּחַיֵּיכוֹן bejayeijón וּבְיוֹמֵיכוֹן uveyomeijón וּבְחַיֵּי uvejayei
דְכָל dejol ילי בֵּית beit ב״פ ראה יִשְׂרָאֵל Yisrael בַּעֲגָלָא baagalá
וּבִזְמַן uvizmán קָרִיב kariv וְאִמְרוּ veimrú אָמֵן Amén: אָמֵן Amén אידהנויה.

La congregación y el *jazán* dicen lo siguiente:

28 palabras (hasta *bealmá*) – meditar en:
מילוי דמילוי דס״ג (יוד ויו דלת הי יוד ואו אלף ואו הי יוד)
28 letras (hasta *almayá*)- meditar en:
מילוי דמילוי דמ״ה (יוד ואו דלת הא אלף ואו אלף ואו הא אלף).

יְהֵא yehé שְׁמֵיהּ Shmei (שם י״ה דס״ג) רַבָּא rabá קנ״א ב״ן,
יהוה אלהים יהוה אדני, מילוי קס״א וס״ג, מ״ה ברבוע וע״ב ע״ה מְבָרַךְ mevaraj,
לְעָלַם lealam לְעָלְמֵי lealmei עָלְמַיָּא almayá. יִתְבָּרַךְ yitbaraj.

Siete palabras con seis letras cada una (שם בן מ״ב) – meditar en:
יהוה ⸗ יוד הי ואו הי ⸗ מילוי דמילוי דס״ג (יוד ויו דלת הי יוד ואו אלף ואו הי יוד) ;
También, siete veces la letra Vav (שם בן מ״ב) – meditar en:
יהוה ⸗ יוד הא ואו הא ⸗ מילוי דמילוי דמ״ה (יוד ואו דלת הא אלף ואו אלף ואו הא אלף).

וְיִשְׁתַּבַּח veyishtabaj י״פ ע״ב יהוה אל אבג יתץ.

וְיִתְפָּאַר veyitpaar הי נו יה קרע שטן. וְיִתְרוֹמַם veyitromam וה כוזו נגד יכש.
וְיִתְנַשֵּׂא veyitnasé במוכסז בטר צתג. וְיִתְהַדָּר veyihadar כוזו יה חקב טנע.
וְיִתְעַלֶּה veyitalé וה יוד ה יגל פזק. וְיִתְהַלָּל veyithalal א ואו הא שקו צית.
שְׁמֵיהּ Shmei (שם י״ה דמ״ה) דְּקֻדְשָׁא deKudshá בְּרִיךְ Verij הוּא Hu:
אָמֵן Amén אידהנויה.

לְעֵלָּא leelá מִן min כָּל col ילי בִּרְכָתָא birjatá. שִׁירָתָא shiratá.
תֻּשְׁבְּחָתָא tishbejatá וְנֶחָמָתָא venejamatá. דַּאֲמִירָן daamirán
בְּעָלְמָא bealmá וְאִמְרוּ veimrú אָמֵן Amén: אָמֵן Amén אידהנויה.

En tus vidas y en tus días y en la vida de toda la Casa de Israel, prontamente y en el futuro cercano, y dígase: Amén (Amén). Que Su gran Nombre sea bendito por siempre y por toda la eternidad. Bendito y alabado, y glorificado y exaltado, y ensalzado y honrado, y adorado y loado, sea el Nombre del Santísimo, Bendito sea Él (Amén). Más allá de todas las bendiciones, himnos, alabanzas y palabras de consolación que jamás se dijeran en el mundo, y dígase: Amén (Amén).

יְהֵא yehé שְׁלָמָא shlamá רַבָּא rabá קנ"א ב"ן, יהוה אלהים יהוה אדני, מילוי קס"א וס"ג,

מ"ה ברבוע וע"ב ע"ה מִן min שְׁמַיָּא shmayá. וְחַיִּים jayim אהיה אהיה יהוה, בינה ע"ה

וְשָׂבָע vesavá וִישׁוּעָה vishuá וְנֶחָמָה venejamá וְשֵׁיזָבָא vesheizavá

וּרְפוּאָה urefuá וּגְאֻלָּה ugueulá וּסְלִיחָה uslijá וְכַפָּרָה vejapará

וְרֵיוַח vereivaj וְהַצָּלָה vehatsalá. לָנוּ lanu אלהים, אהיה אדני וּלְכָל ulejol יה אדני

עַמּוֹ amó יִשְׂרָאֵל Yisrael וְאִמְרוּ veimrú אָמֵן Amén: אָמֵן Amén אידהנויה.

Da tres pasos para atrás y di:

עוֹשֶׂה osé שָׁלוֹם shalom בִּמְרוֹמָיו bimromav ע"ב, ריבוע יהוה. הוּא Hu

בְּרַחֲמָיו berajamav יַעֲשֶׂה yaasé שָׁלוֹם shalom עָלֵינוּ aleinu ר"ת ש"ע נהורין.

וְעַל veal כָּל col ילי ; עמם עַמּוֹ amó יִשְׂרָאֵל Yisrael וְאִמְרוּ veimrú אָמֵן Amén:

אָמֵן Amén אידהנויה.

ALEINU

Aleinu es un agente sellador cósmico. Cementa y asegura todas nuestras oraciones, protegiéndolas de cualquier fuerza negativa tales como las *klipot*. Todas las oraciones anteriores a *Aleinu* atrajeron lo que los kabbalistas llaman Luz Interna. Sin embargo, *Aleinu* atrae Luz Circundante, la cual envuelve nuestras oraciones con un campo de fuerza protectora para bloquear a las *klipot*.

Atraer Luz Circundante para ser protegido de las *klipot* (la inclinación negativa).

עָלֵינוּ aleinu ריבוע דס"ג לְשַׁבֵּחַ leshabéaj עלינו לשבח = אבג יתץ, ושר

לַאֲדוֹן laAdón אני ; ס"ת ס"ג ע"ה הַכֹּל hacol ר"ת ללה, אדני

לָתֵת latet גְּדֻלָּה guedulá לְיוֹצֵר leyotser בְּרֵאשִׁית bereshit ר"ת גל"ב (באך ב"י יג"ל)

שֶׁלֹּא sheló עָשָׂנוּ asanu כְּגוֹיֵי quegoyei הָאֲרָצוֹת haaratsot

וְלֹא veló שָׂמָנוּ samanu כְּמִשְׁפְּחוֹת quemishpejot הָאֲדָמָה haadamá

Que haya paz abundante del Cielo. Vida, satisfacción, salvación, consuelo, entrega, sanación, redención, perdón, expiación, comodidad y alivio para nosotros y para toda Su nación, Israel, y dirán: Amén (Amén). Él, que establece la paz en Sus Alturas, Él, en Su compasión, hará la paz sobre nosotros y sobre toda Su nación, Israel. Y dirán: Amén (Amén).

ALEINU

Es nuestro deber alabar al Soberano de todo y atribuir grandeza al Moldeador de la Creación, que no nos ha hecho como los pueblos del mundo. Él no nos colocó como las familias de la Tierra.

שלא sheló שם sam חלקנו jelkenu כהם cahem וגורלנו vegoralenu

ככל quejol המונם hamonam. שהם shehem משתחוים mishtajavim

להבל lahével וריק varik ומתפללים umitpalelim אל el אל el

לא lo יושיע yoshía. (haz una pausa aquí, y cuando digas "*vaanajnu mishtajavim*" inclina todo tu cuerpo)

ואנחנו vaanajnu משתחוים mishtajavim לפני lifnei מלך Mélej

מלכי maljei המלכים hamelajim הקדוש haKadosh ברוך Baruj

הוא Hu. שהוא sheHú נוטה noté שמים shamáyim י"פ טל, י"פ כוזו ; ר"ת = י"פ אדני

שבי' ספירות של נוקבא דז"א ויוסד veyosed ארץ árets. ומושב umoshav

יקרו yekaró בשמים bashamáyim י"פ טל, י"פ כוזו ממעל mimáal עלם.

ושכינת ushjinat עזו uzó בגבהי begavhei מרומים meromim.

הוא Hu אלהינו Eloheinu ילה ואין veein עוד od אחר ajer.

אמת emet אהיה פעמים אהיה, ז"פ ס"ג מלכנו malquenu ואפס veéfes

זולתו zulató. ככתוב cacatuv בתורה baTorá: וידעת veyadata

היום hayom ע"ה נגד, מזבח, זן, אל יהוה והשבת vahashevota אל el

לבבך levaveja ר"ת לאו כי qui יהוהאדנייאהדונהי Adonai הוא Hu

האלהים haElohim אהיה אדני ; ילה ; ר"ת יהה וכן עולה למנין ענו ע"כ

בשמים bashamáyim י"פ טל, י"פ כוזו ממעל mimáal עלם ;

רמז לאור פנימי המתוזיל מלמעלה ועל veal הארץ haárets אלהים דההין ע"ה

מתחת mitájat רמז לאור מקיף המתוזיל מלמטה אין ein עוד od:

Él no hizo nuestra suerte como la de ellos ni nuestro destino como el de sus multitudes, ya que ellos se inclinan ante la futilidad y el vacío, y rezan a una deidad que no ayuda. Nosotros nos inclinamos ante el Supremo Rey de Reyes, el Santísimo, Bendito sea Él. Él es quien extiende los Cielos y funda la Tierra. La Sede de Su gloria está arriba en el Cielo y la Presencia Divina de Su poder está en las alturas excelsas. Él es nuestro Dios y no hay ningún otro. Nuestro Rey es verdadero y no hay nadie excepto Él. Como está escrito en la Torá: "Aprende hoy y grábalo en tu corazón que el Señor es Dios arriba en los Cielos y abajo sobre la Tierra, y no hay otro" (Deuteronomio 4:39).

עַל al כֵּן quen נְקַוֶּה nekavé לְּךָ laj יְהֹוָה אדני אהדונהי Adonai אֱלֹהֵינוּ Eloheinu
ילה לִרְאוֹת lirot מְהֵרָה meherá בְּתִפְאֶרֶת betiféret עֻזָּךְ uzaj ס"ת כהת, משיח
בן דוד ע"ה לְהַעֲבִיר lehaavir גִּלּוּלִים guilulim מִן min הָאָרֶץ haárets אלהים דההין
ע"ה וְהָאֱלִילִים vehaelilim כָּרוֹת carot יִכָּרֵתוּן yicaretún. לְתַקֵּן letakén
עוֹלָם olam בְּמַלְכוּת bemaljut שַׁדַּי Shadai. וְכָל vejol ילי בְּנֵי bnei
בָשָׂר vasar יִקְרְאוּ yikreú בִשְׁמֶךָ vishmeja לְהַפְנוֹת lehafnot אֵלֶיךָ eleja
כָּל col ילי רִשְׁעֵי rishei אָרֶץ árets. יַכִּירוּ yaquiru וְיֵדְעוּ veyedú כָּל col ילי
יוֹשְׁבֵי yoshvei תֵבֵל tevel ב"פ רי"ו. כִּי qui לְךָ lejá תִּכְרַע tijrá כָּל־ col ילי
בֶּרֶךְ bérej תִּשָּׁבַע tishavá כָּל col ילי לָשׁוֹן lashón. לְפָנֶיךָ lefaneja ס"ג מ"ה ב"ן
יְהֹוָה אדני אהדונהי Adonai אֱלֹהֵינוּ Eloheinu ילה יִכְרְעוּ yijreú וְיִפֹּלוּ veyipolu
וְלִכְבוֹד velijvod שִׁמְךָ Shimjá יְקָר yekar יִתֵּנוּ yitenu. וִיקַבְּלוּ vikabelú
כֻלָּם julam אֶת et עוֹל־ ol מַלְכוּתֶךָ maljuteja. וְתִמְלוֹךְ vetimloj
עֲלֵיהֶם aleihem מְהֵרָה meherá לְעוֹלָם leolam ריבוע ס"ג ו' אותיות דס"ג וָעֶד vaed.
כִּי qui הַמַּלְכוּת hamaljut שֶׁלְּךָ sheljá הִיא hi. וּלְעוֹלְמֵי uleolmei
עַד ad תִּמְלוֹךְ timloj בְּכָבוֹד bejavod בוכו. כַּכָּתוּב cacatuv
בְּתוֹרָתָךְ beTorataj: יְהֹוָה אדני אהדונהי Adonai | יִמְלֹךְ yimloj לְעֹלָם leolam
וָעֶד vaed: ריבוע ס"ג ו' אותיות דס"ג ; ר"ת יי"ל וְנֶאֱמַר veneemar: וְהָיָה vehayá יהוה ; יהה
יְהֹוָה אדני אהדונהי Adonai לְמֶלֶךְ leMélej עַל־ al כָּל־ col ילי ; עמם
הָאָרֶץ haárets אלהים דההין ע"ה בַּיּוֹם bayom ע"ה נגד, מזבח, זן, אל יהוה
הַהוּא hahú יִהְיֶה yihyé ייי יְהֹוָה אדני אהדונהי Adonai אֶחָד Ejad אהבה, דאגה
וּשְׁמוֹ uShmó מהש ע"ה, ע"ב בריבוע וקס"א ע"ה, אל שדי ע"ה אֶחָד Ejad אהבה, דאגה:

Por eso, Señor, nuestro Dios, esperamos contemplar pronto la gloria majestuosa de Tu poder, cuando elimines los ídolos de la Tierra y los falsos dioses hayan sido completamente destruidos, para perfeccionar al mundo con el Reino del Todopoderoso. Y la humanidad entera invocará Tu Nombre y todos los malvados de la Tierra se dirigirán a Ti. Entonces todos los habitantes del mundo reconocerán y sabrán que, por Ti, toda rodilla se dobla y toda lengua se colma. Que ante Ti, Señor, nuestro Dios, se arrodillen y se prosternen y honren Tu glorioso Nombre. Y todos aceptarán el yugo de Tu Reino y Tú reinarás sobre ellos para siempre jamás. Pues el Reino es Tuyo. Y para siempre y por la eternidad, Tú reinarás en gloria. Como está escrito en la Torá: "El Señor reinará por los siglos de los siglos" (Éxodo 15:18) y también está dicho: "El Señor será Rey sobre toda la Tierra y, en aquél día, el Señor será Uno y Uno su Nombre" (Zacarías 14:9).

ENDULZAR EL JUICIO SUAVE

En la conexión de la noche de *Arvit*, conectamos con Yaakov el Patriarca, quien es el canal para la energía de la Columna Central. Él nos ayuda a conectar la energía de Juicio y de Misericordia de forma equilibrada. Se dice que todo el mundo fue creado sólo para Yaakov, quien es la personificación de la verdad: "Dale verdad a Yaakov" (Miqueas 7:20). Para activar el poder de nuestra oración, y específicamente el poder de la oración de *Arvit*, debemos ser sinceros con los demás y, sobre todo, con nosotros mismos.

LESHEM YIJUD

לְשֵׁם leShem יִחוּד yijud קוּדְשָׁא Kudshá בְּרִיךְ Berij הוּא Hu

וּשְׁכִינְתֵּיהּ uShjintei (יאהדונהי), בִּדְחִילוּ bidjilu וּרְחִימוּ urjimu

(יאההויהה), וּרְחִימוּ urjimu וּדְחִילוּ udjilu (איההיוהה), לְיַחֲדָא leyajdá

שֵׁם Shem יוּ"ד Yud קֵי Kei בְּוָא"ו beVav קֵי Kei בְּיִחוּדָא beyijudá

שְׁלִים shelim (יהוה) בְּשֵׁם beshem כָּל col ילי יִשְׂרָאֵל Yisrael,

הִנֵּה hiné אֲנַחְנוּ anajnu בָּאִים baim לְהִתְפַּלֵּל lehitpalel תְּפִלַּת tefilat

עַרְבִית arvit שֶׁתִּקֵּן shetikén יַעֲקֹב Yaakov ד' הויות, יאהדונהי אידהנויה אָבִינוּ avinu

עָלָיו alav הַשָּׁלוֹם hashalom עִם im כָּל col ילי הַמִּצְוֹת hamitsvot

הַכְּלוּלוֹת haclulot בָּהּ ba לְתַקֵּן letakén אֶת et שׁוֹרְשָׁהּ shorshá

בִּמְקוֹם bemakom עֶלְיוֹן elyón לַעֲשׂוֹת laasot נַחַת nájat רוּחַ rúaj

לְיוֹצְרֵנוּ leyotsrenu וְלַעֲשׂוֹת velaasot רְצוֹן retsón מהש ע"ה, ע"ב בריבוע וקס"א ע"ה, אל

שדי ע"ה בּוֹרְאֵינוּ boreinu. וִיהִי vihí נֹעַם nóam אֲדֹנָי Adonai ללה

אֱלֹהֵינוּ Eloheinu ילה עָלֵינוּ aleinu וּמַעֲשֵׂה umaasé יָדֵינוּ yadeinu

כּוֹנְנָה conená עָלֵינוּ aleinu וּמַעֲשֵׂה umaasé יָדֵינוּ yadeinu כּוֹנְנֵהוּ conenehu:

LA ORACIÓN DE ARVIT (NOCHE)

LESHEM YIJUD

Para la unificación del Santísimo, Bendito sea Él, y Su Shejiná,

con temor y amor y con amor y temor, para unificar el Nombre Yud-Kei y Vav-Kei en perfecta unidad, y en el nombre de Israel, hemos venido aquí a recitar la oración del Arvit establecido por Yaakov nuestro ancestro, sea la paz sobre él, con todos sus mandamientos, para corregir sus raíces en el Lugar Celestial, para llevar satisfacción a nuestro Hacedor, y para satisfacer el deseo de nuestro Creador. "Y sea la Gracia del Señor, nuestro Dios, sobre nosotros y Él establezca el trabajo de nuestras manos sobre nosotros y pueda el trabajo de nuestras manos establecerlo a Él" (Salmos 90:17).

Derecha

יְהֹוָ‍ואדהיאהדונהי Adonai צְבָאוֹת Tsevaot פני שׁכינה עִמָּנוּ imanu
ריבוע ס״ג, קס״א ע״ה וד׳ אותיות מִשְׂגָּב־ misgav משה, מהש, ריבוע ע״ב וקס״א, אל שדי,
ד״פ אלהים ע״ה לָנוּ lanu אלהים, אהיה אדני אֱלֹהֵי Elohei מילוי ע״ב, דמב ; ילה
יַעֲקֹב Yaakov ו׳ הויות, יאהדונהי אידהנויה סֶלָה sela:

Izquierda

יְהֹוָ‍ואדהיאהדונהי Adonai צְבָאוֹת Tsevaot פני שׁכינה אַשְׁרֵי ashrei
אָדָם adam מ״ה ; ה׳ צבאות אשרי אדם = תפארת בֹּטֵחַ botéaj
בָּךְ: baj אדם בוטח בך = אמן (יאהדונהי) ע״ה ; בוטח בך = מילוי ע״ב ע״ה:

Central

יְהֹוָ‍ואדהיאהדונהי Adonai הוֹשִׁיעָה hoshía יהוה וש״ע נהורין הַמֶּלֶךְ: haMélej ר״ת יהה
יַעֲנֵנוּ yaanenu בְיוֹם veyom ע״ה נגד, מזבח, זן, אל יהוה קָרְאֵנוּ korenu ר״ת יב״ק,
אלהים יהוה, אהיה אדני יהוה ; ס״ת = ב״ן ועם אות כ׳ דהמלך = ע״ב:

MEDIO KADISH

יִתְגַּדַּל yitgadal וְיִתְקַדַּשׁ veyitkadash שדי ומילוי שדי ; י״א אותיות כמנין ו״ה
שְׁמֵיהּ Shmei (שם י״ה דע״ב) רַבָּא rabá קנ״א ב״ן, יהוה אלהים יהוה אדני,
מילוי קס״א וס״ג, מ״ה ברבוע וע״ב ע״ה ; ר״ת = ו״פ אלהים ; ס״ת = ג״פ יב״ק: אָמֵן Amén אידהנויה.
בְּעָלְמָא bealmá דִּי di בְרָא verá כִּרְעוּתֵיהּ quirutei.
וְיַמְלִיךְ veyamlij מַלְכוּתֵיהּ maljutei. וְיַצְמַח veyatsmaj
פּוּרְקָנֵיהּ purkanei. וִיקָרֵב vikarev מְשִׁיחֵיהּ Meshijei: אָמֵן Amén אידהנויה.

"El Señor de los Ejércitos, dichoso es aquel que confía en Ti" (Salmos 84:13).

"El Señor de los Ejércitos está con nosotros. El Dios de Yaakov es un refugio para nosotros, Sela. Dios, redímenos. El Rey nos contestará el día en que le clamemos" (Salmos 20:10).

MEDIO KADISH

¡Glorificado y santificado sea su Gran Nombre! (Amén).
En el mundo que Él creó de acuerdo a Su voluntad y pueda Su Reino reinar.
Y pueda Él hacer que su Redención florezca y pueda Él acercar al Mesías (Amén).

בְּחַיֵּיכוֹן bejayeijón וּבְיוֹמֵיכוֹן uveyomeijón וּבְחַיֵּי uvejayei

דְכָל dejol ילי בֵּית beit ב"פ ראה יִשְׂרָאֵל Yisrael בַּעֲגָלָא baagalá

וּבִזְמַן uvizmán קָרִיב kariv וְאִמְרוּ veimrú אָמֵן Amén: אָמֵן Amén אידהנויה.

La congregación y el *jazán* dicen lo siguiente:

28 palabras (hasta *bealmá*) – medita en:
מילוי דמילוי דע"ב (יוד ויו דלת הי יוד ויו יוד ויו הי יוד)
28 letras (hasta *almayá*) – medita en:
מילוי דמילוי דס"ג (יוד ויו דלת הי יוד ואו אלף ואו הי יוד)

יְהֵא yehé שְׁמֵיהּ Shmei (שם י"ה דס"ג) רַבָּא rabá קנ"א ב"ן,

יהוה אלהים יהוה אדני, מילוי קס"א וס"ג, מ"ה ברבוע וע"ב ע"ה מְבָרַךְ mevaraj,

לְעָלַם lealam לְעָלְמֵי lealmei עָלְמַיָּא almayá. יִתְבָּרַךְ yitbaraj.

Siete palabras con seis letras cada una (שם בן מ"ב) – medita en:
יהוה ÷ יוד הי ויו הי ÷ מילוי דמילוי דע"ב (יוד ויו דלת הי יוד ויו יוד ויו הי יוד)
También, siete veces la letra Vav (שם בן מ"ב) – medita en:
יהוה ÷ יוד הי ואו הי ÷ מילוי דמילוי דס"ג (יוד ויו דלת הי יוד ואו אלף ואו הי יוד).

וְיִשְׁתַּבַּח veyishtabaj י"פ ע"ב יהוה אל אבג יתץ.

וְיִתְפָּאַר veyitpaar הי נו יהקרע שטן. וְיִתְרוֹמַם veyitromam וה כוזו נגד יכש.

וְיִתְנַשֵּׂא veyitnasé במוכסז בטר צתג. וְיִתְהַדָּר veyithadar כוזו יה וזקב טנע.

וְיִתְעַלֶּה veyitalé וה יוד ה יגל פזק. וְיִתְהַלָּל veyithalal א ואו הא שקו צית.

שְׁמֵיהּ Shmei (שם י"ה דמ"ה) דְּקוּדְשָׁא deKudshá בְּרִיךְ Verij הוּא Hu:

אָמֵן Amén אידהנויה.

לְעֵלָּא leelá מִן min כָּל col ילי בִּרְכָתָא birjatá. שִׁירָתָא shiratá.

תֻּשְׁבְּחָתָא tishbejatá וְנֶחֱמָתָא venejamatá. דַּאֲמִירָן daamirán

בְּעָלְמָא bealmá וְאִמְרוּ veimrú אָמֵן Amén: אָמֵן Amén אידהנויה.

En tus vidas y en tus días y en la vida de la Casa de Israel, prontamente y en el futuro cercano, y dígase: Amén (Amén). Que Su gran Nombre sea bendito por siempre y para toda la eternidad, y bendito y alabado, y glorificado y exaltado, y ensalzado y honrado, y adorado y loado, sea el Nombre del Santo Bendito Sea (Amén). Más allá de todas las bendiciones, himnos, alabanzas y palabras de consolación que deben decirse en el mundo, y dígase: Amén (Amén).

VEHÚ RAJUM

"*Vehú Rajum*" contiene 13 palabras. El número 13 denota los Trece Atributos de Misericordia, los cuales, en este caso, recitamos para enfriar los fuegos del infierno para todos los que allí habitan.

Hay 13 palabras que corresponden a los 13 Atributos de Misericordia de *Arij Anpín*.

וְהוּא vehú רַחוּם rajum יְכַפֵּר yejaper ר״ת רי״י עָוֹן avón (***Aba de la klipá***)

וְלֹא־ veló יַשְׁחִית yashjit (***Ima de la klipá***) וְהִרְבָּה vehirbá לְהָשִׁיב lehashiv

אַפּוֹ apó (***Zeir de la klipá***) וְלֹא־ veló יָעִיר yair כָּל־ col ילי וַחֲמָתוֹ jamató

(***Nukvá de la klipá***): יְהֹוָהאדניאהדונהי Adonai הוֹשִׁיעָה hoshía יהוה וש״ע נהורין

הַמֶּלֶךְ haMélej ר״ת יהה יַעֲנֵנוּ yaanenu בְיוֹם veyom ע״ה נגד, מזבח, זן אל יהוה

קָרְאֵנוּ korenu ר״ת יב״ק, אלהים יהוה, אהיה אדני יהוה ; ס״ת ב״ן ועם כ׳ דהמלך = ע״ב:

BARJÚ

El *jazán* dice:

בָּרְכוּ barjú יהוה ריבוע יהוה ריבוע מ״ה אֶת et יְהֹוָהאדניאהדונהי Adonai

הַמְבוֹרָךְ hamevoraj ס״ת כהת, משיח בן דוד ע״ה:

Primero la congregación responde con lo siguiente y después el *jazán* lo repite:

Néfesh — *Rúaj* — *Neshamá*

בָּרוּךְ Baruj יְהֹוָהאדניאהדונהי Adonai הַמְבוֹרָךְ hamevoraj

Jayá — *Yejidá*

לְעוֹלָם leolam ריבוע ס״ג וי׳ אותיות דס״ג וָעֶד vaed:

VEHÚ RAJUM

"Y Él es misericordioso,
olvida iniquidades y no destruye; con frecuencia deja a un lado Su ira y no ejerce toda Su fuerza" (Salmos 78:38) *"Dios, redímenos. El Rey nos contestará el día en que le clamemos"* (Salmos 20:10).

BARJÚ

¡Bendigan a Dios, el Bendito!
Bendito es el Señor, el Bendito, por siempre y para siempre.

HAMAARIV ARAVIM – LA PRIMERA CÁMARA – LIVNAT HASAPIR

Al momento del *Arvit*, tenemos una oportunidad de conectar con cuatro "Cámaras" diferentes en la Casa del Rey: La Cámara de Zafiro (*Livnat Hasapir*), la Cámara del Amor (*Ahavá*), la Cámara del Deseo (*Ratsón*) y la Cámara del Sancta Sanctórum (*Kódesh HaKadoshim*). Cada Cámara nos conecta con otro nivel en el plano espiritual. La bendición que nos conecta con la Primera Cámara, *Livnat Hasapir*, contiene 53 palabras, que también es la numerología de la palabra *gan* גן, que quiere decir "jardín"; por lo tanto, nos conecta con el Jardín de Edén de nuestro mundo.

Heijal Livnat Hasapir (la Cámara de Zafiro) de *Nukvá* en *Briá*.

בָּרוּךְ Baruj אַתָּה Atá יְהֹוָהאדנייאהדונהי Adonai אֱלֹהֵינוּ Eloheinu ילה

מֶלֶךְ Mélej הָעוֹלָם haolam אֲשֶׁר asher בִּדְבָרוֹ bidvaró מַעֲרִיב maariv

עֲרָבִים aravim בְּחָכְמָה bejojmá (*Atsilut*) במילוי = תרי"ג (מצוות)♦

פּוֹתֵחַ potéaj שְׁעָרִים shearim כתר בִּתְבוּנָה bitvuná (*Briá*)♦

מְשַׁנֶּה meshané עִתִּים itim (*Yetsirá*) וּמַחֲלִיף umajalif אֶת et

הַזְּמַנִּים hazemanim (*Asiyá*) וּמְסַדֵּר umesader אֶת et הַכּוֹכָבִים hacojavim

(*Los siete planetas*)♦ בְּמִשְׁמְרוֹתֵיהֶם bemishmeroteihem בָּרָקִיעַ barakía

כִּרְצוֹנוֹ quirtsonó♦ בּוֹרֵא boré יוֹמָם yomam וָלָיְלָה valayla מלה♦ גּוֹלֵל golel

אוֹר or רז, אין סוף מִפְּנֵי mipenei חֹשֶׁךְ jóshej שך נצוצות של ו"ז המלכים

וְחֹשֶׁךְ vejóshej שך נצוצות של ו"ז המלכים מִפְּנֵי mipenei אוֹר or רז, אין סוף♦

הַמַּעֲבִיר hamaavir יוֹם yom ע"ה נגד, מזבח, זן, אל יהוה וּמֵבִיא umeví לָיְלָה layla

מלה♦ וּמַבְדִּיל umavdil בֵּין bein יוֹם yom ע"ה נגד, מזבח, זן, אל יהוה וּבֵין uvein

לָיְלָה layla מלה♦ יְהֹוָהאדנייאהדונהי Adonai צְבָאוֹת Tsevaot פני שכינה שְׁמוֹ Shemó

מהש ע"ה, ע"ב בריבוע וקס"א ע"ה, אל שדי ע"ה יְהֹוָהאדנייאהדונהי Adonai♦ בָּרוּךְ Baruj

אַתָּה Atá יְהֹוָהאדנייאהדונהי Adonai הַמַּעֲרִיב hamaariv עֲרָבִים aravim:

HAMAARIV ARAVIM – PRIMERA CÁMARA – LIVNAT HASAPIR

Bendito eres Tú, Señor, nuestro Dios, Rey del universo, que con Sus palabras trae con sabiduría las noches. Él abre las puertas con discernimiento. Él cambia las estaciones y varía los tiempos y organiza las estrellas en sus constelaciones en el cielo, de acuerdo a Su voluntad. Él crea el día y la noche y aparta la Luz de la oscuridad, y la oscuridad de la Luz. Él es quien causa que el día suceda y trae la noche, y separa el día de la noche. Señor de los Ejércitos, Su nombre es el Señor. Bendito eres Tú, Señor, quien trae las noches.

AHAVAT OLAM – LA SEGUNDA CÁMARA – AMOR

Esta bendición nos conecta con la Segunda Cámara, *Ahavá* (Amor), y su propósito es inspirarnos con un amor renovado por los demás y por el mundo.

Heijal Ahavá (la Cámara del Amor) de *Nukvá* en *Briá*.
El siguiente párrafo tiene 50 palabras que corresponden a las 50 Puertas de *Biná*.

אַהֲבַת ahavat עוֹלָם olam בֵּית beit ב"פ ראה יִשְׂרָאֵל Yisrael עַמְּךָ ameja

אָהָבְתָּ ahavta. תּוֹרָה Torá (*Atsilut*) וּמִצְוֹת umitsvot (*Briá*) וְחֻקִּים jukim

(*Yetsirá*) וּמִשְׁפָּטִים umishpatim (*Asiyá*) אוֹתָנוּ otanu לִמַּדְתָּ limadta.

עַל al כֵּן quen יְהֹוָאהדינהי Adonai יאהדונהי אֱלֹהֵינוּ Eloheinu ילה

בְּשָׁכְבֵּנוּ beshojvenu וּבְקוּמֵנוּ uvekumenu נָשִׂיחַ nasíaj בְּחֻקֶּיךָ bejukeja

וְנִשְׂמַח venismaj וְנַעֲלוֹז venaaloz בְּדִבְרֵי bedivrei תַלְמוּד talmud

תּוֹרָתֶךָ torateja וּמִצְוֹתֶיךָ umitsvoteja וְחֻקּוֹתֶיךָ vejukoteja

לְעוֹלָם leolam ריבוע דס"ג ו"י אותיות דס"ג וָעֶד vaed. כִּי qui הֵם hem

חַיֵּינוּ jayeinu וְאֹרֶךְ veórej יָמֵינוּ yameinu וּבָהֶם uvahem נֶהְגֶּה nehgué

יוֹמָם yomam וָלַיְלָה valayla מלה. וְאַהֲבָתְךָ veahavatjá לֹא lo תָסוּר tasur

מִמֶּנּוּ mimenu לְעוֹלָמִים leolamim. בָּרוּךְ Baruj אַתָּה Atá

יְהֹוָאהדינהי Adonai יאהדונהי אוֹהֵב ohev אֶת et עַמּוֹ amó יִשְׂרָאֵל Yisrael:

EL SHEMÁ (para saber más sobre el *Shemá*, ve a la pág. 176)

El *Shemá* es una de las herramientas más poderosas para atraer energía sanadora a nuestra vida. El verdadero poder del *Shemá* es liberado cuando recitamos esta oración mientras meditamos en otras personas que necesiten energía de sanación.

1) Para poder recibir la Luz del *Shemá*, debes aceptar el precepto de: "Ama a tu prójimo como a ti mismo", y verte a ti mismo unido con todas las almas que componen el Adam Original.

2) Necesitas meditar en conectarte al precepto de Recitar el *Shemá* dos veces al día.

3) Antes de recitar el *Shemá*, debes cubrir tus ojos con la mano derecha y luego decir las palabras "*Shemá Yisrael … leolam vaed*". Y debes decir el *Shemá* con una meditación profunda, cantándolo con las entonaciones. Es necesario ser cuidadoso con la pronunciación de todas las letras.

AHAVAT OLAM – SEGUNDA CÁMARA – AMOR

Con eterno amor Tú has amado a Tu Nación, la Casa de Israel. Tú nos has enseñado Torá, mandamientos, estatutos y leyes. Por lo tanto, Señor, nuestro Dios, cuando nos acostemos y cuando nos levantemos, discutiremos Tus estatutos y nos regocijaremos y exultaremos en las palabras de las enseñanzas de Tu Torá, Tus mandamientos y Tus estatutos, por siempre y para siempre. Ellos son nuestras vidas y la longitud de nuestros días; con ellos nos dirigiremos día y noche. Y Tu amor nunca apartarás de nosotros. Bendito eres Tú, Señor, que amas a Tu Nación, Israel.

Primero, medita en general en el primer *Yijud* de los cuatro *Yijudim* del Nombre: יהוה y, en particular, para despertar a la letra ה, y luego para conectarla con la letra ו. Entonces conecta la letra י y la letra ה juntas en el orden siguiente: *Hei* (ה), *Hei-Vav* (ה"ו), luego *Yud-Hei* (י"ה), lo que suma 31, el secreto de י"א" del Nombre ס"ג. Es bueno meditar en este *Yijud* antes de recitar cualquier *Shemá* porque actúa como un reemplazo por las veces que quizás no hayas recitado el *Shemá*. Este *Yijud* tiene la capacidad de crear una conexión Celestial igual que la lectura del *Shemá*: elevar a *Zeir* y a *Nukvá* juntos para el *Zivug* de *Aba* e *Ima*.

Shemá – שְׁמַע

Meditación general: שם ע – para atraer la energía desde las siete *Sefirot* inferiores de *Ima* hacia la *Nukvá*, la cual permite a la *Nukvá* elevar las *Mayin Nukvín* (despertar desde Abajo). **Meditación particular**: שם = יהוה + שדי y cinco veces las letras י y ד de ב"ן = ע [La letra *Hei* (ה) es formada por las letras *Dálet* (ד) y *Yud* (י), por lo tanto en ב"ן tenemos cuatro veces la letra ה más otra vez las letras י y ד de י de ב"ן]. También las tres letras ו (18) que quedan de ב"ן, más ב"ן mismo (52) equivale a ע (70).

Yisrael – יִשְׂרָאֵל

Meditación general: ש"יר אל – para atraer energía desde *Jésed* y *Guevurá* de *Aba* hacia *Zeir Anpín*, para hacer su acción en el secreto de *Mayin Dujrín* (despertar desde Arriba).

Meditación particular: (las letras reordenadas de la palabra *Yisrael*): שׂר אלי

אלהים דיודין (אלף למד הי יוד מם) = ש',

רבוע אלהים (א אל אלה אלהי אלהים) = ר',

מ"א אותיות רבוע אלהים במילואו (אלף אלף למד אלף למד הי אלף למד הי יוד אלף למד הי יוד מם) = אל"י.

También medita en atraer el *Mojín* Interno de *Aba* de *Katnut* hacia *Zeir Anpín*.

Adonai Eloheinu Adonai – יהוה אלהינו יהוה

Meditación general: para atraer energía hacia *Aba*, *Ima* y *Dáat* desde *Arij Anpín*.

Meditación particular: (יוד הי וי הי) ע"ב (אלף הי יוד הי) קס"א (יוד הי ויו הי) ע"ב.

Ejad – אֶחָד

(El secreto del completo *Yijud-Unificación*)

Las letras *Álef* א y *Jet* ח de *Ejad* אחד son *Zeir Anpín* y la letra *Dálet* ד es *Nukvá*. **Debes meditar** en dedicar tu alma a la santificación del Nombre Sagrado, elevando de este modo a tu *Néfesh*, *Rúaj*, *Neshamá* y *Neshamá* de *Neshamá* con *Zeir Anpín* y *Nukvá* (usando los Nombres: ע"ב y ס"ג) hacia *Aba* e *Ima* como en el secreto de *Mayin Nukvín*, y por esa energía, *Aba* e *Ima* serán unificados en el secreto del Nombre: יאהדויה"ה. **También medita** en atraer los Seis Bordes Internos de *Gadlut* de *Ima* hacia *Zeir Anpín*. La Gota, que es ע"ב, es sacada desde lo externo de *Arij Anpín*, y desciende hacia *Yesod* de *Ima*, donde se convierte en: ע"ב ס"ג מ"ה ב"ן, y las cuatro אהיה deletreadas (אלף הי יוד הי, אלף הי יוד הי, אלף הא יוד הא, אלף הה יוד הה) se convierten en Su vestimenta. Como resultado, *Zeir Anpín* tiene cuatro יה"ו deletreadas (יוד הי ויו, יוד הי ואו, יוד הא ואו, יוד הה וו), cuatro אה"י deletreadas (אלף הי יוד, אלף הי יוד, אלף הא יוד, אלף הה יוד) y los Seis Bordes Internos de *Gadlut* de *Ima*. **También medita en el Nombre:** אל"ף ה"י וי"ו ה"י, que es el *Mojín* entero en el secreto de *Dáat*. **Y también medita** (según el Ramjal) en las cuatro *Álef* deletreadas (אלף =111) del Nombre: אה"י"ה que es igual a la palabra *Midat* (444), haciendo el *Kéter* para *Leá*.

Baruj Shem – בָּרוּךְ שֵׁם כְּבוֹד מַלְכוּתוֹ לְעוֹלָם וָעֶד

Baruj Shem Quevod – *Jojmá*, *Biná*, *Dáat* de *Leá*;

Maljutó – Su *Kéter*; **Leolam** – el resto de Su *Partsuf*;

Vaed – los cuatro היה (4 veces 20 es igual a *Vaed* = 80) harán el *Kéter* para *Rajel*.

Y las cuatro היה deletreadas (הי יוד הי, הי יוד הי, הא יוד הא, הה יוד הה) harán el resto de Su cuerpo.

Adonai יְהֹוָהאדניאהדונהי Yisrael יִשְׂרָאֵל ע׳ רבתי Shemá שְׁמַע

:ד׳ רבתי ; אהבה, דאגה Ejad אֶחָד | Adonai יְהֹוָהאדניאהדונהי ילה Eloheinu אֱלֹהֵינוּ

,maljutó מַלְכוּתוֹ quevod כְּבוֹד Shem שֵׁם Baruj בָּרוּךְ :(susurrar) יוזו אותיות

:vaed וָעֶד ריבוע ס״ג וי׳ אותיות דס״ג leolam לְעוֹלָם

Yud, Jojmá, cabeza – 42 palabras que corresponden al Nombre Sagrado de Dios de 42 Letras.

et אֵת (יכוין לקיים מ״ע של אהבת ה׳) ; ב״פ אור, ב״פ רז, ב״פ אין סוף veahavtá וְאָהַבְתָּ

ע״ה דוד בן משיח, כהת, ס״ת ; ילה Eloheja אֱלֹהֶיךָ Adonai יְהֹוָהאדניאהדונהי

nafshejá נַפְשְׁךָ ב״ן, לכב uvejol וּבְכָל־ levaveja לְבָבְךָ ב״ן, לכב bejol בְּכָל־

hadevarim הַדְּבָרִים vehayú וְהָיוּ :meodeja מְאֹדֶךָ ב״ן, לכב uvejol וּבְכָל־

hayom הַיּוֹם metsaveja מְצַוְּךָ anojí אָנֹכִי asher אֲשֶׁר haele הָאֵלֶּה

veshinantam וְשִׁנַּנְתָּם :levaveja לְבָבֶךָ al עַל (pausa aquí) ע״ה נגד, מזבח, זן, אל יהוה

beshivtejá בְּשִׁבְתְּךָ מ״ב bam בָּם vedibarta וְדִבַּרְתָּ levaneja לְבָנֶיךָ

vadérej בַדֶּרֶךְ uvelejtejá וּבְלֶכְתְּךָ ראה ב״פ beveiteja בְּבֵיתֶךָ

:uvkumeja וּבְקוּמֶךָ uveshojbejá וּבְשָׁכְבְּךָ קס״א ס״ג יב״ק, ב״פ

yadeja יָדֶךָ al עַל־ leot לְאוֹת ukshartam וּקְשַׁרְתָּם

EL SHEMÁ

"Escucha, Israel, el Señor nuestro Dios. El Señor es Uno" (Deuteronomio 6:4).

"Bendito es el glorioso Nombre, Su Reino es por siempre y para la eternidad" (Pésajim 56a).

"Y amarás al Señor, tu Dios, con todo tu corazón y con toda tu alma y con todo lo que posees. Deja que estas palabras que te ordeno hoy descansen sobre tu corazón. Y las enseñarás a tus hijos y hablarás de ellas mientras estés sentado en tu hogar y mientras caminas por el sendero y cuando te acuestas y cuando te levantas. Las atarás como una señal sobre tu mano

פ וְהָיוּ vehayú ז לְטֹטָפֹת letotafot ק בֵּין bein ש עֵינֶיךָ eineja

ע"ה קס"א ; ריבוע מ"ה: ק וּכְתַבְתָּם ujtavtam י עַל־ al

צ מְזֻזוֹת mezuzot נ"ת (זו מות) י בֵּיתֶךָ beiteja ב"פ ראה ת וּבִשְׁעָרֶיךָ uvisheareja:

VEHAYÁ IM SHAMOA

***Hei, Biná*, brazos y cuerpo** – 72 palabras que corresponden a los 72 Nombres de Dios.

והו וְהָיָה vehayá יהוה ; יהה ילי אִם־ im יוה"ך, מ"א אותיות דפשוט, דמילוי ודמילוי דמילוי דאהיה ע"ה

סיט שָׁמֹעַ shamoa עלם תִּשְׁמְעוּ tishmeú מהש אֶל־ el ללה מִצְוֹתַי mitsvotai אכא אֲשֶׁר asher

כהת אָנֹכִי anojí הזי מְצַוֶּה metsavé אלד אֶתְכֶם etjem לאו הַיּוֹם hayom ע"ה נגד, מזבח, זן, אל יהוה

(haz una pausa aquí) ההע לְאַהֲבָה leahavá אחד, דאגה יזל אֶת־ et מבה יְהֹוָאדהיאהדונהי Adonai

הרי אֱלֹהֵיכֶם Eloheijem ילה (pronuncia la letra *Ayin* en la palabra "*uleavdó*") הקם וּלְעָבְדוֹ uleavdó

לאו בְּכָל bejol ב"ן, לכב כלי לְבַבְכֶם levavjem לוו וּבְכָל־ uvejol ב"ן, לכב

פהל נַפְשְׁכֶם nafshejem: נלך וְנָתַתִּי venatati ייי מְטַר־ metar מלה אַרְצְכֶם artsejem

והו בְּעִתּוֹ beitó נתה יוֹרֶה yoré האא וּמַלְקוֹשׁ umalkosh ירת וְאָסַפְתָּ veasafta שאה דְגָנֶךָ deganeja

רײ וְתִירֹשְׁךָ vetiroshjá אום וְיִצְהָרֶךָ veyitzhareja: לכב וְנָתַתִּי venatati ושר עֵשֶׂב ésev ע"ב שמות

---

y serán como filacterias entre tus ojos.
Y las escribirás en los umbrales de tu casa y en tus puertas" (*Deuteronomio 6:5-9*).

VEHAYÁ IM SHAMOA

"Y sucederá que si escuchan Mis mandamientos

que les estoy ordenando hoy de amar al Señor, su Dios, y servirle con todo su corazón y con toda su alma. Entonces enviaré lluvias sobre su tierra en el momento apropiado, tanto lluvias tempranas como lluvias tardías. Y recogerás tus granos y tu vino y tu aceite. Y te daré hierba

ייזו להוו כוק מנד
בְּשָׂדְךָ besadeja לִבְהֶמְתֶּךָ livhemteja וְאָכַלְתָּ veajalta וְשָׂבָעְתָּ vesavata:

אני חעם רהע ייז ההה
הִשָּׁמְרוּ hishamrú לָכֶם lajem פֶּן pen יִפְתֶּה yifté לְבַבְכֶם levavjem

מיכ וול ילה סאל
וְסַרְתֶּם vesartem וַעֲבַדְתֶּם vaavadetem אֱלֹהִים elohim אֲחֵרִים ajerim

ערי עשל
מושה (העומד נגד הקליפות) וְהִשְׁתַּחֲוִיתֶם vehishtajavitem לָהֶם lahem:

מיה והו דני החש
וְחָרָה vejará (haz una pausa aquí) אַף af יְהֹוָה אהדונהי Adonai בָּכֶם bajem

עמם ננא נית מבה
וְעָצַר veatsar אֶת et הַשָּׁמַיִם hashamáyim י"פ טל, י"פ כוזו וְלֹא veló

פוי נמם ייל הרח מצר
יִהְיֶה yihyé ייי מָטָר matar וְהָאֲדָמָה vehaadamá לֹא lo תִתֵּן titén ב"פ כהת

ומב יהה ענו מחי דמב
אֶת et יְבוּלָהּ yevulá וַאֲבַדְתֶּם vaavadtem מְהֵרָה meherá מֵעַל meal עלם

מנק איע חבו
הָאָרֶץ haárets אלהים דההין ע"ה הַטֹּבָה hatová אֲשֶׁר asher

ראה יבמ היי
יְהֹוָה אהדונהי Adonai נֹתֵן notén אבג יתץ, ושר לָכֶם lajem: ***Vav, Zeir Anpín***

מום
וְשַׂמְתֶּם vesamtem **estómago** – 50 palabras que corresponden a las 50 Puertas of *Biná*

א ה י ה א
אֶת et דְּבָרַי devarai ראה אֵלֶּה ele עַל al לְבַבְכֶם levavjem

ה י ה א
וְעַל veal נַפְשְׁכֶם nafshejem וּקְשַׁרְתֶּם ukshartem אֹתָם otam

---

en tu campo para tu ganado. Y comerás y quedarás saciado. Pero cuiden que su corazón no sea seducido y se alejen para servir a deidades foráneas y se postren ante ellas. Y la ira del Señor caerá sobre ustedes y Él detendrá los Cielos y no habrá más lluvia y la tierra no brindará su cosecha. Y rápidamente perecerán de la buena tierra que el Señor les ha dado. Y pondrán estas palabras Mías sobre su corazón y sobre su alma y las atarán

לְאוֹת leot ר"ת לאו עַל־ al יֶדְכֶם yedjem וְהָיוּ vehayú

לְטוֹטָפֹת letotafot בֵּין bein עֵינֵיכֶם eineijem ריבוע מ"ה:

וְלִמַּדְתֶּם velimadtem אֹתָם otam אֶת־ et בְּנֵיכֶם beneijem

לְדַבֵּר ledaber ראה בָּם bam שם בן מ"ב בְּשִׁבְתְּךָ beshivtejá

בְּבֵיתֶךָ beveiteja ב"פ ראה וּבְלֶכְתְּךָ uvelejtejá בַדֶּרֶךְ: vadérej ב"פ יב"ק, ס"ג קס"א

וּבְשָׁכְבְּךָ uveshojbejá וּבְקוּמֶךָ: uvkumeja וּכְתַבְתָּם ujtavtam עַל־ al

מְזוּזוֹת mezuzot בֵּיתֶךָ beiteja ב"פ ראה וּבִשְׁעָרֶיךָ: uvisheareja לְמַעַן lemaan

יִרְבּוּ yirbú יְמֵיכֶם yemeijem ר"ת י"ל וִימֵי vimei בְנֵיכֶם veneijem

עַל al הָאֲדָמָה haadamá אֲשֶׁר asher (pronuncia la letra *Ayin* en la palabra "*nishbá*")

נִשְׁבַּע nishbá יכוין לשבועת המבול יְהֹוָהאדניאהדונהי Adonai

לַאֲבֹתֵיכֶם laavoteijem לָתֵת latet לָהֶם lahem כִּימֵי quimei

הַשָּׁמַיִם hashamáyim י"פ טל, י"פ כוזו עַל־ al הָאָרֶץ haárets אלהים דההין ע"ה:

---

como una señal sobre sus manos y serán como filacterias entre sus ojos. Y las enseñarán a sus hijos hablando de ellas mientras estés sentado en tu hogar y mientras caminas por el sendero y cuando te acuestas y cuando te levantas. Y las escribirás en los umbrales de tu casa y sobre tus puertas. Esto es para que sus días sean numerosos y también los días de sus hijos sobre la Tierra que el Señor ha prometido a sus padres darles como los días de los Cielos sobre la Tierra" (Deuteronomio 11:13-21).

Vayómer

Hei, *Maljut*, piernas y órganos reproductores,

72 palabras que corresponden a los 72 Nombres de Dios en orden directo (según el Ramjal).

ווו ייי סבט עאם

וַיְּאמֶר vayómer יְהֹוָהאדניאהדונהי Adonai אֶל־ el מֹשֶׁה Moshé

מבש ליה אנא

מהש, ע״ב בריבוע וקס״א, אל שדי, ד״פ אלהים ע״ה לֵּאמֹר lemor: דַּבֵּר daber ראה אֶל־ el

כמת הוזי אנד להו המע

בְּנֵי bnei יִשְׂרָאֵל Yisrael וְאָמַרְתָּ veamarta אֲלֵהֶם alehem וְעָשׂוּ veasú

יצל מרה היי המם לוו

לָהֶם lahem צִיצִת tsitsit עַל־ al כַּנְפֵי canfei בִגְדֵיהֶם vigdeihem

כבי ליו פנל נמך

לְדֹרֹתָם ledorotam וְנָתְנוּ venatnú עַל־ al צִיצִת tsitsit

יוזי מנה וזהו

הַכָּנָף hacanaf ע״ה קנ״א, אדני אלהים פְּתִיל petil י״פ ב״ן תְּכֵלֶת tejélet:

נ״ה השא ירת שאה רלי

וְהָיָה vehayá יהוה ; ההה לָכֶם lajem לְצִיצִת letsitsit וּרְאִיתֶם ureitem אֹתוֹ otó

אום ליב והר ייו להוז

וּזְכַרְתֶּם uzjartem אֶת־ et כָּל־ col ילי מִצְוֹת mitsvot יְהֹוָהאדניאהדונהי Adonai

כעק מנד אני וזום רהע

וַעֲשִׂיתֶם vaasitem אֹתָם otam וְלֹא־ veló תָתוּרוּ taturu אַחֲרֵי ajarei

ייוז השה מככ

לְבַבְכֶם levavjem וְאַחֲרֵי veajarei עֵינֵיכֶם eineijem ריבוע מ״ה

Debes meditar en el precepto: "No seguirás los pensamientos sexuales negativos del corazón ni las miradas de los ojos que buscan prostitución".

Vayómer

"Y el Señor le habló a Moshé y dijo: Habla a los Hijos de Israel y diles que deben hacer para sí mismos Tsitsit, en las esquinas de sus vestimentas, a lo largo de todas sus generaciones. Y deben colocar sobre el Tsitsit de cada esquina un filamento azul. Y esto será para ustedes como un Tsitsit; lo verán y recordarán los mandamientos del Señor y los cumplirán. Y no se dejen llevar en pos de su corazón y de sus ojos,

אשר asher אתם atem זנים zonim אחריהם ajareihem: למען lemaan

תזכרו tizquerú ועשיתם vaasitem את et כל col ילי מצותי mitsvotai

והייתם vihyitem קדשים kedoshim לאלהיכם leEloheijem ילה:

אני Aní אני יהוה Adonai אלהיכם Eloheijem ילה אשר asher

הוצאתי hotseti אתכם etjem מארץ meérets מצרים Mitsráyim מצר

Debes meditar en recordar el Éxodo de *Mitsráyim* (Egipto).

להיות lihyot לכם lajem לאלהים leElohim אהיה אדני ; ילה

אני Aní אני יהוה Adonai אלהיכם Eloheijem ילה:

Está atento de completar este párrafo junto con el *jazán* y la congregación, y de decir la palabra "*emet*" en voz alta. El *jazán* debe decir la palabra "*emet*" susurrando.

אמת emet אהיה פעמים אהיה, ז"פ ס"ג.

La congregación debe estar en silencio, escuchar y oír las palabras "*Adonai Eloheijem emet*" dichas por el *jazán*. Si no completaste el párrafo junto al *jazán*, debes repetir las últimas tres palabras por cuenta propia. Con estas tres palabras el *Shemá* es concluido.

יהוה Adonai אלהיכם Eloheijem ילה:

אמת emet אהיה פעמים אהיה, ז"פ ס"ג.

---

porque de acuerdo con ellos irás por mal camino. Para que se acuerden y hagan todos Mis mandamientos y de este modo serán santos ante su Dios. Yo soy el Señor, su Dios, quien los sacó de la tierra de Egipto para ser su Dios. Yo, el Señor, su Dios, Es verdad" (Números 15:37-41). *El Señor, su Dios, ¡es verdad!*

VEEMUNÁ – LA TERCERA CÁMARA – RATSÓN

Veemuná nos conecta con la Tercera Cámara en la Casa del Rey: *Ratsón*, o deseo. Antes de que podamos conectar con cualquier forma de energía espiritual, tenemos que sentir un anhelo o deseo. El deseo es la vasija que atrae a la Luz espiritual. Un deseo pequeño atrae poca cantidad de Luz. Un gran deseo atrae una gran cantidad.

Heijal Ratsón (la Cámara del Deseo) de *Nukvá* en *Briá*.

וֶאֱמוּנָה veemuná (בוינת לילה) כָּל col ילי זֹאת zot וְקַיָּם vekayam עָלֵינוּ aleinu,
כִּי qui הוּא Hu יְהֹוָהאדניאהדונהי Adonai אֱלֹהֵינוּ Eloheinu ילה וְאֵין veéin
זוּלָתוֹ zulató• וַאֲנַחְנוּ vaanajnu יִשְׂרָאֵל Yisrael עַמּוֹ amó•
הַפּוֹדֵנוּ hapodenu מִיַּד miyad מְלָכִים melajim• הַגּוֹאֲלֵנוּ hagoalenu
מַלְכֵּנוּ Malquenu מִכַּף micaf כָּל col ילי עָרִיצִים aritsim•
הָאֵל haEl לאה ; ייא" (מילוי דס"ג) הַנִּפְרָע hanifrá לָנוּ lanu אלהים, אהיה אדני
מִצָּרֵינוּ mitsareinu• הַמְשַׁלֵּם hameshalem גְּמוּל guemul לְכָל lejol יה אדני
אוֹיְבֵי oyvei נַפְשֵׁנוּ nafshenu: הַשָּׂם hasam נַפְשֵׁנוּ nafshenu
בַּחַיִּים bajayim אהיה אהיה יהוה, בינה ע"ה וְלֹא veló נָתַן natán לַמּוֹט lamot
רַגְלֵנוּ raglenu• הַמַּדְרִיכֵנוּ hamadrijenu עַל al בָּמוֹת bamot
אוֹיְבֵינוּ oyveinu• וַיָּרֶם vayarem קַרְנֵנוּ karnenu עַל al כָּל col ילי ; עמם
שׂוֹנְאֵינוּ soneinu• הָאֵל haEl לאה ; ייא" (מילוי דס"ג) הָעוֹשֶׂה haosé
לָנוּ lanu אלהים, אהיה אדני נִסִּים nisim וּנְקָמָה unekamá בְּפַרְעֹה beFaró•
בְּאוֹתוֹת beotot וּבְמוֹפְתִים uvemoftim בְּאַדְמַת beadmat בְּנֵי bnei
חָם jam• הַמַּכֶּה hamaqué בְעֶבְרָתוֹ veevrató כָּל col ילי
בְּכוֹרֵי bejorei מִצְרָיִם Mitsráyim מצר• וַיּוֹצֵא vayotsí אֶת et
עַמּוֹ amó יִשְׂרָאֵל Yisrael מִתּוֹכָם mitojam לְחֵרוּת lejerut עוֹלָם olam•

VEEMUNÁ –TERCERA CÁMARA-RATSÓN

Y fidedigno. Todo eso y Él está sobre nosotros porque Él es el Señor, nuestro Dios, y no hay ningún otro. Y nosotros somos Israel, Su Nación. Él nos redime de las manos de reyes. Él es nuestro Rey, que nos libera del alcance de los tiranos; el Dios, que nos venga contra nuestros enemigos. Él paga a nuestros enemigos mortales su deuda. Él, que nos mantiene vivos y no permite que nuestros pies resbalen. Él, que nos ha guiado sobre las llanuras de nuestros enemigos y Él, que eleva nuestro poder sobre todos los que nos odian. Él es Dios, que hizo por nosotros milagros y acciones contra Faraón, con señales y maravillas, en la tierra de los hijos de Jam. Él que con Su ira cayó sobre los primogénitos de Egipto y sacó a Su Nación, Israel, de entre ellos a una libertad eterna.

הַמַּעֲבִיר hamaavir בָּנָיו banav

בֵּין bein גִּזְרֵי guizrei יַם yam ילי סוּף Suf. וְאֶת veet רוֹדְפֵיהֶם rodfeihem

וְאֶת veet שׂוֹנְאֵיהֶם soneihem בִּתְהוֹמוֹת bitehomot טִבַּע tibá. רָאוּ raú

בָנִים vanim אֶת et גְּבוּרָתוֹ guevurató שִׁבְּחוּ shibjú וְהוֹדוּ vehodú אהיה

לִשְׁמוֹ lishmó מהש ע"ה, ע"ב בריבוע וקס"א ע"ה, אל שדי ע"ה. וּמַלְכוּתוֹ umaljutó

בְּרָצוֹן beratsón מהש ע"ה, ע"ב בריבוע וקס"א ע"ה, אל שדי ע"ה קִבְּלוּ kiblú

עֲלֵיהֶם aleihem. מֹשֶׁה Moshé מהש, ע"ב בריבוע קס"א, אל שדי, ד"פ אלהים ע"ה

וּבְנֵי uvnei יִשְׂרָאֵל Yisrael ר"ת ע"ה נגד, מזבח, זן, אל יהוה לְךָ lejá עָנוּ anú

שִׁירָה shirá בְּשִׂמְחָה besimjá רַבָּה rabá וְאָמְרוּ veamrú כֻלָּם julam:

מִי mi ילי כָמֹכָה jamoja בָּאֵלִם baelim יְהֹוָאֲדֹנָיאהדונהי Adonai

ר"ת ע"ב, ריבוע יהוה ; ס"ת מ"ה מִי mi ילי כָּמֹכָה camoja נֶאְדָּר needar

בַּקֹּדֶשׁ bakódesh ר"ת יב"ק, אלהים יהוה, אהיה אדני יהוה נוֹרָא norá תְהִלֹּת tehilot

עֹשֵׂה osé פֶלֶא fele: מַלְכוּתְךָ maljutjá יְהֹוָאֲדֹנָיאהדונהי Adonai

אֱלֹהֵינוּ Eloheinu ילה רָאוּ raú בָנֶיךָ vaneja עַל־ al הַיָּם hayam ילי

יַחַד yájad כֻּלָּם culam הוֹדוּ hodú אהיה וְהִמְלִיכוּ vehimliju

וְאָמְרוּ veamrú: יְהֹוָאֲדֹנָיאהדונהי Adonai | יִמְלֹךְ yimloj לְעֹלָם leolam

ריבוע ס"ג וי' אותיות דס"ג ; ר"ת ייל וָעֶד vaed. וְנֶאֱמַר veneemar: כִּי־ qui פָדָה fadá

יְהֹוָאֲדֹנָיאהדונהי Adonai אֶת־ et יַעֲקֹב Yaakov ד' הויות, יאהדונהי אידהנויה

וּגְאָלוֹ uguealó מִיַּד miyad חָזָק jazak פהל מִמֶּנּוּ mimenu: בָּרוּךְ Baruj

אַתָּה Atá יְהֹוָאֲדֹנָיאהדונהי Adonai גָּאַל gaal באתב"ש כתר יִשְׂרָאֵל Yisrael:

Él, que hizo pasar a Sus Hijos entre las secciones del Mar Rojo mientras ahogó en las profundidades a sus perseguidores y sus enemigos. Los Hijos contemplaron Su poder y lo alabaron y dieron gracias a Su Nombre; aceptaron Su soberanía sobre ellos con deseo. Moshé y los Hijos de Israel elevaron sus voces en canto a Él, con gran alegría y dijeron todos: "¿Quién es como Tú entre los dioses, Señor? ¿Quién es como Tú, poderoso en santidad, impresionante en alabanza y que hace maravillas?" (Éxodo 15:11). Nuestros Hijos vieron Tu Reino, Señor, nuestro Dios, sobre el mar y todos al unísono te dan las gracias y aceptan Tu soberanía y dicen: "El Señor reinará por siempre y para siempre" (Éxodo 15:18). Y está dicho: "Porque el Señor ha liberado a Yaakov y lo ha rescatado de la mano de uno más fuerte que él" (Jeremías 31:10). Bendito eres Tú, Señor, quien redimió a Israel.

HASHKIVENU – LA CUARTA CÁMARA – EL SANCTA SANCTÓRUM

La Cuarta Cámara es *Kódesh HaKadoshim*, el Sancta Sanctórum, el cual es nuestro vínculo al siguiente nivel que alcanzamos mediante la *Amidá*.

Heijal Kódesh HaKadoshim (la Cámara del Sancta Sanctórum) de *Nukvá* en *Briá*.

הַשְׁכִּיבֵנוּ hashquivenu אָבִינוּ avinu לְשָׁלוֹם leshalom ר״ת לאה

וְהַעֲמִידֵנוּ vehaamidenu מַלְכֵּנוּ Malquenu לְחַיִּים lejayim אהיה אהיה יהוה, בינה ע״ה

טוֹבִים tovim וּלְשָׁלוֹם uleshalom וּפְרוֹשׂ ufrós עָלֵינוּ aleinu

סֻכַּת sucat סוכה = סאל, אמן (יאהדונהי) שְׁלוֹמֶךָ shlomeja וְתַקְּנֵנוּ vetakenenu

מַלְכֵּנוּ Malquenu בְּעֵצָה beetsá טוֹבָה tová אכא מִלְּפָנֶיךָ milfaneja ס״ג מ״ה ב״ן

וְהוֹשִׁיעֵנוּ vehoshienu מְהֵרָה meherá לְמַעַן lemaan שְׁמֶךָ Shemeja

וְהָגֵן vehaguén בַּעֲדֵנוּ •baadenu וְהָסֵר vehaser מֵעָלֵינוּ mealeinu מַכַּת macat

אוֹיֵב •oyev דֶּבֶר •déver וְחֶרֶב •jérev וְחוֹלִי joli וחולה = מ״ה עם ד׳ אותיות•

צָרָה tsará אלהים ההין• רָעָה raá רהע• רָעָב •raav וְיָגוֹן •veyagón

וּמַשְׁחִית •umashjit וּמַגֵּפָה •umaguefá שְׁבוֹר shevor וְהָסֵר vehaser

הַשָּׂטָן hasatán מִלְּפָנֵינוּ milfaneinu וּמֵאַחֲרֵינוּ •umeajareinu וּבְצֵל uvetsel

כְּנָפֶיךָ quenafeja תַּסְתִּירֵנוּ •tastirenu וּשְׁמוֹר ushmor צֵאתֵנוּ tsetenu

וּבוֹאֵנוּ uvoenu לְחַיִּים lejayim אהיה אהיה יהוה, בינה ע״ה טוֹבִים tovim

וּלְשָׁלוֹם uleshalom מֵעַתָּה meatá וְעַד vead עוֹלָם :olam כִּי qui אֵל El ייא״י

(מילוי דס״ג) שׁוֹמְרֵנוּ shomrenu כ״א הויות שבתפילין וּמַצִּילֵנוּ umatsilenu אָתָּה Atá

מִכָּל micol ילי דָּבָר davar ראה רָע ra וּמִפַּחַד umipájad לַיְלָה layla מלה•

בָּרוּךְ Baruj אַתָּה Atá יְהֹוָהאדניאהדונהי Adonai שׁוֹמֵר shomer כ״א הויות שבתפילין

אֶת et עַמּוֹ amó יִשְׂרָאֵל Yisrael לָעַד laad ב״פ ב״ן• אָמֵן Amén יאהדונהי:

HASHKIVENU – LA CUARTA CÁMARA – EL SANCTA SANCTÓRUM

Otórganos, Oh Padre, que descansemos en paz y que nuevamente, Rey nuestro, nos levantemos a la buena vida y a la paz. Corrígenos con Tu buen consejo y sálvanos pronto por amor a Tu Nombre. Y elimina de nosotros el ataque de nuestro enemigo, pestilencia, sable, enfermedad, angustia, malicia, hambruna, tristeza, ruina y plaga. Destruye y elimina a Satán delante y detrás de nosotros. Ocúltanos en la sombra de Tus Alas y cuídanos en nuestro andar, para la buena vida y para la paz, desde ahora y hasta la eternidad. Porque Tú, Dios, eres nuestro Guardián y nuestro Salvador de todas las cosas malignas y del terror de la noche. Bendito eres Tú, Señor, quien guarda a Su Nación, Israel, por siempre. ¡Amén!

MEDIO KADISH

יִתְגַּדַּל yitgadal וְיִתְקַדַּשׁ veyitkadash שׁדי ומילוי שׁדי ; י"א אותיות כמנין ו"ה

שְׁמֵיהּ Shmei (שׁם י"ה דע"ב) רַבָּא rabá קנ"א ב"ן, יהוה אלהים יהוה אדני,

מילוי קס"א וס"ג, מ"ה ברבוע וע"ב ע"ה ; ר"ת = ו"פ אלהים ; ס"ת = ג"פ יב"ק: אָמֵן Amén אידהנויה.

בְּעָלְמָא bealmá דִּי di בְרָא verá כִּרְעוּתֵיהּ quirutei.

וְיַמְלִיךְ veyamlij מַלְכוּתֵיהּ maljutei. וְיַצְמַח veyatsmaj

פּוּרְקָנֵיהּ purkanei. וִיקָרֵב vikarev מְשִׁיחֵיהּ Meshijei: אָמֵן Amén אידהנויה.

בְּחַיֵּיכוֹן bejayeijón וּבְיוֹמֵיכוֹן uveyomeijón וּבְחַיֵּי uvejayei

דְכָל dejol ילי בֵּית beit ב"פ ראה יִשְׂרָאֵל Yisrael בַּעֲגָלָא baagalá

וּבִזְמַן uvizmán קָרִיב kariv וְאִמְרוּ veimrú אָמֵן Amén: אָמֵן Amén אידהנויה.

La congregación y el *jazán* dicen lo siguiente:

Veintiocho palabras (hasta *bealmá*) – meditar: מילוי דמילוי דע"ב (יוד ויו דלת הי יוד ויו יוד ויו הי יוד)
Veintiocho letras (hasta *almayá*) – meditar: מילוי דמילוי דע"ב (יוד ויו דלת הי יוד ויו יוד ויו הי יוד)

יְהֵא yehé שְׁמֵיהּ Shmei (שׁם י"ה דס"ג) רַבָּא rabá קנ"א ב"ן,

יהוה אלהים יהוה אדני, מילוי קס"א וס"ג, מ"ה ברבוע וע"ב ע"ה מְבָרַךְ mevaraj,

לְעָלַם lealam לְעָלְמֵי lealmei עָלְמַיָּא almayá. יִתְבָּרַךְ yitbaraj.

MEDIO KADISH

Glorificado y santificado sea Su Gran Nombre (Amén).

En el mundo que Él creó de acuerdo a Su voluntad y pueda Su Reino reinar. Y pueda hacer que Su redención florezca y pueda Él acercar al Mesías (Amén). En tus vidas y en tus días y en la vida de toda la Casa de Israel, prontamente y en el futuro cercano, y dígase: Amén (Amén). Que Su gran Nombre sea bendito por siempre y por toda la eternidad, bendito,

Siete palabras con seis letras cada una (שם בן מ"ב) – meditar:
יהוה + יוד הי ויו הי + מילוי דמילוי דע״ב (יוד ויו דלת הי יוד ויו יוד ויו הי יוד)

También, siete veces la letra Vav (שם בן מ"ב) – meditar:
יהוה + יוד הי ויו הי + מילוי דמילוי דע״ב (יוד ויו דלת הי יוד ויו יוד ויו הי יוד).

וְיִשְׁתַּבַּח veyishtabaj י״פ ע״ב יהוה אל אבג יתץ.

וְיִתְפָּאַר veyitpaar הי נו יה קרע שטן. **וְיִתְרוֹמַם** veyitromam וה כוזו נגד יכש.

וְיִתְנַשֵּׂא veyitnasé במוכסז בטר צתג. **וְיִתְהַדָּר** veyithadar כוזו יה וזקב טנע.

וְיִתְעַלֶּה veyitalé וה יוד ה יגל פזק. **וְיִתְהַלָּל** veyithalal א ואו הא שקו צית.

שְׁמֵיהּ Shmei (שם י״ה דמ״ה) **דְּקוּדְשָׁא** deKudshá **בְּרִיךְ** Verij **הוּא** Hu:

אָמֵן Amén אידהנויה.

לְעֵלָּא leelá **מִן** min **כָּל** col ילי **בִּרְכָתָא** birjatá. **שִׁירָתָא** shiratá.
תֻּשְׁבְּחָתָא tishbejatá **וְנֶחָמָתָא** venejamatá. **דַּאֲמִירָן** daamirán
בְּעָלְמָא bealmá **וְאִמְרוּ** veimrú **אָמֵן** Amén: **אָמֵן** Amén אידהנויה.

LA AMIDÁ (para saber más sobre la *Amidá* ver la pág. 189)

Cuando comenzamos la conexión, damos tres pasos hacia atrás que significan que estamos dejando este mundo físico. Después damos tres pasos hacia delante para comenzar la *Amidá*. Los tres pasos son:

1. Entrar a la tierra de Israel; para entrar en el primer círculo espiritual.
2. Entrar en la ciudad de Jerusalén; para entrar en el segundo círculo espiritual.
3. Entrar en el Sancta Sanctórum; para entrar en el círculo más interno.

Antes de recitar el primer verso de la *Amidá*, pedimos: "*Dios, abre mis labios y permite que mi boca hable*", estamos pidiendo a la Luz que hable por nosotros para que podamos recibir lo que necesitamos y no sólo lo que queremos. Con mucha frecuencia, lo que queremos de la vida no es necesariamente el deseo del alma, que es lo que verdaderamente necesitamos para estar satisfechos. Al pedirle a la Luz que hable a través de nosotros, nos aseguramos de que nuestra conexión nos traiga realización genuina y oportunidades para el crecimiento espiritual y el cambio.

---

y alabado, y glorificado y exaltado, y ensalzado y honrado,
y adorado y loado sea el Nombre del Santo Bendito Sea (Amén). Más allá de todas las bendiciones, himnos, alabanzas y palabras de consolación que deben decirse en el mundo, y dirán: Amén (Amén).

אֲדֹנָי Adonai ללה (pausa aquí) שְׂפָתַי sfatai תִּפְתָּח tiftaj וּפִי ufí יַגִּיד yaguid

ייז (כ"ב אותיות פשוטות [=אכא] וה' אותיות סופיות מנצפך) תְּהִלָּתֶךָ tehilateja ס"ת = בוכו:

LA PRIMERA BENDICIÓN – INVOCA AL ESCUDO DE AVRAHAM

Avraham es el canal de la energía de la Columna Derecha de positividad, compartir y misericordia. Las acciones dadoras pueden protegernos de todas las formas de negatividad.

Jésed que se convierte en *Jojmá*

En esta sección hay 42 palabras, el secreto del Nombre de Dios de 42 letras y, por lo tanto, comienza con la letra *Bet* (2) y termina con la letra *Mem* (40).

Flexiona tus rodillas en "*Baruj*", inclínate en "*Atá*" y enderézate en "*Adonai*".

א ב

בָּרוּךְ Baruj אַתָּה Atá א-ת (אותיות הא"ב המסמלות את השפע המגיע) לה המלכות

ג י

יְהֹוָואדניאהדונהי Adonai (יא) אֱלֹהֵינוּ Eloheinu ילה

ת צ

וֵאלֹהֵי veElohei לכב ; מילוי ע"ב, דמב ; ילה אֲבוֹתֵינוּ avoteinu:

ק ר

אֱלֹהֵי Elohei מילוי ע"ב, דמב ; ילה אַבְרָהָם Avraham (*Jojmá*)

וז"פ אל, רי"ו ול"ב נתיבות החכמה, רמ"ח (אברים), עסמ"ב וט"ז אותיות פשוטות.

ע ש

אֱלֹהֵי Elohei מילוי ע"ב, דמב ; ילה יִצְחָק Yitsjak (*Biná*) ד"פ ב"ן

ט נ

וֵאלֹהֵי veElohei לכב ; מילוי ע"ב, דמב ; ילה יַעֲקֹב Yaakov (*Dáat*) ו' הויות, יאהדונהי אידהנויה

נ נ

הָאֵל haEl לאה ; ייא" (מילוי דס"ג) הַגָּדוֹל hagadol האל הגדול = סיט ; גדול = להח

ד י

עם ד' אותיות = מבה, יזל, אום הַגִּבּוֹר haguibor ר"ת ההה וְהַנּוֹרָא vehanorá:

LA AMIDÁ

"Mi Señor, abre mis labios y mi boca declarará Tu alabanza" (Salmos 51:17).

LA PRIMERA BENDICIÓN

Bendito eres, Señor, nuestro Dios y Dios de nuestros padres:
el Dios de Avraham, el Dios de Yitsjak y el Dios de Yaakov. El Dios grande, poderoso y reverenciado.

כ ע

אֵל El ייא״י (מילוי דס״ג) ; ר״ת ע״ב, ריבוע יהוה עֶלְיוֹן elyón.

ב ט ר צ ת

גּוֹמֵל gomel חֲסָדִים jasadim טוֹבִים tovim. קוֹנֵה koné הַכֹּל hacol ילי

ג ח ק ב

וְזוֹכֵר vezojer חַסְדֵי jasdei אָבוֹת avot. וּמֵבִיא umeví

ט ג ע י

גּוֹאֵל goel לִבְנֵי livnei בְנֵיהֶם veneihem לְמַעַן lemaan

ג ל

שְׁמוֹ Shemó מהש ע״ה, ע״ב בריבוע וקס״א ע״ה, אל שדי ע״ה בְּאַהֲבָה beahavá אחד, דאגה:

Cuando digas la palabra "*beahavá*" debes meditar en dedicar tu alma a santificar el Nombre Sagrado y aceptar sobre ti mismo las cuatro formas de muerte.

Durante los días entre *Rosh Hashaná* y *Yom Kipur* decimos la oración de "*zojrenu*":

זָכְרֵנוּ zojrenu לְחַיִּים lejayim אהיה אהיה יהוה, בינה ע״ה.

מֶלֶךְ Mélej חָפֵץ jafets בַּחַיִּים bajayim אהיה אהיה יהוה, בינה ע״ה.

כָּתְבֵנוּ cotvenu בְּסֵפֶר beséfer חַיִּים jayim אהיה אהיה יהוה, בינה ע״ה.

לְמַעַנְךָ lemaanaj אֱלֹהִים Elohim אהיה אדני ; ילה חַיִּים jayim אהיה אהיה יהוה, בינה ע״ה.

Si olvidas decir "*zojrenu*" y te das cuenta de esto antes de terminar la bendición ("*Baruj Atá Adonai*"), debes regresar y decir "*zojrenu*" y continuar normalmente. Pero si te das cuenta de esto después del final de la bendición, debes continuar y puedes agregar "*zojrenu*" en "*shomea tefilá*" o al final de "*Elohai netsor*".

פ ז ק ש

מֶלֶךְ Mélej עוֹזֵר ozer וּמוֹשִׁיעַ umoshía וּמָגֵן umaguén

ג״פ אל (ייא״י מילוי דס״ג) ; ר״ת מיכאל גבריאל נוריאל:

Flexiona tus rodillas en "*Baruj*", inclínate en "*Atá*" y enderézate en "*Adonai*".

ק ו צ

בָּרוּךְ Baruj אַתָּה Atá יְהֹוָהאדני(יְהֹוָאהדונהי)יאהדונהי Adonai (הד)

(Durante las tres semanas de *Bein HaMetsarim* medita en el Nombre Sagrado: טדהד)

י ת

מָגֵן maguén ג״פ אל (ייא״י מילוי דס״ג) ; ר״ת מיכאל גבריאל נוריאל אַבְרָהָם Avraham

וז״פ אל, רי״ו ול״ב נתיבות הוזכמה, רמ״וז (אברים), עסמ״ב וט״ז אותיות פשוטות:

El Dios grande, poderoso y reverenciado. El Dios Celestial. El que otorga benevolencia y crea todas las cosas. El que recuerda las buenas acciones de nuestros ancestros y El que trae un redentor a los hijos de sus hijos por el bien de Su Nombre, con amor.

Durante los días entre *Rosh Hashaná* y *Yom Kipur*:

Recuérdanos para la vida, Rey, quien desea la vida, e inscríbenos en el Libro de la Vida, por Ti, Dios Vivo.

Rey, Asistente, Salvador y Escudo. Bendito seas Tú, Señor, Escudo de Avraham.

LA SEGUNDA BENDICIÓN

LA ENERGÍA DE YITSJAK ENCIENDE EL PODER DE LA RESURRECCIÓN DE LOS MUERTOS

Mientras que Avraham representa el poder de compartir, Yitsjak representa a la Columna Izquierda, energía de Juicio. El Juicio acorta el proceso de *tikún* y prepara la vía para nuestra resurrección final.

Guevurá que se convierte en Biná

En esta sección hay 49 palabras que corresponden a las 49 Puertas del Sistema Puro en *Biná*.

אַתָּה Atá גִּבּוֹר guibor לְעוֹלָם leolam ריבוע ס״ג וי׳ אותיות דס״ג אֲדֹנָי Adonai ללה

(ר״ת אֲגְלָא והוא שם גדול ואמיץ, ובו היה יהודה מתגבר על אויביו. ע״ה אלד, בוכו).

מְחַיֶּה mejayé ס״ג מֵתִים metim ♦אַתָּה Atá רַב rav לְהוֹשִׁיעַ lehoshía♦

Durante el invierno (a partir de *Simjat Torá*)

מַשִּׁיב mashiv הָרוּחַ harúaj ר״ת מ״ה

וּמוֹרִיד umorid הַגֶּשֶׁם haguéshem

שביל [י״ש (= י״פ אל) ול״ב נתיבות החכמה] ע״ה:

Si por error dices "*Morid hatal*" y te das cuenta de ello antes del final de la bendición ("*Baruj Atá Adonai*"), debes regresar al comienzo de la bendición ("*Atá guibor*") y continuar normalmente. Pero si sólo te das cuenta de ello después del final de la bendición, debes continuar y no regresar.

Durante el verano (a partir de *Pésaj*)

מוֹרִיד morid הַטָּל hatal

יוד הא ואו, כוזו, מספר אותיות דמילואי עסמ״ב ;

ר״ת מ״ה (יוד הא ואו הא):

Si por error dices "*Mashiv harúaj*" y te das cuenta de ello antes del final de la bendición ("*Baruj Atá Adonai*"), debes regresar al comienzo de la bendición ("*Atá guibor*") y continuar normalmente. Pero si sólo te das cuenta de ello después del final de la bendición, debes iniciar la *Amidá* desde el principio.

מְכַלְכֵּל mejalquel חַיִּים jayim אהיה אהיה יהוה, בינה ע״ה בְּחֶסֶד bejésed

ע״ב, ריבוע יהוה♦ מְחַיֶּה mejayé ס״ג מֵתִים metim בְּרַחֲמִים berajamim

(במוכסז) מצפצ, אלהים דההין, י״פ ייי רַבִּים rabim (טלא דעתיק)♦ סוֹמֵךְ somej

(אכדטם) כוק, ריבוע אדני נוֹפְלִים noflim (זו״ן)♦ וְרוֹפֵא verofé חוֹלִים jolim

חולה = מ״ה וד׳ אותיות♦ וּמַתִּיר umatir אֲסוּרִים asurim♦ וּמְקַיֵּם umekayem

אֱמוּנָתוֹ emunató לִישֵׁנֵי lishenei עָפָר afar♦ מִי mi ילי כָמוֹךָ jamoja

(debes pronunciar la letra *Ayin* en la palabra *Báal*) בַּעַל báal גְּבוּרוֹת guevurot

וּמִי umí ילי דּוֹמֶה domé לָּךְ laj♦ מֶלֶךְ Mélej מֵמִית memit

וּמְחַיֶּה umejayé ס״ג (יוד הי ואו הי) וּמַצְמִיחַ umatsmíaj יְשׁוּעָה yeshuá♦:

LA SEGUNDA BENDICIÓN

Tú, Señor, eres poderoso por siempre. Tú revives a los muertos y eres muy capaz de redimir.

Durante el invierno:

El que hace soplar el viento y caer la lluvia.

Durante el verano:

El que hace caer el rocío.

Tú sostienes a los vivientes con bondad y revives a los muertos con gran compasión. Tú sostienes a los caídos, curas a los enfermos, pones en libertad a los cautivos y cumples Tu promesa con los que duermen en el polvo. ¿Quién es como Tú, Señor de fortaleza, y quién puede compararse contigo, Rey, que causas la muerte, das vida y haces crecer la salvación?

Durante los días entre *Rosh Hashaná* y *Yom Kipur* decimos la oración de "*mi jamoja*":

מִי mi ילי כָּמוֹךָ jamoja אָב av הָרַחֲמָן harajmán זוֹכֵר zojer
יְצוּרָיו yetsurav בְּרַחֲמִים berajamim מצפצ, אלהים דיודין, י״פ ייי
לְחַיִּים lejayim אהיה אהיה יהוה, בינה ע״ה.

Si olvidas decir "*mi jamoja*" y te das cuenta de esto antes del final de la bendición ("*Baruj Atá Adonai*"), debes regresar y decir "*mi jamoja*" y continuar normalmente. Pero si sólo te das cuenta de esto al final de la bendición, debes continuar normalmente.

וְנֶאֱמָן veneemán אַתָּה Atá לְהַחֲיוֹת lehajayot מֵתִים metim:

בָּרוּךְ Baruj אַתָּה Atá יְהֹוָאדֹנָי(יְהֹוָאדֹנָי)יאהדונהי Adonai

(Durante las tres semanas de *Bein HaMetsarim* medita en el Nombre Sagrado: כוזו)

מְחַיֵּה mejayé ס״ג (יוד הי ואו הי) הַמֵּתִים hametim ר״ת מ״ה וס״ת מ״ה:

LA TERCERA BENDICIÓN

Esta bendición nos conecta con Yaakov, la Columna Central, el poder de la restricción. Yaakov es nuestro canal para conectar la Misericordia con el Juicio. Al restringir nuestro comportamiento reactivo, estamos deteniendo nuestro Deseo de Recibir para Nosotros Mismos. Yaakov también nos da el poder para equilibrar nuestros actos de Misericordia y Juicio hacia otras personas en nuestra vida.

Tiféret* que se convierte en *Dáat (14 palabras).

אַתָּה Atá קָדוֹשׁ kadosh וְשִׁמְךָ veShimjá קָדוֹשׁ kadosh ר״ת = אור, רז, אין סוף.
וּקְדוֹשִׁים ukdoshim בְּכָל־ bejol ב״ן, לכב יוֹם yom ע״ה נגד, מזבח, זן, אל יהוה
יְהַלְלוּךָ yehaleluja סֶּלָה sela:

בָּרוּךְ Baruj אַתָּה Atá יְהֹוָאדֹנָי(יְהֹוָאדֹנָי)יאהדונהי Adonai

(Durante los días de *Bein HaMetsarim* medita en el Nombre Sagrado: מצפצ)

הָאֵל haEl לאה ; ייא״י (מילוי דס״ג) הַקָּדוֹשׁ hakadosh י״פ מ״ה (יוד הא ואו הא):

Medita aquí en el Nombre: יאהדונהי, esto puede ayudar a eliminar la ira.

Durante los días entre *Rosh Hashaná* y *Yom Kipur* en lugar de decir "*haEl hakadosh*" decimos:

הַמֶּלֶךְ haMélej הַקָּדוֹשׁ hakadosh:

Si por error dijiste "*haEl hakadosh*" y te das cuenta de esto en tres segundos, debes decir inmediatamente "*hamélej hakadosh*" y continuar como siempre. Pero si ya empezaste la bendición siguiente, debes empezar la *Amidá* desde el principio.

Durante los días entre *Rosh Hashaná* y *Yom Kipur*:
¿Quién es como Tú, Padre Misericordioso, quien recuerda a Sus criaturas con misericordia para la vida?

Y eres fiel para resucitar a los muertos. Bendito eres Tú, Señor, que resucitas a los muertos.

LA TERCERA BENDICIÓN

Tú eres Santo y Santo es Tu Nombre, y los Seres Santos te alaban día a día, porque Tú eres Dios, el Rey Santo, Sela. Bendito eres Tú, Señor, el Santo Dios.

Durante los días entre *Rosh Hashaná* y *Yom Kipur*: *El Santo Rey.*

LAS TRECE BENDICIONES DEL MEDIO

Hay trece bendiciones en el medio de la *Amidá* que nos conectan a los Trece Atributos.

LA PRIMERA (CUARTA) BENDICIÓN

Esta bendición nos ayuda a transformar la información en conocimiento al ayudarnos a internalizar todo lo que aprendemos.

Jojmá

En esta bendición hay 17 palabras, el mismo valor numérico de la palabra *Tov* (bueno) en el secreto de *Ets HaDáat Tov vaRá*, (Árbol de Conocimiento del Bien y el Mal), donde conectamos solamente con el *Tov*.

אַתָּה Atá חוֹנֵן jonén לְאָדָם leadam מ"ה דַּעַת dáat.
וּמְלַמֵּד umelamed לֶאֱנוֹשׁ leenosh בִּינָה biná ע"ה אהיה אהיה יהוה, וזיים.

En la noche del sábado (*Motsaéi Shabat*) agregamos lo siguiente:

אַתָּה Atá חוֹנַנְתָּנוּ jonantanu יְהֹוָהאדניאהדונהי Adonai אֱלֹהֵינוּ Eloheinu ילה
מַדָּע madá וְהַשְׂכֵּל vehasquel, אַתָּה Atá אָמַרְתָּ amarta לְהַבְדִּיל lehavdil
בֵּין bein קֹדֶשׁ kódesh לְחוֹל lejol וּבֵין uvein אוֹר or רז, א"ס
לְחוֹשֶׁךְ lejóshej וּבֵין uvein יִשְׂרָאֵל Yisrael לָעַמִּים laamim,
וּבֵין uvein יוֹם yom ע"ה נגד, מזבח, זן, אל יהוה הַשְּׁבִיעִי hashvií לְשֵׁשֶׁת leshéshet
יְמֵי yemei הַמַּעֲשֶׂה hamaasé. כְּשֵׁם queshem שֶׁהִבְדַּלְתָּנוּ shehivdaltanu
יְהֹוָהאדניאהדונהי Adonai אֱלֹהֵינוּ Eloheinu ילה מֵעַמֵּי meamei
הָאֲרָצוֹת haaratsot וּמִמִּשְׁפְּחוֹת umimishpejot הָאֲדָמָה haadamá,
כֵּן caj פְּדֵנוּ pedenu וְהַצִּילֵנוּ vehatsilenu מִשָּׂטָן misatán רָע ra
וּמִפֶּגַע umipega רָע ra, וּמִכָּל umicol ילי גְּזֵרוֹת guezerot קָשׁוֹת kashot
וְרָעוֹת veraot הַמִּתְרַגְּשׁוֹת hamitragshot לָבֹא lavó בָּעוֹלָם baolam:

וְחָנֵּנוּ vejonenú מֵאִתְּךָ meitjá חָכְמָה Jojmá במילוי = תרי"ג (מצוות)
בִּינָה Biná ע"ה אהיה אהיה יהוה, וזיים וָדַעַת vaDáat ר"ת וזבו:
בָּרוּךְ Baruj אַתָּה Atá יְהֹוָהאדניאהדונהי Adonai חוֹנֵן jonén הַדָּעַת hadáat:

LAS TRECE BENDICIONES DEL MEDIO - LA PRIMERA (CUARTA) BENDICIÓN

Tú graciosamente le otorgas conocimiento al hombre y entendimiento a la humanidad.

Tú nos has otorgado graciosamente, Señor, nuestro Dios, conocimiento e inteligencia. Tú nos ordenaste separar entre lo santo y lo no santo, entre la Luz y la oscuridad, entre Israel y las naciones y entre el Séptimo Día y los seis días de la Creación. Así como nos separaste, Señor, nuestro Dios, de las naciones de la Tierra y de las familias en la Tierra, que así puedas redimirnos y rescatarnos del adversario malvado, de cualquier deformidad, y de todo tipo de decretos severos y malvados que apasionadamente vienen al mundo.

Concédenos con gracia, de Ti, sabiduría, comprensión y conocimiento.

¡Bendito eres Tú, Señor, que con gracia concedes conocimiento!

ENDULZAR EL JUICIO SUAVE

LA SEGUNDA (QUINTA) BENDICIÓN

Esta bendición nos mantiene en la Luz. Todos nosotros, en algún momento u otro, sucumbimos a las dudas y a la incertidumbre que el Satán constantemente nos implanta. Si cometemos el desafortunado error de retroceder y alejarnos de la Luz, no queremos que el Creador imite nuestras acciones y se aleje de nosotros. En lugar de eso, queremos que Él nos atrape. En el recuadro inferior hay algunas líneas que podemos recitar y sobre las que podemos meditar para el beneficio de otros que pudiesen estar alejándose. La guerra contra el Satán es la guerra más antigua que conoce el hombre. Y la única manera de vencer al Satán es uniéndonos, compartiendo, ayudando y meditando unos por otros.

Biná

En esta bendición hay 15 palabras, al igual que la poderosa acción de la *teshuvá* (arrepentimiento) que eleva 15 niveles en el camino hacia el *Quisé HaCavod* (el Trono de Honor). Éste pasa por siete *Rekiim* (Firmamentos), siete *Avirim* (Aires), y otro Firmamento en la parte superior de los Animales Santos (juntos suman 15). Además, hay 15 palabras en los dos versículos principales del Profeta Yeshayahu y del Rey David que hablan sobre la *teshuvá (Isaías 55:7; Salmos 32:5)*. El número 15 también es el secreto del Nombre: יה.

הֲשִׁיבֵנוּ hashivenu אָבִינוּ avinu לְתוֹרָתֶךָ letorateja (חסד שבה – יְהֹוָאדָהֵי יאהדונהי)•

וְקָרְבֵנוּ vekarvenu מַלְכֵּנוּ malquenu לַעֲבוֹדָתֶךָ laavodateja•

וְהַחֲזִירֵנוּ vehajazirenu בִּתְשׁוּבָה bitshuvá שְׁלֵמָה shelemá

לְפָנֶיךָ lefaneja ס״ג מ״ה ב״ן:

Si quieres meditar por otra persona y ayudarla en su proceso espiritual, recita:

יְהִי yehí רָצוֹן ratsón מהש ע״ה, ע״ב בריבוע וקס״א ע״ה, אל שדי ע״ה
מִלְּפָנֶיךָ milfaneja ס״ג מ״ה ב״ן יְהֹוָאדָהֵי יאהדונהי Adonai אֱלֹהַי Elohai מילוי ע״ב, דמב ; ילה
וֵאלֹהֵי veElohei לכב ; מילוי ע״ב, דמב ; ילה אֲבוֹתַי avotai שֶׁתַּחְתּוֹר shetajtor
וַחֲתִירָה jatirá מִתַּחַת mitájat כִּסֵּא quisé כְּבוֹדֶךָ quevodeja וּתְקַבֵּל utekabel
בִּתְשׁוּבָה bitshuvá אֶת et *(el nombre de la persona y el nombre de su padre)* כִּי qui יְמִינְךָ yeminjá
יְהֹוָאדָהֵי יאהדונהי Adonai פְּשׁוּטָה peshutá לְקַבֵּל lekabel שָׁבִים shavim•

בָּרוּךְ Baruj אַתָּה Atá יְהֹוָאדָהֵי יאהדונהי Adonai

הָרוֹצֶה harotsé בִּתְשׁוּבָה bitshuvá:

LA SEGUNDA (QUINTA) BENDICIÓN

Regrésanos, Padre nuestro, a Tu Torá

y acércanos, Rey nuestro, a Tu servicio, y haznos retornar ante Ti en perfecto arrepentimiento.

Que sea agradable ante Ti, Señor, mi Dios y Dios de mis ancestros, que Tú seas generoso en el Trono de Tu Gloria y aceptes como arrepentido a (el nombre de la persona y el nombre su padre) *porque Tu Diestra, Señor, se extiende hacia fuera para recibir a aquellos que se arrepienten.*

¡Bendito eres Tú, Señor, que desea arrepentimiento!

LA TERCERA (SEXTA) BENDICIÓN

Esta bendición nos ayuda a alcanzar el perdón verdadero. Tenemos el poder de limpiarnos de nuestro comportamiento negativo y acciones hirientes hacia los demás a través del perdón. Esta bendición no significa que al rogar por el perdón ya nuestra pizarra quedará limpia. El perdón se refiere a la metodología para eliminar los residuos que provienen de nuestras injusticias. Hay dos formas de eliminar los residuos: física y espiritual. Acumulamos residuo físico cuando no aceptamos nuestras faltas y las leyes de causa y efecto. Nos limpiamos a nosotros mismos cuando experimentamos cualquier tipo de dolor, bien sea financiero, emocional o físico. Si decidimos limpiarnos espiritualmente, prescindimos de la limpieza física. Hacemos esto generando en nosotros el dolor que les causamos a los demás. Sentimos a la otra persona y, con un corazón sincero, recitamos esta oración mientras experimentamos la herida y el dolor que infligimos a los demás. Esta forma de limpieza espiritual evita que tengamos que pasar por una limpieza física.

Jésed

En esta bendición hay 21 palabras, el cual es el valor numérico del Nombre Sagrado: אהיה.

סלח selaj יהוה ע"ב לנו lanu אלהים, אהיה אדני אבינו avinu ר"ת סאל, אמן, (יאהדונהי)
כי qui חטאנו jatanu• מחול mejol לנו lanu אלהים, אהיה אדני ; מחול לנו ע"ה =
קס"א וי' אותיות מלכנו malquenu כי qui פשענו fashanu• כי qui אל El ייא"י (מילוי דס"ג)
טוב tov והו וסלח vesalaj יהוה ע"ב אתה Atá: ברוך Baruj אתה Atá
יהוהאדניאהדונהי Adonai חנון janún המרבה hamarbé לסלח lislóaj:

LA CUARTA (SÉPTIMA) BENDICIÓN

Esta bendición nos ayuda a alcanzar la redención después que somos limpiados espiritualmente.

Guevurá

ראה reé ראה נא na בענינו veanyenu ר"ת רנ"ב (אברים באשה, כנגד הגבורה)
וריבה verivá ריבנו rivenu• ומהר umaher לגאלנו legaolenu
גאלה gueulá מ"ה שלמה shelemá למען lemaan שמך Shemeja
כי qui אל El ייא"י (מילוי דס"ג) גואל goel וחזק jazak פהל אתה Atá:
ברוך Baruj אתה Atá יהוהאדניאהדונהי Adonai גואל goel ישראל Yisrael:

LA QUINTA (OCTAVA) BENDICIÓN

Esta bendición nos da el poder de sanar cada parte de nuestro cuerpo. Toda sanación se origina en la Luz del Creador. El aceptar y entender esta verdad nos da la abertura para recibir esta Luz. También debemos pensar en compartir esta energía de sanación con otros.

LA TERCERA (SEXTA) BENDICIÓN

Perdónanos, Padre nuestro,

porque hemos transgredido. Perdónanos, Rey nuestro, porque hemos pecado, porque Tú eres un Dios bueno y que perdona. ¡Bendito eres Tú, Señor, que eres bondadoso y perdonas de manera magnánima!

LA CUARTA (SÉPTIMA) BENDICIÓN

Mira nuestra aflicción y defiende nuestra causa; por Tu Nombre redímenos prontamente, pues Tú eres un Dios poderoso y redentor. ¡Bendito eres Tú, Señor, que redimes a Israel!

Tiféret

רְפָאֵנוּ refaenu יְהֹוָהאדניאהדונהי Adonai וְנֵרָפֵא venerafé ר"ת רי"ו.

הוֹשִׁיעֵנוּ hoshienu וְנִוָּשֵׁעָה venivashea כִּי qui תְהִלָּתֵנוּ tehilatenu

אַתָּה Atá ר"ת = ב"פ רי"ו. וְהַעֲלֵה vehaalé אֲרוּכָה arujá וּמַרְפֵּא umarpé

לְכָל־ lejol יה אדני תַּחֲלוּאֵינוּ tajalueinu. וּלְכָל־ ulejol יה אדני

מַכְאוֹבֵינוּ majoveinu וּלְכָל־ ulejol יה אדני מַכּוֹתֵינוּ macoteinu.

Para meditar por sanación para ti mismo u otras personas, agrega lo siguiente; y en los paréntesis a continuación, incluye los nombres:

יְהִי yehí רָצוֹן ratsón מהש ע"ה, ע"ב בריבוע וקס"א ע"ה, אל שדי ע"ה
מִלְּפָנֶיךָ milfaneja ס"ג מ"ה ב"ן יְהֹוָהאדניאהדונהי Adonai אֱלֹהַי Elohai מילוי ע"ב, דמב ; ילה
וֵאלֹהֵי veElohei לכב ; מילוי ע"ב, דמב ; ילה אֲבוֹתַי avotai שֶׁתִּרְפָּאֵנִי shetirpaeni
(וְתִרְפָּא vetirpá (incluye el nombre de la persona) בֶּן ben (Mujeres: בַּת bat) (incluye el nombre de su madre))
רְפוּאָה refuá שְׁלֵמָה shelemá רְפוּאַת refuat הַנֶּפֶשׁ hanéfesh
וּרְפוּאַת urefuat הַגּוּף haguf, כְּדֵי quedei שֶׁאֶהְיֶה sheehyé וְחָזָק jazak פהל
(Mujeres: וַחֲזָקָה jazaká פהל) בִּבְרִיאוּת bivriut, וְאַמִּיץ veamits
(Mujeres: וְאַמִּיצַת veamitsat) כֹּחַ cóaj, בְּמָאתַיִם bematáyim וְאַרְבָּעִים vearbaim
וּשְׁמוֹנָה ushmoná רמ"ח (אברים), אברהם, ח"פ אל, רי"ו ול"ב נתיבות החכמה, עסמ"ב וט"ז אותיות
פשוטות (Mujeres: בְּמָאתַיִם bematáyim וַחֲמִשִּׁים vejamishim וּשְׁנַיִם ushnáyim)
אֵבָרִים evarim וּשְׁלֹשׁ ushlosh מֵאוֹת meot המספר = ש = אלהים דיודין
וְשִׁשִּׁים veshishim המספר = מילוי השי (ין) וַחֲמִשָּׁה vajamishá גִּידִים guidim שֶׁל shel
נִשְׁמָתִי nishmatí וְגוּפִי vegufí, לְקִיּוּם lekiyum תּוֹרָתְךָ toratjá הַקְּדוֹשָׁה hakedoshá.

כִּי qui אֵל El ייא"י (מילוי דס"ג) רוֹפֵא rofé רַחֲמָן rajmán וְנֶאֱמָן veneemán

אַתָּה Atá: בָּרוּךְ Baruj אַתָּה Atá יְהֹוָהאדניאהדונהי Adonai רוֹפֵא rofé

חוֹלֵי jolei חולה = מ"ה (יוד הא ואו הא) וד' אותיות עַמּוֹ amó יִשְׂרָאֵל Yisrael

ר"ת רפ"ח (להעלות הניצוצות שנפלו לקליפה דמשם באים התחלואים):

LA QUINTA (OCTAVA) BENDICIÓN

Cúranos, Señor, y seremos curados. Sálvanos y seremos salvados. Porque Tú eres nuestro orgullo. Trae curación y sanación a todas nuestras dolencias, a todos nuestros dolores, a todas nuestras heridas.

Sea agradable ante Ti, Señor, mi Dios y Dios de mis ancestros, que Tú me sanes completamente y a (el nombre de la persona y el nombre de su madre) *con la sanación del espíritu y la sanación del cuerpo, para que sea fuerte en salud y vigoroso en mi fortaleza en todos mis 248* (la mujer dice*: 252) órganos y los 365 tendones de mi alma y mi cuerpo, para que yo sea capaz de guardar Tu Santa Torá.*

Porque Tú eres un Dios sanador, compasivo y leal.
¡Bendito eres Tú, Señor, que sanas a los enfermos de Tu Pueblo, Israel!

LA SEXTA (NOVENA) BENDICIÓN

Esta bendición trae sustento y prosperidad para todo el planeta y nos provee sustento personal. Quisiéramos que todos nuestros años estuviesen llenos de rocío y lluvia, que son la corriente vital que sostiene nuestro mundo.

Nétsaj

Durante el verano (a partir del primer día *Pésaj*) **se dice lo siguiente:**

Si por error dices "*Barej alenu*" en lugar de "*Barjenu*" y te das cuenta de ello antes del final de la *Amidá* ("*yihyú leratsón*", el segundo), entonces debes regresar y decir "*Barjenu*" y continuar normalmente. Si te das cuenta de ello después, debes comenzar la *Amidá* desde el principio.

בָּרְכֵנוּ barjenu יְהֹוָהאדניאהדונהי Adonai אֱלֹהֵינוּ Eloheinu ילה בְּכָל־ bejol
ב"ן, לכב מַעֲשֵׂי maasei יָדֵינוּ yadeinu◆ וּבָרֵךְ uvarej שְׁנָתֵנוּ shenatenu
בְּטַלְלֵי betalelei רָצוֹן ratsón מהש ע"ה, ע"ב בריבוע וקס"א ע"ה, אל שדי ע"ה
בְּרָכָה brajá וּנְדָבָה unedavá בינה (וע"ה אהיה אהיה יהוה, וחיים)◆ וּתְהִי utehí
אַחֲרִיתָהּ ajaritá וְחַיִּים jayim אהיה אהיה יהוה, בינה ע"ה וְשָׂבָע vesavá
וְשָׁלוֹם veshalom כַּשָּׁנִים cashanim הַטּוֹבוֹת hatovot לִבְרָכָה livrajá◆

Si deseas meditar por sustento puedes agregar:

יְהִי yehí רָצוֹן ratsón מהש ע"ה, ע"ב בריבוע וקס"א ע"ה, אל שדי ע"ה מִלְּפָנֶיךָ milfaneja
ס"ג מ"ה ב"ן יְהֹוָהאדניאהדונהי Adonai אֱלֹהֵינוּ Eloheinu ילה וֵאלֹהֵי veElohei
לכב ; מילוי ע"ב, דמב ; ילה אֲבוֹתֵינוּ avoteinu שֶׁתִּתֵּן shetitén ב"פ כהת לִי li
וּלְכָל ulejol יה אדני הַסְּמוּכִים hasemujim עַל al שׁוּלְחָנִי shuljaní, הַיּוֹם hayom
ע"ה נגד, מזבח, זן, אל יהוה וּבְכָל uvejol ב"ן, לכב יוֹם yom ע"ה נגד, מזבח, זן, אל יהוה
מְזוֹנוֹתַי mezonotai וּמְזוֹנוֹתֵיהֶם umezonoteihem בְּכָבוֹד bejavod בוכו וְלֹא veló
בְּבִזּוּי bevizui בְּהֶיתֵּר beheiter וְלֹא veló בְּאִיסּוּר beisur בִּזְכוּת bizjut
שִׁמְךָ Shimjá הַגָּדוֹל hagadol להח ; עם ד' אותיות = מבה, יזל, אום
(No pronunciar este nombre: דִּיקַרְנוֹסָא וזתך עם ג' אותיות - ובאתב"ש סאל, אמן, יאהדונהי)

LA SEXTA (NOVENA) BENDICIÓN

Durante el verano:

Bendícenos, Señor, nuestro Dios, en todos nuestros esfuerzos, y bendice nuestros años con el rocío de la buena voluntad, bendiciones y benevolencia. Que su conclusión sea vida, satisfacción y paz, así como otros años de bendiciones,

Sea agradable ante Ti,

Señor, mi Dios y Dios de mis ancestros, que Tú me proveas a mí y a mi hogar, hoy y todos los días, mi alimento y el de ellos, con dignidad y no con vergüenza, de forma permisible y no prohibida, en virtud de Tu gran Nombre.

הַיּוֹצֵא hayotsé מִפָּסוּק :mipasuk וַהֲרִיקֹתִי vaharikoti לָכֶם lajem
בְּרָכָה brajá עַד־ ad בְּלִי־ bli דָי dai וּמִפָּסוּק :umipasuk נְסָה nesá
עָלֵינוּ aleinu אוֹר or ר"ו, אין סוף פָּנֶיךָ paneja ס"ג מ"ה ב"ן יְהֹוָהאדניאהדונהי Adonai
וְאַל veal תַּצְרִיכֵנוּ tatsrijenu לִידֵי lidei מַתְּנוֹת matenot בָּשָׂר basar
וָדָם ,vadam כִּי qui אִם im יוהך, מ"א אותיות אהיה בפשוטו מילואו ומילוי דמילואו ע"ה
מִיָּדְךָ miyadjá הַמְּלֵאָה hameleá וּמֵאוֹצַר umeotsar מַתְּנַת matnat וְחִנָּם jinam
תְּכַלְכְּלֵנִי tejalquelni וְתַשְׁפִּיעֵנִי ,vetashpieni אָמֵן Amén יאהדונהי סֶלָה .sela

כִּי qui אֵל El ייא"י (מילוי דס"ג) טוֹב tov והו וּמֵטִיב umetiv
אַתָּה Atá וּמְבָרֵךְ umevarej הַשָּׁנִים :hashanim בָּרוּךְ Baruj
אַתָּה Atá יְהֹוָהאדניאהדונהי Adonai מְבָרֵךְ mevarej הַשָּׁנִים :hashanim

Durante el invierno (a partir del 7 de *Jeshván*, dos semanas después de *Sucot*) **decimos lo siguiente:**
Si por error dices *"barjenu"* en lugar de *"barej aleinu"*, y te das cuenta de esto antes del final de la bendición (*"Baruj Atá Adonai"*), debes volver y decir *"barej aleinu"* y continuar como siempre Si sólo te das cuenta después, debes decir "*vetén tal umatar livrajá*" en "*shomea tefilá*". Si sólo te das cuenta después de empezar el "*retsé*" debes empezar la *Amidá* desde el principio.

בָּרֵךְ barej עָלֵינוּ aleinu יְהֹוָהאדניאהדונהי Adonai אֱלֹהֵינוּ Eloheinu ילה
אֶת et הַשָּׁנָה hashaná הַזֹּאת .hazot וְאֶת veet כָּל־ col ילי
מִינֵי minei תְּבוּאָתָהּ tevuatá לְטוֹבָה letová .אכא וְתֵן vetén
טַל tal יוד הא ואו, כוזו וּמָטָר umatar לִבְרָכָה livrajá עַל al כָּל־ col ילי ; עמם
פְּנֵי penei וחכמה בינה הָאֲדָמָה .haadamá וְרַוֵּה veravé פְּנֵי penei וחכמה בינה
תֵּבֵל tevel ב"פ רי"ו וְשַׂבַּע vesabá אֶת et הָעוֹלָם haolam
כֻּלּוֹ culó מִטּוּבְךָ mituvaj .לאו וּמַלֵּא umalé יָדֵינוּ yadeinu
מִבִּרְכוֹתֶיךָ mibirjoteja וּמֵעֹשֶׁר umeósher מַתְּנוֹת matenot יָדֶיךָ .yadeja

---

que proviene del versículo: "derramar bendiciones sobre ti hasta que no haya espacio suficiente para éstas" (Malaquías 3:10) y del versículo: "Eleva sobre nosotros la Luz de Tu rostro, Señor" (Salmos 4:7), y no necesitaremos los regalos de carne y sangre, sino sólo de Tu mano, la cual está llena, y del tesoro del regalo gratuito Tú me sostendrás y me alimentarás. Amén. Sela.

porque Tú eres un Dios bueno y benefactor y Tú bendices los años.
¡Bendito eres Tú, Oh Dios, que bendices los años!
Durante el invierno:
Bendice, Señor, nuestro Dios, este año y todas sus clases de cosechas para bien. Y da rocío y lluvia como bendición sobre toda la faz de la Tierra. Sacia la sed de la faz de la Tierra y sacia a todo el mundo de Tu dadivosidad. Llena nuestras manos con Tus bendiciones y de la riqueza de los regalos de Tus Manos.

Si quieres meditar por sustento, agrega lo siguiente:

יְהִי yehí רָצוֹן ratsón מהש ע״ה, ע״ב בריבוע וקס״א ע״ה, אל שדי ע״ה מִלְּפָנֶיךָ milfaneja
ס״ג מ״ה ב״ן יְהֹוָאדנהיאהדונהי Adonai אֱלֹהֵינוּ Eloheinu ילה וֵאלֹהֵי veElohei
לכב ; מילוי ע״ב, דמב ; ילה אֲבוֹתֵינוּ avoteinu שֶׁתִּתֵּן shetitén ב״פ כהת לִי li
וּלְכָל ulejol יה אדני הַסְּמוּכִים hasemujim עַל al שׁוּלְחָנִי shuljaní, הַיּוֹם hayom
ע״ה נגד, מזבח, זן, אל יהוה וּבְכָל uvejol ב״ן, לכב יוֹם yom ע״ה נגד, מזבח, זן, אל יהוה
מְזוֹנוֹתַי mezonotai וּמְזוֹנוֹתֵיהֶם umezonoteihem בְּכָבוֹד bejavod בוכו וְלֹא veló
בְּבִזּוּי bevizui בְּהֶיתֵּר beheiter וְלֹא veló בְּאִיסּוּר beisur בִּזְכוּת bizjut
שִׁמְךָ Shimjá הַגָּדוֹל hagadol להח ; עם ד׳ אותיות = מבה, יזל, אום
(No pronunciar este nombre: דִּיקַרְנוֹסָא וזהך עם ג׳ אותיות - ובאתב״ש סאל, אמן, יאהדונהי)
הַיּוֹצֵא hayotsé מִפָּסוּק mipasuk: וַהֲרִיקֹתִי vaharikoti לָכֶם lajem
בְּרָכָה brajá עַד־ ad בְּלִי־ bli דָי dai וּמִפָּסוּק umipasuk: נְסָה nesá
עָלֵינוּ aleinu אוֹר or רז, אין סוף פָּנֶיךָ paneja ס״ג מ״ה ב״ן יְהֹוָאדנהיאהדונהי Adonai
וְאַל veal תַּצְרִיכֵנוּ tatsrijenu לִידֵי lidei מַתְּנוֹת matenot בָּשָׂר basar
וָדָם vadam, כִּי qui אִם im יוהך, מ״א אותיות אהיה בפשוטו מילואו ומילוי דמילואו ע״ה
מִיָּדְךָ miyadjá הַמְּלֵאָה hameleá וּמֵאוֹצַר umeotsar מַתְּנַת matnat חִנָּם jinam
תְּכַלְכְּלֵנִי tejalquelni וְתַשְׁפִּיעֵנִי vetashpieni, אָמֵן Amén יאהדונהי סֶלָה sela.

שָׁמְרָה shomrá וְהַצִּילָה vehatsilá שָׁנָה shaná זוֹ zo מִכָּל־ micol ילי דָּבָר davar
רָע ra. וּמִכָּל־ umicol ילי מִינֵי minei מַשְׁחִית mashjit וּמִכָּל־ umicol ילי
מִינֵי minei פּוּרְעָנוּת puranut. וַעֲשֵׂה vaasé לָהּ la תִּקְוָה tikvá
טוֹבָה tová אכא וְאַחֲרִית veajarit שָׁלוֹם shalom. חוּס jus וְרַחֵם verajem
אברהם, וז״פ אל, רי״ו ול״ב נתיבות החכמה, רמ״ח (אברים), עסמ״ב וט״ז אותיות פשוטות עָלֶיהָ aleha פהל
וְעַל veal כָּל־ col ילי ; עמם תְּבוּאָתָהּ tevuatá וּפֵירוֹתֶיהָ ufeiroteha.

Sea agradable ante Ti, Señor, mi Dios y Dios de mis antepasados, que Tú me proveas a mí y a mi hogar, hoy y todos los días, mi alimento y el de ellos, con dignidad y no con vergüenza, de forma permisible y no prohibida, en virtud de Tu gran Nombre que proviene del versículo: "derramar bendiciones sobre ti hasta que no haya espacio suficiente para éstas" (Malaquías 3:10) y del versículo: "Eleva sobre nosotros la Luz de Tu rostro, Señor" (Salmos 4:7),y no necesitaremos los regalos de carne y sangre, sino sólo de Tu mano, la cual está llena, y del tesoro del regalo gratuito Tú me sostendrás y me alimentarás. Amén. Sela.

Protege y guarda este año de todo mal y de toda forma de destrucción y de toda forma de tribulación. Haz que éste tenga buena esperanza y un final pacífico. Ten piedad y ten misericordia sobre éste y sobre todas sus cosechas y frutos;

וּבָרְכָהּ uvarjá בְּגִשְׁמֵי beguishmei רָצוֹן ratsón מהש ע"ה, ע"ב בריבוע וקס"א ע"ה,
אל שדי ע"ה בְּרָכָה brajá וּנְדָבָה unedavá בינה (וע"ה אהיה אהיה יהוה, וזיים)
וּתְהִי utehí אַחֲרִיתָהּ ajaritá וְחַיִּים jayim אהיה אהיה יהוה, בינה ע"ה וְשָׂבָע vesavá
וְשָׁלוֹם •veshalom כַּשָּׁנִים cashanim הַטּוֹבוֹת hatovot לִבְרָכָה •livrajá
כִּי qui אֵל El ייא"י (מילוי דס"ג) טוֹב tov והו וּמֵטִיב umetiv
אַתָּה Atá וּמְבָרֵךְ umevarej הַשָּׁנִים :hashanim בָּרוּךְ Baruj
אַתָּה Atá יְהֹוָהאדניאהדונהי Adonai מְבָרֵךְ mevarej הַשָּׁנִים :hashanim

LA SÉPTIMA (DÉCIMA) BENDICIÓN

Esta bendición nos da el poder de influir de manera positiva sobre toda la humanidad. La Kabbalah enseña que cada individuo afecta la totalidad. Nosotros tenemos un efecto sobre el mundo y el resto del mundo tiene un efecto sobre nosotros, aunque no podamos percibir esta relación con nuestros cinco sentidos. Llamamos a esta relación conciencia cuántica.

Hod

תְּקַע teká ב"פ כוזו במוכסז וי' אותיות בְּשׁוֹפָר beshofar גָּדוֹל gadol להח ; עם ד' אותיות =
מבה, יזל, הום לְחֵרוּתֵנוּ •lejerutenu וְשָׂא vesá נֵס nes מ"ה אדני לְקַבֵּץ lekabets
גָּלֻיּוֹתֵינוּ •galuyoteinu וְקַבְּצֵנוּ vekabetsenu יַחַד yájad מֵאַרְבַּע mearbá
כַּנְפוֹת canfot והו (בסגולתו להוציא ניצוצות מן הקליפות) ויכוין וָהֵבוֹ עם נקודותיו = ע"ב, ריבוע יהוה
הָאָרֶץ haárets אלהים דההין ע"ה ; ר"ת = אדני לְאַרְצֵנוּ :leartsenu

Lo siguiente se recita durante todo el año, especialmente durante la época de los *Shovavim*:

Las seis porciones del Libro de Éxodo —***Sh**emot*, ***V**aerá*, ***B**o*, ***B**eshalaj*, ***Y**itró*, ***M**ishpatim*, (***T**rumá* ***T**etsavé*) — nos relatan la historia del Éxodo de los Israelitas de Egipto y simbolizan el inicio de una abertura cósmica única que dura seis semanas (8 semanas en año bisiesto) cada año. La palabra *shovavim* significa "irresponsable", como en el versículo: "'Retornen, hijos irresponsables', dice el Señor" (Jeremías 3:14) y es un acrónimo compuesto de la primera inicial de cada una de las seis porciones semanales. Los kabbalistas nos enseñan que la historia de Éxodo es un código y que durante estas seis/ocho semanas hay una ventana cósmica para la redención personal. El Arí explica que la caída de Adam corrompió casi todo en nuestro mundo físico, lo cual resultó en el dolor y el sufrimiento humano. Durante el tiempo del Éxodo, Moshé y los israelitas corrigieron los aspectos más importantes de esta corrupción. La siguiente meditación nos ayuda a liberar y redimir todas las chispas restantes de Luz que hemos perdido mediante nuestras acciones irresponsables (especialmente el comportamiento sexual irresponsable):

---

bendícelo con lluvias de bondad, bendición y benevolencia. Y que su final sea vida, satisfacción y paz, porque Tú eres un Dios bueno y benévolo, y Tú bendices los años. Bendito eres Tú, Señor, quien bendice los años.

LA SÉPTIMA (DÉCIMA) BENDICIÓN

Suena un gran Shofar para nuestra libertad y levanta un estandarte para reunir a nuestros exiliados, y reúnenos prontamente de los cuatro confines de la Tierra en nuestra tierra.

יְהִי yehí רָצוֹן ratsón מהש ע"ה, ע"ב בריבוע וקס"א ע"ה, אל שדי ע"ה מִלְּפָנֶיךָ milfaneja
ס"ג מ"ה ב"ן יְהֹוָאדהנויאהדונהי Adonai אֱלֹהַי Elohai מילוי ע"ב, דמב ; ילה
וֵאלֹהֵי veElohei לכב ; מילוי ע"ב, דמב ; ילה אֲבוֹתַי avotai שֶׁכָּל shecol ילי טִיפָּה tipá
וְטִיפָּה vetipá שֶׁל shel קֶרִי kerí שֶׁיָּצְאָה sheyatsá מִמֶּנִּי mimeni לְבַטָּלָה levatalá
וּמִכָּל umicol ילי יִשְׂרָאֵל Yisrael בִּכְלָל bijlal וּבִפְרַט ubifrat שֶׁלֹּא sheló
בִּמְקוֹם bimkom מִצְוָה mitsvá בֵּין bein בְּאוֹנֶס beones בֵּין bein בְּרָצוֹן beratsón
מהש ע"ה, ע"ב בריבוע וקס"א ע"ה, אל שדי ע"ה בֵּין bein בְּשׁוֹגֵג beshogueg בֵּין bein
בְּמֵזִיד bemezid, בֵּין bein בְּהִרְהוּר behirhur וּבֵין uvein בְּמַעֲשֶׂה bemaasé,
בֵּין bein בְּגִלְגּוּל beguilgul זֶה ze בֵּין bein בְּגִלְגּוּל beguilgul אַחֵר ajer
וְנִבְלַע venivlá בַּקְּלִיפּוֹת baklipot, שֶׁתָּקִיא shetakí הַקְּלִיפּוֹת hakelipot
הַנִּיצוֹצוֹת hanitsotsot קֶרִי kerí שֶׁנִּבְלְעוּ shenivleú בָּהּ ba, בִּזְכוּת bizejut
שִׁמְךָ Shimjá הַגָּדוֹל hagadol להח ; עם ד' אותיות = מבה, יזל, אום הַיּוֹצֵא hayotsé
מִפָּסוּק mipasuk: חַיִל jáyil ומב בָּלַע balá וַיְקִאֶנּוּ vaykienu ר"ת והו ו- ילי
מִבִּטְנוֹ mibitnó יֹרִשֶׁנּוּ yorishenu אֵל El ייא"י (מילוי דס"ג) ; ס"ת ויל וּבִזְכוּת uvizejut
שִׁמְךָ Shimjá הַגָּדוֹל hagadol להח; עם ד' אותיות = מבה, יזל, אום יְוֹהֲבְוּהֵ
(durante los *Shovavim*: יְוֹהֲבְוּהֵ) שֶׁתַּחֲזִירֵם shetajazirem לִמְקוֹם limkom
קְדוּשָּׁה kedushá וְהַטּוֹב vehatov והו בְּעֵינֶיךָ beeineja קס"א ע"ה ; ריבוע מ"ה עֲשֵׂה asé.

Debes meditar en corregir el pensamiento que provocó la pérdida de las chispas de Luz. También medita en los Nombres que controlan nuestros pensamientos para cada uno de los seis días de la semana como está a continuación:

Domingo	יֱהֹוֶה	על צבא כף ואו זין ואו טפטפיה א מן אהיה דמרגלא ושם:	*Briá.*
Lunes	יְהֹוִה	על מגן כף ואו זין ואו טפטפיה ה מן אהיה דמרגלא ושם:	*Yetsirá.*
Martes	מצפץ	צוה פוזד כף ואו זין ואו טפטפיה י מן אהיה דמרגלא ושם:	*Asiyá.*
Miércoles	אל	צוה פוזד כף ואו זין ואו טפטפיה י מן יהו דמרגלא ושם:	*Asiyá.*
Jueves	אלהים	על מגן כף ואו זין ואו טפטפיה ה מן יהו דמרגלא ושם:	*Yetsirá.*
Viernes	מצפץ	על צבא כף ואו זין ואו טפטפיה ו מן יהו דמרגלא ושם:	*Briá.*

Cada uno de estos Nombres (**על צבא, כף ואו זין ואו, טפטפיה**) tienen una suma total de 193, que es el mismo valor numérico de la palabra *zokef* (elevar). Estos Nombres elevan la Chispa Sagrada de los *Jitsoniyim*. Asimismo, cuando digas las palabras "*mekabets nidjei*" (en la continuación de la bendición), que tiene una suma total de 304, el mismo valor numérico de *Shin*, *Dálet* (demonio), medita en reunir todas las chispas perdidas y anular el poder de las fuerzas negativas.

Sea agradable ante Ti, Señor, mi Dios y Dios de mis ancestros, que cada una de las gotas de kerí que salieron de mí en vano, y de todo Israel en general, y especialmente no a causa de un precepto, si fue obligado o voluntariamente, con o sin intención, debido a pensamiento o acción, en esta vida o en vidas anteriores, y si fue devorado por la klipá, que ésta vomite todas las chispas de kerí en virtud de Tu gran Nombre que proviene del versículo: "Él devoró riqueza y la vomitó, y desde su estómago Dios la extrajo" (Job 20:15), y en virtud de Tu gran Nombre las regresarás al Lugar Santo, y harás lo que es bueno ante Tus ojos.

בָּרוּךְ Baruj אַתָּה Atá יְהֹוָאדהֳנָהי Adonai ; יכוין וזבו בשילוב יהוה כוזו: יְוַהֲבוּיָה

מְקַבֵּץ mekabets ע״ב ס״ג מ״ה ב״ן, הברכה (למתק את ז׳ המלכים שמתו)

נִדְחֵי nidjei ע״ב, ריבוע יהוה עַמּוֹ amó וזבו יִשְׂרָאֵל Yisrael:

LA OCTAVA (UNDÉCIMA) BENDICIÓN

Esta bendición nos ayuda a equilibrar el juicio con misericordia. Debido a que la misericordia es tiempo, podemos emplearlo en cambiarnos a nosotros mismos antes que el juicio ocurra.

Yesod

הָשִׁיבָה hashiva שׁוֹפְטֵינוּ shofteinu כְּבָרִאשׁוֹנָה quevarishoná

וְיוֹעֲצֵינוּ veyoatseinu כְּבַתְּחִלָּה quevatejilá ר״ת שכ״ה (דינים זכרים שביסוד) ויהוה (הממתקם)

וְהָסֵר vehaser מִמֶּנּוּ mimenu יָגוֹן yagón (סמאל) וַאֲנָחָה vaanajá (לילית)

וּמְלוֹךְ umloj עָלֵינוּ aleinu מְהֵרָה meherá אַתָּה Atá

יְהֹוָאדהֳנָהי Adonai לְבַדְּךָ levadjá בְּחֶסֶד bejésed ע״ב, ריבוע יהוה

וּבְרַחֲמִים uverajamim מצפצ, אלהים דיודין, י״פ ייי ; להמתיק ברחמים דיני צדק ומשפט

בְּצֶדֶק betsédek וּבְמִשְׁפָּט uvemishpat ע״ה = ה״פ אלהים: בָּרוּךְ Baruj אַתָּה Atá

יְהֹוָאדהֳנָהי Adonai מֶלֶךְ Mélej אוֹהֵב ohev ממתיק דיני

צְדָקָה tsedaká ע״ה ריבוע אלהים וּמִשְׁפָּט umishpat ע״ה ה״פ אלהים:

> **Durante los días entre *Rosh Hashaná* y *Yom Kipur*** en lugar de "*mélej ohev tsedaká umishpat*" decimos:
>
> הַמֶּלֶךְ haMélej הַמִּשְׁפָּט hamishpat ע״ה ה״פ אלהים:
>
> Si por error dices "*mélej ohev…*" y te das cuenta en tres segundos, debes decir "*hamélej hamishpat*" y continuar normalmente. Pero si ya empezaste la siguiente bendición, no debes regresar.

LA NOVENA (DUODÉCIMA) BENDICIÓN

Esta bendición nos ayuda eliminar todas las formas de negatividad, ya sea que provengan de personas, situaciones o, inclusive, de la energía negativa del Ángel de la Muerte [(**no pronunciar estos nombres**) *Sa-ma-el* (aspecto masculino) y *Li-lit* (aspecto femenino), los cuales están codificados aquí], al usar el Nombre Sagrado: *Shadai* שדי, el cual está codificado matemáticamente en las últimas cuatro palabras de esta bendición y también se encuentra dentro de la *Mezuzá* con el mismo propósito.

¡Bendito eres Tú, Señor, que reúnes a los dispersos de Su Nación, Israel!

LA OCTAVA (UNDÉCIMA) BENDICIÓN

Restaura nuestros jueces, como al principio, y a nuestros consejeros, como al principio. Aparta de nosotros el pesar y los lamentos. Reina sobre nosotros pronto, Tú solo, Señor, con bondad y compasión, con rectitud y justicia. ¡Bendito eres Tú, Dios, el Rey que ama la rectitud y la justicia!

> Durante los días entre *Rosh Hashaná* y *Yom Kipur*: *El Rey del juicio.*

Kéter

לַמִּינִים laminim וְלַמַּלְשִׁינִים velamalshinim אַל al תְּהִי tehí תִקְוָה tikvá

וְכָל vejol ילי הַזֵּדִים hazedim כְּרֶגַע querega ג״פ אלהים עם ט״ו אותיות פשוטות

יֹאבֵדוּ yovedu• וְכָל־ vejol ילי אוֹיְבֶיךָ oyveja (סמאל)

וְכָל־ vejol ילי שׂוֹנְאֶיךָ soneja (לילית) מְהֵרָה meherá יִכָּרֵתוּ yicaretu•

וּמַלְכוּת umaljut הָרִשְׁעָה harishá מְהֵרָה meherá תְעַקֵּר teaker

וּתְשַׁבֵּר uteshaber וּתְכַלֵּם utejalem וְתַכְנִיעֵם vetajniem בִּמְהֵרָה bimherá

בְיָמֵינוּ veyameinu: בָּרוּךְ Baruj אַתָּה Atá יְהֹוָהאדני(יאהדונהי) Adonai

שׁוֹבֵר shover אוֹיְבִים oyvim וּמַכְנִיעַ umajnía זֵדִים zedim ר״ת = שדי:

LA DÉCIMA (DECIMOTERCERA) BENDICIÓN

Esta bendición nos rodea con absoluta positividad para ayudarnos a estar siempre en el lugar correcto en el momento correcto. También nos ayuda a atraer sólo personas positivas a nuestra vida.

Yesod

עַל al הַצַּדִּיקִים hatsadikim צדיק יסוד עולם וְעַל veal הַחֲסִידִים hajasidim

וְעַל veal שְׁאֵרִית sheerit עַמְּךָ ameja בֵּית beit ב״פ ראה יִשְׂרָאֵל Yisrael•

וְעַל veal פְּלֵיטַת pleitat בֵּית beit ב״פ ראה סוֹפְרֵיהֶם sofreihem•

וְעַל veal גֵּרֵי guerei הַצֶּדֶק hatsédek וְעָלֵינוּ vealeinu• יֶהֱמוּ yehemú

נָא na רַחֲמֶיךָ rajameja יְהֹוָהאדניאהדונהי Adonai אֱלֹהֵינוּ Eloheinu ילה

וְתֵן vetén שָׂכָר sajar י״פ ב״ן טוֹב tov והו לְכָל־ lejol יה אדני

הַבּוֹטְחִים habotjim בְּשִׁמְךָ beShimjá בֶּאֱמֶת beemet אהיה פעמים אהיה, ז״פ ס״ג•

LA NOVENA (DUODÉCIMA) BENDICIÓN

Para los herejes y los difamadores, que no haya esperanza. Que los impíos perezcan en un instante. Y que todos Tus enemigos y los que te odian sean pronto arrasados. Y en el caso del gobierno dañino, puedas Tú rápidamente desarraigarlo y aplastarlo, y puedas Tú destruirlo y humillarlo, con rapidez en nuestros días. ¡Bendito eres Tú, Señor, que aplastas a los enemigos y humillas a los malvados!

LA DÉCIMA (DECIMOTERCERA) BENDICIÓN

Sobre los justos, sobre los piadosos, sobre los demás de la Casa de Israel, sobre los remanentes de las academias de sus escritores, sobre los conversos sinceros y sobre nosotros, que se encienda Tu compasión, Señor, nuestro Dios. Otorga buena recompensa a todos los que verdaderamente confían en Tu Nombre.

וְשִׂים vesim וְחֶלְקֵנוּ jelkenu עִמָּהֶם imahem וּלְעוֹלָם uleolam ריבוע ס"ג וי' אותיות דס"ג

לֹא lo נֵבוֹשׁ nevosh כִּי qui בְךָ vejá בָטָחְנוּ batajnu

וְעַל veal חַסְדְּךָ jasdeja הַגָּדוֹל hagadol להוו ; עם ד' אותיות = מבה, יזל, אום

בֶּאֱמֶת beemet אהיה פעמים אהיה, ז"פ ס"ג נִשְׁעָנְנוּ nishanenu:

בָּרוּךְ Baruj אַתָּה Atá יְהֹוָאֲדֹנָיאהדונהי Adonai מִשְׁעָן mishán

וּמִבְטָח umivtaj לַצַּדִּיקִים latsadikim ר"ת ימול (כל מי שנימול נקרא צדיק):

La undécima (decimocuarta) bendición

Esta bendición nos conecta con la energía de Jerusalén, con la construcción del Templo y con la preparación para el *Mashíaj*.

Hod

תִּשְׁכּוֹן tishcón בְּתוֹךְ betoj יְרוּשָׁלַיִם Yerushaláyim עִירְךָ irjá

כַּאֲשֶׁר caasher דִּבַּרְתָּ dibarta ראה וְכִסֵּא vejisé דָוִד David

עַבְדְּךָ avdejá פוי, אל אדני מְהֵרָה meherá בְּתוֹכָהּ vetojá תָּכִין tajín

Meditar aquí en que el *Mashíaj Ben Yosef* no sea asesinado por el malvado *Armilos* **(no pronunciar).**

וּבְנֵה uvné אוֹתָהּ otá בִּנְיַן binyán עוֹלָם olam בִּמְהֵרָה bimherá

בְּיָמֵינוּ veyameinu: בָּרוּךְ Baruj אַתָּה Atá יְהֹוָאֲדֹנָיאהדונהי Adonai

בּוֹנֵה boné ס"ג יְרוּשָׁלָיִם Yerushaláyim:

La duodécima (decimoquinta) bendición

Esta bendición nos ayuda a lograr un estado personal de *Mashíaj* al transformar nuestra naturaleza reactiva en proactiva. Así como hay un *Mashíaj* global, cada uno de nosotros tiene dentro un *Mashíaj* personal. Cuando suficientes personas alcancen su transformación, se preparará el camino para la aparición del *Mashíaj* global.

---

y coloca nuestra suerte junto a la de ellos. Que nunca nos avergoncemos, porque es en Ti en quien colocamos nuestra confianza; es en Tu gran compasión en la que nos apoyamos. ¡Bendito eres Tú, Señor, que eres sostén y refugio de los justos!

La undécima (decimocuarta) bendición

Puedas Tú morar en Jerusalén, Tu Ciudad, como lo has prometido. Y puedas Tú establecer el trono de David, Tu servidor, rápidamente dentro de ella y construirlo como una estructura eterna, pronto en nuestros días. ¡Bendito eres Tú, Señor, que construye Jerusalén!

Nétsaj

Esta bendición contiene 20 palabras, que es el mismo número de palabras en el versículo "*Qui nijam Adonai Tsiyón nijam col jorvotea…*" (Isaías 51:3), un versículo que habla sobre la Redención Final.

David דָּוִד אדני יהוה אהיה יהוה tsémaj צֶמַח et אֶת
vekarnó וְקַרְנוֹ tatsmíaj תַּצְמִיחַ meherá מְהֵרָה פוי, אל אדני avdejá עַבְדְּךָ
lishuatjá לִישׁוּעָתְךָ qui כִּי •bishuateja בִּישׁוּעָתֶךָ tarum תָּרוּם
יהוה אל ,זן ,מזבח ,נגד ע"ה hayom הַיּוֹם ילי col כָּל kivinu קִוִּינוּ

Aquí debes meditar y pedir por que la Redención Final ocurra ahora mismo.

Adonai יְהֹוָהאדניאהדונהי Atá אַתָּה Baruj בָּרוּךְ
:yeshuá יְשׁוּעָה keren קֶרֶן matsmíaj מַצְמִיחַ

LA DECIMOTERCERA (DECIMOSEXTA) BENDICIÓN

Esta bendición es la más importante de todas las bendiciones, porque aquí reconocemos todos nuestros comportamientos reactivos. Hacemos referencia a comportamientos errados en general y también especificamos algún incidente en particular. La sección dentro del recuadro nos ofrece una oportunidad para pedirle a la Luz sustento personal. El Arí afirma que a través de esta oración, inclusive en los días de ayuno, tenemos un ángel personal acompañándonos. Si meditamos en este ángel, todas nuestras oraciones deberán ser respondidas. La decimotercera bendición es uno por encima de los doce signos del Zodíaco y nos eleva más allá de la influencia de las estrellas y los planetas.

Tiféret

(יוד הה וו הה) Adonai יְהֹוָהאדניאהדונהי kolenu קוֹלֵנוּ shemá שְׁמַע
rajem רַחֵם harajamán הָרַחֲמָן av אָב .(אבג יתץ) ילה Eloheinu אֱלֹהֵינוּ
aleinu עָלֵינוּ אברהם, וח"פ אל, רי"ו ול"ב נתיבות החכמה, רמ"ח (אברים), עסמ"ב וט"ז אותיות פשוטות
ייי ,י"פ דיודין, אלהים ,מצפצ berajamim בְּרַחֲמִים vekabel וְקַבֵּל .(קרע שטן)
et אֶת ע"ה שדי אל ,ע"ה וקס"א ע"ב בריבוע ,ע"ה מהש uveratsón וּבְרָצוֹן
(ס"ג דס"ג) (מילוי) ייא"י El אֵל qui כִּי .(יכש) נגד tefilatenu תְּפִלָּתֵנוּ
.(בטר צתג) Atá אָתָּה vetajanunim וְתַחֲנוּנִים tefilot תְּפִלּוֹת shomea שׁוֹמֵעַ

LA DUODÉCIMA (DECIMOQUINTA) BENDICIÓN

La progenie de David, Tu servidor, puedas Tú rápidamente hacer florecer. Y Puedas Tú exaltar su gloria con Tu salvación, porque es por Tu salvación que esperamos todo el día. ¡Bendito eres Tú, Señor, que haces florecer la salvación!

LA DECIMOTERCERA (DECIMOSEXTA) BENDICIÓN

Escucha nuestra voz, Señor, nuestro Dios, oh Padre misericordioso, ten piedad de nosotros. Acepta nuestra oración con compasión y favor, porque Tú eres Dios, que escuchas oraciones y súplicas.

ENDULZAR EL JUICIO SUAVE

Es bueno que estés al tanto, reconozcas y confieses tus acciones negativas del pasado y que pidas por tu sustento aquí:

רִבּוֹנוֹ Ribonó שֶׁל shel עוֹלָם ,Olam וְחָטָאתִי jatati עָוִיתִי aviti

וּפָשַׁעְתִּי ufashati לְפָנֶיךָ lefaneja ס"ג מ"ה ב"ן יְהִי yehí רָצוֹן ratsón מהש ע"ה,

ע"ב בריבוע וקס"א ע"ה, אל שדי ע"ה מִלְּפָנֶיךָ milfaneja ס"ג מ"ה ב"ן שֶׁתִּמְחוֹל shetimjol

וְתִסְלַח vetislaj יהוה ע"ב וּתְכַפֵּר utejaper לִי li עַל al כָּל col ילי ; עמם

מַה ma מ"ה שֶׁחָטָאתִי shejatati וְשֶׁעָוִיתִי vesheaviti וְשֶׁפָּשַׁעְתִּי veshepashati

לְפָנֶיךָ lefaneja ס"ג מ"ה ב"ן מִיּוֹם miyom ע"ה נגד, מזבח, זן, אל יהוה

שֶׁנִּבְרֵאתִי shenivreti עַד ad הַיּוֹם hayom ע"ה נגד, מזבח, זן, אל יהוה הַזֶּה hazé והו

וּבִפְרַט uvifrat (menciona aquí alguna acción negativa o comportamiento por el cual te gustaría pedir perdón)

וִיהִי viyhí רָצוֹן ratsón מהש ע"ה, ע"ב בריבוע וקס"א ע"ה, אל שדי ע"ה

מִלְּפָנֶיךָ milfaneja ס"ג מ"ה ב"ן יְהֹוָהאדניאהדונהי Adonai אֱלֹהֵינוּ Eloheinu ילה

וֵאלֹהֵי veElohei לכב ; מילוי ע"ב, דמב ; ילה אֲבוֹתֵינוּ avoteinu שֶׁתַּזְמִין shetazmín

פַּרְנָסָתֵנוּ parnasatenu וּמְזוֹנוֹתֵינוּ umezonoteinu לִי li וּלְכָל ulejol יה אדני

אַנְשֵׁי anshei בֵיתִי veití ב"פ ראה הַיּוֹם hayom ע"ה נגד, מזבח, זן, אל יהוה

וּבְכָל uvejol ב"ן, לכב יוֹם yom ע"ה נגד, מזבח, זן, אל יהוה

וָיוֹם vayom ע"ה נגד, מזבח, זן, אל יהוה בְּרֵיוַח bereivaj וְלֹא veló

בְּצִמְצוּם ,vetsimtsum בְּכָבוֹד bejavod בוכו וְלֹא veló בְּבִזּוּי ,bevizui

בְּנַחַת benájat וְלֹא veló בְּצַעַר ,vetsáar וְלֹא veló אֶצְטָרֵךְ etstarej

לְמַתְּנוֹת lematenot בָּשָׂר basar וָדָם vadam וְלֹא veló לְהַלְוָאָתָם ,lehalvaatam

אֶלָּא ela מִיָּדְךָ miyadjá הָרְוָחָה harjavá וְהַפְּתוּחָה vehapetujá

וְהַמְּלֵאָה vehameleá וּבִזְכוּת ubizjut שִׁמְךָ Shimjá הַגָּדוֹל hagadol

להוז; עם ד' אותיות = מבה, יזל, אום (No pronunciar este Nombre): דִּיקַרְנוֹסָא וזהך עם ג' אותיות

- ובאתב"ש = סאל, אמן, יאהדונהי) הַמְּמוּנֶּה hamemuné עַל al הַפַּרְנָסָה haparnasá:

¡Señor del Mundo!

He transgredido. He cometido iniquidades y he pecado frente a Ti. Sea Tu voluntad que me perdones y olvides y expíes por todo aquello que he transgredido, y por todas las iniquidades que he cometido y por todo lo que he pecado ante Ti, desde el día en que he sido creado y hasta este día Sea agradable ante Ti, Señor, nuestro Dios y el Dios de mis antepasados, que Tú me proveas de vitalidad y sustento a mí y a toda mi familia, hoy y todos y cada día, con abundancia y no con escasez; con dignidad y no con vergüenza; con comodidad y no con sufrimiento; y que yo no requiera los regalos de la carne y la sangre, ni sus préstamos, sino sólo de Tu Mano que es generosa, abierta y llena y por virtud de Tu gran Nombre, que es responsable del sustento.

malquenu מַלְכֵּנוּ ב״ן מ״ה ס״ג umilfaneja וּמִלְּפָנֶיךָ

(טנע וזקב) teshivenu תְּשִׁיבֵנוּ al אַל־ reikam רֵיקָם

:tefilatenu תְּפִלָּתֵנוּ ushmá וּשְׁמַע vaanenu וַעֲנֵנוּ janenu חָנֵּנוּ

LA BENDICIÓN PARA UN DÍA DE AYUNO

Esta bendición es recitada por persona en días de ayuno o en *Tishá BeAv*, durante la *Amidá* silenciosa.

tsom צוֹם אל יהוה ,זן ,ע״ה נגד, מזבח beyom בְּיוֹם anenu עֲנֵנוּ avinu אָבִינוּ anenu עֲנֵנוּ

guedolá גְּדוֹלָה אלהים דההין vetsará בְצָרָה qui כִּי והו hazé הַזֶּה hataanit הַתַּעֲנִית

lerishenu לְרִשְׁעֵנוּ tefén תֵּפֶן al אַל־ •anajnu אֲנַחְנוּ

•mibakashatenu מִבַּקָּשָׁתֵנוּ malquenu מַלְכֵּנוּ titalam תִּתְעַלָּם veal וְאַל־

•leshavatenu לְשַׁוְעָתֵנוּ karov קָרוֹב na נָא יהה heyé הֱיֵה

•taané תַּעֲנֶה Atá אַתָּה eleja אֵלֶיךָ nikrá נִקְרָא térem טֶרֶם

ראה cadavar כַּדָּבָר tishmá תִּשְׁמַע veAtá וְאַתָּה ראה nedaber נְדַבֵּר

yikraú יִקְרָאוּ térem טֶרֶם־ יהוה ; יהה vehayá וְהָיָה :sheneemar שֶׁנֶּאֱמַר

medabrim מְדַבְּרִים hem הֵם od עוֹד eené אֶעֱנֶה אני vaaní וַאֲנִי

Adonai יְהֹוָהאדניאהדונהי Atá אַתָּה qui כִּי :eshmá אֶשְׁמָע אני vaaní וַאֲנִי

,אברהם umerajem וּמְרַחֵם veoné וְעוֹנֶה umatsil וּמַצִּיל podé פּוֹדֶה

וז״פ אל, רי״ו ול״ב נתיבות החכמה, רמ״ח (אברים), עסמ״ב וט״ז אותיות פשוטות

(continúa "*Qui Atá*") :vetsuká וְצוּקָה אלהים דההין tsará צָרָה et עֵת ב״ן, לכב bejol בְּכָל

pe פֶּה יכי col כָּל־ tefilat תְּפִלַּת shomea שׁוֹמֵעַ Atá אַתָּה qui כִּי

(פה דו״א) מילה ; וע״ה אלהים, אהיה אדני (יג״ל פוק)

Adonai יְהֹוָהאדניאהדונהי (יהוה אדני) Atá אַתָּה Baruj בָּרוּךְ

En este punto debes meditar en el Nombre Sagrado: אראריתא

Rav Jayim Vital dice: "He encontrado en los libros de los kabbalistas que la oración de un individuo que medite en este Nombre, en la bendición *shomea tefilá*, siempre será respondida".

:יוד הי וו הה = ע״ה אדני וניקודה ב״ן, אֲכַצְ אתב״ש (שקו צית) tefilá תְּפִלָּה shomea שׁוֹמֵעַ

Y de Tu presencia, nuestro Rey,
no nos devuelvas con manos vacías, pero sé amable, responde y escucha nuestra oración.

LA BENDICIÓN PARA UN DÍA DE AYUNO

Contéstanos, Padre nuestro,

contéstanos en este día de ayuno porque estamos muy afligidos. No prestes atención a nuestra iniquidad, Rey nuestro, no ignores nuestra súplica. Por favor, acércate a nuestros llantos y respóndenos incluso antes de que clamemos a Ti. Hablaremos y Tú nos escucharás, como está dicho: "Antes que clamen, Yo responderé; mientras aún estén hablando, Yo habré oído" (Isaías 65:24). Porque Tú, Señor, redimes, salvas, respondes y muestras compasión en cada momento de tribulación y aflicción.

Porque Tú escuchas la oración de cada boca. Bendito eres Tú, Señor, que escuchas las oraciones.

LAS TRES BENDICIONES FINALES

A través del mérito de Moshé, Aharón y Yosef, quienes son nuestros canales para las últimas tres bendiciones, somos capaces de hacer descender toda la energía espiritual que despertamos con nuestras oraciones y bendiciones.

LA DECIMOSÉPTIMA BENDICIÓN

Durante esta bendición, que se refiere a Moshé, siempre debemos meditar en tratar de saber exactamente qué quiere Dios de nosotros en nuestra vida, como lo indica la frase: "Que sea la voluntad de Dios". Estamos pidiéndole a Dios que nos guíe hacia el trabajo que vinimos a hacer en esta Tierra. El Creador no puede aceptar sólo el trabajo que queremos hacer, debemos llevar a cabo el trabajo que estamos destinados a hacer.

Nétsaj

Has hecho peticiones (de necesidades diarias) a Dios. Ahora, después de pedir que tus necesidades sean cumplidas, debes alabar al Creador en las últimas tres bendiciones. Esto es como una persona que ha recibido lo que necesita de su Señor y se aparta de Él. Debes decir "*retsé*" y meditar en el Deseo Celestial (*Kéter*) que es llamado *Métsaj Haratsón* (la Frente del Deseo).

רְצֵה retsé אלף למד הה יוד מם

Aquí meditar en transformar el infortunio y la tragedia (צרה) en deseo y aceptación (רצה).

(**Durante las tres semanas de *Bein HaMetsarim***, medita aquí en estos Nombres Sagrados: אלהים דההין אדני, שין ע"ה, טדהד כוזו מצפצ – con estos Nombres transformamos צרה en רצה).

יְהֹוָהאדנייאהדונהי Adonai אֱלֹהֵינוּ Eloheinu ילה בְּעַמְּךָ beameja יִשְׂרָאֵל Yisrael

וְלִתְפִלָּתָם velitfilatam שְׁעֵה sheé• וְהָשֵׁב vehashev הָעֲבוֹדָה haavodá

לִדְבִיר lidvir רי"ו בֵּיתֶךָ beiteja ב"פ ראה • וְאִשֵּׁי veishei יִשְׂרָאֵל Yisrael

וּתְפִלָּתָם utfilatam מְהֵרָה meherá בְּאַהֲבָה beahavá אוזה, דאגה

תְקַבֵּל tekabel בְּרָצוֹן beratsón מהש ע"ה, ע"ב בריבוע וקס"א ע"ה, אל שדי ע"ה •

וּתְהִי utehí לְרָצוֹן leratsón מהש ע"ה, ע"ב בריבוע וקס"א ע"ה, אל שדי ע"ה

תָּמִיד tamid ע"ה קס"א קנ"א קמ"ג עֲבוֹדַת avodat יִשְׂרָאֵל Yisrael עַמֶּךָ ameja:

LAS TRES BENDICIONES FINALES
LA DECIMOSÉPTIMA BENDICIÓN

Encuentra gracia, Señor, nuestro Dios, en Tu Pueblo, Israel, y oye su oración. Restaura el culto en el santuario interno de Tu Templo. Acepta las ofrendas de Israel y sus oraciones con complacencia, prontamente y con amor. Que siempre sea agradable a Ti, el servicio de Israel, Tu Nación.

PARA ROSH JÓDESH, PÉSAJ Y SUCOT:

Durante estos eventos, hay una oleada de energía espiritual extra en nuestro medio. Estas bendiciones adicionales son nuestra antena para atraer esta fuerza extra a nuestra vida.

Si por error olvidaste decir "*yaalé veyavó*" y te das cuenta antes del final de la bendición ("*Baruj Atá Adonai*") debes volver y decir "*yaalé veyavó*" y continuar como siempre. Si sólo te das cuenta luego del final de la bendición ("*hamajazir Shejinató leTsiyón*") pero antes de empezar la bendición siguiente ("*modim*"), debes decir "*yaalé veyavó*" en ese momento y continuar normalmente. Si te das cuenta de ello luego de haber empezado la siguiente bendición ("*modim*") pero antes del segundo "*yihyú leratsón*" (en la pág. 393) debes volver a "*retsé*" (pág. 383) y continúa desde allí. Si te das cuenta de ello después (el segundo "*yihyú leratsón*") debes empezar la *Amidá* desde el principio. **En Érev (noche) de Rosh Jódesh:** Si por error olvidaste decir "*yaalé veyavó*", y te das cuenta antes del final de la bendición ("*Baruj Atá Adonai*") debes volver y decir "*yaalé veyavó*" y continuar como siempre. De otra manera continua con tu oración y no vuelvas atrás.

אֱלֹהֵינוּ Eloheinu ילה וֵאלֹהֵי veElohei לכב ; מילוי ע״ב, דמב ; ילה אֲבוֹתֵינוּ avoteinu

יַעֲלֶה yaalé וְיָבֹא veyavó וְיַגִּיעַ veyaguía וְיֵרָאֶה veyerae ר״יו וְיֵרָצֶה veyeratsé

וְיִשָּׁמַע veyishamá וְיִפָּקֵד veyipaked וְיִזָּכֵר veyizajer ר״ת מ״ב (ז״פ ו׳)

זִכְרוֹנֵנוּ zijronenu וְזִכְרוֹן vezijrón ע״ב קס״א ונש״ב אֲבוֹתֵינוּ avoteinu. זִכְרוֹן zijrón

ע״ב קס״א ונש״ב יְרוּשָׁלַיִם Yerushaláyim עִירָךְ iraj.

וְזִכְרוֹן vezijrón ע״ב קס״א ונש״ב מָשִׁיחַ Mashíaj בֶּן ben דָּוִד David

ע״ה כהת ; בן דוד = אדני ע״ה עַבְדָּךְ avdaj פוי, אל אדני. וְזִכְרוֹן vezijrón ע״ב קס״א ונש״ב

כָּל col ילי עַמְּךָ ameja בֵּית beit ב״פ ראה יִשְׂרָאֵל Yisrael

לְפָנֶיךָ lefaneja ס״ג מ״ה ב״ן לִפְלֵיטָה lifleitá לְטוֹבָה letová אכא.

לְחֵן lején מילוי דמ״ה בריבוע, מוזי לְחֶסֶד lejésed ע״ב, ריבוע יהוה

וּלְרַחֲמִים ulerajamim. לְחַיִּים lejayim אהיה אהיה יהוה, בינה ע״ה.

טוֹבִים tovim וּלְשָׁלוֹם uleshalom. בְּיוֹם beyom ע״ה נגד, מזבח, זן, אל יהוה:

PARA ROSH JÓDESH, PÉSAJ Y SUCOT:

Nuestro Dios y el Dios de nuestros padres, pueda levantarse y venir y llegar y aparecer y encontrar el favor y ser oído y ser considerado y ser recordado, nuestra remembranza y la remembranza de nuestros padres, la remembranza de Jerusalén, Tu ciudad, y la remembranza del Mesías Ben David, Tu sirviente, y la remembranza de toda Tu Nación, la Casa de Israel, ante Ti, para aceptación, para bien, para gracia, amabilidad y compasión, para una buena vida y para paz en este Día de:

En *Rosh Jódesh:*

רֹאשׁ Rosh ריבוע אלהים ואלהים דיודין ע"ה

הַחֹדֶשׁ haJódesh י"ב הויות, קס"א קנ"א ; ראש חדש ע"ה = שין דלת יוד הַזֶּה hazé והו.

En los días intermedios *(Jol Hamoed)* de *Pésaj*:

חַג jag הַמַּצּוֹת haMatsot הַזֶּה hazé והו

בְּיוֹם beyom ע"ה נגד, מזבח, זן, אל יהוה מִקְרָא mikrá קֹדֶשׁ kódesh הַזֶּה hazé והו.

En los días intermedios *(Jol Hamoed)* de *Sucot:*

חַג jag הַסֻּכּוֹת haSucot הַזֶּה hazé והו

בְּיוֹם beyom ע"ה נגד, מזבח, זן, אל יהוה מִקְרָא mikrá קֹדֶשׁ kódesh הַזֶּה hazé והו.

לְרַחֵם lerajem אברהם, ח"פ אל, רי"ו ול"ב נתיבות החכמה, רמ"ח (אברים), עסמ"ב וט"ז אותיות פשוטות בּוֹ bo עָלֵינוּ aleinu וּלְהוֹשִׁיעֵנוּ ulehoshienu.

זָכְרֵנוּ zojrenu יְהֹוָהאדנהיאהדונהי Adonai אֱלֹהֵינוּ Eloheinu ילה בּוֹ bo

לְטוֹבָה letová אכא. וּפָקְדֵנוּ ufokdenu בוֹ vo לִבְרָכָה livrajá.

וְהוֹשִׁיעֵנוּ vehoshienu בוֹ vo לְחַיִּים lejayim אהיה אהיה יהוה, בינה ע"ה

טוֹבִים tovim. בִּדְבַר bidvar ראה יְשׁוּעָה yeshúa וְרַחֲמִים verajamim.

חוּס jus וְחָנֵּנוּ vejonenu וַחֲמוֹל vajamol וְרַחֵם verajem אברהם, ח"פ אל,

רי"ו ול"ב נתיבות החכמה, רמ"ח (אברים), עסמ"ב וט"ז אותיות פשוטות עָלֵינוּ aleinu.

וְהוֹשִׁיעֵנוּ vehoshienu כִּי qui אֵלֶיךָ eleja עֵינֵינוּ eineinu ריבוע מ"ה. כִּי qui

אֵל El יא"י (מילוי דס"ג) מֶלֶךְ Mélej חַנּוּן janún וְרַחוּם verajum אָתָּה Atá:

וְאַתָּה veAtá בְּרַחֲמֶיךָ verajameja הָרַבִּים harabim. תַּחְפֹּץ tajpots בָּנוּ banu

וְתִרְצֵנוּ vetirtsenu וְתֶחֱזֶינָה vetejezena עֵינֵינוּ eineinu ריבוע מ"ה

בְּשׁוּבְךָ beshuvjá לְצִיּוֹן leTsiyón יוסף, ו' הויות, קנאה בְּרַחֲמִים berajamim

מצפצ, אלהים דיודין, י"פ ייי: בָּרוּךְ Baruj אַתָּה Atá יְהֹוָהאדנהיאהדונהי Adonai

הַמַּחֲזִיר hamajazir שְׁכִינָתוֹ Shejinató לְצִיּוֹן leTsiyón יוסף, ו' הויות, קנאה:

En Rosh Jódesh: *Este Rosh Jódesh.*

En los días intermedios de Pésaj: *Este festival de las Matsot, en este buen día de Convocación Santa.*

En los días intermedios de Sucot: *Este festival de Sucot, en este buen día de Convocación Santa.*

para tener misericordia de nosotros y para salvarnos.

Recuérdanos, Señor, nuestro Dios, para bien y considéranos en ello para la bendición y entréganosla para una buena vida con las palabras de entrega y misericordia. Ten piedad y sé amable con nosotros y ten misericordia y sé compasivo con nosotros y sálvanos, porque nuestros ojos van hacia Ti, porque Tú eres Dios, Rey que es amable y compasivo.

Y Tú en Tu gran compasión, te deleites en nosotros y estés complacido con nosotros. Puedan nuestros ojos contemplar Tu retorno a Sión con compasión. ¡Bendito eres Tú, Señor, que devuelve Su Shejiná a Sión!

LA DECIMOCTAVA BENDICIÓN

Esta bendición es nuestro agradecimiento. Kabbalísticamente, el mayor agradecimiento que le podemos dar a nuestro Creador es hacer exactamente lo que necesitamos hacer en nuestro trabajo espiritual.

Hod

Inclina todo tu cuerpo en "*modim*" y enderézate en "*Adonai*".

מוֹדִים modim מאה ברכות שתיקן דוד לאומרם כל יום אֲנַחְנוּ anajnu לָךְ laj

שָׁאַתָּה sheAtá הוּא Hu יְהֹוָהאדניאהדונהי Adonai (ע"ג) אֱלֹהֵינוּ Eloheinu ילה

וֵאלֹהֵי veElohei לכב ; מילוי ע"ב, דמב ; ילה אֲבוֹתֵינוּ avoteinu לְעוֹלָם leolam

וָעֶד vaed. ריבוע ס"ג וי' אותיות דס"ג צוּרֵנוּ tsurenu צוּר tsur אלהים דההין ע"ה

וְחַיֵּינוּ jayeinu וּמָגֵן umaguén ג"פ אל (ייא" מילוי דס"ג) ; ר"ת מיכאל גבריאל נוריאל

יִשְׁעֵנוּ yishenu אַתָּה Atá הוּא Hu. לְדוֹר ledor וָדוֹר vador ר"ו נוֹדֶה nodé

לְּךָ lejá וּנְסַפֵּר unesaper תְּהִלָּתֶךָ tehilateja. עַל־ al וְחַיֵּינוּ jayeinu

הַמְּסוּרִים hamesurim בְּיָדֶךָ beyadeja. וְעַל veal נִשְׁמוֹתֵינוּ nishmoteinu

הַפְּקוּדוֹת hapekudot לָךְ laj. וְעַל־ veal נִסֶּיךָ niseja שֶׁבְּכָל shebejol

ב"ן, לכב יוֹם yom ע"ה נגד, מזבח, זן, אל יהוה עִמָּנוּ imanu ריבוע ס"ג, קס"א ע"ה וד' אותיות

וְעַל veal נִפְלְאוֹתֶיךָ nifleoteja וְטוֹבוֹתֶיךָ vetovoteja שֶׁבְּכָל shebejol

ב"ן, לכב עֵת et. עֶרֶב érev וָבֹקֶר vavóker וְצָהֳרָיִם vetsahoráyim. הַטּוֹב hatov

והו כִּי־ qui לֹא־ lo כָלוּ jalu רַחֲמֶיךָ rajameja. הַמְרַחֵם hamerajem

אברים, וז"פ אל, רי"ו ול"ב נתיבות החכמה, רמ"ח (אברים), עסמ"ב וט"ז אותיות פשוטות כִּי־ qui לֹא lo

תַמּוּ tamu חֲסָדֶיךָ jasadeja כִּי qui מֵעוֹלָם meolam קִוִּינוּ kivinu לָךְ laj:

LA DECIMOCTAVA BENDICIÓN

Nosotros te damos gracias a Ti, porque eres Tú, Señor, quien es nuestro Dios y el Dios de nuestros padres, por siempre y por toda la eternidad. Tú eres nuestra Fortaleza, la Fortaleza de nuestras vidas y el Escudo de nuestra salvación. De una generación a otra, te daremos gracias a Ti y cantaremos Tu alabanza. Por nuestras vidas que están en Tus Manos, por nuestras almas que están a Tu cuidado, por Tus milagros que están con nosotros todos los días y por Tus maravillas y Tus favores que están con nosotros en todo momento: de noche, de mañana y de tarde. Tú eres bueno, porque Tu compasión nunca se ha acabado. Tú eres el misericordioso, porque Tu bondad nunca ha cesado, porque siempre hemos puesto nuestras esperanzas en Ti.

PARA JANUCÁ Y PURIM

Janucá y *Purim* generan una dimensión adicional de energía de Milagros. Esta bendición nos ayuda a aprovechar esta energía, atrayendo milagros a nuestra vida cuando realmente los necesitamos.

וְעַל veal הַנִּסִּים hanisim וְעַל veal הַפֻּרְקָן hapurkán.
וְעַל veal הַגְּבוּרוֹת haguevurot. וְעַל veal הַתְּשׁוּעוֹת hateshuot
וְעַל veal הַנִּפְלָאוֹת haniflaot וְעַל veal הַנֶּחָמוֹת hanejamot
שֶׁעָשִׂיתָ sheasita לַאֲבוֹתֵינוּ laavoteinu בַּיָּמִים bayamim נלך הָהֵם hahem
בַּזְּמַן bazemán הַזֶּה hazé והו:

PARA JANUCÁ:

בִּימֵי bimei מַתִּתְיָה Matityá בֶּן ven יוֹחָנָן Yojanán כֹּהֵן Cohén מכלה
גָּדוֹל Gadol להח ; עם ד' אותיות = מבה, יזל, אום וְחַשְׁמוֹנָאִי Jashmonaí וּבָנָיו uvanav
כְּשֶׁעָמְדָה quesheamdá מַלְכוּת maljut יָוָן Yaván הָרְשָׁעָה harshaá עַל al
עַמְּךָ ameja יִשְׂרָאֵל Yisrael לְשַׁכְּחָם leshaquejam תּוֹרָתָךְ torataj
וּלְהַעֲבִירָם ulehaaviram מֵחֻקֵּי mejukei רְצוֹנָךְ retsonaj. וְאַתָּה veAtá
בְּרַחֲמֶיךָ verajameja הָרַבִּים harabim עָמַדְתָּ amadta לָהֶם lahem
בְּעֵת beet צָרָתָם tsaratam. רַבְתָּ ravta אֶת et רִיבָם rivam. דַּנְתָּ danta
אֶת et דִּינָם dinam. נָקַמְתָּ nakamta מנק אֶת et נִקְמָתָם nikmatam מנק.
מָסַרְתָּ masarta גִּבּוֹרִים guiborim בְּיַד beyad חַלָּשִׁים jalashim. וְרַבִּים verabim
בְּיַד beyad מְעַטִּים meatim. וּרְשָׁעִים ureshaím בְּיַד beyad צַדִּיקִים tsadikim.
וּטְמֵאִים utmeím בְּיַד beyad טְהוֹרִים tehorim. וְזֵדִים vezedim בְּיַד beyad
עוֹסְקֵי oskei תוֹרָתֶךָ torateja. לְךָ lejá עָשִׂיתָ asita שֵׁם shem
גָּדוֹל gadol להח ; עם ד' אותיות = מבה, יזל, אום וְקָדוֹשׁ vekadosh בְּעוֹלָמָךְ beolamaj.
וּלְעַמְּךָ uleameja יִשְׂרָאֵל Yisrael עָשִׂיתָ asita תְּשׁוּעָה teshuá גְּדוֹלָה guedolá
וּפֻרְקָן ufurkán כְּהַיּוֹם quehayom ע"ה נגד, מזבח, זן, אל יהוה הַזֶּה hazé והו.

PARA JANUCÁ Y PURIM

Y también por los milagros, la liberación, los hechos poderosos, la salvación, las maravillas, y actos de consolación que Tú realizaste para nuestros antepasados, en aquellos días y en este momento.

PARA JANUCÁ

En los días de Matityá, hijo de Yojanán, el Sumo Sacerdote, el jasmoneo, y sus hijos, cuando el maligno Imperio Griego se sublevó en contra de Tu Nación, Israel, para obligarlos a olvidar Tu Torá y obligarlos a alejarse de las leyes de Tu deseo, con Tu compasión estuviste con ellos en tiempos turbulentos. Tú luchaste sus batallas, buscaste justicia para ellos, los vindicaste y entregaste a los fuertes en manos de los débiles, a los numerosos en manos de los pocos, a los perversos en manos de los justos, a los contaminados en manos de los puros y a los tiranos en manos de aquellos que se ocupaban con Tu Torá. Hiciste un Santo Nombre para Ti en Tu mundo y para Tu pueblo, Israel, realizaste una gran salvación y liberación en este día.

וְאַחַר veajar כָּךְ caj בָּאוּ bau בָנֶיךָ vaneja לִדְבִיר lidvir רי"ו

בֵּיתֶךָ beiteja ב"פ ראה וּפִנּוּ ufinú אֶת־ et הֵיכָלֶךָ heijaleja. וְטִהֲרוּ vetiharú

אֶת et מִקְדָּשֶׁךָ mikdasheja. וְהִדְלִיקוּ vehidliku נֵרוֹת nerot

בְּחַצְרוֹת bejatsrot קָדְשֶׁךָ kodsheja. וְקָבְעוּ vekavú שְׁמוֹנַת shmonat

יְמֵי yemei חֲנֻכָּה Janucá אֵלּוּ elu בְּהַלֵּל behalel אדנ"י, ללה וּבְהוֹדָאָה uvehodaá.

וְעָשִׂיתָ veasita עִמָּהֶם imahem נִסִּים nisim וְנִפְלָאוֹת veniflaot וְנוֹדֶה venodé

לְשִׁמְךָ leShimjá הַגָּדוֹל hagadol להח ; עם ד' אותיות = מבה, יזל, אום סֶלָה sela:

PARA PURIM:

בִּימֵי bimei מָרְדְּכַי Mordejai וְאֶסְתֵּר veEster עם האותיות = מילוי אדנ"י

בְּשׁוּשַׁן beShushán הַבִּירָה habirá. כְּשֶׁעָמַד quesheamad עֲלֵיהֶם aleihem

הָמָן Hamán הָרָשָׁע Harashá. בִּקֵּשׁ bikesh לְהַשְׁמִיד lehashmid לַהֲרוֹג laharog

וּלְאַבֵּד uleabed אֶת et כָּל col ילי הַיְּהוּדִים hayehudim מִנַּעַר mináar וְעַד vead

זָקֵן zakén טַף taf וְנָשִׁים venashim בְּיוֹם beyom ע"ה נגד, מזבח, זן, אל יהוה

אֶחָד ejad אהבה, דאגה בִּשְׁלשָׁה bishloshá עָשָׂר asar לְחֹדֶשׁ lejódesh

י"ב הויות, קס"א קנ"א שְׁנֵים shneim עָשָׂר asar הוּא hu חֹדֶשׁ jódesh י"ב הויות, קס"א קנ"א

אֲדָר Adar וּשְׁלָלָם ushlalam לָבוֹז lavoz. וְאַתָּה veAtá בְּרַחֲמֶיךָ verajameja

הָרַבִּים harabim הֵפַרְתָּ hefarta אֶת et עֲצָתוֹ atsató וְקִלְקַלְתָּ vekilkalta

אֶת et מַחֲשַׁבְתּוֹ majashavtó. וַהֲשֵׁבוֹתָ vahashevota לוֹ lo גְּמוּלוֹ guemuló

בְּרֹאשׁוֹ beroshó. וְתָלוּ vetalú אוֹתוֹ otó וְאֶת veet בָּנָיו banav עַל al הָעֵץ haets.

וְעָשִׂיתָ veasita עִמָּהֶם imahem נִסִּים nisim וְנִפְלָאוֹת veniflaot וְנוֹדֶה venodé

לְשִׁמְךָ leShimjá הַגָּדוֹל hagadol להח ; עם ד' אותיות = מבה, יזל, אום סֶלָה sela:

Entonces Tus hijos vinieron al Santuario de Tu Casa, limpiaron Tu Palacio, purificaron Tu Templo, encendieron velas en los jardines de Tu Santo Dominio, y establecieron estos ocho días de Janucá para alabanza y acción de gracias. Y Tú realizaste milagros y maravillas para ellos. Por ello estamos agradecidos a Tu Gran Nombre. Sela.

PARA PURIM:

En los días de Mordejái y Ester, en Shushán, la capital, cuando el malvado Hamán se sublevó contra ellos, él busco destruir, asesinar y aniquilar a todos los judíos, jóvenes y viejos, niños y mujeres, en un día, el decimotercer día del duodécimo mes, el cual es el mes de Adar, y tomar su botín. Pero Tú, en Tu gran compasión, arruinaste su plan, frustraste su diseño y dirigiste su cometido hacia su propia cabeza. Lo colgaron a él y a sus hijos en la horca. Y Tú realizaste milagros y maravillas para ellos (Israel). Damos gracias a Tu gran Nombre. Sela.

וְעַל veal כֻּלָּם culam יִתְבָּרַךְ yitbaraj וְיִתְרוֹמַם veyitromam

וְיִתְנַשֵּׂא veyitnasé תָּמִיד tamid ע"ה קס"א קנ"א קמ"ג שִׁמְךָ Shimjá

מַלְכֵּנוּ malquenu לְעוֹלָם leolam ריבוע ס"ג וי' אותיות דס"ג וָעֶד vaed.

וְכָל־ vejol ילי הַחַיִּים hajayim אהיה אהיה יהוה, בינה ע"ה יוֹדוּךָ yoduja סֶּלָה sela:

> **Durante los días entre *Rosh Hashaná* y *Yom Kipur*** recitamos la oración de "*ujtov*":
>
> וּכְתוֹב ujtov לְחַיִּים lejayim אהיה אהיה יהוה, בינה ע"ה טוֹבִים tovim
>
> כָּל־ col ילי בְּנֵי bnei בְרִיתֶךָ vriteja:
>
> Si olvidaste decir "*ujtov*" y te das cuenta antes del final de la bendición ("*Baruj Atá Adonai*"), debes volver y decir "*ujtov*" y continuar normalmente. Pero si te das cuenta sólo después del final de la bendición, debes continuar y puedes agregar "*ujtov*" al final de "*Elohai Netsor*".

וִיהַלְלוּ vihalelú וִיבָרְכוּ vivarjú יהוה ריבוע יהוה ריבוע מ"ה אֶת־ et

שִׁמְךָ Shimjá הַגָּדוֹל hagadol להח ; עם ד' אותיות = מבה, יזל, אום בֶּאֱמֶת beemet אהיה

פעמים אהיה, ז"פ ס"ג לְעוֹלָם leolam ריבוע ס"ג וי' אותיות דס"ג כִּי qui טוֹב tov והו ;

כי טוב = יהוה אהיה, אום, מבה, יזל. הָאֵל haEl לאה ; ייא"י (מילוי דס"ג) יְשׁוּעָתֵנוּ yeshuatenu

וְעֶזְרָתֵנוּ veezratenu סֶלָה sela. הָאֵל haEl לאה ; ייא"י (מילוי דס"ג) הַטּוֹב hatov והו:

Flexiona tus rodillas en "*Baruj*", inclínate en "*Atá*" y enderézate en "*Adonai*".

בָּרוּךְ Baruj אַתָּה Atá יְהֹוָהאדניאהדונהי Adonai (הי) הַטּוֹב hatov והו

שִׁמְךָ Shimjá וּלְךָ uLejá נָאֶה naé לְהוֹדוֹת lehodot ס"ת כהת, משיח בן דוד ע"ה:

Y por todas estas cosas, que Tu Nombre sea siempre bendecido, exaltado y ensalzado, por siempre, nuestro Rey, por siempre y para siempre, y todos los vivientes Te agradecen, Sela.

> Durante los días entre *Rosh Hashaná* y *Yom Kipur*:
> *E inscribe para una buena vida a todos los miembros de Tu Pacto.*

Y ellos te alabarán y bendecirán Tu gran Nombre, sinceramente y para siempre, porque es bueno, el Dios de nuestra salvación y nuestra ayuda, Sela, el buen Dios. Bendito eres Tú, Señor, cuyo Nombre es bueno. Y a Ti es propio dar gracias.

LA BENDICIÓN FINAL

Estamos emanando la energía de paz para el mundo entero. También nos proponemos utilizar nuestra boca sólo para el bien. Kabbalísticamente, el poder de las palabras y del habla es inimaginable. Esperamos usar este poder sabiamente, lo que tal vez sea una de las tareas más difíciles de llevar a cabo.

Yesod

שִׂים sim שָׁלוֹם shalom

(**Durante las tres semanas de *Bein HaMetsarim*,** medita aquí en estos Nombres Sagrados:
שין ראשונה (ע״ה = טדהד כוזו מצפצ) ממתקת את השין השניה (= אלהים דההין אדני) ;
וכן שים שלום ע״ה = ו׳ השמות (טדהד כוזו מצפצ אלהים אדני יהוה) אדני טדהד כוזו מצפצ ואלהים דההין)

טוֹבָה tová אכא וּבְרָכָה uvrajá חַיִּים jayim אהיה אהיה יהוה, בינה ע״ה חֵן jen מילוי
דמ״ה בריבוע, מוחי וָחֶסֶד vajésed ע״ב, ריבוע יהוה צְדָקָה tsedaká ע״ה ריבוע אלהים
וְרַחֲמִים verajamim עָלֵינוּ aleinu וְעַל־ veal כָּל־ col ילי ; עמם יִשְׂרָאֵל Yisrael
עַמֶּךָ ameja וּבָרְכֵנוּ uvarjenu אָבִינוּ avinu כֻּלָּנוּ culanu כְּאֶחָד queejad אהבה,
דאגה בְּאוֹר beor רז, א״ס פָּנֶיךָ paneja ס״ג מ״ה ב״ן כִּי qui בְאוֹר veor רז, א״ס
פָּנֶיךָ paneja ס״ג מ״ה ב״ן נָתַתָּ natata לָּנוּ lanu אלהים, אהיה אדני
יְהֹוָהאדניאהדונהי Adonai אֱלֹהֵינוּ Eloheinu ילה תּוֹרָה Torá וְחַיִּים vejayim
אהיה אהיה יהוה, בינה ע״ה. אַהֲבָה ahavá אחד, דאגה וָחֶסֶד vajésed ע״ב, ריבוע יהוה.
צְדָקָה tsedaká ע״ה ריבוע אלהים וְרַחֲמִים verajamim. בְּרָכָה brajá
וְשָׁלוֹם veshalom. וְטוֹב vetov והו בְּעֵינֶיךָ־ beeineja ע״ה קס״א ; ריבוע מ״ה
לְבָרְכֵנוּ levarjenu וּלְבָרֵךְ ulevarej אֶת et כָּל־ col ילי עַמְּךָ ameja
יִשְׂרָאֵל Yisrael בְּרוֹב־ berov י״פ אהיה עֹז oz וְשָׁלוֹם veshalom:

LA BENDICIÓN FINAL

Otorga paz, bondad, bendiciones, vida, gracia, amabilidad, justicia y misericordia a nosotros y a todo Israel, Tu Pueblo. Bendícenos a todos como uno solo, Padre nuestro, con la Luz de Tu Rostro, porque es con la Luz de Tu rostro que Tú, Señor, nuestro Dios, nos has dado la Torá y vida, amor y amabilidad, justicia y misericordia, bendición y paz. Que sea grato a Tus Ojos bendecirnos y bendecir a Tu Nación, Israel, con abundante poder y con paz.

Durante los días entre *Rosh Hashaná* y *Yom Kipur* decimos la oración "*uveséfer jayim*":

וּבְסֵפֶר uveséfer חַיִּים jayim אהיה אהיה יהוה, בינה ע"ה

בְּרָכָה brajá וְשָׁלוֹם veshalom וּפַרְנָסָה ufarnasá טוֹבָה tová אכא

וִישׁוּעָה vishuá וְנֶחָמָה venejamá וּגְזֵרוֹת ugzerot טוֹבוֹת tovot.

נִזָּכֵר nizajer וְנִכָּתֵב venicatev לְפָנֶיךָ lefaneja ס"ג מ"ה ב"ן

אֲנַחְנוּ anajnu וְכָל vejol ילי עַמְּךָ ameja יִשְׂרָאֵל Yisrael

לְחַיִּים lejayim אהיה אהיה יהוה, בינה ע"ה טוֹבִים tovim וּלְשָׁלוֹם uleshalom:

Si olvidaste decir "*uveséfer jayim*" y te das cuenta de esto antes del final de la bendición ("*Baruj Atá Adonai*"), debes regresar y decir "*uveséfer jayim*" y continuar normalmente. Pero si te das cuenta de esto sólo al final de la bendición, debes continuar y puedes agregar "*uveséfer jayim*" al final de "*Elohai Netsor*".

בָּרוּךְ Baruj אַתָּה Atá יְהֹוָהאדניאהדונהי Adonai

הַמְבָרֵךְ hamevarej אֶת et עַמּוֹ amó יִשְׂרָאֵל Yisrael

ר"ת = אלהים (אילההויהם = יב"ק) בַּשָּׁלוֹם bashalom. אָמֵן Amén יאהדונהי.

YIHYÚ LERATSÓN

Hay 42 letras en el versículo en el secreto del *Aná Bejóaj*.

יִהְיוּ yihyú אל (ייא" מילוי דס"ג) לְרָצוֹן leratsón מהש ע"ה, ע"ב בריבוע וקס"א ע"ה, אל שדי ע"ה

אִמְרֵי־ imrei פִי fi ר"ת אֶלֶף = אלף למד שין דלת יוד ע"ה וְהֶגְיוֹן vehegyón לִבִּי libí

לְפָנֶיךָ lefaneja ס"ג מ"ה ב"ן יְהֹוָהאדניאהדונהי Adonai צוּרִי tsurí וְגֹאֲלִי vegoalí:

Durante los días entre *Rosh Hashaná* y *Yom Kipur*

Y que en el Libro de la Vida, para bendición, paz, buen sustento, salvación, consuelo, y buenos decretos, todos seamos recordados e inscritos ante Ti; Nosotros y toda Tu Nación, Israel, para una buena vida y para paz.

¡Bendito eres Tú, Señor, que bendice a Su Pueblo, Israel, con paz, Amén!

YIHYÚ LERATSÓN

"Sean gratos ante Ti, Señor, mi Fortaleza y mi Redentor,
los dichos de mi boca y los pensamientos de mi corazón" (Salmos 19:15).

ELOHAI NETSOR

אֱלֹהַי Elohai מילוי ע"ב, דמב ; ילה נְצֹר netsor לְשׁוֹנִי leshoní מֵרָע merá◆

וּשְׂפָתוֹתַי vesiftotai מִדַּבֵּר midaber ראה מִרְמָה mirmá◆ וְלִמְקַלְלַי velimkalelai

נַפְשִׁי nafshí תִדֹּם tidom◆ וְנַפְשִׁי venafshí כֶּעָפָר queafar

לַכֹּל lacol יה אדני תִּהְיֶה tihyé◆ פְּתַח ptaj לִבִּי libí בְּתוֹרָתֶךָ betorateja◆

וְאַחֲרֵי veajarei מִצְוֹתֶיךָ mitsvoteja תִּרְדּוֹף tirdof נַפְשִׁי nafshí◆

וְכָל־ vejol ילי הַקָּמִים hakamim עָלַי alai לְרָעָה leraá רהע◆ מְהֵרָה meherá

הָפֵר hafer עֲצָתָם atsatam וְקַלְקֵל vekalkel מַחְשְׁבוֹתָם majshevotam◆

עֲשֵׂה asé לְמַעַן lemaan שְׁמָךְ shemaj◆ עֲשֵׂה asé לְמַעַן lemaan

יְמִינָךְ yeminaj◆ עֲשֵׂה asé לְמַעַן lemaan תּוֹרָתָךְ torataj◆ עֲשֵׂה asé

לְמַעַן lemaan קְדֻשָּׁתָךְ kedushataj◆ ר"ת הפסוק = מ"ה יהוה לְמַעַן lemaan

יֵחָלְצוּן yejaltsún יְדִידֶיךָ yedideja ר"ת ילי הוֹשִׁיעָה hoshía יהוה וש"ע נהורין

יְמִינְךָ yeminjá וַעֲנֵנִי vaaneni (כתיב: ועננו) ר"ת אל ("יאי" מילוי דס"ג)◆

Antes de que recitemos el próximo verso ("*Yihyú leratsón*") tenemos una oportunidad para fortalecer la conexión con nuestra alma usando nuestro nombre. Cada persona tiene un versículo en la Torá que lo conecta con su nombre. O bien su nombre está en el versículo o la primera letra y última letra del nombre corresponden a la primera y última letra del versículo. Por ejemplo, el nombre Yehuda comienza con una *Yud* y termina con una *Hei*. Antes de terminar la *Amidá*, declaramos que nuestro nombre sea siempre recordado cuando nuestra alma abandone este mundo.

ELOHAI NETSOR

Mi Dios, cuida mi lengua del mal y mis labios de decir falsedad. Que mi alma permanezca en silencio ante aquellos que me maldicen y permite que mi espíritu sea humilde ante todos, como el polvo. Abre mi corazón a Tu Torá y permite que mi corazón siga Tus mandamientos. Prontamente frustra los planes y daña los pensamientos de todos aquellos que se levantan contra mí para hacerme daño. Hazlo por la gloria de Tu Nombre. Haz esto por el bien de Tu Diestra. Haz esto por el mérito de Tu Torá. Haz esto por Tu santidad, "Que Tus amados sean rescatados. Sálvalos con Tu Diestra y contéstame" (Salmos 60:7).

YIHYÚ LERATSÓN (EL SEGUNDO)

Hay 42 letras en el versículo en el secreto del *Aná Bejóaj*.

יִהְיוּ yihyú אל (ייא״י מילוי דס״ג) לְרָצוֹן leratsón מהש ע״ה, ע״ב בריבוע וקס״א ע״ה, אל שדי ע״ה

אִמְרֵי־ imrei פִי fi ר״ת אֶלֶף = אלף למד שין דלת יוד ע״ה וְהֶגְיוֹן vehegyón לִבִּי libí

לְפָנֶיךָ lefaneja ס״ג מ״ה ב״ן יְהֹוָהאדניאהדונהי Adonai צוּרִי tsurí וְגֹאֲלִי vegoalí:

OSÉ SHALOM

Da tres pasos hacia atrás;

עֹשֶׂה osé שָׁלוֹם shalom

Izquierda
Te vuelves a la izquierda y dices:

(Durante los días entre *Rosh Hashaná* y *Yom Kipur* en lugar de "*shalom*" decimos:
הַשָּׁלוֹם hashalom ספריאל המלאך הזותם לוזיים)

בִּמְרוֹמָיו bimromav ר״ת ע״ב, ריבוע יהוה

Derecha
Te vuelves a la derecha y dices:

הוּא Hu בְּרַחֲמָיו verajamav יַעֲשֶׂה yaasé

שָׁלוֹם shalom עָלֵינוּ aleinu ר״ת ש״ע נהורין

Centro
Te alineas al centro y dices:

וְעַל veal כָּל־ col ילי ; עמם עַמּוֹ amó יִשְׂרָאֵל Yisrael

וְאִמְרוּ veimrú אָמֵן Amén יאהדונהי:

יְהִי yehí רָצוֹן ratsón מהש ע״ה, ע״ב בריבוע וקס״א ע״ה, אל שדי ע״ה

מִלְּפָנֶיךָ milfaneja ס״ג מ״ה ב״ן יְהֹוָהאדניאהדונהי Adonai אֱלֹהֵינוּ Eloheinu ילה

וֵאלֹהֵי veElohei לכב ; מילוי ע״ב, דמב ; ילה אֲבוֹתֵינוּ avoteinu, שֶׁתִּבְנֶה shetivné

בֵּית beit ב״פ ראה הַמִּקְדָּשׁ hamikdash בִּמְהֵרָה bimherá בְיָמֵינוּ veyameinu

וְתֵן vetén חֶלְקֵנוּ jelkenu בְּתוֹרָתָךְ vetorataj לַעֲשׂוֹת laasot חֻקֵּי jukei

רְצוֹנָךְ retsonaj וּלְעָבְדָךְ uleovdaj פוי, אל אדני בְּלֵבָב belevav בוכו שָׁלֵם shalem.

Da tres pasos hacia delante.

YIHYÚ LERATSÓN (EL SEGUNDO)

"Que los dichos de mi boca y los pensamientos de mi corazón sean gratos ante Ti, Señor, mi Fortaleza y mi Redentor" (Salmos 19:15).

OSÉ SHALOM

Él, que establece paz (Durante los días entre *Rosh Hashaná* y *Yom Kipur*: *la paz*) *en Sus altos lugares,*
Él, en Su compasión, hará que la paz esté entre nosotros y sobre Su pueblo entero, Israel, y dirán: Amén.

Sea agradable ante Ti, Señor, nuestro Dios y Dios de nuestros antepasados, que puedas reconstruir rápidamente el santo Templo, en nuestros días, y otórganos participación en Tu Torá, para que podamos cumplir las leyes de Tu deseo y servirte con todo el corazón.

KADISH TITKABAL

יִתְגַּדַּל yitgadal וְיִתְקַדַּשׁ veyitkadash שדי ומילוי שדי ; י"א אותיות כמנין ו"ה

שְׁמֵיהּ Shmei (שם י"ה דע"ב) רַבָּא rabá קנ"א ב"ן, יהוה אלהים יהוה אדני,

מילוי קס"א וס"ג, מ"ה ברבוע וע"ב ע"ה ; ר"ת = ו"פ אלהים ; ס"ת = ג"פ יב"ק: אָמֵן Amén אידהנויה.

בְּעָלְמָא bealmá דִּי di בְרָא verá כִּרְעוּתֵיהּ quirutei.

וְיַמְלִיךְ veyamlij מַלְכוּתֵיהּ maljutei. וְיַצְמַח veyatsmaj

פּוּרְקָנֵיהּ purkanei. וִיקָרֵב vikarev מְשִׁיחֵיהּ Meshijei: אָמֵן Amén אידהנויה.

בְּחַיֵּיכוֹן bejayeijón וּבְיוֹמֵיכוֹן uveyomeijón וּבְחַיֵּי uvejayei

דְכָל dejol ילי בֵּית beit ב"פ ראה יִשְׂרָאֵל Yisrael בַּעֲגָלָא baagalá

וּבִזְמַן uvizmán קָרִיב kariv וְאִמְרוּ veimrú אָמֵן Amén: אָמֵן Amén אידהנויה.

La congregación y el *jazán* dicen lo siguiente:

28 palabras (hasta *bealmá*) – meditar en: מילוי דמילוי דע"ב (יוד ויו דלת הי יוד ויו יוד ויו הי יוד)
28 letras (hasta *almayá*) – meditar en: מילוי דמילוי דע"ב (יוד ויו דלת הי יוד ויו יוד ויו הי יוד)

יְהֵא yehé שְׁמֵיהּ Shmei (שם י"ה דס"ג) רַבָּא rabá קנ"א ב"ן,

יהוה אלהים יהוה אדני, מילוי קס"א וס"ג, מ"ה ברבוע וע"ב ע"ה מְבָרַךְ mevaraj,

לְעָלַם lealam לְעָלְמֵי lealmei עָלְמַיָּא almayá. יִתְבָּרַךְ yitbaraj.

Siete palabras con seis letras cada una (שם בן מ"ב) – meditar en:
יהוה + יוד הי ויו הי + מילוי דמילוי דע"ב (יוד ויו דלת הי יוד ויו יוד ויו הי יוד)
También, siete veces la letra *Vav* (שם בן מ"ב) – meditar en:
יהוה + יוד הי ויו הי + מילוי דמילוי דע"ב (יוד ויו דלת הי יוד ויו יוד ויו הי יוד).

וְיִשְׁתַּבַּח veyishtabaj י"פ ע"ב יהוה אל אבג יתץ.

וְיִתְפָּאַר veyitpaar הי גו יה קרע שטן. וְיִתְרוֹמַם veyitromam וה כוזו נגד יכש.

וְיִתְנַשֵּׂא veyitnasé במוכסז בטר צתג. וְיִתְהַדָּר veyihadar כוזו יה חקב טנע.

וְיִתְעַלֶּה veyitalé וה יוד ה יגל פזק. וְיִתְהַלָּל veyithalal א ואו הא שקו צית.

שְׁמֵיהּ Shmei (שם י"ה דמ"ה) דְּקוּדְשָׁא deKudshá בְּרִיךְ Verij הוּא Hu:

אָמֵן Amén אידהנויה.

KADISH TITKABAL

Glorificado y santificado sea Su gran Nombre (Amén). En el mundo que Él creó de acuerdo a Su voluntad, y pueda Su Reino reinar. Y pueda Él hacer que Su redención florezca y pueda Él acercar al Mesías (Amén). En tus vidas y en tus días y en la vida de toda la Casa de Israel, prontamente y en el futuro cercano, y dígase: Amén (Amén). Que Su gran Nombre sea bendito por siempre y por toda la eternidad. Bendito y alabado, y glorificado y exaltado, y ensalzado y honrado, y adorado y loado, sea el Nombre del Santo Bendito sea (Amén).

לְעֵלָּא leelá מִן min כָּל col ילי בִּרְכָתָא birjatá• שִׁירָתָא shiratá•

תֻּשְׁבְּחָתָא tishbejatá וְנֶחֱמָתָא venejamatá• דַּאֲמִירָן daamirán

בְּעָלְמָא bealmá וְאִמְרוּ veimrú אָמֵן Amén: אָמֵן Amén אידהנויה.

תִּתְקַבַּל titkabal צְלוֹתָנָא tselotaná וּבָעוּתָנָא uvautaná

עִם im צְלוֹתְהוֹן tselothón וּבָעוּתְהוֹן uvautehón דְּכָל dejol ילי

בֵּית beit ב"פ ראה יִשְׂרָאֵל Yisrael קֳדָם kadam אֲבוּנָא avuná

דְּבִשְׁמַיָּא devishmayá וְאִמְרוּ veimrú אָמֵן Amén: אָמֵן Amén אידהנויה•

יְהֵא yehé שְׁלָמָא shlamá רַבָּא rabá קנ"א ב"ן, יהוה אלהים יהוה אדני, מילוי קס"א וס"ג,

מ"ה ברבוע וע"ב ע"ה מִן min שְׁמַיָּא shmayá• וְחַיִּים jayim אהיה אהיה יהוה, בינה ע"ה

וְשָׂבָע vesavá וִישׁוּעָה vishuá וְנֶחָמָה venejamá וְשֵׁיזָבָא vesheizavá

וּרְפוּאָה urefuá וּגְאֻלָּה ugueulá וּסְלִיחָה uslijá וְכַפָּרָה vejapará

וְרֵיוַח vereivaj וְהַצָּלָה vehatsalá• לָנוּ lanu אלהים, אהיה אדני וּלְכָל ulejol יה אדני

עַמּוֹ amó יִשְׂרָאֵל Yisrael וְאִמְרוּ veimrú אָמֵן Amén: אָמֵן Amén אידהנויה.

Da tres pasos para atrás y di:

עוֹשֶׂה osé שָׁלוֹם shalom

(Durante los días entre *Rosh Hashaná* y *Yom Kipur* en lugar de "*shalom*" decimos:

הַשָּׁלוֹם hashalom (ספריאל המלאך הממונה על החיים)

בִּמְרוֹמָיו bimromav ע"ב, ריבוע יהוה• הוּא Hu בְּרַחֲמָיו berajamav

יַעֲשֶׂה yaasé שָׁלוֹם shalom עָלֵינוּ aleinu ר"ת ש"ע נהורין•

וְעַל veal כָּל col ילי ; עמם עַמּוֹ amó יִשְׂרָאֵל Yisrael וְאִמְרוּ veimrú אָמֵן Amén:

אָמֵן Amén אידהנויה•

Más allá de todas las bendiciones, himnos, alabanzas y palabras de consolación que jamás se dijeran en el mundo, y dígase: Amén (Amén). Sean aceptadas nuestras oraciones y súplicas, junto con las oraciones y las súplicas de toda la Casa de Israel, ante nuestro Padre en los Cielos, y dígase: Amén (Amén). Que haya paz abundante del Cielo; vida, satisfacción, salvación, consuelo, entrega, sanación, redención, perdón, expiación, comodidad y alivio para nosotros y para toda Su nación, Israel y dígase: Amén (Amén). Él, que establece la paz en Sus Alturas, Él, en Su compasión, hará la paz sobre nosotros y sobre toda Su nación, Israel. Y dígase: Amén (Amén).

ENDULZAR EL JUICIO SUAVE

SHIR LAMAALOT

שִׁיר shir לַמַּעֲלוֹת lamaalot אֶשָּׂא esá עֵינַי einai ריבוע מ״ה
אֶל־ el הֶהָרִים heharim מֵאַיִן meayin יָבֹא yavó עֶזְרִי ezrí:
עֶזְרִי ezrí מֵעִם meím יְהֹוָֹהאדניאהדונהי Adonai עֹשֵׂה osé שָׁמַיִם shamáyim
י״פ טל, י״פ כוזו וָאָרֶץ vaárets: אַל־ al יִתֵּן yitén לַמּוֹט lamot רַגְלֶךָ ragleja
אַל־ al יָנוּם yanum שֹׁמְרֶךָ shomreja: הִנֵּה hiné לֹא־ lo יָנוּם yanum
וְלֹא veló יִישָׁן yishán ש״ע נהורין דא״א שׁוֹמֵר shomer כ״א ההויות שבתפילין
יִשְׂרָאֵל Yisrael: יְהֹוָֹהאדניאהדונהי Adonai שֹׁמְרֶךָ shomreja
יְהֹוָֹהאדניאהדונהי Adonai צִלְּךָ tsiljá עַל־ al יַד yad יְמִינֶךָ yemineja הי״ה:
יוֹמָם yomam הַשֶּׁמֶשׁ hashémesh לֹא־ lo יַכֶּכָּה yaqueca ר״ת ילה
וְיָרֵחַ veyaréaj בַּלָּיְלָה balayla מלה: יְהֹוָֹהאדניאהדונהי Adonai
יִשְׁמָרְךָ yishmorjá מִכָּל־ micol ילי רָע ra יִשְׁמֹר yishmor
אֶת־ et נַפְשֶׁךָ nafsheja מיכ: יְהֹוָֹהאדניאהדונהי Adonai יִשְׁמָר yishmor
צֵאתְךָ tsetjá וּבוֹאֶךָ uvoeja מֵעַתָּה meatá וְעַד־ vead עוֹלָם olam וול:

KADISH YEHÉ SHLAMÁ

יִתְגַּדַּל yitgadal וְיִתְקַדַּשׁ veyitkadash שד״י ומילוי שד״י ; י״א אותיות כמנין ו״ה
שְׁמֵיהּ Shmei (שם י״ה דע״ב) רַבָּא rabá קנ״א ב״ן, יהוה אלהים יהוה אדני,
מילוי קס״א וס״ג, מ״ה ברבוע וע״ב ע״ה ; ר״ת = ו״פ אלהים ; ס״ת = ג״פ יב״ק: אָמֵן Amén אידהנויה.
בְּעָלְמָא bealmá דִּי di בְרָא verá כִּרְעוּתֵיהּ quirutei.
וְיַמְלִיךְ veyamlij מַלְכוּתֵיהּ maljutei. וְיַצְמַח veyatsmaj
פּוּרְקָנֵיהּ purkanei. וִיקָרֵב vikarev מְשִׁיחֵיהּ Meshijei: אָמֵן Amén אידהנויה.

SHIR LAMAALOT

"Un cántico de ascensión: Alzo mis ojos a las montañas; ¿de dónde vendrá mi ayuda? Mi ayuda proviene del Señor, Creador de los Cielos y la Tierra. Él no permitirá que tus pies resbalen. Tu Guardián no se dormirá. He aquí que el Guardián de Israel ni descansa ni duerme. El Señor es tu Guardián. El Señor es tu sombra protectora a tu diestra. Durante el día, el Sol no te fatigará, ni la Luna de noche. El Señor te protegerá de todo mal, Él guardará tu alma. Él te protegerá cuando salgas y cuando regreses, ahora y eternamente" (Salmos 121).

KADISH YEHÉ SHLAMÁ

Glorificado y santificado sea Su gran Nombre (Amén).
En el mundo que Él creó de acuerdo a Su voluntad, y pueda Su Reino reinar.
Y pueda Él hacer que Su redención florezca y acercar al Mesías (Amén).

בְּחַיֵּיכוֹן bejayeijón וּבְיוֹמֵיכוֹן uveyomeijón וּבְחַיֵּי uvejayei

דְּכָל dejol ילי בֵּית beit ב"פ ראה יִשְׂרָאֵל Yisrael בַּעֲגָלָא baagalá

וּבִזְמַן uvizmán קָרִיב kariv וְאִמְרוּ veimrú אָמֵן Amén: אָמֵן Amén אידהנויה.

La congregación y el *jazán* dicen lo siguiente:

28 palabras (hasta *bealmá*) – meditar en:
מילוי דמילוי דס"ג (יוד ויו דלת הי יוד ואו אלף ואו הי יוד)
28 letras (hasta *almayá*) - meditar en:
מילוי דמילוי דמ"ה (יוד ואו דלת הא אלף ואו אלף ואו הא אלף).

יְהֵא yehé שְׁמֵיהּ Shmei (שם י"ה דס"ג) רַבָּא rabá קנ"א ב"ן,

יהוה אלהים יהוה אדני, מילוי קס"א וס"ג, מ"ה ברבוע וע"ב ע"ה מְבָרַךְ mevaraj,

לְעָלַם lealam לְעָלְמֵי lealmei עָלְמַיָּא almayá. יִתְבָּרַךְ yitbaraj.

Siete palabras con seis letras cada una (שם בן מ"ב) – meditar en:
יהוה + יוד הי ואו הי + מילוי דמילוי דס"ג (יוד ויו דלת הי יוד ואו אלף ואו הי יוד) ;
También, siete veces la letra Vav (שם בן מ"ב) – meditar en:
יהוה + יוד הא ואו הא + מילוי דמילוי דמ"ה (יוד ואו דלת הא אלף ואו אלף ואו הא אלף).

וְיִשְׁתַּבַּח veyishtabaj י"פ ע"ב יהוה אל אבג יתץ.

וְיִתְפָּאַר veyitpaar הי נו יה קרע שטן. וְיִתְרוֹמַם veyitromam וה כוזו נגד יכש.

וְיִתְנַשֵּׂא veyitnasé במוכסז בטר צתג. וְיִתְהַדָּר veyihadar כוזו יה וזקב טנע.

וְיִתְעַלֶּה veyitalé וה יוד ה יגל פזק. וְיִתְהַלָּל veyithalal א ואו הא שקו צית.

שְׁמֵיהּ Shmei (שם י"ה דמ"ה) דְּקוּדְשָׁא deKudshá בְּרִיךְ Verij הוּא Hu:

אָמֵן Amén אידהנויה.

לְעֵלָּא leelá מִן min כָּל col ילי בִּרְכָתָא birjatá. שִׁירָתָא shiratá.

תֻּשְׁבְּחָתָא tishbejatá וְנֶחָמָתָא venejamatá. דַּאֲמִירָן daamirán

בְּעָלְמָא bealmá וְאִמְרוּ veimrú אָמֵן Amén: אָמֵן Amén אידהנויה.

En tus vidas y en tus días y en la vida de toda la Casa de Israel, prontamente y en el futuro cercano, y dígase: Amén (Amén). Que Su gran Nombre sea bendito por siempre y por toda la eternidad. Bendito y alabado, y glorificado y exaltado, y ensalzado y honrado, y adorado y loado, sea el Nombre del Santo Bendito sea (Amén). Más allá de todas las bendiciones, himnos, alabanzas y palabras de consolación que jamás se dijeran en el mundo, y dígase: Amén (Amén).

יְהֵא yehé שְׁלָמָא shlamá רַבָּא rabá קנ"א ב"ן, יהוה אלהים יהוה אדני, מילוי קס"א וס"ג,

מ"ה ברבוע וע"ב ע"ה מִן min שְׁמַיָּא shmayá. וְחַיִּים jayim אהיה אהיה יהוה, בינה ע"ה

וְשָׂבָע vesavá וִישׁוּעָה vishuá וְנֶחָמָה venejamá וְשֵׁיזָבָא vesheizavá

וּרְפוּאָה urefuá וּגְאֻלָּה ugueulá וּסְלִיחָה uslijá וְכַפָּרָה vejapará

וְרֵיוַח vereivaj וְהַצָּלָה vehatsalá. לָנוּ lanu אלהים, אהיה אדני וּלְכָל ulejol יה אדני

עַמּוֹ amó יִשְׂרָאֵל Yisrael וְאִמְרוּ veimrú אָמֵן Amén: אָמֵן Amén אידהנויה.

Da tres pasos para atrás y di:

עוֹשֶׂה osé שָׁלוֹם shalom בִּמְרוֹמָיו bimromav ע"ב, ריבוע יהוה. הוּא Hu

בְּרַחֲמָיו berajamav יַעֲשֶׂה yaasé שָׁלוֹם shalom עָלֵינוּ aleinu ר"ת ש"ע נהורין.

וְעַל veal כָּל col ילי ; עמם עַמּוֹ amó יִשְׂרָאֵל Yisrael וְאִמְרוּ veimrú אָמֵן Amén:

אָמֵן Amén אידהנויה.

BARJÚ

El *jazán* (o la persona que recitó el "*Kadish Yehé Shlamá*") dice:

רַבָּנָן rabanán: בָּרְכוּ barjú יהוה ריבוע יהוה ריבוע מ"ה אֶת et

יְהֹוָאדָנָיאהדונהי Adonai הַמְבֹרָךְ hamevoraj ס"ת כהת, משיח בן דוד ע"ה:

Primero la congregación responde lo siguiente,
y luego el *jazán* (o la persona que recitó el "*Kadish Yehé Shlamá*") lo repite:

Néfesh *Rúaj* *Neshamá*

בָּרוּךְ Baruj יְהֹוָאדָנָיאהדונהי Adonai הַמְבֹרָךְ hamevoraj

Jayá *Yejidá*

לְעוֹלָם leolam ריבוע ס"ג וי' אותיות דס"ג וָעֶד vaed:

Que haya paz abundante del Cielo;
vida, satisfacción, salvación, consuelo, entrega, sanación, redención, perdón, expiación, comodidad y alivio para nosotros y para toda Su nación, Israel, y dirán: Amén (Amén). *Él, que establece la paz en Sus Alturas, Él, en Su compasión, hará la paz sobre nosotros y sobre toda Su nación, Israel. Y dirán: Amén* (Amén).

BARJÚ

Maestros: Bendigan al Señor, el Bendito.
Bendito sea el Señor, el Bendito, por siempre y por la eternidad.

ALEINU

El *Aleinu* es un agente sellador cósmico. Cementa y asegura todas nuestras oraciones, protegiéndolas de cualquier fuerza negativa tales como las *klipot*. Todas las oraciones anteriores al *Aleinu* atrajeron lo que los kabbalistas llaman Luz Interna. Sin embargo, el *Aleinu* atrae Luz Circundante, la cual envuelve nuestras oraciones con un campo de fuerza protectora para bloquear a las *klipot*.

Atrayendo Luz Circundante para ser protegido de las *klipot* (la inclinación negativa).

עָלֵינוּ aleinu ריבוע דס"ג לְשַׁבֵּחַ leshabéaj עלינו לשבח = אבג יתץ, ושר

לַאֲדוֹן laAdón אני ; ס"ת ס"ג ע"ה הַכֹּל hacol ר"ת ללה, אדני

לָתֵת latet גְּדֻלָּה guedulá לְיוֹצֵר leyotser בְּרֵאשִׁית bereshit ר"ת גל"ב (באך ב"י יג"ל)

שֶׁלֹּא sheló עָשָׂנוּ asanu כְּגוֹיֵי quegoyei הָאֲרָצוֹת haaratsot

וְלֹא veló שָׂמָנוּ samanu כְּמִשְׁפְּחוֹת quemishpejot הָאֲדָמָה haadamá

שֶׁלֹּא sheló שָׂם sam חֶלְקֵנוּ jelkenu כָּהֶם cahem וְגוֹרָלֵנוּ vegoralenu

כְּכָל quejol הֲמוֹנָם hamonam. שֶׁהֵם shehem מִשְׁתַּחֲוִים mishtajavim

לְהֶבֶל lahével וָרִיק varik וּמִתְפַּלְּלִים umitpalelim אֶל el אֵל el

לֹא lo יוֹשִׁיעַ yoshía. (haz una pausa aquí, y cuando digas "*vaanajnu mishtajavim*" inclina todo tu cuerpo)

וַאֲנַחְנוּ vaanajnu מִשְׁתַּחֲוִים mishtajavim לִפְנֵי lifnei מֶלֶךְ Mélej

מַלְכֵי maljei הַמְּלָכִים hamelajim הַקָּדוֹשׁ haKadosh בָּרוּךְ Baruj

הוּא Hu. שֶׁהוּא sheHú נוֹטֶה noté שָׁמַיִם shamáyim י"פ טל, י"פ כוזו ; ר"ת = י"פ אדני

שבי ספירות של נוקבא דז"א וְיוֹסֵד veyosed אָרֶץ árets. וּמוֹשַׁב umoshav

יְקָרוֹ yekaró בַּשָּׁמַיִם bashamáyim י"פ טל, י"פ כוזו מִמַּעַל mimáal עלם.

וּשְׁכִינַת ushjinat עֻזּוֹ uzó בְּגָבְהֵי begavhei מְרוֹמִים meromim.

הוּא Hu אֱלֹהֵינוּ Eloheinu ילה וְאֵין veéin עוֹד od אַחֵר ajer.

ALEINU

Es nuestro deber alabar al Soberano de todo y atribuir grandeza al Moldeador de la Creación, que no nos ha hecho como los pueblos del mundo. Él no nos colocó como las familias de la Tierra. Él no hizo nuestro lote como el de ellos ni nuestro destino como el de sus multitudes, ya que ellos se inclinan ante la futilidad y el vacío, y rezan a una deidad que no ayuda. Nosotros nos inclinamos ante el Supremo Rey de Reyes, el Santo, Bendito Sea. Él es quien extiende los Cielos y funda la Tierra. La Sede de Su gloria está arriba en el Cielo y la Presencia Divina de Su poder está en las alturas excelsas. Él es nuestro Dios y no hay ningún otro.

אֱמֶת emet אהיה פעמים אהיה, ז"פ ס"ג מַלְכֵּנוּ malquenu וְאֶפֶס veéfes

זוּלָתוֹ zulató• כַּכָּתוּב cacatuv בַּתּוֹרָה baTorá: וְיָדַעְתָּ veyadata

הַיּוֹם hayom ע"ה נגד, מזבח, זן, אל יהוה וַהֲשֵׁבֹתָ vahashevota אֶל־ el

לְבָבֶךָ levaveja ר"ת לאו כִּי qui יְהֹוָהאדניאהדונהי Adonai הוּא Hu

הָאֱלֹהִים haElohim אהיה אדני ; ילה ; ר"ת יהה וכן עולה למנין ענו עג"כ

בַּשָּׁמַיִם bashamáyim י"פ טל, י"פ כוזו מִמַּעַל mimáal עלם ;

רמז לאור פנימי המתווזיל מלמעלה וְעַל־ veal הָאָרֶץ haárets אלהים דההין ע"ה

מִתָּחַת mitájat רמז לאור מקיף המתווזיל מלמטה אֵין ein עוֹד od:

עַל al כֵּן quen נְקַוֶּה nekavé לְּךָ laj יְהֹוָהאדניאהדונהי Adonai

אֱלֹהֵינוּ Eloheinu ילה לִרְאוֹת lirot מְהֵרָה meherá בְּתִפְאֶרֶת betiféret

עֻזָּךְ uzaj: ס"ת כהת, משיח בן דוד ע"ה לְהַעֲבִיר lehaavir גִּלּוּלִים guilulim מִן min

הָאָרֶץ haárets אלהים דההין ע"ה וְהָאֱלִילִים vehaelilim כָּרוֹת carot

יִכָּרֵתוּן yicaretún• לְתַקֵּן letakén עוֹלָם olam בְּמַלְכוּת bemaljut

שַׁדַּי Shadai• וְכָל vejol ילי בְּנֵי bnei בָשָׂר vasar יִקְרְאוּ yikreú

בִשְׁמֶךָ vishmeja לְהַפְנוֹת lehafnot אֵלֶיךָ eleja כָּל col ילי רִשְׁעֵי rishei

אָרֶץ árets• יַכִּירוּ yaquiru וְיֵדְעוּ veyedú כָּל col ילי יוֹשְׁבֵי yoshvei

תֵבֵל tevel ב"פ רי"ו• כִּי qui לְךָ lejá תִּכְרַע tijrá כָּל־ col ילי בֶּרֶךְ bérej•

Nuestro Rey es verdadero y no hay nadie excepto Él. Como está escrito en la Torá: "Aprende hoy y grábalo en tu corazón que el Señor es Dios arriba en los Cielos y abajo sobre la Tierra, y no hay otro" (Deuteronomio 4:39). Por eso, Señor, nuestro Dios, esperamos contemplar pronto la gloria majestuosa de Tu poder, cuando elimines los ídolos de la Tierra y los falsos dioses hayan sido completamente destruidos, para perfeccionar al mundo con el Reino del Todopoderoso. Y la humanidad entera invocará Tu Nombre y todos los malvados de la Tierra se dirigirán a Ti. Entonces todos los habitantes del mundo reconocerán y sabrán que, por Ti, toda rodilla se dobla.

תִּשָּׁבַע tishavá כָּל col ילי לָשׁוֹן lashón. לְפָנֶיךָ lefaneja ס"ג מ"ה ב"ן
יְהֹוָה יאהדונהי Adonai אֱלֹהֵינוּ Eloheinu ילה יִכְרְעוּ yijreú וְיִפֹּלוּ veyipolu
וְלִכְבוֹד velijvod שִׁמְךָ Shimjá יְקָר yekar יִתֵּנוּ yitenu. וִיקַבְּלוּ vikabelu
כֻלָּם julam אֶת et עוֹל־ ol מַלְכוּתֶךָ maljuteja. וְתִמְלוֹךְ vetimloj
עֲלֵיהֶם aleihem מְהֵרָה meherá לְעוֹלָם leolam ריבוע ס"ג וי' אותיות דס"ג וָעֶד vaed.
כִּי qui הַמַּלְכוּת hamaljut שֶׁלְּךָ sheljá הִיא hi. וּלְעוֹלְמֵי uleolmei
עַד ad תִּמְלוֹךְ timloj בְּכָבוֹד bejavod בוכו. כַּכָּתוּב cacatuv:
בְּתוֹרָתָךְ beTorataj יְהֹוָה יאהדונהי Adonai | יִמְלֹךְ yimloj לְעֹלָם leolam
ריבוע ס"ג וי' אותיות דס"ג ; ר"ת ייל וָעֶד vaed. וְנֶאֱמַר veneemar: וְהָיָה vehayá יהוה ; יהה
יְהֹוָה יאהדונהי Adonai לְמֶלֶךְ leMélej עַל־ al כָּל־ col ילי ; עמם
הָאָרֶץ haárets אלהים דההין ע"ה בַּיּוֹם bayom ע"ה נגד, מזבח, זן, אל יהוה הַהוּא hahú
יִהְיֶה yihyé ייי יְהֹוָה יאהדונהי Adonai אֶחָד Ejad אהבה, דאגה וּשְׁמוֹ uShmó מהש ע"ה,
ע"ב בריבוע וקס"א ע"ה, אל שדי ע"ה אֶחָד Ejad אהבה, דאגה:

Si rezaste solo, recita lo siguiente antes de comenzar *Arvit* y antes de "*Alenu*" en lugar de "*Barjú*":

אָמַר amar רַבִּי Rabí עֲקִיבָא Akiva וְחַיָּה jayá אַחַת ajat עוֹמֶדֶת omédet
בָּרָקִיעַ barakía וּשְׁמָהּ ushmá יִשְׂרָאֵל Yisrael וְחָקוּק vejakuk עַל al
מִצְחָהּ mitsjá יִשְׂרָאֵל Yisrael. עוֹמֶדֶת omédet בְּאֶמְצַע beemtsa
הָרָקִיעַ harakía וְאוֹמֶרֶת veoméret: בָּרְכוּ barjú יהוה ריבוע יהוה וריבוע מ"ה אֶת et
יְהֹוָה יאהדונהי Adonai הַמְּבֹרָךְ hamevoraj ס"ת כהת, משיח בן דוד ע"ה וְכָל vejol ילי
גְּדוּדֵי guedudei מַעְלָה mala עוֹנִים onim: בָּרוּךְ Baruj יְהֹוָה יאהדונהי Adonai
הַמְּבֹרָךְ hamevoraj לְעוֹלָם leolam ריבוע ס"ג וי' אותיות דס"ג וָעֶד vaed.

---

y toda lengua se colma. Que ante Ti, Señor, nuestro Dios, se arrodillen y se prosternen y honren Tu glorioso Nombre. Y todos aceptarán el yugo de Tu Reino y Tú reinarás sobre ellos para siempre jamás. Pues el Reino es Tuyo. Y para siempre y por la eternidad, Tú reinarás en gloria. Como está escrito en la Torá: "El Señor reinará por los siglos de los siglos" (Éxodo 15:18) *y también está dicho: "El Señor será Rey sobre toda la Tierra y, en aquél día, el Señor será Uno y Uno su Nombre"* (Zacarías 14:9).

Rabí Akivá dijo: Erguido en el Cielo hay un animal llamado Israel, e Israel está grabado en su frente, y ella está erguida en medio del Cielo diciendo: Bendigan al Señor, el Bendito, y todas las huestes del Cielo contestan: Bendito sea el Señor, el Bendito, por siempre y por la eternidad.

EL ÓMER

Los 49 días entre *Pésaj* (el éxodo de los israelitas de Egipto) y *Shavuot* (el recibimiento de los Diez Enunciados en el Monte Sinaí) son conocidos como el *Ómer*. Las letras arameas que recitamos durante los 49 días que contamos el *Ómer* son las fuerzas de ADN con las que conectamos para corregir y prepararnos para la enorme revelación de Luz e inmortalidad en *Shavuot*.

Los sabios explican que las Diez Plagas que facilitaron la liberación de los israelitas del cautiverio (esclavitud) en Egipto fueron, en realidad, diez corrientes de Luz que destruyeron diez niveles de oscuridad y negatividad. El término "esclavitud" no describe la opresión de los egipcios a los israelitas sino, más bien, trata de la esclavitud de los israelitas por su propio Deseo de Recibir para Sí Mismos. A diferencia de cualquier otro caso de esclavitud física, a lo largo del Éxodo, los israelitas liberados se quejaban constantemente con Moshé para que les permitiera regresar a Egipto.

Esta clase de esclavitud existe hoy en día. Todos nosotros, en mayor o en menor medida, somos esclavos de nuestros deseos y egos. Preferiríamos quedarnos sumergidos en nuestro ego —Egipto— en lugar de doblegar nuestro orgullo en nombre de nuestro crecimiento espiritual. Los israelitas del Éxodo no estaban listos para revelar la enorme cantidad de Luz que los ayudó a liberarse. Estas diez corrientes de Luz fueron un regalo del Creador. Los 49 días que les llevó a los israelitas viajar desde Egipto al Monte Sinaí fue un tiempo para que ellos se ganaran esta Luz de libertad mediante la corrección interna y la limpieza espiritual. Actualmente, el proceso del Conteo del *Ómer* durante estos 49 días nos asiste en nuestro trabajo de transformación y corrección espiritual, preparándonos para la Luz de Inmortalidad que recibimos en *Shavuot*.

Cuando Dios infundió nuestro mundo con la Luz de Inmortalidad en el Monte Sinaí al entregar las dos Tablas, esta Luz fue tan poderosa que, literalmente, erradicó la negatividad, el deterioro e incluso la muerte; mucho más allá de los límites de nuestro entendimiento actual. Cuando los israelitas construyeron el Becerro de Oro —el instrumento que ellos usaron para recibir Luz sin ganársela mediante sus propios esfuerzos— su capacidad de recibir la totalidad de la Luz de Inmortalidad fue reducida. Como consecuencia, la Luz de Inmortalidad desapareció y la muerte fue reinstaurada.

Cada año, *Shavuot* es nuestra oportunidad de conectar y atraer la totalidad de la Luz de Inmortalidad revelada en el Monte Sinaí hace unos 3.400 años y causar la eliminación de la muerte de nuestro mundo para siempre. Cada año, mientras aumenta el número de personas que aplican la sabiduría y tecnología de la Kabbalah en sus vidas, más Luz de Inmortalidad es revelada en nuestro mundo. Extraordinariamente, la ciencia médica se está acercando a descubrir el potencial de la inmortalidad. Podemos acelerar en gran manera este proceso a través de la unidad, el compartir, teniendo una mayor conciencia de la Kabbalah y siendo un participante más activo en la conexión de *Shavuot*.

CHISPAS DE LUZ

La Kabbalah enseña que hay 50 Puertas de Impureza (Negatividad). Si alguna vez llegamos a la 50ma Puerta de Impureza, nuestra guerra individual contra el Satán estaría perdida. Cuando contamos el *Ómer*, elevamos las chispas de Luz que están atrapadas en nuestras 49 Puertas de Impureza personales.

Adam constaba de 613 partes. Cuando el alma de Adam estalló, estas 613 partes se fragmentaron en piezas innumerables: todas las almas que han pisado o pisarán en este planeta. La acción de elevar nuestras chispas personales de las Puertas de la Impureza no sólo nos afecta a nosotros de forma positiva, sino también a todas las personas que están conectadas a nuestra alma y al resto de la humanidad.

Nuestras acciones físicas y espirituales tienen un efecto dominó en toda la humanidad, y aumentar este efecto dominó con la Luz de Inmortalidad debería ser el motivo de nuestra meditación mientras hacemos el Conteo el *Ómer*.

SIETE SEMANAS (SEFIROT) POR SIETE DÍAS = 49 DÍAS DEL ÓMER

Los 49 días del *Ómer* son divididos en siete semanas. Cada una de las siete semanas corresponde a una de las siete *Sefirot* (de *Jésed* a *Maljut*) que influyen en nuestro mundo.

La primera semana del *Ómer* corresponde a *Jésed*. El primer día también corresponde a *Jésed*; por lo tanto, el primer día de la primera semana conecta con *Jésed* de *Jésed*. El segundo día de la primera semana sería *Guevurá* de *Jésed*. Durante la segunda semana, alcanzamos la *Sefirá* de *Guevurá*; por lo tanto, el primer día de la segunda semana sería *Jésed* de *Guevurá*, y así sucesivamente.

Según el calendario lunar, un día se mide de atarecer a atarecer. Así que, por ejemplo, si el 16 de *Nisán* (el primer día del *Ómer*) cae un domingo, comenzaremos a contar el *Ómer* la noche del sábado anterior. Entonces en la noche del domingo contaremos el segundo día del *Ómer*, y así sucesivamente.

Está escrito en la *Torá*: "**Desde el día antes del *Shabat*, el día que ofrecieron el haz de la ofrenda ondeada** (*Ómer hatefuná*), **cuenten siete semanas enteras**" *(Levítico 23:15)*.

Y el *Zóhar* dice: "'**Deben contar... ustedes, por sí mismos**' como está escrito: '**Y ella debe contar, por sí sola, siete días...**' *(Levítico 15:28)*. De la misma manera que ella contó por sí misma, ustedes deben contar por sí mismos". El *Zóhar* explica el secreto del Conteo del *Ómer* con el secreto del conteo de siete semanas "limpias". Después que se detuvo la impureza, y el exilio en Egipto, las *klipot* estaban succionando energía del Sistema Puro/Santo y el Sistema Impuro controlaba a los Hijos de *Israel* tanto Arriba como Abajo. Y los Hijos de *Israel* estaban en la 49na Puerta de Impureza.

En el primer día de *Pésaj*, la impureza se detuvo y ellos tuvieron que contar siete semanas limpias (*nekiyim*). Y, por lo tanto, está escrito "ustedes", por ustedes mismos, y como dice el otro versículo: "**Ella contará, por sí sola, siete días**". "Ella" significa por sí misma. También la salida de Egipto fue posible debido al despertar de Arriba (*Itarutá Dileelá*) y Dios quería que los hijos de *Israel* "trabajaran por sí mismos" desde el tiempo de la salida de Egipto hasta la entrega de la Torá, y construyeran su Vasija durante los 49 días de tal forma que hubiera un despertar desde Abajo (*Itarutá Diletatá*).

EL CONTEO DEL ÓMER
LESHEM YIJUD

Recitamos *LeShem Yijud* y aceptamos el precepto: "Amar a tu prójimo como a ti mismo." Según el Ari, esta acción crea unidad y nos conecta con todas la plegarias de todas las personas del planeta.

לְשֵׁם leShem יִחוּד yijud קוּדְשָׁא kudshá בְּרִיךְ berij הוּא hu
וּשְׁכִינְתֵּיהּ uShjintei (יאהדונהי) בִּדְחִילוּ bidjilu וּרְחִימוּ urjimu
(יאההויהה), וּרְחִימוּ urjimu וּדְחִילוּ udjilu (איההיוהה), לְיַחֲדָא leyajdá
שֵׁם shem יו"ד yud קֵ"י kei בְּוָא"ו bevav קֵ"י kei בְּיִחוּדָא beyijudá
שְׁלִים shelim (יהוה) בְּשֵׁם beshem כָּל col ילי יִשְׂרָאֵל Yisrael, הִנֵּה hiné
אֲנַחְנוּ anajnu בָּאִים baim לְקַיֵּם lekayem מִצְוַת mitsvat סְפִירַת sefirat
הָעוֹמֶר haómer ר"פ אל. לַעֲשׂוֹת laasot נַחַת־ nájat רוּחַ rúaj
לְיוֹצְרֵנוּ leyotsrenu וְלַעֲשׂוֹת velaasot רְצוֹן retsón מהש ע"ה, ע"ב בריבוע וקס"א ע"ה,
אל שדי ע"ה בּוֹרְאֵנוּ borenu. וִיהִי vihí נֹעַם nóam אֲדֹנָי Adonai ללה
אֱלֹהֵינוּ Eloheinu ילה עָלֵינוּ aleinu וּמַעֲשֵׂה umaasé יָדֵינוּ yadeinu
כּוֹנְנָה conená עָלֵינוּ aleinu וּמַעֲשֵׂה umaasé יָדֵינוּ yadeinu כּוֹנְנֵהוּ conenehu:

Luz Circundante – Or Makif

Luz Circundante (*Or Makif*) es nuestra Luz potencial, es la fuerza que nos impulsa y motiva a explorar la espiritualidad y el significado de nuestra existencia. La Luz Circundante también se refiere a la cantidad de Luz que cada uno de nosotros vino a revelar. Cuanta más Luz Circundante revelemos, más ímpetu adquirimos para mayores acciones espirituales. También podemos acceder a la Luz Circundante a través de la recitación de bendiciones. Cada día del *Ómer*, escogemos la bendición apropiada que nos conecta con la Luz Circundante, seguido por la Luz Interna [*Or Pnimí*, nuestra Luz real (lee más en la pág. 414)], y ambas Luces juntas ayudan a materializar toda la Luz en nuestro mundo.

בָּרוּךְ Baruj אַתָּה Atá יְהֹוָאדהנויאהדונהי Adonai (יוד הא ואו הא)
אֱלֹהֵינוּ Eloheinu ילה מֶלֶךְ Mélej הָעוֹלָם haolam אֲשֶׁר asher
קִדְּשָׁנוּ kideshanu בְּמִצְוֹתָיו bemitsvotav וְצִוָּנוּ vetsivanu עַל al
סְפִירַת sefirat הָעוֹמֶר haómer ר"פ אל ; ר"ת אדני:

Conteo del Ómer – LeShem Yijud

En aras de la unificación entre el Santísimo, Bendito sea Él, y Su Shejiná, con temor y amor y con amor y temor, a fin de unificar el Nombre de Yud-Kei y Vav-Kei en perfecta unidad, y en nombre de todo Israel, por este medio venimos a cumplir el mandamiento del conteo del Ómer. Para dar satisfacción a nuestro Hacedor y para cumplir el deseo de nuestro Creador. "Y que la gracia del Señor, nuestro Dios, esté con nosotros y que Él establezca la obra de nuestras manos y que la obra de nuestras manos lo establezcan a Él" (Salmos 90:17).

Luz Circundante – Or Makif

Bendito eres Tú, Señor, nuestro Dios, Rey del mundo, quien nos ha santificado con Sus mandamientos y nos ha obligado con el conteo del Ómer.

Jésed – Primera semana – חסד – שבוע א'

הַיּוֹם hayom ע"ה נגד, מזבח, זן, אל יהוה

<table>
<tr><th>יום
Fecha</th><th>ספירה
Sefirá</th><th>תיבה
Palabra</th><th>אות
Letra</th><th>מ"ב
Del Aná Bejóaj</th></tr>
<tr><td>ט"ז בניסן
16 de Nisán</td><td>חסד שבחסד
Jésed de Jésed</td><td>אלהים
Elohim</td><td>י
Yud</td><td>אנא
Aná</td></tr>
<tr><td colspan="5">יוֹם yom ע"ה נגד, מזבח, זן, אל יהוה אֶחָד ejad אהבה, דאגה לָעוֹמֶר laómer י"פ אל:</td></tr>
<tr><td>י"ז בניסן
17 de Nisán</td><td>גבורה שבחסד
Guevurá de Jésed</td><td>יחננו
yejonenu</td><td>ש
Shin</td><td>בכח
Bejóaj</td></tr>
<tr><td colspan="5">שְׁנֵי shnei יָמִים yamim נלך לָעוֹמֶר laómer י"פ אל:</td></tr>
<tr><td>י"ח בניסן
18 de Nisán</td><td>תפארת שבחסד
Tiferet de Jésed</td><td>ויברכנו
vivarjenu</td><td>מ
Mem</td><td>גדולת
Guedulat</td></tr>
<tr><td colspan="5">שְׁלֹשָׁה shloshá יָמִים yamim נלך לָעוֹמֶר laómer י"פ אל:</td></tr>
<tr><td>י"ט בניסן
19 de Nisán</td><td>נצח שבחסד
Nétsaj de Jésed</td><td>יאר
yaer</td><td>ח
Jet</td><td>ימינך
Yemineja</td></tr>
<tr><td colspan="5">אַרְבָּעָה arbaá יָמִים yamim נלך לָעוֹמֶר laómer י"פ אל:</td></tr>
<tr><td>כ' בניסן
20 de Nisán</td><td>הוד שבחסד
Hod de Jésed</td><td>פניו
panav</td><td>ו
Vav</td><td>תתיר
Tatir</td></tr>
<tr><td colspan="5">וַחֲמִשָּׁה jamishá יָמִים yamim נלך לָעוֹמֶר laómer י"פ אל:</td></tr>
<tr><td>כ"א בניסן
21 de Nisán</td><td>יסוד שבחסד
Yesod de Jésed</td><td>אתנו
itanu</td><td>ו
Vav</td><td>צרורה
Tserurá</td></tr>
<tr><td colspan="5">שִׁשָּׁה shishá יָמִים yamim נלך לָעוֹמֶר laómer י"פ אל:</td></tr>
<tr><td>כ"ב בניסן
22 de Nisán</td><td>מלכות שבחסד
Maljut de Jésed</td><td>סלה
sela</td><td>י
Yud</td><td>אבגית"ץ
Álef Bet Guímel Yud Tav Tsadi</td></tr>
<tr><td colspan="5">שִׁבְעָה shivá יָמִים yamim נלך לָעוֹמֶר laómer י"פ אל
שֶׁהֵם shehem שָׁבוּעַ shavua אֶחָד ejad אהבה, דאגה:</td></tr>
</table>

JÉSED – PRIMERA SEMANA

Hoy es un día del Ómer.
Hoy son dos días del Ómer.
Hoy son tres días del Ómer.
Hoy son cuatro días del Ómer.
Hoy son cinco días del Ómer.
Hoy son seis días del Ómer.
Hoy son siete días del Ómer, que son una semana.

Guevurá – Segunda semana – שבוע ב׳ – גבורה

הַיּוֹם hayom ע"ה נגד, מזבח, זן, אל יהוה

יום *Fecha*	ספירה *Sefirá*	תיבה *Palabra*	אות *Letra*	מ"ב *Del Aná Bejóaj*
כ"ג בניסן 23 de Nisán	חסד שבגבורה Jésed de Guevurá	לדעת ladáat	ר Resh	קבל Kabel

שְׁמוֹנָה shmoná יָמִים yamim נלך לָעוֹמֶר laómer י"פ אל
שֶׁהֵם shehem שָׁבוּעַ shavua אֶחָד ejad אהבה, דאגה
וְיוֹם veyom ע"ה נגד, מזבח, זן, אל יהוה אֶחָד ejad אהבה, דאגה:

כ"ד בניסן 24 de Nisán	גבורה שבגבורה Guevurá de Guevurá	בארץ baárets	נ Nun	רנת Rinat

תִּשְׁעָה tishá יָמִים yamim נלך לָעוֹמֶר laómer י"פ אל שֶׁהֵם shehem
שָׁבוּעַ shavua אֶחָד ejad אהבה, דאגה וּשְׁנֵי ushnei יָמִים yamim נלך:

כ"ה בניסן 25 de Nisán	תפארת שבגבורה Tiféret de Guevurá	דרכך darqueja	נ Nun	עמך Ameja

עֲשָׂרָה asará יָמִים yamim נלך לָעוֹמֶר laómer י"פ אל שֶׁהֵם shehem
שָׁבוּעַ shavua אֶחָד ejad אהבה, דאגה וּשְׁלֹשָׁה ushloshá יָמִים yamim נלך:

כ"ו בניסן 26 de Nisán	נצח שבגבורה Nétsaj de Guevurá	בכל bejol	ו Vav	שגבנו Sagvenu

אַחַד ajad אהבה, דאגה עָשָׂר asar יוֹם yom ע"ה נגד, מזבח, זן, אל יהוה
לָעוֹמֶר laómer י"פ אל שֶׁהֵם shehem שָׁבוּעַ shavua אֶחָד ejad אהבה, דאגה
וְאַרְבָּעָה vearbaá יָמִים yamim נלך:

כ"ז בניסן 27 de Nisán	הוד שבגבורה Hod de Guevurá	גוים goyim	ל Lámed	טהרנו Taharenu

שְׁנֵים shneim עָשָׂר asar יוֹם yom ע"ה נגד, מזבח, זן, אל יהוה
לָעוֹמֶר laómer י"פ אל שֶׁהֵם shehem שָׁבוּעַ shavua אֶחָד ejad אהבה, דאגה
וַחֲמִשָּׁה vajamishá יָמִים yamim נלך:

Guevurá - Segunda semana

Hoy son ocho días del Ómer que son una semana y un día.
Hoy son nueve días del Ómer que son una semana y dos días.
Hoy son diez días del Ómer que son una semana y tres días.
Hoy son once días del Ómer que son una semana y cuatro días.
Hoy son doce días del Ómer que son una semana y cinco días.

כ"ז בניסן 28 de Nisán	יסוד שבגבורה Yesod de Guevurá	ישועתך yeshuateja	א Álef	נורא Norá

שְׁלֹשָׁה shloshá עָשָׂר asar יוֹם yom ע"ה נגד, מזבח, זן, אל יהוה
לָעוֹמֶר laómer י"פ אל שֶׁהֵם shehem שָׁבוּעַ shavua אֶחָד ejad אהבה, דאגה
וְשִׁשָּׁה veshishá יָמִים yamim נלך:

כ"ט בניסן 29 de Nisán	מלכות שבגבורה Maljut de Guevurá	יודוך yoduja	מ Mem	קרע שטן Kof Resh Ayin Sin Tet Nun

אַרְבָּעָה arbaá עָשָׂר asar יוֹם yom ע"ה נגד, מזבח, זן, אל יהוה
לָעוֹמֶר laómer י"פ אל שֶׁהֵם shehem שְׁנֵי shnei שָׁבוּעוֹת shavuot:

Tiféret – Tercera semana - תפארת – שבוע ג'

הַיּוֹם hayom ע"ה נגד, מזבח, זן, אל יהוה

יום *Fecha*	ספירה *Sefirá*	תיבה *Palabra*	אות *Letra*	מ"ב *Del Ańá Bejóaj*
ל' בניסן 30 de Nisán	חסד שבתפארת Jésed de Tiféret	עמים amim	י Yud	נא Na

חֲמִשָּׁה jamishá עָשָׂר asar יוֹם yom ע"ה נגד, מזבח, זן, אל יהוה
לָעוֹמֶר laómer י"פ אל שֶׁהֵם shehem שְׁנֵי shnei שָׁבוּעוֹת shavuot
וְיוֹם veyom ע"ה נגד, מזבח, זן, אל יהוה אֶחָד ejad אהבה, דאגה:

א' באייר 1 de Iyar	גבורה שבתפארת Guevurá de Tiféret	אלהים Elohim	ם Mem	גבור Guibor

שִׁשָּׁה shishá עָשָׂר asar יוֹם yom ע"ה נגד, מזבח, זן, אל יהוה
לָעוֹמֶר laómer י"פ אל שֶׁהֵם shehem שְׁנֵי shnei שָׁבוּעוֹת shavuot
וּשְׁנֵי ushnei יָמִים yamim נלך:

Hoy son trece días del Ómer que son una semana y seis días.
Hoy son catorce días del Ómer que son dos semanas.

Tiféret - Tercera semana

Hoy son quince días del Ómer que son dos semanas y un día.
Hoy son dieciseis días del Ómer que son dos semanas y dos días.

ב׳ באייר	תפארת שבתפארת	יודוך	כ	דורשי
2 de Iyar	Tiféret de Tiféret	yoduja	Caf	Dorshei

שִׁבְעָה shivá עָשָׂר asar יוֹם yom ע״ה נגד, מזבח, זן, אל יהוה
לָעוֹמֶר laómer י״פ אל שֶׁהֵם shehem שְׁנֵי shnei שָׁבוּעוֹת shavuot
וּשְׁלֹשָׁה ushloshá יָמִים yamim נלך:

ג׳ באייר	נצח שבתפארת	עמים	י	יוחדך
3 de Iyar	Nétsaj de Tiféret	amim	Yud	Yijudeja

שְׁמוֹנָה shmoná עָשָׂר asar יוֹם yom ע״ה נגד, מזבח, זן, אל יהוה
לָעוֹמֶר laómer י״פ אל שֶׁהֵם shehem שְׁנֵי shnei שָׁבוּעוֹת shavuot
וְאַרְבָּעָה vearbaá יָמִים yamim נלך:

ד׳ באייר	הוד שבתפארת	כלם	ת	כבבת
4 de Iyar	Hod de Tiféret	culam	Tav	Quevavat

תִּשְׁעָה tishá עָשָׂר asar יוֹם yom ע״ה נגד, מזבח, זן, אל יהוה
לָעוֹמֶר laómer י״פ אל שֶׁהֵם shehem שְׁנֵי shnei שָׁבוּעוֹת shavuot
וַחֲמִשָּׁה vajamishá יָמִים yamim נלך:

ה׳ באייר	יסוד שבתפארת	ישמחו	ש	שומרם
5 de Iyar	Yesod de Tiféret	yismejú	Shin	Shomrem

עֶשְׂרִים esrim יוֹם yom ע״ה נגד, מזבח, זן, אל יהוה לָעוֹמֶר laómer י״פ אל
שֶׁהֵם shehem שְׁנֵי shnei שָׁבוּעוֹת shavuot וְשִׁשָּׁה veshishá יָמִים yamim נלך:

ו׳ באייר	מלכות שבתפארת	וירננו	פ	נגד יכש
6 de Iyar	Maljut de Tiféret	viranenú	Pei	Nun Guimel Dálet Yud Caf Shin

אֶחָד ejad אהבה, דאגה וְעֶשְׂרִים veesrim יוֹם yom ע״ה נגד, מזבח, זן, אל יהוה
לָעוֹמֶר laómer י״פ אל שֶׁהֵם shehem שְׁלֹשָׁה shloshá שָׁבוּעוֹת shavuot:

Hoy son diecisiete días del Ómer que son dos semanas y tres días.
Hoy son dieciocho días del Ómer que son dos semanas y cuatro días.
Hoy son diecinueve días del Ómer que son dos semanas y cinco días.
Hoy son veinte días del Ómer que son dos semanas y seis días.
Hoy son veintiún días del Ómer que son tres semanas.

Nétsaj – Cuarta semana - שָׁבוּעַ ד' – נֵצַח

הַיּוֹם hayom ע"ה נגד, מזבח, זן, אל יהוה

יום *Fecha*	ספירה *Sefirá*	תיבה *Palabra*	אות *Letra*	מ"ב *Del Aná Bejóaj*
ז' באייר 7 de Iyar	חסד שבנצח Jésed de Nétsaj	לאמים leumim	ו Vav	ברכם Barjem

שְׁנַיִם shnáyim וְעֶשְׂרִים veesrim יוֹם yom ע"ה, נגד, מזבח, זן, אל יהוה

לָעוֹמֶר laómer י"פ אל שֶׁהֵם shehem שְׁלֹשָׁה shloshá שָׁבוּעוֹת shavuot

וְיוֹם veyom ע"ה, נגד, מזבח, זן, אל יהוה אֶחָד ejad אהבה, דאגה:

יום	ספירה	תיבה	אות	מ"ב
ח' באייר 8 de Iyar	גבורה שבנצח Guevurá de Nétsaj	כי qui	ט Tet	טהרם Taharem

שְׁלֹשָׁה shloshá וְעֶשְׂרִים veesrim יוֹם yom ע"ה, נגד, מזבח, זן, אל יהוה

לָעוֹמֶר laómer י"פ אל שֶׁהֵם shehem שְׁלֹשָׁה shloshá שָׁבוּעוֹת shavuot

וּשְׁנֵי ushnei יָמִים yamim נלך:

יום	ספירה	תיבה	אות	מ"ב
ט' באייר 9 de Iyar	תפארת שבנצח Tiféret de Nétsaj	תשפוט tishpot	ע Ayin	רחמי Rajamei

אַרְבָּעָה arbaá וְעֶשְׂרִים veesrim יוֹם yom ע"ה, נגד, מזבח, זן, אל יהוה

לָעוֹמֶר laómer י"פ אל שֶׁהֵם shehem שְׁלֹשָׁה shloshá שָׁבוּעוֹת shavuot

וּשְׁלֹשָׁה ushloshá יָמִים yamim נלך:

יום	ספירה	תיבה	אות	מ"ב
י' באייר 10 de Iyar	נצח שבנצח Nétsaj de Nétsaj	עמים amim	מ Mem	צדקתך Tsidkateja

וַחֲמִשָּׁה jamishá וְעֶשְׂרִים veesrim יוֹם yom ע"ה, נגד, מזבח, זן, אל יהוה

לָעוֹמֶר laómer י"פ אל שֶׁהֵם shehem שְׁלֹשָׁה shloshá שָׁבוּעוֹת shavuot

וְאַרְבָּעָה vearbaá יָמִים yamim נלך:

NÉTSAJ - CUARTA SEMANA

Hoy son veintidos días del Ómer que son tres semanas y un día.
Hoy son veintitrés días del Ómer que son tres semanas y dos días.
Hoy son veinticuatro días del Ómer que son tres semanas y tres días.
Hoy son veinticinco días del Ómer que son tres semanas y cuatro días.

י"א באייר	הוד שבנצח	מישור	י	תמיד
11 de Iyar	Hod de Nétsaj	mishor	Yud	Tamid

שִׁשָּׁה shishá וְעֶשְׂרִים veesrim יוֹם yom ע"ה נגד, מזבח, זן, אל יהוה

לָעוֹמֶר laómer י"פ אל שֶׁהֵם shehem שְׁלֹשָׁה shloshá שָׁבוּעוֹת shavuot

וַחֲמִשָּׁה vajamishá יָמִים yamim נלך:

י"ב באייר	יסוד שבנצח	ולאמים	ם	גמלם
12 de Iyar	Yesod de Nétsaj	uleumim	Mem	Gomlem

שִׁבְעָה shivá וְעֶשְׂרִים veesrim יוֹם yom ע"ה נגד, מזבח, זן, אל יהוה

לָעוֹמֶר laómer י"פ אל שֶׁהֵם shehem שְׁלֹשָׁה shloshá שָׁבוּעוֹת shavuot

וְשִׁשָּׁה veshishá יָמִים yamim נלך:

י"ג באייר	מלכות שבנצח	בארץ	מ	בטר צתג
13 de Iyar	Maljut de Nétsaj	baárets	Mem	Bet Tet Resh Tsadi Tav Guímel

שְׁמוֹנָה shmoná וְעֶשְׂרִים veesrim יוֹם yom ע"ה נגד, מזבח, זן, אל יהוה

לָעוֹמֶר laómer י"פ אל שֶׁהֵם shehem אַרְבָּעָה arbaá שָׁבוּעוֹת shavuot:

Hod – Quinta semana - הוד – שבוע ה'

הַיּוֹם hayom ע"ה נגד, מזבח, זן, אל יהוה

יום ***Fecha***	ספירה ***Sefirá***	תיבה ***Palabra***	אות ***Letra***	מ"ב ***Del Aná Bejóaj***
י"ד באייר 14 de Iyar	חסד שבהוד Jésed de Hod	תנחם tanjem	י Yud	חסין Jasín

תִּשְׁעָה tishá וְעֶשְׂרִים veesrim יוֹם yom ע"ה נגד, מזבח, זן, אל יהוה

לָעוֹמֶר laómer י"פ אל שֶׁהֵם shehem אַרְבָּעָה arbaá שָׁבוּעוֹת shavuot

וְיוֹם veyom ע"ה נגד, מזבח, זן, אל יהוה אֶחָד ejad אהבה, דאגה:

Hoy son veintiseis días del Ómer que son tres semanas y cinco días.
Hoy son veintisiete días del Ómer que son tres semanas y seis días.
Hoy son veintiocho días del Ómer que son cuatro semanas.

Hod - Quinta semana

Hoy son veintinueve días del Ómer que son cuatro semanas y un día.

ט"ו באייר	גבורה שבהוד	סלה	ש	קדוש
15 de Iyar	Guevurá de Hod	sela	Shin	Kadosh

שְׁלֹשִׁים shloshim יוֹם yom ע"ה נגד, מזבח, זן, אל יהוה

לָעוֹמֶר laómer י"פ אל שֶׁהֵם shehem אַרְבָּעָה arbaá שָׁבוּעוֹת shavuot

וּשְׁנֵי ushnei יָמִים yamim נלך:

ט"ז באייר	תפארת שבהוד	יודיך	ו	ברוב
16 de Iyar	Tiféret de Hod	yoduja	Vav	Berov

אֶחָד ejad אהבה, דאגה וּשְׁלֹשִׁים ushloshim יוֹם yom ע"ה נגד, מזבח, זן, אל יהוה

לָעוֹמֶר laómer י"פ אל שֶׁהֵם shehem אַרְבָּעָה arbaá שָׁבוּעוֹת shavuot

וּשְׁלֹשָׁה ushloshá יָמִים yamim נלך:

י"ז באייר	נצח שבהוד	עמים	ר	טובך
17 de Iyar	Nétsaj de Hod	amim	Resh	Tuvjá

שְׁנַיִם shnáyim וּשְׁלֹשִׁים ushloshim יוֹם yom ע"ה נגד, מזבח, זן, אל יהוה

לָעוֹמֶר laómer י"פ אל שֶׁהֵם shehem אַרְבָּעָה arbaá שָׁבוּעוֹת shavuot

וְאַרְבָּעָה vearbaá יָמִים yamim נלך:

י"ח באייר	הוד שבהוד	אלהים	ו	נהל
18 de Iyar	Hod de Hod	Elohim	Vav	Nahel

שְׁלֹשָׁה shloshá וּשְׁלֹשִׁים ushloshim יוֹם yom ע"ה נגד, מזבח, זן, אל יהוה

לָעוֹמֶר laómer י"פ אל שֶׁהֵם shehem אַרְבָּעָה arbaá שָׁבוּעוֹת shavuot

וַחֲמִשָּׁה vajamishá יָמִים yamim נלך:

י"ט באייר	יסוד שבהוד	יודיך	ל	עדתך
19 de Iyar	Yesod de Hod	yoduja	Lámed	Adateja

אַרְבָּעָה arbaá וּשְׁלֹשִׁים ushloshim יוֹם yom ע"ה נגד, מזבח, זן, אל יהוה

לָעוֹמֶר laómer י"פ אל שֶׁהֵם shehem אַרְבָּעָה arbaá שָׁבוּעוֹת shavuot

וְשִׁשָּׁה veshishá יָמִים yamim נלך:

Hoy son treinta días del Ómer que son cuatro semanas y dos días.
Hoy son treintiún días del Ómer que son cuatro semanas y tres días.
Hoy son treintidos días del Ómer que son cuatro semanas y cuatro días.
Hoy son treintitrés días del Ómer que son cuatro semanas y cinco días.
Hoy son treinticuatro días del Ómer que son cuatro semanas y seis días.

כ' באייר	מלכות שבהוד	עמים	א	וחקב טנע
20 de Iyar	Maljut de Hod	amim	Álef	Jet Kof Bet Tet Nun Ayin

וַחֲמִשָּׁה jamishá וּשְׁלֹשִׁים ushloshim יוֹם yom ע״ה נגד, מזבח, זן, אל יהוה

לָעוֹמֶר laómer י״פ אל שֶׁהֵם shehem וַחֲמִשָּׁה jamishá שָׁבוּעוֹת shavuot:

Yesod – Sexta semana - יסוד – שבוע ו'

הַיּוֹם hayom ע״ה נגד, מזבח, זן, אל יהוה

יום *Fecha*	ספירה *Sefirá*	תיבה *Palabra*	אות *Letra*	מ״ב *Del Aná Bejóaj*
כ״א באייר 21 de Iyar	וחסד שביסוד Jésed de Yesod	כלם culam	מ Mem	יוחיד Yajid

שִׁשָּׁה shishá וּשְׁלֹשִׁים ushloshim יוֹם yom ע״ה נגד, מזבח, זן, אל יהוה

לָעוֹמֶר laómer י״פ אל שֶׁהֵם shehem וַחֲמִשָּׁה jamishá שָׁבוּעוֹת shavuot

וְיוֹם veyom ע״ה נגד, מזבח, זן, אל יהוה אֶחָד ejad אהבה, דאגה:

יום *Fecha*	ספירה *Sefirá*	תיבה *Palabra*	אות *Letra*	מ״ב *Del Aná Bejóaj*
כ״ב באייר 22 de Iyar	גבורה שביסוד Guevurá de Yesod	ארץ érets	י Yud	גאה Gueé

שִׁבְעָה shivá וּשְׁלֹשִׁים ushloshim יוֹם yom ע״ה נגד, מזבח, זן, אל יהוה

לָעוֹמֶר laómer י״פ אל שֶׁהֵם shehem וַחֲמִשָּׁה jamishá שָׁבוּעוֹת shavuot

וּשְׁנֵי ushnei יָמִים yamim נלך:

יום *Fecha*	ספירה *Sefirá*	תיבה *Palabra*	אות *Letra*	מ״ב *Del Aná Bejóaj*
כ״ג באייר 23 de Iyar	תפארת שביסוד Tiféret de Yesod	נתנה natná	ם Mem	לעמך Leameja

שְׁמוֹנָה shmoná וּשְׁלֹשִׁים ushloshim יוֹם yom ע״ה נגד, מזבח, זן, אל יהוה

לָעוֹמֶר laómer י״פ אל שֶׁהֵם shehem וַחֲמִשָּׁה jamishá שָׁבוּעוֹת shavuot

וּשְׁלֹשָׁה ushloshá יָמִים yamim נלך:

יום *Fecha*	ספירה *Sefirá*	תיבה *Palabra*	אות *Letra*	מ״ב *Del Aná Bejóaj*
כ״ד באייר 24 de Iyar	נצח שביסוד Nétsaj de Yesod	יבולה yevulá	ב Bet	פנה Pené

תִּשְׁעָה tishá וּשְׁלֹשִׁים ushloshim יוֹם yom ע״ה נגד, מזבח, זן, אל יהוה

לָעוֹמֶר laómer י״פ אל שֶׁהֵם shehem וַחֲמִשָּׁה jamishá שָׁבוּעוֹת shavuot

וְאַרְבָּעָה vearbaá יָמִים yamim נלך:

Hoy son treinticinco días del Ómer que son cinco semanas.

Yesod - Sexta semana

Hoy son treintiseis días del Ómer que son cinco semanas y un día.
Hoy son treintisiete días del Ómer que son cinco semanas y dos días.
Hoy son treintiocho días del Ómer que son cinco semanas y tres días.
Hoy son treintinueve días del Ómer que son cinco semanas y cuatro días.

כ"ה באייר 25 de Iyar	הוד שביסוד Hod de Yesod	יברכנו yevarjenu	א Álef	זוכרי Zojrei

אַרְבָּעִים arbaim יוֹם yom ע"ה נגד, מזבח, זן, אל יהוה

לָעוֹמֶר laómer י"פ אל שֶׁהֵם shehem וַחֲמִשָּׁה jamishá שָׁבוּעוֹת shavuot

וַחֲמִשָּׁה vajamishá יָמִים yamim נלך:

כ"ו באייר 26 de Iyar	יסוד שביסוד Yesod de Yesod	אלהים Elohim	ר Resh	קדושתך Kedushateja

אֶחָד ejad אהבה, דאגה וְאַרְבָּעִים vearbaim יוֹם yom ע"ה נגד, מזבח, זן, אל יהוה

לָעוֹמֶר laómer י"פ אל שֶׁהֵם shehem וַחֲמִשָּׁה jamishá שָׁבוּעוֹת shavuot

וְשִׁשָּׁה veshishá יָמִים yamim נלך:

כ"ז באייר 27 de Iyar	מלכות שביסוד Maljut de Yesod	אלהינו Eloheinu	צ Tsadi	יגל פזק Yud Guímel Lámed Pei Zayin Kof

שְׁנַיִם shnáyim וְאַרְבָּעִים vearbaim יוֹם yom ע"ה נגד, מזבח, זן, אל יהוה

לָעוֹמֶר laómer י"פ אל שֶׁהֵם shehem שִׁשָּׁה shishá שָׁבוּעוֹת shavuot:

Maljut – Séptima semana - שבוע ז' - מלכות

הַיּוֹם hayom ע"ה נגד, מזבח, זן, אל יהוה

יום *Fecha*	ספירה *Sefirá*	תיבה *Palabra*	אות *Letra*	מ"ב *Del Aná Bejóaj*
כ"ח באייר 28 de Iyar	חסד שבמלכות Jésed de Maljut	יברכנו yevarjenu	ת Tav	שועתנו Shavatenu

שְׁלֹשָׁה shloshá וְאַרְבָּעִים vearbaim יוֹם yom ע"ה נגד, מזבח, זן, אל יהוה

לָעוֹמֶר laómer י"פ אל שֶׁהֵם shehem שִׁשָּׁה shishá שָׁבוּעוֹת shavuot

וְיוֹם veyom ע"ה נגד, מזבח, זן, אל יהוה אֶחָד ejad אהבה, דאגה:

כ"ט באייר 29 de Iyar	גבורה שבמלכות Guevurá de Maljut	אלהים Elohim	נ Nun	קבל Kabel

אַרְבָּעָה arbaá וְאַרְבָּעִים vearbaim יוֹם yom ע"ה נגד, מזבח, זן, אל יהוה

לָעוֹמֶר laómer י"פ אל שֶׁהֵם shehem שִׁשָּׁה shishá שָׁבוּעוֹת shavuot

וּשְׁנֵי ushnei יָמִים yamim נלך:

Hoy son cuarenta días del Ómer que son cinco semanas y cinco días.
Hoy son cuarentiún días del Ómer que son cinco semanas y seis días.
Hoy son cuarentidos días del Ómer que son seis semanas.

MALJUT - SÉPTIMA SEMANA

Hoy son cuarentitrés días del Ómer que son seis semanas y un día.
Hoy son cuarenticuatro días del Ómer que son seis semanas y dos días.

ושמע	ח	וייראו	תפארת שבמלכות	א' בסיון
Ushmá	Jet	veyirú	Tiféret de Maljut	1 de Siván

וַחֲמִשָּׁה jamishá וְאַרְבָּעִים vearbaim יוֹם yom ע״ה נגד, מזבח, זן, אל יהוה
לָעֹומֶר laómer י״פ אל שֶׁהֵם shehem שִׁשָּׁה shishá שָׁבוּעוֹת shavuot
וּשְׁלֹשָׁה ushloshá יָמִים yamim נלך:

צעקתנו	ם	אותו	נצח שבמלכות	ב' בסיון
Tsaakatenu	Mem	oto	Nétsaj de Maljut	2 de Siván

שִׁשָּׁה shishá וְאַרְבָּעִים vearbaim יוֹם yom ע״ה נגד, מזבח, זן, אל יהוה
לָעֹומֶר laómer י״פ אל שֶׁהֵם shehem שִׁשָּׁה shishá שָׁבוּעוֹת shavuot
וְאַרְבָּעָה vearbá יָמִים yamim נלך:

יודע	ס	כל	הוד שבמלכות	ג' בסיון
Yodea	Sámej	kol	Hod de Maljut	3 de Siván

שִׁבְעָה shivá וְאַרְבָּעִים vearbaim יוֹם yom ע״ה נגד, מזבח, זן, אל יהוה
לָעֹומֶר laómer י״פ אל שֶׁהֵם shehem שִׁשָּׁה shishá שָׁבוּעוֹת shavuot
וַחֲמִשָּׁה vajamishá יָמִים yamim נלך:

תעלומות	ל	אפסי	יסוד שבמלכות	ד' בסיון
Taalumot	Lámed	afsei	Yesod de Maljut	4 de Siván

שְׁמוֹנָה shmoná וְאַרְבָּעִים vearbaim יוֹם yom ע״ה נגד, מזבח, זן, אל יהוה
לָעֹומֶר laómer י״פ אל שֶׁהֵם shehem שִׁשָּׁה shishá שָׁבוּעוֹת shavuot
וְשִׁשָּׁה veshishá יָמִים yamim נלך:

שקו צית	ה	ארץ	מלכות שבמלכות	ה' בסיון
Shin Kof Vav Tsadi Yud Tav	Hei	árets	Maljut de Maljut	5 de Siván

תִּשְׁעָה tishá וְאַרְבָּעִים vearbaim יוֹם yom ע״ה נגד, מזבח, זן, אל יהוה
לָעֹומֶר laómer י״פ אל שֶׁהֵם shehem שִׁבְעָה shivá שָׁבוּעוֹת shavuot:

Luz Interna – Or Pnimí

La Luz Interna se refiere a la fuerza de vida que nos infunde subsistencia. Es el combustible que nos sustenta y nos aviva. Por ejemplo: mientras la bendición del vino representa la Luz Circundante, la acción de tomar el vino nos conecta con Luz Interna.

Hoy son cuarenticinco días del Ómer que son seis semanas y tres días.
Hoy son cuarentiseis días del Ómer que son seis semanas y cuatro días.
Hoy son cuarentisiete días del Ómer que son seis semanas y cinco días.
Hoy son cuarentiocho días del Ómer que son seis semanas y seis días.
Hoy son cuarentinueve días del Ómer que son siete semanas.

הָרַחֲמָן harajamán

הוּא Hu יַחֲזִיר yajazir עֲבוֹדַת avodat בֵּית beit ב"פ ראה הַמִּקְדָּשׁ hamikdash

לִמְקוֹמָהּ limkomá בִּמְהֵרָה bimherá בְּיָמֵינוּ veyameinu אָמֵן Amén יאהדונהי:

LAMENATSÉAJ (para saber más sobre la *Menorah* ir a la pág.39-40)

El Salmo de *Lamenatséaj* consta de 49 palabras, y el versículo del medio ("*Yismejú*") consta de 49 letras. Cada palabra y cada letra corresponden a un día del *Ómer*. Al meditar en la palabra y la letra relacionadas (ver las tablas en las págs. 420-426), conectamos con la Luz que nos ayudará a lograr la limpieza espiritual durante esta época.

לַמְנַצֵּחַ lamenatséaj בִּנְגִינֹת binguinot מִזְמוֹר mizmor שִׁיר shir:

אֱלֹהִים Elohim אהיה אדני ; ילה יְחָנֵּנוּ yejonenu וִיבָרְכֵנוּ vivarjenu

יָאֵר yaer כף ויו זין ויו פָּנָיו panav אִתָּנוּ itanu ר"ת פאי, אמן (יאהדונהי) סֶלָה sela:

לָדַעַת ladáat ר"ת סאל, אמן (יאהדונהי) בָּאָרֶץ baárets דַּרְכֶּךָ darquejá

בְּכָל bejol ב"ן, לכב גּוֹיִם goyim יְשׁוּעָתֶךָ yeshuateja:

יוֹדוּךָ yoduja עַמִּים amim אֱלֹהִים Elohim אהיה אדני ; ילה

יוֹדוּךָ yoduja עַמִּים amim כֻּלָּם culam: יִשְׂמְחוּ yismejú וִירַנְּנוּ viranenú

לְאֻמִּים leumim ר"ת ע"ה = אההויהה כִּי qui תִשְׁפֹּט tishpot עַמִּים amim

מִישֹׁר mishor וּלְאֻמִּים uleumim בָּאָרֶץ baárets תַּנְחֵם tanjem סֶלָה sela:

יוֹדוּךָ yoduja עַמִּים amim אֱלֹהִים Elohim אהיה אדני ; ילה יוֹדוּךָ yoduja

עַמִּים amim כֻּלָּם culam: ר"ת יודוך ישמחו יודוך ארץ = ייא"י (מילוי דס"ג)

ועם ר"ת אלהים לדעת יברכנו = ע"ב, ריבוע יהוה אֶרֶץ érets נָתְנָה natná נתה, קס"א קנ"א קמ"ג

יְבוּלָהּ yevulá ר"ת אני יְבָרְכֵנוּ yevarjenu אֱלֹהִים Elohim אהיה אדני ; ילה

אֱלֹהֵינוּ Eloheinu ילה: יְבָרְכֵנוּ yevarjenu אֱלֹהִים Elohim אהיה אדני ; ילה

וְיִירְאוּ veyirú אוֹתוֹ otó כָּל col ילי אַפְסֵי afsei אָרֶץ árets:

LUZ INTERNA – OR PNIMÍ

El Misericordioso, Él regresará el servicio del Templo a su lugar, prontamente y en nuestros días. Amén.

LAMENATSÉAJ

"Al músico principal, un Salmo melodioso y un cántico: Que Dios nos dé gracia y nos bendiga. Que resplandezca Su Rostro sobre nosotros, Sela. Para que Tus caminos sean conocidos en el mundo y Tu salvación entre las naciones. Las naciones darán gracias a Ti, Dios. Todas las naciones darán gracias a Ti. Los pueblos se regocijarán y cantarán porque Tú juzgas a las naciones con justicia, y Tú guías a los pueblos del mundo, Sela. Las naciones darán gracias a Ti, Dios. Todas las naciones darán gracias a Ti. La Tierra ha dado su fruto. Que el Señor, nuestro Dios, nos bendiga. Que Dios nos bendiga y que todos teman a Él desde los confines de la Tierra" (Salmos 67).

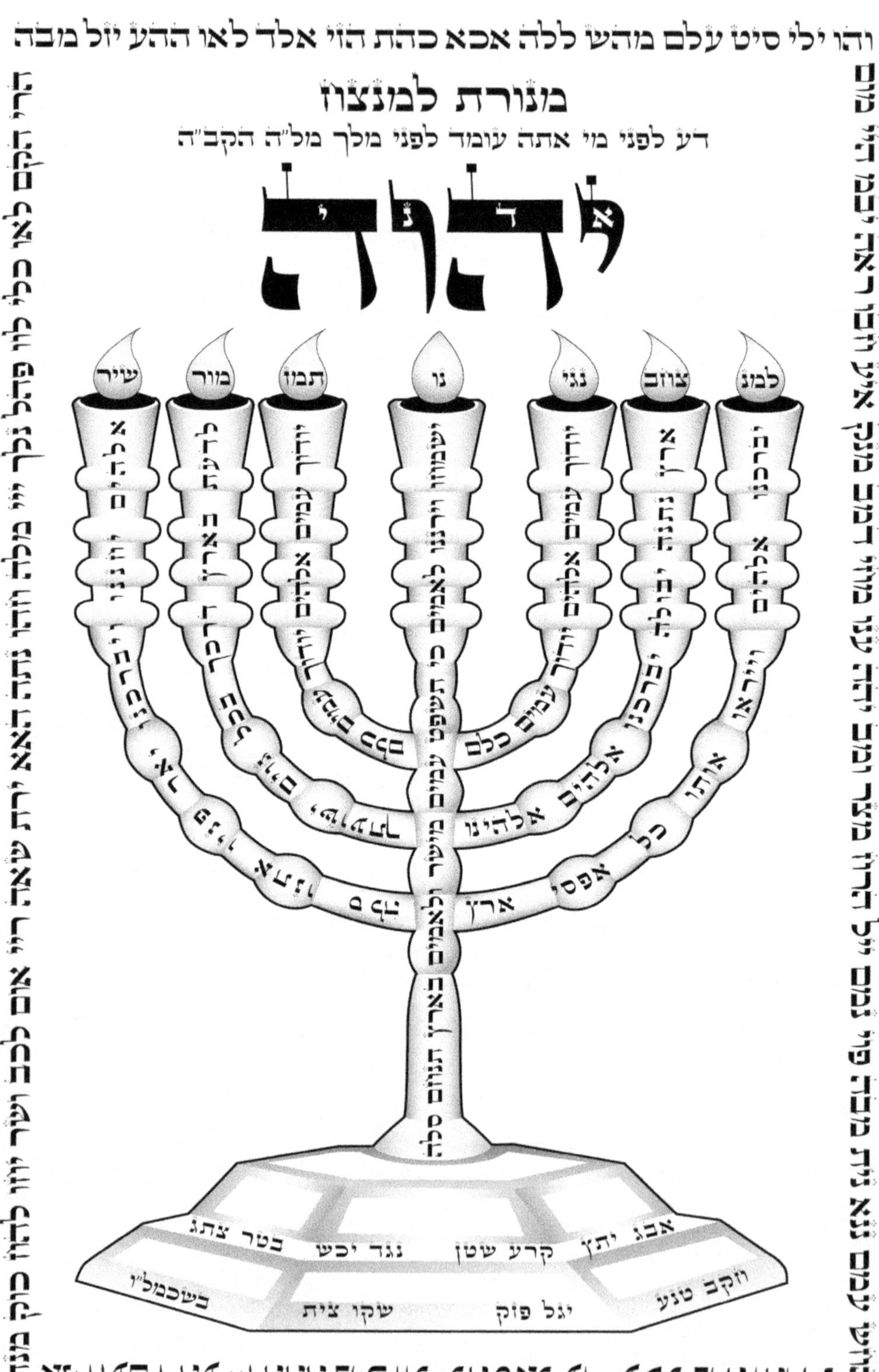

והו ילי סיט עלם מהש ללה אכא כהת הזי אלד לאו ההע יזל מבה
מנורת למנצח
דע לפני מי אתה עומד לפני מלך מל"ה הקב"ה
אבג יתץ
קרע שטן
נגד יכש
בטר צתג
חקב טנע
יגל פזק
שקו צית
בשכמל"ו

ANA BEJÓAJ (para saber más sobre el *Aná Bejóaj* ve a la pág. 106)

El *Aná Bejóaj* tal vez sea la oración más poderosa en todo el universo. El Kabbalista del siglo II Rav Najunyá ben HaKaná fue el primer sabio en revelar esta combinación de 42 letras, las cuales abarcan todo el poder de la Creación.

Jésed, domingo (***Álef Bet Guímel Yud Tav Tsadi***) אבג יתץ

אָנָּא aná — בְּכֹחַ bejóaj♦ — גְּדוּלַּת guedulat — יְמִינְךָ yemineja♦

תַּתִּיר tatir — צְרוּרָה tserurá⁘

Guevurá, lunes (***Kof Resh Ayin Sin Tet Nun***) קרע שטן

קַבֵּל kabel — רִנַּת rinat♦ — עַמְּךָ ameja — שַׂגְּבֵנוּ sagvenu♦

טַהֲרֵנוּ taharenu — נוֹרָא norá⁘

Tiféret, martes (***Nun Guímel Dálet Yud Caf Shin***) נגד יכש

נָא na — גִּבּוֹר guibor♦ — דוֹרְשֵׁי dorshei — יִחוּדְךָ yijudeja♦

כְּבָבַת quevavat — שָׁמְרֵם shamrem⁘

Nétsaj, miércoles (***Bet Tet Resh Tsadi Tav Guímel***) בטר צתג

בָּרְכֵם barjem — טַהֲרֵם taharem♦ — רַחֲמֵי rajamei — צִדְקָתְךָ tsidkateja♦

תָּמִיד tamid — גָּמְלֵם gomlem⁘

ANÁ BEJÓAJ

Jésed, domingo אבג יתץ

Te suplicamos, con el gran poder de Tu diestra, pon en libertad a los cautivos.

Guevurá, lunes קרע שטן

Acepta el canto de Tu Nación. Fortifícanos y purifícanos, Oh Reverenciado.

Tiféret, martes נגד יכש

Por favor, oh Todopoderoso, a los que buscan Tu unidad, cuídalos como a la pupila de los ojos.

Nétsaj, miércoles בטר צתג

Bendícelos. Purifícalos. Otórgales siempre Tu fidelidad compasiva.

Hod, jueves (*Jet Kof Bet Tet Nun Ayin*) חקב טנע

חֲסִין jasín קָדוֹשׁ kadosh• בְּרוֹב berov טוּבְךָ tuvjá•

נַהֵל nahel עֲדָתֶךָ adateja:

Yesod, viernes (*Yud Guímel Lámed Pei Zayin Kof*) יגל פזק

יָחִיד yajid גֵּאֶה gueé• לְעַמְּךָ leamjá פְּנֵה pené•

זוֹכְרֵי zojrei קְדֻשָּׁתֶךָ kedushateja:

Maljut, sábado (*Shin Kof Vav Tsadi Yud Tav*) שקו צית

שַׁוְעָתֵנוּ shavatenu קַבֵּל kabel• וּשְׁמַע ushmá צַעֲקָתֵנוּ tsaakatenu•

יוֹדֵעַ yodea תַּעֲלוּמוֹת taalumot:

Baruj Shem Quevod

Susurrar esta frase final trae toda la Luz de los Mundos Superiores a nuestra existencia física.

(Susurrar) : יוזו אותיות בָּרוּךְ Baruj שֵׁם Shem כְּבוֹד quevod מַלְכוּתוֹ maljutó

לְעוֹלָם leolam ריבוע ס"ג וי' אותיות דס"ג וָעֶד vaed:

Ribonó Shel Olam

רִבּוֹנוֹ Ribonó שֶׁל shel עוֹלָם Olam• אַתָּה Atá צִוִּיתָנוּ tsivitanu עַל al

יְדֵי yedei מֹשֶׁה Moshé מהש, ע"ב בריבוע וקס"א, אל שדי, ד"פ אלהים ע"ה עַבְדֶּךָ avdejá

פוי, אל אדני לִסְפּוֹר lispor סְפִירַת sefirat הָעוֹמֶר haómer י"פ אל כְּדֵי quedei

לְטַהֲרֵנוּ letaharenu מִקְּלִפּוֹתֵינוּ miklipotenu וּמִטּוּמְאוֹתֵינוּ umitumateinu•

Hod, jueves טנע חקב

Invencible y Todopoderoso, con la abundancia de Tu bondad, guía a Tu congregación.

Yesod, viernes פזק יגל

Oh exaltado y orgulloso, vuélvete a Tu pueblo, aquellos que recuerdan Tu santidad.

Maljut, sábado צית שקו

Acepta nuestra plegaria y escucha nuestro clamor, Tú que conoces todo lo oculto.

Baruj Shem Quevod

"Bendito es el Nombre de la Gloria. Su Reino es para siempre y para la eternidad" (*Pesajim 56a*).

Ribonó Shel Olam

Señor del Mundo, Tú nos has mandado a través de Moshé,

Tu siervo, a enumerar el conteo del Ómer, para purificarnos de nuestras klipot y nuestra contaminación.

כְּמוֹ quemó שֶׁכָּתַבְתָּ shecatavta בְּתוֹרָתֶךָ betorataj:

וּסְפַרְתֶּם usfartem לָכֶם lajem מִמָּחֳרַת mimajorat הַשַּׁבָּת haShabat

מִיּוֹם miyom ע"ה נגד, מזבח, זן, אל יהוה הֲבִיאֲכֶם haviajem אֶת־ et

עֹמֶר ómer י"פ אל הַתְּנוּפָה hatenufá שֶׁבַע sheva שַׁבָּתוֹת shabatot

תְּמִימֹת temimot תִּהְיֶינָה tihyena: עַד ad מִמָּחֳרַת mimajorat

הַשַּׁבָּת haShabat הַשְּׁבִיעִת hasheviít תִּסְפְּרוּ tisperú חֲמִשִּׁים jamishim

יוֹם yom ע"ה נגד, מזבח, זן, אל יהוה כְּדֵי quedei שֶׁיִּטָּהֲרוּ sheyitaharú

נַפְשׁוֹת nafshot עַמְּךָ ameja יִשְׂרָאֵל Israel מִזֻּהֲמָתָם mizohamatam.

וּבְכֵן uvjén ע"ב, ריבוע יהוה

יְהִי yehí רָצוֹן ratsón מהש ע"ה, ע"ב בריבוע וקס"א ע"ה, אל שדי ע"ה

מִלְּפָנֶיךָ milefaneja ס"ג מ"ה ב"ן יְהֹוָאדהֹנָהי Adonai יאהדונהי אֱלֹהֵינוּ Eloheinu ילה

וֵאלֹהֵי veElohei לכב ; מילוי ע"ב, דמב ; ילה אֲבוֹתֵינוּ avoteinu,

שֶׁבִּזְכוּת shebizjut סְפִירַת sefirat הָעוֹמֶר haómer י"פ אל שֶׁסָּפַרְתִּי shesafarti

הַיּוֹם hayom ע"ה נגד, מזבח, זן, אל יהוה יְתֻקַּן yetukán

מַה ma מ"ה (יוד הא ואו הא) שֶׁפָּגַמְתִּי shepagamti בִּסְפִירָה bisfirá

Debes mencionar el Nombre de la *Sefirá* de la noche y meditar en ella.
También debes escanear las meditaciones del Arí y el Rashash en las tablas de las páginas siguientes.

וְאֶטָּהֵר veetaher וְאֶתְקַדֵּשׁ veetkadesh בִּקְדֻשָּׁה bikdushá

שֶׁל shel מַעְלָה maala אָמֵן Amén יאהדונהי סֶלָה sela:

Esto es como está escrito en Tu Torá: "Contarán por sí mismos, desde el día siguiente al Shabat hasta el día en el que ofrezcan la porción de su ofrenda ondeada, siete semanas completas hasta el día siguiente a la séptima semana. Contarán cincuenta días para que los espíritus de su Nación, Israel, sean purificados de su contaminación" (*Levítico 23:15-16*). *Por lo tanto, que sea agradable a Ti, Señor, nuestro Dios y Dios de nuestros antepasados, que por virtud del conteo del Ómer que he contado el día de hoy la mancha que he creado en la Sefirá de* (mencionar el nombre de la *Sefirá* que corresponde a esa noche) *sea corregida y que yo sea purificado y santificado con santidad celestial. Amén. Sela.*

1ra semana – Los *Mojín* están entrando en *Jojmá* de *Zeir Anpín*

שבוע ראשון - המוחין נכנסים לחכמה דז"א, חסד א' לז"א וגבורה א' לנוקבא - יְהֹוָה

Día del Ómer	Día de la semana	אהיה EHKH	מ"ה Mah	ב"ן Ban	מ"ב דמ"ה 42 de Mah	מ"ב דב"ן 42 de Ban	אנא בכח Aná Bejóaj	למנצח בנגינות La Menorá	פסוק ישמחו Verso central	ז' מלכים 7 Reyes	מוחין Los Mojín	המוחין באים מ: Mojín que vienen de:	אדם (מ"ה דס"ג) Adam (Mah de Sag)	הויה YKVK	כוונת המוחין Meditación de Mojín
1	1er	א	יוד	יוד	י	י	אנא	אלהים	י	בלע דבלע	Gadlut A Aba	Nétsaj interior de Yisrael Saba	יודהיוא000	יְהֹוָה	יוד הי ויו הי
2	2do	ה	הא	הה	ה	ה	בכח	יחננו	ש	יובב דבלע	Gadlut A Ima	Nétsaj interior de Tevuná	00הייודה000	יְהֹוָה	יוד הי ויו הי
3	3er	י	ואו	וו	ו	ו	גדולת	ויברכנו	מ	חשם דבלע	Katnut B Aba e Ima	Jésed exterior de Aba e Ima Celestiales	000000000יאוהי00000000	יהוה	אכטד"ם
4	4to	ה	הא	הה	ה	ה	ימינך	יאר	וח	הדד דבלע	Gadlut B Ima	Jésed interior de Ima Celestial	0הוידהיואו0	יְהוָה	יוד הי ויו הי
5	5to	א	יוד	יוד	י	י	תתיר	פניו	ו	שמלה דבלע	Katnut A Aba e Ima	Nétsaj exterior de Yisrael Saba y Tevuná	0יודהי000000000	יְהֹוָה	אלף למד הי יוד מם
6	6to	ה	הא	הה	ו	ו	צרורה	אתנו	ו	שאול דבלע	Reshimo de Gadlut B Aba	Jésed interior de Aba Celestial	00אוהייו00000	יוהוודהו	יוד הי ויו הי
7	7mo	י	ואו	וו	יהו היו	יהו היו	אבג יתצ	סלה	י	בעל חנן דבלע	Gadlut B Aba	Jésed interior de Aba Celestial	הייואוהי00	יְהֹוָה	יוד הי ויו הי

Cada noche —desde la primera noche hasta la sexta noche de la semana— debes meditar en elevar 45 chispas de un total de 320 chispas:

בשעת הלילות יכוין להעלות מ"ה ניצוצין מכל ש"ך: 1) ס"ג 2) ד"ין 3) מ"ה 4) ל"ב נתיבות 5) שד"י 6) א"ל יהו"ה

En la séptima noche —de cada semana— debes meditar en elevar 50 chispas de un total de 320 chispas

ובלילה השביעי יכוין להעלות נ' ניצוצין משעה ש"ך הנ"ל

2da semana – Los *Mojín* están entrando en *Biná* de *Zeir Anpín*

שׁבוּע שֵׁנִי - המוחין נכנסים לבינה דז"א, וחסד ב' לז"א וגבורה ב' לנוקבא - יְהֹוָה

Día del Ómer	Día de la semana	אהיה EHKH	מ"ה Mah	ב"ן Ban	מ"ב דמ"ה 42 de Mah	מ"ב דב"ן 42 de Ban	אנאבכח Aná Bejóaj	למנצח בנגינות La Menorá	פסוק ישמחו Verso central	ז' מלכים 7 Reyes	מוחין Los Mojín	המוחין באים מ: Mojín que vienen de:	אדם (מ"ה דס"ג) Adam (Mah de Sag)	הויה YKVK	כוונת המוחין Meditación de Mojín
8	1er	ה	הא	הה	ד	ד	קַבֵּל	לָדַעַת	ר	בלע דיובב	Gadlut A Aba	Nétsaj interior de Yisrael Saba	000יודהיוא	יְהֹוָה	יוד הי ואו הי
9	2do	א	יוד	יוד	ה	ה	רִנַּת	בָּאָרֶץ	נ	יובב דיובב	Gadlut A Ima	Nétsaj interior de Tevuná	00הייודה000	יְהֹוָה	יוד הי ואו הי
10	3er	ה	הא	הה	א	ה	עַמְּךָ	דַּרְכֶּךָ	נ	חשם דיובב	Katnut B Aba e Ima	Jésed exterior de Aba e Ima Celestiales	000000000אוהי00000000	יהוה	א"ם ג"ל
11	4to	י	ואו	וו	ו	ו	שַׂגְּבֵנוּ	בְּכָל	ו	הדד דיובב	Gadlut B Ima	Jésed interior de Ima Celestial	0ודהיואוה0	יְהֹוָה	יוד הי ואו הי
12	5to	ה	הא	הה	א	ו	טַהֲרֵנוּ	גּוֹיִם	ל	שמלה דיובב	Katnut A Aba e Ima	Nétsaj exterior de Yisrael Saba y Tevuná	0יהיודה000000000	יְהֹוָה	אלף למד הה יוד מם
13	6to	א	יוד	יוד	ו	ה	נוֹרָא	יְשׁוּעָתֶךָ	א	שאול דיובב	Reshimo de Gadlut B Aba	Jésed interior de Aba Celestial	00יודהיא00000	יוהוויהו	יוד הי ואו הי
14	7mo	ה	הא	הה	דהא ואו	דהה והה	קְרַע שָׂטָן	יוֹדוּךָ	מ	בעל חנן דיובב	Gadlut B Aba	Jésed interior de Aba Celestial	יהיואוה00	יְהֹוָה	יוד הי ואו הי

Cada noche —desde la primera noche hasta la sexta noche de la semana— debes meditar en elevar 45 chispas de un total de 320 chispas:

בשׁשׁת הלילות יכוין להעלות מ"ה ניצוצין מכל ש"ך:1) ס"ג 2) די"ן 3) מ"ה 4) ל"ב נתיבות 5) עד"י 6) א"ל יהו"ה

En la séptima noche —de cada semana— debes meditar en elevar 50 chispas de un total de 320 chispas

ובלילה השׁביעי יכוין להעלות נ' ניצוצין משׁשׁה ש"ך הנ"ל

3ra semana – Los *Mojín* están entrando en *Jasadim* de *Dáat* de *Zeir Anpín*

שבוע שלישי – המוחין נכנסים לחסד דדעת דז"א, חסד ג' לז"א וגבורה ג' לנוקבא – יהוה

Día del Ómer	Día de la semana	אהיה EHKH	מ"ה Mah	ב"ן Ban	מ"ב דמ"ה 42 de Mah	מ"ב דב"ן 42 de Ban	אנאבכח Aná Bejóaj	למנצח בנגינות La Menorá	פסוק ישמחו Verso central	ז' מלכים 7 Reyes	מוחין Los Mojín	המוחין באים מ: Mojín que vienen de:	אדם (מ"ה דס"ג) Adam (Mah de Sag)	הויה YKVK	כוונת המוחין Meditación de Mojín
15	1er	י	ואו	וו	ה	ה	נא	עמים	י	בלע דחשם	Gadlut A Aba	Yesod Interior de Yisrael Saba	יודהויאו000	יהוה	יוד הא ואו הא
16	2do	ה	הא	הה	א	י	גבור	אלהים	ם	יובב דחשם	Gadlut A Ima	Yesod interior de Tevuná	000הויודה00	יהוה	יוד הא ואו הא
17	3er	א	יוד	יוד	י	ו	דורשי	יודוך	כ	חשם דחשם	Katnut B Aba e Ima	Tiféret interior de Aba e Ima Celestial	00000000ואוהי000000000	יהוה	אכטד"ם (ע"ה)
18	4to	ה	הא	הה	ו	ד	יחודך	עמים	י	הדד דחשם	Gadlut B Ima	Tiféret interior de Ima Celestial	0ודהויאוה0	יהוה	יוד הא ואו הא
19	5to	י	ואו	וו	ד	ו	כבבת	כלם	ת	שמלה דחשם	Katnut A Aba e Ima	Yesod exterior de Yisrael Saba y Tevuná	000000000יודהי0	יהוה	אלף למד הא (יו"י) יוד מם
20	6to	ה	הא	הה	ו	ו	שמרם	ישמחו	ש	שאול דחשם	Reshimo de Gadlut B Aba	Tiféret interior de Aba Celestial	00000אוהייוו00	יודהוודהו	יוד הא ואו הא
21	7mo	א	יוד	יוד	האי ודו	היו דוו	נגד יכש	וירננו	פ	בעל חנן דחשם	Gadlut B Aba	Tiféret interior de Aba Celestial	00הויאוהי	יהוה	יוד הא ואו הא

Cada noche —desde la primera noche hasta la sexta noche de la semana— debes meditar en elevar 45 chispas de un total de 320 chispas:

בשעת הלילות יכוין להעלות מ"ה ניצוצין מכל ש"ך:1) ס"ג 2) ד"ן 3) מ"ה 4) ל"ב נתיבות 5) שד"י 6) א"ל יהו"ה

En la séptima noche —de cada semana— debes meditar en elevar 50 chispas de un total de 320 chispas

ובלילה השביעי יכוין להעלות נ' ניצוצין משלשה ש"ך הנ"ל

4ta semana – Los *Mojín* están entrando en *Guevurot* de *Dáat* de *Zeir Anpín*

שבוע רביעי - המוחין נכנסים לגבורה דדעת דז"א, וחסד ד' לז"א וגבורה ד' לנוקבא - יְהֹוָה

Día del Ómer	Día de la semana	אהיה EHKH	מ"ה Mah	ב"ן Ban	מ"ב דמ"ה 42 de Mah	מ"ב דב"ן 42 de Ban	אנאבכח Aná Bejóaj	למנצח בנגינות La Menorá	פסוק ישמחו Verso central	ז' מלכים 7 Reyes	מוחין Los Mojín	המוחין באים מ: Mojín que vienen de:	אדם (מ"ה דס"ג) Adam (Mah de Sag)	הויה YKVK	כוונת המוחין Meditación de Mojín
22	1er	ה	הא	הה	א	ד	ברכם	לאמים	ו	בלע הדדד	Gadlut A Aba	Yesod Interior de Yisrael Saba	יודהיוא000	יְהֹוָה	יוד הה וו הה
23	2do	י	ואו	וו	ו	ל	טהרם	כי	ט	יובב הדדד	Gadlut A Ima	Yesod Interior de Tevuná	000הייודה00	יְהֹוָה	יוד הה וו הה
24	3er	ה	הא	הה	ד	ת	רחמי	תשפוט	ע	חשם הדדד	Katnut B Aba e Ima	Tiféret exterior de Aba e Ima Celestial	100000000ואוהי000000000	יהוה	אכתד"ם (ע"ד)
25	4to	א	יוד	יוד	ל	ה	צדקתך	עמים	מ	הדד הדדד	Gadlut B Ima	Tiféret interior de Ima Celestial	0וההיואוד0	יְהֹוָה	יוד הה וו הה
26	5to	ה	הא	הה	ת	ה	תמיד	מישור	י	שמלה הדדד	Katnut A Aba e Ima	Yesod exterior de Yisrael Saba y Tevuná	000000000יוהדי0	יְהֹוָה	אלף למד הא (יו"ד) יוד מם
27	6to	י	ואו	וו	ה	ה	גמלם	ולאמים	ם	שאול הדדד	Reshimo de Gadlut B Aba	Tiféret interior de Aba Celestial	00000אוהייו00	יוהוווהו	יוד הה וו הה
28	7mo	ה	הא	הה	אוד לתה	דלת ההה	בטר צתג	בארץ	מ	בעל חנן הדדד	Gadlut B Aba	Tiféret interior de Aba Celestial	00הייואוהי	יְהֹוָה	יוד הה וו הה

Cada noche —desde la primera noche hasta la sexta noche de la semana— debes meditar en elevar 45 chispas de un total de 320 chispas:

בשעת הלילות יכוין להעלות מ"ה ניצוצין מכל ש"ך:1) ס"ג 2) די"ן 3) מ"ה 4) ל"ב נתיבות 5) שד"י 6) א"ל יהו"ה

En la séptima noche —de cada semana— debes meditar en elevar 50 chispas de un total de 320 chispas

ובלילה השביעי יכוין להעלות נ' ניצוצין משלשה ש"ך הנ"ל

5ta semana – Los *Mojín* están entrando en *Jésed* de *Zeir Anpín*

שבוע חמישי – המוחין נכנסים לחסד דז"א, חסד ה' לז"א וגבורה ה' לנוקבא – יהוה

Día del Ómer	Día de la semana	אהיה EHKH	מ"ה Mah	ב"ן Ban	מ"ב דמ"ה 42 de Mah	מ"ב דב"ן 42 de Ban	אנאבכח Aná Bejóaj	למנצח בנגינות La Menorá	פסוק ישמחו Verso central	ז' מלכים 7 Reyes	מוחין Los Mojín	המוחין באים מ: Mojín que vienen de:	אדם (מ"ה דס"ג) Adam (Mah de Sag)	הויה YKVK	כוונת המוחין Meditación de Mojín
29	1er	א	יוד	יוד	א	ה	חסין	תנחום	י	בלע דשמלה	Gadlut A Aba	Nétsaj interior de Yisrael Saba	000יודהיוא	יהוה	יוד הי ויו הי
30	2do	ה	הא	הה	א	ו	קדוש	סלה	ש	יובב דשמלה	Gadlut A Ima	Nétsaj interior de Tevuná	00הייודה000	יהוה	יוד הי ויו הי
31	3er	י	ואו	וו	ל	ו	ברוב	יודוך	ו	חשם דשמלה	Katnut B Aba e Ima	Jésed exterior deAba e Ima Celestial	000000000יואוהי00000000	יהוה	אכטד"ם
32	4to	ה	הא	הה	ף	ו	טובך	עמים	ר	הדד דשמלה	Gadlut B Ima	Jésed interior de Ima Celestial	0ודהיואוה0	יהוה	יוד הי ויו הי
33	5to	א	יוד	יוד	ו	ו	נהל	אלהים	ו	שמלה דשמלה	Katnut A Aba e Ima	Nétsaj exterior de Yisrael Saba y Tevuná	0יודהי000000000	יהוה	אלף למד הי יוד מם
34	6to	ה	הא	הה	א	ה	עדתך	יודוך	ל	שאול דשמלה	Reshimo de Gadlut B Aba	Jésed interior de Aba Celestial	00יוהיאוה00000	יודהוודהו	יוד הי ויו הי
35	7mo	י	ואו	וו	אאל פוא	הוו ווה	חקב טנע	עמים	א	בעל חנן דשמלה	Gadlut B Aba	Jésed interior de Aba Celestial	00היואוהי	יהוה	יוד הי ויו הי

Cada noche —desde la primera noche hasta la sexta noche de la semana— debes meditar en elevar 45 chispas de un total de 320 chispas:

בששת הלילות יכוין להעלות מ"ה ניצוצין מכל ש"ך:1) ס"ג 2) די"ן 3) מ"ה 4) ל"ב נתיבות 5) שד"י 6) א"ל יהו"ה

En la séptima noche —de cada semana— debes meditar en elevar 50 chispas de un total de 320 chispas

ובלילה השביעי יכוין להעלות נ' ניצוצין משלשה ש"ך הנ"ל

6ta semana – Los *Mojín* están entrando en *Guevurá* de *Zeir Anpín*

שבוע שישי - המוחין נכנסים לגבורה דז"א, כללות החסדים לז"א וכללות הגבורות לנוקבא - יוהווהו

Día del Ómer	Día de la semana	אהיה EHKH	מ"ה Mah	ב"ן Ban	מ"ב דמ"ה 42 de Mah	מ"ב דב"ן 42 de Ban	אנאבכח Aná Bejóaj	למנצח בנגינות La Menorá	פסוק ישמחו Verso central	ז' מלכים 7 Reyes	מוחין Los Mojín	המוחין באים מ: Mojín que vienen de:	אדם (מ"ה דס"ג) Adam (Mah de Sag)	הויה YKVK	כוונת המוחין Meditación de Mojín
36	1er	ה	הא	הה	ו	ה	יוזיד	כלם	מ	בלע דשאול	Gadlut A Aba	Hod interior de Yisrael Saba	יודהיוא000	יְהֹוָה	יוד הי ואו הי
37	2do	א	יוד	יוד	א	ה	גאה	ארץ	י	יובב דשאול	Gadlut A Ima	Hod interior de Tevuná	000הייודה00	יְהֹוָה	יוד הי ואו הי
38	3er	ה	הא	הה	ל	ה	לעמך	נתנה	ם	חושם דשאול	Katnut B Aba e Ima	Guevurá exterior de Aba e Ima Celestial	00000000ואוהי000000000	יהוה	א"ם ג"ל
39	4to	י	ואו	וו	ף	ו	פנה	יבולה	ב	הדד דשאול	Gadlut B Ima	Guevurá interior de Ima Celestial	0ודהיואוה0	יְהֹוָה	יוד הי ואו הי
40	5to	ה	הא	הה	ו	ו	זוכרי	יברכנו	א	שמלה דשאול	Katnut A Aba e Ima	Hod exterior de Yisrael Saba y Tevuná	000000000יודהי0	יְהֹוָה	אלף למד הה יוד מם
41	6to	אהיה	יוד הא ואו הא	יוד הה וו הה	א	ו	קדושתך	אלהים	ר	שאול דשאול	Reshimo de Gadlut B Aba	Guevurá interior de Aba Celestial	00000אוהייו00	יוהווהו	יוד הי ואו הי
42	7mo	אהיה	יוד הא ואו הא	יוד הה וו הה	ואל פוא	ההה ווו	יגל פזק	אלהינו	ץ	בעל חנן דשאול	Gadlut B Aba	Guevurá interior de Aba Celestial	00היואוהי	יְהֹוָה	יוד הי ואו הי

Cada noche —desde la primera noche hasta la sexta noche de la semana— debes meditar en elevar 45 chispas de un total de 320 chispas:

בשעת הלילות יכוין להעלות מ"ה ניצוצין מכל ש"ך:1) ס"ג 2) די"ן 3) מ"ה 4) ל"ב נתיבות 5) שד"י 6) א"ל יהו"ה

En la séptima noche —de cada semana— debes meditar en elevar 50 chispas de un total de 320 chispas

ובלילה השביעי יכוין להעלות נ' ניצוצין משש"ה ש"ך הנ"ל

7ma semana – Los *Mojín* están entrando en *Tiféret* y *Maljut* de *Zeir Anpín*

שבוע שביעי - המוחין נכנסים לתפארת ומלכות דז"א, כללות החסדים לז"א וכללות הגבורות לנוקבא - יהוה

Día del Ómer	Día de la semana	אהיה EHKH	מ"ה Mah	ב"ן Ban	מ"ב דמ"ה 42 de Mah	מ"ב דב"ן 42 de Ban	אנאבכח Aná Bejóaj	למנצח בנגינות La Menorá	פסוק ישמחו Verso central	ז' מלכים 7 Reyes	מוחין Los Mojín	המוחין באים מ: Mojín que vienen de:	אדם (מ"ה דס"ג) Adam (Mah de Sag)	הויה YKVK	כוונת המוחין Meditación de Mojín
43	1er	אהיה	יוד הא ואו הא	יוד הה וו הה	ו	ו	שועתנו	יברכנו	ת	בלע דבעל חנן	Gadlut A Aba	Hod interior de Yisrael Saba	oooיודהיוא	יהוה	יוד הא ואו הא יוד הה וו הה
44	2do	אהיה	יוד הא ואו הא	יוד הה וו הה	ה	ו	קבל	אלהים	נ	יובב דבעל חנן	Gadlut A Ima	Hod interior de Tevuná	ooהייודהooo	יהוה	יוד הא ואו הא יוד הה וו הה
45	3er	אהיה	יוד הא ואו הא	יוד הה וו הה	א	ו	ושמע	וייראו	ח	חושם דבעל חנן	Katnut B Aba e Ima	Guevurá exterior de Aba e Ima Celestial	ooooooooiאוהיooooooooo	יהוה	אכטד"ם (ע"ה) אכטד"ם (ע"ד)
46	4to	אהיה	יוד הא ואו הא	יוד הה וו הה	א	ו	צעקתנו	אותו	ם	הדד דבעל חנן	Gadlut B Ima	Guevurá interior de Ima Celestial	oודהיואוהo	יהוה	יוד הא ואו הא יוד הה וו הה
47	5to	אהיה	יוד הא ואו הא	יוד הה וו הה	ל	ו	יודע	כל	ס	שמלה דבעל חנן	Katnut A Aba e Ima	Hod exterior de Yisrael Saba y Tevuná	oיודהיoooooooooo	יהוה	אלף למד הא (יו"י) יוד מם אלף למד הא (יו"ד) יוד מם
48	6to	אהיה	יוד הא ואו הא	יוד הה וו הה	ק	ו	תעלומות	אפסי	ל	שאול דבעל חנן	Reshimo de Gadlut B Aba	Guevurá interior de Aba Celestial	ooiיואוהיooooo	יוהוויהו	יוד הא ואו הא יוד הה וו הה
49	7mo	אהיה	יוד הא ואו הא	יוד הה וו הה	והא אלף	ווו ווו	שקו צית	ארץ	ה	בעל חנן דבעל חנן	Gadlut B Aba	Guevurá interior De Aba Celestial	ooהיואוהי	יהוה	יוד הא ואו הא יוד הה וו הה

Cada noche —desde la primera noche hasta la sexta noche de la semana— debes meditar en elevar 45 chispas de un total de 320 chispas:

בשש הלילות יכוין להעלות מ"ה ניצוצין מכל ש"ך:1) ס"ג 2) דין 3) מ"ה 4) ל"ב נתיבות 5) שד"י 6) א"ל יהו"ה

En la séptima noche —de cada semana— debes meditar en elevar 50 chispas de un total de 320

ובלילה השביעי יכוין להעלות נ' ניצוצין משלשה ש"ך הנ"ל

LA LECTURA DEL SHEMÁ PARA IR A DORMIR

Después de soportar los rigores y la adversidad asociados con el día, el alma está agotada. Cada noche, nuestra alma asciende a los Reinos Superiores para recargarse y rejuvenecerse. Aun si nos quedamos despiertos, parte de nuestra alma se va cuando el Sol se pone y las estrellas han empezado a aparecer en el cielo, y es por este motivo que nos sentimos más cansados a medida que transcurre la noche. Cuanto más negativos somos, más agotados nos sentimos cuando esta parte de nuestra alma deja nuestro cuerpo. Cada noche, hay una fuerza real que nos induce a dormir para permitir que nuestra alma deje nuestro cuerpo. Recitamos el Shemá antes de ir a dormir para atar un cordón umbilical a nuestra alma para que regrese y llene el espacio que ha dejado atrás.

LESHEM YIJUD

לְשֵׁם leShem יִחוּד yijud קוּדְשָׁא Kudshá בְּרִיךְ Berij הוּא Hu

וּשְׁכִינְתֵּיהּ uShjintei (יאהדונהי) בִּדְחִילוּ bidjilu וּרְחִימוּ urjimu (יאההויהה)

וּרְחִימוּ urjimu וּדְחִילוּ udjilu (איההיוהה) לְיַחֲדָא leyajdá שֵׁם Shem

יוּ"ד Yud קֵ"י Kei בְּוָא"ו beVav קֵ"י Kei בְּיִחוּדָא beyijudá שְׁלִים shelim (יהוה)

בְּשֵׁם beshem כָּל col ילי יִשְׂרָאֵל, Yisrael, הֲרֵינִי hareini מְקַבֵּל mekabel

עָלַי alai אֱלָהוּתוֹ Elahutó יִתְבָּרַךְ yitbaraj וְאַהֲבָתוֹ veahavató

וְיִרְאָתוֹ veyirató וַהֲרֵינִי vehareini יָרֵא yaré מִמֶּנּוּ mimenu בְּגִין beguín

דְּאִיהוּ deihú רַב rav וְשַׁלִּיט veshalit עַל al כֹּלָּא, culá, וְכֹלָּא vejulá

קַמֵּיהּ kamei כְּלָא, quela, וַהֲרֵינִי vehareini מַמְלִיכוֹ mamlijó עַל al כָּל col

ילי ; עמם אֵבֶר éver וְאֵבֶר veéver וְגִיד veguid וָגִיד vaguid מֵרַמַ"ח meramaj

אברהם, וז"פ אל, רי"ו ול"ב נתיבות החכמה, רמ"ח (אברים), עסמ"ב וט"ז אותיות פשוטות אֵבָרִים evarim

וּשְׁסַ"ה veshasá גִּידִים guidim שֶׁל shel גּוּפִי gufí וְנַפְשִׁי venafshí, רוּחִי rují

וְנִשְׁמָתִי venishmatí מַלְכוּת maljut גְּמוּרָה guemurá וּשְׁלֵמָה ushlemá,

וַהֲרֵינִי vahareini עֶבֶד éved לְהַשֵּׁם leHashem יִתְבָּרַךְ yitbaraj, וְהוּא veHú

בְּרַחֲמָיו berajamav יְזַכֵּנִי yezaqueni לְעָבְדוֹ leavdó בְּלֵבָב belevav בוכו

שָׁלֵם shalem וְנֶפֶשׁ venéfesh חֲפֵצָה jafetsá אָמֵן Amén יאהדונהי

כֵּן quen יְהִי yehí רָצוֹן ratsón מהש ע"ה, ע"ב בריבוע וקס"א ע"ה, אל שדי ע"ה:

LA LECTURA DEL SHEMÁ PARA IR A DORMIR - LESHEM YIJUD

Por el bien de la unificación entre el Santo Bendito y Su Shejiná, con temor y amor y con amor y temor, con el fin de unificar el Nombre Yud, Kei y Vav, Kei en perfecta unidad y en el nombre de todo Israel, acepto por la presente sobre mí mismo Su divinidad, Bendito sea Él, y el amor de Él y el miedo de Él. Y por la presente le temo a Él por ser grande, Él, quien reina sobre todas las cosas. Ante Él, todo es insignificante. Por la presente acepto Su soberanía sobre cada órgano y cada tendón de los 248 (una mujer dice *252*) *órganos y 365 tendones de mi cuerpo, con espíritu inferior, mi Neshamá y mi alma como una soberanía completa y perfecta. Y por la presente me declaro a mí mismo sirviente del Señor, bendito sea Él. Que Él, en Su misericordia, me permita el privilegio de servirle de todo corazón y con espíritu de buena voluntad. Amén, que esta sea Su voluntad.*

RIBONÓ SHEL OLAM

Antes de recitar esta oración, debemos reflexionar sobre nuestro día y buscar cualquier negatividad que podamos haber causado a los demás, o que los demás nos puedan haber causado. Si una persona se va a dormir albergando cualquier sentimiento negativo hacia otra persona, este sentimiento evitará que ambas almas se eleven a los Mundos Superiores durante la noche. En esta oración, pedimos el perdón de aquellos a quienes hemos causado dolor. Reconocemos que este perdón se aplica a todo lo ocurrido, ya sea intencional o accidental, mediante palabras o mediante actividad física, en esta vida o en vidas pasadas. El concepto de perdonar a otros no tiene nada que ver con la persona a la que estamos perdonando. Espiritualmente, el perdón significa dejar ir el enojo y el resentimiento. Kabbalísticamente, las personas que nos hieren en la vida son simples mensajeros. Nunca debemos culpar al mensajero. Todas nuestras acciones previas, positivas o negativas, están sujetas a un efecto búmeran y finalmente regresarán a nosotros a través de las acciones de otros.

רִבּוֹנוֹ Ribonó שֶׁל shel עוֹלָם Olam הֲרֵינִי hareini מוֹחֵל mojel

וְסוֹלֵחַ vesoléaj לְכָל lejol יה אדני מִי mi ילי שֶׁהִכְעִיס shehijís

וְהִקְנִיט vehiknit אוֹתִי otí אוֹ o שֶׁחָטָא shejatá כְּנֶגְדִּי quenegdí• בֵּין bein

בְּגוּפִי begufí בֵּין bein בְּמָמוֹנִי bemamoní בֵּין bein בִּכְבוֹדִי bijvodí

בֵּין bein בְּכָל bejol ב״ן, לכב אֲשֶׁר asher לִי li• בֵּין bein בְּאוֹנֶס beones

בֵּין bein בְּרָצוֹן beratsón מהש ע״ה, ע״ב בריבוע וקס״א ע״ה, אל שדי ע״ה

בֵּין bein בְּשׁוֹגֵג beshogueg בֵּין bein בְּמֵזִיד bemezid בֵּין bein בְּדִבּוּר bedibur

בֵּין bein בְּמַעֲשֶׂה bemaasé• בֵּין bein בְּגִלְגּוּל beguilgul זֶה ze בֵּין bein

בְּגִלְגּוּל beguilgul אַחֵר ajer לְכָל lejol יה אדני בַּר bar יִשְׂרָאֵל Yisrael

וְלֹא veló יֵעָנֵשׁ yeanesh שׁוּם shum אָדָם adam מ״ה בְּסִבָּתִי besibatí•

יְהִי yehí רָצוֹן ratsón מהש ע״ה, ע״ב בריבוע וקס״א ע״ה, אל שדי ע״ה מִלְּפָנֶיךָ milfaneja

ס״ג מ״ה ב״ן יְהֹוָהאדניאהדונהי Adonai אֱלֹהַי Elohai מילוי דע״ב, דמב ; ילה וֵאלֹהֵי veElohei

לכב ; מילוי דע״ב, דמב ; ילה אֲבוֹתַי avotai שֶׁלֹּא sheló אֶחֱטָא ejetá עוֹד od•

וּמַה umá מ״ה שֶׁחָטָאתִי shejatati לְפָנֶיךָ lefaneja ס״ג מ״ה ב״ן

מְחוֹק mejok בְּרַחֲמֶיךָ berajameja הָרַבִּים harabim אֲבָל aval

לֹא lo עַל al יְדֵי yedei יִסּוּרִין yisurín וָחֳלָאִים vejolaim רָעִים raim:

RIBONÓ SHEL OLAM

Señor del Mundo, por la presente perdono e indulto a todo aquel que me ha enojado o me ha irritado o ha pecado contra mí, ya sea contra mi cuerpo, mi dinero, mi honor o cualquier otra cosa que es mía; ya sea por la fuerza o por voluntad propia, ya sea por error o gratuitamente, ya sea a través de palabras o acciones; ya sea en esta encarnación o en cualquier vida pasada, o de cualquiera de los Hijos de Israel, y que nadie sea castigado por mi parte. Que sea Tu voluntad, Señor, mi Dios y Dios de mis antepasados, que no peque de nuevo. Y cualquier pecado que ya haya cometido ante Ti, bórralo con Tu abundante compasión, pero no por medio del sufrimiento y las enfermedades malignas.

מ״ב אותיות בפסוק

יִהְיוּ yihyú ייא״י (מילוי דס״ג) לְרָצוֹן leratsón מהש ע״ה, ע״ב בריבוע וקס״א ע״ה, אל שדי ע״ה

אִמְרֵי־ imrei פִי fi ר״ת אֶלֶף = אלף למד שין דלת יוד ע״ה וְהֶגְיוֹן vehegyón לִבִּי libí

לְפָנֶיךָ lefaneja ס״ג מ״ה ב״ן יְהֹוָואדהנויאהדונהי Adonai צוּרִי tsurí וְגֹאֲלִי vegoalí:

Hamapil

Esta bendición garantiza que nuestra alma parta a salvo durante el sueño y regrese a nuestro cuerpo al despertar. Es el cordón de vida entre el cuerpo y el alma.

Si vas a dormir **antes de medianoche**, di la bendición entera (desde "*Baruj Atá*" hasta "*bijvodó*").
Si vas a dormir **después de la medianoche**, omite las palabras "*Adonai Eloheinu Mélej haolam*" al principio de la bendición, y las palabras "*Atá Adonai*" al final de la bendición.

בָּרוּךְ Baruj אַתָּה Atá יְהֹוָואדהנויאהדונהי Adonai אֱלֹהֵינוּ Eloheinu ילה

מֶלֶךְ Mélej הָעוֹלָם haolam הַמַּפִּיל hamapil חֶבְלֵי jevlei

שֵׁנָה shená עַל al עֵינַי einai ריבוע דמ״ה וּתְנוּמָה utnumá עַל al

עַפְעַפָּי afapai וּמֵאִיר umeir לְאִישׁוֹן leishón בַּת bat עָיִן ayin ריבוע דמ״ה:

יְהִי yehí רָצוֹן ratsón מהש ע״ה, ע״ב בריבוע וקס״א ע״ה, אל שדי ע״ה

מִלְּפָנֶיךָ milfaneja ס״ג מ״ה ב״ן יְהֹוָואדהנויאהדונהי Adonai אֱלֹהַי Elohai

מילוי דע״ב, דמב ; ילה וֵאלֹהֵי veElohei לכב ; מילוי דע״ב, דמב ; ילה אֲבוֹתַי avotai

שֶׁתַּשְׁכִּיבֵנִי shetashquiveni לְשָׁלוֹם leshalom וְתַעֲמִידֵנִי vetaamideni

לְחַיִּים lejayim אהיה אהיה יהוה, בינה ע״ה טוֹבִים tovim וּלְשָׁלוֹם uleshalom.

וְתֵן vetén חֶלְקִי jelkí בְּתוֹרָתֶךָ betorateja וְתַרְגִּילֵנִי vetarguileni

לִדְבַר lidvar ראה מִצְוָה mitsvá וְאַל veal תַּרְגִּילֵנִי targuileni

לִדְבַר lidvar ראה עֲבֵרָה averá. וְאַל veal תְּבִיאֵנִי tevieni לִידֵי lidei

חֵטְא jet וְלֹא veló לִידֵי lidei נִסָּיוֹן nisayón וְלֹא veló לִידֵי lidei

בִּזָּיוֹן vizayón. וְיִשְׁלוֹט veyishlot בִּי bi יֵצֶר yétser הַטּוֹב hatov והו

וְאַל veal יִשְׁלוֹט yishlot בִּי bi יֵצֶר yétser הָרָע hará.

"¡Que las expresiones de mi boca y los pensamientos de mi corazón sean favorables ante Ti, Señor, mi Roca y mi Redentor!" (Salmos 19:15).

Hamapil

Bendito seas Tú, Señor, nuestro Dios, Rey del mundo, quien causa que las ataduras del sueño caigan sobre mis ojos y la pesadez sobre mis párpados, y quien trae la luz de la vista a la pupila de mi ojo. Que sea de Tu agrado, Señor, mi Dios y Dios de mis padres, que me acuestes en paz y hagas que me levante a una buena vida y a la paz, y que me des mi porción en Tu Torá y me acostumbres a obedecer los mandamientos y no me acostumbres a las transgresiones. No me guíes hacia los pecados, las pruebas o la vergüenza. Deja que la inclinación al bien me gobierne y no permitas que la inclinación al mal me controle.

וְתַצִּילֵנִי vetatsileni מִיֵּצֶר miyétser הָרָע hará וּמֵחוֹלָאִים umejolaim
רָעִים raim וְאַל veal יְבַהֲלוּנִי yavhiluni וַחֲלוֹמוֹת jalomot
רָעִים raim וְהִרְהוּרִים vehirhurim רָעִים raim וּתְהֵא utehé
מִטָּתִי mitatí שְׁלֵמָה shelemá לְפָנֶיךָ lefaneja ס"ג מ"ה ב"ן וְהָאֵר vehaer
עֵינַי einai ריבוע דמ"ה פֶּן pen אִישַׁן ishán הַמָּוֶת hamávet
בָּרוּךְ Baruj אַתָּה Atá יְהֹוָהאדניאיהדונהי Adonai הַמֵּאִיר hameir
לָעוֹלָם laolam ריבוע דס"ג וי' אותיות דס"ג כֻּלּוֹ culó בִּכְבוֹדוֹ bijvodó:

EL SHEMÁ (para aprender más sobre el *Shemá* ve a la pág. 176)

El *Shemá* es una de las herramientas más poderosas para atraer energía sanadora a nuestra vida. El verdadero poder del *Shemá* es liberado cuando recitamos esta oración mientras meditamos en otras personas que necesiten energía de sanación.

1) Para poder recibir la Luz del *Shemá*, debes aceptar el precepto de: "Ama a tu prójimo como a ti mismo", y verte a ti mismo unido con todas las almas que componen el Adam Original.

2) Antes de recitar el *Shemá*, debes cubrir tus ojos con la mano derecha y decir las palabras "*Shemá Yisrael … leolam vaed*" Debes leer el *Shemá* con meditación profunda, recitándolo con las entonaciones. Es necesario ser cuidadoso con la pronunciación de todas las letras.

Primero, medita en general en el primer *Yijud* de los cuatro *Yijudim* del Nombre: יהוה y, en particular, para despertar a la letra ה, y luego para conectarla con la letra ו. Después conecta a la letra י y a la letra ה juntas en el orden siguiente: *Hei* (ה), *Hei-Vav* (ה"ו), luego *Yud-Hei* (י"ה), lo que suma 31, el secreto de "א"י" del Nombre ס"ג. Es bueno meditar en este *Yijud* antes de recitar cualquier *Shemá* porque actúa como un reemplazo por las veces que quizás no hayas recitado el *Shemá*. Este *Yijud* tiene la misma capacidad de crear una conexión Celestial como la lectura del *Shemá*: elevar a *Zeir* y a *Nukvá* juntos para el *Zivug* de *Aba* e *Ima*

Shemá – שְׁמַע

Meditación general: שם ע – para atraer la energía desde las siete *Sefirot* inferiores de *Ima* hacia la *Nukvá*, la cual permite a la *Nukvá* elevar las *Mayin Nukvín* (despertar desde Abajo). **Meditación particular**: שם = יהוה + שדי y cinco veces las letras י y ד de ב"ן = ע [La letra *Hei* (ה) es formada por las letras *Dálet* (ד) y *Yud* (י), por lo tanto en ב"ן tenemos cuatro veces la letra ה más otra vez las letras י y ד de יוד de ב"ן]. También las tres letras ו (18) que quedan de ב"ן, más ב"ן mismo (52) equivale a ע (70).

Y sálvame de la inclinación al mal y de enfermedades malignas. No permitas que malos sueños o pensamientos negativos me asusten. Permite que mi cama esté completa ante Ti. Ilumina mis ojos no sea que duerma el sueño de la muerte. Bendito seas Tú, Señor, quien ilumina al mundo entero con Su gloria.

Yisrael – ישראל

Meditación general: ש״ר אל; para atraer energía desde *Jésed* y *Guevurá* de *Aba* hacia *Zeir Anpín*, para hacer su acción en el secreto de *Mayin Dujrín* (despertar desde Arriba).

Meditación particular: (las letras reordenadas de la palabra *Yisrael*): ש״ר אל״י

ריבוע המילוי דקס״א (לף, לף י, לף י וד, לף י וד י) = ש״ר,

מ״א אותיות של פשוט, מילוי ומילוי דמילוי דקס״א = אל״י

(אהיה, אלף הי יוד הי, אלף למד פי הי יוד יוד ויו דלת הי יוד)

También medita en atraer la Luz Circundante de *Aba* de *Katnut* hacia *Zeir Anpín*.

Adonai Eloheinu Adonai - יהוה אלהינו יהוה

Meditación general: para atraer energía hacia *Aba*, *Ima* y *Dáat* desde *Arij Anpín*.

Meditación particular: ע״ב (יוד הי ויו הי) קס״א (אלף הי יוד הי) ע״ב (יוד הי וי הי).

También medita tres veces ע״ב (72) que es igual a רי״ו (216).

Luego atraer el רי״ו a *Ima* para hacer de Ella una vasija (רי״ו es igual a חרב – espada – que mata todas las *klipot* que se convierten en cuerpos para las chispas perdidas de Luz).

Ejad – אחד

(El secreto del completo *Yijud*-Unificación)

Las letras *Álef* א y *Jet* ח de *Ejad* אחד son *Zeir Anpín* y la letra *Dálet* ד es *Nukvá*. **Debes meditar** en dedicar tu alma a la santificación del Nombre Sagrado, elevando de este modo a tu *Néfesh*, *Rúaj*, *Neshamá* y *Neshamá* de *Neshamá* con *Zeir Anpín* y *Nukvá* (usando los Nombres: ע״ב y ס״ג) hacia *Aba* e *Ima* como el secreto de *Mayin Nukvín*, y por esa energía, *Aba* e *Ima* serán unificados en el secreto del Nombre: יאהדויה״ה. **También medita** en atraer lo interno y lo circundante de *Aba* de *Katnut* y los Seis Bordes Internos de *Gadlut* de *Ima* hacia *Zeir Anpín*. La Gota, que es ע״ב, es sacada desde lo externo de *Aba* y desciende hacia *Yesod* de *Ima*, donde se convierte en: ע״ב ס״ג מ״ה ב״ן, y las cuatro אהיה deletreadas (אלף הי יוד הי, אלף הי יוד הי, אלף הא יוד הא, אלף הה יוד הה) se convierten en Su vestimenta. Como resultado, *Zeir Anpín* tiene cuatro יה״ו deletreadas (יוד הי ויו, יוד הי ואו, יוד הא ואו, יוד הה וו), cuatro אה״י deletreadas (אלף הי יוד, אלף הי יוד, אלף הא יוד, אלף הה יוד) y los Seis Bordes Internos de *Gadlut* de *Ima*. **También medita** en el Nombre: אל״ף ה״י וי״ו ה״י, que es los *Mojín* enteros en el secreto de *Dáat*.

Baruj Shem - ברוך שם כבוד מלכותו לעולם ועד

El secreto es hacer una vasija para la *Maljut*, usando un רי״ו que es atraído de *Zeir Anpín* (su secreto es: רי״ו = י יה יהו יהוה, יוד יוד הה יוד הה וו יוד הה וו הה)

Baruj Shem Quevod: *Jojmá*, *Biná*, *Dáat* de *Zeir Anpín* (la raíz del anteriormente mencionado רי״ו), están dando iluminación a *Nukvá* en Su cráneo (que después se convierte en מלכותו, Su reino);

Maljutó: la iluminación anteriormente mencionada;

Ahora medita en depositar tu alma de modo que sea como *Mayin Nukvín* (despertar desde Abajo) para que *Zeir Anpín* y *Nukvá* puedan estar integrados y el רי״ו sea entregado a Ella para que Ella se convierta en una vasija. ***Leolam Vaed*** —לעול ועד es igual a רי״ו— Debes estar atento para mencionar la *Mem* (ם) final sólo después de la palabra *vaed*. Al igual que en el principio, necesitamos atraer la רי״ו (= *leolá vaed* לעול ועד) y sólo entonces la vasija puede ser iluminada, que es la *Mem* final (ם – la matriz - el espacio de la creación del embrión). **También medita** en elevar todas las chispas de las *klipot* y erradicar sus cuerpos al usar los dos רי״ו mencionados anteriormente (que son dos espadas) de modo que las chispas se conviertan en el secreto de la vasija y ésta llene la carencia que fue creada al desperdiciar energía masculina sin una vasija femenina.

שְׁמַע Shemá ע׳ רבתי יִשְׂרָאֵל Yisrael יְהֹוָאדנהיאהדונהי Adonai

אֱלֹהֵינוּ Eloheinu ילה יְהֹוָאדנהיאהדונהי Adonai | אֶחָד Ejad ד׳ רבתי ; אהבה, דאגה:

(:Susurrar) יוזו אותיות בָּרוּךְ Baruj שֵׁם Shem כְּבוֹד quevod מַלְכוּתוֹ maljutó,

לְעוֹלָם leolam ריבוע ס״ג וי׳ אותיות דס״ג וָעֶד vaed:

***Yud, Jojmá*, cabeza** – 42 palabras que corresponden al Nombre Sagrado de Dios de 42 Letras.

א ב

וְאָהַבְתָּ veahavtá ב״פ אור, ב״פ רז, ב״פ אין סוף ; (יכוין לקיים מ״ע של אהבת ה׳) אֵת et

ג י

יְהֹוָאדנהיאהדונהי Adonai אֱלֹהֶיךָ Eloheja ילה ; ס״ת כהת, משיח בן דוד ע״ה

ת צ ק ר

בְּכָל־ bejol ב״ן, לכב לְבָבְךָ levavjá וּבְכָל־ uvejol ב״ן, לכב נַפְשְׁךָ nafshejá

ע ש ט נ

וּבְכָל־ uvejol ב״ן, לכב מְאֹדֶךָ meodeja: וְהָיוּ vehayú הַדְּבָרִים hadevarim

נ ג ד י כ

הָאֵלֶּה haele אֲשֶׁר asher אָנֹכִי anojí מְצַוְּךָ metsaveja הַיּוֹם hayom

ש ב ט

ע״ה נגד, מזבח, זן, אל יהוה (pausa aquí) עַל al לְבָבֶךָ levaveja: וְשִׁנַּנְתָּם veshinantam

ר צ ת ג

לְבָנֶיךָ levaneja וְדִבַּרְתָּ vedibarta בָּם bam מ״ב בְּשִׁבְתְּךָ beshivtejá

ח ק ב

בְּבֵיתֶךָ beveiteja ב״פ ראה וּבְלֶכְתְּךָ uvelejtejá בַדֶּרֶךְ vadérej

ט נ

ב״פ יב״ק, ס״ג קס״א וּבְשָׁכְבְּךָ uveshojbejá וּבְקוּמֶךָ uvkumeja:

ע י ג ל

וּקְשַׁרְתָּם ukshartam לְאוֹת leot עַל־ al יָדֶךָ yadeja

EL SHEMÁ

"Escucha, Israel, el Señor nuestro Dios. El Señor es Uno" (*Deuteronomio 6:4*). *"Bendito es el glorioso Nombre, Su Reino es por siempre y para la eternidad"* (*Pesajim 56a*). *"Y amarás al Señor, tu Dios, con todo tu corazón y con toda tu alma y con todo lo que posees. Deja que estas palabras que te ordeno hoy descansen sobre tu corazón. Y las enseñarás a tus hijos y hablarás de ellas mientras estés sentado en tu hogar y mientras caminas por el sendero y cuando te acuestas y cuando te levantas. Las atarás como una señal sobre tu mano*

פ וְהָיוּ vehayú ז לְטֹטָפֹת letotafot ק בֵּין bein ש עֵינֶיךָ eineja

ע"ה ; קס"א ; ריבוע מ"ה: ק וּכְתַבְתָּם ujtavtam ו עַל־ al

צ מְזֻזוֹת mezuzot נית (זו מות) י בֵּיתֶךָ beiteja ב"פ ראה ת וּבִשְׁעָרֶיךָ uvisheareja:

VEHAYÁ IM SHAMOA

***Hei*, *Biná*, brazos y cuerpo** – 72 palabras que corresponden a los 72 Nombres de Dios.

והו וְהָיָה vehayá יהוה ; יהה ילי אִם־ im יוה"ך, מ"א אותיות דפשוט, דמילוי ודמילוי דמילוי דאהיה ע"ה

סיט שָׁמֹעַ shamoa עלם תִּשְׁמְעוּ tishmeú מהש אֶל־ el ללה מִצְוֹתַי mitsvotai אכא אֲשֶׁר asher

כהת אָנֹכִי anojí הזי מְצַוֶּה metsavé אלד אֶתְכֶם etjem לאו הַיּוֹם hayom ע"ה נגד, מזבח, זן, אל יהוה

(haz una pausa aquí) ההע לְאַהֲבָה leahavá אחד, דאגה יזל אֶת־ et מבה יְהֹוָאדהנויאהדונהי Adonai

הרי אֱלֹהֵיכֶם Eloheijem ילה (pronuncia la letra *Ayin* en la palabra "*uleavdó*") הקם וּלְעָבְדוֹ uleavdó

לאו בְּכָל bejol ב"ן, לכב כלי לְבַבְכֶם levavjem לוו וּבְכָל־ uvejol ב"ן, לכב

פהל נַפְשְׁכֶם nafshejem: נלך וְנָתַתִּי venatati ייי מְטַר־ metar מלה אַרְצְכֶם artsejem

חהו בְּעִתּוֹ beitó נתה יוֹרֶה yoré האא וּמַלְקוֹשׁ umalkosh ירת וְאָסַפְתָּ veasafta שאה דְגָנֶךָ deganeja

ריי וְתִירֹשְׁךָ vetiroshjá אום וְיִצְהָרֶךָ veyitzhareja: לכב וְנָתַתִּי venatati ושר עֵשֶׂב ésev ע"ב שמות

---

y serán como filacterias entre tus ojos.

Y las escribirás en los umbrales de tu casa y en tus puertas" (Deuteronomio 6:5-9).

VEHAYÁ IM SHAMOA

"Y sucederá que si escuchan Mis mandamientos que les estoy ordenando hoy de amar al Señor, su Dios, y servirle con todo su corazón y con toda su alma. Entonces enviaré lluvias sobre su tierra en el momento apropiado, tanto lluvias tempranas como lluvias tardías. Y recogerás tus granos y tu vino y tu aceite. Y te daré hierba

יוזו להוו כוק מנד

בְּשָׂדְךָ besadjá לִבְהֶמְתֶּךָ livhemteja וְאָכַלְתָּ veajalta וְשָׂבָעְתָּ vesavata:

אני וזעם רהע ייז ההה

הִשָּׁמְרוּ hishamrú לָכֶם lajem פֶּן pen יִפְתֶּה yifté לְבַבְכֶם levavjem

מיכ וול ילה סאל

וְסַרְתֶּם vesartem וַעֲבַדְתֶּם vaavadtem אֱלֹהִים elohim אֲחֵרִים ajerim

ערי עשל

משה (העומד נגד הקליפות) וְהִשְׁתַּחֲוִיתֶם vehishtajavitem לָהֶם lahem:

מיה והו דני הוזש

וְחָרָה vejará (haz una pausa aquí) אַף af יְהֹוָהאדניאהדונהי Adonai בָּכֶם bajem

עמם ננא נית מבה

וְעָצַר veatsar אֶת et הַשָּׁמַיִם hashamáyim י״פ טל, י״פ כוזו וְלֹא veló

פוי נמם ייל הרוז מצר

יִהְיֶה yihyé ייי מָטָר matar וְהָאֲדָמָה vehaadamá לֹא lo תִתֵּן titén ב״פ כהת

ומב יהה ענו מוזי דמב

אֶת et יְבוּלָהּ yevulá וַאֲבַדְתֶּם vaavadtem מְהֵרָה meherá מֵעַל meal עלם

מנק איע וזבו

הָאָרֶץ haárets אלהים ההין ע״ה הַטֹּבָה hatová אֲשֶׁר asher

ראה יבמ היי

יְהֹוָהאדניאהדונהי Adonai נֹתֵן notén אבג יתץ, ושר לָכֶם lajem: ***Vav, Zeir Anpín***

מום

וְשַׂמְתֶּם vesamtem **estómago** – 50 palabras que corresponden a las 50 Puertas de *Biná*

א ה י ה א

אֶת et דְּבָרַי devarai ראה אֵלֶּה ele עַל al לְבַבְכֶם levavjem

ה י ה א

וְעַל veal נַפְשְׁכֶם nafshejem וּקְשַׁרְתֶּם ukshartem אֹתָם otam

---

en tu campo para tu ganado. Y comerás y quedarás saciado. Pero cuiden que su corazón no sea seducido y se alejen para servir a deidades foráneas y se postren ante ellas. Y la ira del Señor caerá sobre ustedes y Él detendrá los Cielos y no habrá más lluvia y la tierra no brindará su cosecha. Y rápidamente perecerán de la buena tierra que el Señor les ha dado. Y pondrán estas palabras Mías sobre su corazón y sobre su alma y las atarán

ה י ה א

לְאוֹת leot ר"ת לאו עַל־ al יֶדְכֶם yedjem וְהָיוּ vehayú

ה י ה

לְטוֹטָפֹת letotafot בֵּין bein עֵינֵיכֶם eineijem ריבוע מ"ה:

א ה י ה

וְלִמַּדְתֶּם velimadtem אֹתָם otam אֶת־ et בְּנֵיכֶם beneijem

א ה י

לְדַבֵּר ledaber ראה בָּם bam שם בן מ"ב בְּשִׁבְתְּךָ beshivtejá

ה א ה

בְּבֵיתֶךָ beveiteja ב"פ ראה וּבְלֶכְתְּךָ uvelejtejá בַדֶּרֶךְ: vadérej ב"פ יב"ק, ס"ג קס"א

י ה א ה

וּבְשָׁכְבְּךָ uveshojbejá וּבְקוּמֶךָ: uvkumeja וּכְתַבְתָּם ujtavtam עַל־ al

י ה א ה

מְזוּזוֹת mezuzot בֵּיתֶךָ beiteja ב"פ ראה וּבִשְׁעָרֶיךָ: uvisheareja לְמַעַן lemaan

י ה א ה

יִרְבּוּ yirbú יְמֵיכֶם yemeijem ר"ת יי"ל וִימֵי vimei בְנֵיכֶם veneijem

י ה אהיה

עַל al הָאֲדָמָה haadamá אֲשֶׁר asher (pronuncia la letra *Ayin* en la palabra "*nishbá*")

אהיה אהיה

נִשְׁבַּע nishbá יכוין לשבועת המבול יְהֹוָאדנִיאהדונהי Adonai

אהיה אהיה אהיה אהיה

לַאֲבֹתֵיכֶם laavoteijem לָתֵת latet לָהֶם lahem כִּימֵי quimei

אהיה אהיה אהיה

הַשָּׁמַיִם hashamáyim י"פ טל, י"פ כוזו עַל־ al הָאָרֶץ haárets אלהים דההין ע"ה:

---

como una señal sobre sus manos y serán como filacterias entre sus ojos. Y las enseñarán a sus hijos hablando de ellas mientras estés sentado en tu hogar y mientras caminas por el sendero y cuando te acuestas y cuando te levantas. Y las escribirás en los umbrales de tu casa y sobre tus puertas. Esto es para que sus días sean numerosos y también los días de sus hijos sobre la Tierra que el Señor ha prometido a sus padres darles como los días de los Cielos sobre la Tierra" (Deuteronomio 11:13-21).

Vayómer

Hei, *Maljut*, piernas y órganos reproductores,

72 palabras que corresponden a los 72 Nombres de Dios en orden directo (según el Ramjal).

והו ילי סיט עלם

ויאמר vayómer יהוה(אדני)אהדונהי Adonai אל- el משה Moshé

מהש ללה אכא

מהש, ע"ב בריבוע וקס"א, אל שדי, ד"פ אלהים ע"ה לאמר lemor: דבר daber ראה אל- el

כהת הזי אלד לאו ההע

בני bnei ישראל Yisrael ואמרת veamarta אלהם alehem ועשו veasú

יזל מבה הרי הקם לאו

להם lahem ציצת tsitsit על- al כנפי canfei בגדיהם vigdeihem

כלי לוו פהל נלך

לדרתם ledorotam ונתנו venatnú על- al ציצת tsitsit

ייי מלה חהו

הכנף hacanaf ע"ה קנ"א, אדני אלהים פתיל petil י"פ ב"ן תכלת tejélet:

נתה האא ירת שאה ריי

והיה vehayá יהוה ; יהה לכם lajem לציצת letsitsit וראיתם ureitem אתו otó

אום לכב ושר יחו להח

וזכרתם uzjartem את- et כל- col ילי מצות mitsvot יהוה(אדני)אהדונהי Adonai

כוק מנד אני חעם רהע

ועשיתם vaasitem אתם otam ולא- veló תתורו taturu אחרי ajarei

ייז ההה מיכ

לבבכם levavjem ואחרי veajarei עיניכם eineijem ריבוע מ"ה

Debes meditar en el precepto: "No seguirás los pensamientos sexuales negativos del corazón ni a las miradas de los ojos que buscan prostitución".

Vayómer

"Y el Señor le habló a Moshé y dijo: habla a los Hijos de Israel y diles que deben hacer para sí mismos Tsitsit, en las esquinas de sus vestimentas, a lo largo de todas sus generaciones. Y deben colocar sobre el Tsitsit de cada esquina un filamento azul. Y esto será para ustedes como un Tsitsit; lo verán y recordarán los mandamientos del Señor y los cumplirán. Y no se dejen llevar en pos de su corazón y de sus ojos.

Debes meditar en recordar el Éxodo de *Mitsráyim* (Egipto).

אֱמֶת emet אהיה פעמים אהיה, ז"פ ס"ג.

Debes repetir las últimas tres palabras para completar 248 palabras.

יְהֹוָה Adonai אֱלֹהֵיכֶם Eloheijem ילה: אֱמֶת emet אהיה פעמים אהיה, ז"פ ס"ג

YALZÚ

Cada acto negativo que llevamos a cabo produce ángeles negativos que nos rodean cada día. Estas entidades negativas son a menudo la causa invisible de todas aquellas cosas que van mal en nuestra vida. Estos versos nos ayudan a eliminar los ángeles negativos y su influencia destructiva.

יַעְלְזוּ yalzú ג"פ אם אותיות דפשוט, דמילוי ודמילוי דמילוי דג"פ אהיה חֲסִידִים jasidim

בְּכָבוֹד bejavod בוכו, ובאתב"ש הוא שם שלשפ"ק הממתק את ג' אם דלעיל

(והוא עולה למנין עסמ"ב קס"א קנ"א קמ"ג וג"פ אם הנ"ל)

יְרַנְּנוּ yeranenú עַל־ al מִשְׁכְּבוֹתָם mishquevotam:

---

porque de acuerdo con ellos irás por mal camino. Para que se acuerden y hagan todos Mis mandamientos y de este modo serán santos ante su Dios. Yo soy el Señor, su Dios, quien los sacó de la tierra de Egipto para ser su Dios. Yo, el Señor, su Dios, Es verdad" (Números 15:37-41). *El Señor, su Dios, ¡es verdad!*

YALZÚ

Los piadosos se exultarán en la gloria y cantarán alegremente sobre sus camas.

רוֹמְמוֹת romemot אֵל El ייא״י (מילוי דס״ג) בִּגְרוֹנָם bigronam

ר״ת קנ״א ב״ן, יהוה אלהים יהוה אדני, מילוי קס״א וס״ג, מ״ה ברבוע וע״ב ע״ה

וְחֶרֶב vejérev רי״ו פִּיפִיּוֹת pifiyot בְּיָדָם beyadam:

HINÉ MITATO SHELISHLOMÓ

Los kabbalistas nos enseñan que dormir equivale a 1/60 de la muerte. Es importante preguntarnos: "¿Hice suficiente cambio espiritual en mi vida durante el día de hoy? ¿Estaría feliz si este fuera mi último día?".

Los versos siguientes contienen 20 palabras; cuando los recitamos tres veces (20 x 3 = 60) corresponden al 1/60 de la muerte que ocurre cuando dormimos.

Medita en que al ir a dormir elevas tu alma, mientras sales del mundo en este momento.

הִנֵּה hiné מִטָּתוֹ mitató שֶׁלִּשְׁלֹמֹה sheliShlomó ר״ת מהש,

ע״ב בריבוע וקס״א, אל שדי, ד״פ אלהים ע״ה שִׁשִּׁים shishim גִּבֹּרִים guiborim

סָבִיב saviv לָהּ la מִגִּבֹּרֵי miguiborei יִשְׂרָאֵל Yisrael: כֻּלָּם culam

אֲחֻזֵי ajuzei חֶרֶב jérev מְלֻמְּדֵי melumedei מִלְחָמָה miljamá אִישׁ ish

חַרְבּוֹ jarbó רי״ו עַל al יְרֵכוֹ yerejó מִפַּחַד mipájad בַּלֵּילוֹת baleilot:

BENDICIÓN DE LOS COHANIM

Hay 60 palabras en la Bendición de los *Cohanim*.

Las letras iniciales de los tres versos nos dan el Nombre Sagrado: ייי.

En esta sección hay 15 palabras, que equivalen al valor numérico del Nombre Sagrado: ההה.

(Derecha – *Jésed*) יְבָרֶכְךָ yevarejejá יְהֹוָהאדנייאהדונהי Adonai

וְיִשְׁמְרֶךָ veyishmereja ר״ת = יהוה ; וס״ת = מ״ה:

(Izquierda - *Guevurá*) יָאֵר yaer כף ויו זין ויו יְהֹוָהאדנייאהדונהי Adonai | פָּנָיו panav

אֵלֶיךָ eleja וִיחֻנֶּךָּ vijuneca מנ״ד ; יהה אותיות בפסוק:

(Central – *Tiféret*) יִשָּׂא yisá יְהֹוָהאדנייאהדונהי Adonai | פָּנָיו panav אֵלֶיךָ eleja

וְיָשֵׂם veyasem לְךָ lejá שָׁלוֹם shalom האא תיבות בפסוק:

"Elevadas alabanzas de Dios en sus gargantas y una espada de doble filo en sus manos" (Salmos 149:5-6).

HINÉ MITATÓ SHELISHLOMÓ

"Contempla la cama de Salomón: sesenta hombres poderosos la rodean de entre los poderosos de Israel. Todos ellos van armados con espadas y están entrenados en la batalla, cada uno con su espada preparada a su lado a través del miedo de las noches" (Cantar de los Cantares 3:7-8).

BENDICIÓN DE LOS COHANIM

(Derecha) *"Que el Señor te bendiga y te proteja.*

(Izquierda) *Que el Señor haga brillar Su rostro sobre ti y te dé gracia.*

(Central) *Que el Señor eleve Su rostro hacia ti y te conceda paz"* (Números 6:24-26).

YOSHEV BESÉTER ELYÓN

Aquí hay 60 palabras, que ayudan a nuestra alma a elevarse sin el aspecto negativo de la muerte.

יֹשֵׁב yoshev בְּסֵתֶר beséter ב״פ מצר עֶלְיוֹן elyón בְּצֵל betsel שַׁדַּי Shadai

יִתְלוֹנָן :yitlonán אֹמַר omar לַיהֹוָהאדניאהדונהי laAdonai מַחְסִי majsí

וּמְצוּדָתִי umetsudatí אֱלֹהַי Elohai מילוי דע״ב, דמב ; ילה ; ר״ת אום, מבה, יזל

אֶבְטַח־ evtaj ס״ט בּוֹ :bo כִּי qui הוּא Hu יַצִּילְךָ yatsiljá

מִפַּח mipaj ר״ת מיה יָקוּשׁ yakush מִדֶּבֶר midéver הַוּוֹת :havot

בְּאֶבְרָתוֹ beevrató יָסֶךְ yasej לָךְ laj וְתַחַת־ vetájat כְּנָפָיו quenafav

תֶּחְסֶה tejsé צִנָּה tsiná וְסֹחֵרָה vesojerá אֲמִתּוֹ :amitó לֹא־ lo תִירָא tirá

מִפַּחַד mipájad לָיְלָה layla מלה מֵחֵץ mejets יָעוּף yauf יוֹמָם :yomam

מִדֶּבֶר midéver בָּאֹפֶל baófel יַהֲלֹךְ yahaloj מִקֶּטֶב mikétev

יָשׁוּד yashud צָהֳרָיִם :tsahoráyim יִפֹּל yipol מִצִּדְּךָ mitsideja

אֶלֶף élef המספר אֶלֶף = אלף למד שין דלת יוד ע״ה וּרְבָבָה urvavá מִימִינֶךָ mimineja

אֵלֶיךָ eleja לֹא lo יִגָּשׁ :yigash רַק rak בְּעֵינֶיךָ beeineja ע״ה קס״א ; ריבוע דמ״ה

תַבִּיט tabit וְשִׁלֻּמַת veshilumat רְשָׁעִים reshaim תִּרְאֶה :tiré

כִּי־ qui אַתָּה Atá יְהֹוָהאדניאהדונהי Adonai מַחְסִי :majsí

VIDUI – CONCIENCIA Y RECONOCIMIENTO

Las dos secciones siguientes (“*ashamnu…*” y “*yehí ratsón…*” en las páginas 440-441) deben decirse sólo entre semana, no en *Shabat* o festividades.

Todas nuestras acciones negativas dejan un residuo en nuestro cuerpo. Recitar y conectarse con *Vidui* y *Yehí Ratsón* limpia todos estos restos de negatividad, funcionando como el ayuno de *Yom Kipur*.

Mientras recitas el *Vidui*, debes golpear tu pecho con la mano derecha y meditar en sacudir los *Jasadim* (misericordia) y las *Guevurot* (juicios) para que puedan crecer en virtud del *Zivug* (unificación). Aunque sepas que no cometiste ninguna de las acciones negativas que se mencionan a continuación, debes decir el *Vidui*. Dado que todos actuamos como garantes entre nosotros, el *Vidui* se dice en plural porque el *Vidui* está relacionado con otras vidas y otras personas que están conectadas con la raíz de tu alma.

YOSHEV BESÉTER ELYÓN

“Aquel que encuentra refugio en el Supremo y habita en la sombra de Shadai, Yo digo del Señor: Él es mi Refugio y mi Fortaleza, mi Dios en Quien pongo mi confianza. Él te librará del lazo de la trampa y de la pestilencia destructiva. Él te cubrirá con Sus Alas y encontrarás refugio bajo Su Plumaje. Su Verdad es un escudo y una armadura. No temerás los terrores de la noche, la flecha que vuela en el día, la pestilencia que avanza en la oscuridad, o la destrucción que golpea al mediodía. Mil caerán a tu lado y diez mil a tu derecha, pero ellos no se acercarán a ti. Sólo les mirarás con tus ojos y verás la retribución de los malvados, porque Tú, el Señor, eres mi Refugio” (Salmos 91:1-9).

Las 22 letras son el valor numérico de Nombre Sagrado: אכא.

אָנָּא ana   ב״ן   יְהֹוָה(אדני)יאהדונהי Adonai   אֱלֹהֵינוּ Eloheinu   ילה

וֵאלֹהֵי veElohei   לכב ; מילוי ע״ב, דמב ; ילה   אֲבוֹתֵינוּ ◆avoteinu   תָּבֹא tavó

לְפָנֶיךָ lefaneja   ס״ג   מ״ה   ב״ן   תְּפִלָּתֵנוּ tefilatenu   וְאַל veal   תִּתְעַלַּם titalam

מַלְכֵּנוּ malquenu   מִתְּחִנָּתֵנוּ ◆mitjinatenu   שֶׁאֵין sheéin   אֲנַחְנוּ anajnu

עַזֵּי azei   אלהים ע״ה, אהיה אדני ע״ה   פָנִים fanim   וּקְשֵׁי ukshei   עוֹרֶף óref

לוֹמַר lomar   לְפָנֶיךָ lefaneja   ס״ג   מ״ה   ב״ן   יְהֹוָה(אדני)יאהדונהי Adonai

אֱלֹהֵינוּ Eloheinu   ילה   וֵאלֹהֵי veElohei   לכב ; מילוי ע״ב, דמב ; ילה

אֲבוֹתֵינוּ avoteinu   צַדִּיקִים tsadikim   אֲנַחְנוּ anajnu   וְלֹא־ veló

וְחָטָאנוּ ◆jatanu   אֲבָל aval   וְחָטָאנוּ ◆jatanu   עָוִינוּ ◆avinu   פָּשַׁעְנוּ ◆pashanu

אֲנַחְנוּ anajnu   וַאֲבוֹתֵינוּ vaavoteinu   וְאַנְשֵׁי veanshei   בֵּיתֵנוּ veitenu   ב״פ ראה:

אָשַׁמְנוּ ◆ashamnu   בָּגַדְנוּ ◆bagadnu   גָּזַלְנוּ ◆gazalnu   דִּבַּרְנוּ dibarnu   דּוֹפִי dofi

וְלָשׁוֹן velashón   הָרָע ◆hará   הֶעֱוִינוּ ◆heevinu   וְהִרְשַׁעְנוּ ◆vehirshanu   זַדְנוּ ◆zadnu

וְחָמַסְנוּ ◆jamasnu   טָפַלְנוּ tafalnu   שֶׁקֶר shéker   וּמִרְמָה ◆umirmá   יָעַצְנוּ yaatsnu

עֵצוֹת etsot   רָעוֹת ◆raot   כִּזַּבְנוּ ◆quizavnu   כָּעַסְנוּ ◆caasnu   לַצְנוּ ◆latsnu

מָרַדְנוּ ◆maradnu   מָרִינוּ marinu   דְּבָרֶיךָ ◆devareja   נִאַצְנוּ ◆niatsnu

נִאַפְנוּ ◆niafnu   סָרַרְנוּ ◆sararnu   עָוִינוּ ◆avinu   פָּשַׁעְנוּ ◆pashanu   פָּגַמְנוּ ◆pagamnu

צָרַרְנוּ ◆tsararnu   צִעַרְנוּ tsiarnu   אָב av   וָאֵם ◆vaem   קִשִּׁינוּ kishinu   עֹרֶף ◆óref

---

VIDUI

Te rogamos, Señor, nuestro Dios y Dios de nuestros padres. Que nuestra oración venga ante Ti y que nuestro Rey no ignore nuestra súplica. Pues no somos arrogantes y tercos para decir ante Ti Señor, nuestro Dios y Dios de nuestros padres, que somos justos y que no hemos pecado. Pues hemos pecado, hemos cometido injusticias, hemos transgredido, nosotros y nuestros padres y las personas de nuestro hogar. **א** *Somos culpables,* **ב** *hemos traicionado,* **ג** *hemos robado,* **ד** *hemos hablado chismes y palabras malignas,* **ה** *hemos causado injusticias,* **ו** *hemos condenado,* **ז** *hemos sido promiscuos,* **ח** *hemos hurtado,* **ט** *hemos acusado falsamente y engañosamente,* **י** *hemos dado mal consejo,* **כ** *hemos mentido,* **ך** *nos hemos enojado,* **ל** *nos hemos burlado,* **מ** *nos hemos sublevado,* **ם** *nos hemos rebelado contra Tus mandamientos,* **נ** *hemos despreciado,* **ן** *hemos cometido adulterio,* **ס** *hemos sido pervertidos,* **ע** *hemos causado maldad,* **פ** *hemos transgredido,* **ף** *hemos lastimado,* **צ** *hemos oprimido,* **ץ** *hemos causado dolor a nuestro padre y nuestra madre,* **ק** *hemos sido obstinados,*

רָשַׁעְנוּ rashanu. שִׁחַתְנוּ shijatnu. תִּעַבְנוּ tiavnu. תָּעִינוּ taínu וְתִעְתַּעְנוּ vetiatanu

וְסַרְנוּ vesarnu מִמִּצְוֹתֶיךָ mimitsvoteja וּמִמִּשְׁפָּטֶיךָ umimishpateja

הַטּוֹבִים hatovim וְלֹא veló שָׁוָה shavá לָנוּ lanu אלהים, אהיה אדני.

וְאַתָּה veAtá צַדִּיק tsadik עַל al כָּל col ילי ; עמם הַבָּא habá עָלֵינוּ aleinu כִּי qui

אֱמֶת emet אהיה פעמים אהיה, ז"פ ס"ג עָשִׂיתָ asita וַאֲנַחְנוּ vaanajnu הִרְשָׁעְנוּ hirshanu

Medita para asegurarte de que tus acciones negativas sean parte del pasado y ya no formen parte de tu presente:

יהי רצון מהש ע"ה, ע"ב בריבוע וקס"א ע"ה, אל שדי ע"ה מלפניך ס"ג מ"ה ב"ן יהוהאדניאהדונהי אלהינו ילה ואלהי לכב ; מילוי דע"ב, דמב ; ילה אבותינו שאם חטאתי לפניך ס"ג מ"ה ב"ן ופגמתי באות (י') של שמך (יהוה) ובאות (א') של (אדני) יהיה ייי נחשב לפניך ס"ג מ"ה ב"ן כאילו נסקלתי בבית ב"פ ראה דין על ידי אות (א') של שם (אדני). ואם חטאתי לפניך ס"ג מ"ה ב"ן ופגמתי באות (ה') ראשונה של שמך (יהוה) ובאות (ד') של (אדני) יהיה ייי נחשב לפניך ס"ג מ"ה ב"ן כאילו נשרפתי בבית ב"פ ראה דין על ידי אות (ד') של שם (אדני). ואם חטאתי לפניך ס"ג מ"ה ב"ן ופגמתי באות (ו') של שמך (יהוה) ובאות (נ') של (אדני) יהיה ייי נחשב לפניך ס"ג מ"ה ב"ן כאילו נהרגתי בסייף בבית ב"פ ראה דין על ידי אות (נ') של שם (אדני). ואם חטאתי לפניך ס"ג מ"ה ב"ן ופגמתי באות (ה') אחרונה של שמך (יהוה) ובאות (י') של (אדני) יהיה ייי נחשב לפניך ס"ג מ"ה ב"ן כאילו נחנקתי בבית ב"פ ראה דין על ידי אות (י') של שם (אדני) (ויחשוב בעצמו כאילו מת על ידי בית דין)

ANÁ BEJÓAJ (para aprender más sobre el *Aná Bejóaj* ve a la pág. 106)

Recita la línea correspondiente a cada noche en particular, que es el inicio del día siguiente, tres veces.

Jésed, domingo (***Álef Bet Guímel Yud Tav Tsadi***) אבג יתץ

אָנָּא aná בְּכֹחַ bejóaj. גְּדֻלַּת guedulat יְמִינְךָ yemineja.

תַּתִּיר tatir צְרוּרָה tserurá:

Guevurá, lunes (***Kof Resh Ayin Sin Tet Nun***) קרע שטן

קַבֵּל kabel רִנַּת rinat. עַמְּךָ ameja שַׂגְּבֵנוּ sagvenu.

טַהֲרֵנוּ taharenu נוֹרָא norá:

ר *hemos sido malvados,* ש *hemos corrompido,* ת *hemos cometido abominaciones, nos hemos desviado de Tus mandamientos y buenas leyes, y no nos ha beneficiado. Pues Tú eres Justo con relación a todo aquello que nos ha ocurrido, pues Tú has actuado sinceramente y nosotros hemos causado maldad.*

ANÁ BEJÓAJ

Jésed, domingo אבג יתץ

Te suplicamos, con el gran poder de Tu diestra, pon en libertad a los cautivos.

Guevurá, lunes קרע שטן

Acepta el canto de Tu Nación. Fortifícanos y purifícanos, Oh Reverenciado.

Tiféret, martes (*Nun Guímel Dálet Yud Caf Shin*) נג״ד יכ״ש

נָא na גִּבּוֹר guibor• דּוֹרְשֵׁי dorshei יִחוּדְךָ yijudeja•

כְּבָבַת quevavat שָׁמְרֵם shamrem:

Nétsaj, miércoles (*Bet Tet Resh Tsadi Tav Guímel*) בט״ר צת״ג

בָּרְכֵם barjem טַהֲרֵם taharem• רַחֲמֵי rajamei צִדְקָתְךָ tsidkateja•

תָּמִיד tamid גָּמְלֵם gomlem:

Hod, jueves (*Jet Kof Bet Tet Nun Ayin*) חק״ב טנ״ע

חֲסִין jasín קָדוֹשׁ kadosh• בְּרוֹב berov טוּבְךָ tuvjá•

נַהֵל nahel עֲדָתֶךָ adateja:

Yesod, viernes (*Yud Guímel Lámed Pei Zayin Kof*) יג״ל פז״ק

יָחִיד yajid גֵּאֶה gueé• לְעַמְּךָ leamjá פְּנֵה pené•

זוֹכְרֵי zojrei קְדֻשָּׁתֶךָ kedushateja:

Maljut, sábado (*Shin Kof Vav Tsadi Yud Tav*) שק״ו צי״ת

שַׁוְעָתֵנוּ shavatenu קַבֵּל kabel• וּשְׁמַע ushmá צַעֲקָתֵנוּ tsaakatenu•

יוֹדֵעַ yodea תַּעֲלוּמוֹת taalumot:

Baruj Shem Quevod

Susurrar esta frase final trae toda la Luz de los Mundos Superiores a nuestra existencia física.

(Susurrar) : יוזו אותיות בָּרוּךְ Baruj שֵׁם Shem כְּבוֹד quevod מַלְכוּתוֹ maljutó

לְעוֹלָם leolam ריבוע ס״ג וי׳ אותיות דס״ג וָעֶד vaed:

Tiféret, martes נג״ד יכ״ש

Por favor, oh Todopoderoso, a los que buscan Tu unidad, cuídalos como a la pupila de los ojos.

Nétsaj, miércoles בט״ר צת״ג

Bendícelos. Purifícalos. Otórgales siempre Tu fidelidad compasiva.

Hod, jueves חק״ב טנ״ע

Invencible y Todopoderoso, con la abundancia de Tu bondad, guía a Tu congregación.

Yesod, viernes יג״ל פז״ק

Oh exaltado y orgulloso, vuélvete a Tu pueblo, aquellos que recuerdan Tu santidad.

Maljut, sábado שק״ו צי״ת

Acepta nuestra plegaria y escucha nuestro clamor, Tú que conoces todo lo oculto.

Baruj Shem Quevod

"Bendito es el Nombre de la Gloria. Su Reino es para siempre y para la eternidad" (*Pesajim 56a*).

Nafshí Ivitija

Según la Kabbalah, la muerte ocurre por dos razones:

1) Una persona ha acumulado tanta negatividad en este tiempo de vida que ya no tiene probabilidades de transformar la naturaleza de su encarnación actual. El proceso de la muerte actúa como un agente limpiador que destruye la naturaleza reactiva del cuerpo. El alma luego regresa en un cuerpo nuevo para empezar de nuevo su trabajo espiritual
2) El Arí dice que la muerte también ocurre cuando una persona ha alcanzado un cierto nivel de espiritualidad; deja este mundo para reencarnar e iniciar el trabajo hacia el siguiente nivel de crecimiento espiritual.

Este versículo nos ayuda a limpiar y a eliminar la naturaleza reactiva de nuestro cuerpo para que no necesitemos atravesar por el proceso de la muerte. Nos permite continuar trabajando hacia niveles espirituales más elevados en nuestra encarnación actual.

נַפְשִׁי nafshí אִוִּיתִךָ ivitija בַּלַּיְלָה balayla מלה
אַף־ af רוּחִי rují בְקִרְבִּי vekirbí ש"ד אֲשַׁחֲרֶךָּ ashajareca
כִּי qui כַּאֲשֶׁר caasher מִשְׁפָּטֶיךָ mishpateja לָאָרֶץ laárets
צֶדֶק tsédek לָמְדוּ lamdú יֹשְׁבֵי yoshvei תֵבֵל tevel ב"פ רי"ו׃

Lamenatséaj

El Arí nos enseña que este Salmo nos ayuda a realzar y estimular nuestra memoria. También ayuda a nuestra alma a alcanzar todo su potencial, pues nos motiva a completar todo el trabajo espiritual que vinimos a hacer en este mundo.

לַמְנַצֵּחַ lamenatséaj מִזְמוֹר mizmor לְדָוִד׃ leDavid בְּבוֹא־ bevó אֵלָיו elav
נָתָן Natán הַנָּבִיא Hanaví כַּאֲשֶׁר־ caasher בָּא ba אֶל־ el
בַּת־שָׁבַע׃ Batshavá חָנֵּנִי joneni אֱלֹהִים Elohim אהיה אדני ; ילה
כְּחַסְדֶּךָ quejasdeja כְּרֹב querov רַחֲמֶיךָ rajameja מְחֵה mejé
פְשָׁעָי׃ feshaai הֶרֶב hérev (כתיב : הרבה) כַּבְּסֵנִי cabeseni
מֵעֲוֺנִי meavoní וּמֵחַטָּאתִי umejatatí טַהֲרֵנִי׃ tahareni כִּי qui פְשָׁעַי feshaai
אֲנִי aní אני אֵדָע edá וְחַטָּאתִי vejatati נֶגְדִּי negdí נגד, מזבח, זן, אל יהוה
תָמִיד tamid ע"ה קס"א קנ"א קמ"ג׃ לְךָ lejá לְבַדְּךָ levadeja חָטָאתִי jatati
וְהָרַע vehará בְּעֵינֶיךָ beeineja ע"ה קס"א ; ריבוע דמ"ה עָשִׂיתִי asití לְמַעַן lemaan
תִּצְדַּק titsdak בְּדָבְרֶךָ bedovreja תִּזְכֶּה tizqué בְשָׁפְטֶךָ veshofteja׃

Nafshí Ivitija

"Con mi alma Te he deseado a Ti en la noche, y con mi espíritu dentro de mí, Te buscaré temprano en la mañana. Pues cuando Tus juicios estén en la Tierra, los habitantes del mundo aprenderán la rectitud" (Isaías 26:9)

Lamenatséaj

"Para el Músico Principal, un Salmo de David, cuando Natán, el profeta, vino a él después de que él (David) se hubiera acercado a Batsheva: Ten misericordia de mí, Dios, y de acuerdo a Tu compasión y la multitud de Tus misericordias, borra mis transgresiones. Limpia mis injusticias y purifícame de mis pecados, porque reconozco mis pecados y mis transgresiones están ante mí, siempre. He pecado sólo ante Ti y he hecho este mal ante Tus ojos; estás justificado cuando hablas y eres claro en Tu juicio.

הֵן hen בְּעָווֹן beavón חוֹלָלְתִּי jolalti וּבְחֵטְא uvejet יֶחֱמַתְנִי yejematni

אִמִּי׃ imí הֵן־ hen אֱמֶת emet אהיה פעמים אהיה, ד"פ ס"ג חָפַצְתָּ jafatsta

בַטֻּחוֹת vatujot וּבְסָתֻם uvesatum חָכְמָה jojmá במילוי = תרי"ג (מצוות)

תוֹדִיעֵנִי׃ todieni תְּחַטְּאֵנִי tejateni בְאֵזוֹב veezov וְאֶטְהָר veethar

תְּכַבְּסֵנִי tejabseni וּמִשֶּׁלֶג umishéleg אלף אלף אלף (ד"ג אהיה) אַלְבִּין׃ albín

תַּשְׁמִיעֵנִי tashmieni שָׂשׂוֹן sasón וְשִׂמְחָה vesimjá תָּגֵלְנָה taguelna

עֲצָמוֹת atsamot דִּכִּיתָ׃ diquita הַסְתֵּר haster ב"פ מצר פָּנֶיךָ paneja ס"ג מ"ה ב"ן

מֵחֲטָאָי mejataái וְכָל־ vejol ילי עֲוֺנֹתַי avonotai מְחֵה׃ mejé

לֵב lev טָהוֹר tahor י"פ אכא בְּרָא־ berá קנ"א ב"ן,

יהוה אלהים יהוה אדני, מילוי קס"א וס"ג, מ"ה ברבוע וע"ב ע"ה ; לב טהור ברא = קס"א קנ"א קמ"ג

לִי li אֱלֹהִים Elohim אהיה אדני ; ילה ; לי אלהים = ריבוע אדני וְרוּחַ verúaj

נָכוֹן najón חַדֵּשׁ jadesh י"ב הויות, קס"א קנ"א בְּקִרְבִּי bekirbí שדי׃ אַל al

תַּשְׁלִיכֵנִי tashlijeni מִלְּפָנֶיךָ milfaneja ס"ג מ"ה ב"ן וְרוּחַ verúaj

קָדְשְׁךָ kodshejá אַל al תִּקַּח tikaj מִמֶּנִּי׃ mimeni הָשִׁיבָה hashivá

לִּי li שְׂשׂוֹן sesón יִשְׁעֶךָ yisheja וְרוּחַ verúaj נְדִיבָה nedivá

תִסְמְכֵנִי׃ tismejeni אֲלַמְּדָה alameda פֹשְׁעִים foshim דְּרָכֶיךָ derajeja

וְחַטָּאִים vejataim אֵלֶיךָ eleja יָשׁוּבוּ׃ yashuvu הַצִּילֵנִי hatsileni

מִדָּמִים midamim אֱלֹהִים Elohim אהיה אדני ; ילה אֱלֹהֵי Elohei מילוי ד"ע"ב, רמב ; ילה

תְּשׁוּעָתִי teshuatí תְּרַנֵּן teranén לְשׁוֹנִי leshoní צִדְקָתֶךָ׃ tsidkateja

אֲדֹנָי Adonai ללה שְׂפָתַי sfatai תִּפְתָּח tiftaj וּפִי ufí יַגִּיד yaguid ייז (כ"ב אותיות

(=אכא) וה' אותיות מנצפך) תְּהִלָּתֶךָ tehilateja ס"ת כוכו׃ כִּי qui לֹא lo תַחְפֹּץ tajpots

זֶבַח zévaj וְאֶתֵּנָה veetená נתה, קס"א קנ"א קמ"ג עוֹלָה olá לֹא lo תִרְצֶה׃ tirtsé

Yo nací en la injusticia y mi madre me concibió en pecado. Tú deseas verdad y Tú me informarás de la más oculta sabiduría. Púrgame con hisopo y estaré limpio. Lávame y estaré más blanco que a nieve. Hazme escuchar alegría y dicha, para que los huesos que Tú has roto se regocijen. Oculta Tu rostro de mis pecados y limpia todas mis injusticias. Crea para mí un corazón puro y renueva el espíritu correcto dentro de mí. No me alejes de Tu presencia y no retengas Tu Espíritu Santo de mí. Restáurame la alegría de Tu salvación y sostenme con Tu espíritu libre. Entonces les enseñaré a los transgresores Tus caminos, y los pecadores regresarán a Ti. Sálvame de la culpa de la sangre, Dios; Tú eres el Dios de mi salvación. Mi lengua cantará Tu alabanza. Señor, abre mis labios y mi corazón dirá Tu alabanza. Tú no deseas sacrificios y no quieres las ofrendas que yo doy.

זִבְחֵי zivjei אֱלֹהִים Elohim אהיה אדני ; ילה רוּחַ rúaj נִשְׁבָּרָה nishbará ר"ת ג"פ
אלהים (וימתיקם בשם ס"ג שבס"ת) לֵב lev נִשְׁבָּר nishbar וְנִדְכֶּה venidqué ר"ת אלהים,
אהיה אדני אֱלֹהִים Elohim אהיה אדני ; ילה לֹא lo תִבְזֶה tivzé ר"ת ה"פ אלהים ע"ה ;
ס"ת מילוי דע"ב: הֵיטִיבָה heitiva בִרְצוֹנְךָ virtsonjá אֶת־ et צִיּוֹן Tsiyón יוסף,
ו' הויות, קנאה תִּבְנֶה tivné חוֹמוֹת jomot ע"ה קס"א קנ"א קמ"ג יְרוּשָׁלָיִם Yerushaláyim:
אָז az תַּחְפֹּץ tajpots זִבְחֵי־ zivjei צֶדֶק tsédek עוֹלָה olá
וְכָלִיל vejalil אָז az יַעֲלוּ yaalú עַל־ al מִזְבַּחֲךָ mizbajajá פָרִים farim:

IM TISHCAV

Estos cinco versos actúan como una fianza sobre nuestra alma, garantizando que regresará a nosotros en la mañana.

אִם־ im יוהך, מ"א אותיות דפשוט, דמילוי ודמילוי דמילוי דאהיה ע"ה תִּשְׁכַּב tishcav לֹא־ lo
תִפְחָד tifjad וְשָׁכַבְתָּ veshajavta וְעָרְבָה vearvá שְׁנָתֶךָ shenateja: אַתָּה Atá
סֵתֶר séter ב"פ מצר לִי li ר"ת סאל, אמן (יאהדונהי) מִצַּר mitsar מצר ; ר"ת סמאל
תִּצְּרֵנִי titsreni רָנֵּי ranei פַלֵּט fálet תְּסוֹבְבֵנִי tesoveveni סֶלָה sela: תּוֹדִיעֵנִי todieni
אֹרַח óraj חַיִּים jayim אהיה אהיה יהוה, בינה ע"ה שֹׂבַע sova שְׂמָחוֹת semajot
אֶת־ et פָּנֶיךָ paneja ס"ג מ"ה ב"ן נְעִמוֹת neimot בִּימִינְךָ biminjá נֶצַח nétsaj:
אַתָּה Atá תָקוּם takum כ"א ההויות שבתפילין תְּרַחֵם terajem ג"פ רי"ו ; אברהם, וו"פ אל,
רי"ו ול"ב נתיבות החכמה, רמ"ח (אברים), עסמ"ב וט"ז אותיות פשוטות צִיּוֹן Tsiyón יוסף, ו' הויות, קנאה
כִּי־ qui עֵת et לְחֶנְנָהּ lejenena כִּי־ qui בָא va מוֹעֵד moed: בְּיָדְךָ beyadjá
אַפְקִיד afkid רוּחִי rují ר"ת קנ"א ב"ן, יהוה אלהים יהוה אדני, מילוי קס"א וס"ג, מ"ה ברבוע וע"
ע"ה פָּדִיתָה padita אוֹתִי otí יְהֹוָהאדהנהיאהדונהי Adonai ר"ת פאי, אמן (יאהדונהי)
אֵל El ייא"י (מילוי דס"ג) אֱמֶת emet אהיה פעמים אהיה, ו"פ ס"ג:

Los sacrificios para Dios son un espíritu roto y un corazón roto y arrepentido. No desprecies, Dios. Embellece a Sión con Tu bondad y construye los muros de Jerusalén. Entonces estarás satisfecho con los sacrifcios de la rectitud: las ofrendas quemadas y las ofrendas completas. Entonces se colocarán bueyes sobre Tu altar" (Salmos 51).

IM TISHCAV

"Si te acuestas, no temerás. Te acostarás y tu sueño será dulce" (Proverbios 3:24).

"Tú eres mi refugio. Tú me protegerás de las dificultades. Tú me rodearás con canciones de liberación" (Salmos 32:7). "Infórmame sobre el camino de la vida. En Tu presencia es la plenitud de alegría. En Tu Mano, hay amabilidad por la eternidad" (Salmos 16:11). "Te elevarás para tener misericordia sobre Sión, pues ha llegado el momento de la compasión. Pues el momento ha llegado" (Salmos 102:14). "En Tus Manos confío mi espíritu, pues Tú me redimirás, Señor, Dios verdadero" (Salmos 31:6).

EL HALEL

El *Halel* se recita en *Rosh Jódesh* (el primer día del mes lunar) y en las festividades. La palabra *Halel* tiene el mismo valor numérico (65) de *Lámed, Lámed, Hei* ללה, la combinación de los 72 Nombres de Dios para los sueños. Sesenta y cinco es también el valor numérico de *haclí* הכלי, que significa "la Vasija", y la palabra aramea אדני *Adonai*, el Nombre de Dios que corresponde a nuestro mundo físico de *Maljut*. Esta bendición nos ayuda a despegar de este mundo físico para hacer nuestras conexiones de *Rosh Jódesh* y festividades. *Rosh Jódesh* es la semilla del nuevo mes, por lo tanto esta bendición también nos ayuda a tener control sobre el nuevo mes. Las siete partes del *Halel* corresponden a las siete *Sefirot* que influyen directamente en nuestro mundo.

La intención y meditación para *Rosh Jódesh*: En el principio, la corona de *Nukvá* era igual a la corona de *Zeir Anpín*, y éstas estaban en una posición "cara a cara". Después de la queja de *Nukvá*, se le dijo "Ve y disminúyete". Luego Ella descendió del Mundo de *Atsilut* al Mundo de *Briá*. Aprendemos que las mujeres que no entregaron su oro para participar en el pecado del Becerro de Oro corrigieron un poco a la *Nukvá* para que Ella pudiera elevarse y renovarse cada mes. Su elevación en *Rosh Jódesh* ocurrió en varias etapas: 1) En la víspera de *Rosh Jódesh* todavía no hay elevación; 2) en la conexión silenciosa de *Shajarit*, Ella asciende a *Nétsaj*, *Hod*, *Yesod* de *Zeir Anpín*; 3) en la repetición de *Shajarit*, Ella asciende a *Jésed*, *Guevurá*, *Tiféret* de *Zeir Anpín*; 4) y en *Musaf*, la *Nukvá* se eleva hasta *Kéter* de *Zeir Anpín*.

Durante los días de semana, *Zeir Anpín* está en *Nétsaj* y *Nukvá* está en *Hod*. Durante *Rosh Jódesh*, la *Nukvá* también se eleva a *Nétsaj* (en la conexión silenciosa de *Shajarit*). Dado que las mujeres causan esta elevación y la elevación principal en *Rosh Jódesh* es para la *Nukvá*, indiferentemente que sea en la noche o en el día, y la *Nukvá* es la esencia de las mujeres, éstas tienen prohibido realizar ciertas acciones durante *Rosh Jódesh*, no así los hombres. Asimismo, cuando decimos que la *Nukvá* se eleva, significa que sólo Su cabeza se expande al nivel por encima de *Jésed*, *Guevurá*, *Tiféret* de *Zeir Anpín* hasta la cabeza de Él; pero el resto se queda en su lugar de emanación. Por lo tanto, no hay prohibición de trabajo en *Rosh Jódesh* como en las festividades y *Shabat* cuando *Zeir Anpín* y *Nukvá* son elevados a *Aba* e *Ima*.

Como se ha explicado, en el principio *Nukvá* se eleva a *Nétsaj* de *Zeir Anpín*, añadimos en la *Amidá* "*yaalé veyavó*" en la bendición que conecta con *Nétsaj* ("*Retsé*"). No obstante, en la víspera de *Rosh Jódesh*, el *Zivug* está con *Leá*, lo cual representa a la *Nukvá* oculta (*Almá Deitkasiyá*, el Mundo Oculto); si no dijiste "*yaalé veyavó*" en *Arvit*, no es necesario que regreses y lo digas. No es el mismo caso durante las conexiones del día, porque la elevación es para *Rajel* y el *Zivug* está con Ella (*Almá Deitgaliyá*, el Mundo Revelado); así que si olvidaste decirlo, debes regresar y hacerlo.

La intención y meditación para recitar el *Halel* en *Rosh Jódesh*:

Durante *Shabat*, el cual es *Kódesh* (Sagrado), el aspecto de *Aba* (la energía total de misericordia) no se expande más allá del final de *Atsilut* para evitar que el Juicio (que existe debajo de *Atsilut*) entre. Por esta razón no recitamos el *Halel* o los Trece Atributos (una conexión para endulzar el juicio) en *Shabat*, porque en *Shabat* no hay juicio.

Durante las festividades es diferente: en las festividades, la energía está en el nivel de *Ima* (los Seis Bordes de *Ima* como tal, una iluminación completa). Dado que *Ima* incluye las raíces del Juicio, *Nukvá* está descansando en *Briá* (como en un nido), recitamos el *Halel* para endulzar su juicio. Y debido a que la supervisión en las festividades es realizada por los Seis Bordes de *Ima*, que es ס"ג (63, el mismo valor numérico de *Yom Yov*, festividad) y no por *Maljut* de *Ima*, que es la esencia del trabajo, ciertos trabajos y actividades están prohibidos en las festividades.

En *Rosh Jódesh*, *Nukvá* recibe Su Luz de *Maljut* de *Biná*, lo cual no se considera como una adición de iluminación y, por lo tanto, decimos *Halel* para endulzar su juicio (*Halel* tiene el mismo valor numérico que אדני, que es *Maljut* de *Atsilut*) y con eso Ella es endulzada como con los Trece Atributos, los cuales también endulzan el juicio. El *Halel* se recita en lugar de los Trece Atributos de Misericordia.

Debes meditar, mientras recitas los versos de "*min hametsar*" de los Trece Atributos, que significa Nueve *Tikunéi Dikná* de *Zeir Anpín*, con el fin de tener un *Zivug* para *Leá* en vez de "*Vayaavor*". Y dado que no hay iluminación como en las festividades (la energía de las festividades es de los Seis Bordes de *Ima*, y la energía de *Rosh Jódesh* es de *Maljut* de *Ima*), no hay un *Halel* completo en *Rosh Jódesh*. Mientras la *Nukvá* es disminuida, el juicio aumenta, pero en *Rosh Jódesh* Ella se renueva y endulza Su juicio, lo cual disminuye el agarre de las *klipot* y el mundo es salvado.

En los días en los que no completamos el *Halel* (*Rosh Jódesh*, *Jol Hamoed de Pésaj* y en el séptimo día de *Pésaj*) bendecimos "***likró** et hahalel*". En los días en los que completamos el *Halel*, bendecimos "***ligmor** et hahalel*".

בָּרוּךְ Baruj אַתָּה Atá יְהֹוָאדהיאהדונהי Adonai אֱלֹהֵינוּ Eloheinu ילה

מֶלֶךְ Mélej הָעוֹלָם haolam אֲשֶׁר asher קִדְּשָׁנוּ kideshanu

בְּמִצְוֹתָיו bemitsvotav וְצִוָּנוּ vetsivanu (לִגְמוֹר ligmor) (לִקְרוֹא likró)

אֶת et הַהַלֵּל hahalel ללה, אדני ; ר"ת לאה:

JÉSED – HALELUYÁ

"Dios me levanta del polvo". Este verso representa la capacidad de que un cambio positivo ocurra en cualquier momento. El primer paso es abandonar a nuestro ego. Si desconectamos sus murmullos y mantenemos certeza total en que la Luz puede alterar drásticamente nuestra situación en un instante, activaremos el poder de esta conexión.

En este Salmo hay 58 palabras, que es el valor numérico del Nombre Sagrado: אל יהוה ע"ה.

הַלְלוּיָהּ haleluyá אלהים, אהיה אדני ; ללה הַלְלוּ halelú עַבְדֵי avdei

יְהֹוָאדהיאהדונהי Adonai הַלְלוּ halelú אֶת־ et שֵׁם shem יְהֹוָאדהיאהדונהי Adonai:

יְהִי yehí שֵׁם shem יְהֹוָאדהיאהדונהי Adonai מְבֹרָךְ mevoraj ר"ת ריבוע ע"ב ריבוע ס"ג

יהוה מברך = רפ"ח (להעלות רפ"ח ניצוצות שנפלו לקליפה דמשם באים התולואים) מֵעַתָּה meatá

וְעַד־ vead עוֹלָם olam ייל: מִמִּזְרַח mimizraj שֶׁמֶשׁ shémesh עַד־ ad

ר"ת קדוש מְבוֹאוֹ mevoó מְהֻלָּל mehulal שֵׁם shem יְהֹוָאדהיאהדונהי Adonai:

רָם ram עַל־ al כָּל־ col ילי ; עמם גּוֹיִם goyim יְהֹוָאדהיאהדונהי Adonai

עַל al הַשָּׁמַיִם hashamáyim יי"פ טל, יי"פ כוזו ; ר"ת וזשמל כְּבוֹדוֹ quevodó:

EL HALEL

Bendito eres Tú, Señor, nuestro Dios, Rey del mundo,
quien nos ha santificado con Sus mandamientos y nos ha obligado a (completar) (leer) el Halel.

JÉSED – HALELUYÁ

"Alaben al Señor, siervos de Dios. Alaben el Nombre del Señor. Que el Nombre del Señor sea bendito desde ahora y para siempre. Desde que el Sol se levanta hasta que se pone, el Nombre del Señor es alabado. El Señor está sobre todas las naciones. Su gloria se eleva sobre los Cielos.

מִי mi ילי כַּיהֹוָ֘אדהנויאהדונהי caAdonai אֱלֹהֵינוּ Eloheinu ילה

הַמַּגְבִּיהִי hamagbihí לָשָׁבֶת :lashávet הַמַּשְׁפִּילִי hamashpilí לִרְאוֹת lirot

בַּשָּׁמַיִם bashamáyim י״פ טל, י״פ כוזו וּבָאָרֶץ :uvaárets

מְקִימִי mekimí מֵעָפָר meafar דָּל dal מֵאַשְׁפֹּת meashpot יָרִים yarim

אֶבְיוֹן :evyón לְהוֹשִׁיבִי lehoshiví עִם־ im נְדִיבִים nedivim עִם im

נְדִיבֵי nedivei עַמּוֹ :amó מוֹשִׁיבִי moshiví עֲקֶרֶת akéret הַבַּיִת habáyit

ב״פ ראה ; עקרת הבית היא רוזל אֵם־ em יוהך, מ״א אותיות דפשוט, דמילוי ודמילוי דמילוי דאהיה ע״ה

הַבָּנִים habanim שְׂמֵחָה smejá הַלְלוּיָהּ haleluyá אלהים, אהיה אדני ; ללה:

GUEVURÁ - BETSET YISRAEL

"Yehudá era santo" se refiere al jefe de la Tribu de Yehuda, un hombre llamado Najshón ben Aminadav. Najshón fue el primer individuo en demostrar certeza absoluta cuando entró al Mar Rojo durante el Éxodo. Él superó sus dudas y miedos reactivos, y continuó caminando hacia el agua hasta que ésta le llegó a la nariz; seguidamente le llegó a la garganta y comenzó a ahogarlo. En ese preciso momento, el Satán intentó bombardearlo con temor e incertidumbre. Incluso cuando los milagros están destinados a ocurrir, la más ligera duda puede evitar que ocurran. Pero Najshón ben Aminadav no vaciló. Una milésima de segundo después, estaba respirando aire fresco mientras las aguas del Mar Rojo se elevaban al Cielo.

En este Salmo hay 52 palabras que corresponden al Nombre Sagrado: .יוד הה וו הה (בוזינת נוקבא)

בְּצֵאת betset יִשְׂרָאֵל Yisrael מִמִּצְרָיִם miMitsráyim מצר בֵּית beit ב״פ ראה

יַעֲקֹב Yaakov ז׳ הויות, יאהדונהי אידהנויה מֵעַם meam לֹעֵז :loez הָיְתָה haytá

יְהוּדָה Yehudá לְקָדְשׁוֹ lekadshó יִשְׂרָאֵל Yisrael מַמְשְׁלוֹתָיו :mamshelotav

הַיָּם hayam ילי רָאָה raá ראה וַיָּנֹס vayanós הַיַּרְדֵּן haYardén י׳ הויות וד׳ אותיות

יִסֹּב yisov לְאָחוֹר :leajor הֶהָרִים heharim רָקְדוּ rakdú כְאֵילִים jeeilim

גְּבָעוֹת guevaot כִּבְנֵי־ quivnei צֹאן :tson מַה־ ma מ״ה לְּךָ lejá הַיָּם hayam ילי

כִּי qui תָנוּס tanús הַיַּרְדֵּן haYardén י׳ הויות וד׳ אותיות תִּסֹּב tisov לְאָחוֹר :leajor

---

¿Quién es como el Señor, nuestro Dios, que mora en las alturas, que observa sobre los Cielos y la Tierra? Él levanta al pobre del polvo y eleva al indigente de los escombros. Él los ubica junto a los nobles, con la nobleza de Su Nación. Él ubica a la sierva de la casa junto a la madre de los hijos, felizmente. ¡Alaben al Señor!" (Salmos 113).

GUEVURÁ - BETSET YISRAEL

"Cuando Israel abandonó Egipto, la Casa de Yaakov de una nación extranjera, Yehuda se santificó ante Él e Israel fue Su Dominio. El mar vio esto y huyó, el Jordán se volvió atrás. Las montañas saltaron como carneros, y las colinas como corderitos. ¿Qué te aflige, mar, que huiste? ¿Por qué volviste atrás, Jordán?

הֶהָרִים heharim תִּרְקְדוּ tirkedú כְאֵילִים jeeilim גְּבָעוֹת guevaot

כִּבְנֵי־ quivnei צֹאן tson: מִלִּפְנֵי milifnei אָדוֹן adón אני חוּלִי julí אָרֶץ árets

מִלִּפְנֵי milifnei אֱלוֹהַּ Elohá שם בן מ"ב יַעֲקֹב Yaakov ו' הויות, יאהדונהי אידהנויה:

הַהֹפְכִי hahofjí הַצּוּר hatsur אלהים דההין ע"ה אֲגַם־ agam ריבוע אהיה = דם

מָיִם máyim (ומהפכו למים) חַלָּמִישׁ jalamish לְמַעְיְנוֹ־ lemaynó מָיִם máyim:

Esta sección se omite en *Rosh Jódesh*, *Jol Hamoed* de *Pésaj* y en el séptimo día de *Pésaj*

TIFÉRET - LO LANU

Rav Yehuda Áshlag nos recuerda que, a pesar de lo que podamos alcanzar por cuenta propia a nivel espiritual, nunca podremos ganarnos o merecer la Luz que irradia dentro de nosotros. Pueda que nuestro cuerpo físico no merezca nada en este mundo, pero el Creador nos dio la chispa de Luz que sustenta nuestra alma y que es nuestra esencia. Esta chispa de Luz es conocida por la palabra codificada *Nombre*, del versículo: "*¡Hazlo por Tu Nombre!*". En realidad, le estamos pidiendo al Creador que dé Luz a la parte divina de nuestro ser: nuestra alma. Para garantizar que recibamos la Luz del Creador con esta oración, debemos reflejar nuestra petición mediante acciones. Hacemos esto cuando reconocemos la chispa de Luz dentro de los demás. Incluso nuestro peor enemigo está imbuido de una chispa de la Luz de Dios. Cuanto más reconozcamos esto, más bendiciones y buena fortuna recibiremos en nuestra propia vida.

לֹא lo לָנוּ lanu אלהים אהיה אדני יְהֹוָהאדניאהדונהי Adonai לֹא lo לָנוּ lanu

אלהים אהיה אדני כִּי־ qui לְשִׁמְךָ leShimjá תֵּן ten כָּבוֹד cavod

עַל־ al חַסְדְּךָ jasdeja עַל al אֲמִתֶּךָ amiteja: לָמָּה lama יֹאמְרוּ yomrú

הַגּוֹיִם hagoyim אַיֵּה־ ayé נָא na אֱלֹהֵיהֶם Eloheihem ילה:

וֵאלֹהֵינוּ veEloheinu ילה בַשָּׁמָיִם vashamáyim י"פ טל, י"פ כוזו כֹּל col ילי

אֲשֶׁר asher חָפֵץ jafets עָשָׂה asá: עֲצַבֵּיהֶם atsabeihem כֶּסֶף quésef

וְזָהָב vezahav מַעֲשֵׂה maasé יְדֵי yedei אָדָם adam מ"ה: פֶּה־ pe מילה ; ע"ה

אלהים, אהיה אדני לָהֶם lahem וְלֹא veló יְדַבֵּרוּ yedaberu עֵינַיִם einájim ריבוע דמ"ה

לָהֶם lahem וְלֹא veló יִרְאוּ yirú: אָזְנַיִם oznáyim יוד הי ואו הה לָהֶם lahem

וְלֹא veló יִשְׁמָעוּ yishmaú אַף af לָהֶם lahem וְלֹא veló יְרִיחוּן yerijún:

Montañas, ¿por qué saltaron como carneros? Colinas, ¿por qué saltaron como corderitos? La Tierra tiembla ante el Dios de Yaakov, que convierte una roca en una laguna, y un pedernal en un manantial" (Salmos 113).

TIFÉRET - LO LANU

"No es por nuestro nombre, Señor, no es por nuestro nombre, sino por Tu Nombre da gloria, por Tu benevolencia y Tu verdad. ¿Por qué las naciones deberían decir: '¿Dónde está su Dios?' Nuestro Dios está en los Cielos. Él formó todo lo que Él deseó. Sus ídolos son de plata y oro, la obra de las manos del hombre. Ellos tienen bocas, pero no hablan. Tienen ojos, pero no ven. Tienen narices pero no huelen.

יְדֵיהֶם yedeihem וְלֹא veló יְמִישׁוּן yemishún רַגְלֵיהֶם ragleihem
וְלֹא veló יְהַלֵּכוּ yehaleju לֹא־ lo יֶהְגּוּ yehgú בִּגְרוֹנָם: bigronam
כְּמוֹהֶם quemohem יִהְיוּ yihyú ייא״י (מילוי ד״ס״ג) עֹשֵׂיהֶם oseihem
כֹּל col ילי אֲשֶׁר־ asher בֹּטֵחַ botéaj בָּהֶם: bahem יִשְׂרָאֵל Yisrael
בְּטַח betaj בַּיהֹוָהאדניאהדונהי baAdonai עֶזְרָם ezram וּמָגִנָּם umaguinam
הוּא: Hu בֵּית beit ב״פ ראה אַהֲרֹן Aharón בִּטְחוּ bitjú
בַּיהֹוָהאדניאהדונהי baAdonai עֶזְרָם ezram וּמָגִנָּם umaguinam הוּא: Hu יִרְאֵי yirei
יְהֹוָהאדניאהדונהי Adonai בִּטְחוּ bitjú בַּיהֹוָהאדניאהדונהי baAdonai עֶזְרָם ezram
ייז (כ״ב אותיות פשוטות (=אכא) ועוד ה׳ אותיות מנצפך) וּמָגִנָּם umaguinam הוּא: Hu

NÉTSAJ – ADONAI ZEJARANU

"Los Cielos fueron entregados a Dios, pero la Tierra fue entregada a la humanidad". El Creador separó este mundo para que pudiéramos convertirnos en creadores y expresar la divinidad que forma parte de todos nosotros. Este párrafo nos da la fuerza para ser los verdaderos creadores de nuestra vida. Pueda que una pequeña vela contribuya poco bajo la luz radiante del día, pero incluso la oscuridad de un gran estadio responde ante la luz de una sola vela. En esta realidad de oscuridad donde nos encontramos, una vela posee gran valor e importancia.

Cuando nuestras acciones son de compartir y de revelación de Luz, alcanzamos unidad con el Creador a través de la afinidad. Esta unidad nos permite convertirnos en los verdaderos creadores de nuestra vida.

יְהֹוָהאדניאהדונהי Adonai זְכָרָנוּ zejaranu יְבָרֵךְ yevarej עסמ״ב, הברכה
(למתק את ז׳ המלכים שמתו) יְבָרֵךְ yevarej עסמ״ב, הברכה (למתק את ז׳ המלכים שמתו) ; ר״ת ייז
אֶת־ et בֵּית beit ב״פ ראה יִשְׂרָאֵל Yisrael יְבָרֵךְ yevarej עסמ״ב, הברכה
(למתק את ז׳ המלכים שמתו) אֶת־ et בֵּית beit ב״פ ראה אַהֲרֹן: Aharón
יְבָרֵךְ yevarej עסמ״ב, הברכה (למתק את ז׳ המלכים שמתו) יִרְאֵי yirei
יְהֹוָהאדניאהדונהי Adonai ר״ת ייי הַקְּטַנִּים haketanim עִם im הַגְּדֹלִים: haguedolim

---

Sus manos no pueden tocar, sus piernas no pueden andar. Ellos no pronuncian palabras desde sus gargantas. Que sus hacedores y los que creen en ellos sean como ellos. Israel, pon tu confianza en el Señor. Él es tu Ayudador y Protector. Casa de Aharón, pon tu confianza en el Señor. Él es Tu Ayudador y Protector. Aquellos que temen al Señor, pongan su confianza en el Señor. Él es su Ayudador y Protector" (Salmos 115:1-11).

NÉTSAJ – ADONAI ZEJARANU

"El Señor se ha acordado de nosotros y nos bendecirá. Bendecirá a la casa de Israel; bendecirá a la casa de Aharón. Bendecirá a los que temen al Señor, a pequeños y a grandes.

יֹסֵף yosef יְהֹוָאדהנויאהדונהי Adonai עֲלֵיכֶם aleijem עֲלֵיכֶם aleijem

וְעַל veal בְּנֵיכֶם beneijem: בְּרוּכִים berujim אַתֶּם atem

לַיהֹוָאדהנויאהדונהי laAdonai עֹשֵׂה osé שָׁמַיִם shamáyim י"פ טל, י"פ כוזו

וָאָרֶץ vaárets: הַשָּׁמַיִם hashamáyim י"פ טל, י"פ כוזו שָׁמַיִם shamáyim י"פ טל, י"פ כוזו

לַיהֹוָאדהנויאהדונהי laAdonai וְהָאָרֶץ vehaárets אלהים דההין ע"ה נָתַן natán

לִבְנֵי־ livnei אָדָם adam: מ"ה לֹא lo הַמֵּתִים hametim יְהַלְלוּ־ yehalelú

יָהּ Yah וְלֹא veló כָּל col ילי יֹרְדֵי yordei דוּמָה dumá: וַאֲנַחְנוּ vaanajnu

נְבָרֵךְ nevarej יָהּ Yah מֵעַתָּה meatá וְעַד־ vead עוֹלָם olam

הַלְלוּיָהּ Haleluyá אלהים, אהיה אדני ; ללה:

Esta sección es omitida en *Rosh Jódesh*, *Jol Hamoed* de *Pésaj* y el séptimo día de *Pésaj*.

Hod – Ahavti

Rav Elimélej, un gran kabbalista del siglo XVIII, nos enseña que cuando rezamos, el Satán, nuestro Oponente, a menudo llega y nos dice: "¿Por qué te molestas estando acá y rezando? En realidad no quieres cambiar. Es muy difícil. ¿Por qué molestarte con todo este trabajo espiritual complicado? Con todas las acciones negativas que ya has realizado, tu situación personal no tiene futuro". Esta oración desactiva la influencia negativa y destructiva del Satán, y nos ayuda a entender que no importa lo que hayamos hecho antes. De aquí en adelante, podemos cambiar y transformar nuestra naturaleza si realmente lo queremos.

"Dios protege y salva a los incautos". El hombre más inteligente puede cometer los errores más grandes. Si pensamos que realmente lo sabemos todo, si nuestros egos nos dicen que somos personas brillantes, entonces en realidad somos tontos y la Luz nunca nos alcanzará. Pero a aquellas personas que pueden admitir que siempre hay algo que aprender y reconocen que todos somos incautos, de forma proactiva, Dios las protegerá y las llevará a niveles más elevados de realización.

אָהַבְתִּי ahavti כִּי־ qui יִשְׁמַע yishmá יְהֹוָאדהנויאהדונהי Adonai

אֶת־ et קוֹלִי kolí תַּחֲנוּנָי tajanunai: כִּי־ qui הִטָּה hitá

אָזְנוֹ oznó יוד הי ואו הה לִי li וּבְיָמַי uvyamai אֶקְרָא ekrá:

אֲפָפוּנִי afafuni חֶבְלֵי־ jevlei מָוֶת mávet וּמְצָרֵי umetsarei שְׁאוֹל sheol

מְצָאוּנִי metsaúni צָרָה tsará אלהים דההין וְיָגוֹן veyagón אֶמְצָא emtsá:

Aumentará el Señor bendición sobre ustedes; sobre ustedes y sobre sus hijos. Bendito eres Tú, Señor, Creador del Cielo y la Tierra. Los Cielos son los Cielos del Señor, y ha dado la Tierra a la humanidad. No alabarán los muertos al Señor, ni los que descienden la tumba; pero nosotros bendeciremos al Señor desde ahora y para siempre. ¡Alaben al Señor!" (Salmos 115:12-18).

Hod– Ahavti

"Amo al Señor pues ha oído mi voz y mis súplicas, porque ha inclinado a mí su oído; por tanto, lo invocaré en todos mis días. Me rodearon ligaduras de muerte, me encontraron las angustias de la oscuridad; angustia y dolor había yo hallado.

וּבְשֵׁם uveshem יְהֹוָה יאהדונהי Adonai אֶקְרָא ekrá וּשׁ״ר, אבג״יתץ
אָנָּה aná יְהֹוָה יאהדונהי Adonai מַלְּטָה maltá נַפְשִׁי nafshí:
חַנּוּן janún יְהֹוָה יאהדונהי Adonai וְצַדִּיק vetsadik וֵאלֹהֵינוּ veEloheinu ילה
מְרַחֵם merajem אברהם, ו״פ אל, רי״ו ול״ב נתיבות החכמה, רמ״ח (אברים), עסמ״ב וט״ז אותיות
פשוטות: שֹׁמֵר shomer פְּתָאִים petaím יְהֹוָה יאהדונהי Adonai דַּלּוֹתִי dalotí
וְלִי velí יְהוֹשִׁיעַ yehoshía: שׁוּבִי shuvi נַפְשִׁי nafshí לִמְנוּחָיְכִי limnujayjí
כִּי qui יְהֹוָה יאהדונהי Adonai גָּמַל gamal עָלָיְכִי alayjí: כִּי qui
חִלַּצְתָּ jilatsta נַפְשִׁי nafshí מִמָּוֶת mimávet אֶת־ et עֵינִי einí ריבוע מ״ה
מִן־ min דִּמְעָה dimá אֶת־ et רַגְלִי raglí מִדֶּחִי mideji:
אֶתְהַלֵּךְ ethalej לִפְנֵי lifnei יְהֹוָה יאהדונהי Adonai בְּאַרְצוֹת beartsot
הַחַיִּים hajayim אהיה אהיה יהוה, בינה ע״ה: הֶאֱמַנְתִּי heemanti כִּי qui
אֲדַבֵּר adaber ראה אֲנִי aní אני עָנִיתִי aniti מְאֹד meod: אֲנִי aní אני
אָמַרְתִּי amarti בְחָפְזִי vejofzí כָּל col ילי הָאָדָם haadam מ״ה כֹּזֵב cozev:

YESOD - MA ASHIV

En el siguiente párrafo, encontramos el versículo *Aná Hashem*, el cual reconoce que el Creador es nuestro único maestro espiritual y pide al Creador que nos dé señales, enseñanzas, orientaciones y caminos que nos lleven a la Luz.

מָה־ ma מ״ה אָשִׁיב ashiv לַיהֹוָה יאהדונהי laAdonai כָּל־ col ילי
תַּגְמוּלוֹהִי tagmulohi עָלָי alai: כּוֹס־ cos אלהים, אהיה אדני
במילוי (כף וו סמך) = עסמ״ב, הברכה (למתק את ז׳ המלכים שמתו) יְשׁוּעוֹת yeshuot
אֶשָּׂא esá וּבְשֵׁם uveshem יְהֹוָה יאהדונהי Adonai אֶקְרָא ekrá:

Entonces invoqué el nombre del Señor: Por favor, Dios, libra ahora mi alma. Clemente es el Señor, y justo; misericordioso es nuestro Dios. El Señor protege a los incautos. Estaba yo postrado, y me salvó. Vuelve, alma mía, a tu reposo, porque el Señor te ha hecho bien. Pues Tú has librado mi alma de la muerte, mis ojos de lágrimas y mis pies de resbalar. Andaré delante del Señor en la tierra de los vivientes. Creí; por tanto hablé, estando afligido en gran manera. Y dije en mi apresuramiento: Todo hombre es mentiroso" (Salmos 116:1-11)

YESOD - MA ASHIV

"¿Qué pagaré al Señor
por todo lo que Él me ha otorgado? Tomaré la copa de la salvación e invocaré el Nombre del Señor.

נְדָרַי nedarai לַיהֹוָהאדהנויאהדונהי laAdonai אֲשַׁלֵּם ashalem נֶגְדָה־ negdá

נגד, מזבח, זן, אל יהוה נָּא na לְכָל־ lejol יה אדני עַמּוֹ amó: יָקָר yakar

בְּעֵינֵי beeinei ריבוע דמ"ה יְהֹוָהאדהנויאהדונהי Adonai הַמָּוְתָה hamavtá

לַחֲסִידָיו lajasidav: אָנָּה aná יְהֹוָהאדהנויאהדונהי Adonai כִּי־ qui אֲנִי aní אני

עַבְדֶּךָ avdejá פוי, אל אדני אֲנִי־ aní אני עַבְדְּךָ avdejá פוי, אל אדני

בֶּן־ ben אֲמָתֶךָ amateja פִּתַּחְתָּ pitajta לְמוֹסֵרָי lemoserai: לְךָ־ lejá

אֶזְבַּח ezbaj זֶבַח zévaj תּוֹדָה todá וּבְשֵׁם uveshem יְהֹוָהאדהנויאהדונהי Adonai

אֶקְרָא ekrá: נְדָרַי nedarai לַיהֹוָהאדהנויאהדונהי laAdonai אֲשַׁלֵּם ashalem

נֶגְדָה־ negdá נגד, מזבח, זן, אל יהוה נָּא na לְכָל־ lejol יה אדני עַמּוֹ amó:

בְּחַצְרוֹת bejatsrot בֵּית beit ב"פ ראה יְהֹוָהאדהנויאהדונהי Adonai בְּתוֹכֵכִי betojejí

יְרוּשָׁלָיִם Yerushaláyim הַלְלוּיָהּ haleluyá אלהים, אהיה אדני ; ללה:

MALJUT - HALELÚ

"Todas las naciones del mundo deben alabar a Dios". Según la Kabbalah, cada nación tiene su propio camino hacia la Luz. Pero sólo hay un Creador que nos da Luz a todos nosotros. Por esta razón, "amar a tu prójimo como a ti mismo" aplica a todas las naciones del mundo. Debemos tratar a todas las personas con dignidad humana. Hay guerra entre naciones y caos en la sociedad sólo porque la falta de compasión y sensibilidad entre individuos.

הַלְלוּ halelú אֶת־ et יְהֹוָהאדהנויאהדונהי Adonai כָּל־ col ילי גּוֹיִם goyim

שַׁבְּחוּהוּ shabjuhu כָּל־ col ילי הָאֻמִּים haumim: כִּי qui גָבַר gavar

עָלֵינוּ aleinu וְחַסְדּוֹ jasdó ג' הויות, מזלא (להמשיך הארה ממזלא עילאה)

וֶאֱמֶת־ veemet אהיה פעמים אהיה, ד"פ ס"ג יְהֹוָהאדהנויאהדונהי Adonai

לְעוֹלָם leolam ריבוע ס"ג ו' אותיות דס"ג הַלְלוּיָהּ Haleluyá אלהים, אהיה אדני ; ללה:

Ahora pagaré mis votos al Señor delante de todo Su pueblo. Difícil es a los ojos del Señor la muerte de Sus santos. Señor, ciertamente yo soy Tu siervo, siervo Tuyo soy, hijo de Tu sierva. Tú has roto mis prisiones. Te ofreceré sacrificio de alabanza e invocaré el nombre del Señor. Al Señor pagaré ahora mis votos delante de todo Su pueblo, en los atrios de la casa del Señor, en medio de Jerusalén. Alaben al Señor" (Salmos 116:12-19).

MALJUT - HALELÚ

"Todas las naciones, alaben al Señor. Todas las naciones, exáltenlo. Porque Su benevolencia nos ha abrumado y la verdad del Señor es eterna; alaben al Señor" (Salmos 117).

Maljut – Hodú

Los siguientes cuatro versos nos conectan con los cuatro mundos espirituales, representados por las cuatro combinaciones diferentes de *Yud, Hei, Vav* y *Hei*. Cada una de estas combinaciones de letras es un transformador que canaliza corrientes de energía espiritual desde varios niveles de las Diez Sefirot hasta nuestra realidad física. En términos espirituales, algunas personas están conectadas a los Mundos Excelsos, mientras que otras están conectadas a las realidades Medias y Bajas. La única manera de que la humanidad alcance la unidad verdadera es que cada uno de nosotros abandone su ego y aceptemos el hecho de que nadie es más elevado o más bajo que otro; simplemente nuestras conexiones son diferentes.

El *Talmud* refuerza este concepto. Aprendemos que, en realidad, un mosquito está en un nivel mucho más elevado que un hombre que no ejerce el trabajo espiritual. Un mosquito viene a este mundo a picar. Como todos sabemos, el mosquito hace su trabajo de forma muy efectiva. Nosotros vinimos a lograr una transformación espiritual. Le damos mucha importancia al estatus físico de una persona en este mundo. No obstante, sin importar si alguien es un ejecutivo o un obrero en una fábrica, si ambos están haciendo su trabajo espiritual, están en el mismo nivel según el Creador. Algunos individuos nunca están contentos con lo que son. Parte de su trabajo es apreciar que están realizando su trabajo espiritual. Deben darse cuenta de que están en el mismo nivel espiritual no sólo de las personas que envidian, sino también de las personas que consideran que están por debajo de ellos. Todas ellas están trabajando en la transformación espiritual.

Jojmá (ע"ב - יוד הי ויו הי, קס"א - אלף הי יוד הי)

הוֹדוּ hodú אהיה לַיהֹוָֽהאדניאהדונהי laAdonai כִּי־ qui טוֹב tov והו

כי טוב = יהוה אהיה, אום, מבה, יזל

כִּי qui לְעוֹלָם leolam ריבוע ס"ג וי' אותיות דס"ג חַסְדּוֹ jasdó

ג' הויות, מזלא (להמשיך הארה ממזלא עילאה) ; ר"ת = נגה:

Biná (ס"ג - יוד הי ואו הי, קס"א - אלף הי יוד הי)

יֹאמַר־ yomar נָא na יִשְׂרָאֵל Yisrael

כִּי qui לְעוֹלָם leolam ריבוע ס"ג וי' אותיות דס"ג חַסְדּוֹ jasdó

ג' הויות, מזלא (להמשיך הארה ממזלא עילאה) ; ר"ת = נגה:

Zeir Anpín (מ"ה - יוד הא ואו הא, קמ"ג - אלף הא יוד הא)

יֹאמְרוּ־ yomrú נָא na בֵית־ veit ב"פ ראה אַהֲרֹן Aharón

כִּי qui לְעוֹלָם leolam ריבוע ס"ג וי' אותיות דס"ג חַסְדּוֹ jasdó

ג' הויות, מזלא (להמשיך הארה ממזלא עילאה) ; ר"ת = נגה:

Maljut (ב"ן - יוד הה וו הה, קנ"א - אלף הה יוד הה)

יֹאמְרוּ־ yomrú נָא na יִרְאֵי yirei יְהֹוָֽהאדניאהדונהי Adonai

כִּי qui לְעוֹלָם leolam ריבוע ס"ג וי' אותיות דס"ג חַסְדּוֹ jasdó

ג' הויות, מזלא (להמשיך הארה ממזלא עילאה) ; ר"ת = נגה:

Maljut – Hodú

"Den gracias al Señor, porque Él es bueno, porque Su misericordia perdura por siempre.
Que Israel proclame esto ahora, porque Su misericordia perdura por siempre.
Que la Casa de Aharón proclame esto ahora, porque Su misericordia perdura por siempre
Que los que temen al Señor lo proclamen, porque Su misericordia perdura por siempre.

MIN HAMETSAR

"En las dificultades clamé a Dios". Desafortunadamente, la mayoría de nosotros llamamos al Creador cuando estamos en dificultades graves. La Kabbalah enseña que también tenemos que llamarle durante los buenos momentos y reconocer la influencia de la Luz en toda nuestra buena fortuna. El *Zóhar* señala que si hacemos una abertura espiritual dentro de nosotros del tamaño del ojillo de una aguja, Dios nos contestará y abrirá las Puertas Celestiales para nosotros. Cualquiera que sea su tamaño, esta abertura a la espiritualidad debe ser una abertura completa donde no puede haber duda o incertidumbre.

א' ארך — מִן־ min הַמֵּצַר hametsar מצר קָרָאתִי karati יָּהּ Yah

ב' אפים — עָנָנִי anani בַמֶּרְחָב vamerjav יָהּ Yah:

ג' ורב וחסד — יְהֹוָה יאהדונהי Adonai לִי li לֹא lo אִירָא irá

ד' נשא עון — מַה־ ma מ"ה יַּעֲשֶׂה yaasé לִי li אָדָם adam מ"ה:

ה' ופשע — יְהֹוָה יאהדונהי Adonai לִי li בְּעֹזְרָי beozrai

ו' ונקה — וַאֲנִי vaaní אני אֶרְאֶה eré בְשֹׂנְאָי vesonai:

ז' פוקד — טוֹב tov והו לַחֲסוֹת lajasot בַּיהֹוָה יאהדונהי baAdonai

ח' על שלשים — מִבְּטֹחַ mibtóaj בָּאָדָם baadam מ"ה:

ט' ועל רבעים — טוֹב tov והו לַחֲסוֹת lajasot בַּיהֹוָה יאהדונהי baAdonai

מִבְּטֹחַ mibtóaj בִּנְדִיבִים binedivim כָּל־ col ילי גּוֹיִם goyim

סְבָבוּנִי sevavuni בְּשֵׁם beshem יְהֹוָה יאהדונהי Adonai כִּי qui אֲמִילַם amilam:

סַבּוּנִי sabuni גַם־ gam סְבָבוּנִי sevavuni בְּשֵׁם beshem יְהֹוָה יאהדונהי Adonai

כִּי qui אֲמִילַם amilam: סַבּוּנִי sabuni כִדְבוֹרִים jidvorim דֹּעֲכוּ doajú

כְּאֵשׁ queesh קוֹצִים kotsim בְּשֵׁם beshem יְהֹוָה יאהדונהי Adonai

כִּי qui אֲמִילַם amilam: דַּחֹה dajó דְּחִיתַנִי dejitani לִנְפֹּל linpol

וַיהֹוָה יאהדונהי vaAdonai עֲזָרָנִי azarani: עָזִּי ozí אלהים ע"ה, אהיה אדני ע"ה

וְזִמְרָת vezimrat יָהּ Yah וַיְהִי־ vayhí לִי li לִישׁוּעָה lishuá:

MIN HAMETSAR

Con gran fuerza clamé al Señor en mi aflicción. El Señor, paciente, me contestó en Su abundancia. El Señor está conmigo, no temeré a los que hacen iniquidad. ¿Qué puede hacer el hombre por mí? Y los pecados, el Señor vendrá a mi rescate y los limpiará. Y consideraré a mis enemigos. Es bueno refugiarse en el Señor en vez de confiar en el hombre. Es mejor refugiarse en el Señor que confiar en nobles. Todas las naciones me rodearon. En Nombre del Señor yo las desterraré. Ellas me rodearon una y otra vez. En Nombre del Señor las desterraré. Me rodearon como abejas, pero están extintas como fuego en espinas. Con el Nombre del Señor, las desterraré. Ellas me empujaron una y otra vez para caer, y el Señor vino a mi ayuda. La fuerza y el poder abrasador del Señor fueron salvación para mí.

קוֹל kol רִנָּה riná וִישׁוּעָה vishuá בְּאָהֳלֵי beaholei צַדִּיקִים tsadikim

יְמִין yemín יְהֹוָה אדני אהדונהי Adonai עֹשָׂה osá חָיִל jáyil ומב:

יְמִין yemín יְהֹוָה אדני אהדונהי Adonai רוֹמֵמָה romemá ר"ת ריי יְמִין yemín

יְהֹוָה אדני אהדונהי Adonai עֹשָׂה osá ר"ת ע"ה חָיִל jáyil ומב: לֹא lo אָמוּת amut

כִּי qui אֶחְיֶה ejyé וַאֲסַפֵּר vaasaper מַעֲשֵׂי maasei יָהּ Yah:

יַסֹּר yasor יִסְּרַנִּי yisrani יָהּ Yah ר"ת ייי וְלַמָּוֶת velamávet לֹא lo

נְתָנָנִי netanani: פִּתְחוּ pitjú לִי li שַׁעֲרֵי shaarei צֶדֶק tsédek אָבֹא avó

בָם vam שם בן מ"ב אוֹדֶה odé יָהּ Yah: זֶה ze הַשַּׁעַר hasháar

לַיהֹוָה אדני אהדונהי laAdonai צַדִּיקִים tsadikim יָבֹאוּ yavóu בוֹ vo:

ODJÁ

Tenemos 4 versos que nos conectan con las cuatro letras del Tetragrámaton. Cada verso se recita 2 veces.

Yud – Jojmá- י

אוֹדְךָ odjá כִּי qui עֲנִיתָנִי anitani וַתְּהִי vatehí לִי li לִישׁוּעָה lishuá: **2x**

Hei – Biná - ה

אֶבֶן even מָאֲסוּ maasú הַבּוֹנִים habonim הָיְתָה haytá

לְרֹאשׁ lerosh ריבוע אלהים ואלהים דיודין ע"ה פִּנָּה piná ע"ב ס"ג ; ר"ת פהל: **2x**

Vav – Zeir Anpín - ו

מֵאֵת meet יְהֹוָה אדני אהדונהי Adonai הָיְתָה haytá זֹּאת zot

הִיא hi נִפְלָאת niflat בְּעֵינֵינוּ beeineinu ריבוע דמ"ה: **2x**

Hei – Maljut - ה

זֶה ze הַיּוֹם hayom ע"ה נגד, מזבח, זן, אל יהוה עָשָׂה asá יְהֹוָה אדני אהדונהי Adonai

נָגִילָה naguilá וְנִשְׂמְחָה venismejá מלה בוֹ vo: **2x**

El sonido de una canción y la salvación se encuentran en las tiendas de los justos. La Diestra del Señor hace cosas poderosas. La Diestra Dios es elevada. La Diestra del Señor hace cosas poderosas. No moriré, sino más bien viviré y contaré las acciones de Dios. Dios me ha reprendido una y otra vez, pero Él no me ha sometido a la muerte. Él abre para mí las puertas de la justicia. Las cruzaré y daré gracias a Dios. Esta es la Puerta del Señor, los justos podrán cruzarla.

ODJÁ

Estoy agradecido a Ti, porque Tú me has contestado y te has convertido en mi salvación.
La piedra que fue rechazada por los edificadores se ha convertido en la piedra angular.
Esto provino del Señor, esto es maravilloso ante nuestros ojos.
El Señor ha hecho este día, alegrémonos y regocijémonos en él.

ANÁ

Estos cuatro versos nos ofrecen un camino diferente para conectar con la Luz. La numerología de אנא (*Aná*) es 52, que también es el valor numérico del Nombre de Dios que conecta con nuestra realidad física de *Maljut.*

Debes meditar en que *Maljut*, que es: ב״ן, recibe de *Jojmá* que es: ע״ב.

אָנָּא aná ב״ן (יוד הה וו הה) יְהֹוָהאדניאהדונהי Adonai (יוד הי ויו הי)

הוֹשִׁיעָה hoshía יהוה וש״ע נהורין נָּא na:

Debes meditar en que *Maljut*, que es: ב״ן, recibe de *Biná* que es: ס״ג.

אָנָּא aná ב״ן (יוד הה וו הה) יְהֹוָהאדניאהדונהי Adonai (יוד הי ואו הי)

הוֹשִׁיעָה hoshía יהוה וש״ע נהורין נָּא na:

Debes meditar en que *Maljut*, que es ב״ן, recibe de *Zeir Anpín* que es: מ״ה.

אָנָּא aná ב״ן (יוד הה וו הה) יְהֹוָהאדניאהדונהי Adonai (יוד הא ואו הא)

הַצְלִיחָה hatslija נָּא na:

Medita en que *Maljut*, que es ב״ן, recibe de todos los antes mencionados: ע״ב, ס״ג, מ״ה.

אָנָּא aná ב״ן (יוד הה וו הה) יְהֹוָהאדניאהדונהי Adonai

(יוד הי ויו הי, יוד הי ואו הי, יוד הא ואו הא) הַצְלִיחָה hatslija נָּא na:

BARUJ HABÁ

Tenemos 4 versos que nos conectan con las cuatro letras del Tetragrámaton. Cada verso se recita 2 veces.

Yud – Jojmá - י

בָּרוּךְ Baruj הַבָּא habá בְּשֵׁם beshem יְהֹוָהאדניאהדונהי Adonai

בֵּרַכְנוּכֶם berajnujem מִבֵּית mibeit ב״פ ראה יְהֹוָהאדניאהדונהי Adonai: **2x**

Hei – Biná - ה

אֵל El ייא״י (מילוי דס״ג) יְהֹוָהאדניאהדונהי Adonai וַיָּאֶר vayaer כף ויו זין ויו

לָנוּ lanu אלהים, אהיה אדני אִסְרוּ־ isrú חַג jag בַּעֲבֹתִים baavotim

עַד־ ad קַרְנוֹת karnot הַמִּזְבֵּחַ hamizbéaj נגד, זן, אל יהוה: **2x**

Vav – Zeir Anpín - ו

אֵלִי Elí אַתָּה Atá וְאוֹדֶךָּ veodeca

אֱלֹהַי Elohai מילוי דע״ב, דמב ; ילה אֲרוֹמְמֶךָּ aromemeca: **2x**

ANÁ

Te imploramos, Señor, sálvanos ahora. Te imploramos, Señor, sálvanos ahora.
Te imploramos, Señor, provee buena fortuna ahora. Te imploramos, Señor, provee buena fortuna ahora.

BARUJ HABÁ

Bendito es aquel que viene en Nombre del Señor.

Te bendecimos desde la Casa del Señor. El Señor es Dios, Él nos ilumina. Aten la ofrenda festiva con cuerdas en las esquinas del Altar. Tú eres mi Dios y Te agradezco, mi Dios, y Te exalto.

Hei – Maljut - ה

הוֹדוּ hodú אהיה לַיהֹוָהאדניאהדונהי laAdonai כִּי־ qui טוֹב tov והו

כי טוב = יהוה אהיה, אום, מבה, יזל

כִּי qui לְעוֹלָם leolam ריבוע ס"ג וי' אותיות דס"ג חַסְדּוֹ jasdó

ג' הויות, מזלא (להמשיך הארה ממזלא עילאה) ; ר"ת = נגה: 2x

Esta sección es omitida en *Rosh Jódesh*, *Jol Hamoed* de *Pésaj* y el séptimo día de *Pésaj*

יְהַלְלוּךָ yehaleluja יְהֹוָהאדניאהדונהי Adonai אֱלֹהֵינוּ Eloheinu ילה כָּל col ילי
מַעֲשֶׂיךָ maaseja וַחֲסִידֶיךָ vajasideja וְצַדִּיקִים vetsadikim עוֹשֵׂי osei
רְצוֹנֶךָ retsoneja וְעַמְּךָ veamjá בֵּית beit ב"פ ראה יִשְׂרָאֵל Yisrael כֻּלָּם culam
בְּרִנָּה beriná יוֹדוּ yodú וִיבָרְכוּ vivarjú יהוה ריבוע יהוה ריבוע מ"ה
וִישַׁבְּחוּ vishabjú וִיפָאֲרוּ vifaarú אֶת et שֵׁם Shem כְּבוֹדֶךָ quevodeja ב"ן, לכב.
כִּי qui לְךָ lejá טוֹב tov והו לְהוֹדוֹת lehodot. וּלְשִׁמְךָ uleShimjá נָעִים naim
לְזַמֵּר lezamer. וּמֵעוֹלָם umeolam וְעַד vead עוֹלָם olam אַתָּה Atá
אֵל El ייא"י (מילוי דס"ג): בָּרוּךְ Baruj אַתָּה Atá יְהֹוָהאדניאהדונהי Adonai
מֶלֶךְ Mélej מְהֻלָּל mehulal בַּתִּשְׁבָּחוֹת batishbajot. אָמֵן Amén יאהדונהי:

Recita este versículo tres veces para conectar con la Luz de protección.

וְאַבְרָהָם veAvraham ו"פ אל, רי"ו ול"ב נתיבות החכמה, רמ"ח (אברים), עסמ"ב וט"ז אותיות פשוטות
זָקֵן zakén בָּא ba בַּיָּמִים bayamim נלך וַיהֹוָהאדניאהדונהי vaAdonai בֵּרַךְ beraj אֶת־ et
אַבְרָהָם Avraham ו"פ אל, רי"ו ול"ב נתיבות החכמה, רמ"ח (אברים), עסמ"ב וט"ז אותיות פשוטות
בַּכֹּל bacol ב"ן, לכב:

Medita en el Nombre del Ángel (וְבְדְיָה) derivado del versículo anterior.

יִשְׁמְרֵנִי yishmereni וִיחַיֵּינִי viyejayeini, כֵּן quen יְהִי yehí רָצוֹן ratsón
מהש ע"ה, ע"ב בריבוע וקס"א ע"ה, אל שדי ע"ה מִלְּפָנֶיךָ milfaneja ס"ג מ"ה ב"ן אֱלֹהִים Elohim
אהיה אדני ; ילה חַיִּים jayim אהיה אהיה יהוה, בינה ע"ה וּמֶלֶךְ uMélej עוֹלָם olam
אֲשֶׁר asher בְּיָדוֹ beyadó נֶפֶשׁ néfesh כָּל col ילי חַי jai אָמֵן Amén יאהדונהי
כֵּן quen יְהִי yehí רָצוֹן ratsón מהש ע"ה, ע"ב בריבוע וקס"א ע"ה, אל שדי ע"ה:

Agradezcan al Señor, porque Él es bueno. Su misericordia perdura para siempre” (*Salmos 118*).

Todas Tus acciones y todos Tus piadosos Te alabarán, Señor, nuestro Dios, y los justos, quienes hacen Tu voluntad, así como Tu nación, la Casa de Israel. Ellos darán gracias con regocijo, bendecirán, alabarán y glorificarán el Nombre de Tu gloria, porque a Ti es bueno dar gracias, y a Tu Nombre es agradable cantar. Y desde este mundo hasta el siguiente, Tú eres Dios. Bendito eres Tú, Señor, Rey que es ensalzado en alabanzas. Amén.

“Y Avraham estaba viejo, avanzado en edad, y Dios había bendecido a Avraham con todo” (*Génesis 24:1*). *Que Él me preserve y me avive. Y que sea agradable ante el Dios de la vida y el Rey del mundo, en Cuyas Manos está el espíritu de todo lo que vive. Amén, que sea de Su agrado.*

KADISH TITKABAL

יִתְגַּדַּל yitgadal וְיִתְקַדַּשׁ veyitkadash שׁדי ומילוי שׁדי ; י"א אותיות כמנין ו"ה

שְׁמֵיהּ Shmei (שׁם י"ה דע"ב) רַבָּא rabá קנ"א ב"ן, יהוה אלהים יהוה אדני,

מילוי קס"א וס"ג, מ"ה ברבוע וע"ב ע"ה ; ר"ת = ו"פ אלהים ; ס"ת = ג"פ יב"ק: אָמֵן Amén אידהנויה.

בְּעָלְמָא bealmá דִּי di בְרָא verá כִּרְעוּתֵיהּ quirutei.

וְיַמְלִיךְ veyamlij מַלְכוּתֵיהּ maljutei. וְיַצְמַח veyatsmaj

פֻּרְקָנֵיהּ purkanei. וִיקָרֵב vikarev מְשִׁיחֵיהּ Meshijei: אָמֵן Amén אידהנויה.

בְּחַיֵּיכוֹן bejayeijón וּבְיוֹמֵיכוֹן uveyomeijón וּבְחַיֵּי uvejayei

דְכָל dejol בֵּית beit ב"פ ראה יִשְׂרָאֵל Yisrael בַּעֲגָלָא baagalá

וּבִזְמַן uvizmán קָרִיב kariv וְאִמְרוּ veimrú אָמֵן Amén: אָמֵן Amén אידהנויה.

La congregación y el *jazán* dicen lo siguiente:

28 palabras (hasta *bealmá*) y 28 letras (hasta *almayá*)

יְהֵא yehé שְׁמֵיהּ Shmei (שׁם י"ה דס"ג) רַבָּא rabá קנ"א ב"ן,

יהוה אלהים יהוה אדני, מילוי קס"א וס"ג, מ"ה ברבוע וע"ב ע"ה מְבָרַךְ mevaraj,

לְעָלַם lealam לְעָלְמֵי lealmei עָלְמַיָּא almayá. יִתְבָּרַךְ yitbaraj.

Siete palabras con seis letras cada una (שׁם בן מ"ב). También, siete veces la letra Vav (שׁם בן מ"ב).

וְיִשְׁתַּבַּח veyishtabaj י"פ ע"ב יהוה אל אבג יתץ.

וְיִתְפָּאַר veyitpaar הי נו יה קרע שׂטן. וְיִתְרוֹמַם veyitromam וה כוזו נגד יכשׁ.

וְיִתְנַשֵּׂא veyitnasé במוכסז בטר צתג. וְיִתְהַדָּר veyithadar כוזו יה וזקב טנע.

וְיִתְעַלֶּה veyitalé וה יוד ה יגל פזק. וְיִתְהַלָּל veyithalal א ואו הא שׁקו צית.

שְׁמֵיהּ Shmei (שׁם י"ה דמ"ה) דְּקֻדְשָׁא deKudshá בְּרִיךְ Verij הוּא Hu:

אָמֵן Amén אידהנויה.

KADISH TITKABAL

Glorificado y santificado sea Su Gran Nombre (Amén).

En el mundo que Él creó de acuerdo a Su voluntad, y pueda Su Reino reinar. Y pueda Él hacer que Su redención florezca y pueda Él acercar al Mashíaj (Amén). En tus vidas y en tus días y en la vida de toda la Casa de Israel, prontamente y en el futuro cercano, y dígase: Amén (Amén). Que Su gran Nombre sea bendito por siempre y por toda la eternidad. Bendito y alabado, y glorificado y exaltado, y ensalzado y honrado, y adorado y loado, sea el Nombre del Santo Bendito sea (Amén).

לְעֵלָּא leelá מִן min כָּל col יל״י בִּרְכָתָא birjatá• שִׁירָתָא shiratá•
תֻּשְׁבְּחָתָא tishbejatá וְנֶחָמָתָא venejamatá• דַּאֲמִירָן daamirán
בְּעָלְמָא bealmá וְאִמְרוּ veimrú אָמֵן Amén: אָמֵן Amén אידהנויה.

En *Janucá* debes detenerte aquí y continuar en la pág. 230.

תִּתְקַבַּל titkabal צְלוֹתָנָא tselotaná וּבָעוּתָנָא uvautaná
עִם im צְלוֹתְהוֹן tselothón וּבָעוּתְהוֹן uvautehón דְּכָל dejol יל״י
בֵּית beit ב״פ ראה יִשְׂרָאֵל Yisrael קֳדָם kadam אֲבוּנָא avuná
דְּבִשְׁמַיָּא devishmayá וְאִמְרוּ veimrú אָמֵן Amén: אָמֵן Amén אידהנויה•

יְהֵא yehé שְׁלָמָא shlamá רַבָּא rabá קנ״א ב״ן, יהוה אלהים יהוה אדני, מילוי קס״א וס״ג,
מ״ה ברבוע וע״ב ע״ה מִן min שְׁמַיָּא shmayá• וְחַיִּים jayim אהיה אהיה יהוה, בינה ע״ה
וְשָׂבָע vesavá וִישׁוּעָה vishuá וְנֶחָמָה venejamá וְשֵׁיזָבָא vesheizavá
וּרְפוּאָה urefuá וּגְאֻלָּה ugueulá וּסְלִיחָה uslijá וְכַפָּרָה vejapará
וְרֶיוַח vereivaj וְהַצָּלָה vehatsalá• לָנוּ lanu אלהים, אהיה אדני וּלְכָל ulejol יה אדני
עַמּוֹ amó יִשְׂרָאֵל Yisrael וְאִמְרוּ veimrú אָמֵן Amén: אָמֵן Amén אידהנויה.

Da tres pasos para atrás y di:

עוֹשֶׂה osé שָׁלוֹם shalom
בִּמְרוֹמָיו bimromav ע״ב, ריבוע יהוה• הוּא Hu בְּרַחֲמָיו berajamav
יַעֲשֶׂה yaasé שָׁלוֹם shalom עָלֵינוּ aleinu ר״ת ש״ע נהורין•
וְעַל veal כָּל col יל״י ; עמם עַמּוֹ amó יִשְׂרָאֵל Yisrael וְאִמְרוּ veimrú אָמֵן Amén:
אָמֵן Amén אידהנויה•

En *Rosh Jódesh*: leemos la Torá (la apertura del Arca está en pág. 230 y la lectura en la pág. 517). Después de la lectura de la Torá decimos *Medio Kadish* (pág. 239), *Yehalelú* y llevamos la Torá de vuelta al Arca. Luego decimos *Ashrei* (pág. 240), *Uvá letsión* (omitimos el *Kadish Titkabal* en las págs. 252-253), *Beit Yaakov* (pág. 254), *Shir Hamaalot*, *Shir shel yom*, *Hoshieinu*, Medio *Kadish*, quitarse los *Tefilín* y después el *Musaf*.

Más allá de todas las bendiciones, himnos, alabanzas y palabras de consolación que jamás se dijeran en el mundo, y dígase: Amén. (Amén). Sean aceptadas nuestras oraciones y súplicas, junto con las oraciones y las súplicas de toda la Casa de Israel, ante nuestro Padre en los Cielos, y dígase: Amén. (Amén). Que haya paz abundante del Cielo; Vida, satisfacción, salvación, consuelo, entrega, sanación, redención, perdón, expiación, comodidad y alivio para nosotros y para toda Su nación, Israel y dígase: Amén. (Amén). Él, que establece la paz en Sus Alturas, Él, en Su compasión, hará la paz sobre nosotros y sobre toda Su nación, Israel. Y dígase: Amén. (Amén).

Nos quitamos los *Tefilín* antes de *Musaf*: hasta *Musaf*, estamos elevados a *Jésed*, *Guevurá*, *Tiféret* de *Zeir Anpín* (como ocurre en días normales) y a partir de ahora comenzamos a ascender hacia *Jojmá*, *Biná*, *Dáat* de *Zeir Anpín* (así que el *Kéter* de *Nukvá* estará al mismo nivel del *Kéter* de *Zeir Anpín*), y esta es la adición (*Musaf*) que *Nukvá* recibe en *Rosh Jódesh*. Y aunque no ascienda completamente hasta *Atiká* con todo eso, la Luz de *Atiká* es revelada sobre *Zeir Anpín* y a través de las diferentes etapas de *Zeir Anpín* sobre *Nukvá* y sobre nosotros. Esta Luz es más elevada que la Luz que es revelada por los *Tefilín* y, por lo tanto, necesitamos quitarnos los *Tefilín* y, sólo entonces, rezar *Musaf* (esta iluminación se queda sólo hasta después de *Musaf*, dado que *Musaf* es para la renovación de la Luna). **En la oración silenciosa:** *Jojmá* de *Yaakov* y *Rajel* se eleva a *Jésed* de *Yisrael Sabá* y *Tevuná*. **En la repetición:** *Jojmá* de *Yaakov* y *Rajel* se eleva sobre *Jojmá* de *Yisrael Sabá* y *Tevuná*.

אֲדֹנָי Adonai ללה (pausa aquí) שְׂפָתַי sfatai תִּפְתָּח tiftaj וּפִי ufí יַגִּיד yaguid

תְּהִלָּתֶךָ tehilateja (כ"ב אותיות פשוטות [=אכא] וה' אותיות סופיות מנצפך) ייז ס"ת = בוכו:

LA PRIMERA BENDICIÓN – INVOCA AL ESCUDO DE AVRAHAM

Avraham es el canal de la energía de la Columna Derecha de positividad, compartir y misericordia. Las acciones dadoras pueden protegernos de todas las formas de negatividad.

Jésed que se convierte en *Jojmá*

En esta sección hay 42 palabras, el secreto del Nombre de Dios de 42 letras y, por lo tanto, comienza con la letra *Bet* (2) y termina con la letra *Mem* (40).

Flexiona tus rodillas en "*Baruj*", inclínate en "*Atá*" y enderézate en "*Adonai*".

א ב

בָּרוּךְ Baruj אַתָּה Atá א–ת (אותיות הא"ב המסמלות את השפע המגיע) לה' המלכות

ג י

יְהֹוָואדניאהדונהי Adonai (יא) אֱלֹהֵינוּ Eloheinu ילה

ת צ

וֵאלֹהֵי veElohei לכב ; מילוי ע"ב, דמב ; ילה אֲבוֹתֵינוּ avoteinu.

ק ר

אֱלֹהֵי Elohei מילוי ע"ב, דמב ; ילה אַבְרָהָם Avraham (*Jojmá*)

וז"פ אל, רי"ו ול"ב נתיבות החכמה, רמ"ח (אברים), עסמ"ב וט"ז אותיות פשוטות.

ע ש

אֱלֹהֵי Elohei מילוי ע"ב, דמב ; ילה יִצְחָק Yitsjak (*Biná*) ד"פ ב"ן

ט נ

וֵאלֹהֵי veElohei לכב ; מילוי ע"ב, דמב ; ילה יַעֲקֹב Yaakov (*Dáat*) ד' הויות, יאהדונהי אידהנויה

LA AMIDÁ DE MUSAF

"Mi Señor, abre mis labios y mi boca declarará Tu alabanza" (Salmos 51:17).

LA PRIMERA BENDICIÓN

Bendito eres, Señor,

nuestro Dios y Dios de nuestros padres: el Dios de Avraham, el Dios de Yitsjak y el Dios de Yaakov.

הָאֵל haEl לאה ; ייא״ (מילוי דס״ג) הַגָּדוֹל hagadol האל הגדול = סיט ; גדול = להחו

עם ד׳ אותיות = מבה, יזל, אום הַגִּבּוֹר haguibor ר״ת ההה וְהַנּוֹרָא vehanorá.

אֵל El ייא״ (מילוי דס״ג) ; ר״ת ע״ב, ריבוע יהוה עֶלְיוֹן elyón.

גּוֹמֵל gomel חֲסָדִים jasadim טוֹבִים tovim. קוֹנֵה koné הַכֹּל hacol ילי

וְזוֹכֵר vezojer חַסְדֵי jasdei אָבוֹת avot. וּמֵבִיא umeví

גּוֹאֵל goel לִבְנֵי livnei בְנֵיהֶם veneihem לְמַעַן lemaan

שְׁמוֹ Shemó מהש ע״ה, ע״ב בריבוע וקס״א ע״ה, אל שדי ע״ה בְּאַהֲבָה beahavá אחד, דאגה:

Cuando digas la palabra "*beahavá*" debes meditar en dedicar tu alma a santificar el Santo Nombre y aceptar sobre ti mismo las cuatro formas de muerte.

מֶלֶךְ Mélej עוֹזֵר ozer וּמוֹשִׁיעַ umoshía וּמָגֵן umaguén

ג״פ אל (ייא״ מילוי דס״ג) ; ר״ת מיכאל גבריאל נוריאל:

Flexiona tus rodillas en "*Baruj*", inclínate en "*Atá*" y enderézate en "*Adonai*".

בָּרוּךְ Baruj אַתָּה Atá יְהֹוָהאדני (יְהֹוָאֲדֹנָי) יאהדונהי Adonai (הד)

(En *Rosh Jódesh Menajem Av* – Leo, medita en el Nombre Sagrado: טדהד**)**

מָגֵן maguén ג״פ אל (ייא״ מילוי דס״ג) ; ר״ת מיכאל גבריאל נוריאל אַבְרָהָם Avraham

חז״פ אל, רי״ו ול״ב נתיבות החכמה, רמ״ח (אברים), עסמ״ב וט״ז אותיות פשוטות:

El Dios grande, poderoso y reverenciado. El Dios sublime. El que otorga benevolencia y crea todas las cosas. El que recuerda las buenas acciones de nuestros antepasados y El que trae un redentor a los hijos de sus hijos por el bien de Su Nombre, con amor. Rey, Asistente, Salvador y Escudo. Bendito seas Tú, Señor, Escudo de Avraham.

LA SEGUNDA BENDICIÓN

LA ENERGÍA DE YITSJAK ENCIENDE EL PODER DE LA RESURRECCIÓN DE LOS MUERTOS

Mientras que Avraham representa el poder de compartir, Yitsjak representa a la Columna Izquierda, energía de Juicio. El Juicio acorta el proceso de *tikún* y prepara la vía para nuestra resurrección final.

Guevurá* que se convierte en *Biná

En esta sección hay 49 palabras que corresponden a las 49 Puertas del Sistema Puro en *Biná*.

אַתָּה Atá גִּבּוֹר guibor לְעוֹלָם leolam ריבוע ס"ג וי' אותיות דס"ג אֲדֹנָי Adonai ללה

(ר"ת אַגְלָא והוא שם גדול ואמיץ, ובו היה יהודה מתגבר על אויביו. ע"ה אלד, בוכו).

מְחַיֵּה mejayé ס"ג מֵתִים metim אַתָּה Atá• רַב rav לְהוֹשִׁיעַ lehoshía•

Durante el invierno (a partir de *Simjat Torá*)

מַשִּׁיב mashiv הָרוּחַ harúaj ר"ת מ"ה

וּמוֹרִיד umorid הַגֶּשֶׁם haguéshem

שביל [י"ע (= י"פ אל) ול"ב נתיבות החוכמה] ע"ה:

Si por error dices "*Morid hatal*" y te das cuenta de ello antes del final de la bendición ("*Baruj Atá Adonai*"), debes regresar al comienzo de la bendición ("*Atá guibor*") y continuar normalmente. Pero si sólo te das cuenta de ello después del final de la bendición, continuar y no regresar.

Durante el verano (a partir de *Pésaj*)

מוֹרִיד morid הַטָּל hatal

יוד הא ואו, כוזו, מספר אותיות דמילואי עסמ"ב ;

ר"ת מ"ה (יוד הא ואו הא):

Si por error dices "*Mashiv harúaj*" y te das cuenta de ello antes del final de la bendición ("*Baruj Atá Adonai*"), debes regresar al comienzo de la bendición ("*Atá guibor*") y continuar normalmente. Pero si sólo te das cuenta de ello después del final de la bendición, debes iniciar la *Amidá* desde el principio.

מְכַלְכֵּל mejalquel חַיִּים jayim אהיה אהיה יהוה, בינה ע"ה בְּחֶסֶד bejésed

ע"ב, ריבוע יהוה• מְחַיֵּה mejayé ס"ג מֵתִים metim בְּרַחֲמִים berajamim

(במוכסז) מצפצ, אלהים דההין, י"פ ייי רַבִּים rabim (טלא דעתיק)• סוֹמֵךְ somej

(אכדטם) כוק, ריבוע אדני נוֹפְלִים noflim (זו"ן)• וְרוֹפֵא verofé חוֹלִים jolim

חולה = מ"ה וד' אותיות• וּמַתִּיר umatir אֲסוּרִים asurim• וּמְקַיֵּם umekayem

אֱמוּנָתוֹ emunató לִישֵׁנֵי lishenei עָפָר afar• מִי mi ילי כָּמוֹךָ jamoja

בַּעַל báal גְּבוּרוֹת guevurot (debes pronunciar la letra *Ayin* en la palabra "*Báal*")

וּמִי umí ילי דּוֹמֶה domé לָךְ laj• מֶלֶךְ Mélej מֵמִית memit

וּמְחַיֶּה umejayé ס"ג (יוד הי ואו הי) וּמַצְמִיחַ umatsmíaj יְשׁוּעָה yeshuá:

LA SEGUNDA BENDICIÓN

Tú, Señor, eres poderoso por siempre. Tú revives a los muertos y eres muy capaz de redimir.

Durante el invierno:

El que hace soplar el viento y caer la lluvia.

Durante el verano:

El que hace caer el rocío.

Tú sostienes a los vivientes con bondad y revives a los muertos con gran compasión. Tú sostienes a los caídos, curas a los enfermos, pones en libertad a los cautivos y cumples Tu promesa con los que duermen en el polvo. ¿Quién es como Tú, Señor de fortaleza, y quién puede compararse contigo, Rey, que causas la muerte, das vida y haces crecer la salvación?

ונאמן veneemán אתה Atá להחיות lehajayot מתים metim:

ברוך Baruj אתה Atá יהוואדניה(יהוהאדניה)יאהדונהי Adonai

(En *Rosh Jódesh Menajem Av* – Leo, medita en el Nombre Sagrado: כווו)

מחיה mejayé ס״ג (יוד הי ואו הי) המתים hametim ר״ת מ״ה וס״ת מ״ה:

KÉTER PARA MUSAF

Esta es una de las oraciones más poderosas que nos ayuda a conectar con el nivel de la semilla de la vida antes de que haya alguna diferenciación entre las células del cuerpo. Nuestras meditaciones durante este tiempo incrementan la producción de células madre en nuestro cuerpo.

Levantar un cofre pesado lleno de vastos tesoros es imposible si usas un simple hilo. El hilo se rompe porque es muy débil. Sin embargo, si nos unimos y combinamos numerosos hilos, finalmente construiremos una soga. Una soga puede fácilmente levantar el cofre con los tesoros. Al combinar y unir las oraciones de la congregación, nos transformamos en una fuerza unida, capaz de halar los tesoros espirituales más valiosos. Más aún, esta unidad ayuda a las personas que no están bien versadas o no conocen bien las conexiones. Al unirnos y meditar como una sola alma, todos recibimos los beneficios debido al poder de la unidad, sin importar nuestro conocimiento y entendimiento. Esta oración tiene lugar entre la segunda y la tercera bendición. Representa a la Columna Central que une las Columnas Izquierda y Derecha.

En esta oración, los ángeles hablan entre ellos, diciendo: "*Kadosh, Kadosh, Kadosh*" ("Santo, Santo, Santo"). Cuando recitamos estas tres palabras, nuestros pies están juntos como si fuesen uno solo. Cada vez que pronunciamos *Kadosh*, saltamos un poco más alto en el aire. Saltar es un acto de restricción y de desafío a la fuerza de la gravedad. Espiritualmente hablando, la gravedad contiene la energía del Deseo de Recibir para Sí Mismo. Es la fuerza reactiva de nuestro planeta, siempre atrae todo para sí.

כתר kéter יהוה מלך יהוה מלך יהוה ימלוך לעולם ועד ובאתב״ש גאל יתנו yitnú לך lejá

יהוואדניהיאהדונהי Adonai אלהינו Eloheinu ילה (ז״א ונוק) מלאכים malajim

המוני hamonei מעלה malá עם im עמך amjá ישראל Yisrael

קבוצי kevutsei מטה matá (על ידי הצדיקים). יחד yájad כלם culam

קדשה kedushá לך lejá ישלשו yeshaleshu כדבר cadavar ראה

האמור haamur על al יד yad נביאך nevíaj. וקרא vekará

זה ze אל el זה ze י״ב פרקין דיעקב מאירים ל״ב פרקין דרוח״ל ואמר veamar:

Y eres fiel para resucitar a los muertos. Bendito eres Tú, Señor, que resucitas a los muertos.

KÉTER PARA MUSAF

Te darán una corona, Señor, nuestro Dios,

los ángeles de las multitudes arriba, junto con Tu Nación, Israel, que está reunida abajo. Juntos todos te recitarán la Santidad tres veces, como la palabra hablada por Tu profeta: "Y llamó uno al otro y dijo:

קָדוֹשׁ Kadosh | קָדוֹשׁ Kadosh קָדוֹשׁ Kadosh (סוד ג' רישין דעתיקא קדישא)

יְהֹוָ֥אדהנ֥י אהדונהי Adonai צְבָאוֹת Tsevaot פני שכינה מְלֹא meló כָל jol ילי

הָאָרֶץ haárets אלהים דההין ע"ה כְּבוֹדוֹ quevodó:

לְעֻמָּתָם leumatam מְשַׁבְּחִים meshabjim וְאוֹמְרִים veomrim:

(א"א) בָּרוּךְ Baruj כְּבוֹד Quevod יְהֹוָ֥אדהנ֥י אהדונהי Adonai ; כבוד ה' = יוד הי ואו הה

מִמְּקוֹמוֹ mimekomó עסמ"ב, הברכה (למתק את ז' המלכים שמתו); ר"ת ע"ב, ריבוע יהוה ; ר"ת מ"כ:

וּבְדִבְרֵי uvedivrei קָדְשְׁךָ kodshaj כָּתוּב catuv לֵאמֹר lemor:

(ז"ן) יִמְלֹךְ yimloj קדוש ברוך ימלך ר"ת יב"ק, אלהים יהוה, אהיה יהוה, אדני יהוה

יְהֹוָ֥אדהנ֥י אהדונהי Adonai לְעוֹלָם leolam ריבוע ס"ג וי' אותיות דס"ג אֱלֹהַיִךְ Eloháyij ילה

צִיּוֹן Tsiyón יוסף, ו' הויות, קנאה לְדֹר ledor וָדֹר vador רי"ו ר"ת אצלו (מלכות אצל ז"א – ו)

הַלְלוּיָהּ haleluyá אלהים, אהיה אדני ; ללה:

LA TERCERA BENDICIÓN

Esta bendición nos conecta con Yaakov, la Columna Central, el poder de la restricción. Yaakov es nuestro canal para conectar la Misericordia con el Juicio. Al restringir nuestro comportamiento reactivo, estamos deteniendo nuestro Deseo de Recibir para Nosotros Mismos. Yaakov también nos da el poder para equilibrar nuestros actos de Misericordia y Juicio hacia otras personas en nuestra vida.

Tiféret* que se convierte en *Dáat (14 palabras).

אַתָּה Atá קָדוֹשׁ kadosh וְשִׁמְךָ veShimjá קָדוֹשׁ kadosh ר"ת = אור, רז, אין סוף.

וּקְדוֹשִׁים ukdoshim בְּכָל bejol ב"ן, לכב יוֹם yom ע"ה נגד, מזבח, זן, אל יהוה

יְהַלְלוּךָ yehaleluja סֶּלָה sela:

בָּרוּךְ Baruj אַתָּה Atá יְהֹוָ֥אדהנ֥י(יְהֹוָ֥אדהנ֥י)אהדונהי Adonai

(En *Rosh Jódesh Menajem Av* – **Leo,** medita en el Nombre Sagrado: מצפצ)

הָאֵל haEl לאה ; ייא"י (מילוי דס"ג) הַקָּדוֹשׁ hakadosh י"פ מ"ה (יוד הא ואו הא):

Medita aquí en el Nombre: יאהדונהי, esto puede ayudar a eliminar la ira.

"(Centro) *Santo,* (Izquierda) *Santo,* (Derecha) *Santo es el Señor de los Ejércitos, todo el mundo está lleno de Su gloria"* *(Isaías 6:3). Frente a ellos alaban y dicen: "Bendita sea la gloria del Señor desde Su Lugar"* *(Ezequiel 3:12). Y en Tus santas Palabras, está escrito como sigue: "El Señor, tu Dios, reinará por siempre, para toda y cada generación. ¡Sión, alaben al Señor!"* *(Salmos 146:10).*

LA TERCERA BENDICIÓN

Tú eres Santo y Santo es Tu Nombre, y los Seres Santos Te alaban día a día, porque Tú eres Dios, el Rey Santo, Sela. Bendito eres Tú, Señor, el Santo Dios.

LA CUARTA BENDICIÓN

La mitad del *Musaf* de la *Amidá* es nuestra conexión adicional con *Rosh Jódesh*. Aquí, en la versión de *Musaf* del Arí, las primeras tres letras de las tres primeras palabras forman el nombre Rajel רחל. Rajel la Matriarca es la expresión física de *Maljut*, nuestro universo físico. *Maljut*, al igual que la Luna, no tiene Luz propia; por lo tanto, esta conexión mediante el poder de Rajel nos ayuda a derramar Luz en la vasija vacía de *Maljut*.

רָאשֵׁי rashei וְחֳדָשִׁים jodashim לְעַמְּךָ leamjá ר״ת רחל

Inicial de *Rajel* (רחל) la cual es elevada desde *Briá* hasta *Atsilut*.

נָתַתָּ natata• זְמַן zemán כַּפָּרָה capará לְכָל lejol יה אדני תּוֹלְדוֹתָם toldotam•

בִּהְיוֹתָם bihyotam מַקְרִיבִים makrivim לְפָנֶיךָ lefaneja ס״ג מ״ה ב״ן

זִבְחֵי zivjei רָצוֹן ratsón מהש ע״ה, ע״ב בריבוע וקס״א ע״ה, אל שדי ע״ה וּשְׂעִיר useir

וְחַטָּאת jatat לְכַפֵּר lejaper בַּעֲדָם baadam• זִכָּרוֹן zicarón ע״ב קס״א ונש״ב

לְכֻלָּם lejulam הָיָה hayá •יהה תְּשׁוּעַת teshuat נַפְשָׁם nafsham מִיַּד miyad

שׂוֹנֵא soné• מִזְבֵּחַ mizbéaj נגד, זן, אל יהוה חָדָשׁ jadash י״ב הויות, קס״א קנ״א

בְּצִיּוֹן beTsiyón יוסף, ו׳ הויות, קנאה תָּכִין tajín וְעוֹלַת veolat אבג יתץ, ושר

רֹאשׁ Rosh ריבוע אלהים ואלהים דיודין ע״ה חֹדֶשׁ Jódesh י״ב הויות, קס״א קנ״א ;

ראש חדש ע״ה = שין דלת יוד נַעֲלֶה naalé עָלָיו alav• וּשְׂעִיר useir עִזִּים izim

נַעֲשֶׂה naasé בְּרָצוֹן veratsón מהש ע״ה, ע״ב בריבוע וקס״א ע״ה, אל שדי ע״ה

וּבַעֲבוֹדַת uvaavodat בֵּית beit ב״פ ראה הַמִּקְדָּשׁ hamikdash נִשְׂמַח nismaj

כֻּלָּנוּ culanu• וְשִׁירֵי veshirei דָוִד David עַבְדֶּךָ avdaj פוי, אל אדני

נִשְׁמַע nishmá בְּעִירֶךָ beiraj הָאֲמוּרִים haamurim לִפְנֵי lifnei

מִזְבְּחֶךָ mizbajaj• אַהֲבַת ahavat עוֹלָם olam תָּבִיא taví לָהֶם lahem•

וּבְרִית uvrit אָבוֹת avot לַבָּנִים labanim תִּזְכּוֹר tizcor:

LA CUARTA BENDICIÓN

Tú has dado el comienzo de las lunas nuevas a Tu Pueblo. Un tiempo de expiación para todas sus generaciones, cuando ofrecían ante Ti sacrificios de gracia y un macho cabrío como ofrenda por pecado para expiarlos. Servía como recordatorio para ellos de la salvación de sus vidas de las manos de su enemigo. Tú establecerás un nuevo Altar en Sión, para que nosotros podamos hacer las ofrendas quemadas de la Luna nueva sobre éste. Y que nosotros podamos preparar el macho cabrío con gracia, y que todos nos regocijemos en el servicio del Templo. Y que escuchemos los cánticos de David, Tu siervo, en Tu Ciudad; aquellos cánticos que son recitados ante Tu Altar. Otórgales amor eterno y recuerda el Pacto de los Padres de los niños.

YEHÍ RATSÓN

יְהִי yehí רָצוֹן ratsón מהש ע"ה, ע"ב בריבוע וקס"א ע"ה, אל שדי ע"ה
מִלְּפָנֶיךָ milfaneja ס"ג מ"ה ב"ן יְהֹוָהאדניאהדונהי Adonai אֱלֹהֵינוּ Eloheinu ילה
וֵאלֹהֵי veElohei לכב ; מילוי ע"ב, דמב ; ילה אֲבוֹתֵינוּ avoteinu שֶׁתַּעֲלֵנוּ shetaalenu
בְּשִׂמְחָה vesimjá לְאַרְצֵנוּ leartsenu• וְתִטָּעֵנוּ vetitaenu בִּגְבוּלֵנוּ bigvulenu•
וְשָׁם vesham נַעֲשֶׂה naasé לְפָנֶיךָ lefaneja ס"ג מ"ה ב"ן
אֶת et קָרְבְּנוֹת karbenot חוֹבוֹתֵינוּ jovoteinu תְּמִידִים temidim
כְּסִדְרָם quesidram• וּמוּסָפִים umusafim כְּהִלְכָתָם quehiljatam• אֶת et
מוּסְפֵי musfei יוֹם yom ע"ה נגד, מזבח, זן אל יהוה רֹאשׁ Rosh ריבוע אלהים ואלהים דיודין
ע"ה חֹדֶשׁ Jódesh י"ב הויות, קס"א קנ"א ; ראש חדש ע"ה = שין דלת יוד הַזֶּה hazé והו
נַעֲשֶׂה naaseé וְנַקְרִיב venakriv לְפָנֶיךָ lefaneja ס"ג מ"ה ב"ן בְּאַהֲבָה beahavá
אחד, דאגה כְּמִצְוַת quimitsvat רְצוֹנָךְ retsonaj• כְּמוֹ quemó שֶׁכָּתַבְתָּ shecatavta
עָלֵינוּ aleinu בְּתוֹרָתָךְ betorataj עַל al יְדֵי yedei מֹשֶׁה Moshé מהש,
ע"ב בריבוע וקס"א, אל שדי, ד"פ אלהים ע"ה עַבְדָּךְ avdaj פוי, אל אדני כָּאָמוּר caamur:

LOS SACRIFICIOS

Esta oración habla de los sacrificios que eran llevados al Templo para generar Luz. En ausencia del Templo, las letras arameas que conforman esta oración son las fuerzas del ADN detrás de los sacrificios originales y actúan como un sustituto que nos ayudan a acceder al poder original del Templo.

וּבְרָאשֵׁי uverashei חָדְשֵׁיכֶם jadsheijem תַּקְרִיבוּ takrivu עֹלָה olá
לַיהֹוָהאדניאהדונהי laAdonai פָּרִים parim בְּנֵי benei בָקָר vakar
שְׁנַיִם shnáyim וְאַיִל veáyil אֶחָד ejad אהבה, דאגה כְּבָשִׂים quevasim
בְּנֵי benei שָׁנָה shaná שִׁבְעָה shivá תְּמִימִם temimim:

YEHÍ RATSÓN

Que sea Tu voluntad, Señor, nuestro Dios y Dios de nuestros padres, que Tú nos lleves hasta Tu Tierra con dicha y que nos establezcas dentro de nuestras fronteras; y ahí, prepararemos ente Ti nuestras ofrendas obligatorias: las ofrendas de Tamid en este orden y las ofrendas de Musaf en el orden prescrito. El Musaf de esta Luna nueva lo prepararemos y ofreceremos ante Ti con amor y según el mandamiento de Tu voluntad, como Tú has escrito para nosotros en Tu Torá a través de Moshé, Tu siervo. Y fue dicho:

LOS SACRIFICIOS

"Y en sus Lunas nuevas, ofrecerán una ofrenda quemada al Señor:
dos becerros, un carnero y siete corderos de un año, sin defecto,

ומנחתם uminjatam ונסכיהם venisqueihem כמדבר quimedubar ראה.
שלשה shloshá עשרנים esronim לפר lapar ושני ushnei עשרנים esronim
לאיל laáyil. ועשרון veisarón לכבש laqueves. ויין veyayin
ע' (כנגד ע' אומות העולם התלויים בסמאל), מיכ, י"פ האא כנסכו queniscó. ושעיר vesair
לכפר lejaper. ושני ushnei תמידים temidim כהלכתם quehiljatam:

ELOHEINU

En esta sección, encontramos 12 bendiciones específicas. Estas 12 bendiciones encapsulan los 12 meses del año en este mes.

אלהינו Eloheinu ילה ואלהי veElohei לכב ; מילוי דע"ב, דמב ; ילה אבותינו avoteinu.
חדש jadesh י"ב הויות, קס"א קנ"א עלינו aleinu את et החדש hajódesh
י"ב הויות, קס"א קנ"א הזה hazé והו לטובה letová אכא ולברכה velivrajá.
לששון lesasón ולשמחה ulesimjá. לישועה lishuá ולנחמה ulenejamá.
לפרנסה lefarnasá ולכלכלה ulejalcalá. לחיים lejayim אהיה אהיה יהוה, בינה ע"ה
טובים tovim ולשלום uleshalom. למחילת limjilat חטא jet
ולסליחת velislijat עון avón. (en año bisiesto agregar: ולכפרת ulejaparat פשע pesha).
ויהיה veyihyé ייי ראש Rosh ריבוע אלהים ואלהים דיודין ע"ה חדש Jódesh
י"ב הויות, קס"א קנ"א ; ראש חדש ע"ה = שין דלת יוד הזה hazé והו סוף sof וקץ vakets מנק
לכל lejol יה אדני צרותינו tsaroteinu. תחלה tejilá וראש varosh ריבוע אלהים
ואלהים דיודין ע"ה לפדיון lefidyón נפשנו nafshenu. כי qui בעמך veamjá
ישראל Yisrael מכל micol ילי האמות haumot בחרת bajarta
וחקי vejukei ראשי rashei חדשים jodashim להם lahem קבעת kavata.

---

con sus ofrendas de harina y sus libaciones como fue dicho: tres décimas por cada becerro, dos décimas por cada carnero y una décima por cada cordero, y vino según su libación, y un macho cabrío para expiación y dos ofrendas de Tamid de acuerdo a la ley prescrita" (Números 28:11).

ELOHEINU

Dios nuestro y Dios de nuestros antepasados, renueva este mes para nosotros para bienaventuranza y bendición, para dicha y felicidad, para salvación y consuelo, para provisión y sustento, para la buena vida y paz, para perdón de transgresiones y absolución de iniquidades. (En año bisiesto añadir: *y para expiación de pecados). Y que el comienzo de esta Luna nueva sea el último y el final de todos nuestros problemas, y el comienzo e inicio de la redención de nuestra vida. Porque Tú has escogido a Tu pueblo, Israel, de entre todas las naciones, y Tú has establecido para ellos los estatutos de la Luna nueva.*

בָּרוּךְ Baruj אַתָּה Ata יְהֹוָהאדניאהדונהי Adonai

MEDITACIÓN DEL MES

La siguiente bendición quizás sea nuestra conexión más importante durante *Rosh Jódesh.* A continuación, tenemos una secuencia del Santo Tetragrámaton que corresponde a cada mes del año. Al escanear la secuencia apropiada, atraemos Luz a todo nuestro cuerpo para todo el mes y también para un área específica del cuerpo. Asimismo, meditamos en dos letras específicas del mes (ver tabla) que denota el planeta respectivo y el signo zodiacal. Esta meditación nos ayuda a trascender las influencias astrológicas, dándonos el control de nuestro destino.

Se sabe a través de los escritos del Arí que: en cada *Rosh Jódesh*, al final de la bendición del medio de *Musaf*, debes meditar en la combinación del Tetragrámaton (26) que controla ese mes en particular. Esto explica lo que los sabios decían: "¿Por qué los hijos de Israel rezan pero sus oraciones no son contestadas? Porque ellos no saben cómo rezar con el Nombre", como está escrito: "Yo lo ensalzaré porque él **conoce** Mi Nombre". Esta frase es confusa, pero con la explicación anterior se puede entender. Habla sobre aquel que no conoce la intención del Nombre que controla el mes [12 veces 26 tiene el mismo valor numérico que la palabra "mes" (*jódesh* חדש). Y estas combinaciones están como en *Hakdamat Tikunei HaZóhar*]. Por lo tanto, para que nuestras oraciones sean contestadas, medita en lo siguiente:

ה-Nisán-Aries ד-Marte	Jésed	גולגלתא דנוקבא El Cráneo de *Nukvá*	יהוה	אהיה	ישמחו השמים ותגל הארץ
ו-Iyar-Tauro פ-Venus	Guevurá	אזן ימין דנוקבא El Oído Derecho de *Nukvá*	יההו	אההי	יתהלל המתהלל השכל וידוע
ז-Siván-Géminis ר-Mercurio	Tiféret	אזן שמאל דנוקבא El Oído Izquierdo de *Nukvá*	יוהה	איהה	ידותיו ולצלע המשכן השנית
ח-Tamuz-Cáncer ת-Luna	Nétsaj	עין ימין דנוקבא El Ojo Derecho de *Nukvá*	הוהי	הייהא	זה איננו שוה לי
ט-Av-Leo כ-Sol	Hod	עין שמאל דנוקבא El Ojo Izquierdo de *Nukvá*	הויה	היאה	הסכת ושמע ישראל היום
י-Elul-Virgo ר-Mercurio	Yesod	חוטמא דנוקבא La Nariz de *Nukvá*	ההוי	ההיא	וצדקה תהיה לנו כי
ל-Tishrei-Libra פ-Venus	Jésed	גולגלתא דז"א El Cráneo de *Z"A*	והיה	יהאה	ויראו אותה שרי פרעה
נ-Jeshván-Escorpio ד-Marte	Guevurá	אזן ימין דז"א El Oído Derecho de *Z"A*	וההי	יההא	ודבש היום הזה יהוה
ס-Kislev-Sagitario ג-Júpiter	Tiféret	אזן שמאל דז"א El Oído Izquierdo de *Z"A*	ויהה	יאהה	וירא יושב הארץ הכנעני
ע-Tevet-Capricornio ב-Saturno	Nétsaj	עין ימין דז"א El Ojo Derecho de *Z"A*	היהו	האהי	ליהוה אתי ונרוממה שמו
צ-Shvat-Acuario ב-Saturno	Hod	עין שמאל דז"א El Ojo Izquierdo de *Z"A*	היוה	האיה	המר ימירנו והיה הוא
ק-Adar-Piscis ג-Júpiter	Yesod	חוטמא דז"א La Nariz de *Z"A*	ההיו	ההאי	עירה ולשורקה בני אתונו

En *Rosh Jódesh Adar*, debes meditar en todas las 12 secuencias de יהוה y de אהיה juntas. **En un año bisiesto**, debes meditar en *Adar* 1, con la secuencia que es relevante a *Adar*, y en *Adar* 2, con todas las secuencias juntas.

מְקַדֵּשׁ mekadesh יִשְׂרָאֵל Yisrael וְרָאשֵׁי verashei חֳדָשִׁים jodashim:

Bendito eres Tú, Señor, quien santifica a Israel y el principio de las lunas nuevas.

LAS TRES BENDICIONES FINALES

A través del mérito de Moshé, Aharón y Yosef, quienes son nuestros canales para las últimas tres bendiciones, somos capaces de hacer descender toda la energía espiritual que despertamos con nuestras oraciones y bendiciones.

LA QUINTA BENDICIÓN

Durante esta bendición, que se refiere a Moshé, siempre debemos meditar en tratar de saber exactamente qué quiere Dios de nosotros en nuestra vida, como lo indica la frase: "Que sea la voluntad de Dios". Estamos pidiéndole a Dios que nos guíe hacia el trabajo que vinimos a hacer en esta Tierra. El Creador no puede aceptar sólo el trabajo que queremos hacer, debemos llevar a cabo el trabajo que estamos destinados a hacer.

Nétsaj

Medita en el Deseo Celestial (*Kéter*) que es llamado *Métsaj Haratsón* (la Frente del Deseo).

רְצֵה retsé אלף למד הה יוד מם

Aquí meditar en transformar el infortunio y la tragedia (צרה) en deseo y aceptación (רצה).

En *Rosh Jódesh Menajem Av* – **Leo,** medita en los Nombres Sagrados:
אלהים דההין אדני, שין ע"ה, טדהד כוזו מצפצ – Con estos Nombres transformamos צרה en רצה).

יְהֹוָאדהנהי יאהדונהי Adonai אֱלֹהֵינוּ Eloheinu ילה בְּעַמְּךָ beameja יִשְׂרָאֵל Yisrael

וְלִתְפִלָּתָם velitfilatam שְׁעֵה sheé. וְהָשֵׁב vehashev הָעֲבוֹדָה haavodá

לִדְבִיר lidvir רי"ו בֵּיתֶךָ beiteja ב"פ ראה. וְאִשֵּׁי veishei יִשְׂרָאֵל Yisrael

וּתְפִלָּתָם utfilatam מְהֵרָה meherá בְּאַהֲבָה beahavá אוזד, דאגה

תְקַבֵּל tekabel בְּרָצוֹן beratsón מהש ע"ה, ע"ב בריבוע וקס"א ע"ה, אל שדי ע"ה.

וּתְהִי utehí לְרָצוֹן leratsón מהש ע"ה, ע"ב בריבוע וקס"א ע"ה, אל שדי ע"ה

תָּמִיד tamid ע"ה קס"א קנ"א קמ"ג עֲבוֹדַת avodat יִשְׂרָאֵל Yisrael עַמֶּךָ ameja:

וְאַתָּה veAtá בְּרַחֲמֶיךָ verajameja הָרַבִּים harabim. תַּחְפֹּץ tajpots

בָּנוּ banu וְתִרְצֵנוּ vetirtsenu וְתֶחֱזֶינָה vetejezena עֵינֵינוּ eineinu ריבוע מ"ה

בְּשׁוּבְךָ beshuvjá לְצִיּוֹן leTsiyón יוסף, ו' הויות, קנאה בְּרַחֲמִים berajamim

מצפצ, אלהים דיודין, י"פ ייי: בָּרוּךְ Baruj אַתָּה Atá יְהֹוָאדהנהי יאהדונהי Adonai

הַמַּחֲזִיר hamajazir שְׁכִינָתוֹ Shejinató לְצִיּוֹן leTsiyón יוסף, ו' הויות, קנאה:

LAS ÚLTIMAS TRES BENDICIONES - LA QUINTA BENDICIÓN

Encuentra gracia, Señor, nuestro Dios, en Tu Pueblo, Israel y oye su oración.

Restaura el culto en el santuario interno de Tu Templo. Acepta las ofrendas de Israel y sus oraciones con complacencia, prontamente y con amor. Que siempre sea agradable a Ti, el culto de Israel, Tu Nación. Y Tú en Tu gran compasión, te deleites en nosotros y estés agradado con nosotros. Puedan nuestros ojos contemplar Tu retorno a Sión con compasión. Bendito eres Tú, Señor, que devuelve Su Shejiná a Sión.

LA SEXTA BENDICIÓN

Esta bendición es nuestro agradecimiento. Kabalísticamente, el mayor "agradecimiento" que le podemos dar a nuestro Creador es hacer exactamente lo que estamos destinados a hacer en términos de nuestro trabajo espiritual.

Hod

Inclina todo tu cuerpo en "*modim*" y enderézate en "*Adonai*".

מוֹדִים modim מאה ברכות שתיקן דוד לאמרם כל יום אֲנַחְנוּ anajnu לָךְ laj

שָׁאַתָּה sheAtá הוּא Hu יְהֹוָאדהיאהדונהי Adonai (ו"ן) אֱלֹהֵינוּ Eloheinu ילה

וֵאלֹהֵי veElohei לכב ; מילוי ע"ב, דמב ; ילה אֲבוֹתֵינוּ avoteinu לְעוֹלָם leolam

ריבוע ס"ג וי' אותיות דס"ג וָעֶד •vaed צוּרֵנוּ tsurenu צוּר tsur אלהים דההין ע"ה

וְחַיֵּינוּ jayeinu וּמָגֵן umaguén ג"פ אל (ייא" מילוי דס"ג) ; ר"ת מיכאל גבריאל נוריאל

יִשְׁעֵנוּ yishenu אַתָּה Atá הוּא •Hu לְדוֹר ledor וָדוֹר vador רי"ו נוֹדֶה nodé

לְךָ lejá וּנְסַפֵּר unesaper תְּהִלָּתֶךָ •tehilateja עַל־ al חַיֵּינוּ jayeinu

הַמְּסוּרִים hamesurim בְּיָדֶךָ •beyadeja וְעַל veal נִשְׁמוֹתֵינוּ nishmoteinu

הַפְּקוּדוֹת hapkudot לָךְ •laj וְעַל־ veal נִסֶּיךָ niseja שֶׁבְּכָל shebejol

ב"ן, לכב יוֹם yom ע"ה נגד, מזבח, זן, אל יהוה עִמָּנוּ imanu ריבוע ס"ג, קס"א ע"ה וד' אותיות

וְעַל veal נִפְלְאוֹתֶיךָ nifleoteja וְטוֹבוֹתֶיךָ vetovoteja שֶׁבְּכָל shebejol

ב"ן, לכב עֵת •et עֶרֶב érev וָבֹקֶר vavóker וְצָהֳרָיִם •vetsahoráyim הַטּוֹב hatov

והו כִּי־ qui לֹא־ lo כָלוּ jalú רַחֲמֶיךָ •rajameja הַמְרַחֵם hamerajem אברהם, וז"פ

אל, רי"ו ול"ב נתיבות החכמה, רמ"ח (אברים), עסמ"ב וט"ז אותיות פשוטות כִּי־ qui לֹא lo

תַמּוּ tamu חֲסָדֶיךָ jasadeja כִּי qui מֵעוֹלָם meolam קִוִּינוּ kivinu לָךְ: laj

---

LA SEXTA BENDICIÓN

Nosotros te damos gracias a Ti, porque eres Tú, Señor, quien es nuestro Dios y el Dios de nuestros padres, por siempre y por toda la eternidad. Tú eres nuestra Fortaleza, la Fortaleza de nuestras vidas y el Escudo de nuestra salvación. De una generación a otra, te daremos gracias a Ti y cantaremos Tu alabanza, por nuestras vidas que están en Tus Manos, por nuestras almas que están a Tu cuidado, por Tus milagros que diariamente están con nosotros y por Tus maravillas y Tus favores que están con nosotros en todo momento: de noche, de mañana y de tarde. Tú eres bueno, porque Tu compasión nunca se ha acabado. Tú eres el misericordioso, porque Tu bondad nunca ha cesado, porque siempre hemos puesto nuestras esperanzas en Ti.

MODIM DERABANÁN

Esta oración es recitada por la congregación en la repetición cuando el *jazán* dice "*modim*".

En esta sección hay 44 palabras, que es el mismo valor numérico del Nombre:

ריבוע אהיה (א אה אהי אהיה)

מוֹדִים modim מאה ברכות שתיקן דוד לאמרם כל יום אֲנַחְנוּ anajnu לָךְ laj
שָׁאַתָּה sheAtá הוּא Hu יְהֹוָהאדנייאהדונהי Adonai אֱלֹהֵינוּ Eloheinu ילה
וֵאלֹהֵי veElohei לכב ; מילוי ע"ב, דמב ; ילה אֲבוֹתֵינוּ avoteinu
אֱלֹהֵי Elohei מילוי ע"ב, דמב ; ילה כָל jol ילי בָּשָׂר basar. יוֹצְרֵנוּ yotsrenu
יוֹצֵר yotser בְּרֵאשִׁית bereshit. בְּרָכוֹת brajot וְהוֹדָאוֹת vehodaot
לְשִׁמְךָ leShimjá הַגָּדוֹל hagadol להח ; עם ד' אותיות = מבה, יזל, אום
וְהַקָּדוֹשׁ vehakadosh עַל al שֶׁהֶחֱיִיתָנוּ shehejeyitanu וְקִיַּמְתָּנוּ vekiyamtanu.
כֵּן quen תְּחַיֵּינוּ tejayeinu וּתְחָנֵּנוּ utejonenu. וְתֶאֱסוֹף veteesof
גָּלֻיּוֹתֵינוּ galuyoteinu לְחַצְרוֹת lejatsrot קָדְשֶׁךָ kodsheja. לִשְׁמוֹר lishmor
חֻקֶּיךָ jukeja וְלַעֲשׂוֹת velaasot רְצוֹנֶךָ retsoneja. וּלְעָבְדְךָ uleavdejá
פוי, אל אדני בְּלֵבָב belevav בוכו שָׁלֵם shalem. עַל al שֶׁאֲנַחְנוּ sheanajnu
מוֹדִים modim לָךְ laj. בָּרוּךְ Baruj אֵל El ייא"י (מילוי דס"ג) הַהוֹדָאוֹת hahodaot:

PARA JANUCÁ

Janucá genera una dimensión adicional de energía de milagros. Esta bendición nos ayuda a aprovechar esta energía, atrayendo milagros a nuestra vida cuando realmente los necesitamos.

וְעַל veal הַנִּסִּים hanisim וְעַל veal הַפֻּרְקָן hapurkán.
וְעַל veal הַגְּבוּרוֹת haguevurot. וְעַל veal הַתְּשׁוּעוֹת hateshuot
וְעַל veal הַנִּפְלָאוֹת haniflaot וְעַל veal הַנֶּחָמוֹת hanejamot
שֶׁעָשִׂיתָ sheasita לַאֲבוֹתֵינוּ laavoteinu בַּיָּמִים bayamim נלך הָהֵם hahem
בִּזְמַן bazemán הַזֶּה hazé והו:

MODIM DERABANÁN

Nosotros te damos gracias a Ti, porque eres Tú, Señor, quien es nuestro Dios y el Dios de nuestros ancestros, el Dios de toda la humanidad, nuestro Hacedor y el Creador de toda la Creación. Bendiciones y gracias a Tu gran y Santo Nombre por darnos vida y por preservarnos. Que puedas Tú continuar dándonos vida, sé amable con nosotros y reúne nuestros exiliados en las Cortes de Tu Santuario, para que podamos cumplir Tus leyes, hacer Tu voluntad y servir a Ti con todo el corazón. Por esto Te agradecemos. ¡Bendito sea el Dios de los agradecimientos!

PARA JANUCÁ

Y también por los milagros, la liberación, los hechos poderosos, la salvación, las maravillas y actos de consolación que Tú realizaste para nuestros antepasados, en aquellos días, y en este momento.

PARA JANUCÁ:

בִּימֵי bimei מַתִּתְיָה Matityá בֶּן ven יוֹחָנָן Yojanán כֹּהֵן Cohén מלה

גָּדוֹל Gadol להוז ; עם ד' אותיות = מבה, יזל, אום וְחַשְׁמוֹנָאִי Jashmonaí וּבָנָיו uvanav

כְּשֶׁעָמְדָה quesheamdá מַלְכוּת maljut יָוָן Yaván הָרְשָׁעָה harshaá עַל al

עַמְּךָ amjá יִשְׂרָאֵל Yisrael לְשַׁכְּחָם leshaquejam תּוֹרָתֶךָ torataj

וּלְהַעֲבִירָם ulehaaviram מֵחֻקֵּי mejukei רְצוֹנֶךָ .retsonaj וְאַתָּה veAtá

בְּרַחֲמֶיךָ verajameja הָרַבִּים harabim עָמַדְתָּ amadta לָהֶם lahem בְּעֵת beet

צָרָתָם .tsaratam רַבְתָּ ravta אֶת et רִיבָם .rivam דַּנְתָּ danta

אֶת et דִּינָם .dinam נָקַמְתָּ nakamta מנק אֶת et נִקְמָתָם nikmatam .מנק

מָסַרְתָּ masarta גִּבּוֹרִים guiborim בְּיַד beyad חַלָּשִׁים .jalashim וְרַבִּים verabim

בְּיַד beyad מְעַטִּים .meatim וּרְשָׁעִים ureshaím בְּיַד beyad צַדִּיקִים .tsadikim

וּטְמֵאִים utmeím בְּיַד beyad טְהוֹרִים .tehorim וְזֵדִים vezedim בְּיַד beyad

עוֹסְקֵי oskei תוֹרָתֶךָ .torateja לְךָ lejá עָשִׂיתָ asita שֵׁם shem

גָּדוֹל gadol להוז ; עם ד' אותיות = מבה, יזל, אום וְקָדוֹשׁ vekadosh בְּעוֹלָמֶךָ .beolamaj

וּלְעַמְּךָ uleameja יִשְׂרָאֵל Yisrael עָשִׂיתָ asita תְּשׁוּעָה teshuá גְדוֹלָה guedolá

וּפֻרְקָן ufurkán כְּהַיּוֹם quehayom ע"ה נגד, מזבח, זן, אל יהוה הַזֶּה hazé .והו

וְאַחַר veajar כָּךְ caj בָּאוּ bau בָנֶיךָ vaneja לִדְבִיר lidvir רי"ו בֵּיתֶךָ beiteja ב"פ

ראה וּפִנּוּ ufinú אֶת־ et הֵיכָלֶךָ .heijaleja וְטִהֲרוּ vetiharú אֶת et

מִקְדָּשֶׁךָ .mikdasheja וְהִדְלִיקוּ vehidliku נֵרוֹת nerot בְּחַצְרוֹת bejatsrot

קָדְשֶׁךָ .kodsheja וְקָבְעוּ vekavú שְׁמוֹנַת shmonat יְמֵי yemei חֲנֻכָּה Janucá

אֵלּוּ elu בְּהַלֵּל behalel אדני, ללה וּבְהוֹדָאָה .uvehodaá וְעָשִׂיתָ veasita

עִמָּהֶם imahem נִסִּים nisim וְנִפְלָאוֹת veniflaot וְנוֹדֶה venodé לְשִׁמְךָ leShimjá

הַגָּדוֹל hagadol להוז ; עם ד' אותיות = מבה, יזל, אום סֶלָה :sela

---

PARA JANUCÁ

En los días de Matityá, hijo de Yojanán, el Sumo Sacerdote, el jasmoneo, y sus hijos, cuando el maligno Imperio Griego se sublevó en contra de Tu Nación, Israel, para obligarlos a olvidar Tu Torá y obligarlos a alejarse de las leyes de Tu deseo, con Tu compasión estuviste con ellos en tiempos turbulentos. Tú luchaste sus batallas, buscaste justicia para ellos, los vindicaste y entregaste a los fuertes en manos de los débiles, a los numerosos en manos de los pocos, a los perversos en manos de los justos, a los contaminados en manos de los puros y a los tiranos en manos de aquellos que se ocupaban con Tu Torá. Hiciste un Santo Nombre para Ti en Tu mundo y para Tu pueblo, Israel, realizaste una gran salvación y liberación en este día. Entonces Tus hijos vinieron al Santuario de Tu Casa, limpiaron Tu Palacio, purificaron Tu Templo, encendieron velas en los jardines de Tu Santo Dominio, y establecieron estos ocho días de Janucá para alabanza y acción de gracias. Y Tú realizaste milagros y maravillas para ellos. Por ello estamos agradecidos a Tu Gran Nombre. Sela.

ועל veal כלם culam יתברך yitbaraj ויתרומם veyitromam

ויתנשא veyitnasé תמיד tamid ע״ה קס״א קנ״א קמ״ג שמך Shimjá

מלכנו malquenu לעולם leolam ריבוע ס״ג ו׳ אותיות דס״ג ועד vaed.

וכל־ vejol ילי החיים hajayim אהיה אהיה יהוה, בינה ע״ה יודוך yoduja סלה sela:

ויהללו vihalelú ויברכו vivarjú יהוה ריבוע יהוה ריבוע מ״ה את־ et

שמך Shimjá הגדול hagadol להח ; עם ד׳ אותיות = מבה, יזל, אום באמת beemet אהיה

פעמים אהיה, ז״פ ס״ג לעולם leolam ריבוע ס״ג ו׳ אותיות דס״ג כי qui טוב tov והו ;

כי טוב = יהוה אהיה, אום, מבה, יזל. האל haEl לאה ; ייא״י (מילוי דס״ג) ישועתנו yeshuatenu

ועזרתנו veezratenu סלה sela. האל haEl לאה ; ייא״י (מילוי דס״ג) הטוב hatov והו:

Flexiona tus rodillas en "*Baruj*", inclínate en "*Atá*" y enderézate en "*Adonai*".

ברוך Baruj אתה Atá יהוהאדניאהדונהי Adonai (הי) הטוב hatov והו

שמך Shimjá ולך uLejá נאה naé להודות lehodot ס״ת כהת, משיח בן דוד ע״ה:

Para la bendición de los *Cohanim* ve a la pág. 218.

LA BENDICIÓN FINAL

Estamos emanando la energía de paz para el mundo entero. También nos proponemos utilizar nuestra boca sólo para el bien. Kabbalísticamente, el poder de las palabras y del habla es inimaginable. Esperamos usar este poder sabiamente, lo que tal vez es una de las tareas más difíciles de llevar a cabo.

Yesod

שים sim שלום shalom

(**En *Rosh Jódesh Menajem Av* – Leo,** medita aquí en estos Nombres Sagrados:
שין ראשונה (ע״ה = טדהד כוזו מצפצ) ממתקת את השין השניה (= אלהים דההין אדני) ;
וכן שים שלום ע״ה = ו׳ השמות (טדהד כוזו מצפצ אלהים אדני יהוה) אדני טדהד כוזו מצפצ ואלהים דההין)

טובה tová אכא וברכה uvrajá וחיים jayim אהיה אהיה יהוה, בינה ע״ה

וחן jen מילוי דמ״ה בריבוע, מוזי וחסד vajésed ע״ב, ריבוע יהוה

צדקה tsedaká ע״ה ריבוע אלהים ורחמים verajamim

Y por todas estas cosas, que Tu Nombre sea siempre bendecido, exaltado y ensalzado, por siempre, nuestro Rey, por siempre y para siempre, y todos los vivientes Te agradecen, Sela. Y ellos te alabarán y bendecirán Tu gran Nombre, sinceramente y para siempre, porque es bueno, el Dios de nuestra salvación y nuestra ayuda, Sela, el buen Dios. Bendito eres Tú, Señor, cuyo Nombre es bueno. Y a Ti es propio dar gracias.

LA BENDICIÓN FINAL

Otorga paz, bondad, bendiciones, vida, gracia, amabilidad, justicia y misericordia,

עָלֵינוּ aleinu וְעַל־ veal כָּל־ col ילי ; עמם יִשְׂרָאֵל Yisrael עַמֶּךָ ameja

וּבָרְכֵנוּ uvarjenu אָבִינוּ avinu כֻּלָּנוּ culanu כְּאֶחָד queejad אהבה, דאגה

בְּאוֹר beor רז, א״ס פָּנֶיךָ paneja ס״ג מ״ה ב״ן כִּי qui בְּאוֹר veor רז, א״ס

פָּנֶיךָ paneja ס״ג מ״ה ב״ן נָתַתָּ natata לָנוּ lanu אלהים, אהיה אדני

יְהֹוָהאדניאהדונהי Adonai אֱלֹהֵינוּ Eloheinu ילה תּוֹרָה Torá וְחַיִּים vejayim

אהיה אהיה יהוה, בינה ע״ה ♦ אַהֲבָה ahavá אחד, דאגה וָחֶסֶד vajésed ע״ב, ריבוע יהוה ♦

צְדָקָה tsedaká ע״ה ריבוע אלהים וְרַחֲמִים verajamim ♦ בְּרָכָה brajá

וְשָׁלוֹם veshalom ♦ וְטוֹב vetov והו בְּעֵינֶיךָ־ beeineja ע״ה קס״א ; ריבוע מ״ה

לְבָרְכֵנוּ levarjenu וּלְבָרֵךְ ulevarej אֶת et כָּל־ col ילי עַמְּךָ ameja

יִשְׂרָאֵל Yisrael בְּרוֹב־ berov י״פ אהיה עֹז oz וְשָׁלוֹם veshalom:

בָּרוּךְ Baruj אַתָּה Atá יוהוואדניאהדונהי Adonai

הַמְבָרֵךְ hamevarej אֶת et עַמּוֹ amó יִשְׂרָאֵל Yisrael

ר״ת = אלהים (אילההויהם = יב״ק) בַּשָּׁלוֹם bashalom ♦ אָמֵן Amén יאהדונהי ♦

YIHYÚ LERATSÓN

Hay 42 letras en el versículo en el secreto del *Aná Bejóaj*.

יִהְיוּ yihyú אל (יי״א מילוי דס״ג) לְרָצוֹן leratsón מהש ע״ה, ע״ב בריבוע וקס״א ע״ה, אל שדי ע״ה

אִמְרֵי־ imrei פִי fi ר״ת אֶלֶף = אלף למד שין דלת יוד ע״ה וְהֶגְיוֹן vehegyón לִבִּי libí

לְפָנֶיךָ lefaneja ס״ג מ״ה ב״ן יְהֹוָהאדניאהדונהי Adonai צוּרִי tsurí וְגֹאֲלִי vegoalí:

a nosotros y a todo Israel, Tu Pueblo. Bendícenos a todos como uno solo, Padre nuestro, con la Luz de Tu Rostro, porque es con la Luz de Tu rostro que Tú, Señor, nuestro Dios, nos has dado la Torá y vida, amor y amabilidad, justicia y misericordia, bendición y paz. Que sea grato a Tus Ojos bendecirnos y bendecir a tu Nación, Israel, con abundante poder y con paz. ¡Bendito eres Tú, Señor, que bendice a Su Pueblo, Israel, con paz, Amén!

YIHYÚ LERATSÓN

"Sean gratos ante Ti, Señor,
mi Fortaleza y mi Redentor, los dichos de mi boca y los pensamientos de mi corazón" (Salmos 19:15).

ELOHAI NETSOR

אֱלֹהַי Elohai מילוי ע"ב, דמב ; ילה נְצֹור netsor לְשׁוֹנִי leshoní מֵרָע merá•
וְשִׂפְתוֹתַי vesiftotai מִדַּבֵּר midaber ראה מִרְמָה mirmá• וְלִמְקַלְלַי velimkalelai
נַפְשִׁי nafshí תִדֹּום tidom• וְנַפְשִׁי venafshí כֶּעָפָר queafar
לַכֹּל lacol יה אדני תִּהְיֶה tihyé• פְּתַח ptaj לִבִּי libí בְּתוֹרָתֶךָ betorateja•
וְאַחֲרֵי veajarei מִצְוֹתֶיךָ mitsvoteja תִּרְדֹּוף tirdof נַפְשִׁי nafshí•
וְכָל־ vejol ילי הַקָּמִים hakamim עָלַי alai לְרָעָה leraá רהע• מְהֵרָה meherá
הָפֵר hafer עֲצָתָם atsatam וְקַלְקֵל vekalkel מַחֲשְׁבוֹתָם majshevotam•
עֲשֵׂה asé לְמַעַן lemaan שְׁמָךְ Shemaj• עֲשֵׂה asé לְמַעַן lemaan
יְמִינָךְ yeminaj• עֲשֵׂה asé לְמַעַן lemaan תּוֹרָתָךְ torataj• עֲשֵׂה asé
לְמַעַן lemaan קְדֻשָּׁתָךְ kedushataj• ר"ת הפסוק = מ"ה יהוה לְמַעַן lemaan
יֵחָלְצוּן yejaltsún יְדִידֶיךָ yedideja ר"ת ילי הוֹשִׁיעָה hoshía יהוה וש"ע נהורין
יְמִינְךָ yeminjá וַעֲנֵנִי vaaneni (כתיב: ועננו) ר"ת אל (ייא" מילוי דס"ג):

Antes de que recitemos el próximo verso ("*Yihyú leratsón*") tenemos una oportunidad para fortalecer la conexión con nuestra alma usando nuestro nombre. Cada persona tiene un versículo en la Torá que lo conecta con su nombre. O bien su nombre está en el versículo, o la primera y última letra del nombre corresponden a la primera y última letra de un versículo. Por ejemplo, el nombre Yehuda comienza con una *Yud* y termina con una *Hei*. Antes de terminar la *Amidá*, declaramos que nuestro nombre sea siempre recordado cuando nuestra alma abandone este mundo.

YIHYÚ LERATSÓN (EL SEGUNDO)

Hay 42 letras en este verso en el secreto del *Aná Bejóaj*.

יִהְיוּ yihyú אל (ייא" מילוי דס"ג) לְרָצוֹן leratsón מהש ע"ה, ע"ב בריבוע וקס"א ע"ה, אל שדי ע"ה
אִמְרֵי־ imrei פִי fi ר"ת אֱלֹהַ = אלף למד שין דלת יוד ע"ה וְהֶגְיוֹן vehegyón לִבִּי libí
לְפָנֶיךָ lefaneja ס"ג מ"ה ב"ן יְהֹוָהאדניאהדונהי Adonai צוּרִי tsurí וְגֹאֲלִי vegoalí:

ELOHAI NETSOR

Mi Dios, cuida mi lengua del mal y mis labios de decir falsedad. Que mi alma permanezca en silencio ante aquellos que me maldicen y permite que mi espíritu sea humilde ante todos, como el polvo. Abre mi corazón a Tu Torá y permite que mi corazón siga Tus mandamientos. Prontamente frustra los planes y daña los pensamientos de todos aquellos que se levantan contra mí para hacerme daño. Hazlo por la gloria de Tu Nombre. Haz esto por el bien de Tu Diestra. Haz esto por el mérito de Tu Torá. Haz esto por Tu Santidad, "Que Tus amados sean rescatados. Sálvalos con Tu Diestra y contéstame" (Salmos 60:7)

YIHYÚ LERATSÓN (EL SEGUNDO)

"Sean gratos ante Ti, Señor,
mi Fortaleza y mi Redentor, los dichos de mi boca y los pensamientos de mi corazón" (Salmos 19:15).

OSÉ SHALOM

Ahora damos tres pasos para atrás para atraer la Luz de los Mundos Superiores a nuestra vida. Nos inclinamos a la izquierda, la derecha y el centro y debemos meditar en que, al dar estos pasos atrás, el Santo Templo sea reconstruido nuevamente.

Da tres pasos hacia atrás;

Izquierda
Te vuelves a la izquierda y dices:

עוֹשֶׂה osé שָׁלוֹם shalom
בִּמְרוֹמָיו bimromav ר״ת ע״ב, ריבוע יהוה

Derecha
Te vuelves a la derecha y dices:

הוּא Hu בְּרַחֲמָיו verajamav יַעֲשֶׂה yaasé
שָׁלוֹם shalom עָלֵינוּ aleinu ר״ת ש״ע נהורין

Centro
Te alineas al centro y dices:

וְעַל veal כָּל־ col ילי ; עמם עַמּוֹ amó יִשְׂרָאֵל Yisrael
וְאִמְרוּ veimrú אָמֵן Amén יאהדונהי:

יְהִי yehí רָצוֹן ratsón מהש ע״ה, ע״ב בריבוע וקס״א ע״ה, אל שדי ע״ה
מִלְּפָנֶיךָ milfaneja ס״ג מ״ה ב״ן יְהֹוָהאדניאהדונהי Adonai אֱלֹהֵינוּ Eloheinu ילה
וֵאלֹהֵי veElohei לכב ; מילוי ע״ב, דמב ; ילה אֲבוֹתֵינוּ avoteinu, שֶׁתִּבְנֶה shetivné
בֵּית beit ב״פ ראה הַמִּקְדָּשׁ hamikdash בִּמְהֵרָה bimherá בְּיָמֵינוּ veyameinu
וְתֵן vetén חֶלְקֵנוּ jelkenu בְּתוֹרָתֶךָ vetorataj לַעֲשׂוֹת laasot חֻקֵּי jukei
רְצוֹנֶךָ retsonaj וּלְעָבְדֶךָ uleovdaj פוי, אל אדני בְּלֵבָב belevav בוכו שָׁלֵם shalem.

Da tres pasos hacia delante.

OSÉ SHALOM

Él, que establece Paz en Sus altos lugares,
Él, en Su compasión, hará que la paz esté entre nosotros y sobre Su pueblo entero, Israel, y dirán: Amén.

Sea agradable ante Ti, Señor, nuestro Dios y Dios de nuestros antepasados, que puedas reconstruir rápidamente el santo Templo, en nuestros días, y otórganos participación en Tu Torá, para que podamos cumplir las leyes de Tu deseo y servirte con todo el corazón.

YEHÍ SHEM

יְהִי yehí שֵׁם Shem יְהֹוָה Adonai מְבֹרָךְ mevoraj ר"ת ריבוע ע"ב וריבוע ס"ג

יהוה מברך = רפ"ח (להעלות רפ"ח ניצוצות שנפלו לקליפה דמשם באים התולואים) מֵעַתָּה meatá

וְעַד־ vead עוֹלָם olam י"כ: מִמִּזְרַח־ mimizraj שֶׁמֶשׁ shémesh עַד־ ad

ר"ת קדוש מְבוֹאוֹ mevoó מְהֻלָּל mehulal שֵׁם shem יְהֹוָה Adonai: רָם ram

עַל־ al כָּל־ col י"כ ; עמם גּוֹיִם goyim יְהֹוָה Adonai עַל al

הַשָּׁמַיִם hashamáyim י"פ טל, י"פ כוזו ; ר"ת וזשמל כְּבוֹדוֹ quevodó:

יְהֹוָה Adonai אֲדֹנֵינוּ adoneinu מָה־ ma מ"ה אַדִּיר adir הרי

שִׁמְךָ Shimjá בְּכָל־ bejol ב"ן, לכב ; ומב הָאָרֶץ haárets אלהים דההין ע"ה:

KADISH TITKABAL

יִתְגַּדַּל yitgadal וְיִתְקַדַּשׁ veyitkadash ש"די ומילוי שדי ; י"א אותיות כמנין ו"ה

שְׁמֵיהּ Shmei (שם י"ה דע"ב) רַבָּא rabá קנ"א ב"ן, יהוה אלהים יהוה אדני,

מילוי קס"א וס"ג, מ"ה ברבוע וע"ב ע"ה ; ר"ת = ו"פ אלהים ; ס"ת = ג"פ יב"ק: אָמֵן Amén אידהנויה.

בְּעָלְמָא bealmá דִּי di בְרָא verá כִּרְעוּתֵיהּ quirutei.

וְיַמְלִיךְ veyamlij מַלְכוּתֵיהּ maljutei. וְיַצְמַח veyatsmaj

פּוּרְקָנֵיהּ purkanei. וִיקָרֵב vikarev מְשִׁיחֵיהּ Meshijei: אָמֵן Amén אידהנויה.

בְּחַיֵּיכוֹן bejayeijón וּבְיוֹמֵיכוֹן uveyomeijón וּבְחַיֵּי uvejayei

דְכָל dejol י"כ בֵּית beit ב"פ ראה יִשְׂרָאֵל Yisrael בַּעֲגָלָא baagalá

וּבִזְמַן uvizmán קָרִיב kariv וְאִמְרוּ veimrú אָמֵן Amén: אָמֵן Amén אידהנויה.

YEHÍ SHEM

"Que el Nombre del Señor sea bendecido desde ahora hasta toda la eternidad. Desde la salida del Sol hasta su caída, que el Nombre del Señor sea alabado y elevado. Sobre todas las naciones está el Señor. Su gloria está sobre los Cielos" (Salmos 113:2-4).

"Dios, nuestro Señor, cuán tremendo es Tu Nombre en toda la Tierra" (Salmos 8:10).

KADISH TITKABAL

Glorificado y santificado sea Su gran Nombre (Amén).

En el mundo que Él creó de acuerdo a Su voluntad, y pueda Su Reino reinar. Y pueda Él hacer que Su redención florezca y pueda Él acercar al Mesías (Amén). En tus vidas y en tus días y en la vida de toda la Casa de Israel, prontamente y en el futuro cercano, y dígase: Amén (Amén).

La congregación y el *jazán* dicen lo siguiente

28 palabras (hasta *bealmá*) y 28 letras (hasta *almayá*)

יְהֵא yehé שְׁמֵיהּ Shmei (שם י"ה דס"ג) רַבָּא rabá קנ"א ב"ן,

יהוה אלהים יהוה אדני, מילוי קס"א וס"ג, מ"ה ברבוע וע"ב ע"ה מְבָרַךְ mevaraj,

לְעָלַם lealam לְעָלְמֵי lealmei עָלְמַיָּא almayá. יִתְבָּרַךְ yitbaraj.

Siete palabras con seis letras cada una (שם בן מ"ב) y también siete veces la letra Vav (שם בן מ"ב)

וְיִשְׁתַּבַּח veyishtabaj י"פ ע"ב יהוה אל אבג יתץ.

וְיִתְפָּאַר veyitpaar הי גו יה קרע שטן. וְיִתְרוֹמַם veyitromam וה כוזו נגד יכש.

וְיִתְנַשֵּׂא veyitnasé במוכסז בטר צתג. וְיִתְהַדָּר veyithadar כוזו יה וזקב טנע.

וְיִתְעַלֶּה veyitalé וה יוד ה יגל פזק. וְיִתְהַלָּל veyithalal א ואו הא שקו צית.

שְׁמֵיהּ Shmei (שם י"ה דמ"ה) דְּקוּדְשָׁא deKudshá בְּרִיךְ Verij הוּא Hu:

אָמֵן Amén אידהנויה.

לְעֵלָּא leelá מִן min כָּל col ילי בִּרְכָתָא birjatá. שִׁירָתָא shiratá.

תֻּשְׁבְּחָתָא tishbejatá וְנֶחָמָתָא venejamatá. דַּאֲמִירָן daamirán

בְּעָלְמָא bealmá וְאִמְרוּ veimrú אָמֵן Amén: אָמֵן Amén אידהנויה.

תִּתְקַבֵּל titkabal צְלוֹתָנָא tselotaná וּבָעוּתָנָא uvautaná

עִם im צְלוֹתְהוֹן tselothón וּבָעוּתְהוֹן uvautehón דְּכָל dejol ילי

בֵּית beit ב"פ ראה יִשְׂרָאֵל Yisrael קֳדָם kadam אֲבוּנָא avuná

דְּבִשְׁמַיָּא devishmayá וְאִמְרוּ veimrú אָמֵן Amén: אָמֵן Amén אידהנויה.

Que Su gran Nombre sea bendito por siempre y por toda la eternidad. Bendito y alabado, y glorificado y exaltado, y ensalzado y honrado, y adorado y loado, sea el Nombre del Santo Bendito sea (Amén). Más allá de todas las bendiciones, himnos, alabanzas y palabras de consolación que jamás se dijeran en el mundo, y dígase: Amén (Amén). Sean aceptadas nuestras oraciones y súplicas, junto con las oraciones y las súplicas de toda la Casa de Israel, ante nuestro Padre en los Cielos, y dígase: Amén (Amén).

יְהֵא yehé שְׁלָמָא shlamá רַבָּא rabá קנ"א ב"ן, יהוה אלהים יהוה אדני, מילוי קס"א וס"ג,
מ"ה ברבוע וע"ב ע"ה מִן min שְׁמַיָּא shmayá• וְחַיִּים jayim אהיה אהיה יהוה, בינה ע"ה
וְשָׂבָע vesavá וִישׁוּעָה vishuá וְנֶחָמָה venejamá וְשֵׁיזָבָא vesheizavá
וּרְפוּאָה urefuá וּגְאֻלָּה ugueulá וּסְלִיחָה uslijá וְכַפָּרָה vejapará
וְרֵיוַח vereivaj וְהַצָּלָה vehatsalá• לָנוּ lanu אלהים, אהיה אדני וּלְכָל ulejol יה אדני
עַמּוֹ amó יִשְׂרָאֵל Yisrael וְאִמְרוּ veimrú אָמֵן Amén: אָמֵן Amén אידהנויה.

Da tres pasos para atrás y di:

עוֹשֶׂה osé שָׁלוֹם shalom בִּמְרוֹמָיו bimromav ע"ב, ריבוע יהוה• הוּא Hu
בְּרַחֲמָיו berajamav יַעֲשֶׂה yaasé שָׁלוֹם shalom עָלֵינוּ aleinu ר"ת ש"ע נהורין•
וְעַל veal כָּל col ילי ; עמם עַמּוֹ amó יִשְׂרָאֵל Yisrael וְאִמְרוּ veimrú אָמֵן Amén:

BARJÍ NAFSHÍ

Este Salmo nos da un impulso adicional de energía que está presente en *Rosh Jódesh*.

בָּרְכִי barjí נַפְשִׁי nafshí אֶת־ et יְהֹוָהאדניאהדונהי Adonai |
יְהֹוָהאדניאהדונהי Adonai אֱלֹהַי Elohai מילוי דע"ב, דמב ; ילה גָּדַלְתָּ gadalta
מְּאֹד meod הוֹד hod ההה וְהָדָר vehadar לָבָשְׁתָּ lavashta:
עֹטֶה־ oté אוֹר or רז, אין סוף כַּשַּׂלְמָה casalmá נוֹטֶה noté
שָׁמַיִם shamáyim י"פ טל, י"פ כוזו כַּיְרִיעָה cayeriá: הַמְקָרֶה hamekaré
בַמַּיִם vamáyim עֲלִיּוֹתָיו aliyotav הַשָּׂם־ hasam עָבִים avim רְכוּבוֹ rejuvó
הַמְהַלֵּךְ hamehalej עַל־ al כַּנְפֵי־ canfei רוּחַ rúaj: עֹשֶׂה osé
מַלְאָכָיו malajav רוּחוֹת rujot מְשָׁרְתָיו meshartav אֵשׁ esh לֹהֵט lohet:

Que haya paz abundante del Cielo; Vida, satisfacción, salvación, consuelo, entrega, sanación, redención, perdón, expiación, comodidad y alivio para nosotros y para toda Su nación, Israel y dígase: Amén (Amén). Él, que establece la paz en Sus Alturas, Él, en Su compasión, hará la paz sobre nosotros y sobre toda Su nación, Israel. Y dígase: Amén (Amén).

BARJÍ NAFSHÍ

¡Bendice, alma mía, al Señor! Señor, Dios mío, mucho Te has engrandecido. Te has vestido de esplendor y de magnificencia. Te envuelves en Luz como de vestidura y extiendes los Cielos como una cortina. Él, que establece Sus aposentos entre las aguas, que pone las nubes por Sus carrozas, que anda sobre las alas del viento, que hace a los vientos Sus mensajeros y a las llamas de fuego Sus ministros.

יָסַד yasad אֶרֶץ érets עַל־ al מְכוֹנֶיהָ mejoneha בַּל־ bal תִּמּוֹט timot
עוֹלָם olam וָעֶד vaed: תְּהוֹם tehom כַּלְּבוּשׁ calevush כִּסִּיתוֹ quisitó עַל al
הָרִים harim יַעַמְדוּ־ yaamdú מָיִם :máyim מִן־ min גַּעֲרָתְךָ gaaratjá
יְנוּסוּן yenusún מִן־ min קוֹל kol רַעַמְךָ raamjá יֵחָפֵזוּן :yejafezún
יַעֲלוּ yaalú הָרִים harim יֵרְדוּ yerdú בְקָעוֹת vekaot אֶל־ el מְקוֹם mekom
זֶה ze יָסַדְתָּ yasadtá לָהֶם :lahem גְּבוּל־ guevul שַׂמְתָּ samta
בַּל bal יַעֲבֹרוּן yaavorún בַּל־ bal יְשׁוּבוּן yeshuvún לְכַסּוֹת lejasot
הָאָרֶץ haárets אלהים דההין ע״ה: הַמְשַׁלֵּחַ hameshaléaj מַעְיָנִים maayanim
בַּנְּחָלִים banejalim בֵּין bein הָרִים harim יְהַלֵּכוּן :yehalejún יַשְׁקוּ yashkú
כָּל־ col ילי חַיְתוֹ jaytó שָׂדָי sadai יִשְׁבְּרוּ yishberú פְרָאִים feraim
צְמָאָם :tsemaam עֲלֵיהֶם aleihem עוֹף־ of הַשָּׁמַיִם hashamáyim י״פ טל, י״פ כוזו
יִשְׁכּוֹן yishcón מִבֵּין mibein עֳפָאיִם ofayim יִתְּנוּ־ yitnú קוֹל :kol
מַשְׁקֶה mashké הָרִים harim מֵעֲלִיּוֹתָיו mealiyotav מִפְּרִי miprí
מַעֲשֶׂיךָ maaseja תִּשְׂבַּע tisbá הָאָרֶץ haárets אלהים דההין ע״ה:
מַצְמִיחַ matsmíaj חָצִיר jatsir לַבְּהֵמָה labehemá ב״ן וְעֵשֶׂב veésev ע״ב שמות
לַעֲבֹדַת laavodat הָאָדָם haadam מ״ה לְהוֹצִיא lehotsí לֶחֶם léjem ג׳ הויות
מִן־ min הָאָרֶץ haárets אלהים דההין ע״ה: וְיַיִן veyayin ע׳ (כנגד ע׳ אומות העולם התלויים
בסמאל), מיכ, י״פ האא יְשַׂמַּח yesamaj משיוח לְבַב־ levav בוכו אֱנוֹשׁ enosh
לְהַצְהִיל lehatzhil פָּנִים panim מִשָּׁמֶן mishamen וְלֶחֶם veléjem ג׳ הויות
לְבַב־ levav בוכו אֱנוֹשׁ enosh יִסְעָד :yisad יִשְׂבְּעוּ yisbeú עֲצֵי atsei
יְהֹוָהאדניאהדונהי Adonai אַרְזֵי arzei לְבָנוֹן Levanón יוֹל אֲשֶׁר asher נָטָע :natá

Él fundó la tierra sobre sus cimientos, para que jamás colapse. Cubriste las profundidades como con vestido, sobre los montes estaban las aguas. A Tu reprensión huyeron, al sonido de Tu trueno se apresuraron. Los montes suben y los valles descienden al lugar que Tú les fijaste. Les pusiste un límite que no traspasarán, para que no vuelvan a cubrir la Tierra. Tú eres el que viertes los manantiales en los arroyos, y éstos van entre los montes; dan de beber a todas las bestias del campo, mitigan su sed los animales monteses. En sus orillas habitan las aves del cielo; cantan entre las ramas. Tú, que riegas los montes desde Tus aposentos. Del fruto de Tus obras se sacia la Tierra. Tú, que haces brotar el heno para las bestias y la hierba para el servicio del hombre, para sacar el pan de la tierra, el vino que alegra el corazón del hombre, que hace brillar el rostro más que aceite, y el pan que sustenta la vida del hombre. Se llenan de savia los árboles del Señor, los cedros del Líbano que Él plantó.

אֲשֶׁר־ asher שָׁם sham צִפֳּרִים tsiporim יְקַנֵּנוּ yekanenú חֲסִידָה jasidá

בְּרוֹשִׁים beroshim בֵּיתָהּ beitá ב"פ ראה: הָרִים harim הַגְּבֹהִים haguevohim

לַיְּעֵלִים layeelim סְלָעִים selaim מַחְסֶה majsé לַשְׁפַנִּים: lashfanim

עָשָׂה asá יָרֵחַ yaréaj לְמוֹעֲדִים lemoadim שֶׁמֶשׁ shémesh יָדַע yadá

מְבוֹאוֹ: mevoó תָּשֶׁת־ tashet חֹשֶׁךְ jóshej שך נצוצות של ו' המלכים וִיהִי vihí

לָיְלָה layla מלה בּוֹ־ bo תִרְמֹשׂ tirmós כָּל־ col ילי חַיְתוֹ־ jaytó יָעַר yáar

סוזהר, סנדלפון, ערי: הַכְּפִירִים haquefirim שֹׁאֲגִים shoaguim לַטָּרֶף lataref

וּלְבַקֵּשׁ ulevakesh מֵאֵל meEl ייא" (מילוי דס"ג) אָכְלָם: ojlam תִּזְרַח tizraj

הַשֶּׁמֶשׁ hashémesh יֵאָסֵפוּן yeasefún וְאֶל־ veel מְעוֹנֹתָם meonotam

יִרְבָּצוּן: yirbatsún יֵצֵא yetsé אָדָם adam מ"ה לְפָעֳלוֹ lefaoló

וְלַעֲבֹדָתוֹ velaavodató עֲדֵי־ adei עָרֶב: árev מָה־ ma מ"ה רַבּוּ rabu

מַעֲשֶׂיךָ maaseja יְהֹוָהאדניאהדונהי Adonai כֻּלָּם culam בְּחָכְמָה bejojmá

במילוי = תרי"ג (מצוות) עָשִׂיתָ asita מָלְאָה mala הָאָרֶץ haárets אלהים דההין ע"ה

קִנְיָנֶךָ: kinyaneja זֶה ze הַיָּם hayam ילי גָּדוֹל gadol להח ; עם ד' אותיות – מבה, יזל, הום

וּרְחַב urjav יָדָיִם yadáyim שָׁם־ sham רֶמֶשׂ remes וְאֵין veéin מִסְפָּר mispar

חַיּוֹת jayot קְטַנּוֹת ketanot עִם־ im גְּדֹלוֹת: guedolot שָׁם sham

אֳנִיּוֹת oniyot יְהַלֵּכוּן yehalejún לִוְיָתָן livyatán זֶה־ ze יָצַרְתָּ yatsarta

לְשַׂחֶק־ lesajek בּוֹ: bo כֻּלָּם culam אֵלֶיךָ eleja יְשַׂבֵּרוּן yesaberún

לָתֵת latet אָכְלָם ojlam בְּעִתּוֹ: beitó תִּתֵּן titén ב"פ כהת לָהֶם lahem

יִלְקֹטוּן yilkotún תִּפְתַּח tiftaj יָדְךָ yadjá יִשְׂבְּעוּן yisbeún טוֹב tov והו:

---

y donde anidan las aves. En los cipreses hace su casa la cigüeña. Los montes altos son para las cabras monteses; las peñas, para madrigueras de las liebres. Hizo una Luna para los festivales y un Sol que conoce su camino. Tú pones las tinieblas, y es de noche; en ella andan todas las bestias de la selva. Los leoncillos rugen tras la presa y reclaman de Dios su comida. Sale el Sol, se recogen y se echan en sus cuevas. Sale el hombre a su labor y a su labranza hasta la noche. Cuán numerosas son Tus obras, Señor, hiciste todas ellas con sabiduría. La Tierra está llena de Tus posesiones. El mar es grande y extenso, en donde se mueven seres innumerables, seres pequeños y grandes. Allí lo surcan las naves. Tú creaste a Leviatán para que jugara en él. Todos ellos esperan en Ti, para que les des la comida a su tiempo. Tú les das y ellos recogen. Tú abres Tu Mano y se sacian de bien.

תַּסְתִּיר tastir פָּנֶיךָ paneja ס"ג מ"ה ב"ן יִבָּהֵלוּן yibahelún תֹּסֵף tosef

רוּחָם rujam יִגְוָעוּן yigvaún ר"ת ירת וְאֶל־ veel עֲפָרָם afaram

יְשׁוּבוּן yeshuvún: תְּשַׁלַּח teshalaj רוּחֲךָ rujajá יִבָּרֵאוּן yibareún

ר"ת ירת וּתְחַדֵּשׁ utejadesh י"ב הויות, קס"א קנ"א פְּנֵי penei חכמה בינה אֲדָמָה adamá:

יְהִי yehí כְבוֹד jevod יְהוָֹאדניאהדונהי Adonai כבוד יהוה = יוד הי ואו הה

לְעוֹלָם leolam ריבוע דס"ג וי' אותיות דס"ג יִשְׂמַח yismaj משיח ; לעולם ישמח ע"ה =

מילוי דמילוי דקס"א יְהוָֹאדניאהדונהי Adonai בְּמַעֲשָׂיו bemaasav הו"ש ; ר"ת הפסוק =

אמן (יאהדונהי) ע"ה ; יהוה במעשיו ע"ה = קס"א קנ"א קמ"ג: הַמַּבִּיט hamabit לָאָרֶץ laárets

וַתִּרְעָד vatirad יִגַּע yigá בֶּהָרִים beharim וְיֶעֱשָׁנוּ veyeeshanu:

אָשִׁירָה ashira לַיהוָֹאדניאהדונהי laAdonai בְּחַיָּי bejayai אֲזַמְּרָה azamera

לֵאלֹהַי leElohai מילוי דע"ב, דמב ; ילה בְּעוֹדִי beodí: יֶעֱרַב yeerav עָלָיו alav

שִׂיחִי sijí אָנֹכִי anojí אֶשְׂמַח esmaj בַּיהוָֹאדניאהדונהי baAdonai:

יִתַּמּוּ yitamú חַטָּאִים jataim מִן־ min הָאָרֶץ haárets אלהים דההין ע"ה

וּרְשָׁעִים urshaim עוֹד od אֵינָם einam בָּרְכִי barjí נַפְשִׁי nafshí

אֶת־ et יְהוָֹאדניאהדונהי Adonai הַלְלוּיָהּ haleluyá אלהים, אהיה אדני ; ללה:

Kadish Yehé Shlamá (en la pág. 268) y la oración continúa como en días normales.

EL ORDEN DE SHAJARIT PARA JANUCÁ

Recitamos *Shajarit* como en un día normal. Añadimos "*al hanisim*" en la *Amidá* (pág. 215). Después de la *Amidá*, recitamos *Halel* (pág. 446) y después Medio *Kadish* (pág. 459). Sacamos la Torá (pág. 230) y leemos de la pág. 518 en adelante (según el día en particular). Luego recitamos Medio *Kadish* (pág. 238) y continuamos como en los días normales (en la canción del día, omitimos las palabras "*Hashir shehayú haleviyim omrim al hadulján*". Después de la canción del día, recitamos *Mizmor shir janucat habáyit*, pág. 265).

EL ORDEN DE SHAJARIT PARA ROSH JÓDESH TEVET QUE OCURRE EN DÍA DE SEMANA

Recitamos *Shajarit* como en un día normal. Añadimos "*Yalé yavó*" (pág. 212) y "*Al hanisim*" (pág. 215) en la *Amidá*. Después de la *Amidá*, recitamos *Halel* (pág. 446) y después *Kadish Titkabal* (pág. 459). Sacamos dos *Torot* (pág. 230) y hacemos la lectura para *Rosh Jódesh* (pág. 517), para tres *Olim* y después, para *Janucá*, leemos de la segunda Torá desde la pág. 518 en adelante (según el día en particular) para el cuarto *olé*. Luego decimos Medio *Kadish* (pág. 238), *Ashréi*, *Uvá Letsiyón*, omitimos *Kadish Titkabal*, seguimos con *Beit Yaakov*, la canción del día (omitimos las palabras "*Hashir shehayú haleviyim omrim al hadulján*"), *Mizmor shir janucat habáyit* (pág. 265) y después *Hoshienu*. Luego Medio *Kadish* y *Musaf* de *Rosh Jódesh* (pág. 461), añadimos "*Al hanisim*" (pág. 472), *Kadish Titkabal* y *Barjí Nafshí* (pág. 478-483). Continuamos con *Kadish Yehé Shlemá* (pág. 268) y terminamos la oración como en los días normales.

EL ORDEN DE SHAJARIT PARA PURIM

Recitamos *Shajarit* como en un día normal. Añadimos "*Al hanisim*" en la *Amidá* (pág. 215). Después de la *Amidá* decimos Medio *Kadish* (pág. 228), sacamos la Torá y leemos de la pág. 521. Continuamos con Medio *Kadish* (pág. 238), *Ashréi*, *Uvá Letsiyón* hasta "*meatá vead olam*". Leemos la *Meguilat Ester* y continuamos a partir de "*veAtá Kadosh*" (pág. 246) como en los días normales.

Cuando escondes Tu Rostro, se turban. Les quitas el alma, dejan de ser y vuelven al polvo. Envías Tu aliento y son creados y renuevas la faz de la Tierra. Que la gloria del Señor sea para siempre. Que el Señor se alegre en Sus obras. Él mira a la Tierra y ella tiembla. Él toca los montes y humean. Al Señor cantaré toda mi vida y entonaré melodías a mi Señor mientras exista. Que mis palabras sean dulces para Él y me permitan regocijarme en el Señor. Los perversos desaparecerán de la Tierra y los impíos no existirán. ¡Bendice, alma mía, al Señor! ¡Aleluya!" (Salmos 104).

La siguiente conexión se relaciona con el poder del Templo.

En el primer día del mes de *Nisán* (Aries), el Templo fue erigido. Los jefes de las Doce Tribus de Israel trajeron sacrificios para la inauguración del Altar del Templo. Cada jefe de tribu llevó sus ofrendas en un día determinado. En el primer día de *Nisán* y hasta el 13º día de *Nisán*, leemos de la porción de *Nasó* lo concerniente a los jefes de Tribu. Cada día de *Nisán*, leemos la sección del rollo de la Torá que corresponde a ese día en particular, sin decir las bendiciones.

Para el primer día - *Nisán* – Aries – ה, Marte – ד (Nasó: Números 7:1)

וידבר יהוה אהדונהי אל־משה לאמר׃ דבר אל־אהרן ואל־בניו לאמר
כה תברכו את־בני ישראל אמור להם׃ יברכך יהוה אהדונהי וישמרך׃
יאר יהוה אהדונהי | פניו אליך ויחנך׃ ישא יהוה אהדונהי | פניו אליך וישם
לך שלום׃ ושמו את־שמי על־בני ישראל ואני אברכם׃ ויהי ביום כלות
משה להקים את־המשכן וימשח אתו ויקדש אתו ואת־כל־כליו
ואת־המזבח ואת־כל־כליו וימשחם ויקדש אתם׃ ויקריבו נשיאי ישראל
ראשי בית אבתם הם נשיאי המטת הם העמדים על־הפקדים׃ ויביאו
את־קרבנם לפני יהוה אהדונהי שש־עגלת צב ושני עשר בקר עגלה
על־שני הנשאים ושור לאחד ויקריבו אותם לפני המשכן׃ ויאמר
יהוה אהדונהי אל־משה לאמר׃ קח מאתם והיו לעבד את־עבדת אהל
מועד ונתתה אותם אל־הלוים איש כפי עבדתו׃ ויקח משה את־העגלת
ואת־הבקר ויתן אותם אל־הלוים׃ את | שתי העגלות ואת ארבעת
הבקר נתן לבני גרשון כפי עבדתם׃ ואת | ארבע העגלת ואת שמנת
הבקר נתן לבני מררי כפי עבדתם ביד איתמר בן־אהרן הכהן׃
ולבני קהת לא נתן כי־עבדת הקדש עלהם בכתף ישאו׃ ויקריבו
הנשאים את חנכת המזבח ביום המשח אתו ויקריבו הנשיאם
את־קרבנם לפני המזבח׃ ויאמר יהוה אהדונהי אל־משה נשיא אחד ליום
נשיא אחד ליום יקריבו את־קרבנם לחנכת המזבח׃ ויהי המקריב ביום
הראשון את־קרבנו נחשון בן־עמינדב למטה יהודה׃ וקרבנו קערת־כסף
אחת שלשים ומאה משקלה מזרק אחד כסף שבעים שקל בשקל
הקדש שניהם | מלאים סלת בלולה בשמן למנחה׃ כף אחת עשרה זהב
מלאה קטרת׃ פר אחד בן־בקר איל אחד כבש־אחד בן־שנתו לעלה׃
שעיר־עזים אחד לחטאת׃ ולזבח השלמים בקר שנים אילם חמשה
עתודים חמשה כבשים בני־שנה חמשה זה קרבן נחשון בן־עמינדב׃

PARA EL SEGUNDO DÍA – *IYAR* – TAURO – ו, VENUS – פ (NASÓ: NÚMEROS 7:18)

בַּיּוֹם הַשֵּׁנִי הִקְרִיב נְתַנְאֵל בֶּן־צוּעָר נְשִׂיא יִשָּׂשכָר׃ הִקְרִב אֶת־קָרְבָּנוֹ קַעֲרַת־כֶּסֶף אַחַת שְׁלֹשִׁים וּמֵאָה מִשְׁקָלָהּ מִזְרָק אֶחָד כֶּסֶף שִׁבְעִים שֶׁקֶל בְּשֶׁקֶל הַקֹּדֶשׁ שְׁנֵיהֶם | מְלֵאִים סֹלֶת בְּלוּלָה בַשֶּׁמֶן לְמִנְחָה׃ כַּף אַחַת עֲשָׂרָה זָהָב מְלֵאָה קְטֹרֶת׃ פַּר אֶחָד בֶּן־בָּקָר אַיִל אֶחָד כֶּבֶשׂ־אֶחָד בֶּן־שְׁנָתוֹ לְעֹלָה׃ שְׂעִיר־עִזִּים אֶחָד לְחַטָּאת׃ וּלְזֶבַח הַשְּׁלָמִים בָּקָר שְׁנַיִם אֵילִם וַחֲמִשָּׁה עַתֻּדִים וַחֲמִשָּׁה כְּבָשִׂים בְּנֵי־שָׁנָה וַחֲמִשָּׁה זֶה קָרְבַּן נְתַנְאֵל בֶּן־צוּעָר׃

PARA EL TERCER DÍA – *SIVÁN* – GÉMINIS – ז, MERCURIO - ר (NASÓ: NÚMEROS 7:24)

בַּיּוֹם הַשְּׁלִישִׁי נָשִׂיא לִבְנֵי זְבוּלֻן אֱלִיאָב בֶּן־חֵלֹן׃ קָרְבָּנוֹ קַעֲרַת־כֶּסֶף אַחַת שְׁלֹשִׁים וּמֵאָה מִשְׁקָלָהּ מִזְרָק אֶחָד כֶּסֶף שִׁבְעִים שֶׁקֶל בְּשֶׁקֶל הַקֹּדֶשׁ שְׁנֵיהֶם | מְלֵאִים סֹלֶת בְּלוּלָה בַשֶּׁמֶן לְמִנְחָה׃ כַּף אַחַת עֲשָׂרָה זָהָב מְלֵאָה קְטֹרֶת׃ פַּר אֶחָד בֶּן־בָּקָר אַיִל אֶחָד כֶּבֶשׂ־אֶחָד בֶּן־שְׁנָתוֹ לְעֹלָה׃ שְׂעִיר־עִזִּים אֶחָד לְחַטָּאת׃ וּלְזֶבַח הַשְּׁלָמִים בָּקָר שְׁנַיִם אֵילִם וַחֲמִשָּׁה עַתֻּדִים וַחֲמִשָּׁה כְּבָשִׂים בְּנֵי־שָׁנָה וַחֲמִשָּׁה זֶה קָרְבַּן אֱלִיאָב בֶּן־חֵלֹן׃

PARA EL CUARTO DÍA – *TAMUZ* – CÁNCER – ח, LUNA - ת (NASÓ: NÚMEROS 7:30)

בַּיּוֹם הָרְבִיעִי נָשִׂיא לִבְנֵי רְאוּבֵן אֱלִיצוּר בֶּן־שְׁדֵיאוּר׃ קָרְבָּנוֹ קַעֲרַת־כֶּסֶף אַחַת שְׁלֹשִׁים וּמֵאָה מִשְׁקָלָהּ מִזְרָק אֶחָד כֶּסֶף שִׁבְעִים שֶׁקֶל בְּשֶׁקֶל הַקֹּדֶשׁ שְׁנֵיהֶם | מְלֵאִים סֹלֶת בְּלוּלָה בַשֶּׁמֶן לְמִנְחָה׃ כַּף אַחַת עֲשָׂרָה זָהָב מְלֵאָה קְטֹרֶת׃ פַּר אֶחָד בֶּן־בָּקָר אַיִל אֶחָד כֶּבֶשׂ־אֶחָד בֶּן־שְׁנָתוֹ לְעֹלָה׃ שְׂעִיר־עִזִּים אֶחָד לְחַטָּאת׃ וּלְזֶבַח הַשְּׁלָמִים בָּקָר שְׁנַיִם אֵילִם וַחֲמִשָּׁה עַתֻּדִים וַחֲמִשָּׁה כְּבָשִׂים בְּנֵי־שָׁנָה וַחֲמִשָּׁה זֶה קָרְבַּן אֱלִיצוּר בֶּן־שְׁדֵיאוּר׃

PARA EL QUINTO DÍA – *AV* – LEO – ט, SOL - כ (NASÓ: NÚMEROS 7:31)

בַּיּוֹם הַחֲמִישִׁי נָשִׂיא לִבְנֵי שִׁמְעוֹן שְׁלֻמִיאֵל בֶּן־צוּרִישַׁדָּי׃ קָרְבָּנוֹ קַעֲרַת־כֶּסֶף אַחַת שְׁלֹשִׁים וּמֵאָה מִשְׁקָלָהּ מִזְרָק אֶחָד כֶּסֶף שִׁבְעִים שֶׁקֶל בְּשֶׁקֶל הַקֹּדֶשׁ שְׁנֵיהֶם | מְלֵאִים סֹלֶת בְּלוּלָה בַשֶּׁמֶן לְמִנְחָה׃ כַּף אַחַת עֲשָׂרָה זָהָב מְלֵאָה קְטֹרֶת׃ פַּר אֶחָד בֶּן־בָּקָר אַיִל אֶחָד כֶּבֶשׂ־אֶחָד בֶּן־שְׁנָתוֹ לְעֹלָה׃ שְׂעִיר־עִזִּים אֶחָד לְחַטָּאת׃ וּלְזֶבַח הַשְּׁלָמִים בָּקָר שְׁנַיִם אֵילִם וַחֲמִשָּׁה עַתֻּדִים וַחֲמִשָּׁה כְּבָשִׂים בְּנֵי־שָׁנָה וַחֲמִשָּׁה זֶה קָרְבַּן שְׁלֻמִיאֵל בֶּן־צוּרִישַׁדָּי׃

PARA EL SEXTO DÍA – *ELUL* – VIRGO – י, MERCURIO - ר (NASÓ: NÚMEROS 7:42)

בַּיּוֹם֙ הַשִּׁשִּׁ֔י נָשִׂ֖יא לִבְנֵ֣י גָ֑ד אֶלְיָסָ֖ף בֶּן־דְּעוּאֵֽל׃ קָרְבָּנ֞וֹ קַֽעֲרַת־כֶּ֣סֶף אַחַ֗ת
שְׁלֹשִׁ֣ים וּמֵאָה֮ מִשְׁקָלָהּ֒ מִזְרָ֤ק אֶחָד֙ כֶּ֔סֶף שִׁבְעִ֥ים שֶׁ֖קֶל בְּשֶׁ֣קֶל הַקֹּ֑דֶשׁ
שְׁנֵיהֶ֣ם ׀ מְלֵאִ֗ים סֹ֛לֶת בְּלוּלָ֥ה בַשֶּׁ֖מֶן לְמִנְחָֽה׃ כַּ֥ף אַחַ֛ת עֲשָׂרָ֥ה זָהָ֖ב מְלֵאָ֥ה
קְטֹֽרֶת׃ פַּ֣ר אֶחָ֞ד בֶּן־בָּקָ֗ר אַ֧יִל אֶחָ֛ד כֶּֽבֶשׂ־אֶחָ֥ד בֶּן־שְׁנָת֖וֹ לְעֹלָֽה׃
שְׂעִיר־עִזִּ֥ים אֶחָ֖ד לְחַטָּֽאת׃ וּלְזֶ֣בַח הַשְּׁלָמִים֮ בָּקָ֣ר שְׁנַ֒יִם֒ אֵילִ֤ם חֲמִשָּׁה֙
עַתֻּדִ֣ים חֲמִשָּׁ֔ה כְּבָשִׂ֥ים בְּנֵֽי־שָׁנָ֖ה חֲמִשָּׁ֑ה זֶ֛ה קָרְבַּ֥ן אֶלְיָסָ֖ף בֶּן־דְּעוּאֵֽל׃

PARA EL SÉPTIMO DÍA – *TISHREI* – LIBRA – ל, VENUS - פ (NASÓ: NÚMEROS 7:48)

בַּיּוֹם֙ הַשְּׁבִיעִ֔י נָשִׂ֖יא לִבְנֵ֣י אֶפְרָ֑יִם אֱלִישָׁמָ֖ע בֶּן־עַמִּיהֽוּד׃ קָרְבָּנ֞וֹ קַֽעֲרַת־
כֶּ֣סֶף אַחַ֗ת שְׁלֹשִׁ֣ים וּמֵאָה֮ מִשְׁקָלָהּ֒ מִזְרָ֤ק אֶחָד֙ כֶּ֔סֶף שִׁבְעִ֥ים שֶׁ֖קֶל בְּשֶׁ֣קֶל
הַקֹּ֑דֶשׁ שְׁנֵיהֶ֣ם ׀ מְלֵאִ֗ים סֹ֛לֶת בְּלוּלָ֥ה בַשֶּׁ֖מֶן לְמִנְחָֽה׃ כַּ֥ף אַחַ֛ת עֲשָׂרָ֥ה זָהָ֖ב
מְלֵאָ֥ה קְטֹֽרֶת׃ פַּ֣ר אֶחָ֞ד בֶּן־בָּקָ֗ר אַ֧יִל אֶחָ֛ד כֶּֽבֶשׂ־אֶחָ֥ד בֶּן־שְׁנָת֖וֹ לְעֹלָֽה׃
שְׂעִיר־עִזִּ֥ים אֶחָ֖ד לְחַטָּֽאת׃ וּלְזֶ֣בַח הַשְּׁלָמִים֮ בָּקָ֣ר שְׁנַ֒יִם֒ אֵילִ֤ם חֲמִשָּׁה֙
עַתֻּדִ֣ים חֲמִשָּׁ֔ה כְּבָשִׂ֥ים בְּנֵֽי־שָׁנָ֖ה חֲמִשָּׁ֑ה זֶ֛ה קָרְבַּ֥ן אֱלִישָׁמָ֖ע בֶּן־עַמִּיהֽוּד׃

PARA EL OCTAVO DÍA – *JESHVÁN* – ESCORPIO – נ, MARTE - ד (NASÓ: NÚMEROS 7:54)

בַּיּוֹם֙ הַשְּׁמִינִ֔י נָשִׂ֖יא לִבְנֵ֣י מְנַשֶּׁ֑ה גַּמְלִיאֵ֖ל בֶּן־פְּדָהצֽוּר׃ קָרְבָּנ֞וֹ קַֽעֲרַת־כֶּ֣סֶף
אַחַ֗ת שְׁלֹשִׁ֣ים וּמֵאָה֮ מִשְׁקָלָהּ֒ מִזְרָ֤ק אֶחָד֙ כֶּ֔סֶף שִׁבְעִ֥ים שֶׁ֖קֶל בְּשֶׁ֣קֶל
הַקֹּ֑דֶשׁ שְׁנֵיהֶ֣ם ׀ מְלֵאִ֗ים סֹ֛לֶת בְּלוּלָ֥ה בַשֶּׁ֖מֶן לְמִנְחָֽה׃ כַּ֥ף אַחַ֛ת עֲשָׂרָ֥ה זָהָ֖ב
מְלֵאָ֥ה קְטֹֽרֶת׃ פַּ֣ר אֶחָ֞ד בֶּן־בָּקָ֗ר אַ֧יִל אֶחָ֛ד כֶּֽבֶשׂ־אֶחָ֥ד בֶּן־שְׁנָת֖וֹ לְעֹלָֽה׃
שְׂעִיר־עִזִּ֥ים אֶחָ֖ד לְחַטָּֽאת׃ וּלְזֶ֣בַח הַשְּׁלָמִים֮ בָּקָ֣ר שְׁנַ֒יִם֒ אֵילִ֤ם חֲמִשָּׁה֙
עַתֻּדִ֣ים חֲמִשָּׁ֔ה כְּבָשִׂ֥ים בְּנֵֽי־שָׁנָ֖ה חֲמִשָּׁ֑ה זֶ֛ה קָרְבַּ֥ן גַּמְלִיאֵ֖ל בֶּן־פְּדָהצֽוּר׃

PARA EL NOVENO DÍA – *KISLEV* – SAGITARIO – ס, JÚPITER - ג (NASÓ: NÚMEROS 7:60)

בַּיּוֹם֙ הַתְּשִׁיעִ֔י נָשִׂ֖יא לִבְנֵ֣י בִנְיָמִ֑ן אֲבִידָ֖ן בֶּן־גִּדְעֹנִֽי׃ קָרְבָּנ֞וֹ קַֽעֲרַת־כֶּ֣סֶף
אַחַ֗ת שְׁלֹשִׁ֣ים וּמֵאָה֮ מִשְׁקָלָהּ֒ מִזְרָ֤ק אֶחָד֙ כֶּ֔סֶף שִׁבְעִ֥ים שֶׁ֖קֶל בְּשֶׁ֣קֶל
הַקֹּ֑דֶשׁ שְׁנֵיהֶ֣ם ׀ מְלֵאִ֗ים סֹ֛לֶת בְּלוּלָ֥ה בַשֶּׁ֖מֶן לְמִנְחָֽה׃ כַּ֥ף אַחַ֛ת עֲשָׂרָ֥ה זָהָ֖ב
מְלֵאָ֥ה קְטֹֽרֶת׃ פַּ֣ר אֶחָ֞ד בֶּן־בָּקָ֗ר אַ֧יִל אֶחָ֛ד כֶּֽבֶשׂ־אֶחָ֥ד בֶּן־שְׁנָת֖וֹ לְעֹלָֽה׃
שְׂעִיר־עִזִּ֥ים אֶחָ֖ד לְחַטָּֽאת׃ וּלְזֶ֣בַח הַשְּׁלָמִים֮ בָּקָ֣ר שְׁנַ֒יִם֒ אֵילִ֤ם חֲמִשָּׁה֙
עַתֻּדִ֣ים חֲמִשָּׁ֔ה כְּבָשִׂ֥ים בְּנֵֽי־שָׁנָ֖ה חֲמִשָּׁ֑ה זֶ֛ה קָרְבַּ֥ן אֲבִידָ֖ן בֶּן־גִּדְעֹנִֽי׃

PARA EL DÉCIMO DÍA – *TEVET* – CAPRICORNIO – ע, SATURNO - ב (NASÓ: NÚMEROS 7:66)

בַּיּוֹם הָעֲשִׂירִי נָשִׂיא לִבְנֵי דָן אֲחִיעֶזֶר בֶּן־עַמִּישַׁדָּי׃ קָרְבָּנוֹ קַעֲרַת־כֶּסֶף
אַחַת שְׁלֹשִׁים וּמֵאָה מִשְׁקָלָהּ מִזְרָק אֶחָד כֶּסֶף שִׁבְעִים שֶׁקֶל בְּשֶׁקֶל
הַקֹּדֶשׁ שְׁנֵיהֶם ׀ מְלֵאִים סֹלֶת בְּלוּלָה בַשֶּׁמֶן לְמִנְחָה׃ כַּף אַחַת עֲשָׂרָה זָהָב
מְלֵאָה קְטֹרֶת׃ פַּר אֶחָד בֶּן־בָּקָר אַיִל אֶחָד כֶּבֶשׂ־אֶחָד בֶּן־שְׁנָתוֹ לְעֹלָה׃
שְׂעִיר־עִזִּים אֶחָד לְחַטָּאת׃ וּלְזֶבַח הַשְּׁלָמִים בָּקָר שְׁנַיִם אֵילִם חֲמִשָּׁה
עַתֻּדִים חֲמִשָּׁה כְּבָשִׂים בְּנֵי־שָׁנָה חֲמִשָּׁה זֶה קָרְבַּן אֲחִיעֶזֶר בֶּן־עַמִּישַׁדָּי׃

PARA EL UNDÉCIMO DÍA – *SHVAT* – ACUARIO – צ, SATURNO - ב (NASÓ: NÚMEROS 7:72)

בְּיוֹם עַשְׁתֵּי עָשָׂר יוֹם נָשִׂיא לִבְנֵי אָשֵׁר פַּגְעִיאֵל בֶּן־עָכְרָן׃ קָרְבָּנוֹ קַעֲרַת־
כֶּסֶף אַחַת שְׁלֹשִׁים וּמֵאָה מִשְׁקָלָהּ מִזְרָק אֶחָד כֶּסֶף שִׁבְעִים שֶׁקֶל בְּשֶׁקֶל
הַקֹּדֶשׁ שְׁנֵיהֶם ׀ מְלֵאִים סֹלֶת בְּלוּלָה בַשֶּׁמֶן לְמִנְחָה׃ כַּף אַחַת עֲשָׂרָה זָהָב
מְלֵאָה קְטֹרֶת׃ פַּר אֶחָד בֶּן־בָּקָר אַיִל אֶחָד כֶּבֶשׂ־אֶחָד בֶּן־שְׁנָתוֹ לְעֹלָה׃
שְׂעִיר־עִזִּים אֶחָד לְחַטָּאת׃ וּלְזֶבַח הַשְּׁלָמִים בָּקָר שְׁנַיִם אֵילִם חֲמִשָּׁה
עַתֻּדִים חֲמִשָּׁה כְּבָשִׂים בְּנֵי־שָׁנָה חֲמִשָּׁה זֶה קָרְבַּן פַּגְעִיאֵל בֶּן־עָכְרָן׃

PARA EL DUODÉCIMO DÍA – *ADAR* – PISCIS – ק, JÚPITER - ג (NASÓ: NÚMEROS 7:78)

בְּיוֹם שְׁנֵים עָשָׂר יוֹם נָשִׂיא לִבְנֵי נַפְתָּלִי אֲחִירַע בֶּן־עֵינָן׃ קָרְבָּנוֹ קַעֲרַת־
כֶּסֶף אַחַת שְׁלֹשִׁים וּמֵאָה מִשְׁקָלָהּ מִזְרָק אֶחָד כֶּסֶף שִׁבְעִים שֶׁקֶל בְּשֶׁקֶל
הַקֹּדֶשׁ שְׁנֵיהֶם ׀ מְלֵאִים סֹלֶת בְּלוּלָה בַשֶּׁמֶן לְמִנְחָה׃ כַּף אַחַת עֲשָׂרָה זָהָב
מְלֵאָה קְטֹרֶת׃ פַּר אֶחָד בֶּן־בָּקָר אַיִל אֶחָד כֶּבֶשׂ־אֶחָד בֶּן־שְׁנָתוֹ לְעֹלָה׃
שְׂעִיר־עִזִּים אֶחָד לְחַטָּאת׃ וּלְזֶבַח הַשְּׁלָמִים בָּקָר שְׁנַיִם אֵילִם חֲמִשָּׁה
עַתֻּדִים חֲמִשָּׁה כְּבָשִׂים בְּנֵי־שָׁנָה חֲמִשָּׁה זֶה קָרְבַּן אֲחִירַע בֶּן־עֵינָן׃

PARA EL DECIMOTERCER DÍA (BEHAALOTJÁ: NÚMEROS 7:84)

וַיְדַבֵּר יְהֹוָה אדני יאהדונהי אֶל־מֹשֶׁה לֵּאמֹר׃ דַּבֵּר אֶל־אַהֲרֹן וְאָמַרְתָּ אֵלָיו
בְּהַעֲלֹתְךָ אֶת־הַנֵּרֹת אֶל־מוּל פְּנֵי הַמְּנוֹרָה יָאִירוּ שִׁבְעַת הַנֵּרוֹת׃ וַיַּעַשׂ כֵּן
אַהֲרֹן אֶל־מוּל פְּנֵי הַמְּנוֹרָה הֶעֱלָה נֵרֹתֶיהָ כַּאֲשֶׁר צִוָּה יְהֹוָה אדני יאהדונהי
אֶת־מֹשֶׁה׃ וְזֶה מַעֲשֵׂה הַמְּנֹרָה מִקְשָׁה זָהָב עַד־יְרֵכָהּ עַד־פִּרְחָהּ מִקְשָׁה
הִוא כַּמַּרְאֶה אֲשֶׁר הֶרְאָה יְהֹוָה אדני יאהדונהי אֶת־מֹשֶׁה כֵּן עָשָׂה אֶת־הַמְּנֹרָה׃

Aná Bejóaj (para traducción y explicación ir a la pág. 106).

Jésed, domingo (***Álef Bet Guímel Yud Tav Tsadi***) אבג יתץ

אָנָּא aná בְּכֹחַ bejóaj• גְּדֻלַּת guedulat יְמִינְךָ yemineja•
תַּתִּיר tatir צְרוּרָה tserurá:

Guevurá, lunes (***Kof Resh Ayin Sin Tet Nun***) קרע שטן

קַבֵּל kabel רִנַּת rinat• עַמְּךָ ameja שַׂגְּבֵנוּ sagvenu•
טַהֲרֵנוּ taharenu נוֹרָא norá:

Tiféret, martes (***Nun Guímel Dálet Yud Caf Shin***) נגד יכש

נָא na גִבּוֹר guibor• דּוֹרְשֵׁי dorshei יִחוּדְךָ yijudeja•
כְּבָבַת quevavat שָׁמְרֵם shamrem:

Nétsaj, miércoles (***Bet Tet Resh Tsadi Tav Guímel***) בטר צתג

בָּרְכֵם barjem טַהֲרֵם taharem• רַחֲמֵי rajamei צִדְקָתְךָ tsidkateja•
תָּמִיד tamid גָּמְלֵם gomlem:

Hod, jueves (***Jet Kof Bet Tet Nun Ayin***) חקב טנע

חֲסִין jasín קָדוֹשׁ kadosh• בְּרוֹב berov טוּבְךָ tuvjá•
נַהֵל nahel עֲדָתֶךָ adateja:

Yesod, viernes (***Yud Guímel Lámed Pei Zayin Kof***) יגל פזק

יָחִיד yajid גֵּאֶה gueé• לְעַמְּךָ leamjá פְּנֵה pené•
זוֹכְרֵי zojrei קְדֻשָּׁתֶךָ kedushateja:

Maljut, sábado (***Shin Kof Vav Tsadi Yud Tav***) שקו צית

שַׁוְעָתֵנוּ shavatenu קַבֵּל kabel• וּשְׁמַע ushmá צַעֲקָתֵנוּ tsaakatenu•
יוֹדֵעַ yodea תַּעֲלוּמוֹת taalumot:

(Susurrar): יוד אותיות בָּרוּךְ Baruj שֵׁם Shem כְּבוֹד quevod מַלְכוּתוֹ maljutó
לְעוֹלָם leolam ריבוע ס״ג ו׳ אותיות דס״ג וָעֶד vaed:

Shir HaMaalot (para traducción y explicación ir a la pág 47).

שִׁיר הַמַּעֲלוֹת בְּשׁוּב יְהֹוָאהדונהי אֶת־שִׁיבַת צִיּוֹן יוסף, ו׳ הויות, קנאה הָיִינוּ כְּחֹלְמִים: אָז יִמָּלֵא שְׂחוֹק פִּינוּ וּלְשׁוֹנֵנוּ רִנָּה אָז יֹאמְרוּ בַגּוֹיִם הִגְדִּיל יְהֹוָאהדונהי לַעֲשׂוֹת עִם־אֵלֶּה: הִגְדִּיל יְהֹוָאהדונהי לַעֲשׂוֹת עִמָּנוּ ריבוע דס״ג = קס״א ע״ה וד׳ אותיות הָיִינוּ שְׂמֵחִים: שׁוּבָה הוזש יְהֹוָאהדונהי אֶת־שְׁבִיתֵנוּ (כתיב שבותנו) כַּאֲפִיקִים בַּנֶּגֶב: הַזֹּרְעִים בְּדִמְעָה בְּרִנָּה יִקְצֹרוּ: הָלוֹךְ יֵלֵךְ כלי וּבָכֹה נֹשֵׂא מֶשֶׁךְ־הַזָּרַע בֹּא־יָבֹא בְרִנָּה נֹשֵׂא אֲלֻמֹּתָיו:

EL HALEL DIARIO (para traducción y explicación ir a la pág 149).

הַלְלוּיָהּ haleluyá אלהים, אהיה אדני ; ללה הַלְלוּ halelú אֶת־ et יְהֹוָ֣אדהנויהאהדונהי Adonai
ר״ת אהיה מִן־ min הַשָּׁמַיִם hashamáyim י״פ טל, י״פ כוזו ; ר״ת מ״ה הַלְלוּהוּ haleluhu
בַּמְּרוֹמִים bameromim: הַלְלוּהוּ haleluhu כָל jol ילי מַלְאָכָיו malajav
הַלְלוּהוּ haleluhu כָּל col ילי צְבָאָו tsevaav ר״ת הפסוק = ע״ב ס״ג מ״ה ; ס״ת הפסוק =
אהיה ס״ג: הַלְלוּהוּ haleluhu שֶׁמֶשׁ shémesh וְיָרֵחַ veyaréaj הַלְלוּהוּ haleluhu
כָּל col ילי כּוֹכְבֵי cojvei אוֹר or רז, אין סוף: הַלְלוּהוּ haleluhu שְׁמֵי shmei
הַשָּׁמָיִם hashamáyim י״פ טל, י״פ כוזו וְהַמַּיִם vehamáyim אֲשֶׁר asher מֵעַל meal עלם
הַשָּׁמָיִם hashamáyim י״פ טל, י״פ כוזו ; ר״ת מ״ה: יְהַלְלוּ yehalelú אֶת־ et שֵׁם Shem
יְהֹוָ֣אדהנויהאהדונהי Adonai כִּי qui הוּא Hu צִוָּה tsivá וְנִבְרָאוּ venivraú:
וַיַּעֲמִידֵם vayaamidem לָעַד laad ב״פ ב״ן לְעוֹלָם leolam ריבוע ס״ג וי׳ אותיות דס״ג
חָק־ jok נָתַן natán וְלֹא veló ס״ת קנ״א (אלף הה יוד הה, מקוה), אדני אלהים
יַעֲבוֹר yaavor רפ״ח (להעלות רפ״ח ניצוצות שנפלו לקליפה דמשם באים התולואים): הַלְלוּ halelú
אֶת־ et יְהֹוָ֣אדהנויהאהדונהי Adonai מִן min הָאָרֶץ haárets אלהים דההין ע״ה תַּנִּינִים taninim
וְכָל־ vejol ילי תְּהֹמוֹת tehomot: אֵשׁ esh וּבָרָד uvarad שֶׁלֶג shéleg אלף אלף אלף
ר״ג אהיה וְקִיטוֹר vekitor רוּחַ rúaj סְעָרָה seará עֹשָׂה osá דְבָרוֹ devaró ראה:
הֶהָרִים heharim וְכָל־ vejol ילי גְּבָעוֹת guevaot עֵץ ets פְּרִי perí וְכָל vejol ילי
אֲרָזִים arazim: הַחַיָּה hajayá וְכָל־ vejol ילי בְּהֵמָה behemá ב״ן רֶמֶשׂ remes
וְצִפּוֹר vetsipor כָּנָף canaf ע״ה קנ״א, אדני אלהים: מַלְכֵי maljei אֶרֶץ érets
וְכָל־ vejol ילי לְאֻמִּים leumim שָׂרִים sarim וְכָל־ vejol ילי שֹׁפְטֵי shoftei
אָרֶץ árets: בַּחוּרִים bajurim וְגַם־ vegam בְּתוּלוֹת betulot זְקֵנִים zekenim
עִם־ im נְעָרִים nearim: יְהַלְלוּ yehalelú אֶת־ et שֵׁם Shem יְהֹוָ֣אדהנויהאהדונהי Adonai
כִּי־ qui נִשְׂגָּב nisgav שְׁמוֹ Shemó מהש ע״ה, ע״ב בריבוע וקס״א ע״ה, אל שדי ע״ה
לְבַדּוֹ levadó שם בן מ״ב הוֹדוֹ hodó אהיה עַל־ al אֶרֶץ érets וְשָׁמָיִם veshamáyim
י״פ טל, י״פ כוזו: וַיָּרֶם vayarem קֶרֶן keren לְעַמּוֹ leamó תְּהִלָּה tehilá ע״ה אמת,
אהיה פעמים אהיה, ז״פ ס״ג לְכָל lejol יה אדני וַחֲסִידָיו jasidav לִבְנֵי livnei
יִשְׂרָאֵל Yisrael עַם־ am קְרֹבוֹ kerovó הַלְלוּיָהּ haleluyá אלהים, אהיה אדני ; ללה:

TRES MONEDAS

El método más eficaz para revelar toda la Luz que hemos despertado es compartiendo y actuando como la Luz: La similitud de naturaleza produce la cercanía en el reino espiritual. Estar cerca del Creador significa tener la Luz en tu vida. Por lo tanto, damos tres monedas como un acto de compartir y de caridad. Estas tres monedas conectan con las Columnas Derecha, Izquierda y Central, completando así el circuito establecido por todas nuestras oraciones y acciones de compartir.

BERESHIT

בְּרֵאשִׁית בָּרָא אֱלֹהִים אֵת הַשָּׁמַיִם וְאֵת הָאָרֶץ: וְהָאָרֶץ הָיְתָה תֹהוּ וָבֹהוּ וְחֹשֶׁךְ
עַל־פְּנֵי תְהוֹם וְרוּחַ אֱלֹהִים מְרַחֶפֶת עַל־פְּנֵי הַמָּיִם: וַיֹּאמֶר אֱלֹהִים יְהִי אוֹר וַיְהִי־אוֹר:
וַיַּרְא אֱלֹהִים אֶת־הָאוֹר כִּי־טוֹב וַיַּבְדֵּל אֱלֹהִים בֵּין הָאוֹר וּבֵין הַחֹשֶׁךְ:
וַיִּקְרָא אֱלֹהִים | לָאוֹר יוֹם וְלַחֹשֶׁךְ קָרָא לָיְלָה וַיְהִי־עֶרֶב וַיְהִי־בֹקֶר יוֹם אֶחָד: *Leví*
וַיֹּאמֶר אֱלֹהִים יְהִי רָקִיעַ בְּתוֹךְ הַמָּיִם וִיהִי מַבְדִּיל בֵּין מַיִם לָמָיִם: וַיַּעַשׂ אֱלֹהִים
אֶת־הָרָקִיעַ וַיַּבְדֵּל בֵּין הַמַּיִם אֲשֶׁר מִתַּחַת לָרָקִיעַ וּבֵין הַמַּיִם אֲשֶׁר מֵעַל לָרָקִיעַ
וַיְהִי־כֵן: וַיִּקְרָא אֱלֹהִים לָרָקִיעַ שָׁמָיִם וַיְהִי־עֶרֶב וַיְהִי־בֹקֶר יוֹם שֵׁנִי: *Yisrael*
וַיֹּאמֶר אֱלֹהִים יִקָּווּ הַמַּיִם מִתַּחַת הַשָּׁמַיִם אֶל־מָקוֹם אֶחָד וְתֵרָאֶה הַיַּבָּשָׁה וַיְהִי־כֵן:
וַיִּקְרָא אֱלֹהִים | לַיַּבָּשָׁה אֶרֶץ וּלְמִקְוֵה הַמַּיִם קָרָא יַמִּים וַיַּרְא אֱלֹהִים כִּי־טוֹב: וַיֹּאמֶר
אֱלֹהִים תַּדְשֵׁא הָאָרֶץ דֶּשֶׁא עֵשֶׂב מַזְרִיעַ זֶרַע עֵץ פְּרִי עֹשֶׂה פְּרִי לְמִינוֹ אֲשֶׁר זַרְעוֹ־בוֹ
עַל־הָאָרֶץ וַיְהִי־כֵן: וַתּוֹצֵא הָאָרֶץ דֶּשֶׁא עֵשֶׂב מַזְרִיעַ זֶרַע לְמִינֵהוּ וְעֵץ עֹשֶׂה־פְּרִי
אֲשֶׁר זַרְעוֹ־בוֹ לְמִינֵהוּ וַיַּרְא אֱלֹהִים כִּי־טוֹב: וַיְהִי־עֶרֶב וַיְהִי־בֹקֶר יוֹם שְׁלִישִׁי:

NÓAJ

אֵלֶּה תּוֹלְדֹת נֹחַ נֹחַ אִישׁ צַדִּיק תָּמִים הָיָה בְּדֹרֹתָיו אֶת־הָאֱלֹהִים הִתְהַלֶּךְ־נֹחַ: וַיּוֹלֶד נֹחַ
שְׁלֹשָׁה בָנִים אֶת־שֵׁם אֶת־חָם וְאֶת־יָפֶת: וַתִּשָּׁחֵת הָאָרֶץ לִפְנֵי הָאֱלֹהִים וַתִּמָּלֵא הָאָרֶץ
חָמָס: וַיַּרְא אֱלֹהִים אֶת־הָאָרֶץ וְהִנֵּה נִשְׁחָתָה כִּי־הִשְׁחִית כָּל־בָּשָׂר אֶת־דַּרְכּוֹ
עַל־הָאָרֶץ: וַיֹּאמֶר אֱלֹהִים לְנֹחַ קֵץ כָּל־בָּשָׂר בָּא לְפָנַי כִּי־מָלְאָה הָאָרֶץ חָמָס מִפְּנֵיהֶם
וְהִנְנִי מַשְׁחִיתָם אֶת־הָאָרֶץ: עֲשֵׂה לְךָ תֵּבַת עֲצֵי־גֹפֶר קִנִּים תַּעֲשֶׂה אֶת־הַתֵּבָה וְכָפַרְתָּ
אֹתָהּ מִבַּיִת וּמִחוּץ בַּכֹּפֶר: וְזֶה אֲשֶׁר תַּעֲשֶׂה אֹתָהּ שְׁלֹשׁ מֵאוֹת אַמָּה אֹרֶךְ הַתֵּבָה
חֲמִשִּׁים אַמָּה רָחְבָּהּ וּשְׁלֹשִׁים אַמָּה קוֹמָתָהּ: צֹהַר | תַּעֲשֶׂה לַתֵּבָה וְאֶל־אַמָּה
תְּכַלֶּנָּה מִלְמַעְלָה וּפֶתַח הַתֵּבָה בְּצִדָּהּ תָּשִׂים תַּחְתִּיִּם שְׁנִיִּם וּשְׁלִשִׁים תַּעֲשֶׂהָ: *Leví*
וַאֲנִי הִנְנִי מֵבִיא אֶת־הַמַּבּוּל מַיִם עַל־הָאָרֶץ לְשַׁחֵת כָּל־בָּשָׂר אֲשֶׁר־בּוֹ
רוּחַ חַיִּים מִתַּחַת הַשָּׁמָיִם כֹּל אֲשֶׁר־בָּאָרֶץ יִגְוָע: וַהֲקִמֹתִי אֶת־בְּרִיתִי אִתָּךְ
וּבָאתָ אֶל־הַתֵּבָה אַתָּה וּבָנֶיךָ וְאִשְׁתְּךָ וּנְשֵׁי־בָנֶיךָ אִתָּךְ: וּמִכָּל־הָחַי מִכָּל־בָּשָׂר
שְׁנַיִם מִכֹּל תָּבִיא אֶל־הַתֵּבָה לְהַחֲיֹת אִתָּךְ זָכָר וּנְקֵבָה יִהְיוּ: *Yisrael*
מֵהָעוֹף לְמִינֵהוּ וּמִן־הַבְּהֵמָה לְמִינָהּ מִכֹּל רֶמֶשׂ הָאֲדָמָה לְמִינֵהוּ שְׁנַיִם מִכֹּל
יָבֹאוּ אֵלֶיךָ לְהַחֲיוֹת: וְאַתָּה קַח־לְךָ מִכָּל־מַאֲכָל אֲשֶׁר יֵאָכֵל וְאָסַפְתָּ אֵלֶיךָ
וְהָיָה לְךָ וְלָהֶם לְאָכְלָה: וַיַּעַשׂ נֹחַ כְּכֹל אֲשֶׁר צִוָּה אֹתוֹ אֱלֹהִים כֵּן עָשָׂה:

LEJ LEJÁ

וַיֹּאמֶר יְהֹוָה אֶל־אַבְרָם לֶךְ־לְךָ מֵאַרְצְךָ וּמִמּוֹלַדְתְּךָ וּמִבֵּית אָבִיךָ
אֶל־הָאָרֶץ אֲשֶׁר אַרְאֶךָּ: וְאֶעֶשְׂךָ לְגוֹי גָּדוֹל וַאֲבָרֶכְךָ וַאֲגַדְּלָה שְׁמֶךָ וֶהְיֵה בְּרָכָה:
וַאֲבָרְכָה מְבָרְכֶיךָ וּמְקַלֶּלְךָ אָאֹר וְנִבְרְכוּ בְךָ כֹּל מִשְׁפְּחֹת הָאֲדָמָה: *Leví*

וילך אברם כאשר דבר אליו יהוה יאהדונהי וילך אתו לוט ואברם בן־חמש
שנים ושבעים שנה בצאתו מחרן: ויקח אברם את־שרי אשתו ואת־לוט
בן־אחיו ואת־כל־רכושם אשר רכשו ואת־הנפש אשר־עשו בחרן ויצאו
ללכת ארצה כנען ויבאו ארצה כנען: ויעבר אברם בארץ עד מקום שכם עד
אלון מורה והכנעני אז בארץ: *Yisrael* וירא יהוה יאהדונהי אל־אברם ויאמר
לזרעך אתן את־הארץ הזאת ויבן שם מזבח ליהוה יאהדונהי הנראה אליו:
ויעתק משם ההרה מקדם לבית־אל ויט אהלה בית־אל מים והעי מקדם ויבן־שם
מזבח ליהוה יאהדונהי ויקרא בשם יהוה יאהדונהי: ויסע אברם הלוך ונסוע הנגבה:
ויהי רעב בארץ וירד אברם מצרימה לגור שם כי־כבד הרעב בארץ:
ויהי כאשר הקריב לבוא מצרימה ויאמר אל־שרי אשתו הנה־נא ידעתי
כי אשה יפת־מראה את: והיה כי־יראו אתך המצרים ואמרו אשתו זאת והרגו
אתי ואתך יחיו: אמרי־נא אחתי את למען ייטב־לי בעבורך וחיתה נפשי בגללך:

Vayerá

וירא אליו יהוה יאהדונהי באלני ממרא והוא ישב פתח־האהל כחם היום: וישא
עיניו וירא והנה שלשה אנשים נצבים עליו וירא וירץ לקראתם מפתח האהל
וישתחו ארצה: ויאמר אדני אם־נא מצאתי חן בעיניך אל־נא תעבר מעל עבדך:
יקח־נא מעט־מים ורחצו רגליכם והשענו תחת העץ: ואקחה פת־לחם וסעדו לבכם
אחר תעברו כי־על־כן עברתם על־עבדכם ויאמרו כן תעשה כאשר דברת: *Leví*
וימהר אברהם האהלה אל־שרה ויאמר מהרי שלש סאים קמח סלת לושי
ועשי עגות: ואל־הבקר רץ אברהם ויקח בן־בקר רך וטוב ויתן אל־הנער
וימהר לעשות אתו: ויקח חמאה וחלב ובן־הבקר אשר עשה ויתן לפניהם והוא־עמד
עליהם תחת העץ ויאכלו: *Yisrael* ויאמרו אליו איה שרה אשתך ויאמר הנה באהל:
ויאמר שוב אשוב אליך כעת חיה והנה־בן לשרה אשתך ושרה שמעת פתח האהל
והוא אחריו: ואברהם ושרה זקנים באים בימים חדל להיות לשרה ארח כנשים:
ותצחק שרה בקרבה לאמר אחרי בלתי היתה־לי עדנה ואדני זקן: ויאמר
יהוה יאהדונהי אל־אברהם למה זה צחקה שרה לאמר האף אמנם אלד
ואני זקנתי: היפלא מיהוה יאהדונהי דבר למועד אשוב אליך כעת חיה ולשרה בן:

Jayei Sará

ויהיו חיי שרה מאה שנה ועשרים שנה ושבע שנים שני חיי שרה: ותמת שרה
בקרית ארבע הוא חברון בארץ כנען ויבא אברהם לספד לשרה ולבכתה: ויקם
אברהם מעל פני מתו וידבר אל־בני־חת לאמר: גר־ותושב אנכי עמכם תנו לי
אחזת־קבר עמכם ואקברה מתי מלפני: ויענו בני־חת את־אברהם לאמר לו: שמענו |
אדני נשיא אלהים אתה בתוכנו במבחר קברינו קבר את־מתך איש ממנו את־
קברו לא־יכלה ממך מקבר מתך: ויקם אברהם וישתחו לעם־הארץ לבני־חת: *Leví*

וַיְדַבֵּר אִתָּם לֵאמֹר אִם־יֵשׁ אֶת־נַפְשְׁכֶם לִקְבֹּר אֶת־מֵתִי מִלְּפָנַי שְׁמָעוּנִי וּפִגְעוּ־לִי בְּעֶפְרוֹן בֶּן־צֹחַר׃ וְיִתֶּן־לִי אֶת־מְעָרַת הַמַּכְפֵּלָה אֲשֶׁר־לוֹ אֲשֶׁר בִּקְצֵה שָׂדֵהוּ בְּכֶסֶף מָלֵא יִתְּנֶנָּה לִּי בְּתוֹכְכֶם לַאֲחֻזַּת־קָבֶר׃ וְעֶפְרוֹן יֹשֵׁב בְּתוֹךְ בְּנֵי־חֵת וַיַּעַן עֶפְרוֹן הַחִתִּי אֶת־אַבְרָהָם בְּאָזְנֵי בְנֵי־חֵת לְכֹל בָּאֵי שַׁעַר־עִירוֹ לֵאמֹר׃ לֹא־אֲדֹנִי שְׁמָעֵנִי הַשָּׂדֶה נָתַתִּי לָךְ וְהַמְּעָרָה אֲשֶׁר־בּוֹ לְךָ נְתַתִּיהָ לְעֵינֵי בְנֵי־עַמִּי נְתַתִּיהָ לָּךְ קְבֹר מֵתֶךָ׃ וַיִּשְׁתַּחוּ אַבְרָהָם לִפְנֵי עַם הָאָרֶץ׃ *Yisrael* וַיְדַבֵּר אֶל־עֶפְרוֹן בְּאָזְנֵי עַם־הָאָרֶץ לֵאמֹר אַךְ אִם־אַתָּה לוּ שְׁמָעֵנִי נָתַתִּי כֶּסֶף הַשָּׂדֶה קַח מִמֶּנִּי וְאֶקְבְּרָה אֶת־מֵתִי שָׁמָּה׃ וַיַּעַן עֶפְרוֹן אֶת־אַבְרָהָם לֵאמֹר לוֹ׃ אֲדֹנִי שְׁמָעֵנִי אֶרֶץ אַרְבַּע מֵאֹת שֶׁקֶל־כֶּסֶף בֵּינִי וּבֵינְךָ מַה־הִוא וְאֶת־מֵתְךָ קְבֹר׃ וַיִּשְׁמַע אַבְרָהָם אֶל־עֶפְרוֹן וַיִּשְׁקֹל אַבְרָהָם לְעֶפְרֹן אֶת־הַכֶּסֶף אֲשֶׁר דִּבֶּר בְּאָזְנֵי בְנֵי־חֵת אַרְבַּע מֵאוֹת שֶׁקֶל כֶּסֶף עֹבֵר לַסֹּחֵר׃

Toldot

וְאֵלֶּה תּוֹלְדֹת יִצְחָק בֶּן־אַבְרָהָם אַבְרָהָם הוֹלִיד אֶת־יִצְחָק׃ וַיְהִי יִצְחָק בֶּן־אַרְבָּעִים שָׁנָה בְּקַחְתּוֹ אֶת־רִבְקָה בַּת־בְּתוּאֵל הָאֲרַמִּי מִפַּדַּן אֲרָם אֲחוֹת לָבָן הָאֲרַמִּי לוֹ לְאִשָּׁה׃ וַיֶּעְתַּר יִצְחָק לַיהֹוָה יאהדונהי לְנֹכַח אִשְׁתּוֹ כִּי עֲקָרָה הִוא וַיֵּעָתֶר לוֹ יְהֹוָה יאהדונהי וַתַּהַר רִבְקָה אִשְׁתּוֹ׃ וַיִּתְרֹצֲצוּ הַבָּנִים בְּקִרְבָּהּ וַתֹּאמֶר אִם־כֵּן לָמָּה זֶּה אָנֹכִי וַתֵּלֶךְ לִדְרֹשׁ אֶת־יְהֹוָה יאהדונהי׃ *Leví* וַיֹּאמֶר יְהֹוָה יאהדונהי לָהּ שְׁנֵי גוֹיִם (כתיב: גיים) בְּבִטְנֵךְ וּשְׁנֵי לְאֻמִּים מִמֵּעַיִךְ יִפָּרֵדוּ וּלְאֹם מִלְאֹם יֶאֱמָץ וְרַב יַעֲבֹד צָעִיר׃ וַיִּמְלְאוּ יָמֶיהָ לָלֶדֶת וְהִנֵּה תוֹמִם בְּבִטְנָהּ׃ וַיֵּצֵא הָרִאשׁוֹן אַדְמוֹנִי כֻּלּוֹ כְּאַדֶּרֶת שֵׂעָר וַיִּקְרְאוּ שְׁמוֹ עֵשָׂו׃ וְאַחֲרֵי־כֵן יָצָא אָחִיו וְיָדוֹ אֹחֶזֶת בַּעֲקֵב עֵשָׂו וַיִּקְרָא שְׁמוֹ יַעֲקֹב וְיִצְחָק בֶּן־שִׁשִּׁים שָׁנָה בְּלֶדֶת אֹתָם׃ *Yisrael* וַיִּגְדְּלוּ הַנְּעָרִים וַיְהִי עֵשָׂו אִישׁ יֹדֵעַ צַיִד אִישׁ שָׂדֶה וְיַעֲקֹב אִישׁ תָּם יֹשֵׁב אֹהָלִים׃ וַיֶּאֱהַב יִצְחָק אֶת־עֵשָׂו כִּי־צַיִד בְּפִיו וְרִבְקָה אֹהֶבֶת אֶת־יַעֲקֹב׃ וַיָּזֶד יַעֲקֹב נָזִיד וַיָּבֹא עֵשָׂו מִן־הַשָּׂדֶה וְהוּא עָיֵף׃ וַיֹּאמֶר עֵשָׂו אֶל־יַעֲקֹב הַלְעִיטֵנִי נָא מִן־הָאָדֹם הָאָדֹם הַזֶּה כִּי עָיֵף אָנֹכִי עַל־כֵּן קָרָא־שְׁמוֹ אֱדוֹם׃ וַיֹּאמֶר יַעֲקֹב מִכְרָה כַיּוֹם אֶת־בְּכֹרָתְךָ לִי׃ וַיֹּאמֶר עֵשָׂו הִנֵּה אָנֹכִי הוֹלֵךְ לָמוּת וְלָמָּה־זֶּה לִי בְּכֹרָה׃ וַיֹּאמֶר יַעֲקֹב הִשָּׁבְעָה לִּי כַּיּוֹם וַיִּשָּׁבַע לוֹ וַיִּמְכֹּר אֶת־בְּכֹרָתוֹ לְיַעֲקֹב׃ וְיַעֲקֹב נָתַן לְעֵשָׂו לֶחֶם וּנְזִיד עֲדָשִׁים וַיֹּאכַל וַיֵּשְׁתְּ וַיָּקָם וַיֵּלַךְ וַיִּבֶז עֵשָׂו אֶת־הַבְּכֹרָה׃ וַיְהִי רָעָב בָּאָרֶץ מִלְּבַד הָרָעָב הָרִאשׁוֹן אֲשֶׁר הָיָה בִּימֵי אַבְרָהָם וַיֵּלֶךְ יִצְחָק אֶל־אֲבִימֶלֶךְ מֶלֶךְ־פְּלִשְׁתִּים גְּרָרָה׃ וַיֵּרָא אֵלָיו יְהֹוָה יאהדונהי וַיֹּאמֶר אַל־תֵּרֵד מִצְרָיְמָה שְׁכֹן בָּאָרֶץ אֲשֶׁר אֹמַר אֵלֶיךָ׃ גּוּר בָּאָרֶץ הַזֹּאת וְאֶהְיֶה עִמְּךָ וַאֲבָרְכֶךָּ כִּי־לְךָ וּלְזַרְעֲךָ אֶתֵּן אֶת־כָּל־הָאֲרָצֹת הָאֵל וַהֲקִמֹתִי אֶת־הַשְּׁבֻעָה אֲשֶׁר נִשְׁבַּעְתִּי לְאַבְרָהָם אָבִיךָ׃ וְהִרְבֵּיתִי אֶת־זַרְעֲךָ כְּכוֹכְבֵי הַשָּׁמַיִם וְנָתַתִּי לְזַרְעֲךָ אֵת כָּל־הָאֲרָצֹת הָאֵל וְהִתְבָּרְכוּ בְזַרְעֲךָ כֹּל גּוֹיֵי הָאָרֶץ׃ עֵקֶב אֲשֶׁר־שָׁמַע אַבְרָהָם בְּקֹלִי וַיִּשְׁמֹר מִשְׁמַרְתִּי מִצְוֺתַי חֻקּוֹתַי וְתוֹרֹתָי׃

Vayetsé

וַיֵּצֵא יַעֲקֹב מִבְּאֵר שָׁבַע וַיֵּלֶךְ חָרָנָה: וַיִּפְגַּע בַּמָּקוֹם וַיָּלֶן שָׁם כִּי־בָא הַשֶּׁמֶשׁ
וַיִּקַּח מֵאַבְנֵי הַמָּקוֹם וַיָּשֶׂם מְרַאֲשֹׁתָיו וַיִּשְׁכַּב בַּמָּקוֹם הַהוּא: וַיַּחֲלֹם וְהִנֵּה סֻלָּם מֻצָּב
אַרְצָה וְרֹאשׁוֹ מַגִּיעַ הַשָּׁמָיְמָה וְהִנֵּה מַלְאֲכֵי אֱלֹהִים עֹלִים וְיֹרְדִים בּוֹ: *Leví*
וְהִנֵּה יְהֹוָה יאהדונהי נִצָּב עָלָיו וַיֹּאמַר אֲנִי יְהֹוָה יאהדונהי אֱלֹהֵי אַבְרָהָם אָבִיךָ וֵאלֹהֵי
יִצְחָק הָאָרֶץ אֲשֶׁר אַתָּה שֹׁכֵב עָלֶיהָ לְךָ אֶתְּנֶנָּה וּלְזַרְעֶךָ: וְהָיָה זַרְעֲךָ כַּעֲפַר הָאָרֶץ
וּפָרַצְתָּ יָמָּה וָקֵדְמָה וְצָפֹנָה וָנֶגְבָּה וְנִבְרְכוּ בְךָ כָּל־מִשְׁפְּחֹת הָאֲדָמָה וּבְזַרְעֶךָ: וְהִנֵּה
אָנֹכִי עִמָּךְ וּשְׁמַרְתִּיךָ בְּכֹל אֲשֶׁר־תֵּלֵךְ וַהֲשִׁבֹתִיךָ אֶל־הָאֲדָמָה הַזֹּאת כִּי לֹא אֶעֱזָבְךָ
עַד אֲשֶׁר אִם־עָשִׂיתִי אֵת אֲשֶׁר־דִּבַּרְתִּי לָךְ: וַיִּיקַץ יַעֲקֹב מִשְּׁנָתוֹ וַיֹּאמֶר אָכֵן יֵשׁ
יְהֹוָה יאהדונהי בַּמָּקוֹם הַזֶּה וְאָנֹכִי לֹא יָדָעְתִּי: וַיִּירָא וַיֹּאמַר מַה־נּוֹרָא הַמָּקוֹם הַזֶּה אֵין
זֶה כִּי אִם־בֵּית אֱלֹהִים וְזֶה שַׁעַר הַשָּׁמָיִם: *Yisrael* וַיַּשְׁכֵּם יַעֲקֹב בַּבֹּקֶר וַיִּקַּח אֶת־
הָאֶבֶן אֲשֶׁר־שָׂם מְרַאֲשֹׁתָיו וַיָּשֶׂם אֹתָהּ מַצֵּבָה וַיִּצֹק שֶׁמֶן עַל־רֹאשָׁהּ: וַיִּקְרָא אֶת־שֵׁם־
הַמָּקוֹם הַהוּא בֵּית־אֵל וְאוּלָם לוּז שֵׁם־הָעִיר לָרִאשֹׁנָה: וַיִּדַּר יַעֲקֹב נֶדֶר לֵאמֹר
אִם־יִהְיֶה אֱלֹהִים עִמָּדִי וּשְׁמָרַנִי בַּדֶּרֶךְ הַזֶּה אֲשֶׁר אָנֹכִי הוֹלֵךְ וְנָתַן־לִי לֶחֶם לֶאֱכֹל
וּבֶגֶד לִלְבֹּשׁ: וְשַׁבְתִּי בְשָׁלוֹם אֶל־בֵּית אָבִי וְהָיָה יְהֹוָה יאהדונהי לִי לֵאלֹהִים: וְהָאֶבֶן
הַזֹּאת אֲשֶׁר־שַׂמְתִּי מַצֵּבָה יִהְיֶה בֵּית אֱלֹהִים וְכֹל אֲשֶׁר תִּתֶּן־לִי עַשֵּׂר אֲעַשְּׂרֶנּוּ לָךְ:

Vayishlaj

וַיִּשְׁלַח יַעֲקֹב מַלְאָכִים לְפָנָיו אֶל־עֵשָׂו אָחִיו אַרְצָה שֵׂעִיר שְׂדֵה אֱדוֹם: וַיְצַו אֹתָם
לֵאמֹר כֹּה תֹאמְרוּן לַאדֹנִי לְעֵשָׂו כֹּה אָמַר עַבְדְּךָ יַעֲקֹב עִם־לָבָן גַּרְתִּי וָאֵחַר עַד־עָתָּה:
וַיְהִי־לִי שׁוֹר וַחֲמוֹר צֹאן וְעֶבֶד וְשִׁפְחָה וָאֶשְׁלְחָה לְהַגִּיד לַאדֹנִי לִמְצֹא־חֵן בְּעֵינֶיךָ: *Leví*
וַיָּשֻׁבוּ הַמַּלְאָכִים אֶל־יַעֲקֹב לֵאמֹר בָּאנוּ אֶל־אָחִיךָ אֶל־עֵשָׂו וְגַם הֹלֵךְ
לִקְרָאתְךָ וְאַרְבַּע־מֵאוֹת אִישׁ עִמּוֹ: וַיִּירָא יַעֲקֹב מְאֹד וַיֵּצֶר לוֹ וַיַּחַץ
אֶת־הָעָם אֲשֶׁר־אִתּוֹ וְאֶת־הַצֹּאן וְאֶת־הַבָּקָר וְהַגְּמַלִּים לִשְׁנֵי מַחֲנוֹת: וַיֹּאמֶר אִם־יָבוֹא
עֵשָׂו אֶל־הַמַּחֲנֶה הָאַחַת וְהִכָּהוּ וְהָיָה הַמַּחֲנֶה הַנִּשְׁאָר לִפְלֵיטָה: *Yisrael*
וַיֹּאמֶר יַעֲקֹב אֱלֹהֵי אָבִי אַבְרָהָם וֵאלֹהֵי אָבִי יִצְחָק יְהֹוָה יאהדונהי הָאֹמֵר אֵלַי
שׁוּב לְאַרְצְךָ וּלְמוֹלַדְתְּךָ וְאֵיטִיבָה עִמָּךְ: קָטֹנְתִּי מִכֹּל הַחֲסָדִים וּמִכָּל־הָאֱמֶת
אֲשֶׁר עָשִׂיתָ אֶת־עַבְדֶּךָ כִּי בְמַקְלִי עָבַרְתִּי אֶת־הַיַּרְדֵּן הַזֶּה וְעַתָּה הָיִיתִי לִשְׁנֵי מַחֲנוֹת:
הַצִּילֵנִי נָא מִיַּד אָחִי מִיַּד עֵשָׂו כִּי־יָרֵא אָנֹכִי אֹתוֹ פֶּן־יָבוֹא וְהִכַּנִי אֵם עַל־בָּנִים: וְאַתָּה
אָמַרְתָּ הֵיטֵב אֵיטִיב עִמָּךְ וְשַׂמְתִּי אֶת־זַרְעֲךָ כְּחוֹל הַיָּם אֲשֶׁר לֹא־יִסָּפֵר מֵרֹב:

Vayeshev

וַיֵּשֶׁב יַעֲקֹב בְּאֶרֶץ מְגוּרֵי אָבִיו בְּאֶרֶץ כְּנָעַן: אֵלֶּה | תֹּלְדוֹת יַעֲקֹב
יוֹסֵף בֶּן־שְׁבַע־עֶשְׂרֵה שָׁנָה הָיָה רֹעֶה אֶת־אֶחָיו בַּצֹּאן וְהוּא נַעַר אֶת־בְּנֵי בִלְהָה
וְאֶת־בְּנֵי זִלְפָּה נְשֵׁי אָבִיו וַיָּבֵא יוֹסֵף אֶת־דִּבָּתָם רָעָה אֶל־אֲבִיהֶם:
וְיִשְׂרָאֵל אָהַב אֶת־יוֹסֵף מִכָּל־בָּנָיו כִּי־בֶן־זְקֻנִים הוּא לוֹ וְעָשָׂה לוֹ כְּתֹנֶת פַּסִּים: *Leví*

וַיִּרְאוּ אֶחָיו כִּי־אֹתוֹ אָהַב אֲבִיהֶם מִכָּל־אֶחָיו וַיִּשְׂנְאוּ אֹתוֹ וְלֹא יָכְלוּ דַּבְּרוֹ לְשָׁלֹם׃
וַיַּחֲלֹם יוֹסֵף חֲלוֹם וַיַּגֵּד לְאֶחָיו וַיּוֹסִפוּ עוֹד שְׂנֹא אֹתוֹ׃ וַיֹּאמֶר אֲלֵיהֶם
שִׁמְעוּ־נָא הַחֲלוֹם הַזֶּה אֲשֶׁר חָלָמְתִּי׃ וְהִנֵּה אֲנַחְנוּ מְאַלְּמִים אֲלֻמִּים בְּתוֹךְ הַשָּׂדֶה
וְהִנֵּה קָמָה אֲלֻמָּתִי וְגַם־נִצָּבָה וְהִנֵּה תְסֻבֶּינָה אֲלֻמֹּתֵיכֶם וַתִּשְׁתַּחֲוֶיןָ לַאֲלֻמָּתִי׃ *Yisrael*
וַיֹּאמְרוּ לוֹ אֶחָיו הֲמָלֹךְ תִּמְלֹךְ עָלֵינוּ אִם־מָשׁוֹל תִּמְשֹׁל בָּנוּ וַיּוֹסִפוּ עוֹד שְׂנֹא אֹתוֹ
עַל־חֲלֹמֹתָיו וְעַל־דְּבָרָיו׃ וַיַּחֲלֹם עוֹד חֲלוֹם אַחֵר וַיְסַפֵּר אֹתוֹ לְאֶחָיו וַיֹּאמֶר הִנֵּה חָלַמְתִּי
חֲלוֹם עוֹד וְהִנֵּה הַשֶּׁמֶשׁ וְהַיָּרֵחַ וְאַחַד עָשָׂר כּוֹכָבִים מִשְׁתַּחֲוִים לִי׃ וַיְסַפֵּר אֶל־אָבִיו
וְאֶל־אֶחָיו וַיִּגְעַר־בּוֹ אָבִיו וַיֹּאמֶר לוֹ מָה הַחֲלוֹם הַזֶּה אֲשֶׁר חָלָמְתָּ הֲבוֹא נָבוֹא
אֲנִי וְאִמְּךָ וְאַחֶיךָ לְהִשְׁתַּחֲוֹת לְךָ אָרְצָה׃ וַיְקַנְאוּ־בוֹ אֶחָיו וְאָבִיו שָׁמַר אֶת־הַדָּבָר׃

MIKETS

וַיְהִי מִקֵּץ שְׁנָתַיִם יָמִים וּפַרְעֹה חֹלֵם וְהִנֵּה עֹמֵד עַל־הַיְאֹר׃ וְהִנֵּה מִן־הַיְאֹר
עֹלֹת שֶׁבַע פָּרוֹת יְפוֹת מַרְאֶה וּבְרִיאֹת בָּשָׂר וַתִּרְעֶינָה בָּאָחוּ׃ וְהִנֵּה שֶׁבַע פָּרוֹת אֲחֵרוֹת
עֹלוֹת אַחֲרֵיהֶן מִן־הַיְאֹר רָעוֹת מַרְאֶה וְדַקּוֹת בָּשָׂר וַתַּעֲמֹדְנָה אֵצֶל הַפָּרוֹת
עַל־שְׂפַת הַיְאֹר׃ וַתֹּאכַלְנָה הַפָּרוֹת רָעוֹת הַמַּרְאֶה וְדַקֹּת הַבָּשָׂר אֵת שֶׁבַע הַפָּרוֹת
יְפֹת הַמַּרְאֶה וְהַבְּרִיאֹת וַיִּיקַץ פַּרְעֹה׃ *Leví* וַיִּישָׁן וַיַּחֲלֹם שֵׁנִית וְהִנֵּה | שֶׁבַע שִׁבֳּלִים
עֹלוֹת בְּקָנֶה אֶחָד בְּרִיאוֹת וְטֹבוֹת׃ וְהִנֵּה שֶׁבַע שִׁבֳּלִים דַּקּוֹת וּשְׁדוּפֹת קָדִים
צֹמְחוֹת אַחֲרֵיהֶן׃ וַתִּבְלַעְנָה הַשִּׁבֳּלִים הַדַּקּוֹת אֵת שֶׁבַע הַשִּׁבֳּלִים הַבְּרִיאוֹת וְהַמְּלֵאוֹת
וַיִּיקַץ פַּרְעֹה וְהִנֵּה חֲלוֹם׃ *Yisrael* וַיְהִי בַבֹּקֶר וַתִּפָּעֶם רוּחוֹ וַיִּשְׁלַח וַיִּקְרָא
אֶת־כָּל־חַרְטֻמֵּי מִצְרַיִם וְאֶת־כָּל־חֲכָמֶיהָ וַיְסַפֵּר פַּרְעֹה לָהֶם אֶת־חֲלֹמוֹ וְאֵין־פּוֹתֵר
אוֹתָם לְפַרְעֹה׃ וַיְדַבֵּר שַׂר הַמַּשְׁקִים אֶת־פַּרְעֹה לֵאמֹר אֶת־חֲטָאַי אֲנִי מַזְכִּיר הַיּוֹם׃
פַּרְעֹה קָצַף עַל־עֲבָדָיו וַיִּתֵּן אֹתִי בְּמִשְׁמַר בֵּית שַׂר הַטַּבָּחִים אֹתִי וְאֵת שַׂר הָאֹפִים׃
וַנַּחַלְמָה חֲלוֹם בְּלַיְלָה אֶחָד אֲנִי וָהוּא אִישׁ כְּפִתְרוֹן חֲלֹמוֹ חָלָמְנוּ׃ וְשָׁם אִתָּנוּ
נַעַר עִבְרִי עֶבֶד לְשַׂר הַטַּבָּחִים וַנְּסַפֶּר־לוֹ וַיִּפְתָּר־לָנוּ אֶת־חֲלֹמֹתֵינוּ אִישׁ
כַּחֲלֹמוֹ פָּתָר׃ וַיְהִי כַּאֲשֶׁר פָּתַר־לָנוּ כֵּן הָיָה אֹתִי הֵשִׁיב עַל־כַּנִּי וְאֹתוֹ תָלָה׃
וַיִּשְׁלַח פַּרְעֹה וַיִּקְרָא אֶת־יוֹסֵף וַיְרִיצֻהוּ מִן־הַבּוֹר וַיְגַלַּח וַיְחַלֵּף שִׂמְלֹתָיו וַיָּבֹא אֶל־פַּרְעֹה׃

VAYIGASH

וַיִּגַּשׁ אֵלָיו יְהוּדָה וַיֹּאמֶר בִּי אֲדֹנִי יְדַבֶּר־נָא עַבְדְּךָ דָבָר בְּאָזְנֵי אֲדֹנִי וְאַל־יִחַר אַפְּךָ
בְּעַבְדֶּךָ כִּי כָמוֹךָ כְּפַרְעֹה׃ אֲדֹנִי שָׁאַל אֶת־עֲבָדָיו לֵאמֹר הֲיֵשׁ־לָכֶם אָב אוֹ־אָח׃
וַנֹּאמֶר אֶל־אֲדֹנִי יֶשׁ־לָנוּ אָב זָקֵן וְיֶלֶד זְקֻנִים קָטָן וְאָחִיו מֵת וַיִּוָּתֵר הוּא לְבַדּוֹ
לְאִמּוֹ וְאָבִיו אֲהֵבוֹ׃ *Leví* וַתֹּאמֶר אֶל־עֲבָדֶיךָ הוֹרִדֻהוּ אֵלָי וְאָשִׂימָה עֵינִי עָלָיו׃
וַנֹּאמֶר אֶל־אֲדֹנִי לֹא־יוּכַל הַנַּעַר לַעֲזֹב אֶת־אָבִיו וְעָזַב אֶת־אָבִיו וָמֵת׃
וַתֹּאמֶר אֶל־עֲבָדֶיךָ אִם־לֹא יֵרֵד אֲחִיכֶם הַקָּטֹן אִתְּכֶם לֹא תֹסִפוּן לִרְאוֹת פָּנָי׃
וַיְהִי כִּי עָלִינוּ אֶל־עַבְדְּךָ אָבִי וַנַּגֶּד־לוֹ אֵת דִּבְרֵי אֲדֹנִי׃ *Yisrael*

וַיֹּאמֶר אָבִינוּ שֻׁבוּ שִׁבְרוּ־לָנוּ מְעַט־אֹכֶל: וַנֹּאמֶר לֹא נוּכַל לָרֶדֶת אִם־יֵשׁ
אָחִינוּ הַקָּטֹן אִתָּנוּ וְיָרַדְנוּ כִּי־לֹא נוּכַל לִרְאוֹת פְּנֵי הָאִישׁ וְאָחִינוּ הַקָּטֹן
אֵינֶנּוּ אִתָּנוּ: וַיֹּאמֶר עַבְדְּךָ אָבִי אֵלֵינוּ אַתֶּם יְדַעְתֶּם כִּי שְׁנַיִם יָלְדָה־לִּי אִשְׁתִּי:
וַיֵּצֵא הָאֶחָד מֵאִתִּי וָאֹמַר אַךְ טָרֹף טֹרָף וְלֹא רְאִיתִיו עַד־הֵנָּה: וּלְקַחְתֶּם
גַּם־אֶת־זֶה מֵעִם פָּנַי וְקָרָהוּ אָסוֹן וְהוֹרַדְתֶּם אֶת־שֵׂיבָתִי בְּרָעָה שְׁאֹלָה:
וְעַתָּה כְּבֹאִי אֶל־עַבְדְּךָ אָבִי וְהַנַּעַר אֵינֶנּוּ אִתָּנוּ וְנַפְשׁוֹ קְשׁוּרָה בְנַפְשׁוֹ:

VAYEJÍ

וַיְחִי יַעֲקֹב בְּאֶרֶץ מִצְרַיִם שְׁבַע עֶשְׂרֵה שָׁנָה וַיְהִי יְמֵי־יַעֲקֹב שְׁנֵי חַיָּיו שֶׁבַע שָׁנִים
וְאַרְבָּעִים וּמְאַת שָׁנָה: וַיִּקְרְבוּ יְמֵי־יִשְׂרָאֵל לָמוּת וַיִּקְרָא ׀ לִבְנוֹ לְיוֹסֵף
וַיֹּאמֶר לוֹ אִם־נָא מָצָאתִי חֵן בְּעֵינֶיךָ שִׂים־נָא יָדְךָ תַּחַת יְרֵכִי וְעָשִׂיתָ עִמָּדִי
חֶסֶד וֶאֱמֶת אַל־נָא תִקְבְּרֵנִי בְּמִצְרָיִם: וְשָׁכַבְתִּי עִם־אֲבֹתַי וּנְשָׂאתַנִי מִמִּצְרַיִם
וּקְבַרְתַּנִי בִּקְבֻרָתָם וַיֹּאמַר אָנֹכִי אֶעֱשֶׂה כִדְבָרֶךָ: וַיֹּאמֶר הִשָּׁבְעָה לִי וַיִּשָּׁבַע לוֹ
וַיִּשְׁתַּחוּ יִשְׂרָאֵל עַל־רֹאשׁ הַמִּטָּה: *Leví* וַיְהִי אַחֲרֵי הַדְּבָרִים הָאֵלֶּה וַיֹּאמֶר לְיוֹסֵף
הִנֵּה אָבִיךָ חֹלֶה וַיִּקַּח אֶת־שְׁנֵי בָנָיו עִמּוֹ אֶת־מְנַשֶּׁה וְאֶת־אֶפְרָיִם: וַיַּגֵּד לְיַעֲקֹב
וַיֹּאמֶר הִנֵּה בִּנְךָ יוֹסֵף בָּא אֵלֶיךָ וַיִּתְחַזֵּק יִשְׂרָאֵל וַיֵּשֶׁב עַל־הַמִּטָּה: וַיֹּאמֶר יַעֲקֹב
אֶל־יוֹסֵף אֵל שַׁדַּי נִרְאָה־אֵלַי בְּלוּז בְּאֶרֶץ כְּנָעַן וַיְבָרֶךְ אֹתִי: *Yisrael* וַיֹּאמֶר אֵלַי
הִנְנִי מַפְרְךָ וְהִרְבִּיתִךָ וּנְתַתִּיךָ לִקְהַל עַמִּים וְנָתַתִּי אֶת־הָאָרֶץ הַזֹּאת לְזַרְעֲךָ אַחֲרֶיךָ
אֲחֻזַּת עוֹלָם: וְעַתָּה שְׁנֵי־בָנֶיךָ הַנּוֹלָדִים לְךָ בְּאֶרֶץ מִצְרַיִם עַד־בֹּאִי אֵלֶיךָ מִצְרַיְמָה
לִי־הֵם אֶפְרַיִם וּמְנַשֶּׁה כִּרְאוּבֵן וְשִׁמְעוֹן יִהְיוּ־לִי: וּמוֹלַדְתְּךָ אֲשֶׁר־הוֹלַדְתָּ אַחֲרֵיהֶם
לְךָ יִהְיוּ עַל שֵׁם אֲחֵיהֶם יִקָּרְאוּ בְּנַחֲלָתָם: וַאֲנִי ׀ בְּבֹאִי מִפַּדָּן מֵתָה עָלַי רָחֵל
בְּאֶרֶץ כְּנַעַן בַּדֶּרֶךְ בְּעוֹד כִּבְרַת־אֶרֶץ לָבֹא אֶפְרָתָה וָאֶקְבְּרֶהָ שָּׁם בְּדֶרֶךְ אֶפְרָת
הִוא בֵּית לָחֶם: וַיַּרְא יִשְׂרָאֵל אֶת־בְּנֵי יוֹסֵף וַיֹּאמֶר מִי־אֵלֶּה: וַיֹּאמֶר יוֹסֵף
אֶל־אָבִיו בָּנַי הֵם אֲשֶׁר־נָתַן־לִי אֱלֹהִים בָּזֶה וַיֹּאמַר קָחֶם־נָא אֵלַי וַאֲבָרְכֵם:

SHEMOT

וְאֵלֶּה שְׁמוֹת בְּנֵי יִשְׂרָאֵל הַבָּאִים מִצְרָיְמָה אֵת יַעֲקֹב אִישׁ וּבֵיתוֹ בָּאוּ:
רְאוּבֵן שִׁמְעוֹן לֵוִי וִיהוּדָה: יִשָּׂשכָר זְבוּלֻן וּבִנְיָמִן: דָּן וְנַפְתָּלִי גָּד וְאָשֵׁר: וַיְהִי
כָּל־נֶפֶשׁ יֹצְאֵי יֶרֶךְ־יַעֲקֹב שִׁבְעִים נָפֶשׁ וְיוֹסֵף הָיָה בְמִצְרָיִם: וַיָּמָת יוֹסֵף וְכָל־אֶחָיו
וְכֹל הַדּוֹר הַהוּא: וּבְנֵי יִשְׂרָאֵל פָּרוּ וַיִּשְׁרְצוּ וַיִּרְבּוּ וַיַּעַצְמוּ בִּמְאֹד מְאֹד וַתִּמָּלֵא
הָאָרֶץ אֹתָם: *Leví* וַיָּקָם מֶלֶךְ־חָדָשׁ עַל־מִצְרָיִם אֲשֶׁר לֹא־יָדַע אֶת־יוֹסֵף:
וַיֹּאמֶר אֶל־עַמּוֹ הִנֵּה עַם בְּנֵי יִשְׂרָאֵל רַב וְעָצוּם מִמֶּנּוּ: הָבָה נִתְחַכְּמָה לוֹ פֶּן־יִרְבֶּה
וְהָיָה כִּי־תִקְרֶאנָה מִלְחָמָה וְנוֹסַף גַּם־הוּא עַל־שֹׂנְאֵינוּ וְנִלְחַם־בָּנוּ וְעָלָה מִן־הָאָרֶץ:
וַיָּשִׂימוּ עָלָיו שָׂרֵי מִסִּים לְמַעַן עַנֹּתוֹ בְּסִבְלֹתָם וַיִּבֶן עָרֵי מִסְכְּנוֹת לְפַרְעֹה אֶת־פִּתֹם
וְאֶת־רַעַמְסֵס: וְכַאֲשֶׁר יְעַנּוּ אֹתוֹ כֵּן יִרְבֶּה וְכֵן יִפְרֹץ וַיָּקֻצוּ מִפְּנֵי בְּנֵי יִשְׂרָאֵל: *Yisrael*

ויעבדו מצרים את-בני ישראל בפרך: וימררו את-חייהם בעבדה קשה בחמר
ובלבנים ובכל-עבדה בשדה את כל-עבדתם אשר-עבדו בהם בפרך: ויאמר מלך
מצרים למילדת העברית אשר שם האחת שפרה ושם השנית פועה: ויאמר בילדכן
את-העבריות וראיתן על-האבנים אם-בן הוא והמתן אתו ואם-בת הוא וחיה: ותיראן
המילדת את-האלהים ולא עשו כאשר דבר אליהן מלך מצרים ותחיין את-הילדים:

VAERÁ

וידבר אלהים אל-משה ויאמר אליו אני יהוה יאהדונהי: וארא אל-אברהם אל-יצחק
ואל-יעקב באל שדי ושמי יהוה יאהדונהי לא נודעתי להם: וגם הקמתי את-בריתי
אתם לתת להם את-ארץ כנען את ארץ מגריהם אשר-גרו בה: וגם | אני שמעתי
את-נאקת בני ישראל אשר מצרים מעבדים אתם ואזכר את-בריתי: *Leví* לכן אמר
לבני-ישראל אני יהוה יאהדונהי והוצאתי אתכם מתחת סבלת מצרים והצלתי אתכם
מעבדתם וגאלתי אתכם בזרוע נטויה ובשפטים גדלים: ולקחתי אתכם לי לעם
והייתי לכם לאלהים וידעתם כי אני יהוה יאהדונהי אלהיכם המוציא אתכם מתחת
סבלות מצרים: והבאתי אתכם אל-הארץ אשר נשאתי את-ידי לתת אתה לאברהם
ליצחק וליעקב ונתתי אתה לכם מורשה אני יהוה יאהדונהי: וידבר משה כן אל-בני
ישראל ולא שמעו אל-משה מקצר רוח ומעבדה קשה: *Yisrael* וידבר יהוה יאהדונהי
אל-משה לאמר: בא דבר אל-פרעה מלך מצרים וישלח את-בני-ישראל מארצו:
וידבר משה לפני יהוה יאהדונהי לאמר הן בני-ישראל לא-שמעו אלי ואיך ישמעני
פרעה ואני ערל שפתים: וידבר יהוה יאהדונהי אל-משה ואל-אהרן ויצום אל-בני
ישראל ואל-פרעה מלך מצרים להוציא את-בני-ישראל מארץ מצרים:

BO

ויאמר יהוה יאהדונהי אל-משה בא אל-פרעה כי-אני הכבדתי את-לבו ואת-לב
עבדיו למען שתי אתתי אלה בקרבו: ולמען תספר באזני בנך ובן-בנך את אשר
התעללתי במצרים ואת-אתתי אשר-שמתי בם וידעתם כי-אני יהוה יאהדונהי: ויבא
משה ואהרן אל-פרעה ויאמרו אליו כה-אמר יהוה יאהדונהי אלהי העברים עד-מתי
מאנת לענת מפני שלח עמי ויעבדני: *Leví* כי אם-מאן אתה לשלח את-עמי הנני
מביא מחר ארבה בגבלך: וכסה את-עין הארץ ולא יוכל לראת את-הארץ ואכל |
את-יתר הפלטה הנשארת לכם מן-הברד ואכל את-כל-העץ הצמח לכם
מן-השדה: ומלאו בתיך ובתי כל-עבדיך ובתי כל-מצרים אשר לא-ראו אבתיך
ואבות אבתיך מיום היותם על-האדמה עד היום הזה ויפן ויצא מעם פרעה:
Yisrael ויאמרו עבדי פרעה אליו עד-מתי יהיה זה לנו למוקש שלח את-האנשים
ויעבדו את-יהוה יאהדונהי אלהיהם הטרם תדע כי אבדה מצרים: ויושב את-משה
ואת-אהרן אל-פרעה ויאמר אלהם לכו עבדו את-יהוה יאהדונהי אלהיכם מי ומי
ההלכים: ויאמר משה בנערינו ובזקנינו נלך בבנינו ובבנותנו בצאננו ובבקרנו נלך
כי חג-יהוה יאהדונהי לנו: ויאמר אלהם יהי כן יהוה יאהדונהי עמכם כאשר אשלח
אתכם ואת-טפכם ראו כי רעה נגד פניכם: לא כן לכו-נא הגברים ועבדו
את-יהוה יאהדונהי כי אתה אתם מבקשים ויגרש אתם מאת פני פרעה:

BESHALAJ

וַיְהִי בְּשַׁלַּח פַּרְעֹה אֶת־הָעָם וְלֹא־נָחָם אֱלֹהִים דֶּרֶךְ אֶרֶץ פְּלִשְׁתִּים כִּי קָרוֹב הוּא
כִּי | אָמַר אֱלֹהִים פֶּן־יִנָּחֵם הָעָם בִּרְאֹתָם מִלְחָמָה וְשָׁבוּ מִצְרָיְמָה: וַיַּסֵּב
אֱלֹהִים | אֶת־הָעָם דֶּרֶךְ הַמִּדְבָּר יַם־סוּף וַחֲמֻשִׁים עָלוּ בְנֵי־יִשְׂרָאֵל מֵאֶרֶץ מִצְרָיִם:
וַיִּקַּח מֹשֶׁה אֶת־עַצְמוֹת יוֹסֵף עִמּוֹ כִּי הַשְׁבֵּעַ הִשְׁבִּיעַ אֶת־בְּנֵי יִשְׂרָאֵל לֵאמֹר
פָּקֹד יִפְקֹד אֱלֹהִים אֶתְכֶם וְהַעֲלִיתֶם אֶת־עַצְמֹתַי מִזֶּה אִתְּכֶם: וַיִּסְעוּ מִסֻּכֹּת
וַיַּחֲנוּ בְאֵתָם בִּקְצֵה הַמִּדְבָּר: וַיהֹוָה אהדונהי הֹלֵךְ לִפְנֵיהֶם יוֹמָם בְּעַמּוּד עָנָן לַנְחֹתָם
הַדֶּרֶךְ וְלַיְלָה בְּעַמּוּד אֵשׁ לְהָאִיר לָהֶם לָלֶכֶת יוֹמָם וָלָיְלָה: לֹא־יָמִישׁ עַמּוּד הֶעָנָן יוֹמָם
וְעַמּוּד הָאֵשׁ לָיְלָה לִפְנֵי הָעָם: *Leví* וַיְדַבֵּר יְהֹוָה אהדונהי אֶל־מֹשֶׁה לֵּאמֹר:
דַּבֵּר אֶל־בְּנֵי יִשְׂרָאֵל וְיָשֻׁבוּ וְיַחֲנוּ לִפְנֵי פִּי הַחִירֹת בֵּין מִגְדֹּל וּבֵין הַיָּם לִפְנֵי בַּעַל צְפֹן
נִכְחוֹ תַחֲנוּ עַל־הַיָּם: וְאָמַר פַּרְעֹה לִבְנֵי יִשְׂרָאֵל נְבֻכִים הֵם בָּאָרֶץ סָגַר עֲלֵיהֶם
הַמִּדְבָּר: וְחִזַּקְתִּי אֶת־לֵב־פַּרְעֹה וְרָדַף אַחֲרֵיהֶם וְאִכָּבְדָה בְּפַרְעֹה וּבְכָל־חֵילוֹ
וְיָדְעוּ מִצְרַיִם כִּי־אֲנִי יְהֹוָה אהדונהי וַיַּעֲשׂוּ־כֵן: *Yisrael* וַיֻּגַּד לְמֶלֶךְ מִצְרַיִם
כִּי בָרַח הָעָם וַיֵּהָפֵךְ לְבַב פַּרְעֹה וַעֲבָדָיו אֶל־הָעָם וַיֹּאמְרוּ מַה־זֹּאת עָשִׂינוּ
כִּי־שִׁלַּחְנוּ אֶת־יִשְׂרָאֵל מֵעָבְדֵנוּ: וַיֶּאְסֹר אֶת־רִכְבּוֹ וְאֶת־עַמּוֹ לָקַח עִמּוֹ: וַיִּקַּח
שֵׁשׁ־מֵאוֹת רֶכֶב בָּחוּר וְכֹל רֶכֶב מִצְרָיִם וְשָׁלִשִׁם עַל־כֻּלּוֹ: וַיְחַזֵּק יְהֹוָה אהדונהי
אֶת־לֵב פַּרְעֹה מֶלֶךְ מִצְרַיִם וַיִּרְדֹּף אַחֲרֵי בְּנֵי יִשְׂרָאֵל וּבְנֵי יִשְׂרָאֵל יֹצְאִים בְּיָד רָמָה:

YITRÓ

וַיִּשְׁמַע יִתְרוֹ כֹהֵן מִדְיָן חֹתֵן מֹשֶׁה אֵת כָּל־אֲשֶׁר עָשָׂה אֱלֹהִים לְמֹשֶׁה וּלְיִשְׂרָאֵל עַמּוֹ
כִּי־הוֹצִיא יְהֹוָה אהדונהי אֶת־יִשְׂרָאֵל מִמִּצְרָיִם: וַיִּקַּח יִתְרוֹ חֹתֵן מֹשֶׁה אֶת־צִפֹּרָה אֵשֶׁת
מֹשֶׁה אַחַר שִׁלּוּחֶיהָ: וְאֵת שְׁנֵי בָנֶיהָ אֲשֶׁר שֵׁם הָאֶחָד גֵּרְשֹׁם כִּי אָמַר גֵּר הָיִיתִי בְּאֶרֶץ
נָכְרִיָּה: וְשֵׁם הָאֶחָד אֱלִיעֶזֶר כִּי־אֱלֹהֵי אָבִי בְּעֶזְרִי וַיַּצִּלֵנִי מֵחֶרֶב פַּרְעֹה: *Leví*
וַיָּבֹא יִתְרוֹ חֹתֵן מֹשֶׁה וּבָנָיו וְאִשְׁתּוֹ אֶל־מֹשֶׁה אֶל־הַמִּדְבָּר אֲשֶׁר־הוּא חֹנֶה שָׁם
הַר הָאֱלֹהִים: וַיֹּאמֶר אֶל־מֹשֶׁה אֲנִי חֹתֶנְךָ יִתְרוֹ בָּא אֵלֶיךָ וְאִשְׁתְּךָ וּשְׁנֵי בָנֶיהָ עִמָּהּ:
וַיֵּצֵא מֹשֶׁה לִקְרַאת חֹתְנוֹ וַיִּשְׁתַּחוּ וַיִּשַּׁק־לוֹ וַיִּשְׁאֲלוּ אִישׁ־לְרֵעֵהוּ לְשָׁלוֹם וַיָּבֹאוּ
הָאֹהֱלָה: וַיְסַפֵּר מֹשֶׁה לְחֹתְנוֹ אֵת כָּל־אֲשֶׁר עָשָׂה יְהֹוָה אהדונהי לְפַרְעֹה וּלְמִצְרַיִם עַל
אוֹדֹת יִשְׂרָאֵל אֵת כָּל־הַתְּלָאָה אֲשֶׁר מְצָאָתַם בַּדֶּרֶךְ וַיַּצִּלֵם יְהֹוָה אהדונהי: *Yisrael*
וַיִּחַדְּ יִתְרוֹ עַל כָּל־הַטּוֹבָה אֲשֶׁר־עָשָׂה יְהֹוָה אהדונהי לְיִשְׂרָאֵל אֲשֶׁר הִצִּילוֹ מִיַּד
מִצְרָיִם: וַיֹּאמֶר יִתְרוֹ בָּרוּךְ יְהֹוָה אהדונהי אֲשֶׁר הִצִּיל אֶתְכֶם מִיַּד מִצְרַיִם וּמִיַּד פַּרְעֹה
אֲשֶׁר הִצִּיל אֶת־הָעָם מִתַּחַת יַד־מִצְרָיִם: עַתָּה יָדַעְתִּי כִּי־גָדוֹל יְהֹוָה אהדונהי
מִכָּל־הָאֱלֹהִים כִּי בַדָּבָר אֲשֶׁר זָדוּ עֲלֵיהֶם: וַיִּקַּח יִתְרוֹ חֹתֵן מֹשֶׁה עֹלָה וּזְבָחִים
לֵאלֹהִים וַיָּבֹא אַהֲרֹן וְכֹל | זִקְנֵי יִשְׂרָאֵל לֶאֱכָל־לֶחֶם עִם־חֹתֵן מֹשֶׁה לִפְנֵי הָאֱלֹהִים:

Mishpatim

ואלה המשפטים אשר תשים לפניהם: כי תקנה עבד עברי שש שנים יעבד
ובשבעת יצא לחפשי חנם: אם-בגפו יבא בגפו יצא אם-בעל אשה הוא
ויצאה אשתו עמו: אם-אדניו יתן-לו אשה וילדה-לו בנים או בנות
האשה וילדיה תהיה לאדניה והוא יצא בגפו: ואם-אמר יאמר העבד
אהבתי את-אדני את-אשתי ואת-בני לא אצא חפשי: והגישו אדניו אל-האלהים
והגישו אל-הדלת או אל-המזוזה ורצע אדניו את-אזנו במרצע ועבדו לעלם: *Leví*
וכי-ימכר איש את-בתו לאמה לא תצא כצאת העבדים: אם-רעה בעיני אדניה
אשר-לו (כתיב: לא) יעדה והפדה לעם נכרי לא-ימשל למכרה בבגדו-בה: ואם-לבנו
ייעדנה כמשפט הבנות יעשה-לה: אם-אחרת יקח-לו שארה כסותה ועונתה
לא יגרע: ואם-שלש-אלה לא יעשה לה ויצאה חנם אין כסף: *Yisrael* מכה איש ומת
מות יומת: ואשר לא צדה והאלהים אנה לידו ושמתי לך מקום אשר ינוס שמה:
וכי-יזד איש על-רעהו להרגו בערמה מעם מזבחי תקחנו למות: ומכה אביו ואמו
מות יומת: וגנב איש ומכרו ונמצא בידו מות יומת: ומקלל אביו ואמו מות יומת:
וכי-יריבן אנשים והכה-איש את-רעהו באבן או באגרף ולא ימות ונפל למשכב:
אם-יקום והתהלך בחוץ על-משענתו ונקה המכה רק שבתו יתן ורפא ירפא:

Trumá

וידבר יהוה אל-משה לאמר: דבר אל-בני ישראל ויקחו-לי תרומה
מאת כל-איש אשר ידבנו לבו תקחו את-תרומתי: וזאת התרומה אשר תקחו
מאתם זהב וכסף ונחשת: ותכלת וארגמן ותולעת שני ושש ועזים: וערת אילם
מאדמים וערת תחשים ועצי שטים: *Leví* שמן למאר בשמים לשמן המשחה
ולקטרת הסמים: אבני-שהם ואבני מלאים לאפד ולחשן: ועשו לי מקדש ושכנתי
בתוכם: ככל אשר אני מראה אותך את תבנית המשכן ואת תבנית כל-כליו וכן
תעשו: *Yisrael* ועשו ארון עצי שטים אמתים וחצי ארכו ואמה וחצי רחבו ואמה
וחצי קמתו: וצפית אתו זהב טהור מבית ומחוץ תצפנו ועשית עליו זר זהב סביב:
ויצקת לו ארבע טבעת זהב ונתתה על ארבע פעמתיו ושתי טבעת על-צלעו האחת
ושתי טבעת על-צלעו השנית: ועשית בדי עצי שטים וצפית אתם זהב:
והבאת את-הבדים בטבעת על צלעת הארן לשאת את-הארן בהם: בטבעת
הארן יהיו הבדים לא יסרו ממנו: ונתת אל-הארן את העדת אשר אתן אליך:

Tetsavé

ואתה תצוה | את-בני ישראל ויקחו אליך שמן זית זך כתית למאור
להעלת נר תמיד: באהל מועד מחוץ לפרכת אשר על-העדת יערך אתו אהרן
ובניו מערב עד-בקר לפני יהוה חקת עולם לדרתם מאת בני ישראל:

ואתה הקרב אליך את־אהרן אחיך ואת־בניו אתו מתוך בני ישראל לכהנו־לי
אהרן נדב ואביהוא אלעזר ואיתמר בני אהרן: ועשית בגדי־קדש לאהרן אחיך
לכבוד ולתפארת: ואתה תדבר אל־כל־חכמי־לב אשר מלאתיו רוח חכמה ועשו
את־בגדי אהרן לקדשו לכהנו־לי: ואלה הבגדים אשר יעשו חשן ואפוד ומעיל
וכתנת תשבץ מצנפת ואבנט ועשו בגדי־קדש לאהרן אחיך ולבניו לכהנו־לי:
והם יקחו את־הזהב ואת־התכלת ואת־הארגמן ואת־תולעת השני ואת־השש: *Leví*
ועשו את־האפד זהב תכלת וארגמן תולעת שני ושש משזר מעשה חשב:
שתי כתפת חברת יהיה־לו אל־שני קצותיו וחבר: וחשב אפדתו אשר עליו
כמעשהו ממנו יהיה זהב תכלת וארגמן ותולעת שני ושש משזר: ולקחת את־שתי
אבני־שהם ופתחת עליהם שמות בני ישראל: *Yisrael* ששה משמתם על האבן
האחת ואת־שמות הששה הנותרים על־האבן השנית כתולדתם: מעשה חרש אבן
פתוחי חתם תפתח את־שתי האבנים על־שמת בני ישראל מסבת משבצות
זהב תעשה אתם: ושמת את־שתי האבנים על כתפת האפד אבני זכרן
לבני ישראל ונשא אהרן את־שמותם לפני יהוה יאהדונהי על־שתי כתפיו לזכרן:

QUI TISÁ

וידבר יהוה יאהדונהי אל־משה לאמר: כי תשא את־ראש בני־ישראל לפקדיהם
ונתנו איש כפר נפשו ליהוה יאהדונהי בפקד אתם ולא־יהיה בהם נגף בפקד אתם:
זה | יתנו כל־העבר על־הפקדים מחצית השקל בשקל הקדש עשרים גרה השקל
מחצית השקל תרומה ליהוה יאהדונהי: *Leví* כל העבר על־הפקדים מבן עשרים
שנה ומעלה יתן תרומת יהוה יאהדונהי: העשיר לא־ירבה והדל לא ימעיט ממחצית
השקל לתת את־תרומת יהוה יאהדונהי לכפר על־נפשתיכם: ולקחת את־כסף הכפרים
מאת בני ישראל ונתת אתו על־עבדת אהל מועד והיה לבני ישראל לזכרון לפני
יהוה יאהדונהי לכפר על־נפשתיכם: *Yisrael* וידבר יהוה יאהדונהי אל־משה לאמר:
ועשית כיור נחשת וכנו נחשת לרחצה ונתת אתו בין־אהל מועד ובין המזבח ונתת
שמה מים: ורחצו אהרן ובניו ממנו את־ידיהם ואת־רגליהם: בבאם אל־אהל מועד
ירחצו־מים ולא ימתו או בגשתם אל־המזבח לשרת להקטיר אשה ליהוה יאהדונהי:
ורחצו ידיהם ורגליהם ולא ימתו והיתה להם חק־עולם לו ולזרעו לדרתם:

VAYAKEL

ויקהל משה את־כל־עדת בני ישראל ויאמר אלהם אלה הדברים
אשר־צוה יהוה יאהדונהי לעשת אתם: ששת ימים תעשה מלאכה
וביום השביעי יהיה לכם קדש שבת שבתון ליהוה יאהדונהי כל־העשה בו
מלאכה יומת: לא־תבערו אש בכל משבתיכם ביום השבת: *Leví*

וַיֹּ֣אמֶר מֹשֶׁ֔ה אֶל־כָּל־עֲדַ֥ת בְּנֵֽי־יִשְׂרָאֵ֖ל לֵאמֹ֑ר זֶ֣ה הַדָּבָ֔ר אֲשֶׁר־צִוָּ֥ה יְהֹוָ֖האדניאהדונהי לֵאמֹֽר׃ קְח֨וּ מֵאִתְּכֶ֤ם תְּרוּמָה֙ לַיהֹוָ֔האדניאהדונהי כֹּ֚ל נְדִ֣יב לִבּ֔וֹ יְבִיאֶ֕הָ אֵ֖ת תְּרוּמַ֣ת יְהֹוָ֑האדניאהדונהי זָהָ֥ב וָכֶ֖סֶף וּנְחֹֽשֶׁת׃ וּתְכֵ֧לֶת וְאַרְגָּמָ֛ן וְתוֹלַ֥עַת שָׁנִ֖י וְשֵׁ֥שׁ וְעִזִּֽים׃ וְעֹרֹ֨ת אֵילִ֧ם מְאָדָּמִ֛ים וְעֹרֹ֥ת תְּחָשִׁ֖ים וַעֲצֵ֥י שִׁטִּֽים׃ וְשֶׁ֖מֶן לַמָּא֑וֹר וּבְשָׂמִים֙ לְשֶׁ֣מֶן הַמִּשְׁחָ֔ה וְלִקְטֹ֖רֶת הַסַּמִּֽים׃ וְאַבְנֵי־שֹׁ֕הַם וְאַבְנֵ֖י מִלֻּאִ֑ים לָאֵפ֖וֹד וְלַחֹֽשֶׁן׃ וְכָל־חֲכַם־לֵ֖ב בָּכֶ֑ם יָבֹ֣אוּ וְיַעֲשׂ֔וּ אֵ֛ת כָּל־אֲשֶׁ֥ר צִוָּ֖ה יְהֹוָֽהאדניאהדונהי׃ *Yisrael* אֶת־הַמִּשְׁכָּ֕ן אֶת־אָהֳל֖וֹ וְאֶת־מִכְסֵ֑הוּ אֶת־קְרָסָיו֙ וְאֶת־קְרָשָׁ֔יו אֶת־בְּרִיחָ֕ו אֶת־עַמֻּדָ֖יו וְאֶת־אֲדָנָֽיו׃ אֶת־הָאָרֹ֥ן וְאֶת־בַּדָּ֖יו אֶת־הַכַּפֹּ֑רֶת וְאֵ֖ת פָּרֹ֥כֶת הַמָּסָֽךְ׃ אֶת־הַשֻּׁלְחָ֥ן וְאֶת־בַּדָּ֖יו וְאֶת־כָּל־כֵּלָ֑יו וְאֵ֖ת לֶ֥חֶם הַפָּנִֽים׃ וְאֶת־מְנֹרַ֥ת הַמָּא֛וֹר וְאֶת־כֵּלֶ֖יהָ וְאֶת־נֵרֹתֶ֑יהָ וְאֵ֖ת שֶׁ֥מֶן הַמָּאֽוֹר׃ וְאֶת־מִזְבַּ֤ח הַקְּטֹ֙רֶת֙ וְאֶת־בַּדָּ֔יו וְאֵת֙ שֶׁ֣מֶן הַמִּשְׁחָ֔ה וְאֵ֖ת קְטֹ֣רֶת הַסַּמִּ֑ים וְאֶת־מָסַ֥ךְ הַפֶּ֖תַח לְפֶ֥תַח הַמִּשְׁכָּֽן׃ אֵ֣ת ׀ מִזְבַּ֣ח הָעֹלָ֗ה וְאֶת־מִכְבַּ֤ר הַנְּחֹ֙שֶׁת֙ אֲשֶׁר־ל֔וֹ אֶת־בַּדָּ֖יו וְאֶת־כָּל־כֵּלָ֑יו אֶת־הַכִּיֹּ֖ר וְאֶת־כַּנּֽוֹ׃ אֵ֚ת קַלְעֵ֣י הֶֽחָצֵ֔ר אֶת־עַמֻּדָ֖יו וְאֶת־אֲדָנֶ֑יהָ וְאֵ֕ת מָסַ֖ךְ שַׁ֥עַר הֶחָצֵֽר׃ אֶת־יִתְדֹ֧ת הַמִּשְׁכָּ֛ן וְאֶת־יִתְדֹ֥ת הֶחָצֵ֖ר וְאֶת־מֵיתְרֵיהֶֽם׃ אֶת־בִּגְדֵ֥י הַשְּׂרָ֖ד לְשָׁרֵ֣ת בַּקֹּ֑דֶשׁ אֶת־בִּגְדֵ֤י הַקֹּ֙דֶשׁ֙ לְאַהֲרֹ֣ן הַכֹּהֵ֔ן וְאֶת־בִּגְדֵ֥י בָנָ֖יו לְכַהֵֽן׃ וַיֵּצְא֛וּ כָּל־עֲדַ֥ת בְּנֵֽי־יִשְׂרָאֵ֖ל מִלִּפְנֵ֥י מֹשֶֽׁה׃

Pekudei

אֵ֩לֶּה֩ פְקוּדֵ֨י הַמִּשְׁכָּ֜ן מִשְׁכַּ֣ן הָעֵדֻ֗ת אֲשֶׁ֥ר פֻּקַּ֖ד עַל־פִּ֣י מֹשֶׁ֑ה עֲבֹדַת֙ הַלְוִיִּ֔ם בְּיַד֙ אִֽיתָמָ֔ר בֶּֽן־אַהֲרֹ֖ן הַכֹּהֵֽן׃ וּבְצַלְאֵ֥ל בֶּן־אוּרִ֛י בֶן־ח֖וּר לְמַטֵּ֣ה יְהוּדָ֑ה עָשָׂ֕ה אֵ֛ת כָּל־אֲשֶׁר־צִוָּ֥ה יְהֹוָ֖האדניאהדונהי אֶת־מֹשֶֽׁה׃ וְאִתּ֗וֹ אָֽהֳלִיאָ֛ב בֶּן־אֲחִֽיסָמָ֖ךְ לְמַטֵּה־דָ֑ן חָרָ֣שׁ וְחֹשֵׁ֔ב וְרֹקֵ֗ם בַּתְּכֵ֙לֶת֙ וּבָֽאַרְגָּמָ֔ן וּבְתוֹלַ֥עַת הַשָּׁנִ֖י וּבַשֵּֽׁשׁ׃ *Leví* כָּל־הַזָּהָ֗ב הֶֽעָשׂוּי֙ לַמְּלָאכָ֔ה בְּכֹ֖ל מְלֶ֣אכֶת הַקֹּ֑דֶשׁ וַיְהִ֣י ׀ זְהַ֣ב הַתְּנוּפָ֗ה תֵּ֤שַׁע וְעֶשְׂרִים֙ כִּכָּ֔ר וּשְׁבַ֨ע מֵא֤וֹת וּשְׁלֹשִׁים֙ שֶׁ֔קֶל בְּשֶׁ֖קֶל הַקֹּֽדֶשׁ׃ וְכֶ֛סֶף פְּקוּדֵ֥י הָעֵדָ֖ה מְאַ֣ת כִּכָּ֑ר וְאֶ֨לֶף֙ וּשְׁבַ֣ע מֵא֔וֹת וַחֲמִשָּׁ֥ה וְשִׁבְעִ֖ים שֶׁ֥קֶל בְּשֶׁ֥קֶל הַקֹּֽדֶשׁ׃ בֶּ֚קַע לַגֻּלְגֹּ֔לֶת מַחֲצִ֥ית הַשֶּׁ֖קֶל בְּשֶׁ֣קֶל הַקֹּ֑דֶשׁ לְכֹ֨ל הָעֹבֵ֜ר עַל־הַפְּקֻדִ֗ים מִבֶּ֨ן עֶשְׂרִ֤ים שָׁנָה֙ וָמַ֔עְלָה לְשֵׁשׁ־מֵא֥וֹת אֶ֙לֶף֙ וּשְׁלֹ֣שֶׁת אֲלָפִ֔ים וַחֲמֵ֥שׁ מֵא֖וֹת וַחֲמִשִּֽׁים׃ וַֽיְהִ֗י מְאַת֙ כִּכַּ֣ר הַכֶּ֔סֶף לָצֶ֗קֶת אֵ֚ת אַדְנֵ֣י הַקֹּ֔דֶשׁ וְאֵ֖ת אַדְנֵ֣י הַפָּרֹ֑כֶת מְאַ֧ת אֲדָנִ֛ים לִמְאַ֥ת הַכִּכָּ֖ר כִּכָּ֥ר לָאָֽדֶן׃ *Yisrael* וְאֶת־הָאֶ֜לֶף וּשְׁבַ֤ע הַמֵּאוֹת֙ וַחֲמִשָּׁ֣ה וְשִׁבְעִ֔ים עָשָׂ֥ה וָוִ֖ים לָֽעַמּוּדִ֑ים וְצִפָּ֥ה רָאשֵׁיהֶ֖ם וְחִשַּׁ֥ק אֹתָֽם׃ וּנְחֹ֥שֶׁת הַתְּנוּפָ֖ה שִׁבְעִ֣ים כִּכָּ֑ר וְאַלְפַּ֥יִם וְאַרְבַּע־מֵא֖וֹת שָֽׁקֶל׃ וַיַּ֣עַשׂ בָּ֗הּ אֶת־אַדְנֵי֙ פֶּ֚תַח אֹ֣הֶל מוֹעֵ֔ד וְאֵת֙ מִזְבַּ֣ח הַנְּחֹ֔שֶׁת וְאֶת־מִכְבַּ֥ר הַנְּחֹ֖שֶׁת אֲשֶׁר־ל֑וֹ וְאֵ֖ת כָּל־כְּלֵ֥י הַמִּזְבֵּֽחַ׃ וְאֶת־אַדְנֵ֤י הֶֽחָצֵר֙ סָבִ֔יב וְאֶת־אַדְנֵ֖י שַׁ֣עַר הֶחָצֵ֑ר וְאֵ֨ת כָּל־יִתְדֹ֧ת הַמִּשְׁכָּ֛ן וְאֶת־כָּל־יִתְדֹ֥ת הֶחָצֵ֖ר סָבִֽיב׃ וּמִן־הַתְּכֵ֤לֶת וְהָֽאַרְגָּמָן֙ וְתוֹלַ֣עַת הַשָּׁנִ֔י עָשׂ֥וּ בִגְדֵי־שְׂרָ֖ד לְשָׁרֵ֣ת בַּקֹּ֑דֶשׁ וַֽיַּעֲשׂ֞וּ אֶת־בִּגְדֵ֤י הַקֹּ֙דֶשׁ֙ אֲשֶׁ֣ר לְאַהֲרֹ֔ן כַּאֲשֶׁ֛ר צִוָּ֥ה יְהֹוָ֖האדניאהדונהי אֶת־מֹשֶֽׁה׃

VAYIKRÁ

וַיִּקְרָא אֶל־מֹשֶׁה וַיְדַבֵּר יְהֹוָה אדני יאהדונהי אֵלָיו מֵאֹהֶל מוֹעֵד לֵאמֹר׃ דַּבֵּר אֶל־בְּנֵי יִשְׂרָאֵל וְאָמַרְתָּ אֲלֵהֶם אָדָם כִּי־יַקְרִיב מִכֶּם קָרְבָּן לַיהֹוָה אדני יאהדונהי מִן־הַבְּהֵמָה מִן־הַבָּקָר וּמִן־הַצֹּאן תַּקְרִיבוּ אֶת־קָרְבַּנְכֶם׃ אִם־עֹלָה קָרְבָּנוֹ מִן־הַבָּקָר זָכָר תָּמִים יַקְרִיבֶנּוּ אֶל־פֶּתַח אֹהֶל מוֹעֵד יַקְרִיב אֹתוֹ לִרְצֹנוֹ לִפְנֵי יְהֹוָה אדני יאהדונהי׃ וְסָמַךְ יָדוֹ עַל רֹאשׁ הָעֹלָה וְנִרְצָה לוֹ לְכַפֵּר עָלָיו׃ *Leví* וְשָׁחַט אֶת־בֶּן הַבָּקָר לִפְנֵי יְהֹוָה אדני יאהדונהי וְהִקְרִיבוּ בְּנֵי אַהֲרֹן הַכֹּהֲנִים אֶת־הַדָּם וְזָרְקוּ אֶת־הַדָּם עַל־הַמִּזְבֵּחַ סָבִיב אֲשֶׁר־פֶּתַח אֹהֶל מוֹעֵד׃ וְהִפְשִׁיט אֶת־הָעֹלָה וְנִתַּח אֹתָהּ לִנְתָחֶיהָ׃ וְנָתְנוּ בְּנֵי אַהֲרֹן הַכֹּהֵן אֵשׁ עַל־הַמִּזְבֵּחַ וְעָרְכוּ עֵצִים עַל־הָאֵשׁ׃ וְעָרְכוּ בְּנֵי אַהֲרֹן הַכֹּהֲנִים אֵת הַנְּתָחִים אֶת־הָרֹאשׁ וְאֶת־הַפָּדֶר עַל־הָעֵצִים אֲשֶׁר עַל־הָאֵשׁ אֲשֶׁר עַל־הַמִּזְבֵּחַ׃ וְקִרְבּוֹ וּכְרָעָיו יִרְחַץ בַּמָּיִם וְהִקְטִיר הַכֹּהֵן אֶת־הַכֹּל הַמִּזְבֵּחָה עֹלָה אִשֵּׁה רֵיחַ־נִיחוֹחַ לַיהֹוָה אדני יאהדונהי׃ *Yisrael* וְאִם־מִן־הַצֹּאן קָרְבָּנוֹ מִן־הַכְּשָׂבִים אוֹ מִן־הָעִזִּים לְעֹלָה זָכָר תָּמִים יַקְרִיבֶנּוּ׃ וְשָׁחַט אֹתוֹ עַל יֶרֶךְ הַמִּזְבֵּחַ צָפֹנָה לִפְנֵי יְהֹוָה אדני יאהדונהי וְזָרְקוּ בְּנֵי אַהֲרֹן הַכֹּהֲנִים אֶת־דָּמוֹ עַל־הַמִּזְבֵּחַ סָבִיב׃ וְנִתַּח אֹתוֹ לִנְתָחָיו וְאֶת־רֹאשׁוֹ וְאֶת־פִּדְרוֹ וְעָרַךְ הַכֹּהֵן אֹתָם עַל־הָעֵצִים אֲשֶׁר עַל־הָאֵשׁ אֲשֶׁר עַל־הַמִּזְבֵּחַ׃ וְהַקֶּרֶב וְהַכְּרָעַיִם יִרְחַץ בַּמָּיִם וְהִקְרִיב הַכֹּהֵן אֶת־הַכֹּל וְהִקְטִיר הַמִּזְבֵּחָה עֹלָה הוּא אִשֵּׁה רֵיחַ נִיחֹחַ לַיהֹוָה אדני יאהדונהי׃

TSAV

וַיְדַבֵּר יְהֹוָה אדני יאהדונהי אֶל־מֹשֶׁה לֵּאמֹר׃ צַו אֶת־אַהֲרֹן וְאֶת־בָּנָיו לֵאמֹר זֹאת תּוֹרַת הָעֹלָה הִוא הָעֹלָה עַל מוֹקְדָה עַל־הַמִּזְבֵּחַ כָּל־הַלַּיְלָה עַד־הַבֹּקֶר וְאֵשׁ הַמִּזְבֵּחַ תּוּקַד בּוֹ׃ וְלָבַשׁ הַכֹּהֵן מִדּוֹ בַד וּמִכְנְסֵי־בַד יִלְבַּשׁ עַל־בְּשָׂרוֹ וְהֵרִים אֶת־הַדֶּשֶׁן אֲשֶׁר תֹּאכַל הָאֵשׁ אֶת־הָעֹלָה עַל־הַמִּזְבֵּחַ וְשָׂמוֹ אֵצֶל הַמִּזְבֵּחַ׃ *Leví* וּפָשַׁט אֶת־בְּגָדָיו וְלָבַשׁ בְּגָדִים אֲחֵרִים וְהוֹצִיא אֶת־הַדֶּשֶׁן אֶל־מִחוּץ לַמַּחֲנֶה אֶל־מָקוֹם טָהוֹר׃ וְהָאֵשׁ עַל־הַמִּזְבֵּחַ תּוּקַד־בּוֹ לֹא תִכְבֶּה וּבִעֵר עָלֶיהָ הַכֹּהֵן עֵצִים בַּבֹּקֶר בַּבֹּקֶר וְעָרַךְ עָלֶיהָ הָעֹלָה וְהִקְטִיר עָלֶיהָ חֶלְבֵי הַשְּׁלָמִים׃ אֵשׁ תָּמִיד תּוּקַד עַל־הַמִּזְבֵּחַ לֹא תִכְבֶּה׃ *Yisrael* וְזֹאת תּוֹרַת הַמִּנְחָה הַקְרֵב אֹתָהּ בְּנֵי־אַהֲרֹן לִפְנֵי יְהֹוָה אדני יאהדונהי אֶל־פְּנֵי הַמִּזְבֵּחַ׃ וְהֵרִים מִמֶּנּוּ בְּקֻמְצוֹ מִסֹּלֶת הַמִּנְחָה וּמִשַּׁמְנָהּ וְאֵת כָּל־הַלְּבֹנָה אֲשֶׁר עַל־הַמִּנְחָה וְהִקְטִיר הַמִּזְבֵּחַ רֵיחַ נִיחֹחַ אַזְכָּרָתָהּ לַיהֹוָה אדני יאהדונהי׃ וְהַנּוֹתֶרֶת מִמֶּנָּה יֹאכְלוּ אַהֲרֹן וּבָנָיו מַצּוֹת תֵּאָכֵל בְּמָקוֹם קָדֹשׁ בַּחֲצַר אֹהֶל־מוֹעֵד יֹאכְלוּהָ׃ לֹא תֵאָפֶה חָמֵץ חֶלְקָם נָתַתִּי אֹתָהּ מֵאִשָּׁי קֹדֶשׁ קָדָשִׁים הִוא כַּחַטָּאת וְכָאָשָׁם׃ כָּל־זָכָר בִּבְנֵי אַהֲרֹן יֹאכְלֶנָּה חָק־עוֹלָם לְדֹרֹתֵיכֶם מֵאִשֵּׁי יְהֹוָה אדני יאהדונהי כֹּל אֲשֶׁר־יִגַּע בָּהֶם יִקְדָּשׁ׃

SHMINÍ

וַיְהִי בַּיּוֹם הַשְּׁמִינִי קָרָא מֹשֶׁה לְאַהֲרֹן וּלְבָנָיו וּלְזִקְנֵי יִשְׂרָאֵל׃ וַיֹּאמֶר אֶל־אַהֲרֹן קַח־לְךָ עֵגֶל בֶּן־בָּקָר לְחַטָּאת וְאַיִל לְעֹלָה תְּמִימִם וְהַקְרֵב לִפְנֵי יְהֹוָה אדני יאהדונהי׃ וְאֶל־בְּנֵי יִשְׂרָאֵל תְּדַבֵּר לֵאמֹר קְחוּ שְׂעִיר־עִזִּים לְחַטָּאת וְעֵגֶל וָכֶבֶשׂ בְּנֵי־שָׁנָה תְּמִימִם לְעֹלָה׃

וְשׁוֹר וָאַיִל לִשְׁלָמִים לִזְבֹּחַ לִפְנֵי יְהֹוָה יאהדונהי וּמִנְחָה בְּלוּלָה בַשָּׁמֶן כִּי הַיּוֹם
יְהֹוָה יאהדונהי נִרְאָה אֲלֵיכֶם: וַיִּקְחוּ אֵת אֲשֶׁר צִוָּה מֹשֶׁה אֶל־פְּנֵי אֹהֶל מוֹעֵד וַיִּקְרְבוּ
כָּל־הָעֵדָה וַיַּעַמְדוּ לִפְנֵי יְהֹוָה יאהדונהי: וַיֹּאמֶר מֹשֶׁה זֶה הַדָּבָר אֲשֶׁר־צִוָּה
יְהֹוָה יאהדונהי תַּעֲשׂוּ וְיֵרָא אֲלֵיכֶם כְּבוֹד יְהֹוָה יאהדונהי: *Leví* וַיֹּאמֶר מֹשֶׁה אֶל־אַהֲרֹן
קְרַב אֶל־הַמִּזְבֵּחַ וַעֲשֵׂה אֶת־חַטָּאתְךָ וְאֶת־עֹלָתֶךָ וְכַפֵּר בַּעַדְךָ וּבְעַד הָעָם וַעֲשֵׂה
אֶת־קָרְבַּן הָעָם וְכַפֵּר בַּעֲדָם כַּאֲשֶׁר צִוָּה יְהֹוָה יאהדונהי: וַיִּקְרַב אַהֲרֹן אֶל־הַמִּזְבֵּחַ
וַיִּשְׁחַט אֶת־עֵגֶל הַחַטָּאת אֲשֶׁר־לוֹ: וַיַּקְרִבוּ בְּנֵי אַהֲרֹן אֶת־הַדָּם אֵלָיו וַיִּטְבֹּל אֶצְבָּעוֹ
בַּדָּם וַיִּתֵּן עַל־קַרְנוֹת הַמִּזְבֵּחַ וְאֶת־הַדָּם יָצַק אֶל־יְסוֹד הַמִּזְבֵּחַ: וְאֶת־הַחֵלֶב
וְאֶת־הַכְּלָיֹת וְאֶת־הַיֹּתֶרֶת מִן־הַכָּבֵד מִן־הַחַטָּאת הִקְטִיר הַמִּזְבֵּחָה כַּאֲשֶׁר צִוָּה
יְהֹוָה יאהדונהי אֶת־מֹשֶׁה: *Yisrael* וְאֶת־הַבָּשָׂר וְאֶת־הָעוֹר שָׂרַף בָּאֵשׁ מִחוּץ לַמַּחֲנֶה:
וַיִּשְׁחַט אֶת־הָעֹלָה וַיַּמְצִאוּ בְּנֵי אַהֲרֹן אֵלָיו אֶת־הַדָּם וַיִּזְרְקֵהוּ עַל־הַמִּזְבֵּחַ סָבִיב:
וְאֶת־הָעֹלָה הִמְצִיאוּ אֵלָיו לִנְתָחֶיהָ וְאֶת־הָרֹאשׁ וַיַּקְטֵר עַל־הַמִּזְבֵּחַ: וַיִּרְחַץ אֶת־הַקֶּרֶב
וְאֶת־הַכְּרָעָיִם וַיַּקְטֵר עַל־הָעֹלָה הַמִּזְבֵּחָה: וַיַּקְרֵב אֵת קָרְבַּן הָעָם וַיִּקַּח אֶת־שְׂעִיר
הַחַטָּאת אֲשֶׁר לָעָם וַיִּשְׁחָטֵהוּ וַיְחַטְּאֵהוּ כָּרִאשׁוֹן: וַיַּקְרֵב אֶת־הָעֹלָה וַיַּעֲשֶׂהָ כַּמִּשְׁפָּט:

TAZRÍA

וַיְדַבֵּר יְהֹוָה יאהדונהי אֶל־מֹשֶׁה לֵּאמֹר: דַּבֵּר אֶל־בְּנֵי יִשְׂרָאֵל לֵאמֹר אִשָּׁה כִּי תַזְרִיעַ
וְיָלְדָה זָכָר וְטָמְאָה שִׁבְעַת יָמִים כִּימֵי נִדַּת דְּוֹתָהּ תִּטְמָא: וּבַיּוֹם הַשְּׁמִינִי יִמּוֹל בְּשַׂר
עָרְלָתוֹ: וּשְׁלֹשִׁים יוֹם וּשְׁלֹשֶׁת יָמִים תֵּשֵׁב בִּדְמֵי טָהֳרָה בְּכָל־קֹדֶשׁ לֹא־תִגָּע
וְאֶל־הַמִּקְדָּשׁ לֹא תָבֹא עַד־מְלֹאת יְמֵי טָהֳרָהּ: *Leví* וְאִם־נְקֵבָה תֵלֵד וְטָמְאָה שְׁבֻעַיִם
כְּנִדָּתָהּ וְשִׁשִּׁים יוֹם וְשֵׁשֶׁת יָמִים תֵּשֵׁב עַל־דְּמֵי טָהֳרָה: וּבִמְלֹאת | יְמֵי טָהֳרָהּ לְבֵן אוֹ
לְבַת תָּבִיא כֶּבֶשׂ בֶּן־שְׁנָתוֹ לְעֹלָה וּבֶן־יוֹנָה אוֹ־תֹר לְחַטָּאת אֶל־פֶּתַח אֹהֶל־מוֹעֵד
אֶל־הַכֹּהֵן: וְהִקְרִיבוֹ לִפְנֵי יְהֹוָה יאהדונהי וְכִפֶּר עָלֶיהָ וְטָהֲרָה מִמְּקֹר דָּמֶיהָ זֹאת תּוֹרַת
הַיֹּלֶדֶת לַזָּכָר אוֹ לַנְּקֵבָה: וְאִם־לֹא תִמְצָא יָדָהּ דֵּי שֶׂה וְלָקְחָה שְׁתֵּי־תֹרִים אוֹ
שְׁנֵי בְּנֵי יוֹנָה אֶחָד לְעֹלָה וְאֶחָד לְחַטָּאת וְכִפֶּר עָלֶיהָ הַכֹּהֵן וְטָהֵרָה: *Yisrael*
וַיְדַבֵּר יְהֹוָה יאהדונהי אֶל־מֹשֶׁה וְאֶל־אַהֲרֹן לֵאמֹר: אָדָם כִּי־יִהְיֶה בְעוֹר־בְּשָׂרוֹ
שְׂאֵת אוֹ־סַפַּחַת אוֹ בַהֶרֶת וְהָיָה בְעוֹר־בְּשָׂרוֹ לְנֶגַע צָרָעַת וְהוּבָא אֶל־אַהֲרֹן הַכֹּהֵן
אוֹ אֶל־אַחַד מִבָּנָיו הַכֹּהֲנִים: וְרָאָה הַכֹּהֵן אֶת־הַנֶּגַע בְּעוֹר־הַבָּשָׂר וְשֵׂעָר בַּנֶּגַע
הָפַךְ | לָבָן וּמַרְאֵה הַנֶּגַע עָמֹק מֵעוֹר בְּשָׂרוֹ נֶגַע צָרַעַת הוּא וְרָאָהוּ הַכֹּהֵן וְטִמֵּא אֹתוֹ:
וְאִם־בַּהֶרֶת לְבָנָה הִוא בְּעוֹר בְּשָׂרוֹ וְעָמֹק אֵין־מַרְאֶהָ מִן־הָעוֹר וּשְׂעָרָה לֹא־הָפַךְ לָבָן
וְהִסְגִּיר הַכֹּהֵן אֶת־הַנֶּגַע שִׁבְעַת יָמִים: וְרָאָהוּ הַכֹּהֵן בַּיּוֹם הַשְּׁבִיעִי וְהִנֵּה
הַנֶּגַע עָמַד בְּעֵינָיו לֹא־פָשָׂה הַנֶּגַע בָּעוֹר וְהִסְגִּירוֹ הַכֹּהֵן שִׁבְעַת יָמִים שֵׁנִית:

METSORÁ

וַיְדַבֵּר יְהוָה יאהדונהי אֶל־מֹשֶׁה לֵּאמֹר: זֹאת תִּהְיֶה תּוֹרַת הַמְּצֹרָע בְּיוֹם טָהֳרָתוֹ וְהוּבָא אֶל־הַכֹּהֵן: וְיָצָא הַכֹּהֵן אֶל־מִחוּץ לַמַּחֲנֶה וְרָאָה הַכֹּהֵן וְהִנֵּה נִרְפָּא נֶגַע־הַצָּרַעַת מִן־הַצָּרוּעַ: וְצִוָּה הַכֹּהֵן וְלָקַח לַמִּטַּהֵר שְׁתֵּי־צִפֳּרִים חַיּוֹת טְהֹרוֹת וְעֵץ אֶרֶז וּשְׁנִי תוֹלַעַת וְאֵזֹב: וְצִוָּה הַכֹּהֵן וְשָׁחַט אֶת־הַצִּפּוֹר הָאֶחָת אֶל־כְּלִי־חֶרֶשׂ עַל־מַיִם חַיִּים: *Leví* אֶת־הַצִּפֹּר הַחַיָּה יִקַּח אֹתָהּ וְאֶת־עֵץ הָאֶרֶז וְאֶת־שְׁנִי הַתּוֹלַעַת וְאֶת־הָאֵזֹב וְטָבַל אוֹתָם וְאֵת | הַצִּפֹּר הַחַיָּה בְּדַם הַצִּפֹּר הַשְּׁחֻטָה עַל הַמַּיִם הַחַיִּים: וְהִזָּה עַל הַמִּטַּהֵר מִן־הַצָּרַעַת שֶׁבַע פְּעָמִים וְטִהֲרוֹ וְשִׁלַּח אֶת־הַצִּפֹּר הַחַיָּה עַל־פְּנֵי הַשָּׂדֶה: וְכִבֶּס הַמִּטַּהֵר אֶת־בְּגָדָיו וְגִלַּח אֶת־כָּל־שְׂעָרוֹ וְרָחַץ בַּמַּיִם וְטָהֵר וְאַחַר יָבוֹא אֶל־הַמַּחֲנֶה וְיָשַׁב מִחוּץ לְאָהֳלוֹ שִׁבְעַת יָמִים: וְהָיָה בַיּוֹם הַשְּׁבִיעִי יְגַלַּח אֶת־כָּל־שְׂעָרוֹ אֶת־רֹאשׁוֹ וְאֶת־זְקָנוֹ וְאֵת גַּבֹּת עֵינָיו וְאֶת־כָּל־שְׂעָרוֹ יְגַלֵּחַ וְכִבֶּס אֶת־בְּגָדָיו וְרָחַץ אֶת־בְּשָׂרוֹ בַּמַּיִם וְטָהֵר: *Yisrael* וּבַיּוֹם הַשְּׁמִינִי יִקַּח שְׁנֵי־כְבָשִׂים תְּמִימִם וְכַבְשָׂה אַחַת בַּת־שְׁנָתָהּ תְּמִימָה וּשְׁלֹשָׁה עֶשְׂרֹנִים סֹלֶת מִנְחָה בְּלוּלָה בַשֶּׁמֶן וְלֹג אֶחָד שָׁמֶן: וְהֶעֱמִיד הַכֹּהֵן הַמְטַהֵר אֵת הָאִישׁ הַמִּטַּהֵר וְאֹתָם לִפְנֵי יְהוָה יאהדונהי פֶּתַח אֹהֶל מוֹעֵד: וְלָקַח הַכֹּהֵן אֶת־הַכֶּבֶשׂ הָאֶחָד וְהִקְרִיב אֹתוֹ לְאָשָׁם וְאֶת־לֹג הַשָּׁמֶן וְהֵנִיף אֹתָם תְּנוּפָה לִפְנֵי יְהוָה יאהדונהי:

AJAREI MOT

וַיְדַבֵּר יְהוָה יאהדונהי אֶל־מֹשֶׁה אַחֲרֵי מוֹת שְׁנֵי בְּנֵי אַהֲרֹן בְּקָרְבָתָם לִפְנֵי־יְהוָה יאהדונהי וַיָּמֻתוּ: וַיֹּאמֶר יְהוָה יאהדונהי אֶל־מֹשֶׁה דַּבֵּר אֶל־אַהֲרֹן אָחִיךָ וְאַל־יָבֹא בְכָל־עֵת אֶל־הַקֹּדֶשׁ מִבֵּית לַפָּרֹכֶת אֶל־פְּנֵי הַכַּפֹּרֶת אֲשֶׁר עַל־הָאָרֹן וְלֹא יָמוּת כִּי בֶּעָנָן אֵרָאֶה עַל־הַכַּפֹּרֶת: בְּזֹאת יָבֹא אַהֲרֹן אֶל־הַקֹּדֶשׁ בְּפַר בֶּן־בָּקָר לְחַטָּאת וְאַיִל לְעֹלָה: כְּתֹנֶת־בַּד קֹדֶשׁ יִלְבָּשׁ וּמִכְנְסֵי־בַד יִהְיוּ עַל־בְּשָׂרוֹ וּבְאַבְנֵט בַּד יַחְגֹּר וּבְמִצְנֶפֶת בַּד יִצְנֹף בִּגְדֵי־קֹדֶשׁ הֵם וְרָחַץ בַּמַּיִם אֶת־בְּשָׂרוֹ וּלְבֵשָׁם: וּמֵאֵת עֲדַת בְּנֵי יִשְׂרָאֵל יִקַּח שְׁנֵי־שְׂעִירֵי עִזִּים לְחַטָּאת וְאַיִל אֶחָד לְעֹלָה: וְהִקְרִיב אַהֲרֹן אֶת־פַּר הַחַטָּאת אֲשֶׁר־לוֹ וְכִפֶּר בַּעֲדוֹ וּבְעַד בֵּיתוֹ: *Leví* וְלָקַח אֶת־שְׁנֵי הַשְּׂעִירִם וְהֶעֱמִיד אֹתָם לִפְנֵי יְהוָה יאהדונהי פֶּתַח אֹהֶל מוֹעֵד: וְנָתַן אַהֲרֹן עַל־שְׁנֵי הַשְּׂעִירִם גֹּרָלוֹת גּוֹרָל אֶחָד לַיהוָה יאהדונהי וְגוֹרָל אֶחָד לַעֲזָאזֵל: וְהִקְרִיב אַהֲרֹן אֶת־הַשָּׂעִיר אֲשֶׁר עָלָה עָלָיו הַגּוֹרָל לַיהוָה יאהדונהי וְעָשָׂהוּ חַטָּאת: וְהַשָּׂעִיר אֲשֶׁר עָלָה עָלָיו הַגּוֹרָל לַעֲזָאזֵל יָעֳמַד־חַי לִפְנֵי יְהוָה יאהדונהי לְכַפֵּר עָלָיו לְשַׁלַּח אֹתוֹ לַעֲזָאזֵל הַמִּדְבָּרָה: וְהִקְרִיב אַהֲרֹן אֶת־פַּר הַחַטָּאת אֲשֶׁר־לוֹ וְכִפֶּר בַּעֲדוֹ וּבְעַד בֵּיתוֹ וְשָׁחַט אֶת־פַּר הַחַטָּאת אֲשֶׁר־לוֹ: *Yisrael* וְלָקַח מְלֹא־הַמַּחְתָּה גַּחֲלֵי־אֵשׁ מֵעַל הַמִּזְבֵּחַ מִלִּפְנֵי יְהוָה יאהדונהי וּמְלֹא חָפְנָיו קְטֹרֶת סַמִּים דַּקָּה וְהֵבִיא מִבֵּית לַפָּרֹכֶת: וְנָתַן אֶת־הַקְּטֹרֶת עַל־הָאֵשׁ לִפְנֵי יְהוָה יאהדונהי וְכִסָּה | עֲנַן הַקְּטֹרֶת אֶת־הַכַּפֹּרֶת אֲשֶׁר עַל־הָעֵדוּת וְלֹא יָמוּת: וְלָקַח מִדַּם הַפָּר וְהִזָּה בְאֶצְבָּעוֹ עַל־פְּנֵי הַכַּפֹּרֶת קֵדְמָה וְלִפְנֵי הַכַּפֹּרֶת יַזֶּה שֶׁבַע־פְּעָמִים מִן־הַדָּם בְּאֶצְבָּעוֹ: וְשָׁחַט אֶת־שְׂעִיר הַחַטָּאת אֲשֶׁר לָעָם וְהֵבִיא אֶת־דָּמוֹ אֶל־מִבֵּית לַפָּרֹכֶת וְעָשָׂה אֶת־דָּמוֹ כַּאֲשֶׁר עָשָׂה לְדַם הַפָּר וְהִזָּה אֹתוֹ עַל־הַכַּפֹּרֶת וְלִפְנֵי הַכַּפֹּרֶת:

וְכִפֶּר עַל־הַקֹּדֶשׁ מִטֻּמְאֹת בְּנֵי יִשְׂרָאֵל וּמִפִּשְׁעֵיהֶם לְכָל־חַטֹּאתָם וְכֵן יַעֲשֶׂה
לְאֹהֶל מוֹעֵד הַשֹּׁכֵן אִתָּם בְּתוֹךְ טֻמְאֹתָם: וְכָל־אָדָם לֹא־יִהְיֶה | בְּאֹהֶל מוֹעֵד בְּבֹאוֹ
לְכַפֵּר בַּקֹּדֶשׁ עַד־צֵאתוֹ וְכִפֶּר בַּעֲדוֹ וּבְעַד בֵּיתוֹ וּבְעַד כָּל־קְהַל יִשְׂרָאֵל:

Kedoshim

וַיְדַבֵּר יְהֹוָה אֶל־מֹשֶׁה לֵּאמֹר: דַּבֵּר אֶל־כָּל־עֲדַת בְּנֵי־יִשְׂרָאֵל
וְאָמַרְתָּ אֲלֵהֶם קְדֹשִׁים תִּהְיוּ כִּי קָדוֹשׁ אֲנִי יְהֹוָה אֱלֹהֵיכֶם: אִישׁ אִמּוֹ
וְאָבִיו תִּירָאוּ וְאֶת־שַׁבְּתֹתַי תִּשְׁמֹרוּ אֲנִי יְהֹוָה אֱלֹהֵיכֶם: אַל־תִּפְנוּ
אֶל־הָאֱלִילִם וֵאלֹהֵי מַסֵּכָה לֹא תַעֲשׂוּ לָכֶם אֲנִי יְהֹוָה אֱלֹהֵיכֶם: ***Leví***
וְכִי תִזְבְּחוּ זֶבַח שְׁלָמִים לַיהֹוָה לִרְצֹנְכֶם תִּזְבָּחֻהוּ: בְּיוֹם זִבְחֲכֶם יֵאָכֵל
וּמִמָּחֳרָת וְהַנּוֹתָר עַד־יוֹם הַשְּׁלִישִׁי בָּאֵשׁ יִשָּׂרֵף: וְאִם הֵאָכֹל יֵאָכֵל בַּיּוֹם הַשְּׁלִישִׁי
פִּגּוּל הוּא לֹא יֵרָצֶה: וְאֹכְלָיו עֲוֺנוֹ יִשָּׂא כִּי־אֶת־קֹדֶשׁ יְהֹוָה חִלֵּל וְנִכְרְתָה
הַנֶּפֶשׁ הַהִוא מֵעַמֶּיהָ: וּבְקֻצְרְכֶם אֶת־קְצִיר אַרְצְכֶם לֹא תְכַלֶּה פְּאַת שָׂדְךָ לִקְצֹר
וְלֶקֶט קְצִירְךָ לֹא תְלַקֵּט: וְכַרְמְךָ לֹא תְעוֹלֵל וּפֶרֶט כַּרְמְךָ לֹא תְלַקֵּט לֶעָנִי וְלַגֵּר
תַּעֲזֹב אֹתָם אֲנִי יְהֹוָה אֱלֹהֵיכֶם: ***Yisrael*** לֹא תִּגְנֹבוּ וְלֹא־תְכַחֲשׁוּ וְלֹא־תְשַׁקְּרוּ
אִישׁ בַּעֲמִיתוֹ: וְלֹא־תִשָּׁבְעוּ בִשְׁמִי לַשָּׁקֶר וְחִלַּלְתָּ אֶת־שֵׁם אֱלֹהֶיךָ אֲנִי יְהֹוָה:
לֹא־תַעֲשֹׁק אֶת־רֵעֲךָ וְלֹא תִגְזֹל לֹא־תָלִין פְּעֻלַּת שָׂכִיר אִתְּךָ עַד־בֹּקֶר:
לֹא־תְקַלֵּל חֵרֵשׁ וְלִפְנֵי עִוֵּר לֹא תִתֵּן מִכְשֹׁל וְיָרֵאתָ מֵּאֱלֹהֶיךָ אֲנִי יְהֹוָה:

Emor

וַיֹּאמֶר יְהֹוָה אֶל־מֹשֶׁה אֱמֹר אֶל־הַכֹּהֲנִים בְּנֵי אַהֲרֹן וְאָמַרְתָּ אֲלֵהֶם לְנֶפֶשׁ
לֹא־יִטַּמָּא בְּעַמָּיו: כִּי אִם־לִשְׁאֵרוֹ הַקָּרֹב אֵלָיו לְאִמּוֹ וּלְאָבִיו וְלִבְנוֹ וּלְבִתּוֹ וּלְאָחִיו:
וְלַאֲחֹתוֹ הַבְּתוּלָה הַקְּרוֹבָה אֵלָיו אֲשֶׁר לֹא־הָיְתָה לְאִישׁ לָהּ יִטַּמָּא: לֹא יִטַּמָּא
בַּעַל בְּעַמָּיו לְהֵחַלּוֹ: לֹא־יִקְרְחוּ (כתיב יקרחה) קָרְחָה בְּרֹאשָׁם וּפְאַת זְקָנָם לֹא יְגַלֵּחוּ
וּבִבְשָׂרָם לֹא יִשְׂרְטוּ שָׂרָטֶת: קְדֹשִׁים יִהְיוּ לֵאלֹהֵיהֶם וְלֹא יְחַלְּלוּ שֵׁם אֱלֹהֵיהֶם
כִּי אֶת־אִשֵּׁי יְהֹוָה לֶחֶם אֱלֹהֵיהֶם הֵם מַקְרִיבִם וְהָיוּ קֹדֶשׁ: ***Leví***
אִשָּׁה זֹנָה וַחֲלָלָה לֹא יִקָּחוּ וְאִשָּׁה גְּרוּשָׁה מֵאִישָׁהּ לֹא יִקָּחוּ כִּי־קָדֹשׁ הוּא לֵאלֹהָיו:
וְקִדַּשְׁתּוֹ כִּי־אֶת־לֶחֶם אֱלֹהֶיךָ הוּא מַקְרִיב קָדֹשׁ יִהְיֶה־לָּךְ כִּי קָדוֹשׁ אֲנִי יְהֹוָה
מְקַדִּשְׁכֶם: וּבַת אִישׁ כֹּהֵן כִּי תֵחֵל לִזְנוֹת אֶת־אָבִיהָ הִיא מְחַלֶּלֶת בָּאֵשׁ תִּשָּׂרֵף:
וְהַכֹּהֵן הַגָּדוֹל מֵאֶחָיו אֲשֶׁר־יוּצַק עַל־רֹאשׁוֹ | שֶׁמֶן הַמִּשְׁחָה וּמִלֵּא אֶת־יָדוֹ
לִלְבֹּשׁ אֶת־הַבְּגָדִים אֶת־רֹאשׁוֹ לֹא יִפְרָע וּבְגָדָיו לֹא יִפְרֹם: וְעַל כָּל־נַפְשֹׁת מֵת
לֹא יָבֹא לְאָבִיו וּלְאִמּוֹ לֹא יִטַּמָּא: וּמִן־הַמִּקְדָּשׁ לֹא יֵצֵא וְלֹא יְחַלֵּל אֵת
מִקְדַּשׁ אֱלֹהָיו כִּי נֵזֶר שֶׁמֶן מִשְׁחַת אֱלֹהָיו עָלָיו אֲנִי יְהֹוָה: ***Yisrael***
וְהוּא אִשָּׁה בִבְתוּלֶיהָ יִקָּח: אַלְמָנָה וּגְרוּשָׁה וַחֲלָלָה זֹנָה אֶת־אֵלֶּה לֹא יִקָּח כִּי
אִם־בְּתוּלָה מֵעַמָּיו יִקַּח אִשָּׁה: וְלֹא־יְחַלֵּל זַרְעוֹ בְּעַמָּיו כִּי אֲנִי יְהֹוָה מְקַדְּשׁוֹ:

BEHAR

וַיְדַבֵּר יְהֹוָה אֶל־מֹשֶׁה בְּהַר סִינַי לֵאמֹר: דַּבֵּר אֶל־בְּנֵי יִשְׂרָאֵל וְאָמַרְתָּ אֲלֵהֶם
כִּי תָבֹאוּ אֶל־הָאָרֶץ אֲשֶׁר אֲנִי נֹתֵן לָכֶם וְשָׁבְתָה הָאָרֶץ שַׁבָּת לַיהֹוָה:
שֵׁשׁ שָׁנִים תִּזְרַע שָׂדֶךָ וְשֵׁשׁ שָׁנִים תִּזְמֹר כַּרְמֶךָ וְאָסַפְתָּ אֶת־תְּבוּאָתָהּ: *Leví*
וּבַשָּׁנָה הַשְּׁבִיעִת שַׁבַּת שַׁבָּתוֹן יִהְיֶה לָאָרֶץ שַׁבָּת לַיהֹוָה שָׂדְךָ לֹא תִזְרָע
וְכַרְמְךָ לֹא תִזְמֹר: אֵת סְפִיחַ קְצִירְךָ לֹא תִקְצוֹר וְאֶת־עִנְּבֵי נְזִירֶךָ לֹא תִבְצֹר שְׁנַת
שַׁבָּתוֹן יִהְיֶה לָאָרֶץ: וְהָיְתָה שַׁבַּת הָאָרֶץ לָכֶם לְאָכְלָה לְךָ וּלְעַבְדְּךָ וְלַאֲמָתֶךָ
וְלִשְׂכִירְךָ וּלְתוֹשָׁבְךָ הַגָּרִים עִמָּךְ: וְלִבְהֶמְתְּךָ וְלַחַיָּה אֲשֶׁר בְּאַרְצֶךָ תִּהְיֶה כָל־תְּבוּאָתָהּ
לֶאֱכֹל: *Yisrael* וְסָפַרְתָּ לְךָ שֶׁבַע שַׁבְּתֹת שָׁנִים שֶׁבַע שָׁנִים שֶׁבַע פְּעָמִים וְהָיוּ לְךָ יְמֵי
שֶׁבַע שַׁבְּתֹת הַשָּׁנִים תֵּשַׁע וְאַרְבָּעִים שָׁנָה: וְהַעֲבַרְתָּ שׁוֹפַר תְּרוּעָה בַּחֹדֶשׁ הַשְּׁבִעִי
בֶּעָשׂוֹר לַחֹדֶשׁ בְּיוֹם הַכִּפֻּרִים תַּעֲבִירוּ שׁוֹפָר בְּכָל־אַרְצְכֶם: וְקִדַּשְׁתֶּם אֵת שְׁנַת
הַחֲמִשִּׁים שָׁנָה וּקְרָאתֶם דְּרוֹר בָּאָרֶץ לְכָל־יֹשְׁבֶיהָ יוֹבֵל הִוא תִּהְיֶה לָכֶם וְשַׁבְתֶּם אִישׁ
אֶל־אֲחֻזָּתוֹ וְאִישׁ אֶל־מִשְׁפַּחְתּוֹ תָּשֻׁבוּ: יוֹבֵל הִוא שְׁנַת הַחֲמִשִּׁים שָׁנָה תִּהְיֶה לָכֶם לֹא
תִזְרָעוּ וְלֹא תִקְצְרוּ אֶת־סְפִיחֶיהָ וְלֹא תִבְצְרוּ אֶת־נְזִרֶיהָ: כִּי יוֹבֵל הִוא קֹדֶשׁ תִּהְיֶה לָכֶם
מִן־הַשָּׂדֶה תֹּאכְלוּ אֶת־תְּבוּאָתָהּ: בִּשְׁנַת הַיּוֹבֵל הַזֹּאת תָּשֻׁבוּ אִישׁ אֶל־אֲחֻזָּתוֹ:

BEJUKOTAI

אִם־בְּחֻקֹּתַי תֵּלֵכוּ וְאֶת־מִצְוֹתַי תִּשְׁמְרוּ וַעֲשִׂיתֶם אֹתָם: וְנָתַתִּי גִשְׁמֵיכֶם בְּעִתָּם וְנָתְנָה
הָאָרֶץ יְבוּלָהּ וְעֵץ הַשָּׂדֶה יִתֵּן פִּרְיוֹ: וְהִשִּׂיג לָכֶם דַּיִשׁ אֶת־בָּצִיר וּבָצִיר יַשִּׂיג אֶת־זָרַע
וַאֲכַלְתֶּם לַחְמְכֶם לָשֹׂבַע וִישַׁבְתֶּם לָבֶטַח בְּאַרְצְכֶם: *Leví* וְנָתַתִּי שָׁלוֹם בָּאָרֶץ
וּשְׁכַבְתֶּם וְאֵין מַחֲרִיד וְהִשְׁבַּתִּי חַיָּה רָעָה מִן־הָאָרֶץ וְחֶרֶב לֹא־תַעֲבֹר בְּאַרְצְכֶם:
וּרְדַפְתֶּם אֶת־אֹיְבֵיכֶם וְנָפְלוּ לִפְנֵיכֶם לֶחָרֶב: וְרָדְפוּ מִכֶּם חֲמִשָּׁה מֵאָה וּמֵאָה מִכֶּם
רְבָבָה יִרְדֹּפוּ וְנָפְלוּ אֹיְבֵיכֶם לִפְנֵיכֶם לֶחָרֶב: וּפָנִיתִי אֲלֵיכֶם וְהִפְרֵיתִי אֶתְכֶם וְהִרְבֵּיתִי
אֶתְכֶם וַהֲקִימֹתִי אֶת־בְּרִיתִי אִתְּכֶם: *Yisrael* וַאֲכַלְתֶּם יָשָׁן נוֹשָׁן וְיָשָׁן מִפְּנֵי חָדָשׁ
תּוֹצִיאוּ: וְנָתַתִּי מִשְׁכָּנִי בְּתוֹכְכֶם וְלֹא־תִגְעַל נַפְשִׁי אֶתְכֶם: וְהִתְהַלַּכְתִּי בְּתוֹכְכֶם וְהָיִיתִי
לָכֶם לֵאלֹהִים וְאַתֶּם תִּהְיוּ־לִי לְעָם: אֲנִי יְהֹוָה אֱלֹהֵיכֶם אֲשֶׁר הוֹצֵאתִי אֶתְכֶם
מֵאֶרֶץ מִצְרַיִם מִהְיֹת לָהֶם עֲבָדִים וָאֶשְׁבֹּר מֹטֹת עֻלְּכֶם וָאוֹלֵךְ אֶתְכֶם קוֹמְמִיּוּת:

BEMIDBAR

וַיְדַבֵּר יְהֹוָה אֶל־מֹשֶׁה בְּמִדְבַּר סִינַי בְּאֹהֶל מוֹעֵד בְּאֶחָד לַחֹדֶשׁ הַשֵּׁנִי
בַּשָּׁנָה הַשֵּׁנִית לְצֵאתָם מֵאֶרֶץ מִצְרַיִם לֵאמֹר: שְׂאוּ אֶת־רֹאשׁ כָּל־עֲדַת
בְּנֵי־יִשְׂרָאֵל לְמִשְׁפְּחֹתָם לְבֵית אֲבֹתָם בְּמִסְפַּר שֵׁמוֹת כָּל־זָכָר לְגֻלְגְּלֹתָם:
מִבֶּן עֶשְׂרִים שָׁנָה וָמַעְלָה כָּל־יֹצֵא צָבָא בְּיִשְׂרָאֵל תִּפְקְדוּ אֹתָם לְצִבְאֹתָם
אַתָּה וְאַהֲרֹן: וְאִתְּכֶם יִהְיוּ אִישׁ אִישׁ לַמַּטֶּה אִישׁ רֹאשׁ לְבֵית־אֲבֹתָיו הוּא: *Leví*

וְאֵ֙לֶּה֙ שְׁמ֣וֹת הָֽאֲנָשִׁ֔ים אֲשֶׁ֥ר יַֽעַמְד֖וּ אִתְּכֶ֑ם לִרְאוּבֵ֕ן אֱלִיצ֖וּר בֶּן־שְׁדֵיאֽוּר׃
לְשִׁמְע֕וֹן שְׁלֻמִיאֵ֖ל בֶּן־צוּרִֽישַׁדָּֽי׃ לִֽיהוּדָ֕ה נַחְשׁ֖וֹן בֶּן־עַמִּֽינָדָֽב׃ לְיִ֨שָּׂשכָ֔ר נְתַנְאֵ֖ל
בֶּן־צוּעָֽר׃ לִזְבוּלֻ֕ן אֱלִיאָ֖ב בֶּן־חֵלֹֽן׃ לִבְנֵ֣י יוֹסֵ֔ף לְאֶפְרַ֕יִם אֱלִֽישָׁמָ֖ע בֶּן־עַמִּיה֑וּד
לִמְנַשֶּׁ֕ה גַּמְלִיאֵ֖ל בֶּן־פְּדָהצֽוּר׃ לְבִ֨נְיָמִ֔ן אֲבִידָ֖ן בֶּן־גִּדְעֹנִֽי׃ לְדָ֕ן אֲחִיעֶ֖זֶר בֶּן־עַמִּישַׁדָּֽי׃
לְאָשֵׁ֕ר פַּגְעִיאֵ֖ל בֶּן־עָכְרָֽן׃ לְגָ֕ד אֶלְיָסָ֖ף בֶּן־דְּעוּאֵֽל׃ לְנַ֨פְתָּלִ֔י אֲחִירַ֖ע בֶּן־עֵינָֽן׃
אֵ֚לֶּה קְרוּאֵ֣י (כתיב קריאי) הָֽעֵדָ֔ה נְשִׂיאֵ֖י מַטּ֣וֹת אֲבוֹתָ֑ם רָאשֵׁ֛י אַלְפֵ֥י יִשְׂרָאֵ֖ל הֵֽם׃ *Yisrael*
וַיִּקַּ֥ח מֹשֶׁ֖ה וְאַהֲרֹ֑ן אֵ֚ת הָאֲנָשִׁ֣ים הָאֵ֔לֶּה אֲשֶׁ֥ר נִקְּב֖וּ בְּשֵׁמֽוֹת׃ וְאֵ֨ת כָּל־הָעֵדָ֜ה הִקְהִ֗ילוּ
בְּאֶחָד֙ לַחֹ֣דֶשׁ הַשֵּׁנִ֔י וַיִּתְיַֽלְד֥וּ עַל־מִשְׁפְּחֹתָ֖ם לְבֵ֣ית אֲבֹתָ֑ם בְּמִסְפַּ֣ר שֵׁמ֗וֹת מִבֶּ֨ן עֶשְׂרִ֥ים
שָׁנָ֛ה וָמַ֖עְלָה לְגֻלְגְּלֹתָֽם׃ כַּאֲשֶׁ֛ר צִוָּ֥ה יְהֹוָ֖ה יאהדונהי אֶת־מֹשֶׁ֑ה וַֽיִּפְקְדֵ֖ם בְּמִדְבַּ֥ר סִינָֽי׃

NASÓ

וַיְדַבֵּ֥ר יְהֹוָ֖ה יאהדונהי אֶל־מֹשֶׁ֥ה לֵּאמֹֽר׃ נָשֹׂ֗א אֶת־רֹ֛אשׁ בְּנֵ֥י גֵרְשׁ֖וֹן גַּם־הֵ֑ם
לְבֵ֥ית אֲבֹתָ֖ם לְמִשְׁפְּחֹתָֽם׃ מִבֶּן֩ שְׁלֹשִׁ֨ים שָׁנָ֜ה וָמַ֗עְלָה עַ֛ד בֶּן־חֲמִשִּׁ֥ים שָׁנָ֖ה תִּפְקֹ֣ד
אוֹתָ֑ם כָּל־הַבָּא֙ לִצְבֹ֣א צָבָ֔א לַעֲבֹ֥ד עֲבֹדָ֖ה בְּאֹ֥הֶל מוֹעֵֽד׃ זֹ֣את עֲבֹדַ֔ת מִשְׁפְּחֹ֖ת הַגֵּרְשֻׁנִּ֑י
לַעֲבֹ֖ד וּלְמַשָּֽׂא׃ *Leví* וְנָ֨שְׂא֜וּ אֶת־יְרִיעֹ֤ת הַמִּשְׁכָּן֙ וְאֶת־אֹ֣הֶל מוֹעֵ֔ד מִכְסֵ֕הוּ וּמִכְסֵ֛ה
הַתַּ֥חַשׁ אֲשֶׁר־עָלָ֖יו מִלְמָ֑עְלָה וְאֶ֨ת־מָסַ֔ךְ פֶּ֖תַח אֹ֥הֶל מוֹעֵֽד׃ וְאֵת֩ קַלְעֵ֨י הֶחָצֵ֜ר וְאֶת־מָסַ֣ךְ ׀
פֶּ֣תַח ׀ שַׁ֣עַר הֶחָצֵ֗ר אֲשֶׁ֨ר עַל־הַמִּשְׁכָּ֤ן וְעַל־הַמִּזְבֵּ֙חַ֙ סָבִ֔יב וְאֵת֙ מֵיתְרֵיהֶ֔ם וְאֶת־כָּל־כְּלֵ֖י
עֲבֹדָתָ֑ם וְאֵ֨ת כָּל־אֲשֶׁ֧ר יֵעָשֶׂ֛ה לָהֶ֖ם וְעָבָֽדוּ׃ עַל־פִּי֩ אַהֲרֹ֨ן וּבָנָ֜יו
תִּֽהְיֶ֗ה כָּל־עֲבֹדַת֙ בְּנֵ֣י הַגֵּרְשֻׁנִּ֔י לְכָל־מַשָּׂאָ֔ם וּלְכֹ֖ל עֲבֹדָתָ֑ם וּפְקַדְתֶּ֤ם עֲלֵהֶם֙ בְּמִשְׁמֶ֔רֶת
אֵ֖ת כָּל־מַשָּׂאָֽם׃ זֹ֣את עֲבֹדַ֗ת מִשְׁפְּחֹת֙ בְּנֵ֣י הַגֵּרְשֻׁנִּ֔י בְּאֹ֖הֶל מוֹעֵ֑ד וּמִ֨שְׁמַרְתָּ֔ם
בְּיַד֙ אִֽיתָמָ֔ר בֶּֽן־אַהֲרֹ֖ן הַכֹּהֵֽן׃ *Yisrael* בְּנֵ֖י מְרָרִ֑י לְמִשְׁפְּחֹתָ֥ם לְבֵית־אֲבֹתָ֖ם תִּפְקֹ֥ד אֹתָֽם׃
מִבֶּן֩ שְׁלֹשִׁ֨ים שָׁנָ֜ה וָמַ֗עְלָה וְעַ֛ד בֶּן־חֲמִשִּׁ֥ים שָׁנָ֖ה תִּפְקְדֵ֑ם כָּל־הַבָּא֙ לַצָּבָ֔א לַעֲבֹ֕ד
אֶת־עֲבֹדַ֖ת אֹ֥הֶל מוֹעֵֽד׃ וְזֹאת֙ מִשְׁמֶ֣רֶת מַשָּׂאָ֔ם לְכָל־עֲבֹדָתָ֖ם בְּאֹ֣הֶל מוֹעֵ֑ד קַרְשֵׁי֙
הַמִּשְׁכָּ֔ן וּבְרִיחָ֥יו וְעַמּוּדָ֖יו וַאֲדָנָֽיו׃ וְעַמּוּדֵ֨י הֶחָצֵ֜ר סָבִ֗יב וְאַדְנֵיהֶם֙ וִיתֵ֣דֹתָ֔ם וּמֵיתְרֵיהֶ֔ם
לְכָל־כְּלֵיהֶ֔ם וּלְכֹ֖ל עֲבֹדָתָ֑ם וּבְשֵׁמֹ֣ת תִּפְקְד֔וּ אֶת־כְּלֵ֖י מִשְׁמֶ֥רֶת מַשָּׂאָֽם׃ זֹ֣את עֲבֹדַ֗ת
מִשְׁפְּחֹת֙ בְּנֵ֣י מְרָרִ֔י לְכָל־עֲבֹדָתָ֖ם בְּאֹ֣הֶל מוֹעֵ֑ד בְּיַד֙ אִֽיתָמָ֔ר בֶּן־אַהֲרֹ֖ן הַכֹּהֵֽן׃ וַיִּפְקֹ֨ד
מֹשֶׁ֧ה וְאַהֲרֹ֛ן וּנְשִׂיאֵ֥י הָעֵדָ֖ה אֶת־בְּנֵ֣י הַקְּהָתִ֑י לְמִשְׁפְּחֹתָ֖ם וּלְבֵ֥ית אֲבֹתָֽם׃ מִבֶּ֨ן שְׁלֹשִׁ֤ים
שָׁנָה֙ וָמַ֔עְלָה וְעַ֖ד בֶּן־חֲמִשִּׁ֣ים שָׁנָ֑ה כָּל־הַבָּא֙ לַצָּבָ֔א לַעֲבֹדָ֖ה בְּאֹ֥הֶל מוֹעֵֽד׃ וַיִּהְי֥וּ
פְקֻדֵיהֶ֖ם לְמִשְׁפְּחֹתָ֑ם אַלְפַּ֕יִם שְׁבַ֥ע מֵא֖וֹת וַחֲמִשִּֽׁים׃ אֵ֤לֶּה פְקוּדֵי֙ מִשְׁפְּחֹ֣ת הַקְּהָתִ֔י
כָּל־הָעֹבֵ֖ד בְּאֹ֣הֶל מוֹעֵ֑ד אֲשֶׁ֨ר פָּקַ֤ד מֹשֶׁה֙ וְאַהֲרֹ֔ן עַל־פִּ֥י יְהֹוָ֖ה יאהדונהי בְּיַד־מֹשֶֽׁה׃

BEHAALOTJÁ

וַיְדַבֵּ֥ר יְהֹוָ֖ה יאהדונהי אֶל־מֹשֶׁ֥ה לֵּאמֹֽר׃ דַּבֵּר֙ אֶֽל־אַהֲרֹ֔ן וְאָמַרְתָּ֖ אֵלָ֑יו
בְּהַעֲלֹֽתְךָ֙ אֶת־הַנֵּרֹ֔ת אֶל־מוּל֙ פְּנֵ֣י הַמְּנוֹרָ֔ה יָאִ֖ירוּ שִׁבְעַ֥ת הַנֵּרֽוֹת׃ וַיַּ֤עַשׂ כֵּן֙ אַהֲרֹ֔ן
אֶל־מוּל֙ פְּנֵ֣י הַמְּנוֹרָ֔ה הֶעֱלָ֖ה נֵרֹתֶ֑יהָ כַּאֲשֶׁ֛ר צִוָּ֥ה יְהֹוָ֖ה יאהדונהי אֶת־מֹשֶֽׁה׃
וְזֶ֨ה מַעֲשֵׂ֤ה הַמְּנֹרָה֙ מִקְשָׁ֣ה זָהָ֔ב עַד־יְרֵכָ֥הּ עַד־פִּרְחָ֖הּ מִקְשָׁ֣ה הִ֑וא כַּמַּרְאֶ֗ה
אֲשֶׁ֨ר הֶרְאָ֤ה יְהֹוָה֙ יאהדונהי אֶת־מֹשֶׁ֔ה כֵּ֥ן עָשָׂ֖ה אֶת־הַמְּנֹרָֽה׃ *Leví*

וַיְדַבֵּר יְהֹוָה יאהדונהי אֶל־מֹשֶׁה לֵּאמֹר: קַח אֶת־הַלְוִיִּם מִתּוֹךְ בְּנֵי יִשְׂרָאֵל וְטִהַרְתָּ אֹתָם: וְכֹה־תַעֲשֶׂה לָהֶם לְטַהֲרָם הַזֵּה עֲלֵיהֶם מֵי חַטָּאת וְהֶעֱבִירוּ תַעַר עַל־כָּל־בְּשָׂרָם וְכִבְּסוּ בִגְדֵיהֶם וְהִטֶּהָרוּ: וְלָקְחוּ פַּר בֶּן־בָּקָר וּמִנְחָתוֹ סֹלֶת בְּלוּלָה בַשָּׁמֶן וּפַר־שֵׁנִי בֶן־בָּקָר תִּקַּח לְחַטָּאת: וְהִקְרַבְתָּ אֶת־הַלְוִיִּם לִפְנֵי אֹהֶל מוֹעֵד וְהִקְהַלְתָּ אֶת־כָּל־עֲדַת בְּנֵי יִשְׂרָאֵל: *Yisrael* וְהִקְרַבְתָּ אֶת־הַלְוִיִּם לִפְנֵי יְהֹוָה יאהדונהי וְסָמְכוּ בְנֵי־יִשְׂרָאֵל אֶת־יְדֵיהֶם עַל־הַלְוִיִּם: וְהֵנִיף אַהֲרֹן אֶת־הַלְוִיִּם תְּנוּפָה לִפְנֵי יְהֹוָה יאהדונהי מֵאֵת בְּנֵי יִשְׂרָאֵל וְהָיוּ לַעֲבֹד אֶת־עֲבֹדַת יְהֹוָה יאהדונהי: וְהַלְוִיִּם יִסְמְכוּ אֶת־יְדֵיהֶם עַל רֹאשׁ הַפָּרִים וַעֲשֵׂה אֶת־הָאֶחָד חַטָּאת וְאֶת־הָאֶחָד עֹלָה לַיהֹוָה יאהדונהי לְכַפֵּר עַל־הַלְוִיִּם: וְהַעֲמַדְתָּ אֶת־הַלְוִיִּם לִפְנֵי אַהֲרֹן וְלִפְנֵי בָנָיו וְהֵנַפְתָּ אֹתָם תְּנוּפָה לַיהֹוָה יאהדונהי: וְהִבְדַּלְתָּ אֶת־הַלְוִיִּם מִתּוֹךְ בְּנֵי יִשְׂרָאֵל וְהָיוּ לִי הַלְוִיִּם:

SHLAJ LEJÁ

וַיְדַבֵּר יְהֹוָה יאהדונהי אֶל־מֹשֶׁה לֵּאמֹר: שְׁלַח־לְךָ אֲנָשִׁים וְיָתֻרוּ אֶת־אֶרֶץ כְּנַעַן אֲשֶׁר־אֲנִי נֹתֵן לִבְנֵי יִשְׂרָאֵל אִישׁ אֶחָד אִישׁ אֶחָד לְמַטֵּה אֲבֹתָיו תִּשְׁלָחוּ כֹּל נָשִׂיא בָהֶם: וַיִּשְׁלַח אֹתָם מֹשֶׁה מִמִּדְבַּר פָּארָן עַל־פִּי יְהֹוָה יאהדונהי כֻּלָּם אֲנָשִׁים רָאשֵׁי בְנֵי־יִשְׂרָאֵל הֵמָּה: *Leví* וְאֵלֶּה שְׁמוֹתָם לְמַטֵּה רְאוּבֵן שַׁמּוּעַ בֶּן־זַכּוּר: לְמַטֵּה שִׁמְעוֹן שָׁפָט בֶּן־חוֹרִי: לְמַטֵּה יְהוּדָה כָּלֵב בֶּן־יְפֻנֶּה: לְמַטֵּה יִשָּׂשכָר יִגְאָל בֶּן־יוֹסֵף: לְמַטֵּה אֶפְרָיִם הוֹשֵׁעַ בִּן־נוּן: לְמַטֵּה בִנְיָמִן פַּלְטִי בֶּן־רָפוּא: לְמַטֵּה זְבוּלֻן גַּדִּיאֵל בֶּן־סוֹדִי: לְמַטֵּה יוֹסֵף לְמַטֵּה מְנַשֶּׁה גַּדִּי בֶּן־סוּסִי: לְמַטֵּה דָן עַמִּיאֵל בֶּן־גְּמַלִּי: לְמַטֵּה אָשֵׁר סְתוּר בֶּן־מִיכָאֵל: לְמַטֵּה נַפְתָּלִי נַחְבִּי בֶּן־וָפְסִי: לְמַטֵּה גָד גְּאוּאֵל בֶּן־מָכִי: אֵלֶּה שְׁמוֹת הָאֲנָשִׁים אֲשֶׁר־שָׁלַח מֹשֶׁה לָתוּר אֶת־הָאָרֶץ וַיִּקְרָא מֹשֶׁה לְהוֹשֵׁעַ בִּן־נוּן יְהוֹשֻׁעַ: *Yisrael* וַיִּשְׁלַח אֹתָם מֹשֶׁה לָתוּר אֶת־אֶרֶץ כְּנָעַן וַיֹּאמֶר אֲלֵהֶם עֲלוּ זֶה בַּנֶּגֶב וַעֲלִיתֶם אֶת־הָהָר: וּרְאִיתֶם אֶת־הָאָרֶץ מַה־הִוא וְאֶת־הָעָם הַיֹּשֵׁב עָלֶיהָ הֶחָזָק הוּא הֲרָפֶה הַמְעַט הוּא אִם־רָב: וּמָה הָאָרֶץ אֲשֶׁר־הוּא יֹשֵׁב בָּהּ הֲטוֹבָה הִוא אִם־רָעָה וּמָה הֶעָרִים אֲשֶׁר־הוּא יוֹשֵׁב בָּהֵנָּה הַבְּמַחֲנִים אִם בְּמִבְצָרִים: וּמָה הָאָרֶץ הַשְּׁמֵנָה הִוא אִם־רָזָה הֲיֵשׁ־בָּהּ עֵץ אִם־אַיִן וְהִתְחַזַּקְתֶּם וּלְקַחְתֶּם מִפְּרִי הָאָרֶץ וְהַיָּמִים יְמֵי בִּכּוּרֵי עֲנָבִים:

KÓRAJ

וַיִּקַּח קֹרַח בֶּן־יִצְהָר בֶּן־קְהָת בֶּן־לֵוִי וְדָתָן וַאֲבִירָם בְּנֵי אֱלִיאָב וְאוֹן בֶּן־פֶּלֶת בְּנֵי רְאוּבֵן: וַיָּקֻמוּ לִפְנֵי מֹשֶׁה וַאֲנָשִׁים מִבְּנֵי־יִשְׂרָאֵל חֲמִשִּׁים וּמָאתָיִם נְשִׂיאֵי עֵדָה קְרִאֵי מוֹעֵד אַנְשֵׁי־שֵׁם: וַיִּקָּהֲלוּ עַל־מֹשֶׁה וְעַל־אַהֲרֹן וַיֹּאמְרוּ אֲלֵהֶם רַב־לָכֶם כִּי כָל־הָעֵדָה כֻּלָּם קְדֹשִׁים וּבְתוֹכָם יְהֹוָה יאהדונהי וּמַדּוּעַ תִּתְנַשְּׂאוּ עַל־קְהַל יְהֹוָה יאהדונהי: *Leví* וַיִּשְׁמַע מֹשֶׁה וַיִּפֹּל עַל־פָּנָיו: וַיְדַבֵּר אֶל־קֹרַח וְאֶל־כָּל־עֲדָתוֹ לֵאמֹר בֹּקֶר וְיֹדַע יְהֹוָה יאהדונהי אֶת־אֲשֶׁר־לוֹ וְאֶת־הַקָּדוֹשׁ וְהִקְרִיב אֵלָיו וְאֵת אֲשֶׁר יִבְחַר־בּוֹ יַקְרִיב אֵלָיו: זֹאת עֲשׂוּ קְחוּ־לָכֶם מַחְתּוֹת קֹרַח וְכָל־עֲדָתוֹ: וּתְנוּ בָהֵן | אֵשׁ וְשִׂימוּ עֲלֵיהֶן | קְטֹרֶת לִפְנֵי יְהֹוָה יאהדונהי מָחָר וְהָיָה הָאִישׁ אֲשֶׁר־יִבְחַר יְהֹוָה יאהדונהי הוּא הַקָּדוֹשׁ רַב־לָכֶם בְּנֵי לֵוִי: *Yisrael*

וַיֹּאמֶר מֹשֶׁה אֶל־קֹרַח שִׁמְעוּ־נָא בְּנֵי לֵוִי: הַמְעַט מִכֶּם כִּי־הִבְדִּיל אֱלֹהֵי יִשְׂרָאֵל אֶתְכֶם מֵעֲדַת יִשְׂרָאֵל לְהַקְרִיב אֶתְכֶם אֵלָיו לַעֲבֹד אֶת־עֲבֹדַת מִשְׁכַּן יְהֹוָה יאהדונהי וְלַעֲמֹד לִפְנֵי הָעֵדָה לְשָׁרְתָם: וַיַּקְרֵב אֹתְךָ וְאֶת־כָּל־אַחֶיךָ בְנֵי־לֵוִי אִתָּךְ וּבִקַּשְׁתֶּם גַּם־כְּהֻנָּה: לָכֵן אַתָּה וְכָל־עֲדָתְךָ הַנֹּעָדִים עַל־יְהֹוָה יאהדונהי וְאַהֲרֹן מַה־הוּא כִּי תַלִּינוּ (כתיב: תלונו) עָלָיו: וַיִּשְׁלַח מֹשֶׁה לִקְרֹא לְדָתָן וְלַאֲבִירָם בְּנֵי אֱלִיאָב וַיֹּאמְרוּ לֹא נַעֲלֶה: הַמְעַט כִּי הֶעֱלִיתָנוּ מֵאֶרֶץ זָבַת חָלָב וּדְבַשׁ לַהֲמִיתֵנוּ בַּמִּדְבָּר כִּי־תִשְׂתָּרֵר עָלֵינוּ גַּם־הִשְׂתָּרֵר:

JUKAT

וַיְדַבֵּר יְהֹוָה יאהדונהי אֶל־מֹשֶׁה וְאֶל־אַהֲרֹן לֵאמֹר: זֹאת חֻקַּת הַתּוֹרָה אֲשֶׁר־צִוָּה יְהֹוָה יאהדונהי לֵאמֹר דַּבֵּר | אֶל־בְּנֵי יִשְׂרָאֵל וְיִקְחוּ אֵלֶיךָ פָרָה אֲדֻמָּה תְּמִימָה אֲשֶׁר אֵין־בָּהּ מוּם אֲשֶׁר לֹא־עָלָה עָלֶיהָ עֹל: וּנְתַתֶּם אֹתָהּ אֶל־אֶלְעָזָר הַכֹּהֵן וְהוֹצִיא אֹתָהּ אֶל־מִחוּץ לַמַּחֲנֶה וְשָׁחַט אֹתָהּ לְפָנָיו: וְלָקַח אֶלְעָזָר הַכֹּהֵן מִדָּמָהּ בְּאֶצְבָּעוֹ וְהִזָּה אֶל־נֹכַח פְּנֵי אֹהֶל־מוֹעֵד מִדָּמָהּ שֶׁבַע פְּעָמִים: וְשָׂרַף אֶת־הַפָּרָה לְעֵינָיו אֶת־עֹרָהּ וְאֶת־בְּשָׂרָהּ וְאֶת־דָּמָהּ עַל־פִּרְשָׁהּ יִשְׂרֹף: וְלָקַח הַכֹּהֵן עֵץ אֶרֶז וְאֵזוֹב וּשְׁנִי תוֹלָעַת וְהִשְׁלִיךְ אֶל־תּוֹךְ שְׂרֵפַת הַפָּרָה: *Leví* וְכִבֶּס בְּגָדָיו הַכֹּהֵן וְרָחַץ בְּשָׂרוֹ בַּמַּיִם וְאַחַר יָבֹא אֶל־הַמַּחֲנֶה וְטָמֵא הַכֹּהֵן עַד־הָעָרֶב: וְהַשֹּׂרֵף אֹתָהּ יְכַבֵּס בְּגָדָיו בַּמַּיִם וְרָחַץ בְּשָׂרוֹ בַּמָּיִם וְטָמֵא עַד־הָעָרֶב: וְאָסַף | אִישׁ טָהוֹר אֵת אֵפֶר הַפָּרָה וְהִנִּיחַ מִחוּץ לַמַּחֲנֶה בְּמָקוֹם טָהוֹר וְהָיְתָה לַעֲדַת בְּנֵי־יִשְׂרָאֵל לְמִשְׁמֶרֶת לְמֵי נִדָּה חַטָּאת הִוא: *Yisrael* וְכִבֶּס הָאֹסֵף אֶת־אֵפֶר הַפָּרָה אֶת־בְּגָדָיו וְטָמֵא עַד־הָעָרֶב וְהָיְתָה לִבְנֵי יִשְׂרָאֵל וְלַגֵּר הַגָּר בְּתוֹכָם לְחֻקַּת עוֹלָם: הַנֹּגֵעַ בְּמֵת לְכָל־נֶפֶשׁ אָדָם וְטָמֵא שִׁבְעַת יָמִים: הוּא יִתְחַטָּא־בוֹ בַּיּוֹם הַשְּׁלִישִׁי וּבַיּוֹם הַשְּׁבִיעִי יִטְהָר וְאִם־לֹא יִתְחַטָּא בַּיּוֹם הַשְּׁלִישִׁי וּבַיּוֹם הַשְּׁבִיעִי לֹא יִטְהָר: כָּל־הַנֹּגֵעַ בְּמֵת בְּנֶפֶשׁ הָאָדָם אֲשֶׁר־יָמוּת וְלֹא יִתְחַטָּא אֶת־מִשְׁכַּן יְהֹוָה יאהדונהי טִמֵּא וְנִכְרְתָה הַנֶּפֶשׁ הַהִוא מִיִּשְׂרָאֵל כִּי מֵי נִדָּה לֹא־זֹרַק עָלָיו טָמֵא יִהְיֶה עוֹד טֻמְאָתוֹ בוֹ: זֹאת הַתּוֹרָה אָדָם כִּי־יָמוּת בְּאֹהֶל כָּל־הַבָּא אֶל־הָאֹהֶל וְכָל־אֲשֶׁר בָּאֹהֶל יִטְמָא שִׁבְעַת יָמִים: וְכֹל כְּלִי פָתוּחַ אֲשֶׁר אֵין־צָמִיד פָּתִיל עָלָיו טָמֵא הוּא: וְכֹל אֲשֶׁר־יִגַּע עַל־פְּנֵי הַשָּׂדֶה בַּחֲלַל־חֶרֶב אוֹ בְמֵת אוֹ־בְעֶצֶם אָדָם אוֹ בְקָבֶר יִטְמָא שִׁבְעַת יָמִים: וְלָקְחוּ לַטָּמֵא מֵעֲפַר שְׂרֵפַת הַחַטָּאת וְנָתַן עָלָיו מַיִם חַיִּים אֶל־כֶּלִי:

BALAK

וַיַּרְא בָּלָק בֶּן־צִפּוֹר אֵת כָּל־אֲשֶׁר־עָשָׂה יִשְׂרָאֵל לָאֱמֹרִי: וַיָּגָר מוֹאָב מִפְּנֵי הָעָם מְאֹד כִּי רַב־הוּא וַיָּקָץ מוֹאָב מִפְּנֵי בְּנֵי יִשְׂרָאֵל: וַיֹּאמֶר מוֹאָב אֶל־זִקְנֵי מִדְיָן עַתָּה יְלַחֲכוּ הַקָּהָל אֶת־כָּל־סְבִיבֹתֵינוּ כִּלְחֹךְ הַשּׁוֹר אֵת יֶרֶק הַשָּׂדֶה וּבָלָק בֶּן־צִפּוֹר מֶלֶךְ לְמוֹאָב בָּעֵת הַהִוא: *Leví* וַיִּשְׁלַח מַלְאָכִים אֶל־בִּלְעָם בֶּן־בְּעֹר פְּתוֹרָה אֲשֶׁר עַל־הַנָּהָר אֶרֶץ בְּנֵי־עַמּוֹ לִקְרֹא־לוֹ לֵאמֹר הִנֵּה עַם יָצָא מִמִּצְרַיִם הִנֵּה כִסָּה אֶת־עֵין הָאָרֶץ וְהוּא יֹשֵׁב מִמֻּלִי: וְעַתָּה לְכָה־נָּא אָרָה־לִּי אֶת־הָעָם הַזֶּה כִּי־עָצוּם הוּא מִמֶּנִּי אוּלַי אוּכַל נַכֶּה־בּוֹ וַאֲגָרְשֶׁנּוּ מִן־הָאָרֶץ כִּי יָדַעְתִּי אֵת אֲשֶׁר־תְּבָרֵךְ מְבֹרָךְ וַאֲשֶׁר תָּאֹר יוּאָר: וַיֵּלְכוּ זִקְנֵי מוֹאָב וְזִקְנֵי מִדְיָן וּקְסָמִים בְּיָדָם וַיָּבֹאוּ אֶל־בִּלְעָם וַיְדַבְּרוּ אֵלָיו דִּבְרֵי בָלָק: *Yisrael*

וַיֹּאמֶר אֲלֵיהֶם לִינוּ פֹה הַלַּיְלָה וַהֲשִׁבֹתִי אֶתְכֶם דָּבָר כַּאֲשֶׁר יְדַבֵּר יְהֹוָה יאהדונהי אֵלָי וַיֵּשְׁבוּ שָׂרֵי־מוֹאָב עִם־בִּלְעָם: וַיָּבֹא אֱלֹהִים אֶל־בִּלְעָם וַיֹּאמֶר מִי הָאֲנָשִׁים הָאֵלֶּה עִמָּךְ: וַיֹּאמֶר בִּלְעָם אֶל־הָאֱלֹהִים בָּלָק בֶּן־צִפֹּר מֶלֶךְ מוֹאָב שָׁלַח אֵלָי: הִנֵּה הָעָם הַיֹּצֵא מִמִּצְרַיִם וַיְכַס אֶת־עֵין הָאָרֶץ עַתָּה לְכָה קָבָה־לִּי אֹתוֹ אוּלַי אוּכַל לְהִלָּחֶם בּוֹ וְגֵרַשְׁתִּיו: וַיֹּאמֶר אֱלֹהִים אֶל־בִּלְעָם לֹא תֵלֵךְ עִמָּהֶם לֹא תָאֹר אֶת־הָעָם כִּי בָרוּךְ הוּא:

Pinjás

וַיְדַבֵּר יְהֹוָה יאהדונהי אֶל־מֹשֶׁה לֵּאמֹר: פִּינְחָס בֶּן־אֶלְעָזָר בֶּן־אַהֲרֹן הַכֹּהֵן הֵשִׁיב אֶת־חֲמָתִי מֵעַל בְּנֵי־יִשְׂרָאֵל בְּקַנְאוֹ אֶת־קִנְאָתִי בְּתוֹכָם וְלֹא־כִלִּיתִי אֶת־בְּנֵי־יִשְׂרָאֵל בְּקִנְאָתִי: לָכֵן אֱמֹר הִנְנִי נֹתֵן לוֹ אֶת־בְּרִיתִי שָׁלוֹם: *Leví* וְהָיְתָה לּוֹ וּלְזַרְעוֹ אַחֲרָיו בְּרִית כְּהֻנַּת עוֹלָם תַּחַת אֲשֶׁר קִנֵּא לֵאלֹהָיו וַיְכַפֵּר עַל־בְּנֵי יִשְׂרָאֵל: וְשֵׁם אִישׁ יִשְׂרָאֵל הַמֻּכֶּה אֲשֶׁר הֻכָּה אֶת־הַמִּדְיָנִית זִמְרִי בֶּן־סָלוּא נְשִׂיא בֵית־אָב לַשִּׁמְעֹנִי: וְשֵׁם הָאִשָּׁה הַמֻּכָּה הַמִּדְיָנִית כָּזְבִּי בַת־צוּר רֹאשׁ אֻמּוֹת בֵּית־אָב בְּמִדְיָן הוּא: *Yisrael* וַיְדַבֵּר יְהֹוָה יאהדונהי אֶל־מֹשֶׁה לֵּאמֹר: צָרוֹר אֶת־הַמִּדְיָנִים וְהִכִּיתֶם אוֹתָם: כִּי צֹרְרִים הֵם לָכֶם בְּנִכְלֵיהֶם אֲשֶׁר־נִכְּלוּ לָכֶם עַל־דְּבַר־פְּעוֹר וְעַל־דְּבַר כָּזְבִּי בַת־נְשִׂיא מִדְיָן אֲחֹתָם הַמֻּכָּה בְיוֹם־הַמַּגֵּפָה עַל־דְּבַר־פְּעוֹר: וַיְהִי אַחֲרֵי הַמַּגֵּפָה וַיֹּאמֶר יְהֹוָה יאהדונהי אֶל־מֹשֶׁה וְאֶל אֶלְעָזָר בֶּן־אַהֲרֹן הַכֹּהֵן לֵאמֹר: שְׂאוּ אֶת־רֹאשׁ | כָּל־עֲדַת בְּנֵי־יִשְׂרָאֵל מִבֶּן עֶשְׂרִים שָׁנָה וָמַעְלָה לְבֵית אֲבֹתָם כָּל־יֹצֵא צָבָא בְּיִשְׂרָאֵל: וַיְדַבֵּר מֹשֶׁה וְאֶלְעָזָר הַכֹּהֵן אֹתָם בְּעַרְבֹת מוֹאָב עַל־יַרְדֵּן יְרֵחוֹ לֵאמֹר: מִבֶּן עֶשְׂרִים שָׁנָה וָמָעְלָה כַּאֲשֶׁר צִוָּה יְהֹוָה יאהדונהי אֶת־מֹשֶׁה וּבְנֵי יִשְׂרָאֵל הַיֹּצְאִים מֵאֶרֶץ מִצְרָיִם:

Matot

וַיְדַבֵּר מֹשֶׁה אֶל־רָאשֵׁי הַמַּטּוֹת לִבְנֵי יִשְׂרָאֵל לֵאמֹר זֶה הַדָּבָר אֲשֶׁר צִוָּה יְהֹוָה יאהדונהי: אִישׁ כִּי־יִדֹּר נֶדֶר לַיהֹוָה יאהדונהי אוֹ־הִשָּׁבַע שְׁבֻעָה לֶאְסֹר אִסָּר עַל־נַפְשׁוֹ לֹא יַחֵל דְּבָרוֹ כְּכָל־הַיֹּצֵא מִפִּיו יַעֲשֶׂה: וְאִשָּׁה כִּי־תִדֹּר נֶדֶר לַיהֹוָה יאהדונהי וְאָסְרָה אִסָּר בְּבֵית אָבִיהָ בִּנְעֻרֶיהָ: וְשָׁמַע אָבִיהָ אֶת־נִדְרָהּ וֶאֱסָרָהּ אֲשֶׁר אָסְרָה עַל־נַפְשָׁהּ וְהֶחֱרִישׁ לָהּ אָבִיהָ וְקָמוּ כָּל־נְדָרֶיהָ וְכָל־אִסָּר אֲשֶׁר־אָסְרָה עַל־נַפְשָׁהּ יָקוּם: וְאִם־הֵנִיא אָבִיהָ אֹתָהּ בְּיוֹם שָׁמְעוֹ כָּל־נְדָרֶיהָ וֶאֱסָרֶיהָ אֲשֶׁר־אָסְרָה עַל־נַפְשָׁהּ לֹא יָקוּם וַיהֹוָה יאהדונהי יִסְלַח־לָהּ כִּי־הֵנִיא אָבִיהָ אֹתָהּ: וְאִם־הָיוֹ תִהְיֶה לְאִישׁ וּנְדָרֶיהָ עָלֶיהָ אוֹ מִבְטָא שְׂפָתֶיהָ אֲשֶׁר אָסְרָה עַל־נַפְשָׁהּ: וְשָׁמַע אִישָׁהּ בְּיוֹם שָׁמְעוֹ וְהֶחֱרִישׁ לָהּ וְקָמוּ נְדָרֶיהָ וֶאֱסָרָהּ אֲשֶׁר־אָסְרָה עַל־נַפְשָׁהּ יָקֻמוּ: וְאִם בְּיוֹם שְׁמֹעַ אִישָׁהּ יָנִיא אוֹתָהּ וְהֵפֵר אֶת־נִדְרָהּ אֲשֶׁר עָלֶיהָ וְאֵת מִבְטָא שְׂפָתֶיהָ אֲשֶׁר אָסְרָה עַל־נַפְשָׁהּ וַיהֹוָה יאהדונהי יִסְלַח־לָהּ: *Leví*

וְנֵדֶר אַלְמָנָה וּגְרוּשָׁה כֹּל אֲשֶׁר־אָסְרָה עַל־נַפְשָׁהּ יָקוּם עָלֶיהָ׃ וְאִם־בֵּית אִישָׁהּ נָדָרָה
אוֹ־אָסְרָה אִסָּר עַל־נַפְשָׁהּ בִּשְׁבֻעָה׃ וְשָׁמַע אִישָׁהּ וְהֶחֱרִשׁ לָהּ לֹא הֵנִיא אֹתָהּ
וְקָמוּ כָּל־נְדָרֶיהָ וְכָל־אִסָּר אֲשֶׁר־אָסְרָה עַל־נַפְשָׁהּ יָקוּם׃ וְאִם־הָפֵר יָפֵר אֹתָם |
אִישָׁהּ בְּיוֹם שָׁמְעוֹ כָּל־מוֹצָא שְׂפָתֶיהָ לִנְדָרֶיהָ וּלְאִסַּר נַפְשָׁהּ לֹא יָקוּם
אִישָׁהּ הֲפֵרָם וַיהֹוָה יִסְלַח־לָהּ׃ *Yisrael* כָּל־נֵדֶר וְכָל־שְׁבֻעַת אִסָּר לְעַנֹּת נָפֶשׁ
אִישָׁהּ יְקִימֶנּוּ וְאִישָׁהּ יְפֵרֶנּוּ׃ וְאִם־הַחֲרֵשׁ יַחֲרִישׁ לָהּ אִישָׁהּ מִיּוֹם אֶל־יוֹם
וְהֵקִים אֶת־כָּל־נְדָרֶיהָ אוֹ אֶת־כָּל־אֱסָרֶיהָ אֲשֶׁר עָלֶיהָ הֵקִים אֹתָם כִּי־הֶחֱרִשׁ לָהּ בְּיוֹם
שָׁמְעוֹ׃ וְאִם־הָפֵר יָפֵר אֹתָם אַחֲרֵי שָׁמְעוֹ וְנָשָׂא אֶת־עֲוֺנָהּ׃ אֵלֶּה הַחֻקִּים אֲשֶׁר
צִוָּה יְהֹוָה אֶת־מֹשֶׁה בֵּין אִישׁ לְאִשְׁתּוֹ בֵּין־אָב לְבִתּוֹ בִּנְעֻרֶיהָ בֵּית אָבִיהָ׃

MASEI

אֵלֶּה מַסְעֵי בְנֵי־יִשְׂרָאֵל אֲשֶׁר יָצְאוּ מֵאֶרֶץ מִצְרַיִם לְצִבְאֹתָם בְּיַד־מֹשֶׁה וְאַהֲרֹן׃
וַיִּכְתֹּב מֹשֶׁה אֶת־מוֹצָאֵיהֶם לְמַסְעֵיהֶם עַל־פִּי יְהֹוָה וְאֵלֶּה מַסְעֵיהֶם
לְמוֹצָאֵיהֶם׃ וַיִּסְעוּ מֵרַעְמְסֵס בַּחֹדֶשׁ הָרִאשׁוֹן בַּחֲמִשָּׁה עָשָׂר יוֹם לַחֹדֶשׁ הָרִאשׁוֹן
מִמָּחֳרַת הַפֶּסַח יָצְאוּ בְנֵי־יִשְׂרָאֵל בְּיָד רָמָה לְעֵינֵי כָּל־מִצְרָיִם׃ *Leví* וּמִצְרַיִם מְקַבְּרִים
אֵת אֲשֶׁר הִכָּה יְהֹוָה בָּהֶם כָּל־בְּכוֹר וּבֵאלֹהֵיהֶם עָשָׂה יְהֹוָה
שְׁפָטִים׃ וַיִּסְעוּ בְנֵי־יִשְׂרָאֵל מֵרַעְמְסֵס וַיַּחֲנוּ בְּסֻכֹּת׃ וַיִּסְעוּ מִסֻּכֹּת וַיַּחֲנוּ בְאֵתָם
אֲשֶׁר בִּקְצֵה הַמִּדְבָּר׃ *Yisrael* וַיִּסְעוּ מֵאֵתָם וַיָּשָׁב עַל־פִּי הַחִירֹת אֲשֶׁר עַל־פְּנֵי
בַּעַל צְפוֹן וַיַּחֲנוּ לִפְנֵי מִגְדֹּל׃ וַיִּסְעוּ מִפְּנֵי הַחִירֹת וַיַּעַבְרוּ בְתוֹךְ־הַיָּם הַמִּדְבָּרָה וַיֵּלְכוּ
דֶּרֶךְ שְׁלֹשֶׁת יָמִים בְּמִדְבַּר אֵתָם וַיַּחֲנוּ בְּמָרָה׃ וַיִּסְעוּ מִמָּרָה וַיָּבֹאוּ אֵילִמָה וּבְאֵילִם
שְׁתֵּים עֶשְׂרֵה עֵינֹת מַיִם וְשִׁבְעִים תְּמָרִים וַיַּחֲנוּ־שָׁם׃ וַיִּסְעוּ מֵאֵילִם וַיַּחֲנוּ עַל־יַם־סוּף׃

DEVARIM

אֵלֶּה הַדְּבָרִים אֲשֶׁר דִּבֶּר מֹשֶׁה אֶל־כָּל־יִשְׂרָאֵל בְּעֵבֶר הַיַּרְדֵּן בַּמִּדְבָּר בָּעֲרָבָה
מוֹל סוּף בֵּין־פָּארָן וּבֵין־תֹּפֶל וְלָבָן וַחֲצֵרֹת וְדִי זָהָב׃ אַחַד עָשָׂר יוֹם מֵחֹרֵב דֶּרֶךְ
הַר־שֵׂעִיר עַד קָדֵשׁ בַּרְנֵעַ׃ וַיְהִי בְּאַרְבָּעִים שָׁנָה בְּעַשְׁתֵּי־עָשָׂר חֹדֶשׁ בְּאֶחָד לַחֹדֶשׁ
דִּבֶּר מֹשֶׁה אֶל־בְּנֵי יִשְׂרָאֵל כְּכֹל אֲשֶׁר צִוָּה יְהֹוָה אֹתוֹ אֲלֵהֶם׃ *Leví*
אַחֲרֵי הַכֹּתוֹ אֵת סִיחֹן מֶלֶךְ הָאֱמֹרִי אֲשֶׁר יוֹשֵׁב בְּחֶשְׁבּוֹן וְאֵת עוֹג מֶלֶךְ הַבָּשָׁן
אֲשֶׁר־יוֹשֵׁב בְּעַשְׁתָּרֹת בְּאֶדְרֶעִי׃ בְּעֵבֶר הַיַּרְדֵּן בְּאֶרֶץ מוֹאָב הוֹאִיל מֹשֶׁה בֵּאֵר
אֶת־הַתּוֹרָה הַזֹּאת לֵאמֹר׃ יְהֹוָה אֱלֹהֵינוּ דִּבֶּר אֵלֵינוּ בְּחֹרֵב לֵאמֹר רַב־לָכֶם
שֶׁבֶת בָּהָר הַזֶּה׃ פְּנוּ | וּסְעוּ לָכֶם וּבֹאוּ הַר הָאֱמֹרִי וְאֶל־כָּל־שְׁכֵנָיו בָּעֲרָבָה בָהָר
וּבַשְּׁפֵלָה וּבַנֶּגֶב וּבְחוֹף הַיָּם אֶרֶץ הַכְּנַעֲנִי וְהַלְּבָנוֹן עַד־הַנָּהָר הַגָּדֹל נְהַר־פְּרָת׃ *Yisrael*
רְאֵה נָתַתִּי לִפְנֵיכֶם אֶת־הָאָרֶץ בֹּאוּ וּרְשׁוּ אֶת־הָאָרֶץ אֲשֶׁר נִשְׁבַּע יְהֹוָה
לַאֲבֹתֵיכֶם לְאַבְרָהָם לְיִצְחָק וּלְיַעֲקֹב לָתֵת לָהֶם וּלְזַרְעָם אַחֲרֵיהֶם׃ וָאֹמַר אֲלֵכֶם
בָּעֵת הַהִוא לֵאמֹר לֹא־אוּכַל לְבַדִּי שְׂאֵת אֶתְכֶם׃ יְהֹוָה אֱלֹהֵיכֶם
הִרְבָּה אֶתְכֶם וְהִנְּכֶם הַיּוֹם כְּכוֹכְבֵי הַשָּׁמַיִם לָרֹב׃ יְהֹוָה אֱלֹהֵי
אֲבוֹתֵכֶם יֹסֵף עֲלֵיכֶם כָּכֶם אֶלֶף פְּעָמִים וִיבָרֵךְ אֶתְכֶם כַּאֲשֶׁר דִּבֶּר לָכֶם׃

VAETJANÁN

ואתחנן אל־יהוה יאהדונהי בעת ההוא לאמר: אדני יהוה יאהדונהי אתה החלות
להראות את־עבדך את־גדלך ואת־ידך החזקה אשר מי־אל בשמים ובארץ
אשר־יעשה כמעשיך וכגבורתך: אעברה־נא ואראה את־הארץ הטובה אשר
בעבר הירדן ההר הטוב הזה והלבנן: *Leví* ויתעבר יהוה יאהדונהי בי למענכם ולא
שמע אלי ויאמר יהוה יאהדונהי אלי רב־לך אל־תוסף דבר אלי עוד בדבר הזה:
עלה | ראש הפסגה ושא עיניך ימה וצפנה ותימנה ומזרחה וראה בעיניך כי־לא
תעבר את־הירדן הזה: וצו את־יהושע וחזקהו ואמצהו כי־הוא יעבר לפני העם הזה
והוא ינחיל אותם את־הארץ אשר תראה: ונשב בגיא מול בית פעור: ועתה ישראל
שמע אל־החקים ואל־המשפטים אשר אנכי מלמד אתכם לעשות למען תחיו
ובאתם וירשתם את־הארץ אשר יהוה יאהדונהי אלהי אבתיכם נתן לכם: לא תספו
על־הדבר אשר אנכי מצוה אתכם ולא תגרעו ממנו לשמר את־מצות יהוה יאהדונהי
אלהיכם אשר אנכי מצוה אתכם: עיניכם הראות את אשר־עשה יהוה יאהדונהי
בבעל פעור כי כל־האיש אשר הלך אחרי בעל־פעור השמידו יהוה יאהדונהי
אלהיך מקרבך: ואתם הדבקים ביהוה יאהדונהי אלהיכם חיים כלכם היום: *Yisrael*
ראה | למדתי אתכם חקים ומשפטים כאשר צוני יהוה יאהדונהי אלהי
לעשות כן בקרב הארץ אשר אתם באים שמה לרשתה: ושמרתם ועשיתם
כי הוא חכמתכם ובינתכם לעיני העמים אשר ישמעון את כל־החקים האלה
ואמרו רק עם־חכם ונבון הגוי הגדול הזה: כי מי־גוי גדול אשר־לו אלהים
קרבים אליו כיהוה יאהדונהי אלהינו בכל־קראנו אליו: ומי גוי גדול אשר־לו
חקים ומשפטים צדיקם ככל התורה הזאת אשר אנכי נתן לפניכם היום:

ÉKEV

והיה | עקב תשמעון את המשפטים האלה ושמרתם ועשיתם אתם
ושמר יהוה יאהדונהי אלהיך לך את־הברית ואת־החסד אשר נשבע לאבתיך:
ואהבך וברכך והרבך וברך פרי־בטנך ופרי־אדמתך דגנך ותירשך ויצהרך
שגר־אלפיך ועשתרת צאנך על האדמה אשר־נשבע לאבתיך לתת לך: ברוך תהיה
מכל־העמים לא־יהיה בך עקר ועקרה ובבהמתך: והסיר יהוה יאהדונהי ממך
כל־חלי וכל־מדוי מצרים הרעים אשר ידעת לא ישימם בך ונתנם בכל־שנאיך:
ואכלת את־כל־העמים אשר יהוה יאהדונהי אלהיך נתן לך לא־תחוס עינך עליהם
ולא תעבד את־אלהיהם כי־מוקש הוא לך: כי תאמר בלבבך רבים הגוים האלה
ממני איכה אוכל להורישם: לא תירא מהם זכר תזכר את אשר־עשה
יהוה יאהדונהי אלהיך לפרעה ולכל־מצרים: המסת הגדלת אשר־ראו עיניך
והאתת והמפתים והיד החזקה והזרע הנטויה אשר הוצאך יהוה יאהדונהי אלהיך
כן־יעשה יהוה יאהדונהי אלהיך לכל־העמים אשר־אתה ירא מפניהם:
וגם את־הצרעה ישלח יהוה יאהדונהי אלהיך בם עד־אבד הנשארים והנסתרים
מפניך: לא תערץ מפניהם כי־יהוה יאהדונהי אלהיך בקרבך אל גדול ונורא: *Leví*

וְנָשַׁל יְהֹוָה יאהדונהי אֱלֹהֶיךָ אֶת־הַגּוֹיִם הָאֵל מִפָּנֶיךָ מְעַט מְעָט לֹא תוּכַל כַּלֹּתָם מַהֵר
פֶּן־תִּרְבֶּה עָלֶיךָ חַיַּת הַשָּׂדֶה: וּנְתָנָם יְהֹוָה יאהדונהי אֱלֹהֶיךָ לְפָנֶיךָ וְהָמָם מְהוּמָה גְדֹלָה
עַד הִשָּׁמְדָם: וְנָתַן מַלְכֵיהֶם בְּיָדֶךָ וְהַאֲבַדְתָּ אֶת־שְׁמָם מִתַּחַת הַשָּׁמָיִם לֹא־יִתְיַצֵּב אִישׁ
בְּפָנֶיךָ עַד הִשְׁמִדְךָ אֹתָם: פְּסִילֵי אֱלֹהֵיהֶם תִּשְׂרְפוּן בָּאֵשׁ לֹא־תַחְמֹד כֶּסֶף וְזָהָב
עֲלֵיהֶם וְלָקַחְתָּ לָךְ פֶּן תִּוָּקֵשׁ בּוֹ כִּי תוֹעֲבַת יְהֹוָה יאהדונהי אֱלֹהֶיךָ הוּא: וְלֹא־תָבִיא
תוֹעֵבָה אֶל־בֵּיתֶךָ וְהָיִיתָ חֵרֶם כָּמֹהוּ שַׁקֵּץ | תְּשַׁקְּצֶנּוּ וְתַעֵב | תְּתַעֲבֶנּוּ כִּי־חֵרֶם הוּא:
כָּל־הַמִּצְוָה אֲשֶׁר אָנֹכִי מְצַוְּךָ הַיּוֹם תִּשְׁמְרוּן לַעֲשׂוֹת לְמַעַן תִּחְיוּן וּרְבִיתֶם וּבָאתֶם
וִירִשְׁתֶּם אֶת־הָאָרֶץ אֲשֶׁר־נִשְׁבַּע יְהֹוָה יאהדונהי לַאֲבֹתֵיכֶם: וְזָכַרְתָּ אֶת־כָּל־הַדֶּרֶךְ
אֲשֶׁר הוֹלִיכְךָ יְהֹוָה יאהדונהי אֱלֹהֶיךָ זֶה אַרְבָּעִים שָׁנָה בַּמִּדְבָּר לְמַעַן עַנֹּתְךָ לְנַסֹּתְךָ
לָדַעַת אֶת־אֲשֶׁר בִּלְבָבְךָ הֲתִשְׁמֹר מִצְוֹתָו אִם־לֹא: וַיְעַנְּךָ וַיַּרְעִבֶךָ וַיַּאֲכִלְךָ
אֶת־הַמָּן אֲשֶׁר לֹא־יָדַעְתָּ וְלֹא יָדְעוּן אֲבֹתֶיךָ לְמַעַן הוֹדִיעֲךָ כִּי לֹא עַל־הַלֶּחֶם
לְבַדּוֹ יִחְיֶה הָאָדָם כִּי עַל־כָּל־מוֹצָא פִי־יְהֹוָה יאהדונהי יִחְיֶה הָאָדָם: *Yisrael*
שִׂמְלָתְךָ לֹא בָלְתָה מֵעָלֶיךָ וְרַגְלְךָ לֹא בָצֵקָה זֶה אַרְבָּעִים שָׁנָה: וְיָדַעְתָּ עִם־לְבָבֶךָ
כִּי כַּאֲשֶׁר יְיַסֵּר אִישׁ אֶת־בְּנוֹ יְהֹוָה יאהדונהי אֱלֹהֶיךָ מְיַסְּרֶךָּ: וְשָׁמַרְתָּ אֶת־מִצְוֹת
יְהֹוָה יאהדונהי אֱלֹהֶיךָ לָלֶכֶת בִּדְרָכָיו וּלְיִרְאָה אֹתוֹ: כִּי יְהֹוָה יאהדונהי אֱלֹהֶיךָ מְבִיאֲךָ
אֶל־אֶרֶץ טוֹבָה אֶרֶץ נַחֲלֵי מָיִם עֲיָנֹת וּתְהֹמֹת יֹצְאִים בַּבִּקְעָה וּבָהָר: אֶרֶץ חִטָּה
וּשְׂעֹרָה וְגֶפֶן וּתְאֵנָה וְרִמּוֹן אֶרֶץ־זֵית שֶׁמֶן וּדְבָשׁ: אֶרֶץ אֲשֶׁר לֹא בְמִסְכֵּנֻת תֹּאכַל־בָּהּ
לֶחֶם לֹא־תֶחְסַר כֹּל בָּהּ אֶרֶץ אֲשֶׁר אֲבָנֶיהָ בַרְזֶל וּמֵהֲרָרֶיהָ תַּחְצֹב נְחֹשֶׁת:
וְאָכַלְתָּ וְשָׂבָעְתָּ וּבֵרַכְתָּ אֶת־יְהֹוָה יאהדונהי אֱלֹהֶיךָ עַל־הָאָרֶץ הַטֹּבָה אֲשֶׁר נָתַן־לָךְ:

REÉ

רְאֵה אָנֹכִי נֹתֵן לִפְנֵיכֶם הַיּוֹם בְּרָכָה וּקְלָלָה: אֶת־הַבְּרָכָה אֲשֶׁר תִּשְׁמְעוּ אֶל־מִצְוֹת
יְהֹוָה יאהדונהי אֱלֹהֵיכֶם אֲשֶׁר אָנֹכִי מְצַוֶּה אֶתְכֶם הַיּוֹם: וְהַקְּלָלָה אִם־לֹא תִשְׁמְעוּ
אֶל־מִצְוֹת יְהֹוָה יאהדונהי אֱלֹהֵיכֶם וְסַרְתֶּם מִן־הַדֶּרֶךְ אֲשֶׁר אָנֹכִי מְצַוֶּה אֶתְכֶם הַיּוֹם
לָלֶכֶת אַחֲרֵי אֱלֹהִים אֲחֵרִים אֲשֶׁר לֹא־יְדַעְתֶּם: וְהָיָה כִּי יְבִיאֲךָ יְהֹוָה יאהדונהי אֱלֹהֶיךָ
אֶל־הָאָרֶץ אֲשֶׁר־אַתָּה בָא־שָׁמָּה לְרִשְׁתָּהּ וְנָתַתָּה אֶת־הַבְּרָכָה עַל־הַר גְּרִזִים
וְאֶת־הַקְּלָלָה עַל־הַר עֵיבָל: הֲלֹא־הֵמָּה בְּעֵבֶר הַיַּרְדֵּן אַחֲרֵי דֶּרֶךְ מְבוֹא הַשֶּׁמֶשׁ בְּאֶרֶץ
הַכְּנַעֲנִי הַיֹּשֵׁב בָּעֲרָבָה מוּל הַגִּלְגָּל אֵצֶל אֵלוֹנֵי מֹרֶה: כִּי אַתֶּם עֹבְרִים אֶת־הַיַּרְדֵּן לָבֹא
לָרֶשֶׁת אֶת־הָאָרֶץ אֲשֶׁר־יְהֹוָה יאהדונהי אֱלֹהֵיכֶם נֹתֵן לָכֶם וִירִשְׁתֶּם אֹתָהּ
וִישַׁבְתֶּם־בָּהּ: *Leví* וּשְׁמַרְתֶּם לַעֲשׂוֹת אֵת כָּל־הַחֻקִּים וְאֶת־הַמִּשְׁפָּטִים אֲשֶׁר אָנֹכִי נֹתֵן
לִפְנֵיכֶם הַיּוֹם: אֵלֶּה הַחֻקִּים וְהַמִּשְׁפָּטִים אֲשֶׁר תִּשְׁמְרוּן לַעֲשׂוֹת בָּאָרֶץ אֲשֶׁר נָתַן
יְהֹוָה יאהדונהי אֱלֹהֵי אֲבֹתֶיךָ לְךָ לְרִשְׁתָּהּ כָּל־הַיָּמִים אֲשֶׁר־אַתֶּם חַיִּים עַל־הָאֲדָמָה:
אַבֵּד תְּאַבְּדוּן אֶת־כָּל־הַמְּקֹמוֹת אֲשֶׁר עָבְדוּ־שָׁם הַגּוֹיִם אֲשֶׁר אַתֶּם יֹרְשִׁים
אֹתָם אֶת־אֱלֹהֵיהֶם עַל־הֶהָרִים הָרָמִים וְעַל־הַגְּבָעוֹת וְתַחַת כָּל־עֵץ רַעֲנָן:

וְנִתַּצְתֶּם אֶת־מִזְבְּחֹתָם וְשִׁבַּרְתֶּם אֶת־מַצֵּבֹתָם וַאֲשֵׁרֵיהֶם תִּשְׂרְפוּן בָּאֵשׁ וּפְסִילֵי
אֱלֹהֵיהֶם תְּגַדֵּעוּן וְאִבַּדְתֶּם אֶת־שְׁמָם מִן־הַמָּקוֹם הַהוּא: לֹא־תַעֲשׂוּן כֵּן לַיהֹוָה יאהדונהי
אֱלֹהֵיכֶם: כִּי אִם־אֶל־הַמָּקוֹם אֲשֶׁר־יִבְחַר יְהֹוָה יאהדונהי אֱלֹהֵיכֶם מִכָּל־שִׁבְטֵיכֶם
לָשׂוּם אֶת־שְׁמוֹ שָׁם לְשִׁכְנוֹ תִדְרְשׁוּ וּבָאתָ שָּׁמָּה: *Yisrael* וַהֲבֵאתֶם שָׁמָּה עֹלֹתֵיכֶם
וְזִבְחֵיכֶם וְאֵת מַעְשְׂרֹתֵיכֶם וְאֵת תְּרוּמַת יֶדְכֶם וְנִדְרֵיכֶם וְנִדְבֹתֵיכֶם וּבְכֹרֹת בְּקַרְכֶם
וְצֹאנְכֶם: וַאֲכַלְתֶּם־שָׁם לִפְנֵי יְהֹוָה יאהדונהי אֱלֹהֵיכֶם וּשְׂמַחְתֶּם בְּכֹל מִשְׁלַח יֶדְכֶם אַתֶּם
וּבָתֵּיכֶם אֲשֶׁר בֵּרַכְךָ יְהֹוָה יאהדונהי אֱלֹהֶיךָ: לֹא תַעֲשׂוּן כְּכֹל אֲשֶׁר אֲנַחְנוּ עֹשִׂים פֹּה
הַיּוֹם אִישׁ כָּל־הַיָּשָׁר בְּעֵינָיו: כִּי לֹא־בָאתֶם עַד־עָתָּה אֶל־הַמְּנוּחָה וְאֶל־הַנַּחֲלָה אֲשֶׁר־
יְהֹוָה יאהדונהי אֱלֹהֶיךָ נֹתֵן לָךְ: וַעֲבַרְתֶּם אֶת־הַיַּרְדֵּן וִישַׁבְתֶּם בָּאָרֶץ אֲשֶׁר־יְהֹוָה יאהדונהי
אֱלֹהֵיכֶם מַנְחִיל אֶתְכֶם וְהֵנִיחַ לָכֶם מִכָּל־אֹיְבֵיכֶם מִסָּבִיב וִישַׁבְתֶּם־בֶּטַח:

SHOFTIM

שֹׁפְטִים וְשֹׁטְרִים תִּתֶּן־לְךָ בְּכָל־שְׁעָרֶיךָ אֲשֶׁר יְהֹוָה יאהדונהי אֱלֹהֶיךָ נֹתֵן לְךָ לִשְׁבָטֶיךָ
וְשָׁפְטוּ אֶת־הָעָם מִשְׁפַּט־צֶדֶק: לֹא־תַטֶּה מִשְׁפָּט לֹא תַכִּיר פָּנִים וְלֹא־תִקַּח שֹׁחַד כִּי
הַשֹּׁחַד יְעַוֵּר עֵינֵי חֲכָמִים וִיסַלֵּף דִּבְרֵי צַדִּיקִם: צֶדֶק צֶדֶק תִּרְדֹּף לְמַעַן תִּחְיֶה וְיָרַשְׁתָּ
אֶת־הָאָרֶץ אֲשֶׁר־יְהֹוָה יאהדונהי אֱלֹהֶיךָ נֹתֵן לָךְ: *Leví* לֹא־תִטַּע לְךָ אֲשֵׁרָה כָּל־עֵץ
אֵצֶל מִזְבַּח יְהֹוָה יאהדונהי אֱלֹהֶיךָ אֲשֶׁר תַּעֲשֶׂה־לָּךְ: וְלֹא־תָקִים לְךָ מַצֵּבָה אֲשֶׁר שָׂנֵא
יְהֹוָה יאהדונהי אֱלֹהֶיךָ: לֹא־תִזְבַּח לַיהֹוָה יאהדונהי אֱלֹהֶיךָ שׁוֹר וָשֶׂה אֲשֶׁר יִהְיֶה בוֹ מוּם
כֹּל דָּבָר רָע כִּי תוֹעֲבַת יְהֹוָה יאהדונהי אֱלֹהֶיךָ הוּא: כִּי־יִמָּצֵא בְקִרְבְּךָ בְּאַחַד שְׁעָרֶיךָ
אֲשֶׁר־יְהֹוָה יאהדונהי אֱלֹהֶיךָ נֹתֵן לָךְ אִישׁ אוֹ־אִשָּׁה אֲשֶׁר יַעֲשֶׂה אֶת־הָרַע
בְּעֵינֵי יְהֹוָה יאהדונהי ־אֱלֹהֶיךָ לַעֲבֹר בְּרִיתוֹ: וַיֵּלֶךְ וַיַּעֲבֹד אֱלֹהִים אֲחֵרִים וַיִּשְׁתַּחוּ לָהֶם
וְלַשֶּׁמֶשׁ | אוֹ לַיָּרֵחַ אוֹ לְכָל־צְבָא הַשָּׁמַיִם אֲשֶׁר לֹא־צִוִּיתִי: וְהֻגַּד־לְךָ וְשָׁמָעְתָּ וְדָרַשְׁתָּ
הֵיטֵב וְהִנֵּה אֱמֶת נָכוֹן הַדָּבָר נֶעֶשְׂתָה הַתּוֹעֵבָה הַזֹּאת בְּיִשְׂרָאֵל: וְהוֹצֵאתָ אֶת־הָאִישׁ
הַהוּא אוֹ אֶת־הָאִשָּׁה הַהִוא אֲשֶׁר עָשׂוּ אֶת־הַדָּבָר הָרָע הַזֶּה אֶל־שְׁעָרֶיךָ אֶת־הָאִישׁ
אוֹ אֶת־הָאִשָּׁה וּסְקַלְתָּם בָּאֲבָנִים וָמֵתוּ: עַל־פִּי | שְׁנַיִם עֵדִים אוֹ שְׁלֹשָׁה עֵדִים יוּמַת
הַמֵּת לֹא יוּמַת עַל־פִּי עֵד אֶחָד: יַד הָעֵדִים תִּהְיֶה־בּוֹ בָרִאשֹׁנָה לַהֲמִיתוֹ וְיַד כָּל־הָעָם
בָּאַחֲרֹנָה וּבִעַרְתָּ הָרָע מִקִּרְבֶּךָ: כִּי יִפָּלֵא מִמְּךָ דָבָר לַמִּשְׁפָּט בֵּין־דָּם | לְדָם בֵּין־דִּין
לְדִין וּבֵין נֶגַע לָנֶגַע דִּבְרֵי רִיבֹת בִּשְׁעָרֶיךָ וְקַמְתָּ וְעָלִיתָ אֶל־הַמָּקוֹם אֲשֶׁר יִבְחַר
יְהֹוָה יאהדונהי אֱלֹהֶיךָ בּוֹ: וּבָאתָ אֶל־הַכֹּהֲנִים הַלְוִיִּם וְאֶל־הַשֹּׁפֵט אֲשֶׁר יִהְיֶה בַּיָּמִים
הָהֵם וְדָרַשְׁתָּ וְהִגִּידוּ לְךָ אֵת דְּבַר הַמִּשְׁפָּט: וְעָשִׂיתָ עַל־פִּי הַדָּבָר אֲשֶׁר יַגִּידוּ לְךָ
מִן־הַמָּקוֹם הַהוּא אֲשֶׁר יִבְחַר יְהֹוָה יאהדונהי וְשָׁמַרְתָּ לַעֲשׂוֹת כְּכֹל אֲשֶׁר יוֹרוּךָ:
Yisrael עַל־פִּי הַתּוֹרָה אֲשֶׁר יוֹרוּךָ וְעַל־הַמִּשְׁפָּט אֲשֶׁר־יֹאמְרוּ לְךָ תַּעֲשֶׂה לֹא תָסוּר
מִן־הַדָּבָר אֲשֶׁר־יַגִּידוּ לְךָ יָמִין וּשְׂמֹאל: וְהָאִישׁ אֲשֶׁר־יַעֲשֶׂה בְזָדוֹן לְבִלְתִּי
שְׁמֹעַ אֶל־הַכֹּהֵן הָעֹמֵד לְשָׁרֶת שָׁם אֶת־יְהֹוָה יאהדונהי אֱלֹהֶיךָ אוֹ אֶל־הַשֹּׁפֵט
וּמֵת הָאִישׁ הַהוּא וּבִעַרְתָּ הָרָע מִיִּשְׂרָאֵל: וְכָל־הָעָם יִשְׁמְעוּ וְיִרָאוּ וְלֹא יְזִידוּן עוֹד:

QUI TETSÉ

כִּי־תֵצֵא לַמִּלְחָמָה עַל־אֹיְבֶיךָ וּנְתָנוֹ יְהֹוָה יאהדונהי אֱלֹהֶיךָ בְּיָדֶךָ וְשָׁבִיתָ שִׁבְיוֹ׃
וְרָאִיתָ בַּשִּׁבְיָה אֵשֶׁת יְפַת־תֹּאַר וְחָשַׁקְתָּ בָהּ וְלָקַחְתָּ לְךָ לְאִשָּׁה׃ וַהֲבֵאתָהּ אֶל־תּוֹךְ
בֵּיתֶךָ וְגִלְּחָה אֶת־רֹאשָׁהּ וְעָשְׂתָה אֶת־צִפָּרְנֶיהָ׃ וְהֵסִירָה אֶת־שִׂמְלַת שִׁבְיָהּ מֵעָלֶיהָ
וְיָשְׁבָה בְּבֵיתֶךָ וּבָכְתָה אֶת־אָבִיהָ וְאֶת־אִמָּהּ יֶרַח יָמִים וְאַחַר כֵּן תָּבוֹא אֵלֶיהָ וּבְעַלְתָּהּ
וְהָיְתָה לְךָ לְאִשָּׁה׃ וְהָיָה אִם־לֹא חָפַצְתָּ בָּהּ וְשִׁלַּחְתָּהּ לְנַפְשָׁהּ וּמָכֹר לֹא־תִמְכְּרֶנָּה
בַּכָּסֶף לֹא־תִתְעַמֵּר בָּהּ תַּחַת אֲשֶׁר עִנִּיתָהּ׃ *Leví* כִּי־תִהְיֶיןָ לְאִישׁ שְׁתֵּי נָשִׁים הָאַחַת
אֲהוּבָה וְהָאַחַת שְׂנוּאָה וְיָלְדוּ־לוֹ בָנִים הָאֲהוּבָה וְהַשְּׂנוּאָה וְהָיָה הַבֵּן הַבְּכֹר לַשְּׂנִיאָה׃
וְהָיָה בְּיוֹם הַנְחִילוֹ אֶת־בָּנָיו אֵת אֲשֶׁר־יִהְיֶה לוֹ לֹא יוּכַל לְבַכֵּר אֶת־בֶּן־הָאֲהוּבָה
עַל־פְּנֵי בֶן־הַשְּׂנוּאָה הַבְּכֹר׃ כִּי אֶת־הַבְּכֹר בֶּן־הַשְּׂנוּאָה יַכִּיר לָתֶת לוֹ פִּי שְׁנַיִם
בְּכֹל אֲשֶׁר־יִמָּצֵא לוֹ כִּי־הוּא רֵאשִׁית אֹנוֹ לוֹ מִשְׁפַּט הַבְּכֹרָה׃ *Yisrael* כִּי־יִהְיֶה לְאִישׁ
בֵּן סוֹרֵר וּמוֹרֶה אֵינֶנּוּ שֹׁמֵעַ בְּקוֹל אָבִיו וּבְקוֹל אִמּוֹ וְיִסְּרוּ אֹתוֹ וְלֹא יִשְׁמַע אֲלֵיהֶם׃
וְתָפְשׂוּ בוֹ אָבִיו וְאִמּוֹ וְהוֹצִיאוּ אֹתוֹ אֶל־זִקְנֵי עִירוֹ וְאֶל־שַׁעַר מְקֹמוֹ׃ וְאָמְרוּ
אֶל־זִקְנֵי עִירוֹ בְּנֵנוּ זֶה סוֹרֵר וּמֹרֶה אֵינֶנּוּ שֹׁמֵעַ בְּקֹלֵנוּ זוֹלֵל וְסֹבֵא׃ וּרְגָמֻהוּ
כָּל־אַנְשֵׁי עִירוֹ בָאֲבָנִים וָמֵת וּבִעַרְתָּ הָרָע מִקִּרְבֶּךָ וְכָל־יִשְׂרָאֵל יִשְׁמְעוּ וְיִרָאוּ׃

QUI TAVÓ

וְהָיָה כִּי־תָבוֹא אֶל־הָאָרֶץ אֲשֶׁר יְהֹוָה יאהדונהי אֱלֹהֶיךָ נֹתֵן לְךָ נַחֲלָה וִירִשְׁתָּהּ
וְיָשַׁבְתָּ בָּהּ׃ וְלָקַחְתָּ מֵרֵאשִׁית | כָּל־פְּרִי הָאֲדָמָה אֲשֶׁר תָּבִיא מֵאַרְצְךָ
אֲשֶׁר יְהֹוָה יאהדונהי אֱלֹהֶיךָ נֹתֵן לָךְ וְשַׂמְתָּ בַטֶּנֶא וְהָלַכְתָּ אֶל־הַמָּקוֹם אֲשֶׁר יִבְחַר
יְהֹוָה יאהדונהי אֱלֹהֶיךָ לְשַׁכֵּן שְׁמוֹ שָׁם׃ וּבָאתָ אֶל־הַכֹּהֵן אֲשֶׁר יִהְיֶה בַּיָּמִים הָהֵם
וְאָמַרְתָּ אֵלָיו הִגַּדְתִּי הַיּוֹם לַיהֹוָה יאהדונהי אֱלֹהֶיךָ כִּי־בָאתִי אֶל־הָאָרֶץ אֲשֶׁר נִשְׁבַּע
יְהֹוָה יאהדונהי לַאֲבֹתֵינוּ לָתֶת לָנוּ׃ *Leví* וְלָקַח הַכֹּהֵן הַטֶּנֶא מִיָּדֶךָ וְהִנִּיחוֹ לִפְנֵי
מִזְבַּח יְהֹוָה יאהדונהי אֱלֹהֶיךָ׃ וְעָנִיתָ וְאָמַרְתָּ לִפְנֵי | יְהֹוָה יאהדונהי אֱלֹהֶיךָ
אֲרַמִּי אֹבֵד אָבִי וַיֵּרֶד מִצְרַיְמָה וַיָּגָר שָׁם בִּמְתֵי מְעָט וַיְהִי־שָׁם לְגוֹי גָּדוֹל עָצוּם וָרָב׃
וַיָּרֵעוּ אֹתָנוּ הַמִּצְרִים וַיְעַנּוּנוּ וַיִּתְּנוּ עָלֵינוּ עֲבֹדָה קָשָׁה׃ וַנִּצְעַק אֶל־יְהֹוָה יאהדונהי אֱלֹהֵי
אֲבֹתֵינוּ וַיִּשְׁמַע יְהֹוָה יאהדונהי אֶת־קֹלֵנוּ וַיַּרְא אֶת־עָנְיֵנוּ וְאֶת־עֲמָלֵנוּ וְאֶת־לַחֲצֵנוּ׃
וַיּוֹצִאֵנוּ יְהֹוָה יאהדונהי מִמִּצְרַיִם בְּיָד חֲזָקָה וּבִזְרֹעַ נְטוּיָה וּבְמֹרָא גָּדֹל וּבְאֹתוֹת
וּבְמֹפְתִים׃ וַיְבִאֵנוּ אֶל־הַמָּקוֹם הַזֶּה וַיִּתֶּן־לָנוּ אֶת־הָאָרֶץ הַזֹּאת אֶרֶץ זָבַת חָלָב וּדְבָשׁ׃
וְעַתָּה הִנֵּה הֵבֵאתִי אֶת־רֵאשִׁית פְּרִי הָאֲדָמָה אֲשֶׁר־נָתַתָּה לִּי יְהֹוָה יאהדונהי
וְהִנַּחְתּוֹ לִפְנֵי יְהֹוָה יאהדונהי אֱלֹהֶיךָ וְהִשְׁתַּחֲוִיתָ לִפְנֵי יְהֹוָה יאהדונהי אֱלֹהֶיךָ׃
וְשָׂמַחְתָּ בְכָל־הַטּוֹב אֲשֶׁר נָתַן־לְךָ יְהֹוָה יאהדונהי אֱלֹהֶיךָ וּלְבֵיתֶךָ אַתָּה וְהַלֵּוִי
וְהַגֵּר אֲשֶׁר בְּקִרְבֶּךָ׃ *Yisrael* כִּי תְכַלֶּה לַעְשֵׂר אֶת־כָּל־מַעְשַׂר תְּבוּאָתְךָ בַּשָּׁנָה
הַשְּׁלִישִׁת שְׁנַת הַמַּעֲשֵׂר וְנָתַתָּה לַלֵּוִי לַגֵּר לַיָּתוֹם וְלָאַלְמָנָה וְאָכְלוּ בִשְׁעָרֶיךָ וְשָׂבֵעוּ׃
וְאָמַרְתָּ לִפְנֵי יְהֹוָה יאהדונהי אֱלֹהֶיךָ בִּעַרְתִּי הַקֹּדֶשׁ מִן־הַבַּיִת וְגַם נְתַתִּיו לַלֵּוִי וְלַגֵּר
לַיָּתוֹם וְלָאַלְמָנָה כְּכָל־מִצְוָתְךָ אֲשֶׁר צִוִּיתָנִי לֹא־עָבַרְתִּי מִמִּצְוֺתֶיךָ וְלֹא שָׁכָחְתִּי׃

לֹא־אָכַלְתִּי בְאֹנִי מִמֶּנּוּ וְלֹא־בִעַרְתִּי מִמֶּנּוּ בְּטָמֵא וְלֹא־נָתַתִּי מִמֶּנּוּ לְמֵת
שָׁמַעְתִּי בְּקוֹל יְהֹוָה יאהדונהי אֱלֹהָי עָשִׂיתִי כְּכֹל אֲשֶׁר צִוִּיתָנִי׃
הַשְׁקִיפָה מִמְּעוֹן קָדְשְׁךָ מִן־הַשָּׁמַיִם וּבָרֵךְ אֶת־עַמְּךָ אֶת־יִשְׂרָאֵל
וְאֵת הָאֲדָמָה אֲשֶׁר נָתַתָּה לָנוּ כַּאֲשֶׁר נִשְׁבַּעְתָּ לַאֲבֹתֵינוּ אֶרֶץ זָבַת חָלָב וּדְבָשׁ׃

NITSAVIM

אַתֶּם נִצָּבִים הַיּוֹם כֻּלְּכֶם לִפְנֵי יְהֹוָה יאהדונהי אֱלֹהֵיכֶם רָאשֵׁיכֶם שִׁבְטֵיכֶם זִקְנֵיכֶם
וְשֹׁטְרֵיכֶם כֹּל אִישׁ יִשְׂרָאֵל׃ טַפְּכֶם נְשֵׁיכֶם וְגֵרְךָ אֲשֶׁר בְּקֶרֶב מַחֲנֶיךָ מֵחֹטֵב עֵצֶיךָ עַד
שֹׁאֵב מֵימֶיךָ׃ לְעָבְרְךָ בִּבְרִית יְהֹוָה יאהדונהי אֱלֹהֶיךָ וּבְאָלָתוֹ אֲשֶׁר יְהֹוָה יאהדונהי
אֱלֹהֶיךָ כֹּרֵת עִמְּךָ הַיּוֹם׃ *Leví* לְמַעַן הָקִים־אֹתְךָ הַיּוֹם | לוֹ לְעָם וְהוּא יִהְיֶה־לְּךָ
לֵאלֹהִים כַּאֲשֶׁר דִּבֶּר־לָךְ וְכַאֲשֶׁר נִשְׁבַּע לַאֲבֹתֶיךָ לְאַבְרָהָם לְיִצְחָק וּלְיַעֲקֹב׃ וְלֹא
אִתְּכֶם לְבַדְּכֶם אָנֹכִי כֹּרֵת אֶת־הַבְּרִית הַזֹּאת וְאֶת־הָאָלָה הַזֹּאת׃ כִּי אֶת־אֲשֶׁר יֶשְׁנוֹ
פֹּה עִמָּנוּ עֹמֵד הַיּוֹם לִפְנֵי יְהֹוָה יאהדונהי אֱלֹהֵינוּ וְאֵת אֲשֶׁר אֵינֶנּוּ פֹּה עִמָּנוּ הַיּוֹם׃
Yisrael כִּי־אַתֶּם יְדַעְתֶּם אֵת אֲשֶׁר־יָשַׁבְנוּ בְּאֶרֶץ מִצְרָיִם וְאֵת אֲשֶׁר־עָבַרְנוּ בְּקֶרֶב
הַגּוֹיִם אֲשֶׁר עֲבַרְתֶּם׃ וַתִּרְאוּ אֶת־שִׁקּוּצֵיהֶם וְאֵת גִּלֻּלֵיהֶם עֵץ וָאֶבֶן כֶּסֶף וְזָהָב אֲשֶׁר
עִמָּהֶם׃ פֶּן־יֵשׁ בָּכֶם אִישׁ אוֹ־אִשָּׁה אוֹ מִשְׁפָּחָה אוֹ־שֵׁבֶט אֲשֶׁר לְבָבוֹ פֹנֶה הַיּוֹם מֵעִם
יְהֹוָה יאהדונהי אֱלֹהֵינוּ לָלֶכֶת לַעֲבֹד אֶת־אֱלֹהֵי הַגּוֹיִם הָהֵם פֶּן־יֵשׁ בָּכֶם שֹׁרֶשׁ פֹּרֶה
רֹאשׁ וְלַעֲנָה׃ וְהָיָה בְּשָׁמְעוֹ אֶת־דִּבְרֵי הָאָלָה הַזֹּאת וְהִתְבָּרֵךְ בִּלְבָבוֹ לֵאמֹר שָׁלוֹם
יִהְיֶה־לִּי כִּי בִּשְׁרִרוּת לִבִּי אֵלֵךְ לְמַעַן סְפוֹת הָרָוָה אֶת־הַצְּמֵאָה׃ לֹא־יֹאבֶה
יְהֹוָה יאהדונהי סְלֹחַ לוֹ כִּי אָז יֶעְשַׁן אַף־יְהֹוָה יאהדונהי וְקִנְאָתוֹ בָּאִישׁ הַהוּא וְרָבְצָה בּוֹ
כָּל־הָאָלָה הַכְּתוּבָה בַּסֵּפֶר הַזֶּה וּמָחָה יְהֹוָה יאהדונהי אֶת־שְׁמוֹ מִתַּחַת הַשָּׁמָיִם׃
וְהִבְדִּילוֹ יְהֹוָה יאהדונהי לְרָעָה מִכֹּל שִׁבְטֵי יִשְׂרָאֵל כְּכֹל אָלוֹת הַבְּרִית הַכְּתוּבָה בְּסֵפֶר
הַתּוֹרָה הַזֶּה׃ וְאָמַר הַדּוֹר הָאַחֲרוֹן בְּנֵיכֶם אֲשֶׁר יָקוּמוּ מֵאַחֲרֵיכֶם וְהַנָּכְרִי אֲשֶׁר יָבֹא
מֵאֶרֶץ רְחוֹקָה וְרָאוּ אֶת־מַכּוֹת הָאָרֶץ הַהִוא וְאֶת־תַּחֲלֻאֶיהָ אֲשֶׁר־חִלָּה יְהֹוָה יאהדונהי
בָּהּ׃ גָּפְרִית וָמֶלַח שְׂרֵפָה כָל־אַרְצָהּ לֹא תִזָּרַע וְלֹא תַצְמִחַ וְלֹא־יַעֲלֶה בָהּ כָּל־עֵשֶׂב
כְּמַהְפֵּכַת סְדֹם וַעֲמֹרָה אַדְמָה וּצְבוֹיִים אֲשֶׁר הָפַךְ יְהֹוָה יאהדונהי בְּאַפּוֹ וּבַחֲמָתוֹ׃
וְאָמְרוּ כָּל־הַגּוֹיִם עַל־מֶה עָשָׂה יְהֹוָה יאהדונהי כָּכָה לָאָרֶץ הַזֹּאת מֶה חֳרִי הָאַף הַגָּדוֹל
הַזֶּה׃ וְאָמְרוּ עַל אֲשֶׁר עָזְבוּ אֶת־בְּרִית יְהֹוָה יאהדונהי אֱלֹהֵי אֲבֹתָם אֲשֶׁר כָּרַת עִמָּם
בְּהוֹצִיאוֹ אֹתָם מֵאֶרֶץ מִצְרָיִם׃ וַיֵּלְכוּ וַיַּעַבְדוּ אֱלֹהִים אֲחֵרִים וַיִּשְׁתַּחֲווּ לָהֶם אֱלֹהִים
אֲשֶׁר לֹא־יְדָעוּם וְלֹא חָלַק לָהֶם׃ וַיִּחַר־אַף יְהֹוָה יאהדונהי בָּאָרֶץ הַהִוא לְהָבִיא עָלֶיהָ
אֶת־כָּל־הַקְּלָלָה הַכְּתוּבָה בַּסֵּפֶר הַזֶּה׃ וַיִּתְּשֵׁם יְהֹוָה יאהדונהי מֵעַל אַדְמָתָם בְּאַף
וּבְחֵמָה וּבְקֶצֶף גָּדוֹל וַיַּשְׁלִכֵם אֶל־אֶרֶץ אַחֶרֶת כַּיּוֹם הַזֶּה׃ הַנִּסְתָּרֹת לַיהֹוָה יאהדונהי
אֱלֹהֵינוּ וְהַנִּגְלֹת לָנוּ וּלְבָנֵינוּ עַד־עוֹלָם לַעֲשׂוֹת אֶת־כָּל־דִּבְרֵי הַתּוֹרָה הַזֹּאת׃

VAYELEJ

וַיֵּלֶךְ מֹשֶׁה וַיְדַבֵּר אֶת־הַדְּבָרִים הָאֵלֶּה אֶל־כָּל־יִשְׂרָאֵל׃ וַיֹּאמֶר אֲלֵהֶם בֶּן־מֵאָה
וְעֶשְׂרִים שָׁנָה אָנֹכִי הַיּוֹם לֹא־אוּכַל עוֹד לָצֵאת וְלָבוֹא וַיהֹוָה יאהדונהי אָמַר אֵלַי לֹא
תַעֲבֹר אֶת־הַיַּרְדֵּן הַזֶּה׃ יְהֹוָה יאהדונהי אֱלֹהֶיךָ הוּא | עֹבֵר לְפָנֶיךָ הוּא־יַשְׁמִיד
אֶת־הַגּוֹיִם הָאֵלֶּה מִלְּפָנֶיךָ וִירִשְׁתָּם יְהוֹשֻׁעַ הוּא עֹבֵר לְפָנֶיךָ כַּאֲשֶׁר דִּבֶּר
יְהֹוָה יאהדונהי׃ *Leví* וְעָשָׂה יְהֹוָה יאהדונהי לָהֶם כַּאֲשֶׁר עָשָׂה לְסִיחוֹן וּלְעוֹג מַלְכֵי
הָאֱמֹרִי וּלְאַרְצָם אֲשֶׁר הִשְׁמִיד אֹתָם׃ וּנְתָנָם יְהֹוָה יאהדונהי לִפְנֵיכֶם וַעֲשִׂיתֶם לָהֶם
כְּכָל־הַמִּצְוָה אֲשֶׁר צִוִּיתִי אֶתְכֶם׃ חִזְקוּ וְאִמְצוּ אַל־תִּירְאוּ וְאַל־תַּעַרְצוּ מִפְּנֵיהֶם כִּי |
יְהֹוָה יאהדונהי אֱלֹהֶיךָ הוּא הַהֹלֵךְ עִמָּךְ לֹא יַרְפְּךָ וְלֹא יַעַזְבֶךָּ׃ *Yisrael* וַיִּקְרָא מֹשֶׁה
לִיהוֹשֻׁעַ וַיֹּאמֶר אֵלָיו לְעֵינֵי כָל־יִשְׂרָאֵל חֲזַק וֶאֱמָץ כִּי אַתָּה תָּבוֹא אֶת־הָעָם הַזֶּה
אֶל־הָאָרֶץ אֲשֶׁר נִשְׁבַּע יְהֹוָה יאהדונהי לַאֲבֹתָם לָתֵת לָהֶם וְאַתָּה תַּנְחִילֶנָּה אוֹתָם׃
וַיהֹוָה יאהדונהי הוּא | הַהֹלֵךְ לְפָנֶיךָ הוּא יִהְיֶה עִמָּךְ לֹא יַרְפְּךָ וְלֹא יַעַזְבֶךָּ לֹא תִירָא
וְלֹא תֵחָת׃ וַיִּכְתֹּב מֹשֶׁה אֶת־הַתּוֹרָה הַזֹּאת וַיִּתְּנָהּ אֶל־הַכֹּהֲנִים בְּנֵי לֵוִי הַנֹּשְׂאִים
אֶת־אֲרוֹן בְּרִית יְהֹוָה יאהדונהי וְאֶל־כָּל־זִקְנֵי יִשְׂרָאֵל׃ וַיְצַו מֹשֶׁה אוֹתָם לֵאמֹר מִקֵּץ |
שֶׁבַע שָׁנִים בְּמֹעֵד שְׁנַת הַשְּׁמִטָּה בְּחַג הַסֻּכּוֹת׃ בְּבוֹא כָל־יִשְׂרָאֵל לֵרָאוֹת אֶת־פְּנֵי
יְהֹוָה יאהדונהי אֱלֹהֶיךָ בַּמָּקוֹם אֲשֶׁר יִבְחָר תִּקְרָא אֶת־הַתּוֹרָה הַזֹּאת נֶגֶד כָּל־יִשְׂרָאֵל
בְּאָזְנֵיהֶם׃ הַקְהֵל אֶת־הָעָם הָאֲנָשִׁים וְהַנָּשִׁים וְהַטַּף וְגֵרְךָ אֲשֶׁר בִּשְׁעָרֶיךָ לְמַעַן יִשְׁמְעוּ
וּלְמַעַן יִלְמְדוּ וְיָרְאוּ אֶת־יְהֹוָה יאהדונהי אֱלֹהֵיכֶם וְשָׁמְרוּ לַעֲשׂוֹת אֶת־כָּל־דִּבְרֵי הַתּוֹרָה
הַזֹּאת׃ וּבְנֵיהֶם אֲשֶׁר לֹא־יָדְעוּ יִשְׁמְעוּ וְלָמְדוּ לְיִרְאָה אֶת־יְהֹוָה יאהדונהי אֱלֹהֵיכֶם כָּל־
הַיָּמִים אֲשֶׁר אַתֶּם חַיִּים עַל־הָאֲדָמָה אֲשֶׁר אַתֶּם עֹבְרִים אֶת־הַיַּרְדֵּן שָׁמָּה לְרִשְׁתָּהּ׃

HAAZINU

הַאֲזִינוּ הַשָּׁמַיִם וַאֲדַבֵּרָה וְתִשְׁמַע הָאָרֶץ אִמְרֵי־פִי׃
יַעֲרֹף כַּמָּטָר לִקְחִי תִּזַּל כַּטַּל אִמְרָתִי
כִּשְׂעִירִם עֲלֵי־דֶשֶׁא וְכִרְבִיבִים עֲלֵי־עֵשֶׂב׃
כִּי שֵׁם יְהֹוָה יאהדונהי אֶקְרָא הָבוּ גֹדֶל לֵאלֹהֵינוּ׃ *Leví*
הַצּוּר תָּמִים פָּעֳלוֹ כִּי כָל־דְּרָכָיו מִשְׁפָּט
אֵל אֱמוּנָה וְאֵין עָוֶל צַדִּיק וְיָשָׁר הוּא׃
שִׁחֵת לוֹ לֹא בָּנָיו מוּמָם דּוֹר עִקֵּשׁ וּפְתַלְתֹּל׃
הַ לַיהֹוָה יאהדונהי תִּגְמְלוּ־זֹאת עַם נָבָל וְלֹא חָכָם
הֲלוֹא־הוּא אָבִיךָ קָּנֶךָ הוּא עָשְׂךָ וַיְכֹנְנֶךָ׃ *Yisrael*
זְכֹר יְמוֹת עוֹלָם בִּינוּ שְׁנוֹת דֹּר־וָדֹר
שְׁאַל אָבִיךָ וְיַגֵּדְךָ זְקֵנֶיךָ וְיֹאמְרוּ לָךְ׃
בְּהַנְחֵל עֶלְיוֹן גּוֹיִם בְּהַפְרִידוֹ בְּנֵי אָדָם
יַצֵּב גְּבֻלֹת עַמִּים לְמִסְפַּר בְּנֵי יִשְׂרָאֵל׃
כִּי חֵלֶק יְהֹוָה יאהדונהי עַמּוֹ יַעֲקֹב חֶבֶל נַחֲלָתוֹ׃

יִמְצָאֵהוּ בְּאֶרֶץ מִדְבָּר וּבְתֹהוּ יְלֵל יְשִׁמֹן
יְסֹבְבֶנְהוּ יְבוֹנְנֵהוּ יִצְּרֶנְהוּ כְּאִישׁוֹן עֵינוֹ:
כְּנֶשֶׁר יָעִיר קִנּוֹ עַל־גּוֹזָלָיו יְרַחֵף
יִפְרֹשׂ כְּנָפָיו יִקָּחֵהוּ יִשָּׂאֵהוּ עַל־אֶבְרָתוֹ:
יְהֹוָה יאהדונהי בָּדָד יַנְחֶנּוּ וְאֵין עִמּוֹ אֵל נֵכָר:

VEZOT HABRAJÁ

וְזֹאת הַבְּרָכָה אֲשֶׁר בֵּרַךְ מֹשֶׁה אִישׁ הָאֱלֹהִים אֶת־בְּנֵי יִשְׂרָאֵל לִפְנֵי מוֹתוֹ: וַיֹּאמַר
יְהֹוָה יאהדונהי מִסִּינַי בָּא וְזָרַח מִשֵּׂעִיר לָמוֹ הוֹפִיעַ מֵהַר פָּארָן וְאָתָה מֵרִבְבֹת קֹדֶשׁ
מִימִינוֹ אֵשׁ דָּת (כתיב: אשדת) לָמוֹ: אַף חֹבֵב עַמִּים כָּל־קְדֹשָׁיו בְּיָדֶךָ וְהֵם תֻּכּוּ לְרַגְלֶךָ
יִשָּׂא מִדַּבְּרֹתֶיךָ: תּוֹרָה צִוָּה־לָנוּ מֹשֶׁה מוֹרָשָׁה קְהִלַּת יַעֲקֹב: וַיְהִי בִישֻׁרוּן מֶלֶךְ
בְּהִתְאַסֵּף רָאשֵׁי עָם יַחַד שִׁבְטֵי יִשְׂרָאֵל: יְחִי רְאוּבֵן וְאַל־יָמֹת וִיהִי מְתָיו מִסְפָּר:
וְזֹאת לִיהוּדָה וַיֹּאמַר שְׁמַע יְהֹוָה יאהדונהי קוֹל יְהוּדָה וְאֶל־עַמּוֹ תְּבִיאֶנּוּ יָדָיו רָב לוֹ
וְעֵזֶר מִצָּרָיו תִּהְיֶה: ***Leví*** וּלְלֵוִי אָמַר תֻּמֶּיךָ וְאוּרֶיךָ לְאִישׁ חֲסִידֶךָ אֲשֶׁר נִסִּיתוֹ בְּמַסָּה
תְּרִיבֵהוּ עַל־מֵי מְרִיבָה: הָאֹמֵר לְאָבִיו וּלְאִמּוֹ לֹא רְאִיתִיו וְאֶת־אֶחָיו לֹא הִכִּיר
וְאֶת־בָּנָו לֹא יָדָע כִּי שָׁמְרוּ אִמְרָתֶךָ וּבְרִיתְךָ יִנְצֹרוּ: יוֹרוּ מִשְׁפָּטֶיךָ לְיַעֲקֹב וְתוֹרָתְךָ
לְיִשְׂרָאֵל יָשִׂימוּ קְטוֹרָה בְּאַפֶּךָ וְכָלִיל עַל־מִזְבְּחֶךָ: בָּרֵךְ יְהֹוָה יאהדונהי חֵילוֹ וּפֹעַל יָדָיו
תִּרְצֶה מְחַץ מָתְנַיִם קָמָיו וּמְשַׂנְאָיו מִן־יְקוּמוּן: לְבִנְיָמִן אָמַר יְדִיד יְהֹוָה יאהדונהי יִשְׁכֹּן
לָבֶטַח עָלָיו חֹפֵף עָלָיו כָּל־הַיּוֹם וּבֵין כְּתֵפָיו שָׁכֵן: ***Yisrael*** וּלְיוֹסֵף אָמַר מְבֹרֶכֶת
יְהֹוָה יאהדונהי אַרְצוֹ מִמֶּגֶד שָׁמַיִם מִטָּל וּמִתְּהוֹם רֹבֶצֶת תָּחַת: וּמִמֶּגֶד תְּבוּאֹת שָׁמֶשׁ
וּמִמֶּגֶד גֶּרֶשׁ יְרָחִים: וּמֵרֹאשׁ הַרְרֵי־קֶדֶם וּמִמֶּגֶד גִּבְעוֹת עוֹלָם: וּמִמֶּגֶד אֶרֶץ וּמְלֹאָהּ
וּרְצוֹן שֹׁכְנִי סְנֶה תָּבוֹאתָה לְרֹאשׁ יוֹסֵף וּלְקָדְקֹד נְזִיר אֶחָיו: בְּכוֹר שׁוֹרוֹ הָדָר לוֹ וְקַרְנֵי
רְאֵם קַרְנָיו בָּהֶם עַמִּים יְנַגַּח יַחְדָּו אַפְסֵי־אָרֶץ וְהֵם רִבְבוֹת אֶפְרַיִם וְהֵם אַלְפֵי מְנַשֶּׁה:

LECTURA PARA ROSH JÓDESH (NÚMEROS 28:1-15)

וַיְדַבֵּר יְהֹוָה יאהדונהי אֶל־מֹשֶׁה לֵּאמֹר: צַו אֶת־בְּנֵי יִשְׂרָאֵל וְאָמַרְתָּ אֲלֵהֶם
אֶת־קָרְבָּנִי לַחְמִי לְאִשַּׁי רֵיחַ נִיחֹחִי תִּשְׁמְרוּ לְהַקְרִיב לִי בְּמוֹעֲדוֹ: ***empieza Leví***
וְאָמַרְתָּ לָהֶם זֶה הָאִשֶּׁה אֲשֶׁר תַּקְרִיבוּ לַיהֹוָה יאהדונהי כְּבָשִׂים בְּנֵי־שָׁנָה תְמִימִם
שְׁנַיִם לַיּוֹם עֹלָה תָמִיד: ***termina Cohén*** (para la segunda *aliyá* empieza desde el versículo anterior "*veamarta lahem*")
אֶת־הַכֶּבֶשׂ אֶחָד תַּעֲשֶׂה בַבֹּקֶר וְאֵת הַכֶּבֶשׂ הַשֵּׁנִי תַּעֲשֶׂה בֵּין הָעַרְבָּיִם:
וַעֲשִׂירִית הָאֵיפָה סֹלֶת לְמִנְחָה בְּלוּלָה בְּשֶׁמֶן כָּתִית רְבִיעִת הַהִין: ***Yisrael***
עֹלַת תָּמִיד הָעֲשֻׂיָה בְּהַר סִינַי לְרֵיחַ נִיחֹחַ אִשֶּׁה לַיהֹוָה יאהדונהי: וְנִסְכּוֹ רְבִיעִת הַהִין
לַכֶּבֶשׂ הָאֶחָד בַּקֹּדֶשׁ הַסֵּךְ נֶסֶךְ שֵׁכָר לַיהֹוָה יאהדונהי: וְאֵת הַכֶּבֶשׂ הַשֵּׁנִי תַּעֲשֶׂה
בֵּין הָעַרְבָּיִם כְּמִנְחַת הַבֹּקֶר וּכְנִסְכּוֹ תַּעֲשֶׂה אִשֵּׁה רֵיחַ נִיחֹחַ לַיהֹוָה יאהדונהי:
וּבְיוֹם הַשַּׁבָּת שְׁנֵי־כְבָשִׂים בְּנֵי־שָׁנָה תְּמִימִם וּשְׁנֵי עֶשְׂרֹנִים סֹלֶת מִנְחָה בְּלוּלָה
בַשֶּׁמֶן וְנִסְכּוֹ: עֹלַת שַׁבַּת בְּשַׁבַּתּוֹ עַל־עֹלַת הַתָּמִיד וְנִסְכָּהּ: ***Cuarta Aliyá***

וּבְרָאשֵׁי חָדְשֵׁיכֶם תַּקְרִיבוּ עֹלָה לַיהֹוָה יאהדונהי פָּרִים בְּנֵי־בָקָר שְׁנַיִם וְאַיִל אֶחָד כְּבָשִׂים בְּנֵי־שָׁנָה שִׁבְעָה תְּמִימִם: וּשְׁלֹשָׁה עֶשְׂרֹנִים סֹלֶת מִנְחָה בְּלוּלָה בַשֶּׁמֶן לַפָּר הָאֶחָד וּשְׁנֵי עֶשְׂרֹנִים סֹלֶת מִנְחָה בְּלוּלָה בַשֶּׁמֶן לָאַיִל הָאֶחָד: וְעִשָּׂרֹן עִשָּׂרוֹן סֹלֶת מִנְחָה בְּלוּלָה בַשֶּׁמֶן לַכֶּבֶשׂ הָאֶחָד עֹלָה רֵיחַ נִיחֹחַ אִשֶּׁה לַיהֹוָה יאהדונהי: וְנִסְכֵּיהֶם חֲצִי הַהִין יִהְיֶה לַפָּר וּשְׁלִישִׁת הַהִין לָאַיִל וּרְבִיעִת הַהִין לַכֶּבֶשׂ יָיִן זֹאת עֹלַת חֹדֶשׁ בְּחָדְשׁוֹ לְחָדְשֵׁי הַשָּׁנָה: וּשְׂעִיר עִזִּים אֶחָד לְחַטָּאת לַיהֹוָה יאהדונהי עַל־עֹלַת הַתָּמִיד יֵעָשֶׂה וְנִסְכּוֹ:

Lectura para Janucá (Números 6:22-8:4)

Primer día

וַיְדַבֵּר יְהֹוָה יאהדונהי אֶל־מֹשֶׁה לֵּאמֹר: דַּבֵּר אֶל־אַהֲרֹן וְאֶל־בָּנָיו לֵאמֹר כֹּה תְבָרְכוּ אֶת־בְּנֵי יִשְׂרָאֵל אָמוֹר לָהֶם: יְבָרֶכְךָ יְהֹוָה יאהדונהי וְיִשְׁמְרֶךָ: יָאֵר יְהֹוָה יאהדונהי | פָּנָיו אֵלֶיךָ וִיחֻנֶּךָּ: יִשָּׂא יְהֹוָה יאהדונהי | פָּנָיו אֵלֶיךָ וְיָשֵׂם לְךָ שָׁלוֹם: וְשָׂמוּ אֶת־שְׁמִי עַל־בְּנֵי יִשְׂרָאֵל וַאֲנִי אֲבָרְכֵם: וַיְהִי בְּיוֹם כַּלּוֹת מֹשֶׁה לְהָקִים אֶת־הַמִּשְׁכָּן וַיִּמְשַׁח אֹתוֹ וַיְקַדֵּשׁ אֹתוֹ וְאֶת־כָּל־כֵּלָיו וְאֶת־הַמִּזְבֵּחַ וְאֶת־כָּל־כֵּלָיו וַיִּמְשָׁחֵם וַיְקַדֵּשׁ אֹתָם: וַיַּקְרִיבוּ נְשִׂיאֵי יִשְׂרָאֵל רָאשֵׁי בֵּית אֲבֹתָם הֵם נְשִׂיאֵי הַמַּטֹּת הֵם הָעֹמְדִים עַל־הַפְּקֻדִים: וַיָּבִיאוּ אֶת־קָרְבָּנָם לִפְנֵי יְהֹוָה יאהדונהי שֵׁשׁ־עֶגְלֹת צָב וּשְׁנֵי עָשָׂר בָּקָר עֲגָלָה עַל־שְׁנֵי הַנְּשִׂאִים וְשׁוֹר לְאֶחָד וַיַּקְרִיבוּ אוֹתָם לִפְנֵי הַמִּשְׁכָּן: וַיֹּאמֶר יְהֹוָה יאהדונהי אֶל־מֹשֶׁה לֵּאמֹר: קַח מֵאִתָּם וְהָיוּ לַעֲבֹד אֶת־עֲבֹדַת אֹהֶל מוֹעֵד וְנָתַתָּה אוֹתָם אֶל־הַלְוִיִּם אִישׁ כְּפִי עֲבֹדָתוֹ: וַיִּקַּח מֹשֶׁה אֶת־הָעֲגָלֹת וְאֶת־הַבָּקָר וַיִּתֵּן אוֹתָם אֶל־הַלְוִיִּם: אֵת | שְׁתֵּי הָעֲגָלוֹת וְאֵת אַרְבַּעַת הַבָּקָר נָתַן לִבְנֵי גֵרְשׁוֹן כְּפִי עֲבֹדָתָם: וְאֵת | אַרְבַּע הָעֲגָלֹת וְאֵת שְׁמֹנַת הַבָּקָר נָתַן לִבְנֵי מְרָרִי כְּפִי עֲבֹדָתָם בְּיַד אִיתָמָר בֶּן־אַהֲרֹן הַכֹּהֵן: וְלִבְנֵי קְהָת לֹא נָתָן כִּי־עֲבֹדַת הַקֹּדֶשׁ עֲלֵהֶם בַּכָּתֵף יִשָּׂאוּ: וַיַּקְרִיבוּ הַנְּשִׂאִים אֵת חֲנֻכַּת הַמִּזְבֵּחַ בְּיוֹם הִמָּשַׁח אֹתוֹ וַיַּקְרִיבוּ הַנְּשִׂיאִם אֶת־קָרְבָּנָם לִפְנֵי הַמִּזְבֵּחַ: וַיֹּאמֶר יְהֹוָה יאהדונהי אֶל־מֹשֶׁה נָשִׂיא אֶחָד לַיּוֹם נָשִׂיא אֶחָד לַיּוֹם יַקְרִיבוּ אֶת־קָרְבָּנָם לַחֲנֻכַּת הַמִּזְבֵּחַ: *Leví* וַיְהִי הַמַּקְרִיב בַּיּוֹם הָרִאשׁוֹן אֶת־קָרְבָּנוֹ נַחְשׁוֹן בֶּן־עַמִּינָדָב לְמַטֵּה יְהוּדָה: וְקָרְבָּנוֹ קַעֲרַת־כֶּסֶף אַחַת שְׁלֹשִׁים וּמֵאָה מִשְׁקָלָהּ מִזְרָק אֶחָד כֶּסֶף שִׁבְעִים שֶׁקֶל בְּשֶׁקֶל הַקֹּדֶשׁ שְׁנֵיהֶם | מְלֵאִים סֹלֶת בְּלוּלָה בַשֶּׁמֶן לְמִנְחָה: כַּף אַחַת עֲשָׂרָה זָהָב מְלֵאָה קְטֹרֶת: *Yisrael* פַּר אֶחָד בֶּן־בָּקָר אַיִל אֶחָד כֶּבֶשׂ־אֶחָד בֶּן־שְׁנָתוֹ לְעֹלָה: שְׂעִיר־עִזִּים אֶחָד לְחַטָּאת: וּלְזֶבַח הַשְּׁלָמִים בָּקָר שְׁנַיִם אֵילִם חֲמִשָּׁה עַתֻּדִים חֲמִשָּׁה כְּבָשִׂים בְּנֵי־שָׁנָה חֲמִשָּׁה זֶה קָרְבַּן נַחְשׁוֹן בֶּן־עַמִּינָדָב:

Segundo día (para *Yisrael* leer desde el principio)

בַּיּוֹם הַשֵּׁנִי הִקְרִיב נְתַנְאֵל בֶּן־צוּעָר נְשִׂיא יִשָּׂשכָר: הִקְרִב אֶת־קָרְבָּנוֹ קַעֲרַת־כֶּסֶף אַחַת שְׁלֹשִׁים וּמֵאָה מִשְׁקָלָהּ מִזְרָק אֶחָד כֶּסֶף שִׁבְעִים שֶׁקֶל בְּשֶׁקֶל הַקֹּדֶשׁ שְׁנֵיהֶם | מְלֵאִים סֹלֶת בְּלוּלָה בַשֶּׁמֶן לְמִנְחָה: כַּף אַחַת עֲשָׂרָה זָהָב מְלֵאָה קְטֹרֶת: *Leví* פַּר אֶחָד בֶּן־בָּקָר אַיִל אֶחָד כֶּבֶשׂ־אֶחָד בֶּן־שְׁנָתוֹ לְעֹלָה: שְׂעִיר־עִזִּים אֶחָד לְחַטָּאת: וּלְזֶבַח הַשְּׁלָמִים בָּקָר שְׁנַיִם אֵילִם חֲמִשָּׁה עַתֻּדִים חֲמִשָּׁה כְּבָשִׂים בְּנֵי־שָׁנָה חֲמִשָּׁה זֶה קָרְבַּן נְתַנְאֵל בֶּן־צוּעָר:

TERCER DÍA (para *Yisrael* leer desde el principio)

בַּיּוֹם הַשְּׁלִישִׁי נָשִׂיא לִבְנֵי זְבוּלֻן אֱלִיאָב בֶּן־חֵלֹן׃ קָרְבָּנוֹ קַעֲרַת־כֶּסֶף אַחַת שְׁלֹשִׁים וּמֵאָה מִשְׁקָלָהּ מִזְרָק אֶחָד כֶּסֶף שִׁבְעִים שֶׁקֶל בְּשֶׁקֶל הַקֹּדֶשׁ שְׁנֵיהֶם ׀ מְלֵאִים סֹלֶת בְּלוּלָה בַשֶּׁמֶן לְמִנְחָה׃ כַּף אַחַת עֲשָׂרָה זָהָב מְלֵאָה קְטֹרֶת׃ ***Leví*** פַּר אֶחָד בֶּן־בָּקָר אַיִל אֶחָד כֶּבֶשׂ־אֶחָד בֶּן־שְׁנָתוֹ לְעֹלָה׃ שְׂעִיר־עִזִּים אֶחָד לְחַטָּאת׃ וּלְזֶבַח הַשְּׁלָמִים בָּקָר שְׁנַיִם אֵילִם חֲמִשָּׁה עַתֻּדִים חֲמִשָּׁה כְּבָשִׂים בְּנֵי־שָׁנָה חֲמִשָּׁה זֶה קָרְבַּן אֱלִיאָב בֶּן־חֵלֹן׃

CUARTO DÍA (para *Yisrael* leer desde el principio)

בַּיּוֹם הָרְבִיעִי נָשִׂיא לִבְנֵי רְאוּבֵן אֱלִיצוּר בֶּן־שְׁדֵיאוּר׃ קָרְבָּנוֹ קַעֲרַת־כֶּסֶף אַחַת שְׁלֹשִׁים וּמֵאָה מִשְׁקָלָהּ מִזְרָק אֶחָד כֶּסֶף שִׁבְעִים שֶׁקֶל בְּשֶׁקֶל הַקֹּדֶשׁ שְׁנֵיהֶם ׀ מְלֵאִים סֹלֶת בְּלוּלָה בַשֶּׁמֶן לְמִנְחָה׃ כַּף אַחַת עֲשָׂרָה זָהָב מְלֵאָה קְטֹרֶת׃ ***Leví*** פַּר אֶחָד בֶּן־בָּקָר אַיִל אֶחָד כֶּבֶשׂ־אֶחָד בֶּן־שְׁנָתוֹ לְעֹלָה׃ שְׂעִיר־עִזִּים אֶחָד לְחַטָּאת׃ וּלְזֶבַח הַשְּׁלָמִים בָּקָר שְׁנַיִם אֵילִם חֲמִשָּׁה עַתֻּדִים חֲמִשָּׁה כְּבָשִׂים בְּנֵי־שָׁנָה חֲמִשָּׁה זֶה קָרְבַּן אֱלִיצוּר בֶּן־שְׁדֵיאוּר׃

QUINTO DÍA (para *Yisrael* leer desde el principio)

בַּיּוֹם הַחֲמִישִׁי נָשִׂיא לִבְנֵי שִׁמְעוֹן שְׁלֻמִיאֵל בֶּן־צוּרִישַׁדָּי׃ קָרְבָּנוֹ קַעֲרַת־כֶּסֶף אַחַת שְׁלֹשִׁים וּמֵאָה מִשְׁקָלָהּ מִזְרָק אֶחָד כֶּסֶף שִׁבְעִים שֶׁקֶל בְּשֶׁקֶל הַקֹּדֶשׁ שְׁנֵיהֶם ׀ מְלֵאִים סֹלֶת בְּלוּלָה בַשֶּׁמֶן לְמִנְחָה׃ כַּף אַחַת עֲשָׂרָה זָהָב מְלֵאָה קְטֹרֶת׃ ***Leví*** פַּר אֶחָד בֶּן־בָּקָר אַיִל אֶחָד כֶּבֶשׂ־אֶחָד בֶּן־שְׁנָתוֹ לְעֹלָה׃ שְׂעִיר־עִזִּים אֶחָד לְחַטָּאת׃ וּלְזֶבַח הַשְּׁלָמִים בָּקָר שְׁנַיִם אֵילִם חֲמִשָּׁה עַתֻּדִים חֲמִשָּׁה כְּבָשִׂים בְּנֵי־שָׁנָה חֲמִשָּׁה זֶה קָרְבַּן שְׁלֻמִיאֵל בֶּן־צוּרִישַׁדָּי׃

SEXTO DÍA

(En *Rosh Jódesh*, la lectura comienza en la pág. 517 – la primera *aliyá* hasta "*olá tamid*", la segunda *aliyá* hasta "*veniscá*", la tercera *aliyá* hasta "*veniscó*" (el final de la lectura de *Rosh Jódesh*) y la cuarta *aliyá* se leerá aquí para *Janucá*).

בַּיּוֹם הַשִּׁשִּׁי נָשִׂיא לִבְנֵי גָד אֶלְיָסָף בֶּן־דְּעוּאֵל׃ קָרְבָּנוֹ קַעֲרַת־כֶּסֶף אַחַת שְׁלֹשִׁים וּמֵאָה מִשְׁקָלָהּ מִזְרָק אֶחָד כֶּסֶף שִׁבְעִים שֶׁקֶל בְּשֶׁקֶל הַקֹּדֶשׁ שְׁנֵיהֶם ׀ מְלֵאִים סֹלֶת בְּלוּלָה בַשֶּׁמֶן לְמִנְחָה׃ כַּף אַחַת עֲשָׂרָה זָהָב מְלֵאָה קְטֹרֶת׃ ***Leví*** פַּר אֶחָד בֶּן־בָּקָר אַיִל אֶחָד כֶּבֶשׂ־אֶחָד בֶּן־שְׁנָתוֹ לְעֹלָה׃ שְׂעִיר־עִזִּים אֶחָד לְחַטָּאת׃ וּלְזֶבַח הַשְּׁלָמִים בָּקָר שְׁנַיִם אֵילִם חֲמִשָּׁה עַתֻּדִים חֲמִשָּׁה כְּבָשִׂים בְּנֵי־שָׁנָה חֲמִשָּׁה זֶה קָרְבַּן אֶלְיָסָף בֶּן־דְּעוּאֵל׃

SÉPTIMO DÍA (para *Yisrael* leer desde el principio)

(En *Rosh Jódesh*, la lectura comienza en la pág. 517 – la primera *aliyá* hasta "*olá tamid*", la segunda *aliyá* hasta "*veniscá*", la tercera *aliyá* hasta "*veniscó*" (el final de la lectura de *Rosh Jódesh*) y la cuarta *aliyá* se leerá aquí para *Janucá*).

בַּיּוֹם הַשְּׁבִיעִי נָשִׂיא לִבְנֵי אֶפְרָיִם אֱלִישָׁמָע בֶּן־עַמִּיהוּד׃ קָרְבָּנוֹ
קַעֲרַת־כֶּסֶף אַחַת שְׁלֹשִׁים וּמֵאָה מִשְׁקָלָהּ מִזְרָק אֶחָד כֶּסֶף שִׁבְעִים
שֶׁקֶל בְּשֶׁקֶל הַקֹּדֶשׁ שְׁנֵיהֶם | מְלֵאִים סֹלֶת בְּלוּלָה בַשֶּׁמֶן לְמִנְחָה׃ כַּף אַחַת
עֲשָׂרָה זָהָב מְלֵאָה קְטֹרֶת׃ *Leví* פַּר אֶחָד בֶּן־בָּקָר אַיִל אֶחָד כֶּבֶשׂ־אֶחָד
בֶּן־שְׁנָתוֹ לְעֹלָה׃ שְׂעִיר־עִזִּים אֶחָד לְחַטָּאת׃ וּלְזֶבַח הַשְּׁלָמִים בָּקָר שְׁנַיִם אֵילִם
חֲמִשָּׁה עַתֻּדִים חֲמִשָּׁה כְּבָשִׂים בְּנֵי־שָׁנָה חֲמִשָּׁה זֶה קָרְבַּן אֱלִישָׁמָע בֶּן־עַמִּיהוּד׃

OCTAVO DÍA

בַּיּוֹם הַשְּׁמִינִי נָשִׂיא לִבְנֵי מְנַשֶּׁה גַּמְלִיאֵל בֶּן־פְּדָהצוּר׃ קָרְבָּנוֹ
קַעֲרַת־כֶּסֶף אַחַת שְׁלֹשִׁים וּמֵאָה מִשְׁקָלָהּ מִזְרָק אֶחָד כֶּסֶף שִׁבְעִים שֶׁקֶל
בְּשֶׁקֶל הַקֹּדֶשׁ שְׁנֵיהֶם | מְלֵאִים סֹלֶת בְּלוּלָה בַשֶּׁמֶן לְמִנְחָה׃ כַּף אַחַת
עֲשָׂרָה זָהָב מְלֵאָה קְטֹרֶת׃ *Leví* פַּר אֶחָד בֶּן־בָּקָר אַיִל אֶחָד כֶּבֶשׂ־אֶחָד
בֶּן־שְׁנָתוֹ לְעֹלָה׃ שְׂעִיר־עִזִּים אֶחָד לְחַטָּאת׃ וּלְזֶבַח הַשְּׁלָמִים בָּקָר שְׁנַיִם אֵילִם
חֲמִשָּׁה עַתֻּדִים חֲמִשָּׁה כְּבָשִׂים בְּנֵי־שָׁנָה חֲמִשָּׁה זֶה קָרְבַּן גַּמְלִיאֵל בֶּן־פְּדָהצוּר׃
Yisrael בַּיּוֹם הַתְּשִׁיעִי נָשִׂיא לִבְנֵי בִנְיָמִן אֲבִידָן בֶּן־גִּדְעֹנִי׃ קָרְבָּנוֹ
קַעֲרַת־כֶּסֶף אַחַת שְׁלֹשִׁים וּמֵאָה מִשְׁקָלָהּ מִזְרָק אֶחָד כֶּסֶף שִׁבְעִים שֶׁקֶל
בְּשֶׁקֶל הַקֹּדֶשׁ שְׁנֵיהֶם | מְלֵאִים סֹלֶת בְּלוּלָה בַשֶּׁמֶן לְמִנְחָה׃ כַּף אַחַת
עֲשָׂרָה זָהָב מְלֵאָה קְטֹרֶת׃ פַּר אֶחָד בֶּן־בָּקָר אַיִל אֶחָד כֶּבֶשׂ־אֶחָד בֶּן־שְׁנָתוֹ לְעֹלָה׃
שְׂעִיר־עִזִּים אֶחָד לְחַטָּאת׃ וּלְזֶבַח הַשְּׁלָמִים בָּקָר שְׁנַיִם אֵילִם חֲמִשָּׁה
עַתֻּדִים חֲמִשָּׁה כְּבָשִׂים בְּנֵי־שָׁנָה חֲמִשָּׁה זֶה קָרְבַּן אֲבִידָן בֶּן־גִּדְעֹנִי׃
בַּיּוֹם הָעֲשִׂירִי נָשִׂיא לִבְנֵי דָן אֲחִיעֶזֶר בֶּן־עַמִּישַׁדָּי׃ קָרְבָּנוֹ
קַעֲרַת־כֶּסֶף אַחַת שְׁלֹשִׁים וּמֵאָה מִשְׁקָלָהּ מִזְרָק אֶחָד כֶּסֶף שִׁבְעִים שֶׁקֶל
בְּשֶׁקֶל הַקֹּדֶשׁ שְׁנֵיהֶם | מְלֵאִים סֹלֶת בְּלוּלָה בַשֶּׁמֶן לְמִנְחָה׃ כַּף אַחַת
עֲשָׂרָה זָהָב מְלֵאָה קְטֹרֶת׃ פַּר אֶחָד בֶּן־בָּקָר אַיִל אֶחָד כֶּבֶשׂ־אֶחָד
בֶּן־שְׁנָתוֹ לְעֹלָה׃ שְׂעִיר־עִזִּים אֶחָד לְחַטָּאת׃ וּלְזֶבַח הַשְּׁלָמִים בָּקָר שְׁנַיִם אֵילִם
חֲמִשָּׁה עַתֻּדִים חֲמִשָּׁה כְּבָשִׂים בְּנֵי־שָׁנָה חֲמִשָּׁה זֶה קָרְבַּן אֲחִיעֶזֶר בֶּן־עַמִּישַׁדָּי׃
בְּיוֹם עַשְׁתֵּי עָשָׂר יוֹם נָשִׂיא לִבְנֵי אָשֵׁר פַּגְעִיאֵל בֶּן־עָכְרָן׃ קָרְבָּנוֹ
קַעֲרַת־כֶּסֶף אַחַת שְׁלֹשִׁים וּמֵאָה מִשְׁקָלָהּ מִזְרָק אֶחָד כֶּסֶף שִׁבְעִים שֶׁקֶל
בְּשֶׁקֶל הַקֹּדֶשׁ שְׁנֵיהֶם | מְלֵאִים סֹלֶת בְּלוּלָה בַשֶּׁמֶן לְמִנְחָה׃ כַּף אַחַת
עֲשָׂרָה זָהָב מְלֵאָה קְטֹרֶת׃ פַּר אֶחָד בֶּן־בָּקָר אַיִל אֶחָד כֶּבֶשׂ־אֶחָד
בֶּן־שְׁנָתוֹ לְעֹלָה׃ שְׂעִיר־עִזִּים אֶחָד לְחַטָּאת׃ וּלְזֶבַח הַשְּׁלָמִים בָּקָר שְׁנַיִם אֵילִם
חֲמִשָּׁה עַתֻּדִים חֲמִשָּׁה כְּבָשִׂים בְּנֵי־שָׁנָה חֲמִשָּׁה זֶה קָרְבַּן פַּגְעִיאֵל בֶּן־עָכְרָן׃

בְּיוֹם שְׁנֵים עָשָׂר יוֹם נָשִׂיא לִבְנֵי נַפְתָּלִי אֲחִירַע בֶּן־עֵינָן׃ קָרְבָּנוֹ קַעֲרַת־כֶּסֶף אַחַת שְׁלֹשִׁים וּמֵאָה מִשְׁקָלָהּ מִזְרָק אֶחָד כֶּסֶף שִׁבְעִים שֶׁקֶל בְּשֶׁקֶל הַקֹּדֶשׁ שְׁנֵיהֶם | מְלֵאִים סֹלֶת בְּלוּלָה בַשֶּׁמֶן לְמִנְחָה׃ כַּף אַחַת עֲשָׂרָה זָהָב מְלֵאָה קְטֹרֶת׃ פַּר אֶחָד בֶּן־בָּקָר אַיִל אֶחָד כֶּבֶשׂ־אֶחָד בֶּן־שְׁנָתוֹ לְעֹלָה׃ שְׂעִיר־עִזִּים אֶחָד לְחַטָּאת׃ וּלְזֶבַח הַשְּׁלָמִים בָּקָר שְׁנַיִם אֵילִם חֲמִשָּׁה עַתֻּדִים חֲמִשָּׁה כְּבָשִׂים בְּנֵי־שָׁנָה חֲמִשָּׁה זֶה קָרְבַּן אֲחִירַע בֶּן־עֵינָן׃ זֹאת | חֲנֻכַּת הַמִּזְבֵּחַ בְּיוֹם הִמָּשַׁח אֹתוֹ מֵאֵת נְשִׂיאֵי יִשְׂרָאֵל קַעֲרֹת כֶּסֶף שְׁתֵּים עֶשְׂרֵה מִזְרְקֵי־כֶסֶף שְׁנֵים עָשָׂר כַּפּוֹת זָהָב שְׁתֵּים עֶשְׂרֵה׃ שְׁלֹשִׁים וּמֵאָה הַקְּעָרָה הָאַחַת כֶּסֶף וְשִׁבְעִים הַמִּזְרָק הָאֶחָד כֹּל כֶּסֶף הַכֵּלִים אַלְפַּיִם וְאַרְבַּע־מֵאוֹת בְּשֶׁקֶל הַקֹּדֶשׁ׃ כַּפּוֹת זָהָב שְׁתֵּים־עֶשְׂרֵה מְלֵאֹת קְטֹרֶת עֲשָׂרָה עֲשָׂרָה הַכַּף בְּשֶׁקֶל הַקֹּדֶשׁ כָּל־זְהַב הַכַּפּוֹת עֶשְׂרִים וּמֵאָה׃ כָּל־הַבָּקָר לָעֹלָה שְׁנֵים עָשָׂר פָּרִים אֵילִם שְׁנֵים־עָשָׂר כְּבָשִׂים בְּנֵי־שָׁנָה שְׁנֵים עָשָׂר וּמִנְחָתָם וּשְׂעִירֵי עִזִּים שְׁנֵים עָשָׂר לְחַטָּאת׃ וְכֹל בְּקַר | זֶבַח הַשְּׁלָמִים עֶשְׂרִים וְאַרְבָּעָה פָּרִים אֵילִם שִׁשִּׁים עַתֻּדִים שִׁשִּׁים כְּבָשִׂים בְּנֵי־שָׁנָה שִׁשִּׁים זֹאת חֲנֻכַּת הַמִּזְבֵּחַ אַחֲרֵי הִמָּשַׁח אֹתוֹ׃ וּבְבֹא מֹשֶׁה אֶל־אֹהֶל מוֹעֵד לְדַבֵּר אִתּוֹ וַיִּשְׁמַע אֶת־הַקּוֹל מִדַּבֵּר אֵלָיו מֵעַל הַכַּפֹּרֶת אֲשֶׁר עַל־אֲרֹן הָעֵדֻת מִבֵּין שְׁנֵי הַכְּרֻבִים וַיְדַבֵּר אֵלָיו׃ וַיְדַבֵּר יְהֹוָה אֶל־מֹשֶׁה לֵּאמֹר׃ דַּבֵּר אֶל־אַהֲרֹן וְאָמַרְתָּ אֵלָיו בְּהַעֲלֹתְךָ אֶת־הַנֵּרֹת אֶל־מוּל פְּנֵי הַמְּנוֹרָה יָאִירוּ שִׁבְעַת הַנֵּרוֹת׃ וַיַּעַשׂ כֵּן אַהֲרֹן אֶל־מוּל פְּנֵי הַמְּנוֹרָה הֶעֱלָה נֵרֹתֶיהָ כַּאֲשֶׁר צִוָּה יְהֹוָה אֶת־מֹשֶׁה׃ וְזֶה מַעֲשֵׂה הַמְּנֹרָה מִקְשָׁה זָהָב עַד־יְרֵכָהּ עַד־פִּרְחָהּ מִקְשָׁה הִוא כַּמַּרְאֶה אֲשֶׁר הֶרְאָה יְהֹוָה אֶת־מֹשֶׁה כֵּן עָשָׂה אֶת־הַמְּנֹרָה׃

LECTURA PARA PURIM (ÉXODO 17:8-16)

וַיָּבֹא עֲמָלֵק וַיִּלָּחֶם עִם־יִשְׂרָאֵל בִּרְפִידִם׃ וַיֹּאמֶר מֹשֶׁה אֶל־יְהוֹשֻׁעַ בְּחַר־לָנוּ אֲנָשִׁים וְצֵא הִלָּחֵם בַּעֲמָלֵק מָחָר אָנֹכִי נִצָּב עַל־רֹאשׁ הַגִּבְעָה וּמַטֵּה הָאֱלֹהִים בְּיָדִי׃ וַיַּעַשׂ יְהוֹשֻׁעַ כַּאֲשֶׁר אָמַר־לוֹ מֹשֶׁה לְהִלָּחֵם בַּעֲמָלֵק וּמֹשֶׁה אַהֲרֹן וְחוּר עָלוּ רֹאשׁ הַגִּבְעָה׃ *Leví* וְהָיָה כַּאֲשֶׁר יָרִים מֹשֶׁה יָדוֹ וְגָבַר יִשְׂרָאֵל וְכַאֲשֶׁר יָנִיחַ יָדוֹ וְגָבַר עֲמָלֵק׃ וִידֵי מֹשֶׁה כְּבֵדִים וַיִּקְחוּ־אֶבֶן וַיָּשִׂימוּ תַחְתָּיו וַיֵּשֶׁב עָלֶיהָ וְאַהֲרֹן וְחוּר תָּמְכוּ בְיָדָיו מִזֶּה אֶחָד וּמִזֶּה אֶחָד וַיְהִי יָדָיו אֱמוּנָה עַד־בֹּא הַשָּׁמֶשׁ׃ וַיַּחֲלֹשׁ יְהוֹשֻׁעַ אֶת־עֲמָלֵק וְאֶת־עַמּוֹ לְפִי־חָרֶב׃ *Yisrael* וַיֹּאמֶר יְהֹוָה אֶל־מֹשֶׁה כְּתֹב זֹאת זִכָּרוֹן בַּסֵּפֶר וְשִׂים בְּאָזְנֵי יְהוֹשֻׁעַ כִּי־מָחֹה אֶמְחֶה אֶת־זֵכֶר עֲמָלֵק מִתַּחַת הַשָּׁמָיִם׃ וַיִּבֶן מֹשֶׁה מִזְבֵּחַ וַיִּקְרָא שְׁמוֹ יְהֹוָה | נִסִּי׃ וַיֹּאמֶר כִּי־יָד עַל־כֵּס יָהּ מִלְחָמָה לַיהֹוָה בַּעֲמָלֵק מִדֹּר דֹּר׃

El último versículo ("*Vayomer*") se recita dos veces.

LA LECTURA DE LA TORÁ PARA DÍAS DE AYUNO COLECTIVO
(ÉXODO 32:11-14, 34:1-10)

וַיְחַל מֹשֶׁה אֶת־פְּנֵי יְהֹוָה יאהדונהי אֱלֹהָיו וַיֹּאמֶר לָמָה יְהֹוָה יאהדונהי יֶחֱרֶה אַפְּךָ בְּעַמֶּךָ
אֲשֶׁר הוֹצֵאתָ מֵאֶרֶץ מִצְרַיִם בְּכֹחַ גָּדוֹל וּבְיָד חֲזָקָה: לָמָּה יֹאמְרוּ מִצְרַיִם לֵאמֹר
בְּרָעָה הוֹצִיאָם לַהֲרֹג אֹתָם בֶּהָרִים וּלְכַלֹּתָם מֵעַל פְּנֵי הָאֲדָמָה (todos juntos) שׁוּב מֵחֲרוֹן
אַפֶּךָ וְהִנָּחֵם עַל־הָרָעָה לְעַמֶּךָ: זְכֹר לְאַבְרָהָם לְיִצְחָק וּלְיִשְׂרָאֵל עֲבָדֶיךָ אֲשֶׁר נִשְׁבַּעְתָּ
לָהֶם בָּךְ וַתְּדַבֵּר אֲלֵהֶם אַרְבֶּה אֶת־זַרְעֲכֶם כְּכוֹכְבֵי הַשָּׁמָיִם וְכָל־הָאָרֶץ הַזֹּאת אֲשֶׁר
אָמַרְתִּי אֶתֵּן לְזַרְעֲכֶם וְנָחֲלוּ לְעֹלָם: וַיִּנָּחֶם יְהֹוָה יאהדונהי עַל־הָרָעָה אֲשֶׁר דִּבֶּר לַעֲשׂוֹת
לְעַמּוֹ: *Leví* וַיֹּאמֶר יְהֹוָה יאהדונהי אֶל־מֹשֶׁה פְּסָל־לְךָ שְׁנֵי־לֻחֹת אֲבָנִים כָּרִאשֹׁנִים
וְכָתַבְתִּי עַל־הַלֻּחֹת אֶת־הַדְּבָרִים אֲשֶׁר הָיוּ עַל־הַלֻּחֹת הָרִאשֹׁנִים אֲשֶׁר שִׁבַּרְתָּ: וֶהְיֵה
נָכוֹן לַבֹּקֶר וְעָלִיתָ בַבֹּקֶר אֶל־הַר סִינַי וְנִצַּבְתָּ לִי שָׁם עַל־רֹאשׁ הָהָר: וְאִישׁ לֹא־יַעֲלֶה
עִמָּךְ וְגַם־אִישׁ אַל־יֵרָא בְּכָל־הָהָר גַּם־הַצֹּאן וְהַבָּקָר אַל־יִרְעוּ אֶל־מוּל הָהָר הַהוּא:
Yisrael וַיִּפְסֹל שְׁנֵי־לֻחֹת אֲבָנִים כָּרִאשֹׁנִים וַיַּשְׁכֵּם מֹשֶׁה בַבֹּקֶר וַיַּעַל אֶל־הַר סִינַי
כַּאֲשֶׁר צִוָּה יְהֹוָה יאהדונהי אֹתוֹ וַיִּקַּח בְּיָדוֹ שְׁנֵי לֻחֹת אֲבָנִים: וַיֵּרֶד יְהֹוָה יאהדונהי בֶּעָנָן
וַיִּתְיַצֵּב עִמּוֹ שָׁם וַיִּקְרָא בְשֵׁם יְהֹוָה יאהדונהי: וַיַּעֲבֹר יְהֹוָה יאהדונהי | עַל־פָּנָיו וַיִּקְרָא
יְהֹוָה יאהדונהי | יְהֹוָה יאהדונהי אֵל רַחוּם וְחַנּוּן אֶרֶךְ אַפַּיִם וְרַב־חֶסֶד וֶאֱמֶת: נֹצֵר חֶסֶד
לָאֲלָפִים נֹשֵׂא עָוֺן וָפֶשַׁע וְחַטָּאָה וְנַקֵּה לֹא יְנַקֶּה פֹּקֵד | עֲוֺן אָבוֹת עַל־בָּנִים וְעַל־בְּנֵי
בָנִים עַל־שִׁלֵּשִׁים וְעַל־רִבֵּעִים: וַיְמַהֵר מֹשֶׁה וַיִּקֹּד אַרְצָה וַיִּשְׁתָּחוּ: וַיֹּאמֶר אִם־נָא
מָצָאתִי חֵן בְּעֵינֶיךָ אֲדֹנָי יֵלֶךְ־נָא אֲדֹנָי בְּקִרְבֵּנוּ כִּי עַם־קְשֵׁה־עֹרֶף הוּא
(todos juntos) וְסָלַחְתָּ לַעֲוֺנֵנוּ וּלְחַטָּאתֵנוּ וּנְחַלְתָּנוּ: וַיֹּאמֶר הִנֵּה אָנֹכִי כֹּרֵת בְּרִית נֶגֶד
כָּל־עַמְּךָ אֶעֱשֶׂה נִפְלָאֹת אֲשֶׁר לֹא־נִבְרְאוּ בְכָל־הָאָרֶץ וּבְכָל־הַגּוֹיִם וְרָאָה כָל־הָעָם
אֲשֶׁר־אַתָּה בְקִרְבּוֹ אֶת־מַעֲשֵׂה יְהֹוָה יאהדונהי כִּי־נוֹרָא הוּא אֲשֶׁר אֲנִי עֹשֶׂה עִמָּךְ:

LA HAFTARÁ PARA DÍAS DE AYUNO COLECTIVO
(ISAÍAS 55-56)

(La persona que lee la *Haftará* debe decir la primera bendición de la *Haftará* antes de la lectura).

דִּרְשׁוּ יְהֹוָה יאהדונהי בְּהִמָּצְאוֹ קְרָאֻהוּ בִּהְיוֹתוֹ קָרוֹב: יַעֲזֹב רָשָׁע דַּרְכּוֹ וְאִישׁ אָוֶן
מַחְשְׁבֹתָיו וְיָשֹׁב אֶל־יְהֹוָה יאהדונהי וִירַחֲמֵהוּ וְאֶל־אֱלֹהֵינוּ כִּי־יַרְבֶּה לִסְלוֹחַ: כִּי לֹא
מַחְשְׁבוֹתַי מַחְשְׁבוֹתֵיכֶם וְלֹא דַרְכֵיכֶם דְּרָכָי נְאֻם יְהֹוָה יאהדונהי: כִּי־גָבְהוּ שָׁמַיִם
מֵאָרֶץ כֵּן גָּבְהוּ דְרָכַי מִדַּרְכֵיכֶם וּמַחְשְׁבֹתַי מִמַּחְשְׁבֹתֵיכֶם: כִּי כַּאֲשֶׁר יֵרֵד הַגֶּשֶׁם
וְהַשֶּׁלֶג מִן־הַשָּׁמַיִם וְשָׁמָּה לֹא יָשׁוּב כִּי אִם־הִרְוָה אֶת־הָאָרֶץ וְהוֹלִידָהּ וְהִצְמִיחָהּ וְנָתַן
זֶרַע לַזֹּרֵעַ וְלֶחֶם לָאֹכֵל: כֵּן יִהְיֶה דְבָרִי אֲשֶׁר יֵצֵא מִפִּי לֹא־יָשׁוּב אֵלַי רֵיקָם כִּי
אִם־עָשָׂה אֶת־אֲשֶׁר חָפַצְתִּי וְהִצְלִיחַ אֲשֶׁר שְׁלַחְתִּיו: כִּי־בְשִׂמְחָה תֵצֵאוּ וּבְשָׁלוֹם
תּוּבָלוּן הֶהָרִים וְהַגְּבָעוֹת יִפְצְחוּ לִפְנֵיכֶם רִנָּה וְכָל־עֲצֵי הַשָּׂדֶה יִמְחֲאוּ־כָף: תַּחַת
הַנַּעֲצוּץ יַעֲלֶה בְרוֹשׁ וְתַחַת (כתיב תחת) הַסִּרְפַּד יַעֲלֶה הֲדַס וְהָיָה לַיהֹוָה יאהדונהי לְשֵׁם
לְאוֹת עוֹלָם לֹא יִכָּרֵת: כֹּה אָמַר יְהֹוָה יאהדונהי שִׁמְרוּ מִשְׁפָּט וַעֲשׂוּ צְדָקָה כִּי־קְרוֹבָה
יְשׁוּעָתִי לָבוֹא וְצִדְקָתִי לְהִגָּלוֹת: אַשְׁרֵי אֱנוֹשׁ יַעֲשֶׂה־זֹּאת וּבֶן־אָדָם יַחֲזִיק בָּהּ שֹׁמֵר
שַׁבָּת מֵחַלְּלוֹ וְשֹׁמֵר יָדוֹ מֵעֲשׂוֹת כָּל־רָע: וְאַל־יֹאמַר בֶּן־הַנֵּכָר הַנִּלְוָה אֶל־יְהֹוָה יאהדונהי
לֵאמֹר הַבְדֵּל יַבְדִּילַנִי יְהֹוָה יאהדונהי מֵעַל עַמּוֹ וְאַל־יֹאמַר הַסָּרִיס הֵן אֲנִי עֵץ יָבֵשׁ:

כִּי־כֹה | אָמַר יְהֹוָה לַסָּרִיסִים אֲשֶׁר יִשְׁמְרוּ אֶת־שַׁבְּתוֹתַי וּבָחֲרוּ בַּאֲשֶׁר חָפָצְתִּי וּמַחֲזִיקִים בִּבְרִיתִי: וְנָתַתִּי לָהֶם בְּבֵיתִי וּבְחוֹמֹתַי יָד וָשֵׁם טוֹב מִבָּנִים וּמִבָּנוֹת שֵׁם עוֹלָם אֶתֶּן־לוֹ אֲשֶׁר לֹא יִכָּרֵת: וּבְנֵי הַנֵּכָר הַנִּלְוִים עַל־יְהֹוָה לְשָׁרְתוֹ וּלְאַהֲבָה אֶת־שֵׁם יְהֹוָה לִהְיוֹת לוֹ לַעֲבָדִים כָּל־שֹׁמֵר שַׁבָּת מֵחַלְּלוֹ וּמַחֲזִיקִים בִּבְרִיתִי: וַהֲבִיאוֹתִים אֶל־הַר קָדְשִׁי וְשִׂמַּחְתִּים בְּבֵית תְּפִלָּתִי עוֹלֹתֵיהֶם וְזִבְחֵיהֶם לְרָצוֹן עַל־מִזְבְּחִי כִּי בֵיתִי בֵּית־תְּפִלָּה יִקָּרֵא לְכָל־הָעַמִּים: נְאֻם אֲדֹנָי יֱהֹוִה מְקַבֵּץ נִדְחֵי יִשְׂרָאֵל עוֹד אֲקַבֵּץ עָלָיו לְנִקְבָּצָיו:

(Al final, la persona que lee la *Haftará* debe decir las tres bendiciones de la *Haftará* hasta *Maguén David*)

LA LECTURA DE LA TORÁ PARA TISHÁ BEAV

(DEUTERONOMIO 4:25-40)

כִּי־תוֹלִיד בָּנִים וּבְנֵי בָנִים וְנוֹשַׁנְתֶּם בָּאָרֶץ וְהִשְׁחַתֶּם וַעֲשִׂיתֶם פֶּסֶל תְּמוּנַת כֹּל וַעֲשִׂיתֶם הָרַע בְּעֵינֵי יְהֹוָה־אֱלֹהֶיךָ לְהַכְעִיסוֹ: הַעִידֹתִי בָכֶם הַיּוֹם אֶת־הַשָּׁמַיִם וְאֶת־הָאָרֶץ כִּי־אָבֹד תֹּאבֵדוּן מַהֵר מֵעַל הָאָרֶץ אֲשֶׁר אַתֶּם עֹבְרִים אֶת־הַיַּרְדֵּן שָׁמָּה לְרִשְׁתָּהּ לֹא־תַאֲרִיכֻן יָמִים עָלֶיהָ כִּי הִשָּׁמֵד תִּשָּׁמֵדוּן: וְהֵפִיץ יְהֹוָה אֶתְכֶם בָּעַמִּים וְנִשְׁאַרְתֶּם מְתֵי מִסְפָּר בַּגּוֹיִם אֲשֶׁר יְנַהֵג יְהֹוָה אֶתְכֶם שָׁמָּה: וַעֲבַדְתֶּם־שָׁם אֱלֹהִים מַעֲשֵׂה יְדֵי אָדָם עֵץ וָאֶבֶן אֲשֶׁר לֹא־יִרְאוּן וְלֹא יִשְׁמְעוּן וְלֹא יֹאכְלוּן וְלֹא יְרִיחֻן: וּבִקַּשְׁתֶּם מִשָּׁם אֶת־יְהֹוָה אֱלֹהֶיךָ וּמָצָאתָ כִּי תִדְרְשֶׁנּוּ בְּכָל־לְבָבְךָ וּבְכָל־נַפְשֶׁךָ: *Leví* בַּצַּר לְךָ וּמְצָאוּךָ כֹּל הַדְּבָרִים הָאֵלֶּה בְּאַחֲרִית הַיָּמִים וְשַׁבְתָּ עַד־יְהֹוָה אֱלֹהֶיךָ וְשָׁמַעְתָּ בְּקֹלוֹ: כִּי אֵל רַחוּם יְהֹוָה אֱלֹהֶיךָ לֹא יַרְפְּךָ וְלֹא יַשְׁחִיתֶךָ וְלֹא יִשְׁכַּח אֶת־בְּרִית אֲבֹתֶיךָ אֲשֶׁר נִשְׁבַּע לָהֶם: כִּי שְׁאַל־נָא לְיָמִים רִאשֹׁנִים אֲשֶׁר־הָיוּ לְפָנֶיךָ לְמִן־הַיּוֹם אֲשֶׁר בָּרָא אֱלֹהִים | אָדָם עַל־הָאָרֶץ וּלְמִקְצֵה הַשָּׁמַיִם וְעַד־קְצֵה הַשָּׁמָיִם הֲנִהְיָה כַּדָּבָר הַגָּדוֹל הַזֶּה אוֹ הֲנִשְׁמַע כָּמֹהוּ: הֲשָׁמַע עָם קוֹל אֱלֹהִים מְדַבֵּר מִתּוֹךְ־הָאֵשׁ כַּאֲשֶׁר־שָׁמַעְתָּ אַתָּה וַיֶּחִי: אוֹ | הֲנִסָּה אֱלֹהִים לָבוֹא לָקַחַת לוֹ גוֹי מִקֶּרֶב גּוֹי בְּמַסֹּת בְּאֹתֹת וּבְמוֹפְתִים וּבְמִלְחָמָה וּבְיָד חֲזָקָה וּבִזְרוֹעַ נְטוּיָה וּבְמוֹרָאִים גְּדֹלִים כְּכֹל אֲשֶׁר־עָשָׂה לָכֶם יְהֹוָה אֱלֹהֵיכֶם בְּמִצְרַיִם לְעֵינֶיךָ: אַתָּה הָרְאֵתָ לָדַעַת כִּי יְהֹוָה הוּא הָאֱלֹהִים אֵין עוֹד מִלְּבַדּוֹ: *Yisrael* מִן־הַשָּׁמַיִם הִשְׁמִיעֲךָ אֶת־קֹלוֹ לְיַסְּרֶךָּ וְעַל־הָאָרֶץ הֶרְאֲךָ אֶת־אִשּׁוֹ הַגְּדוֹלָה וּדְבָרָיו שָׁמַעְתָּ מִתּוֹךְ הָאֵשׁ: וְתַחַת כִּי אָהַב אֶת־אֲבֹתֶיךָ וַיִּבְחַר בְּזַרְעוֹ אַחֲרָיו וַיּוֹצִאֲךָ בְּפָנָיו בְּכֹחוֹ הַגָּדֹל מִמִּצְרָיִם: לְהוֹרִישׁ גּוֹיִם גְּדֹלִים וַעֲצֻמִים מִמְּךָ מִפָּנֶיךָ לַהֲבִיאֲךָ לָתֶת־לְךָ אֶת־אַרְצָם נַחֲלָה כַּיּוֹם הַזֶּה: וְיָדַעְתָּ הַיּוֹם וַהֲשֵׁבֹתָ אֶל־לְבָבֶךָ כִּי יְהֹוָה הוּא הָאֱלֹהִים בַּשָּׁמַיִם מִמַּעַל וְעַל־הָאָרֶץ מִתָּחַת אֵין עוֹד: וְשָׁמַרְתָּ אֶת־חֻקָּיו וְאֶת־מִצְוֹתָיו אֲשֶׁר אָנֹכִי מְצַוְּךָ הַיּוֹם אֲשֶׁר יִיטַב לְךָ וּלְבָנֶיךָ אַחֲרֶיךָ וּלְמַעַן תַּאֲרִיךְ יָמִים עַל־הָאֲדָמָה אֲשֶׁר יְהֹוָה אֱלֹהֶיךָ נֹתֵן לְךָ כָּל־הַיָּמִים:

LA HAFTARÁ PARA TISHÁ BEAV

(JEREMÍAS 8-9)

(La persona que lee la *Haftará* debe decir la primera bendición de la *Haftará* antes de la lectura).

אָסֹף אֲסִיפֵם נְאֻם־יְהֹוָה אֵין עֲנָבִים בַּגֶּפֶן וְאֵין תְּאֵנִים בַּתְּאֵנָה וְהֶעָלֶה נָבֵל וָאֶתֵּן לָהֶם יַעַבְרוּם: עַל־מָה אֲנַחְנוּ יֹשְׁבִים הֵאָסְפוּ וְנָבוֹא אֶל־עָרֵי הַמִּבְצָר וְנִדְּמָה־שָּׁם כִּי יְהֹוָה אֱלֹהֵינוּ הֲדִמָּנוּ וַיַּשְׁקֵנוּ מֵי־רֹאשׁ כִּי חָטָאנוּ לַיהֹוָה:

קַוֵּה לְשָׁלוֹם וְאֵין טוֹב לְעֵת מַרְפֵּה וְהִנֵּה בְעָתָה: מִדָּן נִשְׁמַע נַחְרַת סוּסָיו מִקּוֹל
מִצְהֲלוֹת אַבִּירָיו רָעֲשָׁה כָּל־הָאָרֶץ וַיָּבוֹאוּ וַיֹּאכְלוּ אֶרֶץ וּמְלוֹאָהּ עִיר וְיֹשְׁבֵי בָהּ: כִּי
הִנְנִי מְשַׁלֵּחַ בָּכֶם נְחָשִׁים צִפְעֹנִים אֲשֶׁר אֵין־לָהֶם לָחַשׁ וְנִשְּׁכוּ אֶתְכֶם
נְאֻם־יְהֹוָה: מַבְלִיגִיתִי עֲלֵי יָגוֹן עָלַי לִבִּי דַוָּי: הִנֵּה־קוֹל שַׁוְעַת בַּת־עַמִּי מֵאֶרֶץ
מַרְחַקִּים הַיהֹוָה אֵין בְּצִיּוֹן אִם־מַלְכָּהּ אֵין בָּהּ מַדּוּעַ הִכְעִסוּנִי בִּפְסִלֵיהֶם
בְּהַבְלֵי נֵכָר: עָבַר קָצִיר כָּלָה קָיִץ וַאֲנַחְנוּ לוֹא נוֹשָׁעְנוּ: עַל־שֶׁבֶר בַּת־עַמִּי הָשְׁבָּרְתִּי
קָדַרְתִּי שַׁמָּה הֶחֱזִקָתְנִי: הַצֳרִי אֵין בְּגִלְעָד אִם־רֹפֵא אֵין שָׁם כִּי מַדּוּעַ לֹא עָלְתָה
אֲרֻכַת בַּת־עַמִּי: מִי־יִתֵּן רֹאשִׁי מַיִם וְעֵינִי מְקוֹר דִּמְעָה וְאֶבְכֶּה יוֹמָם וָלַיְלָה אֵת חַלְלֵי
בַת־עַמִּי: מִי־יִתְּנֵנִי בַמִּדְבָּר מְלוֹן אֹרְחִים וְאֶעֶזְבָה אֶת־עַמִּי וְאֵלְכָה מֵאִתָּם כִּי כֻלָּם
מְנָאֲפִים עֲצֶרֶת בֹּגְדִים: וַיַּדְרְכוּ אֶת־לְשׁוֹנָם קַשְׁתָּם שֶׁקֶר וְלֹא לֶאֱמוּנָה גָּבְרוּ בָאָרֶץ כִּי
מֵרָעָה אֶל־רָעָה | יָצָאוּ וְאֹתִי לֹא־יָדָעוּ נְאֻם־יְהֹוָה: אִישׁ מֵרֵעֵהוּ הִשָּׁמֵרוּ
וְעַל־כָּל־אָח אַל־תִּבְטָחוּ כִּי כָל־אָח עָקוֹב יַעְקֹב וְכָל־רֵעַ רָכִיל יַהֲלֹךְ: וְאִישׁ בְּרֵעֵהוּ
יְהָתֵלּוּ וֶאֱמֶת לֹא יְדַבֵּרוּ לִמְּדוּ לְשׁוֹנָם דַּבֶּר־שֶׁקֶר הַעֲוֵה נִלְאוּ: שִׁבְתְּךָ בְּתוֹךְ מִרְמָה
בְּמִרְמָה מֵאֲנוּ דַעַת־אוֹתִי נְאֻם־יְהֹוָה: לָכֵן כֹּה אָמַר יְהֹוָה צְבָאוֹת הִנְנִי
צוֹרְפָם וּבְחַנְתִּים כִּי־אֵיךְ אֶעֱשֶׂה מִפְּנֵי בַּת־עַמִּי: חֵץ שָׁחוּט (כתיב שוחט) לְשׁוֹנָם מִרְמָה
דִּבֵּר בְּפִיו שָׁלוֹם אֶת־רֵעֵהוּ יְדַבֵּר וּבְקִרְבּוֹ יָשִׂים אָרְבּוֹ: הַעַל־אֵלֶּה לֹא־אֶפְקָד־בָּם
נְאֻם־יְהֹוָה אִם בְּגוֹי אֲשֶׁר־כָּזֶה לֹא תִתְנַקֵּם נַפְשִׁי: עַל־הֶהָרִים אֶשָּׂא בְכִי וָנֶהִי
וְעַל־נְאוֹת מִדְבָּר קִינָה כִּי נִצְּתוּ מִבְּלִי־אִישׁ עֹבֵר וְלֹא שָׁמְעוּ קוֹל מִקְנֶה מֵעוֹף הַשָּׁמַיִם
וְעַד־בְּהֵמָה נָדְדוּ הָלָכוּ: וְנָתַתִּי אֶת־יְרוּשָׁלִַם לְגַלִּים מְעוֹן תַּנִּים וְאֶת־עָרֵי יְהוּדָה אֶתֵּן
שְׁמָמָה מִבְּלִי יוֹשֵׁב: מִי־הָאִישׁ הֶחָכָם וְיָבֵן אֶת־זֹאת וַאֲשֶׁר דִּבֶּר פִּי־יְהֹוָה אֵלָיו
וְיַגִּדָהּ עַל־מָה אָבְדָה הָאָרֶץ נִצְּתָה כַמִּדְבָּר מִבְּלִי עֹבֵר: וַיֹּאמֶר יְהֹוָה
עַל־עָזְבָם אֶת־תּוֹרָתִי אֲשֶׁר נָתַתִּי לִפְנֵיהֶם וְלֹא־שָׁמְעוּ בְקוֹלִי וְלֹא־הָלְכוּ בָהּ: וַיֵּלְכוּ
אַחֲרֵי שְׁרִרוּת לִבָּם וְאַחֲרֵי הַבְּעָלִים אֲשֶׁר לִמְּדוּם אֲבוֹתָם: לָכֵן כֹּה־אָמַר
יְהֹוָה צְבָאוֹת אֱלֹהֵי יִשְׂרָאֵל הִנְנִי מַאֲכִילָם אֶת־הָעָם הַזֶּה לַעֲנָה וְהִשְׁקִיתִים מֵי־
רֹאשׁ: וַהֲפִצוֹתִים בַּגּוֹיִם אֲשֶׁר לֹא יָדְעוּ הֵמָּה וַאֲבוֹתָם וְשִׁלַּחְתִּי אַחֲרֵיהֶם אֶת־הַחֶרֶב
עַד כַּלּוֹתִי אוֹתָם: כֹּה אָמַר יְהֹוָה צְבָאוֹת הִתְבּוֹנְנוּ וְקִרְאוּ לַמְקוֹנְנוֹת וּתְבוֹאֶינָה
וְאֶל־הַחֲכָמוֹת שִׁלְחוּ וְתָבוֹאנָה: וּתְמַהֵרְנָה וְתִשֶּׂנָה עָלֵינוּ נֶהִי וְתֵרַדְנָה עֵינֵינוּ דִּמְעָה
וְעַפְעַפֵּינוּ יִזְּלוּ־מָיִם: כִּי קוֹל נְהִי נִשְׁמַע מִצִּיּוֹן אֵיךְ שֻׁדָּדְנוּ בֹּשְׁנוּ מְאֹד כִּי־עָזַבְנוּ אָרֶץ
כִּי הִשְׁלִיכוּ מִשְׁכְּנוֹתֵינוּ: כִּי־שְׁמַעְנָה נָשִׁים דְּבַר־יְהֹוָה וְתִקַּח אָזְנְכֶם דְּבַר־פִּיו
וְלַמֵּדְנָה בְנֹתֵיכֶם נֶהִי וְאִשָּׁה רְעוּתָהּ קִינָה: כִּי־עָלָה מָוֶת בְּחַלּוֹנֵינוּ בָּא בְּאַרְמְנוֹתֵינוּ
לְהַכְרִית עוֹלָל מִחוּץ בַּחוּרִים מֵרְחֹבוֹת: דַּבֵּר כֹּה נְאֻם־יְהֹוָה וְנָפְלָה נִבְלַת
הָאָדָם כְּדֹמֶן עַל־פְּנֵי הַשָּׂדֶה וּכְעָמִיר מֵאַחֲרֵי הַקֹּצֵר וְאֵין מְאַסֵּף: כֹּה | אָמַר
יְהֹוָה אַל־יִתְהַלֵּל חָכָם בְּחָכְמָתוֹ וְאַל־יִתְהַלֵּל הַגִּבּוֹר בִּגְבוּרָתוֹ
אַל־יִתְהַלֵּל עָשִׁיר בְּעָשְׁרוֹ: כִּי אִם־בְּזֹאת יִתְהַלֵּל הַמִּתְהַלֵּל הַשְׂכֵּל וְיָדֹעַ אוֹתִי כִּי אֲנִי
יְהֹוָה עֹשֶׂה חֶסֶד מִשְׁפָּט וּצְדָקָה בָּאָרֶץ כִּי־בְאֵלֶּה חָפַצְתִּי נְאֻם־יְהֹוָה:

(Al final, la persona que lee la *Haftará* debe decir las tres bendiciones de la *Haftará* hasta *Maguén David*)

MEJORAMIENTO DE UN SUEÑO

Durante las horas que estamos despiertos, existe una lucha entre nuestro cuerpo, el cual busca la satisfacción material del mundo físico del 1 por ciento, y nuestra alma, la cual aspira la realidad elevada y verdadera de la realidad del 99 por ciento. Cuando dormimos, nuestra alma —el verdadero ser— se eleva fuera de la realidad limitada del tiempo y el espacio, fuera de nuestro cuerpo físico, y entra en la realidad verdadera para recargarse y nutrirse.

De acuerdo con la Kabbalah, los sueños son mensajes de la realidad del 99 por ciento que percibimos cuando estamos menos apegados al mundo del 1 por ciento; cuando nuestra alma es elevada mientras dormimos. Y, debido a esto, cada sueño merece nuestra atención.

Nuestros sueños y pesadillas son experiencias de purificación relacionadas con acciones negativas que hemos hecho en nuestra vida presente, para que no experimentemos en este mundo físico la totalidad del dolor asociado con esas correcciones espirituales. Hacer una corrección espiritual (*tikún*) en un sueño es, sencillamente, una forma más benevolente de lograr el objetivo. Cuanto más busquemos transformarnos en el plano físico, más oportunidades tenemos de descargar nuestro equipaje y pagar nuestras deudas espirituales en un estado de ensueño.

HATAVAT JALOM – MEJORAMIENTO DE UN SUEÑO

Sin embargo, si un individuo experimentó un sueño negativo que le produjo ansiedad, se requiere un proceso conocido como *Hatavat Jalom* para mejorar o cancelar el sueño y el mismo es realizado en un período de tres días después del sueño. Un sueño negativo indica una separación entre los Mundos Superiores y el Mundo Inferior; nuestro mundo. Esta separación entre los Mundos Superiores y el Mundo Inferior crea un vacío y una sensación de carencia tanto en la persona que tuvo el sueño como en el mundo.

Hatavat Jalom consiste en la presentación de la persona que tuvo el sueño ante tres hombres, quienes, junto con la persona que tuvo el sueño, tienen una serie de discursos interactivos en hebreo/arameo enfatizando que el sueño es un buen sueño. (No es necesario contarles el sueño a estos tres hombres).

Los tres hombres representan los Mundos Superiores —la realidad verdadera— que nutren a nuestro mundo físico. La tecnología de *Hatavat Jalom* acerca los Mundos Superiores a nuestro mundo, lo cual cierra el espacio entre los dos mundos y llena el vacío con Luz, provocando que desaparezca la negatividad del sueño.

Temas y símbolos en un sueño que requieren *Hatavat Jalom*

Estar desnudo y realizar alguna acción negativa, o estar desnudo en un entorno negativo.
Personas que han fallecido que te quitan algo. Más aún si se trata de un zapato.
Uvas negras o púrpuras son una señal negativa de juicio. Es una advertencia de algo que anda mal.
El color azul celeste es una indicación negativa de mal de ojo o juicio.
Ojos o peces son ambos advertencias de mal de ojo.
Muerte: Esto puede significar muerte espiritual en la vida del individuo o muerte física.

Símbolos con doble significado: Según el *Talmud*, la aparición de los siguientes símbolos es muy positiva o muy negativa: **río, ave, cacerola, montaña, perro, león, buey, corte de cabello**. Por lo tanto, en estos casos es muy recomendable que se consulte con un maestro de Kabbalah.

Nota general: Para la interpretación precisa de un sueño, se necesita el contexto general así como los detalles.

Si tuviste un sueño perturbador que te causa ansiedad, debes reunir a tres hombres (los benefactores) y juntos hacer la siguiente conexión.

Los tres benefactores representan a las letras *Yud, Hei* y *Vav* יהו y cuando están conectados con la última letra *Hei* ה, la cual es representada por la persona que sueña, ellos (las letras *Yud, Hei* y *Vav*) infunden abundancia y realización a la última letra *Hei.*

PRIMERA VEZ - JÉSED

La persona que tuvo el sueño (*Hei - Maljut*):

Medita en atraer abundancia de *Jojmá, Biná, Dáat* de *Jojmá, Biná, Dáat* de *Jésed* a las Siete *Sefirot* Inferiores de *Jésed* de *Maljut* a fin de endulzar los Juicios.

Jojmá de *Jojmá* de *Jésed* – חכמה דחכמה דחסד

חֶלְמָא jelmá היה והוה ויהיה ע"ה

Biná de *Jojmá* de *Jésed* – בינה דחכמה דחסד

טָבָא tavá אהיה אההי איהה היהא היאה ההיא יהאה יההא יאהה האהי האיה ההאי

Dáat de *Jojmá* de *Jésed* – דעת דחכמה דחסד

חֲזָאִי jazaí יהוה.

Jojmá de *Biná* de *Jésed* – חכמה דבינה דחסד

חֶלְמָא jelmá היה והוה ויהיה ע"ה

Biná de *Biná* de *Jésed* – בינה דבינה דחסד

טָבָא tavá אהיה אההי איהה היהא היאה ההיא יהאה יההא יאהה האהי האיה ההאי

Dáat de *Biná* de *Jésed* – דעת דבינה דחסד

חֲזָאִי jazaí יהוה.

Jojmá de *Dáat* de *Jésed* – חכמה דדעת דחסד

חֶלְמָא jelmá היה והוה ויהיה ע"ה

Biná de *Dáat* de *Jésed* – בינה דדעת דחסד

טָבָא tavá אהיה אההי איהה היהא היאה ההיא יהאה יההא יאהה האהי האיה ההאי

Dáat de *Dáat* de *Jésed* – דעת דדעת דחסד

חֲזָאִי jazaí יהוה.

HATAVAT JALOM – MEJORAMIENTO DE UN SUEÑO
PRIMERA VEZ - JÉSED
He visto un buen sueño. (x3)

Los tres benefactores (*Yud-Jojmá, Hei-Biná, Vav-Dáat*):

Medita en atraer abundancia de *Jojmá, Biná, Dáat* de *Jojmá, Biná, Dáat* de *Jésed* de *Zeir Anpín* a *Jojmá, Biná, Dáat* de *Jojmá, Biná, Dáat* de *Jésed* de *Nukvá* (quien soñó).

Jojmá de *Jojmá* de *Jésed* – חכמה דחכמה דחסד

וְחֶלְמָא jelmá היה והוה ויהיה ע"ה

Biná de *Jojmá* de *Jésed* – בינה דחכמה דחסד

טָבָא tavá אהיה אההי איהה היהא היאה ההיא יהאה יההא יאהה האהי האיה ההאי

Dáat de *Jojmá* de *Jésed* – דעת דחכמה דחסד

וְחָזֵיתָא jazeitá.

Jojmá de *Biná* de *Jésed* – חכמה דבינה דחסד

וְחֶלְמָא jelmá היה והוה ויהיה ע"ה

Biná de *Biná* de *Jésed* – בינה דבינה דחסד

טָבָא tavá אהיה אההי איהה היהא היאה ההיא יהאה יההא יאהה האהי האיה ההאי

Dáat de *Biná* de *Jésed* – דעת דבינה דחסד

וְחָזֵיתָא jazeitá.

Jojmá de *Dáat* de *Jésed* – חכמה דדעת דחסד

וְחֶלְמָא jelmá היה והוה ויהיה ע"ה

Biná de *Dáat* de *Jésed* – בינה דדעת דחסד

טָבָא tavá אהיה אההי איהה היהא היאה ההיא יהאה יההא יאהה האהי האיה ההאי

Dáat de *Dáat* de *Jésed* – דעת דדעת דחסד

וְחָזֵיתָא jazeitá.

וְחֶלְמָא jelmá דִּידָךְ didaj טָבָא tavá הוּא hu, וְטָבָא vetavá
לֶהֱוֵי lehevei. רַחֲמָנָא rajamaná לְשַׁוְיֵיהּ leshavyé לְטַב letav.
שֶׁבַע sheva זִמְנִין zimnín יִגְזְרוּן yigzerún עֲלֵיהּ alei פהל
מִן min שְׁמַיָּא shmayá דִּיהֱוֵי diyehevei טָבָא tavá.
טָבָא tavá הוּא hu, וְטָבָא vetavá לֶהֱוֵי lehevei:

Quien tuvo el sueño susurra (o escanea):

וְחָטָאתִי jatati עָוִיתִי aviti פָּשַׁעְתִּי pashati בְּמִצְוֹת bemitsvot עֲשֵׂה asé
וּבְמִצְוֹת uvemitsvot לֹא lo תַעֲשֶׂה taasé הַתְּלוּיִים hateluyim
בְּחֶסֶד be**Jésed**, וְהֲרֵינִי vehareini מַצְדִּיק matsdik דִּינִי diní עָלַי alai.

Has visto un buen sueño (x3), *tu sueño es bueno y que sea bueno. El Misericordioso lo hace bueno. Siete veces será decretado desde el Cielo y será bueno. Es bueno y que sea bueno. (Quien tuvo el sueño dice en silencio: He transgredido, he cometido iniquidad y he pecado con relación a mandamientos positivos y negativos que dependen de Jésed y acepto los juicios sobre mí).*

SEGUNDA VEZ - GUEVURÁ

La persona que tuvo el sueño (*Hei - Maljut*):

Medita en atraer abundancia de *Jojmá, Biná, Dáat* de *Jojmá, Biná, Dáat* de *Guevurá* a las Siete *Sefirot* Inferiores de *Guevurá* de *Maljut* a fin de endulzar los Juicios.

Jojmá de *Jojmá* de *Guevurá* – חכמה דחכמה דגבורה

חֶלְמָא jelmá היה והוה ויהיה ע״ה

Biná de *Jojmá* de *Guevurá* – בינה דחכמה דגבורה

טָבָא tavá אהיה אההי איהה היהא היאה ההיא יהאה יההא יאהה האהי האיה ההאי

Dáat de *Jojmá* de *Guevurá* – דעת דחכמה דגבורה

חֲזָאִי jazaí יהוה.

Jojmá de *Biná* de *Guevurá* – חכמה דבינה דגבורה

חֶלְמָא jelmá היה והוה ויהיה ע״ה

Biná de *Biná* de *Guevurá* – בינה דבינה דגבורה

טָבָא tavá אהיה אההי איהה היהא היאה ההיא יהאה יההא יאהה האהי האיה ההאי

Dáat de *Biná* de *Guevurá* – דעת דבינה דגבורה

חֲזָאִי jazaí יהוה.

Jojmá de *Dáat* de *Guevurá* – חכמה דדעת דגבורה

חֶלְמָא jelmá היה והוה ויהיה ע״ה

Biná de *Dáat* de *Guevurá* – בינה דדעת דגבורה

טָבָא tavá אהיה אההי איהה היהא היאה ההיא יהאה יההא יאהה האהי האיה ההאי

Dáat de *Dáat* de *Guevurá* – דעת דדעת דגבורה

חֲזָאִי jazaí יהוה.

SEGUNDA VEZ - GUEVURÁ

He visto un buen sueño. (x3)

Los tres benefactores (*Yud-Jojmá, Hei-Biná, Vav-Dáat*):

Medita en atraer abundancia de *Jojmá, Biná, Dáat* de *Jojmá, Biná, Dáat* de *Guevurá* de *Zeir Anpín* a *Jojmá, Biná, Dáat* de *Jojmá, Biná, Dáat* de *Guevurá* de *Nukvá* (quien soñó).

Jojmá de *Jojmá* de *Guevurá* – חכמה דחכמה דגבורה

וְחֶלְמָא jelmá היה והוה ויהיה ע"ה

Biná de *Jojmá* de *Guevurá* – בינה דחכמה דגבורה

טָבָא tavá אהיה אההי איהה היהא היאה ההיא יהאה יההא יאהה האהי האיה ההאי

Dáat de *Jojmá* de *Guevurá* – דעת דחכמה דגבורה

וְחֶזְיָתָא jazeitá.

Jojmá de *Biná* de *Guevurá* – חכמה דבינה דגבורה

וְחֶלְמָא jelmá היה והוה ויהיה ע"ה

Biná de *Biná* de *Guevurá* – בינה דבינה דגבורה

טָבָא tavá אהיה אההי איהה היהא היאה ההיא יהאה יההא יאהה האהי האיה ההאי

Dáat de *Biná* de *Guevurá* – דעת דבינה דגבורה

וְחֶזְיָתָא jazeitá.

Jojmá de *Dáat* de *Guevurá* – חכמה דדעת דגבורה

וְחֶלְמָא jelmá היה והוה ויהיה ע"ה

Biná de *Dáat* de *Guevurá* – בינה דדעת דגבורה

טָבָא tavá אהיה אההי איהה היהא היאה ההיא יהאה יההא יאהה האהי האיה ההאי

Dáat de *Dáat* de *Guevurá* – דעת דדעת דגבורה

וְחֶזְיָתָא jazeitá.

וְחֶלְמָא jelmá **דִידָךְ** didaj **טָבָא** tavá **הוּא** hu, **וְטָבָא** vetavá **לֶהֱוֵי** lehevei. **רַחֲמָנָא** rajamaná **לְשַׁוְיֵיהּ** leshavyé **לְטָב** letav. **שִׁבַע** sheva **זִימְנִין** zimnín **יִגְזְרוּן** yigzerún **עֲלֵיהּ** alei פהל **מִן** min **שְׁמַיָּא** shmayá **דִיהֱוֵי** diyehevei **טָבָא** tavá. **טָבָא** tavá **הוּא** hu, **וְטָבָא** vetavá **לֶהֱוֵי** lehevei:

La persona que tuvo el sueño susurra (o escanea):

וְחָטָאתִי jatati **עָוִיתִי** aviti **פָּשַׁעְתִּי** pashati **בְּמִצְוֹת** bemitsvot **עֲשֵׂה** asé **וּבְמִצְוֹת** uvemitsvot **לֹא** lo **תַעֲשֶׂה** taasé **הַתְּלוּיִים** hateluyim **בִּגְבוּרָה** be**Guevurá**, **וַהֲרֵינִי** vehareini **מַצְדִּיק** matsdik **דִּינִי** diní **עָלַי** alai.

Has visto un buen sueño (x3), *tu sueño es bueno y que sea bueno. El Misericordioso lo hace bueno. Siete veces será decretado desde el Cielo y será bueno. Es bueno y que sea bueno. (Quien tuvo el sueño dice en silencio: He transgredido, he cometido iniquidad y he pecado con relación a mandamientos positivos y negativos que dependen de Guevurá y acepto los juicios sobre mí).*

TERCERA VEZ - TIFÉRET

La persona que tuvo el sueño (*Hei - Maljut*):

Medita en atraer abundancia de *Jojmá, Biná, Dáat* de *Jojmá, Biná, Dáat* de *Tiféret* a las Siete *Sefirot* Inferiores de *Tiféret* de *Maljut* a fin de endulzar los Juicios.

Jojmá de *Jojmá* de *Tiféret* – **חכמה דחכמה דתפארת**

חֶלְמָא jelmá היה והוה ויהיה ע״ה

Biná de *Jojmá* de *Tiféret* – **בינה דחכמה דתפארת**

טָבָא tavá אהיה אההי איהה היהא היאה ההיא יהאה יההא יאהה האהי האיה ההאי

Dáat de *Jojmá* de *Tiféret* – **דעת דחכמה דתפארת**

חֲזָאִי jazaí יהוה.

Jojmá de *Biná* de *Tiféret* – **חכמה דבינה דתפארת**

חֶלְמָא jelmá היה והוה ויהיה ע״ה

Biná de *Biná* de *Tiféret* – **בינה דבינה דתפארת**

טָבָא tavá אהיה אההי איהה היהא היאה ההיא יהאה יההא יאהה האהי האיה ההאי

Dáat de *Biná* de *Tiféret* – **דעת דבינה דתפארת**

חֲזָאִי jazaí יהוה.

Jojmá de *Dáat* de *Tiféret* – **חכמה דדעת דתפארת**

חֶלְמָא jelmá היה והוה ויהיה ע״ה

Biná de *Dáat* de *Tiféret* – **בינה דדעת דתפארת**

טָבָא tavá אהיה אההי איהה היהא היאה ההיא יהאה יההא יאהה האהי האיה ההאי

Dáat de *Dáat* de *Tiféret* – **דעת דדעת דתפארת**

חֲזָאִי jazaí יהוה.

TERCERA VEZ - TIFÉRET

He visto un buen sueño. (x3)

Los tres benefactores (*Yud-Jojmá, Hei-Biná, Vav-Dáat*):

Medita en atraer abundancia de *Jojmá, Biná, Dáat* de *Jojmá, Biná, Dáat* de *Tiféret* de *Zeir Anpín* a *Jojmá, Biná, Dáat* de *Jojmá, Biná, Dáat* de *Tiféret* de *Nukvá* (quien soñó).

Jojmá de *Jojmá* de *Tiféret* – **חכמה דחכמה דתפארת**

וְחֶלְמָא jelmá היה והוה ויהיה ע"ה

Biná de *Jojmá* de *Tiféret* – **בינה דחכמה דתפארת**

טָבָא tavá **אהיה אההי איהה היהא היאה ההיא יהאה יההא יאהה האהי האיה ההאי**

Dáat de *Jojmá* de *Tiféret* – **דעת דחכמה דתפארת**

וְחֶזְיָתָא jazeitá.

Jojmá de *Biná* de *Tiféret* – **חכמה דבינה דתפארת**

וְחֶלְמָא jelmá היה והוה ויהיה ע"ה

Biná de *Biná* de *Tiféret* – **בינה דבינה דתפארת**

טָבָא tavá **אהיה אההי איהה היהא היאה ההיא יהאה יההא יאהה האהי האיה ההאי**

Dáat de *Biná* de *Tiféret* – **דעת דבינה דתפארת**

וְחֶזְיָתָא jazeitá.

Jojmá de *Dáat* de *Tiféret* – **חכמה דדעת דתפארת**

וְחֶלְמָא jelmá היה והוה ויהיה ע"ה

Biná de *Dáat* de *Tiféret* – **בינה דדעת דתפארת**

טָבָא tavá **אהיה אההי איהה היהא היאה ההיא יהאה יההא יאהה האהי האיה ההאי**

Dáat de *Dáat* de *Tiféret* – **דעת דדעת דתפארת**

וְחֶזְיָתָא jazeitá.

וְחֶלְמָא jelmá **דִידָךְ** didaj **טָבָא** tavá **הוּא** hu, **וְטָבָא** vetavá
לֶהֱוֵי lehevei. **רַחֲמָנָא** rajamaná **לְשַׁוְיֵיהּ** leshavyé **לְטַב** letav.
שְׁבַע sheva **זִימְנִין** zimnín **יִגְזְרוּן** yigzerún **עֲלֵיהּ** alei פהל
מִן min **שְׁמַיָּא** shmayá **דִיהֱוֵי** diyehevei **טָבָא** tavá.
טָבָא tavá **הוּא** hu, **וְטָבָא** vetavá **לֶהֱוֵי** lehevei:

La persona que tuvo el sueño susurra (o escanea):

וְחָטָאתִי jatati **עָוִיתִי** aviti **פָּשַׁעְתִּי** pashati **בְּמִצְוֹת** bemitsvot **עֲשֵׂה** asé
וּבְמִצְוֹת uvemitsvot **לֹא** lo **תַעֲשֶׂה** taasé **הַתְּלוּיִים** hateluyim
בְּתִפְאֶרֶת be**Tiféret**, **וְהָרֵינִי** vehareini **מַצְדִּיק** matsdik **דִּינַי** diní **עָלַי** alai.

Has visto un buen sueño (x3), *tu sueño es bueno y que sea bueno. El Misericordioso lo hace bueno. Siete veces será decretado desde el Cielo y será bueno. Es bueno y que sea bueno. (Quien tuvo el sueño dice en silencio: He transgredido, he cometido iniquidad y he pecado con relación a mandamientos positivos y negativos que dependen de Tiféret y acepto los juicios sobre mí).*

CUARTA VEZ - NÉTSAJ

La persona que tuvo el sueño (*Hei - Maljut*):

Medita en atraer abundancia de *Jojmá, Biná, Dáat* de *Jojmá, Biná, Dáat* de *Nétsaj* a las Siete *Sefirot* Inferiores de *Nétsaj* de *Maljut* a fin de endulzar los Juicios.

Jojmá de *Jojmá* de *Nétsaj* – חכמה דחכמה דנצח

חֶלְמָא jelmá היה והוה ויהיה ע"ה

Biná de *Jojmá* de *Nétsaj* – בינה דחכמה דנצח

טָבָא tavá אהיה אההי איהה היהא היאה ההיא יהאה יההא יאהה האהי האיה ההאי

Dáat de *Jojmá* de *Nétsaj* – דעת דחכמה דנצח

חֲזָאִי jazaí יהוה.

Jojmá de *Biná* de *Nétsaj* – חכמה דבינה דנצח

חֶלְמָא jelmá היה והוה ויהיה ע"ה

Biná de *Biná* de *Nétsaj* – בינה דבינה דנצח

טָבָא tavá אהיה אההי איהה היהא היאה ההיא יהאה יההא יאהה האהי האיה ההאי

Dáat de *Biná* de *Nétsaj* – דעת דבינה דנצח

חֲזָאִי jazaí יהוה.

Jojmá de *Dáat* de *Nétsaj* – חכמה דדעת דנצח

חֶלְמָא jelmá היה והוה ויהיה ע"ה

Biná de *Dáat* de *Nétsaj* – בינה דדעת דנצח

טָבָא tavá אהיה אההי איהה היהא היאה ההיא יהאה יההא יאהה האהי האיה ההאי

Dáat de *Dáat* de *Nétsaj* – דעת דדעת דנצח

חֲזָאִי jazaí יהוה.

CUARTA VEZ - NÉTSAJ

He visto un buen sueño. (x3)

Los tres benefactores (*Yud-Jojmá, Hei-Biná, Vav-Dáat*):

Medita en atraer abundancia de *Jojmá, Biná, Dáat* de *Jojmá, Biná, Dáat* de *Nétsaj* de *Zeir Anpín* a *Jojmá, Biná, Dáat* de *Jojmá, Biná, Dáat* de *Nétsaj* de *Nukvá* (quien soñó).

Jojmá de *Jojmá* de *Nétsaj* – חכמה דחכמה דנצח

חֶלְמָא jelmá היה והוה ויהיה ע"ה

Biná de *Jojmá* de *Nétsaj* – בינה דחכמה דנצח

טָבָא tavá אהיה אההי איהה היהא היאה ההיא יהאה יההא יאהה האהי האיה ההאי

Dáat de *Jojmá* de *Nétsaj* – דעת דחכמה דנצח

חֲזֵיתָא jazeitá.

Jojmá de *Biná* de *Nétsaj* – חכמה דבינה דנצח

חֶלְמָא jelmá היה והוה ויהיה ע"ה

Biná de *Biná* de *Nétsaj* – בינה דבינה דנצח

טָבָא tavá אהיה אההי איהה היהא היאה ההיא יהאה יההא יאהה האהי האיה ההאי

Dáat de *Biná* de *Nétsaj* – דעת דבינה דנצח

חֲזֵיתָא jazeitá.

Jojmá de *Dáat* de *Nétsaj* – חכמה דדעת דנצח

חֶלְמָא jelmá היה והוה ויהיה ע"ה

Biná de *Dáat* de *Nétsaj* – בינה דדעת דנצח

טָבָא tavá אהיה אההי איהה היהא היאה ההיא יהאה יההא יאהה האהי האיה ההאי

Dáat de *Dáat* de *Nétsaj* – דעת דדעת דנצח

חֲזֵיתָא jazeitá.

חֶלְמָא jelmá דִּידָךְ didaj טָבָא tavá הוּא hu, וְטָבָא vetavá
לֶהֱוֵי lehevei. רַחֲמָנָא rajamaná לְשַׁוְּיֵהּ leshavyé לְטַב letav.
שֶׁבַע sheva זִימְנִין zimnín יִגְזְרוּן yigzerún עֲלֵיהּ alei פהל
מִן min שְׁמַיָּא shmayá דִּיהֱוֵי diyehevei טָבָא tavá.
טָבָא tavá הוּא hu, וְטָבָא vetavá לֶהֱוֵי lehevei:

La persona que tuvo el sueño susurra (o escanea):

חָטָאתִי jatati עָוִיתִי aviti פָּשַׁעְתִּי pashati בְּמִצְוֹת bemitsvot עֲשֵׂה asé
וּבְמִצְוֹת uvemitsvot לֹא lo תַעֲשֶׂה taasé הַתְּלוּיִים hateluyim
בְּנֶצַח be**Nétsaj**, וַהֲרֵינִי vehareini מַצְדִּיק matsdik דִּינִי diní עָלַי alai.

Has visto un buen sueño (x3), *tu sueño es bueno y que sea bueno. El Misericordioso lo hace bueno. Siete veces será decretado desde el Cielo y será bueno. Es bueno y que sea bueno. (Quien tuvo el sueño dice en silencio: He transgredido, he cometido iniquidad y he pecado con relación a mandamientos positivos y negativos que dependen de Nétsaj y acepto los juicios sobre mí).*

QUINTA VEZ - HOD

La persona que tuvo el sueño (*Hei - Maljut*):

Medita en atraer abundancia de *Jojmá, Biná, Dáat* de *Jojmá, Biná, Dáat* de *Hod* a las Siete *Sefirot* Inferiores de *Hod* de *Maljut* a fin de endulzar los Juicios.

Jojmá de *Jojmá* de *Hod* – חכמה דחכמה דהוד

וְחֶלְמָא jelmá היה והוה ויהיה ע"ה

Biná de *Jojmá* de *Hod* – בינה דחכמה דהוד

טָבָא tavá אהיה אההי איהה היהא היאה ההיא יהאה יההא יאהה האהי האיה ההאי

Dáat de *Jojmá* de *Hod* – דעת דחכמה דהוד

וַחֲזָאִי jazaí יהוה.

Jojmá de *Biná* de *Hod* – חכמה דבינה דהוד

וְחֶלְמָא jelmá היה והוה ויהיה ע"ה

Biná de *Biná* de *Hod* – בינה דבינה דהוד

טָבָא tavá אהיה אההי איהה היהא היאה ההיא יהאה יההא יאהה האהי האיה ההאי

Dáat de *Biná* de *Hod* – דעת דבינה דהוד

וַחֲזָאִי jazaí יהוה.

Jojmá de *Dáat* de *Hod* – חכמה דדעת דהוד

וְחֶלְמָא jelmá היה והוה ויהיה ע"ה

Biná de *Dáat* de *Hod* – בינה דדעת דהוד

טָבָא tavá אהיה אההי איהה היהא היאה ההיא יהאה יההא יאהה האהי האיה ההאי

Dáat de *Dáat* de *Hod* – דעת דדעת דהוד

וַחֲזָאִי jazaí יהוה.

QUINTA VEZ - HOD

He visto un buen sueño. (x3)

Los tres benefactores (*Yud-Jojmá, Hei-Biná, Vav-Dáat*):

Medita en atraer abundancia de *Jojmá, Biná, Dáat* de *Jojmá, Biná, Dáat* de *Hod* de *Zeir Anpín* a *Jojmá, Biná, Dáat* de *Jojmá, Biná, Dáat* de *Hod* de *Nukvá* (quien soñó).

Jojmá de *Jojmá* de *Hod* – חכמה דחכמה דהוד

וְחֶלְמָא jelmá היה והוה ויהיה ע"ה

Biná de *Jojmá* de *Hod* – בינה דחכמה דהוד

טָבָא tavá אהיה אההי איהה היהא היאה ההיא יהאה יההא יאהה האהי האיה ההאי

Dáat de *Jojmá* de *Hod* – דעת דחכמה דהוד

וְחֵזְיָתָא jazeitá.

Jojmá de *Biná* de *Hod* – חכמה דבינה דהוד

וְחֶלְמָא jelmá היה והוה ויהיה ע"ה

Biná de *Biná* de *Hod* – בינה דבינה דהוד

טָבָא tavá אהיה אההי איהה היהא היאה ההיא יהאה יההא יאהה האהי האיה ההאי

Dáat de *Biná* de *Hod* – דעת דבינה דהוד

וְחֵזְיָתָא jazeitá.

Jojmá de *Dáat* de *Hod* – חכמה דדעת דהוד

וְחֶלְמָא jelmá היה והוה ויהיה ע"ה

Biná de *Dáat* de *Hod* – בינה דדעת דהוד

טָבָא tavá אהיה אההי איהה היהא היאה ההיא יהאה יההא יאהה האהי האיה ההאי

Dáat de *Dáat* de *Hod* – דעת דדעת דהוד

וְחֵזְיָתָא jazeitá.

וְחֶלְמָא jelmá **דִּידָךְ** didaj **טָבָא** tavá **הוּא** hu, **וְטָבָא** vetavá
לֶהֱוֵי lehevei. **רַחֲמָנָא** rajamaná **לְשַׁוְיֵיהּ** leshavyé **לְטָב** letav.
שִׁבְעָ sheva **זִימְנִין** zimnín **יִגְזְרוּן** yigzerún **עֲלֵיהּ** alei פהל
מִן min **שְׁמַיָּא** shmayá **דִּיהֱוֵי** diyehevei **טָבָא** tavá.
טָבָא tavá **הוּא** hu, **וְטָבָא** vetavá **לֶהֱוֵי** lehevei:

La persona que tuvo el sueño susurra (o escanea):

וְחָטָאתִי jatati **עָוִיתִי** aviti **פָּשַׁעְתִּי** pashati **בְּמִצְוֹת** bemitsvot **עֲשֵׂה** asé
וּבְמִצְוֹת uvemitsvot **לֹא** lo **תַעֲשֶׂה** taasé **הַתְּלוּיִים** hateluyim
בְּהוֹד be**Hod**, **וַהֲרֵינִי** vehareini **מַצְדִּיק** matsdik **דִּינִי** diní **עָלַי** alai.

Has visto un buen sueño (x3), *tu sueño es bueno y que sea bueno. El Misericordioso lo hace bueno. Siete veces será decretado desde el Cielo y será bueno. Es bueno y que sea bueno. (Quien tuvo el sueño dice en silencio: He transgredido, he cometido iniquidad y he pecado con relación a mandamientos positivos y negativos que dependen de Hod y acepto los juicios sobre mí).*

SEXTA VEZ - YESOD

La persona que tuvo el sueño (*Hei - Maljut*):

Medita en atraer abundancia de *Jojmá, Biná, Dáat* de *Jojmá, Biná, Dáat* de *Yesod* a las Siete *Sefirot* Inferiores de *Yesod* de *Maljut* a fin de endulzar los Juicios.

Jojmá de *Jojmá* de *Yesod* – חכמה דחכמה דיסוד

וְחֶלְמָא jelmá היה והוה ויהיה ע"ה

Biná de *Jojmá* de *Yesod* – בינה דחכמה דיסוד

טָבָא tavá אהיה אההי איהה היהא היאה ההיא יהאה יההא יאהה האהי האיה ההאי

Dáat de *Jojmá* de *Yesod* – דעת דחכמה דיסוד

וְחָזָאִי jazaí יהוה.

Jojmá de *Biná* de *Yesod* – חכמה דבינה דיסוד

וְחֶלְמָא jelmá היה והוה ויהיה ע"ה

Biná de *Biná* de *Yesod* – בינה דבינה דיסוד

טָבָא tavá אהיה אההי איהה היהא היאה ההיא יהאה יההא יאהה האהי האיה ההאי

Dáat de *Biná* de *Yesod* – דעת דבינה דיסוד

וְחָזָאִי jazaí יהוה.

Jojmá de *Dáat* de *Yesod* – חכמה דדעת דיסוד

וְחֶלְמָא jelmá היה והוה ויהיה ע"ה

Biná de *Dáat* de *Yesod* – בינה דדעת דיסוד

טָבָא tavá אהיה אההי איהה היהא היאה ההיא יהאה יההא יאהה האהי האיה ההאי

Dáat de *Dáat* de *Yesod* – דעת דדעת דיסוד

וְחָזָאִי jazaí יהוה.

SEXTA VEZ - YESOD

He visto un buen sueño. (x3)

Los tres benefactores (*Yud-Jojmá, Hei-Biná, Vav-Dáat*):

Medita en atraer abundancia de *Jojmá, Biná, Dáat* de *Jojmá, Biná, Dáat* de *Yesod* de *Zeir Anpín* a *Jojmá, Biná, Dáat* de *Jojmá, Biná, Dáat* de *Yesod* de *Nukvá* (quien soñó).

Jojmá de *Jojmá* de *Yesod* – חכמה דחכמה דיסוד

חֶלְמָא jelmá היה והוה ויהיה ע"ה

Biná de *Jojmá* de *Yesod* – בינה דחכמה דיסוד

טָבָא tavá אהיה אההי איהה היהא היאה ההיא יהאה יההא יאהה האהי האיה ההאי

Dáat de *Jojmá* de *Yesod* – דעת דחכמה דיסוד

חֶזֵיתָא jazeitá.

Jojmá de *Biná* de *Yesod* – חכמה דבינה דיסוד

חֶלְמָא jelmá היה והוה ויהיה ע"ה

Biná de *Biná* de *Yesod* – בינה דבינה דיסוד

טָבָא tavá אהיה אההי איהה היהא היאה ההיא יהאה יההא יאהה האהי האיה ההאי

Dáat de *Biná* de *Yesod* – דעת דבינה דיסוד

חֶזֵיתָא jazeitá.

Jojmá de *Dáat* de *Yesod* – חכמה דדעת דיסוד

חֶלְמָא jelmá היה והוה ויהיה ע"ה

Biná de *Dáat* de *Yesod* – בינה דדעת דיסוד

טָבָא tavá אהיה אההי איהה היהא היאה ההיא יהאה יההא יאהה האהי האיה ההאי

Dáat de *Dáat* de *Yesod* – דעת דדעת דיסוד

חֶזֵיתָא jazeitá.

חֶלְמָא jelmá **דִּידָךְ** didaj **טָבָא** tavá **הוּא** hu, **וְטָבָא** vetavá
לֶהֱוֵי lehevei. **רַחֲמָנָא** rajamaná **לְשַׁוְיֵיהּ** leshavyé **לְטַב** letav.
שִׁבְעָה sheva **זִמְנִין** zimnín **יִגְזְרוּן** yigzerún **עֲלֵיהּ** alei פהל
מִן min **שְׁמַיָּא** shmayá **דִּיהֱוֵי** diyehevei **טָבָא** tavá.
טָבָא tavá **הוּא** hu, **וְטָבָא** vetavá **לֶהֱוֵי** lehevei:

La persona que tuvo el sueño susurra (o escanea):

וְחָטָאתִי jatati **עָוִיתִי** aviti **פָּשַׁעְתִּי** pashati **בְּמִצְוֹת** bemitsvot **עֲשֵׂה** asé
וּבְמִצְוֹת uvemitsvot **לֹא** lo **תַעֲשֶׂה** taasé **הַתְּלוּיִים** hateluyim
בִּיסוֹד be**Yesod**, **וַהֲרֵינִי** vehareini **מַצְדִּיק** matsdik **דִּינִי** diní **עָלַי** alai.

Has visto un buen sueño (x3), *tu sueño es bueno y que sea bueno. El Misericordioso lo hace bueno. Siete veces será decretado desde el Cielo y será bueno. Es bueno y que sea bueno. (Quien tuvo el sueño dice en silencio: He transgredido, he cometido iniquidad y he pecado con relación a mandamientos positivos y negativos que dependen de Yesod y acepto los juicios sobre mí).*

SÉPTIMA VEZ – MALJUT DE ZEIR ANPÍN

La persona que tuvo el sueño (*Hei - Maljut*):

Medita en atraer abundancia de *Jojmá, Biná, Dáat* de *Jojmá, Biná, Dáat* de *Maljut* de *Zeir Anpín* a las Siete *Sefirot* Inferiores de *Maljut* de *Zeir Anpín* a fin de endulzar los Juicios.

Jojmá de *Jojmá* de *Maljut* de *Zeir Anpín* – חכמה דחכמה דמלכות דז"א

וְחֶלְמָא jelmá היה והוה ויהיה ע"ה

Biná de *Jojmá* de *Maljut* de *Zeir Anpín* – בינה דחכמה דמלכות דז"א

טָבָא tavá אהיה אההי איהה היהא היאה ההיא יהאה יההא יאהה האהי האיה ההאי

Dáat de *Jojmá* de *Maljut* de *Zeir Anpín* – דעת דחכמה דמלכות דז"א

וְחָזָאִי jazaí יהוה.

Jojmá de *Biná* de *Maljut* de *Zeir Anpín* – חכמה דבינה דמלכות דז"א

וְחֶלְמָא jelmá היה והוה ויהיה ע"ה

Biná de *Biná* de *Maljut* de *Zeir Anpín* – בינה דבינה דמלכות דז"א

טָבָא tavá אהיה אההי איהה היהא היאה ההיא יהאה יההא יאהה האהי האיה ההאי

Dáat de *Biná* de *Maljut* de *Zeir Anpín* – דעת דבינה דמלכות דז"א

וְחָזָאִי jazaí יהוה.

Jojmá de *Dáat* de *Maljut* de *Zeir Anpín* – חכמה דדעת דמלכות דז"א

וְחֶלְמָא jelmá היה והוה ויהיה ע"ה

Biná de *Dáat* de *Maljut* de *Zeir Anpín* – בינה דדעת דמלכות דז"א

טָבָא tavá אהיה אההי איהה היהא היאה ההיא יהאה יההא יאהה האהי האיה ההאי

Dáat de *Dáat* de *Maljut* de *Zeir Anpín* – דעת דדעת דמלכות דז"א

וְחָזָאִי jazaí יהוה.

SÉPTIMA VEZ – MALJUT DE ZEIR ANPÍN

He visto un buen sueño. (x3)

Los tres benefactores (*Yud-Jojmá, Hei-Biná, Vav-Dáat*):

Medita en atraer abundancia de *Jojmá, Biná, Dáat* de *Jojmá, Biná, Dáat* de *Maljut* de *Zeir Anpín* a *Jojmá, Biná, Dáat* de *Jojmá, Biná, Dáat* de *Maljut* de *Nukvá* (quien soñó).

Jojmá de *Jojmá* de *Maljut* de *Zeir Anpín* – חכמה דחכמה דמלכות דז"א

וְחֶלְמָא jelmá היה והוה ויהיה ע"ה

Biná de *Jojmá* de *Maljut* de *Zeir Anpín* – בינה דחכמה דמלכות דז"א

טָבָא tavá אהיה אההי איהה היהא היאה ההיא יהאה יההא יאהה האהי האיה ההאי

Dáat de *Jojmá* de *Maljut* de *Zeir Anpín* – דעת דחכמה דמלכות דז"א

וְחֶזְיָתָא jazeitá.

Jojmá de *Biná* de *Maljut* de *Zeir Anpín* – חכמה דבינה דמלכות דז"א

וְחֶלְמָא jelmá היה והוה ויהיה ע"ה

Biná de *Biná* de *Maljut* de *Zeir Anpín* – בינה דבינה דמלכות דז"א

טָבָא tavá אהיה אההי איהה היהא היאה ההיא יהאה יההא יאהה האהי האיה ההאי

Dáat de *Biná* de *Maljut* de *Zeir Anpín* – דעת דבינה דמלכות דז"א

וְחֶזְיָתָא jazeitá.

Jojmá de *Dáat* de *Maljut* de *Zeir Anpín* – חכמה דדעת דמלכות דז"א

וְחֶלְמָא jelmá היה והוה ויהיה ע"ה

Biná de *Dáat* de *Maljut* de *Zeir Anpín* – בינה דדעת דמלכות דז"א

טָבָא tavá אהיה אההי איהה היהא היאה ההיא יהאה יההא יאהה האהי האיה ההאי

Dáat de *Dáat* de *Maljut* de *Zeir Anpín* – דעת דדעת דמלכות דז"א

וְחֶזְיָתָא jazeitá.

וְחֶלְמָא jelmá דִּידָךְ didaj טָבָא tavá הוּא hu, וְטָבָא vetavá
לֶהֱוֵי lehevei. רַחֲמָנָא rajamaná לְשַׁוְיֵיהּ leshavyé לְטַב letav.
שֶׁבַע sheva זִימְנִין zimnín יִגְזְרוּן yigzerún עֲלֵיהּ alei פהל
מִן min שְׁמַיָּא shmayá דִּיהֱוֵי diyehevei טָבָא tavá.
טָבָא tavá הוּא hu, וְטָבָא vetavá לֶהֱוֵי lehevei:

La persona que tuvo el sueño susurra (o escanea):

וְחָטָאתִי jatati עָוִיתִי aviti פָּשַׁעְתִּי pashati בְּמִצְוֹת bemitsvot עֲשֵׂה asé
וּבְמִצְוֹת uvemitsvot לֹא lo תַעֲשֶׂה taasé הַתְּלוּיִים hateluyim בְּמַלְכוּת be**Maljut**
דז"א di**Zeir Anpín**, וְהֲרֵינִי vehareini מַצְדִּיק matsdik דִּינִי diní עָלַי alai.

Has visto un buen sueño (x3), *tu sueño es bueno y que sea bueno. El Misericordioso lo hace bueno. Siete veces será decretado desde el Cielo y será bueno. Es bueno y que sea bueno. (Quien tuvo el sueño dice en silencio: He transgredido, he cometido iniquidad y he pecado con relación a mandamientos positivos y negativos que dependen de Maljut de Zeir Anpín y acepto los juicios sobre mí).*

La palabra *tavá* טָבָא ("buena") aparece en la conexión anterior 63 veces (21 veces mientras los benefactores recitan el versículo "*jelmá tavá jazeitá*" y otras 42 veces en la sección final de cada repetición de "*jelmá didaj tavé hu*..."). Por lo tanto, aquí los tres benefactores deben meditar en el Nombre: יה"ו אהיה dado que tiene el mismo valor numérico de 42, y en el Nombre: יוד הי ואו הי ya que tiene el valor numérico de 63. Luego, al sumarle tres (el número básico de la palabra *tavá* en cada repetición), meditar en el Nombre: אדני ע"ה que es el nombre de la *Maljut*, la persona que tuvo el sueño. Luego, al sumarle seis (el número básico de la palabra *tavá* en el versículo "*jelmá didaj tavé hu*..."), meditar en el Nombre: יוד הי ויו הי que tiene el valor de Misericordia (72, חסד).

En los siguientes versículos, la palabra *hafajta* (dar vuelta o sus derivados) aparecen tres veces. Los tres benefactores y quien tuvo el sueño deben meditar aquí en atraer abundancia de las Tres *Sefirot* Superiores de *Biná* a las Seis *Sefirot* Inferiores (dado que cada una está incluida en las diez y juntas es igual a 70), y de este modo cambiar y cancelar un tiempo de vida (70 años) de Juicio.

La persona que tuvo el sueño (*Hei - Maljut*):

הָפַכְתָּ hafajta מִסְפְּדִי mispedí לְמָחוֹל lemajol לִי li ס"ת ילי
פִּתַּחְתָּ pitajta שַׂקִּי sakí וַתְּאַזְּרֵנִי vateazreni שִׂמְחָה: simjá

Los tres benefactores (*Yud-Jojmá, Hei-Biná, Vav-Dáat*):

אָז az תִּשְׂמַח tismaj בְתוּלָה betulá בְּמָחוֹל bemajol
וּבַחֻרִים uvajurim וּזְקֵנִים uzkenim יַחְדָּו yajdav
וְהָפַכְתִּי vehafajti אֶבְלָם evlam לְשָׂשׂוֹן lesasón
וְנִחַמְתִּים venijamtim וְשִׂמַּחְתִּים vesimajtim מִיגוֹנָם: migonam
וְלֹא־ veló אָבָה avá יְהֹוָה יאהדונהי Adonai אֱלֹהֶיךָ Eloheja לִשְׁמֹעַ lishmoa
אֶל־ el בִּלְעָם Bilam וַיַּהֲפֹךְ vayahafoj יְהֹוָה יאהדונהי Adonai
אֱלֹהֶיךָ Eloheja לְּךָ lejá אֶת־ et הַקְּלָלָה haklalá לִבְרָכָה livrajá
כִּי qui אֲהֵבְךָ ahevjá יְהֹוָה יאהדונהי Adonai אֱלֹהֶיךָ: Eloheja

---

"Has cambiado mi lamento en celebración; me quitaste la ropa áspera y me vestiste de alegría" (Salmos 30:12). *"Las doncellas danzarán alegremente, junto con los jóvenes y los viejos, en celebración. Cambiaré su llanto en regocijo"* (Jeremías 31:13). *"Pero no quiso el Señor, tu Dios, oír a Bilam. Él cambió la maldición en bendición, porque el Señor, tu Dios, te ama"* (Deuteronomio 23:6).

En los siguientes versículos, la palabra *padá* ("redimir" o sus derivados) aparece tres veces. Los tres benefactores y quien tuvo el sueño deben meditar aquí en atraer abundancia de las Tres *Sefirot* Superiores de *Jojmá* a las Siete *Sefirot* Inferiores (dado que cada una está incluida en las diez y juntas es igual a 70), y así redimir y cancelar un tiempo de vida (70 años) de Juicio.

La persona que tuvo el sueño (*Hei - Maljut*):

פָּדָה padá בְשָׁלוֹם veshalom נַפְשִׁי nafshí מִקְּרָב־ mikrav לִי li

כִּי־ qui בְרַבִּים verabim הָיוּ hayú עִמָּדִי׃ imadí

Los tres benefactores (*Yud-Jojmá, Hei-Biná, Vav-Dáat*):

וַיֹּאמֶר vayómer הָעָם haam אֶל־ el שָׁאוּל Shaul

הֲיוֹנָתָן haYonatán יָמוּת yamut אֲשֶׁר asher עָשָׂה asá

הַיְשׁוּעָה hayeshuá הַגְּדוֹלָה hagdolá הַזֹּאת hazot בְּיִשְׂרָאֵל beYisrael

חָלִילָה jalila חַי־ jai יְהֹוָה אדני אהדונהי Adonai

אִם־ im יִפֹּל yipol מִשַּׂעֲרַת misaarat רֹאשׁוֹ roshó אַרְצָה artsa

כִּי־ qui עִם־ im אֱלֹהִים Elohim עָשָׂה asá הַיּוֹם hayom הַזֶּה hazé

וַיִּפְדּוּ vayifdú הָעָם haam אֶת־ et יוֹנָתָן Yonatán וְלֹא־ veló מֵת׃ met

וּפְדוּיֵי ufduyei יְהֹוָה אדני אהדונהי Adonai יְשֻׁבוּן yeshuvún וּבָאוּ uvau

צִיּוֹן Tsiyón יוסף, ו' הויות, קנאה בְּרִנָּה beriná וְשִׂמְחַת vesimjat

עוֹלָם olam עַל־ al רֹאשָׁם rosham שָׂשׂוֹן sasón

וְשִׂמְחָה vesimjá יַשִּׂיגוּ yasigu וְנָסוּ venasú יָגוֹן yagón וַאֲנָחָה׃ vaanajá

"Él redimirá en paz mi alma de la guerra contra mí, aunque muchos estén en mi contra" (Salmos 55:19). *"Pero el pueblo dijo a Shaúl: '¿Ha de morir Yonatán, el que ha logrado esta gran victoria en Israel? ¡No será así! Tan cierto como que el Señor vive, que no caerá en tierra ni un cabello de su cabeza, pues hoy hizo una gran acción con ayuda de Dios'. Así el pueblo libró de morir a Yonatán"* (I Samuel 14:45). *"Y los redimidos por el Señor volverán a Sión con alegría; y habrá gozo perpetuo sobre sus cabezas. Tendrán gozo y alegría, y huirán la tristeza y el gemido"* (Isaías 35:10).

En los siguientes versículos, la palabra *shalom* ("paz/completitud" o sus derivados) aparece tres veces. Los tres benefactores y quien tuvo el sueño deben meditar aquí en atraer abundancia de las Tres *Sefirot* Superiores de *Kéter* a las Siete *Sefirot* Inferiores (dado que cada una está incluida en las diez y juntas es igual a 70), y así transformar y cancelar un tiempo de vida (70 años) de Juicio.

La persona que tuvo el sueño (*Hei - Maljut*):

בּוֹרֵא boré נִיב niv (כתיב: נוב) שְׂפָתָיִם sfatáyim
שָׁלוֹם shalom שָׁלוֹם shalom לָרָחוֹק larajok שדי וְלַקָּרוֹב velakarov
אָמַר amar יְהֹוָה(אדני)(אהדונהי) Adonai וּרְפָאתִיו urefativ:

Los tres benefactores (*Yud-Jojmá, Hei-Biná, Vav-Dáat*):

וְרוּחַ verúaj לָבְשָׁה lavshá אֶת־ et עֲמָשַׂי Amasai
רֹאשׁ rosh ריבוע אלהים אלהים דיודין ע"ה הַשָּׁלִישִׁים hashalishim (כתיב: השלושים)
לְךָ lejá דָוִיד David וְעִמְּךָ veimjá בֶן־ ven יִשַׁי Yishai
שָׁלוֹם shalom שָׁלוֹם shalom לְךָ lejá וְשָׁלוֹם veshalom לְעֹזְרֶךָ leozreja
כִּי qui עֲזָרְךָ azarjá אֱלֹהֶיךָ Eloheja ילה וַיְקַבְּלֵם vaykablem
דָוִיד David וַיִּתְּנֵם vayitnem בְּרָאשֵׁי berashei הַגְּדוּד haguedud:

La persona que tuvo el sueño (*Hei - Maljut*):

וַאֲמַרְתֶּם vaamartem כֹּה co לֶחָי lejai

Los tres benefactores (*Yud-Jojmá, Hei-Biná, Vav-Dáat*):

וְאַתָּה veatá שָׁלוֹם shalom וּבֵיתְךָ uveitjá ב"פ ראה שָׁלוֹם shalom וְכֹל vejol
אֲשֶׁר־ asher לְךָ lejá שָׁלוֹם shalom: יְהֹוָה(אדני)(אהדונהי) Adonai עֹז oz
לְעַמּוֹ leamó יִתֵּן yitén יְהֹוָה(אדני)(אהדונהי) Adonai יְבָרֵךְ yevarej עסמ"ב, הברכה
(למתק את ז' המלכים שמתו) אֶת־ et עַמּוֹ amó בַשָּׁלוֹם vashalom ר"ת ע"ב, ריבוע יהוה:

"Produciré fruto de labios. Paz, paz para el que está lejos y para el que está cerca', dice el Señor, 'Yo lo sanaré'" (Isaías 57:19) *"Un espíritu vino sobre Amasái, jefe de los oficiales, y dijo: 'Somos tuyos, David. Estamos contigo, hijo de Yishái. Paz, paz para ti, y paz para quienes te ayudan, pues también tu Dios te ayuda'. David los recibió y los puso entre los capitanes de la tropa"* (I Crónicas 12:18). *"Y díganle: Que así sea durante toda tu vida. Paz para ti, paz a tu hogar y paz a todo cuanto tienes"* (I Samuel 25:6). *"El Señor dará poder a Su pueblo; el Señor bendecirá a su pueblo con paz"* (Salmos 29:11).

Los tres benefactores y quien tuvo el sueño aquí meditan en atraer abundancia de *Kéter* a *Jojmá*.

La persona que tuvo el sueño (*Hei - Maljut*):

yareti יָרֵאתִי shimajá שִׁמְעֲךָ shamati שָׁמַעְתִּי Adonai יְהֹוָה

Los tres benefactores (*Yud-Jojmá, Hei-Biná, Vav-Dáat*):

bekérev בְּקֶרֶב paoljá פָּעָלְךָ Adonai יְהֹוָה

shanim שָׁנִים bekérev בְּקֶרֶב jayeihu חַיֵּיהוּ shanim שָׁנִים

:tizcor תִּזְכּוֹר rajem רַחֵם beróguez בְּרֹגֶז todía תּוֹדִיעַ

Los tres benefactores y quien tuvo el sueño aquí meditan en atraer abundancia de *Jojmá* a *Biná*.

La persona que tuvo el sueño (*Hei - Maljut*):

yareti יָרֵאתִי shimajá שִׁמְעֲךָ shamati שָׁמַעְתִּי Adonai יְהֹוָה

Los tres benefactores (*Yud-Jojmá, Hei-Biná, Vav-Dáat*):

bekérev בְּקֶרֶב paoljá פָּעָלְךָ Adonai יְהֹוָה

shanim שָׁנִים bekérev בְּקֶרֶב jayehu חַיֵּיהוּ shanim שָׁנִים

:tizcor תִּזְכּוֹר rajem רַחֵם beróguez בְּרֹגֶז todía תּוֹדִיעַ

Los tres benefactores y quien tuvo el sueño aquí meditan en atraer abundancia de *Biná* a *Dáat*.

La persona que tuvo el sueño (*Hei - Maljut*):

yareti יָרֵאתִי shimajá שִׁמְעֲךָ shamati שָׁמַעְתִּי Adonai יְהֹוָה

Los tres benefactores (*Yud-Jojmá, Hei-Biná, Vav-Dáat*):

bekérev בְּקֶרֶב paoljá פָּעָלְךָ Adonai יְהֹוָה

shanim שָׁנִים bekérev בְּקֶרֶב jayeihu חַיֵּיהוּ shanim שָׁנִים

:tizcor תִּזְכּוֹר rajem רַחֵם beróguez בְּרֹגֶז todía תּוֹדִיעַ

(x3) *"He oído todo sobre Ti, Señor. Estoy lleno de temor de Tus asombrosas obras. En este tiempo de gran necesidad, ayúdanos de nuevo como lo hiciste en años anteriores. Y, en Tu ira, recuerda Tu misericordia"* (*Habacuc 3:2*).

Los tres benefactores y quien tuvo el sueño aquí meditan en atraer abundancia de *Dáat* a *Jésed*.

La persona que tuvo el sueño (*Hei - Maljut*):

שִׁיר shir לַמַּעֲלוֹת lamaalot אֶשָּׂא esá עֵינַי einai ריבוע מ״ה

אֶל־ el הֶהָרִים heharim מֵאַיִן meayin יָבֹא yavó עֶזְרִי ezrí:

עֶזְרִי ezrí מֵעִם meim יְהֹוָה אדני אהדונהי Adonai

עֹשֵׂה osé שָׁמַיִם shamáyim י״פ טל, י״פ כוזו וָאָרֶץ vaárets:

Los tres benefactores (*Yud-Jojmá, Hei-Biná, Vav-Dáat*):

אַל־ al יִתֵּן yitén לַמּוֹט lamot רַגְלֶךָ ragleja

אַל־ al יָנוּם yanum שֹׁמְרֶךָ shomreja:

La persona que tuvo el sueño (*Hei - Maljut*):

הִנֵּה hiné לֹא־ lo יָנוּם yanum וְלֹא veló יִישָׁן yishán ש״ע נהורין דא״א

שׁוֹמֵר shomer כ״א ההויות שבתפילין יִשְׂרָאֵל Yisrael:

Los tres benefactores (*Yud-Jojmá, Hei-Biná, Vav-Dáat*):

יְהֹוָה אדני אהדונהי Adonai שֹׁמְרֶךָ shomreja יְהֹוָה אדני אהדונהי Adonai צִלְּךָ tsileja

עַל־ al יַד yad יְמִינֶךָ yemineja ה״י: יוֹמָם yomam הַשֶּׁמֶשׁ hashémesh לֹא־ lo

יַכֶּכָּה yaqueca ר״ת יל״ה וְיָרֵחַ veyaréaj בַּלָּיְלָה balayla מל״ה:

יְהֹוָה אדני אהדונהי Adonai יִשְׁמָרְךָ yishmorjá מִכָּל־ micol יל״י רָע ra

יִשְׁמֹר yishmor אֶת־ et נַפְשֶׁךָ nafsheja מי״כ:

יְהֹוָה אדני אהדונהי Adonai יִשְׁמָר yishmor צֵאתְךָ tsetjá

וּבוֹאֶךָ uvoéja מֵעַתָּה meatá וְעַד־ vead עוֹלָם olam וו״ל:

"Cántico de ascensiones:

Alzaré mis ojos a los montes. ¿De dónde vendrá mi socorro? Mi socorro viene del Señor, que hizo los Cielos y la Tierra. No dará tu pie al resbaladero ni se dormirá el que te guarda. Ciertamente: no se adormecerá ni dormirá el que guarda a Israel. El Señor es tu Guardián. El Señor es tu sombra a tu mano derecha. El Sol no te fatigará de día ni la Luna de noche. El Señor te guardará de todo mal, Él guardará tu alma. El Señor guardará tu salida y tu llegada, desde ahora y para siempre" (Salmos 121).

Los tres benefactores y quien tuvo el sueño aquí meditan en atraer abundancia de *Jésed* a *Guevurá*.

La persona que tuvo el sueño (*Hei - Maljut*):

שִׁיר shir לַמַּעֲלוֹת lamaalot אֶשָּׂא esá עֵינַי einai ריבוע מ"ה
אֶל־ el הֶהָרִים heharim מֵאַיִן meayin יָבֹא yavó עֶזְרִי ezrí:
עֶזְרִי ezrí מֵעִם meim יְהֹוָאדניאהדונהי Adonai
עֹשֵׂה osé שָׁמַיִם shamáyim י"פ טל, י"פ כוזו וָאָרֶץ vaárets:

Los tres benefactores (*Yud-Jojmá, Hei-Biná, Vav-Dáat*):

אַל־ al יִתֵּן yitén לַמּוֹט lamot רַגְלֶךָ ragleja
אַל־ al יָנוּם yanum שֹׁמְרֶךָ shomreja:

La persona que tuvo el sueño (*Hei - Maljut*):

הִנֵּה hiné לֹא־ lo יָנוּם yanum וְלֹא veló יִישָׁן yishán ש"ע נהורין דא"א
שׁוֹמֵר shomer כ"א ההויות שבתפילין יִשְׂרָאֵל Yisrael:

Los tres benefactores (*Yud-Jojmá, Hei-Biná, Vav-Dáat*):

יְהֹוָאדניאהדונהי Adonai שֹׁמְרֶךָ shomreja יְהֹוָאדניאהדונהי Adonai צִלְּךָ tsileja
עַל־ al יַד yad יְמִינֶךָ yemineja ה"י: יוֹמָם yomam הַשֶּׁמֶשׁ hashémesh לֹא־ lo
יַכֶּכָּה yaqueca ר"ת ילה וְיָרֵחַ veyaréaj בַּלָּיְלָה balayla מלה:
יְהֹוָאדניאהדונהי Adonai יִשְׁמָרְךָ yishmorjá מִכָּל־ micol ילי רָע ra
יִשְׁמֹר yishmor אֶת־ et נַפְשֶׁךָ nafsheja מי"כ:
יְהֹוָאדניאהדונהי Adonai יִשְׁמָר yishmor צֵאתְךָ tsetjá
וּבוֹאֶךָ uvoéja מֵעַתָּה meatá וְעַד־ vead עוֹלָם olam וו"ל:

"Cántico de ascensiones:
Alzaré mis ojos a los montes. ¿De dónde vendrá mi socorro? Mi socorro viene del Señor, que hizo los Cielos y la Tierra. No dará tu pie al resbaladero ni se dormirá el que te guarda. Ciertamente: no se adormecerá ni dormirá el que guarda a Israel. El Señor es tu Guardián. El Señor es tu sombra a tu mano derecha. El Sol no te fatigará de día ni la Luna de noche. El Señor te guardará de todo mal, Él guardará tu alma. El Señor guardará tu salida y tu llegada, desde ahora y para siempre" (Salmos 121).

Los tres benefactores y quien tuvo el sueño aquí meditan en atraer abundancia de *Guevurá* a *Tiféret*.

La persona que tuvo el sueño (*Hei - Maljut*):

שִׁיר shir לַמַּעֲלוֹת lamaalot אֶשָּׂא esá עֵינַי einai ריבוע מ"ה

אֶל־ el הֶהָרִים heharim מֵאַיִן meayin יָבֹא yavó עֶזְרִי ezrí:

עֶזְרִי ezrí מֵעִם meim יְהֹוָה Adonai

עֹשֵׂה osé שָׁמַיִם shamáyim י"פ טל, י"פ כוזו וָאָרֶץ vaárets:

Los tres benefactores (*Yud-Jojmá, Hei-Biná, Vav-Dáat*):

אַל־ al יִתֵּן yitén לַמּוֹט lamot רַגְלֶךָ ragleja

אַל־ al יָנוּם yanum שֹׁמְרֶךָ shomreja:

La persona que tuvo el sueño (*Hei - Maljut*):

הִנֵּה hiné לֹא־ lo יָנוּם yanum וְלֹא veló יִישָׁן yishán ש"ע נהורין רא"א

שׁוֹמֵר shomer כ"א ההויות שבתפילין יִשְׂרָאֵל Yisrael:

Los tres benefactores (*Yud-Jojmá, Hei-Biná, Vav-Dáat*):

יְהֹוָה Adonai שֹׁמְרֶךָ shomreja יְהֹוָה Adonai צִלְּךָ tsileja

עַל־ al יַד yad יְמִינֶךָ yemineja ה"י: יוֹמָם yomam הַשֶּׁמֶשׁ hashémesh לֹא־ lo

יַכֶּכָּה yaqueca ר"ת יכה וְיָרֵחַ veyaréaj בַּלָּיְלָה balayla מכה:

יְהֹוָה Adonai יִשְׁמָרְךָ yishmorjá מִכָּל־ micol ילי רָע ra

יִשְׁמֹר yishmor אֶת־ et נַפְשֶׁךָ nafsheja מ"כ:

יְהֹוָה Adonai יִשְׁמָר yishmor צֵאתְךָ tsetjá

וּבוֹאֶךָ uvoéja מֵעַתָּה meatá וְעַד־ vead עוֹלָם olam וכו:

"Cántico de ascensiones:

Alzaré mis ojos a los montes. ¿De dónde vendrá mi socorro? Mi socorro viene del Señor, que hizo los Cielos y la Tierra. No dará tu pie al resbaladero ni se dormirá el que te guarda. Ciertamente: no se adormecerá ni dormirá el que guarda a Israel. El Señor es tu Guardián. El Señor es tu sombra a tu mano derecha. El Sol no te fatigará de día ni la Luna de noche. El Señor te guardará de todo mal, Él guardará tu alma. El Señor guardará tu salida y tu llegada, desde ahora y para siempre" (Salmos 121).

Los tres benefactores y quien tuvo el sueño aquí meditan en atraer abundancia de *Tiféret* a *Nétsaj*.

La persona que tuvo el sueño (*Hei - Maljut*):

jayim חַיִּים óraj אֹרַח todiéni תּוֹדִיעֵנִי

Los tres benefactores (*Yud-Jojmá, Hei-Biná, Vav-Dáat*):

paneja פָּנֶיךָ et אֶת semajot שְׂמָחוֹת sova שֹׂבַע

:nétsaj נֶצַח biminjá בִּימִינְךָ neimot נְעִמוֹת

Los tres benefactores y quien tuvo el sueño aquí meditan en atraer abundancia de *Nétsaj* a *Hod*.

La persona que tuvo el sueño (*Hei - Maljut*):

jayim חַיִּים óraj אֹרַח todiéni תּוֹדִיעֵנִי

Los tres benefactores (*Yud-Jojmá, Hei-Biná, Vav-Dáat*):

paneja פָּנֶיךָ et אֶת semajot שְׂמָחוֹת sova שֹׂבַע

:nétsaj נֶצַח biminjá בִּימִינְךָ neimot נְעִמוֹת

Los tres benefactores y quien tuvo el sueño aquí meditan en atraer abundancia de *Hod* a *Yesod*.

La persona que tuvo el sueño (*Hei - Maljut*):

jayim חַיִּים óraj אֹרַח todiéni תּוֹדִיעֵנִי

Los tres benefactores (*Yud-Jojmá, Hei-Biná, Vav-Dáat*):

paneja פָּנֶיךָ et אֶת semajot שְׂמָחוֹת sova שֹׂבַע

:nétsaj נֶצַח biminjá בִּימִינְךָ neimot נְעִמוֹת

(x3) *"Me mostrarás la senda de la vida,*
dándome la dicha de Tu presencia y las delicias de vivir contigo para siempre" (*Salmos 16:11*).

La persona que tuvo el sueño (*Hei - Maljut*):

וַיְדַבֵּר vaydaber ראה יְהֹוָה יאהדונהי Adonai אֶל־ el מֹשֶׁה Moshé

מהש, ע״ב בריבוע קס״א, אל שדי, ד״פ אלהים ע״ה לֵּאמֹר lemor: דַּבֵּר daber ראה

אֶל־ el אַהֲרֹן Aharón וְאֶל־ veel בָּנָיו banav לֵאמֹר lemor

כֹּה co היי תְבָרְכוּ tevarjú יהוה ריבוע יהוה ריבוע מ״ה

אֶת־ et בְּנֵי bnei יִשְׂרָאֵל Yisrael אָמוֹר amor לָהֶם lahem:

Las iniciales de los tres versículos nos dan el Nombre Sagrado: ייי.

En esta sección hay 15 palabras, que son igual al valor numérico del Nombre Sagrado: ההה.

Los tres benefactores (*Yud-Jojmá, Hei-Biná, Vav-Dáat*):

(Derecha – *Jésed*) Los tres benefactores meditan aquí para atraer abundancia a:

Jojmá, Jésed, Nétsaj (Columna Derecha) de *Jojmá* de *Maljut*.

יְבָרֶכְךָ yevarejejá יְהֹוָה יאהדונהי Adonai וְיִשְׁמְרֶךָ veyishmereja

ר״ת = יהוה ; וס״ת = מ״ה:

(Izquierda - *Guevurá*) Los tres benefactores meditan aquí para atraer abundancia a:

Biná, Guevurá, Hod (Columna Izquierda) de *Biná* de *Maljut*.

יָאֵר yaer כף ויו זין ויו יְהֹוָה יאהדונהי Adonai | פָּנָיו panav

אֵלֶיךָ eleja וִיחֻנֶּךָּ vijuneca מנד ; יהה אותיות בפסוק:

(Central – *Tiféret*) Los tres benefactores meditan aquí para atraer abundancia a:

Dáat, Tiféret, Yesod (Columna Central) de *Tiféret* de *Maljut*.

יִשָּׂא yisá יְהֹוָה יאהדונהי Adonai | פָּנָיו panav אֵלֶיךָ eleja

וְיָשֵׂם veyasem לְךָ lejá שָׁלוֹם shalom האא תיבות בפסוק:

"Y el Señor habló a Moshé y dijo: 'Habla con Aharón y sus hijos, y diles:
Así bendecirán a los hijos de Israel:
Que el Señor te bendiga y te proteja.
Que el Señor ilumine Su rostro sobre ti y te dé gracia.
Que el Señor torne Su rostro hacia ti y te conceda paz'" (*Números 6:24-26*).

La persona que tuvo el sueño (*Hei - Maljut*):

וַיְדַבֵּר vaydaber ראה יְהֹוָהאדניאהדונהי Adonai אֶל־ el מֹשֶׁה Moshé

מהש, ע״ב בריבוע קס״א, אל שדי, ד״פ אלהים ע״ה לֵאמֹר lemor: דַּבֵּר daber ראה

אֶל־ el אַהֲרֹן Aharón וְאֶל־ veel בָּנָיו banav לֵאמֹר lemor

כֹּה co היי תְּבָרְכוּ tevarjú יהוה ריבוע יהוה ריבוע מ״ה

אֶת־ et בְּנֵי bnei יִשְׂרָאֵל Yisrael אָמוֹר amor לָהֶם lahem:

Las iniciales de los tres versículos nos dan el Nombre Sagrado: ייי.
En esta sección hay 15 palabras, que son igual al valor numérico del Nombre Sagrado: ההה.

Los tres benefactores (*Yud-Jojmá, Hei-Biná, Vav-Dáat*):

(Derecha – *Jésed*) Los tres benefactores meditan aquí para atraer abundancia a:
Jojmá, Jésed, Nétsaj (Columna Derecha) de *Jojmá* de *Maljut*.

יְבָרֶכְךָ yevarejejá יְהֹוָהאדניאהדונהי Adonai וְיִשְׁמְרֶךָ veyishmereja

ר״ת = יהוה ; וס״ת = מ״ה:

(Izquierda - *Guevurá*) Los tres benefactores meditan aquí para atraer abundancia a:
Biná, Guevurá, Hod (Columna Izquierda) de *Biná* de *Maljut*.

יָאֵר yaer כף ויו זין ויו יְהֹוָהאדניאהדונהי | Adonai פָּנָיו panav

אֵלֶיךָ eleja וִיחֻנֶּךָּ vijuneca מנד ; יהה אותיות בפסוק:

(Central – *Tiféret*) Los tres benefactores meditan aquí para atraer abundancia a:
Dáat, Tiféret, Yesod (Columna Central) de *Tiféret* de *Maljut*.

יִשָּׂא yisá יְהֹוָהאדניאהדונהי Adonai | פָּנָיו panav אֵלֶיךָ eleja

וְיָשֵׂם veyasem לְךָ lejá שָׁלוֹם shalom האא תיבות בפסוק:

"Y el Señor habló a Moshé y dijo: 'Habla con Aharón y sus hijos, y diles:
Así bendecirán a los hijos de Israel:
Que el Señor te bendiga y te proteja.
Que el Señor ilumine Su rostro sobre ti y te dé gracia.
Que el Señor torne Su rostro hacia ti y te conceda paz'" (Números 6:24-26)

La persona que tuvo el sueño (*Hei - Maljut*):

וַיְדַבֵּר vaydaber ראה יְהֹוָאֲדֹנָיאהדונהי Adonai אֶל־ el מֹשֶׁה Moshé

מהש, ע"ב בריבוע קס"א, אל שדי, ד"פ אלהים ע"ה לֵּאמֹר lemor: דַּבֵּר daber ראה

אֶל־ el אַהֲרֹן Aharón וְאֶל־ veel בָּנָיו banav לֵאמֹר lemor

כֹּה co היי תְבָרְכוּ tevarjú יהוה ריבוע יהוה ריבוע מ"ה

אֶת־ et בְּנֵי bnei יִשְׂרָאֵל Yisrael אָמוֹר amor לָהֶם lahem:

Las iniciales de los tres versículos nos dan el Nombre Sagrado: ייי.
En esta sección hay 15 palabras, que son igual al valor numérico del Nombre Sagrado: ההה.

Los tres benefactores (*Yud-Jojmá, Hei-Biná, Vav-Dáat*):

(Derecha – *Jésed*) Los tres benefactores meditan aquí para atraer abundancia a:
Jojmá, Jésed, Nétsaj (Columna Derecha) de *Jojmá* de *Maljut*.

יְבָרֶכְךָ yevarejejá יְהֹוָאֲדֹנָיאהדונהי Adonai וְיִשְׁמְרֶךָ veyishmereja

ר"ת = יהוה ; וס"ת = מ"ה:

(Izquierda - *Guevurá*) Los tres benefactores meditan aquí para atraer abundancia a:
Biná, Guevurá, Hod (Columna Izquierda) de *Biná* de *Maljut*.

יָאֵר yaer כף ויו זין ויו יְהֹוָאֲדֹנָיאהדונהי Adonai | פָּנָיו panav

אֵלֶיךָ eleja וִיחֻנֶּךָּ vijuneca מנד ; יהה אותיות בפסוק:

(Central – *Tiféret*) Los tres benefactores meditan aquí para atraer abundancia a:
Dáat, Tiféret, Yesod (Columna Central) de *Tiféret* de *Maljut*.

יִשָּׂא yisá יְהֹוָאֲדֹנָיאהדונהי Adonai | פָּנָיו panav אֵלֶיךָ eleja

וְיָשֵׂם veyasem לְךָ lejá שָׁלוֹם shalom האא תיבות בפסוק:

לֵךְ lej אֱכֹל ejol בְּשִׂמְחָה besimjá לַחְמֶךָ lajmeja

וּשְׁתֵה ushté בְלֶב־ velev טוֹב tov יֵינֶךָ yeneja כִּי qui

כְּבָר cvar רָצָה ratsá הָאֱלֹהִים haElohim אֶת et מַעֲשֶׂיךָ maaseja:

La persona que tuvo el sueño debe dar tres monedas como *Tsedaká* (caridad).

"Y el Señor habló a Moshé y dijo: 'Habla con Aharón y sus hijos, y diles: Así bendecirán a los hijos de Israel: Que el Señor te bendiga y te proteja. Que el Señor ilumine Su rostro sobre ti y te dé gracia. Que el Señor torne Su rostro hacia ti y te conceda paz'" (Números 6:24-26). *"Anda, come tu pan con gozo y bebe tu vino con alegre corazón, porque tus obras son agradables a Dios"* (Eclesiastés 9:7).

Guía para el uso del Sidur Kabbalístico Transliterado.

No existe un sistema que se aplique de manera uniforme a la transliteración hebreo-aramea. En el presente libro nos hemos adherido a lo que se denomina "pronunciación sefardita", puesto que sigue el método kabbalístico de pronunciación y es, asimismo, la más fácil de utilizar (sin ánimo de que sea científicamente correcto).

Las letras hebreas-arameas son consonantes. Las vocales están simbolizadas por los signos que se encuentran debajo, encima o al lado de las letras. Las vocales en esta transliteración se pronuncian de la forma más simple.

Las consonantes:

La letra	Nombre de la letra	Suena como:	Comentarios
א	Álef	a, e, i, o, u	No tiene sonido propio, adopta el sonido de la vocal que la acompaña.
בּ	Bet	b	**B** de "Brasil".
ב	Vet: sin daguesh	v	**V** de "Venus". Nota: Daguesh se llama a un punto colocado en el interior de algunas letras.
גּ	Guímel	g	**G** de "gol".
דּ	Dálet	d	**D** de "David".
ה	Hei	h	Una **H** aunque con un sonido suave como en "Hawái". Es muda cuando aparece al final sin vocal.
ו	Vav	v, u, o	**V** de "Venus", **U** de "útil", **O** de "oso".
ז	Zayin	z	**Zzzzz** como un zumbido.
ח	Jet	j	**J** como en "jarra".
ט	Tet	t	**T** de "tarta".
י	Yud	i, y	**I** cuando se usa como vocal como en "alelí", **Y** cuando es consonante como en "cayó".
כּ	Caf	c	**Ca**-que-qui-co-cu "casa".
כ	Jaf: Sin daguesh	j	**J** como en "jarra".
ל	Lámed	l	**L** de "Libra".
מ	Mem	m	**M** de "Marte".
נ	Nun	n	**N** de "Noruega".

La letra	Nombre de la letra	Suena como:	Comentarios
ס	Sámej	s	**S** de "Sol".
ע	Ayin	a, e, i, o, u	No tiene sonido propio, adopta el sonido de la vocal que la acompaña, a diferencia de la Álef, la Ayin tiene una pronunciación profunda de garganta (oriental).
פּ	Pei	p	**P** de "Panamá".
פ	Fei: Sin daguesh	f	**F** de "Francia".
צ	Tsadi	ts	**TS** como en "Pizza" (Pitsa).
ק	Kof	k	**K** de "Kenia".
ר	Resh	r	**R** de "Roma".
שׁ	Shin	sh	Si el punto está sobre la parte derecha: **SH** como en "show".
שׂ	Sin	s	Si el punto está sobre la parte izquierda: **S** como en "salón"
ת	Tav	t	**T** como en "toro"

Consonantes que tienen una forma distinta cuando van al final de una palabra pero igual sonido:

La letra	Nombre de la letra	Suena como:	Comentarios
ך (כ)	Jaf Sofit	j	**J** como en "reloj".
ם (מ)	Mem Sofit	m	**M** como en "Miriam".
ן (נ)	Nun Sofit	n	**N** como en "latín".
ף (פ)	Fei Sofit	f	**F** como en "chef".
ץ (צ)	Tsadi Sofit	ts	**TS** como en "robots".

Las vocales:

Nombre	Carácter	Sonido
Kamats	אָ	a
Pataj	אַ	a
Segol	אֶ	e
Tseré	אֵ	e
Shvá	אְ	e muy breve o muda.
Jirik	אִ	i
Jolam	אוֹ אֹ	o
Shuruk	אוּ	u
Kuvuts	אֻ	u

APÉNDICE

EXPLICACIONES DEL KADISH

DOS VECES LUZ

El Kabbalista Rav Yitsjak Luria (el Arí), revela que el *Kadish* קדיש tiene el poder de *dos veces la Luz*. Una Luz es la Luz dentro de todos nosotros, la chispa que es nuestra alma y fuerza de vida. La segunda Luz es la Luz que obtenemos de nuestro entorno. El *Kadish* unifica estas dos Luces de la misma forma que vincula dos mundos.

El valor numérico de la palabra aramea *Kadish* es 414, el mismo valor numérico de la palabra aramea "Luz", *Or*: 202 x 2 = 414.

DOS VECES EL PODER DE 28

La palabra aramea para "poder" es *cóaj*. Su valor numérico es 28. Dentro del *Kadish* hay dos versos importantes: uno contiene 28 letras: "*yehé shmei... almayá*" y el otro contiene 28 palabras: "*yehé shmei... bealmá*". Mientras pronunciamos ambos versos, la vibración de las letras ayuda a generar poder espiritual dentro de nosotros.

DOS VECES EL PODER DE 42

El *Aná Bejóaj* tal vez sea la oración más poderosa en el universo, y es conocida como el Nombre de Dios de 42 Letras. Cuando hacemos una conexión con el Nombre de 42 Letras, estamos conectándonos con las fuerzas primordiales de la Creación.

En el *Kadish*, nos conectamos dos veces con esta poderosa fuerza de la Creación. El verso: "*yehishtabaj... veyithalal*" contiene siete palabras que comienzan con la letra aramea *Vav* (ו). El valor numérico de *Vav* es seis, y 7 (palabras) x 6 (*Vav*) = 42, lo cual nos proporciona un vínculo con el Nombre de 42 Letras.

La segunda conexión con 42 se encuentra dentro de las siete palabras mismas. Cada palabra contiene seis letras. Si se suman los dos 42, se obtiene 84, que es el valor numérico de la palabra aramea *yedá* ידע, ¡que significa "conocimiento"! La Biblia dice que "Adán conoció (*yadá*) a Eva y Eva dio luz a Caín". El *Zóhar* pregunta por qué la Biblia usa la palabra *conocer* para implicar relaciones sexuales, y revela que la Biblia es un código y que la palabra *conoció* nos revela que el *conocimiento* es la conexión con la Luz del Creador. La información aislada no es poder; el conocimiento es poder, y es por lo cual debemos siempre preguntar *por qué*. Los rituales a ciegas realizados por personas desinformadas nunca activarán el poder de la oración. Debemos saber el *porqué* de cada acción espiritual, oración o ritual.

DIEZ VECES LOS 72 NOMBRES DE DIOS

Los 72 Nombres de Dios se refieren a una fórmula de 72 palabras arameas que Moshé usó para dividir el Mar Rojo. Los 72 Nombres de Dios tienen el poder de superar las leyes de la naturaleza y las leyes de la naturaleza humana. La palabra *yishtabaj* ישתבח tiene el valor numérico de 720, lo cual nos impregna de diez veces el poder de los 72 Nombres de Dios. Despertamos este poder al decir la palabra con mucho entusiasmo.

EL PODER DE LA INMORTALIDAD

El Kabbalista del siglo XVI Rav Avraham Azulai nos enseña que la palabra aramea *veyitnasé* ויתנשׂא canaliza el poder de la inmortalidad. En 1995, el Centro de Kabbalah hizo públicas las enseñanzas secretas de Rav Azulai con respecto al concepto de la inmortalidad y su conexión con la palabra *veyitnasé*. Según la Kabbalah, cuando un conocimiento es revelado públicamente, la energía-inteligencia del mismo comienza a penetrar la conciencia de toda la humanidad y el cosmos. Es interesante resaltar que, después de seis meses, salió a la venta un libro extraordinario escrito por el físico Frank J. Tipler. El libro *La física de la inmortalidad: la cosmología moderna y su relación con Dios y la resurrección de los muertos* trató sobre un tema que era considerado tabú para la ciencia. La barrera estaba ahora rota. En enero de 1998, el diario Los Angeles Times anunció lo siguiente en la primera plana: "Al romper una barrera biológica que una vez se consideró inalcanzable, por primera vez los científicos han dotado a un cultivo de células humanas con una cualidad que alquimistas, exploradores y místicos han buscado en vano durante siglos: la inmortalidad".

Curiosamente, la energía de la inmortalidad se encuentra dentro del *Kadish*, una oración que recitamos cuando un familiar directo fallece. *Veyitnasé* también conecta con el cuarto versos del *Aná Bejóaj*. Después de recitar la palabra *veyitnasé*, podemos intensificar la fuerza de inmortalidad al recitar la cuarta línea del *Aná Bejóaj* con gran entusiasmo: *Barjem taharem rajaméi tsidkateja tamid gomlem*. Los poderes que causarán la Resurrección de los Muertos y, finalmente, la desaparición de la muerte se encuentran ocultos dentro de esta conexión.

EL AMÉN

Cuando recitamos la palabra *Amén*, meditamos en la combinación de los dos Nombres Sagrados: יהוה y אדני. El Tetragrámaton, que es el Nombre de Dios más poderoso, atrae una Luz que es tan inmensa que no podemos manejar su poder; por lo tanto, no lo pronunciamos en voz alta. En su lugar, los kabbalistas nos dieron otro Nombre, אדני *Adonai*, el cual pronunciamos mientras meditamos en las letras del Tetragrámaton יהוה. Esta acción conecta al Mundo Superior con nuestra realidad física, lo que crea un conducto a través del cual la Luz fluye a nuestro mundo físico.

Se medita en la primera combinación (יאהדונהי) mientras pronunciamos la palabra *Amén* después de decir las bendiciones. Cuando intercalamos las letras de la secuencia *Adonai* —nuestro mundo físico— con el Tetragrámaton, unificamos el Mundo Superior con el Mundo Inferior.

En el *Kadish*, meditamos en una combinación ligeramente diferente (אידהנויה) cuando pronunciamos *Amén*. Aquí, la *Álef* (א) del Nombre אדני comienza la secuencia en vez de la *Yud* (י). La razón de esto es que, en la mayoría de las oraciones, el Creador inicia la conexión y la Luz emana usualmente hacia nuestro mundo mediante la letra *Yud* (י) del Tetragrámaton. En el *Kadish*, nosotros iniciamos la conexión hacia arriba; por lo tanto, la *Álef* (א) de *Adonai* comienza la secuencia porque la acción se origina en este mundo.

LA AMIDÁ

Nos inclinamos hacia delante en cuatro oportunidades durante la conexión de *Amidá*: dos veces en la Primera Bendición y dos veces al final durante la Decimoctava (en *Shabat*: la Quinta) Bendición. La acción de inclinarnos atrae los Mundos Superiores y el Nombre יהוה a nuestro nivel. Cuando nos enderezamos, elevamos nuestro mundo, nuestra conciencia y el Nombre אדני para crear una conexión entre los dos Mundos. Todo nuestro trabajo espiritual está diseñado para juntar estos dos Mundos, porque es así como la Luz es revelada en nuestra vida.

Primera inclinación (al principio de la Primera Bendición): Flexiona las rodillas en "*Baruj*", inclínate en "*Atá*" y enderézate en "*Adonai*", y medita en conectar la *Yud* de יהוה con la *Álef* de אדני: (יא).

Segunda inclinación (al final de la Primera Bendición): Flexiona las rodillas en "*Baruj*", inclínate en "*Atá*" y enderézate en "*Adonai*", y medita en conectar la *Hei* de יהוה con la *Dálet* de אדני: (הד).

Tercera inclinación (al principio de la Decimoctava Bendición): Inclina todo tu cuerpo en "*modim*" y enderézate en "*Adonai*", y medita en conectar la *Vav* de יהוה con la *Nun* de אדני: (ונ).

Cuarta inclinación (al final de la Decimoctava Bendición): Flexiona las rodillas en "*Baruj*", inclínate en "*Atá*" y enderézate en "*Adonai*", y medita en conectar la *Hei* de יהוה con la *Yud* de אדני: (הי).

AMBOS PIES JUNTOS COMO UNO SOLO

En la *Amidá*, estamos de pie con los pies juntos. Nuestra pierna izquierda y nuestra pierna derecha representan las Columnas Izquierda y Derecha respectivamente. La acción de unirlas crea una tercera o Columna Central para completar el circuito.

GLOSARIO

Aba (Padre): El segundo *Partsuf* que reviste la Luz de *Jayá*.

Ángel: Seres de Luz de energía inteligente celestial manifestados, dedicados a un propósito específico y no poseen libre albedrío.

Arij Anpín (Cara Larga): El *Partsuf* Inferior de *Kéter* de *Atsilut*, el cual incluye las Siete *Sefirot* Inferiores de *Atik* (el *Partsuf* Superior de *Kéter* de *Atsilut*).

Atik (Anciano): *Maljut* de *Maljut* del *Partsuf* Superior se convierte en el *Partsuf* Superior de *Kéter* de *Atsilut* del *Partsuf* Inferior.

Atiká Kadishá (Santo Anciano): Representa la cabeza de *Atik* y las tres cabezas de *Arij Anpín*.

Biná (Entendimiento): La palabra *Biná* significa: entender el proceso de causa y efecto. La tercera de las Diez *Sefirot*. *Biná* contiene toda la energía que motiva el comportamiento humano y los impulsos en las corrientes de la Tierra que mantienen a las galaxias girando y a las estrellas ardiendo.

Cavaná (Intención, meditación): Centrar nuestra conciencia interior con la atención apropiada a la situación o conexión.

Clí (Vasija): El Deseo de Recibir en lo emanado.

Dáat (Conocimiento): No se considera como una *Sefirá* sino como un canal para la energía que es creada por la Unificación de *Aba* e *Ima*.

Gadlut (Adultez): Iluminación de la Luz de *Jojmá* en un *Partsuf*.

Guevurá (Juicio): La quinta de las Diez *Sefirot*. Energía de la Columna Izquierda. Carroza: Yitsjak.

Guímel Rishonot (Tres *Sefirot* Superiores): Las Tres *Sefirot* Superiores (*Kéter*, *Jojmá* y *Biná*) de las Diez *Sefirot* en un *Partsuf*. Representa la cabeza y los cerebros de cada *Partsuf*.

Heijal (Cámara): El lugar espiritual en el cual recibimos todo lo bueno que existe por la eternidad.

Hitlabshut (Revestimiento): Desde el *Tsimtsum*, la Luz Superior sólo puede revelarse en la Vasija inferior a través de la Luz Retornante. Por lo tanto, la Luz Retornante se considera como un revestimiento de la Luz Superior.

Hitpashtut (Expansión): El resultado del *Hitlabshut*. Cuando la Luz es revestida por la Luz Retornante, ésta se expande en la Vasija.

Hod (Gloria): La octava de las *Diez Sefirot*. Carroza: Aharón.

Ima (Madre): El tercer *Partsuf* que reviste la Luz de *Neshamá*.

Jayá: El cuarto nivel del alma. La Luz que está incluida en *Jojmá*.

Jésed (Misericordia): La cuarta de las *Diez Sefirot*. Energía de la Columna Derecha. Carroza: Avraham. *Jésed* representa la energía pura y positiva de compartir, y conserva la semilla indiferenciada e intacta de todo lo que ha ocurrido entre *Jojmá* y *Biná*.

Jojmá (Sabiduría): La palabra *Jojmá* significa: tener la sabiduría para conocer el destino final del proceso. La segunda de las *Diez Sefirot*. *Jojmá* representa el comienzo del Zodíaco. Contiene la totalidad de la Luz y se presenta como la "figura paternal" universal.

Ken (Nido): Iluminación poco frecuente. Usualmente, el término será usado para describir una situación temporal en la que *Maljut* de *Atsilut* está en *Briá* antes de que Ella ascienda de regreso (como en *Rosh Jódesh*).

Kéter (Corona): La cabeza y la primera de las *Diez Sefirot*, el vínculo entre el Mundo Infinito y la estructura de *Sefirot*, y la semilla de toda manifestación y actividad física. *Kéter* contiene todas las encarnaciones de todas las almas existentes. *Kéter* es la fuente de todo, un estado potencial indiferenciado.

Klipá (Cáscara. Plural: *klipot*): Una entidad espiritual que existe fuera del revestimiento de *Atsilut* (*Briá*, *Yetsirá* y *Asiyá*), que causa que la gente sea superficial y perezosa en su trabajo espiritual. Su esencia es el Deseo de Recibir para Sí Mismo total.

Leá: Nombre del *Partsuf* de la parte Superior de *Nukvá*, conocida como "mundo oculto".

Levush (Vestimenta): Cuando un *Partsuf* recibe asistencia de un *Partsuf* Inferior se considera como si el *Partsuf* Inferior se convirtiera en vestimenta para este *Partsuf* (ver: *Hitlabshut*).

Maljut (Reinado): La décima y última *Sefirá*. La *Sefirá* en la cual se manifiesta el mayor Deseo de Recibir y donde ocurren todas las correcciones. *Maljut* contiene el mundo de la fisicalidad.

Masaj (Cortina): Una cortina espiritual que retrasa que la Vasija reciba la Luz y, también, demora que la Luz entre en la Vasija.

Mayin Dujrín (Agua Masculina): Despertar desde Arriba, a fin de dar energía para la Unificación.

Mayin Nukvín (Agua Femenina): Despertar desde Abajo, a fin de dar energía al Femenino para la Unificación. Hay dos clases de *Mayin Nukvín*: La primera es el esfuerzo que el Femenino hace a fin de unificarse con Su Masculino. El segundo es cuando el *Partsuf* Inferior hace un esfuerzo adicional con el propósito de dar esta energía al *Partsuf* Superior y que, de este modo, el *Partsuf* Superior pueda ser unificado y devolver iluminaciones más elevadas a este *Partsuf* Inferior.

Milui (Deletrado): Se llama *Milui* cuando un Nombre o una palabra son llamados o escritos por las letras que componen la forma convencional del Nombre o palabra. Por ejemplo, la palabra "Luz" sería deletreada como: ele-u-zeta. Cuando un nombre es deletreado, disminuye un poco su poder y representa una dureza espiritual.

Mojín (Cerebros): Cuando a un *Partsuf* le falta el aspecto de *Jayá*, no puede haber *Zivug*. Por lo tanto, este *Partsuf* debe atraer la Luz de *Neshamá* a Sus Tres *Sefirot* Superiores. Esta Luz es llamada *Mojín*.

Néfesh: El primero y más bajo nivel del alma que permite que las *klipot* se conecten. La Luz que está encerrada en *Maljut*.

Neshamá: El tercer nivel del alma. La Luz que está incluida en *Biná*.

Neshikín (Besos): La Unificación Superior (a fin de corregir las Tres *Sefirot* Superiores de un *Partsuf*). Las Iluminaciones desde lo Superior hasta lo Inferior resultantes de la conexión que la Luz Retornante crea antes de que descienda.

Nétsaj (Victoria): La séptima de las Diez *Sefirot*. Carroza: Moshé.

Nitsots (Chispa): Proviene de la palabra *hetsits* (mirada). Hay dos sistemas de Chispas. El primero se llama *Shaj* (320) y representa el aspecto masculino del Juicio. El segundo se llama *Par* (280) y representa el aspecto femenino del Juicio.

Nukvá (Femenino): El *Partsuf* más bajo o el aspecto femenino de cada *Partsuf*. Proviene de la palabra *nekev* (agujero), que significa que la Luz necesita hacer un orificio espiritual a fin de ser revelada y, de este modo, la Luz se hace más débil.

Olam (Mundo): Estructura espiritual de cinco *Partsufim*, cuando *Nétsaj*, *Hod* y *Yesod* del *Partsuf* Superior están dentro del *Partsuf* Inferior. El final de *Olam* es cuando *Nétsaj*, *Hod* y *Yesod* del *Partsuf* Superior están encima del *Partsuf* Inferior. Antes de que Adán y Eva cayeran, los Mundos de *Briá*, *Yetsirá* y *Asiyá* estaban incluidos en el Mundo de *Atsilut*, donde hay protección de las *klipot*.

Olam Adam Kadmón (Mundo del Hombre Primordial): El primero de los Mundos. Éste recibe directamente del Infinito. La raíz y el arquetipo de Adam (hombre) de nuestro Mundo.

Olam Asiyá (Mundo de Acción): El más bajo de los Mundos. Fue creado de *Nukvá* y se considera el Mundo más cercano al dominio de la *klipá*. Nuestro Mundo Físico está en el fondo de *Olam Asiyá*.

Olam Atsilut (Mundo de Emanación): El segundo Mundo; es considerado como el Mundo de Corrección y está totalmente protegido de las *klipot*.

Olam Briá (Mundo de Creación): El tercer Mundo. Fue creado de *Ima* y es considerado como casi totalmente protegido de las *klipot*.

Olam Yetsirá (Mundo de Formación): El cuarto Mundo. Fue creado de *Zeir Anpín* y es considerado como 50/50 controlado por las *klipot*.

Or (Luz): La energía total de lo que se recibe en los Mundos, incluyendo todo salvo la Vasija material, el Deseo de Recibir.

Or Jozer (Luz Retornante): La Luz Celestial como es con relación a Su revelación, porque es la Luz que no se recibe a través de la Cuarta Fase.

Or DeJasadim (Luz de Misericordia): La Luz que encierra la Luz de *Jojmá* y la revela.

Or DeJojmá (Luz de Sabiduría): La Luz que es atraída a la Vasija en su totalidad.

Or Makif (Luz Circundante): La Luz futura y potencial de una Vasija.

Or Pnimí (Luz Interior): La Luz que actualmente existe dentro de una Vasija.

Or Yashar (Luz Directa): La Luz Celestial como es con relación a sí misma porque es la Luz que emana del Infinito.

Partsuf (Cara): Una estructura completa de las *Diez Sefirot* crea una forma espiritual llamada *Partsuf*. La relación perfecta entre la Luz y la Vasija, de modo que pueda emanar a los Mundos Inferiores.

Rajel: Nombre del *Partsuf* de la parte Inferior de *Nukvá*, conocida como "mundo revelado".

Rúaj: El segundo nivel más bajo del alma (antes del pecado de Adam, *Rúaj* era el aspecto más bajo del alma y, por lo tanto, estaba más allá del tiempo, espacio y movimiento). La Luz que está encerrada en *Zeir Anpín*.

Sefirot: Una serie de diez cortinas o velos que fueron usados para ocultar la Luz abrasadora del Infinito y para protegernos de ésta.

Tetragrámaton: El Nombre Sagrado de Dios, compuesto de las cuatro letras: *Yud*, *Hei*, *Vav* y *Hei*.

Tevuná (Inteligencia): El Nombre del *Partsuf* creado como resultado del Segundo *Tsimtsum* y encerrado en las Siete *Sefirot* Inferiores del *Partsuf* de *Ima*.

Tiféret (Esplendor): La sexta de las Diez *Sefirot*. *Tiféret* es el punto de equilibrio entre las Columnas Derecha e Izquierda. Carroza: Yaakov.

Tikún (Corrección): El proceso de corrección espiritual hecho por el alma. También es el proceso de corrección por el cual pasan los Mundos Superiores a fin de poder recibir la Luz.

Tipá (Gota): A pesar de que la iluminación que es atraída de los *Mojín* en el tiempo de Unificación es momentánea, es suficiente para que el Femenino la recaude. Esta iluminación es llamada "gota" (en la conexión del *Shemá*).

Tsélem (Imagen, sombra): La vestimenta de los *Mojín* mientras se dirigen al *Partsuf* Inferior. Esta vestimenta es creada por la Luz Retornante del *Partsuf* Inferior. El *Tsélem* está dividido en tres aspectos principales. El primero y más elevado es llamado *Mem* (מ) del *Tsélem*. El segundo es llamado *Lámed* (ל) del *Tsélem*. Y el tercero y más bajo se llama *Tsadi* (צ) del *Tsélem*.

Tsimtsum: La capacidad de restringir el Deseo de Recibir. La restricción original. En el proceso de Creación espiritual tenemos dos *Tsimtsumim*. El primer *Tsimtsum* fue en el Mundo Infinito a fin de dar a la Vasija la oportunidad de eliminar el Pan de Vergüenza. El segundo *Tsimtsum* vino a completar y corregir la Vasija rota.

Vav Ketsavot (Seis Bordes): Cualquier estructura espiritual que no incluya a los *Mojín*.

Yaakov: El *Partsuf* exterior de *Zeir Anpín* y corresponde a los Seis Bordes de *Zeir Anpín*.

Yejidá: El quinto y más elevado nivel del alma. Esta Luz está encerrada en *Kéter*.

Yesod (Fundamento): La novena de las *Diez Sefirot*. *Yesod* es como un gran reservorio o embudo que proporciona Luz espiritual de forma manejable a nuestro mundo físico. Carroza: Yosef HaTsadik.

Yisrael: El *Partsuf* interior de *Zeir Anpín* que corresponde a los *Mojín* de *Zeir Anpín* (también conocido como "*Moshé*").

Yisrael Saba (*Yisrael* Rodeado o *Yisrael* Abuelo): El Nombre del *Partsuf* que fue creado como resultado del Segundo *Tsimtsum* encerrado en las Siete *Sefirot* Inferiores del *Partsuf* de *Aba*.

Zayin Tajtonot (las Siete *Sefirot* Inferiores): Las Siete *Sefirot* Inferiores de las Diez *Sefirot* de un *Partsuf*. Consideramos las *Zayin Tajtonot* como una entidad separada cuando hablamos de la revelación de Diez *Sefirot* debajo de la *Masaj* (Cortina).

Zeir Anpín (Cara Pequeña): El cuarto *Partsuf* que encierra la Luz de *Rúaj*. Las seis *Sefirot* —*Jésed*, *Guevurá*, *Tiféret*, *Nétsaj*, *Hod* y *Yesod*— firmemente plegadas una dentro de otra, compactadas en una dimensión conocida como *Zeir Anpín*.

Zivug (Unificación): La Naturaleza de la Luz Celestial es emanar iluminación a los Mundos Inferiores por toda la eternidad. Debido a la *Masaj*, la Vasija no puede conectar. Por lo tanto, cuando la Vasija está lista (mediante la Luz Retornante o al elevar *Mayin Nukvín*) para conectar con la Luz, es llamada *Zivug*.

Zivug Panim Befanim (Unificación Cara a Cara): Cuando el Femenino recibe la Luz Celestial directamente en las Vasijas de Su Rostro desde el Rostro (frente) del Masculino.

3 *Biná* Cerebro izquierdo יֵהֵוֵהֵ	1 *Kéter* Cráneo יָהָוָהָ	2 *Jojmá* Cerebro derecho יַהַוַהַ
5 Ojo izquierdo יהוה יהוה יהוה יהוה יהוה	9 8 Nariz 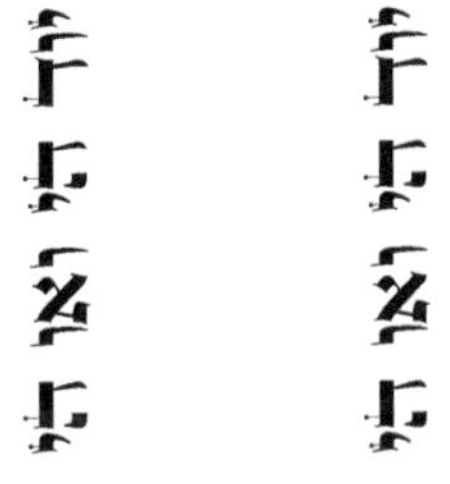 יוד יוד הי הי ואו ואו הי הי	4 Ojo derecho יהוה יהוה יהוה יהוה יהוה
7 Oído izquierdo יוד הי ואו הה		6 Oído derecho יוד הי ואו הה
	10 Boca יוד הי ואו הי (אהיה) אחה"ע גיכ"ק דטלנ"ת זסשר"ץ בומ"ף	
12 *Guevurá* Brazo izquierdo יְהְוְהְ	13 *Tiféret* Cuerpo יֹהֹוֹהֹ	11 *Jésed* Brazo derecho יֶהֶוֶהֶ
15 *Hod* Pierna izquierda יֻהֻוֻהֻ	16 *Yesod* Órganos reproductivos יוּ הוּ וּוּ הוּ	14 *Nétsaj* Pierna derecha יִהִוִהִ
	17 *Maljut* עטרה יאהדונהי	

Domingo - יוֹם אֶ

יֱהֹוִה

יַוַד הַי וַיַו הַי יֵוֵד הֵי וֵאֵו הֵי

אל שדי יאולדפההייואודההיי

אנא בכח גדולת ימינך תתיר צרורה

אֶבֶגֶיֶתֶץ יְהָוֶה יֶהֶוֶהֶ

סֶמֶטֶוֹרֶיֶהֶ גֶזֶרֶיֶאֶלֶ וֶעֶנֶאֶלֶ לֶמֶוֶאֶלֶ

ר"ת סגול

Lunes - יוֹם בְּ

יֵוֵד הֵי וֵאֵו הֵי יְוְד הְי וְאְו הְי יוֹד הֹא וֹאוֹ הֹא

אל יהוה יאולדפההאאויאודההאא

קבל רנת עמך שגבנו טהרנו נורא

קַרְעֶשְׂטָן יַהֱוָהְ יְהְוְהְ

שְׁמְעְיְאְלְ בְּרְכְיְאְלְ אְהְנְיְאְלְ

ר"ת שוא

Martes - יוֹם ג

יוֹד הֹא וֹאוֹ הֹא יוֹד הֵהֵ וָוָ הֵהֵ

אל אדני יאולדפההההויוודההה

נא גבור דורשי יחודך כבבת שמרם

נַגְֶדִיכַשׁ יַהֱוִהַ יהוֹה

חֹניאל לֹהדיאל מֹחניאל

ר"ת חֹלם

Miércoles - יום ד׳

יוד הא ואו הא יוד הֵה וָו הֵה

אל אדני יאולדפהההויוודההה

ברכם טהרם רחמי צדקתך תמיד גמלם

בַּטְרֶצְתַג יַהֱוֶה יְהוִה

וְחִזְקִיאֵל רְהַטִיאֵל קְדְשִׁיאֵל

ר״ת חרק

Jueves - יום הֶ׳

יֻוֻד הֵי וָאֵו הֵי יֻוֻד הֵי וָאָו הֵי יוד הא ואו הא

אל יהוה יאולדפההאאויאוודההאא

חסין קדוש ברוב טובך נהל עדתך

וַחְקְבֶטְנַע יַהֱוַה יְהֹוֶה

שְׁמֻוּעְאֵל רְעֻמִיאֵל קְנִיאֵל

ר״ת שרק

(הקבוץ מלאכיו בר״ת שורק)

Viernes - יום ו׳

יַוַד הַי וַיַו הַי יַוַד הַי וַאַו הַי

אל שדי יאולדפההייויאוודההיי

יחיד גאה לעמך פנה זוכרי קדושתך

יָגְלֶפְזָק יָהֱוָה יוהווהו

שומושויואולו רופואולו קודושויואולו

ר״ת שרק